Die Schweiz und der Osten Europas

Herausgegeben von Carsten Goehrke

Band 10

Peter Collmer

Die Schweiz und das Russische Reich 1848–1919

Geschichte einer europäischen Verflechtung

Publiziert mit Unterstützung des Schweizerischen Nationalfonds
zur Förderung der wissenschaftlichen Forschung.

Die vorliegende Arbeit wurde von der
Philosophischen Fakultät der Universität Zürich
im Wintersemester 2002/03 auf Antrag von
Prof. Dr. Carsten Goehrke
und Prof. Dr. Madeleine Herren
als Dissertation angenommen.

Umschlagbild: Zähmung des Bundesrates durch die europäischen Monarchen.
Karikatur der schweizerischen Asylpolitik aus dem Jahre 1849 (Ausschnitt; vgl.
S. 301).

Inhaltsübersicht

Inhalt

I. Einleitung

Seit dem Wiener Kongress gefiel es den russischen Zaren, die unabhängige und neutrale Eidgenossenschaft als Erfolgsprodukt eigener Aussenpolitik zu betrachten. Tatsächlich waren Alexander I. und sein Gesandter Johannes Anton Capodistria wesentlich daran beteiligt, dass die Schweiz ihre staatliche Selbständigkeit auch nach den Napoleonischen Kriegen aufrechterhalten konnte: Die russische Diplomatie hatte sich für die Befriedung der nach Helvetik und Mediation innerlich zerstrittenen Alpenrepublik eingesetzt, und gemeinsam mit Österreich, Frankreich, Grossbritannien, Preussen und Portugal garantierte das Zarenreich im November 1815 die ewige Neutralität und die territoriale Integrität des erneuerten schweizerischen Bundes souveräner Kantone.[1] Das zarische Engagement zielte freilich weniger auf das Wohlergehen der kleinen Eidgenossenschaft an sich als auf eine übergeordnete europäische Friedensordnung, in deren Rahmen der schweizerische Staatenbund eine zentrale Ruhezone bilden sollte. Als Gegenleistung für seine Schutzgarantie erwartete St. Petersburg denn auch, dass sich die Schweizer akribisch an die 1815 festgeschriebene Neutralität hielten und ihre von den Mächten sanktionierte Staatsform in friedlicher Eintracht auf ewig bewahrten. Diese Vision einer friedvollen europäischen Mitte prägte die russische Schweizpolitik bis zum Ende der Zarenherrschaft: «La Suisse est une forteresse naturelle interposée entre quatre grandes Puissances, il importe qu'elle n'appartienne à personne et devienne ainsi un rempart au lieu d'être une menace d'agression pour la sécurité de ses voisins.»[2]

Indem sich die Eidgenossenschaft 1847/48 nach kurzem Bürgerkrieg eigenmächtig die Form eines liberalen Bundesstaates gab, brüskierte sie gleichzeitig den Konservativismus der europäischen Monarchien und die Dispositionen der überkommenen internationalen Ordnung – ein Affront, der von den Signatarmächten der Wiener Verträge nicht einfach hingenommen und im Falle St. Petersburgs mit dem Einfrieren des diplomatischen Kontakts beantwortet wurde.

---

1 Vgl. Frei, Neutralität, S. 9–12; Benziger, Beziehungen der Schweiz mit Russland, S. 23. – Zur Bedeutung der russischen Intervention für die Rekonstruktion des schweizerischen Staatenbundes vgl. etwa BAR, E 2001 (E) -/13, Einleitung, S. 2.

2 Aussenminister A. M. Gorčakov an den zarischen Gesandten in der Schweiz, M. A. Gorčakov, 13./25. 4. 1872. Švejcarija – Rossija, Nr. 58, S. 166.

Fortan belastete eine ideologische Differenz die offiziellen Beziehungen zwischen der zarischen Autokratie und der liberal umgestalteten schweizerischen Republik. Zwar gelang es bei den meisten Sachgeschäften, den evident gewordenen staatspolitischen und weltanschaulichen Gegensatz pragmatisch zu überbrücken. Fragen jedoch, deren Lösung ein minimales Einvernehmen über die prinzipiellen Aufgaben eines Staates und die Position seiner Subjekte bedingten, machten die politischen Fronten immer wieder sichtbar. Als seit der zweiten Hälfte des 19. Jahrhunderts zahlreiche russische Revolutionäre Zuflucht in der neutralen Schweiz suchten, entwickelten namentlich die traditionelle politische Toleranz der Schweiz und die vom Zarenregime als allzu lasch kritisierte bundesrätliche Asylpolitik bilateralen Zündstoff.

Während also das Interesse der russischen Herrscher an der Schweiz seit dem frühen 19. Jahrhundert primär politisch motiviert und in eine umfassendere Europapolitik eingebettet war, kam dem Zarenreich als einem Handelspartner und Auswanderungsziel für die Eidgenossenschaft herausragende wirtschaftliche Bedeutung zu. Ohne den politischen Wert einer wohlgesinnten Grossmacht zu ignorieren, gründeten die schweizerischen Behörden ihre Russlandpolitik vornehmlich auf das Bestreben, günstige Konditionen für die heimische Exportindustrie und die im Zarenreich lebenden Landsleute auszuhandeln.

In ihrer frühen Form der individuellen Spezialistenmigration hatte die schweizerische Russlandwanderung den eigentlichen Anfang schweizerisch-russischer Begegnungen markiert. Lange vor der Etablierung eines regulären diplomatischen Austauschs zu Beginn des 19. Jahrhunderts eröffnete sie schweizerische Beziehungskanäle zu den obersten russischen Regierungsspitzen; erinnert sei lediglich an den mit Peter I. befreundeten Genfer François Lefort (1656–1699), der in russischen Diensten eine glänzende Militärkarriere durchlief, oder an den Waadtländer Frédéric César de la Harpe (1754–1838), der als Erzieher Alexanders I. erheblichen aufklärerischen Einfluss auf die Autokratie auszuüben und den Zarenhof für die Belange der Schweiz zu sensibilisieren vermochte. Zu solchen prominenten Einzelwanderern gesellten sich unter Katharina II. gezielt angeworbene Kolonisten und im 19. Jahrhundert berufsspezifische Massenwanderer, denen der riesige Wirtschaftsraum des Zarenreiches und die Fremdenfreundlichkeit des russischen Modernisierungswillens ökonomische Chancen eröffneten, wie sie die Enge der alten Heimat nicht bieten konnte. Man geht heute davon aus, dass vom Ende des 17. Jahrhunderts bis 1917 ungefähr 21'000 bis 23'000 berufstätige Schweizerinnen und Schweizer vorübergehend oder für immer ins Zarenreich auswanderten.[3]

---

3 Vgl. Goehrke, Auswanderung, S. 316.

1. Schweizerisch-russische Beziehungen – drei Perspektiven

Eine Darstellung der schweizerisch-russischen Staatsbeziehungen kann verschiedene Schwerpunkte setzen und sich je nach Erkenntnisinteresse in unterschiedliche Forschungskontexte einreihen.

1.1. Stichwort Diplomatiegeschichte

Die Diplomatiegeschichte ist im 20. Jahrhundert ziemlich aus der Mode gekommen. «Contre l'Histoire Diplomatique en Soi»[4] polemisierte Lucien Febvre schon 1930, als er den fehlenden Einbezug von geografischen, ökonomischen, sozialen, intellektuellen, religiösen und psychologischen Aspekten in der etablierten, auf die Aussenpolitik der grossen Mächte fixierten Historiografie beklagte.[5] Heute zweifelt kaum mehr jemand an der Berechtigung dieser Kritik und am Ungenügen einer Politikgeschichte, die lange genug suggerierte, durch die Darstellung von Herrscherlaunen, Kabinettsbeschlüssen und Schlachtfeldern die vergangene Welt in ihren wesentlichen Dimensionen erfassen zu können. Man wird Hans-Ulrich Wehler nicht widersprechen, wenn er eine «moderne» Politikgeschichte fordert, die sich von der «hochartifiziellen Eindeutigkeit» traditioneller Analysen löst und den überkommenen reduktionistischen Blick auf das Handeln starker Staatsmänner durch eine differenziertere Betrachtung verschiedener politikrelevanter Handlungsfelder ersetzt.[6]

In der angelsächsischen Forschung hat sich längst eine reflektierte, methodenbewusste Geschichte der internationalen Beziehungen etabliert.[7] Im deutschsprachigen Raum hingegen stand die Erneuerung der Politik- und Diplomatiegeschichte bis vor kurzem im Banne eines jahrzehntelangen Streits zwischen den Vertretern der zur historischen Leitdisziplin avancierten Sozialgeschichte und den von ihnen bedrängten Politikhistorikern alter Schule.[8] Im

---

4 So die Überschrift des Kapitels in Febvres *Combats pour l'Histoire,* das zwei kritische Zeitschriftenartikel (1930 und 1945) zur Diplomatiegeschichte enthält.

5 Febvre, Combats, S. 63.

6 Vgl. Wehler, «Moderne» Politikgeschichte, S. 161–167. Seinen Ruf nach «moderner» Politikgeschichte präzisiert Wehler an anderer Stelle mit der Forderung, «dass sie möglichst viele Dimensionen der Realität zu integrieren versucht». Ders., Rückkehr, S. 188.

7 Eines ihrer Aushängeschilder ist die renommierte Zeitschrift *Diplomatic History.* – Zur in Frankreich neben der Schule der *Annales* weiterbestehenden traditionellen Politikgeschichte vgl. etwa die Werke von Jean-Baptiste Duroselle. Für dessen Kritik an der langen Blockierung der Politikgeschichte in Frankreich vgl. Duroselle, L'histoire des relations internationales, besonders S. 297; vgl. dazu auch Conze, «Moderne Politikgeschichte», S. 25, Anm. 36.

8 Zur Kontroverse zwischen Politikgeschichte und historischer Sozialwissenschaft um gültige Methoden und prioritäre Erkenntnisinteressen vgl. Conze, «Moderne Politikgeschichte»; ders., Abschied, S. 137 f.

Rückblick erscheint diese Auseinandersetzung als wichtiges Forum historiografischer Reflexion. Die Chance einer gegenseitig stimulierenden Verständigung wurde allerdings nur beschränkt genutzt, was nicht zuletzt daran liegen mag, dass die neue Gesellschaftsgeschichte mit einem ähnlichen Exklusivitätsanspruch auftrat, wie ihn die alte Politikgeschichte stillschweigend vorausgesetzt hatte. So erstarrte die Kontroverse lange in Grabenkämpfen um gültige Paradigmata und Erkenntnisprimate: Die Politikhistoriker betrachteten eine eigengesetzliche nationalstaatliche Macht- und Aussenpolitik weiterhin als Kerninteresse einer erzählenden Historiografie, während die Vertreter der historischen Sozialwissenschaft die strukturelle Bedingtheit staatlicher Macht betonten und die Politikgeschichte auf den Platz einer Teildisziplin der Gesellschaftsgeschichte zu verweisen versuchten – ohne freilich dem so einverleibten Forschungsgegenstand viel konstruktive Energie angedeihen zu lassen.

Immerhin: Die Geschichte der internationalen Beziehungen hat sich in den letzten Jahren in mindestens dreierlei Hinsicht weiterentwickelt, auch im deutschsprachigen Kontext.[9] Augenfällig ist zunächst ein inhaltlicher Öffnungsprozess, der in seiner älteren Form um die wechselseitige Bedingtheit von Aussen- und Innenpolitik kreise, der in neueren Publikationen durch ein zunehmendes Interesse an multilateralen Kooperationen und transnationalen Netzwerken zum Ausdruck kommt[10] – und der auch die Forderung nach einer besseren Berücksichtigung der machtpolitisch peripheren Kleinstaaten mit einschliesst. Zum Zweiten sind methodische Anstrengungen unternommen worden, um die zu Recht kritisierte Vorstellung eines einheitlichen und zielstrebigen staatlichen Akteurs zu differenzieren,[11] die «black box» des Staats- beziehungsweise Regierungshandelns mit einem verfeinerten analytischen und begrifflichen Instrumentarium zu durchdringen und beispielsweise den entscheidungswirksamen Einfluss behördlicher Routine oder gesellschaftlicher Interessenartikulation fassbar zu machen.[12] Der dritte und vielleicht wichtigste Punkt betrifft die so

---

9 Gabriele Metzler erkennt ganz allgemein in der jüngeren Literatur zur Geschichte der Aussenpolitik vier zum Teil widersprüchliche Trends: 1. das Weiterleben traditioneller Diplomatiegeschichte; 2. eine Fokussierung des internationalen Staatensystems anstelle der einzelstaatlichen Aussenpolitik; 3. eine starke Gewichtung ökonomischer Faktoren, wobei staatliche Akteure ganz oder teilweise durch nichtstaatliche ersetzt werden; 4. den Einbezug «kultureller Faktoren als konstituierende Elemente internationaler Politik». Bei diesem letzten Trend denkt Metzler etwa an die Untersuchung von Wissenschaftsbeziehungen und sieht dort «staatliches Handeln vollständig durch Aktionen nichtstaatlicher Trägergruppen ersetzt». Metzler, Wandel, S. 774.

10 Zum Konzept der «International History» vgl. Herren, International History. Vgl. auch Kaiser, Internationale Geschichte, S. 542 f. Zur Diskussion einer «transnationalen Gesellschaftsgeschichte» vgl. Geschichte und Gesellschaft, 27 (2001).

11 Zur Kritik an der «realistischen» Konzeption der internationalen Beziehungen und an der «realistischen Fiktion staatlicher Akteure» vgl. Laubach-Hintermeier, Kritik des Realismus, besonders S. 77–80.

12 Beispiele dafür wären etwa das «Gittermodell asymmetrischer Interaktionen» im Sinne von

genannte kulturwissenschaftliche Wende. Mit ihr sind zum einen wichtige Grundlagen der klassischen Politikgeschichte wieder salonfähig geworden: Die Rückkehr des Subjekts, das wiedererweckte Interesse am einzelnen Menschen, an seinen individuellen Lebensbedingungen und Vorstellungswelten beflügelte die Nachfrage nach historischen Biografien und ebnete den Weg für eine wieder stärker personenzentrierte historische Argumentation. Durch die kulturwissenschaftliche Aufwertung von Narration und Hermeneutik erfuhren überdies grundlegende politikgeschichtliche Methoden eine neue Legitimierung.[13] Bei all dem ist die Gefahr eines modisch bemäntelten Rückfalls in alte Positionen offenkundig.[14] Doch die kulturwissenschaftliche «Herausforderung»[15] kann wichtige Impulse für eine echte Erneuerung der Politik- und Diplomatiegeschichte liefern. Sie öffnet namentlich den Blick für kulturell vermittelte Wahrnehmungs- und Deutungsprozesse, für die Spezifika individueller Vorstellungswelten und die Konstruiertheit dessen, was historische Akteure (aber auch die beobachtende Forschung) als faktisch perzipieren. Gerade im Kontext der internationalen Beziehungen kann die Berücksichtigung kultureller Inkompatibilitäten dazu beitragen, die ohnehin obsolet gewordene Prämisse einer allen Akteuren und Beobachtern gemeinsamen Ratio weiter aufzubrechen.[16]

1.2. Politische Kultur

Seit den 1960er Jahren steht der Wissenschaft mit dem Begriff der *politischen Kultur* ein Instrument zur Verfügung, um die kulturelle Bedingtheit politischen Handelns zu fassen. Die Politologen Gabriel A. Almond und Sidney Verba definierten damals Idealtypen politischer Kultur:[17] Die *Subject Political Culture*

Ernst-Otto Czempiel (vgl. Czempiel, Machtprobe, S. 362–364) oder, in der Politologie, Graham T. Allisons Kontrastierung des verbreiteten, aber nur begrenzt leistungsfähigen «Modells rationaler Politik» (einheitliche nationale Regierungen handeln rational und zielbewusst) mit den differenzierteren Modellen des «organisatorischen Prozesses» und der «bürokratischen Politik», welche Regierungshandeln auch in den Kontext von Routine oder Aushandlungsprozesse stellen; vgl. Allison, Begriffliche Modelle.
13 Zur Renaissance narrativer Geschichtsschreibung vgl. Stone, The Revival of Narrative.
14 Ulrich Lappenküper schreibt in einer Rezension, das jüngste Interesse für die Geschichte der internationalen Beziehungen billige der zwischenstaatlichen Welt wieder «die ihr zustehende Autonomie» zu, vgl. Lappenküper, Morgenluft, S. 368.
15 So der Titel einer Buchpublikation von Wehler; vgl. Bibliografie.
16 Für eine Analyse der aktuellen Debatte um kulturwissenschaftliche Ansätze in der Diplomatiegeschichte vgl. Lehmkuhl, Diplomatiegeschichte als internationale Kulturgeschichte. Für methodische Reflexionen zur Verbindung von Diplomatie- und Kulturgeschichte und für eine Darlegung des einschlägigen Forschungsstands vgl. auch Windler, Normen aushandeln, besonders S. 177–183. Vgl. ferner May, Commentary, S. 77; Kaiser, Internationale Geschichte, S. 543 f.
17 Vgl. Almond/Verba, Civic Culture, S. 16–18. Als Unterscheidungskriterien verschiedener

meint eine traditionale, staatszentrierte Untertanenkultur,[18] die durch die allgemein wahrgenommene Existenz gouvernementaler Autorität und gleichzeitig durch die politische Passivität der Subjekte gekennzeichnet ist. Dagegen verweist das Selbstverständnis aktiver Anteilnahme der Gesellschaftsglieder an politischen Entscheidungs- wie administrativen Umsetzungsprozessen auf eine *Participant Political Culture.* Almond und Verba fragten weiter nach der Kongruenz zwischen einer bestimmten politischen Kultur und dem zugehörigen politischen System. Vereinfacht gesagt: Die Subject Political Culture entspricht einer zentralisierten, autoritären Struktur, die Participant Political Culture einer demokratischen.[19] Dieses (nicht unumstrittene)[20] politologische Modell war primär auf internationale Vergleiche in der Gegenwart ausgerichtet und bediente sich der Ergebnisse von Umfragen.

Auch die Geschichtswissenschaft begann sich bald mit «politischer Kultur» zu beschäftigen, ohne allerdings über eine Datengrundlage zu verfügen, die jener der politologischen Forschung vergleichbar wäre.[21] Die mittlerweile fachübergreifende Diskussion des Konzepts konnte sich auch nicht auf eine einheitliche Definition ihres Gegenstands einigen. Allen Ansätzen gemeinsam ist ein Interesse an der «subjektiven» Dimension von Politik.[22] Als konstitutive Elemente politischer Kultur werden immer wieder genannt: sozial vermittelte, internalisierte Verhaltensnormen und Wertvorstellungen, die für ein bestimmtes politisches System charakteristisch sind, allgemein die politischen Ein- beziehungsweise

politischer Kulturen nennen Almond und Verba die «orientations» der Menschen gegenüber «political objects» – gegenüber dem politischen System generell, den «input objects» (Forderungen der Gesellschaft an die institutionelle Politik), den «output objects» (Umsetzung politischer Vorgaben) sowie gegenüber der Rolle des Selbst im politischen System. Almond/Verba, Civic Culture, S. 12–16. – Zur Annahme, «Kultur bilde so etwas wie einen Rahmen für das politische Leben», vgl. Rohe, Politische Kultur (1987), S. 44.

18 So die Umschreibung dieses Typs von Almond und Verba bei Lipp. Lipp, Politische Kultur, S. 82.

19 Almond/Verba, Civic Culture, S. 20.

20 Vgl. Rohe, Politische Kultur (1990), S. 331 f. Für Kritik an der Typenbildung Almonds und Verbas und an dem damit verbundenen «normativen Bias» im Hinblick auf eine demokratische Gesellschaft «anglo-amerikanischer Textur» vgl. Lipp, Politische Kultur, S. 82. – Für Reaktionen auf die eingegangene Kritik vgl. Almond, Politische Kultur-Forschung, S. 29 f.; ders., Intellectual History, S. 29.

21 Zur Anwendung des Konzepts der politischen Kultur in der Geschichtswissenschaft vgl. Lipp, Politische Kultur, S. 78–89; Welch, Concept, S. 147–158; ferner Rohe, Politische Kultur (1990), S. 324 f. – In Ermangelung der Datengrundlage, auf die sich die politologische Gegenwartsforschung stützen kann (Umfragen), bewegen sich historische Untersuchungen politischer Kultur nicht selten im Spannungsfeld von spekulativer Verallgemeinerung und korrigierender Differenzierung. Ein Beispiel dafür ist die Debatte um die Entwicklung der russischen politischen Kultur, die Mitte der achtziger Jahre in der Zeitschrift *Russian Review* (im Anschluss an einen Artikel von Edward Keenan) geführt wurde und deren Inhalt noch aufzugreifen sein wird; vgl. unten S. 111–113.

22 Vgl. Berg-Schlosser/Schissler, Politische Kultur, S. 11, 17. Almond, Politische Kultur-Forschung, S. 37.

Vorstellungen der Menschen, eine Verflechtung von Kenntnissen, Meinungen und affektiver Bindung gegenüber politischen Systemen sowie die kollektive Verankerung all dessen.[23] Den Unterschied zu einer blossen politischen Mentalität sieht Karl Rohe in der «Ausdrucksseite» politischer Kultur – im Umstand, dass sich diese im Hinblick auf die angestrebte affektive Zustimmung der Individuen ständig aktualisieren und symbolisch erneuern muss.[24] Rohe hat in diesem Zusammenhang vorgeschlagen, zwischen *politischer Sozial-* und *politischer Deutungskultur* zu differenzieren und damit den Dualismus von internalisierten Vorstellungen und Verhaltensmustern auf der einen und bewusster Thematisierung oder Inszenierung politisch-kulturellen Handelns auf der anderen Seite offen zu legen.[25]

Im Rahmen einer Untersuchung der schweizerisch-russischen Staatsbeziehungen verlockt das Modell von Almond und Verba zur Konstruktion einer idealtypischen Opposition, indem die zarische Autokratie als Subject Political Culture und die schweizerische Demokratie als Participant Political Culture aufgefasst wird. Für die Schweiz nach 1848 scheint eine solche Klassierung kaum problematisch, auch wenn wesentliche Instrumente der schweizerischen Demokratie erst in der zweiten Hälfte des 19. Jahrhunderts Eingang in die Bundesverfassung fanden. Die partizipative politische Kultur der Eidgenossenschaft äusserte sich nicht zuletzt in breiten Diskussionen über Sinn und adäquate Formen der Diplomatie sowie ganz generell in einer starken Rückbindung des Regierungshandelns an die Gestimmtheit und die Ansprüche einer politisch interessierten Öffentlichkeit. Grösseren Widerstand bietet die Zuordnung Russlands. Zwar führte die traditionelle Vorstellung vom Reich als dem erblichen Gut eines von Gott eingesetzten und kirchlich gestützten Herrschers schon früh zu einem politischen Weltbild, in dem Zarentum, Staat und untergebene Bevölkerung in eins fielen. Es ist diese an unbedingter Loyalität gegenüber dem Zaren orientierte politische Kultur, die allmählich zur Reinform höfischer Verwaltungskultur erstarrte und die sich etwa bei den russischen Diplomaten in Bern bis zur Februarrevolution beobachten lässt. Die zarischen Auslandsvertreter repräsentierten bis zum Schluss eine politische Kultur, die dem autokratischen System kongruent war und die tatsächlich als Subject Political Culture bezeichnet werden kann. Gesamtgesellschaftlich betrachtet verstanden sich im Zarenreich seit dem 19. Jahrhundert aber immer mehr *subjects* auch als *participants;* ihr Ruf nach politischer Mitbestimmung signalisiert, wenn auch weitgehend in

23 Vgl. etwa Berg-Schlosser/Schissler, Politische Kultur, S. 11; Lipp, Politische Kultur, S. 82, 89 f.; Rohe, Politische Kultur (1987), S. 39–45; Almond, Politische Kultur-Forschung, S. 29. – Rohe plädiert dafür, die gängige Rede von den «Einstellungen» durch den Begriff «Vorstellungen» zu ersetzen, da dieser grundsätzlichere Strukturen anzusprechen erlaube. Rohe, Politische Kultur (1987), S. 40 f.
24 Rohe, Politische Kultur (1990), S. 336–338.
25 Vgl. Rohe, Politische Kultur (1987), S. 41–44.

Untergrund und Dissidenz abgedrängt, einen Wandel politischer Kultur, der zu einer zunehmenden Inkongruenz mit dem System führte und die institutionellen Partizipationsschranken schliesslich sprengte. Ausserdem hatten sich die «Westler» und die «Slawophilen» schon im 19. Jahrhundert über die richtige Position Russlands in Europa gestritten und damit ein (auch) aussenpolitisch relevantes Thema öffentlich debattiert. Kurz: Die schweizerische Diplomatie begegnete durchaus einer russischen Untertanenkultur, wenn sie mit dem zarischen Behördenapparat verhandelte. In der Gestalt der russischen Politemigranten von Genf oder Zürich hatten die Schweizer seit der zweiten Hälfte des 19. Jahrhunderts aber immer deutlicher auch die partizipativen Tendenzen in der politischen Sphäre des Zarenreiches vor Augen, und es war gerade die Zerrissenheit der russischen Gesellschaft zwischen Subject und Participant Political Culture, welche dem schweizerisch-russischen Asylkonflikt seine Virulenz verlieh.

Wenig ergiebig sind in unserem Kontext Ansätze, welche die Welt in einheitliche Kulturkreise einzuteilen versuchen, wie dies Samuel P. Huntington und in seinem Fahrwasser die Apologeten einer betonten kulturellen Eigenständigkeit der russischen Orthodoxie getan haben.[26] Zu offensichtlich sind die Überlappungen, gerade bei den gebildeten Oberschichten. Die russische Intelligenz rieb sich an westlichen Konzepten, und die Lebensweise des Adels in St. Petersburg oder Moskau hatte mit jener der abendländischen Eliten sehr viel mehr gemein als mit der Existenz der bäuerlichen Landsleute und Glaubensgenossen, welche die erdrückende Mehrheit der Bevölkerung des Zarenreichs ausmachten. Ausserdem prägten fremdethnische «Russen», vor allem Deutschstämmige, die zarische Aussenpolitik bis in unser Zeitfenster hinein massgeblich mit. Aussenminister Nesselrode war ebenso wenig ethnischer Russe wie sein langjähriger Gesandter in Bern, Paul von Krüdener. Womit wir uns im Folgenden unter dem Etikett der «russischen Diplomatie» beschäftigen werden, ist also nur sehr beschränkt Ausdruck genuin russisch-orthodoxer Konditionierung im Sinne monolithischer Kulturtheorien.

26 Zur Eigenständigkeit der russischen Orthodoxie sowie zur Trennlinie zwischen westeuropäischem Abendland und orthodoxem Osten vgl. Huntington, Kampf der Kulturen, S. 57, 251 bis 268. – Für Kritik am vereinfachenden Modell von Huntington vgl. etwa Laubach-Hintermeier, Kritik des Realismus, S. 90–95; Lipp, Politische Kultur, S. 105 f.; Windler, Normen aushandeln, S. 179. Als Beispiel für die zahlreichen russischen Darstellungen, welche die Orthodoxie dem Westen selbstbewusst entgegenstellen, vgl. etwa (mit geopolitisch-eurasischer Schlagseite) Vasilenko, Političeskie processy.

1.3. Die Begegnung mit dem Fremden

Wenn sich die ältere Diplomatiegeschichte vornehmlich mit politischen Inhalten und den Mechanismen staatlicher Machtentfaltung befasste, so legt es die Diskussion der vergangenen Jahre nahe, die Beziehung zweier Staaten stärker unter dem Aspekt der gegenseitigen Wahrnehmung zu betrachten und nach den Erfolgschancen bilateraler Verständigung zu fragen. Besonders relevant erscheint diese Forschungsperspektive dann, wenn die Interaktionspartner (wie im Falle der Schweiz und des Russischen Reiches) unterschiedliche kulturelle Prägungen aufweisen und konträre politische Systeme repräsentieren. Der standardisierten Diplomatie kommt in solchen Kontexten die Aufgabe zu, bei der Diskussion von Sachfragen immer auch über kulturelle Differenzen und unterschiedliche politische Vorstellungen zu verhandeln. Dabei kann es nicht darum gehen, Gegensätze einzuebnen und völlige Übereinstimmung zu erzeugen. Das Aushandeln eines gemeinsamen Verständnisses stellt vielmehr eine Operation dar, welche die Gültigkeit der Differenz markiert und eine begrenzte pragmatische Konvergenz im Rahmen des für beide Seiten Akzeptierbaren ermöglicht.[27] Christian Windler hat seinen Untersuchungen über die Kontakte der französischen Diplomatie mit muslimischen Machtstrukturen im Maghreb ein ähnliches Verständnis zugrunde gelegt: «Die interkulturelle diplomatische Kommunikation beruhte auf der Fähigkeit und dem Willen der Parteien, grundsätzliche Widersprüche zu übergehen und einen traditionsgebundenen Konsens bezüglich einer Sprache und eines Zeichensystems aufrechtzuerhalten, die aufgrund ihrer Mehrdeutigkeit divergierende Interpretationen erlaubten.»[28] Die wechselseitige schweizerisch-russische Wahrnehmung ist auf der Ebene der Stereotypenbildung (und damit im zwischenstaatlich bedeutsamen Bereich der Rollenzuschreibungen und Erwartungshaltungen) recht gut erforscht. Unsittlich und schamlos seien die Moskowiter, diebisch und betrügerisch, argwöhnisch und ganz allgemein unkultiviert – so bilanzierte Ende des 18. Jahrhunderts der deutsche Gelehrte Christoph Meiners frühere Eindrücke von Russlandreisenden und Berichte diplomatischer Gesandtschaften.[29] Nicht selten hätten die

---

27 Zur Vorstellung vom «Aushandeln» kultureller Differenz (im postkolonialen Kontext) vgl. etwa Bachmann-Medick, Einleitung, S. 38, 41.

28 Windler, Normen aushandeln, S. 203 f. Windler stützt sich unter anderem auf eine These des Anthropologen Fredrik Barth, wonach sich die Akteure einer Interaktion zwar über Codes und Werte der betreffenden Interaktionssituation, nicht aber darüber hinaus verständigen müssen. Nach Barth werden in einer stabilen interethnischen Beziehung immer nur bestimmte Bereiche thematisiert, andere bleiben von jeder Konfrontation mit dem Fremden abgeschottet. Vgl. Barth, Introduction, S. 16.

29 Vgl. Scheidegger, Abendland, S. 25. – Hingewiesen sei hier lediglich auf die berühmten Aufzeichnungen des habsburgischen Gesandten Sigmund von Herberstein (1486–1566), des holsteinischen Gesandten Adam Olearius (1599–1671) und des kaiserlichen Gesandtschaftssekretärs Johann Georg Korb (1672–1741); vgl. Bibliografie. Zum frühen deutschen Russlandbild vgl. Kämpfer, Facetten.

alten Russen fremde Gesandte mit Fürzen und Gerülpse brüskiert und feierliche Versammlungen lächerlich gemacht.[30] Schon vor unserer Untersuchungsperiode diskriminierten also westliche Quellen das Zarenreich und seine Bewohner auf der Folie der europäischen Kultur als das Abweichende, nicht Kulturhafte und nicht Europäische.[31] Diese Abqualifizierung russischer Unkultur aus der Perspektive vermeintlicher Kultiviertheit fand ihren Niederschlag auch in einem schweizerischen Russenbild, das die genannten negativen Zuschreibungen nicht nur kolportierte, sondern als Gegenpole notorischer positiver Selbstbilder weiter zuspitzte. Den schweizerischen Autostereotypen der Ordentlichkeit, der Sauberkeit, des Fleisses und der Sparsamkeit entsprach eine Beurteilung der Russen als unordentlich, schmutzig, faul und ausschweifend. Einschätzungen dieser Art prägten namentlich die intensiven Kontakte der meist gut qualifizierten Schweizer Russlandwanderer mit den bäuerlichen Unterschichten des Zarenreichs.[32] Aber auch staatspolitisch sah sich die republikanische Schweiz im 19. Jahrhundert geradezu als «Antipode» der zarischen Autokratie.[33]

Was das Bild der Schweizer und der Schweiz im Zarenreich betrifft, so sieht Carsten Goehrke für dessen historische Entwicklung zwei Phasen:[34] Seit dem 18. Jahrhundert verschmolz die russische Rezeption schweizerischer Autoren

30 Wiederum gemäss Meiners, vgl. Scheidegger, Abendland, S. 26 f.
31 Scheidegger, Abendland; Collmer, Herbarium, S. 360–362. Dieser westeuropäischen Wahrnehmung Russlands schloss sich eine öffentlich artikulierte russische Selbstwahrnehmung an, die gerade im 19. Jahrhundert ständig eine (positiv oder negativ bewertete) eigene Andersartigkeit thematisierte und damit die Vorstellung einer westeuropäischen Norm weitgehend übernahm. Gabriele Scheidegger vertritt die These, die krampfhaften Bemühungen Peters des Grossen um eine Europäisierung Russlands hätten bei seinen Untertanen ein über Jahrhunderte virulent bleibendes Minderwertigkeitsgefühl geweckt. Scheidegger, Abendland, S. 262. In der russischen Forschung finden sich Hinweise auf eine «Spaltung» (rassloenie) der russischen Kultur seit der Epoche Peters, vgl. Rossija i Zapad, S. 23. Zum russischen Widerstand gegen eine Gleichsetzung Europas mit dem Westen vgl. etwa Tjutschew, Russland und Deutschland, S. 53. Allgemein zur negativen Bewertung des Abweichenden und «Barbarischen» in der modernen Gesellschaft und zur damit verbundenen Annahme einer universalen zivilisatorischen Vergleichbarkeit vgl. Luhmann, Jenseits von Barbarei, besonders S. 144. Zur historischen Dimension des Kulturbegriffs vgl. ders., Kultur; Fisch, Zivilisation.
32 Zur Wahrnehmung der Russinnen und Russen durch die Russlandschweizer vgl. etwa I. Zimmermann, Russlandbild, S. 102 f. (hier auch der Hinweis auf das bei den Russlandschweizern anzutreffende Bewusstsein kultureller Überlegenheit); Collmer, Herbarium. Zur Festigung des bestehenden negativen Russenbildes anlässlich der Präsenz russischer Truppen in der Schweiz im Jahre 1799 vgl. Trochsler, Reaktionen. – Zur Komplementarität von Auto- und Heterostereotyp in der schweizerischen Wahrnehmung der Russen vgl. Goehrke, Begegnungen, S. 637.
33 Moser, Schweizer Russenbild, S. 36–38.
34 Goehrke, Begegnungen, S. 643 f.; vgl. auch ders., Die Entwicklung des Beziehungsnetzes, S. 16–18. Zu den russischen Stereotypen über die Schweiz und zur allgemeinen Bedeutung der Imagologie für die Untersuchung der schweizerisch-russischen Beziehungen vgl. Danilevskij, Vzaimosvjazi Rossii i Švejcarii s točki zrenija imagologii.

wie Salomon Gessner oder Jean-Jacques Rousseau mit euphorischen Reiseberichten etwa eines Nikolaj Karamzin[35] zu einem idyllischen Schweizmythos, der die Schönheit der alpinen Landschaft betonte und die Schweizerinnen und Schweizer zu glücklichen und freien Bewohnern eines realen Arkadiens verklärte. Nicht abgelöst, aber ergänzt wurde diese Vorstellung im 19. Jahrhundert durch das «konkrete Schweizbild» von politischen Emigranten und Studentinnen aus dem Zarenreich, die von den Freiheiten der republikanischen Schweiz profitieren wollten und nun in wachsender Zahl die hiesigen russischen Kolonien bevölkerten. Ihnen galten die Schweizer unter anderem als ordentlich, sauber und fleissig, aber auch als kalt, geldgierig und geistig limitiert.[36] Dabei scheint der Befund kultureller Armut ein verbreiteter Bestandteil des russischen Schweizbildes gewesen zu sein, der über die sonstigen Negativstereotype zu Westeuropa (übertriebener Rationalismus und Individualismus, Gefühlskälte und materialistischer Egoismus) hinausging und der den schweizerischen Anspruch kultureller Überlegenheit gewissermassen spiegelbildlich zurückwarf.[37] Einen Hintergrund dafür mag die Tatsache bilden, dass die Eidgenossen den Europäern in früheren Jahrhunderten als eigentliche «Zivilisationsbarbaren» gegolten hatten.[38]
Für die Kommunikation zwischen der Schweiz und dem Russischen Reich scheint es jedenfalls bemerkenswert, dass sich beide Seiten in ihrer Kultiviertheit angezweifelt sahen – und dass diese Zweifel jeweils einem europäischen Konsens entsprachen, der wiederum beiden Seiten erlaubte, sich überlegen zu fühlen.

2. Fragestellung, Methode und Aufbau

Die vorliegende Arbeit beschäftigt sich mit den staatlichen Beziehungen zwischen der Schweiz und dem Russischen Reich in den Jahren 1848 bis 1919, also von der Gründung des schweizerischen Bundesstaates bis zum Abbruch des diplomatischen Kontaktes nach der Oktoberrevolution. Die Eckwerte dieses Zeitfensters ergeben sich einerseits aus dem Forschungskontext, da thematisch analoge Untersuchungen für die Jahre vor 1848 beziehungsweise nach dem Ersten Weltkrieg bereits vorliegen oder im Entstehen begriffen sind.[39] Darüber

35 Vgl. Karamsin, Briefe eines russischen Reisenden, S. 74–127. Zu Karamzin vgl. auch Brang, Kulturwechselseitigkeit, S. 20.
36 Zum entsprechenden Bild bei den Studentinnen vgl. Brügger, Studentinnen, S. 498–500; Neumann, Studentinnen, S. 136. Zum Schweizbild russischer Revolutionäre vgl. auch Senn, Die Schweiz als Asyl. S. 696 f.
37 Zur Darstellung der Schweiz als landschaftlich reizvolles, aber kulturell armes Land (auch) in der russischen Literatur vgl. Brang, Kulturwechselseitigkeit, S. 23 f.
38 Vgl. Morkowska, Stiefkind, S. 85, 200.
39 Die Jahre vor 1848 hat Tatjana Kukawka in ihrer Zürcher Lizentiatsarbeit behandelt, die

hinaus markieren aber die Revolutionen von 1848 und 1917 Epochenwenden für jeweils einen der hier interessierenden Staaten und seine Aussenpolitik, so dass die schweizerisch-russische Wechselseitigkeit durch beide Umbrüche auf neue Grundlagen gestellt wurde. Zwischen den genannten Daten vermochte sich ein jahrzehntelanger Beziehungsalltag zu entwickeln, der sich durch weitgehende institutionelle Kontinuität und die allmähliche Entfaltung eines diplomatischen *courant normal* auszeichnete.

Der Gegenstand der «staatlichen» Beziehungen erstreckt sich im Folgenden auf alle Regierungs- und Behördenkontakte, seien sie politischer, wirtschaftlicher, administrativer oder kultureller Art. Die Asymmetrie des Verhältnisses zwischen der Grossmacht Russland und dem Kleinstaat Schweiz sowie die Unterschiedlichkeit der wechselseitigen Interessen legen es nahe, auf eine inhaltliche Einengung des Forschungsblicks (beispielsweise auf die rein «politischen» Beziehungen) zu verzichten. Drei Fragenkomplexe stehen im Zentrum meiner Ausführungen:

1. Welche Institutionen, Personen und Ereignisse prägten die staatlichen Beziehungen zwischen der offiziellen Schweiz und dem späten Zarenregime (beziehungsweise der Provisorischen Regierung und der frühen Sowjetführung) in den Jahren 1848 bis 1919? Welche wechselseitigen Interessen sind erkennbar?

2. Wie nahmen sich die beiden Staaten gegenseitig wahr? Wie perzipierten sie ihre eigene Position innerhalb der schweizerisch-russischen Bilateralität? Welche Bedeutung massen sie konkreten Sachgeschäften zu, wo differierten ihre Einschätzungen? Wie veränderte sich die gegenseitige Beurteilung im Laufe der Untersuchungsperiode?

3. Wie entwickelte sich die politische Kommunikation zwischen den beiden Staaten? Welche Blockaden oder kulturellen Missverständnisse lassen sich beobachten? Welche gemeinsamen Vorstellungen erleichterten andererseits den Austausch?

Die erste Fragestellung entspricht weitgehend den Anliegen der traditionellen Diplomatiegeschichte. Sie drängt sich auf, weil die Ereignisgeschichte der schweizerisch-russischen Beziehungen für unser Zeitfenster bisher nur lückenhaft aufgearbeitet ist. Die übrigen Fragen tragen der Erkenntnis Rechnung, dass Regierungshandeln und zwischenstaatliche Verhältnisse ohne die Berücksichtigung von Wahrnehmungsprozessen und Deutungszuschreibungen nicht adäquat beurteilt werden können – gerade im Fall von kulturell, macht- und staatspolitisch gegensätzlichen Interaktionspartnern.

Die Methode, mit der ich mich den erwähnten Fragen anzunähern und Einzelbefunde zu verknüpfen versuche, lässt sich in folgende Punkte fassen:

1. Eine ebenso unspektakuläre wie unverzichtbare Grundlage der vorliegenden

---

gegenwärtig zu einer Dissertation ausgebaut wird: Kukawka, Beziehungen. Für die Zeit nach dem Ersten Weltkrieg vgl. Gehrig-Straube, Beziehungslose Zeiten.

Arbeit bildet die Etablierung einer *Chronologie der Ereignisse* aus der Fülle des Archivmaterials. Dabei gilt es freilich einen naiven Begriff des Faktischen zu vermeiden und die Faktizität der erfassten Ereignisse an der Widersprüchlichkeit ihrer Perzeption zu relativieren.

2. Wenn die Darstellung prinzipiell chronologisch gegliedert ist, so eröffnet die Annahme vergleichbarer Beziehungskonditionen im Zeithorizont jeweils eines Grosskapitels (und sei es nur die Kontinuität des Unberechenbaren seit 1917) doch die Möglichkeit zu *thematischen Längsschnitten.* Sie gewährleisten eine inhaltliche Kohärenz, wie sie eine durchgängig chronologische Ordnung nicht bieten könnte. Das erste Grosskapitel stellt selbst einen in sich geschlossenen Längsschnitt dar, nämlich einen Überblick über die institutionelle Entwicklung bis zum Februar 1917.

3. Die Ausführlichkeit, mit der ich die Ereignis- und Institutionengeschichte zur Darstellung bringe, gründet nicht nur in der Zielsetzung, sieben Jahrzehnte schweizerisch-russischer Beziehungen möglichst genau zu inventarisieren. Sie resultiert vor allem aus dem Bestreben, die Genese zwischenstaatlicher Konstellationen *mikrohistorisch* transparent zu machen und die zu Recht kritisierte künstliche Eindeutigkeit traditioneller polithistorischer Analysen zu vermeiden. Dies entbindet freilich nicht von der Aufgabe abstrakter Zwischenbilanzen.

4. Die Arbeit ist *multiperspektivisch* und *komparatistisch* angelegt. Der Anspruch der Multiperspektivität bezieht sich dabei auf zwei Ebenen: die methodische, indem eine Verknüpfung der genannten Forschungsperspektiven (Diplomatiegeschichte, politische Kultur, Wahrnehmung) angestrebt wird, und die inhaltliche, auf der jeder Beziehungsgeschichte a priori eine doppelte Perspektive eingeschrieben ist. Hier versuche ich divergierende Sichtweisen der historischen Akteure zu analysieren und miteinander zu vergleichen; entsprechende Ausführungen bilden den Ausgangspunkt der beiden Revolutionskapitel, aber auch der Abschnitte zum Asylkonflikt und zu anderen Streitpunkten der Zwischenzeit. Im Hinblick auf das zu untersuchende Regierungshandeln stellt sich die Frage nach der Aggregierung von Wahrnehmung: Die Perzeption eines Ereignisses durch eine Kollegialbehörde, wie sie etwa in einer offiziellen Erklärung zum Ausdruck kommt, muss sich nicht mit der Sichtweise aller individuellen Mitglieder dieser Behörde decken – und erst recht nicht mit jener von einzelnen berichterstattenden Diplomaten oder Konsuln. Hier gilt es Spektren aufzuzeigen und nach der Herausbildung handlungswirksamer Deutungen im Spannungsfeld von Wahrnehmung, Taktik und Lobbying zu fragen.

Zum Aufbau der Arbeit. In einem ersten Teil (Kapitel II) betrachte ich die beiden interagierenden Staaten getrennt. Ich skizziere die Entwicklung der jeweiligen aussenpolitischen Orientierungen und Apparate bis zum Februar 1917, unter besonderer Berücksichtigung der hier interessierenden Bilateralität. Breiter Raum ist der Ausgestaltung und Funktionsweise der schweizerischen

diplomatischen und konsularischen Vertretungen im Zarenreich beziehungsweise der russischen Repräsentationen in der Schweiz gewidmet. Angesichts
der nach dem Sturz des Zarenregimes kaum mehr entflechtbaren wechselseitigen Durchdringung von institutioneller und politischer Entwicklung beleuchte
ich die Anpassungen der russischen aussenpolitischen Instrumentarien seit der
Februarrevolution im Rahmen der Gesamtentwicklung in Kapitel V. Letzteres
bildet zusammen mit Kapitel III den chronologischen Rahmen der eigentlichen
Beziehungsanalyse. Auftakt und allmählicher Zerfall der offiziellen Kontakte
zwischen dem 1848 eingerichteten schweizerischen Bundesstaat und dem Zarenreich werden hier thematisiert, wobei der ungleiche Umfang der Kapitel sowohl die Quellenlage wie auch die zunehmende Intensität des Austauschs
widerspiegelt. Beide Rahmenkapitel streben eine breite Kontextuierung an,
und speziell die Ausführungen zum Beziehungszerfall nach 1917 können auch
als Darstellung der Startphase schweizerisch-sowjetischer Kontakte gelesen
werden. Kapitel IV durchschreitet entlang von Längsschnitten zur administrativen, wirtschaftlichen und asylpolitischen Kooperation die äusserlich ruhige
Periode des kontinuierlichen Beziehungsausbaus zwischen den 1850er Jahren
und dem Ersten Weltkrieg. Jedem Grosskapitel folgt ein kurzes, zusammenfas-
sendes Fazit, so dass ich mich in Schlusskapitel VI darauf beschränken kann,
übergreifende Linien sichtbar zu machen und nach den historischen Grundpro-
blemen der schweizerisch-russischen Wechselseitigkeit zu fragen.

3.   Quellen und Literatur

Die vorliegende Arbeit stützt sich zum grössten Teil auf ungedruckte Archivalien, vor allem auf die einschlägigen Bestände des Schweizerischen Bundesarchivs in Bern (BAR) und der beiden Archive des Aussenministeriums der
Russischen Föderation in Moskau (Archiv vnešnej politiki Rossijskoj Imperii,
AVPRI: Zarenzeit / Archiv vnešnej politiki Rossijskoj Federacii, AVPRF:
Sowjetzeit). Aus der Zusammenarbeit der genannten Institutionen ist vor einigen Jahren ein Quellenband hervorgegangen, der 280 grundlegende Dokumente der schweizerisch-russischen Beziehungen zwischen 1813 und 1955 beinhaltet
und der durch seine unzähligen Verweise auch als hilfreicher Ausgangspunkt
für individuelle Archivstudien dienen kann.[40] Bereits Ende der 1950er Jahre

---

40 Der Quellenband ist je in einer schweizerischen und (etwas später) in einer russischen Ausga-
    be erschienen – was den Vorteil mit sich bringt, dass alle abgedruckten Dokumente in ihrer
    Originalsprache zugänglich sind: Švejcarija – Rossija (schweizerische Ausgabe); Rossija –
    Švejcarija (russische Ausgabe). Im Bundesarchiv in Bern ist eine umfangreiche Sammlung von
    Aktenkopien zugänglich, aus denen der Quellenband zusammengestellt wurde: M 51 (-) 1999/
    256 (Bestand *Aktenedition Schweiz – Russland 1813–1955*). Zur Entstehung der Quellen-
    publikation vgl. Tichvinskij, O podgotovke sbornika dokumentov; ferner Sovmestnaja rossijsko-

trug der Schweizer Diplomat Peter Anton Feldscher wichtige Schriftstücke zur Geschichte der schweizerisch-russischen (und separat zu jener der schweizerisch-polnischen) Beziehungen zusammen. Die mit informativen Einleitungen versehenen Konvolute der unpublizierten *Sammlung Feldscher* sind im Berner Bundesarchiv zugänglich.[41]

Die Geschichte der schweizerischen Aussenpolitik seit 1848 ist in einer Fülle gedruckter Quellen dokumentiert. Neben zeitgenössischen Amtsdruckschriften wie dem *Bundesblatt der schweizerischen Eidgenossenschaft,* den darin publizierten behördlichen Geschäftsberichten oder dem *Staats-Kalender der schweizerischen Eidgenossenschaft* sind wissenschaftliche Quelleneditionen verfügbar, so namentlich die Reihe *Diplomatische Dokumente der Schweiz* (DDS). In den vergangenen Jahren sind verschiedene Quellenbestände auch elektronisch zugänglich gemacht worden, nicht zuletzt im Rahmen des Nationalen Forschungsprogramms *Grundlagen und Möglichkeiten der schweizerischen Aussenpolitik* (NFP 42).[42] Auf russischer Seite finden sich an amtlichen Publikationen mit aussenpolitischem Quellenwert etwa das 1861–1917 herausgegebene *Annuaire diplomatique de l'Empire de Russie (Ežegodnik Ministerstva Inostrannych Del),* die 1869 erschienene *Spravočnaja kniga dlja dolžnostnych lic central'nych i zagraničnych ustanovlenij Ministerstva Inostrannych Del* (Nachschlagewerk für Funktionäre der zentralen und ausländischen Einrichtungen des Aussenministeriums) oder die 1912–1917 erschienenen *Izvestija Ministerstva inostrannych del* (Nachrichten des Aussenministeriums). Von den zugänglichen russischen Quelleneditionen sind für uns besonders die ersten Bände der *Dokumenty vnešnej politiki SSSR* (Dokumente der Aussenpolitik der UdSSR) interessant. Die seit Jahrzehnten im Erscheinen begriffene Reihe *Vnešnjaja Politika Rossii XIX i načala XX veka* (Die Aussenpolitik Russlands im 19. und frühen 20. Jahrhundert) ist noch nicht bis in unseren Untersuchungszeitraum vorgestossen. Hinzuweisen ist auch auf die verschiedenen Sammlungen diplomatischer Dokumente der Zarenzeit, welche die frühe Sowjetführung in denunziatorischer Absicht publizierte.[43] Die Schweiz spielt allerdings in diesen mit politischen

---

švejcarskaja publikacija. – Für das AVPRI ist ein gedruckter Archivführer verfügbar: Archiv vnešnej politiki rossijskoj imperii: Putevoditel'.

41 Dokumente zur geschichtlichen Entwicklung der schweizerisch-russischen Beziehungen (= BAR, E 2001 [E] -/13); Dokumente zu den schweizerisch-polnischen Beziehungen (= BAR, E 2001 [E] -/14).

42 Vgl. etwa die auf CD-ROM zugänglichen *Daten zur schweizerischen Aussenpolitik* (vgl. Bibliografie).

43 Vgl. etwa Sinjaja kniga. Als offizielles Organ eines fortgesetzten Entlarvungseifers präsentiert sich der von November 1917 bis Februar 1918 unter der Redaktion des ehemaligen Matrosen Nikolaj G. Markin (1893–1918) in sieben Bänden erschienene Sbornik sekretnych dokumentov iz archiva byvšago Ministerstva inostrannych del. Vgl. zu diesen Publikationen auch Dolinskij, Pervye sovetskie publikacii; Irošnikov/Čubar'jan, Tajnoe stanovitsja javnym; Zarnickij/Trofimova, Tak načinalsja Narkomindel, S. 15–17.

Losungen verzierten Büchern («Nieder mit der geheimen Diplomatie! Es lebe
das offene, ehrliche Abkommen!»)[44] kaum je eine Rolle.
Zur Fachliteratur. Aus Schweizer Feder liegen einige wenige Überblicksdarstellungen zur Entwicklung der schweizerisch-russischen Staatsbeziehungen
vor. Bereits 1929 publizierte Carl Benziger einen kurzen «historischen Rückblick», der hilfreiche Angaben zu den beiderseitigen Konsulaten und Gesandtschaften enthält; die Bilateralität zwischen 1820 und 1917 erscheint hier unter
dem Schlagwort einer «Periode friedlichen Einvernehmens».[45] Von institutionen-
geschichtlichem Interesse ist auch der fundierte Kurzüberblick zu den Regierungs-
kontakten 1815–1918, den Werner G. Zimmermann 1989 im Rahmen eines
Ausstellungskatalogs vorlegte.[46] 1971 hatte ausserdem Maximilian Reimann
seine Dissertation zu den quasikonsularischen Funktionen des IKRK (die er
primär am Beispiel des Schutzes der Russlandschweizer nach 1917 darlegte)
mit einem knappen Abriss der politischen Beziehungen zwischen der Schweiz
und Russland 1815–1946 eingeleitet; Reimanns Bemerkungen zur Zarenzeit
beinhalten den wichtigen Hinweis auf die primär politische Ausrichtung der
zarischen Schweizpolitik und die eher wirtschaftliche Orientierung der schweizerischen Russlandpolitik.[47] Mit der Beziehungsgeschichte vor 1848 beschäftigten sich Ester Mottini und Tatjana Kukawka in ihren (unpublizierten) Zürcher
Lizentiatsarbeiten,[48] und die Jahre nach den russischen Revolutionen von 1917
sind Gegenstand der Dissertation von Christine Gehrig-Straube und der (publizierten) Lizentiatsarbeit von Dietrich Dreyer.[49] Die russische Zeitschrift *Meždunarodnaja žizn'* widmete 1995 ein Themenheft den russisch-schweizerischen
Beziehungen; bis auf einige abgedruckte Dokumente ist unser Zeitausschnitt
darin aber kaum thematisiert.[50]
Wenn ausführliche Überblickswerke zur staatlichen Bilateralität 1848–1918/19
bisher fehlten, so sind doch einzelne Aspekte und Episoden der schweizerisch-
russischen Beziehungsgeschichte minutiös untersucht worden; auch überschneidet
sich unser Thema immer wieder mit gut aufgearbeiteten benachbarten

44 Slogan im Vorwort zum Sbornik sekretnych dokumentov iz archiva byvšago Ministerstva
   inostrannych del (aus dem Russischen).
45 Benziger, Beziehungen der Schweiz mit Russland, Zitat S. 13. Benziger beschäftigte sich
   immer wieder mit institutionellen Fragen der schweizerischen Aussenpolitik (vgl. Bibliografie).
46 W. G. Zimmermann, Beziehungen.
47 Reimann, Funktionen, S. 11–23.
48 Mottini, Anfänge; Kukawka, Beziehungen. Vgl. auch Mottini, Schweizerisch-russische Beziehungen vor 1815. Tatjana Kukawka arbeitet gegenwärtig an einer Dissertation, welche die
   aussenpolitischen Beziehungen zwischen der Schweiz und Russland von den Anfängen bis
   1848 behandeln soll.
49 Gehrig-Straube, Beziehungslose Zeiten; Dreyer, Schweizer Kreuz und Sowjetstern. – Zu den
   diplomatischen Beziehungen 1946–1956 vgl. Niederegger, Unerfüllte Erwartungen (unpublizierte
   Lizentiatsarbeit).
50 Meždunarodnaja žizn', 9 (1995).

Forschungsfeldern. Francis Ley hat beispielsweise die Rolle des zarischen Gesandten Paul von Krüdener anlässlich des Sonderbundskriegs und der schweizerischen Bundesgründung mit grosser Akribie und unter Verwendung eines umfangreichen eigenen Archivs erörtert.[51] Mehrfach zur Darstellung gelangt ist die Tätigkeit der im Mai 1918 eingerichteten und im Kontext des schweizerischen Landesstreiks ausgewiesenen Sowjetmission in Bern.[52] Für die Perspektive der wirtschaftlichen Beziehungen sei auf zwei Dissertationen verwiesen: Die Genfer *Thèse* von Georges Morel aus dem Jahre 1934 bietet grundlegende Informationen zur Entwicklung der Handelskontakte, zu Verträgen und zur ökonomischen Dimension der Schweizer Russlandwanderung – allerdings mit einem starken (damaligen) Gegenwartsbezug.[53] Mehr historische Tiefe kommt den Ausführungen von Urs Rauber zu, der 1985 einen quellenkundigen Überblick über die Geschichte der schweizerischen Industrie in Russland lieferte, darin auch staatliche Rahmenbedingungen thematisierte und das politisch und diplomatisch relevante schweizerische Wirtschaftsinteresse am Zarenreich analysierte.[54] Gut erforscht ist überhaupt die Geschichte der schweizerischen Auswanderung nach Russland. Im Zentrum des entsprechenden Zürcher Forschungsprojekts steht die von Carsten Goehrke herausgegebene Reihe *Beiträge zur Geschichte der Russlandschweizer,* deren Pilotstudie *Schweizer im Zarenreich* 1985 erschien.[55] Die Autorinnen und Autoren der Folgebände beschäftigten sich jeweils mit einer bestimmten Berufsgruppe von Auswanderern – mit den Industriellen, den Käsern, Ärzten, Theologen, Wissenschaftlern und Offizieren.[56] Den vorläufigen Abschluss der Reihe bildet ein Quellenband mit Selbstzeugnissen von Russlandschweizerinnen und Russlandschweizern.[57] Unpublizierte Zürcher Lizentiatsarbeiten widmeten sich überdies den Schweizer Erzieherinnen im Zarenreich,[58] der Appenzeller Russlandwanderung,[59] der

51 Ley, La Russie: Paul de Krudener et les soulèvements nationaux.
52 Senn, Diplomacy; Gautschi, Landesstreik, besonders S. 156–171; Dreyer, Schweizer Kreuz und Sowjetstern, S. 26–53; Collmer, Selbstdefinition; Šejnis, Missija Jana Berzina.
53 Morel, Rapports.
54 Rauber, Schweizer Industrie. – Mit den schweizerisch-sowjetischen Handelsbeziehungen beschäftigen sich zwei unpublizierte Zürcher Lizentiatsarbeiten: Iten, Handelsbeziehungen (1918 bis 1941); Lohm, Handelsbeziehungen (1946–1964).
55 Bühler et al., Schweizer im Zarenreich.
56 Rauber, Schweizer Industrie; Tschudin, Schweizer Käser; Mumenthaler, «Keiner lebt in Armuth»; Schneider, Schweizer Theologen; Mumenthaler, Im Paradies der Gelehrten; Soom, «Avancement et fortune».
57 Die besten Jahre unseres Lebens. Für eine vorläufige Gesamtbilanz des Projekts mit zahlreichen Literaturhinweisen vgl. Goehrke, Auswanderung; ferner Collmer, Einleitung. – Ausserhalb der genannten Reihe sind eine Studie zur Bündner Auswanderung (Bühler, Bündner im Russischen Reich) und zahlreiche Aufsätze erschienen, man beachte besonders die Sammelbände *Fakten und Fabeln* und *Bild und Begegnung* sowie den Katalog zur 1989 organisierten Ausstellung des Museums Strauhof in Zürich *(Schweiz – Russland).*
58 Bischof, Weibliche Lehrtätige.
59 Oberarzbacher, Auswanderung.

Rückwanderung nach der Oktoberrevolution[60] und der Struktur der letzten Russlandschweizergeneration vor dem Ersten Weltkrieg.[61] Die russische Auswanderung in die Schweiz hat bisher kein vergleichbar umfassendes Forschungsinteresse gefunden. Immerhin beschäftigen sich zahlreiche Arbeiten mit dem Teilaspekt der revolutionären Emigration,[62] und auch den russischen Studentinnen in der Schweiz kam wiederholte Aufmerksamkeit zu.[63] Erwähnenswert in diesem Zusammenhang die (russlandspezifischen) Beiträge der Sammelbände *Asyl und Aufenthalt* und «*Zuflucht Schweiz*», welche die Präsenz von Russinnen und Russen in der Schweiz in den Kontext der hiesigen Asyltradition und Ausländerpolitik stellen.[64] Mit den spektakulären Auslieferungsfällen (Nečaev, Vasil'ev) hat sich die ältere und neuere, russische wie westliche Forschung immer wieder befasst.[65] Eng verbunden mit der politischen Emigration ist das diplomatisch brisante Thema der zarischen Geheimpolizei und ihrer Auslandsagenten; Ladislas Mysyrowicz äusserte sich schon vor vielen Jahren zu den Aktionen der Ochrana in der Schweiz.[66]

Allgemeinere Literatur zur Aussenpolitik der Eidgenossenschaft beziehungsweise des Russischen Reichs existiert in grosser Fülle. Hier nur einige ausgewählte Hinweise. Claude Altermatt hat in einer materialreichen Studie die langsame und kontrovers diskutierte Entwicklung der schweizerischen Berufsdiplomatie nach 1848 nachgezeichnet und damit einen Hintergrund auch für die späte Errichtung der schweizerischen diplomatischen Vertretung im Zarenreich skizziert.[67] Für einen konzisen Überblick über eidgenössische aussenpolitische Eigentümlichkeiten nach 1848 empfiehlt sich der Beitrag von Georg Kreis im *Neuen Handbuch der schweizerischen Aussenpolitik*.[68] Kurt Rohner hat in seiner Arbeit zu den schweizerischen Wirtschaftsvertretungen im Ausland das (für die schweizerische Repräsentation im Zarenreich lange zentrale) Amt des Konsuls als eines offiziellen Vertreters ohne Diplomatenstatus beleuchtet.[69] Für die Geschichte der staatlichen Institutionen des Zarenreiches ist

---

60 Voegeli, Rückkehr.

61 Lengen, Strukturprofil.

62 Zu nennen sind die einschlägigen Studien von Alfred Erich Senn (vgl. Bibliografie) oder etwa auch Kiperman, Glavnye centry.

63 Vgl. besonders Neumann, Studentinnen; Brügger, Studentinnen.

64 Der Sammelband *Asyl und Aufenthalt* enthält auch eine über hundert Seiten starke, gut gegliederte und ausführlich kommentierte Bibliografie zu unterschiedlichen Aspekten der slawischen Emigration in der Schweiz.

65 Vgl. etwa Theen, Nečaevs Auslieferung; Firstova, Carskaja diplomatičeskaja missija v Berne; Pleiss, Schweiz.

66 Mysyrowicz, Agents secrets tsaristes. Auch die jüngere russische Forschung zur zarischen Geheimpolizei liefert immer wieder wichtige Hinweise zur Schweiz, vgl. etwa Lur'e, Policejskie i provokatory; Bračev, Zagraničnaja agentura.

67 Altermatt, Les débuts de la diplomatie.

68 Kreis, Gründung.

69 Rohner, Wirtschaftsvertretungen.

Erik Amburgers Übersicht über die Entwicklung der russischen Behördenorganisation nach wie vor grundlegend.[70] Bemerkenswert auch die Arbeit von Valerij V. Pervencev zum russischen Konsulardienst vom 18. bis zum 20. Jahrhundert; Pervencev vergleicht seinen Gegenstand mit den entsprechenden westeuropäischen Institutionen und betont eine starke politische Ausrichtung der zarischen Konsulate, die erst in der zweiten Hälfte des 19. Jahrhunderts von wachsenden ökonomischen Interessen überlagert wurde.[71] Scharfsinnige Analysen der Entscheidungsmechanismen später zarischer Aussenpolitik und gleichzeitig einen Eindruck vom hohen Reflexionsniveau der russischen Politikgeschichte bietet Valentin A. Emec in seinen jüngsten Arbeiten.[72]

4. Begriffsklärungen und Formalia

Ich unterscheide zwischen *staatlichen* und im engeren Sinne *politischen* Beziehungen. Unter politischen Beziehungen verstehe ich jene Begegnungen, die eine (erfolgreiche oder problematische) Verständigung über zwischenstaatlich relevante Wertvorstellungen und politische Visionen implizieren oder provozieren. Ich unterscheide ferner zwischen verschiedenen *politischen Diskursen,* um in Anlehnung an den Foucault'schen Diskursbegriff die Relativität politischer Vernunft zu erfassen und die Rückbindung staatlichen Handelns an den Deutungszusammenhang einer bestimmten politischen Kultur zu beleuchten.

Die Begriffe «bilateral» und «Bilateralität» verwende ich als thematische Verweise, nicht als Charakterisierung meines Gegenstandes. Es ist gerade eine der Hauptthesen dieser Arbeit, dass die schweizerisch-russische Wechselseitigkeit unseres Zeitfensters weniger einer bipolaren Interaktion als einer multilateral eingebetteten Verflechtung gleicht.[73]

Die neuere Forschung bemüht sich mit guten Gründen um einen differenzierten Gebrauch der Adjektive «russisch» und «russländisch», wobei Ersteres ethnisch beziehungsweise national, Letzteres politisch-administrativ konnotiert wird. Im Dienste der Lesbarkeit verzichte ich auf die konsequente Umsetzung dieser Unterscheidung – zumal die einfachere Variante «russisch» in unserem Kontext wenig Unheil anzurichten vermag. Es dürfte klar sein, dass die – auch in den Quellen so erscheinende – «russische» Regierung, die «russischen» Behörden und die «russischen» Gesandtschaften zur Zarenzeit den Gesamtstaat

70 Amburger, Behördenorganisation.

71 Pervencev, Konsul'skaja služba.

72 Emec, Mechanizm prinjatija vnešnepolitičeskich rešenij; Istorija vnešnej politiki Rossii: Konec XIX – načalo XX veka, S. 50–89.

73 Demgegenüber lässt sich die schweizerische Aussenpolitik der 1930er bis 1950er Jahre (auch inhaltlich) als bilateralistisch beschreiben, vgl. dazu den im Umfeld des Nationalen Forschungsprogramms NFP 42 entstandenen Sammelband *Aufstieg und Niedergang des Bilateralismus.*

(und nicht nur die russische Ethnie im engeren Sinne) repräsentierten. Wo die besagte Nuance relevant wird, etwa bei der ethnischen Herkunft zarischer Funktionäre oder bei der Rolle der Nationalitäten innerhalb der revolutionären Emigration, präzisiere ich dies. Ansonsten sind mit «Russinnen» und «Russen» für die Jahre vor der Februarrevolution jeweils sämtliche Untertanen des Zaren gemeint. Analog verwende ich für diese Zeit «Russland» und «Zarenreich» synonym. Hingegen unterscheide ich bei der Übersetzung von Zitaten zwischen *russkij* (russisch) und *rossijskij* (russländisch).

Russische Begriffe sind wissenschaftlich transliteriert, desgleichen russische Namen, sofern mir ihre kyrillische Schreibweise bekannt ist. Andernfalls steht die quellenmässig verbürgte Variante. Die in deutschen oder französischen Texten oft angeführten Adelsprädikate vor russischen Namen lasse ich in der Regel weg («Hamburger», nicht: «von» beziehungsweise «de Hamburger»).

Westlichsprachige Quellenzitate sind – bis auf offensichtliche Tippfehler – ohne orthografische Anpassungen in ihrer Originalform, allenfalls in der mir vorliegenden Druckvariante wiedergegeben; nur nach besonders auffälligen Abweichungen von heutigen Normen steht *sic*. Russische Zitate übersetze ich ins Deutsche und kennzeichne dies mit dem Hinweis «aus dem Russischen».

Bei den Nachweisen der Archivalien beschränke ich mich auf die Angabe des Autors beziehungsweise Absenders, des allfälligen Adressaten, des Datums und der Archivsignatur. Nur wenn es für das bessere Verständnis wichtig erscheint, füge ich weitere Informationen hinzu, etwa den Abgangsort oder die Klassifizierung des Dokumentes. Wörtliche Zitate aus publizierten Quellensammlungen werden mit einer genauen Seitenangabe belegt, hingegen bezeichnen Blattzählungen bei Archivsignaturen in aller Regel das ganze Dokument (und nicht nur die zitierte Stelle). Viele der zitierten Dokumente lagen mir in Form von archivierten Kopien oder Entwürfen vor, so etwa die meisten russischen Gesandtschaftsberichte; Entwürfe kennzeichne ich als solche, blosse Kopien nicht.

Eine gewisse beziehungsgeschichtliche Schwierigkeit betrifft die Datierung der Dokumente, da in Russland bis Februar 1918 offiziell der julianische Kalender galt, der im 19. Jahrhundert um 12 Tage, im 20. Jahrhundert um 13 Tage hinter dem in Westeuropa gültigen gregorianischen Kalender zurücklag. Den Zeitgenossen war diese Problematik geläufig, und viele diplomatische Quellendokumente tragen ein Doppeldatum, das ich in dieser Form wiedergebe – wobei jeweils die julianische Angabe an erster, die gregorianische an zweiter Stelle steht. Doppeldaten, die in der Quelle eine falsche Tagesdifferenz aufweisen, gebe ich bisweilen in ihrer fehlerhaften Form wieder, wenn der Irrtum nicht eindeutig aufgelöst werden kann. Ist nur ein Datum vermerkt, so ergibt sich seine Zuordnung entweder klar aus dem Kontext (NZZ, 8. 7. 1869), oder der zutreffende Kalender ist – sofern eruierbar – in Klammern angegeben («a. St.» = alten Stils = julianischer Kalender, «n. St.» = neuen Stils = gregorianischer Kalender).

Dank

Für vielfältige Unterstützung und Beratung danke ich meinem Doktorvater Prof. Dr. Carsten Goehrke (Zürich) sowie Prof. Dr. Madeleine Herren (Zürich), Dr. Seraina Gilly (Zürich), PD Dr. Christian Koller (Zürich), Dr. Valerij P. Ljubin (Moskau), Dr. Christine Gehrig-Straube (Worblaufen), Prof. Dr. Arch Getty (Los Angeles), Dr. Frank Hadler (Leipzig) und Prof. Dr. Christian Windler (Freiburg i. Br.). Ein herzlicher Dank geht auch an die Mitarbeiterinnen und Mitarbeiter des Schweizerischen Bundesarchivs in Bern sowie der Archive des russischen Aussenministeriums in Moskau.

II. Aussenpolitik und aussenpolitische Institutionen (1848 bis Februar 1917)

1. Schweiz

«Die Kraft der Republik liegt in ihrem Innern und nicht in äusserem Schein, und sie sucht ihre Würde nicht in Ostentationen bei Fremden, sondern darin dass sie ihre Selbständigkeit gegen das Ausland zu behaupten versteht und ihre Verwaltung redlich und gut, zum Wohl des Landes einzurichten strebt.»[1]

Dass der junge schweizerische Bundesstaat in seiner stilisierten Begeisterung für die republikanischen Ideale der Bescheidenheit und der Selbstgenügsamkeit am liebsten überhaupt auf Aussenpolitik verzichtet hätte, bringt das viel zitierte Diktum von Bundespräsident Frey-Herosé deutlich zum Ausdruck.[2] Auf der anderen Seite kam die neu organisierte Schweiz nicht darum herum, sich gegenüber dem Ausland zu behaupten und die Interessen ihrer Souveränität, aber auch ihres Handels mittels auswärtiger Kontakte zu wahren. Die folgenden Abschnitte sollen die Möglichkeiten und Eigenarten der schweizerischen Aussenpolitik vor dem Hintergrund eines Staatsverständnisses beleuchten, das die politische Aufmerksamkeit primär auf Fortschritte im Innern lenkte und jedem Blick über die eigenen Grenzen mit Misstrauen begegnete; in einem zweiten Teil wenden wir uns der schweizerischen Russlandpolitik und ihren institutionellen Rahmenbedingungen zu.

1.1. Politische Kultur und Aussenpolitik der Schweiz 1848–1917

Die Umgestaltung der Eidgenossenschaft in den Bundesstaat von 1848 tangierte auch die aussenpolitischen Institutionen und Prinzipien der Schweiz. Zwar wurden die beiden noch von der Tagsatzung eingesetzten Missionen in Paris

---

1 Bundesrat Frey-Herosé an den Bundesrat, 30. 3. 1854. BAR E 2/530.
2 Zur «aussenpolitischen Enthaltsamkeit als Inbegriff republikanischer Tugend» vgl. Frei, Neutralität, S. 52; vgl. auch Rosmus, Schweiz, S. 47. Zur Selbststilisierung der Schweiz als Hort der «Harmlosigkeit, Friedfertigkeit» usw. in Abgrenzung zu den umliegenden Monarchien vgl. Frei, Neutralität, S. 35 f.; ferner Kreis, Gründung, S. 27.

und Wien übernommen,[3] was die diplomatische Kontinuität zunächst einmal gewährleistete. Auch der Grundsatz der Neutralität hatte die Wirren des Bürgerkriegs einigermassen unbeschadet überstanden.[4] Eigentlich aber herrschte tiefe Verunsicherung darüber, wie denn nun die neue bundesstaatliche Aussenpolitik überhaupt funktionieren solle.[5] Ganz abgesehen vom verwirrenden Umstand, dass das vertraute Verständnis von Innen und Aussen seine Gültigkeit 1848 verlor und sich die entsprechende staatsrechtliche Trennlinie von der jeweiligen Kantons- an die Bundesgrenze verlagerte, machte es einzelnen Kantonsregierungen offensichtlich zu schaffen, sich als blosse Teile des neu definierten Inlandes zu begreifen und die meisten ihrer aussenpolitischen Kompetenzen an eine noch wenig durchschaubare Zentralgewalt abzutreten. Der Bundesrat musste nachdrücklich und wiederholt auf seine Zuständigkeiten hinweisen.[6] Aber auch innerhalb der Bundesorgane erwies sich die Verteilung der aussenpolitischen Kompetenzen als problematisch. Nicht träge Gewohnheiten bereiteten hier Mühe, sondern die korrekte Auslegung der neuen Bundesverfassung. Wem stand beispielsweise die Wahl der Schweizer Repräsentanten im Ausland zu? War es korrekt, wenn der Bundesrat dieses Recht aus Gründen der Effizienz von Anfang an für sich beanspruchte?[7]

Aussenpolitische Zurückhaltung und eine klare Absage an das höfische Gehabe der traditionellen Diplomatie entsprachen einem schweizerischen Konsens – auf der Ebene der Regierung, des Parlamentes und der Bevölkerung.[8] Einen

3 Altermatt, Les débuts de la diplomatie, S. 5, 23.

4 Vgl. Frei, Neutralität, S. 33.

5 «Die Bundesgründer von 1848 standen in aussenpolitischer Hinsicht praktisch vor dem Nichts.» Ruffieux, Schweiz, S. 22.

6 So heisst es etwa in einem Kreisschreiben an die Kantone vom 22. Januar 1849: «Aus einer Zuschrift des schweizerischen Geschäftsträgers in Paris […] ergibt sich, dass noch immer einzelne Kantonalregierungen durch das Mittel des schweizerischen Geschäftsträgers in Verkehr mit auswärtigen Regierungen treten. Der Bundesrath hält es daher für angemessen, Ihnen mitzuteilen, dass nach §. 10 der Bundesverfassung den Kantonen nur erlaubt ist, in solchen Angelegenheiten direkt mit dem Auslande zu verkehren, die durch untergeordnete Behörden besorgt werden können, dass aber in allen Fällen, in denen man sich nach den bestehenden Gesetzen an die fremden Staatsregierungen selbst zu wenden hat, dieser Verkehr allein durch den Bundesrath stattfinden kann […].» BBl. 1849 I, S. 297 f. Für eine erneute Rüge des Bundesrates an die Kantone vgl. Protokoll der Sitzung des Bundesrates, 10. 3. 1873. BAR, E 2/2361. – Zur aussenpolitischen Zuständigkeit des Bundesrates vgl. BV 1848, Art. 10 und 90.

7 Altermatt, Les débuts de la diplomatie, S. 73. Zur Frage der Zuständigkeit und der Vorgehensweise bei der Wahl von auswärtigen Vertretern vgl. den *Bericht der Kommission des Nationalrathes über die Geschäftsführung des Bundesrathes und des Bundesgerichtes im Jahr 1868, sowie über die Staatsrechnung vom gleichen Jahre. (Vom 9. Juni 1869.)* BBl. 1869 II, S. 239–296, hier S. 241 f.; ferner Sieber, Gesandtschaftswesen, S. 259. – Nach der Verfassungsrevision von 1874 betrachtete der Bundesrat das Problem als zu seinen Gunsten gelöst, obwohl eigentlich keine zweifelsfreien Verhältnisse geschaffen worden waren, vgl. Altermatt, Les débuts de la diplomatie, S. 80; ferner Kreis, Gründung, S. 29.

8 Allgemein zur Opposition, der sich die Aussenpolitik (und insbesondere die Diplomatie) in

praktischen Ausdruck fand diese Haltung in einer verbreiteten Skepsis gegen jede institutionelle Stärkung und Erweiterung des eigenen diplomatischen Apparats. Bundespräsident Stämpfli fand 1856, ein Ausbau der diplomatischen Vertretungen der Schweiz sei unnötig, «weil die Schweiz in völkerrechtlicher Beziehung nicht eine solche Stellung einnim[m]t, die eine aktive Betheiligung an den höhern diplomatischen oder internationalen Fragen erheischt».[9] Und noch 1917 liess Bundespräsident Schulthess verlauten: «Und nun, welches ist diese auswärtige Politik der Eidgenossenschaft? Die Schweiz verfolgt eine Politik der absoluten und loyalen Neutralität. Sie verfolgt eine Politik, die eigentlich den Grundsatz in sich schliesst, dass sie keine Politik verfolgt. So war es in der Vergangenheit, so soll es im Wesentlichen auch in der Zukunft sein.»[10]
Aber auch in den beiden Kammern des Parlaments wehte den Befürwortern einer aktiveren Aussenpolitik und einer besser dotierten schweizerischen Diplomatie ein eisiger Wind entgegen. In den fünfziger Jahren mussten die beiden damaligen ständigen Auslandsvertreter Josèphe-Hyacinthe Barman (Paris) und Ludwig Steiger (Wien) immer wieder den Kopf hinhalten, wenn National- oder Ständeräte ihrem aussenpolitischen Unwillen Luft machten. So referierte etwa die Neue Zürcher Zeitung 1853 einen Ausspruch von Nationalrat Gonzenbach über Steiger: «Dieser Geschäftsträger sei von allen eidgenössischen Beamten der unbeschäftigste, habe täglich bloss eine halbe Stunde zu thun, 50–60 Pässe jährlich zu visiren und sonst etwa 300 Visa zu ertheilen. [...] Jeder Post- und Kanzleibeamte habe mehr Arbeit und doch beziehe jener 8800 Fr.»[11]
Rasch verband sich in der neuen Schweiz die idealistische Bescheidenheit der Anfangsjahre mit realpolitischer Sparsamkeit, gerade in der Aussenpolitik. Das finanzielle Argument entwickelte sich schon früh zur verständnisheischenden Standardverweigerung diplomatischer Ausbaupläne. Die Neue Zürcher Zeitung kommentierte 1854: «So viel scheint sicher zu sein, dass die meisten

der Schweiz lange gegenübersah, vgl. Altermatt, Les débuts de la diplomatie, S. 187–238; ferner Schoop, Kern, S. 27 f. Zum Zeremoniell bei Kontakten von eidgenössischen Repräsentanten mit Vertretern des Auslandes vor 1848 vgl. Benziger, Les représentations diplomatiques, S. 6 f.
9 EPD an den Bundesrat, 1. 7. 1856. BAR, E 2/530. – Zur Meinung des Bundesrates, dass nach der Verfassungsrevision von 1874 und der darin «erfolgten Klarstellung der Frage, wer die Gesandten zu wählen hat, [...] jedenfalls noch weniger als im Jahre 1869 ein gesezgeberischer Akt über die Organisation der diplomatischen Vertretung im Auslande nöthig sei», vgl. *Botschaft des Bundesrathes an die hohe Bundesversammlung, betreffend Erledigung des Postulates Nr. 88, über die diplomatische Vertretung der Schweiz im Auslande. (Vom 28. September 1877.)* BBl. 1877 IV, S. 31–39, hier S. 38 f.
10 Bundespräsident Schulthess: *Zu Prot. No. 795. Nationalrat 28. Juni 1917.* BAR, E 2001 (E) -/13 (B 14). Die Aussage steht im Zusammenhang der Affäre Hoffmann/Grimm; vgl. dazu auch unten S. 382–385.
11 NZZ, 28. 7. 1853. Diese Äusserung Gonzenbachs provozierte im Parlament scharfe Kritik seitens des Bundesrates sowie der zukünftigen Spitzendiplomaten Johann Conrad Kern (ab 1857 Minister in Paris) und Abraham Tourte (ab 1860 in Turin).

[Parlamentarier] eine vermehrte Repräsentation *ebenso gern sehen, als sie deren Kosten scheuen.*[12]

Wie nun die Skepsis gegenüber Diplomatie und Aussenpolitik auch im (männlichen) Volk verwurzelt war, mögen zwei Abstimmungsergebnisse illustrieren. Am 11. Mai 1884 verwarfen die Stimmbürger eine geplante Zusatzentschädigung von 10'000 Franken für die 1882 eingerichtete Gesandtschaft in Washington mit einem Nein-Anteil von 61,5 Prozent.[13] Die erfolgreiche Kampagne der Gegner hatte etwa so argumentiert: «Sollte die Verwerfung der 10'000 Fr. zur Abdankung des Gesandten und zur Eingehung des Postens führen, so entstünde daraus kein Nachtheil, sondern Gewinn und dieser Gewinn würde noch grösser, wenn die ebenso unnützen als köstlichen Gesandten in Paris, Rom, Wien und Berlin ebenfalls heimkehren würden. Die dadurch ersparten Fr. 250'000 könnten im Lande zweckmässiger verwendet werden.»[14]

Nicht besser erging es dem *Bundesgesetz betreffend die Vertretung der Schweiz im Auslande,* einem im Juni 1894 vom Parlament gebilligten Versuch, gesetzliche Ordnung in die schweizerische Diplomatie zu bringen.[15] In der Referendumsabstimmung vom 3. Februar 1895 sagte das stimmberechtigte Volk Nein dazu, und zwar mit 58,5 Prozent.[16]

Diese Ergebnisse verlangen zugegebenermassen eine kritische Situierung in den jeweiligen innenpolitischen Kontext. Die kulturkämpferische Skepsis der katholischen Kantone gegenüber dem Bund[17] dürfte ihre Wirkung genauso wenig verfehlt haben wie abstimmungstechnische Gegebenheiten, etwa die Koppelung der Washingtoner Frage mit drei weiteren Vorlagen.[18] Wir können aber doch festhalten, dass neben Regierung und Parlament auch das Volk der Diplomatie als verbindlicher Konkretisierung aussenpolitischen Tatendrangs wenig Begeisterung entgegenbrachte.

Immerhin erfuhr die Aussenpolitik des jungen Bundesstaates auch gewisse Aufbruchsphasen. Claude Altermatt spricht vom «élan réformiste» der 1860er

---

12 NZZ, 15. 7. 1854 (Hervorhebung in der Vorlage). Im Anschluss plädierte die NZZ für die billigere, der «republikanischen Einfachheit» der Schweiz angemessenere Variante einer Beschränkung auf ausserordentliche Bevollmächtigte in Krisenzeiten. – Gemäss Benziger begnügten sich die Räte zwischen den 1870er Jahren und dem Ausbruch des Weltkriegs im Allgemeinen damit, den Geschäftsbericht des Politischen Departements zu genehmigen. Benziger, Die schweizerischen Vertreter, S. 6.
13 Altermatt, Les débuts de la diplomatie, S. 202.
14 Vaterland, 4. 5. 1884. Zit. in: Altermatt, Les débuts de la diplomatie, S. 198.
15 Text in: BBl. 1894 III, S. 137–139. Vgl. Altermatt, Les débuts de la diplomatie, S. 218.
16 Noch kläglicher wäre die Vorlage gescheitert, hätten nicht die drei welschen Kantone Waadt, Neuenburg und Genf sehr deutlich angenommen (Nein-Anteile von lediglich rund 10 Prozent); zum Vergleich: Obwalden zählte 94,5 Prozent Nein. Ebd., S. 230.
17 Vgl. Stadler, Kulturkampf.
18 Zur Bedeutung des Urnengangs vom Mai 1884 vgl. Widmer, Schweiz, S. 375–384; Altermatt, Les débuts de la diplomatie, S. 196.

Jahre:[19] Neue Gesandtschaften wurden eingerichtet (Turin, Berlin), und das Parlament diskutierte die auswärtigen Beziehungen und ihre institutionelle Pflege lebhaft. Nach einer erneuten Stagnationsphase im Kontext der 1873 einsetzenden Wirtschaftskrise liessen seit Ende der siebziger Jahre protektionistische Massnahmen anderer Staaten auch in der Schweiz den Ruf nach einer wirksamen staatlichen Aussenhandelspolitik und in diesem Rahmen nach einer Stärkung der schweizerischen Auslandsvertretungen lauter werden.[20] Im bundesrätlichen Geschäftsbericht für 1880 heisst es: «Schon zu wiederholten Malen ist in kommerziellen und industriellen Kreisen der Schweiz der Wunsch ausgesprochen worden, es möchte dahin gestrebt werden, dass die Stellung der schweizerischen Konsulate im Auslande in der Weise organisirt werde, dass dieselben dem schweizerischen Handelsstande grössere Dienste zu leisten in die Lage kämen.»[21]

Der Wunsch nach besserer Vertretung der schweizerischen Handelsinteressen zog sich unverändert ins 20. Jahrhundert hinein.[22] Die Schweiz hatte sich aber noch ein anderes, abseits direkter ökonomischer Erwägungen situiertes aussenpolitisches Betätigungsfeld zu erschliessen begonnen. Die schweizerische Neutralität und die zentrale Lage Berns in Europa prädestinierten den Bundesrat dazu, im Rahmen multilateraler politischer Abkommen oder auch bei der Herausbildung partieller technologischer oder administrativer internationaler Netzwerke und Vertragssysteme eine Koordinations- und Führungsfunktion zu übernehmen. Diese Rolle erlaubte es der Schweiz, sich international zu profilieren, ohne hohe Politik betreiben und ihre Neutralität in Frage stellen zu müssen.[23]

Noch einige Worte zur allgemeinen Funktionsweise des schweizerischen aussenpolitischen Apparates. Als diplomatische Zentrale fungierte das Politische Departement, dem jeweils der jährlich wechselnde Bundespräsident vorstand.[24] Der zeremonielle Sonderstatus des Präsidialdepartements vermag freilich nicht

19 Ebd., S. 83.
20 Vgl. Kreis, Gründung, S. 39; Benziger, Die Konsularischen Vertreter, S. 20. – Zur Stagnationsphase 1874–1881 vgl. Altermatt, Les débuts de la diplomatie, S. 80–87. Zur Wirtschaftskrise in der Schweiz vgl. Ruffieux, Schweiz, S. 55 f.; Widmer, Schweiz, S. 91–127; DDS, Bd. 3, S. XIII f. Zum Protektionismus im Kontext der Bismarck'schen Handelsvertragspolitik vgl. Rohner, Wirtschaftsvertretungen, S. 10; Reichesberg, Konsularwesen, S. 781.
21 *Bericht des Bundesrathes an die hohe Bundesversammlung, betreffend seine Geschäftsführung im Jahre 1880. I. Geschäftskreis des Handels- und Landwirthschaftsdepartements.* BBl. 1881 II, S. 1–78, hier S. 3 f.
22 Nationalrat Virgile Rossel verlangte 1903 in einer Motion die Prüfung der Frage, wie die Vertretung schweizerischer Handelsinteressen im Ausland organisiert und ergänzt werden könnte. Motion Rossel und Mitunterzeichner, 23. 3. 1903. BAR, E 2001 (A)/1041.
23 Zum schweizerischen «Internationalismus» als einem «Weg zur pragmatischen Aussenorientierung» (etwa im Verwaltungsbereich) vgl. Herren, Hintertüren, besonders S. 215–370. Vgl. dazu auch unten S. 289 f.
24 Im *Bundesgesetz über die Organisation und den Geschäftsgang des Bundesrathes* vom 7. Juli 1849 heisst es: «Art. 23. Dem *politischen Departement* liegt die Vorberathung und Besorgung folgender Geschäfte ob: 1) Der Verkehr mit auswärtigen Staaten und deren Stellvertretern, die

über die kärgliche Ausstattung und die begrenzte Handlungsmöglichkeit dieser Behörde hinwegzutäuschen.[25] Als einziger ordentlicher Mitarbeiter des Vorstehers war in den ersten Jahren ein Departementssekretär vorgesehen, und auf ihn wurde zwischen 1850 und 1869 freiwillig verzichtet.[26] 1878 kam ein Kanzlist dazu.[27] Eine solche Ein-, Zwei-, bestenfalls Drei-Mann-Behörde stiess schnell an ihre Grenzen. Abgesehen vom (auch historiografischen) Problem, dass das anfängliche Fehlen einer eigenen Registratur diverse aussenpolitische Akten in den Fachdepartementen ehemaliger Bundespräsidenten verschwinden liess, diktierte die personelle Situation vor allem das Tempo der Arbeit. Wie die übrigen Regierungsstellen konnte auch das Politische Departement jeweils nur *ein* Geschäft aufs Mal seriös behandeln.[28] Angesichts einer Versiebenfachung des Arbeitsvolumens zwischen 1876 und 1883 schien eine Reorganisation unumgänglich.[29] Unter der Federführung von Bundesrat Numa Droz erhielt das nunmehrige «Departement des Auswärtigen» 1888 verschiedene Abteilungen (Politisches, Handel, Auswanderungswesen) und immerhin 20 Funktionäre. Vorsteher war nicht mehr zwingend der Bundespräsident, sondern wie bei den anderen Departementen ein mehrere Jahre amtierender Fachminister.[30] 1896 wurde das «System Droz» jedoch, von Anfang an als Versuch betrachtet, zugunsten der alten Ordnung wieder aufgegeben; das Organigramm des auferstandenen Politischen Departementes beschränkte sich auf ein Sekretariat und eine Unterabteilung Auswanderungswesen.[31]

Abschliessung von Staatsverträgen aller Art, wobei inzwischen bezüglich auf deren Inhalt die Mitwirkung der andern Departemente, in deren Geschäftskreis sie der Sache selbst nach gehören, vorbehalten ist. 2) Der Verkehr mit den Geschäftsträgern und Konsuln der Schweiz im Auslande. 3) Die Vermittlung des amtlichen Verkehrs zwischen Kantonen und auswärtigen Staatsregierungen oder deren Stellvertretern. 4) Prüfung derjenigen Verträge, welche die Kantone von sich aus mit ausländischen Behörden abzuschliessen befugt sind. 5) Wahrung der Unabhängigkeit, Neutralität und Sicherheit der Eidgenossenschaft gegen Aussen im Allgemeinen, sowie der völkerrechtlichen Verhältnisse im Besondern. 6) Aufrechthaltung der öffentlichen Ruhe und Ordnung im Innern. 7) Ueberwachung und Regulirung der Grenzverhältnisse zu dem Auslande.» BBl. 1849 II, S. 159 f.

25 Vgl. Kreis, Voraussetzungen, S. 42; Freymond, Switzerland, S. 474.
26 Der Bundesrat vermerkte in seinem Geschäftsbericht für 1851 zum Politischen Departement: «Von dem Kredit von Fr. 1600 für einen Departementssekretär wurde kein Gebrauch gemacht.» BBl. 1852 I, S. 480. Bundespräsident Frey-Herosé brachte also 1854 seinen oben zitierten Bericht eigenhändig zu Papier, vgl. Altermatt, Les débuts de la diplomatie, S. 32.
27 Die Stelle des Kanzlisten («Kanzlist-Registrator») wurde 1878 provisorisch, 1883 definitiv eingerichtet, vgl. Altermatt, Les débuts de la diplomatie, S. 167–169; *Botschaft des Bundesrates an die Bundesversammlung, betreffend die Organisation des politischen Departementes. (Vom 22. Mai 1896.)* BBl. 1896 III, S. 178–181; Graffina, Politisches Departement, S. 295.
28 Vgl. DDS, Bd. 3, S. XIII.
29 Vgl. EPD an den Bundesrat, 20. 1. 1883. BAR, E 2/2364.
30 Zur Reorganisation unter Bundesrat Droz vgl. etwa Altermatt, Les débuts de la diplomatie, S. 169–176; Kreis, Gründung, S. 30; Die Schweizer Bundesräte, S. 33.
31 Zur organisatorischen Entwicklung des Politischen Departementes seit 1914 vgl. unten S. 412.

Neben dem institutionellen gestaltete sich auch der politische Handlungsraum des Bundespräsidenten in seiner Funktion als Aussenminister sehr eng. Sicher liess sich die repräsentative Präsidialfunktion im Kontakt mit ausländischen Diplomaten und Staatsoberhäuptern gut verwerten. Hemmend wirkte neben neutraler Zurückhaltung aber beispielsweise die ungeschriebene Regel, dass der Präsident das Land nicht zu verlassen habe.[32] Dazu kommt, dass die Aussenpolitik in besonderem Masse als Angelegenheit des Gesamtbundesrates verstanden wurde[33] und die verschiedenen Fachdepartemente in für sie wichtigen Fragen eine gewisse «Paralleldiplomatie»[34] betrieben.

Bei der Organisation der Auslandsvertretungen ist zu unterscheiden zwischen konsularischen und diplomatischen Posten. Schweizerische Konsulate wurden seit der Helvetik in vielen Ländern betrieben, schon früh auch im Zarenreich.[35] Mit dem *Reglement für die schweizerischen Konsuln* vom 1. Mai 1851 übernahm der junge Bundesstaat das bestehende Konsularwesen und passte es der neuen Staatsform an.[36] Ein Konsul, das war gewöhnlich ein geschäftstüchtiger Auslandschweizer, der sich in seinen Büros nebenbei der Handelsinteressen seiner Heimat annahm und ausgewanderte Landsleute administrativ betreute. Obwohl die Konsuln mit dem Reglement von 1851 zusätzliche zivilrechtliche Aufgaben zu übernehmen hatten, blieben ihre Dienste bis auf eine bescheidene Spesenvergütung und allfällige Sporteln unentgeltlich.[37] Auffallend ist das Fehlen einer klaren zentralen Koordination des Konsularnetzes. Auch nach der Reglementsrevision von 1875[38] entstand, wie Kurt Rohner bemerkt, «weder im Politischen noch im Handelsdepartement» ein «besonderes Organ für den Konsulardienst».[39] 1880 wandten sich der Schweizerische Handels- und Industrieverein sowie die Ostschweizerische Geographisch-Comercielle Gesellschaft an den Bundesrat, um auf das Ungenügen aufmerksam zu machen und insbesondere eine zweckmässigere wirtschaftliche Berichterstattung der Konsulate zu fordern.[40] Der Bundesrat nahm diese Anliegen ernst. Er rief 1881 Vertreter der

---

32 Kreis, Gründung, S. 30.

33 Altermatt, Les débuts de la diplomatie, S. 165; Kreis, Voraussetzungen, S. 43.

34 Ebd., S. 45.

35 Rohner, Wirtschaftsvertretungen, S. 2; Reichesberg, Konsularwesen, S. 780.

36 So wurde etwa in Art. 3 festgehalten, dass die Konsuln auf Vorschlag des Handelsdepartementes vom Bundesrat gewählt werden. *Reglement für die schweizerischen Konsuln. (Vom 1. Mai 1851.)* AS, Bd. 2, S. 293–313, hier S. 293. Vgl. auch Reichesberg, Konsularwesen, S. 781.

37 Rohner spricht von einem «Pflichtendualismus» (wirtschaftliche und zivilrechtliche Aufgaben). Rohner, Wirtschaftsvertretungen, S. 5; vgl. dazu auch Benziger, Die Konsularischen Vertreter, S. 18. – Zur Unentgeltlichkeit vgl. *Reglement für die schweizerischen Konsuln* (1851), Art. 33 und Tarifliste. AS, Bd. 2, S. 302, 306; Rohner, Wirtschaftsvertretungen, S. 7.

38 *Reglement für die schweizerischen Konsularbeamten. (Vom 26. Mai 1875.)* AS (n. F.), Bd. 1, S. 528–564.

39 Rohner, Wirtschaftsvertretungen, S. 9. – In Frankreich etwa entstand eine *direction des consulats et des affaires commerciales,* vgl. Anderson, Rise, S. 132.

40 Rohner, Wirtschaftsvertretungen, S. 11. Die Ostschweizerische Geographisch-Commercielle

Wirtschaftsverbände zu einer Konferenz über die Reorganisation des Konsularwesens zusammen, die aber keine greifbaren Ergebnisse zeitigte.[41] Offiziell statuierte im Dezember 1884 ein Bundesbeschluss: «Die Vervollständigung der Vertretung der wirthschaftlichen Interessen der Schweiz im Auslande ist der Privatinitiative zu überlassen.»[42]

Das Konsularreglement von 1875 blieb bis 1920 in Kraft.[43] Georges-André Criblez hat die organisatorischen Charakteristika dieses alten schweizerischen Konsularsystems in vier Punkten zusammengefasst: Die konsularische Tätigkeit wurde unentgeltlich geleistet; Hilfskräfte rekrutierten sich aus dem Privatpersonal des Konsuls; vom Konsul erhobene Gebühren verblieben diesem als (kaum hinreichende) Kompensation für seine Büro- und Personalkosten; eine eigentliche Konsulatskanzlei existierte nicht.[44]

Im Gegensatz zu den Konsulaten arbeiteten die diplomatischen Vertretungen als offizielle, klar dem Politischen Departement zugeordnete Repräsentationen der Schweiz im Ausland. Ein guter Teil der Gehässigkeiten rund um diese diplomatischen Missionen gründete in der Tatsache, dass die entsprechenden Beamten ihre Aufgabe nicht wie die Honorarkonsuln freizeitlich und um der blossen Ehre willen verrichteten, sondern den Staatsdienst zum Beruf hatten und folglich angemessen entlöhnt werden mussten.[45] Unter diesen Umständen schien die Idee bestechend, bestehende diplomatische Posten kurzerhand durch billigere Konsulate zu ersetzen. Passten diese nicht sowieso besser zur republikanischen Schweiz? Bundespräsident Furrer quittierte solche Ideen aus den Reihen des Parlaments 1849 mit einer staatsrechtlichen Lektion: «Ein Konsul hat, wenn auch einen öffentlichen, doch keinen gesandtschaftlichen Charakter, er wird auch nicht als regelmässiger Stellvertreter seines Staates für alle Angelegenheiten, namentlich die politischen, bei einer fremden Regierung accreditirt, sondern er erhält nur einen Bestellungsbrief als Konsul, und bei Ueberreichung

Gesellschaft forderte überdies die Schaffung einer konsularischen Zentralstelle in der Schweiz, die der Wirtschaft für Auskünfte und Korrespondenz zur Verfügung stehen sollte. Ebd., S. 12.
41 Ebd.
42 *Bundesbeschluss betreffend Vertretung der schweizerischen wirthschaftlichen und kommerziellen Interessen im Auslande. (Vom 18. Dezember 1884.)* AS (n. F.), Bd. 7, S. 796 f., hier S. 796. Das Wort «Vervollständigung» spielt auf ein Postulat von Nationalrat Geigy an, der subventionierte schweizerische Handelskammern im Ausland errichten wollte, vgl. Rohner, Wirtschaftsvertretungen, S. 13.
43 Criblez, Système, S. 34.
44 Ebd., S. 20.
45 Private Nebeneinkünfte der Diplomaten waren gar geächtet: Als sich Geschäftsträger Steiger in Wien «ein bisschen» in dieser Richtung betätigte, weil ihm der Diplomatenlohn ganz einfach nicht reichte, trug ihm das eine parlamentarische Rüge ein – man fürchtete um die Unvoreingenommenheit eines selbst Geschäftenden. BBl. 1853 II, S. 749. Steiger opferte nach eigenen Angaben innert fünf Jahren dem Diplomatendasein sein ganzes privates Vermögen. Altermatt, Les débuts de la diplomatie, S. 29.

desselben wird um das Exequatur in der Stellung als Konsul nachgesucht. Daraus folgt, dass derselbe nicht zu dem allgemeinen diplomatischen Geschäftsverkehr zugelassen würde und dass er auch zum grössten Nachtheile seiner amtlichen Thätigkeit vermöge der bestehenden Grundsäze und Gebräuche mit dem diplomatischen Corps nicht in der Verbindung stehen könnte, die ihm als Mitglied desselben offen stünde.»[46]

Vor dem Ersten Weltkrieg errichtete die Schweiz diplomatische Vertretungen in Paris, Wien, Turin/Florenz/Rom, Berlin, Washington, London, Buenos Aires, St. Petersburg, Tokio, Rio und Madrid.[47]

1.2. Die schweizerische Russlandpolitik

1.2.1. Interessen und zentrale Führung

Das Zarenreich war für die Schweiz in unserem Zeitfenster vor allem in dreierlei Hinsicht interessant: als Garant schweizerischer Neutralität und Souveränität im Rahmen der Wiener Verträge von 1815, als Gastland tausender von Schweizer Auswanderern und als Handelspartner und Absatzmarkt für schweizerische Unternehmen. Dieser Vielschichtigkeit schweizerischer Russlandinteressen, deren konkrete Realisierung noch ausführlich darzustellen sein wird, versuchte vor allem *ein* Mann Rechnung zu tragen – der Vorsteher des Eidgenössischen Politischen Departements, der (mit Ausnahme weniger Jahre) zugleich das Amt des schweizerischen Bundespräsidenten bekleidete. Es mag dem traditionell hohen Stellenwert starker Magnaten und persönlicher Beziehungen in der politischen Kultur der zarischen Autokratie entsprochen haben, dass die russischen Diplomaten in Bern das Abstraktum guter zwischenstaatlicher Beziehungen häufig mit der individuellen Persönlichkeit des jeweiligen Bundespräsidenten verbanden. Jedenfalls trugen die Beziehungen der Schweiz mit Russland in besonderem Masse den persönlichen Stempel des Bundespräsidenten. Emil Welti beispielsweise erschien nach der Auslieferung des Revolutionärs Nečaev geradezu als Personifizierung gelungener schweizerisch-russischer Zusammenarbeit.[48] Auf der anderen Seite konnte die mangelnde Sensibilität eines einzelnen Bundesrates zu bilateralen Verstimmungen führen, welche den Rahmen politischer Meinungsverschiedenheiten sprengten; verwiesen sei hier etwa auf die unvorsichtige russlandkritische Haltung

---

46 Zit. in: *Bericht des Bundesrathes an die h. Bundesversammlung, betreffend die diplomatische Vertretung der Schweiz im Auslande. (Vom 28. Juni 1867.)* BBl. 1867 II, S. 313–352, hier S. 316. Vgl. auch Bundesrat an den Ständerat, 1. 11. 1849. BAR, E 2/530; ferner Altermatt, Les débuts de la diplomatie, S. 24; Sieber, Gesandtschaftswesen, S. 259; Kreis, Gründung, S. 30.

47 Vgl. Altermatt, Les débuts de la diplomatie.

48 Vgl. etwa M. A. Gorčakov an A. M. Gorčakov, 11./23. 11. 1872. Švejcarija – Rossija, Nr. 62.

von Bundesrat Josef Knüsel anlässlich der Verhandlungen zum Auslieferungsvertrag von 1873.[49]

1.2.2. Die schweizerischen Vertretungen im Zarenreich

Bis zum Beginn des 20. Jahrhunderts begnügte sich die offizielle Schweiz
damit, im Zarenreich konsularisch vertreten zu sein. Zwar hatte das Politische
Departement bereits 1875 angemerkt: «[...] le rôle toujours plus important qui
appartient à la Russie dans la politique européenne, justifierait déjà suffisamment
la création d'une mission diplomatique à St-Pétersbourg.»[50] Aussenpolitische
Zurückhaltung und die gegnerische Prognose horrender Kosten verzögerten
jedoch lange die Aufwertung des Generalkonsulates. Ausserdem unterhielt ja
die Zarenregierung einen kompetenten diplomatischen Vertreter in der Schweiz,
über den sich der offizielle Austausch bequem realisieren liess. In diesem
Sinne stellte die russische Gesandtschaft in Bern ein Instrument der bilateralen Beziehungen dar, das zwar von der zarischen Regierung finanziert und
instruiert wurde, dessen diplomatische Privilegien aber auch die Schweiz gerne
nutzte.

Von der alten Eidgenossenschaft hatte der neue schweizerische Bundesstaat
1848 drei konsularische Vertretungen im Zarenreich übernommen: das Generalkonsulat in St. Petersburg und die Konsulate in Moskau und Odessa.[51] Im
November 1848 informierte der Vorort der Eidgenossenschaft Generalkonsul
Loubier über seinen Rücktritt und die Bildung eines Bundesrates – der dann
seinerseits verlauten liess, er habe die Regierungsgeschäfte in Übereinstimmung mit der neuen Bundesverfassung übernommen.[52] Die Verbindung mit
dem Generalkonsulat funktionierte. Doch wie erlebte das abgelegenere Konsulat in Odessa den Systemwechsel in der Heimat? Die Durchsicht der Akten
macht deutlich, wie fern die Schweiz für dieses alte Konsulat war, wie wenig
man hier überhaupt von den grundlegenden Veränderungen in Westeuropa
mitbekam. Schüchtern wandte sich am 17./29. Dezember 1848 Vizekonsul Richard an den Bundesrat: «Aucun journal suisse ne se trouvant porté dans la
liste des écrits périodiques étrangers dont l'introduction est permise dans l'Empire
russe, le consulat d'Odessa ne connait que d'une manière imparfaite les
changements apportés à l'ancien pacte par la constitution fédérale du 12 Septembre 1848. – Je viens donc vous prier, Monsieur le Président, de vouloir bien

---

49 Vgl. unten S. 304–306.
50 EPD an den Bundesrat, 5. 12. 1875. BAR, E 2/580. – Zu früheren diplomatischen Spezialmissionen der Schweiz in Russland vgl. Benziger, Die schweizerischen Vertreter, S. 13.
51 Vgl. W. G. Zimmermann, Beziehungen, S. 161.
52 Vorort der Eidgenossenschaft an Generalkonsul Loubier, 20. 11. 1848. BAR, E 2200.86,
Nr. 64/1. Bundesrat an Generalkonsul Loubier, 21. 11. 1848. Ebd.

me faire expédier, par la poste, un exemplaire, en français, de cette nouvelle constitution dont il est nécessaire que je sache toutes les dispositions.»[53] Bis zum Revolutionsjahr 1917 und dem anschliessenden Abbruch der offiziellen Beziehungen entstanden zusätzliche Konsulate in Riga (1868), Warschau (1875), Tiflis (1883), Kiev (1902) und Åbo (1914). Trotz dieser Neugründungen blieb das Netz der schweizerischen Konsulate in der Weite des Zarenreiches sehr grobmaschig. In Krisenzeiten musste der Bundesrat bisweilen fremde Hilfe in Anspruch nehmen, um eine ausreichende Betreuung der Landsleute sicherzustellen. Als 1905 beispielsweise die erste russische Revolution zu anhaltenden Unruhen eskalierte, ersuchte Bern die deutsche Regierung, ihre Vertreter in Russland möchten auch die dortigen Schweizer unter ihren Schutz nehmen. Es wurde vereinbart: «An den Orten wo die Schweiz keinen eigenen Konsul hat, ist der deutsche Konsul befugt, von sich aus zum Schutze von Schweizerbürgern einzuschreiten, ohne vorher den Schweizerkonsul, zu dessen Konsularbezirk der Ort gehört, zu befragen [...].»[54] Nach der Niederschlagung der Revolution fand diese Unterstützungsregelung keine Anwendung mehr, sie wurde formell aber erst im Juni 1914 aufgehoben.[55] Während des Weltkriegs sondierte der Bundesrat in Washington und Paris, ob notfalls die Bereitschaft zur Beschützung der Russlandschweizer bestehe.[56]

Neben einem guten Leumund stellte die wirtschaftliche Situierung ein wichtiges Eignungskriterium für das Amt eines schweizerischen Honorarkonsuls dar. Letzterer schenkte nämlich dem öffentlichen Dienst nicht nur seine Zeit und

---

53 Vizekonsul Richard an den Bundesrat, 17./29. 12. 1848. BAR, E 2/1400.
54 EPD an die schweizerischen Konsulate in Russland, 27. 12. 1905. Švejcarija – Rossija, Nr. 86. Auf eine Abmachung mit der deutschen Regierung drängte insbesondere Konsul Mantel in Riga, vgl. etwa schweizerisches Konsulat in Riga an das EPD, 23. 7./5. 8. 1905. Ebd. Angesichts der Unbeliebtheit der Deutschen in Russland zweifelte das Politische Departement zunächst an der Zweckmässigkeit des deutschen Schutzes, nahm dann aber doch Verhandlungen auf, vgl. EPD an Konsul Mantel, 8. 8. 1905 (Entwurf). Ebd.; EPD an die schweizerische Gesandtschaft in Berlin, 13. 12. 1905 (Entwurf). Ebd.; schweizerische Gesandtschaft in Berlin an das EPD, 16. 12. 1905. Ebd.; Minister Claparède (Berlin) an das EPD, 17. 12. 1905. Ebd.; Protokoll der Sitzung des Bundesrates, 18. 12. 1905. Ebd. – Zu einer Regelung, wonach deutsche und amerikanische Diplomaten oder Konsuln ihren Schutz auch auf Schweizer ausdehnten, sofern im betreffenden Gebiet keine schweizerische Vertretung existierte, vgl. EPD an den Bundesrat, 17. 2. 1882. BAR, E 2/163.
55 Protokoll der Sitzung des Bundesrates, 23. 6. 1914. BAR, E 2001 (A) 1787; vgl. auch EPD an den Gesandten Odier, 6. 6. 1914. Ebd.
56 Beide Regierungen zeigten sich bereit, die Schweizer wenn nötig zu schützen, vgl. EPD an die schweizerische Gesandtschaft in Washington, 6. 8. 1914 (chiffriert; Entwurf). BAR, E 2001 (A)/1807; Gesandtschaftssekretär de Pury («HURY») an das EPD, 5. 8. 1914. Ebd. Die Anfrage an Frankreich erfolgte auf Drängen von Emil Grether (1854–1921), Bruder des Moskauer Konsuls, der 1914 eine baldige russische Revolution befürchtete, vgl. Aktennotiz EPD, 13. 8. 1914. Ebd.; französische Botschaft in Bern an Bundespräsident Hoffmann, 10. 9. 1914. Ebd.

Arbeitskraft. Das Konsulat war in der Regel auch in seinen privaten Büroräumlichkeiten untergebracht, und Angestellte des eigenen Betriebes übernahmen – allenfalls mit dem offiziellen Titel eines Konsulatskanzlers geschmückt – Botengänge und Schreibarbeiten.[57] Wer als Konsul nicht über solche Ressourcen verfügte, geriet leicht in Bedrängnis. Konsul Tallichet in Tiflis etwa, ein Professor, konnte vom Bundesrat 1885 nur durch Gewährung einer ausserordentlichen Entschädigung daran gehindert werden, seinen Posten bereits nach zwei Jahren wieder zu quittieren.[58] Meist schieden Kandidaten ohne den nötigen ökonomischen Spielraum aber schon im Auswahlverfahren aus. Der Moskauer Konsul Grether nannte 1915 Samara einen an sich geeigneten Konsulatsstandort, gab aber gleich zu bedenken, dass die dortigen Schweizer vor allem Professoren und Lehrer seien, welche also nicht über die materiellen Voraussetzungen für das Amt eines Konsuls verfügten.[59]

Betrachtet man die Machtstrukturen in den Schweizerkolonien des Zarenreiches, so fällt eine mehrschichtige Verfilzung auf. Zunächst lässt sich eine gewisse Tendenz zur verwandtschaftlichen Dynastiebildung beobachten; verschiedentlich wanderte das Amt des Konsuls innerhalb einer Familie weiter.[60] Zweitens bestanden bisweilen geschäftliche Verbindungen, wenn etwa Vizekonsul Haeny in Odessa auch privat als Angestellter von Konsul Tritten arbeitete[61] oder die Inhaber des *Textilimportgeschäfts Faesy & Luchsinger* sich als Konsuln ablösten beziehungsweise Luchsinger schon als Vizekonsul unter Konsul Faesy gedient hatte (Moskau).[62] Zu erwähnen ist schliesslich die häufige Führungsrolle der Konsuln in den örtlichen schweizerischen Hilfsgesellschaften, womit die beiden wichtigsten Organisationsstrukturen der Kolonien oft von denselben Personen kontrolliert wurden.[63] Indem sie die Konsuln bewusst in ihre Leitung mit einbezogen, eigneten sich die privaten Hilfsgesellschaften gleichsam den offiziösen Status von karitativen Abteilungen der Konsulate an, die dann vom Bund auch subventioniert wurden. Angesichts der boomenden

57 Nach seinem Rückzug aus dem aktiven Geschäftsleben sah sich Konsul Tritten in Odessa veranlasst, eigens einen Raum für die Konsulatskanzlei zu mieten. EPD an den Bundesrat, 16. 3. 1881. BAR, E 2/1401.
58 Vgl. unten S. 98.
59 Vgl. Odier an Bundespräsident Motta, 17./30. 6. 1915. BAR, E 2001 (A)/1214.
60 Brüder waren etwa die Konsuln Johann und Franz Bohnenblust, St. Petersburg (Auskunft des Zivilstandsamtes Aarburg vom 16. August 1995) sowie Rudolf Heinrich und Carl Johann Caviezel, Riga. Vom Onkel auf den Neffen wanderte das Amt im Falle von Johann Lukas und Johann Franz Samuel Burckhardt, Moskau. Konsul Otto Tritten war mit seinem Vizekonsul Fridolin Jenny verschwägert (Odessa). Emil Grether, Bruder des Moskauer Konsuls Karl Grether, leitete ab 1917 eine temporäre Konsularagentur in Char'kov, vgl. Rauber, Schweizer Industrie, S. 104.
61 Vgl. BBl. 1874 I, S. 204.
62 Rauber, Schweizer Industrie, S. 51.
63 Zu den Führungstätigkeiten von Konsuln in örtlichen Hilfsgesellschaften vgl. die Auflistung der Führungsorgane in den gedruckten Jahresberichten der Hilfsgesellschaften.

Unterschichtenmigration der zweiten Hälfte des 19. Jahrhunderts waren die Konsuln umgekehrt dankbar für die privat organisierte Betreuung von bedürftigen Landsleuten. Dass die Dualität von Konsulat und Hilfsgesellschaft allerdings auch zu gehässigen Rivalitäten und Machtspielen führen konnte, werden wir anhand der Warschauer Akten noch sehen.[64]

Wenn nicht Amtsmissbrauch oder Skandale eine Entlassung durch den Bundesrat provozierten, war der Konsulatsdienst eine Berufung auf Lebenszeit. Viele Konsuln verstarben im Amt oder demissionierten, weil sie sich aufgrund ihres Alters oder ihrer schwachen Gesundheit nicht mehr in der Lage sahen, die Geschäfte weiterzuführen. Am längsten im Amt verblieb mit 34 Jahren Konsul Luchsinger (Moskau, 1878–1912); zuvor war er bereits drei Jahre lang Vizekonsul gewesen.[65] Im Durchschnitt betrug die Dienstzeit der Schweizer Konsuln im Zarenreich gut zwölf Jahre. Bei den Amtsträgern handelte es sich fast ausschliesslich um Schweizer Bürger. 1898 liess das Politische Departement einen ausländischen Bewerber wissen, er könne nur schon aus Gründen seiner Staatszugehörigkeit nicht auf den Posten eines schweizerischen Konsuls berufen werden.[66] Als dann allerdings 1910 in Tiflis kein valabler Schweizer Kandidat auszumachen war, ernannte der Bundesrat mit Theodor von Drachenfels dennoch einen russischen Untertanen zu seinem Konsul – und erst noch einen Baron.

An der Auswahl eines neuen Konsuls waren jeweils verschiedene Kreise beteiligt. Beim Ausscheiden eines Amtsträgers beauftragte das Politische Departement in der Regel das Generalkonsulat, später die Gesandtschaft in St. Petersburg, in der betreffenden Kolonie Sondierungen für die Nachfolge vorzunehmen – was dann auf dem Wege schriftlicher Anfragen oder durch Entsendung eines Mitarbeiters aus der Hauptstadt geschehen konnte. Gab es fähige Kandidaten, die über einen einwandfreien Leumund, die nötigen finanziellen Mittel, aber auch über genügend Rückhalt in der Kolonie verfügten? Denn die Landsleute vor Ort, dies zeigen die immer wieder eingereichten Bittschriften, wollten mitbestimmen, wer aus ihren Reihen zukünftiger Konsul wurde (und wer sicher nicht). Im Rahmen dieser Mitsprache der Kolonien spielten die Hilfsgesellschaften eine wichtige Rolle, indem sie ihre eigenen Empfehlungen abgaben und bisweilen eigentliche Vollversammlungen der Kolonien einberiefen, um einen Kandidaten zu küren. Einbezogen wurde nach Möglichkeit auch die Meinung des Demissionärs. In der Schweiz erkundigte sich das Politische Departement jeweils beim Handelsdepartement und beim Schweizerischen Handels- und Industrieverein (Vorort) über den Nutzen oder – im Falle einer Neugründung – die Wünschbarkeit eines Postens sowie über bevorzugte Kandidaten. Der Gesamt-

---

64 Vgl. unten S. 93–97.

65 Zum Dank- und Glückwunschschreiben des Bundesrates anlässlich des 25-jährigen Amtsjubiläums von Konsul Luchsinger vgl. Protokoll der Sitzung des Bundesrates, 23. 12. 1902. BAR, E 2001 (A)/1217.

66 EPD an Alexandre Ehrlich, 26. 7. 1898 (Entwurf). BAR, E 2001 (A)/1218.

bundesrat schliesslich ernannte die Konsuln auf Antrag des Politischen Departements. Handlungsfähig wurden die neuen Amtsträger aber erst durch das billigende Exequatur der russischen Behörden, durch die Bestätigung also, dass die Ernannten im Zarenreich Personae gratae und zu Amtsverrichtungen auch russischerseits befugt waren. Die Erteilung dieses Exequaturs durch die zarischen Behörden erfolgte meist wenig speditiv; in den Akten finden sich häufige Nachfragen und Reklamationen der Schweizer Vertreter.[67] Die Konsularreglemente von 1851 und 1875 sahen die Möglichkeit eines stellvertretenden Konsuls (Vizekonsuls) und eines Kanzlers vor.[68] Trotz prinzipieller Ehrenamtlichkeit gewährte Bern seinen Konsulaten nach und nach gewisse Vergütungssummen. Im Falle des Generalkonsulates von St. Petersburg lagen diese (seit den 1860er Jahren ausgerichteten) Beträge etwa in der Mitte zwischen den bestsubventionierten Posten wie Washington oder London und denen, die wenig oder gar nichts bekamen. Konkret gingen beispielsweise 1865 3000 Franken, 1876 4000 Franken und 1888 6000 Franken an das Generalkonsulat.[69] Seit den 1870er Jahren wurden allmählich auch die anderen Konsulate unterstützt, mit jährlich etwa 1000–1500 Franken, im Falle von Odessa und Moskau auch mit etwas mehr.[70] Dies reichte aber bei weitem nicht aus, um die tatsächlichen Kosten der Amtsführung zu decken. Anlässlich seiner Rücktrittserklärung 1909 rechnete Konsul Meier in Tiflis dem Bundesrat vor, das Konsulat habe ihn neben all den Mühen jährlich mindestens 5000–6000 Franken gekostet.[71]

---

67 Zu den Verzögerungen bei der Erteilung des Exequaturs für Konsul Jenny in Kiev vgl. beispielsweise BAR, E 2001 (A)/1216. – Zum Prozedere des Exequaturs für ausländische Konsuln in der Schweiz vgl. Benziger, Les représentations consulaires, S. 3.

68 *Reglement für die schweizerischen Konsuln. (Vom 1. Mai 1851.)* AS, Bd. 2, S. 293–313, hier S. 293 f. (Art. 2 f.). Vizekonsul, Kanzler und allfälliges sonstiges Hilfspersonal rekrutierten sich wie erwähnt oftmals aus dem geschäftlichen oder familiären Umfeld des Konsuls. Hierzu nur einige Beispiele: In Riga arbeitete Carl Georg Heinrich Bernhard (1858–1939), Neffe der Gebrüder und Konsuln Caviezel, als Angestellter in der Weinhandlung *Schaar und Caviezel* und überdies als Konsulatsgehilfe, vgl. Bühler, Bündner im Russischen Reich, S. 396. Konsul Mantel beschäftigte zeitweilig seinen Sohn als Konsulatskanzler, vgl. Konsul Mantel an Bundespräsident Müller, 16./29. 5. 1913. BAR, E 2001 (A)/1222. Auch in Warschau amtete der Sohn von Konsul Bardet als Kanzler, und Konsul Zamboni ernannte hier später seinen Bruder Etienne zum Stellvertreter, vgl. Bardet an Bundespräsident Deucher, 31. 10. 1897. BAR, E 2001 (A)/1202; EPD an Zamboni, 17. 6. 1898 (Entwurf). BAR, E 2001 (A)/1203.

69 BBl. 1866 I, S. 313; BBl. 1877 II, S. 9; BBl. 1889 II, S. 364 f. Auf Drängen von Generalkonsul Franz Bohnenblust übernahm der Bund ab 1863 überdies die Kosten für einen Konsulatskanzler. BAR, Repertorien, Bestand E 2200 St. Petersburg, S. IV.

70 Betreffend Entschädigungen vgl. etwa zu Moskau: BBl. 1876 II, S. 197; BAR, E 2001 (A)/1217; zu Odessa: BBl. 1882 II, S. 11; BAR, E 2001 (A)/1219; zu Riga: BBl. 1888 II, S. 955; zu Warschau: BBl. 1883 II, S. 14; BAR, E 2001 (A)/1201; zu Tiflis: Protokoll der Sitzung des Bundesrates, 22. 6. 1885. BAR, E 2/1487; BBl. 1886 I, S. 885; Protokoll der Sitzung des Bundesrates, 19. 10. 1906. BAR, E 2001 (A)/1225.

71 Konsul Meier an den Bundesrat, 10./23. 10. 1909. BAR, E 2001 (A)/1225.

Was nun die hauptsächlichen Tätigkeiten der Schweizer Konsulate im Zarenreich betrifft, so lassen sich folgende Bereiche unterscheiden:
1. Wirtschaftsförderung. Die Konsulate sollten durch zweckdienliche Analysen
der Konjunkturlage und durch Interventionen vor Ort den schweizerischen
Handel mit dem Zarenreich wie auch das schweizerische Wirtschaften in Russland
selber ankurbeln und fördern. Archivalischen Niederschlag fand diese Tätigkeit vor allem in den teilweise umfangreichen und sehr detaillierten Konsulats-
berichten.[72] Das Generalkonsulat rapportierte beispielsweise über Handlungsgilden in Polen, über Schifffahrtsbestimmungen während des Krimkrieges, über
Schweizer Export nach Russland und fast immer über die neuesten Zollbestim-
mungen.[73] Die Präzision und Zielgerichtetheit solcher Meldungen variierte
stark. Generalkonsul Franz Bohnenblust etwa ging im Bericht für 1863 genau
auf die Schweizer Produkte und ihre Chancen in Russland ein.[74] Unter der
Rubrik «Weisser Käse» vermerkte er: «Von lukrativem Absatz ist, des hohen
Zolles wegen, nur prima Qualität.»[75] Dagegen lieferte Generalkonsul Philippin-
Duval eher generelle Beschreibungen der russischen Wirtschaftslage,[76] die in
ihrer Akribie und Zahlenfülle für Schweizer Exporteure aber mindestens so
nützlich gewesen sein dürften. Den Berichten beigelegt waren häufig Aus-
schnitte aus lokalen Zeitungen, zum Beispiel aus der *St. Petersburgischen Handels-
zeitung*.
2. Zivilrechtliche Betreuung der Landsleute. Die zweite Seite des konsularischen Pflichtendualismus bestand darin, über die tausenden von Russlandschweizerinnen und Russlandschweizern Buch zu führen, die Landsleute bei
Bedarf zu betreuen und namentlich Geburten, Todesfälle oder Erbschaften
administrativ zu bearbeiten. Dabei stellte sich angesichts der Fluktuation des
Migrationsstromes das elementare Problem der Erfassung und Registrierung
der Schweizer, die in einem bestimmten Konsulatsbezirk lebten. Dass eine
komplette Erfassung nicht selbstverständlich war, verdeutlicht etwa Konsul
von Freudenreich (Odessa), der im Mai 1886 folgenden Aufruf publizierte:
«Laut Artikel 52 der Consularischen Vorschriften, ersucht das schweizerische
Consulat zu Odessa, Alle Schweizer Buerger, welche noch nicht in dem hiesigen Consulate eingeschrieben sind, sich ohne weitere Verzoegerung einschrei-
ben zu lassen.

---

72 Für die Konsulatsberichte vgl. BAR, E 2400. Diese Berichte werden hier nicht systematisch
    ausgewertet, da sie für die eigentlichen staatlichen Beziehungen nur von begrenzter Aussage-
    kraft sind.
73 Zu den polnischen Handlungsgilden vgl. BBl. 1852 I, S. 596; zur Schifffahrt während des
    Krieges vgl. BBl. 1854 II, S. 464 f.; zum schweizerischen Export vgl. z. B. BBl. 1864 II, S. 22–25;
    zu den Zollbestimmungen vgl. z. B. BBl. 1873 III, S. 334–336.
74 BBl. 1864 II, S. 22–25.
75 Ebd., S. 24.
76 Vgl. z. B. BBl. 1873 III, S. 334–345.

Um dieses zu bewerkstelligen ist nur der Heimathschein oder der National Pass erforderlich.

Die Einregistrirung im Consulate ‹KOSTET NICHTS›.

Diese Einregistrirung ist hoechst nuetzlich und wird von der Seite der Regierung stark empfohlen. Kein Schweizer Buerger sollte dieselbe versauemen [sic].

Das Consulat befindet sich ‹Haus Vernetta, Kathedralen Platz›, im 2'ten Stock, und ist jeden Tag (Sonntage ausgenommen) von 9 bis 12 Uhr Vormittags offen.»[77]

Das Generalkonsulat in St. Petersburg vermeldete in seinem Bericht für 1864, die Zahl der «in Russland aufhältlichen Schweizer und Schweizerinnen» sei mangels Kontrolle nicht einmal annähernd anzugeben.[78] Klar war aber, dass lange nicht alle Auswanderer in der Fremde das erhoffte materielle Glück fanden. Es müsse, so der Bericht für 1867, «Jedermann gewarnt werden, auf's Gerathewohl nach Russland zu kommen», da hier die Ansprüche immer grösser und die Löhne immer kleiner würden.[79] Wiederholt äusserte Generalkonsul Philippin-Duval sein Bedauern darüber, dass viele Schweizer Kantone keine Anstalten machten, für die Verwahrlosten unter ihren Ausgewanderten aufzukommen.[80]

Die Russlandschweizerinnen und Russlandschweizer ihrerseits wandten sich mit verschiedenen Anliegen an die für sie zuständigen Konsuln. 1855 beispielsweise wollte Baron Antoine Henri de Jomini, «aide-de-camp général de S. M. l'Empereur de toutes les Russies», geboren im waadtländischen Payerne, krankheitshalber seiner Gattin eine umfassende Vollmacht für alle seine Geschäfte ausstellen. Als Schweizer Bürger liess er das entsprechende Schriftstück von Generalkonsul Loubier beglaubigen.[81]

3. Politische Berichterstattung. Die Konsulate informierten immer wieder auch über politisch-gesellschaftliche Vorkommnisse: über Arbeiterunruhen in Riga, Judenpogrome in Warschau, Kriegsereignisse am Schwarzen Meer. Wenn solche Meldungen bis 1906 jeweils direkt an den Bundesrat gingen, so oblag die politische Berichterstattung danach der neu eingerichteten Gesandtschaft, die nun aber ihrerseits auf die Mitteilungen der in der Weite des europäischen und kaukasischen Zarenreiches verstreuten Konsulate angewiesen war.

4. Allgemeine Auskünfte. Zahlreich sind in den Akten schliesslich die verschiedensten Anfragen aus der Schweiz, welche die Konsulate zu beantworten hatten. Gerade im Zusammenhang der Kriegs- und Revolutionsereignisse des

77 BAR, E 2/1400.

78 BBl. 1865 I, S. 370.

79 BBl. 1868 III, S. 128; vgl. auch BBl. 1867 I, S. 748 f.

80 Vor allem der Kanton Glarus nicht, dessen heruntergekommene Bürger 1873 den grössten Anteil der unterstützten Schweizerinnen und Schweizer in der kaiserlichen Hauptstadt ausmachten: 17 von 64. Vgl. BBl. 1873 III, S. 345 und 1874 I, S. 690 f.

81 BAR, E 2200.86, Nr. 71.

frühen 20. Jahrhunderts tätigten die Konsulate Abklärungen über die Unversehrtheit bestimmter Personen oder Besitzungen.[82]

Zu enthalten hatten sich die Konsuln in der Regel aller Handlungen, die als politisches Engagement oder gar als politische Einmischung interpretiert werden konnten. Konsul Zamboni zog sich harsche Kritik der Schweizer Presse und dann auch des Bundesrates zu, als er anlässlich einer grossen national-polnischen Kundgebung in Warschau 1905 auf dem Balkon seines Hauses die Schweizer Fahne hisste, was von der demonstrierenden Menge offensichtlich als Ermunterung verstanden und stürmisch begrüsst wurde.[83]

Betrachten wir nun die einzelnen schweizerischen Vertretungen im Zarenreich etwas genauer. Welches war ihr Zuständigkeitsbereich, wer führte sie, welche besonderen Arbeitsbedingungen, Interessenkonstellationen oder Konflikte sind auszumachen? Wichtige Quellen hierfür sind einerseits die von den jeweiligen Amtsinhabern nach Bern gesandten und dort archivierten Berichte, andererseits die Konsulatsarchive selbst, die nach und nach in unterschiedlicher Vollständigkeit ebenfalls dem Bundesarchiv übergeben wurden und die in ihrer – hier nicht systematisch erfassbaren – Fülle von Korrespondenzen und Personendossiers den *courant normal* konsularischer Tätigkeit dokumentieren.[84] Aufschlussreich sind ausserdem die Personalakten des Politischen Departements;[85] es hat sich allerdings gezeigt, dass nur für einen kleinen Teil der Schweizer Konsuln im Zarenreich solche Dossiers heute noch existieren.

1.2.2.1. St. Petersburg: Generalkonsulat

«Generalkonsulat *St. Petersburg:* alle russischen Gouvernemente in Europa und Asien, welche den vier Consulaten von Moskau, Odessa, Riga und Warschau nicht zugetheilt sind[.]»[86]

---

82 Für den Fall des St. Gallers Pierre Rudzki, der sich 1915 beim Warschauer Konsulat über den Zustand seines Grundbesitzes erkundigte, vgl. BAR, E 2001 (A)/1220.

83 Vgl. dazu Konsul Zamboni an Bundespräsident Ruchet, Warschau, 4. 11. 1905. BAR, E 2001 (A)/1202; vgl. auch die Zeitungsartikel bzw. die weitere Korrespondenz im selben Dossier.

84 Die Konsulatsarchive dienten den jeweiligen Konsuln als Arbeitsinstrumente und sind daher wenigstens teilweise mit Hilfe von Verzeichnissen recht gut erschlossen; vgl. z. B. die Korrespondenz des Generalkonsulats 1847 in: BAR, E 2200.86, Nr. 62. – Zur mutmasslichen Beschlagnahmung von Konsulatsarchiven im sowjetrussischen Herrschaftsbereich nach der Oktoberrevolution vgl. Benziger, Beziehungen der Schweiz mit Russland, S. 22. Nach Benziger erlitten nur die Archive von Warschau und Riga keine Verluste.

85 BAR, E 2500 -/1.

86 Staats-Kalender 1877/78, S. 36 (Hervorhebung in der Vorlage). 1876 hatte der Bundesrat die schweizerischen Konsulatsbezirke in Russland neu eingeteilt, vgl. BBl. 1876 II, S. 854 f. – Zur Überlieferung des Archivs des Generalkonsulats in St. Petersburg vgl. BAR, Repertorien, Bestand E 2200 St. Petersburg, S. IX f. 1906 wurden die Akten 1817–1890 dem Bundesarchiv

Zum ersten Schweizer Konsul im Zarenreich war Ende 1816 der Genfer Juwelier François Duval in St. Petersburg ernannt worden. Nach der Eröffnung von Moskau und Odessa avancierte der Petersburger Posten 1837 zum Generalkonsulat.[87] Hier die Amtsträger, ihre Wirkenszeiten, Herkunftskantone und – soweit bekannt – Lebensdaten und Berufe im Überblick:[88]

1817–1837	François Duval (geb. 1795, Genf, Juwelier), Konsul (vertreten durch Vizekonsul Antoine Elie Philippin-Duval)[89]
1837–1847	Johann Bohnenblust (1785–1859, Aargau, Kaufmann): Generalkonsul[90]
1847–1862	Louis François Loubier (1806–1862, Neuenburg, Juwelier): Generalkonsul[91]
1862–1867	Franz Bohnenblust (1804–1881, Aargau, Kaufmann): Generalkonsul[92]
1868–1871	Adolf Glinz (1839–1871, St. Gallen): Generalkonsul (Vizekonsul 1863–1868)[93]
1872–1875	Jacob François Louis Philippin-Duval (Genf): Generalkonsul[94]

abgeliefert; hier gibt es keine Hinweise auf Unvollständigkeit. Hingegen sind die Akten der Jahre seit 1891 zu einem guten Teil dem Gesandtschaftsraub vom November 1918 zum Opfer gefallen. Zu diesem Raub vgl. unten S. 499–501.

87 Benziger, Beziehungen der Schweiz mit Russland, S. 21; Die diplomatischen und konsularischen Vertretungen der Schweiz seit 1798, S. 273.

88 Für eine Zusammenstellung der Schweizer Konsuln und Generalkonsuln in St. Petersburg vgl. etwa Benziger, Die Konsularischen Vertreter, S. 36; ders., Beziehungen der Schweiz mit Russland, S. 21; ferner BAR, Repertorien, Bestand E 2200 St. Petersburg, S. VIII; Švejcarija – Rossija, S. 826. Zu Herkunft und Beruf der (General-)Konsuln in St. Petersburg vgl. auch Bühler et al., Schweizer im Zarenreich, S. 262.

89 RSDB Nr. 258. Aus gesundheitlichen Gründen konnte Duval sein Amt nicht ausüben; Stiefbruder Antoine Elie Philippin-Duval führte an seiner Stelle als Vizekonsul die Geschäfte des Konsulats, vgl. *Rapport sur les 25 ans d'existence de la Société Suisse de Bienfaisance. Lu à l'assemblée générale de la société du 2 Janvier 1840.* BAR, D 1976; ferner Švejcarija – Rossija, S. 826, Anm. 1. Zur Ernennung Duvals und zur (falschen) russischen Interpretation des Schweizer Vertreters als Generalkonsul vgl. BAR, Repertorien, Bestand E 2200 St. Petersburg, S. III. Zu F. Duval vgl. auch Bühler et al., Schweizer im Zarenreich, S. 262.

90 Auch: Bonenblust. RSDB Nr. 1062. Zu J. Bohnenblust vgl. Rauber, Schweizer Industrie, S. 35. Zu seiner Demission infolge «unglücklicher Umstände» vgl. Bohnenblust an den Vorort der Eidgenossenschaft, 3./15. 4. 1847 (Entwurf). BAR, E 2200.86, Nr. 63.

91 RSDB Nr. 4360. Zur Ernennung Loubiers vgl. Vorort der Eidgenossenschaft an J. Bohnenblust, 18. 8. 1847 (n. St.). BAR, E 2200.86, Nr. 63; Vorort der Eidgenossenschaft an Loubier, 18. 8. 1847. Ebd. Zur Amtsübernahme am 24. 11./6. 12. 1847 nach Erhalt des Exequaturs vgl. Generalkonsul Loubier an den Vorort der Eidgenossenschaft, 11./23. 12. 1847 (Entwurf). Ebd. Zum Tod Loubiers 1862 vgl. BBl. 1862 III, S. 357.

92 RSDB Nr. 1060. Zu F. Bohnenblust vgl. BBl. 1862 III, S. 504.

93 RSDB Nr. 112. Zu A. Glinz vgl. BBl. 1863 III, S. 331; 1868 I, S. 396; 1871 III, S. 606. Vgl. auch unten S. 56–59.

94 Zu J. F. Philippin-Duval vgl. BBl. 1862 III, S. 176; 1872 I, S. 613. Als Konsulatsverweser war

1875–1900   Eugène Dupont (1839–1901, Genf, Ingenieur): Generalkonsul[95]
1900–1904   Johann Conrad Schinz (1842–1910, Zürich, Ingenieur/Kaufmann):
             Generalkonsul (Vizekonsul 1878–1900)[96]

Franz Bohnenblust hatte das Amt nur unter der Bedingung angenommen, dass ihm ein Vizekonsul sowie ein vom Bund finanzierter Konsulatskanzler zugebilligt würden. Dem entsprach der Bundesrat im Januar 1863; Adolf Glinz übernahm das Amt des Vizekonsuls, bis er 1868 als Nachfolger Bohnenblusts selbst zum Generalkonsul ernannt wurde.[97]

Der Nordwesten des Zarenreichs gehörte seit jeher zu den wichtigsten Zielregionen der schweizerischen Russlandwanderung. Erst seit der zweiten Hälfte des 19. Jahrhunderts weist die Statistik eine noch grössere Anzahl von Schweizern in Zentralrussland auf.[98] Gemäss einer Erhebung des Generalkonsulats setzte sich die berufstätige Schweizerkolonie von St. Petersburg und Umgebung 1842 vor allem aus Lehrern und Erziehern (17,4 Prozent), Kaufleuten und Gewerblern (16,3 Prozent), Konditoren (10,1 Prozent), Käsern (9 Prozent) und Architekten beziehungsweise Baumeistern (8,4 Prozent) zusammen.[99] Die Auswertung der verfügbaren Rückwandererdaten ergibt, dass am Vorabend des Ersten Weltkriegs rund 25 Prozent der (erwerbstätigen) Russlandschweizerinnen und Russlandschweizer in St. Petersburg und Umgebung lebten.[100] Den grössten

Philippin-Duval bereits 1862 Kandidat für das Amt des Generalkonsuls, vgl. EVD an den Bundesrat, 25. 11. 1862. BAR, E 2/1424. Zur Einsetzung von Generalkonsul Philippin-Duval und zu dessen anfänglicher Absage vgl. Bundespräsident Schenk an Geschäftsträger a. i. Mercier, 20. 12. 1871. BAR, E 2200.86, Nr. 88/1; Philippin-Duval an Geschäftsträger Mercier, Nizza, 21. 1. 1872. Ebd.; Bundespräsident Welti an Philippin-Duval, 3. und 10. 4. 1872. BAR, E 2200.86, Nr. 88/2. Zur Demission Philippin-Duvals vgl. BBl. 1875 III, S. 912.

95 RSDB Nr. 4181. Zur Ernennung Duponts vgl. BBl. 1875 III, S. 912. Zur Demission Duponts vgl. Generalkonsul Dupont an den Bundesrat, 18./31. 3. 1900. BAR, E 2001 (A)/1221; Protokoll der Sitzung des Bundesrates, 6. 4. 1900. Ebd. Im selben Dossier auch der Hinweis auf den Tod Duponts im Dezember 1901.

96 In den Quellen auch: Hans Konrad. RSDB Nr. 1548. Zur provisorischen Betrauung von Vizekonsul Schinz mit den Geschäften des Generalkonsulats nach der Demission Duponts vgl. Protokoll der Sitzung des Bundesrates, 6. 4. 1900. BAR, E 2001 (A)/1221. Zu Schinz' Ernennung zum Generalkonsul vgl. Protokoll der Sitzung des Bundesrates, 29. 12. 1900. Ebd. Vgl. auch Rauber, Schweizer Industrie, S. 94 f.

97 Vgl. BAR, Repertorien, Bestand E 2200 St. Petersburg, S. IV. – Der Posten des Vizekonsuls blieb nun vorläufig vakant; 1878 wurde er mit dem nachmaligen Generalkonsul Conrad Schinz wieder besetzt, vgl. BBl. 1878 III, S. 585. Bei Abwesenheit des Generalkonsuls führten der Vizekonsul und gegebenenfalls auch der Kanzler die Geschäfte. Solche temporären Vertretungen wurden jeweils dem Bundesrat gemeldet, vgl. BAR, E 2001 (A)/1221.

98 Vgl. Bühler et al., Schweizer im Zarenreich, S. 500 f.

99 Für eine Diskussion dieser Erhebung des Generalkonsulats vgl. ebd., S. 166 f.

100 Die 1918 in Zürich gegründete *Vereinigung der Russlandschweizer* (VRS) registrierte einen grossen Teil der nach der Oktoberrevolution in die Schweiz zurückgekehrten Russlandschweizerinnen und -schweizer. Markus Lengen hat die Mitgliederkartei der VRS im Rahmen seiner Zürcher Lizentiatsarbeit elektronisch erfasst und quantitativ ausgewertet. Von den 1832 in

Anteil der Kolonie machten nun Kaufleute aus, gefolgt von Erziehern und Ingenieuren.[101]

Noch vor der Berufung des ersten Konsuls hatten sich die Petersburger Schweizer in einer Hilfsgesellschaft organisiert, wie sie später auch in anderen Schweizerkolonien des Zarenreichs entstanden.[102] Aus dem von Pfarrer Johannes von Muralt (1780–1850) 1814 initiierten Unterstützungsverein für die wirtschaftlich und politisch gebeutelte schweizerische Heimat[103] entwickelte sich eine *Société Suisse de Bienfaisance* (oder, wie es dann mit stolzem Verweis auf das frühe Gründungsjahr jeweils hiess: eine *Schweizerische Hülfsgesellschaft gegründet im Jahre 1814 zu St. Petersburg)*, die es sich unter Verlagerung ihres ursprünglichen Zwecks zum Ziel setzte, notleidenden Landsleuten im Zarenreich zu helfen.[104] Obwohl privaten Charakters, übernahm die Hilfsgesellschaft in St. Petersburg wichtige öffentlich-soziale Funktionen. Sie verzahnte sich bewusst mit dem späteren Generalkonsulat, indem sie dem jeweiligen Amtsträger automatisch Einsitz in ihrem Verwaltungskomitee gewährte.[105] Häufig präsidierten die Generalkonsuln die Hilfsgesellschaft und empfahlen die wohltätige Einrichtung der Grosszügigkeit des Bundesrates.[106]

1881 nahm zusätzlich die *Société de secours mutuels pour les Suisses et Suissesses habitant le Gouvernement de S. Pétersbourg* ihre Tätigkeit auf – eine Vereini-

dieser Kartei figurierenden Erwerbstätigen, die eine Angabe zu ihrem russischen Wohnort machten, nannten 467 St. Petersburg, vgl. Lengen, Strukturprofil, S. 71. Beim Referieren von Lengens Ergebnissen ist die Präzisierung «erwerbstätig» deshalb oft nötig, weil der Autor viele seiner Aussagen – gerade auch zu den Wohnorten im Zarenreich – nicht auf die Gesamtdatei, sondern auf die «Erwerb-Datenbank» (1931 Personen) stützt und sich damit auf diejenigen Rückwanderer beschränkt, die im Zarenreich nachweislich einer Erwerbstätigkeit nachgegangen waren, vgl. ebd., S. 34–36. – Zu früheren Annahmen über die prozentuale Verteilung der Schweizerinnen und Schweizer auf wichtige Städte des Zarenreichs vgl. Bühler et al., Schweizer im Zarenreich, S. 163 f. – Für eine Liste der Petersburger Schweizer (um 1846) mit Angabe der Berufe vgl. auch BAR, E 2200.86, Nr. 63.

101 Vgl. Bühler et al., Schweizer im Zarenreich, S. 497.

102 Eine systematische Abhandlung zu den schweizerischen Hilfsgesellschaften im Zarenreich ist bisher nicht verfügbar. Den besten Überblick bietet Bühler et al., Schweizer im Zarenreich (zu St. Petersburg vgl. S. 256–264 und S. 505–507) sowie – mit Fokus auf die Bündner Mitglieder – Bühler, Bündner im Russischen Reich, S. 385–394 (zu St. Petersburg vgl. S. 386–389); vgl. auch Morel, Rapports, S. 35.

103 Zur Verdankung einer aus St. Petersburg in die Schweiz geschickten Spende für Witwen, Waisen und Verwundete (knapp 850 Franken) vgl. Bundeskanzler an Generalkonsul Loubier, 4. 3. 1848. BAR, E 2200.86, Nr. 64/1. – Zu den Aktivitäten des Pastors Johannes von Muralt vgl. Maeder, Vergnügen.

104 Zur Entwicklung der Hilfsgesellschaft vgl. *Rapport sur les 25 ans d'existence de la Société Suisse de Bienfaisance. Lu à l'assemblée générale de la société du 2 Janvier 1840*. BAR, D 1976.

105 Vgl. § 12 der Statuten von 1873/90, abgedruckt in: Bühler et al., Schweizer im Zarenreich, S. 507. Die Statuten von 1843 hatten bezüglich Verwaltungskomitee gar festgehalten: «Le Consul Général de la Confédération Suisse en fait nécessairement partie [...].» BAR, E 2200.86, Nr. 52.

106 Vgl. z. B. Generalkonsul Franz Bohnenblust an den Bundesrat, 10./22. 4. 1872. BAR, E 2/2276. Zur Entrichtung von Bundessubventionen an die Hilfsgesellschaft über das Generalkonsulat

gung, welche die gegenseitige Hilfeleistung ihrer Mitglieder bei Krankheit und Bedürftigkeit institutionalisierte und besonderes Augenmerk auf die medizinische Versorgung richtete.[107] Anfänglich scheint eine gewisse Animosität zwischen den beiden wohltätigen Einrichtungen bestanden zu haben: Der Gründer und Präsident der neuen Gesellschaft, Joseph Bertrand, zog sich aus der alten Hilfsgesellschaft zurück und legitimierte seine neue Société nicht zuletzt mit dem Hinweis auf bisherige ungenügende Unterstützungsarbeit.[108] Umgekehrt zierte sich Generalkonsul Dupont als Präsident der alten Hilfsgesellschaft, die neue Institution aktiv zu unterstützen.[109] Im Jahresbericht 1884/85 figuriert Dupont dann aber unter den Ehrenmitgliedern der neuen Gesellschaft, die 1886/87 136 aktive Mitglieder zählte.[110] Die beiden Gesellschaften setzten sich zu einem grossen Teil aus denselben Personen zusammen, fanden offensichtlich zu einer guten Zusammenarbeit und liessen ihre Hilfe während des Weltkriegs auch Russen zukommen.[111]

Neben seinen konsularischen Aufgaben fungierte das (General-)Konsulat in St. Petersburg bis zu einem gewissen Grade als kostengünstiger Ersatz für die fehlende diplomatische Repräsentation der Schweiz im Zarenreich. Immer wieder stand es im Dienste auch der politischen Interessenwahrung – so etwa 1847, als es der russischen Regierung die Auflösung des Sonderbundes anzuzeigen und die Forderung nach Nichteinmischung des Auslands zu übermitteln hatte.[112] Hier profitierte die Schweiz von einer verständnisvollen Haltung des Zarenregimes, das seinen eigenen Konsuln im Ausland ebenfalls grosse politische Bedeutung beimass.[113] Der Bundesrat deutete das russische Entgegenkommen als Verständnis für die spezifischen schweizerischen Verhältnisse: «Vorerst ist den Konsuln in manchen Ländern [...] nicht gestattet, über den beschränkten Kreis ihrer Befugnisse [...] hinauszugehen. Sie werden nicht als Vertreter einer Regierung bei einer andern betrachtet. [...] Es hat wohl Ausnahmen gegeben seinerzeit, z. B. in Turin und in Neapel, auch heute noch in

vgl. etwa Generalkonsul Loubier an Bundespräsident Frey-Herosé, 18./30. 4. 1860. Ebd. Vgl. auch Bühler et al., Schweizer im Zarenreich, S. 257 f.

107 Ebd., S. 258–261; *Statuts de la Société de secours mutuels des Suisses de St. Pétersbourg confirmés par S. Excellence le Ministre de l'Intérieur le 12 Novembre 1881*. St. Pétersbourg (gedruckt). BAR, E 2/2277. – Zur Bitte um bundesrätliche Unterstützung vgl. Joseph Bertrand, Alessandro Botta, Louis Ramponi und Jacques Bertrand an den Bundesrat, 4./16. 12. 1881. Ebd.

108 Vgl. Société de secours mutuels an den Bundesrat, 28. 5./9. 6. 1882. BAR, E 2/2277. Joseph Bertrand trat offiziell am 30. November 1882 aus der alten Hilfsgesellschaft aus.

109 Vgl. *Société de secours mutuels des Suisses à St-Pétersbourg. Exercice de 1882–1883*. St. Petersburg 1883 (gedruckt). BAR, E 2/2277.

110 BAR, E 2/2277.

111 Vgl. Bühler et al., Schweizer im Zarenreich, S. 260 f.

112 Präsident und Regierungsrat des Kantons Bern, als eidgenössischer Vorort, an das schweizerische Generalkonsulat in St. Petersburg, 6. 11. 1847. BAR, E 2200.86, Nr. 63. Schweizerisches Generalkonsulat in St. Petersburg an Aussenminister Nesselrode, 10./22. 11. 1847 (Entwurf). Ebd.

113 Vgl. Pervencev, Konsul'skaja služba, S. 12.

Madrid, St. Petersburg und London; wahrscheinlich tragen die Regierungen dieser Staaten der besonderen Lage der Schweiz Rücksicht, indem wir uns nur eine kleine Zahl diplomatischer Vertreter erlauben dürfen [...].»[114]
In heiklen Situationen entsandte Bern bisweilen diplomatische Spezialemissäre nach St. Petersburg; in unserem Zeitfenster waren dies ein temporärer Geschäftsträger zur Bereinigung der (gleich zu behandelnden) Affäre Glinz und ein parlamentarischer Abgesandter, der im Kontext des Savoyerhandels 1860 bei der zarischen Regierung politisches Lobbying betreiben sollte.[115]

Die Affäre Glinz: Amtsmissbrauch oder Schwäche des Systems?

Generalkonsul Adolf Glinz erlitt 1871 Konkurs.[116] Eigentlich ging das die Eidgenossenschaft nichts an, zumal der Bundesrat bereits 1857 in einem mahnenden Kreisschreiben jede Verantwortung für private Geschäfte und Finanztransfers der Konsuln von sich gewiesen und Letztere aufgefordert hatte, Urkunden betreffend «Geschäfte, welche Ihnen zu freiwilliger Besorgung übergeben werden [...] nicht mit dem Worte ‹Konsul› zu unterzeichnen».[117] Die Amtsträger sollten also ihre beiden Rollen als offizielle Repräsentanten und private Geschäftsleute nicht miteinander vermischen. Genau das hatte Glinz aber getan. Dem Bündner Johann Palmi, welcher im Zuge einer fortschreitenden geistigen Umnachtung sein Vermögen sicher verwahrt und verzinst wissen wollte, stellte er – nach Entgegennahme von über 4000 Rubel – eine Quittung auf amtlichem, mit Konsulatswappen versehenem Papier aus.[118] Trotz dieser Bescheinigung nutzte Glinz das anvertraute Geld für seine persönlichen Zwecke. «Palmi's Geistesschwachheit benutzend», so ergaben spätere Untersuchungen, habe Glinz das Depot entgegen den Abmachungen von der Bank zurückgezogen.[119]

---

114 *Bericht des Bundesrathes an die h. Bundesversammlung, betreffend die diplomatische Vertretung der Schweiz im Auslande*, 28. 6. 1867. BBl. 1867 II, S. 324. Vgl. zu diesem Bericht auch Reimann, Funktionen, S. 11.
115 Zur Entsendung von Nationalrat Edouard Dapples nach St. Petersburg vgl. etwa Benziger, Beziehungen der Schweiz mit Russland, S. 23 f.; Ruffieux, Schweiz, S. 135; Schoop, Kern, S. 237; BBl. 1861 I, S. 887.
116 Zum Fall Glinz vgl. die *Kommissionalberichte über die Petitionen des Johann Palmi von Wiesen (Graubünden) und der Frau Marie Veillard in Genf, betreffend Ersaz der durch den Generalkonsul Glinz in St. Petersburg erlittenen Verluste*. BBl. 1873 III, S. 507–522 (Bericht der ständerätlichen Kommission: S. 507–514, Bericht der nationalrätlichen Kommission: S. 515 bis 522). Vgl. auch *Bericht des schweizerischen Bundesrathes an die h. Bundesversammlung über seine Geschäftsführung im Jahr 1871. Geschäftskreis des politischen Departements*. BBl. 1872 II, S. 57–95, hier S. 78 f.; *Bericht des schweiz. Bundesrathes an die hohe Bundesversammlung über seine Geschäftsführung im Jahr 1872. Geschäftskreis des politischen Departements*. BBl. 1873 II, S. 201–219, hier S. 211 f.
117 Bundesrat an die schweizerischen Handelskonsulate, 23. 9. 1857. BAR, E 2/1186. Vgl. auch BBl. 1857 II, S. 253 f.
118 Bericht der nationalrätlichen Kommission. BBl. 1873 III, S. 517 f. Beim Geschädigten handelt es sich wohl um Johannes Palmy, vgl. Bühler, Bündner im Russischen Reich, S. 521.
119 Bericht der nationalrätlichen Kommission. BBl. 1873 III, S. 515.

Und dann also der Bankrott. Johann Palmi gelangte am 30. Dezember 1872 an den Bundesrat und verlangte 15'426 Franken.[120] Auf 12'000 Franken belief sich eine Forderung der ebenfalls geschädigten Marie Veillard vom 6. Juni 1873.[121] Haftete der Bund für diese Verluste?

Der Bundesrat wollte die Ergebnisse der laufenden Untersuchung und den Eingang allfälliger weiterer Forderungen abwarten.[122] Die zuständige Petitionskommission des Nationalrats sah in Palmis Geld ein «in amtlicher Stellung empfangenes Depositum», das durch eine klare «Amtsverletzung» verloren gegangen war,[123] und beantragte volle Entschädigung sowohl für Palmi wie auch für die Witwe Veillard.[124] Eine Haftung des Bundes wollte die ständerätliche Kommission nicht anerkennen, doch auch sie empfahl, das irregeführte Vertrauen ins Vaterland zu entschädigen.[125]

Glinz hatte übrigens schon im Mai 1871 seine Entlassung aus Gesundheitsgründen verlangt, war aber aufgefordert worden, bis zur Wahl eines Nachfolgers im Amt zu verbleiben.[126] Nach und nach kamen die Unregelmässigkeiten im Generalkonsulat nun ans Licht. Glinz wollte nach Bern reisen, um persönlich Rechenschaft abzulegen.[127] Doch er kam nicht. «Herr Glinz sei plötzlich verstorben», hiess es am 25. Oktober aus St. Petersburg.[128] Der dortige Pfarrer Crottet übernahm interimistisch die Konsulatsgeschäfte, was nachträglich vom Bundesrat gebilligt wurde.[129] Doch sehr schnell war klar, dass Glinz' chaotische Hinterlassenschaft die Entsendung eines Sondergesandten nötig machte.[130] Charles

---

120 Bericht der ständerätlichen Kommission. BBl. 1873 III, S. 507.

121 Ebd., S. 507, 509.

122 Vgl. Bundespräsident Schenk an Geschäftsträger a. i. Mercier, 13. 12. 1871. BAR, E 2200.86, Nr. 88/1.

123 Bericht der nationalrätlichen Kommission. BBl. 1873 III, S. 520.

124 Ebd., S. 521.

125 Bericht der ständerätlichen Kommission. BBl. 1873 III, S. 513 f. In diesem Sinne wurde der Bundesrat am 22. Juli 1873 aufgefordert, Möglichkeiten einer Unterstützung der Geschädigten zu prüfen. *Bundesbeschluss betreffend die Petitionen von Joh. Palmi von Wiesen (Graubünden) und von Frau Marie Veillard geb. Nicolet von Villeneuve (Waadt), betreffend Ersaz der durch den Generalkonsul Glinz in St. Petersburg erlittenen Verluste. (Vom 22. Juli 1873.)* BBl. 1873 III, S. 369 f.

126 *Bericht des schweizerischen Bundesrathes an die h. Bundesversammlung über seine Geschäftsführung im Jahr 1871. Geschäftskreis des politischen Departements.* BBl. 1872 II, S. 57–95, hier S. 78.

127 Glinz an den Bundesrat, 14. 10. 1871. BAR, E 2/1425.

128 *Bericht des schweizerischen Bundesrathes an die h. Bundesversammlung über seine Geschäftsführung im Jahr 1871. Geschäftskreis des politischen Departements.* BBl. 1872 II, S. 57–95, hier S. 78. Todestag war offenbar der 22. Oktober 1871, vgl. Bundespräsident Schenk an Pasteur Crottet, 27. 10. 1871. BAR, E 2200.86, Nr. 88/1.

129 Ebd.

130 Der plötzliche Tod des Generalkonsuls gab Rätsel auf. In seinem Schreiben vom 14./26. Oktober 1871 informierte der in St. Petersburg wirkende Schweizer Professor Wild den Bundespräsidenten über Selbstmordgerüchte, die er für nur zu realistisch hielt. Der Oberpolizeimeister von St. Petersburg habe die sofortige Beerdigung verhindert und eine Sektion der Leiche angeordnet. Er selbst habe gehört, dass Glinz' Verhalten in der letzten Zeit «ein sehr auffal-

Philippe Mercier, Sekretär der schweizerischen Gesandtschaft in Berlin, fuhr als interimistischer Geschäftsträger nach St. Petersburg, um einen Lagebericht zu verfassen, Ordnung zu schaffen und sich nach einem valablen Nachfolger umzusehen.[131] Der Diplomat wurde in Russland freundlich empfangen.[132] Doch leicht war seine Aufgabe nicht. Der Bundesrat erteilte ihm detaillierte Instruktionen zur Liquidation der Affäre, etwa diejenige, die Mutter des verstorbenen Glinz im Hinblick auf die Übernahme von Entschädigungszahlungen zu kontaktieren.[133] Schwierigkeiten bereitete dann aber vor allem die Suche nach einem neuen Generalkonsul, der das Erbe von Glinz anzutreten bereit war.[134] Dem widerwillig zustimmenden Jacob François Louis Philippin-Duval sicherte der Bundesrat Rückendeckung im Falle rechtlicher Anfeindungen zu.[135] Johann Palmi kam zu seinem Geld. Im ungeduldigen Bestreben, sich die Affäre Glinz vom Halse zu schaffen, wies der Bundesrat Generalkonsul Philippin-Duval im November 1873 an, Palmi gegen Quittung 12'000 Franken auszuzahlen.[136] Auch Marie Veillard, die inzwischen in Genf wohnte, wurde entschädigt.[137]

lendes gewesen sei, welches, wenn nicht geradezu auf Geistesstörung, wenigstens auf eine grosse Praeocupation [sic] des Geistes schliessen lasse». Wild an Bundespräsident Schenk, 14./ 26. 10. 1871. BAR, E 2/1425. Wild meldete dann aber post scriptum, wie er gerade erfahren habe, sei Herr Glinz einem Lungenschlag erlegen. Ebd. Von einem Selbstmord wiederum spricht im Rückblick Generalkonsul Dupont. Dupont an Graffina (Sekretär EPD), 6./18. 2. 1900. BAR, E 2001 (A)/1041.

131 *Bericht des schweizerischen Bundesrathes an die h. Bundesversammlung über seine Geschäfts-führung im Jahr 1871. Geschäftskreis des politischen Departements.* BBl. 1872 II, S. 57–95, hier S. 78. Dass die Nachfolge schwierig zu besetzen sein würde, war man sich bewusst – müsste doch der Kandidat bei dem ungünstigen Verhältnis von Aufwand und Entschädigung bereit sein, «gewisse Opfer zu bringen». Ebd., S. 79. Das Historisch-biographische Lexikon der Schweiz nennt Mercier einen «ausserordentlichen schweizerischen Generalkonsul». HBLS, Bd. 5, S. 81.

132 Bundespräsident Schenk hatte den zarischen Gesandten Giers Ende 1871 über die desolate Hinterlassenschaft des verstorbenen Generalkonsuls und die Entsendung eines Spezial-beauftragten informiert und um eine wohlwollende Zusammenarbeit in St. Petersburg gebeten; diese wurde umgehend zugesichert. Vgl. Giers an Ministergehilfe Westmann, 5./17. 11. 1871. AVPRI, Missija v Berne, op. 510, d. 176, ll. 77–78; Westmann an die russische Gesandt-schaft in Bern, 27. 11. 1871 (a. St.). AVPRI, Missija v Berne, op. 510, d. 178, l. 3.

133 Bundespräsident Schenk an Mercier, 13. 12. 1871. BAR, E 2200.86, Nr. 88/1.

134 Das Generalkonsulat sollte so schnell wie möglich wieder besetzt werden, eventuell auch interimistisch. Dem neuen Amtsträger konnte eine Entschädigung von 8000–10'000 Franken in Aussicht gestellt werden. Bundespräsident Welti an Mercier, 11. 3. 1872. BAR, E 2200.86, Nr. 88/1.

135 Bundespräsident Welti an Jacob François Louis Philippin-Duval, 3. 4. 1872. BAR, E 2200.86, Nr. 88/2; Bundespräsident Welti an Generalkonsul Philippin-Duval, 10. 4. 1872. Ebd. – Zur anfänglichen Absage Philippin-Duvals (aus Gesundheitsgründen) vgl. Bundespräsident Schenk an Mercier, 20. 12. 1871. BAR, E 2200.86, Nr. 88/1; Philippin-Duval an Mercier, Nizza, 21. 1. 1872. Ebd.

136 Bundespräsident Cérésole an Generalkonsul Philippin-Duval, 17. 11. 1873. BAR, E 2200.86, Nr. 88/1. Im Dossier befindet sich auch die von Palmi unterschriebene Quittung.

137 Vgl. EPD an Generalkonsul Philippin-Duval, 19. 11. 1873. BAR, E 2200.86, Nr. 88/1.

Das Grundproblem der Affäre Glinz lag, neben individuellem Fehlverhalten, in der problematischen Verquickung privaten Unternehmertums und offizieller Amtsführung, wie sie für den schweizerischen Konsulardienst des 19. Jahrhunderts typisch war. Der Bund nahm die private Infrastruktur der Amtsträger wie selbstverständlich in Anspruch, riskierte damit aber auch eine Verwischung der Tätigkeitsbereiche und im Konfliktfall Klagen und Entschädigungsforderungen, die ihn streng juristisch nicht tangierten, moralisch aber dennoch in die Pflicht nahmen.

Conrad Schinz – die Laufbahn eines Generalkonsuls
Der am Zürcher Polytechnikum ausgebildete Ingenieur Johann Conrad Schinz wanderte um 1865 als junger Mann nach Russland aus. Er gründete 1870 in St. Petersburg das *Import- & Handelsgeschäft K. Schinz Ing.*, welches diverse Maschinen und Instrumente ausländischer Firmen im Zarenreich vertrieb, die russische Marine und den Eisenbahnbau in Sibirien belieferte, mit praktischen Artikeln (zum Beispiel automatischen Türschliessern) handelte und zur Blütezeit gegen 30 Personen beschäftigte.[138]
Conrad Schinz engagierte sich auf vielfältige Weise in der Schweizerkolonie von St. Petersburg. 1878 zum Vizekonsul befördert, übernahm er kurz darauf auch das Vizepräsidium und später das Präsidium der örtlichen schweizerischen Hilfsgesellschaft.[139] Er organisierte patriotische Anlässe, etwa ein Jubiläumsfest zum Gedenken an die Schlacht bei Sempach, und stand auch sonst im Mittelpunkt des geselligen Lebens der Kolonie. Sein Enkel Eduard Vollenweider erinnert sich: «Und dann hat er lange Jahre jeden Monat eine offene Türe gehabt für alle Schweizer, ob's der Direktor Köchlin von der Basler Handelsbank war oder ein Monteur der Sulzer Zentralheizungen, alle waren willkommen. Und dann ging es rein schweizerisch zu; es war ein Fässchen Bier da, und es wurde Wurst serviert und gejasst und Stumpen geraucht. Und meine arme Grossmutter und Mutter mussten dann drei Tage lang lüften, bis der ganze Rauch raus war.»[140]
Als der langjährige Generalkonsul Eugène Dupont im Jahr 1900 demissionierte, um in die Schweiz zurückzukehren, wurde Vizekonsul Conrad Schinz vom Bundesrat mit der provisorischen Leitung des Postens betraut.[141] Das Politische Departement beriet sich mit Vertretern der schweizerischen Wirtschaft über mögliche Kandidaten für die Nachfolge Duponts. Er verwies auf die 22 Jahre lang zur allgemeinen Zufriedenheit verrichtete Arbeit von Vizekonsul

138 Über Conrad Schinz sind wir durch die Interviews mit seinem in die Schweiz zurückgekehrten Enkel Eduard Vollenweider (1901–1997) recht gut unterrichtet. Vgl. Vollenweider, Erinnerungen, besonders S. 169–174, 178 f.; ferner Rauber, Schweizer Industrie, S. 94 f.
139 Vgl. Schinz an Bundesrat Müller, 26. 4. 1900. BAR, E 2001 (A)/1221.
140 Vollenweider, Erinnerungen, S. 174.
141 Vgl. Protokoll der Sitzung des Bundesrates, 6. 4. 1900. BAR, E 2001 (A)/1221.

Schinz, betrachtete aber dessen Nachrücken in die Stellung des Generalkonsuls nicht als zwingend.[142] Zusätzlich verzögert wurde die ordentliche Neubesetzung der Vertretung durch die Frage einer allfälligen Aufwertung des Generalkonsulats zu einer Gesandtschaft oder zu einem Berufskonsulat.

Schinz selber drängte auf einen Entscheid, aus gesundheitlichen Gründen. Er war an multipler Sklerose erkrankt, musste St. Petersburg für eine Kur verlassen und wollte die Situation vorher klären. Ausserdem stand das bisherige Konsulatslokal mit dem Wegzug Duponts nicht mehr zur Verfügung. Schinz hatte in seinen eigenen Büros an der Fontanka 52 bereits das Nötigste einrichten müssen, ohne über seine Ernennung Gewissheit zu haben. Für den Fall seiner Wahl, gegen die er in der Kolonie keine Opposition sah, schlug er den Bündner Kaufmann Charles de Riz à Porta als Vizekonsul vor.[143]

Zur Entscheidung kam es erst im Dezember.[144] Auf der Grundlage eines Antrags des Politischen und eines Mitberichts des Handelsdepartements befand der Bundesrat kurz vor Neujahr, die Errichtung einer teuren Gesandtschaft habe im Moment kaum Aussicht, vom Parlament bewilligt zu werden. Ein allfälliges Berufs- oder Handelskonsulat wiederum wäre in Moskau besser platziert und würde das Generalkonsulat in St. Petersburg nicht überflüssig machen. So wurde Conrad Schinz doch noch zum Generalkonsul ernannt – mit dem Vorbehalt, dass die personelle Besetzung der Petersburger Vertretung im Falle einer Erhebung zum Berufskonsulat oder zur Gesandtschaft neu geprüft werden müsse.[145]

Nach Erhalt des Exequaturs der russischen Regierung übernahm Conrad Schinz sein neues Amt.[146] Wiederholte Kuraufenthalte zwangen ihn, die Geschäfte immer wieder seinem Kanzler Johann Osenbrüggen zu überlassen.[147] 1904 bereits demissionierte Schinz mit dem Hinweis auf seinen schlechten Gesundheitszustand.[148] Der Bundesrat akzeptierte den Rücktritt unter Verdankung

---

142 EPD an den Vorort des schweizerischen Handels- und Industrievereins, 25. 4. 1900 (Entwurf). BAR, E 2001 (A)/1221.

143 Schinz an Bundespräsident Hauser, 26. 4./9. 5. 1900. BAR, E 2001 (A)/1221; Schinz an Bundesrat Müller, 26. 4. 1900. Ebd. – Zur Krankheit von Johann Conrad Schinz vgl. Vollenweider, Erinnerungen, S. 178; ferner BAR, E 2001 (A)/1042.

144 Schinz war inzwischen von seiner Kur zurückgekehrt. Während seiner Abwesenheit hatte im Einverständnis mit Bern Konsulatskanzler Johann Osenbrüggen die Geschäfte provisorisch geführt. Schinz an Bundespräsident Hauser, 8./21. 5. 1900. BAR, E 2001 (A)/1221; EPD an das schweizerische Generalkonsulat in St. Petersburg, 25. 5. 1900. Ebd.

145 Protokoll der Sitzung des Bundesrates, 29. 12. 1900. BAR, E 2001 (A)/1221. – Auch der Schweizerische Handels- und Industrieverein hatte die Wahl von Schinz empfohlen, trotz dessen instabiler Gesundheit und obwohl Schinz nicht über die gesellschaftliche Stellung des Vorgängers Dupont verfüge. Vorort des Schweizerischen Handels- und Industrievereins an das EPD, 1. 8. 1900. BAR, E 2001 (A)/1041.

146 Zur Erteilung des Exequaturs an Schinz seitens der russischen Regierung vgl. Protokoll der Sitzung des Bundesrates, 7. 3. 1901. BAR, E 2001 (A)/1221.

147 Vgl. BAR, E 2001 (A)/1221.

148 Generalkonsul Schinz an den Bundesrat, 4./17. 2. 1904. BAR, E 2001 (A)/1221.

der geleisteten Dienste und betraute Osenbrüggen mit der provisorischen Verwaltung des Generalkonsulats.[149]
Verschiedene Personen bewarben sich um die frei werdende Stelle, unter ihnen Charles de Riz à Porta, den Schinz (erfolglos) als Vizekonsul portiert hatte. Wiederum bat das Politische Departement heimische Wirtschaftsvertreter um eine Stellungnahme.[150] Doch die Lösung einer einfachen Neubesetzung konnte sich nun nicht mehr durchsetzen.

1.2.2.2. St. Petersburg/Petrograd: Gesandtschaft

1906–1918	Edouard Odier (1844–1919, Genf): Ausserordentlicher Gesandter und bevollmächtigter Minister[151]
1906–1911	Karl Rudolf Paravicini (1872–1947, Basel): Gesandtschaftssekretär[152]
1912–1914	Arthur de Pury: Gesandtschaftssekretär[153]
1915–1918	Etienne Lardy: Attaché, seit 1917 Gesandtschaftssekretär[154]
1906–1911	Johann Osenbrüggen (1846–1921, Zürich, Ingenieur): Kanzleisekretär und Honorarkonsul[155]
1911–1918	H. Furrer (1872–1932, Kaufmann): Kanzleisekretär[156]

Im Februar 1906 ernannte der Bundesrat den demokratischen Genfer Staatsrat und Nationalrat Edouard Odier zum Ausserordentlichen Gesandten und bevollmächtigten Minister in St. Petersburg – also zum ersten ständigen diplomatischen Vertreter der Schweiz im Zarenreich.[157] Schon lange war eine Aufwertung des bestehenden Generalkonsulats diskutiert worden:
1. Hartnäckig forderten die Russlandschweizerinnen und Russlandschweizer

---

149 Protokoll der Sitzung des Bundesrates, 11. 3. 1904. BAR, E 2001 (A)/1042.
150 Vgl. BAR, E 2001 (A)/1221.
151 Zu Odier vgl. etwa Altermatt, Les débuts de la diplomatie, S. 269 f.; HBLS, Bd. 5, S. 332. – Zum Personal der Gesandtschaft vgl. auch Liste du Corps diplomatique accrédité auprès du Gouvernement Provisoire Russe.
152 Auch: Charles. Zu K. R. Paravicini vgl. sein Personaldossier (inklusive Personalblatt) in: BAR, E 2500 -/1, Bd. 38; ferner das Personaldossier Paravicini/de Pury: BAR, E 2001 (A)/43; HBLS, Bd. 5, S. 376. Nachdem er 1917 die Leitung der Abteilung für Auswärtiges des Politischen Departements übernommen hatte, wurde Paravicini 1919 zum Schweizer Minister in London ernannt.
153 Zu A. de Pury vgl. das Personaldossier Paravicini/de Pury: BAR, E 2001 (A)/43.
154 Zu E. Lardy vgl. sein Personaldossier: BAR, E 2001 (A)/38.
155 Auch: Jean/Johannes. RSDB Nr. 7081; VRS-Mitgliederkartei (elektronisch), Nr. 2012.
156 Wohl: Hans (auch: Jean). VRS-Mitgliederkartei (elektronisch), Nr. 853. Furrer arbeitete später im Schweizer Konsulat in Strassburg.
157 Zur Einrichtung der Gesandtschaft in St. Petersburg vgl. Altermatt, Les débuts de la diplomatie, S. 134–141, 144–148. Zum ersten (gescheiterten) Anlauf einer Gesandtschaftsgründung in St. Petersburg 1802 vgl. Benziger, Beziehungen der Schweiz mit Russland, S. 23.

eine Verbesserung ihrer offiziellen Vertretung und Betreuung.[158] In verschiedenen Petitionen brachten die Kolonien ihren Wunsch nach einer diplomatischen Vertretung zum Ausdruck. Nachdem bereits 1872 von den Petersburger Schweizern im Nachgang der Affäre Glinz die Installierung eines Geschäftsträgers gefordert worden war,[159] unterstützten die Russlandschweizer 1903 ein Postulat des damaligen Nationalrats Edouard Odier, das den Bundesrat einlud, die Errichtung einer Gesandtschaft in der zarischen Hauptstadt zu prüfen.[160] In der betreffenden Petition aus Moskau heisst es: «Die hiesigen Verhältnisse erfordern mehr denn anderswo, dass eine Vermittlung geschaffen werde, die überall, selbst bis in die obersten Behörden (Ministerien) Zutritt habe; solches ist in Russland aber nur dem diplomatischen Vertreter gegeben, dem Handels- sowie dem Berufsconsul bleiben diese Wege verschlossen, und sie vermögen mit dem besten Willen nur halbe Arbeit zu leisten.»[161] Ähnlich argumentierte ein fast zeitgleicher Vorstoss aus St. Petersburg.[162] In beiden Schreiben wurde ins Feld geführt, dass alle anderen europäischen Staaten im Zarenreich diplomatisch vertreten seien. Der Rücktritt von Generalkonsul Schinz 1904 bot eine nächste Gelegenheit, Veränderungen zu fordern. Eine von Lederwarenfabrikant Samuel Baechli, dem Präsidenten der schweizerischen Hilfsgesellschaft in St. Petersburg, überreichte Petition verwies unter anderem auf das Bestehen schweizerischer Gesandtschaften in anderen Hauptstädten, auf die schon langjährige Existenz einer zarischen Gesandtschaft in Bern und auf die Wünschbarkeit institutioneller Symmetrie.[163]

2. Ein Blick in die Presse belegt für die Zeit um 1900 eine breite Diskussion um angemessene Vertretung im Zarenreich auch in der schweizerischen Öffentlichkeit.[164] Im Vordergrund standen Handelsinteressen, und schweizerische

158 Generalkonsul Dupont selbst befand 1899, die Frage einer diplomatischen Vertretung verdiene nähere Prüfung. Dupont an Bundespräsident Müller, 16./28. 2. 1899. BAR, E 2001 (A)/ 1041; vgl. auch Dupont an Graffina (Sekretär EPD), 6./18. 2. 1900. Ebd.
159 Die Petition traf am 24. Februar 1872 ein, vgl. Bundespräsident Welti an Geschäftsträger Mercier, 11. 3. 1872. BAR, E 2200.86, Nr. 88/1.
160 Das Postulat verlangte auch die Prüfung einer diplomatischen Vertretung in Den Haag. Postulat Odier, 12. 12. 1902. BAR, E 2001 (A)/1041. Vgl. auch den *Bundesbeschluss betreffend das Budget für das Jahr 1903. (Vom 19. Dezember 1902.)* BBl. 1902 V, S. 951–954, hier S. 953 f.
161 Petition von Schweizern in Moskau an den Bundesrat, 9./22. 2. 1903. BAR, E 2001 (A)/1041.
162 Petition von Schweizern in St. Petersburg an den Bundesrat, 31. 3. 1903. BAR, E 2001 (A)/ 1041.
163 Petition von Schweizern in St. Petersburg (Eingang: 4. 6. 1904). BAR, E 2001 (A)/1041. – Im Frühjahr 1905 folgte nochmals eine von der Hilfsgesellschaft organisierte Petition, die als Minimallösung verlangte, wenigstens die seit der Demission von Conrad Schinz bestehende Vakanz durch Ernennung eines neuen Generalkonsuls rasch zu beenden. Petition von Schweizern in St. Petersburg an den Bundesrat, 20. 4./3. 5. 1905. Das Schreiben trägt 72 Unterschriften. Švejcarija – Rossija, Nr. 85 (BAR, E 2001 (A)/1041).
164 BAR, E 2001 (A)/1042. – Für die kontroverse Diskussion in der schweizerischen (Wirtschafts-) Presse vgl. Altermatt, Les débuts de la diplomatie, S. 137 f.

Privatunternehmen setzten sich direkt beim Bundesrat für eine Aufwertung des bestehenden Postens ein.[165] Auch das Handels-, Industrie- und Landwirtschaftsdepartement brachte zwei wirtschaftliche Argumente für eine Umwandlung des Generalkonsulats ins Spiel: Es sprach einerseits von den «durchaus eigenartigen kommerziellen, administrativen und richterlichen Verhältnissen in Russland», die eine kompetente Unterstützung der schweizerischen Handelsleute – etwa durch ein Berufskonsulat – erforderten, andererseits von der in Aussicht stehenden Erneuerung des bestehenden Handels- und Niederlassungsvertrags mit Russland, für welche das Gewicht einer diplomatischen Vertretung nützlich sein könnte. Vielleicht, so das Departement, liesse sich die Errichtung einer Gesandtschaft durch ein vorgängig geschaffenes Berufskonsulat vorbereiten.[166]

Der Schweizerische Handels- und Industrieverein gab sich zurückhaltend. Im August 1900 riet er eher davon ab, das bestehende Generalkonsulat in ein Berufskonsulat umzuwandeln; für die Frage der Zweckmässigkeit einer diplomatischen Vertretung befand er sich als nicht zuständig.[167] Anlässlich der Neubesetzung von 1904 vermeldete er, fünf seiner Sektionen hätten von sich aus angemerkt, dass sie die Errichtung einer Gesandtschaft in St. Petersburg als nötig erachteten, während sich zwei für ein Berufskonsulat ausgesprochen hätten.[168] Einen Stimmungsumschwung markiert die Stellungnahme der Schweizerischen Handelskammer (also des erweiterten Vorstands des Handels- und Industrievereins), die verlangte, die Errichtung von Gesandtschaften in Russland und Japan baldmöglichst zu prüfen. Gerade in absolutistisch regierten Staaten mit zentraler Verwaltung seien diplomatische Vertretungen wirksamer, hiess es nun. «Was dann insbesondere die Wünschbarkeit einer Gesandtschaft in Russland betrifft, so wurde auf die bekannte Tatsache aufmerksam gemacht, dass das Land in vielfacher Hinsicht für den Handel, und besonders für den schweizerischen, noch unaufgeschlossen ist, und dass in dieser Richtung unbedingt mehr geschehen sollte.»[169] In Anbetracht des russisch-japanischen Krie-

165 BAR, E 2001 (A)/1041. – Im Falle von Nationalrat Karl Koechlin verband sich unternehmerisches Engagement mit parlamentarischem Einfluss. Sein Postulat vom 17. Dezember 1900, in dem er die Regierung aufforderte, über die mögliche Förderung schweizerischer Handelsinteressen in Russland und China zu informieren, unterstützte Koechlin mit einem Bericht des Moskauer Vertreters seiner eigenen Firma. Postulat Koechlin, 17. 12. 1900. BAR, E 2001 (A)/1041.

166 EVD an das EPD, 17. 8. 1900. BAR, E 2001 (A)/1041. Zur entsprechenden Anfrage des Politischen Departements vgl. EPD an das EVD, 13. 8. 1900. Ebd.

167 Vgl. Vorort des Schweizerischen Handels- und Industrievereins an das EPD, 1. 8. 1900. BAR, E 2001 (A)/1041; ferner Vorort des Schweizerischen Handels- und Industrievereins an das EPD, 1. 6. 1900. Ebd.; vgl. auch BAR, E 2001 (A)/1042.

168 Vorort des Schweizerischen Handels- und Industrievereins an das EPD, 22. 6. 1904. BAR, E 2001 (A)/1041.

169 Vorort des Schweizerischen Handels- und Industrievereins an das EPD, 23. 6. 1904. BAR, E 2001 (A)/1041.

ges und des danach zu erwartenden russischen Importzuwachses hielt es die Handelskammer «gewissermassen aus psychologischen Gründen» für geschickt, diplomatische Präsenz zu markieren – wobei dann nicht zuletzt im Sinne der Neutralität auch eine Gesandtschaft in Japan geprüft werden müsse. Jedenfalls sei eine diplomatische Vertretung dem nicht viel billigeren Berufskonsulat vorzuziehen.[170]

3. Auch die politische Bedeutung einer diplomatischen Vertretung der Schweiz im Zarenreich kam zur Sprache. Der deutsche Gesandte in Bern, Alfred von Bülow, hielt es 1903 in einem Gespräch mit Arnold Roth, dem Schweizer Minister in Berlin, gerade in der konfliktträchtigen Anarchistenfrage für ausserordentlich wichtig, dass der Bundesrat die Behörden in St. Petersburg durch einen eigenen Diplomaten über die Verhältnisse in der Schweiz aufklären könne, statt dies wie bis anhin der subjektiven Berichterstattung des zarischen Gesandten in Bern zu überlassen.[171] Und für Minister Alfred de Claparède, den Nachfolger Roths in Berlin, verlangte die politische Instabilität des Zarenreiches eine effizientere Interessenvertretung in St. Petersburg. Claparède machte den Bundesrat darauf aufmerksam, dass der langjährige Generalkonsul Eugène Dupont aufgrund seiner persönlichen Beziehungen zu russischen Funktionären eine ganz aussergewöhnliche Position und einen Einfluss erlangt habe, wie ihn Conrad Schinz nicht mehr geniesse. Doch selbst der einflussreiche Dupont, so Claparède, hätte als blosser Generalkonsul nicht viel ausrichten können, wenn bei den Ausschreitungen vom Januar 1905 Schweizer zu Schaden gekommen oder gar getötet worden wären.[172]

4. Leicht erkennbar war schliesslich die Sympathie, mit der die russischen Behörden der Idee einer schweizerischen Gesandtschaft im Zarenreich begegneten. Einen deutlichen Fingerzeig hatte bereits der Empfang des im Kontext der Affäre Glinz nach St. Petersburg entsandten interimistischen Geschäftsträgers Charles Philippe Mercier durch den Zaren dargestellt. Der an der Akademie in St. Petersburg wirkende (und zeitweilig als Sekretär des Generalkonsulats tätige) Schweizer Meteorologe Heinrich Wild berichtete 1872, dass «das hiesige Ministerium des Auswärtigen wiederholt den Wunsch ausgesprochen oder wenigstens angedeutet [habe], dass man sehr wünschte, es hätte auch die Schweiz hier einen diplomatischen Vertreter».[173]

---

170 Ebd.
171 Schweizerische Gesandtschaft in Berlin an Bundespräsident Deucher, 28. 3. 1903. BAR, E 2001 (A)/1041.
172 Schweizerische Gesandtschaft in Berlin an Bundespräsident Ruchet, 26. 6. 1905. BAR, E 2001 (A)/1041.
173 Wild an Bundespräsident Welti, 7./19. 2. 1872. BAR, E 2/1425. – Die zarische Diplomatie beobachtete die schweizerischen Diskussionen und parlamentarischen Beratungen über die Errichtung neuer diplomatischer Posten genau, vgl. etwa die Berichte des Gesandten Ozerov an Aussenminister Gorčakov von 1867. AVPRI, Missija v Berne, op. 510, d. 113. – 1902 glaubte Aussenminister Lambsdorff prognostizieren zu können, dass die Frage einer Gesandtschafts-

Institutionelle Angemessenheit, politische Handlungsfähigkeit und vor allem wirtschaftliche Entwicklung – dies also die Argumentationsfelder, auf denen sich die Forderung nach einer besseren Repräsentation der Schweiz im Zarenreich artikulierte. Wie positionierte sich nun der Bundesrat?

Auf die erste Petition der Russlandschweizer von 1872 reagierte Bundespräsident Welti ablehnend: Die Idee einer Geschäftsträgerstelle sei ja ohnehin nur aufgekommen, weil sich die Neubesetzung des Generalkonsulats nach dem Tod von Adolf Glinz schwierig gestalte. Ausserdem würde eine diplomatische Vertretung im Zarenreich die Errichtung eines solchen Postens auch in Nordamerika präjudizieren, wo ein viel stärkeres Bedürfnis danach bestehe, «während unsere Beziehungen zu Russland doch wesentlich derart sind, dass ein Konsulat zu deren Besorgung vollkommen auszureichen vermag».[174] Drei Jahre später gestand das Politische Departement dann aber doch ein, dass eine diplomatische Vertretung im Zarenreich grosse Vorteile mit sich bringen und eine ganze Reihe bisheriger Schwierigkeiten durch den verbesserten Zugang zur offiziellen russischen Politik beheben könnte. Als ausschlaggebendes Hindernis wurde nun aber die Kostenfrage in den Vordergrund gerückt: «Mais tous ces avantages ne pourraient être achetés qu'en grevant le budget fédéral d'une dépense considérable. Ainsi que cela a été apposé plus haut, le poste de St-Pétersbourg est considéré, avec ceux de Constantinople et de Londres, comme le plus coûteux et il serait bien difficile de trouver une personne qualifiée qui voulût s'en charger pour un traitement inférieur à 60'000 fr.»[175] Das Geld blieb fortan Hauptargument für die Beibehaltung des Status quo. Hinzu kam die erwähnte Überzeugung, dass eine verbesserte Wahrung der Handelsinteressen eher mit einem Berufskonsulat oder einer sonstigen Agentur in Moskau zu realisieren wäre, welche wiederum die Vertretung in der Hauptstadt St. Petersburg doch nicht ganz ersetzen konnte.[176] Der wachsende Druck verschiedener Interessengruppen veranlasste das Politische Departement immerhin, detaillierte Abklärungen zu tätigen.[177]

gründung die eidgenössischen Räte bald einmal beschäftigen werde. Lambsdorff an den russischen Gesandten in Bern, 12./25. 11. 1902. Rossija – Švejcarija, Nr. 81. – Zu H. Wild (1833 bis 1902) vgl. Mumenthaler, Paradies, S. 651.

174 Bundespräsident Welti an Geschäftsträger Mercier, 11. 3. 1872. BAR, E 2200.86, Nr. 88/1. – Die Gesandtschaft in Washington wurde denn auch schon 1882, also fast 25 Jahre vor derjenigen in St. Petersburg, errichtet. Altermatt, Les débuts de la diplomatie, S. 97–99.

175 EPD an den Bundesrat, 5. 12. 1875. BAR, E 2/580. Vgl. auch Protokoll der Sitzung des Bundesrates, 21. 12. 1875. Ebd.

176 Protokoll der Sitzung des Bundesrates, 29. 12. 1900. BAR, E 2001 (A)/1221.

177 Der zurückgetretene Generalkonsul Dupont wurde angefragt, welche Kosten für ein Berufskonsulat in St. Petersburg zu gewärtigen seien, wenn der Amtsinhaber «modestement, mais convenablement» leben können sollte. EPD an Dupont, 6. 11. 1900. BAR, E 2001 (A)/1041. Die Antwort Duponts und weitere Abklärungen ergaben sehr hohe zu erwartende Kosten, vgl. Dupont an Bundespräsident Hauser, 8. 10. 1900. Ebd. – Auch andere Departemente wurden um Stellungnahme gebeten. Das Justiz- und Polizeidepartement etwa vermeldete, 1895–1899

Nach der positiven Stellungnahme der Schweizerischen Handelskammer beantragte das Politische Departement dem Bundesrat Ende Mai 1905 die Errichtung einer Gesandtschaft in St. Petersburg.[178] Das Handels-, Industrie- und Landwirtschaftsdepartement zeigte sich einverstanden unter der Bedingung, dass auch das Generalkonsulat in Tokio zur Gesandtschaft aufgewertet werde.[179] In seiner Sitzung vom 25. September 1905 beschloss der Bundesrat, beide Gesandtschaften zu realisieren – mit ausdrücklich vermerkter Gegenstimme von Bundesrat Forrer, dem Vorsteher des Departements des Innern und nächstjährigen Bundespräsidenten.[180] Wie sehr Forrers Auffassung von Diplomatie und Aussenpolitik noch in der politischen Kultur der Gründerväter von 1848 verwurzelt war, zeigt die schriftliche Begründung seiner Ablehnung: «Wir sind ein kleines Land und ein sparsames Volk. Für unsere Verhältnisse sind *acht* Gesandtschaften zu viel, die reine Grosstuerei.»[181]

Doch der altgediente Appell an gut eidgenössische Bescheidenheit konnte die Kollegen nicht mehr überzeugen. In seinem Bericht an die Bundesversammlung[182] nahm der Bundesrat für sich in Anspruch, schon 1867 auf die Nützlichkeit einer allfälligen Gesandtschaft in Russland hingewiesen zu haben, und er nannte nun eine ganze Reihe von Beweggründen und (altbekannten) Argumenten, die für eine vollwertige diplomatische Vertretung im Zarenreich sprachen: die grösseren Handlungsmöglichkeiten eines Diplomaten im Vergleich mit einem Konsul, die im Hinblick auf das internationale Ansehen wünschbare Symmetrie der Vertretungssituation, die regelmässige politische Berichterstattung, die anstehende Neuverhandlung des Handels- und Niederlassungsvertrags und die Regelung von Zollangelegenheiten, nicht zuletzt auch die zahlreichen Kundgebungen und parlamentarischen Vorstösse zugunsten einer Aufwertung des Generalkonsulats. Ausserdem rekurrierte der Bundesrat auf die guten bilateralen Beziehungen und bemühte gar die traditionelle Funktion des Zarenreichs als Garant schweizerischer Souveränität: «Angesichts der grossen

lediglich 38 Mal in Kontakt mit der Vertretung in St. Petersburg gestanden zu haben. EJPD an das EPD, 1. 10. 1900 (Liste). Ebd.

178 EPD an den Bundesrat, 29. 5. 1905 (Entwurf). BAR, E 2001 (A)/1041.

179 EVD an den Bundesrat, 26. 7. 1905. BAR, E 2001 (A)/1041.

180 Protokoll der Sitzung des Bundesrates, 25. 9. 1905. BAR, E 2001 (A)/1041.

181 Die projektierten Gesandtschaften als politische Posten seien unnötig; zum Abschluss von Verträgen, so Forrer, genügten auch Spezialmissionen. Bundesrat Forrer: *Gesandtschaften in Petersburg u. Tokio. Begründung meines Gegenantrages*, 25. 9. 1905 (Hervorhebung in der Vorlage). BAR, E 2001 (A)/1041.

182 Um die Gefahr eines Referendums zu umgehen, verzichtete der Bundesrat in der Frage der beiden neuen Gesandtschaften auf die Form des Bundesbeschlusses und beantragte blosses Einfügen der zusätzlichen Kosten in das Budget von 1906. Das Parlament verlangte dann aber immerhin einen erklärenden Bericht, vgl. Altermatt, Les débuts de la diplomatie, S. 147; *Bericht des Bundesrates an die Bundesversammlung, betreffend die Errichtung ständiger Gesandtschaften in St. Petersburg und in Tokio. (Vom 1. Dezember 1905.)* BBl. 1905 VI, S. 228 bis 236.

Opfer, die wir für die Erhaltung und Hebung unserer Wehrkraft bringen, sollten wir die Kosten einer Einrichtung nicht scheuen, die dazu beitragen wird, die guten Beziehungen der Schweiz mit einer jener Mächte zu pflegen und zu fördern, die durch Erklärung vom 20. November 1815 die Neutralität der Schweiz anerkannt und die Unverletzlichkeit ihres Gebietes garantiert haben.»[183] National- und Ständerat billigten im Dezember 1905 den für St. Petersburg bestimmten Kredit.[184]

Nun stellte sich die Frage nach der optimalen personellen Besetzung der Gesandtschaft. Im Bundesarchiv finden sich verschiedene Empfehlungen und Bewerbungen für die neue Ministerstelle.[185] Sehr bald stand aber ein Name im Vordergrund, der weder einem Karrierediplomaten noch einem Russlandschweizer, sondern einem Staatsmann gehörte: Edouard Odier, Nationalrat und Genfer Staatsrat, schweizerischer Delegierter an der internationalen Rot-Kreuz-Konferenz in St. Petersburg 1902[186] und Autor des besagten Postulates, das schon 1902 die Einrichtung der eben beschlossenen Gesandtschaft angestrebt hatte.

Odier bat um Bedenkzeit. Gegenüber Bundespräsident Forrer, den er kollegial mit «Mon cher Forrer» ansprach, meinte er: «Mets-toi à ma place! [...] Il s'agit d'une décision qui bouleverse toute l'existence d'une famille.»[187]

Zwei Fragen standen im Mittelpunkt der Verhandlungen: die prekäre Gesundheit der Gattin Mathilde Odier und – immer wieder – das Geld. Bundespräsident Forrer teilte Odier mit, er erhalte 50'000 Franken Gehalt sowie je einen vom Bund finanzierten Gesandtschafts- und Kanzleisekretär, wobei für letzteren Posten der momentane Konsulatsverweser Johann Osenbrüggen geradezu prädestiniert sei, zumal das bestehende Generalkonsulat aufgelöst und dessen Arbeit von der Gesandtschaft übernommen werde.[188] Odier akzeptierte – mit dem Vorbehalt, bei Klimaunverträglichkeiten Russland wieder zu verlassen und bei Nichtgenügen der Besoldung eine Erhöhung zu beantragen.[189] Der Bundesrat nahm Kenntnis von diesen Vorbehalten, ernannte Edouard Odier

---

183 Ebd., S. 233.

184 Altermatt, Les débuts de la diplomatie, S. 147 f. – Zur Dankbarkeit der Schweizerkolonien für die Einrichtung einer Gesandtschaft vgl. z. B. Konsul Luchsinger (Moskau) an den Bundesrat, 6./19. 2. (korrigiert: 3.) 1906. BAR, E 2001 (A)/1043.

185 Vgl. BAR, E 2001 (A)/1041 und 1043. Das Politische Departement favorisierte für St. Petersburg zunächst Charles Daniel Bourcart, ehemaliger Minister in London. Vgl. EPD an den Bundesrat, 26. 12. 1905. BAR, E 2001 (A)/1043.

186 Vgl. Benziger, Beziehungen der Schweiz mit Russland, S. 24; EPD an den zarischen Gesandten in Bern Westmann, 30. 1. 1902. AVPRI, Missija v Berne, op. 843/2, d. 238, l. 47.

187 Odier an Bundespräsident Forrer, 15. 2. 1906. BAR, E 2001 (A)/1043.

188 Bundespräsident Forrer an Odier, 16. 2. 1906 (Entwurf). BAR, E 2001 (A)/1043. – Zur konsularischen Tätigkeit Osenbrüggens vgl. z. B. den von ihm verfassten *Handelsbericht des Schweizerischen Generalkonsulates in St. Petersburg pro 1904*, 27. 6./10. 7. 1905. BAR, E 2001 (A)/1041.

189 Odier an Bundespräsident Forrer, 19. 2. 1906. BAR, E 2001 (A)/1043.

am 20. Februar 1906 zum Ausserordentlichen Gesandten und bevollmächtigten Minister in St. Petersburg, und nachdem auch die russische Regierung am 24. Februar ihr Einverständnis gegeben hatte, wurde Odier angewiesen, sein Amt möglichst bald anzutreten.[190] Der Gesandte verliess Genf am 9. April 1906. Er machte auf dem Weg nach St. Petersburg in Paris und Berlin Halt, um die Kanzleiorganisation der dortigen Schweizer Vertretungen zu studieren, und überreichte dem Zaren am 20. April/3. Mai seine Akkreditierungspapiere.[191] Einen besseren Start, so vermeldete Odier nach Bern, hätte er sich gar nicht wünschen können. Er schilderte die freundlichen Empfänge bei Aussenminister Lambsdorff, beim Zaren in Carskoe Selo – aber auch bei den Schweizer Landsleuten.[192] Der Genfer richtete sich etwas abseits vom Zentrum in einer Wohnung mit sechs Zimmern, Küche und Bedienstetenzimmern ein.[193]

Odiers Wunsch entsprechend hatte der Bundesrat den in Paris stationierten Gesandtschaftssekretär Karl Rudolf Paravicini per 1. April nach St. Petersburg versetzt. Ausserdem sollte Konsulatsverweser Osenbrüggen angefragt werden, ob er den Posten eines Kanzleisekretärs übernehmen wolle.[194] Der Person Osenbrüggens kam grosse Bedeutung zu: Seine Erfahrung und Sachkompetenz konnten eine reibungslose Überführung der Geschäfte des Generalkonsulats in die neue Gesandtschaft gewährleisten. Auf seine Russischkenntnisse war das neue Gesandtschaftspersonal angewiesen. Und ausserdem genoss Osenbrüggen in der Schweizerkolonie von St. Petersburg grosses Ansehen; seine Mitarbeit würde Odier von Anfang an eine gute Akzeptanz bei den Landsleuten sichern. Doch – Osenbrüggen wollte nicht. Auf die Anfrage des Politischen Departements reagierte er ablehnend, ohne Angabe von Gründen.[195] In einem Brief an Odier machte der ehemalige Konsulatskanzler dann aber deutlich, dass er sich nach zweijähriger selbständiger Führung des Generalkonsulats nicht damit abfinden konnte, blosser Schreiberling der neuen Gesandtschaft und Untergebe-

---

190 Protokoll der Sitzung des Bundesrates, 20. 2. 1906. BAR, E 2001 (A)/1043; EPD an Odier, 26. 2. 1906 (Entwurf). Ebd.; Protokoll der Sitzung des Bundesrates, 13. 3. 1906. Ebd. – Zum russischen Plazet vgl. auch Aktennotiz, 25. 2. 1906. Ebd. Zur Annahme der Wahl durch Odier vgl. Odier an Bundespräsident Forrer, 27. 2. 1906. Ebd.

191 Vgl. Odier an das EPD, Genf, 11. 7. 1906. BAR, E 2001 (A)/1043. Zur Abreise und geplanten Ankunft Odiers in St. Petersburg um den 15. April vgl. Odier an das EPD, 7. 3. 1906. Ebd. Zur Amtszeit Odiers vgl. auch Benziger, Die schweizerischen Vertreter, S. 12.

192 Odier an das EPD, 17./30. 4. und 20. 4./3. 5. 1906. BAR, E 2001 (A)/1043.

193 Die Miete dafür betrug 4000 Rubel, was gemäss Odier etwa 10'000 Franken entsprach. Odier an Bundespräsident Forrer, 12./25. 10. 1906. BAR, E 2001 (A)/1043.

194 Protokoll der Sitzung des Bundesrates, 13. 3. 1906. BAR, E 2001 (A)/1043; Odier an Forrer, 27. 2. 1906. Ebd. – Odier legte seinen formellen Schreiben an den Bundesrat oftmals persönliche Briefe an Forrer bei, in denen er sich konkreter zu den Beweggründen seiner Entscheide, zu Wünschen und allfälligen Konflikten äusserte. Vgl. BAR, E 2001 (A)/1044.

195 EPD an Osenbrüggen, 13. 3. 1906 (Entwurf). BAR, E 2001 (A)/1044; Osenbrüggen an das EPD, 6./19. 3. 1906. Ebd.

ner des fast 30 Jahre jüngeren Paravicini zu werden: «[...] j'ai occupé trop longtemps une position indépendante pour pouvoir, à mon âge, me contenter d'un poste inférieur[.]»[196] Odier schlug nun eine klare Ressortteilung vor, bei der ein allfälliger Kanzleisekretär Osenbrüggen für konsularische Belange zuständig bleiben und in Anerkennung seiner Dienste den Titel *Honorarkonsul* führen sollte.[197] Der Bundesrat akzeptierte, Osenbrüggen auch.[198] Die personelle Zusammensetzung der Gesandtschaft entwickelte sich bis zur Februarrevolution 1917 wie folgt: Edouard Odier blieb die ganze Zeit hindurch Schweizer Minister im Zarenreich, wenn seine Amtsführung auch von zahlreichen Absenzen unterbrochen wurde, während deren der jeweilige Gesandtschaftssekretär als interimistischer Geschäftsträger fungierte.[199] Gründe für Odiers Abwesenheit aus Russland waren – in oder auch neben seinem ordentlichen sommerlichen Urlaub – die Teilnahme an Konferenzen des IKRK[200] sowie die Krankheit und dann der Tod der Gattin Mathilde Odier Anfang 1913.[201] Gesandtschaftssekretär Karl Paravicini bat 1911 um Versetzung nach London, unter anderem wegen der hohen Lebenskosten in St. Petersburg und der negativen Auswirkungen des dortigen Klimas auf die Gesundheit seiner Frau.[202] Der

---

196 Zit. in: Odier an Bundespräsident Forrer, 28. 3. 1906. BAR, E 2001 (A)/1044.

197 Odier an das EPD, St. Petersburg, 17./30. 4. 1906. BAR, E 2001 (A)/1043; persönliche Ergänzung zuhanden des Bundespräsidenten in: BAR, E 2001 (A)/1044.

198 Zur Ernennung Osenbrüggens zum Kanzleisekretär im Mai und zur gleichzeitigen Verleihung des Titels eines Honorarkonsuls vgl. Protokoll der Sitzung des Bundesrates, 11. 5. 1906. BAR, E 2001 (A)/1044. Zum Einverständnis Osenbrüggens vgl. Odier an Bundespräsident Forrer, 3./16. 5. 1906. Ebd. Zum Dank Odiers für die gefundene Lösung vgl. die persönliche Ergänzung Odiers zuhanden Forrers. Ebd.

199 Zu den Vertretungen Odiers durch den jeweiligen Gesandtschaftssekretär vgl. z. B. Odier an Bundespräsident Deucher, 30. 3./12. 4. 1909. BAR, E 2001 (A)/1044.

200 Bereits im Mai 1906, also kurz nach seiner Ankunft in St. Petersburg, liess sich Odier für drei Monate beurlauben, um die Konferenz zur Revision der Genfer Konvention zu präsidieren. Vgl. Odier an das EPD, 6./19. 5. 1906. BAR, E 2001 (A)/1043; Protokoll der Sitzung des Bundesrates, 22. 5. 1906. Ebd.; Odier an Bundespräsident Forrer, 9. 7. 1906. Ebd. Vgl. auch die *Botschaft des Bundesrates an die Bundesversammlung betreffend die Übereinkunft zur Verbesserung des Loses der Verwundeten und Kranken der Heere im Felde. (Vom 30. November 1906.)* BBl. 1906 VI, S. 1–22, hier S. 2 f. 1907 plante Odier seinen Urlaub so ein, dass er in London als 2. Vizepräsident des IKRK an einer Konferenz der Rotkreuzgesellschaften teilnehmen konnte. Odier an Bundespräsident Müller, 27. 4./10. 5. 1907. BAR, E 2001 (A)/1043; Protokoll der Sitzung des Bundesrates, 17. 5. 1907. Ebd. Zur Funktion Odiers als Vizepräsident des IKRK vgl. auch Bugnion, Comité, S. 286.

201 Mathilde Odier konnte bereits 1911 wegen eines Augenleidens nicht nach St. Petersburg zurückkehren. Odier an Bundespräsident Ruchet, Paradies, 20. 7. 1911. BAR, E 2001 (A)/1043. Nach Verschlechterung ihres Gesundheitszustandes hatte das Politische Departement Odier im November 1912 eine unbefristete Verlängerung des Urlaubs in Genf gewährt. EPD an Odier, 20. 11. 1912 (Entwurf). Ebd. Zum Tod von Mathilde Odier vgl. Edouard Odier an das EPD, 13. 1. 1913. BAR, E 2001 (A)/1044.

202 Paravicini an Bundespräsident Ruchet, 4./17. 11. 1911. BAR, E 2001 (A)/1044.

Bundesrat entsprach diesem Wunsch, indem er beschloss, Paravicini gegen den in London tätigen Legationsrat Ernst Probst auszutauschen[203] – sehr zum Ärger Odiers, der in Probst einen Bürofunktionär sah, der den spezifischen Anforderungen der russischen Politik nicht gewachsen war: «Ici, plus que partout ailleurs peut-être, on obtient davantage par faveur, grâce à des relations personnelles avec ceux de qui dépendent les décisions, que par les notes officielles les mieux rédigées.»[204]

Probst verzichtete von sich aus; nach Absprache zwischen Bundespräsident Ruchet und Odier übernahm an seiner Stelle Arthur de Pury zur russischen Jahreswende 1911/12 den Posten des Gesandtschaftssekretärs.[205] Wie vor ihm Paravicini machte de Pury aber den Bundesrat schon bald auf die unhaltbaren finanziellen Implikationen seiner Stelle aufmerksam: «Pour vivre ici, aussi simplement que je le fais, je suis obligé, ne pouvant me soustraire aux obligations de ma carrière, de dépenser encore une somme à peu près égale à 2 fois mon traitement et personnellement je n'en ai pas les moyens.»[206]

Nach Ausbruch des Weltkriegs zog das Politische Departement de Pury wegen dringenden Personalbedarfs in der Zentrale aus der zarischen Hauptstadt ab.[207] Als er 1915 zum Adjunkt der Abteilung für Auswärtiges des Politischen Departements ernannt wurde und damit klar war, dass er nicht nach Russland zurückkehren würde,[208] zeigte sich Odier dankbar für die wertvollen Dienste des ehemaligen Sekretärs und formulierte seine Ansprüche für die Nachfolge: Ein junger Mann mit Repräsentationsfähigkeit und Sinn für das Gesellschaftsleben müsse es sein, da in Russland persönliche Beziehungen mehr zählten als gute Büroarbeit; ausserdem sei bei der momentanen gewalttätigen Abneigung der Russen gegen alles Deutsche ein welscher Kandidat vorzuziehen, zumal die russischen Funktionäre oft zwischen Deutschen und Deutschschweizern kaum unterscheiden könnten.[209] Die bisher mit promovierten Karrierediplomaten besetzte Stelle blieb vorläufig vakant. Dafür bestimmte der Bundesrat Etienne

203 Protokoll der Sitzung des Bundesrates, 28. 11. 1911. BAR, E 2001 (A)/1044.
204 Odier an Bundespräsident Ruchet, 19. 11./2. 12. 1911. BAR, E 2001 (A)/1044.
205 Vgl. Protokoll der Sitzung des Bundesrates, 18. 12. 1911. BAR, E 2001 (A)/1044; ferner Bundespräsident Ruchet an Odier, 13. 12. 1911. Ebd.; Odier an das EPD, 15. 12. 1911. Ebd.; Odier an Bundespräsident Ruchet, 2./15. 12. 1911. Ebd.; Odier an Bundespräsident Forrer, 13. 1. 1912. Ebd.
206 De Pury an Bundespräsident Müller, 28. 6./11. 7. 1913. BAR, E 2001 (A)/1044. – Das Politische Departement sah sich ausserstande, am geltenden Reglement, das auf unterschiedliche lokale Lebenskosten keine Rücksicht nahm, etwas zu ändern. EPD an Geschäftsträger de Pury, 8. 8. 1913 (Entwurf). BAR, E 2001 (A)/1044.
207 EPD an die schweizerische Gesandtschaft in Petrograd, 6. 11. 1914 (Entwurf). BAR, E 2001 (A)/1044. Zur Abreise de Purys vgl. schweizerische Gesandtschaft in Petrograd an das EPD, 7. 11. 1914. Ebd. Zur späteren Ernennung Purys zum Adjunkt der Abteilung für Auswärtiges des Politischen Departements vgl. Protokoll der Sitzung des Bundesrates, 7. 5. 1915. Ebd.
208 Vgl. Protokoll der Sitzung des Bundesrates, 7. 5. 1915. BAR, E 2001 (A)/1044.
209 Odier an den Bundesrat, 11./24. 5. 1915. BAR, E 2001 (A)/1044.

Lardy, Sohn des schweizerischen Gesandten in Paris, per 1. Juli 1915 zum provisorischen Attaché der Gesandtschaft.[210] Als sich Odier mit Lardy zufrieden zeigte, wurde dieser auf Anfang 1916 zum *attaché définitif* ernannt.[211] Kanzleisekretär Osenbrüggen demissionierte 1911 unter Geltendmachung von Gesundheitsgründen.[212] Odier besprach die zahlreichen Bewerbungen um die frei gewordene Stelle mit Bundespräsident Ruchet.[213] Wichtige Anforderung an die Kandidaten schien ihm das Beherrschen der russischen Sprache zu sein. Auf seine Empfehlung hin ernannte der Bundesrat per Mitte September 1911 den Petersburger Sprachlehrer H. Furrer, der seine Bewerbung gleich dreisprachig – französisch, deutsch und russisch – eingereicht hatte, zum neuen Kanzleisekretär.[214] Als sich die Arbeitsbelastung der Gesandtschaft nach Beginn des Weltkriegs innert Kürze vervielfachte, sah sich Odier gezwungen, die zusätzliche Stelle einer Daktylografin zu besetzen.[215]

Betrachten wir nun die hauptsächlichen Arbeitsfelder der Gesandtschaft bis zur Februarrevolution 1917.

1. Intensiver und professioneller, als dies die Konsulate bisher leisten konnten, beobachtete und rapportierte die neue Gesandtschaft die politische Entwicklung des Zarenreiches. Odiers Ankunft in St. Petersburg fiel in die Frühzeit dessen, was Max Weber die Periode des «Scheinkonstitutionalismus» genannt hat.[216] Die Gesandtschaft beschrieb detailliert die Bildung und Auflösung der verschiedenen Dumen, das Wirken von Parteien und Politikern und dann das Verhalten der zarischen Regierung im Krieg.[217] Wertungen und klare Stellung-

210 Protokoll der Sitzung des Bundesrates, 12. 6. 1915. BAR, E 2001 (A)/1044. – Zu vorherigen Missverständnissen um die angebliche Einsetzung eines Dr. Egger als neuer Gesandtschaftssekretär vgl. Odier an den Bundesrat, 23. 5./5. 6. 1915. Ebd.; EPD an die schweizerische Gesandtschaft in Petrograd, 14. 6. 1915 (Entwurf). Ebd. – Zur Ankunft Lardys in Petrograd Mitte Juli vgl. schweizerische Gesandtschaft in Petrograd an das EPD, 21. 7. 1915. Ebd.

211 Odier an Bundesrat Hoffmann, 27. 11./10. 12. 1915. BAR, E 2001 (A)/1044; Protokoll der Sitzung des Bundesrates, 7. 1. 1916. Ebd. Auch Lardy stand aber Odier nicht lückenlos zur Verfügung; noch 1916 erhielt er einen temporären Auftrag in Bukarest, vgl. Odier an Bundesrat Hoffmann, 2./15. 11. 1916. Ebd.

212 Osenbrüggen an Odier, 19. 6./2. 7. 1911. BAR, E 2001 (A)/1044. Zur Annahme der Demission und Verdankung der Dienste vgl. Protokoll der Sitzung des Bundesrates, 11. 7. 1911. Ebd.

213 Zu den Bewerbungen vgl. BAR, E 2001 (A)/1044.

214 Protokoll der Sitzung des Bundesrates, 8. 9. 1911. BAR, E 2001 (A)/1044. – Zum Selektionsverfahren vgl. Odier an Bundespräsident Ruchet, 18. und 30. 8. 1911. Ebd.

215 Das Politische Departement war einverstanden damit, doch sollte die Angestellte nach Möglichkeit Schweizerin sein. Odier an das EPD, 28. 1./10. 2. und 10./23. 11. 1915. BAR, E 2001 (A)/1044. In den Akten finden sich die Namen der Angestellten Gertrud Alexander und Rosa Rings. Ebd. – Zum krankheitsbedingten Ausfall der Daktylografin Rosa Rings und dadurch verschärften Arbeitsengpässen der Gesandtschaft vgl. Odier an Bundesrat Hoffmann, 2./15. 11. 1916. Ebd.

216 Weber, Zur Russischen Revolution von 1905.

217 Für Berichte zum Wirken und zur Stellung der ersten Duma vgl. Odier an Bundespräsident Forrer, 28. 4./11. 5., 2./15. 5. und 9./22. 5. 1906 sowie Geschäftsträger Paravicini an Bundespräsi-

nahmen sind in den sachlichen Berichten selten und häufen sich erst mit dem offensichtlichen Zerfallsprozess der Zarenherrschaft seit dem Weltkrieg. Fragt man nach verfestigten Wahrnehmungsmustern, so ist es eine gewisse Undurchschaubarkeit und Willkür, die dem russischen Regierungsapparat immer wieder zugeschrieben wird: «[...] ici, plus que partout ailleurs, ce qui est vrai un jour ne l'est plus le lendemain.»[218]

Auf der anderen Seite erkannte Odier die hartnäckige Trägheit bürokratischer Strukturen und die weitgehende Passivität und Gleichgültigkeit einer Bevölkerung, die der Person des Zaren als weltlichem und geistlichem Souverän immer noch mit Ehrfurcht begegne.[219] Allgemein suggeriert Odiers Darstellung des politischen Systems, aber auch der politischen Kultur des Zarenreiches eine gewisse Rückständigkeit. Mit Blick auf die unklare Stellung des Reformministerpräsidenten Stolypin schrieb er 1911: «Il est impossible de juger ces événements à la lumière des institutions démocratiques libérales. Ce sont ‹choses de Russie› pays encore essentiellement autocratique.»[220]

In Ermangelung einer unabhängigen russischen Presse hing die Qualität der politischen Berichterstattung stark von den persönlichen Informanten und damit vom Beziehungsnetz eines Diplomaten in der russischen Politik und am Hofe ab.[221]

dent Forrer, 15./28. 5. 1906. BAR, E 2300 Petersburg/2. Zur Auflösung der ersten Duma vgl. Geschäftsträger Paravicini an Bundespräsident Forrer, 11./24. 7. 1906. Ebd. Zur erfolglosen Streikbewegung nach der Auflösung der Duma vgl. Geschäftsträger Paravicini an Bundespräsident Forrer, 28. 7./10. 8. 1906. Ebd.; ferner Paravicini an Bundespräsident Forrer, 25. 8./7. 9. 1906. Ebd. – Zur zweiten Duma vgl. Odier an Bundespräsident Müller, 23. 1./5. 2., 14./27. 2. und 22. 2./7. 3. 1907. Ebd.; Odier an das EPD, 21. 2. 1907. Ebd. Zur Auflösung der zweiten Duma vgl. Paravicini an das EPD, 16. 6. 1907. Ebd. – Zur dritten Duma vgl. Geschäftsträger Paravicini an den Bundespräsidenten, 25. 7./7. 8. 1907 und 21. 10./3. 11. 1909. Ebd.; Odier an den Bundespräsidenten, 3./16. 11., 19. 11./12. 12. 1907, 25. 2./9. 3. 1908, 20. 12. 1908/2. 1. 1909, 5./18. 6. 1909 und 14./27. 5. 1911. Ebd. – Zur vierten Duma vgl. Odier an den Bundesrat, 17./30. 6. 1915. BAR, E 2300 Petersburg/3; Odier an Bundesrat Hoffmann, 7./20. 1. und 13./26. 1. 1917. Ebd. – Zu den Kadetten vgl. etwa Odier an Bundespräsident Forrer, 9./22. 5. 1906. BAR, E 2300 Petersburg/2. – Zum Einfluss und zum Tod Rasputins vgl. Odier an Bundesrat Hoffmann, 20. 1./2. 2. 1916, 20. 12. 1916/2. 1. 1917 und 24. 12. 1916/6. 1. 1917. BAR, E 2300 Petersburg/3. – Für Informationen zum allgemeinen Verhalten der russischen Führung im Weltkrieg vgl. etwa Odier an den Bundesrat, 17./30. 6. 1915. Ebd.; Odier an Bundesrat Hoffmann, 1./14. 9. 1915 und 13./26. 1. 1917. Ebd.; Geschäftsträger Lardy an Bundesrat Hoffmann, 13./26. 7. und 25. 7./7. 8. 1916. Ebd. – Zu den Berichten zur Entwicklung der Revolution und zum Niedergang des Zarenregimes vgl. unten S. 391–399.

218 Odier an Bundespräsident Ruchet, 12./25. 3. 1911. BAR, E 2300 Petersburg/2; vgl. auch Odier an Bundespräsident Müller, 3./16. 11. 1907. Ebd. Zum willkürlichen Umgang der Machthaber mit der Duma vgl. etwa Odier an Bundespräsident Ruchet, 14./27. 5. 1911. Ebd.

219 Vgl. Odier an Bundespräsident Comtesse, 27. 5./9. 6. 1910. BAR, E 2300 Petersburg/2; Odier an Bundesrat Hoffmann, 13./26. 1. 1917. BAR, E 2300 Petersburg/3.

220 Odier an Bundespräsident Ruchet, 16./29. 3. 1911. BAR, E 2300 Petersburg/2.

221 Hin und wieder thematisierte Odier diese Kontakte, vgl. etwa Odier an Bundesrat Hoffmann, 20. 1./2. 2. 1916. BAR, E 2300 Petersburg/3.

2. Rund die Hälfte der Geschäfte der Mission betraf 1913 wirtschaftliche Belange. Indem sie das alte Generalkonsulat ersetzte, hatte die Gesandtschaft 1906 auch die Vertretung der schweizerischen Handelsinteressen im Zarenreich übernommen – eine Aufgabe, der die Mission nur beschränkt gewachsen war. Gesandtschaftssekretär de Pury führte aus, es fehle ein Mitarbeiter, der sich (mit genügenden Russischkenntnissen) vollumfänglich den komplexen Handelsfragen und der Optimierung schweizerischer Wirtschaftspräsenz in Russland widmen könne.[222] Immer noch stellte sich überdies die Frage nach dem eigentlichen wirtschaftlichen Zentrum des Zarenreichs und nach der allfälligen Wünschbarkeit einer Handelsagentur in Moskau.[223] Während de Pury von einem solchen Posten wegen Isolierung von der Gesandtschaft und den entscheidenden Behörden abriet,[224] plädierte Odier etwas später durchaus dafür.[225] Die Installation eines Handelsattachés bei der Gesandtschaft in St. Petersburg, wie sie der Moskauer Konsul Grether vorschlug, befand er als ungenügend.[226] Dem Politischen Departement wiederum erschien die Idee eines Handelsattachés verlockend, da solche Leute «mehr in der Hand des Bundesrates bleiben» würden und vielleicht auch selbst ausgebildet werden könnten, während unabhängige Experten für den Posten des Handelsagenten sowieso kaum zu finden waren. An den Handels- und Industrieverein erging eine Anfrage, ob er eine entsprechende Ausbildung von Handelsattachés in seinen Büros eventuell übernehmen könne.[227] Doch der Vorort winkte ab. Ein diplomatischer Handelsattaché schien ihm einen kenntnisreichen und gewandten Handelsagenten nur notdürftig ersetzen zu können; die angesprochene Ausbildung hielt er für nicht durchführbar.[228]

3. Der Ausbruch des Weltkriegs liess, wie dann erst recht die Revolutionen von 1917, die Belastung der Gesandtschaft im Bereich der behördlichen Betreuung von Landsleuten drastisch ansteigen. Odier vermeldete für Anfang 1915 mehr

222 Vgl. de Pury an das EVD, 26. 6./9. 7. 1913. BAR, E 2001 (A)/1221.
223 Zur bereits 1884 von Vizekonsul Schinz in St. Petersburg (erfolglos) vorgebrachten Idee offizieller oder offiziöser Handelsagenturen in St. Petersburg und Moskau vgl. den *Bericht des Bundesrathes an die Bundesversammlung, betreffend die Vertretung der wirthschaftlichen Interessen der Schweiz im Auslande. (Vom 29. Mai 1884.)* BBl. 1884 III, S. 71–105, hier S. 94–103; Benziger, Unsere auswärtige Vertretung, S. 65.
224 De Pury an das EVD, 26. 6./9. 7. 1913. BAR, E 2001 (A)/1221.
225 Odier an das EVD, 16./29. 1. 1914. BAR, E 2001 (A)/1221.
226 Vgl. EPD an den Vorort des Schweizerischen Handels- und Industrievereins, 14. 1. 1914 (Entwurf; vertraulich). BAR, E 2001 (A)/1221; Odier an das EVD, 16./29. 1. 1914. Ebd.; vgl. ferner Konsul Grether an das EVD, Moskau, 9./22. 12. 1913. Ebd.
227 EPD an den Vorort des Schweizerischen Handels- und Industrievereins, 14. 1. 1914 (Entwurf; vertraulich). BAR, E 2001 (A)/1221. – Für Erhebungen zu Personen, welche allenfalls die schweizerischen Handelsinteressen in Russland hätten vertreten können, vgl. BAR, E 2001 (B) -/1/25 (B 21/16 Petrograd).
228 Vorort des Schweizerischen Handels- und Industrievereins an das EPD, 2. 3. 1914. BAR, E 2001 (A)/1221.

als eine Verdoppelung des monatlichen Arbeitspensums (Korrespondenz, Besuche) im Vergleich mit dem Januar 1914.[229] 1916 wies er auf eine Verfünffachung der Kanzleiarbeit im Vergleich mit den ersten Jahren und auf eine entsprechende Überlastung der Gesandtschaft angesichts unveränderter personeller Ressourcen hin.[230]

Edouard Odier – ein diplomatischer Quereinsteiger in Bedrängnis
Die Wahl Edouard Odiers zum ersten diplomatischen Vertreter der Schweiz im Zarenreich war in der heimischen Presse euphorisch gefeiert worden.[231] Ein idealerer, würdigerer Kandidat als der gewiefte Genfer Staatsmann schien kaum denkbar. Und wirklich machen die Rapporte von Minister Odier stets einen kompetenten, engagierten, oft auch geistreichen Eindruck. Trotzdem zeichnete sich seine Amtszeit in St. Petersburg ebenso durch Ärgernisse, Skandale und Anfeindungen aus.

Ursache anhaltender Unzufriedenheit und zahlreicher energischer Vorstösse war wie für die Gesandtschaftssekretäre so auch für Odier die ungemütliche finanzielle Situation der Schweizer Repräsentanten im kostspieligen St. Petersburg. Schon kurz nach seinem Amtsantritt beantragte der Gesandte eine Gehaltserhöhung.[232] Überdies forderte er Vergütung für vorbereitende Studien,[233] und die Bereinigung verschiedener Transport- und Umzugskosten beschäftigte Gesandtschaft wie Bundesrat immer wieder.[234] Bern bewilligte die Forderungen Odiers weitgehend.[235] Dessen Finanznöte gründeten einerseits im strukturellen Problem, dass die neue Gesandtschaft angesichts der hohen Lebenskosten in der zarischen Hauptstadt zu kärglich dotiert war.[236] Auf der anderen Seite scheint der Umgang mit Geld nicht zu den Stärken des Genfers gehört zu haben – wie es seine eigene Frau bezeugte. In ihrer Sorge um die gemeinsame finanzielle Zukunft schrieb Mathilde Odier nämlich 1906 kurzerhand (und ohne das

---

229 Odier verglich die Periode vom 1. Januar bis 8. Februar 1914 mit einer gleich langen Zeit Anfang 1915. Odier an das EPD, 28. 1./10. 2. 1915. BAR, E 2001 (A)/1044.
230 Odier an Bundesrat Hoffmann, 2./15. 11. 1916. BAR, E 2001 (A)/1044.
231 Vgl. BAR, E 2001 (A)/1043.
232 Odier an das EPD, Genf, 16. 7. 1906. BAR, E 2001 (A)/1043; Odier an Bundespräsident Forrer, 12./25. 10. 1906. Ebd. – Das Politische Departement unterstützte das Gesuch Odiers, es hatte bereits im Vorfeld der Gesandtschaftseinrichtung die nun verlangten 60'000 Franken vorgeschlagen. EPD an den Bundesrat, 19. 7. 1906 (Entwurf). Ebd.
233 Vgl. Odier an das EPD, Genf, 11. 7. 1906. BAR, E 2001 (A)/1043.
234 Vgl. z. B. Odier an Bundespräsident Forrer, 1./14. 12. 1906. BAR, E 2001 (A)/1043; Protokoll der Sitzung des Bundesrates, 8. 1. 1907. Ebd. Im gleichen Dossier befindet sich auch die Korrespondenz zur Finanzierung des Umzugs der Tochter und der Gattin Odiers zurück in die Schweiz.
235 Vgl. Protokoll der Sitzung des Bundesrates, 26. 7. 1906. BAR, E 2001 (A)/1043.
236 Odier listete zuhanden des Bundespräsidenten Diplomaten anderer Regierungen in St. Petersburg auf, die mehr Geld erhielten. Odier an Bundespräsident Forrer, 12./25. 10. 1906. BAR, E 2001 (A)/1043.

Wissen ihres Mannes) einen persönlichen Brief an einen der Bundesräte, wohl an Bundespräsident Forrer. Sie stellte eine tadellose Amtsführung ihres Gatten in Aussicht, bat aber eindringlich um genügende finanzielle Mittel, auch mit dem Hinweis darauf, dass Odier nicht mit Geld umgehen könne.[237] Das Privatleben Odiers – damit zu den Skandalen – erschien gewissen Schweizern in der zarischen Hauptstadt als anrüchig. Kaufmann Charles de Riz à Porta, Präsident der örtlichen schweizerischen Hilfsgesellschaft und mehrfacher erfolgloser Bewerber um ein offizielles Mandat der Eidgenossenschaft in St. Petersburg,[238] beschwerte sich 1913 beim Bundesrat über das Betragen Odiers, der sich gleich nach seinem Amtsantritt eine Mätresse zugelegt habe und nach dem Tode seiner Frau gänzlich unter die Fuchtel der besagten Dame geraten sei, die all sein Geld und seine Aufmerksamkeit für sich in Anspruch nehme, woraus eine beklagenswerte Untätigkeit des Gesandten resultiere. Die Schweizerkolonie sei «skandalisiert», und er habe, so Riz à Porta, Odier (mit dem er sonst gut stehe) die Demission nahe gelegt.[239] Bundespräsident Müller, in Erfüllung seiner «peinlichen Pflicht», gab Odier Kenntnis von den eingegangenen Klagen, ohne Namen zu nennen, und bat um Stellungnahme.[240] Diese folgte auf dem Fuss. Odier vermutete sofort, hinter der Beschwerde steckten persönliche Ambitionen. Er sprach von einer Schweizerin, die er früher oft «besucht» habe, ohne dass sie ihn aber an den Geschäften gehindert hätte. Er komme überhaupt allen Verpflichtungen in der Kolonie nach, besuche regelmässig die Sitzungen des Komitees der Hilfsgesellschaft und der *Société de secours mutuels* und sei auch bei Festen anwesend. Den Vorwurf, er empfange kaum noch, quittierte Odier mit dem Hinweis auf Krankheit und Tod seiner Frau und machte überdies geltend, er widme sich lieber den wirklichen Problemen der Landsleute, als Empfänge für Gutsituierte zu organisieren.[241] Für Aufregung sorgte sodann Odiers Abwesenheit beziehungsweise seine nicht sofortige Rückkehr aus dem Urlaub nach Ausbruch des Weltkriegs. In einem

---

237 Mathilde Odier (an Bundespräsident Forrer?), 17. 7. 1906. BAR, E 2001 (A)/1043. Im Dossier finden sich noch weitere Briefe Mathilde Odiers an den Bundesrat, etwa Meldungen über die Umzugskosten.
238 Riz à Porta wurde vom damaligen Generalkonsulanwärter Conrad Schinz als möglicher Vizekonsul genannt, er bewarb sich um die Nachfolge Schinz' und dann auch um den Gesandtenposten, den Odier erhielt. Vgl. Schinz an Bundespräsident Hauser, 26. 4./9. 5. 1900. BAR, E 2001 (A)/1221; Vorort des Schweizerischen Handels- und Industrievereins an das EPD, 22. 6. 1904. BAR, E 2001 (A)/1041; BAR, E 2001 (A)/1043.
239 Aktennotiz EMD, 11. 7. 1913. BAR, E 2001 (A)/42.
240 Bundespräsident Müller an Odier, 2. 12. 1913 (Entwurf; «Aberlassen den 3. 12.»). BAR, E 2001 (A)/42.
241 Odier an Bundespräsident Müller, 22. 11./5. 12. 1913. BAR, E 2001 (A)/42. Bundespräsident Müller gab Charles de Riz à Porta auszugsweise Kenntnis von dieser Antwort. Odier verlangte in einem zweiten Schreiben zu erfahren, wer hinter der Sache stecke und worüber man sich genau beklage, erhielt aber keine Auskunft. Odier an Bundespräsident Hoffmann, 30. 12. 1913/12. 1. 1914. Ebd.

persönlich klassifizierten Schreiben nach Bern bat Gesandtschaftssekretär de Pury Anfang August 1914 dringend um Auskunft über den Aufenthaltsort seines Vorgesetzten. War er krank? Dann hätte man wenigstens eine Entschuldigung. Die Kanzlei werde seit der Kriegserklärung von der Kolonie regelrecht belagert, und Odiers Absenz mache den schlechtesten Eindruck. «Dans le Corps diplomatique on en rit!»[242] Odier gab dann an, von den Ereignissen überrascht worden zu sein – mitten in einer Zahnbehandlung.[243]

Während sich das Politische Departement im Zusammenhang mit Odiers Privatleben oder seiner häufigen Abwesenheit mit einer förmlichen Zurechtweisung zurückhielt, bekundete es 1916 deutliche Unzufriedenheit mit der politischen Berichterstattung der Gesandtschaft. Die Vertretungen in Rom, Paris und in anderen Hauptstädten würden Bern wöchentlich auf dem Laufenden halten, «seul le poste de Petrograd est fort avare de rapports politiques, en sorte qu'il nous est complètement impossible, à une époque où l'on ne saurait toujours ajouter créance aux nouvelles des journaux, de nous former une opinion exacte sur ce qui se passe dans l'Empire Moscovite».[244]

Odier betonte die schwierige, mit anderen Posten nicht vergleichbare Informationslage in Petrograd, er verwies auf das Fehlen einer unabhängigen Zeitung und auf die zeitweilige Versetzung von Attaché Lardy nach Rumänien.[245] Doch das Politische Departement liess sich nicht beschwichtigen; es instruierte Odier förmlich, fortan mindestens alle zwei Wochen einen Bericht abzuliefern und bei wichtigen Neuigkeiten sofort zu telegrafieren.[246]

Edouard Odier, der ehemalige Staatsrat und Bundesparlamentarier, war sich zum Zeitpunkt seiner Berufung nach St. Petersburg gewöhnt, selbst Politik zu machen, Entscheidungen zu treffen und Verantwortung zu tragen. Die Eingliederung in das enge Korsett diplomatischer Pflichten und konformistischer Gepflogenheiten, so scheint es, gelang ihm nicht in dem Masse, wie es für eine reibungslose Kooperation mit den vorgesetzten Behörden in Bern, aber auch mit der Kolonie in der zarischen Hauptstadt dienlich gewesen wäre. So vermittelt die archivierte Korrespondenz Odiers das Bild eines Diplomaten, der stets einen pointierten eigenen Standpunkt vertrat und abweichende Meinungen, auch diejenige des Bundesrates, mit durchdachten Gegenargumenten konfrontierte – der durch seine Selbständigkeit und Eigenmächtigkeit die ihm zugedachte Rolle aber sprengte.

242 De Pury (an das EPD), 4. 8. 1914 («Personnelle»). BAR, E 2001 (A)/42. Auf der Rückseite des Schreibens de Purys findet sich ein mit dem 31. August datierter Vermerk von anderer Hand, es sei Odier die Rückkehr nach Petrograd nahe gelegt worden. Im gleichen Dossier auch Arztzeugnisse Odiers.

243 Odier an Bundespräsident Hoffmann, 1. 8. 1914. BAR, E 2001 (A)/1043.

244 EPD an Odier, 28. 10. 1916. BAR, E 2001 (A)/42.

245 Odier an Bundesrat Hoffmann, 31. 10./13. 11. 1916. BAR, E 2001 (A)/42.

246 EPD an Odier, 2. 12. 1916. BAR, E 2001 (A)/42.

1.2.2.3. Moskau

«Consulat *Moskau:* im Centralrussland die Gouvernemente Jaroslaw, Kaluga, Kasan, Kostroma, Kursk, Moskau, Nischni-Nowgorod, Orel, Pensa, Riasan, Samara, Saratow, Simbirsk, Smolensk, Tambow, Tula, Twer, Wladimir, Woronesch[.]»[247]

Folgende Personen führten das 1828 in Moskau eröffnete Konsulat:[248]

1828–1836	Johann Lukas Burckhardt (1773–1836, Basel, Kaufmann): Konsul[249]
1837–1854	Johann Franz Samuel Burckhardt (1809–1870, Basel, Kaufmann): Konsul[250]
1854–1870	Joseph Heer (1808–1876, Glarus, Schnapsbrenner): Konsul[251]
1870–1875	Alphonse Monin (Bern): Konsul[252]
1875–1877	August Jakob Faesy (1838–1877, Zürich, Kaufmann): Konsul[253]
1878–1912	Ferdinand Laurenz Luchsinger (1842–1922, Glarus, Kaufmann): Konsul (1875–1878 Vizekonsul)[254]
1913–1917	Karl Grether (ca. 1850–1920, Basel, Industrieller): Konsul[255]
1914–1919	Friedrich Suter (1877–1949, Aargau, Industrieller): Vizekonsul[256]

Dass ein Honorarkonsul viel Zeit und eigene Ressourcen in eine erfolgreiche Amtsführung stecken musste, verdeutlicht der unrühmliche Abgang von Konsul Alphonse Monin, dem dieses selbstlose Engagement offensichtlich fehlte.[257] Als Joseph Heer 1870 aus Gesundheitsgründen zurücktrat, schlug er Monin als Nachfolger vor, und zahlreiche Unterschriften von Moskau-Schweizern unterstützten diese Empfehlung. Die vom Bundesrat getätigten Abklärungen förder-

---

247 Staats-Kalender 1877/78, S. 36 (Hervorhebung in der Vorlage).
248 Für eine Zusammenstellung der Schweizer Konsuln in Moskau vgl. Benziger, Die Konsularischen Vertreter, S. 35; ders., Beziehungen der Schweiz mit Russland, S. 21; Švejcarija – Rossija, S. 826 f.
249 RSDB Nr. 1088. Zu J. L. Burckhardt vgl. Rauber, Schweizer Industrie, S. 41 f.; Bühler et al., Schweizer im Zarenreich, S. 152 f.
250 RSDB Nr. 1092. Zu J. F. S. Burckhardt vgl. Rauber, Schweizer Industrie, S. 42; BBl. 1854 I, S. 59.
251 RSDB Nr. 6004. Zu J. Heer vgl. BBl. 1854 I, S. 59; 1870 I, S. 307.
252 RSDB Nr. 1421. Zu A. Monin vgl. BBl. 1870 I, S. 307; 1875 I, S. 45.
253 RSDB Nr. 81. Zu A. Faesy vgl. BBl. 1875 I, S. 165; 1877 IV, S. 50; Rauber, Schweizer Industrie, S. 51.
254 RSDB Nr. 5129; VRS-Mitgliederkartei (elektronisch), Nr. 1651. Zu F. Luchsinger vgl. BBl. 1875 I, S. 165; 1877 IV, S. 50; 1878 I, S. 334; Rauber, Schweizer Industrie, S. 51.
255 RSDB Nr. 1182. Zu K. Grether vgl. Rauber, Schweizer Industrie, S. 104.
256 RSDB Nr. 1531; VRS-Mitgliederkartei (elektronisch), Nr. 2408. Zu F. Suter vgl. Rauber, Schweizer Industrie, S. 44; Suter, «Das Sterben Russlands», besonders S. 279 f.
257 Die folgenden Ausführungen zu Monins Abgang als Konsul basieren auf BAR, E 2/1378.

ten keinerlei Widerstand zutage, so dass Monin also Moskauer Konsul der Eidgenossenschaft wurde. Seine Arbeit befriedigte aber nicht. Der interimistische Geschäftsträger Mercier in St. Petersburg klagte schon 1872 über den schleppenden Briefwechsel mit Moskau,[258] und zwei Jahre später vermeldete der nunmehrige Generalkonsul Philippin-Duval: «Depuis longtemps déjà M. Alphonse Monin, Consul de la Confédération à Moscou nous donne des sujets de mécontentement par la négligence extrême qu'il mêt à gérer les affaires de son consulat.»[259]

Am 13. August 1874 erhielt der Textilkaufmann August Faesy eine vertrauliche Anfrage aus dem fernen Bern, ob er nicht allenfalls das Konsulat übernehmen würde.[260] Obwohl Faesy sich zunächst nicht bereit erklärte, wurde Monin am 25. November 1874 aufgefordert, sein Amt niederzulegen.[261] Doch wie er auf frühere Schreiben nicht oder nur mit grosser Verspätung reagiert hatte, liess Monin auch die eigene Entlassung unbeantwortet. Der Bundesrat beschloss am 11. Juni 1875 die Amtsenthebung und betraute vorläufig das Generalkonsulat mit der Besorgung der Moskauer Geschäfte.[262]

Die Diskussion um eine in der russischen Wirtschaftsmetropole Moskau zu errichtende Agentur zur Förderung schweizerischer Handelsinteressen erhielt neuen Auftrieb, als Konsul Ferdinand Luchsinger 1912 seinen Rücktritt erklärte.[263] Der Gesandte Odier hielt die nunmehrige Einrichtung eines Berufskonsulats oder die Installierung eines Handelsagenten in Moskau für sinnvoll, zeigte sich aber skeptisch, ob eine geeignete Person überhaupt gefunden werden könne.[264] Der Bundesrat betraute das Politische Departement mit der Suche eines Nachfolgers für Luchsinger und mit der Prüfung einer allfälligen Umgestaltung der Moskauer Vertretung.[265] Der abtretende Konsul argumentierte, die Einrichtung eines Berufskonsulats käme vor allem dem Kontakt mit den Behörden zugute, während für Handelsfragen ein Honorarkonsul (mit seiner praktischen Berufserfahrung, so ist wohl zu ergänzen) nützlicher sei.[266] Die Schweizerische Handelskammer sprach sich für die Neuwahl eines Honorar-

258 Mercier an den Bundesrat, 19./31. 3. 1872. BAR, E 2/1425.
259 Philippin-Duval an den Bundesrat, 7. 7. 1874. BAR, E 2/1378.
260 EPD an Faesy, 13. 8. 1874 (Entwurf). BAR, E 2/1378.
261 EPD an Monin, 25. 11. 1874 (Entwurf). BAR, E 2/1378.
262 Protokoll der Sitzung des Bundesrates, 11. 6. 1875. BAR, E 2/1378.
263 Konkreter Anlass für die Demission des betagten Luchsinger war der plötzliche Tod seines Sohns und damit der Wegfall von dessen Mitarbeit im Konsulat, vgl. Luchsinger an den Bundesrat, 15./28. 10. 1912. BAR, E 2001 (A)/1217.
264 Odier an Bundespräsident Forrer, 8. 11. 1912. BAR, E 2001 (A)/1217.
265 Protokoll der Sitzung des Bundesrates, 29. 11. 1912. BAR, E 2001 (A)/1217. – Zur Umfrage des Politischen Departements betreffend die Ausgestaltung der Moskauer Vertretung und Kandidaten für die Nachfolge Luchsingers vgl. etwa EPD an Luchsinger, 4. 12. 1912 (Entwurf). Ebd.
266 Luchsinger an das EPD, 3./16. 12. 1912. BAR, E 2001 (A)/1217.

Die Käserfamilie Johann Jakob Karlen-Kunz im Gouvernement Smolensk (1903).

konsuls und die zusätzliche Ernennung eines Handelsagenten aus.[267] Auch das Handels-, Industrie- und Landwirtschaftsdepartement fand im Sommer 1913, das Konsulat müsse nun erst einmal wiederbesetzt werden; danach könne man sich nach einem zusätzlichen Handelsagenten umsehen, wobei geeignete Personen meist schon lukrative Stellen innehatten und also schwierig rekrutierbar seien.[268] Der Bundesrat ernannte am 9. September 1913 Karl Grether zum neuen Moskauer Konsul und ermächtigte gleichzeitig das Handelsdepartement, einen Handelsagenten für Moskau oder St. Petersburg zu suchen.[269]
Grether erbat sich zur Unterstützung einen Vizekonsul – damit war angesichts seines fortgeschrittenen Alters gerechnet worden – und schlug für diesen Posten Friedrich Suter junior, Mitdirektor der renommierten Gummibandweberei B. Lerch, vor.[270] Suter, so wusste der Gesandte Odier zu berichten, sei ein «très-

267 Vgl. Vorort des Schweizerischen Handels- und Industrievereins an Bundespräsident Müller, 11. 7. 1913. BAR, E 2001 (A)/1217.
268 EVD an Bundespräsident Müller, 30. 7. 1913. BAR, E 2001 (A)/1217.
269 Protokoll der Sitzung des Bundesrates, 9. 9. 1913. BAR, E 2001 (A)/1217. – Zur engen Kandidatenauswahl für die Nachfolge Luchsingers vgl. Odier an Bundespräsident Müller, 7./ 20. 3. 1913. Ebd.; Luchsinger an das EPD, 3./16. 12. 1912. Ebd.
270 Grether an den Bundesrat, 5./18. 9. 1913. BAR, E 2001 (A)/1217; Grether an das EPD, 31. 10./ 13. 11. 1913. Ebd.

Friedrich Suter.

gentil jeune homme» mit Geld und freier Zeit, dazu bescheiden, ohne eine ausgeprägte eigene Meinung oder grössere Ambitionen.[271] Suter schien also genau der Richtige für das Amt eines Vizekonsuls zu sein. Im März 1914 erfolgte denn auch seine Ernennung durch den Bundesrat.[272] Nach dem Ausscheiden Grethers 1917 führte dieser so bescheidene Vizekonsul Suter das Konsulat selbständig weiter – und wurde im Zuge der Oktoberrevolution und der Verlegung der russischen Hauptstadt nach Moskau im März 1918 unversehens zu einem der wichtigsten Akteure der schweizerisch-russischen Beziehungen.[273] Während das Generalkonsulat in seinen Jahresberichten das ganze Zarenreich abzudecken versuchte, würde man von den einfachen Konsulaten regionenspezifische Informationen erwarten. Im Falle Moskaus findet sich beides. Joseph Heer beschränkte sich auf sein Revier, als er 1870 die russische Fabrikation rund um Moskau und die Bedeutung der Eisenbahn für den dortigen Handel beschrieb.[274] August Faesy hingegen hielt es für angezeigt, die Ernteergebnisse von Moskau bis Polen samt den entsprechenden Auswirkungen für die Häfen

271 Odier an Bundespräsident Müller, 12./25. 11. 1913. BAR, E 2001 (A)/1217.
272 Protokoll der Sitzung des Bundesrates, 13. 3. 1914. BAR, E 2001 (A)/1217; vgl. auch EPD an den Bundesrat, 9. 3. 1914 (Entwurf). BAR, E 2001 (A)/1217.
273 Vgl. unten, besonders S. 521–524.
274 BBl. 1870 I, S. 413 f.

von Riga, St. Petersburg und Odessa abzuhandeln.[275] Konsul Grether hatte sich mit den Begleiterscheinungen des Ersten Weltkriegs zu befassen. Als 1915 bei einem antideutschen Pogrom auch Schweizer Besitz zu Schaden kam – der Gesandte Odier sprach von anderthalb Millionen Rubel –, war es an Grether, über diese Verluste Buch zu führen.[276]

Rund ein Drittel der nach der Revolution in die Schweiz zurückgekehrten berufstätigen Russlandschweizerinnen und Russlandschweizer hatte in Moskau und Umgebung gelebt.[277] Seit 1840 existierte hier ein schweizerischer Hilfsverein, der unter anderem von den Konsuln Heer und Luchsinger präsidiert wurde.[278]

1.2.2.4. Odessa

«Consulat *Odessa:* im Südrussland und Kaukasus die Gouvernemente Astrakan, Baku, Bessarabien, Daghestan (Provinz), Don (Provinz), Jekaterinoslaw, Eriwan, Charkow, Cherson, Kiew, Kuban (Provinz), Kutais, Schwarzes Meer (Bezirk), Podolien, Pultawa, Sukum (Bezirk), Stawropol, Tauris, Tschernigow, Terek (Provinz) Tiflis, Volhynien, Zakatel (Bezirk)[.]»[279]

Neben St. Petersburg und Moskau befand sich in Odessa das dritte alte Schweizer Konsulat, das der neue Bundesstaat 1848 im Zarenreich übernommen hatte. 1820 formell errichtet, wurde der Posten erst Jahre später unter Konsul Jean Demole eigentlich eröffnet. Die Chargierten im Überblick:[280]

1820–1825   Louis Jaquet (Waadt): Konsul[281]
1832–1856   Jean Demole (Genf): Konsul[282]

---

275 BBl. 1875 IV, S. 109 f.
276 Vgl. Odier an den Bundesrat, 17./30. 6. 1915. BAR, E 2300 Petersburg/3. – Für einen Augenzeugenbericht zum Pogrom von 1915 vgl. Derendinger, Als Graphiker in Moskau. RSA, Chron 27, Bd. 1, S. 183–189; vgl. ferner unten S. 256 f.
277 Vgl. Lengen, Strukturprofil, S. 71.
278 BAR, E 2/2241. – Zur Subventionierung des Hilfsvereins durch den Bund vgl. Protokoll der Sitzung des Bundesrates, 13. 5. 1863. Ebd. Vgl. auch Bühler, Bündner im Russischen Reich, S. 389 f.
279 Staats-Kalender 1877/78, S. 36 (Hervorhebung in der Vorlage). Die Errichtung von Konsulaten in Tiflis und Kiew verkleinerte den Konsulatsbezirk Odessa später wesentlich.
280 Für eine Zusammenstellung der Schweizer Konsuln in Odessa vgl. Benziger, Die Konsularischen Vertreter, S. 36; ders., Beziehungen der Schweiz mit Russland, S. 21; Švejcarija – Rossija, S. 827.
281 Auch: Jacquet. Louis Jaquet trat sein Amt nicht an. Zimmermann vermutet einen Zusammenhang mit dem griechischen Aufstand von 1821, vgl. W. G. Zimmermann, Beziehungen, S. 161; ferner Švejcarija – Rossija, S. 827, Anm. 1.
282 Zu Demole vgl. BBl. 1856 II, S. 587. In den Staatskalendern findet sich neben 1832 auch 1841 als Antrittsjahr Demoles. Es handelt sich dabei wohl um einen Fehler. Allerdings ist zu sagen,

1841–1850   Heinrich Richard (Waadt, Professor): Vizekonsul[283]
1856–1885   Otto Tritten (1822–1885, Bern, Getreidehändler): Konsul (1850 bis 1856 Vizekonsul)[284]
1858–1873   Fridolin Jenny (1825–1873, Glarus, Gutsbesitzer): Vizekonsul[285]
1874–1881   Gottlieb Haeny (Aargau): Vizekonsul[286]
1882–1886   Johann Emil Spöhrle (Neuenburg): Vizekonsul[287]
1886–1899   Georg Adolph von Freudenreich (Bern, Kaufmann): Konsul[288]
1899–1918   Emil Wey (1854–1932, Aargau, Architekt): Konsul (offizielle Demission 1921)[289]

Rund drei Jahrzehnte lang prägte der Berner Getreidehändler Otto Tritten die Schweizerkolonie von Odessa. Zwei der drei Vizekonsuln, die unter ihm dienten, waren ihm auch sonst eng verbunden: Fridolin Jenny als Schwager, Gottlieb Haeny als «Buchhalter und Korrespondent beim Hause Trithen».[290] Als

dass schon bei den Zeitgenossen keine Klarheit herrschte über die Amtszeit Demoles. Im BAR findet sich eine Anfrage, wann er denn nun wirklich angefangen habe. Auf mehreren losen Zetteln lesen wir verschiedene Daten: Er sei am 29. Mai 1833 ernannt worden, heisst es irgendwo, oder er habe sich am 7. Dezember 1833 bereit erklärt. Daneben wird von einer Amtsübertragung am 20. August 1832 gesprochen, und auch an geflickten Zahlen fehlt es nicht. BAR, E 2/1401.

283 Zu H. Richard vgl. BBl. 1850 III, S. 116. Konsul Demole hatte sich schon von Anfang an einen Vizekonsul erbeten, aber offenbar keinen Vorschlag gemacht. So wurde H. Richard, Professor für französische Literatur, erst am 8. März 1841 ernannt. Vgl. Richard an den Vorort der Eidgenossenschaft (Bern), 11./23. 7. 1841. BAR, D 1977. In Familiensachen nach Lausanne zurückgerufen, demissionierte Richard im Herbst 1850. BAR, E 2/1401. Schon von 1825–1832 findet sich in der Personalliste des EPD ein H. Richard als Vizekonsul in Odessa. Die diplomatischen und konsularischen Vertretungen der Schweiz seit 1798, S. 263. Zur Ernennung Richards zum Vizekonsul 1841 vgl. auch Plesskaja-Zebol'd, Odesskie nemcy, S. 487. Benziger führt als Ernennungsjahr Richards 1848 an, vgl. Benziger, Die Konsularischen Vertreter, S. 36; ders., Beziehungen der Schweiz mit Russland, S. 21.

284 Auch: Trithen. RSDB Nr. 1588. Zu Tritten vgl. BBl. 1850 III, S. 116; 1857 I, S. 46; 1885 III, S. 896; ferner Rauber, Schweizer Industrie, S. 217. Zum (vom Bundesrat abgelehnten) Rücktrittsgesuch Trittens 1875 vgl. Tritten an den Bundesrat, 10./22. 7. 1875. BAR, E 2/1401; Protokoll der Sitzung des Bundesrates, 23. 8. 1875. Ebd. – Plesskaja-Zebol'd bezeichnet irrtümlicherweise den Vater Otto Trittens, Franz (François) Emanuel Tritten (1792–1873), als Schweizer Konsul. Plesskaja-Zebol'd, Odesskie nemcy, S. 373, 493; zur Klärung vergleiche man Rauber, Schweizer Industrie, S. 216 f.

285 RSDB Nr. 1235. Jenny war der Bruder von Trittens Frau Elisabeth. Rauber, Schweizer Industrie, S. 145, 217. Zu F. Jenny vgl. BBl. 1858 I, S. 10. Zu seinem Tod vgl. BBl. 1874 I, S. 204.

286 Auch: Hän(n)y. Zu G. Haeny vgl. BBl. 1874 I, S. 204. Zu seiner gesundheitsbedingten Demission vgl. Haeny an den Bundesrat, 7./19. 8. 1881. BAR, E 2/1401; BBl. 1881 III, S. 825.

287 Auch: Jean Emile Spe(h)rlé. Zu J. E. Spöhrle vgl. BBl. 1882 I, S. 20; 1886 I, S. 21; Benziger, Die Konsularischen Vertreter, S. 36; ders., Beziehungen der Schweiz mit Russland, S. 21.

288 Zur Ernennung von G. A. von Freudenreich vgl. BBl. 1886 I, S. 21.

289 VRS-Mitgliederkartei (elektronisch), Nr. 2841. Zu E. Wey vgl. sein Personaldossier in: BAR, E 2500 -/1, Bd. 56.

290 BBl. 1874 I, S. 204.

TELEGRAPH: MACORMICK, ODESSA.

THE Mc CORMICK
HARVEST'G MACHINE C°.
OF CHICAGO. ILL'S.

GEO. A. FREUDENREICH.
Gen'l Agent
N° 2 Catherine Place, Odessa, Russia.

Odessa, Russie. le 5 Octobre, 1885.

Monsieur le Colonel Grenus

au Commissariat-General du Departement de la guerre,

a Berne.

Cher Monsieur-

Voudriez-vous bien vous donner la peine de demander au Departement Politique comment marche l'affaire pour ma nomination de
Consul Suisse a Odessa.

D'apres les informations que j'ai put prendre ici, le vice-con-
sul actuel ne tient pas du tout a la nomination de consul, et a
recommende un certain Mr Tomasini pour la place. Je ne crois pas
que cette nomination plairait beaucoup aux citoyens Suisses de
ces parages, d'apres certains propos que j'ai entendu a ce sujet
et je crois que si mes amis a Berne veulent bien s'interesser
et faire quelques demarches pour ma nomination que la chose ne
devrait pas manquer.

Je sais que la famille du feu consul, Mr Trithen, m'est favorable et que cela leur conviendrait tout a fait de me voir a sa
place.

Voulez-vous avoir la bonte de me tenir au courant de cette petite affaire. Avec mille remerciments pour votre bienveillance,
J'ai l'honneur d'être votre devoué, Geo A Freudenreich

*Schreiben Georg A. von Freudenreichs im Vorfeld seiner Ernennung zum Schweizer
Konsul in Odessa.*

Tritten im Sommer 1885 starb, führte zunächst der nunmehrige Vizekonsul Spöhrle die Geschäfte[291] – er wollte aus Zeitmangel aber die definitive Nachfolge nicht antreten.[292] So wurde Georg Adolph von Freudenreich, Veteran des amerikanischen Bürgerkriegs und «représentant d'une grande maison américaine de machines agricoles»,[293] 1886 zum neuen Konsul ernannt. Der Posten des Vizekonsuls blieb vakant, eine Wiederbesetzung, die von Freudenreich beantragt hatte, lehnte der Bundesrat am 14. Juli 1886 ab.[294] 1899 trat von Freudenreich zurück, um sich in Ägypten von seinen gesundheitlichen Problemen zu erholen.[295] Auf einhellige Empfehlung des Demissionärs, des Generalkonsulats in St. Petersburg und von Petenten der Kolonie ernannte der Bundesrat am 14. November 1899 den Architekten Emil Wey, der von Freudenreich schon zuvor unterstützt und vertreten hatte, zum neuen Konsul.[296]

Otto Trittens Berichte gehören zu den aufschlussreichsten ihrer Art. Die stets im Zentrum stehenden Nachrichten zur wirtschaftlichen Lage des «mittäglichen Russland» dienten Tritten als Ausgangspunkt vielfältiger Exkurse und Analysen. Ob ein Jahr gut oder schlecht war, entschied sich für ihn meist mit dem Erfolg der Ernte. Darüber hinaus aber wurden die Auswirkungen spezifischer klimatischer Verhältnisse um Odessa genauso untersucht wie diejenigen des ungenügenden Eisenbahnnetzes, der Justizreform oder der Bauernbefreiung.[297] Schon als Vizekonsul hatte Tritten regelmässig über die neusten militärischen Aspekte des Krimkrieges berichtet; so schilderte er etwa im Juli 1854 eine Seeschlacht und entschuldigte den verspäteten Postabgang mit den Unannehmlichkeiten des Krieges: «Les évènements qui avaient lieu ici m'ayant obligé de mettre les archives du Consulat en sûreté l'expedition de ces actes a souffert quelque retard […]. Nous avons eu hier le spectacle d'une cannonade de plusieurs heures de trois bateaux à vapeur […] deux anglais & un français […].»[298]

291 BBl. 1885 III, S. 896; Tritten war am 21. 8./2. 9. 1885 gestorben. Die örtliche Hilfsgesellschaft vermerkte in ihrem Jahresbericht: «Il restera dans la mémoire de nos Suisses comme le modèle des consuls.» BAR, E 2/2255.

292 «Herr Vizekonsul Sperlé schlägt nicht nur eine allfällige Wahl zum Konsul aus, sondern hat auch bereits seine Demission als Vizekonsul eingereicht.» EPD an den Bundesrat, 8. 1. 1886. BAR, E 2/1401; vgl. ferner BBl. 1886 I, S. 21.

293 Sperlé an den Bundesrat, 25. 9./7. 10. 1885. BAR, E 2/1401.

294 Protokolle der Sitzungen des Bundesrates, 12. 1. und 14. 7. 1886. BAR, E 2/1401.

295 Vgl. von Freudenreich an den Bundesrat, 29. 8. 1899. BAR, E 2001 (A)/1219.

296 Protokoll der Sitzung des Bundesrates, 14. 11. 1899. BAR, E 2001 (A)/1219; vgl. auch EPD an das schweizerische Generalkonsulat in St. Petersburg, 1. 9. 1899 (Entwurf). Ebd.; Vizekonsul Schinz an Bundespräsident Müller, 8./20. 9. 1899. Ebd.; Schweizer in Odessa an den Bundesrat, Oktober 1899 (Eingang EPD: 24. 10. 1899). Ebd.

297 Zu den klimatischen Verhältnissen vgl. etwa BBl. 1868 II, S. 611; zur Eisenbahn BBl. 1863 II, S. 762 und 1865 I, S. 287; zur Justizreform BBl. 1866 III, S. 47; zur Bauernbefreiung BBl. 1864 II, S. 17.

298 Tritten an den Bundesrat, 1./13. 7. 1854. BAR, E 2/1400.

1859 meldete Generalkonsul Loubier nach Bern, gemäss Auskunft Trittens lebten in Odessa etwa 50 Schweizer, davon zwei Drittel Lehrerinnen und Lehrer.[299] Seit den 1840er Jahren bestand hier eine schweizerische Hilfsgesellschaft, in der wiederum Otto Tritten und sein Vater wichtige Funktionen ausübten.[300] Der Konsulatsbezirk Odessa umfasste neben Odessa selbst noch weitere Städte und Regionen mit eigenen Schweizerkolonien, namentlich Kiev, Char'kov, Rostov am Don und den Kaukasus. In Char'kov existierte seit 1876, in Kiev seit 1885 und in Rostov seit 1897 eine lokale schweizerische Hilfsgesellschaft.[301] Dass sich solche Wohltätigkeitsvereine mit ihren von den zarischen Behörden abgesegneten Statuten, mit der Registrierung auf der offiziellen Liste schweizerischer Hilfsgesellschaften im Ausland und vor allem auch kraft ihres Engagements im potentiell staatlichen Aufgabenbereich der öffentlichen Fürsorge als Ersatzkonsulate verstehen konnten, verdeutlicht die Selbsteinschätzung der Hilfsgesellschaft von Char'kov. Die hiesigen Landsleute, so heisst es im ersten Rechenschaftsbericht, seien befriedigt darüber, «dass es jetzt hier einen gesetzlichen Vorstand giebt, der, so weit seine Mittel reichen, die Lücke, die durch Abwesenheit eines Consuls in Kharkoff [...] sich fühlbar gemacht hat, auszufüllen vermag. Besonders haben die armen Gouvernanten in dieser Beziehung ihre Gefühle der Genugthuung und des Dankes ausgesprochen.»[302]

Obwohl die Lage in Odessa vorderhand relativ ruhig blieb, vereinbarte der Bundesrat mit Konsul Wey im Frühsommer 1905, dass allfällige von Schweizern im Zusammenhang mit den momentanen Wirren erlittene Schäden zu registrieren und von den russischen Behörden zu bestätigen seien – auch wenn sich Bern nicht der Illusion hingab, erfolgreiche Forderungen an die Zaren-

299 Generalkonsul Loubier an Bundespräsident Stämpfli, 8./20. 12. 1859. BAR, E 2300 Petersburg/1.

300 Vgl. BAR, E 2/2255. Zur Unterstützung der Hilfsgesellschaft durch den Bundesrat vgl. Komitee der schweizerischen Hilfsgesellschaft von Odessa an den Bundesrat, 22. 4./4. 5. 1860. Ebd. Für eine Sammelaktion zugunsten der Hilfsgesellschaft vgl. *Charades et énigmes éditées au profit de la Société Suisse de Bienfaisance à Odessa.* Zur Hilfsgesellschaft in Odessa vgl. auch Bühler, Bündner im Russischen Reich, S. 390; Etterlin, Russland-Schweizer, S. 22 f.

301 Zu den Anfängen der Hilfsgesellschaft von Char'kov vgl. *Rechenschaftsbericht des Jahres 1876–1877 von dem Schweizerischen Wohlthätigkeits-Verein in Kharkoff.* BAR, E 2/2205; *Ustav švejcarskago blagotvoritel'nago obščestva v Char'kove / Statuten des Schweizerischen Hülfsvereins in Kharkoff.* Char'kov 1877 (ebd.). Zur Unterstützung der Hilfsgesellschaft von Char'kov durch Bund und Kantone vgl. schweizerische Hilfsgesellschaft in Char'kov an die Bundeskanzlei, 28. 12. 1878/9. 1. 1879. Ebd. – Zur Hilfsgesellschaft in Kiev vgl. *Erster Jahresbericht des Schweizerischen Hülfsvereins Kiew über das Vereinsjahr 1885. Vorgelesen an der Generalversammlung vom 8-ten Februar 1886.* BAR, E 2/2207. – Zur Hilfsgesellschaft in Rostov am Don vgl. etwa das gedruckte *Compte-rendu de la gestion et de l'état des affaires de la Société Suisse de Bienfaisance à Rostoff sur Don pendant l'exercice de 1903.* Rostov 1904. – Zu den genannten Hilfsgesellschaften vgl. auch Bühler, Bündner im Russischen Reich, S. 390 f. und Bühler et al., Schweizer im Zarenreich, S. 261.

302 *Rechenschaftsbericht des Jahres 1876–1877 von dem Schweizerischen Wohlthätigkeits-Verein in Kharkoff.* BAR, E 2/2205.

regierung stellen zu können.[303] Im November vermeldete Wey schwere Tumulte, Ausschreitungen gegen Juden und auch Schäden an Gebäuden von Schweizern; immerhin würden jetzt die Konsulate von je zwei Soldaten geschützt.[304]

1.2.2.5. Riga

«Consulat *Riga:* in den Ostseeprovinzen die Gouvernemente Kurland, Estland, Livland[.]»[305]

Dass der Westen des Zarenreiches ein eigenes Schweizer Konsulat brauchte, unterstrich Generalkonsul Glinz in seinem Jahresbericht für 1867.[306] Glinz erachtete ein dichteres Hilfe- und Beratungsnetz für Schweizer Migrantinnen und Migranten als unabdingbar, gerade auch im Zusammenhang mit der russischen Justizreform. 1868 konnte mit dem Bündner Kaufmann Rudolf Caviezel vom Hause Schaar & Caviezel der erste Schweizer Konsul sein Amt in Riga antreten.[307]

1868–1885   Rudolf Heinrich Caviezel (1838–1885, Graubünden, Weinhändler): Konsul[308]

1885–1897   Carl Johann Caviezel (1836–1897, Graubünden, Jurist/Weinhändler): Konsul[309]

1897–1923   Rudolf Heinrich Mantel (1853–1924, Zürich, Maschinenfabrikant): Konsul[310]

Riga war die erste Neuerrichtung eines Konsulats im Zarenreich seit der staatlichen Umgestaltung der Schweiz zur Jahrhundertmitte, und dem Bundesrat fehl-

---

303   Vgl. schweizerisches Konsulat in Odessa an den Bundesrat, 17./30. 6. und 2./17. 7. 1905. BAR, E 2001 (A)/1711; EPD an das schweizerische Konsulat in Odessa, 8. 7. 1905 (Entwurf). Ebd.

304   Schweizerisches Konsulat in Odessa an den Bundesrat, 22. 10./4. 11. 1905. BAR, E 2001 (A)/1711. – Auf Anfrage Weys teilte der Bundesrat mit, er komme notfalls für die Heimschaffung mittelloser Landsleute auf, vgl. Protokoll der Sitzung des Bundesrates, 16. 12. 1905. Ebd.

305   Staats-Kalender 1877/78, S. 36 (Hervorhebung in der Vorlage).

306   BBl. 1868 III, S. 125.

307   Für eine Zusammenstellung der Schweizer Konsuln in Riga vgl. Benziger, Die Konsularischen Vertreter, S. 33; ders., Beziehungen der Schweiz mit Russland, S. 22; Švejcarija – Rossija, S. 827.

308   RSDB Nr. 2805. Zu R. Caviezel vgl. BBl. 1868 III, S. 834; 1885 III, S. 780; Bühler, Bündner im Russischen Reich, S. 395, 538.

309   RSDB Nr. 2804. Zu C. Caviezel vgl. BBl. 1885 III, S. 780; Bühler, Bündner im Russischen Reich, S. 395, 538; Rauber, Schweizer Industrie, S. 224.

310   RSDB Nr. 1394; VRS-Mitgliederkartei (elektronisch), Nr. 1715. Zu R. H. Mantel vgl. sein Personaldossier in: BAR, E 2500 -/1, Bd. 32; ferner Rauber, Schweizer Industrie, S. 96–98; Mumenthaler, Paradies, S. 525, 645. Zum Tod Mantels vgl. Konsul Suter an das EPD, 9. 4. 1924. BAR, E 2500 -/1, Bd. 32.

te offensichtlich noch die Kenntnis der Verfahrenskonventionen. Jedenfalls musste Generalkonsul Glinz darauf hinweisen, es sei wohl wenig geschickt, einen Konsul zu ernennen, bevor die russische Regierung ihre Bewilligung für den neuen Posten gegeben habe. Er empfahl, die Ernennung Caviezels nicht publik zu machen bis zur positiven Beantwortung des mittlerweile doch noch gestellten Gesuches.[311] Nach dem Tode Rudolf Caviezels 1885 übernahm sein Bruder Carl Johann das Konsulat. Als auch er 12 Jahre später im Amt verstarb, betraute Generalkonsul Dupont Johann Berg, der schon zuvor Caviezel mehrmals vertreten hatte, mit der provisorischen Konsulatsführung.[312] Dupont selbst wurde vom Politischen Departement beauftragt, sich anlässlich eines Aufenthalts in Riga nach einem Nachfolger für Caviezel umzusehen.[313] Der Generalkonsul inspizierte das Konsulat des Verstorbenen, fand alles in perfekter Ordnung, qualifizierte den Posten aber angesichts eines bescheidenen Geschäftsganges als nicht sehr wichtig und zeigte sich erstaunt über die gewährte Vergütung von jährlich 1000 Franken. Als Nachfolger Caviezels empfahl Dupont den Maschinenfabrikanten und Präsidenten der örtlichen schweizerischen Hilfsgesellschaft Rudolf Heinrich Mantel aus Winterthur, trotz dessen angeschlagener Gesundheit.[314] Der Schweizerische Handels- und Industrieverein schloss sich dieser Empfehlung an,[315] und auch die Hilfsgesellschaft von Riga, von Dupont zu einer Stellungnahme aufgefordert, votierte an einer ausserordentlichen Generalversammlung grossmehrheitlich für Mantel.[316] Der Bundesrat ernannte diesen am 6. Juli 1897 zum neuen Schweizer Konsul in Riga, wobei die bisher dem Posten gewährte Entschädigung von 1000 Franken entfiel.[317] Auf Anregung Mantels wurden 1902 die Gouvernemente Kowno, Wilna und Witebsk aus der Zuständigkeit des Generalkonsulats herausgelöst und neu dem Konsulatsbezirk Riga zugeteilt.[318]

Das Konsulat in Riga hatte wiederholt lokale Unruhen zu vermelden. 1899 schilderte Konsul Mantel die Tumulte in der örtlichen Flachs- und Jutespinnerei; er berichtete von mindestens sechs Toten, einer steigenden Erregung in der Bevölkerung und verschärften Massregeln der Behörden. Mantel selbst war als Fabrikant exponiert, erreichte die Abordnung von 20 Kosaken auf sein Betriebsgelände, vermeldete dann aber, dank guter Lohnverhältnisse und anstän-

311 Glinz an den Bundesrat, 15./27. 11. 1868. BAR, E 2/1440.
312 Dupont an Bundespräsident Deucher, 12./24. 3. 1897. BAR, E 2001 (A)/1222.
313 EPD an Dupont, 29. 3. 1897 (Entwurf). BAR, E 2001 (A)/1222.
314 Dupont an Bundespräsident Deucher, 31. 3./12. 4. 1897. BAR, E 2001 (A)/1222.
315 Vorort des Schweizerischen Handels- und Industrievereins an das EPD, 30. 6. 1897. BAR, E 2001 (A)/1222.
316 Schweizerverein Riga (*Švejcarskoe Obščestvo v g. Rige*) an den Bundesrat, 15./27. 4. 1897. BAR, E 2001 (A)/1222.
317 Protokoll der Sitzung des Bundesrates, 6. 7. 1897. BAR, E 2001 (A)/1222. – Zum Erhalt des Exequaturs und zur Übernahme der Geschäfte von Konsulatsverweser Berg vgl. Konsul Mantel an den Bundesrat, 9./21. 9. 1897. Ebd.
318 Protokoll der Sitzung des Bundesrates, 22. 7. 1902. BAR, E 2001 (A)/1222.

diger Behandlung beteiligten sich seine Arbeiter nicht an den Unruhen. Überhaupt sei, soweit schon ersichtlich, praktisch kein Schweizer Eigentum zu Schaden gekommen. Wie für die spätere Revolutionszeit in verschiedenen Städten üblich, versammelten sich die in Riga stationierten ausländischen Konsuln, um Massnahmen zum Schutz ihrer Landsleute zu beraten.[319] Ausführlich rapportierte Mantel über die revolutionären Wirren von 1905.[320] Er vertraute nicht darauf, dass die russische Regierung immer imstande sein würde, die Ausländer zu schützen, schlug dem Bundesrat die bereits erwähnte Beistandsvereinbarung mit Deutschland vor und verlegte zeitweilig sein Konsulat in das Lokal des deutschen Generalkonsulats.[321] Angesichts der Unsicherheit, so bilanzierte Mantel zum Jahresende, hätten rund 50 Schweizer Riga verlassen, auch einige Schäden seien zu vermelden.[322] Für den durch die Unruhen verursachten Mehraufwand erbat sich der Konsul von Bern eine Extraentschädigung.[323]

Wie in anderen Kolonien waren auch in Riga Konsulat und Hilfsgesellschaft personell eng verflochten. Konsul Rudolf Caviezel hatte den *Schweizer-Verein* von Riga 1874 gegründet und bis zu seinem Tod präsidiert, Rudolf Heinrich Mantel wurde als Präsident des Vereins zum Konsul ernannt.[324]

319 Die Vertreter beschlossen, ihre jeweiligen Gesandtschaften einzuschalten, was im Falle der Schweiz bedeutete, dass das Generalkonsulat in St. Petersburg Mantels Bericht nach Bern weiterleitete. Vgl. schweizerisches Generalkonsulat in St. Petersburg an Bundespräsident Müller, 21. 5./2. 6. 1899. BAR, E 2001 (A)/1220; Konsul Mantel an das schweizerische Generalkonsulat in St. Petersburg, 12. 5. 1899 (wohl a. St.). Ebd.; Konsul Mantel: *Bericht über die Unruhen in Riga,* 16. 5. 1899 (wohl a. St.). Ebd. – An der erwähnten Versammlung beteiligten sich die Konsuln von England, Frankreich, Deutschland, Norwegen, Schweden, Dänemark, Spanien und der Schweiz.
320 Vgl. Konsul Mantel an das EPD, 22. 11./5. 12., 23. 11./6. 12., 26. 11./9. 12. und 2./15. 12. 1905. BAR, E 2001 (A)/1711.
321 Vgl. schweizerisches Konsulat in Riga an das EPD, 23. 7./5. 8. 1905. BAR, E 2001 (A)/1711. – Zur Vereinbarung mit Deutschland über den Schutz der Russlandschweizer vgl. oben S. 45.
322 Konsul Mantel: *Bericht über die revolutionairen Wirren im Consulatsbezirk Riga im Dez. 1905,* 31. 12. 1905. BAR, E 2001 (A)/1711. – 1906 waren praktisch keine Schadensmeldungen mehr zu verzeichnen, vgl. Konsul Mantel: *Bericht über die Situation im Rigaschen Consulatsbezirk,* 27. 5./9. 6. 1906. Ebd.
323 Konsul Mantel an das EPD, 29. 12. 1905/11. 1. 1906. BAR, E 2001 (A)/1711. – Während des Weltkriegs geriet Mantel, dessen Familie teilweise in der Schweiz, teilweise im Zarenreich lebte, seitens der deutschen Regierung in den Verdacht des Kriegsschmuggels, weil er wiederholt durch Deutschland reiste und dabei auch Korrespondenz der Gesandtschaft in Petrograd und des Politischen Departements in Bern transportierte. Vgl. EPD an die schweizerische Gesandtschaft in Berlin, 19. 6. 1915 (Entwurf). BAR, E 2001 (A)/1222; schweizerische Gesandtschaft in Berlin an das EPD, 14. 7. 1915. Ebd.
324 Zu Entstehung und Entwicklung des Schweizervereins von Riga vgl. R. H. Caviezel an Bundespräsident Schenk, 1./13. 5. 1874. BAR, E 2/2267; Protokoll der Sitzung des Bundesrates, 8. 1. 1875. Ebd.; *Jahresbericht des Schweizer-Vereins zu Riga. 1875 (II. Vereinsjahr).* Ebd.; ferner Bühler, Bündner im Russischen Reich, S. 139, 391 f.

1.2.2.6. Warschau

«Consulat *Warschau:* im Königreich Polen die Gouvernemente Kalisch, Kielce, Lomza, Lublin, Piotrkow, Plotsk, Radow, Siedlce, Suwalki, Warschau.»[325]

Anlässlich der Petition eines Polenschweizers war die Errichtung eines Konsulats in Warschau schon 1858 thematisiert, ein Jahr später aber vom Bundesrat verworfen worden. Die Schweiz besitze «nur Handelskonsulate, u. einzig in solchen Ländern, nach denen eine starke Auswanderung stattfinde, sind auf leztere bei Gründung neuer Konsulate Rüksicht genommen worden. Polen besize aber weder in der einen noch in der andern Richtung besonderes Interesse für die Schweiz».[326]

Die Diskussion um ein Konsulat in Warschau barg angesichts der polnischen Unabhängigkeitsbestrebungen ein gewisses Konfliktpotential in sich. Wenn der polnische Aufstand von 1863 schweizerseits den Wunsch nach verbessertem konsularischem Schutz der Landsleute intensivierte, so lehnte die zarische Regierung gerade jetzt jede institutionelle Verselbständigung Polens ab und tendierte im Gegenteil auf eine Reduktion der bestehenden Konsulate in Warschau. So liess Aussenminister Gorčakov 1863 gegenüber Generalkonsul Bohnenblust vorsorglich durchblicken, wie wenig er von der Idee einer eigenen Schweizer Vertretung in Warschau hielt.[327]

Doch das Bedürfnis nach einem Konsulat in der polnischen Metropole zeigte sich immer deutlicher, wie Generalkonsul Philippin-Duval 1874 betonte.[328] 1875 wurde der Posten eröffnet.[329]

| 1875–1884 | Anton Semadeni (1823–1884, Graubünden, Konditor/Cafétier): Konsul[330] |
| 1884–1889 | Florian Hanselmann (St. Gallen): Konsul[331] |

---

325 Staats-Kalender 1877/78, S. 36 (Hervorhebung in der Vorlage).
326 Protokoll der Sitzung des Bundesrates, 26. 8. 1859. BAR, E 2/1503.
327 Vgl. A. M. Gorčakov an den russischen Gesandten in Bern Ozerov, 9./21. 11. 1863. AVPRI, Missija v Berne, op. 510, d. 71, ll. 11–12 ob.; Generalkonsul Bohnenblust an den Bundesrat, 7./19. 11. 1863. BAR, E 2/125 und E 2/1503; vgl. auch Mercier an den Bundesrat, 16./28. 12. 1871. BAR, E 2/1503.
328 Philippin-Duval an das EPD, 20. 6./2. 7. 1874. BAR, E 2/1316.
329 BAR, E 2001 (E) -/14, Einleitung, S. 3; Benziger, Beziehungen der Schweiz zu Polen, S. 11. – Für eine Zusammenstellung der Schweizer Konsuln in Warschau vgl. Benziger, Die Konsularischen Vertreter, S. 35; ders., Beziehungen der Schweiz mit Russland, S. 22; Švejcarija – Rossija, S. 827. Zum Konsulat in Warschau vgl. auch Andrzejewski, Schweizer in Polen, S. 137–141.
330 RSDB Nr. 3411. Zu A. Semadeni vgl. BBl. 1875 IV, S. 383; 1885 II, S. 655; Bühler, Bündner im Russischen Reich, S. 397, 561.
331 Zu F. Hanselmann vgl. BBl. 1884 III, S. 713; 1889 I, S. 293.

1889–1897   Frédéric Bardet (Waadt, Kaufmann): Konsul[332]
1898–1908   Friedrich Zamboni (1867–1916, Graubünden, Konditor/Cafétier): Konsul[333]
1909–1919   Karl Wettler (1875–1925, St. Gallen, Monteur/Unternehmer): Konsul[334]

Wie Generalkonsul Glinz verstarb auch der Warschauer Konsul Hanselmann in desolaten finanziellen Verhältnissen. Auf der Suche nach allfälligen versteckten Geldern sahen sich die lokalen Behörden veranlasst, das Archiv des Schweizer Konsulats vorübergehend zu versiegeln.[335] Hanselmanns Nachfolger Frédéric Bardet fand im Archivschrank eine «unglaubliche Unordnung» vor.[336] Vergeblich bemühte er sich um die Hilfe von Hanselmanns ehemaligem Sekretär Grétillat, der sich weigerte, die Papiere des Verstorbenen nochmals aus der Nähe zu betrachten. Bardet liess das Durcheinander an seine neue Konsulatsadresse transportieren und verbrachte mehrere Tage mit dem Ordnen des unschönen Erbes: 379 Umschläge sowie diverse Reglemente, Bücher und eine Fahne inventarisierte er zuhanden des Bundesrates. Verstecktes Geld fand sich nicht.[337]

Als im Zuge der Revolution von 1905 im Konsulatsbezirk Warschau Zerstörungen und Plünderungen zu vermelden waren und auch der Besitz von Konsul Zamboni in Mitleidenschaft gezogen wurde, erkundigte sich dieser in Bern über allfällige russische Schutz- und Entschädigungspflichten gegenüber den Ausländern.[338] Eine Ersatzpflicht von Regierungen gegenüber Ausländern bestehe nach heutigem Völkerrecht bei Bürgerkrieg, Aufruhr und Pöbelexzessen nicht, informierte das Politische Departement. Zwar könnten Schadenersatzgesuche an den Bundesrat gerichtet werden; wenn aber die russischen Behörden versicherten, alle ihr möglichen Schutzmassnahmen getroffen zu haben, sei die Sache wohl aussichtslos.[339] Als die deutsche Regierung anbot, die Schweizer

---

332 Zu F. Bardet vgl. BBl. 1889 I, S. 293.
333 RSDB Nr. 3169. Zu F. Zamboni vgl. Bühler, Bündner im Russischen Reich, S. 397 f., 552.
334 RSDB Nr. 1631. Zu K. Wettler vgl. sein Personaldossier in: BAR, E 2500 -/1, Bd. 56; ferner Rauber, Schweizer Industrie, S. 122.
335 Vgl. Bardet an das EDA, 8. und 9. 2. 1889. BAR, E 2/1503; Bardet an Bundesrat Droz, 5. 2. 1889. Ebd. Im Zusammenhang mit der Versiegelung warf Bardet die Frage eines eventuellen Verstosses der lokalen Behörden gegen die Unverletzbarkeit der Konsulatsarchive auf, die in Art. 11 des schweizerisch-russischen Niederlassungsvertrages von 1872 garantiert wurde.
336 Bardet an das EDA, 11. 3. 1889. BAR, E 2/1503.
337 Ebd.
338 Schweizerisches Konsulat in Warschau an Bundespräsident Ruchet, 9. 2. 1905. BAR, E 2001 (A)/1711.
339 EPD an das schweizerische Konsulat in Warschau, 11. 2. 1905 (Entwurf). BAR, E 2001 (A)/1711. – In der Tat wies die Zarenregierung beispielsweise die von Bundesrat und Generalkonsulat unterstützte Reklamation eines Schweizer Plünderungsopfers in Rostow am Don mit dem Hinweis darauf ab, dass nicht die Regierung, sondern die von den Justizbehörden als

in Warschau und Lodz unter den Schutz des deutschen Generalkonsulats zu stellen, empörte sich Zamboni über die Vorstellung, dass er sich als amtierender Konsul unter fremden Schutz stellen solle, erst recht unter jenen der Deutschen als den bestgehassten Ausländern im Zarenreich.[340] Der Weltkrieg brachte für das Warschauer Konsulat erschwerte Arbeitsbedingungen. Schon 1914 hatten die Russen Ostpreussen geräumt. Der seit Jahren im Konsulat tätige Sekretär Sypniewski wurde als deutscher Reichsangehöriger von den zarischen Behörden veranlasst, Warschau zu verlassen.[341] Im August 1915 eroberten deutsch-österreichische Truppen die Stadt, bald darauf auch Kowno, Brest und Wilna. Korrespondenz und Bahnverkehr für Zivilisten waren nun stark eingeschränkt, und die von der russischen Regierung erteilten Exequaturen für ausländische Konsuln galten als erloschen. Das Politische Departement wies Konsul Wettler an, sich betreffend Briefverkehr genau an die Bestimmungen des deutschen Generalgouverneurs zu halten.[342] In Anbetracht der schwierigen Informations- und Verkehrssituation machte Wettler seinen Bruder Eugen Wettler zum Vertreter des Konsulats im Bezirk Lodz.[343] Der Konsul selbst fand nun in der schweizerischen Gesandtschaft in Berlin einen wichtigen Ansprechpartner, über den sich zuweilen auch der Kontakt mit Bern abwickelte. Das Politische Departement bezeichnete die Situation der neutralen Konsuln im kriegerisch besetzten Gebiet als delikat und untersagte Wettler im Februar 1917, die Akten des abziehenden amerikanischen Konsulates zu übernehmen.[344] Allgemein hatte sich der Posten in Warschau häufig mit Strassenunruhen und Judenpogromen zu beschäftigen, unter Zamboni ebenso wie schon zur Zeit des ersten Konsuls Semadeni.[345] Es wurden ausführliche Berichte verfasst, und

schuldig Befundenen haftbar seien, vgl. schweizerisches Generalkonsulat in St. Petersburg an das EPD, 18./31. 12. 1905. Ebd. Das EPD leitete diese Auskunft am 9. Januar 1906 an die schweizerischen Konsulate im Zarenreich weiter.

340 Zamboni ereiferte sich auch darüber, dass sich der Schweizer Minister in Berlin Claparède (der das deutsche Angebot unterstützte) ständig in die schweizerisch-russischen Verhältnisse einmische, vgl. Zamboni an Bundespräsident Ruchet, 6. 7. 1905. BAR, E 2001 (A)/1711; Claparède an Bundespräsident Ruchet, 26. 6. 1905. Ebd. – Zur dann mit Deutschland getroffenen Regelung, wonach deutscher Schutz den Schweizern im Zarenreich dort gewährt werden sollte, wo kein schweizerisches Konsulat bestand, vgl. oben S. 45.

341 Vgl. Wettler an den Bundesrat, 16. 6. 1915. BAR, E 2001 (A)/1203.

342 EPD an das schweizerische Konsulat in Warschau, 9. 10. 1915 (Entwurf). BAR, E 2001 (A)/1201.

343 Wettler berief sich dabei auf Art. 8 des Konsularreglements. Wettler an den Bundesrat, 18. 9. 1915. BAR, E 2001 (A)/1203.

344 EPD an die schweizerische Gesandtschaft in Berlin, 11. 2. 1917 (Entwurf). BAR, E 2001 (A)/1201; zur betreffenden Anfrage vgl. schweizerische Gesandtschaft in Berlin an das EPD, 11. 2. 1917. Ebd.

345 Vgl. die Berichte in BAR, E 2/1502; Emil Wettler (Stellvertreter Zambonis) an Bundespräsident Forrer, 15. 9. 1906. BAR, E 2001 (A)/1201.

notleidenden oder unschuldig verhafteten Landsleuten galt es beizustehen.[346] Aufgrund der anhaltenden Wirren brachte Zamboni seine Familie in die Schweiz und bot angesichts seiner nun häufigeren Abwesenheit von Warschau 1906 seine Demission an, welche anzunehmen das Politische Departement aber keinen Anlass sah.[347]

Nach amtlichen Angaben zählte die Schweizerkolonie von Warschau per Ende 1894 210 Personen (ohne Minderjährige), und zwar 150 Frauen neben bloss 60 Männern.[348] Dazu passen die Ausführungen von Konsul Bardet, wonach von 1892 bis 1895 jährlich zwischen 21 und 44 Schweizerinnen in Warschau angekommen seien. Beide Informationen illustrieren die Bedeutung Warschaus als Auswanderungsziel vor allem weiblicher Lehrpersonen.[349] Die Stärke der Kolonie nahm dann aber massiv ab. Zamboni sprach 1907 von noch höchstens 50 bis 60 Personen.[350] Bereits 1906 hatte er erklärt: «Die Zahl der hier ansässigen Schweizer ist sehr klein & die Polnisch-Schweizerischen Handelsbeziehungen sehr Schwach infolge der Wirren.»[351]

Die Schweizerkolonie von Warschau wurde von Bündnern und damit von Zuckerbäckern dominiert. Dies gilt auch für den 1875 gegründeten örtlichen schweizerischen Hilfsverein.[352] Wenn mit der Vereinspräsidentschaft von Konsul Semadeni die Zusammenarbeit zwischen Hilfsverein und Konsulat symbiotisch anlief, so entwickelte sich die institutionalisierte Wohltätigkeit unter dem Präsidenten (und späteren Konsul) Friedrich Zamboni zu einem eigentlichen Widerpart der konsularischen Vertretung.

---

346 Vgl. etwa den Fall des verhafteten Schweizer Konditors Joseph Bahy: Zamboni an Bundespräsident Deucher, 22. 8. 1903. BAR, E 2001 (A)/1201; dazu der Bericht *Der Fall Bahy*. Ebd. – Im selben Dossier auch Akten zum Fall der Lucie Lienert, die wegen angeblichen Wahnsinns verwahrt wurde. Konsul Zamboni wurde (auch in der Schweizer Presse) vorgeworfen, sich nicht genügend für die Frau eingesetzt zu haben.
347 Zamboni an Bundespräsident Forrer, 26. 10. 1906. BAR, E 2001 (A)/1203.
348 *Jahresbericht des Schweizerischen Hülfsvereins in Warschau für das Jahr 1894: 19ter Jahresbericht, vorgelegt der General-Versammlung vom 16 Februar 1895* (gedruckt). Allgemein zur Schweizerkolonie in Polen vgl. Andrzejewski, Schweizer in Polen.
349 Bardet an Bundespräsident Lachenal, 12. 2. 1896. BAR, E 2001 (A)/1202.
350 Zamboni an Bundespräsident Müller, 30. 7. 1907. BAR, E 2001 (A)/1202.
351 Zamboni an Bundespräsident Forrer, 26. 10. 1906. BAR, E 2001 (A)/1203.
352 Vgl. Bühler, Bündner im Russischen Reich, S. 193–200, 392, 396 f.; Bühler et al., Schweizer im Zarenreich, S. 164, 206. Zur Konstituierung und Entwicklung des Hilfsvereins von Warschau vgl. Generalkonsul Philippin-Duval an den Bundesrat, 15./27. 2. und 12./24. 7. 1875. BAR, E 2/ 2287; Andrzejewski, Schweizer in Polen, S. 148–153. Im *Jahresbericht des Schweizerischen Hülfsvereins in Warschau für das Jahr 1876* wird als Gründungsdatum des Vereins der 12. Dezember 1875 genannt. BAR, E 2/2287.

Konsulat und Hilfsgesellschaft – zur Machtstruktur einer Schweizerkolonie
Um einen Russlandschweizer handelte es sich bei Friedrich Zamboni aus Bever (Graubünden) nur indirekt. Er war in Berlin aufgewachsen und in den 1870er Jahren mit seiner Familie nach Warschau gekommen, wo der Vater Jakob Zamboni (1843–1895) ein renommiertes Café übernahm. Mit diesem Geschäft und seinen Zweigstellen standen die Zambonis mitten im Gesellschaftsleben Warschaus, und sowohl Jakob wie später auch Friedrich Zamboni präsidierten zeitweilig den dortigen schweizerischen Hilfsverein.[353] In dieser Eigenschaft wurde Friedrich Zamboni bei den Bundesbehörden in Bern denn auch erstmals aktenkundig. Die *Beschwerden der schweiz. Hülfsgesellschaft in Warschau gegen den Konsul betr. die Gründung eines Home suisse in Warschau 1896/97* stapeln sich zu einem dicken Dossier.[354] Den Hintergrund der oftmals gehässigen Schreiben bilden einerseits Kompetenzstreitigkeiten zwischen dem Warschauer Hilfsverein und dem Konsulat, ferner eine persönliche Verfeindung verschiedener Lager innerhalb der Kolonie und insbesondere das Machtstreben Friedrich Zambonis und seiner Weggefährten. Stein des Anstosses war zunächst Konsul Bardets Engagement zugunsten der nach Polen kommenden schweizerischen Gouvernanten und Bonnen, von denen, so Bardet, drei Viertel bei ihrer Ankunft nicht wüssten, wo sie dienen würden.[355] In seinen Berichten nach Bern hatte Bardet auf die problematischen Seiten dieser Auswanderung hingewiesen; der *Bund* zitierte ihn mit den Worten: «Dieses Jahr musste unsere Hülfsgesellschaft sehr oft solchen jungen Mädchen Hülfe leisten, welche in eine Entbindungsanstalt gebracht werden mussten.»[356]
In Warschau selbst propagierte Bardet die (dem Justiz- und Polizeidepartement zugeschriebene) Idee eines *Home,* eines Heimes, in dem junge Schweizerinnen vorübergehend unterkommen und ihre Platzierung in ehrenhaften Gastfamilien abwarten konnten. Bardet informierte den Hilfsverein im Dezember 1892 und rief dazu auf, zu diesem Werke etwas beizutragen.[357] Der Hilfsverein zeigte sich zunächst nicht abgeneigt, verlangte aber Ende 1893, dass statt den «fortwährenden Schreibereien» endlich ein konkretes Projekt vorgelegt werde.[358] Konsul Bardet sah in diesem Beharren auf Begründung und fertige Pläne offenbar eine ablehnende Haltung. Jedenfalls machte er sich nun ohne weitere Berücksichtigung des Hilfsvereins an die Gründung des Home, liess dessen Statuten vom

353 BAR, E 2/2287; Bühler, Bündner im Russischen Reich, S. 392.
354 BAR, E 2001 (A)/1202.
355 Bardet an die Generalversammlung der Société Suisse de Varsovie, 17. 12. 1892. BAR, E 2001 (A)/1202.
356 *Schweizerinnen im Ausland.* In: Der Bund, 15. 8. 1892 (Nr. 227).
357 Bardet an die Generalversammlung der Société Suisse de Varsovie, 17. 12. 1892. BAR, E 2001 (A)/1202.
358 Schweizerische Hilfsgesellschaft in Warschau an Konsul Bardet, 12. 11. 1893. BAR, E 2001 (A)/1202.

Zaren absegnen und empfahl das Institut 1895 der Grosszügigkeit der Schweizer Behörden.[359] Ein solch eigenmächtiges Vordringen des Konsuls in den Kernbereich seiner eigenen Tätigkeit wollte sich der Hilfsverein, nachdem er sich bereits durch die auf Bardet zurückgehenden Presseschlagzeilen angegriffen und ungerechterweise der Untätigkeit bezichtigt fühlte, nicht bieten lassen. In einem Brief mit beiliegendem 25-seitigem Bericht listete die Führung des Hilfsvereins um Präsident Friedrich Zamboni zuhanden des Bundesrates die Sünden Bardets auf: Vorspiegelung falscher Tatsachen, geheimnisvolle Agitation, Ignorieren des Hilfsvereins, Isolation von der Kolonie, mangelnde Interessenvertretung der Landsleute. Das Schreiben mündete in die Aufforderung, der Bundesrat möge Konsul Bardet zur Dementierung seiner Berichte veranlassen.[360]

Das Politische Departement nahm das Vermittlungsbegehren ernst und tätigte Abklärungen, besonders zur tatsächlichen Lage der jungen Schweizerinnen in Warschau. Kontaktiert wurde die *Agence gratuite en faveur des institutrices, gouvernantes et bonnes suisses à l'étranger,* aber auch Bardet, der zu den Vorwürfen Stellung nehmen sollte.[361] Der Konsul beharrte auf der Richtigkeit seiner Berichte und illustrierte die wenig offene Haltung des Hilfsvereins gegenüber notleidenden jungen Frauen mit einem angeblichen Ausspruch des Präsidenten – gemeint ist wohl Zamboni: «[...] ‹aber meine herren unser verein ist nicht fur französische huren[.]›»[362]

Das Politische Departement versuchte nun, einen mässigenden Schlussstrich unter den Streit zu ziehen, indem es dem Verhalten beider Seiten mit Verständnis begegnete und an den verbindenden Patriotismus appellierte, damit das Home als gemeinschaftliche Einrichtung gedeihen könne.[363]

Statt einzulenken wiederholte und erweiterte der Hilfsverein die Liste der «Vergehen» des Konsulats.[364] Bardet meinte verbittert, der junge Zamboni werde es noch einmal bereuen, einem Freund seines Vaters so verbissen das Leben vergällt zu haben.[365] Wenn der Konsul nun von einer «rancune privée» oder einer «rancune de famille» sprach, so fasste er in Worte, was schon in der seltsamen Unversöhnlichkeit Zambonis zum Ausdruck gekommen war – dass es sich hier nämlich über das konkrete Streitobjekt hinaus um den Antagonismus zweier Clans innerhalb der Warschauer Schweizerkolonie handelte, in deren Zentrum der Präsident des Hilfsvereins einerseits und der Konsul andererseits stan-

359 Bardet an das EDA, 17. 7. 1895. BAR, E 2001 (A)/1202.
360 Schweizerische Hilfsgesellschaft in Warschau an Bundespräsident Lachenal, 18. 1. 1896. BAR, E 2001 (A)/1202.
361 EPD an Bardet, 6. 2. 1896 (Entwurf). BAR, E 2001 (A)/1202.
362 Bardet an Bundespräsident Lachenal, 12. 2. 1896. BAR, E 2001 (A)/1202.
363 EPD an Bardet, 11. 4. 1896. BAR, E 2001 (A)/1202.
364 Schweizerische Hilfsgesellschaft in Warschau an Bundespräsident Lachenal, 23. 4. 1896. BAR, E 2001 (A)/1202; EPD an Bardet, 5. 5. 1896 (Entwurf). Ebd.
365 Bardet an Bundespräsident Lachenal, 6. 6. 1896. BAR, E 2001 (A)/1202.

den.[366] Folgerichtig betrachtete sich das Politische Departement nicht mehr als zuständig und kündigte im Juni 1896 seine Vermittlertätigkeit auf.[367] Zambonis Post nach Bern versiegte damit aber nicht. Deklariertes Ziel seines Hilfsvereins war eine baldige Veränderung der Konsulatsverhältnisse.[368] Der russlandreisende und vom Bundesrat um Abklärung gebetene Nationalrat Emile Tissot gewann den Eindruck, dass Zamboni selbst Ambitionen auf den Konsulposten hege und vor allem verhindern wolle, dass nach dem Tod Bardets dessen Sohn Adam das Amt übernehmen werde.[369] Erneut versuchte das Politische Departement zu schlichten; es mahnte den Hilfsverein, die Sache auf sich beruhen zu lassen, da Konsul Bardet nach Auskunft Tissots ohnehin schwer krank sei.[370] Diese Krankheit – Bardet litt an Diabetes – stellte für Zamboni freilich keinen Anlass zur Mässigung, sondern im Gegenteil eine neue Angriffsfläche dar. Die auch in Bern bestehenden Bedenken bezüglich der Amtsfähigkeit des alten Konsuls heizte er nach Kräften an, indem er das Konsulat mit offensichtlich schikanösen Anfragen auf Trab hielt[371] oder etwa die Auflösung des Warschauer Wohnsitzes von Bardet 1897 umgehend dem Bundesrat meldete.[372] Bardet gab zu, das Konsulat, dessen Kanzlei nun in der Wohnung seines Sohnes untergebracht sei, weitgehend diesem überlassen zu müssen, während er selbst nun meist ausserhalb der Stadt wohne.[373] Diese unhaltbare Situation ermunterte Zamboni zu forschen Telegrammen an das Politische Departement: «schweizerischer hilfsverein warschau erbittet beantwortung briefe zweiten juni zweiten oktober sowie schleunige sanirung der consulatsverhaeltnisse[.]»[374]

Anfang November 1897 ersuchte Konsul Bardet aus Alters- und Gesundheitsgründen um seine Demission. Unter Verdankung der geleisteten «guten» Dienste – dieses Prädikat war keine Selbstverständlichkeit – wurde sie ihm vom Bundes-

366 Die Zerrissenheit der Kolonie kommt auch in den Jahresberichten des Hilfsvereins zum Ausdruck, wenn etwa 1894 zu «strammerer Einigkeit» aufgerufen oder später der Konflikt mit dem Konsulat direkt benannt wurde. Vgl. *Jahresbericht des Schweizerischen Hülfsvereins in Warschau für das Jahr 1893: 18ter Jahresbericht, vorgelegt in der Generalversammlung vom 13 März 1894* oder den entsprechenden Bericht für das Jahr 1896 (gedruckt).
367 EPD an Zamboni, 12. 6. 1896 (Entwurf). BAR, E 2001 (A)/1202.
368 Schweizerische Hilfsgesellschaft in Warschau an Bundespräsident Lachenal, undatiert (Eingang EPD: 19. 12. 1896). BAR, E 2001 (A)/1202.
369 Emile Tissot an Bundespräsident Deucher, 27. 3. 1897. BAR, E 2001 (A)/1202. – Zur Mitarbeit von Bardets Sohn Paul Nicolas in der Konsulatskanzlei vgl. BAR, E 2500 -/1, Bd. 2.
370 EPD an die schweizerische Hilfsgesellschaft in Warschau, 22. 12. 1896 (Entwurf). BAR, E 2001 (A)/1202. Im Entwurf des Schreibens heisst es zunächst, Bardet sei «hoffnungslos» krank, was dann durch «schwer» krank ersetzt wurde.
371 So verlangte Zamboni vom Konsulat eine Liste der Schweizer in Polen – die es so nicht gab. Als er auf seiner Forderung bestand, wandte sich Bardet an das Politische Departement, welches verlauten liess, Zamboni könne die Register der Kanzlei wohl anschauen, müsse aber selbst abschreiben. BAR, E 2001 (A)/1202.
372 Vgl. EPD an Bardet, 8. 10. 1897 (Entwurf). BAR, E 2001 (A)/1202.
373 Bardet an Bundespräsident Deucher, 31. 10. 1897. BAR, E 2001 (A)/1202.
374 Zamboni an das EPD, 3. 11. 1897. BAR, E 2001 (A)/1202.

rat gewährt.[375] Die nun anstehende Neubesetzung einer Machtposition in der Warschauer Kolonie liess den Gegensatz der beiden verfeindeten Lager besonders deutlich werden. In den Akten finden sich verschiedene Unterstützungsschreiben, vor allem aber auch Unmutsäusserungen gegen die eine oder andere Seite. Gegen Zamboni wurden anonyme Anschuldigungen vorgebracht; die Rede war von einer Vergewaltigung und davon, dass die Kolonie zur Hälfte aus Angestellten Zambonis bestehe.[376] Letzterer wiederum organisierte mit dem Einverständnis des Politischen Departements eine Versammlung der Schweizerkolonie, auf der er selbst mit 18 Stimmen (ein Gegenkandidat erhielt 14 Stimmen) dem Bundesrat als Konsulanwärter empfohlen wurde.[377] Mit diesem Verfahren zeigten sich verschiedene Warschau-Schweizer nicht einverstanden. Eine Gruppe von ihnen, darunter Adam Bardet, hatte den Bundespräsidenten in einem direkten Schreiben bereits darum gebeten, der von persönlichem Hass geprägten Situation der Kolonie ein Ende zu bereiten und Otto Lang – den Gegenkandidaten Zambonis – als Konsul einzusetzen.[378]

Auch das Politische Departement hielt Zamboni zunächst nicht für einen geeigneten Konsulanwärter. Als jedoch Abklärungen des Generalkonsulats – Dupont hatte eigens seinen Kanzler Humbert nach Warschau entsandt – keine wirklich valable Alternative herauszukristallisieren vermochten[379] und sich Zamboni aktiv um den Posten bemühte, ernannte ihn der Bundesrat am 22. Februar 1898 zum neuen Schweizer Konsul in Warschau.[380] Zamboni distanzierte sich gleich zu Beginn von der Amtsführung seines Vorgängers, indem er sich beim Politischen Departement über die angetroffene Unordnung im Konsulat beklagte.[381]

Ein oder zwei Jahre werde es wohl dauern, bis wieder Ruhe in die Kolonie einkehre, hatte Generalkonsul Dupont nach dem Rücktritt Bardets prognostiziert.[382] Tatsache ist, dass Rivalitäten und Machtspiele die ganze Amtszeit von Konsul Zamboni begleiteten, wobei nun dieser selbst ins Visier hartnäckiger Attacken geriet. 1907 klagte Zamboni gegenüber Bundespräsident Müller, seine Amtstätigkeit werde einer «chicanösen Privatkontrolle» unterzogen: «Wenn ich nicht glaubte meinem Lande und Landsleuten nützlich sein zu können, so hätten mich diese fortwährenden Ärgernisse die ich von Seiten einer gewissen Clique von Schweizern hier zu erleiden habe mein Amt schon längst verleidet.»[383]

---

375 Bardet an den Bundesrat, 2. 11. 1897. BAR, E 2001 (A)/1203; Protokoll der Sitzung des Bundesrates, 16. 11. 1897. Ebd.; EPD an Bardet, 16. 11. 1897 (Entwurf). Ebd.
376 Vgl. BAR, E 2001 (A)/1202.
377 Zamboni an Bundespräsident Deucher, 9. 12. 1897. BAR, E 2001 (A)/1203; vgl. ferner schweizerische Hilfsgesellschaft in Warschau an Bundespräsident Deucher, 20. 11. 1897. Ebd.
378 Gruppe von Warschau-Schweizern an Bundespräsident Deucher, 3. 12. 1897. BAR, E 2001 (A)/1203.
379 Dupont an Bundespräsident Deucher, 23. 11./5. 12. und 7./19. 12. 1897. BAR, E 2001 (A)/1203.
380 Protokoll der Sitzung des Bundesrates, 22. 2. 1898. BAR, E 2001 (A)/1203.
381 Vgl. EPD an Zamboni, 6. 6. 1898 (Entwurf). BAR, E 2001 (A)/1203.
382 Dupont an Bundespräsident Deucher, 7./19. 12. 1897. BAR, E 2001 (A)/1203.

Die unversöhnliche Zerstrittenheit der Kolonie zeigte sich nochmals anlässlich der Demission Zambonis 1908.[384] Der Gesandte Odier machte den Bundesrat darauf aufmerksam, dass die Wahl des – immer noch verfügbaren – Kandidaten Adam Bardet den Zamboni-Clan verärgern und zu Aktionen gegen das Konsulat animieren würde.[385]
Die schweizerischen Konsulate und Hilfsgesellschaften im Zarenreich fanden unter einheitlicher Führung meist zu einer harmonischen Kooperation. Das Warschauer Beispiel verdeutlicht aber, wie sich die bipolare Machtstruktur der grösseren Kolonien im ungünstigen Falle zu einem institutionell gestützten Antagonismus zuspitzen konnte.

1.2.2.7. Tiflis

«Für *Transkaukasien,* bestehend in Daghestan (Provinz), Tiflis, Kutaïs, Ssuchum, Pitsonnda und Otchemtchary (Bezirke), Schwarzes Meer (Bezirk), Elisabethpol, Baku, Eriwan, Sakataly (Bezirk), Batum und Kars (Provinzen).»[386]

Bundespräsident Ruchonnet erörterte 1883 mit Generalkonsul Dupont den Plan für ein Konsulat in Kiev.[387] Als dann allerdings der zu Rate gezogene Otto Tritten, in dessen Konsulatsbezirk Odessa sich Kiev befand, die dortige Neuerrichtung eines Postens für gänzlich überflüssig erklärte und hinter der Idee gar die persönlichen Ambitionen eines lokalen Möchtegernkonsuls wähnte,[388] gab ihm Generalkonsul Dupont Recht; er schlug stattdessen ein Konsulat in Tiflis

---

383 Zamboni an Bundespräsident Müller, 6. 4. 1907. BAR, E 2001 (A)/1202. Streitobjekt waren beispielsweise die Öffnungszeiten von Zambonis Konsulat, vgl. EPD an Zamboni, 17. 6. 1898 (Entwurf). BAR, E 2001 (A)/1203; vgl. auch das Dossier BAR, E 2001 (A)/1202.

384 Zur Demission Zambonis vgl. Zamboni an den Bundesrat, 25. 6. 1908. BAR, E 2001 (A)/1203; Protokoll der Sitzung des Bundesrates, 30. 6. 1908. Ebd.

385 Odier an Bundespräsident Brenner, 20. 10./2. 11. 1908. BAR, E 2001 (A)/1203. Der abtretende Zamboni selbst teilte dem Bundespräsidenten mit, Adam Bardet eigne sich nicht für das Amt: «Im Allgemeinen kann ich über Angefragten nur sagen, dass er als Lügner & Aufschneider bekannt ist & es unmöglich wäre ihm Vertrauen zu schenken.» Zamboni an Bundespräsident Brenner, 14. 11. 1908 («vertraulich»). BAR, E 2001 (A)/1203; vgl. auch Zamboni an Bundespräsident Brenner, 6. 11. 1908. Ebd.

386 Staats-Kalender 1884, S. 52 (Hervorhebung in der Vorlage). – Eigentlich sollte auch Turkestan, das vom Zarenreich unlängst erobert worden war, zum neuen Konsulatsbezirk gehören; nach einer Intervention des Asiatischen Departementes des russischen Aussenministeriums – die Regierung könne in Turkestan vorderhand keine ausländischen Agenten dulden – wurde aber auf die entsprechende Nennung verzichtet. Asiatisches Departement an das schweizerische Generalkonsulat in St. Petersburg, 28. 1. 1884 (a. St.). BAR, E 2/1487.

387 BAR, E 2200.86, Nr. 99/1.

388 Dupont an Bundespräsident Ruchonnet, 5./17. 5. 1883. BAR, E 2/1487; Tritten an Dupont, 16./28. 4. 1883. BAR, E 2200.86, Nr. 99/1.

vor und begründete dies mit der grossen Distanz zwischen Tiflis und Odessa sowie mit der wirtschaftlichen Sonderstellung des Kaukasus.[389] Die hier ansässigen Schweizerinnen und Schweizer betrieben vornehmlich Milchwirtschaft und Käserei.[390] Noch 1883 folgte die Ernennung von Professor Emile Tallichet aus Orbe zum ersten Schweizer Konsul in Tiflis.[391]

1883–1905   Emile Tallichet (Waadt, Professor): Konsul[392]
1906–1909   Robert Wilhelm Meier (Appenzell, Handelsgärtner): Konsul[393]
1910–1915   Theodor von Drachenfels (geb. 1872, Kurland/Russland, Ingenieur): Konsul

Die Beispiele Tallichets und Meiers verdeutlichen abermals die Grenzen eines konsularischen Milizsystems, das vom Reichtum und freiwilligen Engagement seiner Protagonisten profitierte, umgekehrt aber durch mangelnde Professionalität, persönliche Launen – oder eben durch fehlenden Reichtum der Honorarkonsuln ins Wanken geraten konnte.

Professor Tallichet ersuchte den Bundesrat schon 1885 erstmals um seine Entlassung. Er schilderte zerknirscht all die Entbehrungen, die er als Konsul ohne eigenes Handelsbüro und private Bedienstete auf sich zu nehmen hatte, etwa das mühsame Anstehen für jeden zu verschickenden Brief.[394] Ultimativ forderte er eine Mindestentschädigung von 2000 Franken jährlich und machte auch schon Vorschläge für seine allfällige Nachfolge. In Bern hatte man ein Einsehen und bewilligte 1500 Franken bei sofortiger Rücknahme des Entlassungsbegehrens.[395] 1905 erklärte Tallichet seinen Rücktritt, der ihm vom Bundesrat gewährt wurde – «sans le remercier des services rendus».[396] Das Interesse der Schweizer Ex-

389 Dupont an Bundespräsident Ruchonnet, 5./17. 5. 1883. BAR, E 2/1487. – Ein Konsulat in Tiflis war bereits anlässlich der Aushandlung des schweizerisch-russischen Handels- und Niederlassungsvertrags vom Kanton St. Gallen – und mit ihm dann vom Eidgenössischen Handels- und Zolldepartement – gefordert worden, vgl. Bundesrat Näff an das EPD, 25. 8. 1870. BAR, E 21/24592.

390 Vgl. Bühler et al., Schweizer im Zarenreich, S. 206; Lengen, Strukturprofil, S. 74.

391 Für eine Zusammenstellung der Schweizer Konsuln in Tiflis vgl. Benziger, Die Konsularischen Vertreter, S. 36; ders., Beziehungen der Schweiz mit Russland, S. 22; Švejcarija – Rossija, S. 827.

392 Zur Ernennung Tallichets vgl. BBl. 1883 IV, S. 682 f.; zu seiner Demission vgl. BBl. 1905 II, S. 476.

393 Auch: Meyer. Der Konsul unterzeichnete aber selbst mit «i». RSDB Nr. 1414. Zu R. Meier vgl. sein Personaldossier *(Meyer, Robert)* in: BAR, E 2500 -/1, Bd. 33.

394 Tallichet an den Bundesrat, 5./17. 2. 1885. BAR, E 2/1487.

395 Vgl. Protokoll der Sitzung des Bundesrates, 22. 6. 1885. BAR, E 2/1487. Zur Entschädigung vgl. auch BBl. 1886 I, S. 885. Die Entschädigungssumme wurde 1897 auf 1000 Franken gekürzt. Vgl. Konsul Tallichet an Bundespräsident Deucher, 9. 3. 1897. BAR, E 2001 (A)/1225; EPD an Tallichet, 17. 3. 1897 (Entwurf). Ebd.

396 Tallichet an Bundespräsident Ruchet, 3. und 12. 3. 1905. BAR, E 2001 (A)/1225; Protokoll der Sitzung des Bundesrates, 17. 3. 1905. Ebd.

portwirtschaft an der Vertretung in Tiflis war gering, und der Schweizerische Handels- und Industrieverein sah sich nicht in der Lage, einen geeigneten Nachfolger für Tallichet zu empfehlen.[397] Umso wichtiger schien dem Politischen Departement der Schutz der Landsleute in der Region. Angesichts der revolutionären Unruhen des Jahres 1905 und eines erwarteten allgemeinen Aufstandes auch im Kaukasus sollte der Posten in Tiflis unbedingt aufrechterhalten werden. Bereits meldeten sich besorgte Kaukasus-Schweizer beim Politischen Departement, berichteten von Morddrohungen und Unrechtmässigkeiten.[398] Da ein valabler Nachfolger Tallichets unter den Schweizern nicht sofort in Sicht war und sich der Abtretende weigerte, die Geschäfte bis zur geregelten Neubesetzung weiterzuführen, beschloss der Bundesrat Ende Mai 1905, bei der deutschen Regierung anzufragen, ob ihr Konsul in Tiflis das Schweizer Konsulat provisorisch übernehmen könne.[399] Berlin war einverstanden, und Tallichet überbrachte dem kaiserlich-deutschen Konsulatsverweser von Veltheim im Juni die – wie dieser berichtete – unordentlich zusammengepackten Akten seiner Amtszeit.[400]

Den Schweizern in Tiflis passte das nicht. Über 50 von ihnen wandten sich im Januar 1906 an das Politische Departement, um die Neubesetzung des Konsulats zu erbitten, da ihre Interessen von den Deutschen zu wenig energisch vertreten würden – ausgerechnet jetzt, wo viele von den Unruhen bedroht seien. Als neuen Konsul empfahlen die Petenten den Handelsgärtner Robert Meier.[401] Der Bundesrat nahm die Anregung auf und bot Robert Meier, nachdem über diesen nicht ungünstige Auskünfte eingegangen waren, den Posten eines Konsuls in Tiflis an.[402] Meier akzeptierte und wurde am 15. Mai 1906 zum Konsul ernannt.[403]

397 Vorort des Schweizerischen Handels- und Industrievereins an Bundespräsident Ruchet, 20. 6. 1905. BAR, E 2001 (A)/1225.
398 Schweizer im Kaukasus an das EPD, 22. und 26. 4. 1905. BAR, E 2001 (A)/1711. Die Unterzeichner waren vor allem Mitglieder der Familie Ammeter.
399 Protokoll der Sitzung des Bundesrates, 23. 5. 1905. BAR, E 2001 (A)/1225. Zur Weigerung Tallichets, die Geschäfte vorübergehend weiterzuführen, vgl. Tallichet an das Schweizerische Handelsblatt, 3./16. 5. 1905. Ebd. Im selben Dossier befinden sich auch Empfehlungen und Bewerbungen für die Nachfolge Tallichets aus Tiflis.
400 Vgl. Protokoll der Sitzung des Bundesrates, Präsidialverfügung vom 6. 6. 1905. BAR, E 2001 (A)/1225.
401 Schweizer in Tiflis an das EPD, Januar 1906 (Eingang EPD: 7. 2. 1906). BAR, E 2001 (A)/ 1225. – Zur Meldung, es seien in den Unruhen der letzten Zeit soweit bekannt keine Schweizer ums Leben gekommen, vgl. deutsches Konsulat in Tiflis an das EPD (Eingang: 16. 1. 1906). BAR, E 2001 (A)/1711.
402 Protokoll der Sitzung des Bundesrates, 27. 4. 1906. BAR, E 2001 (A)/1225; Bundesrat an das deutsche Konsulat in Tiflis, 13. 2. 1906 (Entwurf). Ebd.; schweizerisches Konsulat in Tiflis (in Vertretung: der deutsche Konsul) an das EPD, 20. 3. 1906. Ebd.
403 Protokoll der Sitzung des Bundesrates, 15. 5. 1906. BAR, E 2001 (A)/1225; EPD an Robert Wilhelm Meier, 16. 5. 1906 (Entwurf). Ebd. Zur Erteilung des Exequaturs an Meier vgl. Odier an Bundespräsident Forrer, 26. 9./9. 10. 1906. Ebd. Zur Übernahme der Geschäfte und des

Wie vor ihm Tallichet schied auch Meier 1909 unter grellen Missklängen aus
dem Amt. Den Hintergrund der Affäre bildete eine regelrechte Sippenfehde,
die zwischen der Schweizer Käserfamilie Ammeter und einheimischen Kauka-
siern entbrannt war. Wir lesen in den Akten von angezündeten Heuhaufen,
von kosakischen «Strafexecutionen», welche die Schweizer darauf gegen die
Einheimischen erwirkten, vom verächtlichen Umgang der Schweizer mit ihren
Arbeitern bis hin zum mutmasslichen Totschlag, von geschworener Rache –
und schliesslich von der Erschiessung Johann Ammeters bei einem Überfall
von Wegelagerern 1909.[404] Obwohl die Täter gefasst wurden, fühlte sich die
Schweizerkolonie verunsichert. In einer Eingabe an den Berner Regierungsrat baten 40 im Kaukasus ansässige Landsleute darum, der Bundesrat möge
sich bei den russischen Behörden für einen besseren Schutz verwenden.[405]
Konsul Meier, der die Schuld an dem Konflikt nicht einfach kaukasischen
Räubern zugeschoben, sondern in seinen Berichten immer auch Kritik am
Verhalten der Familie Ammeter geäussert hatte, reagierte pikiert. Er sah in
der Eingabe an den Berner Regierungsrat ein Misstrauensvotum der Kolonie
gegen seine Person – und legte in einem hitzigen Schreiben an den Bundesrat
sein Amt per sofort nieder. Die Wortwahl der Bittschrift schien ihm typisch zu
sein: «Ferner können Sie aus den Worten ‹wenn nämlich diese Hunde nicht
gestraft werden› herauslesen, wie unsere Schweizer ihre Arbeiter behandeln.!!!»[406]
Im Übrigen werde er, so Meier, falls kein Schweizer seine Nachfolge übernehme, die Konsulatspapiere ausschliesslich der Gesandtschaft in St. Petersburg
übergeben.[407]
Solch anmassendes Aufbrausen eines Konsuls verärgerte nun wiederum den
Bundesrat: «Längst hatte das politische Departement die Wahrnehmung gemacht, dass dieser Konsul, ein Gärtner, seiner Aufgabe nicht gewachsen ist
[...].»[408] Bern sah im Verhalten Meiers, der aus einem nichtigen Vorwand
heraus seine Funktion einstelle, einen Verstoss gegen das Konsularreglement –
und in der Weigerung, das Archiv einem ausländischen Konsul zu übergeben,
ausserdem einen Eingriff in die alleinige Befugnis der Regierung. Der Bundesrat entliess nun seinerseits Konsul Meier am 9. November 1909 und entschied
sich für eine erneute Inanspruchnahme des deutschen Konsulats.[409] Die Unter-

Archivs vom deutschen Konsulat – alles befand sich gemäss Meier nun in bester Ordnung –
vgl. Meier an das EPD, 1./14. 11. 1906. Ebd. Als Sekretär und zeitweiliger Stellvertreter von
Konsul Meier amtierte Charles Girod. Meier an das EPD, 7./20. 10. 1908. Ebd.

404 Vgl. schweizerisches Konsulat in Tiflis an das EPD, 29. 7./11. 8. 1909. BAR, E 2001 (A)/1713;
Meier an den Bundesrat, 10./23. 10. 1909. BAR, E 2001 (A)/1225. Vgl. auch Tschudin, Schweizer Käser, S. 162–166; BAR, E 2200.296 1967/44, Bd. 1.

405 Vgl. Protokoll der Sitzung des Bundesrates, 9. 11. 1909. BAR, E 2001 (A)/1225.

406 Meier an den Bundesrat, 10./23. 10. 1909. BAR, E 2001 (A)/1225.

407 Ebd.

408 Protokoll der Sitzung des Bundesrates, 9. 11. 1909. BAR, E 2001 (A)/1225.

409 Ebd.

zeichner der besagten Eingabe zeigten sich bestürzt; Fritz Ammeter etwa beteuerte in einem Schreiben an den Bundesrat, man habe Konsul Meier nicht verleumden wollen, einen besseren Vertreter könne sich die Kolonie gar nicht wünschen, und es sei bitte dem Entlassungsbegehren keine Folge zu geben.[410] Die Verfasser der Bittschrift entschuldigten sich bei Meier, der dann in verschiedenen Briefen den Bundesrat zu beschwichtigen versuchte, sich seinerseits für seine Unüberlegtheit entschuldigte und um seine Wiederzulassung als Konsul bat, da doch alles auf einem Missverständnis beruhe.[411] Zu spät – das Politische Departement teilte Meier mit, der deutsche Vertreter von Veltheim habe bereits Weisung erhalten, das Schweizer Konsulat zu übernehmen.[412] Für den Fall, dass Meier die Übergabe an das fremde Konsulat verweigern würde, erwog das Departement, eine Intervention der zarischen Behörden zu erwirken.[413] Doch Meier fügte sich, die Übergabe des Konsulates konnte am 24. November 1909 stattfinden.[414]

Ein valabler Nachfolger war unter den Tiflis-Schweizern wiederum nicht auszumachen. Der Gesandte Odier konnte lediglich den Namen des Ingenieurs Baron Theodor von Drachenfels aus Kurland ins Spiel bringen, eines russischen Untertanen also, der bereits im deutschen Konsulat von Tiflis gearbeitet hatte und hier mit Schweizer Angelegenheiten in Kontakt gekommen war.[415] Unter diesen Umständen zog es das Politische Departement vor, den Posten einstweilen vakant und von der deutschen Vertretung gerieren zu lassen.[416] Als sich das deutsche Konsulat 1910 aber seinerseits anschickte, die Geschäfte wegen

---

410 Fritz Ammeter an den Bundesrat, 11. 11. 1909. BAR, E 2001 (A)/1225.

411 Meier an den Bundesrat, 31. 10./13. 11. 1909. BAR, E 2001 (A)/1225; Meier an das EPD, 21. 11. 1909. Ebd.

412 EPD an Meier, 16. 11. 1909 (Entwurf). BAR, E 2001 (A)/1225. Zur definitiven Ablehnung einer Wiedererwägung der Entlassung Meiers vgl. Protokoll der Sitzung des Bundesrates, 23. 11. 1909. Ebd.

413 Vgl. EPD an die schweizerische Gesandtschaft in St. Petersburg, 13. 11. 1909 (Entwurf). BAR, E 2001 (A)/1225.

414 Meier an den Bundesrat, 24. 11. 1909. BAR, E 2001 (A)/1225; von Veltheim an das EPD, 25. 11. 1909. Ebd. – Ohne das Wissen des Entlassenen setzte sich dessen Sekretär Girod nochmals mit einer Bittschrift von Schweizern für eine Wiedereinsetzung Meiers ein: Girod an Bundespräsident Deucher, 28. 11./11. 12. 1909. Ebd. Das komme nicht in Frage, antwortete der Bundesrat, zumal Meier das Konsulatsarchiv nach Angaben der deutschen Vertretung in grösster Unordnung hinterlassen habe. EPD an Girod, 29. 12. 1909 (Entwurf). Ebd. – Zur unsachgemässen Buchführung Meiers vgl. deutsches Konsulat in Tiflis an das EPD, 25. 11. 1909. Ebd. Meier, dem die Kritik am Zustand des Konsulatsarchivs zu Ohren kam, verlangte vom Bundesrat Ende Dezember präzise Angaben zu den Verfehlungen, damit er Stellung beziehen könne. Überdies bat er erneut reuevoll um Wiedereinsetzung als Konsul. Der Bundesrat liess nun nur noch durch die Bundeskanzlei ausrichten, dies sei nicht möglich. Meier an den Bundesrat, 28. 12. 1909. Ebd.; Protokoll der Sitzung des Bundesrates, 25. 1. 1910. Ebd.; Bundeskanzlei an Meier, 25. 1. 1910. Ebd.

415 Odier an Bundespräsident Comtesse, 30. 12. 1909/12. 1. 1910. BAR, E 2001 (A)/1225.

416 Vgl. EPD an Odier, 19. 1. 1910 (Entwurf). BAR, E 2001 (A)/1225.

Gesundheitsproblemen von Veltheims dem österreichisch-ungarischen Konsul zu übertragen, beschloss der Bundesrat, dem Provisorium ein Ende zu bereiten. Er ernannte Theodor von Drachenfels am 27. Mai 1910 zum Schweizer Konsul in Tiflis.[417]

Die Berufung eines – erst noch adligen! – Ausländers zu ihrem offiziellen Vertreter erschien einzelnen Wortführern der Schweizerkolonie von Tiflis ungeheuerlich. Charles Girod, der Sekretär des gescheiterten Robert Meier, versuchte in der Auslandschweizerpresse Artikel zu platzieren, in denen er sich über die Berufung des neuen Konsuls und den dadurch erweckten Eindruck beklagte, im ganzen Kaukasus gäbe es keinen einzigen fähigen Schweizer.[418] Von Drachenfels beschwerte sich im Januar 1911 beim Politischen Departement über die gegen ihn gerichtete Agitation des örtlichen schweizerischen Unterstützungsvereins und namentlich Girods, der auch hier dem Präsidenten Robert Meier als Sekretär zur Seite stand.[419] Der Unterstützungsverein gelangte zur Rechtfertigung seines Handelns selbst an den Bundesrat und betonte, dass 90 Prozent der Landsleute von Drachenfels nicht als Konsul anerkennten, dass sie als Republikaner überhaupt niemals einen Baron als ihren Vertreter akzeptieren könnten, obendrein noch einen, der Gesetze und Gebräuche der Schweiz nicht kenne.[420] Der Bundesrat antwortete lediglich, er sehe sich nicht veranlasst, über die Wahl von Drachenfels' – mit dessen Arbeit man zufrieden sei – Auskunft zu erteilen.[421] 1914 bemühte sich von Drachenfels um die schweizerische Staatsbürgerschaft, erhielt aber eine Absage, da er die Einbürgerungsbedingung eines mindestens zweijährigen ordentlichen Wohnsitzes in der Schweiz nicht erfüllte.[422]

---

417 Protokoll der Sitzung des Bundesrates, 27. 5. 1910. BAR, E 2001 (A)/1225; vgl. auch Protokoll der Sitzung des Bundesrates, 24. 5. 1910. Ebd. – Etwas Mühe bereitete dem Bürgersinn des Bundesrates die Anrede des neuen Bediensteten, wie der Entwurf zum Ernennungsschreiben zeigt: «Herrn ~~Baron~~ Ingenieur Theodor von Drachenfels, ~~Ingenieur~~.» EPD an von Drachenfels, 30. 5. 1910 (Entwurf). Ebd. – Zur Übergabe des deutschen Konsulats an den österreichisch-ungarischen Vertreter vgl. von Bülow (deutscher Gesandter in Bern) an Bundespräsident Comtesse, 18. 5. 1910. Ebd. – Zur Übergabe des Schweizer Konsulats an von Drachenfels vgl. von Veltheim an das EPD, 6. 6. 1910. Ebd.; Konsul von Drachenfels an das EPD, 7. 6. 1910. BAR, E 2001 (A)/1224. – Zur Erteilung des Exequaturs an von Drachenfels vgl. Odier an Bundespräsident Comtesse, 28. 10./10. 11. 1910. BAR, E 2001 (A)/1225; Protokoll der Sitzung des Bundesrates, Präsidialverfügung vom 15. 11. 1910. Ebd.

418 Vgl. schweizerische Gesandtschaft in Berlin an das EPD, 12. 9. 1910. BAR, E 2001 (A)/1225.

419 Von Drachenfels an das EPD, 23. 12. 1910/5. 1. 1911. BAR, E 2001 (A)/1224.

420 Schweizerischer Unterstützungsverein in Tiflis an den Bundesrat, 25. 1./7. 2. 1911. BAR, E 2001 (A)/1224.

421 Vgl. EPD an den schweizerischen Unterstützungsverein in Tiflis, 16. 2. 1911 (Entwurf). BAR, E 2001 (A)/1224.

422 Von Drachenfels an Bundespräsident Hoffmann, 4. 2. 1914. BAR, E 2001 (A)/1225; EPD an von Drachenfels, 12. 2. 1914 (Entwurf). Ebd. – Zur zweijährigen Wohnsitznahme in der Schweiz als Voraussetzung der Einbürgerung vgl. Kreis/Kury, Einbürgerungsnormen, S. 24.

Nach Kriegsbeginn verfügte der kaukasische Gouverneur die Ausweisung von Drachenfels' wegen Verdachts auf antirussische Umtriebe. Die zarischen Behörden drängten darauf, dass der Konsul vorgängig seitens des Bundesrates seiner Funktion enthoben werde. Das Politische Departement sah dazu keine Veranlassung und beschloss abzuwarten, bis die russische Regierung in eigener Verantwortung von Drachenfels das Exequatur entziehe.[423] Odier bezeichnete die ganze Angelegenheit als einen typischen Fall der momentanen Willkürherrschaft russischer Militärbehörden; von Drachenfels, der den Grund für die Massnahmen gegen ihn nicht kenne, sei wohl ein Opfer der derzeitigen extremen Animosität gegen alle Personen deutscher Nationalität.[424] Es entstand nun eine unbefriedigende Übergangssituation. Klar war, dass von Drachenfels sein Amt nicht mehr effizient ausüben konnte. Ohne ihn zu entlassen, erwirkte der Bundesrat für die Kaukasus-Schweizer Anfang 1915 den Schutz des französischen Konsulats in Tiflis.[425] Wenig später dann die Mitteilung, das Exequatur sei dem Schweizer Konsul entzogen worden – «en présence de l'attitude répréhensible de M. Drachenfels», welcher nun laut Odier in Sibirien interniert wurde.[426] Schon Ende März hatte das Politische Departement von Drachenfels für die «excellents services» der vergangenen fünf Jahre gedankt.[427]

Abklärungen über eine mögliche Nachfolge blieben einmal mehr erfolglos – bis auf verschiedentliche Empfehlungen für Exkonsul Meier, der immer noch eine Rückkehr ins Amt wünsche.[428] Widerwillig zeigte sich das Politische Departement zu diesem Schritt bereit, wollte aber sichergehen, dass das Exequatur der russischen Behörden auch erteilt werde.[429] Die entsprechenden Sondierungen der Gesandtschaft waren Ende 1916 noch nicht abgeschlossen. Zu einer Neubesetzung des Konsulats vor den Revolutionen von 1917 kam es nicht mehr.

---

423 Schweizerische Gesandtschaft in Petrograd an das EPD, 29. 1. 1915. BAR, E 2001 (A)/1225; EPD an die schweizerische Gesandtschaft in Petrograd, 29. 1. 1915 (chiffriert; Entwurf). Ebd.

424 Odier an den Bundesrat, 19. 2./4. 3. 1915. BAR, E 2001 (A)/1225; Odier an das EPD, 3./16. 3. 1915. Ebd.

425 Vgl. schweizerische Gesandtschaft in Petrograd an das EPD, 30. 1. 1915. BAR, E 2001 (A)/1225; EPD an die schweizerische Gesandtschaft in Paris, 1. 2. 1915. Ebd.; Lardy an das EPD, 7. 2. 1915. Ebd. Zur Übergabe des Konsulats an den französischen Vertreter vgl. Odier an den Bundesrat, 10./23. 4. 1915. Ebd.

426 MID an Odier, undatierte Kopie. BAR, E 2001 (A)/1225; Odier an das EPD, 2. 4. 1915. Ebd. – Zur Kenntnisnahme des Exequatur-Entzugs durch den Bundesrat vgl. Protokoll der Sitzung des Bundesrates, 14. 5. 1915. Ebd. – Zur Internierung von Drachenfels' in Sibirien vgl. Odier an den Bundesrat, 10./23. 4. 1915. Ebd.

427 Vgl. EPD an die schweizerische Gesandtschaft in Petrograd, 26. 3. 1915 (Entwurf). BAR, E 2001 (A)/1225.

428 Odier an den Bundesrat, 19. 2./4. 3. und 12./25. 5. 1915. BAR, E 2001 (A)/1225.

429 Der französische Konsul Bergeron hatte vertraulich mitgeteilt, dass Meier der russischen Regierung als Konsul nicht willkommen wäre, vgl. Odier an Bundesrat Hoffmann, 3./16. 9. 1915. BAR, E 2001 (A)/1225; EPD an die schweizerische Gesandtschaft in Petrograd, 30. 11. 1915 (Entwurf). Ebd.; EPD an Odier, 14. 11. 1916 (Entwurf). Ebd.

1.2.2.8. Kiev

«Für die Gouvernemente *(Pour les gouvernements de):*
Charkow, Kiew, Podolien, Pultawa, Tschernigow, Wolhynien.»[430]

1902–1909   Karl Heinrich Würgler (Zürich, Kaufmann): Konsul[431]
1909–1918   Gabriel Jenny (1860–1936, Glarus, Maschineningenieur/Fabrikant):
             Konsul (offizielle Demission 1921)[432]

1877 bat eine mit zwei Unterschriften versehene Petition von Russlandschweizern
die Berner Bundesbehörden um Errichtung eines Vizekonsulats in Kiev – unter
anderem mit dem Hinweis auf die Ankunft zahlreicher Schweizer Gouvernanten
in dieser Stadt.[433] Generalkonsul Dupont hielt nichts von der Idee. Er empfahl
dem Bundesrat vielmehr, den Bittstellern zunächst einmal die Gründung einer
schweizerischen Hilfsgesellschaft nach dem Vorbild anderer Städte ans Herz zu
legen.[434] Auch 1883 stiess eine Anregung, in Kiev ein Konsulat einzurichten, auf
Ablehnung in Bern. Nur wenige Schweizer lebten in dieser Stadt, so die Argumentation, und ausserdem sei die Entfernung zum Konsulat von Odessa mit 24
Stunden relativ kurz.[435] Dafür nahm nun 1885 der schweizerische Hilfsverein von
Kiev seine Tätigkeit auf.[436] 1901 war er es, der einen erneuten Vorstoss zugunsten eines Konsulats beim Politischen Departement unternahm. Die Kolonie, so
der Hilfsverein, sei in den letzten Jahren stark angewachsen und übertreffe
mittlerweile diejenige von Odessa. Ohne eigenes Konsulat seien die russischen
Formalitäten gerade in Erbschaftsangelegenheiten nur sehr mühsam zu bewältigen.[437] Das Politische Departement zeigte sich nicht mehr abgeneigt und bat um
Kandidatenvorschläge.[438] Der Hilfsverein empfahl aufgrund eines General-

430 Staats-Kalender 1903, S. 44 (Hervorhebung in der Vorlage).
431 Auch: Carl. RSDB Nr. 1642; VRS-Mitgliederkartei (elektronisch), Nr. 2909. Zu K. Würgler
     vgl. Rauber, Schweizer Industrie, S. 103. – Für eine Zusammenstellung der Schweizer Konsuln
     in Kiev vgl. Benziger, Die Konsularischen Vertreter, S. 35; ders., Beziehungen der Schweiz mit
     Russland, S. 21. Švejcarija – Rossija, S. 827.
432 RSDB Nr. 1244; VRS-Mitgliederkartei (elektronisch), Nr. 1258. Zu G. Jenny vgl. sein Personal-
     dossier in: BAR, E 2500 -1/, Bd. 26; ferner Rauber, Schweizer Industrie, S. 106 f., 219, 264.
433 *Pétition des Citoyens Suisses habitant Kieff, adressée à Monsieur le Chancelier de la Confédération
     Suisse à Berne,* 18. 12. 1877. BAR, E 2/1321.
434 Generalkonsul Dupont an den Bundesrat, 12./24. 12. 1877. BAR, E 2/1321.
435 EPD an den Bundesrat, 23. 7. 1883. BAR, E 2/1321; EVD an das EPD, 8. 8. 1883. Ebd.;
     Protokoll der Sitzung des Bundesrates, 24. 7. 1883. Ebd.
436 Zur Entstehung des – bereits 1883 initiierten – schweizerischen Hilfsvereins in Kiev vgl. *Erster
     Jahresbericht des Schweizerischen Hülfsvereins Kiew über das Vereinsjahr 1885. Vorgelesen an
     der Generalversammlung vom 8-ten Februar 1886.* BAR, E 2/2207; schweizerischer Hilfsverein
     in Kiev an den Bundesrat, 12. 8. 1885. Ebd.
437 Schweizerischer Hilfsverein in Kiev an das EPD, 4./17. 1. 1901. BAR, E 2001 (A)/1216.
438 EPD an den schweizerischen Hilfsverein in Kiev, 22. 1. 1901 (Entwurf). BAR, E 2001 (A)/1216.

versammlungsbeschlusses neben einem anderen Kandidaten auch seinen eigenen Präsidenten Karl Heinrich Würgler.[439] Der Schweizerische Handels- und Industrieverein befürwortete die Errichtung eines Konsulats, ohne über Personen genaue Angaben machen zu können; immerhin gebe es zu Würgler günstige Informationen.[440] Konsul Wey in Odessa bestritt die vom Kiever Hilfsverein monierten bürokratischen Mühseligkeiten nicht. Char'kov und Rostov seien da aber noch schlechter gestellt als Kiev; schon seine Vorgänger hätten deshalb in diesen Städten Schweizer Korrespondenten mit gewissen Vollmachten ausgestattet.[441] Am 23. Juni 1902 beschloss der Bundesrat die Errichtung eines Konsulats in Kiev, das mit Karl Heinrich Würgler besetzt wurde.[442] 1907 erteilte der Bundesrat Konsul Würgler einen Verweis, weil er in amtlicher Funktion das Inkasso einer privaten Forderung übernommen und damit gegen das Konsularreglement verstossen hatte.[443] 1909 demissionierte Würgler, um sich gesundheitshalber in der Schweiz niederzulassen.[444] Zu seinem Nachfolger ernannte der Bundesrat am 30. November 1909 den reichen Glarner Unternehmer Gabriel Jenny.[445]

Von den revolutionären Unruhen 1905 war auch der Konsulatsbezirk Kiev betroffen, hier insbesondere die Region Char'kov. P. Masnata, der Sekretär der dortigen schweizerischen Hilfsgesellschaft, brachte gegenüber dem Bundesrat den Wunsch der Char'kover Schweizer zum Ausdruck, unter den Schutz des französischen oder deutschen Vizekonsuls gestellt zu werden. Konsul Würgler informierte auf Anfrage über die seinerseits getroffenen Schutzmassnahmen: Er habe die Schweizer in Zeitungsannoncen aufgefordert, sich mit ihrer Adresse registrieren zu lassen. Die örtlichen Gouverneure machten sich nämlich daran, Ausländer gezielt zu schützen, und zwar anhand von Adresslisten, welche ihnen die Konsulate einreichten. Würgler bestätigte allerdings, dass das fast völlig isolierte Char'kov innerhalb seines Bezirks am ernsthaftesten bedroht sei, und von dort habe er auch kaum Nachrichten. «Eine grössere Schädigung erlitt bisher der Schweizerbürger August von Schulthess, Pächter der Chruszczower Ökonomie, Poststation Krasnopolje, Charkower Gouvernement, bei

439 Schweizerischer Hilfsverein in Kiev an das EPD, 12./25. 2. 1902. BAR, E 2001 (A)/1216.
440 Vorort des Schweizerischen Handels- und Industrievereins an Bundespräsident Zemp, 20. 5. 1902. BAR, E 2001 (A)/1216.
441 Schweizerisches Konsulat in Odessa an Bundespräsident Zemp, 15./28. 5. 1902. BAR, E 2001 (A)/1216.
442 Protokoll der Sitzung des Bundesrates, 23. 6. 1902. BAR, E 2001 (A)/1216. Zur vorgängig erklärten Bereitschaft Würglers vgl. Würgler an das EPD, 30. 5./12. 6. 1902. Ebd. Zur Erteilung des Exequaturs an Würgler vgl. Protokoll der Sitzung des Bundesrates, 25. 10. 1902. Ebd. Zum Amtsantritt Würglers vgl. Würgler an den Bundesrat, 30. 10./12. 11. 1902. Ebd.
443 Protokoll der Sitzung des Bundesrates, 17. 5. 1907. BAR, E 2001 (A)/1216.
444 Würgler an den Bundesrat, 11./24. 6. 1909. BAR, E 2001 (A)/1216.
445 Protokoll der Sitzung des Bundesrates, 30. 11. 1909. BAR, E 2001 (A)/1216. Zur Bereitschaftserklärung Jennys vgl. Paravicini an das EPD, 23. 11. 1909. Ebd.

dem mehrfache Bauernüberfälle vorkamen wobei ca. 4000 Pud Heu, 400 Pud Haferstroh, Getreide, diverse andere Produkte, Materialien & Inventar gewaltsam von den Bauern mitgenommen wurde.»[446]
Lange im Schatten von Odessa, zählte Kiev am Vorabend des Weltkriegs etwa gleich viele erwerbstätige Schweizerinnen und Schweizer wie die Mutterkolonie.[447]

1.2.2.9. Åbo

«Für die Gouvernemente des Grossfürstentums Finnland.»[448]

1914–1933   Alexander Joseph Baltis (1869–1933, Thurgau, Drogist/Kaufmann): Konsul[449]

Die letzte Erweiterung des schweizerischen Konsularnetzes im Zarenreich wurde 1914 in Åbo realisiert. Im Unterschied zu den kollektiven Petitionen aus anderen Gegenden kamen die seit 1874 sich wiederholenden Impulse für eine Vertretung in Finnland fast ausschliesslich von einzelnen Männern, die sich selbst gerne als Konsul gesehen hätten – sei es in Helsingfors, Åbo oder anderswo. Gestützt auf Stellungnahmen des Generalkonsulats und später der Gesandtschaft in St. Petersburg quittierte der Bundesrat solche Begehren bis zum Vorabend des Weltkriegs jeweils mit dem stereotypen Hinweis auf die geringe Zahl der in Finnland lebenden Schweizerinnen und Schweizer, bisweilen auch mit Zweifeln an der Eignung des vorgeschlagenen Standorts.[450] 1909 erreichte

446 Der Gouverneur von Char'kov sei kontaktiert worden, er verfüge aber über zu wenig Truppen, um alle Güter zu schützen. Schweizerisches Konsulat in Kiev an das EPD, 18./31. 12. 1905. BAR, E 2001 (A)/1711. Vgl. auch Masnata an den Bundesrat, 23. 11./6. 12. 1905. Ebd.; EPD an das schweizerische Konsulat in Kiev, 16. 12. 1905 (Entwurf). Ebd.
447 Bühler et al., Schweizer im Zarenreich, S. 164. Lengen identifiziert 65 erwerbstätige Rückwanderer, die nach der Revolution Kiev als ihren Wohnort im Zarenreich angeben, vgl. Lengen, Strukturprofil, S. 71.
448 Staats-Kalender 1915, S. 49.
449 Zu A. Baltis vgl. sein Personaldossier (inklusive Personalblatt) in: BAR, E 2500 -/1, Bd. 1; hier ist vermerkt, Baltis sei bei Eintritt in den Konsulardienst Inhaber der Firmen *Alexander Baltis* sowie *Aura Droghandel* und *Kemiekaliehandel* gewesen. Vgl. ferner Benziger, Die Konsularischen Vertreter, S. 25.
450 Zum Vorstoss von Robert Huber 1874 vgl. Protokoll der Sitzung des Bundesrates, 8. 7. 1874. BAR, E 2/1316; Generalkonsul Philippin-Duval an das EPD, 20. 6./2. 7. 1874. Ebd. Zum Anerbieten des französischen Konsularagenten Trapanus Seth (Åbo), zusätzlich die Funktion eines Schweizer Vizekonsuls zu übernehmen, vgl. Protokoll der Sitzung des Bundesrates, 26. 7. 1881. BAR, E 2/1212; Generalkonsul Dupont an Vizepräsident Bavier, 3./15. 7. 1881. Ebd. Zur Bewerbung C. F. Maurys um Ernennung zum Konsul in Helsingfors (1893) vgl. Dupont an Bundespräsident Schenk, 21. 2./5. 3. 1893. BAR, E 2/1316; EDA an Dupont, 10. 3. 1893 (Entwurf). Ebd. – Diverse weitere Anregungen einer Konsulatsgründung finden sich in: BAR, E 2001 (A)/1109.

Alexander Baltis.

den Bundesrat dann aber eine von 33 Finnlandschweizern unterzeichnete Bittschrift,[451] und 1914 baten erneut etwa 90 in Finnland lebende Landsleute um die Errichtung eines Konsulats. Der Gesandte Odier wusste nun plötzlich eine ganze Reihe von Gründen zu nennen, die dieses Ansinnen stützten. Die Lage der Schweizer in Finnland sei eine andere als im übrigen Russland, habe man es doch mit einer anderen Rasse und Religion zu tun. «Der Character des Volkes, mit seiner Starrköpfigkeit und Trockenheit, steht im Gegensatz zu der weichen Trägheit des Slawen.»[452] Ausserdem handle es sich bei den Finnlandschweizern meist um wenig gebildete Käser oder Meier, die in ihrer Unkenntnis oft ausgenützt würden. Odier hob die bereits eingespielte quasikonsularische Tätigkeit des Thurgauer Kaufmanns Alexander Baltis hervor, an den sich die Schweizerinnen und Schweizer der Region in allen Konsularfragen wendeten und mit dem die Gesandtschaft als Kontaktperson für die finnische Kolonie mittlerweile häufiger korrespondiere als mit den Konsulaten von Riga, Warschau, Kiev, Odessa oder Tiflis.[453]

---

451 Odier an Bundespräsident Deucher, 24. 4./7. 5. 1909. BAR, E 2001 (A)/1109. – Das Politische Departement tätigte Abklärungen, sah schliesslich aber immer noch keine Notwendigkeit für eine eigene Vertretung in Finnland. Protokoll der Sitzung des Bundesrates, 14. 9. 1909. Ebd.; EPD an Odier, 13. 5. 1909. Ebd.; Geschäftsträger Paravicini an Bundespräsident Deucher, 8./21. 8. 1909. Ebd.
452 Odier an Bundespräsident Hoffmann, 26. 3./8. 4. 1914. BAR, E 2001 (A)/1108.
453 Ebd.

Auch Alexander Baltis hatte sich bereits 1899 um eine neu zu schaffende Stelle als Schweizer Konsul in Finnland beworben; er liess sich von der bundesrätlichen Absage nicht entmutigen, anerbot sich im Hinblick auf eine spätere Konsulatsgründung vielmehr als Amtsträger auf Abruf und fragte nach ein paar Jahren in Bern nach, ob sich die Meinungen inzwischen geändert hätten.[454] Von all den selbst ernannten Konsulanwärtern verdiene gegebenenfalls nur Baltis Berücksichtigung, meinte Odier 1907.[455] Erst sieben Jahre später zeichnete sich aber eine breite Unterstützung für das neue Konsulat und für Alexander Baltis ab – seitens der Gesandtschaft und der schweizerischen Hilfsgesellschaft in der zarischen Hauptstadt, seitens des Schweizerischen Handels- und Industrievereins und des Handels-, Industrie- und Landwirtschaftsdepartements.[456] So beschloss der Bundesrat auf Antrag des Politischen Departements am 6. November 1914, die russischen Gouvernemente des Grossfürstentums Finnland vom Konsulatsbezirk der Gesandtschaft in Petrograd abzutrennen, ein eigenes Konsulat in Åbo zu errichten und mit Alexander Baltis zu besetzen.[457]

Baltis hatte längst die russische Untertanenschaft angenommen. Als nicht ethnischer Russe geriet er während des Weltkriegs – wie Konsul von Drachenfels in Tiflis – in Konflikt mit den zarischen Militärbehörden, die ihn 1916 aus Finnland auszuweisen versuchten. Wiederum sollte der Bundesrat vorgängig eine Amtsenthebung verfügen,[458] und wieder verweigerte Bern diese Hilfestellung für eine nicht weiter begründete Repression. Auf Anweisung des Politischen Departements verlangte der Gesandte Odier vielmehr vom zarischen Aussenministerium umfassende Beweise für ein allfälliges Fehlverhalten von Konsul Baltis.[459] Das Ministerium war offensichtlich bestrebt, schriftliche Demarchen zu vermeiden. Baltis, so hiess es, sei Gegenstand einer administrativen Massnahme, welche die militärischen Kommandanten ohne Angabe von Gründen zu treffen befugt seien. Die Gesandtschaft machte demgegenüber geltend, Baltis unterliege auch als russischer Untertan nur insofern der russischen Jurisdiktion oder den administrativen Massnahmen von Militärkommandanten, als seine Handlungsfrei-

454 Vgl. Alexander Baltis an Bundespräsident Müller, 14. 4. 1899. BAR, E 2001 (A)/1108; EPD an Baltis, 21. 4. 1899 (Entwurf). Ebd.; Baltis an das EPD, 25. 4. 1899 und 27. 1. 1904. Ebd.; EPD an Baltis, 2. 2. 1904 (Entwurf). Ebd.

455 Odier an Bundespräsident Müller, 8./21. 4. 1907. BAR, E 2001 (A)/1109.

456 Vgl. schweizerische Hilfsgesellschaft in St. Petersburg an Bundespräsident Hoffmann, 26. 3./8. 4. 1914. BAR, E 2001 (A)/1108; EPD an den Vorort des Schweizerischen Handels- und Industrievereins (Zürich), 16. 4. 1914. Ebd.; Vorort des Schweizerischen Handels- und Industrievereins an Bundespräsident Hoffmann, 26. 9. 1914. Ebd.; EVD an das EPD, 13. 10. 1914. Ebd.; Odier an Bundespräsident Hoffmann, 6./19. 10. 1914. Ebd.

457 Protokoll der Sitzung des Bundesrates, 6. 11. 1914. BAR, E 2001 (A)/1108; EPD an den Bundesrat, 30. 10. 1914. Ebd. – Zur Erteilung des Exequaturs an Baltis vgl. Odier an den Bundesrat, 7./20. 1. 1915. Ebd.; Protokoll der Sitzung des Bundesrates, 4. 3. 1915. Ebd. – Zum Konsulat von Åbo/Turku vgl. auch Leitzinger, Schweizer in Finnland, S. 50 f.

458 Schweizerische Gesandtschaft in Petrograd an das EPD, 22. 2. 1916. BAR, E 2001 (A)/1108.

459 Odier an Sazonov, 11./24. 2. 1916. BAR, E 2001 (A)/1108.

heit als Schweizer Konsul nicht tangiert werde.[460] Angesichts der Unnachgiebigkeit Odiers wollte Ministergehilfe Neratov die Militärbehörden schliesslich bitten, den Fall nochmals zu prüfen.[461] Nach einigen Wochen kam der Bescheid, das Ministerium beharre zwar auf seinem Standpunkt, die Behörden insistierten aber nicht mehr auf einer Entfernung von Baltis.[462]

Antero Leitzinger hat eruiert, dass sich bis 1917 etwa 520 berufstätige Schweizerinnen und Schweizer in Finnland niederliessen, wovon 38 Prozent Käser, 34 Prozent im Erziehungsbereich tätig und 11 Prozent Zuckerbäcker waren.[463]

1.2.2.10. Nicht realisierte Konsulate

Auch andere Städte des Zarenreichs wurden dem Bundesrat gelegentlich als Standorte einer neuen konsularischen Vertretung vorgeschlagen, so etwa Libau in Kurland (1891/95),[464] Nikolaev an der Bugmündung (1897)[465] oder Taganrog am Asowschen Meer (1903).[466] Kein Bedarf, lautete jeweils die Antwort aus Bern. Einzig der in einer Petition von Russlandschweizern 1914 vorgeschlagene Standort Kazan' schien – neben den tatsächlich realisierten Konsulaten – nähere Prüfung zu verdienen. Aus drei Gründen erhielt Kazan' dann aber doch keine Vertretung. Zunächst gelang es den Befürwortern nicht, plausibel zu machen, weshalb sich ein Konsulat für das Wolgagebiet ausgerechnet hier (und nicht etwa in Nižnij Novgorod, Samara oder Saratov) befinden müsse, in einer Stadt, die nach Auskunft Odiers im Sommer zwar verkehrsgünstig gelegen, im Winter aber weitgehend abgeschnitten war.[467] Zum Zweiten bestanden von

---

460 Vgl. Odier an Bundesrat Hoffmann, 12./25. 2. 1916. BAR, E 2001 (A)/1108.
461 Vgl. Odier an Bundesrat Hoffmann, 5./18. 5. 1916. BAR, E 2001 (A)/1108.
462 Vgl. Odier an Bundesrat Hoffmann, 1./14. 7. 1916. BAR, E 2001 (A)/1108; Neratov an Odier, 25. 6. 1916 (a. St.). Ebd. – Zu kriegsbedingten ausserordentlichen Vollmachten von Baltis vgl. Protokoll der Sitzung des Bundesrates, 6. 8. 1915. BAR, E 2001 (A)/1107.
463 Leitzinger, Schweizer in Finnland, S. 12, 27; Goehrke, Auswanderung, S. 307. Die Volkszählung von 1897 ermittelte in Finnland 2,4 Prozent aller im Zarenreich registrierten Schweizer, vgl. ebd.
464 Vgl. Petition an den Bundesrat, Libau, Juli 1895. BAR, E 2/1566. Im Dossier auch Akten zu den Abklärungen des Departements des Auswärtigen. Das Generalkonsulat sprach im gleichen Zusammenhang davon, ein Konsulat in Mitau sei unnötig. Vizekonsul Schinz (St. Petersburg) an das EDA, 22. 8./3. 9. 1895. Ebd. Zur abschlägigen Antwort des Bundesrates vgl. EDA an Mlle Lina Forster, 10. 9. 1895 (Entwurf). Ebd.
465 Hier anerbot sich ein Schweizer als Vizekonsul, vgl. Konsul von Freudenreich an den Bundesrat, Odessa, 7. 6. 1897. BAR, E 2001 (A)/1218; Alexandre Ehrlich an den Bundesrat, Nikolaev, 8./20. 7. 1898. Ebd. Zur abschlägigen Antwort des Bundesrates vgl. EPD an Alexandre Ehrlich, 26. 7. 1898 (Entwurf). Ebd.
466 Jean M. Pappadopoulo an Bundespräsident Deucher, undatiert (Eingang EPD: 17. 11. 1903). BAR, E 2001 (A)/1223. Zur abschlägigen Antwort des Bundesrates vgl. EPD an Pappadopoulo, 17. 11. 1903 (Entwurf). Ebd.
467 Odier an Bundespräsident Hoffmann, 4./17. 12. 1914. BAR, E 2001 (A)/1214; EPD an die

verschiedener Seite Vorbehalte gegen die als mögliche Konsulanwärter ins Spiel gebrachten Gebrüder Albert und Melchior Rahm; insbesondere die Scheidung und der angeblich lockere Lebenswandel Albert Rahms gaben zu reden.[468] Und drittens schien es angezeigt, vor weiteren institutionellen Weichenstellungen das ungewisse Ende des Krieges abzuwarten.[469] Dass die Schweiz dann allerdings in der Wiederaufbauphase der russischen Wirtschaft mit effizienten Vertretungen und geeigneten Persönlichkeiten präsent sein müsse, betonte Odier mit Nachdruck. «L'augmentation du nombre des Consulats en Russie a toujours été désirable, elle le sera plus que jamais au lendemain de la paix et l'avenir du commerce suisse en Russie dépendra pour une large part à mon avis des Consulats qui seront créés alors, ainsi que des personnalités auxquelles les postes seront confiés.»[470]

Fazit

Die Etablierung des liberalen schweizerischen Bundesstaates von 1848 war mit einer engagierten Zurückweisung ausländischer Forderungen und mit einer ideologischen Brüskierung der europäischen Grossmächte einhergegangen. Republikanischer Widerwille gegen eine konservativ dominierte internationale Diplomatie mag bei den Schweizern ebenso zur Herausbildung eines aussenpolitischen Dogmas der Zurückhaltung und der Selbstgenügsamkeit beigetragen haben wie die Einsicht in die realpolitische Nützlichkeit der Neutralität. Hartnäckig hielt sich jedenfalls die Überzeugung, die Schweiz solle sich aus den Belangen internationaler Politik nach Möglichkeit heraushalten. Georg Kreis hat die «Behauptung der kleinstaatlichen Souveränität» als Hauptaufgabe der schweizerischen Aussenpolitik nach 1848 bezeichnet.[471] Tatsächlich scheint das auswärtige Handeln und Denken der Bundesbehörden durch ein forciertes liberales Selbstbewusstsein und durch eine gesteigerte Sensibilität gegenüber tatsächlicher oder mutmasslicher Missachtung der schweizerischen Souveränität (etwa im Be-

schweizerische Gesandtschaft in Petrograd, 26. 3. 1915 (Entwurf). Ebd.; Odier an den Bundesrat, 17./30. 6. 1915. Ebd.
468 Vgl. Odier an den Bundesrat, 17./30. 6. 1915. BAR, E 2001 (A)/1214; Vorort des Schweizerischen Handels- und Industrievereins an Bundesrat Hoffmann, 16. 9. 1915. Ebd. Zu den Gebrüdern Rahm vgl. auch Rauber, Schweizer Industrie, S. 55, 91.
469 Odier plädierte dafür, mit der Konsulatsgründung zuzuwarten und die für die Schweiz möglicherweise kompromittierenden Kandidaten noch etwas zu beobachten. Im Übrigen besässen die Gebrüder Rahm aufgrund ihrer wirtschaftlichen Stellung schon jetzt die nötige Autorität, um bedrängten Landsleuten im Bedarfsfall beizustehen. Odier an Bundesrat Hoffmann, 12./25. 10. 1915. BAR, E 2001 (A)/1214. Auch der Schweizerische Handels- und Industrieverein sprach sich dafür aus, bis zum Kriegsende zuzuwarten. Vorort des Schweizerischen Handels- und Industrievereins an Bundesrat Hoffmann, 16. 9. 1915. Ebd.
470 Odier an Bundesrat Hoffmann, 12./25. 10. 1915. BAR, E 2001 (A)/1214.
471 Kreis, Gründung, S. 32–37.

reich der Asylpolitik) geprägt gewesen zu sein. Zu ergänzen wäre freilich, dass sich die neutrale Schweiz in der zweiten Jahrhunderthälfte sehr wohl verschiedene internationale Aktionsfelder zu erschliessen begann – gewissermassen «apolitische», indem sie einerseits Vermittlungs- und Schiedsgerichtsdienste, andererseits Koordinations- und Führungsfunktionen im Rahmen multilateraler administrativer, technologischer oder humanitärer Netzwerke übernahm.

Wenn uns die heutige Schweiz als ein ausgeprägtes Einwanderungsland erscheint, so war sie im Zeitfenster der vorliegenden Untersuchung auch Ausgangspunkt massenhafter, meist wirtschaftlich motivierter Emigration. Das Wohlergehen der zahlreichen Kolonien im Ausland, die Förderung ihrer ökonomischen Chancen und die Optimierung administrativer Regelungen auf dem Wege vertraglicher Garantien stellten ein zentrales Traktandum schweizerischer Aussenpolitik dar. In diesem Kontext (sowie im Interesse des Aussenhandels) verband sich die restriktive Dogmatik der Gründerväter seit den 1880er Jahren zusehends mit einem wirtschaftspragmatischen Elan, der sich nicht zuletzt in einer positiveren Einstellung gegenüber dem eigenen diplomatisch-konsularischen Apparat und seiner Weiterentwicklung niederschlug.

Was das Zarenreich betrifft, so richtete der Bundesrat 1906 eine Gesandtschaft in St. Petersburg ein. Bis dahin war die Schweiz in Russland diplomatisch nicht vertreten. Der Bundesstaat von 1848 hatte das bestehende Generalkonsulat sowie die Konsulate von Moskau und Odessa übernommen; bis zum Ersten Weltkrieg kamen Konsulate in Riga, Warschau, Tiflis, Kiev und Åbo hinzu. Die (ehrenamtlichen) Schweizer Konsuln im Zarenreich waren in der Regel begüterte Kaufleute oder Fabrikanten, die dem offiziellen Mandat ihre freie Kapazität und ihre privaten Büroräumlichkeiten gegen eine bescheidene Spesenvergütung zur Verfügung stellten. Der Bund profitierte finanziell von diesem Milizsystem, sah sich aber auch immer wieder mit mangelnder Professionalität, Arbeitsüberlastung oder materieller Übertorderung der Konsuln konfrontiert. Bisweilen wanderte das Amt auf verwandtschaftlichen oder geschäftsinternen Pfaden weiter. Die Konsulate berichteten regelmässig über Handelsfragen und neue russische Bestimmungen, aber auch über Todesfälle und andere administrativ aufzuarbeitende Vorfälle in den Schweizerkolonien.

2. Zarenreich

2.1. Politische Kultur und Aussenpolitik des Zarenreiches 1848–1917

Edward Keenan hat in einem umstrittenen Artikel versucht, typische Muster russischen politischen Verhaltens von den Anfängen bis in die Sowjetzeit hinein zu eruieren und sie auf wenige Schlüsselkonstellationen des frühen Moskauer Staates zurückzuführen. So präsentiert er «die Russen» in der Phase der

Herausbildung ihrer politischen Kultur (vor 1700) als Bewohner einer unwirtlichen nordischen Waldregion, als ein Volk, das seine ersten Eindrücke von clanübergreifender politischer Organisation der Begegnung mit den Germanen verdankte, welche die Slawen als eine Art Gastarbeiter oder Kanonenfutter benützt hätten. Anpassungsfähigkeit, Ausdauer, Vorsicht und weitgehender Risikoverzicht sicherten in dieser feindseligen Umgebung das Überleben.[472] Der gemeinsame Nenner der Moskowiter politischen Kultur setzt sich für Keenan aus folgenden Elementen zusammen: informelle Herrschaftsstrukturen, welche Status und Funktion nicht über institutionelle Regeln, sondern aufgrund von Herkunft, Beziehungen, momentaner Interessenlage und Vertrauen verleihen; ein generelles Streben nach Stabilität und Risikovermeidung auf Kosten des Wandels und des Fortschritts, aber auch eines als gefährlich erachteten Individualismus; schliesslich das fast gänzlich fehlende Bedürfnis, die allgemein gültigen politischen Regeln zu explizieren und zu kodifizieren.[473] Es ist hier nicht der Platz, Keenans Gedankengänge umfassend darzustellen und zu würdigen – an harscher Kritik, die dem Autor Pauschalisierung und Überstrapazierung der dünnen Quellenbasis vorwarf, fehlte es jedenfalls nicht.[474] Interessant für unsere Belange der Aussenpolitik ist Keenans Anregung, russische politische Kultur nicht einheitlich zu fassen, sondern nach dörflicher, höfischer und bürokratischer Kultur zu differenzieren, wobei die allmähliche Verschmelzung der beiden letztgenannten Teilkulturen zu einer «culture of the ruling elites» oder «imperial political culture» ein Merkmal der nachpetrinischen Frühmoderne darstellen würde. Ein negatives Menschenbild, das den Gefahren des Individualismus und der Privatinitiative mit Misstrauen begegnete, überdauerte in diesen Schichten nach Keenan die Zeit Peters des Grossen ebenso wie eine systematisierte Angst davor, politische Insider-Informationen nach aussen zu tragen. Machtbeziehungen blieben informell und konspirativ, kreisten um den vordergründig allmächtigen Zaren.[475] Zunehmend korrupt und ineffizient, ge-

---

472 Keenan, Muscovite Political Folkways, S. 121 f.

473 Ebd., S. 157 f. – Verwandtschafts- und persönliche Patronagebeziehungen als fundamentale Prinzipien des Moskauer Staates, die sich sogar mit der späteren Bürokratisierung als erstaunlich kompatibel erwiesen, betont auch Kivelson, Autocracy, S. 267–273.

474 Besonders ablehnend: Hellie, Edward Keenan's Scholarly Ways; mit mehr Verständnis für das Anliegen Keenans, aber auch kritisch: Crummey, Silence; Daniels, Russian Political Culture; Wortman, «Muscovite Political Folkways». Für eine Antwort Keenans auf die Kritik vgl. Keenan, Reply.

475 Für die umstrittene These Keenans, der allmächtige russische Autokrat sei eine für das gedeihliche Zusammenleben der eigentlich mächtigen Clans nötige Fiktion gewesen, ein Schiedsrichter des politischen Systems gegen das Chaos, vgl. Keenan, Muscovite Political Folkways, S. 131–135, 145–162. Kritisch dazu Hellie, Edward Keenan's Scholarly Ways, S. 183 f.; ferner Crummey, Silence, S. 164. – Kivelson spricht von einer hybriden politischen Kultur der russischen Gentry seit dem 15. Jahrhundert, als familiär-paternalistische Vorstellungen mit einem an Institutionalisierung und Regulierung ausgerichteten Staatsverständnis zu verschmelzen begannen. Kivelson, Autocracy, S. 276.

lang es diesem Herrschaftssystem dennoch lange Zeit, die Kontrolle über ein riesiges Territorium aufrechtzuerhalten.[476] Die rapide Industrialisierung und die Entstehung einer revolutionären Spannung liessen, so Keenan weiter, die überkommene russische politische Kultur in den 1890er Jahren erstmals kollabieren. Die seit jeher gefürchteten Veränderungen waren unübersehbare Tatsache geworden – und führten nun dazu, dass sich die politische Kultur abweichend («aberrant») auszugestalten begann, sich beispielsweise zunehmend von der Zentralisierung löste und an lokaler Selbstverantwortung orientierte, bis hin zum Zusammenbruch und zur Aufsplittung des Gesamtstaates.[477] Zu Recht moniert allerdings Wortman, dass die Tendenz zu Dezentralisierung und Selbstverwaltung mit den *zemstva* bereits vor dem Industrialisierungsschub der 1890er Jahre einsetzte; für ihn bilden der Einfluss westlicher Ideen und überhaupt politische Diskussionen einen wesentlichen Hintergrund der staatlichen und gesellschaftlichen Veränderungen im Russischen Reich des späten 19. Jahrhunderts.[478]

Ziel dieses Kapitels ist es, das aussenpolitische Verhalten des Zarenregimes gegenüber der Schweiz im Kontext institutioneller Gegebenheiten, politischer Interessenlagen und einer spezifischen politischen Führungskultur zu situieren.

2.1.1. Die Grenzen der Grossmachtpolitik

Der alliierte Sieg über Frankreich zu Beginn des 19. Jahrhunderts und die anschliessende Aushandlung einer neuen Staatenordnung markieren durch die aktive und engagierte Partizipation des Zarenregimes entscheidende Etappen auf dem Weg Russlands zu einer allseits anerkannten europäischen Grossmacht. Lange hatten sich die russischen Herrscher kaum um Westeuropa gekümmert, ihr auswärtiges Interesse beschränkte sich auf Grenz- und Expansionskonflikte mit Nachbarmächten.[479] Umgekehrt wurde das Moskauer Reich von westlichen Staatsmännern auch gar nicht als europäisch betrachtet.[480] Erst seit der zweiten Hälfte des 17. Jahrhunderts und vor allem seit der Herrschaft Peters des Grossen nahmen sich Russland und der Westen schärfer ins Visier. Es bestand nun ein ständiger diplomatischer Austausch,[481] und die bereits andernorts demonstrierte militärische Potenz und Expansionskraft des östlichen Grossreichs erhielt im Kalkül europäischer Balance of Power stärkeres Gewicht; nach der

---

476 Keenan, Muscovite Political Folkways, S. 159–164.
477 Ebd., S. 164–167.
478 Wortman, «Muscovite Political Folkways», S. 196 f. Wortman kritisiert denn auch, dass Keenan politische Kultur fast ausschliesslich an Verhaltensweisen festzumachen versucht und damit die Ebene des Bewusstseins weitgehend ausblendet. Ebd., S. 196.
479 Vgl. Anderson, Rise, S. 69.
480 Ebd., S. 174.
481 Baumgart, Konzert, S. 129.

Niederlage Frankreichs galt im 19. Jahrhundert Russland gar als diejenige Macht, welche durch ihren Aufstieg und ihr Ausgreifen nach Westen das europäische Gleichgewicht am ehesten gefährden konnte.[482]

Als politischer Teil Europas und engagierter Exponent einer konservativen Staatenordnung wurde das Zarenregime nun freilich von sozialen und intellektuellen Widerstandsbewegungen tangiert, die aus einer spezifisch westeuropäischen Tradition gesellschaftspolitischen Denkens hervorgegangen waren und die mit ihrer Anzweifelung absoluter Herrschaft in eklatantem Gegensatz zur herrschaftsstützenden politischen Kultur der orthodox konditionierten russischen Gesellschaft standen. Einem auf der Grundlage bedingungslosen Gehorsams und willigen Untertanendienstes funktionierenden Regime musste solche Aufmüpfigkeit besonders verhasst sein. Wie England war das Zarenreich aufgrund seiner europäischen Randlage von der Französischen Revolution weitgehend unberührt geblieben. Doch die Angst vor der Ansteckungsgefahr bürgerlichen Selbstbewusstseins und vor der Verbreitung des liberalen Gedankenguts prägte von nun an seine Aussenpolitik wesentlich mit. Dass die europäischen Revolutionen des 19. Jahrhunderts in der russischen Gesellschaft nur einen schwachen Nachhall fanden, war nicht zuletzt das Ergebnis einer rigiden Abwehrpolitik, die sich der Zensur und der Grenzkontrolle, bereitwillig aber auch der Entsendung von Truppen bediente, um europäische Revolutionsherde gleich vor Ort (Ungarn 1849) zu bekämpfen.

Die von Alexander I. initiierte Heilige Allianz oder das Auftreten Nikolaus' I. als «Gendarm Europas» verdeutlichen die aussenpolitischen Bemühungen Russlands um eine Erhaltung der bestehenden monarchischen Ordnung und belegen die Führungsrolle, welche das Zarenregime in der europäischen Machtpolitik der ersten Hälfte des 19. Jahrhunderts einzunehmen vermochte. Demgegenüber sah sich Alexander II. gleich zu Beginn seiner Herrschaft mit einem ernüchternden Bedeutungsverlust Russlands in Europa konfrontiert: Die Niederlage gegen England und Frankreich im Krimkrieg (1853–1856) machte – von der inneren Brüchigkeit der Autokratie einmal ganz abgesehen – auch die Grenzen der militärischen Kraft und der aussenpolitischen Macht Russlands deutlich.[483] Alexanders Antwort darauf war eine «defensive Konzeption»[484] von Europapolitik, welche zugunsten vorsichtiger Schadensbegrenzung vorerst auf abenteuerliche Gegenangriffe verzichtete. Neben dem Wettstreit mit England um die Vorherrschaft in Asien war es die Erfahrung des Krimkriegs, welche zu einer Verlagerung der aussenpolitischen Interessen des Zarenregimes

482 Zum Begriff «Balance of Power» und zur Entwicklung der Idee eines europäischen Gleichgewichts vgl. etwa Anderson, Rise, S. 149–203; zur Rolle Russlands vgl. ebd., S. 174–176, 184 f. Zur Grossmachtpolitik des Zarenreiches zwischen 1860 und 1914 vgl. Geyer, Imperialismus.

483 Zum Versagen der russischen Aussenpolitik im Zusammenhang mit dem Krimkrieg vgl. etwa Slusser, Role, S. 201; Beyrau/Hildermeier, Leibeigenschaftsordnung, S. 171 f.

484 Ebd., S. 172; vgl. auch Baumgart, Konzert, S. 191.

nach Osten führte. Hier gelangen bedeutende territoriale Gewinne: Das Amur-gebiet etwa und Sachalin konnten in Fernost bis 1875 erworben werden, Transkaspien und Turkestan wurden bis in die 1880er Jahre erobert.[485] St. Petersburg legitimierte seine zentralasiatische Expansion, indem es die Unterwerfung «halbwilder» Eingeborener als normale, allgemein übliche Massnahme eines auf Sicherheit bedachten zivilisierten Staates darstellte. Wenn es dem Zarenreich gegenüber Westeuropa nie gelungen war, seine zivilisatorische Vollwertigkeit über alle Zweifel zu erheben, so boten die asiatischen Nomaden in ihrer Analogie zu den Kolonien der westlichen Mächte für Russland eine willkommene Möglichkeit, sich von mutmasslich weniger Kultiviertem abzugrenzen und zumindest diskursiv an einer europäischen Zivilisationsüberlegenheit zu partizipieren.[486] Die tatsächlichen sozialen, militärischen und administrativen Reformen, mit denen das Zarenregime auf seine im Krimkrieg peinlich zutage getretene Schwäche reagierte, reichten allerdings nicht weit über eine blosse innenpolitische Absicherung bestehender Herrschaftsverhältnisse hinaus; sie waren wenig geeignet, bestehende Entwicklungsdifferenzen zu Westeuropa nachhaltig zu verringern.[487] Die europäische Angst vor Russland war Ende des 19. Jahrhunderts etwas kleiner geworden.

Verschiedene Antagonismen prägten die russische Aussenpolitik unter dem letzten Zaren. Den Grossmachtvorstellungen und traditionellen strategischen Interessen eines Kriegsministers Kuropatkin stand der Pragmatismus von Finanzminister Witte gegenüber, der auf europäische Bündnisse und Konsens zielte und die momentane Aufgabe der Aussenpolitik eher darin sah, dem Land eine längere Ruhephase für seine innere Entwicklung zu verschaffen.[488] Beide Minister waren sich in der Unwünschbarkeit aussenpolitischer Komplikationen einig und standen im selben Lager, wenn es darum ging, die kapriziöse aussenpolitische Eigeninitiative Nikolaus' II. im Zaum zu halten.[489] Wie schon die

---

485 Vgl. ebd., S. 194–197.

486 Das Zivilisationsargument findet sich in einem Zirkular von Aussenminister Gorčakov vom 3. Dezember 1864, zitiert in: Baumgart, Konzert, S. 195 f. Auch in neueren russischen Darstellungen ist die Vorstellung zu finden, die Nomaden seien durch die russische Eroberung zu höherer Kultur gekommen, vgl. Istorija vnešnej politiki Rossii: Vtoraja polovina XIX veka, S. 346. – Zur Legitimierung eigener Machtpolitik mit dem Hinweis auf die Kolonialpolitik der westlichen Mächte vgl. auch Istorija vnešnej politiki Rossii: Konec XIX – načalo XX veka, S. 55.

487 Vgl. Baumgart, Konzert, S. 186. – Zu Alexanders II. Reformen als einer Reaktion auf das Debakel des Krimkriegs vgl. Beyrau/Hildermeier, Leibeigenschaftsordnung, S. 9; Istorija vnešnej politiki Rossii: Pervaja polovina XIX veka, S. 362. – Zur ambivalenten Stellung des Zarenreichs gegenüber der westlichen Modernisierung, wie sie auch im russischen Auftritt an der Weltausstellung von Philadelphia 1876 zum Ausdruck kam, vgl. Fisher, Westliche Hegemonie und Russische Ambivalenz, S. 47.

488 Vgl. Istorija vnešnej politiki Rossii: Konec XIX – načalo XX veka, S. 51–59.

489 Ebd., S. 56. Emec spricht in diesem Zusammenhang vom «Triumvirat» Finanzminister Witte, Kriegsminister Kuropatkin und Aussenminister Lambsdorff. Ebd., S. 58.

Niederlage im Krimkrieg zu einer geografischen Verlagerung aussenpolitischer Interessen geführt hatte, so trugen die Blamage gegen Japan im leichtfertig angezettelten Krieg von 1904/05 und dann erst recht der Weltkrieg dazu bei, die auswärtige Aufmerksamkeit des Zarenregimes wieder vermehrt nach Europa zu lenken.[490]

Wenn wir nach den Zielsetzungen und Leitplanken zarischer Aussenpolitik in der zweiten Hälfte des 19. und im frühen 20. Jahrhundert fragen, vor deren Hintergrund sich dann auch der Umgang mit der Schweiz situieren lässt, so wären etwa folgende Punkte zu nennen:

1. Territoriale Expansion gehörte zu den Grundparadigmen der aussenpolitischen Praxis des Zarenreiches ebenso wie der anderen Gross- und Kolonialmächte Europas. Eine wichtige Antriebskraft russischer Eroberungszüge bildete traditionell das Bemühen um eine verbesserte maritime Erschliessung des kontinentalen Riesenreiches. Der erstrebte Zugang zu eisfreien Häfen hatte schon die Waffengänge Ivans des Schrecklichen und Peters des Grossen an der Ostsee beflügelt, und auch der russisch-türkische Antagonismus, der das ganze 19. Jahrhundert durchzog, kreiste immer wieder um die Meerengen und die Machtposition am Bosporus. In den forcierten zentralasiatischen und fernöstlichen Eroberungen Russlands hat die Forschung eine versuchte Kompensation für die Schlappe des Krimkriegs sowie einen Ausdruck des russisch-englischen Machtkampfs in Asien gesehen.[491]

2. Augenfällig ist die innenpolitische Funktion zarischer Aussenpolitik, und zwar weniger im Sinne der herrschaftsstützenden Kraft prestigeträchtiger auswärtiger Erfolge als des Bestrebens, revolutionäre Bewegungen in ganz Europa rigoros zu unterdrücken und erst recht ihr Eindringen ins Zarenreich abzuwehren. Besonders das Schaffen von Aussenminister Nesselrode stand im Zeichen der Revolutionsbekämpfung, aber auch unter seinen Nachfolgern blieb die Liquidierung oder doch zumindest das Aufspüren und europaweite Überwachen von subversivem Aktivismus zentrales Anliegen der russischen Diplomatie.[492]

3. Daran anschliessend ist auf die ideologische Aufladung und weltanschauliche Dogmatik der zarischen Aussenpolitik hinzuweisen. Dem trotzigen republikanischen Selbstbewusstsein des jungen schweizerischen Bundesstaates entsprach eine dezidiert monarchistische, antidemokratische Haltung der russischen Regierung und Diplomatie. In seiner Studie über die grundlegenden Verhaltensmuster und Zielkategorien zarischer (wie sowjetischer) Aussenpolitik geht Cyril E. Black davon aus, dass die Stossrichtung russischen auswärtigen Handelns zwar üblicherweise von traditionellen Sicherheitskonzepten bestimmt wurde, dass sich das Regime in der Konfrontation mit revolutionären Bewegungen aber von «theoretischen» Überlegungen leiten liess. Beispiel solch theoriegelei-

---

490 Vgl. ebd., S. 85.
491 Vgl. Baumgart, Konzert, S. 187.
492 Vgl. ebd., S. 185.

teter Aussenpolitik wäre etwa das Vertrauen in konservativistische Monarchen-allianzen, mit welchem Alexander I. und sein Nachfolger Nikolaus I. den liberalen Strömungen und Umstürzen begegneten – jenseits, ja oftmals unter Missachtung unmittelbarer Eigeninteressen.[493] Dem würde eine Einschätzung von Henry Kissinger entsprechen, wonach Russland in den Jahrzehnten nach dem Ende der Napoleonischen Kriege aus seiner Machtfülle keinen primären eigenen Nutzen gezogen, sondern sich dem Schutz konservativer Werte in Europa verschrieben habe.[494]

2.1.2. Der Apparat

Während sich in vorpetrinischer Zeit russische Gesandtschaften in den Westen eher durch zeremonielle Betriebsamkeit als durch effiziente und informative Berichterstattung auszeichneten und umgekehrt ausländische Delegationen in Moskau misstrauisch empfangen wurden, kann die seit Peter dem Grossen international integrierte zarische Diplomatie im hier interessierenden 19. und frühen 20. Jahrhundert als arrivierte Akteurin auf der politischen Bühne Europas gelten.[495] Reiben wir uns an einer Einschätzung von Friedrich Engels aus dem Jahr 1890: «Die russische Diplomatie bildet gewissermassen einen modernen Jesuitenorden, mächtig genug, im Notfall selbst zarische Launen zu überwinden und der Korruption in seinem eigenen Innern Herr zu werden, um sie desto reichlicher nach aussen auszustreuen; einen Jesuitenorden, rekrutiert ursprünglich und vorzugsweise aus Fremden [...].»[496]
In diesem Zitat stecken im Wesentlichen zwei Behauptungen: 1. Die zarische Diplomatie stellte ein abgeschlossenes System mit eigenen Loyalitäten und Gesetzmässigkeiten dar, eine «geheime Gesellschaft»[497] in der Gesellschaft, die sich in ihrer zunehmenden Machtfülle sogar gegen den Zaren durchzusetzen vermochte. 2. Russische Aussenpolitik wurde vor allem von Nichtrussen gemacht. Was ist dazu zu sagen?
Schnell abgehandelt ist der zweite Punkt. Bekanntlich hatte Peter der Grosse zahlreiche Ausländer in verantwortungsvolle staatliche Funktionen seines auch auf diesem Wege zu europäisierenden Reiches eingesetzt und damit die Tradition einer ethnisch durchmischten russischen Staatselite begründet. Tatsächlich fällt auch in unserem Zeitfenster auf, dass etwa mit den Aussenministern Nesselrode oder Giers jahrzehntelang fremdethnische «Russen» (hier deut-

---

493 Black, Pattern, S. 3–26. Zur ideologischen Aufladung machtpolitischer Ziele des Zarenreiches vgl. auch Baumgart, Konzert, S. 187 f.
494 Kissinger, Vernunft, S. 148. Vgl. auch Thomas, Russische Reaktionen, S. 258.
495 Vgl. Anderson, Rise, S. 70 f.
496 Engels, Politik, S. 14.
497 Ebd., S. 15.

scher beziehungsweise schwedischer Herkunft) an der Spitze der zarischen Diplomatie standen.[498] Beim übrigen diplomatischen Personal sind ebenfalls immer wieder Nichtrussen anzutreffen, vor allem Deutschbalten; Paul von Krüdener beispielsweise, seit 1815 langjähriger zarischer Vertreter in der Schweiz, stammte aus Kurland und war als Diplomatensohn im Westen erzogen worden, unter anderem von einer Genfer Gouvernante.[499] Nach dem Krimkrieg und mit dem Aufkommen des Panslawismus finden sich dann aber auf begehrten Posten zunehmend russische Namen.[500] Auf die Vorherrschaft von «Ausländern» gerade in der Diplomatie spielte Pressemagnat Katkov an, wenn er das Aussenministerium, das *Ministerstvo inostrannych del*, spöttisch in «Ausländisches Ministerium für russische Angelegenheiten» *(Inostrannoe ministerstvo russkich del)* umtaufte.[501] In sozialer Perspektive stellten die auswärtigen Behörden eine klare Adelsdomäne dar. Noch unter Aussenminister Izvol'skij zu Beginn des 20. Jahrhunderts stammten zwei Drittel der Kader aus dem Dienst- oder Gutsadel.[502]

Um Engels' Behauptung eines auch gegen den Zarenwillen handlungsfähigen geschlossenen Apparates einschätzen zu können, betrachten wir kurz die organisatorische Entwicklung der Behörde. Die Gründung des *Ministerstvo inostrannych del* (MID) im Jahre 1802 stellte zunächst eine Umbenennung und Erweiterung des seit Anfang des 18. Jahrhunderts bestehenden Kollegiums der auswärtigen Angelegenheiten *(Kollegija inostrannych del)* dar.[503] An die Stelle verschiedener kaiserlicher Berater, wirklicher und nomineller Führungsfiguren[504] trat nun aber ein mit Kompetenzen und Verantwortung behafteter Minister, der dem Zaren direkt verantwortlich war.[505] Das Aussenministerium erfuhr verschiedene strukturelle Anpassungen; erwähnt sei lediglich die Reorganisation von 1832, als eine neue Departementseinteilung die alte Kollegiumsgliederung ablöste.[506] Seit 1850 entlastete die wiederbesetzte Stelle eines Ministergehilfen

498 Zu Giers vgl. Sumner, Russia, S. 25.

499 Vgl. Ley, La Russie: Paul de Krudener et les soulèvements nationaux, S. 27 f., 283.

500 Vgl. Uldricks, Union of Soviet Socialist Republics, S. 519; Baumgart, Konzert, S. 132. – Zur Anordnung Alexanders III., die politische Korrespondenz sei ab 1887 nicht mehr französisch, sondern russisch zu führen, vgl. MERSH, Bd. 22, S. 167.

501 Feoktistov, Za kulisami, S. 62. – Zu Katkov vgl. Zaionchkovsky, Russian Autocracy, S. 31–37.

502 Istorija vnešnej politiki Rossii: Konec XIX – načalo XX veka, S. 85–87.

503 Amburger, Behördenorganisation, S. 128. Zur Entstehung des Kollegiums aus dem früheren *Posol'skij prikaz* heraus vgl. Anderson, Rise, S. 75–77.

504 Vgl. Amburger, Behördenorganisation, S. 127.

505 Vgl. Uldricks, Union of Soviet Socialist Republics, S. 517.

506 Asiatisches Departement *(Azijatskij Dep., seit 1897 I. Departement)*, Departement der inneren Beziehungen *(Dep. Vnutrennich snošenij, seit 1897 II. Departement)*, Departement der auswärtigen Beziehungen *(Dep. Vnešnich snošenij, seit 1846 Osobennaja kanceljarija*, also Sonderkanzlei des Ministeriums), Departement der Wirtschafts- und Rechnungsangelegenheiten *(Dep. Chozjajstvennych i Sčetnych del)*, Zeremonialdepartement *(Ceremonial'nyj Dep.)*. Vgl. Polenov, Obozrenie, S. 178–190; Amburger, Behördenorganisation, S. 129; Eroškin, Istorija, S. 173;

(tovarišč ministra) den Aussenminister bei der Führung der laufenden Geschäfte.[507] Im Nachgang der Revolution von 1905 wurde ein übergeordneter Ministerrat *(Sovet ministrov)* gebildet, der sich zunehmend auch in die Zuständigkeiten des Aussenministeriums einmischte.[508] Zu vermerken ist schliesslich die Bildung einer speziell mit der Kriegsgefangenenproblematik betrauten Abteilung des Aussenministeriums während des Weltkriegs.[509]

Im Gegensatz zum schweizerischen Turnussystem war die Aussenpolitik des Zarenreiches im 19. Jahrhundert jeweils über lange Jahre hinweg mit dem Namen eines bestimmten Amtsträgers verbunden. Vor den häufigen Wechseln unter Nikolaus II. hatten dessen drei Vorgänger *ihre* Aussenminister, die ihnen praktisch während der ganzen Herrschaftszeit zur Seite standen; ein Vergleich der Regierungs- und Amtszeiten mag dies verdeutlichen:[510]

Nikolaus I. (1825–1855)	Karl R. von Nesselrode (1816–1856)
Alexander II. (1855–1881)	Aleksandr M. Gorčakov (1856–1882)
Alexander III. (1881–1894)	Nikolaus K. Giers (1882–1895)

Die genannten Chefdiplomaten verstanden sich als Ausführungsorgane des kaiserlichen Willens, und auch die neuere Forschung tendiert – im Gegensatz zu Engels' Vorstellung von der Verselbständigung eines eigendynamischen Systems – dazu, die intakte Kontrolle des Autokraten über die Aussenpolitik

ferner Baumgart, Konzert, S. 129 f. – Zur jeweils aktuellen Organisationsstruktur des MID vgl. auch die Angaben im Annuaire diplomatique de l'Empire de Russie, beispielsweise für das Jahr 1862 (S. 69–84) oder für das Jahr 1890 (S. 209–219).

507 Der Posten des Gehilfen war seit 1810 nicht besetzt gewesen, vgl. Amburger, Behördenorganisation, S. 128 f. Zur Institution und zu den Aufgaben des Ministergehilfen vgl. auch Očerk istorii Ministerstva inostrannych del, S. 164; Annuaire diplomatique de l'Empire de Russie pour l'année 1862, S. 70. – Bei seiner Rückkehr von einer Kur teilte Aussenminister Nesselrode 1850 mit, künftig seien nur noch politische Berichte an ihn selbst zu richten, während Ministergehilfe Senjavin die Leitung aller übrigen Belange übernahm. Nesselrode an Krüdener, 17. 11. 1850 (a. St.). AVPRI, Missija v Berne, op. 510, d. 58, l. 7–7 ob. – Hier die Ministergehilfen unseres Zeitfensters: L. G. Senjavin (1850–1856), I. M. Tolstoj (1856–1861), N. A. Muchanov (1861–1866), V. I. Westmann (Vestman; 1866–1875), N. K. Giers (Girs; 1875 bis 1882), A. G. Vlangali (1882–1891), N. P. Šiškin (1891–1897), V. N. Lambsdorff (1897–1900), V. S. Obolenskij-Neledinskij-Meleckij (1900–1906), K. A. Gubastov (1906–1908), N. V. Čarykov (1908/09), S. D. Sazonov (1909/10), A. A. Neratov (1910–1917), V. A. Arcimovič (1916/17), A. A. Polovcov (1916/17). Vgl. Očerk istorii Ministerstva inostrannych del, Anhang, S. 3; Amburger, Behördenorganisation, S. 131. – Für ein Organigramm des MID 1868–1914 vgl. Istorija vnešnej politiki Rossii: Konec XIX – načalo XX veka, S. 69.

508 Ebd., S. 79, 84.

509 Vgl. Zirkular MID, 16. 12. 1915 (a. St.). Izvestija Ministerstva inostrannych del, 1 (1916), S. 63.

510 Dabei hatte die Parallelität der Wirkungszeiten von Zaren und Ministern durchaus unterschiedliche Gründe. In klarem Zusammenhang mit dem Herrscherwechsel stand eigentlich nur der Abgang Nesselrodes nach dem Pariser Frieden, der den aussenpolitischen Neuanfang unter Alexander II. markierte. Banaler dann das Ende der anderen beiden Staatsmänner: Gorčakov kränkelte schon Jahre vor seiner Entlassung, und Nachfolger Giers verstarb im Amt.

zu betonen und insbesondere Nesselrode als blossen Vollstrecker zarischer Intentionen, Gorčakov immerhin mit etwas mehr Bewegungsfreiheit, aber doch nicht als massgeblichen Entscheidungsträger zu beschreiben.[511] V. A. Emec beleuchtet in seiner differenzierten Studie zu den aussenpolitischen Entscheidungsmechanismen der späten Zarenzeit[512] verschiedentlich die Ohnmacht der Bürokratie gegenüber aussenpolitischen Launen und Beschlüssen Nikolaus' II., dessen Kontrolle über die Aussenpolitik im Zuge der konstitutionellen Reformen nach 1905 eher noch gefestigt wurde.[513] Klar ist: Richtungsentscheidungen blieben über unseren ganzen Untersuchungszeitraum hinweg die Angelegenheit einer kleinen Clique rund um den Herrscher, und auch nach der Berufung einer Duma kann keine Rede von einer öffentlich-demokratischen Kontrolle der Aussenpolitik sein.[514] Der formaljuristische Ablauf aussenpolitischer Beschlussfassung wurde in der Praxis oftmals zugunsten einer noch direkteren Entscheidungsgewalt des Zaren abgekürzt.[515] Anderson macht in diesem Zusammenhang darauf aufmerksam, dass der russische Aussenminister, gerade aufgrund seiner bescheidenen Befugnisse, innerhalb des diplomatischen Apparates eine weniger prominente Rolle spielte als etwa sein englischer Kollege, dass ihn die Chefs der wichtigeren Vertretungen im Ausland bisweilen eher wie einen Gleichrangigen als wie einen Vorgesetzten behandelten.[516] Immerhin war der Zar in seinem auswärtigen Handeln auf die Beschaffung und Aufbereitung von Informationen angewiesen, was der Bürokratie massgeblichen Einfluss verschaffte.[517] Auch billigte der Autokrat in der Praxis die meisten Vorschläge des Apparats, und zu verschiedenen Fragen setzte er beratende Ad-hoc-Kommissionen *(Osobye soveščanija)* ein.[518]

511 Vgl. etwa Anderson, Rise, S. 146; Baumgart, Konzert, S. 113, 131; Eroškin, Istorija, S. 172; Uldricks, Union of Soviet Socialist Republics, S. 519; Tucker, The Soviet Political Mind, S. 210 f.; ferner Sumner, Russia, S. 19.

512 Emec, Mechanizm prinjatija vnešnepolitičeskich rešenij (Emec ist auch der Autor des gleich überschriebenen Kapitels in: Istorija vnešnej politiki Rossii: Konec XIX – načalo XX veka, S. 50–89).

513 Istorija vnešnej politiki Rossii: Konec XIX – načalo XX veka, S. 80 f. Emec spricht von einem prinzipiellen Misstrauen Nikolaus' II. gegen die Bürokratie und das dadurch gestörte Verhältnis zwischen Monarch und Apparat, vgl. ebd., S. 65. – Ludmila Thomas weist allgemein auf den geringen Stellenwert von Diplomatie und internationalen Vereinbarungen im politischen Denken innenpolitisch weitgehend schrankenlos herrschender Autokraten hin. Thomas erwähnt die «Missachtung der Diplomatie» im Zusammenhang des Krimkriegs, führt sie aber auf die russische «Auffassung von Rechtsnormen überhaupt» zurück. Thomas, Russische Reaktionen, S. 254.

514 Die Duma beschäftigte sich fast gar nicht mit auswärtigen Beziehungen, vgl. Anderson, Rise, S. 146 f.; Istorija vnešnej politiki Rossii: Konec XIX – načalo XX veka, S. 81.

515 Vgl. ebd., S. 61. Emec spricht vom zarischen Bestreben, das Aussenministerium als persönliche Kanzlei für auswärtige Belange zu definieren. Vgl. ebd., S. 67.

516 Anderson, Rise, S. 146.

517 Vgl. Sumner, Russia, S. 19.

518 Istorija vnešnej politiki Rossii: Konec XIX – načalo XX veka, S. 61, 72–75. – Direkten Einfluss

Im Widerspruch zu Engels' Jesuiten-Metapher steht schliesslich die notorische Ineffizienz und Desorganisation[519] des russischen Aussenministeriums, wie sie besonders deutlich in der Vielzahl formell chargierter Personen zum Ausdruck kam, die sich bei näherem Besehen als noble Müssiggänger oder sonstige Karteileichen erweisen.[520] Diesen Missständen versuchte Aussenminister Gorčakov Ende der sechziger Jahre abzuhelfen, indem er das Ministerium straffte und auf 134 Planstellen reduzierte.[521]

Auch das Zarenregime unterhielt sowohl diplomatische wie konsularische Vertretungen, wobei eine russische Besonderheit in der relativen Ähnlichkeit der beiden Dienste gelegen zu haben scheint.[522] Während der konsularische Dienst westeuropäischer Staaten vor allem wirtschaftliche und administrative Funktionen versah und klar von der Diplomatie mit ihren politischen Aufgaben unterschieden wurde, fungierten die (dem Aussenministerium zugeordneten) russischen Konsuln durchaus als aktive Träger zarischer Aussenpolitik, in deren Rahmen sie sich dann freilich seit der zweiten Hälfte des 19. Jahrhunderts zunehmend mit Fragen des Aussenhandels zu beschäftigen hatten.[523] Auf Honorarkonsuln, wie sie im Falle der Schweizer Vertretungen ja die Norm darstellten, treffen wir nur vereinzelt.[524]

Die zarischen Konsuln konnten im Bedarfsfall und im Einverständnis mit der lokal zuständigen Gesandtschaft Vizekonsuln oder sonstige Konsularagenten anstellen, auch ausserhalb des vorgegebenen Stellenplans.[525] Das Aussenministerium verlor allerdings bald einmal die Übersicht über seine Chargierten

auf die aussenpolitischen Entscheidungen des Zaren übten zuweilen, unter Brüskierung des Aussenministeriums, hochrangige Militärs mit ihren strategischen Überlegungen aus. Zur Differenz etwa zwischen Aussenminister Gorčakov und Kriegsminister Miljutin betreffend Eroberungen in Zentralasien 1864, die vom Zaren zugunsten Miljutins entschieden wurde, vgl. Baumgart, Konzert, S. 196 f.; vgl. auch ebd., S. 131.

519 Uldricks, Union of Soviet Socialist Republics, S. 527.
520 Vgl. ebd.
521 Očerk istorii Ministerstva inostrannych del, S. 162; Anderson, Rise, S. 111; MERSH, Bd. 22, S. 166.
522 Zu Organisation und Aufgaben der russischen Diplomatie vgl. etwa *Organisation du Ministère des Affaires Etrangères*, § 41–49. Annuaire diplomatique de l'Empire de Russie pour l'année 1862, S. 81–83. Zum Konsulardienst vgl. Pervencev, Konsul'skaja služba.
523 Ebd., S. 12–14. Für das russische Konsularreglement vgl. *Règlement pour les Consuls de Russie en Europe et en Amérique*. Annuaire diplomatique de l'Empire de Russie pour l'année 1861, S. 59–113. Hier heisst es: «Le Consul relève du Ministère des affaires étrangères et est placé sous les ordres de la Légation Impériale du Pays où il réside, ainsi que du Consul Général partout où il s'en trouve un.» (S. 61). – Das Konsularreglement vom 23. Dezember 1858 (a. st.) behielt seine Gültigkeit bis ins 20. Jahrhundert. Očerk istorii Ministerstva inostrannych del, S. 168.
524 Die russischen Konsuln bezogen ein geregeltes Einkommen, das für den Standort Westeuropa beispielsweise 1907 meist etwas über 5000 Rubel betrug. Svodka otčetov Missij i Konsul'stv o konsul'skoj dejatel'nosti za 1907 god, S. 28.
525 Zum Recht der Konsuln, Vizekonsuln einzustellen, vgl. *Règlement pour les Consuls de Russie en Europe et en Amérique*. Annuaire diplomatique de l'Empire de Russie pour l'année 1861, S. 59–113, hier S. 61 f.

und forderte 1890 die ordentlichen Vertretungen auf, genaue Informationen über ihre «neštatnye konsul'skie predstaviteli», also ausserordentlichen Konsularvertreter vorzulegen.[526] In den Bereichen Erbschaften und Passwesen waren die Handlungskompetenzen dieser konsularischen Hilfskräfte an ausdrückliche Vollmachten des zuständigen Konsuls und – so lesen wir 1916 – an die russische Untertanenschaft gebunden.[527] Aufgrund einer Erhebung im Jahr 1907 kam das Aussenministerium zum ernüchternden Schluss, die Arbeit der russischen Konsulate bringe für Handel und Industrie keine «seriösen Resultate».[528] Dem Beispiel anderer Staaten folgend, publizierte auch St. Petersburg seit den 1880er Jahren Auszüge aus den Berichten seiner Konsulate.[529]

Während die bescheidenen Strukturen der schweizerischen Diplomatie für die russischen Beamten leicht erfassbar waren, blieb umgekehrt in der Wahrnehmung der Schweizer Politik der zarische Staatsapparat bis zu seinem Untergang ein undurchsichtiger Koloss. Zwar waren fremdartige Loyalitäten und Gepflogenheiten gut erkennbar, man konnte sich damit arrangieren, indem etwa auch der Bundesrat den Zaren «Sa Majesté Impériale» nannte. Doch das Regelwerk, das diesen Apparat leitete, war für die Schweizer kaum zu durchschauen. Gesetzestexte liessen sich oftmals nur mit der notdürftigen Übersetzungshilfe der russischen Gesandtschaft oder einzelner Russlandschweizer entziffern, und wenn die kumulierte Unübersichtlichkeit aller einmal erlassenen Normen, Revisionen und Modifizierungen schon in Russland selbst eine klare Darstellung des geltenden Rechts zur Sisyphusarbeit machte, so erwies es sich für die Eidgenossen als fast unmöglich, sich einen unabhängigen Eindruck zu verschaffen. Das daraus resultierende stereotype Bild einer notorisch trägen, unflexiblen und eigengesetzlichen Struktur prägte wesentlich die schweizerische Russlandpolitik.[530]

---

526 O dostavlenii svedenij o neštatnych konsulach, 6. 3. 1890. In: Sobranie cirkuljarov Ministerstva inostrannych del po Departamentu ličnago sostava i chozjajstvennych del, S. 103.

527 Svod rasporjaženij otnosjaščichsja k dejatel'nosti rossijskich neštatnych konsul'skich predstavitelej za granicej, S. 102, 107.

528 Offenbar mit dem Ziel einer überblicksartigen Evaluation hatte das Zweite Departement des Aussenministeriums die Konsulate und Missionen angewiesen, einen Bericht über ihre konsularische Arbeit im Jahre 1907 einzureichen. Rund die Hälfte der eingegangenen Rapporte musste als mangelhaft bezeichnet werden, und von verschiedenen Posten kam gar keine Antwort (so auch vom Konsulat Genf). Svodka otčetov Missij i Konsul'stv o konsul'skoj dejatel'nosti za 1907 god.

529 Vgl. Sbornik konsul'skich donesenij; Konsul'skie donesenija 1886–1890; ferner Konsul'skie donesenija i soobščenija (vgl. Bibliografie). – Für eine Aufforderung an die russischen Konsuln, Informationen zu liefern für die Rubrik Konsulatsberichte des erweiterten Ukazatel' pravitel'stvennych rasporjaženij po Ministerstvu finansov vgl. O donesenijach po torgovle i promyšlennosti. Zirkular MID an die konsularischen Vertretungen, 14. 2. 1884 (a. St.). In: Sobranie cirkuljarov Ministerstva inostrannych del po Departamentu vnutrennich snošenij, S. 403. – Anderson bemerkt, die russische Regierung habe seit den 1890er Jahren regelmässig konsularische Informationen publiziert, vgl. Anderson, Rise, S. 131.

530 Zur Kodifizierung des russischen Rechts vgl. MERSH, Bd. 19, S. 76 f.; Vladimirskij-Budanov, Obzor.

2.2. Die zarische Schweizpolitik

2.2.1. Das russische Interesse an der Schweiz

Die weit entfernte kleine Schweiz interessierte die russischen Herrscher an sich nicht besonders. Für die dennoch beträchtliche Aufmerksamkeit, welche St. Petersburg den Eidgenossen im 19. und frühen 20. Jahrhundert schenkte, sind vor allem drei Faktoren verantwortlich:
1. Der Sieg über Frankreich und die prominente Rolle Alexanders I. auf dem Wiener Kongress vermochten das internationale Selbstbewusstsein des Zarenregimes nachhaltig zu stärken; immer wieder rekurrierte die russische Diplomatie auf diese Sternstunde eigener Grossmacht. Dabei schien das Gedeihen der 1815 beschlossenen europäischen Staatenordnung und gerade auch dasjenige der Schweiz als eines neutralen Puffers im Herzen Europas den aussenpolitischen Weitblick der Zarenmacht zu bestätigen. Die Emanzipation der Schweiz aus ihrer überkommenen internationalen Definition 1847/48 kam in diesem Sinne der Demontage einer russischen Erfolgsgeschichte gleich, was St. Petersburg nicht unberührt lassen konnte.
2. Ihre geografische Lage und Neutralität machten die Schweiz zu einem idealen Standort zarischer diplomatischer Präsenz in Westeuropa. Während die direkten Beziehungen zu den verschiedenen Regierungen im Konfliktfall sowohl als Kommunikationsorgane wie als Informationsquellen auszufallen drohten, fungierte die Gesandtschaft in Bern als krisenresistenter Beobachtungsposten, und das hiesige, auf neutralem Boden stationierte diplomatische Korps eröffnete manche offiziöse Kontaktmöglichkeit zwischen Diplomaten, deren Regierungen offiziell nicht mehr miteinander sprachen.
3. Der Umstand schliesslich, dass auch politische Dissidenten aus dem Zarenreich seit der zweiten Hälfte des 19. Jahrhunderts zunehmend die Standortvorteile der Schweiz und deren liberale Asyltradition zu nutzen verstanden, erzwang die gesteigerte Aufmerksamkeit eines Regimes, das seine Untertanen politisch möglichst umfassend zu kontrollieren versuchte.

2.2.2. Die Zentrale: Zar und Aussenminister

Die zarische Diplomatie schrieb dem Dossier Schweiz in der Regel nicht eine Priorität zu, die seine Behandlung auf allerhöchster Ebene erfordert hätte. Sicher: Die Freundschaft, welche Alexander I. mit seinem Schweizer Erzieher La Harpe und darüber hinaus mit der Schweiz ganz allgemein verband, ist bekannt. 1848 waren das aber tempi passati; das Verhältnis der letzten vier russischen Zaren zur Schweiz prägte nicht mehr persönliche Verbundenheit, sondern weit eher ein Misstrauen gegenüber mutmasslicher liberaler Dekadenz

und Revolutionsbegünstigung. Die Beziehungen mit dem Kleinstaat Schweiz verblieben gewöhnlich in der Zuständigkeit des Aussenministeriums und allenfalls anderer sachlich involvierter Amtsstellen, ohne dass zwischenbehördliche Interferenzen oder gar persönliche Interventionen des Zaren den eingeschlagenen Kurs markant modifiziert hätten.[531] Insofern scheint es lohnend, kurz nach den politischen Grundsätzen und dem Schweizbild der Aussenminister unserer Zeitperiode zu fragen.

Die Forschung hat *Karl Robert von Nesselrode* (1780–1862, im Amt 1816 bis 1856) als einen mediokren Staatsdiener beschrieben, der die russische Aussenpolitik über lange Jahre hinweg mit wenig innovativem Elan führte.[532] Das negative Urteil in der Sowjethistoriografie liegt sicherlich zu einem guten Teil im konsequenten antirevolutionären Engagement Nesselrodes begründet.[533] Doch auch die neuere westliche Forschung sieht in ihm keinen herausragenden Politiker.[534] Nesselrodes Unselbständigkeit kommt in seiner Korrespondenz verschiedentlich zum Ausdruck; an Baron Meyendorff schrieb er 1848: «Quand l'Empereur est malade, il n'est pas facile, cher baron, de faire les affaires.»[535]

Wie sich Nesselrode zur Schweiz stellte, ist aus seinen offiziellen Verlautbarungen schwer zu eruieren. Sachlich und kühl verwaltete er den Willen seines Herrn, und auch die gelegentlichen ekelerfüllten Tiraden gegen die liberale Umgestaltung der Schweiz erscheinen als Ausdruck einer eingeschliffenen Amtsmeinung. 1847 hatte er Meyendorff geschrieben: «Que voulez-vous, cher baron, que je vous dise des affaires suisses au delà de ce que contiennent mes dépêches; j'en suis dégoûté au plus haut point.»[536]

Dass *Aleksandr M. Gorčakov* (1798–1883, im Amt 1856–1882) von Nesselrode stets stiefmütterlich behandelt worden war, mag neben seinen politischen Ansichten dazu beigetragen haben, ihn 1856 als geeigneten Mann der Wende

---

531 Zu erwähnen ist immerhin, dass sich Nikolaus II. durch den Erzieher des Zarewitsch, den Schweizer Pierre Gilliard, persönlich über die Lage der Eidgenossenschaft informieren liess – wie er selbst dem Gesandten Odier versicherte, vgl. Odier an Bundesrat Hoffmann, 7./20. 1. 1917. BAR, E 2300 Petersburg/3. Zu Pierre Gilliard (1879–1962) vgl. Bühler et al., Schweizer im Zarenreich, S. 15, 282.

532 Vgl. z. B. Jelavich, St. Petersburg, S. 46; gleicher Meinung Zajončkovskij, Pravitel'stvennyj apparat, S. 127 f. – Nesselrodes im Ruhestand begonnene Autobiografie reicht nur bis ins Jahr 1814, vgl. Des russischen Reichskanzlers Grafen Nesselrode Selbstbiographie.

533 BSÈ, 3. Aufl., Bd. 17, Sp. 1548.

534 Vgl. etwa Baumgart, Konzert, S. 113.

535 Nesselrode an Meyendorff, 3. 1. 1848. Lettres et Papiers du chancelier Comte de Nesselrode, Bd. IX, S. 53.

536 Nesselrode an Meyendorff, 30. 11. 1847. Lettres et Papiers du chancelier Comte de Nesselrode, Bd. IX, S. 42. – Nach seiner Demission unternahm Nesselrode eine Reise in die Schweiz; der zarische Gesandte in Bern berichtete über Nesselrodes Ankunft und das absolvierte Touristenprogramm. Krüdener an A. M. Gorčakov, 20. 7./1. 8. 1856. AVPRI, Missija v Berne, op. 510, d. 168, ll. 31 ob.–32.

erscheinen zu lassen.[537] Sein Name steht denn auch für die Umsetzung einer revidierten russischen Aussenpolitik nach dem Krimkrieg. Bis Anfang der siebziger Jahre steuerte der neue Minister auf Erfolgskurs, sein Verhalten während des polnischen Aufstandes 1863 trug dazu ebenso bei wie 1870 die selbstbewusste Durchbrechung der im Pariser Frieden verordneten Entmilitarisierung des Schwarzen Meeres.[538] Doch der allmähliche physische Verfall des über 70-Jährigen ging danach rasch einher mit dem Verlust an politischem Prestige und Einfluss. Und angesichts des für Russland ungünstig ausgehenden Berliner Kongresses (1878) stand, wie vor ihm Nesselrode, auch Gorčakov am Ende seiner Karriere vor einem Scherbenhaufen.[539]

In seiner 1856 erlassenen Instruktion an den in Bern stationierten russischen Gesandten Krüdener, sozusagen der Antrittsrede Gorčakovs in Sachen Schweiz, ist noch ganz im alten Stile von der vertraglichen Eingebundenheit der Eidgenossenschaft und ihrer Neutralität die Rede, von einer ununterbrochenen «sollicitude amicale» des kaiserlichen Kabinetts.[540] Wenn sich aber die Schweiz einmal der besonderen Gunst der Zaren erfreut hatte – und Nesselrode verkörperte noch diese Tradition, bei allem Widerwillen gegen die liberalen Umtriebe der späten vierziger Jahre – so war dieses ehemalige Privileg für Gorčakovs Ministerium nur noch ein paar fadenscheinige Floskeln wert. Sachliche Pragmatik verdrängte die idealistisch überhöhte Schweizpolitik der ersten Jahrhunderthälfte. Für Gorčakov war die Schweiz ein weit entfernter Kleinstaat, der ihn aufgrund gewisser Dossiers interessierte, dem man gelegentlich auch drohen musste – von dem sich aber im Allgemeinen, «vu notre peu de contact direct avec la Suisse»,[541] kein grosses Aufheben zu machen lohnte. Wenn uns

537 Histoire de la Diplomatie, Bd. 1, S. 469; Sumner, Russia, S. 20 f. – Wie man in Nesselrodes Umgebung über Gorčakov dachte, zeigt z. B. ein Brief der Gattin, in dem es unter anderem heisst: «Maintenant que je vois Gortschakof de près, je me convaincs qu'il ne doit occuper aucun poste important. Il a certainement des moyens, mais il est tellement agité qu'il gâte tout et ne se fait aimer ni par ses collègues ni par la société.» Gräfin Nesselrode an ihren Gemahl, 26. 7. 1846. Lettres et Papiers du chancelier Comte de Nesselrode, Bd. VIII, S. 331. – Für eine Einschätzung seiner Beziehungen zu Capodistria und Nesselrode vgl. die verschiedenorts abgedruckten Erinnerungen Gorčakovs; gut kommentiert in: Kancler A. M. Gorčakov, S. 377 bis 398, hier S. 378 f.; ferner in: Andreev, Poslednij kancler, S. 127–135, hier S. 129. – Für eine stalinistische Würdigung Gorčakovs als ethnischer Russe, der das feindselige deutsche Element eines Nesselrode abgelöst habe, vgl. Bušuev, A. M. Gorčakov. – Für neuere biografische Werke zu Gorčakov vgl. insbesondere den unter Mitwirkung namhafter Autoren erarbeiteten Sammelband zum 200. Geburtstag Gorčakovs: Kancler A. M. Gorčakov (mit Quellenanhang); weniger lohnend, da vornehmlich aus Versatzstücken älterer Autoren zusammengekleistert: Andreev, Poslednij kancler (vgl. Bibliografie).
538 Histoire de la Diplomatie, Bd. 1, S. 523; Sumner, Russia, S. 21; Baumgart, Konzert, S. 130 f.
539 Vgl. Sumner, Russia, S. 21. – Zur faktischen Amtsunfähigkeit Gorčakovs seit 1879 vgl. BSÈ, 3. Aufl., Bd. 7, Sp. 390; Bd. 6, Sp. 1673; Rumbold, Further recollections, S. 197, Anm. 1; Baumgart, Konzert, S. 131.
540 Gorčakov an Krüdener, 3./15. 11. 1856. AVPRI, Missija v Berne, op. 510, d. 64, ll. 39–42.
541 A. M. Gorčakov an M. A. Gorčakov, 13./25. 4. 1872. Švejcarija – Rossija, Nr. 58, S. 166.

Gorčakov in den Quellen oft als wenig schweizfreundlich erscheint, so hat dies freilich auch damit zu tun, dass sich mit der Wiederbesetzung der Stelle eines Ministergehilfen eben andere Funktionäre um die problemlosen und erfreulichen Belange der bilateralen Beziehungen kümmerten, während sich der Aussenminister selbst die politischen Fragen reservierte und vor allem dann auftrat, wenn in heiklen Situationen seine Autorität gefragt war.

Gorčakovs Nachfolger *Nikolaus von Giers* (Nikolaj K. Girs; 1820–1895, im Amt 1882–1895) kannte die Schweiz bestens; vor seinem Aufstieg an die Spitze des Ministeriums hatte er 1869–1872 als zarischer Gesandter in Bern gewirkt und war seit 1875, als er Westmann in der Funktion des Ministergehilfen ablöste,[542] Ansprechpartner der Gesandtschaft in der Zentrale. Trotzdem ist es schwierig, aufgrund des verfügbaren Materials eine pointierte Haltung zur Schweiz auszumachen. Was wir feststellen können, ist eine wohlwollende Sachlichkeit, mit welcher Giers schon in seiner Berner Zeit über die Schweizer Verhältnisse berichtete, was freilich auch mit der damaligen Abwesenheit ernsthafter bilateraler Probleme zu tun haben mag. Etwas unwirscher klang es nach der Zürcher Bombenaffäre von 1889, als der nunmehrige Aussenminister die Schweiz zur Unterstützung der russischen Ermittlungen ermahnte und in gut altväterlichem Stil auf die vor allem dem Zarenreich zu verdankende Neutralität verwies, ja den Sinn derselben sogar zu überdenken drohte.[543]

Unter Nikolaus II. lösten sich – nach Giers – mehr als ein halbes Dutzend Funktionäre an der Spitze des Aussenministeriums ab, darunter Vladimir N. Lambsdorff (1844–1907, im Amt 1900–1906),[544] Aleksandr P. Izvol'skij (1856 bis 1919, im Amt 1906–1910) und Sergej D. Sazonov (1860–1927, im Amt 1910 bis 1916).[545] In seiner Instruktion an den neuen Berner Gesandten Žadovskij brachte Aussenminister Lambsdorff 1902 die Kontinuität der russischen Schweizpolitik und die Gültigkeit überkommener Orientierungsmuster zum Ausdruck: «Russland hat als eine der acht Signatarmächte der Deklaration vom 20. März

542 Očerk istorii Ministerstva inostrannych del, Anhang, S. 3. Vgl. auch den Nekrolog für Giers in: Annuaire diplomatique de l'Empire de Russie pour l'année 1895, S. 357–362; Gosudarstvennye dejateli Rossii, S. 51.

543 Giers an Hamburger, 23. 3./4. 4. 1889. Švejcarija – Rossija, Nr. 75.

544 Vgl. Istorija vnešnej politiki Rossii: Konec XIX – načalo XX veka, S. 73 f. Zu Lambsdorff und seiner Tätigkeit als Ministergehilfe (1897–1900) vgl. auch Očerki istorii Ministerstva inostrannych del, Anhang, S. 3.

545 Zum Aufstieg Sazonovs vgl. Ignat'ev, S. D. Sazonov, S. 209–211; für die Memoiren Sazonovs vgl. Sazonov, Vospominanija; Sasonoff, Sechs schwere Jahre. – Weitere Aussenminister waren Aleksej B. Lobanov-Rostovskij (1824–1896, im Amt 1895/96), Michail N. Murav'ev (1845 bis 1900, im Amt 1897–1900), Boris V. Stürmer (1848–1917, im Amt zweite Hälfte 1916) und Nikolaj N. Pokrovskij (geb. 1865, im Amt 1916/17). Vgl. die Tabelle in: Pochlebkin, Vnešnjaja Politika, S. 219–221. Zu Lobanov-Rostovskij vgl. Rybačenok, Lobanov-Rostovskij vo glave rossijskogo MID; für eine positive Beurteilung des Aussenministers Lobanov-Rostovskij vgl. Istorija vnešnej politiki Rossii: Konec XIX – načalo XX veka, S. 73. Murav'ev erscheint bei Emec als prinzipienloser Karrierist, vgl. ebd. S. 73.

1815 über die Neutralisation des Helvetischen Bundes bis heute seine Auffassung von der wichtigen internationalen Stellung dieses zentral gelegenen Staates nicht geändert.»[546]
Mehr als einzelne seiner Vorgänger zeigte Lambsdorff ein Verständnis für die politischen Eigenheiten der Schweiz, denen es weniger mit aristokratischer Arroganz als mit der richtigen Strategie zu begegnen galt. Im Zusammenhang mit dem schweizerisch-italienischen Konflikt um anarchistische Presseerzeugnisse bemerkte er im eben zitierten Dokument: «Der Konflikt mit Italien hat abermals bewiesen, dass einzelne Staaten mit Warnungen und sogar Drohungen in der Schweiz nichts erreichen werden, dass man auf den Bundesrat nur durch eine gemeinsame Anstrengung aller interessierten Staaten einwirken kann.»[547]

2.2.3. Die zarischen Vertretungen in der Schweiz

2.2.3.1. Die Gesandtschaft in Bern

Aus der temporären Mission des zarischen Sondergesandten Capodistria, der 1813 in die Schweiz gereist war, entstand schon nach kurzer Zeit die ständige russische Vertretung in der Eidgenossenschaft, geführt zunächst von einem Geschäftsträger, ab 1836 von einem *Ausserordentlichen Gesandten und bevollmächtigten Minister*.[548] Da der zarische Gesandte nicht bei einer bestimmten Person akkreditiert war, überdauerte seine Funktion die staatliche Umgestaltung der Eidgenossenschaft von 1847/48.[549] Einige Worte zu den Aufgaben der russischen Vertretung in Bern:
1. Schon verschiedentlich sind nun die zentrale europäische Lage und die Neutralität der Schweiz als wichtige Standortfaktoren und Garanten aussenpolitischer Bedeutsamkeit angesprochen worden. Mehr der Vollständigkeit halber ist hier nochmals darauf hinzuweisen, dass die russische Gesandtschaft in Bern sich bei weitem nicht nur für die Schweiz an sich interessierte, sondern

---

546 Lambsdorff verwendet hier das Wort *nejtralizacija* (nicht wie später *nejtral'nost'*). Lambsdorff an Žadovskij, 12./25. 11. 1902 (aus dem Russischen). Rossija – Švejcarija, Nr. 81, S. 162.
547 Ebd., S. 163.
548 Benziger, Beziehungen der Schweiz mit Russland, S. 11, 19; Amburger, Behördenorganisation, S. 459. Wie ein vom Gesandten Ozerov verwendeter Stempel bezeugt (z. B. in: BAR, E 2/870), nannte sich die Berner Gesandtschaft russisch auch *posol'stvo* – eine Bezeichnung, die wörtlich übersetzt zwar «Gesandtschaft» bedeutet, dann aber vor allem die ranghöhere Botschaft meint. – Als Adressen der russischen Vertretung in Bern vermerken die Staatskalender etwa 1902 die Villa Trautheim an der Bühlstrasse 51, 1907–1914 die Thunstrasse 67, 1915/16 die Ensingerstrasse 48. Als Adresse der Kanzlei der Gesandtschaft ist 1902–1908 die Amthausgasse 14 angegeben, 1909–1912 die Thunstrasse 12 (1909 wird Nr. 13 genannt), 1913–1915 die Helvetiastrasse 7, 1916 die Bundesgasse 36 und 1917 die Schwanengasse 4. Zwischenzeitlich logierten zumindest einzelne Gesandtschaftsangehörige wiederholt im *Bernerhof* und in anderen Hotels.
549 Vgl. Bundespräsident Furrer an den Bundesrat, 29. 5. 1855. BAR, E 2/872.

auch einen Beobachtungs- und Kommunikationsposten in Europa darstellte.[550] Schon die Spezialmission Capodistrias hatte sich ja keineswegs in der Besorgnis um das helvetische Wohlergehen erschöpft; sie war nach den Napoleonischen Kriegen vielmehr eingebettet in einen allgemeineren zarischen Gestaltungswillen in Europa.

2. Auch was die Schweiz selbst betrifft, sollte die Gesandtschaft vor allem beobachten. Das Gebot, sich nicht aktiv in die schweizerische Politik einzumischen, durchzieht die Instruktionen an die jeweiligen Missionschefs wie ein roter Faden.[551] Nachdem sich die Wogen von 1847/48 gelegt hatten, teilte Nesselrode dem Gesandten Krüdener 1855 mit, worauf er besonders zu achten habe: «[...] vous serez à même d'observer de près les allures du Gouvernement suisse, les fluctuations de l'esprit public et surtout les influences diverses que les Puissances étrangères exercent sur les unes et les autres.»[552] Auch Aussenminister Lambsdorff gebot dem Gesandten Žadovskij fast 50 Jahre später, sich keinesfalls in die Gesetzgebung der Schweiz einzumischen, sondern lediglich darauf hinzuwirken, dass die Berner Führungskreise von sich aus die Vorteile der Solidarität mit den Mächten erkennen sollten.[553]

3. Da eine gleichwertige Vertretung der Schweiz im Zarenreich bis 1906 fehlte, war die kaiserliche Gesandtschaft in Bern durch das ganze 19. Jahrhundert hindurch wichtigstes Kommunikationsorgan der schweizerisch-russischen Staatsbeziehungen – auch wenn etwa Aussenminister Gorčakov dem schweizerischen Generalkonsul Bohnenblust in St. Petersburg 1863 eine persönliche Unterredung gewährte.[554] Neben den offiziellen Kontakten erhielten die russischen Gesandten in Bern immer wieder den Auftrag, den Schweizer Behörden durch informelle Gespräche und überhaupt bei dieser oder jener Gelegenheit eine Ahnung von den Vorstellungen und Wünschen der zarischen Regierung zu geben.[555] Bei Bedarf liessen sie sich vom Bundesrat über schweizerische Projekte und Firmen im Zarenreich informieren.[556]

4. Der zarischen Gesandtschaft oblag die administrative Betreuung der russischen Untertanen in der Schweiz. Sie kümmerte sich um die Formalitäten des

---

550 Vgl. dazu auch Benziger, Beziehungen der Schweiz mit Russland, S. 19.
551 Vgl. ebd.
552 Nesselrode an Krüdener, 23. 6./5. 7. 1855. Švejcarija – Rossija, Nr. 46, S. 143.
553 Lambsdorff an Žadovskij, 12./25. 11. 1902. Rossija – Švejcarija, Nr. 81.
554 Vgl. Bohnenblust an den Bundesrat, 7./19. 11. 1863. DDS, Bd. 1, Nr. 489; Gorčakov an den Gesandten Ozerov, 9./21. 11. 1863. Švejcarija – Rossija, Nr. 49, S. 149.
555 So etwa betreffend die als unangemessen empfundene Schweizer Gastfreundschaft gegenüber politischen Flüchtlingen. Vgl. A. M. Gorčakov an den Gesandten M. A. Gorčakov, 13./25. 4. 1872. Švejcarija – Rossija, Nr. 58, S. 168.
556 Für die Nachfrage beispielsweise, wer hinter der Gesellschaft *Russo-Suisse Oerlikon* stecke, die in Russland tätig werden wolle, vgl. russische Gesandtschaft in Bern an das EPD, 14./27. 2. 1901. BAR, E 2001 (A)/192. Für die Antwort vgl. EPD an die russische Gesandtschaft in Bern, 22. 3. 1901 (Entwurf). Ebd.

Briefkopf der zarischen Gesandtschaft in Bern (1867).

Personenverkehrs, um Erbschaften und Beglaubigungen, um die Unterstützung Bedürftiger – und um die symbolische Inszenierung und Bestätigung der Zarenherrschaft gegenüber den hiesigen Landsleuten. Anlässlich der Thronbesteigung Alexanders III. 1881 wurde allen (männlichen) Russen in der Schweiz vorgeschrieben, den Treueeid auf den neuen Herrscher zu leisten. Die Mission organisierte eine entsprechende Zeremonie in der russischen Kirche von Vevey beziehungsweise für die Juden in der Gesandtschaft in Bern.[557] Aufgabe der diplomatischen Vertretung war es auch, die zentrale Administration in St. Petersburg regelmässig über die russische Kolonie in der Schweiz zu informieren.[558] 5. Damit verband sich namentlich eine aktive Kontrolle der politischen Emigration aus dem Zarenreich. Aussenminister Gorčakov setzte hier allerdings dem Eifer der offiziellen Vertretungen klare Grenzen. 1872 instruierte er seinen Sohn für den Posten in der Schweiz mit dem Hinweis:

«Un des points de votre mission qui réclamera de votre part le plus de circonspection, c'est le contrôle à exercer sur les refugiés russes et polonais résidant en Suisse.

---

557 Vgl. BAR, E 2/870.

558 Für eine entsprechende Anweisung aus St. Petersburg vgl. *O dostavlenii svedenij o russkich poddannych, proživajuščich za granicej.* Zirkular MID, 10. 2. 1847 (a. St.). In: Sobranie cirkuljarov Ministerstva inostrannych del po Departamentu vnutrennich snošenij, S. 34. – 1887 ordnete die Zentrale statistische Erhebungen über die russischen Untertanen im Ausland an. Die Gesandtschaften sollten ihre Informationstätigkeit ausweiten und anhand eines standardisierten Fragebogens Angaben zu den Landsleuten der entsprechenden Kolonien kompilieren. Ziel sei es, im Hinblick auf neue Gesetzesprojekte Klarheit über die Gründe des Auslandaufenthaltes russischer Untertanen zu erhalten. *O dostavlenii svedenij o proživajuščich za graniceju russkich poddannych.* Zirkular MID, 2. 7. 1887 (a. St.). Ebd., S. 412–415.

Vous éviterez tout contact avec eux. La dignité du Représentant de S. M. l'Empereur ne lui permet point de se compromettre dans des rapports personnels avec des individus de cette catégorie. Le soin de les surveiller appartient aux agents que le Ministère de l'Intérieur et la Direction de la Police investissent de ces fonctions. Vous vous bornerez à les seconder et à leur assurer au besoin le concours des autorités locales.»[559]

Die eigentliche Überwachung der Flüchtlinge oblag also Agenten des russischen Innenministeriums, denen die Gesandtschaft nur zu assistieren und beizustehen hatte, wenn die schweizerischen Behörden um Hilfe angegangen werden mussten. Auch in der Instruktion von Aussenminister Lambsdorff an Žadovskij 1902 kommt zum Ausdruck, dass die Zentrale zwar mit einer allgemeinen, nicht aber mit einer umfassenden Kontrolle der russischen Kolonie durch die Gesandtschaft rechnete: «Die kaiserliche Mission hat nicht die Möglichkeit, die russischen Studentenkreise direkt zu überwachen, aber eine allgemeine Kontrolle derselben gehört zu ihren Verpflichtungen, wobei sie die Hilfe des Konsuls in Genf in Anspruch nimmt.»[560]

In der Praxis finden sich freilich spätestens seit dem polnischen Aufstand von 1863 und der damit verbundenen Flüchtlingswelle zahlreiche Beispiele für den Recherchier- und Schnüffelaktivismus der Berner Mission. Minister Ozerov beauftragte gar den Gesandtschaftspriester, subversive Landsleute zu bespitzeln,[561] und im Archiv findet sich auch eine schwarze Liste von über hundert suspekten Schweizer Bürgern.[562] Immer wieder wurde die zarische Gesandtschaft von Vertretungen anderer Staaten um Auskünfte über russische Untertanen in der Schweiz angegangen. Die betreffenden Informationen konnten nicht selten durch Mithilfe der Schweizer Behörden erbracht werden.[563]

6. Wiederholt fungierten die zarischen Gesandten im Ausland auch einfach als örtlicher Hofstaat der kaiserlichen Familie. Als Mitglieder derselben 1857 in Genf weilten, war Krüdener selbstverständlich zur Stelle und führte seine Berner Mission über postalische Instruktionen.[564] 1866 berichtete Missionschef Ozerov, die Grossfürstin Elena Pavlovna habe ihm ein Telegramm aus Ragaz geschickt, und das lautete: «Venez ici, l'Empereur vous met à ma disposition

559 A. M. Gorčakov an M. A. Gorčakov, 13./25. 4. 1872. Švejcarija – Rossija, Nr. 58, S. 169.
560 Lambsdorff an Žadovskij, 12./25. 11. 1902 (aus dem Russischen). Rossija – Švejcarija, Nr. 81, S. 164.
561 Vgl. Ozerov an A. M. Gorčakov, 11./23. 4. 1863. AVPRI, Missija v Berne, op. 510, d. 174, ll. 6 ob.–8 ob.
562 Diese hatten ihren Eintrag teilweise ebenfalls einer mutmasslichen Verstrickung in den polnischen Aufstand zu verdanken. AVPRI, Missija v Berne, op. 843/3, d. 1445.
563 Für Anfragen der spanischen Vertretung vgl. AVPRI, Missija v Berne, op. 843/3, d. 992.
564 Vgl. Krüdener an A. M. Gorčakov, Genf, 16./28. 5. 1857. AVPRI, Missija v Berne, op. 510, d. 169, ll. 21 ob.–22; Korrespondenz Krüdeners mit Struve in: AVPRI, Missija v Berne, op. 510, d. 98.

pour voyage Italie.»[565] Der Gesandte parierte und übergab die Geschäfte seinem Sekretär Struve. Die Mission hatte regelmässig *Lettres de Cabinet* zwischen dem Zarenhof und der in der Schweiz lebenden Grossfürstin Anna Fedorovna weiterzuleiten,[566] gelegentlich auch dynastische Querelen beim Bundesrat ins rechte Licht zu rücken.[567] Mit welchen personellen und institutionellen Ressourcen wurden diese Aufgaben nun wahrgenommen?

2.2.3.1.1. Die Missionschefs

1813–1815   Johannes Anton Capodistria (I. A. Kapodistrija/Ioannes Antonios Kapodistrias/Capo d'Istrias, 1776–1831): Sondergesandter, ab 1814 Ausserordentlicher Gesandter und bevollmächtigter Minister (AGbM)[568]

1815–1827   Paul von Krüdener (P. A. Kridener/Krjudener, 1784–1858): Geschäftsträger[569]

1827–1836   Dimitri von Severin (D. P. Severin, 1792–1865): Geschäftsträger

1836/37   Dimitri von Severin: AGbM

1837–1858   Paul von Krüdener: AGbM[570]

565 Ozerov an A. M. Gorčakov, 24. 9./5. 10. 1866. AVPRI, Missija v Berne, op. 510, d. 112, l. 23–23 ob.

566 Vgl. AVPRI, Missija v Berne, op. 510, d. 63.

567 1868 informierte Ozerov Bundespräsident Dubs streng vertraulich über die Möglichkeit, dass Seine Kaiserliche Hoheit Herzog Nicolas von Leuchtenberg in einer Schweizer Gemeinde ein Kind mit dem Titel Herzog oder Prinz anmelden könnte. Eine solche Einschreibung und alle damit verbundenen Ansprüche, so Ozerov, würden russischerseits nicht anerkannt. Vgl. Ozerov an Bundespräsident Dubs, 27. 8./8. 9. 1868, mit Beilage einer *Acte de Déclaration*, 27. 8./8. 9. 1868. DAR, E 2/870. Es wurde dann tatsächlich ein solches Kind registriert. Vgl. ebd.

568 Ich stütze mich für diese Liste auf die (teilweise widersprüchlichen) Angaben in der Korrespondenz der Gesandtschaft sowie in: Benziger, Les représentations diplomatiques, S. 27; ders., Beziehungen der Schweiz mit Russland, S. 19 f.; Rossija – Švejcarija, S. 577 f.; Amburger, Behördenorganisation, besonders S. 459. Eine ähnliche Zusammenstellung findet sich in: Očerk istorii Ministerstva inostrannych del, Anhang, S. 18. Hier sind allerdings einige Amtsantritte oder auch Abberufungen früher datiert als etwa bei Benziger; der Unterschied erklärt sich daraus, dass sich die russische Liste auf die (Ab-)Berufungserlasse des Zarenregimes bzw. die Datierung der Akkreditierungs- und Abberufungsschreiben stützt, während Benzigers Schweizer Quellen Aufschluss über die Daten der tatsächlich erfolgten Akkreditierungen bzw. der Notifizierungen zuhanden des Bundesrates geben. Ich orientiere mich ebenfalls an den tatsächlichen Amtszeiten. – Zum Personal der Gesandtschaft für ein bestimmtes Jahr vgl. auch die Angaben im jeweiligen Staatskalender.

569 Zur Ernennung Krüdeners vgl. Ley, La Russie: Paul de Krudener et les soulèvements nationaux, S. 27.

570 Krüdener wurde im Frühjahr 1837 wieder in seine Schweizer Tätigkeit eingesetzt, kehrte aber gemäss Ley erst im Frühjahr 1838 nach Bern zurück. Vgl. Nesselrode an Krüdener, 21. 5./2. 6. 1837. Švejcarija – Rossija, Nr. 31, S. 94; Benziger, Beziehungen der Schweiz mit Russland, S. 20; Ley, La Russie: Paul de Krudener et les soulèvements nationaux, S. 145.

1858	Julius (Jules) Tęgoborski: Geschäftsträger
1858–1860	Nikolaus von Nikolai/Nicolay (N. P. Nikolai, 1818–1869): AGbM
1860–1862	Alexander von Struve (A. G. Struve): Geschäftsträger
1862–1869	Aleksandr Ozerov (A. P. Ozerov, 1817–1900): AGbM
1869–1872	Nikolaus von Giers (N. K. Girs, 1820–1895): AGbM
1872–1878	Michail A. Gorčakov (1839–1897): AGbM
1878/79	Basil/Wilhelm von Kotzebue (V. E. Kocebu, 1813–1887): AGbM
1879–1896	Andreas von Hamburger (A. F. Gamburger, 1821–1899): AGbM
1897–1900	Alexander von Jonin (A. S. Jonin/Ionin, 1837–1900): AGbM
1900–1902	Alexander von Westmann (A. V. Vestman, gest. nach 1912): AGbM[571]
1902–1906	Valerian von Žadovskij/Jadowsky (V. V. Žadovskij): AGbM
1906–1916	Basilius/Wilhelm von Bacheracht (V. R. Bacheracht, 1851–1916): AGbM
1916/17	Michel M. Bibikov: Geschäftsträger
1917	Georges von Plançon-Rostkov: AGbM (Amt nicht angetreten)

Über 30 Jahre lang kümmerte sich der Deutschbalte Baron *Paul von Krüdener,* Sohn der abenteuerlichen Pietistin Juliane Freifrau von Krüdener und eines zarischen Diplomaten, um die Schweiz.[572] In seine Amtszeit fiel der spannungsreiche Neustart der Eidgenossenschaft 1848 sowie 1856/57 der Neuenburger Konflikt, in dem der Gesandte namens seiner Regierung den antimonarchischen Eidgenossen nochmals die kalte Schulter zeigte. Francis Ley hat sich verschiedentlich mit der Familie Krüdener beschäftigt und den in seinem Besitz befindlichen Nachlass Paul von Krüdeners ausgewertet. Ley zeichnet das Bild eines Diplomaten, der in die alte Schweiz geradezu vernarrt war, infolge seiner Versetzung nach Washington schmerzvollen Abschied nahm, zehn Jahre später seine erneute Beorderung zu den Eidgenossen erreichte – und 1838 eine Schweiz wiederfand, die nach den Regenerationsbewegungen von 1830/31 nicht mehr die seine war.[573] Wenn also Krüdener, wie Ley meint, eine echte Sympathie für die (alte) Schweiz im Herzen trug,[574] so kommentierte er in der Folge die liberalen Veränderungen, ganz wie sein Vorgesetzter Nesselrode, mit dem Grimm des enttäuschten Traditionalisten. Zwar gestand er später ein, dass nicht das schlimmste aller denkbaren Szenarien eingetreten war und wenigs-

---

571 Vgl. schweizerische Gesandtschaft in Berlin an Bundespräsident Hauser, 14. 6. 1900. BAR, E 2001 (A)/1515.

572 Zu Jugend und Ausbildung Paul von Krüdeners vgl. Ley, La Russie: Paul de Krudener et les soulèvements nationaux, S. 27–38; Krüdener, Voyage en Italie. Für biografische Angaben zur Familie Krüdener vgl. auch MERSH, Bd. 18, S. 102–104. Zum Geschlecht der Krüdener vgl. auch NDB, Bd. 13, S. 95 f.

573 Vgl. Ley, La Russie: Paul de Krudener et les soulèvements nationaux, S. 56, 143–145.

574 Ebd., S. 56.

Paul von Krüdener.

tens eine Preisgabe der Neutralität an die europäische Revolution vermieden werden konnte.[575] Doch Krüdener blieb misstrauisch. Er glaubte nicht an die Demokratie, schilderte den angeblich grassierenden Despotismus in den radikal beherrschten Kantonen und entwarf überhaupt das Bild eines Staates, der seine liebe Not damit hat, heraufbeschworene Geister wieder loszuwerden.[576] Trotz punktueller Würdigung auch positiver Neuerungen des schweizerischen Bundesstaates verharrte Krüdener bis zu seinem Tod in der starren Schweizpolitik der Ära Nesselrode, die mit schemenhafter Ablehnung auf alles reagierte, was nach Veränderung der 1815 beschlossenen Staatenordnung oder gar nach Revolution roch. Seine letzten niedergeschriebenen Dienstgedanken widmete Krüdener denn auch einem prominenten Feindbild der Konservativen: James Fazy, dem «dictateur de Genève».[577]

Als jahrzehntelanger Mitarbeiter Nesselrodes und kaiserlicher Vertreter in der Schweiz genoss Krüdener das volle Vertrauen der Zentrale und handelte, mit jeweils nachträglicher Billigung aus St. Petersburg, verschiedentlich recht autonom. Im März 1856 etwa liess er das Aussenministerium wissen, er habe in

---

575 «La Suisse peut s'estimer heureuse d'avoir [...] résisté à l'entraînement ultraradical [...].» Krüdener an Nesselrode, 23. 8./4. 9. 1848. Švejcarija – Rossija, Nr. 42, S. 136.

576 Vgl. Krüdener an Nesselrode, 1./13. 7. 1851. Švejcarija – Rossija, Nr. 43, S. 137 f.

577 Krüdener an A. M. Gorčakov, 24. 1./5. 2. 1858. AVPRI, Missija v Berne, op. 510, d. 169, ll. 48 bis 49.

Anbetracht des Friedensschlusses von Paris bereits wieder freundschaftliche Beziehungen mit den Berner Missionen Frankreichs, Englands und Sardiniens aufgenommen.[578] Fast sentimental mutet der Brief an, den Nesselrode im April 1856 anlässlich seiner Demission nach Bern schickte und in dem er sich für die gute Zusammenarbeit bedankte.[579] Krüdener antwortete ebenso gerührt: «Accoutumé, Monsieur le Comte, depuis de si longues années à Votre indulgence et ne me faisant pas d'illusion sur le point auquel elle m'était nécessaire, un sentiment d'attachement personnel pour Elle s'était profondément associé dans mon âme à celui des devoirs que j'ai eu à remplir sous sa direction dans le cours de plusieurs règnes si constamment glorieux pour la Russie.»[580] Während seiner letzten Lebensjahre kam dem altgedienten Krüdener die Ehre eines Doyen des in Bern akkreditierten diplomatischen Korps zu.[581] Krüdener bemühte sich wiederholt darum, die politischen Eigenarten der Schweizer in ihrem neuen liberalen Staat zu ergründen. Eine revolutionäre Anfälligkeit schien ihm bei diesen sonst eigentlich nicht unvernünftigen Leuten gegeben: «Il y a du bon sens dans le peuple suisse, mais il n'est pas toujours à l'abri de certaines fascinations qui, plus d'une fois, l'ont entraîné tout entier sur les traces des révolutionnaires [...].»[582] Als Kuriosum rapportierte Krüdener 1857, dass eine Parlamentssitzung in Bern ausfallen musste, weil die meisten Volksvertreter schwänzten und sich am Eidgenössischen Schützenfest vergnügten.[583] Was den Gesandten immer wieder besonders erstaunte, war die unbekümmerte Respektlosigkeit der Schweizer gegenüber den grossen Monarchien Europas. Anlässlich des Neuenburger Konfliktes meinte er: «Ainsi les Suisses admonestés de tous cotés, pensent aujourd'hui comme toujours, qu'ils ne sont pas dans le cas de trop s'effrayer.»[584] Anfang Februar 1858 starb Krüdener, «après trois jours de maladie gastrique».[585] Wie die russische Mission überhaupt, war der Verstorbene in der Schweiz nicht sehr beliebt gewesen.[586] Immerhin honorierte das *Journal de Genève* im Nachruf seinen mässigenden Einfluss auf die konservativen Mächte anlässlich der

578 Krüdener an Nesselrode, 19./31. 3. 1856. AVPRI, Missija v Berne, op. 510, d. 168, l. 12.
579 Nesselrode an Krüdener, 16. 4. 1856 (a. St.). AVPRI, Missija v Berne, op. 510, d. 64, ll. 4–5. – Zur einstigen wohlwollenden Förderung des jungen Nesselrode durch Krüdeners Vater vgl. Ley, La Russie: Paul de Krudener et les soulèvements nationaux, S. 28.
580 Krüdener an Nesselrode, 1./13. 5. 1856. AVPRI, Missija v Berne, op. 510, d. 64, ll. 10–11.
581 Als solcher sass er bei offiziellen Anlässen zur Rechten des Bundespräsidenten, vgl. Krüdener an Nesselrode, 15./27. 4. 1856. AVPRI, Missija v Berne, op. 510, d. 168, ll. 14–14 ob.
582 Krüdener an Nesselrode. Privatarchiv Ley. Zit. in: Ley, La Russie: Paul de Krudener et les soulèvements nationaux, S. 190. Ley datiert das Dokument etwa auf den Juni 1848.
583 Krüdener an A. M. Gorčakov, 28. 6./10. 7. 1857. AVPRI, Missija v Berne, op. 510, d. 169, ll. 26 bis 27.
584 Krüdener an A. M. Gorčakov, 29. 9./11. 10. 1856. AVPRI, Missija v Berne, op. 510, d. 168, ll. 54–58.
585 Struve an A. M. Gorčakov, 30. 1./11. 2. 1858. AVPRI, Missija v Berne, op. 510, d. 169, l. 50.
586 Vgl. Benziger, Beziehungen der Schweiz mit Russland, S. 19.

Neuenburger Krise.[587] Und der französische Gesandte Jean-Reymond-Sigismond-Alfred de Salignac-Fénelon meldete anerkennend nach Paris: «Plus tard et à deux reprises différentes, il a été ministre de Russie en Suisse. Il connaissait ce pays comme peu de diplomates, et il a toujours apporté dans ses relations avec le gouvernement et avec ses collègues un esprit de conciliation qui lui a valu la bienveillance générale.»[588]

Einige Mitarbeiter begleiteten Krüdener lange Jahre bei seiner Arbeit in der Schweiz. Als der Gesandte angesichts des sich abzeichnenden liberalen Sieges im Sonderbundskrieg Ende 1847 die Schweiz verliess und sich instruktionsgemäss für über sieben Jahre auf einen externen Beobachtungsposten (meist in Frankfurt am Main) zurückzog, verblieb sein Sekretär Ochando de la Banda in Bern, von wo er ausführliche Berichte zum politischen Tagesgeschehen lieferte; anstelle des kranken Ochando verfasste dann auch dessen (ebenfalls als Gesandtschaftssekretär bezeichneter) Sohn einzelne Rapporte.[589] Zu erwähnen ist auch der langjährige Gesandtschaftssekretär Alexander von Struve. Als 1857 die Ehrung Struves für 40 Jahre tadellosen Dienst anstand, lobte Krüdener seinen Mitarbeiter, der ihm seit 16 Jahren diene und auch während des Unterbruchs direkter Beziehungen mit der Schweizer Regierung gute Arbeit geleistet habe.[590] Es war auch Struve, der nach Krüdeners Tod interimistisch die Geschäfte der Mission übernahm. Er informierte Bundespräsident Furrer, der zum Tod Krüdeners kondolierte und sich anerkennend über die Leistungen des Verstorbenen äusserte.[591]

Im April 1858 überreichte *Jules Tęgoborski* dem Bundespräsidenten seine Akkreditierungspapiere als neuer zarischer Geschäftsträger in Bern.[592] Tęgo-

587 Vgl. Ley, La Russie: Paul de Krudener et les soulèvements nationaux, S. 278.

588 Salignac-Fénelon an Aussenminister Walewski, 12. 2. 1858. Zit. in: Ley, La Russie: Paul de Krudener et les soulèvements nationaux, S. 278.

589 Zur Frage, ob auch der Sohn Ochandos nach dessen Tod 1853 als Diplomat zu betrachten sei, vgl. Regierungsrat des Kantons Bern an den Bundesrat, 11. 6. 1855. BAR E 2/880. Bei dem Ochando, der im Staatskalender 1856–1860 als Zweiter Sekretär der Gesandtschaft figuriert, handelt es sich wohl um diesen Sohn. Er vertrat zuweilen den abwesenden Krüdener, vgl. Protokoll der Sitzung des Bundesrates, 17. 10. 1856. BAR, E 2/443. – Die Halbschwester Krüdeners trug den Namen Sophie Krüdener d'Ochando, vgl. Ley, La Russie: Paul de Krudener et les soulèvements nationaux, S. 301. Zu Ochando vgl. auch ebd., S. 164.

590 Krüdener an A. M. Gorčakov, 15./27. 2. 1857. AVPRI, Missija v Berne, op. 510, d. 169, ll. 10 ob.–11.

591 Vgl. Struve an A. M. Gorčakov, 30. 1./11. 2. 1858. AVPRI, Missija v Berne, op. 510, d. 169, ll. 50–51; Struve an A. M. Gorčakov, 1./13. 2. 1858. Ebd., ll. 51–53. – Über Krüdeners Beerdigung und die dort anwesenden schweizerischen und ausländischen Honoratioren berichtete Struve ebenfalls am 1./13. Februar 1858. Ebd., l. 53–53 ob. – Die von Struve als Missionschef verfassten Berichte aus Bern datieren von Februar bis April 1858 (n. St.). AVPRI, Missija v Berne, op. 510, d. 169, ll. 50–67 ob. – Zur Anerkennung Struves als interimistischer Geschäftsträger der zarischen Gesandtschaft vgl. EPD an den Bundesrat, 12. 2. 1858. BAR, E 2/880.

592 Zu Tęgoborski vgl. BAR, E 2/873. – In der Liste des Očerk istorii Ministerstva inostrannych del, Anhang, S. 18 fehlt der Name Tęgoborski.

borski berichtete nach St. Petersburg vom herzlichen Empfang, den ihm Bundespräsident Furrer bereitet habe, und von seiner eigenen Zusicherung unveränderten zarischen Wohlwollens für die Schweiz.[593] Tęgoborskis Mission in Bern war auf wenige Monate beschränkt. Dem Geschäftsträger gelang es in dieser kurzen Zeit nicht, ein tieferes Verständnis für die schweizerische Politik zu entwickeln. Seine Einschätzungen wirken blass und beschränken sich in der Regel auf stereotype Floskeln, die sich nach einem Blick ins Gesandtschaftsarchiv als sichere Werte der Berichterstattung über die Schweiz angeboten haben mögen: Undankbarkeit gegenüber den Mächten, Demoralisierung und Zersetzung durch Radikalismus und Revolution, Brüskierung der bewährten Ordnung in Europa. Die feierliche Eröffnung der Bundesversammlung im neuen «Palais fédéral» (eigentlich: *Palais du Conseil fédéral)* und die seiner Meinung nach anmassende Rede von Nationalratspräsident Keller kommentierte Tęgoborski mit den Worten: «Voilà donc, mon Prince, où l'Europe en est arrivée avec la longanimité dont elle a constamment usé vis-à-vis de la Suisse. C'est que celle-ci qui n'a dû dans le temps son existence et le maintien de ses libertés et de son indépendance qu'à la généreuse intervention des grandes Puissances maintenant dans l'orgueil des succès immérités qu'elle a obtenus depuis sa constitution, forte de sa faiblesse comme des rivalités des Puissances [...] ose par la bouche du Président de son principal corps législatif insulter à tout ordre de choses régulier et légal établi en Europe et ne craint pas d'envelopper dans l'expression de son mépris révolutionnaire tous les peuples qui jusqu'ici ont heureusement été préservés de l'action dissolvante du radicalisme suisse et de la démoralisation profonde qui en est la conséquence inévitable.»[594]

Im August 1858 ernannte der Zar zum Ausserordentlichen Gesandten und bevollmächtigten Minister in Bern – und damit zum eigentlichen Nachfolger Krüdeners – Baron *Nikolaus von Nikolai*.[595] Der neue Missionschef absolvierte am 19. Oktober seinen Antrittsbesuch bei Bundespräsident Furrer, auch er wurde herzlich empfangen.[596]

593 Tęgoborski an A. M. Gorčakov, 9./21. 4. 1858. AVPRI, Missija v Berne, op. 510, d. 169, ll. 68 ob.–70. In den Quellen finden sich auch die Schreibweisen Tęgoborski und Tengoborski. – Eine der ersten Amtshandlungen Tęgoborskis bestand darin, nach Genf zu eilen, um sich Grossfürstin Anna Fedorovna zu präsentieren. Tęgoborski an A. M. Gorčakov, 17./29. 4. 1858. Ebd., ll. 73 ob.–75 ob.

594 Tęgoborski an A. M. Gorčakov, 27. 6./9. 7. 1858. AVPRI, Missija v Berne, op. 510, d. 169, ll. 95–98, hier 96–96 ob.

595 Offensichtlich war für den Posten zunächst ein gewisser Kamill Ks. Labenskij bestimmt. In Očerk istorii Ministerstva inostrannych del, Anhang, S. 18 ist er als Gesandter für die Schweiz angeführt – allerdings nur für die Zeit vom 22. Juli bis zum 10. August 1858 und mit dem (russischen) Vermerk: «war nicht akkreditiert». Als Einsetzungsdatum für Nikolai ist hier der 5. August 1858 genannt. – Zu Nikolai vgl. BAR, E 2/874; dieses Dossier enthält auch Dokumente zu Struve.

596 Tęgoborski hatte Bundespräsident Furrer die Ernennung Nikolais Ende September mitgeteilt, vgl. Tęgoborski an A. M. Gorčakov, 17./29. 9. 1858. AVPRI, Missija v Berne, op. 510, d. 169,

Wie sein Vorgänger kannte sich Nikolai anfangs nicht aus in der Schweiz; doch anders als bei Tęgoborski ist hinter seiner Vorsicht das Bemühen um eine eigenständige Einschätzung der Lage spürbar. Er anerkannte beispielsweise im Sinne Krüdeners die guten Absichten von Bundesrat Furrer, nannte diesen aber ängstlich. Für den viel geschmähten Bundesrat Jakob Stämpfli hingegen fand er nach persönlichen Begegnungen Worte des Respekts. Stämpfli verfüge über unbestreitbares Talent und habe die Schweiz als Bundespräsident geschickt und unter Wahrung ihrer Interessen durch das schwierige Jahr 1859 mit seinem Italienkrieg geführt.[597]

Bereits Ende 1860 wurde Nikolai nach Dänemark versetzt. Vor seiner Abreise akkreditierte er beim Bundespräsidenten Sekretär Struve als interimistischen Geschäftsträger.[598] Gegenüber der Zentrale in St. Petersburg lobte Nikolai das Personal der Berner Gesandtschaft: den Ersten Sekretär Struve, den Zweiten Sekretär Ochando und Attaché Bondarevskij.[599]

Ein knappes Jahr später, im November 1861, erfuhr Struve von der Ernennung *Aleksandr Ozerovs* zum Nachfolger Nikolais.[600] Der neue Gesandte kam allerdings erst im Frühjahr 1862 nach Bern, wo er sich am 31. März Bundespräsident Stämpfli präsentierte und dabei die üblichen Sympathiebekundungen mit der Schweizer Regierung austauschte.[601] Mit Ozerov kehrte in der Leitung der Gesandtschaft wieder eine gewisse Kontinuität ein.

Der polnische Aufstand von 1863 und der damit verbundene Zustrom politischer Flüchtlinge aus dem Zarenreich in die Schweiz prägten den ersten Teil der Amtszeit Ozerovs; in diesem Kontext lässt sich gewissermassen der Auftakt einer verschärften zarischen Kontrolle über die Untertanen in der Schweiz ausmachen. Im April 1864 legte Ozerov auftragsgemäss ein Memorandum vor, in dem er für die diplomatische Ausbildung des Zarewitsch den aktuellen Zustand der Schweiz beschrieb. Der Gesandte verdeutlichte die bescheidene

l. 125–125 ob. – Zum Antrittsbesuch Nikolais bei Furrer und zu einer geplanten Reise nach Genf (zu Grossfürstin Anna Fedorovna) vgl. Nikolai an A. M. Gorčakov, 7./19. 10. 1858. Ebd., l. 132–132 ob.

597 Vgl. Nikolai an A. M. Gorčakov, 20. 12. 1858/1. 1. 1859. AVPRI, Missija v Berne, op. 510, d. 169, ll. 143–144 ob.; Nikolai an Ministergehilfe Tolstoj, 21. 12. 1859/2. 1. 1860. AVPRI, Missija v Berne, op. 510, d. 170, ll. 69–71.

598 Vgl. Nikolai an A. M. Gorčakov, 22. 11./4. 12. 1860. AVPRI, Missija v Berne, op. 510, d. 171, l. 81–81 ob. – Nikolai reiste am 6. Dezember 1860 aus Bern ab, vgl. Struve an A. M. Gorčakov, 25. 11./7. 12. 1860. Ebd., ll. 82–83.

599 Nikolai beantragte dem Aussenministerium eine Auszeichnung seiner Berner Mitarbeiter. Nikolai an A. M. Gorčakov, 22. 11./4. 12. 1860 (Entwurf). AVPRI, Missija v Berne, op. 510, d. 171, l. 87–87 ob.

600 Vgl. Struve an A. M. Gorčakov, 8./20. 11. 1861. AVPRI, Missija v Berne, op. 510, d. 172, l. 35. Očerk istorii Ministerstva inostrannych del, Anhang, S. 18 nennt für Ozerov das Einsetzungsdatum 25. Oktober 1861.

601 Vgl. Ozerov an A. M. Gorčakov, 19./31. 3. 1862. AVPRI, Missija v Berne, op. 510, d. 173, l. 7. – Zu Ozerov vgl. BAR, E 2/875.

Rolle, welche die Führungsfiguren der eidgenössischen Politik im Vergleich mit den überkommenen Herrscherdynastien Europas spielten: «Leur carrière est modeste et leurs noms sont obscurs; il est donc permis de les connaître beaucoup moins que les maisons régnantes de l'Europe.»[602] Ozerov blieb der kritischen zarischen Haltung gegenüber der schweizerischen Demokratie treu und verwies vorgebliche Errungenschaften des neuen Bundesstaates ins Reich der Selbsttäuschung – wenn er etwa von einem Land sprach, «qui a la prétention d'avoir réalisé le rêve chimérique de la liberté».[603] In tiefen Stimmbeteiligungen bei Urnengängen sah Ozerov einen Beweis für das politische Desinteresse der breiten Bevölkerung, und was die einzelnen Bundesräte betraf, so seien sie zwar oft guten Willens, aus Angst um ihre Wiederwahl aber allzu zaghaft.[604] Immerhin erkannte Ozerov, dass die kleine Schweiz nicht isoliert zu betrachten, sondern als Schauplatz gesamteuropäischer politischer Strömungen ernst zu nehmen sei: «La Suisse par la facilité avec laquelle elle ouvre les portes aux hommes et aux idées dont ne s'accommodent pas les Etats voisins, a été souvent un miroir prophétique des grands événements en Europe [...].»[605] Interessant ist nun, dass Ozerov die Schweiz von 1848 nicht mehr nur als Ausgangspunkt subversiver Umtriebe sah, sondern als einen mittlerweile etablierten Staat, der selbst der Revolution zum Opfer fallen könnte: «La Suisse est encore peut être l'état le plus sain de l'Europe, favorisée comme elle l'est par sa neutralité et la sagesse politique, mais les mœurs et les habitudes des clubs sont évidemment exploitées en ce moment par le parti européen du désordre.»[606]

Was Ozerov erstaunte (und augenscheinlich auch faszinierte), war die Selbstgenügsamkeit, mit der die Schweiz inmitten ernsthafter internationaler Krisen und Kriege unbeirrt und ruhig an ihrer eigenen institutionellen Vervollkommnung arbeitete.[607] Die Mentalität der Schweizer skizzierte Ozerov eher als kühl und nüchtern; 1866 freute er sich anlässlich der Einweihung der russischen Kirche in Genf darüber, dass die lokalen Behördenvertreter mit «herzlicher Aufrichtigkeit und Wärme», wie sie bei Schweizern nicht immer anzutreffen sei, ihre Verehrung für den Zaren zum Ausdruck brachten.[608]

---

602 Ozerov an A. M. Gorčakov, Genf, 16./28. 4. 1864. AVPRI, Missija v Berne, op. 510, d. 175, l. 8 bis 8 ob.

603 Ozerov an A. M. Gorčakov, 30. 11./12. 12. 1865. AVPRI, Missija v Berne, op. 510, d. 111, ll. 24 ob.–26.

604 Ozerov an Ministergehilfe Muchanov, 30. 6./12. 7. 1864. AVPRI, Missija v Berne, op. 510, d. 175, ll. 15–17.

605 Ozerov an A. M. Gorčakov, 1./13. 3. 1868. AVPRI, Missija v Berne, op. 510, d. 114, ll. 80 ob. bis 83.

606 Ebd.

607 Vgl. etwa russische Gesandtschaft in Bern an A. M. Gorčakov, 16./28. 1. 1869. AVPRI, Missija v Berne, op. 510, d. 114, ll. 120–121 ob.

608 Ozerov an A. M. Gorčakov, Genf, 15./27. 9. 1866 (aus dem Russischen). Rossija – Švejcarija,

Mit dem späteren Aussenminister *Nikolaus von Giers* trat Anfang 1869 der im Rückblick prominenteste zarische Diplomat seinen Dienst als Gesandter in Bern an.[609] Giers präsentierte Bundespräsident Welti am 16. Februar seine Akkreditierungspapiere. Traditionsgemäss wurden auch bei diesem Anlass beiderseits die guten Beziehungen betont.[610] Wie schon bemerkt, fällt in der Berichterstattung Giers' eine wohlwollende Sachlichkeit auf, die sich von den oft kritischen Stimmen der Vorgänger abhebt. Wie diese staunte Giers über die Ruhe des Lebens in der Schweiz.[611] Aber auch in der hiesigen Politik sah er viel Positives. Die Wahl der Bundesräte Welti und Cérésole zum Bundes- und Vizepräsidenten für 1872 kommentierte er geradezu euphorisch: «Ces deux magistrats jouissent de la meilleure réputation et on ne peut que se féliciter de les voir arriver au pouvoir dans un moment d'agitation comme celui que traverse la Suisse par suite de la révision de la Constitution fédérale.»[612] Giers unterschied klar zwischen der Politik des Bundesrates und derjenigen der Kantone. Dem Bundesrat attestierte der Gesandte in der brisanten Asylfrage guten Willen, den allerdings die für die Flüchtlinge zuständigen Kantonsregierungen immer wieder unterminierten.[613] Giers liess sich aber auch hier nur selten zu Pauschalurteilen hinreissen; er wusste durchaus zwischen den einzelnen Kantonen zu differenzieren und beschäftigte sich, wie schon seine Vorgänger, besonders intensiv mit den politischen Gepflogenheiten des Kantons Genf. Als herausragende Eigenschaft der Genfer nannte Giers «le désir, si commun aux Genevois, de se donner de l'importance et d'avoir un rôle à jouer dans les destinées du monde».[614] In Anbetracht der wachsenden russischen Kolonie in Genf verlegte Giers seine Residenz zeitweilig in die Rhonestadt. Er zeigte sich erleichtert darüber, dass

---

Nr. 52, S. 117. – Ozerov liess sich bei Absenz des Ersten Sekretärs zeitweilig durch Attaché Kapnist vertreten, vgl. Ozerov an das russische Aussenministerium, 29. 5./10. 6. und 12./24. 6. 1868 (Entwürfe). AVPRI, Missija v Berne, op. 510, d. 114, ll. 38–38 ob. und 100 ob.–101.

609 Zu Giers vgl. BAR, E 2/876.

610 Vgl. Giers an A. M. Gorčakov, 4./16. 2. 1869. AVPRI, Missija v Berne, op. 510, d. 114, ll. 122 bis 123.

611 Giers an A. M. Gorčakov, 17. 2./1. 3. 1869. AVPRI, Missija v Berne, op. 510, d. 114, ll. 123 ob. bis 125. Zur 1894 geäusserten scherzhaften Idee des alten Giers, seinen Lebensabend in der Schweiz zu verbringen, vgl. Lamzdorf, Dnevnik, S. 96.

612 Giers an A. M. Gorčakov, 20. 11./2. 12. 1871 (Entwurf). AVPRI, Missija v Berne, op. 510, d. 176, l. 79–79 ob. Vor seiner Bundesratszeit war der Anwalt Cérésole schon einmal in einem Rechtsfall von der russischen Gesandtschaft kontaktiert worden – zur allseitigen Zufriedenheit, vgl. Giers an A. M. Gorčakov, Genf, 23. 1./4. 2. 1870 (Entwurf). Ebd., l. 137–137 ob.

613 Vgl. Giers an A. M. Gorčakov, Genf, 22. 5./3. 6. 1870 (Entwurf). AVPRI, Missija v Berne, op. 510, d. 176, ll. 89–90 ob.

614 Hintergrund dieser Äusserung war das Engagement der *Alliance Evangélique de Genève* für mehr religiöse Toleranz in den baltischen Provinzen – ein Anliegen, das auch direkt dem Zaren vorgetragen wurde. Giers an Alexander II., 24. 6./6. 7. 1871. AVPRI, Missija v Berne, op. 510, d. 176, l. 152–152 ob.

Bundespräsident Welti Verständnis für diesen Schritt als Mittel der Wahrung russischer Interessen aufbrachte.[615]

Fürst *Michail A. Gorčakov,* Sohn des mächtigen Reichskanzlers und 1872 Nachfolger Giers' in der Schweiz, wirkte auf seine Zeitgenossen recht eigenwillig.[616] Der interimistische schweizerische Geschäftsträger in St. Petersburg Mercier meldete nach Bern: «On appelle le prince Michel un Ministre tiré par les cheveux et ici personne dans le monde officiel le prend au sérieux.»[617] Mercier äusserte jedoch die Hoffnung, durch den jungen Gorčakov beim alten einiges erreichen zu können. Der Vater jedenfalls wünsche, dass der Sohn in Bern einen guten Eindruck hinterlassen werde.[618]

Dafür standen die Vorzeichen freilich schlecht. Schon Anfang 1872 hatte der Schweizer Minister in Berlin vom zweifelhaften Draufgängertum Michail Gorčakovs berichtet: «Der Sohn des russischen Reichskanzlers, der junge Fürst Michael Gortschakow, welcher als Legationsrath der russischen Botschaft hier beigegeben ist, machte vor einiger Zeit eine Reise in die Schweiz u. konnte sich unter fictivem Namen und unter dem Dekmantel der Gesinnungsverwandtschaft in die Kreise der zahlreich am Genfer See lebenden russischen Nihilisten und Communisten einführen etc. So wenigstens wird erzählt, berühme sich hier der junge Gortschakow selbst.»[619]

Auch während seiner sechsjährigen Gesandtentätigkeit in der Schweiz fiel der Sohn des Aussenministers auf – nicht nur im positiven Sinne. Der britische Diplomat Horace Rumbold erinnert sich an den Abgang Gorčakovs mit folgenden Worten: «On my return to Berne I found a fresh colleague in M. Hamburger, who had succeeded, as Russian Minister, Prince Michel Gortchacow, the very unpopular younger son of the *Chancelier.*»[620]

Vor dem Hintergrund solcher Kommentare vermag der exaltierte Umgang des jungen Gorčakov mit den Schweizer Behörden nicht zu erstaunen. Bei der Lektüre seiner Noten und Briefe drängt sich der Eindruck einer Tendenz zu Arroganz und Überreaktion auf. Der Gesandte paraphrasierte in seinen Rapporten recht genau, was er zu welchem Schweizer Behördenvertreter gesagt hatte, oft zitierte er sich gleich selbst in direkter Rede. So erhalten wir eine

615 Vgl. Giers an A. M. Gorčakov, Genf, 25. 10./6. 11. 1869. AVPRI, Missija v Berne, op. 510, d. 114, ll. 158–159. Ein Hinweis auf den Umzug und die Genfer Adresse der Mission (Tranchées No. 5) finden sich auch im Bundesblatt: Mitteilung der Bundeskanzlei, 19. 10. 1869. BBl. 1869 III, S. 73. Im Archiv finden sich in Genf verfasste Berichte Giers' von Oktober 1869 bis Mai 1871. Am 10./22. September 1869 schrieb Giers aus Ouchy, ab dem 6./18. Oktober 1869 aus Genf. AVPRI, Missija v Berne, op. 510, d. 114, ll. 152 ff. – Zur Berichterstattung Giers' vgl. auch AVPRI, Missija v Berne, op. 510, d. 176.
616 Zu M. A. Gorčakov vgl. BAR, E 2/877.
617 Mercier war mit den beiden Gorčakovs vor der Entsendung des Juniors zusammengetroffen. Mercier an Bundespräsident Welti, 18./30. 3. 1871 (sic; gemeint ist: 1872). BAR, E 2/1425.
618 Mercier an Bundespräsident Welti, 24. 3./5. 4. 1872. BAR, E 2/1425.
619 Hammer an Bundespräsident Welti, 10. 2. 1872. DDS, Bd. 2, Nr. 397, S. 622.
620 Rumbold, Further recollections, S. 190.

Ahnung vom majestätischen Umgangston oder doch zumindest vom Selbstverständnis Gorčakovs als Vertreter einer Grossmacht. Eine Diskussion mit Bundespräsident Welti über die Erfolge der Internationale schilderte er zum Beispiel
so: «‹Les Grandes Puissances [...]› ai-je ajouté – ‹sont unanimes dans leur désir
de tomber d'accord sur cette question. Lorsqu'elles seront parvenues à établir
leur programme, la Suisse devra inévitablement y prendre aussi sa place [...]. Il
est utile que les hommes d'Etat de votre pays se disent bien qu'en ce cas il ne
serait guère possible de se retrancher derrière la juridiction de tel ou tel canton.
L'action des Grandes Puissances ne saurait être entravée par un point aussi
secondaire lorsqu'il s'agirait d'un bien reconnu européen. Pour éviter tout choc
à cet égard, il est essentiel qu'on ne l'oublie pas en Suisse. Je puis vous certifier
que S. M. l'Empereur désire sincèrement l'existence, l'intégrité et la prospérité
de votre pays, et c'est pour cela que je vous signale en ami tous ces points.›»[621]
Da blieb keine Frage offen, wer in Europa wichtig war und wer eben weniger.
Als sich 1873 das eidgenössische Parlament erlaubte, während der Diskussion
des Auslieferungsvertrags das russische Strafsystem zu kritisieren, ärgerte sich
Gorčakov über all den Undank der schwachen Schweiz.[622]
Aber auch im Kleinen liess sich der Gesandte nichts bieten. Als er 1876 einen
Brief aus der Strafanstalt Bern erhielt, verwahrte er sich bei Bundespräsident
Welti dagegen, dass einem Häftling eine solche direkte Kontaktaufnahme ermöglicht werde.[623] Und im folgenden Jahr beschwerte sich Gorčakov über das
angebliche unbefugte Eindringen von Berner Landjägern auf das Gesandtschafts-
gelände.[624]
Im Mai 1878 orientierte das zarische Aussenministerium seine Mitarbeiter über
den bevorstehenden Stellentausch der beiden Gesandten Gorčakov (Bern) und
Kotzebue (Sachsen/Sachsen-Altenburg).[625] Etwas strapaziert scheint die diplomatische Etikette, wenn der Bundesrat im Juni 1878 gegenüber dem Zaren sein
«lebhaftes Bedauern» über die Abberufung Gorčakovs ausdrückte und das
«beste Wohlwollen», ja gar das «taktvolle Benehmen» des Abtretenden während seiner hiesigen Amtsführung pries.[626] Immerhin bleibt zuzugeben, dass in
Gorčakovs Amtszeit die wichtigsten Verträge der schweizerisch-russischen
Beziehungsgeschichte vor dem Ersten Weltkrieg abgeschlossen wurden.[627]

---

621 M. A. Gorčakov an Ministergehilfe Westmann, 30. 6./12. 7. 1872. Švejcarija – Rossija, Nr. 60,
   S. 174.
622 M. A. Gorčakov an A. M. Gorčakov, 26. 11./8. 12. 1873. Švejcarija – Rossija, Nr. 65, S. 188.
623 Welti rügte die Berner Justiz- und Polizeidirektion, welche sich umgehend für den Brief
   entschuldigte. BAR, E 2/877.
624 BAR, E 2/882.
625 Vgl. Zirkular MID, 29. 5. 1878 (a. St.). AVPRI, Missija v Berne, op. 843/3, d. 15, ll. 3–4; Giers
   an M. A. Gorčakov, 12. 5. 1878 (a. St.). Ebd., l. 22.
626 Bundespräsident Schenk an Zar Alexander II., 4. 6. 1878. AVPRI, Missija v Berne, op. 843/3,
   d. 15, l. 17–17 ob.
627 So namentlich der Handels- und Niederlassungsvertrag von 1872, vgl. unten S. 239–246, 279 f.

Von Zar Alexander II. unterzeichnetes Akkreditierungsschreiben für den Gesandten Andreas F. Hamburger (10. Oktober 1879 [a. St.]).

Нашимъ любезнымъ и добрымъ друзьямъ, Высокопочтенному Швейцарскому Союзу. Высокопочтеннѣйшіе любезнѣйшіе друзья! На открывшееся мѣсто Нашего Чрезвычайнаго Посланника и Полномочнаго Министра заблагоразсудили Мы опредѣлить при Васъ въ томъ же качествѣ Нашего Статсъ Секретаря, Тайнаго Совѣтника и Кавалера Андрея Гамбургера. Извѣщая Васъ о семъ, Высокопочтеннѣйшіе любезнѣйшіе друзья, Мы просимъ Васъ подавать ему совершенную вѣру во всемъ, что отъ его Имени Нашимъ предлагаемо Вамъ будетъ, снабжая его по востребованію оныхъ благопріятными отвѣтами. Отъ Насъ же поручено ему удостовѣрить Васъ увѣреніе во всегдашнемъ Нашемъ къ Швейцарскому Союзу дружественномъ расположеніи. Впрочемъ молимъ Бога, чтобы сохранилъ Васъ, Высокопочтеннѣйшіе любезнѣйшіе друзья, подъ Святымъ Своимъ покровомъ. Дана въ Ливадіи Октября 10го дня 1879 года, Государствованія Нашего въ двадцать пятый годъ.

Вашъ Добрый Пріятель

Александръ.

Управляющій Министерствомъ Иностранныхъ Дѣлъ Н. Гирсъ

Ab Juni 1878 leitete *Basil von Kotzebue* die Berner Gesandtschaft – allerdings nur für etwas mehr als ein Jahr.[628] Er wurde im November 1879 von *Andreas von Hamburger* abgelöst, dem nach Krüdener am längsten in der Schweiz residierenden russischen Gesandten überhaupt; bis 1896 vertrat er sukzessive die Interessen von drei Zaren in Bern.[629] Hamburger entstammte dem engsten Mitarbeiterkreis des verblassenden Aussenministers Gorčakov. Als dessen jederzeit verfügbarer und zuverlässiger Sekretär hatte er angefangen,[630] nun wurde er mit einem diplomatischen Posten inklusive Ministertitel belohnt. Nachdem er sich in St. Petersburg wie ein «Sklave auf den amerikanischen Plantagen» vorgekommen war,[631] genoss Hamburger die neue Berner Freiheit sichtlich. Er erlaubte sich derart viele zynische Bemerkungen über seinen greisen Chef, dass sich der englische Kollege Rumbold über all den Undank nur wundern konnte.[632]

Die Ermordung Zar Alexanders II. 1881 und mit ihr die manifest gewordene Schlagkraft der staatsfeindlichen Subversion prägten Hamburgers Tätigkeit in der Schweiz – in diesem beliebten Zufluchtsland revolutionär gesinnter Kräfte aus dem Zarenreich. Hamburger kümmerte sich denn auch vornehmlich um die Asylfrage und die Kontrolle der hiesigen russischen Emigranten. Dass seine Vorstösse beim Bundesrat für eine strengere gemeinsame Überwachung erfolg-

---

628 Zu Kotzebue vgl. das (nicht sehr ergiebige) Dossier BAR, E 2/878. Zu seiner Ankunft in Bern vgl. Kotzebue an Bundespräsident Schenk, 18. 6. 1878. Ebd. – Zwischen dem Abgang Gorčakovs und der Ankunft Kotzebues hatte Sekretär N. Glinka die Geschäfte interimistisch geführt.

629 Zu Hamburger vgl. BAR, E 2/879. Zu seiner Ankunft in Bern vgl. Hamburger an Bundespräsident Hammer, 24. 11. 1879. Ebd. – Zur russischen Notifizierung der Thronbesteigung Alexanders III. vgl. Alexander III. an den «Schweizerischen Bund» *(Švejcarskij Sojuz)*, 4./16. 3. 1881. BAR, E 2/870; Protokoll der Sitzung des Bundesrates, 1. 4. 1881. Ebd. Zur späteren Thronbesteigung Nikolaus' II. vgl. Nikolaus II. an den «Schweizerischen Bund», 4. 11. 1894 (a. St.). Ebd. In beiden Fällen wurde Hamburger als Gesandter in Bern bestätigt.

630 Zu seiner Tätigkeit unter direkter Führung Gorčakovs äusserte sich Hamburger selbst in: Ministerstvo inostrannych del vo vremja upravlenija ministerstvom knjazja A. M. Gorčakova. Hier ist auch Hamburgers Engagement für eine professionellere Archivierung der Dokumente des Aussenministeriums thematisiert – eine Arbeit, aus der ihn die Berufung nach Bern herausriss.

631 Feoktistov, Za kulisami, S. 60 (aus dem Russischen). Feoktistov äusserte sich in seinem 1929 erschienenen Buch verschiedentlich zu Hamburger und dessen Schweizer Amtszeit: «[...] dann besetzte er einen diplomatischen Posten, wenn auch nicht einen besonders wichtigen, aber einen, von dem er einige Jahre zuvor natürlich nicht zu träumen gewagt hätte.» Ebd. (aus dem Russischen). Was Feoktistov bei Hamburger besonders beschäftigte, war sein unvorteilhaftes Äusseres und die Tatsache, dass er trotzdem die Gnade des doch gerade auf Eleganz und Äusserlichkeit so bedachten Aussenministers gefunden hatte: «Die Natur stattete ihn weder mit Verstand noch mit einem einigermassen repräsentablen Äusseren aus: bucklig, plump, mit dem Gesicht eines Orang-Utans, erweckte er auf den ersten Blick einen überaus unangenehmen Eindruck [...].» Hinter dieser Fassade, so Feoktistov, habe sich aber ein guter Mensch verborgen. Ebd., S. 59 (aus dem Russischen). Zum alten Hamburger und seiner schwachen Gesundheit vgl. Lamzdorf, Dnevnik, S. 82.

632 Vgl. Rumbold, Further recollections, S. 190.

los blieben, erklärte sich der Gesandte mit der wahltaktischen Ängstlichkeit von Schweizer Politikern und mit einer Presse, die ungehindert polemisieren durfte.[633] Immerhin betonte Hamburger die guten Absichten der Schweizer Regierung bei der Bekämpfung des Asylmissbrauchs. Er lobte die Ausweisung des Anarchisten Petr Kropotkin und erkannte eine «ferme intention de la part de la Suisse de seconder les efforts des Gouvernements étrangers dans la poursuite des ennemis de la société».[634]

Bei den Schweizer Behörden scheint Hamburger recht beliebt gewesen zu sein, soweit das durch die standardisierte Höflichkeit hindurch erkennbar ist. Der Bundesrat drückte gegenüber Alexander III. seine Befriedigung darüber aus, dass Hamburger auch unter neuer Herrschaft in Bern verblieb, und lobte bei dieser Gelegenheit die «qualités personnelles» des russischen Gesandten.[635] Zum 50. Jahrestag von Hamburgers Eintritt in den Staatsdienst 1893 gratulierte der Bundesrat und sprach dem Jubilaren seine Anerkennung und seinen Dank für die Beförderung der exzellenten Beziehungen zwischen den beiden Staaten aus.[636] Als Hamburger 1896 auf eigenen Wunsch abberufen wurde, akkreditierte er vorläufig seinen Ersten Sekretär Bacheracht als interimistischen Geschäftsträger.[637] Der Bundesrat betonte in einem Schreiben an Nikolaus II., wie sehr sich der bedauerlicherweise Abtretende die Hochschätzung und das Vertrauen des Bundesrates während seiner langen Berner Zeit erworben habe. «Indem der schweiz. Bundesrat sich der Hoffnung hingibt, dass das ausgezeichnete Verhältnis, in welchem die beiderseitigen Staaten ~~jetzt~~ zu einander stehen, auch fernerhin fortdauern werde, und für das Wohlergehen Eurer Majestät, sowie für dasjenige sämtlicher Völker des Russischen Reiches die aufrichtigsten Wünsche zum Ausdruck bringt, ersucht er Eure Majestät, die Versicherung seiner tiefsten Ehrerbietung entgegennehmen zu wollen.»[638] Aufschlussreich für die Einschätzung der Leistung Hamburgers ist das Wörtchen «jetzt», das im Entwurf des Schreibens zunächst auf eine Verbesserung der bilateralen Beziehungen unter

---

633 Vgl. Hamburger an Giers, 16./28. 3. 1884. Švejcarija – Rossija, Nr. 74, S. 207.

634 Hamburger an Giers, 16./28. 3. 1884. Švejcarija – Rossija, Nr. 74, S. 206.

635 Bundespräsident Droz an Alexander III., 1. 4. 1881 (Entwurf). BAR, E 2/870.

636 Bundesrat Lachenal an Hamburger, 1. 3. 1893 (Entwurf). BAR, E 2/879. – In der Sicht der deutschen Diplomatie begegnete Hamburger den schweizerischen Verhältnissen mit einer gewissen Gleichgültigkeit; hingegen soll er eine wichtige Schnittstelle zwischen der französischen und der russischen Regierung dargestellt haben. Vgl. Renk, Bismarcks Konflikt, S. 126, Anm. 460.

637 Hamburger an Bundespräsident Lachenal, 21. 10./2. 11. 1896. BAR, E 2001 (A)/1515. Im Dossier befindet sich auch das von Nikolaus II. gezeichnete Abberufungsschreiben – sowie die Dokumentation des für Hamburger organisierten Abschiedsessens.

638 Bundesrat an den Kaiser von Russland, 17. 11. 1896 (Entwurf). BAR, E 2001 (A)/1515. – Zum von Hamburger gewünschten Abschiedsschreiben des Bundesrates, in dem dann noch einmal Lob und Abschiedsschmerz zum Ausdruck gebracht wurden, vgl. Protokoll der Sitzung des Bundesrates, Präsidialverfügung vom 26. 11. 1896 und Bundesrat an Hamburger, 26. 11. 1896. Ebd.

diesem Gesandten angespielt hatte, das dann aber zugunsten einer zeitlosen Harmonievorstellung gestrichen wurde.[639] Nachfolger Hamburgers als zarischer Gesandter in Bern wurde Geheimrat *Alexander von Jonin*.[640] Archivalische Spuren in der Schweiz hinterliessen weniger die diplomatischen Aktivitäten Jonins als vielmehr die Abklärungen, welche der Bundesrat vor seinem Amtsantritt anstellte.[641] Diese ergaben, dass der Kandidat vorher Gesandter in Brasilien und gut 60 Jahre alt war,[642] «stockrussisch» beziehungsweise panslawistisch veranlagt sei,[643] ein viel gereister Gentleman, der von den einen als intelligent,[644] von den anderen als «geistig etwas reducirt»[645] und ruhebedürftig beschrieben wurde. Der Bundesrat sprach seine «Genehmhaltung» aus und willigte in die offizielle Einsetzung Jonins ein.[646] Dessen Antrittsbesuch bei Bundespräsident Deucher erfolgte im Mai 1897.[647] Eine energische Gesandtentätigkeit ist nicht auszumachen, und bereits am 3. Juni 1900 verstarb Jonin in St. Petersburg.[648] Der Erste Sekretär und interimistische Geschäftsträger Aleksandr S. Stalevskij informierte schon nach wenigen Tagen, der Zar habe *Alexander von Westmann* zum neuen Gesandten in der Schweiz ernannt. Der Bundesrat erteilte das ersuchte Agrément, nicht ohne sich wiederum über den Kandidaten kundig gemacht zu haben.[649] Die Gesandtschaft in Berlin liess wissen, Westmann, Sohn des einstigen Ministergehilfen von Kanzler Gorčakov, sei 1891 in Hamburg und Oldenburg akkreditiert worden und gelte als ruhiger, konzilianter Diplomat.[650] Der neue Gesandte überreichte seine Akkreditierungspapiere am 29. August 1900.[651] Wider Erwarten

639 Zum Tod von Hamburger 1899 vgl. Protokoll der Sitzung des Bundesrates, 18. 5. 1899. BAR, E 2001 (A)/1515. Hamburger wurde in Vevey beerdigt.

640 Auch: Yonine. Im russisch abgefassten Akkreditierungsschreiben erscheint der Name als Жонин. BAR, E 2001 (A)/1515.

641 Vgl. BAR, E 2001 (A)/1515.

642 Generalkonsul Dupont an Bundespräsident Deucher, 22. 1./8. 2. 1897. BAR, E 2001 (A)/1515.

643 Er sei «très russe d'idées (Stockrusse)». Schweizerische Gesandtschaft in Wien an Bundespräsident Deucher, 28. 1. 1897. BAR, E 2001 (A)/1515. Zur Einschätzung Jonins als Panslawist vgl. schweizerische Gesandtschaft in Berlin an das EPD, 29. 1. 1897. Ebd.

644 Schweizerische Gesandtschaft in Wien an Bundespräsident Deucher, 28. 1. 1897. BAR, E 2001 (A)/1515.

645 Schweizerische Gesandtschaft in Berlin an das EPD, 29. 1. 1897. BAR, E 2001 (A)/1515.

646 Protokoll der Sitzung des Bundesrates, 29. 1. 1897. BAR, E 2001 (A)/1515.

647 Protokoll der Sitzung des Bundesrates, Präsidialverfügung vom 4. 5. 1897. BAR, E 2001 (A)/ 1515. – Jonins Amtsantritt in Bern wurde durch seine Teilnahme an einer internationalen Konferenz zur Bekämpfung der Pest um einige Monate verzögert, vgl. Bacheracht an Bundespräsident Deucher, 20. 1./1. 2. 1897. Ebd.

648 Vgl. Stalevskij an Bundespräsident Hauser, 23. 5./5. 6. 1900. BAR, E 2001 (A)/1515; Protokoll der Sitzung des Bundesrates, 5. 6. 1900. Ebd.

649 Protokoll der Sitzung des Bundesrates, 16. 6. 1900. BAR, E 2001 (A)/1515.

650 Schweizerische Gesandtschaft in Berlin an Bundespräsident Hauser, 14. 6. 1900. BAR, E 2001 (A)/1515.

651 Vgl. Protokoll der Sitzung des Bundesrates, Präsidialverfügung vom 29. 8. 1900. BAR, E 2001 (A)/1515.

scheint sich das Verhältnis Westmanns zu den Schweizer Behörden schwierig gestaltet zu haben. Der Gesandte hinterliess den Eindruck eines Menschen, mit dem nicht ohne weiteres auszukommen war,[652] und seine Amtsführung bildete den Hintergrund für den erwähnten Rat des deutschen Gesandten Alfred von Bülow, die Schweiz möge sich eine eigene Gesandtschaft in St. Petersburg errichten: «Die Anarchistenfrage wird auch in der Folge an der Tagesordnung bleiben. Nun sind Sie aber jetzt rein à la merci der Berichterstattung des russischen Gesandten in Bern, der, je nach Temperament und persönliche[r] Auffassung der dortigen Verhältnisse, seiner Regierung meldet, was ihm beliebt. Und gerade während der Amtsperiode von Westmann, z. B., wäre es für die Schweiz von höchster Wichtigkeit gewesen, die zuständigen Ressorts in Petersburg durch einen diplomatischen Vertreter über die Situation und den wahren Sachverhalt aufklären zu können.»[653]

Nach nur zwei Jahren, im November 1902, verabschiedete sich Westmann wieder von der Schweizer Regierung.[654] Aufschlussreich auch hier der Entwurf eines Schreibens, in dem der Bundesrat die Arbeit des Abtretenden zu würdigen versuchte. Das Dokument verdeutlicht, wie auch höfliche Floskeln eine differenzierte Wertschätzung sichtbar machen können. Westmann habe sich in Bern «die Hochachtung ~~& das Vertrauen~~ des Schweiz. Bdsrates ~~in solchem Masse zu~~ erwe°rben ~~gewusst, dass dieser ihn nur mit lebhaftem Bedauern scheiden sieht~~».[655]

Westmann hatte dem Bundesrat schon im September seine Versetzung nach München mitgeteilt und um das Agrément für seinen Nachfolger, Geheimrat *Valerian Žadovskij,* den derzeitigen russischen Gesandten in Lissabon, gebeten.[656] Am 29. November 1902 stattete Žadovskij dem Bundespräsidenten seinen Antrittsbesuch ab.[657] Auch bei dieser Neubesetzung hatte das Politische Departement vorgängige Abklärungen getätigt. Neben positiven Einschätzungen[658] sind hier recht kritische Stimmen zu vernehmen. So hatte die Pariser

652 Die schweizerische Gesandtschaft in Wien führte aus, mit (Westmanns Nachfolger) Žadovskij sei gemäss Sondierungen bei der örtlichen russischen Botschaft besser auszukommen als mit Westmann. Schweizerische Gesandtschaft in Wien, 27. 9. 1902. BAR, E 2001 (A)/1515.

653 Vgl. schweizerische Gesandtschaft in Berlin an Bundespräsident Deucher, 28. 3. 1903. BAR, E 2001 (A)/1041.

654 Zur Überreichung des Abberufungsschreibens am 26. November 1902 vgl. Protokoll der Sitzung des Bundesrates, Präsidialverfügung vom 26. 11. 1902. BAR, E 2001 (A)/1515.

655 Bundesrat an den russischen Kaiser, 26. 11. 1902 (Entwurf). BAR, E 2001 (A)/1515.

656 Der Bundesrat erteilte das Agrément, vgl. Protokoll der Sitzung des Bundesrates, Präsidialverfügung vom 27. 9. 1902. BAR, E 2001 (A)/1515. – In den Quellen finden sich meist die Schreibweisen «Jadowsky» und «Shadowsky».

657 Protokoll der Sitzung des Bundesrates, Präsidialverfügung vom 29. 11. 1902. BAR, E 2001 (A)/ 1515. – Zur Ernennung Žadovskijs per kaiserliches Dekret vom 10. September 1902 vgl. Aussenminister Lambsdorff an Žadovskij, 12./25. 11. 1902. Rossija – Švejcarija, Nr. 81, S. 162.

658 Vgl. etwa schweizerisches Generalkonsulat in Lissabon an das EPD, 27. 9. 1902. BAR, E 2001 (A)/1515.

Gesandtschaft beim französischen Aussenministerium in Erfahrung gebracht, dass Žadovskij, der auch in Konstantinopel und Belgrad tätig gewesen war, als etwas schroff, nervös und reizbar gelte und ganz allgemein nicht den Ruf besonderer Befähigung geniesse. Immerhin: Etwas Gravierendes gegen den Kandidaten liege nicht vor.[659]

Der Fall Ilnicky – Geisteskrankheit oder gesellschaftliches Symptom?
Am 10. Juni 1904 wurde der Gesandte Žadovskij bei einem Attentat in Bern schwer verletzt.[660] Der 1853 in Galizien geborene Jan Ilnicky (recte Josef Serafin), ein aus Russland ausgewiesener österreichischer Staatsbürger,[661] hatte den von seinem Wohnort Genf herkommenden Žadovskij in der Berner Bundesgasse angesprochen, Aufschluss über seine seit Jahren hängigen Pensionsklagen gegen den russischen Staat gefordert und den Diplomaten dann als Personifizierung des mutmasslichen Unrechtsregimes mit einem Revolver zu töten versucht – «derart zwar, dass die Kugel den Kopf des Gesandten dicht vor dem linken Ohr und dicht oberhalb des Jochbogens traf, dicht hinter der Schläfenarterie eindrang, Haut, Fascie & Schläfenmuskel durchschlug, die Knochenhaut zerriss & auf dem blossen, gequetschten Knochen liegen blieb, mit Herbeiführung einer totalen Arbeitsunfähigkeit des Getroffenen für die Dauer von vierzehn Tagen und Schonungsbedürftigkeit für weitere drei bis vier Monate».[662]
Ein grosser Teil der Akten zur Affäre Ilnicky beschäftigt sich mit der Frage der geistigen Zurechnungsfähigkeit des Täters. Eine gewisse politische Relevanz kommt dem Fall dadurch zu, dass er erstmals die Frage nach den schweizerischen Sicherheitsmassnahmen für angefeindete russische Repräsentanten aufwarf, wie sie dann 1923 anlässlich der Ermordung des Sowjetdelegierten Vorovskij

---

659 Man habe ihr über Žadovskij mitgeteilt, so die Gesandtschaft in Paris, «qu'il n'avait pas la réputation d'un homme ‹très capable›; d'autre part sa femme manquerait souvent de tact. [...] que l'on pouvait se demander s'il était toujours l'interprète fidèle des instructions de son Gouvernement ou s'il ne se livrait pas personnellement à une politique parfois un peu aventureuse». Schweizerische Gesandtschaft in Paris an Bundespräsident Zemp, 26. 9. 1902. BAR, E 2001 (A)/1515. – Die Gesandtschaft in Wien berichtete unter anderem vom Nervenleiden der Gattin und von gewissen Fauxpas Žadovskijs auf einem früheren Posten. Schweizerische Gesandtschaft in Wien, 27. 9. 1902. BAR, E 2001 (A)/1515.
660 Vgl. BAR E 21/13909 und BAR, E 2001 (A)/1517.
661 Für die Personalien Ilnickys/Serafins stütze ich mich auf die Angaben in: K. k. Landesgericht für Strafsachen in Wien an die Kriminalkammer des Kantons Bern, 26. 4. 1911. BAR, E 21/13909. Andernorts wird Ilnicky aber immer wieder als türkischer Untertan bezeichnet, vgl. Žadovskij an den Ersten Sekretär der Gesandtschaft, Genf, 2. 9. 1903. Ebd.; Protokoll der Sitzung des Bundesrates, 10. 6. 1904. Ebd.; russisches Innenministerium (Polizeidepartement) an den Direktor des schweizerischen Zentralpolizeibüros, 8./21. 6. 1904. Ebd.; Schweizerisches Bundesgericht (Anklagekammer), 8. 10. 1904. Ebd. – Es finden sich in den Quellen auch die Schreibweisen «Ilnizky», «Ilnicki», «Illnitzky», «Ilnitsky» und gar «Illinsky».
662 Antrag des eidgenössischen Generalanwaltes an die Anklagekammer des Schweizerischen Bundesgerichts in Sachen Jan Ilnicky, 19. 9. 1904. BAR, E 21/13909.

in Lausanne den argumentatorischen Kernpunkt einer gehässigen politischen Auseinandersetzung bildete. Žadovskij war nämlich von Ilnicky, diesem «fou violant et aigri», schon 1903 schriftlich bedroht worden und hatte von den Schweizer Behörden einen angemessenen Schutz verlangt.[663] Ilnicky vermochte freilich die Berner Polizisten in einem Verhör davon zu überzeugen, dass sie weniger einen Geistesgestörten als ein Opfer obrigkeitlichen Unrechts vor sich hätten. Unter Abnahme des Ehrenworts, Žadovskij nicht mehr zu belästigen, wurde der Vernommene wieder freigelassen.[664] Auf Wunsch der zarischen Gesandtschaft erfolgte Anfang 1904 abermals eine polizeiliche Beobachtung,[665] die das Attentat vom Juni aber nicht verhinderte. Der verletzte Žadovskij zeigte sich denn auch erstaunt darüber, dass trotz seiner Warnungen keine Polizei zur Stelle war.[666] Wohl auch mit Blick auf befürchtete russische Verärgerung stellte der Bundesrat in der Presse klar, das Justiz- und Polizeidepartement habe die zuständigen Polizeibehörden wiederholt um Vorsichtsmassnahmen betreffend Ilnicky ersucht.[667] In der nun eingeleiteten bundesstrafrechtlichen Untersuchung wurde unter anderem wegen Missachtung diplomatischer Unverletzlichkeit und damit Verstoss gegen das Völkerrecht ermittelt.[668] Ilnicky

663 Vgl. Žadovskij an den Ersten Sekretär der Gesandtschaft, Genf, 2. 9. 1903. BAR, E 21/13909. Im Dossier befindet sich eine Kopie von Ilnickys Drohbrief.

664 Vgl. Regierungsstatthalter I an die städtische Polizeidirektion Bern, 3. 9. 1903. BAR, E 21/13909; Verhör Ilnicky, 4. 9. 1903. Ebd.; Aktennotiz Regierungsstatthalter I (Herrenschwand), 4. 9. 1903. Ebd.

665 Die Gesandtschaft war wegen eines erneuten Briefs Ilnickys an den Bundesrat gelangt. Vgl. Aktennotiz EJPD, 27. 1. 1904. BAR, E 21/13909. – Für die formalistisch und haarspalterisch argumentierenden Briefe Ilnickys, in denen er der russischen Regierung Ultimaten stellte, vgl. BAR, E 2001 (A)/1517.

666 Verhör Žadovskij, 11. 6. 1904. BAR, E 21/13909. – Zur ersten Reaktion des Bundesrates und dem Bedauern, das er der Gesandtschaft über diese – einem Verfolgungswahn zugeschriebene – Tat ausdrückte, vgl. Protokoll der Sitzung des Bundesrates, 10. 6. 1904. Ebd.; Bundespräsident Comtesse an Aussenminister Lambsdorff, 10. 6. 1904 (Entwurf). BAR, E 2001 (A)/1517.

667 Protokoll der Sitzung des Bundesrates, 16. 6. 1904. BAR, E 2001 (A)/1517.

668 Hier nur einige Dokumente zur Untersuchung: Generalanwalt an den eidgenössischen Untersuchungsrichter Olgiati, 11. und 23. 6. 1904. BAR, E 21/13909; Bundesanwaltschaft: Protokoll i. S. Ilnicky. Ebd.; Bundesanwaltschaft an den eidgenössischen Untersuchungsrichter Olgiati, 27. 6. 1904. Ebd.; Antrag des eidgenössischen Generalanwaltes an die Anklagekammer des Schweizerischen Bundesgerichts in Sachen Jan Ilnicky, 19. 9. 1904. Ebd.; Schweizerisches Bundesgericht (Anklagekammer) an die Bundesanwaltschaft, 29. 9. 1904. Ebd.; Bundesanwaltschaft an die Anklagekammer des Schweizerischen Bundesgerichts, 30. 9. 1904. Ebd.; Schweizerisches Bundesgericht (Anklagekammer), 8. 10. 1904. Ebd.; eidgenössischer Untersuchungsrichter für die deutsche und italienische Schweiz an die Bundesanwaltschaft, 21. 10. 1904. Ebd. – Für die Auskünfte des russischen Innenministeriums über Ilnicky und dessen Vorstrafen und mutmassliche Delikte im Zarenreich vgl. russisches Innenministerium (Polizeidepartement) an den Direktor des schweizerischen Zentralpolizeibüros, 8./21. 6. 1904. Ebd. – Zu den Abklärungen der Schweizer Behörden, wie ein entsprechendes Attentat an einem ausländischen Minister in Russland geahndet würde, vgl. schweizerisches Generalkonsulat in St. Petersburg an das EPD, 26. 7./8. 8. 1904. Ebd.

selber gab an, er habe den Gesandten nicht töten wollen, sich vielmehr provoziert gefühlt, als ihn Žadovskij merken liess, dass seine Anliegen von den russischen Behörden verschleppt würden.[669] Aufgrund psychiatrischer Gutachten[670] entschied das Bundesgericht am 9. Februar 1905, Ilnicky sei zur Tatzeit nicht zurechnungsfähig gewesen; die gerichtliche Verfolgung sei daher einzustellen und der Täter aus der Untersuchungshaft zu entlassen – unter Vorbehalt jener Massnahmen, welche im Interesse der öffentlichen Sicherheit geboten schienen.[671] Ilnicky kam für einige Zeit in die Irrenanstalt Münsingen. 1910 verübte er in Paris ein Revolverattentat gegen den Schweizer Legationssekretär Hans A. von Segesser-Brunegg und gelangte nach kurzer Haft in die österreichische Hauptstadt. Er landete schliesslich in einer Irrenanstalt in Galizien.[672] Vieles spricht dafür, gerade auch das lange internationale Sündenregister Ilnickys, dass wir es bei dem Attentat auf Valerian Žadovskij eher mit einer individuellen Verirrung als mit einem gesellschaftspolitischen Symptom zu tun haben. Interessant zumindest für die Wahrnehmung des russischen Staates in der Schweiz erscheint jedoch der Umstand, dass der Direktor der Irrenanstalt Münsingen Ilnicky nicht sofort und pauschal für unzurechnungsfähig erklärte. Zum Verdruss der Untersuchungsbehörden lieferte er in seinem ersten, 47-seitigen Bericht keine direkt umsetzbaren Urteile; er betonte vielmehr die Notwendigkeit zusätzlicher Informationen darüber, ob Ilnicky im Zusammenhang mit der Liquidation eines Erbes im Zarenreich tatsächlich Unrecht erlitten habe.[673] Der Spezialist hielt es also mindestens für möglich, das Verhalten des Delinquenten auch auf in Russland Erduldetes zurückzuführen. Erst nachdem ihm entsprechende Angaben nachgeliefert worden waren, formulierte Dr. Glaser in einem zweiten Gutachten seinen Befund: Grössenwahn, Verfolgungswahnsinn in Form von Querulantenwahn, aufgehobene Urteilskraft und Willensfreiheit zur Tatzeit.[674]

---

669 Verhör Ilnicky, 11. 6. 1904. BAR, E 21/13909.

670 Dr. Glaser an den eidgenössischen Untersuchungsrichter für die deutsche und italienische Schweiz, 24. 8. und 14. 9. 1904 (47 und 14 Seiten). BAR, E 21/13909. Vgl. auch die Oberexpertise im selben Dossier.

671 Schweizerisches Bundesgericht (Anklagekammer), 9. 2. 1905. BAR, E 21/13909.

672 Vgl. K. k. Landesgericht für Strafsachen in Wien an die Kriminalkammer des Kantons Bern, 26. 4. 1911. BAR, E 21/13909. – Zur Behauptung des Anwalts von Ilnicky, der schweizerische Generalanwalt habe seinerzeit seinen Mandanten für irrsinnig erklären lassen, um Russland gefällig zu sein, vgl. EPD an den Generalanwalt, 16. 1. 1911. Ebd. Zur dementierenden Antwort vgl. Generalanwalt Kronauer an Bundespräsident Ruchet, 17. 1. 1911. Ebd.; Kronauer an die schweizerische Gesandtschaft in Paris, 17. 1. 1911. Ebd. – Zum Schicksal Serafins/Ilnickys nach Verlassen der Schweiz vgl. auch Generalanwalt an die Staatsanwaltschaft des Kantons Zürich, 12. 10. 1912. Ebd.

673 Dr. Glaser an den eidgenössischen Untersuchungsrichter für die deutsche und italienische Schweiz, 24. 8. 1904. BAR, E 21/13909.

674 Dr. Glaser an den eidgenössischen Untersuchungsrichter für die deutsche und italienische Schweiz, 14. 9. 1904. BAR, E 21/13909. Zur Forderung nach einer klaren Aussage des Gutach-

Am 16./29. Mai 1906 teilte die russische Gesandtschaft mit, Žadovskij habe sich aus persönlichen Gründen gezwungen gesehen, die Schweiz hastig zu verlassen.[675] Zum Nachfolger bestimmte der Zar den Kammerherrn, wirklichen Staatsrat und Ritter *Basilius von Bacheracht,* den bisherigen Ministerresidenten in Tanger. In Bern war Bacheracht kein Unbekannter. Als junger Attaché hatte er hier bereits unter Missionschef Giers gearbeitet.[676] Er war dann einige Jahre Zweiter und 1894–1898 Erster Sekretär der Gesandtschaft gewesen. Der Bundesrat hatte ihn in bester Erinnerung behalten: «Hr. v. Bacheracht ist hier wolbekannt, u. es kann ohne Bedenken das Agrément erteilt werden. Von ganz anderem, besserem, Kaliber als Jadowsky.»[677]

Am 2. August überreichte Bacheracht sein Beglaubigungsschreiben.[678] Während seiner langjährigen Arbeit in Bern zeigte er ein wohlwollendes Verständnis für schweizerische Eigenheiten. Der Gesandte betonte die persönlichen Freundschaftsgefühle, die ihn seit seiner Kindheit mit der Schweiz verbanden,[679] und auch in den Berichten an die vorgesetzte russische Behörde gab er sich meist recht mild. Die für das bilaterale Einvernehmen belastende Oberstenaffäre (1916) kommentierte er zuhanden von Aussenminister Sazonov mit den Worten: «Abschliessend werde ich mir erlauben anzumerken, dass mein langjähriger Aufenthalt hier und eine fundierte Kenntnis der Schweiz mir Grund geben zu behaupten, dass uns niemand hier bewusst einen Schaden zufügen wollte. […] Die internationale Lage wird sich ändern, und hier wird man sich

tens vgl. Bundesanwaltschaft an den eidgenössischen Untersuchungsrichter Olgiati, 5. 9. 1904. Ebd. – 1907 informierte die Bundesanwaltschaft die Berner Polizei im Anschluss an eine Mitteilung von Gesandtschaftssekretär Stalevskij darüber, dass angeblich ein Russe nach Bern gekommen sei, um hier ein Attentat auf die zarische Mission oder auf Spitzenvertreter der Schweizer Behörden zu verüben; die Berner überwachten daraufhin mehrere Tage und Nächte lang die Villa des russischen Gesandten, die Wohnstätten verschiedener Missionsvertreter und Bundesräte sowie jene des Bundesanwaltes. Vgl. Bundesanwaltschaft an die Polizeidirektion des Kantons Bern, 5. 4. 1907. BAR, E 21/14018; Polizeidirektion des Kantons Bern an die Bundesanwaltschaft, 21 8. 1907. Ebd.

675 Vgl. Protokoll der Sitzung des Bundesrates, 9. 6. 1906. BAR, E 2001 (A)/1515. – Für die bundesrätliche Antwort vgl. Bundesrat an den russischen Kaiser, 9. 6. 1906 (Entwurf). Ebd.

676 Aussenminister Gorčakov hatte Giers Ende 1871 geschrieben: «Bacheracht père vous présentera lui même votre jeune attaché. – Vous aurez à en faire l'éducation bureaucratique vu que le tems a manqué pour lui faire faire le stage habituel à la Chancellerie Ministérielle.» A. M. Gorčakov an Giers, 22. 11. 1871 (a. St.). AVPRI, Missija v Berne, op. 510, d. 178, l. 2–2 ob.

677 Unter dieser Notiz finden sich die Unterschriften der Bundesräte, die alle das Agrément für Bacheracht billigten, vgl. russische Gesandtschaft in Bern an Bundespräsident Forrer, 14./27. 6. 1906. BAR, E 2001 (A)/1515. – Zur Erteilung des Agréments vgl. Protokoll der Sitzung des Bundesrates, Präsidialverfügung vom 27. 6. 1906. Ebd.

678 Protokoll der Sitzung des Bundesrates, Präsidialverfügung vom 2. 8. 1906. BAR, E 2001 (A)/1515.

679 Vgl. *Discours de M. de Bacheracht Ministre de Russie, à la présentation de ses lettres de créance.* BAR, E 2001 (A)/1515. Vgl. auch *Réponse au discours de Son Excellence M. de Bacheracht, Ministre de Russie.* Ebd.

mit Scham an die Obersten Egli und Wattenwyl erinnern, welche die ehrliche Neutralität der Schweiz befleckt und die edle Rolle getrübt haben, welche die Schweiz jetzt mit ihrer Hilfe an Kriegsgefangene und andere Opfer des momentanen Weltkrieges spielt.»[680] Seine Kritik an den Verfehlungen einzelner Personen stellte Bacheracht in den Kontext einer grundsätzlich ehrlichen Neutralität (čestnyj nejtralitet) und einer edlen humanitären Rolle (blagorodnaja rol') der Schweiz.

Auch in der Amtszeit Bacherachts gehörte die Beobachtung der russischen revolutionären Emigration zu den zentralen Aufgaben der Gesandtschaft. Beispiel dafür wäre etwa die Berichterstattung über die internationale sozialistische Konferenz vom September 1915, zu welcher der Schweizer Sozialistenführer Robert Grimm nach Zimmerwald bei Bern geladen hatte – und an der, wenn auch noch etwas im Hintergrund, einige jener Männer teilnahmen, die nur gut zwei Jahre später die Macht über Russland an sich rissen: Lenin, Radek, Zinov'ev, aber auch Jan Berzin, der 1918 als Sowjetgesandter in der Schweiz die zarische Mission verdrängen sollte.[681] Davon ahnte Bacheracht noch nichts, als seine Gesandtschaft nach Petrograd berichtete: «In Zimmerwald, in der Nähe von Bern, fand ein internationaler sozialistischer Kongress statt.»[682] Von den kriegführenden Mächten seien weder die deutschen noch die französischen Sozialisten offiziell vertreten gewesen. Dafür italienische – und: «Russland war durch das Zentralkomitee der sozialdemokratischen und der revolutionären Partei, durch die lettische sozialdemokratische Partei und den jüdischen ‹Bund› vertreten.»[683] Die Gesandtschaft vermerkte, dass die Konferenz die Russin Anželika Balabanova in eine neu gebildete internationale sozialdemokratische Kommission mit Sitz in Bern gewählt habe.[684] Im Frühling berichtete Bacheracht über

680 Bacheracht an Sazonov, 20. 2./4. 3. 1916 (aus dem Russischen). Rossija – Švejcarija, Nr. 92, S. 180. Zur Oberstenaffäre vgl. unten S. 380–382.

681 Zur Konferenz von Zimmerwald vgl. Gautschi, Lenin, S. 142–156. Es existieren zu dieser Konferenz nur wenige schweizerische Behördenakten. Zu finden ist ein Schreiben der Bundesanwaltschaft an die Polizeidirektion des Kantons Bern, in welchem die mangelnde Überwachung der Konferenz beklagt wird, sowie ein kurzer Polizeibericht, vgl. DDS, Bd. 6, Nr. 152 (mit Anhang).

682 Russische Gesandtschaft in Bern an das MID, 5./18. 9. 1915 (aus dem Russischen; Entwurf; geheim; abgeschickt: 6./19. 9. 1915). AVPRI, Missija v Berne, op. 843/3, d. 909, l. 50–50 ob.

683 Ebd. An der Konferenz nahmen offizielle Delegationen der sozialistischen Parteien Bulgariens, der Niederlande, Italiens, Lettlands, Norwegens, Polens, Schwedens, Rumäniens und Russlands teil, vgl. Gautschi, Lenin, S. 145.

684 Die Mission sammelte in ihrem Archiv dann auch mehrere Nummern eines Internationale sozialistische Kommission zu Bern überschriebenen Blattes (September 1915 bis Januar 1917). AVPRI, Missija v Berne, op. 843/3, d. 909, ll. 1–47 ob. – In einem zweiten Schreiben hielt die Gesandtschaft fest, nicht einmal die Sozialdemokratische Partei der Schweiz habe offiziell an der Konferenz teilgenommen. Russische Gesandtschaft in Bern an Sazonov, 18. 9./1. 10. 1915 (Entwurf). Ebd., ll. 51–52 ob. – In offensichtlicher Unkenntnis dieser Berichte bat das zarische Aussenministerium knapp drei Monate später um gelegentliche Informationen zum Thema, vgl. MID an Bacheracht, 31. 12. 1915 (a. St.). Ebd., l. 53–53 ob. Bacheracht verwies auf seine

die am 24. April 1916 eröffnete, in Kiental abgehaltene so genannte zweite Zimmerwalder Konferenz.[685]

So behaglich, wie sie einst begonnen hatte, setzte sich Bacherachts Berner Tätigkeit nicht fort. Der Ausbruch des Weltkriegs schwemmte Massen von Russinnen und Russen in die neutrale Schweiz und löste hier hektische Repatriierungsanstrengungen aus. Vom ungeheuren administrativen Aufwand, den die Versorgung und Rückschaffung tausender von Landsleuten für die Gesandtschaft in Bern mit sich brachte, geben die Akten hinlängliches Zeugnis.[686]

Bacheracht starb am 18. Oktober 1916.[687] Der Bundesrat sprach sein tiefes Bedauern aus, erging sich in Anerkennung für den Verstorbenen, beschloss verschiedene Beileids- und Ehrerbietungsaktivitäten und achtete gar auf ein einheitliches Tenu der Schweizer Behördenvertreter an den Trauerfeierlichkeiten.[688] Bacheracht wurde unter grosser Anteilnahme der Öffentlichkeit und in Anwesenheit zahlreicher Bundesräte, Beamter und Diplomaten in Vevey beigesetzt.[689] Er war der letzte anerkannte Ausserordentliche Gesandte und bevollmächtigte Minister einer russischen Regierung vor dem Abbruch der diplomatischen Beziehungen gewesen.

Bis zur Februarrevolution 1917 amtierte nun der Erste Sekretär *Michel M. Bibikov* als interimistischer russischer Geschäftsträger; er hatte den kranken Bacheracht schon zuvor vertreten.[690] Der Bundesrat beobachtete die Neubesetzung der Gesandtschaftsleitung mit auffallender Anspannung; die eigene Vertretung in Petrograd wies er an: «Priere faire bien attention en tout ce qui concerne le remplacement du Ministre russe à Berne décédé et tenez nous au courant de tout ce que vous apprendrez à ce sujet. Si on vous ferait des allusions à une nomination possible de Bibikoff qui n'est pas du tout persona grata ici observez une attitude franchement négative.»[691]

Rapporte und liess im Frühjahr 1916 weitere Ergänzungen folgen. Er erwähnte die angelaufene Arbeit der besagten Kommission und schickte einzelne Nummern ihrer Zeitschrift nach Petrograd. Vgl. russische Gesandtschaft in Bern an Sazonov, 20. 3./2. 4. 1916 (Entwurf). Ebd., ll. 56–57.

685 Vgl. russische Gesandtschaft in Bern an das MID, 25. 4./8. 5. 1916 (Entwurf; geheim) und 8./21. 5. 1916 (Entwurf). AVPRI, Missija v Berne, op. 843/3, d. 909, ll. 58 und 59–60. – Zur Konferenz in Kiental vgl. Gautschi, Lenin, S. 201–207.

686 Vgl. etwa *Otčet o dejatel'nosti Imperatorskoj Missii v Švejcarii*. Izvestija Ministerstva inostrannych del, 4 (1915), S. 174–176.

687 Bibikov an Bundespräsident Decoppet, 18. 10. 1916. BAR, E 2001 (A)/1515.

688 Protokoll der Sitzung des Bundesrates, 19. 10. 1916. BAR, E 2001 (A)/1515; EPD an die russische Gesandtschaft in Bern, 18. (gemeint ist wohl: 19.) 10. 1916 (Entwurf). Ebd. – Zum Tod Bacherachts vgl. auch AVPRI, Missija v Berne, op. 843/1, d. 200. Zum Dank der russischen Regierung für die bundesrätliche Anteilnahme vgl. Odier an Bundesrat Hoffmann, 20. 10./2. 11. 1916; dazu Aussenminister Stürmer an Odier, 11./24. 10. 1916. BAR, E 2001 (A)/1515.

689 Für Zeitungsberichte vgl. BAR, E 2001 (A)/1515.

690 Vgl. Aktennotiz EPD, undatiert. BAR, E 2001 (A)/1516.

691 EPD an die schweizerische Gesandtschaft in Petrograd, 26. 10. 1916. BAR, E 2001 (A)/1515.

Weshalb die ablehnende Haltung gegenüber Bibikov? Einen Hinweis könnte das feindselige Verhältnis dieses Diplomaten zur russischen Kolonie in der Schweiz liefern, wie es vor allem nach der Februarrevolution aktenkundig wurde. Russische Emigranten bezeichneten Bibikov als «organisateur principal espionnage politique en Suisse contre citoyens russes».[692] Auch eine von der Provisorischen Regierung eingesetzte Untersuchungskommission zur Abklärung der Verbindungen zwischen dem überkommenen diplomatischen Apparat und der ehemaligen zarischen Geheimpolizei Ochrana belastete Bibikov, wie wir noch sehen werden, schwer.[693]

Als der Geschäftsträger Anfang November 1916 vertraulich mitteilte, der Zar habe *Georges de Plançon-Rostkov,* den bisherigen russischen Minister in Siam, zum neuen Gesandten in der Schweiz bestimmt, ging die Aufregung aber erst richtig los.[694] Die vom Bundesrat routinemässig eingeholten Erkundigungen fielen ungünstig aus. Die Gesandtschaft in Paris sprach von einem grotesken Diplomaten, dem zu misstrauen sei, und auch Arthur de Pury, einstiger Gesandtschaftssekretär in St. Petersburg, äusserte sich aufgrund eigener Beobachtungen negativ.[695] Der Bundesrat beschloss darauf, dem Kandidaten das Agrément zu verweigern,[696] und beauftragte seinen Gesandten Odier, diesen Entscheid so diplomatisch wie möglich im russischen Aussenministerium zu platzieren: «Nous espérons que vous saurez expliquer ce refus de manière à ce qu'il n'y ait pas méprise du Gouvernement Russe avec lequel nous avons le plus réel désir de continuer à entretenir de bonnes relations et c'est justement pour cela que Conseil fédéral veut éviter Plançon.»[697]

So einfach ging das aber nicht, Odier stiess mit seinem Bescheid in Petrograd auf Unverständnis.[698] Ministerpräsident Stürmer qualifizierte das verweigerte Agrément gar als einen persönlichen Affront gegen den Zaren. Wenn der Bundesrat nicht nachgebe, so die Schlussfolgerung Odiers, würde der Posten in Bern vorläufig nicht wieder vollwertig besetzt werden.[699] Die unerwartet hefti-

692 Abgefangenes Telegramm an Aussenminister Miljukov, undatiert. BAR, E 2001 (A)/1516.
693 Vgl. unten S. 420–422.
694 Bibikov an Bundesrat Hoffmann, 21. 10./3. 11. 1916 (vertraulich). BAR, E 2001 (A)/1515.
695 Vgl. Aktennotiz EPD, 6. 11. 1916. BAR, E 2001 (A)/1515.
696 Protokoll der Sitzung des Bundesrates, 7. 11. 1916 (geheim). BAR, E 2001 (A)/1515.
697 EPD an die schweizerische Gesandtschaft in Petrograd, 7. 11. 1916 (chiffriert). BAR, E 2001 (A)/1515.
698 Ministergehilfe Neratov warnte, eine Ablehnung des Agréments müsse auf den Zaren, der sein Einverständnis zu Plançon ja gegeben hatte, einen ungünstigen Eindruck machen. Odier an das EPD, 9. 11. 1916. BAR, E 2001 (A)/1515. Das Politische Departement beharrte auf seiner Instruktion, und Neratov verwies Odier – erneut vor der bedauerlichen Wirkung eines solchen beispiellosen «refus inattendu de la part d'un ami» warnend – an Ministerpräsident Stürmer. EPD an Odier, 11. 11. 1916. Ebd.; Odier an das EPD, 14. 11. 1916. Ebd. Der Bundesrat deckte die Unnachgiebigkeit des Politischen Departementes, vgl. Protokoll der Sitzung des Bundesrates, 15. 11. 1916 (vertraulich). Ebd.
699 Odier an das EPD, 20. 11. 1916. BAR, E 2001 (A)/1515.

gen Reaktionen des Zarenregimes liessen den Bundesrat klein beigeben. Er beschloss, der Akkreditierung Plançons keinen weiteren Widerstand entgegenzusetzen, «da die möglichen schweren Folgen durch den Vorgang nicht genügend gerechtfertigt wären».[700] Odier sollte Stürmer ausrichten, man erteile nun das Agrément. Es sei nie um eine Beleidigung des Zaren gegangen; vielmehr halte man dafür, dass das Agrément keine reine Formalität darstelle, sondern gerade im Dienste der guten Beziehungen auch verweigert werden könne.[701] Plançon kam aber gar nicht. Nach der Absetzung von Ministerpräsident Stürmer im November 1916 scheint seine Stellung geschwächt gewesen zu sein,[702] und bei Odier klagte der Kandidat über Intrigen im Ministerium.[703] Der Mitte März vollzogene Sturz des Zarenregimes schuf neue Verhältnisse. Geschäftsträger Bibikov musste nun seinen Platz räumen und die Leitung der Gesandtschaft dem Ersten Sekretär Onu übergeben. Bibikov teilte Bundesrat Hoffmann mit, er habe einen Urlaub erhalten, und dankte für die gute Zusammenarbeit.[704] Die Februarrevolution markiert den Endpunkt dieses institutionen- und personengeschichtlichen Längsschnitts. Die weitere Ausgestaltung der Apparate ist nicht von der politischen Entwicklung der Revolutionszeit zu trennen und gelangt deshalb im Kontext der Letzteren weiter unten zur Darstellung.[705] Hier ist nun aber, nach der Betrachtung der einzelnen Missionschefs, noch einiges zum übrigen Personal und zur Funktionsweise der zarischen Gesandtschaft in Bern vor 1917 zu sagen.

2.2.3.1.2. Das Gesandtschaftspersonal

Das Archiv der Gesandtschaft befindet sich heute in dem für die Zarenzeit zuständigen Archiv des russischen Aussenministeriums (AVPRI) in Moskau. Hier lagern neben politischen Dokumenten auch Berge von Personalakten –

700 Protokoll der Sitzung des Bundesrates, 21. 11. 1916 (geheim). BAR, E 2001 (A)/1515.

701 Dem Gesandten Odier stellte es der Bundesrat frei, allenfalls anzuregen, dass Plançon bald wieder aus der Schweiz abberufen werde. EPD an Odier, 21. 11. 1916. BAR, E 2001 (A)/1515.

702 Vgl. Odier an Bundesrat Hoffmann, 14./27. 11. 1916. BAR, E 2300 Petersburg/3.

703 Vgl. Odier an Bundesrat Hoffmann, 29. 1./11. 2. 1917. BAR, E 2300 Petersburg/3. – Zur Variante, Plançon habe aus Gesundheitsrücksichten nicht rechtzeitig aus Russland abreisen können, vgl. *Der neue russische Gesandte in Bern*. In: Der Bund, 24. 9. 1917 (BAR, E 2001 [A]/1515).

704 Dem Aussenministerium in Petrograd teilte Bibikov mit, er könne wegen der Schwangerschaft seiner Frau die Schweiz nicht sofort verlassen. (Bibikov) an das MID, 13./26. 3. 1917 (Entwurf). AVPRI, Missija v Berne, op. 843/2, d. 416, p. 2, l. 1; (Bibikov) an Bundesrat Hoffmann, 15./28. 3. 1917 (Entwurf). Ebd., l. 3 und original in: BAR, E 2001 (A)/1516. – Zur Übergabe der Geschäfte an Onu vgl. auch Benziger, Les représentations diplomatiques, S. 27; Notiz EPD, 9. 4. 1925. BAR, E 2001 (B) -/1/31 (B.22.121.3.R). Zur vorgängigen Ernennung Onus zum Ersten Sekretär der Gesandtschaft in Bern vgl. russische Gesandtschaft in Bern an das EPD, 8. 9. 1916. BAR, E 2001 (A)/1516.

705 Vgl. unten S. 412–532.

Ernennungen, Beförderungen, Auszeichnungen und vieles mehr.[706] Es ist mir nicht möglich, auf alle Chargierten näher einzutreten, nur schon deshalb nicht, weil uns einzelne Namen lediglich über isolierte Personenlisten bekannt sind. Generell ist zum Personal der Gesandtschaft Folgendes zu bemerken:

1. Es lassen sich, neben dem Minister selbst, im Wesentlichen fünf Kategorien von Mitarbeitern ausmachen: der Erste Sekretär, der Zweite Sekretär, die Attachés, die Konsularbeamten und die Geistlichen. Diese Funktionen waren allerdings nicht zwingend permanent und in konstanter personeller Dotierung besetzt. Insbesondere bei den Attachés gab es grosse Schwankungen, und einzelne Spezialisierungen (Militärattaché, Handelsattaché, Konsuln) finden sich überhaupt erst seit dem Ende des 19. oder im 20. Jahrhundert.

2. Die Liste der in der Schweiz arbeitenden zarischen Repräsentanten spiegelt in verschiedener Hinsicht die jeweils aktuellen Bedürfnisse russischer Aussenpolitik. Der zunehmenden Bedeutung des Aussenhandels seit Ende des 19. Jahrhunderts entsprach die Errichtung von Konsulaten und später einer eigentlichen Handelsagentur. Gerade die Konsulate waren aber auch Ausdruck eines vermehrten dezentralen Betreuungs- und Überwachungsbedürfnisses gegenüber der russischen Kolonie; das Konsulat in Genf etwa diente nicht zuletzt der besseren Kontrolle mutmasslicher revolutionärer Umtriebe in der Rhonestadt,[707] und der Posten in Davos drängte sich wegen der zahlreichen russischen Kurgäste auf. Nach Ausbruch des Weltkriegs wurden 1914 mehrere ehedem in Deutschland oder Österreich stationierte russische Amtsträger in die Schweiz verschoben – so namentlich Sekretär Bibikov (vormals Sekretär in München), Generalkonsul Damier (Generalkonsul in Frankfurt am Main) und Handelsagent Felkner (Handelsagent in Deutschland). Attaché S. A. Kanšin (vormals Konsul in Nizza)[708] war speziell für die Repatriierung von Russinnen und Russen zuständig. Gegenüber dem Politischen Departement begründete die Gesandtschaft diesen «temporären» Zuwachs mit dem steigenden Arbeitspensum.[709] Man wird allerdings auch vermuten dürfen, die Schweiz habe einzelnen auf nunmehrigem Feindesland stationierten zarischen Diplomaten und Konsularbeamten als vorübergehendes Exil und Refugium gedient.[710] Die neuen Mitarbeiter verursachten im Übrigen eine gewisse Verwirrung oder doch eine Aufblähung des hierarchischen Gefüges der Gesandtschaft; plötzlich gab es zwei Erste Sekretä-

---

706 Die betreffenden Bestände sind jeweils mit *Légation et personnel* betitelt. Vorhanden ist ein solches Dossier z. B. für das Jahr 1899: AVPRI, Missija v Berne, op. 843/2, d. 218.

707 Vgl. Benziger, Beziehungen der Schweiz mit Russland, S. 20.

708 Zur konsularischen Tätigkeit Kanšins in Nizza vgl. Rossija i Francija, S. 304.

709 Die genannten Personen, so heisst es, würden als Attachés beigezogen und sich der «affaires de leur compétence» annehmen, vgl. russische Gesandtschaft in Bern an das EPD, 20. 8./2. 9. 1914. BAR, E 2001 (A)/1516.

710 Mit dem ehemaligen russischen Konsul in Königsberg Poljanovskij kam noch 1916 ein weiterer «Attaché» dieser Art nach Bern, vgl. russische Gesandtschaft in Bern an das EPD, 22. 3./4. 4. 1916. BAR, E 2001 (A)/1516.

re, und wenn in Bern bis 1914 ein einzelner Vizekonsul gearbeitet hatte, so waren es 1916 ein Generalkonsul, ein Konsul und zwei Vizekonsuln. Ob tatsächlich alle dieser «Neuen» Hand anlegten (wie es einzelne nachweislich taten) oder ob der eine oder andere vielleicht auch nur institutionellen Unterschlupf genoss, ist nicht vollständig zu erhellen.

3. Wenn die durchschnittliche Amtsdauer der zarischen Gesandten in Bern seit 1848 rund sechs Jahre betrug, so waren es bei den Ersten Sekretären etwas über fünf Jahre, bei den Zweiten Sekretären etwas über drei Jahre. Die Berner Tätigkeit der Attachés dauerte im Schnitt knapp fünf Jahre – wobei hier die grosse Spannweite von einigen Monaten bis über 20 Dienstjahre die Aussagekraft des Mittelwertes relativiert. Das konsularische Personal arbeitete durchschnittlich etwas über fünf Jahre lang in der Schweiz, zum Teil in verschiedenen Funktionen oder an verschiedenen Standorten.

4. Ich verzichte darauf, die genauen Titel und Ränge der über 100 Funktionäre aufzulisten, die zwischen 1848 und 1917 für die zarische Gesandtschaft in Bern tätig waren. Immerhin möchte ich darauf hinweisen, dass es sich fast ausschliesslich um Personen handelte, die dem erblichen russischen Adel angehörten oder denen zumindest der persönliche Adel zukam. Wir finden – gerade bei den Attachés – unter anderem mehrere Fürsten (Nicolas Imeretinskij, Boris Golicyn, Dmitrij Šachovskoj, aber auch Minister Gorčakov), einige Barone beziehungsweise Freiherren (Krüdener, Nikolai, Rozen, Ungern-Sternberg, Meyendorff) und vor allem hohe Zivilränge (Geheimräte, Staatsräte, Kollegien- und Hofräte, Kollegienassessoren und andere). Daneben stehen die ebenfalls adelnden hohen Heeresränge; die Militärattachés waren bei ihrem Amtsantritt gewöhnlich Obersten.[711]

Dem hohen gesellschaftlichen Status entsprach ein bestimmtes Denken und Fühlen. Sicher: Auch russische Revolutionäre waren bisweilen adliger Herkunft. Das diplomatische Personal des Zarenreiches stellte sich aber explizit in den Dienst der bestehenden Ordnung, profitierte von ihr und blieb so der politischen Kultur der Autokratie verpflichtet. Dass dieses adlige Selbstbewusstsein der Gesandtschaft eine konfliktträchtige Spannung zur republikanischen Gesinnung des schweizerischen Gastlandes (und erst recht zum revolutionären Duktus der politischen Emigranten in Genf oder Zürich) begründete, liegt auf der Hand.

5. Carl Benziger hat darauf hingewiesen, dass die zarischen Diplomaten in der Schweiz «fast durchweg» baltischen Familien angehörten.[712] In der Tat trugen die Mitglieder der russischen Gesandtschaft in Bern häufig deutsche beziehungsweise deutschbaltische Namen. Die als solche erkennbaren ethnischen

---

711 Titel und Ränge des Gesandtschaftspersonals entnehme ich den Staatskalendern sowie der laufenden Korrespondenz, z. B. in: BAR, E 2001 (A)/1516.

712 Benziger, Beziehungen der Schweiz mit Russland, S. 19. Für entsprechende Namensabklärungen vgl. Deutschbaltisches biographisches Lexikon.

Russen stellten 1848–1917 weniger als die Hälfte aller Missionschefs und etwas mehr als die Hälfte des übrigen Gesandtschaftspersonals.

6. Funktionsrochaden innerhalb der Gesandtschaft waren möglich, blieben aber eher die Ausnahme. Bacheracht nahm als junger Attaché seinen Dienst in Bern auf und erklomm dann ebenda, wenn auch mit Unterbrüchen, Stufe um Stufe der Gesandtschaftshierarchie, wurde Zweiter, später Erster Sekretär, schliesslich Minister. Auch andere Zweite Sekretäre stiegen zu Ersten Sekretären auf. Diesen Beispielen stehen aber Dutzende von Mitarbeitern gegenüber, die ganz kurz oder auch jahrelang ein und dieselbe Funktion wahrnahmen. Immer wieder findet sich in der Korrespondenz der Hinweis, ein bestimmter Amtsträger sei auf einen anderen Posten versetzt beziehungsweise wegbefördert worden.[713] Nun einige Worte zu den einzelnen Chargen. Die *Sekretäre* der Gesandtschaft treten archivalisch vor allem als Stellvertreter der jeweiligen Gesandten in Erscheinung; bisweilen wurden sie formell als interimistische Geschäftsträger akkreditiert.[714] Zu besonderer Verantwortung und Prominenz gelangten die Ersten Sekretäre Bibikov und Onu, die den Berner Posten nach dem Tod von Minister Bacheracht als Geschäftsträger durch das Revolutionsjahr 1917 führten. Nicht zu verwechseln mit der prestigeträchtigen Funktion des Gesandtschaftssekretärs ist diejenige des (ebenfalls existenten) Kanzleisekretärs.[715]

Die zeitweilig recht zahlreich in Bern präsenten russischen *Attachés* figurieren in den diplomatischen Akten kaum je als Protagonisten des bilateralen Dialogs. Ihre Arbeit für die Gesandtschaft spielte sich eher im Hintergrund ab – sofern es sich nicht sowieso nur um eine formelle Assoziierung handelte. In einem klar abgegrenzten Zuständigkeitsbereich waren die Handels- und die Militärattachés tätig. Der Eintrag eines *Attaché commercial et financier* der russischen Gesandtschaft findet sich im schweizerischen Staatskalender erst für die letzten Jahre des Zarenregimes. Minister Bacheracht hatte das Politische Departement im Dezember 1914 darüber informiert, dass seine Regierung Vladimir M. Felkner, vormals Agent des russischen Ministeriums für Handel und Industrie sowie des Finanzministeriums in Deutschland, mit denselben Funktionen in der Schweiz betraut habe.[716] Felkner beschäftigte einen Sekretär, und damit war der Ge-

---

713 Der Zweite Sekretär Paul Wigel-Pantchoulidzew etwa wurde 1891 als Konsul nach Lübeck transferiert. Hamburger an Bundespräsident Welti, 16./28. 5. 1891. BAR, E 2/880.

714 Zur Vertretung Hamburgers durch Meissner vgl. etwa BAR, E 2/879; zur Vertretung Jonins durch Bacheracht vgl. Jonin an Bundespräsident Deucher, 19./31. 12. 1897. BAR, E 2001 (A)/1515; im selben Dossier finden sich auch Hinweise auf die Vertretung Žadovskijs durch Stalevskij.

715 Zum Versuch der Gesandtschaft, 1911 auch für einen Kanzleisekretär das diplomatische Privileg der Steuerbefreiung zu erlangen, vgl. russische Gesandtschaft in Bern an das EPD, 5./18. 4. 1911. BAR, E 2001 (A)/1516. Nachdem der Schweizer Gesandte Odier über Steuervergünstigungen berichtet hatte, die dem Kanzleisekretär Osenbrüggen in St. Petersburg gewährt wurden, veranlasste das Politische Departement die Steuerbefreiung des betreffenden russischen Funktionärs, vgl. Odier an Bundespräsident Ruchet, 12./25. 4. 1911. Ebd.

716 Bacheracht bat um gute Aufnahme Felkners und um Vermittlung nützlicher Kontakte zu

sandtschaft nun also eine mehrköpfige Handelsagentur beigegeben, die einem anderen Ministerium diente als der diplomatische Posten selbst. Das russische Gesetz über die Errichtung solcher Handelsagenturen besagte, dass sie nach den Bedürfnissen des Ministeriums für Handel und Industrie eingesetzt würden, sich vor Ort aber den diplomatischen beziehungsweise konsularischen Vertretungen unterzuordnen hätten. Ihre Aufgabe bestand darin, die ausländischen Märkte zu studieren und russische Händler zu unterstützen.[717] Der Deutschlandkenner Felkner beschränkte sich in seinen Berichten aber keineswegs auf Handelsfragen. 1915 belieferte er sowohl Bacheracht wie auch Militärattaché Golovan' mit Informationen zum laufenden Krieg und zu den deutschen Absichten.[718]

Auch die schon viel früher geschaffene Stelle des Militärattachés *(voennyj agent,* eigentlich: Militäragent) war ein institutioneller Zwitter.[719] Als treibende Kraft trat in diesem Falle 1884 das Kriegsministerium auf. «Um dem Hauptstab das Sammeln von Informationen über ausländische Armeen zu erleichtern, hält es der Kriegsminister für unabdingbar, Posten von Militäragenten in Brüssel, Bern und Kopenhagen zu errichten, von wo sich die militärischen Veränderungen der grossen Mächte und, im Falle eines Bruchs mit Österreich oder Deutschland, die Bewegungen ihrer Truppen sehr bequem beobachten lassen.»[720] Der Gesandte Hamburger unterstützte die Idee einer Militäragentur, wie sie ja auch Deutschland, Frankreich und Italien in Bern unterhielten.[721] Allerdings äusserte er in einem persönlichen Brief an Aussenminister Giers gewisse Bedenken im Hinblick auf die Tendenz des Kriegsministeriums, eine

Schweizer Handelskreisen. Bacheracht an das EPD, 3./16. 12. 1914. AVPRI, Missija v Berne, op. 843/2, d. 416, p. 28, ll. 1–2.

717 *Zakon ob učreždenii dolžnostej agentov Ministerstva Torgovli i Promyšlennosti za graniceju i sekretarej pri nekotorych iz nych.* Izvestija Ministerstva inostrannych del, 5 (1912), S. 47–50. – In russischen Dokumenten figuriert Felkner als «Agent Ministerstva Torgovli i Promyšlennosti sostojaščij pri Imperatorskoj Rossijskoj Missii v Berne» (Agent des Ministeriums für Handel und Industrie bei der Kaiserlichen Russländischen Mission in Bern). Vgl. AVPRI, Missija v Berne, op. 843/3, d. 800.

718 Felkner an die russische Gesandtschaft in Bern, 20. 10./2. 11. 1915. AVPRI, Missija v Berne, op. 843/3, d. 800, ll. 18–23. Das Schreiben an Militärattaché Golovan' vom 18./31. Oktober 1915 ist als Kopie beigelegt. – Zum Bestreben Felkners, 1917 dem Sekretär der russischen Handelskammer in der Schweiz den Status eines Angehörigen der russischen Gesandtschaft zu verleihen, vgl. Felkner an Geschäftsträger Onu, 7./20. 6. 1917. AVPRI, Missija v Berne, op. 843/2, d. 416, p. 28, l. 14–14 ob.

719 Zur Entwicklung der russischen Militäraufklärung und besonders der Institution der Militäragenten vgl. Sergeev/Ulunjan, Ne podležit oglašeniju, S. 17–52. Für Listen der russischen Militäragenten im Ausland vgl. ebd., S. 373–389; Alekseev, Voennaja razvedka, Bd. 1, S. 314 bis 322 (1895–1905) bzw. Bd. 2, S. 517–524 (1905–1914).

720 MID an Hamburger, 27. 11. 1884 (a. St.; aus dem Russischen; geheim). AVPRI, Missija v Berne, op. 843/2, d. 42, l. 47.

721 Hamburger an Giers, 4./16. 12. 1884 (geheim; Entwurf). AVPRI, Missija v Berne, op. 843/2, d. 42, l. 48–48 ob.

eigene Aussenpolitik zu betreiben. Es gelte deshalb unbedingt sicherzustellen, dass der allfällige neue Militärattaché in Bern die Instruktionen des Aussenministeriums genau befolge.[722] Der Bundesrat genehmigte 1885 die Bestellung eines ständigen Militärattachés bei der russischen Gesandtschaft in Bern.[723] Aktenkundig wurden vor allem die beiden letzten Amtsträger: Dmitrij I. Romejko-Gurko (1872–1945, im Amt 1908–1914) mit seiner abenteuerlichen militärischen Aufklärungstätigkeit vor Ausbruch des Weltkriegs und Sergej A. Golovan' (im Amt ab 1914) als einer der letzten Repräsentanten des alten Regimes in der Schweiz.[724] Seit 1908 stand dem Militärattaché ein Adjunkt (oft auch «Attaché des Militäragenten» genannt) zur Seite, seit 1917 treffen wir gleich auf mehrere solche Gehilfen.[725] Mit Attaché André Mandelstam kümmerte sich seit 1916 ein Spezialist des Aussenministeriums um die Frage der Kriegsgefangenen.[726] Den *Konsularbeamten* und ihren Posten ist unten ein eigenes Kapitel gewidmet. Zum Gesandtschaftspersonal gehörten aber auch *Geistliche*. Nachdem die 1816 in Bern eingerichtete orthodoxe Gesandtschaftskapelle im Kontext des Sonderbundskriegs ihre ordentlichen Aktivitäten eingestellt hatte, wurde sie 1854 in Genf neu eröffnet. 1866 konnte in der Rhonestadt eine orthodoxe

722 Hamburger an Giers, 4./16. 12. 1884 (Entwurf). AVPRI, Missija v Berne, op. 843/2, d. 42, l. 49 bis 49 ob. – Zum (auch in anderen Staaten) zwischen Konkurrenz und Kooperation schwankenden Verhältnis von aussenpolitisch interessierten Militärbehörden und Diplomatie vgl. Sergeev/Ulunjan, Ne podležit oglašeniju, S. 30.

723 Protokoll der Sitzung des Bundesrates, 10. 4. 1885. BAR, E 2/880. Zu den russischen Militärattachés in Bern vgl. BAR, E 27/9828. – Erster Amtsträger war bis 1891 ein gewisser Oberst Bertels oder Bärtels, vgl. Hamburger an Bundespräsident Deucher, 3./15. 1. 1886. BAR, E 2/880. Zur Abberufung von Bertels (mit dem Hinweis, die Stelle werde vorderhand nicht wieder besetzt) vgl. russische Gesandtschaft in Bern an das EDA, 8./20. 11. 1891. Ebd. – 1892 folgte Baron Grigorij A. Rozen (geb. 1848), der das Amt eines russischen Militäragenten in der Schweiz bis 1907 versah. Zur Ernennung Rozens vgl. Hamburger an Bundespräsident Hauser, 18./30. 4. 1892. Ebd. Zur offiziellen Abberufung Rozens vgl. EPD an das EMD, 13. 5. 1907. BAR, E 27/9828. In Alekseev, Voennaja razvedka, Bd. 2, S. 521 wird der Abgang Rozens auf den 1. Juli 1906 datiert und für das Jahr 1907 eine Vakanz vermerkt. Für biografische Angaben zu Oberst Rozen vgl. auch Sergeev/Ulunjan, Ne podležit oglašeniju, S. 389; Alekseev, Voennaja razvedka, Bd. 1, S. 281. – Dem krankheitshalber pensionierten Rozen folgte interimistisch bis Anfang 1908 Oberst Nikolaj A. Monkevic (geb. 1869) nach; er vertrat den zum neuen Militärattaché ernannten, aber abwesenden Oberst Simon Lileev, vgl. EPD an das EMD, 16. 5. 1907. BAR, E 27/9828. Zu Oberst Monkevic vgl. Sergeev/Ulunjan, Ne podležit oglašeniju, S. 389.

724 Für Biografisches zu Romejko-Gurko vgl. Sergeev/Ulunjan, Ne podležit oglašeniju, S. 389; Alekseev, Voennaja razvedka, Bd. 2, S. 498. Für Auszüge aus den Erinnerungen Romejko-Gurkos vgl. Romejko-Gurko, «Perepiska so špionami uveličilas'». Zu den Spionageaktivitäten Romejko-Gurkos vgl. auch Collmer, Kommunikation.

725 Für den 1908 geäusserten Vorschlag, die angeblich fast mit den gleichen Dingen beschäftigten Funktionen des Militäragenten und des Konsuls in *einer* Person zusammenzuführen, vgl. Grulev, Konsul'skoe delo i voennaja agentura.

726 Vgl. russische Gesandtschaft in Bern an das EPD, 8./21. 4. 1916. BAR, E 2001 (A)/1516.

Kirche eingeweiht werden.[727] Das Land stellte der Kanton Genf zur Verfügung; die Ausstattung wurde von der bisherigen Kapelle übernommen. «La Nouvelle Eglise fut d'ordre de Sa Majesté l'Empereur acceptée par le Ministère comme Eglise de la Légation [...].»[728] Die zarischen Gesandten präsentierten die jeweiligen Priester dem Bundesrat als Mitarbeiter ihres Postens, als «Aumônier de l'Eglise de la Légation Impériale en Suisse», wie etwa Hamburger den Erzpriester Opockij nannte,[729] und forderten entsprechende diplomatische Privilegien für sie. Vor allem die Frage der Steuerbefreiung von russischen Geistlichen war wiederholt Gegenstand gesandtschaftlicher Demarchen. Während die Schweizer Behörden die Priester in Genf als zum diplomatischen Korps gehörig betrachteten und von der Besteuerung befreiten,[730] blieben russische Bemühungen erfolglos, ähnliche Vergünstigungen auch für die orthodoxe Kapelle von Vevey zu erreichen, die Ende der 1870er Jahre privat eingerichtet und dann der Genfer Kirche beigeordnet worden war.[731]

Von zentraler Bedeutung für das Funktionieren der Mission waren schliesslich die diplomatischen *Kuriere*. Sie treten in der Zarenzeit archivalisch kaum in Erscheinung, standen aber nach der bolschewistischen Machtübernahme und der Einrichtung einer Sowjetmission in Bern häufig im Mittelpunkt gut dokumentierter Querelen.[732]

Eher zufällig stösst man in den Archivalien auf zarische Spezialemissäre, die als Fachleute mit Diplomatenpass in der Schweiz weilten und sich einer bestimmten Aufgabe annahmen, ohne offiziell als Mitarbeiter der Gesandtschaft angemeldet worden zu sein. So bringt etwa eine Vorladung der Berner Polizei die Spezialmission von Aleksis A. Bereznikov ans Licht, der 1916 in der Schweiz die Angelegenheiten eines Hilfskomitees für russische Kriegsgefangene regeln sollte.[733]

---

727 Zur Geschichte der russisch-orthodoxen Kirche und ihrer Institutionen in der Schweiz vgl. Tcherniavski, Histoire; L'église orthodoxe russe de Genève; ferner Benziger, Beziehungen der Schweiz mit Russland, S. 17.

728 Hamburger an den Staatsrat des Kantons Genf, 4./16. 3. 1893, anlässlich der Verlängerung der Bodennutzungsbewilligung. Zit. in: Švejcarija – Rossija, Nr. 52, S. 153, Anm. 2. Die Einweihung der Kirche am 14./26. September 1866 beschrieb der Gesandte Ozerov in seinem Bericht vom 15./27. September. Rossija – Švejcarija, Nr. 52.

729 Hamburger an Bundespräsident Ruchonnet, 24. 2./8. 3. 1883. BAR, E 2/881. – Über die Qualitäten der Geistlichen erstatteten die Missionschefs bisweilen auch Bericht ans Aussenministerium, vgl. etwa Tęgoborski an A. M. Gorčakov, 8./20. 7. 1858. AVPRI, Missija v Berne, op. 510, d. 169, l. 102–102 ob.

730 Der Bundesrat erinnerte 1880 den Genfer Staatsrat an den diplomatischen Status und damit die Steuerfreiheit von Erzpriester Petrov, vgl. Protokoll der Sitzung des Bundesrates, Präsidialverfügung vom 19. 12. 1880. BAR, E 2/881.

731 Russische Gesandtschaft in Bern an das EPD, 14./27. 5. 1908. BAR, E 2001 (A)/1518; EPD an die russische Gesandtschaft in Bern, 17. 6. 1908 (Entwurf). Ebd.

732 Vgl. etwa die Verwirrung um den «Kurier» Holzmann (unten S. 435 f.).

733 Die Gesandtschaft machte geltend, Bereznikov sei dem Bundespräsidenten einmal vorgestellt worden, vgl. russische Gesandtschaft in Bern an das EPD, 12./25. 5. 1916. BAR, E 2001 (A)/

Mit der Berner Bevölkerung und Polizei stand das Personal der russischen Gesandtschaft nicht immer auf bestem Fuss; dann und wann sorgten die zarischen Diplomaten für gehörige Aufregung, auch jenseits politischer Meinungsverschiedenheiten. Der grösste Teil der aktenkundigen Beschwerden und Streitfälle betrifft nicht beglichene Rechnungen und die Missachtung von Verkehrsregeln. 1886 gelangte Metzgermeister Roder mit der Bitte an den Bundesrat, die Regierung möge sich doch dafür einsetzen, dass der ehemalige Gesandtschaftssekretär Svečin endlich seine beträchtliche Fleischrechnung bezahle. Der Bundesrat sah keine Notwendigkeit einer Vermittlung und verwies den Geprellten direkt an die russischen Gerichte.[734] Auch Sekretär Meissner verschuldete sich in der Schweiz hoffnungslos; das Politische Departement riet den Gläubigern vertraulich, sich an das russische Aussenministerium zu wenden.[735] Weitere Klagen liessen sich aufzählen.[736] Der Bundesrat lehnte es in den meisten Fällen ab, im Interesse privater Kläger gegen Angehörige der zarischen Gesandtschaft zu intervenieren.

Eine Durchsicht der Beschwerdeakten vermittelt den Eindruck, die russischen Diplomaten in der Schweiz hätten sich mit einer gewissen Leidenschaft halsbrecherischen Velofahrten auf den bernischen Trottoirs und in späteren Jahren (allzu) rasanten automobilen Spritztouren hingegeben. Die entsprechenden Klagen monierten nicht selten auch eine unbelehrbare Arroganz der Missetäter. So sah sich etwa die Berner Kantonspolizei im Februar 1896 veranlasst, beim Bundesrat auf die Entfernung von Sekretär Ratmanov oder doch zumindest auf die Aufhebung seiner Immunität zu dringen. Ratmanov setze sich über Polizeigesetze hinweg, benütze regelmässig das Trottoir für seine Velofahrten und habe gar einen alten Mann, der ihn daran hindern wollte, zu Boden gestossen.[737] In diesem Falle wurde das Politische Departement aktiv; auf informellem Wege legte es dem Gesandten Hamburger nahe, den freiwilligen Abzug Ratmanovs zu veranlassen.[738] Und tatsächlich: Noch im April zeigte die Gesandtschaft die

1516. Zur Funktion Bereznikovs als Leiter der russischen Abteilung des Berner Hilfsbüros für Kriegsgefangene vgl. Fondy Russkogo Zagraničnogo istoričeskogo archiva v Prage, S. 212; vgl. auch Kontr-revoljucionnoe dviženie zagranicej, S. 211; Russkie diplomaty zagranicej, S. 181.

734 Protokoll der Sitzung des Bundesrates, Präsidialverfügung vom 10. 6. 1886. BAR, E 2/880.

735 Vgl. E. Rodé (Sekretär des EDA) an Rechtsanwalt Cérésole, 29. 11. 1889 (Entwurf). BAR, E 2/880.

736 Beschwerden wegen nicht bezahlter Rechnungen finden sich auch gegen den Zweiten Sekretär Ratmanov (1895), den Gesandten Westmann und Attaché Benson (1910). Zu Ratmanov vgl. BAR, E 2/880; zu Westmann vgl. BAR, E 2001 (A)/1515; zu Benson vgl. BAR, E 2001 (A)/1516. Auch der Arzt, der den im Amt verstorbenen Sekretär Krusenstern behandelt hatte, versuchte vergeblich, eine vollständige Entlöhnung seiner Arbeit zu erreichen, vgl. ebd. – Zu den Schulden des verstorbenen Gesandten Krüdener vgl. Eždnevnyja Zapisi po služebnym delam Ministerstva Inostrannych Del Barona Romana Fedoroviča Fon-der-Osten-Sakena, S. 338.

737 Polizeidirektion des Kantons Bern an das EPD, 24. 2. 1896. BAR, E 2/880. Im Dossier sind auch weitere Fehlbarkeiten Ratmanovs dokumentiert.

738 Vgl. Aktennotiz EPD, März (1896). BAR, E 2/880.

Ablösung des Sekretärs an.[739] Ein häufiges Traktandum zwischenbehördlicher Auseinandersetzung bildete auch die unterschiedliche Interpretation beziehungsweise die nachdrückliche Einforderung diplomatischer Privilegien.[740]

2.2.3.1.3. Geheimagenten

Neben der offiziellen Diplomatie unterhielt das Zarenregime in der Schweiz auch verdeckte Organe des Innenministeriums – Spitzel und Agenten, die wie keine andere russische Institution das autokratische Bestreben allgegenwärtiger Untertanenkontrolle veranschaulichen. Diese Beamten interessierten sich nicht für die Schweiz, sondern für die hiesige russische Kolonie. Ihre Arbeit verrichteten sie gleichsam in der Sphäre innerrussischer Angelegenheiten; erst wenn das Entgegenkommen oder der Beistand der schweizerischen Behörden benötigt wurde, erwuchs der Agententätigkeit zuweilen eine aussenpolitische Dimension, welche die Gesandtschaft mit ihren diplomatischen Möglichkeiten auf den Plan rief. Die Präsenz russischer Geheimagenten in der Schweiz verdeutlicht den Stellenwert der Eidgenossenschaft im aussenpolitischen Denken des Zarenregimes – vor jeder staatlichen Bilateralität, wie sie unten ausführlich zur Darstellung gelangen wird. Ich gehe im Folgenden nur auf solche Agenten ein, die mit der Gesandtschaft in Kontakt standen und über diplomatische Archivalien fassbar sind.

In der Entwicklung der politischen Polizei des Zarenreiches kann die Ermordung Alexanders II. 1881 als Wendepunkt gelten. Schon 1880 war allerdings eine Reorganisation der Sicherheitsorgane eingeleitet worden, die der Tatsache Rechnung trug, dass die Zarenherrschaft nicht mehr hauptsächlich durch adlige Palastrevolutionen gefährdet war, wie sie die überkommene *III. Abteilung der Eigenen Kanzlei Seiner Majestät* lange vornehmlich bekämpft hatte, sondern dass dem autokratischen Machtsystem im subversiven Potential einer politisierten Intelligenzija seit geraumer Zeit eine weit radikalere Bedrohung erwachsen war.[741] Im Innenministerium entstand nun ein zentrales Polizei-

---

739 Russische Gesandtschaft in Bern an das EPD, 23. 4. 1896. BAR, E 2001 (A)/1516. – Wegen Velofahrten auf dem Trottoir beschwerte sich die Berner Polizei 1912 auch über Sekretär Straelborn, vgl. ebd. Zu schnelles Fahren wurde etwa bei Sekretär Botkin oder dem Chauffeur des Gesandten Bacheracht moniert, vgl. ebd. – Zu einem regelrechten diplomatischen Notenwechsel wuchs sich ein Velounfall aus, bei dem Attaché Fürst Šachovskoj am 30. Juli 1908 in Coppet einen Fussgänger angefahren hatte und vorübergehend von einem Gendarmen festgehalten worden war. Vgl. ebd.

740 Eine Frage, um die sich auch andere Gesandtschaften in Bern mit den Bundesbehörden stritten, vgl. Benziger, Les représentations diplomatiques, S. 13. Die zarische Gesandtschaft pochte beispielsweise darauf, dass allfällige behördliche Forderungen gegen ihre Mitarbeiter nur durch Vermittlung des Politischen Departements geäussert würden. Das Politische Departement wurde denn auch angegangen, als sich Nachbarn des Fürsten Golicyn über das Bellen von dessen Hund beklagten. BAR, E 2001 (A)/1516. – Im gleichen Dossier finden sich auch vereinzelte Reklamationen von Gesandtschaftsmitarbeitern gegen die Berner Behörden.

741 Zur Reorganisation der russischen Polizeistrukturen um 1880 vgl. etwa Johnson, Zagranichnaia

departement, dem auch die politische Polizei – inoffiziell *Ochrana* genannt –
und 1883 die in Paris arbeitende so genannte Auslandsagentur *(Zagraničnaja
agentura,* Agentura) angegliedert wurden.
Die Arbeit der Agentura bestand darin, Informationen über oppositionelle
russische Emigranten und Revolutionäre in ganz Europa zu sammeln und ihre
Aktionsfähigkeit nach Möglichkeit einzuschränken, sei es durch Pressekampa-
gnen, Störaktionen oder offene polizeiliche Verfolgung, was dann allerdings
nur im Einvernehmen mit den lokalen Behörden zu bewerkstelligen war.[742] Die
Agenten rekrutierten sich einerseits aus den Kreisen der russischen Revolutionäre selbst, andererseits handelte es sich um einheimische Detektive.[743] Nach
Richard J. Johnson erfolgte eine konstante Kontrolle der russischen Kolonien
durch die Agentura nur in Paris, London und Berlin, während etwa in der
Schweiz oder in Belgien lediglich temporär aus Paris entsandte Agenten wirkten und ansonsten eher auf die Kollaboration lokaler Polizeikräfte gesetzt
wurde.[744] Tatsächlich beklagte sich Agentura-Chef Rataev 1903 darüber, die
Schweiz stelle den schwächsten Punkt des Überwachungsnetzes dar, obwohl
sich Zentrum und Puls des revolutionären Aktivismus genau dorthin verlagert
hätten.[745] Für 1917 finden sich Hinweise auf fünf geheime Mitarbeiter der
Agentura in der Schweiz (gegenüber 15 in Frankreich).[746] Hinzu kamen auch

---

Agentura, S. 221 f.; Gosudarstvennye dejateli Rossii, S. 7; Amburger, Behördenorganisation,
S. 144 f. Allgemein zur Geschichte der politischen Polizei des Zarenreichs vgl. etwa Hingley,
The Russian Secret Police; Laporte, Histoire de l'okhrana; Lur'e, Policejskie i provokatory.

742 Zur Einrichtung und Funktionsweise der Agentura vgl. Johnson, Zagranichnaia Agentura;
Bračev, Zagraničnaja agentura (S. 6 f. der Hinweis auf die 1883 erfolgte staatliche Übernahme
einer bereits 1881 in Paris eingerichteten Agentura); Lur'e, Policejskie i provokatory, S. 121
bis 130; Mysyrowicz, Agents secrets tsaristes, besonders S. 29 f. (hier auch der Hinweis darauf,
dass die deutschen und österreichischen Polizeibehörden bereitwillig mit der zarischen Agentura
kooperierten, während die französischen und schweizerischen Polizeiorgane in der Regel
einfach die Augen vor den Aktivitäten der russischen Agenten verschlossen hätten); Hingley,
The Russian Secret Police, S. 79–81. V. K. Agafonov untersuchte 1917 mit Erlaubnis der
Provisorischen Regierung die Archive der Agentura, vgl. Agafonov, Zagraničnaja ochranka. –
Zur Frage der Legalität bzw. Illegalität der Agentura und zum Versuch, ihr bei Bedarf das
Deckmäntelchen eines privaten Detektivbüros zu verleihen, vgl. etwa Lur'e, Policejskie i
provokatory, besonders S. 128–130.

743 Vgl. Johnson, Zagranichnaia Agentura, S. 224–229. – Für biografische Informationen zu geheimen Mitarbeitern der Agentura vgl. Agafonov, Zagraničnaja ochranka (Anhang) sowie, darauf aufbauend, Bračev, Zagraničnaja agentura, S. 117–183.

744 Johnson, Zagranichnaia Agentura, S. 229. – Für Angaben zu den russischen Polizeibeamten in
Genf vgl. Mysyrowicz, Agents secrets tsaristes, S. 63 f., 68 f.; Agafonov, Zagraničnaja ochranka,
S. 56 f.

745 Lediglich ein Beamter der Genfer Polizei stehe ihm zur Verfügung, um all die Fragen zu
Personen in der Schweiz zu bearbeiten. Rataev an Polizeichef Lopuchin, 28. 1. 1903. Zit. in:
Lur'e, Policejskie i provokatory, S. 127.

746 Bračev, Zagraničnaja agentura, S. 116. Bračev führt auch aus, ein gewisser Oberstleutnant
B. V. Lichovskij habe eine schweizerische Agentura geleitet, vgl. ebd., S. 110.

hier verschiedene verdeckte Beamte, die nicht der Agentura, sondern direkt einer Behörde in Russland unterstanden.[747] Eines ist sicher: Das Zarenregime beargwöhnte gerade die Schweiz als Asylland und Ort liberalen Erfolgs schon lange vor dem tödlichen Terroranschlag auf Alexander II. Bereits in den 1840er Jahren berichtete die Gesandtschaft in Bern über politische Subversionen aller Art und nahm neben den Schweizer Umstürzlern auch russische Emigranten wie Bakunin ins Visier.[748] Prominentes Arbeitsfeld russischer Polizeiagenten wurde die Schweiz spätestens mit dem Zustrom polnischer Flüchtlinge nach dem Aufstand von 1863. Wir wissen beispielsweise von einem Julian Samiński, der sich in Basel 1864 mit polnischen Flüchtlingen zusammen einquartieren liess, von diesen aber als russischer Spion denunziert wurde und in Polizeihaft landete, wobei die Basler Behörden tatsächlich zum Schluss gelangten, es handle sich hier um einen äusserst aktiven Agenten der russischen Regierung.[749] Vor der Einrichtung der Pariser Agentura blieb die Auslandtätigkeit der zarischen Polizei aber wenig systematisch.[750] Die Diplomatie hatte sich, wir haben dies in der 1872 verfassten Instruktion von Aussenminister Gorčakov gesehen, grundsätzlich mit einer nur allgemeinen Kontrolle der russischen Auslandskolonien zu begnügen und eine genauere Überwachung den Agenten des Innenministeriums zu überlassen. Als sich freilich in den siebziger und frühen achtziger Jahren das zarische Überwachungsbedürfnis intensivierte, eine schlagkräftige Auslandspolizei aber noch nicht bestand, scheint doch auch der aussenpolitische Apparat vermehrt für die Koordination dezentraler Bespitzelungen in Europa eingespannt worden zu sein. Schon 1871 war jedenfalls eine geheime Depesche an die Berner Mission ergangen, in der es hiess: «Etes autorisé à dépenser pour agents de police jusqu'à mille francs.»[751]

---

747 Aufgabe dieser Agenten war es manchmal auch, die Angaben der Agentura zu überprüfen, vgl. Lur'e, Policejskie i provokatory, S. 130; ferner ebd., S. 107, 126.

748 Baum, Bor'ba, S. 115.

749 Nach zwischenbehördlichen Abklärungen wurde Samiński – gemäss eigenem Wunsch – nach Frankreich abgeschoben. Zur Affäre Samiński vgl. die entsprechende Mappe in: BAR, E 21/ 102; ferner Ludwig, Unabhängigkeitskampf, S. 87.

750 Angesichts der revolutionären Hektik der Jahrhundertmitte hatte die III. Abteilung von den diplomatischen und konsularischen Vertretungen regelmässige Angaben zum Personenverkehr eingefordert. 1851 wurde diese Regelung wieder vereinfacht und auf eine Meldung pro Jahr reduziert, vgl. *O dostavlenii v III Otdelenie Sobstvennoj Ego Veličestva Kanceljarii spiskov russkich poddannych, proživajuščich za granicej*, 12. 9. 1851. In: Sobranie cirkuljarov Ministerstva inostrannych del po Departamentu vnutrennich snošenij, S. 67. – Zur begrenzten Auslandsaktivität der zarischen Polizei in den 1870er Jahren vgl. Johnson, Zagranichnaia Agentura, S. 221.

751 Ministergehilfe Westmann an die russische Gesandtschaft in Bern, 12./24. 4. 1871. AVPRI, Missija v Berne, op. 510, d. 178, l. 14. Es wird aus den Dokumenten nicht klar, wer genau diese Polizeiagenten waren, ob es sich um russische oder vielleicht auch schweizerische Beamte handeln sollte. – Zur Unterstützung der III. Abteilung durch die russische Diplomatie vgl. Lur'e, Policejskie i provokatory, S. 122.

Wie ungelenk die russische Gesandtschaft in Bern in dieser Phase mit dem Instrument der geheimen Agenten und Informanten experimentierte – und wie sich auf der anderen Seite aus der zarischen Revolutionsangst Kapital schlagen liess, mag das Beispiel Aristid Schinas illustrieren.

Aristid Schina oder das Geschäft mit der russischen Revolutionsangst
Kurz nach der Ermordung Zar Alexanders II. meldete sich das russische Innenministerium beim Gesandten Hamburger in Bern. Ein gewisser Baron Aristid Schina, abgestiegen im Hotel Gotthard in Zürich, habe seine Dienste angeboten. Er behaupte, seit zwei Jahren in der Schweiz zu leben und interessante Kontakte zu hiesigen russischen Emigranten zu unterhalten. Schina bestehe darauf, seine Informationen persönlich den Behörden in St. Petersburg mitzuteilen, und bitte um das Reisegeld. Hamburger sollte nun Auskünfte über diesen Mann einziehen.[752]
Der Gesandte sprach mit Schina, erfuhr von dessen angeblichen Rachegelüsten gegenüber persönlichen Feinden im Emigrantenmilieu und fand ansonsten lediglich heraus, dass sich Schina als Kaufmann ausgab. Hamburger bat das Innenministerium um Verständnis für die Dürftigkeit seiner Antwort, aber er verfüge eben über keinen Agenten, um den Betreffenden beobachten zu lassen.[753]
Schina wandte sich nun erneut an Innenminister Graf Loris-Melikov und stellte eine Auslieferung hassenswerter Banditen innert nur dreier Monate in Aussicht, wenn er über das nötige Geld dazu verfüge.[754] Ministergehilfe Giers wies Hamburger an, Schina und seine angeblich brisanten Neuigkeiten nochmals gründlich zu erforschen. «Si l'importance est réelle, pourrons donner mille frs pour venir ici si non déclinez.»[755]
Nun begann sich die Angelegenheit in die Länge zu ziehen. Schina, so vermeldete Hamburger im Dezember 1881, sei erst nach wiederholten Aufforderungen bei ihm erschienen, behaupte nun aber sicher zu wissen, dass vor kurzem vier mit Bomben ausgestattete Übeltäter aus der Schweiz nach St. Petersburg abgereist seien. Zu dem Geld, das er Schina für eine Reise nach Genf bereits vorgeschossen habe, werde er ihm nun also noch 700 Franken für die Fahrt nach St. Petersburg aushändigen.[756]

752 Russisches Innenministerium (Polizeidepartement, Baron Velho) an Hamburger, 3. 4. 1881
    (a. St.). AVPRI, Missija v Berne, op. 843/3, d. 38, ll. 2–3.
753 Hamburger an Velho, 11./23. 4. 1881 (Entwurf). AVPRI, Missija v Berne, op. 843/3, d. 38,
    ll. 22–23.
754 Vgl. Schina an Loris-Melikov (undatierte Kopie). AVPRI, Missija v Berne, op. 843/3, d. 38,
    ll. 6–8 ob.
755 Giers an Hamburger (undatierte Kopie). AVPRI, Missija v Berne, op. 843/3, l. 35.
756 Vgl. Hamburger an Giers, 11./23. 12. 1881 (Entwurf). AVPRI, Missija v Berne, op. 843/3, d. 38,
    l. 36; Hamburger an Innenminister N. P. Ignat'ev, 12./24. 12. 1881 (geheim). Ebd., ll. 27–28 ob.

Doch Schina begnügte sich nicht mit dieser Summe. In verschiedenen Briefen verlangte er 1000 Franken, bat Hamburger, ihm doch persönlich noch 300 Franken zu borgen, und versprach, seine Abreise nach Russland dann nicht mehr hinauszuzögern.[757]

Der Gesandte hatte die Nase aber bereits voll von diesem Baron. Nach St. Petersburg schrieb er: «Schinas Kniffe bringen mich mehr und mehr zur Überzeugung, dass er keinerlei Vertrauen verdient und dass man jede Beziehung mit ihm abbrechen sollte.»[758]

Vom Innenministerium verlangte Hamburger Rückerstattung der durch Schina verursachten Unkosten (800 Franken).[759] Der selbst ernannte Informant indessen dachte nicht daran, die Vertreter des Zarenregimes nun in Ruhe zu lassen – er lockte weiter mit der Ankündigung sensationeller Enthüllungen und forderte «horriblement urgent» 2500 Franken plus Pass und Fahrkarte nach St. Petersburg.[760] Ende April 1882 stellte er für die nächsten Tage ein handfestes Resultat in Aussicht, das die Gesandtschaft allerdings 4000 Franken kosten würde, wovon zwei Drittel den verschiedenen Helfern zuständen.[761]

Hamburger ärgerte sich über Schina, liess sich von ihm aber auch beeindrucken.[762] Doch inzwischen hielt selbst das Innenministerium nicht mehr viel von dem umtriebigen Zudiener. Seine bisher gelieferten Informationen könne er ebenso gut der Zeitung entnommen haben, jedenfalls verdiene er kein Vertrauen.[763] Noch ein paar Mal meldete sich Schina bei Hamburger, zunächst hochmütig, wenn er etwa deklarierte: «Ce que je sais, je ne le communiquerai qu'à Sa Majesté Impériale.»[764] Dann immer kleinlauter, die letzten Briefe enthalten vor allem flehentliche Bitten um Geld, für die Reise nach St. Petersburg, dann nur noch für die Heimkehr von Bern nach Zürich.[765]

---

757 Vgl. Schina an Hamburger, 4. 1. 1882. AVPRI, Missija v Berne, op. 843/3, d. 38, ll. 100–101.

758 Hamburger an Ignat'ev, 5./17. 2. 1882 (aus dem Russischen; Entwurf). AVPRI, Missija v Berne, op. 843/3, d. 38, l. 104.

759 Hamburger an Ignat'ev, 9./21. 1. und 5./17. 2. 1882 (Entwürfe). AVPRI, Missija v Berne, op. 843/3, d. 38, ll. 102 und 104. Das Innenministerium schickte das Geld im März 1882, vgl. ebd., l. 111.

760 Schina an Hamburger, 17. 2. 1882. AVPRI, Missija v Berne, op. 843/3, d. 38, ll. 105–106 ob.

761 Schina an Hamburger, 27. 4. 1882. AVPRI, Missija v Berne, op. 843/3, d. 38, ll. 112–113 ob.

762 Der Gesandte stutzte über den zeitlichen Zusammenfall eines Briefes von Schina mit einem neuen Terroranschlag in Russland, vgl. Hamburger an Ignat'ev, 21. 3./2. 4. 1882 (Entwurf). AVPRI, Missija v Berne, op. 843/3, d. 38, l. 109.

763 Ignat'ev an Hamburger, 12. 4. 1882 (a. St.). AVPRI, Missija v Berne, op. 843/3, d. 38, l. 114–114 ob.

764 Schina an Hamburger, 8. 5. 1882. AVPRI, Missija v Berne, op. 843/3, d. 38, ll. 120–121.

765 Vgl. Schina an Hamburger, 11., 12. und 16. 5. 1882. AVPRI, Missija v Berne, op. 843/3, d. 38, ll. 122–126 ob. Das Dossier endet dann allerdings nochmals mit Korrespondenz zur Frage, ob Schina nun nach St. Petersburg geholt werden solle oder nicht. Vgl. russisches Innenministerium an Hamburger, 18. 5. 1882 (a. St.). Ebd., ll. 177–178; Hamburger an das russische Innenministerium, 25. 5./6. 6. 1882 (Entwurf). Ebd., l. 181–181 ob.

Der Fall Schina ist in verschiedener Hinsicht charakteristisch. Zunächst insofern, als Schweizer oder in der Schweiz lebende Personen der zarischen Gesandtschaft in Bern immer wieder ihre geheimen Informationsdienste anboten. Ein anderes Beispiel von 1882:

«Man ist erbötig, gegen ein Honorar von fcs 500 Ihnen nachstehende Mittheilungen zu machen:

1.) Namen und Verhältnisse der hiesigen russischen Revolutionäre.

2.) Die Namen der Städte, über welche verbotene Schriften u. s. w. nach Russland regelmässig spedirt werden. (Personen, Adressen erst später möglich.)

3.) Die hiesigen Beziehungen mit der Genfer Druckerei.»[766]

Meist erhofften sich die Diensteifrigen lukrative Geschäfte, in manchem Brief kommt aber auch eine monarchistische Gesinnung zum Ausdruck, verbunden mit hasserfülltem Tatendrang gegen revolutionäre Umtriebe jeder Art.[767]

Auch dass der Berner Gesandte Erkundigungen über Personen einzuziehen hatte, die sich mit ihren Offerten direkt in St. Petersburg meldeten, ist nicht auf den Fall Schina beschränkt. Schon im November 1880 beispielsweise, also wenige Monate vor der Ermordung Alexanders, hatte Hamburger auf Geheiss des Aussenministeriums einem gewissen Franz Mercier auf den Zahn zu fühlen, der dem Zaren geschrieben und behauptet hatte, ein Gespräch über einen geplanten Anschlag belauscht zu haben.[768] Hamburger entledigte sich seines Auftrags mit einer vertraulichen Anfrage beim Genfer Justiz- und Polizeidepartement, welches eine Untersuchung einleitete und dem Gesandten schon bald die geringe Glaubwürdigkeit des geistig angeschlagenen Mercier bescheinigte.[769]

Die Häufung solcher Informationsangebote und ihre schwierige Beurteilung stellten kein auf die Schweiz beschränktes Problem dar; ganz allgemein kontaktierten Denunziationsfreudige die Auslandsvertretungen des Zarenreiches mit jedem Attentat eifriger. Das Aussenministerium in St. Petersburg kam 1880 in

---

766 Vorgeblicher Rassin an Hamburger, 20. 12. 1882. AVPRI, Missija v Berne, op. 843/3, d. 38, l. 83–83 ob. Rassin gab an, seit langem als Agent für die Polizei zu arbeiten. – Das Gesandtschaftsarchiv birgt unter der Rubrik *Correspondance secrète* eine Vielzahl von Spitzel- und Denunziationsangeboten; die Correspondance secrète für 1880 beispielsweise findet sich in: AVPRI, Missija v Berne, op. 510, d. 198.

767 Mit Abscheu gegen die Republik und Achtung vor der Monarchie versuchte etwa ein gewisser Otto Erb sein Dienstangebot – und seine Geldforderung – zu legitimieren. Als die Gesandtschaft nicht sofort reagierte, halbierte er seine Begehrlichkeit auf 500 Franken. Vgl. Otto Erb an die russische Gesandtschaft in Bern, undatiert und 26. 2. 1883. AVPRI, Missija v Berne, op. 843/2, d. 39, ll. 15–17. In diesem Dossier finden sich noch weitere Dienstangebote mit teilweise spektakulären Lohnforderungen.

768 Älterer Ministerialrat Jomini an Hamburger, 8. 11. 1880 (a. St.). AVPRI, Missija v Berne, op. 510, d. 198, l. 3–3 ob.

769 JPD des Kantons Genf an Hamburger, 6. 12. 1880. AVPRI, Missija v Berne, op. 510, d. 198, l. 2–2 ob.; Hamburger an Giers, 25. 11./7. 12. 1880 (Entwurf). AVPRI, Missija v Berne, op. 510, d. 198, l. 1.

einem geheimen Zirkular darauf zu sprechen. Auch wenn die meisten Hinweise wertlos seien, so heisst es, müsse man sie doch beachten. Der Chef der Obersten Verfügungskommission[770] wünsche, dass die Botschaften und Missionen Informationen über die betreffenden Personen und ihre Quellen sammelten.[771] Hamburger führte dazu aus, er habe bisher Angebote einfach ans Aussenministerium weitergeleitet, da er über keine Mittel verfüge, die Fälle vor Ort zu prüfen. Künftig werde er vielversprechende Anbieter nach Bern einladen und sich so einen persönlichen Eindruck verschaffen.[772] Charakteristisch am Fall Schina ist auch die geheimdienstliche Unsicherheit und Unerfahrenheit des Gesandten. «Dois-je les donner», fragte er jeweils nach St. Petersburg, wenn ihm jemand wieder einmal ein paar hundert Franken für angepriesene Informationen abnehmen wollte. Oft wurde der Missionschef angewiesen, zu akzeptieren und zu bezahlen.[773] In diesem Sinne steht Hamburgers Amtszeit für den Übergang zu einer intensivierten Untergrundaktivität der Berner Gesandtschaft. Hamburger mochte sich denn auch nicht mehr mit zufälligen Informanten begnügen; 1881 heuerte er einen eigenen Agenten an. «Da ich keinen Agenten habe, an den ich mich für das Sammeln von Informationen über die in der Schweiz lebenden russischen Emigranten wenden könnte und der mir die Möglichkeit geben würde, die an mich gestellten Fragen zu beantworten, war ich darum besorgt, einen solchen Agenten ausfindig zu machen.»[774] Vorsichtig erkundigte sich Hamburger, ob sein Vorgehen auch gebilligt werde und ob er zur Lohnzahlung an den Agenten berechtigt sei.[775] Ja, die Auslagen würden vom Polizeidepartement übernommen, kam die Antwort aus St. Petersburg.[776] Bald schon konnte nun Hamburger von interessanten Dingen berichten, etwa von der Benützung von Nestlé-Büchsen für den Transport nihilistischer Druckerzeugnisse nach Russland.[777] Er setzte seinen Agenten Meier auch auf ausrei-

770 Die *Verchovnaja rasporjaditel'naja komissija* war nach dem Sprengstoffanschlag auf den Winterpalast vom Februar 1880 eingesetzt worden und arbeitete unter der Leitung des Generals Graf Michail T. Loris-Melikov bis im August desselben Jahres; danach wurde Loris-Melikov Innenminister und Polizeichef. BSĖ, 3. Aufl., Bd. 15, Sp. 70 f.

771 Zirkular MID, 12. 4. 1880 (a. St.). AVPRI, Missija v Berne, op. 510, d. 198, ll. 21–22.

772 Hamburger an Giers, 22. 4./4. 5. 1880 (Entwurf). AVPRI, Missija v Berne, op. 510, d. 198, ll. 20–20 ob., 24–24 ob.

773 Vgl. Hamburger an Ministergehilfe Vlangali, 9./21. 12. 1882 (Entwurf). AVPRI, Missija v Berne, op. 843/3, d. 38, l. 82.

774 Ein Mülhausener Polizeikommissar habe es übernommen, eine passende Person zu suchen. Hamburger an Ignat'ev, 9./21. 11. 1881 (aus dem Russischen; Entwurf). AVPRI, Missija v Berne, op. 843/3, d. 38, l. 130–130 ob.

775 Ebd.

776 Ignat'ev an Hamburger, 24. 11. 1881 (a. St.). AVPRI, Missija v Berne, op. 843/3, d. 38, l. 133 bis 133 ob.

777 Hamburger an Giers, 25. 1./6. 2. 1882 (Entwurf). AVPRI, Missija v Berne, op. 843/3, d. 38, l. 137–137 ob.

sende Emigrantinnen und Emigranten an, um herauszufinden, in welche Richtung sie die Schweiz jeweils verliessen.[778]
Das konspirative Engagement Hamburgers fand die Anerkennung St. Petersburgs. Bei anderer Gelegenheit bedankte sich Petr V. Orževskij, Kommandant des Gendarmeriekorps, für die «beständige Hilfe, welche Sie den Interessen der staatlichen Polizei zu erweisen belieben».[779]
Bemerkenswert ist das Nebeneinander von gesandtschaftlich bezahlten Agenten und von aus Russland, später auch aus Paris entsandten Polizeiemissären in der Schweiz. Hamburger rechtfertigte seine Bemühungen um einen eigenen Agenten: «Ich finde, dass sogar dann, wenn, woran ich nicht zweifle, das Departement der Staatspolizei auch seine eigenen Agenten in Genf und Lausanne hat, die Informationen, welche der mir vorgeschlagene Agent liefern wird, als Kontrolle der Angaben der russischen Agenten dienen können.»[780]
Oftmals kam die Gesandtschaft mit diesen «russischen Agenten» gar nicht (oder dann nur im Sinne einer logistischen Unterstützung) in Berührung.[781] Für die Organisationsstruktur und die Arbeitsmethoden der zarischen Polizei in Genf, diesem bedeutendsten Lebens- und Schaffensraum russischer politischer Emigranten in der Schweiz, verweise ich auf die einschlägige Arbeit von Ladislas Mysyrowicz. Hier wird im Detail vorgeführt, wie die verdeckten Beamten unter Leitung der Pariser Agentura ihre Landsleute bespitzelten (indem sie etwa Briefträger oder Nachbarinnen bestachen), wie sie 1886/87 zweimal die Druckerei der Untergrundpartei *Narodnaja Volja* (Volkswille) verwüsteten – und wie sie sich bisweilen auch gegenseitig verrieten.[782] Immer wieder gingen bei den Schweizer Behörden Hinweise auf mutmassliche russische Agenten ein.[783]

---

778 Vgl. Hamburger an Ignat'ev, 24. 5./5. 6. 1882 (Entwurf). AVPRI, Missija v Berne, op. 843/3, d. 38, l. 180. – Zum Umstand, dass es der russischen Polizei erst seit Ende der siebziger Jahre gelang, Agenten innerhalb der russischen revolutionären Emigration anzuheuern, vgl. Lur'e, Policejskie i provokatory, S. 124.

779 Orževskij an Hamburger, 2. 10. 1884 (a. St.; aus dem Russischen). AVPRI, Missija v Berne, op. 843/2, d. 42, ll. 30–31.

780 Hamburger an Ignat'ev, 9./21. 11. 1881 (aus dem Russischen; Entwurf). AVPRI, Missija v Berne, op. 843/3, d. 38, l. 130–130 ob.

781 Der Leiter der kaiserlichen Ochrana informierte am 22. Juli 1885 (a. St.) in einem geheimen Schreiben über die bevorstehende Einreise eines französischen Mitarbeiters in die Schweiz und bat die Berner Mission darum, diesem bei Bedarf behilflich zu sein, vgl. AVPRI, Missija v Berne, op. 843/3, d. 83, l. 1–1 ob. – 1911 wurden die zarischen Diplomaten in einem geheimen Zirkular angehalten, den Chef der Pariser Agentura Aleksandr A. Krasil'nikov beim Anknüpfen nützlicher Kontakte mit den örtlichen Polizeiorganen zu unterstützen. Zirkular MID, 9. 3. 1911 (a. St.). AVPRI, Missija v Berne, op. 843/1, d. 1204, l. 5–5 ob. – Für eine an den Gesandten Bacheracht gerichtete Bitte Krasil'nikovs, einen nach Zürich abkommandierten Mitarbeiter vertraulich den dortigen Polizeibehörden zu empfehlen, vgl. Krasil'nikov an Bacheracht, Paris, 18. 9./1. 10. 1910. Ebd., ll. 6–8.

782 Mysyrowicz, Agents secrets tsaristes. Vgl. auch unten S. 363 f.

783 Vgl. etwa das Dossier BAR, E 21/13893 (das auch Material zur Tätigkeit von Agenten aus

Es ist darauf hingewiesen worden, dass die zarische Geheimpolizei in Europa, besonders von den bespitzelten Kolonien selbst, in einer Omnipräsenz wahrgenommen wurde, die nicht der Realität entsprach.[784] Dies scheint auch für die Schweiz zu gelten. Der Einschüchterungseffekt auf die russische Kolonie an sich stellte freilich schon einen Erfolg des zarischen Kontrollaktivismus dar.[785] Wenn die Agenten der Ochrana auf die Bedeutung verweisen, die der Schweiz als einem Lebens- und Arbeitsort russischer Untertanen zukam, so sind es die Neutralität und die zentrale geografische Lage, also die bekannten Vorzüge des schweizerischen Beobachtungsstandortes, welche die Gesandtschaft in Bern zu einem geeigneten Zentrum *militärischer* Agententätigkeit vor dem Ersten Weltkrieg machten.[786] Einen Glücksfall archivalischer Überlieferung stellt die im AVPRI einsehbare Korrespondenz des Militärattachés Dmitrij Romejko-Gurko mit seinen nach Deutschland oder Österreich-Ungarn entsandten Geheimagenten aus den Jahren 1912/13 dar.[787] Dieser Briefwechsel veranschaulicht die Funktion der Schweiz als neutrale Operations- und Informationsbasis in den militärischen Dispositionen des Zarenregimes; er bietet zugleich einen Einblick in den Alltag der russischen Kriegsspionage und in die diffusen

anderen Staaten in der Schweiz enthält). – Für Zeitungsartikel, welche die Präsenz von Agenten der russischen Geheimpolizei in der Schweiz thematisieren, vgl. ebd.

784 Vgl. etwa Lexikon der Geschichte Russlands, S. 268.

785 Für das Beispiel eines russischen Studenten, der sich durch die mutmassliche Omnipräsenz der zarischen Polizei verängstigen liess und der Politik 1908 deshalb abschwor, vgl. Johnson, Zagranichnaia Agentura, S. 241 f. – Für informelle Nachrichten über einen angeblichen zarischen Polizeispitzel, dessen Anwesenheit in Genf viele Russen aus der Rhonestadt vertrieben haben soll, vgl. Johann Jakob von Tschudi (schweizerischer Gesandter in Wien) an Bundespräsident Hammer, 3. 7. 1879 (vertraulich). BAR, E 21/14008.

786 Zur Bedeutung des zentralen und neutralen Standortes Schweiz für die russische Militäraufklärung vor dem Ersten Weltkrieg vgl. Sergeev/Ulunjan, Ne podležit oglašeniju, S. 278; ferner Alekseev, Voennaja razvedka, Bd. 2, S. 99, 222 f.; Ronge, Meister der Spionage, S. 249; Romejko-Gurko, «Perepiska so špionami uveličilas», S. 18. – Zur im internationalen Vergleich hemmungslosen Spionagetätigkeit der russischen Militärattachés vgl. Fergusson, British Military Intelligence, S. 212. Allgemein zur russischen militärischen Aufklärung im Ersten Weltkrieg vgl. Bol'šakov, Russkaja razvedka.

787 AVPRI, Missija v Berne, op. 843/2, d. 613–617. Ausführlich dazu: Collmer, Kommunikation. Zu Romejko-Gurkos Kontakten mit Geheimagenten vgl. auch seine eigene Darstellung in: Romejko-Gurko, «Perepiska so špionami uveličilas». – Zum Spionageskandal um den in Genf wirkenden französischen Hauptmann im Ruhestand Paul-Eugène-Napoléon Larguier, der für Romejko-Gurko konspirative Vermittlungsdienste übernommen hatte und dessen Ausweisung im November 1913 auch die Spionagetätigkeit des russischen Attachés aktenkundig machte, vgl. das Dossier BAR, E 21/14821; Bundesanwaltschaft an das EJPD, 24. 11. 1913. BAR, E 21/18792. Zur Einschätzung, Romejko-Gurko sei damals nach dem Aufklärungschef des Militärbezirks Warschau die wichtigste Figur des russischen «Geheimdienstkrieges gegen Deutschland» gewesen, vgl. Höhne, Der Krieg im Dunkeln, S. 69. Zur Einschätzung des deutschen Nachrichtenchefs, der russische Nachrichtendienst in der Schweiz habe im Frieden wie im Krieg versagt, vgl. Nicolai, Geheime Mächte, S. 62 f. – Zur Zusammenarbeit der militärischen Nachrichtendienste Russlands und Frankreichs in der Schweiz vgl. *Der französische Spionagedienst*, Februar 1914 (geheim). BAR, E 27/10049.

Grenzraum zwischen der Amtswürde eines Attachés und der Anrüchigkeit der Konspiration.[788]

2.2.3.2. Russische Konsulate in der Schweiz

Während die Schweiz ihre Konsulate im Zarenreich erst spät mit einer ständigen diplomatischen Gesandtschaft ergänzte, arbeiteten umgekehrt jahrzehntelang russische Diplomaten in Bern, bevor 1894 ausserhalb dieser Gesandtschaft, nämlich in Genf, das erste zarische Konsulat in der Schweiz eröffnet wurde. Das Jahr 1911 markiert dann einen eigentlichen Boom: Es entstand ein zusätzliches Vizekonsulat in Davos, die konsularische Vertretung in Lausanne wurde nach einem Unterbruch neu besetzt, und auch in Bern akkreditierte die Gesandtschaft nun einen Vizekonsul. Das von der Mission gewünschte Konsulat in Zürich wurde dagegen nicht realisiert.[789]

2.2.3.2.1. Bern (Gesandtschaft)

In Bern leistete die zarische Gesandtschaft neben der politischen auch konsularische Arbeit, zunächst für die ganze Schweiz, dann für diejenigen Regionen, welche nicht in den Zuständigkeitsbereich eines der neueren Konsulate fielen. In einer vergleichenden Evaluation des Arbeitsvolumens russischer Konsulate belegte die konsularische Abteilung der Berner Mission 1907 einen Platz im Mittelfeld, so namentlich in den Bereichen Handel, Behördenkontakte und Aktenvolumen. Auffallend weit vorne liegt der Schweizer Posten bei den bearbeiteten Pässen und den Kontakten mit Studierenden.[790] Seit 1911 findet sich der Hinweis auf Honorarvizekonsul Sedov als Mitarbeiter der Gesandtschaft,[791]

788 Auch während des Krieges bezogen der nunmehrige Militärattaché Golovan' und Minister Bacheracht Informationen von Agenten. Ein gewisser V. P. Svatkovskij lieferte 1915 militärische Nachrichten aus Österreich, berichtete aber beispielsweise auch über die Stimmung der Polen in der Schweiz, vgl. etwa russische Gesandtschaft in Bern an Ministergehilfe Neratov, 3./16. 9. 1915 (Entwurf). AVPRI, Missija v Berne, op. 843/3, d. 800, l. 32. Zum von der Zentrale verfügten Ende der Zusammenarbeit mit Svatkovskij vgl. Neratov an die russische Gesandtschaft in Bern, 30. 5., 24. 6. und 3. 7. 1915 (a. St.). Ebd., ll. 61, 51 und 53. – Zum Einsatz von Ochrana-Agenten in der Schweiz während des Ersten Weltkriegs vgl. Senn, Les révolutionnaires russes, S. 325.

789 Zum bereits 1902 geäusserten Wunsch der Gesandtschaft nach einem Konsulat in der Limmatstadt vgl. russische Gesandtschaft in Bern an das MID, 29. 11./12. 12. 1902. Hinweis in: Švejcarija – Rossija, Nr. 81, S. 225, Anm. 1; ferner Svodka otčetov Missij i Konsul'stv o konsul'skoj dejatel'nosti za 1907 god, S. 34. – Zur Grösse der russischen Kolonie in der Schweiz vgl. unten S. 231.

790 Svodka otčetov Missij i Konsul'stv o konsul'skoj dejatel'nosti za 1907 god.

791 Zur Bitte um das Exequatur für Nicolas Siedoff (Sedov) als Honorarvizekonsul in Bern vgl. russische Gesandtschaft in Bern an das EPD, 15./28. 11. 1911. BAR, E 2001 (A)/1523. Zur Erteilung des Exequaturs – mit dem Vermerk, Sedov übe seine Funktion bei der Gesandtschaft aus – vgl. Protokoll der Sitzung des Bundesrates, 14. 12. 1911. Ebd.

nach Ausbruch des Weltkriegs figurieren hier zudem aus Deutschland abgezogene Konsularbeamte: Generalkonsul Damier, Vizekonsul Borisovskij und später auch Konsul Poljanovskij.[792]

2.2.3.2.2. Genf

Carl Benziger formulierte 1929 die These, das 1894 eingerichtete zarische «Berufsgeneralkonsulat» in Genf habe «namentlich zur Überwachung der politischen Flüchtlinge, die sich in Genf besonders zahlreich aufhielten», gedient.[793] Etwas unverfänglicher begründete Minister Hamburger 1893 den Entscheid seiner Regierung, am Genfersee ein Generalkonsulat zu errichten: Hier lebe halt einfach die Mehrheit der russischen Untertanen in der Schweiz. Aleksandr Trojanskij sei zum «Consul Général de Russie à Genève et Vevey» ernannt worden.[794] Der Konsulatsbezirk Trojanskijs werde, so vermeldete Hamburger nach dessen Ankunft im Februar 1894, die Kantone Genf, Waadt und Wallis umfassen; Residenzort sei Genf.[795] Nach Rücksprache mit den betreffenden Kantonen erteilte der Bundesrat das gewünschte Exequatur.[796] Hier die einzelnen Amtsträger im Überblick:[797]

1894–1897	Alexander Troyanski (A. S. Trojanskij): Generalkonsul
1897–1903	Maurice Prozor (M. È. Prozor): Generalkonsul[798]
1895–1903	Theodor zur Gosen (F. A. Cur-Gozen): ausserordentlicher Vizekonsul[799]
1903–1905	Paul Melnikoff (P. A. Mel'nikov): Konsul[800]

792 Vgl. russische Gesandtschaft in Bern an das EPD, 20. 8./2. 9. 1914 und 22. 3./4. 4. 1916. BAR, E 2001 (A)/1516. – Schon 1857 hatte übrigens die Idee eines eigenständigen zarischen Konsulats in Bern zur Diskussion gestanden. Ein gewisser Kammerrat F. von Kobbe bemühte sich damals vergeblich darum, Titel und Amt eines russischen Generalkonsuls in Bern zu erlangen, vgl. EVD an den Bundesrat, 25. 8. 1857. BAR, E 2/883; Protokoll der Sitzung des Bundesrates, 26. 8. 1857. Ebd.; Kobbe an den Bundesrat, 27. 8. 1857. Ebd.
793 Benziger, Beziehungen der Schweiz mit Russland, S. 20.
794 Hamburger an Bundespräsident Schenk, 15./27. 10. 1893. BAR, E 2/884; Bundesrat Lachenal an Hamburger, 1. 11. 1893 (Entwurf). Ebd.
795 Hamburger an Bundespräsident Frey, 27. 1./8. 2. 1894. BAR, E 2/884.
796 Protokoll der Sitzung des Bundesrates, 27. 2. 1894. BAR, E 2/884.
797 Für eine Zusammenstellung der russischen (General-)Konsuln in Genf vgl. Benziger, Les représentations consulaires, S. 22 f.; ders., Beziehungen der Schweiz mit Russland, S. 20; Rossija – Švejcarija, S. 578; ferner Spisok Rossijskich Posol'stv, Missij, Konsul'stv i Agentov Ministerstva Finansov za granicej, S. 26.
798 Für die Ankündigung der Ersetzung Trojanskijs durch Prozor vgl. russische Gesandtschaft in Bern an Bundespräsident Deucher, 5./17. 5. 1897. BAR, E 2001 (A)/1525. Zur Erteilung des Exequaturs für Prozor vgl. Protokoll der Sitzung des Bundesrates, 28. 5. 1897. Ebd.
799 Zu zur Gosen und seiner späteren konsularischen Tätigkeit in Frankreich vgl. Rossija i Francija, S. 308.
800 Für die Ankündigung der Ersetzung Prozors durch Konsul Mel'nikov vgl. russische Gesandtschaft in Bern an Bundespräsident Deucher, 20. 5. 1903. BAR, E 2001 (A)/1525. Zur Erteilung

1905–1908	Paul Melnikoff: Generalkonsul
1908–1912	Nicolas Damier (N. Ju. Dam'e): Generalkonsul[801]
1912–1916	Oscar Wiesel (O. O. Vizel'): Generalkonsul[802]
1916–1918	Léon Gornostaieff (L. N. Gornostaev): Konsul (aktiv bis 1925)[803]

Genf oder Vevey? Konsulat oder Generalkonsulat? Der neue zarische Posten stiftete bei den Schweizer Behörden eine gewisse Verwirrung. Während Hamburger 1893 von einem Generalkonsulat sprach (das ja dann auch fast immer mit einem Generalkonsul besetzt wurde), stellte die Gesandtschaft 1912 klar, es handle sich nicht um ein Generalkonsulat, sondern – wie bis anhin – bloss um das «Consulat de Russie à Vevey et Genève».[804] Bleibt die Frage des Standorts. Der Staatsrat des Kantons Waadt beklagte sich 1908 über die konfuse Bezeichnung der Vertretung, zumal ja offensichtlich in Vevey kein Büro unterhalten werde.[805] Die Gesandtschaft teilte 1912 mit, das Konsulat habe seinen Sitz in Genf, werde den Doppelnamen aber behalten.[806]

Schon kurz nach der Eröffnung erhielt das Genfer Konsulat eine Hilfskraft: zunächst den Vizekonsul «hors cadre» *(neštatnyj)* Theodor zur Gosen,[807] nach ihm den Sekretär Dmitrij Vinogradov,[808] der in langjährigem Dienst vier sich ablösende Postenchefs begleitete.[809]

des Exequaturs vgl. Protokoll der Sitzung des Bundesrates, 15. 6. 1903. Ebd. Zur Beförderung Mel'nikovs zum Generalkonsul vgl. russische Gesandtschaft in Bern an das EPD, 16./29. 4. 1905. Ebd. Zur Versetzung Mel'nikovs und zur Ankündigung, die Geschäfte des Konsulats würden vorübergehend von der Gesandtschaft versehen, vgl. russische Gesandtschaft in Bern an das EPD, 30. 7./12. 8. 1908. Ebd.

801 Für die Mitteilung der Ernennung Damiers zum Generalkonsul in Genf und Vevey vgl. Bacheracht an Bundespräsident Brenner, 26. 10./8. 11. 1908. BAR, E 2001 (A)/1525. Zur Erteilung des Exequaturs vgl. Protokoll der Sitzung des Bundesrates, 17. 11. 1908. Ebd.

802 Für die Mitteilung der Ersetzung Damiers durch Generalkonsul Wiesel vgl. russische Gesandtschaft in Bern an das EPD, 25. 4./8. 5. 1912. BAR, E 2001 (A)/1525. Für die Mitteilung der Abberufung Wiesels nach Neapel vgl. russische Gesandtschaft in Bern an das EPD, 16./29. 8. 1916. Ebd.

803 Für die Mitteilung der Ernennung Gornostaevs vgl. Bacheracht an Bundesrat Hoffmann, 9./22. 8. 1916. BAR, E 2001 (A)/1525. Zur Erteilung des Exequaturs vgl. Protokoll der Sitzung des Bundesrates, 23. 9. 1916. Ebd.

804 Russische Gesandtschaft in Bern an das EPD, 30. 4./13. 5. 1912. BAR, E 2001 (A)/1525. Mit der gebotenen Präzision wurde das Exequatur für Oscar Wiesel als «consul général au consulat de Russie à Vevey et Genève» erteilt. Protokoll der Sitzung des Bundesrates, Präsidialverfügung vom 20. 6. 1912. Ebd.

805 Staatsrat des Kantons Waadt an das EPD, 28. 9. 1908. BAR, E 2001 (A)/1525.

806 Russische Gesandtschaft in Bern an das EPD, 30. 4./13. 5. 1912. BAR, E 2001 (A)/1525. Für die entsprechende Anfrage des Bundesrates vgl. EPD an die russische Gesandtschaft in Bern, 11. 5. 1912. Ebd.

807 Für die Mitteilung der Ernennung zur Gosens zum Vizekonsul in Genf vgl. Hamburger an den Bundesrat, 24. 7. 1895. BAR, E 2/884. Zur auf russischen Wunsch erfolgten Erteilung eines Exequaturs für zur Gosen vgl. Protokoll der Sitzung des Bundesrates, 10. 9. 1895. Ebd.; Hamburger an Bundesrat Lachenal, 19./31. 8. 1895. Ebd.

Der Hinweis Benzigers auf die Überwachungsfunktion des Genfer Konsulats lässt sich in den Quellen durchaus stützen. Im März 1900 schickte Generalkonsul Prozor beispielsweise einen detaillierten Bericht über die Tätigkeit der internationalen wie auch der russischen sozialistischen Bewegung in Genf an das Aussenministerium in St. Petersburg.[810] 1903 folgte eine Darstellung über die in der Schweiz herausgegebene russische revolutionäre Presse.[811] Und Konsul Gornostaev erfuhr nach der Februarrevolution in einem Untersuchungsbericht der Provisorischen Regierung mehrfache tadelnde Erwähnung als Spitzel der Ochrana.[812] Der Überwachungseifer Gornostaevs steht tatsächlich ausser Zweifel. Es liegen Bruchstücke einer geheimen Korrespondenz zwischen dem Genfer Konsulat und der Berner Gesandtschaft vor, in der Gornostaev aufgrund seiner Akten Anfragen zu suspekten Personen zu beantworten versuchte. Der Konsul stellte Ende 1916 aber auch klar, dass er für besondere Nachforschungen weder Zeit noch Personal habe.[813] Im Übrigen bestand zwischen Gornostaev und Militärattaché Golovan' eine enge Zusammenarbeit, die sich angesichts der russischen Revolutionen von 1917 zu einer eingeschworenen Résistance intensivierte.[814]

Wie die Gesandtschaft in Bern geriet auch das russische Konsulat in Genf bisweilen in Konflikt mit der lokalen Polizei. Dokumentiert ist etwa das Ein-

---

808 Für die Mitteilung der Ernennung Vinogradovs zum Kanzleisekretär vgl. russische Gesandtschaft in Bern an das EPD, 8./21. 4. 1903. BAR, E 2001 (A)/1525.

809 Im Dezember 1900 beantragte Generalkonsul Prozor beim Gesandten Westmann eine Belohnung für seinen fleissigen Helfer. Während dreier Jahre habe zur Gosen für seine Arbeit nur ein unbedeutendes Honorar erhalten, und erst nach seiner, Prozors, Amtseinsetzung und auf sein Betreiben hin seien dem Vizekonsul jährlich 2000 Franken zugesprochen worden, welche man doch nun auf 2500 erhöhen könne. Prozor an Westmann, 23. 12. 1900. AVPRI, Missija v Berne, op. 843/3, d. 273, ll. 8–9. Westmann leitete das Gesuch umgehend weiter an das Personaldepartement des Aussenministeriums, worauf zur Gosen eine (offenbar einmalige) Belohnung von 500 Franken erhielt, vgl. Westmann an das MID, 25. 12. 1900 (a. St.). Ebd., l. 7–5 ob.; MID an Westmann, 26. 3. 1901 (a. St.). Ebd., l. 6.

810 Prozor an das MID, 3./15. 3. 1900. Hinweis in: Švejcarija – Rossija, Nr. 81, S. 223, Anm. 1.

811 Prozor an das MID, 20. 3./2. 4. 1903. Hinweis in: Švejcarija – Rossija, Nr. 83, S. 228, Anm. 1.

812 Vgl. Russkie diplomaty zagranicej, S. 177–198, hier z. B. S. 180 f. Zum erwähnten Bericht vgl. auch unten S. 419–422.

813 Vgl. Gornostaev an die russische Gesandtschaft in Bern, 26. 11./11. 12. 1916 (sic). AVPRI, Missija v Berne, op. 843/3, d. 940, l. 1–1 ob. – Zum Agenten Minas S. Sanvelov, der nach eigenen Angaben sowohl Konsul Gornostaev wie den Geschäftsträger Bibikov über die revolutionären Umtriebe von russischen Emigranten in der Schweiz informierte, vgl. Agafonov, Zagraničnaja ochranka, S. 371; Bračev, Zagraničnaja agentura, S. 172 f.

814 Schon zuvor hatten die beiden geheim über suspekte Personen, z. B. über solche, die sich als russische Agenten ausgaben, korrespondiert. Im Januar 1917 beauftragte Golovan' den Genfer Konsul, gegenüber Leuten, die ihre Informationsdienste anboten, vorsichtig zu sein und fürs Erste einmal zu erklären, der russische Militärattaché in der Schweiz befasse sich nicht mit Aufklärung. Golovan' an Gornostaev, 31. 1. 1917 (Entwurf). AVPRI, Missija v Berne, op. 843/2, d. 398, ll. 28–29. Vom Juni 1917 ist ein Schreiben erhalten, in dem Golovan' Gornostaev für die beständig erwiesene Unterstützung dankte. Golovan' an Gornostaev, 20. 6. 1917. Ebd., l. 27.

schreiten eines Genfer Gendarmen, als sich Generalkonsul Mel'nikov 1907 anschickte, seinen Posten zu dislozieren, obwohl für die alte Adresse noch Mietzinszahlungen ausstanden. Die Parteien einigten sich gütlich, eine Klage der Gesandtschaft wurde vom Politischen Departement zurückgewiesen.[815]

2.2.3.2.3. Lausanne

1903/04	Theodor zur Gosen: ausserordentlicher Vizekonsul[816]
1911–1914	Nicolas Skriabine (N. Skrjabin, gest. 1914): ausserordentlicher Konsul
seit 1916	N. Makeev: Konsulatsverweser[817]

Angesichts ihrer Nähe zu Genf und damit einer gewissen Entbehrlichkeit blieb die russische konsularische Vertretung in Lausanne stets eine instabile Institution. 1903 verschob die Zarenregierung den Genfer Vizekonsul zur Gosen nach Lausanne, wo er sich speziell um die Kantone Waadt und Wallis kümmern sollte.[818] Die Gesandtschaft präzisierte: Zur Gosen übe in Lausanne die Funktion eines Honorarvizekonsuls aus, bleibe aber vom Konsulat Genf/Vevey abhängig, dessen Jurisdiktion sich weiterhin auf die Kantone Genf, Waadt und Wallis erstrecke.[819]

Die Lausanner Tätigkeit zur Gosens endete bereits im folgenden Jahr. Einem Schreiben des späteren Gesandten Bacheracht von 1911 ist zu entnehmen, Minister Žadovskij habe den Vizekonsul wegen unkorrekten Verhaltens gegenüber dem Personal der russischen Kirche in Genf suspendiert. Dies hindere zur Gosen, mittlerweile russischer Vizekonsul in Frankreich, allerdings nicht daran, während seiner Winteraufenthalte in Lausanne noch immer Pässe zu visieren.[820] Bacherachts Ausführungen stehen im Kontext der von Generalkonsul Damier angeregten Wiederbesetzung der Lausanner Stelle.[821] Am 27. Septem-

815 Vgl. russische Gesandtschaft in Bern an das EPD, 30. 11./13. 12. 1907. BAR, E 2001 (A)/1525; EPD an die russische Gesandtschaft in Bern, 20. 12. 1907. Ebd. Für den Bericht der Genfer Polizeibehörden vgl. Bericht des JPD des Kantons Genf, 14. 12. 1907. Ebd.

816 Für eine Zusammenstellung der russischen (Vize-)Konsuln in Lausanne vgl. Benziger, Les représentations consulaires, S. 23; ders., Beziehungen der Schweiz mit Russland, S. 20; ferner Rossija – Švejcarija, S. 578.

817 Für den Hinweis, das Lausanner Konsulat sei 1916–1922 von einem Verweser geleitet worden, vgl. Rossija – Švejcarija, S. 578.

818 Russische Gesandtschaft in Bern an das EPD, 26. 2./11. 3. 1903. BAR, E 2001 (A)/1526; Protokoll der Sitzung des Bundesrates, 13. 3. 1903. Ebd.

819 Russische Gesandtschaft in Bern an das EPD, 15./28. 5. 1903. BAR, E 2001 (A)/1526; Protokoll der Sitzung des Bundesrates, 15. 6. 1903. BAR, E 2001 (A)/1525.

820 Bacheracht an das MID, 21. 7./3. 8. 1911. AVPRI, Missija v Berne, op. 843/3, d. 530, ll. 91–92. – Zur Aufhebung des Vizekonsulats in Lausanne 1904 vgl. russische Gesandtschaft in Bern an das EPD, 1./14. 3. 1904. BAR, E 2001 (A)/1526.

821 Für die Bitte des Aussenministeriums an Bacheracht, zur Frage der konsularischen Vertretung

ber 1911 (a. St.) ernannte das Aussenministerium Nicolas Skrjabin zum ausserordentlichen Konsul in Lausanne mit dem Recht, wie ein ordentlicher Konsul Pässe zu visieren und Dokumente zu legalisieren.[822] Auf Anfrage erklärte die Gesandtschaft, Skrjabin übe sein Mandat nur in der Stadt Lausanne selbst aus.[823]

Eine lange Amtsführung war auch Skrjabin nicht beschieden. Nach seinem Tod Ende 1914 überführte Generalkonsul Wiesel das Lausanner Konsulatsarchiv nach Genf. Wiesel beteuerte die Überflüssigkeit der verwaisten Stelle; die Nähe zu Genf führe lediglich zu Missverständnissen.[824] Auf die Nachfolge Skrjabins hatte der interimistische Verweser des Davoser Vizekonsulats Makeev, vormals Konsul im deutschen Elberfeld, spekuliert.[825] Doch unabhängig von Wiesel teilte nun auch das Aussenministerium mit, eine Neubesetzung des ausserordentlichen Konsulats in Lausanne sei im Moment nicht angezeigt; man wolle die Frage der Beibehaltung dieser Vertretung nicht vor Kriegsende entscheiden.[826] St. Petersburg betraute dann aber doch Makeev mit der Leitung des Postens – nicht in der Eigenschaft eines Konsuls, sondern wiederum als interimistischer Verweser.[827]

Die angestrebte, vom Kanton Waadt aber nicht gewährte Steuerbefreiung zur Gosens und später auch Skrjabins führte zu erfolglosen Demarchen der Gesandtschaft. Bacheracht musste sich 1912 vom Politischen Departement sagen

in Lausanne und ihrer personellen Besetzung Stellung zu nehmen, vgl. MID an Bacheracht, 2. 3. 1910 (a. St.). AVPRI, Missija v Berne, op. 843/3, d. 530, l. 103–103 ob.

822 Verschiedene Kandidaten standen zur Diskussion; erst als sich aber Skrjabin um die Stelle eines ausserordentlichen Konsuls in Lausanne bewarb, kam 1911 neue Bewegung in die Angelegenheit, vgl. MID an Bacheracht, 13. 7. 1911 (a. St.). AVPRI, Missija v Berne, op. 843/3, d. 530, l. 94–94 ob. Zur Ernennung Skrjabins per Zirkular vom 27. September 1911 (a. St.) vgl. MID an Bacheracht, 6. 10. 1911 (a. St.). Ebd., l. 89. Zu Bacherachts Unterstützung einer Wiederbesetzung der Lausanner Stelle vgl. Bacheracht an das MID, 21. 7./3. 8. 1911. Ebd., ll. 91–92. Für die Mitteilung der Ernennung Skrjabins vgl. russische Gesandtschaft in Bern an das EPD, 11./24. 10. 1911. BAR, E 2001 (A)/1526. Als Ziel der neuen Institution wird hier die Entlastung des Genfer Postens angegeben. Zur Erteilung des Exequaturs vgl. Protokoll der Sitzung des Bundesrates, 10. 11. 1911. Ebd.

823 Russische Gesandtschaft in Bern an das EPD, 15./28. 11. 1911. BAR, E 2001 (A)/1526.

824 Wiesel an die russische Gesandtschaft in Bern, 12./25. 2. 1915. AVPRI, Missija v Berne, op. 843/3, d. 530, ll. 31–31 ob., 35.

825 Vgl. Makeev an Bacheracht, 31. 12. 1914. AVPRI, Missija v Berne, op. 843/3, d. 530, ll. 25–25 ob., 30.

826 MID an Bacheracht, 5. 2. 1915 (a. St.). AVPRI, Missija v Berne, op. 843/3, d. 530, l. 24–24 ob. – Eine Mitteilung über Skrjabins Tod an den Bundesrat unterblieb. Erst als das Politische Departement im Herbst 1915 von sich aus anfragte, ob der Lausanner Konsul tatsächlich verstorben sei, bestätigte die russische Gesandtschaft und führte aus, das ausserordentliche Konsulat werde vorläufig von Genf aus geführt. EPD an die russische Gesandtschaft in Bern, 9. 10. 1915 (Entwurf). BAR, E 2001 (A)/1526; russische Gesandtschaft in Bern an das EPD, 20. 10. 1915. Ebd.

827 Vgl. Bacheracht an Bundesrat Hoffmann, 4./17. 1. 1916. BAR, E 2001 (A)/1526.

lassen, man habe die bereits 1903 geäusserte Ansicht beibehalten, wonach ausländische Konsuln im Gegensatz zu den privilegierten Diplomaten prinzipiell von der ortsüblichen Besteuerung nicht befreit seien.[828]

2.2.3.2.4. Davos

1911–1914	Holtz (Bankier): ausserordentlicher Vizekonsul[829]
1914/15	N. Makeev: Konsulatsverweser
1914–1916	R. Golike: Konsulatsverweser/temporärer Vertreter der Gesandtschaft
seit 1916	R. Golike: ausserordentlicher Vizekonsul[830]

Die russische Kolonie von Davos und besonders ihr religiös engagierter Teil forderte den zarischen Gesandten Bacheracht im Juli 1911 auf, sich für die Errichtung eines örtlichen ausserordentlichen Vizekonsulats zu verwenden. Die Bittsteller machten die rasch wachsende Zahl russischer Gäste in Davos geltend. Ausserdem könne der von der hiesigen «Bruderschaft bei der orthodoxen Kirche in Davos» unternommene Bau eines eigenen Gotteshauses offizielle Unterstützung gut gebrauchen; später sei auch ein russisches Sanatorium geplant. Als Kandidaten für das Amt schlugen die Davoser Russen den deutschen Bankier Holtz (Holz, Gol'c) vor, einen reichen «Majoratsherrn», der die unbezahlte Funktion zu übernehmen bereit sei.[831]
Mit einiger Verzögerung leitete Bacheracht das Anliegen an das zarische Aussenministerium weiter und empfahl Holtz, den er mittlerweile persönlich kennen gelernt hatte, als geeigneten Anwärter.[832] St. Petersburg stimmte zu, Holtz musste lediglich noch den Nachweis erbringen, dass er keiner Geheimgesellschaft oder Freimaurerloge angehörte – und nochmals bestätigen, den Dienst unbezahlt zu verrichten.[833] Der Kandidat war einverstanden; er freute sich über das Prestige des Amtes und erkundigte sich sogleich nach den offiziellen Insignien

828 EPD an Bacheracht, 10. 8. 1912. AVPRI, Missija v Berne, op. 843/3, d. 530, ll. 69, 71; vgl. auch BAR, E 2001 (A)/1526.

829 Für einen Überblick über die russischen konsularischen Vertreter in Davos vgl. Benziger, Les représentations consulaires, S. 22; ders., Beziehungen der Schweiz mit Russland, S. 20; ferner Rossija – Švejcarija, S. 578. Zu «M. P.» Holtz vgl. auch Tcherniavski, Histoire, S. 115, 119, 122.

830 Für den Hinweis, das Vizekonsulat sei 1915–1922 von einem Verweser geleitet worden, vgl. Švejcarija – Rossija, S. 825, Anm. 2.

831 Brief eines Teils der russischen Kolonie von Davos an Bacheracht, 15./28. 7. 1911. AVPRI, Missija v Berne, op. 843/1, d. 13, ll. 1–2 ob. Zur geplanten orthodoxen Kirche in Davos vgl. auch Tcherniavski, Histoire, S. 114–123.

832 Bacheracht an das MID, 5./18. 9. 1911 (Entwurf). AVPRI, Missija v Berne, op. 843/1, d. 13, ll. 6–7.

833 Vgl. MID an Bacheracht, 16. 9. 1911 (a. St.). AVPRI, Missija v Berne, op. 843/1, l. 8 bis 8 ob.

und den Anlässen, bei denen er Uniform tragen durfte.[834] Die eigentliche Ernennung Holtz' zum zarischen Honorarvizekonsul in Davos erfolgte per Zirkular vom 15. Oktober 1911 (a. St.), also fast zeitgleich mit der Neubesetzung des Lausanner Postens.[835] Wie Lausanne war das Vizekonsulat von Davos dem Konsulat in Genf untergeordnet.[836]

Die Russen waren zufrieden mit dem Dienst ihres Davoser Vizekonsuls – jedenfalls wurde dieser 1914 mit dem Orden der heiligen Anna dekoriert.[837] Doch nach Ausbruch des Weltkriegs war ein Deutscher in zarischen Staatsdiensten nicht mehr erwünscht. Im August 1914 informierte das Aussenministerium die Gesandtschaft in Bern über die Absetzung des «sujet prussien» Holtz und suggerierte seine Ersetzung durch den russischen Untertanen R. Golike.[838] Drei Tage später bat Holtz um seine Demission, voll Dankbarkeit für die guten Worte Bacherachts.[839] Der Gesandte teilte Holtz' Abgang dem Bundesrat mit und liess wissen, der Russe Golike, Kanzlist des Vizekonsulats, sei mit der provisorischen Leitung desselben betraut worden.[840]

Der Verzicht auf den betuchten und dienstfreudigen Holtz warf sogleich die Frage nach der weiteren Finanzierung der Davoser Vertretung auf. Golike veranschlagte die monatlichen Unterhaltskosten des Vizekonsulats auf 895 Franken – einen Betrag, den Holtz bisher aus der eigenen Tasche bezahlt hatte.[841] Im Hinblick auf ihre bedürftigen Landsleute in Davos war die russische Regierung entschlossen, den Posten aufrechtzuerhalten. Das Aussenministerium instruierte Bacheracht, sich vorübergehend mit dem «fond secours» zu behelfen und sofort dem in Lausanne befindlichen Konsul Makeev die interimistische Vertretung der russischen Interessen in Davos anzutragen.[842] Makeev

834 Vgl. Holtz an Bacheracht, 11. 10. 1911. AVPRI, Missija v Berne, op. 843/1, d. 13, ll. 12–13.
835 MID an Bacheracht, 26. 10. 1911 (a St) AVPRI, Missija v Berne, op. 843/1, d. 13, l. 16. Für das Gesuch um Erteilung des Exequaturs für den Deutschen Holtz als russischer Honorarvizekonsul in Davos vgl. russische Gesandtschaft in Bern an das EPD, 27. 10./9. 11. 1911. BAR, E 2001 (A)/1524. Für das bundesrätliche Exequatur vom November vgl. AVPRI, Missija v Berne, op. 843/1, d. 13, l. 21; Protokoll der Sitzung des Bundesrates, 24. 11. 1911. BAR, E 2001 (A)/1524.
836 Vgl. Bacheracht an das russische Konsulat in Genf, 27. 10./9. 11. 1911 (Entwurf). AVPRI, Missija v Berne, op. 843/1, d. 13, l. 18.
837 MID an die russische Gesandtschaft in Bern, 17. 6. 1914 (a. St.). AVPRI, Missija v Berne, op. 843/1, d. 13, l. 24.
838 Auch: Golicke. MID an die russische Gesandtschaft in Bern, 18. 8. 1914. AVPRI, Missija v Berne, op. 843/1, d. 13, l. 26.
839 Holtz an Bacheracht, 21. 8. 1914. AVPRI, Missija v Berne, op. 843/1, d. 13, l. 27 ob.
840 Russische Gesandtschaft in Bern an das EPD, 9./22. 8. 1914. AVPRI, Missija v Berne, op. 843/1, d. 13, l. 27 (Entwurf) und BAR, E 2001 (A)/1524 (Original); vgl. auch Protokoll der Sitzung des Bundesrates, 26. 8. 1914. Ebd.
841 Golike an Bacheracht, 28. 8./10. 9. 1914. AVPRI, Missija v Berne, op. 843/1, d. 13, l. 30.
842 MID an Bacheracht, 23. und 26. 9. 1914 (n. St.). AVPRI, Missija v Berne, op. 843/1, d. 13, ll. 33 und 35; vgl. auch Bacheracht an das MID, 13. 9. 1914 (n. St.; Entwurf). Ebd., l. 30.

gehorchte etwas widerwillig, machte sich aber sogleich auf den Weg und vermeldete am 26. September die Übernahme des ehemaligen Vizekonsulats von Golike.[843] Der neue Verweser schlug vor, den Posten etwas bescheidener einzuquartieren – des Geldes wegen, aber auch, um vom einflussreichen Vorgänger Holtz unabhängiger zu werden.[844] Die Gesandtschaft war einverstanden und erklärte sich bereit, ab November 1914 monatlich 480 Franken zu entrichten. Golike, der aufgrund seiner schwierigen finanziellen Situation Arbeit suchte, wurde als Gehilfe und allfälliger späterer Vizekonsul bezeichnet.[845]

Als Makeev Davos im Februar 1915 verliess, übernahm Golike wieder die Führung.[846] Doch wie sollte er sich bezeichnen? Er selbst hatte keinen konsularischen Rang, und da ja auch Holtz nur ein ausserordentlicher Vizekonsul gewesen war, gab es eigentlich keine feste konsularische Stelle in Davos.[847] Nach Anweisung des Aussenministeriums trug Golike nun als Stellvertreter Makeevs den Titel «temporärer Vertreter der Gesandtschaft» (vremennyj predstavitel' Missii).[848] Zu einer definitiven Ernennung Golikes zum Vizekonsul konnte sich das Aussenministerium – trotz drängender Briefe Bacherachts – vorerst nicht durchringen.[849] Der Gesandte sprach die offensichtliche Abnei-

---

843 Makeev an Bacheracht, 26. 9. 1914. AVPRI, Missija v Berne, op. 843/1, d. 13, l. 62. Das hier angegebene Datum der Übernahme scheint zweifelhaft, da Makeev erst am 26. September überhaupt von seinem neuen Auftrag erfuhr. Für die Mitteilung der Einsetzung Makeevs an den Bundesrat vgl. russische Gesandtschaft in Bern an das EPD, 16./29. 9. 1914. BAR, E 2001 (A)/1524; ferner Bundespräsident Hoffmann an Bacheracht, 7. 10. 1914. AVPRI, Missija v Berne, op. 843/1, d. 13, l. 45.

844 Makeev (Adressat unklar), 11. 10. 1914 (n. St.). AVPRI, Missija v Berne, op. 843/1, d. 13, l. 81 bis 81 ob.

845 Russische Gesandtschaft in Bern an Makeev, 24. 10./6. 11. 1914. AVPRI, Missija v Berne, op. 843/1, d. 13, l. 51; Golike an Bacheracht, 21. 10. 1914 (n. St.). Ebd., l. 52–52 ob.; Bacheracht an Makeev, 29. 11. 1914 (n. St.). Ebd., l. 55.

846 Vgl. Golike an die russische Gesandtschaft in Bern, 15. 2. 1915 (a. St.). AVPRI, Missija v Berne, op. 843/1, d. 13, l. 145; EPD an die russische Gesandtschaft in Bern, 11. 3. 1915. Ebd., l. 151. – Bacheracht holte Makeev, vor allem wegen dessen gesundheitlicher Probleme mit dem Gebirgsklima, als Attaché in die Gesandtschaft. Für Makeevs Bitte um Versetzung nach Lausanne, als Konsul Skrjabin verstorben war, vgl. Makeev an Bacheracht, 31. 12. 1914. AVPRI, Missija v Berne, op. 843/3, d. 530, ll. 25–25 ob., 30. Zum Vorschlag der Zentrale, Makeev in der Gesandtschaft oder im Konsulat von Vevey/Genf zu beschäftigen (oder in den Urlaub zu schicken) und durch Golike zu ersetzen, vgl. MID an Bacheracht, 5. 2. 1915 (a. St.). Ebd., l. 24–24 ob.; Bacheracht an Makeev, 9./22. 2. 1915 (Entwurf). AVPRI, Missija v Berne, op. 843/1, d. 13, l. 144. Vgl. auch Protokoll der Sitzung des Bundesrates, Präsidialverfügung vom 12. 3. 1915. BAR, E 2001 (A)/1524.

847 Nicht umsonst hatte Makeev vom «ehemaligen» Vizekonsulat gesprochen. Im Annuaire diplomatique de l'Empire de Russie pour l'année 1915 erscheint dennoch ein Eintrag Davos, mit dem Vermerk: vakant.

848 Vgl. Bacheracht an das MID, 12./25. 8. 1915 (Entwurf). AVPRI, Missija v Berne, op. 843/1, d. 13, l. 160.

849 Das Aussenministerium erkundigte sich, was ein Konsularagent in Davos überhaupt zu tun habe und ob es keinen anderen Kandidaten gebe als Golike. MID an die russische Gesandt-

gung des Ministeriums gegen Golike an und versuchte, die schwierige Arbeit in Davos verständlich zu machen.[850] Mit Erfolg: 1916 stimmte das Aussenministerium der Ernennung Golikes zum ausserordentlichen Vizekonsul zu.[851] Nach formal bedingten Verzögerungen bestätigte das Politische Departement die Wiedereröffnung des Vizekonsulats Anfang 1917.[852]

Im Zentrum der Arbeit der Davoser Vertretung stand die Betreuung russischer Kurgäste und damit die Fürsorge für kranke und zunehmend auch mittellose Landsleute.[853] Im Archiv findet sich eine rege Korrespondenz mit Pensionen, Sanatorien und Hotels wegen des Zahlungsnotstands der russischen Gäste.[854] Gemäss Golike bezifferte sich die Zahl der in Davos befindlichen Russinnen und Russen im August 1914 auf etwa 360,[855] im Februar 1916 auf 232 Personen, von denen 34 bedürftig seien.[856]

Fazit

Überblicksdarstellungen zur russischen Aussenpolitik des 19. und frühen 20. Jahrhunderts orientieren sich gerne an der konfliktreichen Spannung zwischen dem selbstbewussten, expansiven Grossmachtdenken des autokratischen Regimes auf der einen und den inneren strukturellen Schwächen des Zarenreiches auf

schaft in Bern, 4. und 11. 9. 1915 (a. St.). AVPRI, Missija v Berne, op. 843/1, d. 13, ll. 170 und 173; Bacheracht an das MID, 1./14. 9. 1915 (Entwurf). Ebd., l. 167. Wegen angeblicher Klagen ordnete die Zentrale Ende 1915 gar eine Untersuchung der Tätigkeit Golikes an. MID an die russische Gesandtschaft in Bern, 30. 11./13. 12. 1915 (geheim). Ebd., l. 175. Die Untersuchung ergab ein tadelloses Verhalten Golikes, vgl. Generalkonsul Damier an Bacheracht, 21. 12. 1915/3. 1. 1916. Ebd., ll. 188–193 ob.

850 Bacheracht an das MID, 28. 12. 1915/10. 1. 1916 (Entwurf). AVPRI, Missija v Berne, op. 843/1, d. 13, l. 187–187 ob.

851 Irrtümlicherweise wollte das russische Aussenministerium Golike gleich zum Konsul machen, vgl. MID an die russische Gesandtschaft in Bern, 4./17. 3. 1916. AVPRI, Missija v Berne, op. 843/1, d. 13, l. 180; russische Gesandtschaft in Bern an Golike, 1./14. 4. 1916 (Entwurf). Ebd., l. 184. Für die Mitteilung der Ernennung Golikes zum Vizekonsul in Davos vgl. russische Gesandtschaft in Bern an das EPD, 30. 12. 1916/12. 1. 1917. BAR, E 2001 (A)/1524.

852 Eine Komplikation hatte sich daraus ergeben, dass Golikes Ernennung ohne «acte de nomination» erfolgt war. Das Politische Departement weigerte sich deshalb, ein Exequatur zu erteilen, anerkannte Golike aber trotzdem als Vizekonsul, vgl. EPD an die russische Gesandtschaft in Bern, 1. 2. 1917. AVPRI, Missija v Berne, op. 843/1, d. 13, l. 213; ferner EPD an die russische Gesandtschaft in Bern, 17. 1. 1917. BAR, E 2001 (A)/1524; russische Gesandtschaft in Bern an das EPD, 9./22. 1. 1917. Ebd.; EPD an den Kleinen Rat des Kantons Graubünden, 1. 2. 1917 (Entwurf). Ebd.

853 Vgl. Benziger, Beziehungen der Schweiz mit Russland, S. 20.

854 Vgl. AVPRI, Missija v Berne, op. 843/1, d. 13.

855 Golike an die russische Gesandtschaft in Bern, 26. 7./8. 8. 1914. AVPRI, Missija v Berne, op. 843/1, d. 13, l. 104–104 ob.

856 Golike an die russische Gesandtschaft in Bern, 28. 1./10. 2. 1916. AVPRI, Missija v Berne, op. 843/1, d. 13, l. 175[a–6].

der anderen Seite.[857] Wenn die notorische These von der Rückständigkeit Russlands mit dem Hinweis auf unreflektierte eurozentrische Normen immer wieder zu Recht kritisiert wird, so kommt ihr in der Sphäre der Aussenpolitik doch eine beträchtliche Bedeutung zu.

Unter Peter dem Grossen hatte Russland die westlichen Konventionen und Regeln der Diplomatie übernommen. Das System permanenter gesandtschaftlicher Repräsentation wurde nun ausgebaut, und die russischen Vertreter begannen sich mit zunehmender Behendigkeit auf dem Parkett einer gemeineuropäischen aristokratischen Diplomatenkultur zu bewegen.[858] Im Rahmen dieser institutionalisierten und (französischsprachig) standardisierten internationalen Kommunikation präsentierte sich das Zarenreich als vollwertiges Mitglied der europäischen Staatenwelt, ja als Grossmacht, die ihre Interessen zivilisiert zu artikulieren verstand und bei internationalen Regelwerken, etwa den Wiener Verträgen von 1815, ein entscheidendes Wort mitsprach. Spätestens der Krimkrieg offenbarte dann aber die Brüchigkeit der russischen Expansions- und Grossmachtpolitik. Es zeigte sich, dass das Zarenreich in seiner aussenpolitischen Stärke hinter die westeuropäischen Mächte zurückgefallen war. Auf einer übergeordneten Ebene prägte die Rede von der Rückständigkeit Russlands auch das Selbstverständnis und Verhalten der zarischen Diplomaten im Ausland. Sie schuf Empfindlichkeiten und Geltungsbedürfnisse, die aus den jeweiligen Sachgeschäften allein kaum erklärbar sind.

Ludmila Thomas sieht in der zweiten Hälfte des 19. Jahrhunderts, vor allem nach dem Krimkrieg und den Reformen Alexanders II., einen neuen Typus konservativer russischer Führungsfiguren: mächtige Staatsdiener nämlich, die sich in Abgrenzung zu der sich nun ebenfalls formierenden liberalen Intelligenzija (von der sie belächelt werden) ganz in den Dienst der Behauptung und bedingungslosen Verteidigung bestehender staatlicher Machtverhältnisse stellen.[859] Es ist dieser Typ des politischen Ordnungshüters, der uns auch in der zarischen Gesandtschaft in Bern begegnet.

Eine ständige diplomatische Repräsentation unterhielt das Zarenregime in der Schweiz seit 1814. Erst viel später kamen konsularische Vertretungen in Genf (1894), Lausanne (1903/11) und Davos (1911) hinzu. Ein Militärattaché war der Mission seit 1885, eine Handelsagentur seit 1914 angegliedert. Prominentester Gesandter war im Rückblick der spätere Aussenminister Nikolaus von Giers. Die Zahl der offiziell gemeldeten russischen Repräsentanten in der Schweiz ist bis zum Ersten Weltkrieg mit derjenigen der schweizerischen Vertreter im Zarenreich vergleichbar: Sie stieg von beidseits etwa drei Personen um 1848 auf beidseits etwa zehn Personen um die Jahrhundertwende an; zuweilen amtierten

---

857 Oft wird bereits in den Buchtiteln eine entsprechende Dichotomie aufgebaut, vgl. etwa MacKenzie, *Imperial Dreams – Harsh Realities*.
858 Vgl. Anderson, Rise, S. 70 f.
859 Thomas, Russische Reaktionen, S. 247.

etwas mehr Schweizer im Zarenreich als Russen in der Schweiz. Markant dann aber der Unterschied seit Kriegsbeginn: Während wir 1916 ein knappes Dutzend Schweizer Vertreter in Russland zählen, bevölkerten über 25 Personen die zarischen Vertretungen in der Schweiz – und das sind nur diejenigen, die auf offiziellen Listen auch erscheinen. Geht man davon aus, dass in den Staatskalendern einige Namen temporärer Mitarbeiter fehlen, berücksichtigt man die konspirativen Emissäre des russischen Innenministeriums und bedenkt man schliesslich die geografischen Dimensionen der beiden Länder, so ergibt sich eine sehr viel dichtere staatliche Präsenz des Zarenregimes in der Eidgenossenschaft als umgekehrt – schon im 19. Jahrhundert. Diese deutliche und zur Zeit des Weltkriegs exzessive Asymmetrie staatlicher Vertretungen verweist einerseits auf die unterschiedliche Dotierung der diplomatischen Apparate und den ungleichen Stellenwert auswärtiger Repräsentation in der politischen Kultur der beiden Staaten. Sie ist aber auch Indiz für die Verschiedenartigkeit von Interessen und Zielsetzungen. Während konsularische Vertretungen den ökonomischen Russlandinteressen des Bundesrates entsprachen, nutzte die zarische Diplomatie den zentralen und krisensicheren Standort Bern, um neben der politischen Entwicklung der Schweiz auch jene Westeuropas insgesamt zu beobachten. Seit dem polnischen Aufstand von 1863 richtete sich die Aufmerksamkeit der Mission zunehmend auch auf die in der Schweiz präsenten revolutionären Flüchtlinge und Emigranten aus dem Zarenreich.

III.   Umbruch in der Schweiz (1847–1856)

Die Etablierung des schweizerischen Bundesstaates von 1848 und überhaupt das europäische Revolutionsgeschehen zur Mitte des 19. Jahrhunderts konstituierte einen neuen Kommunikationszusammenhang russisch-schweizerischer Bilateralität. Wenn bislang die Wiener Staatenordnung und der den Eidgenossen darin zugedachte Platz als gemeinsamer Bezugspunkt und als beidseits gültiges Orientierungsmuster für die Definition der offiziellen Beziehungen gedient hatte, so eröffnete sich mit dem Aufstieg und Sieg der liberalen Kräfte in der Schweiz eine diskursive Inkongruenz, eine Unvereinbarkeit politischen Denkens und Sprechens, welche die Kommunikation zwischen den neuen Bundesbehörden und dem Zarenregime bis ins 20. Jahrhundert hinein belastete.

Kurz zum Geschehen:[1] Im Nachgang der Pariser Julirevolution waren in verschiedenen Schweizer Kantonen 1830/31 liberale Verfassungen installiert worden. Dem *Siebnerkonkordat* liberaler, nach einer neuen Bundesverfassung strebender Orte (Zürich, Bern, Luzern, Solothurn, St. Gallen, Aargau, Thurgau) stand auf der anderen Seite der konservative, auf Erhaltung der bisherigen Ordnung bedachte *Sarner Bund* (Uri, Schwyz, Unterwalden, Wallis, Neuenburg, Basel-Stadt) gegenüber. Dieser Spaltung war durch das säkulare, zuweilen aggressiv antikirchlich artikulierte Engagement des liberalen Programms von Anfang an auch ein religiöser Konflikt eingeschrieben, der seit dem Ende der dreissiger Jahre die Auseinandersetzung zunehmend prägte und dynamisierte. In Zürich gelangte 1839 durch den von einem Pfarrer angeführten «Züriputsch» eine konservative Regierung an die Macht; im Aargau wurde 1841 die Aufhebung der Klöster wegen angeblicher Aufwiegelung der Bevölkerung beschlossen. Und 1844/45 versuchten zwei bewaffnete Freischarenzüge radikaler[2] Haudegen, den nunmehr konservativen Führungsort Luzern, der kurz zuvor mit

---

1 Für allgemeine Überblicksdarstellungen zum europäischen Revolutionsgeschehen in der Mitte des 19. Jahrhunderts vgl. etwa Sperber, The European Revolutions; Mommsen, 1848. Für neuere Darstellungen zum Sonderbundskrieg und zur staatlichen Neugestaltung der Schweiz vgl. etwa die zum Jubiläumsjahr 1998 herausgegebenen Sammelbände *Revolution und Innovation; Etappen des Bundesstaates; Die Konstruktion einer Nation*.

2 Die «Radikalen» hatten sich Anfang der 1830er Jahre von der freisinnigen Bewegung abgespalten. Sie konfrontierten den liberalen Föderalismus mit der Forderung nach Vereinheitlichung, Demokratisierung und Zentralisierung sowie nach einer klaren Unterordnung der Kirche unter den Staat. Vgl. etwa Biaudet, Schweiz, S. 934 f.

der Berufung der Jesuiten für Aufregung gesorgt hatte, in die Knie zu zwingen. Die konservativen (und das hiess nun eben insbesondere: katholischen) Kantone Uri, Schwyz, Unterwalden, Luzern, Zug, Fribourg und Wallis schlossen sich 1845 zu einer Schutzvereinigung, dem *Sonderbund,* zusammen. Mit dem Wahlsieg im Kanton St. Gallen verfügte das liberale Lager aber seit Frühjahr 1847 über eine Mehrheit in der Tagsatzung. Am 20. Juli wurde die Auflösung des Sonderbunds beschlossen und in einem kurzen Bürgerkrieg, dem Sonderbundskrieg (4.–29. November 1847), durchgesetzt.[3] Beschlossen worden war auch die Revision des Bundesvertrags von 1815. Ohne dass das Verfahren klar definiert gewesen wäre, erklärte die Tagsatzung im Sommer 1848 die neue Bundesverfassung für angenommen, nachdem sich eine Mehrheit der Kantone dafür ausgesprochen hatte. An die Stelle des bisherigen lockeren Bundes souveräner Kantone trat nun der moderne schweizerische Bundesstaat.[4]

Inzwischen waren in weiten Teilen Europas revolutionäre Tumulte ausgebrochen, bäuerliche Waldunruhen, Handwerkeraufstände und politische Partizipationskämpfe, als deren Vorläufer oder gar Auslöser die Ereignisse in der Schweiz schon den Zeitgenossen erschienen.[5] Gerade beim aussenpolitisch brisanten Streitpunkt der Staatsformen, der die Interessen der Grossmächte direkt (und auch auf Distanz) tangierte, konnte die neue schweizerische Bundesverfassung als Auftakt und Ermunterung liberaler Bestrebungen auch in anderen Regionen gelten.[6] Die Politisierung der Menschen in Europa, auch bäuerlicher und städtischer Unterschichten, erreichte im Zuge der Revolution(en)[7] von 1848/49 ein Ausmass, das die Mobilisierung der Französischen Revolution weit hinter sich liess und auch später nicht so bald wieder erreicht wurde.[8]

Wie in England kam es im Zarenreich 1848/49 zu keiner offenen Revolution. Allerdings trifft Hartmut Kaelbles Hinweis, selbst die nicht direkt revolutionierten Teile Europas seien von der Revolution massiv beeinflusst worden,[9]

3 Vgl. ebd., S. 918–970; Baumgart, Konzert, S. 311 f.

4 Zur Entstehung der Verfassung von 1848 vgl. Bucher, Bundesverfassung, S. 989–994.

5 Sperber, Eine alte Revolution, S. 14 f.

6 Zu den nun «überall» in Europa gewählten konstituierenden Versammlungen vgl. Sperber, Eine alte Revolution, S. 20. Sperber bezeichnet das Verhältnis zu Staat und Staatlichkeit als wichtigste Quelle politischer Mobilisierung in der Revolution von 1848/49, vgl. ebd., S. 27.

7 Es ist, angesichts sehr unterschiedlicher Erscheinungsformen, Gegenstand einer Forschungskontroverse, ob es sich bei den Unruhen zur Mitte des 19. Jahrhunderts um *eine* übergreifende europäische Revolution oder – so die dominierende Position – um verschiedene einzelne Revolutionen handelte. Für eine konzise Zusammenstellung der Argumente vgl. Kaelble, 1848.

8 Sperber, Eine alte Revolution, S. 20–24. – Für die These, bei der Revolution von 1848/49 in Europa handle es sich weniger um einen Neubeginn als um Nachwehen des 18. Jahrhunderts und der Französischen Revolution von 1789, vgl. ebd., S. 29–32. Die neuen Aspekte der Revolution von 1848/49 betont dagegen Kaelble, 1848, S. 271–273. Zum Zusammenhang der Revolutionen von 1789 und 1848/49 vgl. auch den Sammelband *1848/49 in Europa und der Mythos der Französischen Revolution.*

9 Kaelble, 1848, S. 267 f.

gerade auch auf Russland zu. Unter dem Eindruck der europäischen Ereignisse wurden hier Zensur und polizeiliche Verfolgung mutmasslicher oppositioneller Geheimzirkel verschärft, und Nikolaus I. versuchte in einem Manifest, seine Untertanen gegen den äusseren Ansturm des Aufruhrs zu immunisieren.[10] Nennenswerte Unruhen blieben aus, obwohl zur Revolutionszeit, wie Michajlov ausführt, eine grosse Zahl von Russinnen und Russen aus Westeuropa ins Zarenreich zurückkehrte und vereinzeltes Propagandamaterial auftauchte.[11] Auch in Polen, das schon nach dem gescheiterten Aufstand von 1830/31 seinen Status als relativ autonomes Königreich eingebüsst hatte und unter die repressive Verwaltung des russischen Truppenkommandanten und nunmehrigen Statthalters Paskevič gestellt worden war, konnten 1848/49 revolutionäre Ausschreitungen verhindert werden.[12] Aussenpolitisch wählte das Zarenregime den Weg einer penetranten Einmischungspolitik.[13] Spektakulär erscheint in diesem Zusammenhang die mit russischer Militärhilfe gelungene Niederschlagung des ungarischen Aufstandes 1849. Aber auch auf diplomatischer Ebene belegte St. Petersburg revolutionär umgestaltete Staaten mit Sanktionen und sistierte etwa seine offiziellen Beziehungen mit der neuen französischen Republik, mit dem aus den Fugen geratenen Deutschen Bund – und mit der Schweiz.[14]

1.　Zur Wahrnehmung einer soziopolitischen Bewegung

Je nach Interessenlage und politischem Verständnis wurden die revolutionären Ereignisse um 1848 schon von den Zeitgenossen ganz unterschiedlich wahrgenommen. Für die Betrachtung der offiziellen schweizerisch-russischen Beziehungen in der zweiten Hälfte des 19. Jahrhunderts ist es aufschlussreich, die Revolutionsperzeption der neuen schweizerischen Bundesbehörden mit derje-

10　Stökl spricht von der nun eingeleiteten «kurzsichtigen Politik einer Restriktion auf allen Gebieten» und dem «Zustand vollkommener Stagnation», wie er später der ganzen Herrschaft Nikolaus' I. zugeschrieben worden sei. Stökl, Russische Geschichte, S. 479. Zu den verschärften Repressionsmassnahmen vgl. etwa Michajlov, Nikolaevskaja Rossija i revoljucionnaja Evropa, S. 89, 102; Thomas, Russische Reaktionen, S. 246 f. Zum Manifest Nikolaus' I. vgl. Geršenzon, Nikolaj I, S. 17 f. (Text); Michajlov, Nikolaevskaja Rossija i revoljucionnaja Evropa, S. 92; Thomas, Russische Reaktionen, S. 245.

11　Michajlov, Nikolaevskaja Rossija i revoljucionnaja Evropa, S. 91 f. – Für die These, die russische Gesellschaft habe sich aufgrund ihrer intellektuellen «Spielräume» revolutionärer Aktionen enthalten können, ohne sich zwingend mit der zarischen Politik identifizieren zu müssen, vgl. Thomas, Russische Reaktionen, S. 243 f.

12　Schödl, Jenseits von Bürgergesellschaft und nationalem Staat, S. 228; Hoensch, Geschichte Polens, S. 214.

13　Vgl. etwa Thomas, Russische Reaktionen, S. 245.

14　Zur Wiederaufnahme der Beziehungen mit Frankreich und Deutschland vgl. Zirkular MID, 31. 5. 1849 (a. St.). AVPRI, Missija v Berne, op. 510, d. 57, ll. 6–7; Nesselrode an Krüdener, 1. 2. 1850 (a. St.). AVPRI, Missija v Berne, op. 510, d. 58, ll. 4–5 ob.

nigen des Zarenregimes zu vergleichen. Dabei geht es weniger um individuell nuancierte Wahrnehmungen als um intersubjektive Deutungen, wie sie dann als offizielle Regierungshaltungen nach aussen hin zum Ausdruck kamen.

1.1 Die Deutung der neuen schweizerischen Bundesbehörden

Was zunächst die siegreich aus dem Bürgerkrieg hervorgegangenen liberalen Kräfte der Schweiz betrifft, so verlief ihr Umbruchsdiskurs vornehmlich in den überkreuzenden Bahnen der politischen Reform, der Nationsidee und der Unabhängigkeit.

1. Spätestens seit den vereinzelten kantonalen Erfolgen der Liberalen 1830/31 diskutierte die schweizerische Presseöffentlichkeit die Perspektive einer stärkeren nationalen Vereinheitlichung der Eidgenossenschaft. Der radikale *Republikaner* als Organ der späteren Bürgerkriegssieger behauptete die Existenz einer Nation Schweiz. Dieser fehlte zwar das zentrale nationale Merkmal einer gemeinsamen Sprache; dafür liess sich auf eine «geistige Einheit» der Schweizer, auf ihre bereits allenthalben gelebte nationale Geselligkeit, auf eine gemeinsame politische Realität und dann in den vierziger Jahren zunehmend auch auf die republikanische und demokratische Gesinnung in Abgrenzung zum monarchisch dominierten übrigen Europa hinweisen.[15] Die Befürworter eines schweizerischen Einheitsstaates partizipierten an der aufstrebenden Bewegung des Nationalismus, der dynastische Traditionen und höfische Interessen als Leitparadigmen der europäischen Staatenordnung zu ergänzen und allmählich auch zu verdrängen begann.[16]

2. Hand in Hand mit der Vision eines einheitlichen schweizerischen Nationalstaates ging die Forderung nach Selbstbestimmung und politischer Freiheit, damit aber auch ein schwindendes Verständnis für die überkommene Rolle der Schweiz als Zögling und Spielfigur der europäischen Grossmächte. Der *Republikaner* entwarf das Bild einer verlorenen urtümlichen Freiheit des Schweizer Volks, die es nun wiederzufinden galt, und indem er über die ausländische Interventionspolitik berichtete, appellierte er implizit an eine defensive gemeineidgenössische Solidarität.[17] Die Protagonisten der staatlichen Umgestaltung versuchten den Ermahnungen der Mächte aber auch auf juristischer Ebene

---

15 Meyerhofer, Wir sind die Nation, S. 51–57. – Zum Bild der staatlichen Umgestaltung der Schweiz in der Neuen Zürcher Zeitung von der Helvetik bis 1848 vgl. Maissen, Vom Sonderbund zum Bundesstaat.

16 Zur integrierenden Funktion des Nationalismus («Integrationsideologie») angesichts sozialer Entwurzelung im Prozess der Modernisierung vgl. etwa Meyerhofer, Wir sind die Nation, S. 50; Kleinewefers, Nationalismus, besonders S. 302–309.

17 Vgl. Meyerhofer, Wir sind die Nation, S. 51 f. Auf den Alpen- und Hirtenmythos verzichtete der *Republikaner* allerdings, wie Ursula Meyerhofer ausführt; zu eng war dieser mit der geschmähten konservativen Innerschweiz verbunden. Ebd., S. 52.

Paroli zu bieten. So stellte etwa Ulrich Ochsenbein als neu gewählter Präsident der Tagsatzung 1847 in Abrede, dass die Garantien, welche der Schweiz 1815 gewährt worden waren und aus denen ja die Mächte ihren Interventionsanspruch rechtlich herleiteten, an eine bestimmte Verfassung oder Staatsform gebunden seien. Diese Garantien bezögen sich vielmehr auf das Territorium der Schweiz. Für den Fall ausländischen Eingreifens stellte Ochsenbein einen schweizerischen Freiheitskampf alter Schule in Aussicht.[18]

3. Inhaltlich zielten die von den Liberalen angestrebten Veränderungen auf die gesamtschweizerische Verwirklichung von Volkssouveränität und individuellen Freiheitsrechten im Rahmen eines einheitlich organisierten Bundesstaates, ferner auf die Trennung von Staat und Kirche.[19] Dieses Programm nimmt politische Kernpunkte einer vielschichtigen europäischen Entwicklung auf, die gemeinhin unter dem Begriff der Modernisierung subsumiert wird.

4. Nach 1848 erfuhr der schweizerische Revolutionsdiskurs eine harmonisierende Verklärung. Angesichts der Aufgabe, die im Sonderbundskrieg Unterlegenen in einem neuen liberalen Staat zu integrieren, mündete er in die Vorstellung von der Schweiz als einer «Willensnation», wobei die Erfahrung des jüngsten innerschweizerischen Zwistes und des eklatanten Unwillens seiner Verlierer allmählich von einer engagiert inszenierten öffentlichen Erinnerung an Rütlischwur und vermeintliche eidgenössische Eintracht im Mittelalter übertüncht und verdrängt wurde.[20]

Schliesslich soll nicht verschwiegen werden, dass auch die Verlierer des Sonderbundskriegs die politische Kultur des neuen Bundesstaates mitprägten. Gerade im hier interessierenden Bereich auswärtiger Beziehungen trug ihre anhaltende Skepsis gegenüber den zentralen Bundesbehörden zu der Zurückhaltung bei, die wir etwa beim Ausbau des diplomatischen Apparates bereits festgestellt haben.

1.2.   Die Deutung des Zarenregimes

Während sich nun also die schweizerischen Bundesbehörden auf die staatliche Umgestaltung von 1847/48 als auf einen positiven nationalen Neubeginn bezogen, verharrte das Zarenregime in einem konservativ-legalistischen Ordnungsdiskurs, der die internationale Grossmachtpolitik der nachnapoleonischen

---

18 Vgl. Ley, La Russie: Paul de Krudener et les soulèvements nationaux, S. 170.

19 Dies waren im Wesentlichen auch die Anliegen des radikalen *Republikaners,* vgl. Meyerhofer, Wir sind die Nation, S. 49.

20 Philipp Sarasin spricht hier, in Anlehnung an Freud, von «Deckerinnerungen». Sarasin, Sich an 1848 erinnern, besonders S. 270–272. – Zur «Willensnation» als einem Konstrukt der zweiten Hälfte des 19. Jahrhunderts vgl. Meyerhofer, Wir sind die Nation, S. 49. – Zur Revolutionserinnerung in Deutschland vgl. Kaschuba, Horizonte politischer Kultur, S. 59–62.

Restaurationsphase geprägt hatte und der nun die drohende revolutionäre Demontage der Wiener Dispositionen in den Bereich des Verbrechens, der moralischen Dekadenz und des Krankhaften verwies.

1. In der Interpretation St. Petersburgs, aber auch in derjenigen der anderen konservativen Regime, war die 1815 den Eidgenossen gewährte Neutralitätsgarantie sehr wohl an eine bestimmte Staatsform gebunden, nämlich an den international abgesegneten lockeren Bund souveräner Kantone. Die Garantiemächte hatten somit das Recht, gegen jede Veränderung des schweizerischen politischen Systems zu intervenieren.[21] Das Vorgehen der liberalen Kräfte wurde denn vom zarischen Gesandten Krüdener auch kriminalisiert: «J'ai le cœur bien serré à la vue de ce grand crime que nous n'avons pu empêcher, et qui remplira l'Europe d'une horreur salutaire. Le règne du radicalisme ne peut durer longtemps et tous les efforts d'une presse criminelle ne sauveront pas la petite convention de 1847 de l'exécration universelle et éternelle.»[22] Die Würde konservativer Grossmacht findet als handlungsleitendes Interesse im Umgang mit solcher Delinquenz und überhaupt mit dem liberalen beziehungsweise radikalen Gedankengut immer wieder Erwähnung.[23]

2. Aber abgesehen vom rechtlichen Aspekt erschien die schweizerische Abtrünnigkeit auch als Akt des Undanks – hatte sich doch, wie unermüdlich betont wurde, besonders Zar Alexander I. für den Fortbestand und die Integrität einer neutralen Schweiz eingesetzt.[24]

3. In seiner Unfähigkeit, eine andere als die bestehende Ordnung zu denken, musste das Zarenregime jede Veränderung des Status quo als Beförderung der Anarchie und des Chaos betrachten. Dagegen galt es – wenn nötig militärisch – einzuschreiten und die konservativen Werte für Russland, aber in Absprache mit direkt bedrängten Monarchen und gemäss den Verpflichtungen der Heiligen Allianz auch für Europa insgesamt zu erhalten.[25] Der berüchtigte Ausspruch «Gegen Demokraten helfen nur Soldaten» ist zwar preussischer Provenienz, aus der Feder Nesselrodes ist aber Ähnliches zu vernehmen, wenn er sich 1847 etwa über zögerliche Vermittlungsbemühungen im Sonderbundskrieg ärgerte: «A présent, on nous parle de conférence, de notes à adresser aux Cantons, de

---

21 Zur entsprechenden Auffassung Metternichs vgl. etwa Gruner, Die Schweizerische Eidgenossenschaft, S. 121. – Die Bindung der Privilegien, die der Schweiz von den Mächten 1815 gewährt worden waren, an eine bestimmte «organisation de la Confédération» wird noch einmal nachdrücklich in der identischen Note Frankreichs, Österreichs und Preussens vom 18. Januar 1848 betont. Der Text findet sich in: Ley, La Russie: Paul de Krudener et les soulèvements nationaux, S. 291–293.

22 Zit. ebd., S. 175.

23 Vgl. etwa Nesselrode an Krüdener, 22. 1./3. 2. 1848. Švejcarija – Rossija, Nr. 40, S. 130.

24 Zur (in russischen Arbeiten auch heute noch betonten) Rolle Alexanders I. als Fürsprecher schweizerischer Interessen anlässlich des Wiener Kongresses vgl. etwa Dragunov, Pamjatnye suvorovskie mesta v Švejcarii, S. 72.

25 Vgl. Thomas, Russische Reaktionen, S. 240.

médiation, tandis qu'il faudrait des coups de canon pour mettre les radicaux de Berne à la raison.»[26]

Der Gesandte Krüdener zögerte nicht, die demokratischen Tendenzen des schweizerischen Staatswesens mit moralischer Dekadenz und politischem Wahnsinn zu verbinden: «Le mensonge, l'impudence, la corruption morale et la démence politique sont les fruits les plus certains de tous ces systèmes dans lesquels l'élément démocratique est appelé de nos jours à exercer le pouvoir.»[27]

4. Nikolaus I. hatte Angst vor der Revolution. Er fürchtete ein Übergreifen der Unruhen auf sein Reich und fühlte sich in seiner Herrschaft direkt bedroht.[28] Insbesondere Polen schien durch seine exponierte Lage, seine bereits 1830/31 demonstrierte nationale Aufmüpfigkeit, aber auch durch seine ostmitteleuropäische Gutswirtschaft für die Revolution und ihre antifeudalen Anliegen besonders anfällig zu sein.[29] Das militärische Einschreiten gegen die ungarischen Aufständischen war jedenfalls nicht nur Ausdruck abstrakter monarchischer Solidarität, es stellte auch einen Akt gewaltsamer Befriedung der westlichen Grenzregionen des Zarenreiches dar. Der Schweiz kam infolge ihres Ausscherens aus der bestehenden Ordnung, vor allem aber wegen ihrer liberalen Flüchtlingspolitik in diesem Koordinatensystem der Angst der Platz eines unheilvollen revolutionären Herdes zu.

5. Wenn alle konservativen Mächte Europas die liberalen Erhebungen um 1848 aus machtpolitischen oder staatsphilosophischen Gründen verurteilten, so steht die ablehnende Haltung im Falle des Zarenregimes auch im Kontext einer allgemeineren russischen Abneigung gegen als dekadent empfundene abendländische Neuerungswut und Fortschrittsgläubigkeit.[30] Der Schriftsteller Fedor I. Tjutčev sprach 1848 als Zeitgenosse von einem verhängnisvollen Umbruch und sah in der Welt überhaupt nur noch zwei «wahre Kraftzentren»: Russland und die Revolution.[31] Indem nun diese Revolution (von liberalen Reformen

---

26 Nesselrode an M. Chreptowicz, 27. 11. 1847. Lettres et Papiers du chancelier Comte de Nesselrode, Bd. IX, S. 42.

27 Krüdener an Nesselrode, Frankfurt a. M., 1./13. 7. 1851. Švejcarija – Rossija, Nr. 43, S. 137.

28 Dies belegen etwa Briefwechsel Nikolaus' mit anderen Monarchen, vgl. Thomas, Russische Reaktionen, S. 245. – Zu Absprachen Nikolaus' I. mit Friedrich Wilhelm IV. betreffend einen möglichen Krieg gegen das revolutionäre Frankreich vgl. Michajlov, Nikolaevskaja Rossija i revoljucionnaja Evropa, S. 95 f. Zu den Ermunterungen Nikolaus' an den preussischen König, energisch gegen die Revolution vorzugehen, vgl. Obermann, Die Rolle der zaristischen Hilfs- und Interventionspläne, S. 185. – Zur «Revolutionsfurcht» Nikolaus' vgl. auch Stökl, Russische Geschichte, S. 477.

29 Zur antifeudalen Stossrichtung der Revolution in Ostmitteleuropa vgl. Sperber, Eine alte Revolution, S. 16. Zum nationalen Autonomiestreben als Auslöser einer «Veränderungsdynamik» Ende der 1840er Jahre auch im Osten Europas vgl. Schödl, Jenseits von Bürgergesellschaft und nationalem Staat, S. 211.

30 Scheidegger, Abendland, S. 261.

31 Tjutčev sah den hauptsächlichen Gegensatz auf religiöser Ebene: Russland als christliches Imperium stand für ihn der dem Christentum feindlichen Revolution gegenüber. Tjutschew,

beispielsweise in den Niederlanden oder in Dänemark einmal abgesehen) einzig in der Schweiz obsiegte, konkretisierten und verdichteten sich im neuen schweizerischen Bundesstaat Teile eines umfassenden russischen Negativstereotyps gegenüber dem Westen.

6. Vor dem Hintergrund des Stereotyps westlicher Dekadenz ist denn auch die russische Wahrnehmung der liberalen Veränderungen als unmoralisch zu sehen.[32] Bei Krüdener verband sich die Frage der (fehlenden) Moral mit einer pathologischen Diagnose, wenn er von «moralischer Gesundheit» sprach – die er in der Schweiz 1852 immerhin nicht ganz verloren sah: «La Suisse peut se féliciter d'avoir contenu encore en elle même assez d'élémens de bonte et de sante morale pour lutter [...] contre le mal qui a menacé d'engloutir toute l'Europe.»[33]

7. Schliesslich ist auch die unheilvolle Metaphorik der Sauberkeit und des «Säuberns» im Zusammenhang politischer Gesinnung bei Krüdener anzutreffen. Der Bundesrat, so meinte der Gesandte 1851 nicht ohne Anerkennung, bemühe sich guten Willens darum, den Boden der Eidgenossenschaft von Flüchtlingen zu «säubern» (purger).[34]

2. Der diplomatische Konflikt

2.1. Die zarische Diplomatie im Konzert der Mächte

«Il n'y a au fond sur le tapis qu'une seule question en Europe qui vaille la peine que l'on s'en occupe.»[35] Damit meinte Aussenminister Nesselrode 1845 die Schweiz.

Aufmerksam beobachtete der Gesandte Krüdener das allmähliche Erstarken der liberalen Kräfte bei den Eidgenossen. Seine Berichte nach St. Petersburg zeichneten ein düsteres Bild, das so gar nicht zum Topos der freundlichen schweizerischen Gebirgsidylle passte. Mit besonderem Misstrauen blickte die zarische Diplomatie dem Jahr 1847 entgegen, in dem die unlängst an die Macht gelangte radikale Regierung des Kantons Bern die Leitung der eidgenössischen

Russland und die Revolution, S. 62. Zu Tjutčevs Einschätzung Russlands als Retter Europas vgl. Thomas, Russische Reaktionen, S. 240. Hier auch der Hinweis auf die kollektiv erinnerte Verteidigung des russischen Vaterlandes gegen die revolutionären Horden Napoleons (S. 244).

32 Zur russischen Einschätzung der republikanischen Bewegungen als unmoralisch vgl. Thomas, Russische Reaktionen, S. 258.

33 Krüdener an Nesselrode, Frankfurt a. M., 9./21. 4. 1852 (Entwurf). AVPRI, Missija v Berne, op. 510, d. 164, ll. 18–18 ob., 21–21 ob.

34 Krüdener an Nesselrode, Frankfurt a. M., 2./14. 5. 1851 (Entwurf). AVPRI, Missija v Berne, op. 510, d. 163, l. 15–15 ob.

35 Nesselrode an Meyendorff, 21. 3. 1845. Lettres et Papiers du chancelier Comte de Nesselrode, Bd. VIII, S. 269 f., hier S. 269. Vgl. Ley, La Russie: Paul de Krudener et les soulèvements nationaux, S. 158 f.

Geschäfte übernehmen sollte. Nesselrode kommentierte die Lage zuhanden Krüdeners: «Ceux-ci [les développements des affaires de la Confédération Suisse] peuvent se résumer en peu de mots: d'un côté, progrès de plus en plus menaçans de principes et de tendances, qui ont pour but de tout bouleverser; de l'autre, faiblesse, si non découragement complet du parti conservateur. C'est sous de pareils auspices que le Canton de Berne vient d'accomplir sa révolution. Un Gouvernement qui devait son origine et avait emprunté son caractère de libéralisme aux évènemens de 1830 a fait place à un ordre de choses qui marque le triomphe du radicalisme le plus prononcé, si bien que Mr. Neuhaus lui même, débordé par un mouvement qu'il a provoqué et organisé, s'est vu forcé d'abandonner la direction des affaires à des individus tels que les Srs. Alexandre Funk et Ulrich Ochsenbein, l'un Président, l'autre Vice-Président du nouveau Conseil Exécutif.»[36]

Angesichts solcher Ansprechpartner stellten sich, so Nesselrode, für die diplomatischen Vertretungen der konservativen Mächte gewisse Fragen. «Si, malgré des antécédens si peu honorables, le Srs. Funk et Ochsenbein ont été placés à la tête du Gouvernement Bernois et désignés dès à présent au Corps Diplomatique comme les futurs chefs du Directoire Fédéral, les Représentans étrangers ont sans doute dû hésiter sur la nature des rapports que la dignité de leurs Gouvernemens leur permettrait d'entretenir avec des autorités créées sous de tels auspices.»[37]

Allerdings: Die Bestellung einer Regierung eigener Wahl war Bestandteil der Souveränität und Eigenständigkeit der Kantone, wie sie 1815 anlässlich des Wiener Kongresses international sanktioniert worden war und nun ja gerade in der Auseinandersetzung mit liberalen Staatsideen von den Mächten energisch verteidigt wurde. Nesselrode: «Les Cabinets sont d'accord entr'eux sur le principe du maintien de la souveraineté des Cantons. [...] A plus forte raison, chaque Canton a le droit de choisir les individus auxquels il en tend confier ses destinées. Quelque mauvais que puissent être ces choix, les Gouvernemens étrangers ne sauraient les considérer en eux mêmes comme un motif de rupture.»[38]

Krüdener sollte also gegenüber dem neuen Vorort Bern reserviert auftreten, ohne sofort mit ihm zu brechen. Wichtig schien Nesselrode ein koordiniertes Vorgehen der Mächte, etwa in der Frage, ob sich das diplomatische Korps demonstrativ in einer anderen Schweizer Stadt einrichten solle. Für den Extremfall des Umsturzes und der Anarchie aber, dessen Eintreten Krüdener vor Ort am besten beurteilen könne,[39] sei es der Wille des Zaren, dass die russische

---

36 Nesselrode an Krüdener, 27. 9. 1846 (a. St.). BAR, M 51 (-) 1999/256, Bd. 6.

37 Ebd.

38 Ebd.

39 «Quant à Votre attitude future vis-à-vis du nouveau Gouvernement Bernois, il serait difficile à la distance où nous sommes, de Vous tracer des directions positives.» Nesselrode an Krüdener, 27. 9. 1846 (a. St.). BAR, M 51 (-) 1999/256, Bd. 6.

Vertretung den Kontakt ganz abbreche und die Schweiz verlasse – ohne auf Preussen oder Österreich zu warten: «Quoiqu'il en soit, Monsieur le Baron, si Vos Collègues d'Autriche et de Prusse étaient autorisés à quitter Berne et à établir leur résidence sur quelqu'autre point de la Confédération, Vous voudrez bien suivre leur exemple avec tous les employés de la Mission Impériale. [...] Dès lors Sa Majesté Impériale a prévu le cas où les déchiremens, auxquels la Suisse est livrée, amèneraient la chute du Gouvernement Fédéral, reconnu par les Puissances Européennes, et qu'il s'en suivrait une complète anarchie. Elle Vous autoriserait à quitter alors, avec toute la Mission, non seulement Berne ou le siège du Directoire, mais le territoire Helvétique en général, et à faire cesser ainsi tout rapport avec un pouvoir irrégulier, qui ne mériterait plus le nom d'un Gouvernement. Il est même de l'intention de Sa Majesté, que dans ce cas extrême dont Elle daigne Vous réserver l'appréciation, Vous Vous décidiez à partir, même sans attendre que les Missions d'Autriche et de Prusse reçoivent de leurs Cours l'ordre ou l'autorisation de se retirer.»[40]

Krüdener hielt es nun zunächst einmal für angebracht, mit der Gesandtschaft nach Zürich umzuziehen, um jedenfalls den Neujahrstag 1847 nicht in Bern zu verbringen. Am 11./23. Dezember 1846 meldete er nach St. Petersburg: «Je vais partir à la fin de cette semaine pour Zurich, afin d'y transférer la résidence de la Mission Impériale dont les employés m'accompagneront avec les papiers de la chancellerie et les archives. De cette manière, Monsieur le Comte, la Légation ne se trouvera plus à Berne le jour de la nouvelle année 1847, où commencent les fonctions directoriales du Gouvernement Bernois.»[41] Ganz im Sinne Nesselrodes handelte Krüdener nicht im Alleingang; auch die Vertreter der alliierten Höfe und sogar der meisten anderen Staaten vermieden es, der Einsetzung der Berner Regierung in ihre neue Bundesfunktion beiwohnen zu müssen. Lediglich der englische Geschäftsträger wollte in Bern bleiben.[42]

Die Anerkennung des neuen eidgenössischen Vororts brachte Krüdener auf schriftlichem Wege zum Ausdruck – nicht ohne daran zu erinnern, dass das kaiserlich-russische Wohlwollen direkt an die Einhaltung der 1815 festgelegten Ordnung gebunden sei: «D'après les ordres dont il est muni, le Soussigné doit avoir l'honneur de faire connaître au nouveau Directoire de la Confédération Suisse, que voyant en Lui l'autorité qui, en vertu de l'Article X. du Pacte conclu le 7. Août 1815, est appelée à gérer les affaires générales de la Confédération, la Russie entretiendra ses rapports de bienveillance accoutumée avec Elle par l'organe du Directoire actuel, aussi longtemps que la base sur laquelle son pouvoir repose n'aura point été entamée dans son essence ni viciée dans son esprit.»[43]

40 Ebd.
41 Krüdener an Nesselrode, 11./23. 12. 1846. BAR, M 51 (-) 1999/256, Bd. 6.
42 Vgl. ebd.
43 Krüdener an den Vorort der Eidgenossenschaft (Bern), 29. 12. 1846/10. 1. 1847. BAR, D 2176.

Die russische Diplomatie registrierte die Kräfteverhältnisse in der Tagsatzung genau und rechnete nach den liberalen Veränderungen in den Kantonen Genf und St. Gallen mit der Traktandierung der Auflösung des katholischen Sonderbundes und der Ausweisung der Jesuiten.[44] Die im Bundesvertrag von 1815 festgeschriebene Souveränität der Kantone, soviel schien klar, würde einen Bürgerkrieg kaum schadlos überstehen. Für Russland stand nun die Ehre als Garantiemacht der Wiener Beschlüsse auf dem Spiel. Der Zar begann sich zunehmend für den Schweizer Konflikt und die betreffenden Berichte Krüdeners zu interessieren: «[...] Sa Majesté en a pris lecture avec un intérêt proportionné à l'importance que semblent devoir prendre les affaires de Suisse, comme aux dangers toujours croissans qui menacent la paix intérieure de la Confédération.»[45] Krüdener sollte sein Vorgehen nach Möglichkeit mit den verbündeten Mächten und vor allem mit Österreich absprechen.[46] Das Zarenregime verfolgte aber auch eine eigenständige Linie; als etwa im Sommer 1847 die Rückkehr des österreichischen Vertreters von Zürich nach Bern zur Diskussion stand, wies Nesselrode Krüdener an, auf jeden Fall noch in Zürich zu bleiben.[47]

Der Zar war bereit – wenn auch Preussen und Frankreich mitmachten –, eine Demarche von Kanzler Metternich zu unterstützen, wonach der Tagsatzung erklärt werden sollte, die Garantiemächte des Paktes von 1815 würden eine Verletzung der kantonalen Souveränität und eine Friedensstörung der Schweiz nicht zulassen.[48] Da eine Teilnahme Frankreichs an diesem Vorstoss zweifelhaft erschien,[49] schlug Russland seinerseits Österreich und Preussen vor, den Vollzug unerwünschter Beschlüsse der Tagsatzung durch Androhen des diplomatischen Bruchs zu hintertreiben.[50] Die russische Idee, eine von militärischen Machtdemonstrationen vorbereitete Vermittlungskonferenz zu organisieren, unter deren Augen Änderungen des bestehenden Bundesvertrags ausgearbeitet werden sollten, vermochte sich nicht durchzusetzen.[51]

---

44 Vgl. Nesselrode an Krüdener, 21. 6. 1847 (a. St.). AVPRI, Missija v Berne, op. 510, d. 55, ll. 2 bis 5 ob.; Nesselrode an Meyendorff, 26. 10. 1846. Lettres et Papiers du chancelier Comte de Nesselrode, Bd. VIII, S. 354–356, hier S. 355 f.

45 Nesselrode an Krüdener, 21. 6. 1847 (a. St.). AVPRI, Missija v Berne, op. 510, d. 55, ll. 2–5 ob.

46 «[...] l'intention de l'Empereur est toujours que votre Excellence continue à se joindre en règle commune à la marche du représentant Autrichien.» Ebd.

47 Nesselrode an Krüdener, 21. 6. 1847 (a. St.). AVPRI, Missija v Berne, op. 510, d. 55, ll. 6–7. – Zum Vorschlag Metternichs, die Vertreter der Grossmächte sollten nach Bern zurückkehren, vgl. Ley, La Russie: Paul de Krudener et les soulèvements nationaux, S. 170.

48 Ebd., S. 168 f.

49 Aussenminister Guizot befürchtete, dass Metternichs Vorstoss zwingend zu einer bewaffneten Intervention führen würde, vgl. ebd., S. 169.

50 Nesselrode an Krüdener, 21. 6. 1847 (a. St.). AVPRI, Missija v Berne, op. 510, d. 55, ll. 2–5 ob.

51 Der französische Botschafter berichtete über einen entsprechenden Vorstoss Krüdeners. Bois-le-Comte an Guizot, 25. 6. 1847. Zit. in: Ley, La Russie: Paul de Krudener et les soulèvements nationaux, S. 169.

Nach dem Abzug der katholischen Abgeordneten verfügte die Tagsatzung am
4. November 1847 die militärische Liquidierung des (bereits am 20. Juli für
aufgelöst erklärten) Sonderbundes.[52] Der französische Aussenminister und Ministerpräsident Guizot hoffte noch auf die Wirksamkeit friedlicher Vermittlung; am 8. November schlug er den anderen Mächten vor, eine identische Note
an alle Kantone zu senden, in der auf das Interventionsrecht der Mächte und
die Gefahren eines Abrückens der Eidgenossenschaft von ihrer international
gebilligten Form hingewiesen, sodann ein päpstliches Schiedsgericht für den
religiösen Zwist beziehungsweise die Vermittlung der Mächte für die politische
Auseinandersetzung postuliert würde.[53]

Nesselrode machte keinen Hehl aus seinem Ärger über die französische Zim-
perlichkeit. «[…] nous attendons peu de succès en Suisse d'une offre de médiation
si elle est faite sans être appuyée d'une forte démonstration militaire.»[54] Frankreich hätte besser daran getan, so Nesselrode, schon früher klar Stellung zu
beziehen; die Zeit des Vorbeugens sei nun verpasst. «Car c'est aujourd'hui de
répression qu'il s'agit.»[55]

Auch inhaltlich scheint der französische Notenvorschlag die zarische Diplomatie nicht überzeugt zu haben. Unter den russischen Quellen findet sich eine
Abschrift des Projekts, welche mit der wiederholten Randbemerkung
«impossible» versehen ist, etwa dort, wo von einem letzten Versuch gesprochen
wird, das Blutvergiessen zu stoppen und die gewaltsame Auflösung der Konfö-
deration zu verhindern.[56]

Wie sollte sich das Zarenregime nun aber verhalten? Nikolaus I. hatte die
Schweizer Angelegenheiten gegenüber einem österreichischen Diplomaten als
ausserhalb seines direkten Einflussbereichs bezeichnet; eine eigene militärische
Initiative war aufgrund der geografischen Distanz nicht angezeigt, und geheime
Finanzhilfe zugunsten der (darum bittenden) Sonderbundskantone lehnte der
Zar prinzipiell ab.[57] So erklärte sich St. Petersburg denn doch bereit, den
französischen Vermittlungsvorstoss zu unterstützen. Wenn nicht ausreichend,
so schien er doch auch nicht falsch, und die Einheit der alliierten Mächte sollte
auf keinen Fall durchbrochen werden. «[…] il peut être utile de déclarer aux
Suisses, qu'en refusant d'accepter nos offres, dans un moment où pour nous *la
Confédération est dissoute,* ils nous dégagent des obligations que nous avions

---

52 Vgl. Biaudet, Schweiz, S. 962–967.
53 Der Text des französischen Projekts vom 8. November 1847 findet sich in: Švejcarija – Rossija,
   Nr. 39, Anhang, S. 126–128.
54 Nesselrode an Krüdener, 18. 11. 1847 (a. St.). AVPRI, Missija v Berne, op. 510, d. 55, ll. 12–16.
55 Nesselrode an N. D. Kiselev (russischer Geschäftsträger in Paris), 18. 11. 1847 (a. St.). AVPRI,
   Missija v Berne, op. 510, d. 55, ll. 24–29 ob.
56 AVPRI, Missija v Berne, op. 510, d. 55, ll. 17–23.
57 Ley, La Russie: Paul de Krudener et les soulèvements nationaux, S. 171 f. – Zur Beschränkung
   des Zarenregimes auf moralische Unterstützung des Sonderbunds vgl. auch Roberts, Nicholas
   I, S. 9.

contractées envers elle, et perdent par là les concessions *de neutralité et de territoire* que nous leur avions accordées [...].»[58]

Nesselrode klagte über die Trägheit einer Notendiplomatie, die vom raschen Gang der Bürgerkriegsereignisse überrollt wurde, und wünschte eigentlich, Russland könnte sich aus der ganzen Sache heraushalten.[59] In der Tat behinderte nur schon die Langsamkeit der Kommunikation zwischen St. Petersburg und Bern die Aktualität des Informationsstandes in der Zentrale. Nesselrode übermittelte Krüdener am 18./30. November 1847 aber doch nochmals die Vollmacht des Zaren, sich der gemeinsamen Note aus Solidarität mit den Mächten anzuschliessen. Allerdings sollte – nach Möglichkeit – die Sonderstellung Russlands gegenüber der Schweiz in einigen redaktionellen Änderungen berücksichtigt werden. «En effet, les intérêts de la Russie ne sont pas assez immédiatement en jeu dans la question Suisse [...].»[60]

Nesselrode betonte die Bedeutung von Krüdeners Eigeninitiative und Improvisationskunst – nicht umsonst. Als Frankreich, Österreich und Preussen der Tagsatzung am 30. November 1847 ein revidiertes Vermittlungsangebot unterbreiteten, stellte sich neben dem englischen Vertreter auch Krüdener abseits.[61] Zu diesem Zeitpunkt war der Bürgerkrieg bereits entschieden, der Sieg der Liberalen stand fest. Krüdener erkannte die Nutzlosigkeit der Demarche angesichts vollendeter Tatsachen und ersparte seiner Regierung durch mutige Enthaltsamkeit eine peinliche Schaumschlägerei. St. Petersburg war seinem Gesandten überaus dankbar: «Votre Excellence a donc parfaitement pressenti les intentions de Notre Auguste Maître. Plus votre position était difficile, en l'absence d'instructions spéciales, [...] plus l'empereur vous sait gré d'avoir spontanément trouvé [...] la règle d'une conduite entièrement conforme aux vœux de Sa Majesté [...].»[62]

58 Nesselrode an Kiselev, 18. 11. 1847 (a. St.; Hervorhebungen in der Vorlage). AVPRI, Missija v Berne, op. 510, d. 55, ll. 24–29 ob.
59 Nesselrode an Meyendorff, 30. 11. 1847. Lettres et Papiers du chancelier Comte de Nesselrode, Bd. IX, S. 42–45.
60 Nesselrode an Krüdener, 18. 11. 1847 (a. St.). AVPRI, Missija v Berne, op. 510, d. 55, ll. 12–16.
61 Der Text der Kollektivnote findet sich, in der vom französischen Vertreter eingereichten Form, in: Ley, La Russie: Paul de Krudener et les soulèvements nationaux, S. 289 f.
62 Nesselrode an Krüdener, 27. 11./9. 12. 1847. AVPRI, Missija v Berne, op. 510, d. 55, ll. 32–33 ob. Vgl. Ley, La Russie: Paul de Krudener et les soulèvements nationaux, S. 179–181. Der erleichterten Danksagung vorausgegangen war ein aufgeregtes Schreiben Nesselrodes, das Krüdener anwies, sich der Kollektivdemarche definitiv zu enthalten, nachdem Guizot offenbar gewillt war, auf einen noch zahnloseren englischen Gegenvorschlag einzutreten. Nesselrode an Krüdener, 25. 11. 1847 (a. St.). AVPRI, Missija v Berne, op. 510, d. 55, ll. 30–31 ob. Der Brief erreichte Bern jedoch erst Mitte Dezember. Zu Nesselrodes Freude über Krüdeners Zurückhalten der «note si absurde» vgl. auch Nesselrode an Félix de Fonton, 31. 12. 1847. Lettres et Papiers du chancelier Comte de Nesselrode, Bd. IX, S. 51–53, hier S. 52. Krüdener freute sich seinerseits über das Lob und rechtfertigte sein Verhalten ausführlich damit, dass sinnvolle Vermittlung zugunsten eines bereits gestorbenen Sonderbundes nicht mehr möglich

Schon Anfang November 1847 hatte der Vorort Bern den Mächten die «Auflösung des bundeswidrigen Separatbündnisses der Kantone Luzern, Ury, Schwyz, Unterwalden, Zug, Freiburg und Wallis» angezeigt. Im Archiv findet sich ein entsprechendes Zirkular, das auch an das schweizerische Generalkonsulat in St. Petersburg ging und in dem betont wurde, «dass die schweizerische Eidgenossenschaft diese rein innere Angelegenheit von sich aus erledigen werde, und daher jede Einmischung von Aussen her entschieden und auf das bestimmteste ablehnen müsste».[63]

Die Tagsatzung wies nun Anfang Dezember auch den besagten Vermittlungsversuch Frankreichs, Preussens und Österreichs deutlich zurück – mit dem nicht unerwarteten Hinweis auf die Gegenstandslosigkeit des Angebots, da ja der Sonderbund nicht mehr bestehe.[64] Die drei solcherart brüskierten Höfe berieten Sanktionen,[65] brachten in einer erneuten gemeinsamen Note am 18. Januar 1848 ihre Forderungen abermals zum Ausdruck und fügten nun auch eine Drohung an, die in ähnlicher Art bereits im ersten französischen Entwurf enthalten war – die in der Note vom 30. November dann aber gefehlt hatte: dass nämlich die einst in Wien von den Mächten garantierte Existenz und Souveränität der Schweiz in Europa wieder zur Disposition stehen könnte, wenn die Eidgenossen ihrerseits die vereinbarten Regelungen, insbesondere die Souveränität der Kantone, missachteten.[66] Wie die erste schloss auch diese zweite Note Russland in den Kreis ihrer Initianten mit ein, obwohl sie von der zarischen Diplomatie erst im Nachhinein gebilligt wurde.[67] Zar Nikolaus, so hiess es unter den Berner Diplomaten, habe sich dahingehend geäussert, er halte seine Truppen für die Unterstützung allfälliger Aktionen der anderen Mächte bereit, wolle aber mit schonenden und kompromittierenden Halbmassnahmen möglichst wenig zu tun haben.[68] Nun war bereits die zweite Kollektivnote auch im

gewesen sei. Krüdener an Nesselrode, Frankfurt a. M., 1./13. 12. 1847. Zit. in: Ley, La Russie: Paul de Krudener et les soulèvements nationaux, S. 180 f. Zur mässigenden Rolle Krüdeners, der die zarische Aussenpolitik von Metternichs Kurs einer bewaffneten Intervention abgebracht habe, vgl. ebd., S. 191. – Baumgart führt die russische Enthaltung auf technische Kommunikationsprobleme zurück. Baumgart, Konzert, S. 312.

63 Präsident und Regierungsrat des Kantons Bern, als eidgenössischer Vorort, an das schweizerische Generalkonsulat in St. Petersburg, 6. 11. 1847. BAR, E 2200.86, Nr. 63. Zur Weiterleitung des Schreibens an das russische Aussenministerium vgl. schweizerisches Generalkonsulat in St. Petersburg an Nesselrode, 10./22. 11. 1847 (Entwurf). Ebd.

64 Tagsatzung an Guizot, 7. 12. 1847. Vgl. Švejcarija – Rossija, Nr. 40, S. 129, Anm. 1; ferner Ley, La Russie: Paul de Krudener et les soulèvements nationaux, S. 182.

65 Zur Beratung möglicher wirtschaftlicher oder militärischer Aktionen gegen die Schweiz vgl. ebd.

66 Der Text dieser zweiten Note findet sich, in der Variante des französischen Vertreters, ebd., S. 291–293; vgl. auch Švejcarija – Rossija, Nr. 40, S. 129, Anm. 5.

67 Vgl. Benziger, Beziehungen der Schweiz mit Russland, S. 14.

68 Bois-le-Comte an Guizot, 23. 1. 1848. Zit. in: Ley, La Russie: Paul de Krudener et les soulèvements nationaux, S. 183.

Namen St. Petersburgs lanciert worden, ohne dass sich die zarische Diplomatie aktiv angeschlossen hätte.

Nesselrode begründete die russische Zurückhaltung mit dem Fortsetzungscharakter der Note vom 18. Januar, aber auch mit der durchaus wünschbaren Differenzierung in direkt betroffene Nachbarstaaten der Schweiz und Mächte, die bloss ihre politische Existenz garantierten. Im Übrigen sei besagte Note der Mächte zwar fehlerhaft, aber nicht würdelos, da doch die schweizerischen Verstösse klar benannt und die Suspendierung der Neutralität angedroht werde. Dahinter konnte sich auch Russland stellen, denn, so Nesselrode: «[...] la suspension de notre garantie est la seule mesure que nous puissions prendre contre eux [...].»[69]

Mit blossen Drohungen mochte sich das Zarenregime aber nicht mehr begnügen. Nesselrode sandte Krüdener eine vom Zaren abgesegnete Deklaration, die der Gesandte am 13. Februar dem Tagsatzungspräsidenten Ochsenbein schickte. In dieser Erklärung billigte die russische Regierung den Inhalt der Kollektivnote vom 18. Januar und hielt fest,

«[...] que dans l'opinion du Cabinet Impérial, comme dans celle des trois Cours, les événements qui ont éclaté en Suisse [...] ont évidemment attaqué la souveraineté cantonale, altérant ainsi le principe fondamental de la Confédération helvétique, telle qu'elle a été constituée dans l'intérêt général de l'Europe, principe au maintien duquel se trouve attachée la garantie donnée à la neutralité de la Suisse;

qu'en conséquence la Russie se considère, pour sa part, comme étant provisoirement dégagée de l'obligation de maintenir les droits de cette neutralité contre les mesures que telle ou telle des Puissances limitrophes pourraient juger nécessaire de prendre dans l'intérêt momentané de leur propre sûreté.»[70]

Solange die Schweiz jene Bedingungen nicht erfülle, welche die Basis ihrer anerkannten Existenz bildeten, und den Revolutionären aller Länder Asyl, ja die Möglichkeit zu ungestraftem Konspirieren biete, bleibe die Neutralitätsgarantie suspendiert.[71]

Ein eleganter Schachzug: Russland liess das zögerliche Taktieren der anderen Mächte hinter sich und demonstrierte mit der wahr gemachten Suspendierung Entschlossenheit und Stärke; gleichzeitig zog es sich in die Rolle der blossen Garantiemacht zurück und stellte es den Nachbarstaaten der Schweiz frei, wie sie weiter verfahren wollten. Indem die Garantie nicht gänzlich aufgehoben, sondern nur provisorisch suspendiert war, entliess das Zarenregime die Schweiz

69 Nesselrode an Krüdener, 22. 1./3. 2. 1848. Švejcarija – Rossija, Nr. 40, S. 130.
70 Deklaration vom 17./29. Januar 1848, von Krüdener am 1./13. Februar 1848 übergeben. Der Text der Deklaration findet sich in: Švejcarija – Rossija, Nr. 40, Anhang, S. 131 f. (Zitat S. 131). Die Deklaration erschien auch in der russischen Presse: Journal de St. Pétersbourg, 24. 1./5. 2. 1848, troisième série, Nr. 450, Frontseite.
71 Deklaration vom 17./29. Januar 1848. Švejcarija – Rossija, Nr. 40, Anhang, S. 131 f.

aber doch nicht vollständig in die Verfügungsgewalt der anderen Mächte. Die Eidgenossen konnten den Schutz und das Wohlwollen Russlands zurückgewinnen. Und dazu standen nun zwei konkrete Forderungen im Raum: Wiederherstellung der Souveränität der Kantone und Beschränkung des politischen Asyls.[72] Am 15. Februar antwortete die Tagsatzung auf die Note der Mächte vom 18. Januar. Sie führte einmal mehr aus, die gewährten Garantien bezögen sich nicht auf eine bestimmte Verfassung, vielmehr vertraue man auf die ungebrochene Gültigkeit ausländischer Nichteinmischung, wie sie in der Neutralitätsakte von 1815 begründet worden sei.[73] Die fast gleichzeitig eintreffende russische Deklaration habe Ochsenbein erschüttert, vermeldete der französische Botschafter.[74] Am 9. März 1848 verwies der Vorort in einem langen Schreiben an Krüdener mit Nachdruck auf die Unabhängigkeit und das vertraglich festgelegte Selbstbestimmungsrecht der Schweiz.[75]

Inzwischen war in Paris die Februarrevolution ausgebrochen und die Republik ausgerufen worden. Die Unruhen erfassten im März auch Österreich und Preussen. Angesichts dieser inneren Destabilisierung der Grossmächte rückte das internationale diplomatische Interesse etwas von der Schweiz ab.

2.2.   Suspendierte Beziehungen und das Exil Krüdeners

Nesselrode hatte den Entzug der Neutralitätsgarantie als einzige mögliche Massnahme des Zarenregimes gegen eine aufmüpfige Schweiz bezeichnet. Auf protokollarischer Ebene ging diese politische Sanktion mit einer Deklassierung des bilateralen Kontaktes einher. «Suspendierung» hiess nun die Stossrichtung zarischer Schweizpolitik auch bei der Ausgestaltung der diplomatischen Beziehungen – Nesselrode sprach später jedenfalls von der «suspension de nos rapports diplomatiques avec le Gouv^t fédéral».[76] Von einem totalen Abbruch unterscheidet diese Formulierung das Element des Vorläufigen sowie die Eingrenzung der Massnahme auf Kontakte mit der neuen Bundesregierung in Bern. Krüdener blieb aber sporadischer Ansprechpartner kantonaler Behörden, und auch die schweizerischen Konsulate im Zarenreich arbeiteten weiter.

Indem sich die russische Diplomatie schrittweise von den Zentren schweizerischer Politik entfernte, markierte sie eine beobachtende Distanz und ein vorübergehendes Einfrieren aktiver Kooperation. Bereits Ende 1846 hatte ja

72 Die Absicht, den Nachbarstaaten die Initiative zu überlassen, wird auch in einem Zirkular des russischen Aussenministeriums bekräftigt: Zirkular MID, 24. 1./5. 2. 1848. Zit. in: Ley, La Russie: Paul de Krudener et les soulèvements nationaux, S. 187 f.

73 Vgl. Ley, La Russie: Paul de Krudener et les soulèvements nationaux, S. 188.

74 Bois-le-Comte an Guizot, 18. 2. 1848. Zit. ebd., S. 189.

75 Vgl. Protokoll des eidgenössischen Vororts, 9. 3. 1848. BAR, D 307, Nr. 279.

76 Nesselrode an Krüdener, 26. 5./7. 6. 1849. AVPRI, Missija v Berne, op. 510, d. 57, l. 8–8 ob.

Krüdener (wie zahlreiche seiner Kollegen) Bern verlassen und sich mit seiner Gesandtschaft in Zürich installiert. Anlässlich des Sonderbundskriegs dislozierten die meisten ausländischen Diplomaten abermals demonstrativ: in Grenzstädte, in das neutral bleibende Neuenburg oder ganz ins Ausland.[77] Für die russische Vertretung war der Abzug aus der Schweiz seit 1846 eine ständig präsente Option. Den verbündeten Mächten wurde erklärt, der Zar sei «fermement décidé, si la guerre civile éclate, à ne point laisser son Ministre en Suisse, témoin impassible de l'anarchie».[78] Im Oktober schien dieser Fall kurz bevorzustehen. Dem französischen Botschafter Bois-le-Comte schrieb der zarische Gesandte: «Cette guerre civile est un tel phénomène que personne n'y croit [...]. Pour ma part cependant, je m'attends à la collision et je me prépare à partir, car je ne suis pas autorisé à en être témoin.»[79] Krüdener verliess Zürich am 4. November 1847 – kurz nach dem Abzug des österreichischen Vertreters und am gleichen Tag, als die Tagsatzung die militärische Exekution des Sonderbundes beschloss. Er meldete sich am 6. November noch einmal aus Basel und verliess dann die Schweiz.[80] Der Entscheid des Gesandten, es dem österreichischen Kollegen gleich zu tun, fand die Billigung des Zaren.[81] Nesselrode wies Krüdener an, sich bis auf weiteres in Frankfurt einzurichten, wo ihm für seine Arbeit Personal und Dienste der örtlichen russischen Vertretung zur Verfügung gestellt werden sollten.[82] Bis 1855 kümmerte sich Krüdener nun von verschiedenen deutschen Städten aus um die Belange der Eidgenossenschaft, aus Freiburg im Breisgau, meist aber aus Frankfurt.[83] Die auch deutsches Gebiet erfassende Revolution liess den Gesandten vorerst nicht zur Ruhe kommen. Er notierte sich: «Forcés par les désordres politiques de la Suisse de quitter notre séjour ordinaire et de nous

---

77 Vgl. Benziger, Les représentations diplomatiques, S. 10, Anm. ***. Zu den Plänen der Mächte, ihre Vertreter bei Ausbruch von Feindseligkeiten aus der Schweiz oder zumindest aus Bern abzuziehen, vgl. auch Ley, La Russie: Paul de Krudener et les soulèvements nationaux, S. 172. Zu den dann gewählten Aufenthaltsorten der verschiedenen Diplomaten vgl. ebd., S. 179.

78 Nesselrode an Krüdener, 21. 6. 1847 (a. St.). AVPRI, Missija v Berne, op. 510, d. 55, ll. 2–5 ob.

79 Krüdener an Bois-le-Comte, Zürich, 16. 10. 1847. Zit. in: Ley, La Russie: Paul de Krudener et les soulèvements nationaux, S. 172 f., hier S. 173.

80 Vgl. Ley, La Russie: Paul de Krudener et les soulèvements nationaux, S. 174 f.; Švejcarija – Rossija, S. 122, Anm. 1.

81 Vgl. Nesselrode an Krüdener, 18. 11. 1847 (a. St.). AVPRI, Missija v Berne, op. 510, d. 55, ll. 12–16. Zur kaiserlichen Zufriedenheit mit Krüdener vgl. Nesselrode an Krüdener, 21. 6. 1847 (a. St.). Ebd., ll. 2–5 ob.

82 Vgl. Nesselrode an Krüdener, 18. 11. 1847 (a. St.). AVPRI, Missija v Berne, op. 510, d. 55, l. 11. Ley zitiert in diesem Zusammenhang ein ebenfalls auf den 18./30. November 1847 datiertes Schreiben Nesselrodes an Krüdener aus seinem Archiv, vgl. Ley, La Russie: Paul de Krudener et les soulèvements nationaux, S. 176 f.

83 Zu den verschiedenen deutschen Aufenthaltsorten Krüdeners vgl. ebd., S. 195.

établir pour quelque temps en Allemagne, nous nous y sommes vus soudainement enveloppés par la révolution européenne.»[84]

Die französische Diplomatie vermeldete: «M. le ministre de Russie a l'ordre de cesser toute relation avec la Suisse, de ne plus faire d'actes, donner de passeports ou visa pour aucun de ses cantons à l'exception du canton de Neuchâtel.»[85] Krüdener wusste freilich selber nicht recht, welchen Status er gegenüber den neuen schweizerischen Bundesbehörden, deren Einrichtung er 1848 von Ferne beobachtete, innehatte. Einreisebewilligungen für Schweizer nach Russland, um die ihn verschiedene Kantonsregierungen immer wieder baten, verweigerte er gemäss Weisungen aus St. Petersburg.[86] Als nun der Bundesrat Anfang 1849 Auskunft über die Gründe dieses Verhaltens verlangte und nach allfälligen Bedingungen der russischen Regierung fragte, gab der Gesandte zunächst keine Antwort. Zwar, so schrieb er an Nesselrode, hätte er ohne weiteres angeben können, jeder Staat habe das Recht, hereinzulassen, wen er wolle, vor allem in unsicheren Zeiten. Doch Krüdener mochte in dieser prinzipiellen Frage nicht vorprellen. Ausserdem war sich der Gesandte offensichtlich gar nicht sicher, ob noch irgendein diplomatischer Kontakt zwischen den beiden Regierungen bestehen sollte, ob er auf Anfragen aus Bern überhaupt reagieren durfte – oder ob er nicht mit einer ersten Antwort, welche ja den Bundesrat als Gesprächspartner akzeptieren würde, ein unerwünschtes Fait accompli schuf.[87] Krüdener wusste im Mai 1849 auch nicht, ob er ein Zirkular betreffend Ungarn, welches die zarischen Vertreter den jeweiligen Regierungen vorzulegen hatten, dem Bundesrat zur Kenntnis bringen sollte.[88] Er tat es nicht und erntete damit die volle Billigung Nesselrodes, der dieses restriktive Verhalten als «natürliche Konsequenz» der suspendierten Beziehungen bezeichnete und bemerkte, er schicke Krüdener solche Zirkulare jeweils nur zur persönlichen Kenntnisnahme.[89] Als der Bundesrat im Oktober erneut Auskunft über die russischen Passbestimmungen verlangte, bat der Gesandte um Instruktionen seiner Zentrale, da er sich zu einer offiziellen Antwort nicht autorisiert sah. In pragmatischer Umgehung diplomatischer Formalitäten teilte er dann aber Bundesrat Druey informell die geltenden Bestimmungen mit und stellte überdies einen Pass für eine Schweizerin aus, die zu ihren Angehörigen nach Chabag in Bessarabien reisen wollte.[90]

84 Krüdener: *Impressions recueillies en Allemagne pendant la Révolution* (1849). Privatarchiv Ley. Zit. in: Ley, La Russie: Paul de Krudener et les soulèvements nationaux, S. 199.

85 Bois-le-Comte an Guizot, 6. 12. 1847. Zit. ebd., S. 179. – Zur Sonderstellung Neuenburgs vgl. unten S. 211.

86 Vgl. dazu unten S. 232 f.

87 Vgl. Krüdener an Nesselrode, Frankfurt a. M., 29. 1./10. 2. 1849. AVPRI, Missija v Berne, op. 510, d. 162, ll. 6–10.

88 Vgl. Krüdener an Nesselrode, Frankfurt a. M., 7./19. 5. 1849. AVPRI, Missija v Berne, op. 510, d. 162, ll. 30–31.

89 Nesselrode an Krüdener, 26. 5./7. 6. 1849. AVPRI, Missija v Berne, op. 510, d. 57, l. 8–8 ob.

90 Vgl. Krüdener an Nesselrode, Frankfurt a. M., 22. 10./3. 11. 1849. AVPRI, Missija v Berne,

Nun schien sich die Verkrampfung etwas zu lösen. Krüdener erhielt aus St. Petersburg die Erlaubnis, auch offiziell auf die Berner Anfrage zu antworten.[91] Und die Antrittsanzeige des neuen Bundespräsidenten glaubte er ebenfalls offiziell beantworten zu dürfen: «Ay^t déjà été autorisé à repondre officiellement à une preced^{te} communic^n du Gouv^t fédéral, j'ai accusé recept. au nouv. Presid^t de celle qui m'annonce son entrée en fonctions.»[92]

Ganz ohne direkten Draht nach Bern war der Gesandte übrigens nicht geblieben. Legationssekretär Ochando und sein (den gleichen Titel führender) Sohn befanden sich in der Bundeshauptstadt. Hin und wieder lieferten sie Berichte, von denen Krüdener einzelne – etwas redigiert und mit einem Begleitbrief versehen – an Nesselrode weiterleitete.[93] 1852 klärte einer der beiden Ochandos für Krüdener ab, wie Diplomaten anderer Staaten der neuen Kompetenzscheidung von Bund und Kantonen Rechnung trugen: Visa und Legalisationen würden jeweils direkt mit den Kantonen geregelt, während alle anderen Fragen der Vermittlung des Bundesrates bedürften.[94] Zwischen Ochando (senior) und dem Bundesrat bestanden direkte, wenn auch seltene Kontakte. 1852 informierte Ochando die Schweizer Regierung offiziell über einen prominenten russischen Todesfall und brachte dabei seine Erwartung zum Ausdruck, der Bundesrat werde diese Aufmerksamkeit sicher schätzen. Bundespräsident Furrer seinerseits liess sich bei Krüdener bestens empfehlen und plauderte mit Ochando über tagespolitische Themen.[95]

op. 510, d. 162, l. 217–217 ob. Zur Anfrage des Bundesrates vgl. Bundesrat an Krüdener, 22. 10. 1849 (Entwurf). BAR, E 21/15720. Zur offiziösen Antwort Krüdeners vgl. Krüdener an Vizepräsident Druey, Frankfurt a. M., 22. 10./3. 11. 1849. Ebd. – Administrative Kontakte zwischen Krüdener und der Bundeskanzlei in Bern lassen sich bereits für das Frühjahr 1849 nachweisen, vgl. etwa Bundeskanzlei an die Kanzlei der russischen Gesandtschaft in Bern (Frankfurt a. M.), 25. 2. 1849. AVPRI, Missija v Berne, op. 510, d. 339, l. 2; Krüdener an die Bundeskanzlei, Frankfurt a. M., 16./28. 2. 1849. Ebd., l. 3 3 ob. Für eine Anfrage Krüdeners an die Bundeskanzlei in einer Erbschaftssache vgl. Kanzlei der russischen Gesandtschaft in Bern (Frankfurt a. M.) an die Bundeskanzlei, Frankfurt a. M., 22. 12. 1849/3. 1. 1850 (Entwurf). Ebd., l. 34. Für die Korrespondenz zwischen der russischen Gesandtschaft und der Bundeskanzlei vgl. auch BAR, E 21/15720.

91 Vgl. Krüdener an Bundespräsident Furrer, Frankfurt a. M., 2./14. 12. 1849. BAR, E 21/15720.

92 Krüdener an Nesselrode, Frankfurt a. M., 25. 12. 1849/6. 1. 1850 (Entwurf). AVPRI, Missija v Berne, op. 510, d. 162, ll. 245–246 ob. – Offiziell angezeigt wurde dem Bundesrat später etwa auch die Bildung einer Reichsmiliz, vgl. Zirkular MID, 31. 1. 1855 (a. St.). AVPRI, Missija v Berne, op. 510, d. 63, l. 1–1 ob.

93 Vgl. z. B. Ochando an Krüdener, Bern, 21. 4. 1852 und Krüdener an Nesselrode, Frankfurt a. M., 12./24. 4. 1852. AVPRI, Missija v Berne, op. 510, d. 164, ll. 22–25 ob.; ferner Krüdener an Nesselrode, Frankfurt a. M., 1./13. 12. 1849. AVPRI, Missija v Berne, op. 510, d. 162, l. 232 bis 232 ob.

94 Ochando an Krüdener, 21. 12. 1852. AVPRI, Missija v Berne, op. 510, d. 164, ll. 70–73. – Ab und zu lesen wir in Krüdeners Briefen: «on m'écrit de Genève» – auch in der Rhonestadt hatte der exilierte Gesandte also offenbar seine Informanten.

95 Vgl. Ochando an Krüdener, 17. 11. 1852. AVPRI, Missija v Berne, op. 510, d. 164, ll. 77–78. Es ist nicht immer auszumachen, ob mit «Ochando» in den Quellen der Vater oder der Sohn

Im Mai 1849 hatte Krüdener die Leitung der Frankfurter Vertretung interimistisch übernehmen müssen.[96] Fast ein Jahr lang beschäftigte sich die zarische Diplomatie nun nur noch am Rande mit der Schweiz. Krüdeners Berichte widmeten sich in dieser Zeit fast ausschliesslich den deutschen Staaten und den dortigen Unruhen. Ähnlich wie im Falle der Schweiz hatte das Zarenregime die diplomatischen Beziehungen mit dem revolutionären Deutschland suspendiert. Erst 1850 wurde Fürst Gorčakov, der spätere Reichskanzler, zum neuen russischen Gesandten in Frankfurt berufen.[97]

Sofort mehrten sich wieder Krüdeners Berichte zur Schweiz. Die deutschen Jahre des Gesandten standen hier im Zeichen des kritischen Beobachtens, des Sichgewöhnens, des konservativen Hoffens, manchmal gar der Befriedigung. Der Diplomat wetterte noch lange: gegen die eingeschränkte kantonale Souveränität, gegen die radikale Usurpierung der Macht oder die revolutionäre Stimmung am eidgenössischen Schützenfest.[98] Es war für Krüdener 1849 noch keineswegs klar, dass die Schweiz in ihrer neuen Form überlebensfähig sein würde. Widerstand gegen den Anarchismus und Bewältigung des Flüchtlingszustroms schienen ihm die kritischen Aufgaben zu sein.[99]

Eindruck machte dem Gesandten von Anfang an Bundesrat Jonas Furrer, der erste Bundespräsident. Unter seiner Führung bemühe sich die Schweizer Regierung sichtlich, «de rétablir entre la Suisse et les états environnans les véritables rapports de la neutralité et l'observation des obligations internationnales».[100] Auch der konservative Berner Regierungspräsident Eduard Blösch fand die Anerkennung des zarischen Berichterstatters, während Bundesrat Stämpfli als gefährlicher Demagoge porträtiert wurde. Erleichtert vermeldete Krüdener, dass – entgegen den Befürchtungen – nicht Stämpfli per 1. Januar 1852 Bundespräsident werde, sondern wiederum Furrer, der zwar ebenfalls zur radikalen Partei gehöre, aber doch viel moderater sei. Die Bevorzugung Furrers, so meinte Krüdener zuversichtlich, zeuge von einer zunehmenden Vorsicht der

gemeint ist. In direktem Kontakt mit dem Bundesrat scheint aber nur der Vater gestanden zu haben. Der Bundesrat jedenfalls vermerkte 1855, Ochando junior sei ihm nie vorgestellt worden und deshalb auch nicht als Diplomat zu betrachten, vgl. den Antrag von anderer Hand auf dem Dokument: Regierungsrat des Kantons Bern an den Bundesrat, 11. 6. 1855. BAR E 2/ 880.

96 Vgl. Krüdener an Nesselrode, Frankfurt a. M., 16./28. 5. 1849. AVPRI, Missija v Berne, op. 510, d. 162, l. 38–38 ob.

97 Vgl. Nesselrode an Krüdener, 1. 2. 1850 (a. St.). AVPRI, Missija v Berne, op. 510, d. 58, ll. 4 bis 5 ob.; Krüdener an Nesselrode, Frankfurt a. M., 18. 2./2. 3. 1850. AVPRI, Missija v Berne, op. 510, d. 162, l. 301–301 ob.

98 Vgl. Krüdener an Nesselrode, Frankfurt a. M., 1./13. 7. 1851. Švejcarija – Rossija, Nr. 43, S. 137.

99 Vgl. Krüdener an Nesselrode, Frankfurt a. M., 25. 7./6. 8. 1849. AVPRI, Missija v Berne, op. 510, d. 162, ll. 177–180.

100 Krüdener an Nesselrode, Frankfurt a. M., 24. 1./5. 2. 1849. AVPRI, Missija v Berne, op. 510, d. 162, ll. 2–5.

Radikalen.[101] Ganz schlecht kam regelmässig das umtriebige Genfer Politphänomen James Fazy weg; er erscheint in den Berichten mit dem stehenden Beiwort «Diktator».[102] Ansonsten freute sich Krüdener über angebliche konservative Gesinnungswechsel bei so wichtigen Leuten wie dem «trop célèbre Ochsenbein» und eben bei Bundesrat Furrer, immerhin ein ehemaliger Anführer der Revolution.[103]

Neben den politischen Ansichten einzelner Personen verfolgte Krüdener auch aufmerksam die Verschiebungen der demokratisch legitimierten Macht, wie sie sich in kantonalen Wahlen und Regierungszusammensetzungen manifestierten. Aus ihnen las er beispielsweise 1849, dass sich die Radikalen ohne Terrorismus nicht mehr halten könnten.[104] Überhaupt berichtete Krüdener mit spezieller Vorliebe von den Schwierigkeiten liberaler Kantonsregierungen. Am ausführlichsten kommt in den Rapporten aus Deutschland die Entwicklung im Kanton Bern zur Sprache – nicht zuletzt wohl wegen der dortigen Präsenz von Sekretär Ochando. Ausserdem passte aber der (detailliert beschriebene) Sturz der radikalen Berner Kantonsregierung 1850, dieser Sieg des «principe conservateur»,[105] bestens in die politischen Hoffnungen und Erwartungen Krüdeners, der nun seinem Wunsch Ausdruck gab, das Berner Beispiel möge wohltuend auf den Rest der Schweiz einwirken, damit dieses Land auch ohne ausländische Intervention den Weg zu seiner allseits anerkannten Existenz zurückfinde. «La pression morale exercée sur la Suisse par tout ce qui l'environne doit y contribuer avec efficacité et de cette façon là, peut-être, pourra-t-on se flatter de voir la Suisse rentrer sans intervention étrangère dans les vraies conditions qui lui sont assignées.»[106]

101 Krüdener an Nesselrode, Frankfurt a. M., 15./27. 12. 1851 (Entwurf). AVPRI, Missija v Berne, op. 510, d. 163, ll. 33–34 ob.

102 Vgl. z. B. Krüdener an Nesselrode, Frankfurt a. M., 14./26. 11. 1853 (Entwurf). AVPRI, Missija v Berne, op. 510, d. 165, ll. 117–118 ob.; Krüdener an Nesselrode, Frankfurt a. M., 30. 11./12. 12. 1851 (Entwurf). AVPRI, Missija v Berne, op. 510, d. 163, l. 38–38 ob.

103 Krüdener an Nesselrode, Frankfurt a. M., 30. 11./12. 12. 1851 (Entwurf). AVPRI, Missija v Berne, op. 510, d. 163, ll. 39–40 ob. Zu Ochsenbein und seiner allmählichen Mässigung vgl. bereits Krüdener an Nesselrode, Frankfurt a. M., 21. 5./2. 6. 1848. Zit. in: Ley, La Russie: Paul de Krudener et les soulèvements nationaux, S. 189 f.; ferner Krüdener an Nesselrode, Frankfurt a. M., 23. 8./4. 9. 1848. Švejcarija – Rossija, Nr. 42, S. 136.

104 Vgl. Krüdener an Nesselrode, Frankfurt a. M., 21. 11./3. 12. 1849. AVPRI, Missija v Berne, op. 510, d. 162, ll. 228–229 ob.

105 Ochando an Krüdener, Bern, 19. 4. 1852. AVPRI, Missija v Berne, op. 510, d. 164, ll. 19–20 ob.

106 Krüdener an Ministergehilfe Senjavin, Frankfurt a. M., 25. 5./6. 6. 1852 (Entwurf). AVPRI, Missija v Berne, op. 510, d. 164, ll. 35–37 ob. – Zu den Ereignissen im Kanton Bern und den Differenzen zwischen der dortigen Kantonsregierung und dem Bundesrat vgl. auch Krüdener an Nesselrode, Frankfurt a. M., 15./27. 3. 1850. AVPRI, Missija v Berne, op. 510, d. 162, ll. 309 bis 312; Krüdener an Nesselrode, Frankfurt a. M., 16./28. 11. 1850. Ebd., ll. 332–333; Krüdener an Nesselrode, Frankfurt a. M., 5./17. 1. 1851 (Entwurf). AVPRI, Missija v Berne, op. 510, d. 163, ll. 2–3 ob. – Krüdener machte 1854 auch eine wachsende Unzufriedenheit mit dem neuen Zentralismus aus, was die politische Zukunft der Konservativen begünstigen könne.

Angesichts der 1848/49 in weiten Teilen Europas aufflammenden Unruhen bedachte der zarische Gesandte die Eidgenossen, die sich immerhin bereits wieder zu einem konstruktiven Aufbau zusammenrauften, mit einem relativen Wohlwollen. «A cela près la Suisse est aujourd'hui plus tranquille que tous les pays qui l'avoisinent.»[107] Mit Blick auf die antiösterreichische revolutionäre Bewegung in Italien anerkannte Krüdener die neutrale Entschlossenheit des Bundesrates: «V. E. sera surprise de l'énergie avec laquelle le pouvoir actuel de la Suisse s'est placé sur le terrain de la neutralité, et de la sévérité des termes qu'il emploie envers le Cabinet de Turin, en lui donnant sur toute sa conduite une leçon qu'on ne s'attendait guère à lui voir arriver de ce côté là.»[108] Und obwohl sich im Zuge der badischen Unruhen und des Zustroms politischer Flüchtlinge die Gemüter nochmals etwas erhitzten,[109] blieb auch künftig eine energische Haltung des Bundesrates zu verzeichnen. Die Schweizer Regierung zeige immer mehr Verständnis für die Notwendigkeit eines vorsichtigeren Umgangs mit Flüchtlingen.[110]

Neben den Beschlüssen des Bundesrates stellten in Krüdeners Berichten auch die Verhandlungen der Bundesversammlung ein stehendes und minutiös abgehandeltes Traktandum dar. Ansonsten sind diese Schreiben voll von Ereignissen der Tagesaktualität, wobei der russische Gesandte bei Konflikten in der Regel Partei für die Grossmächte und Höfe ergriff und regelmässig auf den wohltuenden Effekt schweizerischer Niederlagen hoffte.[111] Das Eingreifen der europäischen Mächte in den Krimkrieg 1854 findet nur wenig Erwähnung. Ochando melde aus Bern, so heisst es, der englische Minister habe den Bundesrat über die Kriegserklärung an Russland informiert und seine Erwartungen bezüglich einer strikt neutralen Haltung der Schweiz betont.[112] Wiederholt wurde nun das oft heimliche englische und französische Werben um Schweizer Söldner thematisiert.[113]

Krüdener an Nesselrode, Frankfurt a. M., 10./22. 2. 1854 (Entwurf). AVPRI, Missija v Berne, op. 510, d. 166, ll. 5–6.

107 Krüdener an Nesselrode, Frankfurt a. M., 24. 1./5. 2. 1849. AVPRI, Missija v Berne, op. 510, d. 162, ll. 2–5.

108 Krüdener an Nesselrode, Frankfurt a. M., 29. 1./10. 2. 1849. AVPRI, Missija v Berne, op. 510, d. 162, ll. 11–12 ob.

109 Vgl. Krüdener an Nesselrode, Frankfurt a. M., 29. 6./9. 7. 1849. AVPRI, Missija v Berne, op. 510, d. 162, ll. 124–128.

110 Krüdener an Nesselrode, Frankfurt a. M., 16./28. 2. und 2./14. 5. 1851 (Entwürfe). AVPRI, Missija v Berne, op. 510, d. 163, ll. 7–10 ob. und 15–15 ob.

111 Die Rede ist beispielsweise von Krisen in den Beziehungen der Schweiz mit Frankreich (1852), Österreich (1853) und Neapel (1853). Vgl. AVPRI, Missija v Berne, op. 510, d. 164 und 165.

112 Krüdener an Nesselrode, Frankfurt a. M., 10./22. 4. 1854 (Entwurf). AVPRI, Missija v Berne, op. 510, d. 166, l. 8–8 ob.

113 Vgl. Krüdener an Nesselrode, Frankfurt a. M., 18. und 31. 1. 1855 (n. St.). AVPRI, Missija v Berne, op. 510, d. 167, ll. 70–75. – Neben der diplomatischen Korrespondenz ist von Krüdener

Dem diplomatischen Konflikt Russlands mit der sich verändernden Schweiz kommt insofern eine Sonderstellung zu, als von den konservativen Regierungen, welche 1847/48 die Bundesgründung zu verhindern suchten, nur das vom Revolutionsgeschehen verschonte Zarenregime die überkommene europäische Ordnung ungebrochen repräsentierte. Es ist allerdings anzumerken, dass auch die übrigen Kontinentalmächte nach der Wiederherstellung der monarchischen Herrschaft in durchaus gespanntem Verhältnis zu einer Schweiz standen, in der sich liberale Veränderungen über das allgemeine Scheitern der europäischen Revolution hinaus zu etablieren vermochten.[114]

2.3. Krüdeners Rückkehr und die Normalisierung der Beziehungen 1855

Alles in allem hatte man sich in eine recht missliche Lage hineingeritten. An der Existenz des im Voraus desavouierten Bundesstaates schien sich auf absehbare Zeit nichts zu ändern, und Krüdener sass dauerprovisorisch in Frankfurt, ohne den Kontakt zu den schweizerischen Zentralbehörden vollständig abgebrochen zu haben.

Erst mit dem Zarenwechsel 1855 war eine klare russische Stellungnahme unumgänglich. Als Nikolaus I. starb, dies dem Bundesrat auch angezeigt wurde,[115] Nachfolger Alexander jedoch keine Anstalten machte, ein neues «Creditiv» für Krüdener nach Bern zu schicken, begann sich der Bundesrat Gedanken über den offiziellen Status des altgedienten kaiserlichen Diplomaten zu machen – zumal in anderen Hauptstädten bereits neue russische Beglaubigungen deponiert worden waren. «Herr v. Krüdener scheint nun den Auftrag zu haben, [...] den offiziellen Verkehr fortzusetzen, als ob nichts vorgefallen wäre.»[116]

Und wirklich: Das Zirkular des russischen Aussenministeriums, in welchem die bisherigen Vollmachten und Instruktionen der russischen Diplomaten durch ihren neuen Herrscher bestätigt wurden und in dem es hiess, die Intentionen

ein 170-seitiges Manuskript mit dem Titel *Impressions recueillies en Allemagne pendant la Révolution* (1849) erhalten, in dem der Gesandte auch auf die jüngsten Schweizer Ereignisse zurückblickt. Zu diesem Werk vgl. Ley, La Russie: Paul de Krudener et les soulèvements nationaux, S. 198 f.; hier ist auch ein längerer Auszug abgedruckt (S. 199–211).

114 Anlässlich eines Streites um den Antiklerikalismus der Tessiner Radikalen und ihre angebliche Komplizenschaft mit der lombardischen Revolution unterbrach Österreich seine diplomatischen Beziehungen mit dem Bundesrat 1853/54. Vgl. Benziger, Les représentations diplomatiques, S. 13. Zur Beilegung der Krise vgl. die *Übereinkunft zwischen der Schweiz und Österreich, in Betreff der Tessiner Angelegenheit. Abgeschlossen am 18. März 1855. Ratifiziert von der Schweiz am 26. März 1855. Ratifiziert von Österreich am 7. April 1855.* AS, Bd. 5, S. 87–91.

115 Vgl. Krüdener an Nesselrode, Frankfurt a. M., 28. 2./12. 3. 1855. AVPRI, Missija v Berne, op. 510, d. 167, l. 61. Über den Tod des Zaren hatte ein Zirkular Nesselrodes informiert: Zirkular MID, 18. 2. 1855 (a. St.). AVPRI, Missija v Berne, op. 510, d. 63, ll. 8–9.

116 Bundespräsident Furrer an den Bundesrat, 29. 5. 1855. BAR, E 2/872.

des verstorbenen Zaren würden auch weiterhin «religieusement observées», dieses Zirkular erhielt Krüdener wiederum ausdrücklich nur zu seiner persönlichen Information.[117] Scheute St. Petersburg immer noch davor zurück, mit der liberalen schweizerischen Regierung diplomatische Usanzen zu pflegen und die Umwälzungen damit förmlich zu besiegeln?[118]

Bundespräsident Furrer blieb hart. Gemäss geltendem Recht, so setzte er dem Bundesrat auseinander, erloschen nach dem Tod eines Souveräns die Kreditive seiner Gesandten, die dann vom Thronfolger erneuert werden müssten – auch im Falle Krüdeners. Und hier dürfe nicht locker gelassen werden: «Vorerst hat nämlich der Bundesrat die Pflicht, darüber zu wachen, dass die Schweiz im völkerrechtlichen Verkehr nach den Grundsätzen des anerkannten Völkerrechts behandelt u. dass ihr soweit es von Rechtswegen gefordert werden kann, die nämlichen Rücksichten zu theil werden, wie andern Staaten.»[119]

Wenn sich Russland also schwer tat, die neue Schweiz als vollwertigen politischen Partner zu akzeptieren, so war es genau dies, worauf es dem Bundesrat ankam. Und viel zu verlieren gab es seiner Meinung nach auch nicht: «Angenommen aber auch, Russland sollte dadurch bewogen werden, den Gesandten abzuberufen, so wäre dieser kein überwiegender Grund, um die Sache auf sich beruhen zu lassen. Denn der Verkehr mit der Russischen Gesandtschaft ist sehr selten und betrifft nur die Angelegenheiten von Privatpersonen, welche erstere ebenso gut durch die Schweizerischen Consulate in Russland besorgt werden können.»[120]

Ende Mai 1855 forderte der Bundesrat die russische Regierung also auf, Krüdener in seinem Amt offiziell zu bestätigen.[121] Nun schien alles gut zu kommen. Nesselrode teilte Krüdener mit: «[...] S. M. Impériale a remarqué avec satisfaction l'intérêt particulier que la confédération suisse attache à la conservation de ses rapports diplomatiques avec la Russie. [...] En conséquence sa Majesté a daigné munir de sa signature la lettre ci-jointe qui confirme Votre Excellence dans les fonctions d'Envoyé extraordinaire et Ministre plénipotentiaire près de la Confédération helvétique.»[122]

Das russische Einlenken begünstigten wohl vor allem folgende Faktoren:

1. Die Initiative zur Bereinigung der Situation kam aus Bern. Damit konnte sich die zarische Diplomatie der Interpretation hingeben, die Schweiz bitte gewissermassen um eine Normalisierung und zeige damit ein «intérêt particulier»,

---

117 Zirkular MID, 26. 2. 1855 (a. St.). AVPRI, Missija v Berne, op. 510, d. 63, ll. 15–17; dazu: Nesselrode an Krüdener, 26. 2. 1855 (a. St.). Ebd., l. 14.

118 Offiziell aufgehoben worden war die Akkreditierung Krüdeners aber auch nie, vgl. dazu Ley, La Russie: Paul de Krudener et les soulèvements nationaux, S. 191.

119 Bundespräsident Furrer an den Bundesrat, 29. 5. 1855. BAR, E 2/872.

120 Ebd.

121 Protokoll der Sitzung des Bundesrates, 30. 5. 1855. BAR, E 1004.1, Bd. 21, Nr. 2051.

122 Nesselrode an Krüdener, 23. 6./5. 7. 1855. Švejcarija – Rossija, Nr. 46, S. 142.

das man in überkommener Grossmachtmanier mit Befriedigung quittieren konnte. Dass der Bundesrat einfach eine Gleichbehandlung der Schweiz erzwingen wollte und dafür sogar den definitiven Abzug Krüdeners in Kauf genommen hätte, wird in dieser Perspektive nicht wahrgenommen.

2. St. Petersburg realisierte, dass inzwischen auch andere Mächte die schweizerische Bundesverfassung von 1848 als Fait accompli anerkannt hatten – Mächte, deren Interessen durch die eidgenössischen Veränderungen stärker beeinträchtigt waren als die russischen.[123]

3. Die zeitweilige revolutionäre Umgestaltung mehrerer Grossmächte hatte die russische Diplomatie schon früher gezwungen, sich mit republikanischen Staatsformen zu arrangieren; 1849 etwa hatte der Zar offizielle Beziehungen mit der Zweiten Republik unter Prinz-Präsident Louis Napoléon verfügt.[124]

4. Man wird schliesslich vermuten dürfen, dass der gegen Frankreich und England ausgefochtene Krimkrieg eine vollständige Wiederherstellung des westeuropäischen Beobachtungspostens Bern für die russische Diplomatie als wünschenswert erscheinen liess.

Jedenfalls hielt es Alexander II. 1855 für angebracht, die Beziehungen zur Schweiz zu normalisieren. Nesselrode an Krüdener: «Conformément aux ordres de l'Empereur, je vous invite, Monsieur le Baron, à vous rendre à Berne pour remettre ces lettres de créance selon les formes usitées, et pour établir de nouveau votre résidence dans la ville fédérale.»[125]

Voller Dankbarkeit nahm Krüdener seine Rückbeorderung nach Bern zur Kenntnis.[126] Nachdem ihn eine schwere Krankheit seiner Frau noch einige Tage in Frankfurt gehalten hatte,[127] kehrte er am 4. September 1855 nach Bern zurück. Der Kontakt zu Bundespräsident Furrer war sofort hergestellt: «Le Président [...] a fait à Mr. de Struve l'accueil le plus agréable, lui témoignant sa vive satisfaction de voir ainsi se retablir les anciens rapports.»[128]

Anlässlich seines (Wieder-)Antrittsbesuchs am 6. September betonte Krüdener seinerseits den konstruktiven Charakter russischer Schweizpolitik. Er habe den Auftrag des Zaren, die guten Beziehungen, die zwischen den beiden Ländern seit langem bestünden, fortzuführen.[129]

---

123 Vgl. ebd., S. 143 sowie S. 141, Anm. 2.

124 Vgl. Zirkular MID, 31. 5. 1849 (a. St.). AVPRI, Missija v Berne, op. 510, d. 57, ll. 6–7.

125 Nesselrode an Krüdener, 23. 6./5. 7. 1855. Švejcarija – Rossija, Nr. 46, S. 142. – Zur Anweisung an Krüdener, nach Bern zurückzukehren, vgl. auch Ežednevnyja Zapisi po služebnym delam Ministerstva Inostrannych Del Barona Romana Fedoroviča Fon-der-Osten-Sakena, S. 130.

126 Krüdener an Nesselrode, Frankfurt a. M., 8./20. 7. 1855 (Entwurf). AVPRI, Missija v Berne, op. 510, d. 167, l. 47.

127 Vgl. Krüdener an Nesselrode, Frankfurt a. M., 6./18. 8. 1855. AVPRI, Missija v Berne, op. 510, d. 167, l. 41.

128 Krüdener an Nesselrode, Bern, 24. 8./5. 9. 1855. AVPRI, Missija v Berne, op. 510, d. 167, l. 39; vgl. auch Švejcarija – Rossija, S. 142, Anm. 4.

129 Das Treffen mit Bundespräsident Furrer, so Krüdener, habe in den Eindruck beiderseitiger

Die erste Krise dieser auferstandenen guten alten Beziehungen war allerdings bereits vorgespurt. Die neuen Akkreditierungspapiere Krüdeners richteten sich nämlich nicht an den Bund, sondern immer noch an die vereinigten Kantone.[130] Der Bundesrat verlangte umgehend eine Klärung, worauf sich Krüdener zur unzweideutigen Billigung der neuen schweizerischen Staatsform gezwungen sah: «Convaincu que la Suisse sous cette nouvelle forme politique encore saura dignement maintenir sa place et son indépendance dans le système Européen, Sa Majesté l'Empereur attachera toujours un vif intérêt à entretenir avec la Confédération les rapports de bienveillance et de confiance, dont Elle a prescrit au Soussigné de reprendre le cours.»[131]

Nesselrode hatte Krüdener schon vor dessen Rückkehr nach Bern angewiesen, wachsam zu sein, die verschiedenen gesellschaftlichen Strömungen in der Schweiz und ihren Bezug zu den europäischen Mächten zu verfolgen sowie die Eidgenossen gegebenenfalls an ihre Neutralität zu erinnern, namentlich im Hinblick auf die Söldnerrekrutierungen Englands und Frankreichs für den Krieg gegen das Zarenreich. Wo bei all dem die russischen Sympathien zu liegen hatten, war keine Frage: «S'il existe encore des tendances conservatrices à Berne, et il est permis de croire qu'au moins la tradition n'en est pas tout à fait éteinte, le choix des sympathies politiques ne saurait y être douteux à une époque où s'agitent les intérêts les plus graves de l'ordre social.»[132]

Die nächste Gelegenheit, politische Präferenzen zu artikulieren, liess nicht auf sich warten.

Befriedigung gemündet. Krüdener an Nesselrode, Bern, 25. 8./6. 9. 1855. AVPRI, Missija v Berne, op. 510, d. 167, l. 38–38 ob.

130 «Našim ljubeznym i dobrym druz'jam, vysokopočtennym Švejcarskim soedinennym kantonam» (unseren lieben und guten Freunden, den hochverehrten Schweizerischen Vereinigten Kantonen). Im Archiv findet sich freilich auch die unverfängliche deutsche Variante: «An Unsere lieben und guten Freunde die hochachtbare Schweizerische Eidgenossenschaft». Akkreditierungsschreiben Alexanders II. für Krüdener, 4. 6. 1855 (a. St.). AVPRI, Missija v Berne, op. 510, d. 63, ll. 43–44.

131 Krüdener an den Bundesrat, 29. 8./10. 9. 1855. BAR, E 2/872. Krüdener betrachtete seine Instruktion zur Anerkennung der neuen Schweiz für so eindeutig, dass er die zitierte Erklärung gleich in eigener Regie abgab. Für einmal steckte hinter einer bemängelten Nuance also kein raffiniertes Kalkül – sondern ein Missverständnis in der Übersetzung des Begriffs «soedinennye kantony» (vereinigte Kantone), wie Krüdener gegenüber Nesselrode ausführte. Krüdener an Nesselrode, Bern, 31. 8./12. 9. 1855. AVPRI, Missija v Berne, op. 510, d. 167, ll. 34–35.

132 Nesselrode an Krüdener, 23. 6./5. 7. 1855. Švejcarija – Rossija, Nr. 46, S. 143.

3. Der Streit um Neuenburg 1856/57

Die Forschung hat sich ausführlich mit dem Neuenburger Konflikt beschäftigt.[133] Auch das Verhalten der zarischen Diplomatie in dieser Affäre ist auf der ereignisgeschichtlichen Ebene minutiös abgehandelt worden.[134] Hier soll daher wiederum die Frage nach der Wahrnehmung der Auseinandersetzung und nach allfälligen Veränderungen der schweizerisch-russischen Differenzen seit der Bundesgründung im Vordergrund stehen.

Seit den Wiener Beschlüssen von 1815 war das preussische Fürstentum Neuenburg auch Stand der Eidgenossenschaft – ein staatspolitischer Zwitter mit schwer vereinbaren Komponenten. Denn die liberale Begeisterung von 1848 nahm keine Rücksicht auf preussische Personalunionen; Neuenburg erklärte sich zur Republik, und ein auswärtiger Anspruch wurde seitens der neuen schweizerischen Bundesbehörden nicht mehr ernsthaft in Rechnung gezogen. Der so brüskierte preussische König Friedrich Wilhelm IV. musste die Ereignisse zur Kenntnis nehmen, fand sich mit der Missachtung seiner Rechte aber keineswegs ab. Im Londoner Protokoll von 1852 anerkannten die Mächte den preussischen Anspruch. Die Frontstellungen des Krimkriegs liefen dann allerdings einem entschlossenen gemeinsamen Vorgehen der Höfe entgegen, und auf dem Pariser Friedenskongress vom März 1856 fand der preussische Wunsch nach Regelung der Neuenburger Frage kein Gehör.[135]

In der Nacht auf den 3. September 1856 spitzte sich die Lage in Neuenburg dramatisch zu. Ein royalistischer Aufstand scheiterte und endete mit der Inhaftierung von hunderten von Königstreuen durch die Eidgenossenschaft. Diese Gefangennahme und insbesondere die europaweite konservative Empörung darüber schufen die Voraussetzung für den Neuenburger*handel*: Freilassung der royalistischen Aufständischen und Sistierung ihrer strafrechtlichen Verfolgung gegen einen formellen Verzicht des preussischen Königs auf Neuenburg. Es scheint, dass die beiden kontrahierenden Parteien eigentlich schon bald zu diesem Kompromiss bereit waren. Doch wie liess er sich gefahrlos und ohne Gesichtsverlust realisieren? Der Bundesrat mochte im Gefolge seines Präsidenten Stämpfli das Pfand der Gefangenen nicht aus der Hand geben, ohne zuvor eine sichere Garantie für Neuenburg erhalten zu haben; Preussen seinerseits konnte sich nicht nötigen lassen und bestand auf der Befreiung der Royalisten als Vorbedingung weiterer Verhandlungen.[136] Angesichts eines Konfliktes,

133 Vgl. vor allem Bonjour, Der Neuenburger Konflikt. Für ausführliche (ältere) Literaturhinweise vgl. Greyerz, Bundesstaat, S. 1043, Anm. 102.
134 Ley, La Russie: Paul de Krudener et les soulèvements nationaux, S. 246–278.
135 Vgl. ebd., S. 247.
136 Für eine detaillierte Darstellung der Ereignisse und Verhandlungen aus bundesrätlicher Perspektive vgl. *Botschaft des Bundesrathes an die h. Bundesversammlung, betreffend den Aufstand im Kanton Neuenburg. (Vom 23. Herbstmonat 1856.)* BBl. 1856 II, S. 509–514; *Botschaft*

in welchem dem eidgenössischen Gebietsanspruch auf preussischer Seite weniger ein materielles Veto als vielmehr gekränkte Königswürde entgegenstand,[137] versuchte die internationale Vermittlungsdiplomatie, die Schweiz unter vertraulichen Zusicherungen über den künftigen Status Neuenburgs zu einem ersten einlenkenden Schritt zu bewegen. Engagiert war hier neben England besonders die französische Diplomatie – und Kaiser Napoleon persönlich, der den Bundesrat über seinen einstigen militärischen Lehrer und jetzigen Schweizer General Dufour informell ermunterte, auf seine Führung in der Neuenburger Angelegenheit zu vertrauen und so die verfahrene Konfrontation zu durchbrechen.[138] Doch der Bundesrat wies das offizielle französische Vermittlungsangebot, das auf die Befreiung der Gefangenen drängte, den anschliessenden preussischen Verzicht aber lediglich zum Gegenstand kaiserlicher «efforts» erklärte, Anfang Dezember zurück.[139]

Nun verhärteten sich die Fronten noch einmal. Preussen notifizierte dem Bundesrat am 16. Dezember den Abbruch der Beziehungen. Bereits zuvor waren militärische Massnahmen in Aussicht gestellt worden.[140] Auch die Schweiz mobilisierte Teile ihrer Armee, was den Handlungsdruck auf die Politik zusätzlich erhöhte. Der Bundesrat intensivierte seine diplomatischen Anstrengungen, entsandte Jonas Furrer nach Süddeutschland, um die Erteilung einer Durchmarschbewilligung für preussische Truppen zu verhindern, und schickte – in Anbetracht der Schlüsselrolle Napoleons – Ständerat Johann Conrad Kern als Sondergesandten nach Paris.[141] Die Instruktion für Kern markiert denn auch zum Jahreswechsel einen Wendepunkt der Affäre. Während sich der Bundesrat bisher geweigert hatte, das Risiko des ersten Schrittes auf sich zu nehmen, zeigte er sich nun bereit, den Aufständischen volle Amnestie zu gewähren – wenn sie bis zur definitiven Regelung der Angelegenheit die Schweiz oder zumindest Neuenburg verliessen und wenn die danach zu besiegelnde Unabhängigkeit

des Bundesrathes an die hohe Bundesversammlung in der Angelegenheit des Kantons Neuenburg. (Vom 26. Dezember 1856.) BBl. 1856 II, S. 741–762; *Botschaft des Bundesrathes an die hohe Bundesversammlung in der Neuenburger-Angelegenheit. (Vom 13. Januar 1857.)* BBl. 1857 I, S. 27–46.

137 Zum Stellenwert der Würde als Handlungsrahmen für den preussischen König in der Neuenburger Frage vgl. auch das Schreiben des preussischen Ministerpräsidenten Manteuffel an den preussischen Minister in St. Petersburg, 22. 11. 1856. AVPRI, Missija v Berne, op. 510, d. 64, ll. 44–45 ob.

138 Vgl. Napoleon an Dufour, 24. 10. 1856 (vertraulich). BAR, E 2/443.

139 Vgl. Walewski (französischer Aussenminister) an Salignac-Fénelon, 26. 11. 1856. BAR, E 2/444. Bundesrat an den schweizerischen Gesandten in Paris, 5. 12. 1856. Ebd.

140 Vgl. von Sydow (preussischer Gesandter in der Schweiz) an den Bundesrat, Sigmaringen, 16. 12. 1856. BAR, E 2/444; Protokoll der Sitzung des Bundesrates, 18. 12. 1856. Ebd.; ferner Ley, La Russie: Paul de Krudener et les soulèvements nationaux, S. 262.

141 Vgl. Protokoll der Sitzung des Bundesrates, 31. 12. 1856. BAR, E 2/444. Zum Konflikt zwischen dem Sondergesandten Kern und dem ja schon in Paris befindlichen schweizerischen Gesandten Barman vgl. BAR, E 2/445–446.

dieses Kantons sicherer als bisher garantiert würde, möglichst auch von England.[142] Napoleon zeigte sich erfreut über das Einlenken der Schweiz,[143] und nachdem sich der Bundesrat dazu durchgerungen hatte, seine neuen Bedingungen als erfüllt zu betrachten, beantragte er der Bundesversammlung die Freilassung der Royalisten.[144] Preussen hatte inzwischen die (ursprünglich auf den 1. Januar 1857 angesetzte) Mobilisierung seiner Truppen auf den 15. Januar verschoben.[145] National- und Ständerat stimmten am 15./16. Januar der Einstellung des Prozesses, der Freilassung und vorläufigen Ausweisung der Gefangenen zu.[146] Im Vertrauen auf Napoleons Zusicherungen liess die Eidgenossenschaft die Royalisten am 16. Januar 1857 also frei. In einem auch von den Bevollmächtigten Österreichs, Frankreichs, Englands und Russlands unterzeichneten Vertrag verzichtete Friedrich Wilhelm IV. am 26. Mai 1857 auf seine Neuenburger Ansprüche.[147]

Betrachten wir das Verhalten der zarischen Aussenpolitik im Neuenburger Konflikt noch etwas genauer.[148] Zunächst ist festzuhalten, dass sie nicht zu den Hauptakteuren der Affäre gehörte und auch in den entsprechenden Dossiers des Berner Bundesarchivs eine nur untergeordnete Rolle spielt. Und doch verfolgte das Zarenregime die Entwicklung der Neuenburger Frage aufmerksam. Schon 1851 hatte Krüdeners Mitarbeiter Struve aus Baden-Baden gemeldet, eine Deputation von 30 Neuenburgern sei angereist, um den preussischen König ihrer Treue zu versichern und über die revolutionäre Regierung in ihrer Heimat zu klagen.[149] Krüdener berichtete über die unterschiedlichen Schweizer

142 *Instructions,* 31. 12. 1856. Beilage zu: Protokoll der Sitzung des Bundesrates, 31. 12. 1856. BAR, E 2/444. – Zur Frage, ob die Forderung nach Freilassung der Gefangenen deren vorübergehende Entfernung zulasse, vgl. Oubril (zarischer Vertreter in Berlin) an Krüdener, 10. 1. 1857. BAR, E 2/445.

143 Vgl. Walewski an Barman und Kern, 5. 1. 1857. BAR, E 2/445.

144 Protokoll der Sitzung des Bundesrates, 8. 1. 1857. BAR, E 2/445. Zum englischen Anschluss an die französischen Bemühungen vgl. auch Kern an den Bundesrat, 6. 1. 1857. Ebd.

145 Vgl. Protokoll der Sitzung des Bundesrates, 3. 1. 1857. BAR, E 2/445.

146 BAR, E 2/445; vgl. auch die gedruckte *Botschaft des Bundesrathes an die hohe Bundesversammlung in der Neuenburger-Angelegenheit. (Vom 13. Januar 1857.)* Ebd. – Zur Mitteilung des Beschlusses der Bundesversammlung an die französische Regierung und zum nun drängenden Ziel der preussischen Verzichtserklärung vgl. *Instructions pour M. le Dr. Kern, Envoyé extraordinaire auprès de S. M. l'Empereur des Français,* 21. 1. 1857. BAR, E 2/446.

147 Vgl. die gedruckte *Botschaft des schweiz. Bundesrathes an die hohe Bundesversammlung in der Angelegenheit des Kantons Neuenburg. (Vom 8. Juni 1857.)* BAR, E 2/447; Kern an den Bundesrat, 26. 5. 1857. Ebd.; ferner Tęgoborski an A. M. Gorčakov, 1./13. 8. 1858. AVPRI, Missija v Berne, op. 510, d. 169, ll. 113–115. Zur vertraglichen Regelung des preussischen Verzichts nach der Freilassung der Gefangenen vgl. Bonjour, Der Neuenburger Konflikt, S. 34–41.

148 Francis Ley stellt seine detaillierte Schilderung des Verhaltens Krüdeners und der zarischen Diplomatie während der Neuenburger Krise unter die Überschrift «Rôle temporisateur de la Russie». Ley, La Russie: Paul de Krudener et les soulèvements nationaux, S. 239.

149 Struve an Krüdener, Baden-Baden, 21. 8. 1851. AVPRI, Missija v Berne, op. 510, d. 163, ll. 23 bis 23 ob., 25–25 ob.

Reaktionen auf das Londoner Protokoll von 1852 und bemerkte das gestärkte Selbstbewusstsein der Neuenburger Royalisten, welche bereits mit dem Gedanken spielten, die legitimen königlichen Rechte in ihrem Kanton mit Gewalt zur Geltung zu bringen.[150] Schliesslich finden wir im Archiv ausführliche Berichte zur Geschichte Neuenburgs in der Handschrift Ochandos.[151] Dem nach Bern zurückkehrenden Krüdener legte Nesselrode 1855 das Fürstentum Neuenburg besonders ans Herz.[152] Den einschlägigen Rapporten des Gesandten war in St. Petersburg gar die spezielle Aufmerksamkeit des Zaren beschieden.[153] Die vom preussischen König angerufene Vermittlungsdiplomatie der Mächte schied sich schon bald in zwei Lager. Besonders eindringlich um Hilfe gebeten hatte Friedrich Wilhelm IV. den französischen Kaiser. Dieser versprach Unterstützung, warnte aber auch vor einem Waffengang an den Grenzen Frankreichs.[154] Napoleon verband sein Angebot guter Dienste gegenüber der Schweiz mit der Forderung, die Eidgenossen sollten den ersten Schritt zu einer friedlichen Lösung unternehmen und die Gefangenen erst einmal freilassen.[155] Die englische Diplomatie dagegen legte mehr Gewicht auf die schweizerischen Interessen, fragte nach den Bedingungen Berns und suggerierte dem Bundesrat, das wertvolle Pfand der Gefangenen nicht ohne sichere Garantien für einen Verzicht des preussischen Königs aus der Hand zu geben.[156] Die zarische Aussenpolitik schloss sich der französischen Linie an, und Krüdener bemühte sich darum, seine Demarchen mit denjenigen des französischen Kollegen Salignac-Fénelon abzustimmen. Am 8. Oktober 1856 sprach Krüdener bei Bundespräsident Stämpfli vor, unterstützte die französische Haltung und erinnerte an die vertraglich geregelten Rechte des preussischen Königs.[157] Immerhin glaubte

150 Krüdener an Ministergehilfe Senjavin, Frankfurt a. M., 8./20. und 14./26. 6. 1852 (Entwürfe). AVPRI, Missija v Berne, op. 510, d. 164, ll. 38–39 und 41–41 ob.

151 So etwa 1853, vgl. AVPRI, Missija v Berne, op. 510, d. 165.

152 Nesselrode an Krüdener, 23. 6./5. 7. 1855. Švejcarija – Rossija, Nr. 46, S. 144. – Krüdener nannte die Neuenburger Frage Anfang 1856 einen der vordringlichsten Interessenschwerpunkte ausländischer Politik in der Schweiz. Krüdener an Nesselrode, 4./16. 3. 1856. AVPRI, Missija v Berne, op. 510, d. 168, ll. 9 ob.–11.

153 Vgl. A. M. Gorčakov an Krüdener, 25. 11. 1856 (a. St.). AVPRI, Missija v Berne, op. 510, d. 64, l. 43.

154 Vgl. Ley, La Russie: Paul de Krudener et les soulèvements nationaux, S. 251 f.

155 Zu einem entsprechenden Vorstoss Frankreichs Ende September 1856 vgl. ebd., S. 252.

156 Vgl. ebd., S. 253. Zur englischen Ermunterung an den Bundesrat, die Geiseln nicht freizulassen, vgl. Krüdener an A. M. Gorčakov, 29. 11. 1856. Abgedruckt in: Bonjour, Der Neuenburger Konflikt, S. 59 f. – Allgemein zur schweizfreundlichen Haltung Englands 1847/48 und während des Neuenburger Konflikts vgl. ebd., S. 132–135.

157 Vgl. Krüdener an A. M. Gorčakov, 8. 10. 1856. Zit. in: Ley, La Russie: Paul de Krudener et les soulèvements nationaux, S. 254. Für die Anweisung Gorčakovs an Krüdener, sich einer geplanten französischen Note anzuschliessen, vgl. A. M. Gorčakov an Krüdener, 5. 10. 1856 (chiffriert; n. St.). AVPRI, Missija v Berne, op. 510, d. 64, ll. 32–33. – Zu einem von Sekretär Ochando in Vertretung Krüdeners unternommenen Vorstoss für die Freilassung der Verhaf-

der Bundesrat ein gewisses Wohlwollen des zarischen Gesandten gegenüber der Schweiz zu erkennen.[158] Eigene Vorstösse der russischen Diplomatie sind im Neuenburger Konflikt kaum auszumachen. Zu erwähnen ist Krüdeners im November vorgebrachte Idee einer direkten Kontaktnahme zwischen Bern und Berlin durch Entsendung eines schweizerischen Sondergesandten.[159] Als freilich der preussische Vertreter in Paris eine Annäherung des dortigen schweizerischen Gesandten zurückwies und aus Berlin zu erfahren war, der König empfange gerne schweizerische Unterhändler – nachdem die Gefangenen freigelassen worden seien, drehte sich der russische Plan selbst im Teufelskreis, aus dem er einen Ausweg weisen wollte.[160] Nicht viel mehr Erfolg war einer zweiten russischen Initiative beschieden. Unter dem Eindruck drohender Truppenmobilisierung beauftragte Aussenminister Gorčakov die zarischen Vertreter in Paris, London, Wien und Berlin, eine Kollektivnote der Signatarmächte des Londoner Protokolls anzuregen, in der nochmals die bedingungslose Freilassung der Royalisten gefordert und für den Fall, dass diese vor dem Mobilisierungstag stattfinde, eine konziliante Haltung des preussischen Königs zugesichert würde.[161] Doch die Ereignisse überrollten Gorčakovs Idee. Keiner seiner Kollegen, so vermeldete Krüdener schon bald, habe entsprechende Instruktionen erhalten. Stattdessen scheine Frankreich die Sache nun im Alleingang lösen zu wollen.[162]

---

teten vgl. Protokoll der Sitzung des Bundesrates, 17. 10. 1856. BAR, E 2/443. – Zur Verwunderung Krüdeners über die schweizerische Zurückweisung gut gemeinter Angebote vgl. Krüdener an A. M. Gorčakov, 28. 11. 1856. Abgedruckt in: Bonjour, Der Neuenburger Konflikt, S. 59.

158 Protokoll der Sitzung des Bundesrates, 8. 10. 1856. BAR, E 2/443.

159 Krüdener äusserte seinen Vorschlag zunächst als Ausweichvariante für den Fall eines Scheiterns von Dufours Mission in Paris, vgl. Krüdener an A. M. Gorčakov, 2./14. 11. 1856. AVPRI, Missija v Berne, op. 510, d. 168, ll. 64 ob.–67 ob. Zum Plan eines Sondergesandten vgl. auch Krüdener an A. M. Gorčakov, 1. 12. 1856. Abgedruckt in: Bonjour, Der Neuenburger Konflikt, S. 60; Ley, La Russie: Paul de Krudener et les soulèvements nationaux, S. 262. Zur schweizerischen Bitte an die russische Diplomatie, einer geplanten schweizerischen Delegation zu einem freundlichen Empfang in Berlin zu verhelfen, vgl. Krüdener an A. M. Gorčakov, 30. 11./12. 12. 1856. AVPRI, Missija v Berne, op. 510, d. 168, l. 83.

160 Krüdener an Bundespräsident Stämpfli, 8./20. 12. 1856. BAR, E 2/444; Ley, La Russie: Paul de Krudener et les soulèvements nationaux, S. 262 f.

161 Gorčakov an die zarischen Vertreter in Paris, London, Wien und Berlin, 22. 12. 1856 (a. St.). AVPRI, Missija v Berne, op. 510, d. 64, l. 65; Zirkular MID, 22. 12. 1856 (a. St.). Ebd., ll. 66–68. Kopien dieser Schreiben gingen an Krüdener. Vgl. auch Gorčakov an Krüdener, 3. 1. 1857 (im Original irrtümlicherweise: 1856; n. St.). Ebd., l. 1. Zur Kenntnisnahme des Projekts einer Kollektivnote durch den Bundesrat vgl. Protokoll der Sitzung des Bundesrates, 5. 1. 1857. BAR, E 2/445. Zur geplanten Kollektivnote vgl. auch Ley, La Russie: Paul de Krudener et les soulèvements nationaux, S. 268–271.

162 Krüdener an A. M. Gorčakov, 24. 12. 1856/6. 1. 1857 (sic!). AVPRI, Missija v Berne, op. 510, d. 168, ll. 100 ob.–101.

Der Bundesrat liess Krüdener wissen, die Schweiz würde einen Anschluss Russlands und Österreichs an die französischen Demarchen und Versprechen sehr begrüssen, man wolle nicht mit Frankreich alleine verhandeln. Der zarische Gesandte machte vorderhand keine verbindlichen Zusagen und sicherte für den Fall der Freilassung lediglich die guten Dienste seiner Regierung zu.[163] Gorčakov instruierte Krüdener, jede Demarche für eine Freilassung der Gefangenen zu unterstützen und auf den Mobilisierungstermin hin gegebenenfalls auch alleine nochmals einen Vorstoss beim Bundespräsidenten zu unternehmen.[164] Bei den Akten finden wir denn auch eine weitere Note Krüdeners vom 11. Januar.[165]

Nach der Freilassung der Gefangenen und dem formellen Verzicht des preussischen Königs sprach Krüdener im Sommer 1857 von einer glücklichen Lösung für die Schweiz.[166] Der Bundesrat seinerseits bedankte sich für die guten russischen Dienste bei der Erarbeitung eines ehrbaren Vertrages über die Neuenburger Unabhängigkeit.[167]

3.1. Die Bedeutung des Neuenburger Konflikts für die schweizerischen Bundesbehörden

Wenn wir nun nach der Bedeutung des Neuenburger Konflikts fragen und versuchen, seine Wahrnehmung in den verschiedenen Umbruchsdiskursen zu verorten, so scheinen mir für die Sicht der schweizerischen Bundesbehörden folgende Punkte augenfällig:
1. Die Selbstverständlichkeit, mit welcher der Bundesrat den Kanton Neuenburg als einen Bestandteil der Eidgenossenschaft betrachtete, aktualisierte und konkretisierte den nationalen Impetus der Bundesgründung. Neuenburg gehörte gewissermassen natürlicherweise zur Schweiz – und zwar nur zur Schweiz. Propagandaschriften versuchten die nationale Bindung historisch zu legitimieren, und aus ihr ergibt sich auch ein virulentes gesamtschweizerisches Interesse an der Affäre: «La cause de Neuchâtel n'est pas celle d'un canton isolé; c'est la cause de la Suisse toute entière.»[168] Den Anspruch auf Neuenburg als einer

---

163 Krüdener an A. M. Gorčakov, 26. 12. 1856/9. 1. 1857 (sic). AVPRI, Missija v Berne, op. 510, d. 168, ll. 101 ob.–102.

164 Vgl. Oubril an Krüdener, 7. 1. 1857. BAR, E 2/444.

165 Krüdener an den schweizerischen Bundespräsidenten, undatiert (AH: 11. 1. 1857). BAR, E 2/445.

166 Krüdener an A. M. Gorčakov, 28. 6./10. 7. 1857. AVPRI, Missija v Berne, op. 510, d. 169, ll. 26 bis 27. – Zum abgewiesenen schweizerischen Versuch, Krüdeners Hilfe für die Verhinderung einer Rückkehr Rudolf von Sydows als preussischer Gesandter zu gewinnen, vgl. Krüdener an A. M. Gorčakov, 6./18. 1. 1857. Ebd., l. 7.

167 Bundesrat an Krüdener, 15. 6. 1857 (Entwurf). BAR, E 2/447.

168 Mémoire sur la question de Neuchâtel, S. 3.

«partie intégrante de la Confédération Suisse»[169] galt es gegen jede Anfechtung «auswärtiger Verbände» zu verteidigen, wie der Bundesrat festhielt: «Sollen wir schliesslich noch den Standpunkt bezeichnen, von dem aus allfällige diplomatische Verhandlungen zu pflegen sein möchten, so können solche nach unserer Ansicht nur auf der Grundlage stattfinden, dass die vollständige Unabhängigkeit des Kantons Neuenburg von jedem auswärtigen Verbande anerkannt wird. Jede Eröffnung, die nicht auf dieser Basis beruht, werden wir des Bestimmtesten zurükweisen.»[170]

Der nationalen Bedeutung der Neuenburgerfrage für die Schweiz trug auch die Vermittlungsdiplomatie Rechnung. Napoleon stellte bei Annahme seiner Hilfe die Wahrung der «nationalen Eigenliebe» der Eidgenossen in Aussicht: «Mais si la Suisse mettait ces prisonniers en liberté *sur ma demande formelle,* et remettait, pour ainsi dire, le sort de Neuchâtel entre mes mains, son amour propre national serait sauvegardé et l'affaire s'arrangerait d'elle même.»[171] Und auch Krüdener sprach im Januar 1857 plötzlich von der «nation Suisse».[172]

2. Wenn die monarchische Würde zu den traditionellen und beliebten Handlungsrechtfertigungen der europäischen Höfe gehörte, so trat im Neuenburger Konflikt auch auf schweizerischer Seite die Würde – aber eben eine nationale Würde – als Orientierungsmuster der Politik vermehrt in Erscheinung. Der Bundesrat sah seine Aufgabe erklärtermassen darin, für jede friedliche Lösung des Streites Hand zu bieten, sofern diese mit der Ehre und der Würde der Schweiz vereinbar sei.[173] Schon General Dufour hatte Napoleon darauf hingewiesen, dass eine auf äusseren Druck erfolgte Suspendierung des Verfahrens gegen die Gefangenen in der Schweizer Öffentlichkeit als Erniedrigung aufgefasst würde.[174] Und Bundespräsident Stämpfli begründete die Ablehnung des französischen Vermittlungsangebots von Ende November unter anderem damit, dass Milde gegenüber den inhaftierten Royalisten der Schweizer Nation und Europa als Kniefall vor dem mächtigen Nachbarn erscheinen müsste.[175]

169 General Dufour an Napoleon, Genf, 30. 10. 1856 (vertraulich). BAR, E 2/443.

170 *Botschaft des Bundesrathes an die h. Bundesversammlung, betreffend den Aufstand im Kanton Neuenburg. (Vom 23. Herbstmonat 1856.)* BAR, E 2/442. In diesem Sinne war schon zuvor Weisung an die Schweizer Auslandsvertreter ergangen, keine Neuenburger Pässe anzuerkennen, die von anderen als den neuenburgischen Kantonsbehörden herrührten. Vgl. schweizerisches Generalkonsulat in St. Petersburg an Bundespräsident Furrer, 21. 11./3. 10. 1855 (Entwurf). BAR, E 2200.86, Nr. 71.

171 Napoleon an Dufour, 24. 10. 1856 (vertraulich; Hervorhebung in der Vorlage). BAR, E 2/443.

172 Krüdener an den schweizerischen Bundespräsidenten, undatiert (AH: 11. 1. 1857). BAR, E 2/445.

173 Vgl. die gedruckte *Botschaft des Bundesrathes an die hohe Bundesversammlung in der Angelegenheit des Kantons Neuenburg. (Vom 26. Dezember 1856.)* BAR, E 2/444.

174 Dufour an Napoleon, Genf, 30. 10. 1856 (vertraulich). BAR, E 2/443.

175 Krüdener an A. M. Gorčakov, 28. 11. 1856. Abgedruckt in: Bonjour, Der Neuenburger Konflikt, S. 59. Das von Stämpfli benützte Wort «Milde» (clémence) schien Krüdener besonders deplatziert.

3. Im Umstand, dass die royalistische Erhebung noch vor dem Eintreffen eidgenössischer Truppen von den Neuenburgern selbst erstickt worden war, erkannte der Bundesrat einen Beweis für die Verankerung der republikanischen Staatsform in der Bevölkerung.[176] Dies begünstigte die Wahrnehmung des Neuenburger Konflikts als Vollendung des 1847/48 begonnenen Kampfs um schweizerische Selbstbestimmung gegen die anmassenden Ansprüche der Mächte.

4. Die nationale Aufladung der Neuenburgerfrage mag auch zur Vehemenz beigetragen haben, mit welcher der Bundesrat den royalistischen Aufstand als eine rechtswidrige Attacke gegen die verfassungsmässige Ordnung eines Schweizer Kantons verurteilte, die es gerichtlich zu ahnden galt.[177]

5. Ausserhalb eines nationalen Diskurses, der in seiner performativen Funktion den jungen schweizerischen Bundesstaat stützte und dessen politische Deutungskultur prägte, sind auf der Ebene konkreter Konfliktbewältigung realpolitische Überlegungen anzutreffen, welche zwar ebenfalls im Dienste nationaler Selbstbehauptung standen, diese aber auch pragmatisch relativierten. Dazu gehören die Idee des Tausches (Gefangene gegen formellen Verzicht auf Neuenburg), das lange Festhalten und letztliche Aufgeben der Bedingung gleichzeitigen Entgegenkommens,[178] die Frage, ob ein Krieg mit all seinen Opfern und Kosten in Kauf genommen werden sollte – aber auch das Bewusstsein einer Schweiz als «clef de voute»,[179] als Schlussstein des europäischen Staatengewölbes.

3.2. Die Bedeutung des Neuenburger Konflikts für das Zarenregime

Die Wahrnehmung und Interpretation der Neuenburger Krise durch die russische Aussenpolitik lässt sich etwa folgendermassen umreissen:

1. Grundlage jeder Beurteilung politischen Verhaltens war für das Zarenregime nach wie vor die historisch legitimierte monarchische Ordnung mit ihren konstitutiven Regelwerken sowie ein legalistisches Verständnis von Aussenpolitik. Zu den überkommenen Dispositionen gehörte zwar seit 1815 die Eingliederung Neuenburgs in die Eidgenossenschaft, ebenso aber ein fortbestehender preussischer Anspruch. Krüdener eiferte sich darüber, dass eine Schweiz, welche die preussischen Rechte negiere, ihre eigenen Existenzbedingungen

---

176 Protokoll der Sitzung des Bundesrates, 10. 9. 1856. BAR, E 2/442.

177 In einer zeitgenössischen propagandistischen Denkschrift zur Neuenburger Frage wurde auch daran erinnert, dass die Mächte 1814 eine «natürliche und militärische Gränzlinie» zwischen der Schweiz und Frankreich errichten wollten, indem sie Neuenburg mit der Eidgenossenschaft vereinigten und die genauen Modalitäten dieser Vereinigung den Schweizern überliessen. Denkschrift über die Neuenburger-Frage, S. 134–136.

178 Zur Forderung der Gleichzeitigkeit vgl. etwa die Instruktion an General Dufour für sein Treffen mit Napoleon, 10. 11. 1856. BAR, E 2/443; ferner Protokoll der Sitzung des Bundesrates, 21. 11. 1856. Ebd.

179 Dufour an Napoleon, Genf, 30. 10. 1856 (vertraulich). BAR, E 2/443.

und gerade auch den Status Neuenburgs als Schweizer Kanton gefährde: «[...] en reniant ainsi les actes de 1815, la Suisse renoncerait à la garantie de tout ce que ces mêmes traités lui ont donné, neutralité, indépendance, Genève et son territoire avec celui de Versoix qui appartenait à la France, enclaves de la Savoie, le Valais, le Frickthal, l'Evêché de Bâle & Neuchâtel même. Tout cela si la Suisse foule aux pieds les traités de 1815, est à la merci du premier occupant.»[180] Die Mahnung an bestehende Verträge zieht sich auch im Falle Neuenburgs wie ein roter Faden durch die Aktivitäten der russischen Diplomatie, und der Zar billigte diese Haltung ausdrücklich.[181] Dem Vorgehen des preussischen Königs sowie der Forderung nach Freilassung der Gefangenen attestierte Gorčakov im Dezember 1856 gänzliche Rechtmässigkeit: «Le Cabinet Impérial ne saurait ne pas reconnaître qu'en agissant ainsi, Sa Majesté le Roi de Prusse est resté dans la stricte limite de ses droits.»[182]
2. Auch in der Einschätzung des Neuenburger Konflikts verharrte die zarische Aussenpolitik in der beschränkten Dichotomie von Gut und Böse, von legitimer Ordnung und revolutionärem Verderben. Und genau zwischen diesen beiden Sphären sah sie Neuenburg seit 1848 hin- und hergerissen. Nesselrode an Krüdener: «Vous n'ignorez pas l'intérêt que S. M. le roi de Prusse attache au rétablissement de ses droits de souveraineté sur ce pays qui a été la victime des tendances révolutionnaires en 1848, mais dont les habitants, en grande majorité, conservent encore un sincère dévouement à leur Souverain légitime.»[183] Aussenminister Gorčakov diffamierte die Vertreter des neuen schweizerischen Bundesstaates gar als Agenten des Chaos, denen eine preussische Lektion gut täte: «Nous admettons parfaitement l'existence des éléments révolutionnaires dont la Suisse est le foyer et dont elle subit la funeste influence. Le cab.ᵗ de Berlin ne saurait douter que, pour notre part, nous approuverions sans réserve toute leçon donnée à ces agents de désordre qui, non contents d'organiser chez eux l'anarchie comme forme de Gouv.ᵗ cherchent encore à la propager chez

180 Krüdener an A. M. Gorčakov, 6./18. 9. 1856. AVPRI, Missija v Berne, op. 510, d. 168, ll. 46–49.
181 Krüdener verwies anfangs auch deshalb auf die Verträge, weil ihm konkrete Instruktionen St. Petersburgs fehlten, vgl. Krüdener an A. M. Gorčakov, 29. 9./11. 10. 1856. AVPRI, Missija v Berne, op. 510, d. 168, ll. 54–58. – Zur Billigung der Ermahnungen durch den Zaren vgl. A. M. Gorčakov an Krüdener, 3./15. 11. 1856. AVPRI, Missija v Berne, op. 510, d. 64, ll. 39–42. – Zum Problem des Zarenregimes mit einem französischen Kaiser, dessen Aufstieg durch die Revolution möglich geworden war und dessen blosse Selbstbetitelung («Napoleon III.») als Affront gegen die Verträge von 1815 betrachtet wurde, vgl. Ley, La Russie: Paul de Krudener et les soulèvements nationaux, S. 239 f.
182 Zwar wünsche auch Russland eine friedliche Lösung, die Aktionsfreiheit des preussischen Königs lasse sich aber nicht einschränken, welche Mittel er auch wählen möge. A. M. Gorčakov an A. F. Budberg (russischer Gesandter in Wien), 18. 12. 1856. AVPRI, Missija v Berne, op. 510, d. 64, ll. 48–52 ob. – Zu Gorčakovs Ansicht, die in Wien garantierte Neutralität könne die Schweiz in diesem Falle nicht schützen, da sie selbst die Ansprüche einer Grossmacht verletzt habe, vgl. Bonjour, Der Neuenburger Konflikt, S. 167.
183 Nesselrode an Krüdener, 23. 6./5. 7. 1855. Švejcarija – Rossija, Nr. 46, S. 144.

leurs voisins et se font trop facilement un jeu des obligations sur lesquelles repose le droit public Européen et que respectent tous les Gouv.ˢ réguliers.»[184] Es bleibe nun Preussen überlassen, so Gorčakov, einen «Kreuzzug» des Rechts gegen die Tendenzen der Revolution zu unternehmen.[185] Der greise Krüdener hoffte seinerseits darauf, dass die Lösung des Konflikts nicht der liberalen Vermittlung Englands oder Amerikas zu verdanken sein würde, sondern unter französischer Führung als Triumph des monarchischen Prinzips und als Lektion gegen den Radikalismus erscheinen konnte.[186]

3. Die russische Tradition der Kriminalisierung politischer Gegnerschaft nahm anlässlich der Neuenburger Affäre vornehmlich die Person von Bundespräsident Stämpfli ins Visier. Die unvollständige und weitum als tendenziös empfundene Wiedergabe der diplomatischen Korrespondenz in der bundesrätlichen Botschaft vom 26. Dezember 1856 versetzte auch Krüdener in Rage; er sprach von den kriminellen Absichten Stämpflis, der gar keine friedliche Lösung, sondern einen revolutionären Weltbrand angestrebt habe.[187] «Après ce qui vient d'être mis sous vos yeux, Mon Prince, il reste peu de doute sur le méchant vouloir du Président Stampfli dans cette affaire et sur le dessein bien pris et arrêté dans sa tête de conduire le tout à une conflagration révolutionnaire.»[188]

4. Die konservative Missbilligung revolutionärer Veränderungen fand anlässlich der Neuenburger Krise eine spezifische Ausprägung in der monarchischen beziehungsweise dynastischen Solidarität, die Friedrich Wilhelm IV. gerade auch von seinem Neffen Alexander, dem russischen Zaren, erfuhr. In einem persönlichen Brief an den Onkel zeigte sich Alexander hilfsbereit, deutete allerdings auch die Gefahr an, welche ein Krieg für die noch kaum gefestigte europäische Ordnung bedeuten könnte. Der Zar lobte die bisherige Mässigung Friedrich Wilhelms und versprach, Krüdener werde sich in Bern für die gefangenen Royalisten verwenden.[189] Bei seinen wiederholten Vorstössen zuguns-

---

184 Gorčakov an Oubril, 13. 12. 1856 (a. St.). AVPRI, Missija v Berne, op. 510, d. 64, ll. 56–63 ob.

185 Ebd. – Krüdener berichtete von Genfer Bemühungen, eine Freilassung der Gefangenen zu verhindern, was ganz Europa einen Eindruck vom revolutionären Zustand der Rhonestadt vermittelt habe, vgl. Krüdener an A. M. Gorčakov, 4./16. 1. 1857. AVPRI, Missija v Berne, op. 510, d. 169, ll. 3–6 ob.

186 Der französische Gesandte vermeldete die Befriedigung Krüdeners über das Scheitern eines englisch-amerikanischen Vorstosses. Salignac-Fénelon, 23. 12. 1856. Zit. in: Ley, La Russie: Paul de Krudener et les soulèvements nationaux, S. 267.

187 Vgl. Ley, La Russie: Paul de Krudener et les soulèvements nationaux, S. 275. Zur dem Bundesrat vorgeworfenen Irreführung der Schweizer Öffentlichkeit (die absichtlich im Glauben gelassen worden sei, England habe die gleichen Garantien abgegeben wie Frankreich) vgl. Bonjour, Der Neuenburger Konflikt, S. 34.

188 Krüdener an A. M. Gorčakov, 24. 12. 1856/5. 1. 1857. AVPRI, Missija v Berne, op. 510, d. 168, ll. 95 ob.–100.

189 Alexander II. an Friedrich Wilhelm IV., 9. 9. 1856 (a. St.). Abgedruckt in: Bonjour, Der Neuenburger Konflikt, S. 167 f. Zur Bitte des Zaren, im Interesse des europäischen Friedens von kriegerischen Massnahmen abzusehen, vgl. preussischer Militärvertreter am Zarenhof an

ten der Gefangenen erinnerte Krüdener den Bundespräsidenten an das verwandtschaftlich motivierte Interesse Alexanders für die Sache des preussischen Königs.[190]

5. Wenn die neue Schweiz ihre national begründete Souveränität selbstbewusst behauptete, so wurde sie von der zarischen Diplomatie doch nicht gänzlich aus der Rolle einer den internationalen Interessen dienenden Verfügungsmasse entlassen, auch nach der Normalisierung der Beziehungen nicht. Krüdener versicherte dem Bundesrat, der Zar werde sich stets mit Wohlwollen der «wahren Interessen» der Schweiz annehmen.[191] Das konnte vieles heissen und jedenfalls suggerieren, dass man in St. Petersburg die richtige Bestimmung des kleinen Alpenlandes besser kenne als in Bern.

6. Überhaupt ging es bei Neuenburg für die zarische Aussenpolitik nicht nur um einen Streit zwischen der Schweiz und Preussen. Das Verhalten der russischen Diplomatie stand auch im Zeichen einer Wiederbelebung des Mächtekonzerts nach dem Krimkrieg und einer neuen internationalen Rollenverteilung im Rahmen nunmehriger Möglichkeiten und Opportunitäten. So hat die Forschung beispielsweise Alexanders Solidarisierung mit Friedrich Wilhelm IV. als Ausdruck der Dankbarkeit für die preussische Neutralität im Krimkrieg gesehen,[192] und Ley weist auf das russische Interesse hin, sich mit dem Kriegsgewinner Frankreich gut zu stellen.[193] Zu erwähnen wären ferner der Gegensatz zwischen England und den konservativen Kontinentalmächten oder auch das österreichische Misstrauen gegen eine russische Annäherung an Frankreich.[194] All das braucht uns im Detail nicht zu kümmern. Festzuhalten gilt es jedoch, dass das ferne Neuenburg das Zarenregime nicht zuletzt als Objekt eines Streites interessierte, in dem gesamteuropäische Positionen und Seilschaften behauptet oder optimiert werden konnten.

7. St. Petersburg sah und präsentierte sich in der Neuenburger Angelegenheit selber als Kraft des Friedens, der Mässigung und des Rechts – eine Rolle, die durch die geografische Abgelegenheit genauso begünstigt wurde wie durch die aktenkundige Grundsympathie Krüdeners für die Schweiz.[195] Gorčakov hoffte

---

Friedrich Wilhelm IV., 5. 12. 1856. Abgedruckt ebd., S. 168 f. – Zur ähnlich gelagerten Befürchtung Napoleons, ein Krieg gegen die Schweiz könne überall revolutionäre Unruhen hervorrufen, vgl. Napoleon an Friedrich Wilhelm IV., 23. 12. 1856. Abgedruckt in: Ley, La Russie: Paul de Krudener et les soulèvements nationaux, S. 266.

190 Krüdener an A. M. Gorčakov, 24. 8./5. 9. 1856. AVPRI, Missija v Berne, op. 510, d. 168, ll. 38 bis 39; ferner Krüdener an A. M. Gorčakov, 21. 10./2. 11. 1856. Ebd., ll. 59 ob.–63 ob.

191 Krüdener an den schweizerischen Bundespräsidenten, undatiert (AH: 11. 1. 1857). BAR, E 2/445.

192 Vgl. Bonjour, Der Neuenburger Konflikt, S. 28, 166.

193 Ley, La Russie: Paul de Krudener et les soulèvements nationaux, S. 253.

194 Vgl. ebd., S. 263 f.

195 Francis Ley, der seinem Untersuchungsobjekt Krüdener mehr als gewogen ist, übernimmt diese Selbstsicht der zarischen Diplomatie weitgehend und attestiert Letzterer auch einen

in diesem Sinne auf die heilvolle Wirkung russischer Ratschläge: «Quelles que soient les préventions et les passions du moment, ces exhortations venant d'une puissance amie et désintéressée dans la question ne peuvent manquer, nous l'espérons, d'exercer une impression salutaire sur les conseils du Gouvernement suisse.»[196] Und Krüdener betonte im Januar noch einmal die für beide Seiten intakte zarische Gunst: «[…] Sa Majesté Impériale animée tout ensemble du désir de contribuer à entretenir le respect dû aux transactions qui constituent le droit public européen, et des sentiments les plus bienveillants envers la nation Suisse dont Elle prendra toujours à cœur les vrais intérêts, se prêtera avec chaleur et confiance à faire valoir ses bons offices […].»[197]

8. Neben eingespielten Wahrnehmungsmustern und abstrakten Interessen ist schliesslich auch auf russischer Seite bisweilen realpolitischer Pragmatismus auszumachen – wenn etwa Krüdener die Erfolgschancen des preussischen Anspruchs schon 1855 als gering und den royalistischen Aufstand bei allem Verständnis als ein gewagtes Unternehmen zum falschen Zeitpunkt bezeichnete.[198]

4. Die politische Kommunikation zwischen dem Zarenregime und dem schweizerischen Bundesrat nach der Umbruchsphase der Jahrhundertmitte

4.1. Diskursive Inkongruenz

Der Neuenburger Konflikt erscheint im Rahmen der staatlichen schweizerisch-russischen Beziehungen als Aktualisierung der Diskursdifferenz, die schon die politische Kommunikation im Umfeld der Bundesgründung von 1848 behindert hatte. Zentral ist hierbei, neben gegenläufigen staatspolitischen Überzeugungen, die Unvereinbarkeit von überkommenem monarchischem Legalismus, dem sich die russische Aussenpolitik verpflichtet fühlte, und aufkommendem Nationalismus, aus dem heraus die liberale Schweiz ihre Selbstbestimmung und Souveränität neu legitimierte. Bundesrat wie zarische Diplomatie sprachen nach Beilegung der Neuenburger Krise von einer glücklichen Lösung. Es mag für die Betrachtung der späteren bilateralen Beziehungen aufschlussreich sein,

---

gewissen Erfolg, indem er etwa den russischen Kollektivnotenvorstoss als bedeutenden Beitrag zur Wiederaufnahme der Verhandlungen nach dem Tiefpunkt der Krise im Dezember 1856 darstellt. Ebd., S. 268–271.

196 A. M. Gorčakov an Krüdener, 3./15. 11. 1856. AVPRI, Missija v Berne, op. 510, d. 64, ll. 39–42.

197 Krüdener an den schweizerischen Bundespräsidenten, undatiert (AH: 11. 1. 1857). BAR, E 2/445.

198 Krüdener an Nesselrode, 31. 8./12. 9. 1855. AVPRI, Missija v Berne, op. 510, d. 167, ll. 29–31; Krüdener an A. M. Gorčakov, 24. 8./4. 9. 1856 (sic). AVPRI, Missija v Berne, op. 510, d. 168, ll. 36–37 ob.

nach dem hier gefundenen Modus des Nebeneinanders weitgehend inkompatibler Sichtweisen zu fragen.

1. Die beiderseitige Zufriedenheit im Sommer 1857 beruhte auf der gleichzeitigen Gültigkeit gegensätzlicher Diskurse auf jeweils verschiedenen Betrachtungsebenen. Während sich der preussische Rechtsanspruch schon bald von seinem materiellen Objekt losgekoppelt und auf das Anliegen gewahrter monarchischer Würde hin verflacht hatte – ein Anliegen, dem dann mit der vorgängigen Freilassung der Royalisten auch Geltung verschafft werden konnte –, war das Verhalten des Bundesrates in erster Linie auf den realpolitischen preussischen Verzicht und die unzweideutige Zugehörigkeit Neuenburgs zum schweizerischen Nationalstaat gerichtet; auch das gelang. Beide Seiten hatten Konzessionen gemacht, konnten sich aber auf der für sie besonders wichtigen Ebene durchsetzen. Festzuhalten bleibt freilich ein gewisses Abfallen der legalistischen Position Preussens in den Bereich der inhaltsleeren Zeremonie.

2. Die bereits bestehende und nun also gefestigte Koexistenz unverträglicher Diskurse wurde in der Sinngebung gegensätzlicher harmonistischer Gesamterzählungen aufgefangen. Die schweizerische Version zielte, wir haben es am Beispiel des *Republikaners* gesehen, auf Abgrenzung einer behaupteten nationalen Gemeinschaft gegen die papierenen, anmassenden Ansprüche des Auslandes. Die russische Variante der Erzählung erinnert dagegen an Goethes *Zauberlehrling* und handelt von einer liberalen schweizerischen Führung, die allmählich zur Vernunft kommt, nun aber Mühe bekundet, die leichtsinnig herbeigerufenen revolutionären Geister wieder loszuwerden. Der Bundesrat, so kommentierte Krüdener 1849, kämpfe gegen die Auswüchse des radikalen Prinzips, dem er selbst entsprungen sei.[199] Diese Deutung eröffnete der zarischen Aussenpolitik die Möglichkeit, die neue schweizerische Regierung aus dem Ruche personifizierter Revolution zu entlassen und als Ansprechpartner, der ja selbst mit dem Chaos zu kämpfen hatte, zu akzeptieren. Held der russischen Revolutionserzählung war der Zar, den die Vorsehung zum Retter der Ordnung auserkoren hatte. Nesselrode huldigte Nikolaus I. zum Jubiläum seines 25. Regierungsjahres: «Cette mission conservatrice, ce rôle de sauveur de l'ordre que, dès l'année 1830, la Providence vous avait assigné, les événements de 1848 n'auront servi qu'à l'agrandir.»[200]

3. Dass in der Neuenburger Krise das schweizerische Anliegen eines preussischen Verzichts von den europäischen Höfen überhaupt gebilligt wurde, hängt auch mit gegenüber 1848 veränderten realpolitischen Einschätzungen zusammen. Wenn damals das Überleben des liberalen Bundesstaates noch nicht festzuste-

199 Krüdener an Nesselrode, Frankfurt a. M., 7./19. 5. 1849. AVPRI, Missija v Berne, op. 510, d. 162, ll. 30–31.

200 *Rapport présenté par le comte Charles de Nesselrode à S. M. l'empereur Nicolas Ier, au jubilé de sa 25e année de règne*, 20. 11. 1850. Lettres et Papiers du chancelier Comte de Nesselrode, Bd. X, S. 1–11, hier S. 8.

hen schien, so hatte sich inzwischen die neue Schweiz in der restaurierten europäischen Ordnung zu etablieren vermocht. Die Idee einer von den Mächten zu sanktionierenden staatlichen Existenz der Eidgenossenschaft verband sich nun mit der Angst, ein Krieg gegen die Schweiz könnte die allenthalben schlummernde Revolution neu erwecken.

Ruffieux kommentiert die Beilegung des Neuenburger Konfliktes mit den Worten: «Von nun an war die Aussenpolitik der Schweiz endgültig von der Hypothek der aufgezwungenen Verträge von 1815 entlastet.»[201] Diese Einschätzung ist nach dem Gesagten zu relativieren. Richtig ist sicherlich, dass legalistische Widerstände gegen die Form des liberalen Bundesstaates nun obsolet geworden waren. Die «Hypothek» von 1815 lastete aber insofern weiter auf der schweizerischen Aussenpolitik, als diese auch künftig Gesprächspartnern gegenüberstand, die sich an den Wiener Verträgen orientierten. Russische Ermahnungen an all das, was die Schweiz den monarchischen Dispositionen von 1815 zu verdanken habe, gehörten jedenfalls bis ins 20. Jahrhundert hinein zum Standardrepertoire des diplomatischen Austauschs.

4.2. Stabilisierung

Bei aller Gewöhnung an republikanische Eigenheiten – dem Vorschlag des englischen Ministers Gordon, das diplomatische Korps in Bern solle doch auch einen Preis für das eidgenössische Schützenfest vom Juli 1857 aussetzen, mochte die russische Seite ganz und gar nicht zustimmen. «[...] quelle que soit la bienveillance que nous désirons témoigner à la Confédération Helvétique, elle ne saurait aller jusqu'à sanctionner par la présence officielle du Représentant de l'Empereur, des manifestations populaires empreintes de toute la fougue des passions démocratiques.»[202]

Doch im Allgemeinen beruhigten sich die Berichte der zarischen Gesandtschaft in Bern nach überstandener Neuenburger Krise zunehmend. Befriedigt äusserte sich Krüdener Ende 1857 über die erneute Wahl Jonas Furrers zum Bundespräsidenten, und auch die verstrichene Präsidentschaft Fornerods qualifizierte er als «honorable».[203] Die sachkundigen Rapporte von Gesandtschaftssekretär Struve nach Krüdeners Tod verstärkten die Normalisierungstendenz. Wir lesen

---

201 Ruffieux, Schweiz, S. 24.
202 A. M. Gorčakov an Krüdener, 3. 4. 1857 (a. St.). AVPRI, Missija v Berne, op. 510, d. 65, ll. 8–9; vgl. auch Krüdener an A. M. Gorčakov, 23. 3./4. 4. 1857. AVPRI, Missija v Berne, op. 510, d. 169, ll. 13–15.
203 Krüdener an A. M. Gorčakov, 28. 11./10. 12. 1857. AVPRI, Missija v Berne, op. 510, d. 169, l. 43. Fornerod konnte sich seinen guten Ruf bei der zarischen Diplomatie erhalten; auch der spätere Gesandte Ozerov nannte ihn fähig und aktiv. Ozerov an A. M. Gorčakov, 22. 9./5. 10. 1867. AVPRI, Missija v Berne, op. 510, d. 113, l. 115–115 ob.

jetzt vieles zum französisch-schweizerischen Verhältnis oder zu innerschweizerischen Auseinandersetzungen um Ausbau und Linienführung der Eisenbahn.[204] Die Amtsführung von Geschäftsträger Tęgoborski markiert einen gewissen Rückfall in starre Feindbilder.[205]

1859, im ersten Amtsjahr des neuen zarischen Gesandten Nikolai, beschäftigte der italienische Einigungskrieg die Schweiz.[206] Nikolai berichtete verschiedentlich von den militärischen Vorbereitungen, zu denen sich die Schweiz im Interesse ihrer Neutralität veranlasst sah, später von den Verhandlungen und dem Friedensschluss in Zürich. Eine Folge des italienischen Kriegs, nämlich die französische Inbesitznahme Savoyens als Lohn für die Sardinien-Piemont gewährte Unterstützung gegen Österreich, bildete den Schwerpunkt von Nikolais Berichten des Jahres 1860. Der daraus entstandene Konflikt der schweizerisch-französischen Beziehungen ist für uns nicht zuletzt deshalb interessant, weil sich der Bundesrat unter anderem auf die Verträge von 1815 berief, in denen der Schweiz das Recht zugestanden worden war, Nordsavoyen bei einem Krieg der Nachbarmächte militärisch zu neutralisieren. Ein Verweis auf die Wiener Beschlüsse musste eine schweizerische Intervention gegen den neuen Status Savoyens zumindest in den Augen eines Regimes legitimieren, das selbst bei jeder Gelegenheit an diese Verträge erinnerte. Der Gesandte Nikolai liess denn auch durchblicken, dass er den Schweizer Protest für verständlich hielt, und bat um Instruktionen der Zentrale, da der Bundesrat die Meinung der Zarenregierung zu erfahren wünsche.[207] Von der Idee eines Schweizer Sondergesandten nach St. Petersburg zur Erörterung der Savoyerfrage hielt Nikolai nichts, da man sich im Zarenreich – aufgrund seiner Berichte – auch so eine Meinung bilden könne.[208] Indessen versicherte die russische Regierung die Schweiz eines wohlwollenden Interesses und der unantastbaren Neutralität des

---

204 AVPRI, Missija v Berne, op. 510, d. 169.

205 Vgl. etwa Tęgoborski an A. M. Gorčakov, 27. 6./9. 7. 1858. AVPRI, Missija v Berne, op. 510, d. 169, ll. 95–98.

206 Vgl. etwa Nikolai an A. M. Gorčakov, 13./25. 4. 1859. AVPRI, Missija v Berne, op. 510, d. 170, l. 25–25 ob.

207 Nikolai an A. M. Gorčakov, 13./25. 3. 1860. AVPRI, Missija v Berne, op. 510, d. 171, ll. 18 ob.– 22. Nikolai verfasste ein ausführliches Memorandum zur Savoyenfrage, datiert vom 17./29. März 1860. AVPRI, Missija v Berne, op. 510, d. 171, ll. 23 ob.–27 ob.

208 Vorsichtig gab Nikolai Bundespräsident Frey-Herosé zu verstehen, man habe nichts dagegen, wenn sich der Bundesrat mit einem Delegierten nach London begnüge, vgl. Nikolai an A. M. Gorčakov, 10. 4. (n. St.) und 30. 3./11. 4. 1860. AVPRI, Missija v Berne, op. 510, d. 171, ll. 34 und 34–36. Der Bundesrat hielt aber an der Idee fest, Nationalrat Edouard Dapples zu Gesprächen in die zarische Hauptstadt zu schicken. Dapples hielt sich Ende Mai bis Mitte Juni 1860 in St. Petersburg auf. Benziger, Beziehungen der Schweiz mit Russland, S. 23 f.; BBl. 1861 I, S. 887; Altermatt, Les débuts de la diplomatie, S. 135; Ruffieux, Schweiz, S. 135; Schoop, Kern, S. 237. Für eine Erwähnung des neuen Nationalratspräsidenten Dapples «qui naguère a rempli avec distinction une Mission spéciale à Berlin et à St. Petersbourg» vgl. Struve an A. M. Gorčakov, 25. 11./7. 12. 1860. AVPRI, Missija v Berne, op. 510, d. 171, ll. 82–83.

helvetischen Territoriums.[209] Dies lässt aufhorchen; womit wir es hier zu tun haben, ist die offizielle Wiederherstellung der russischen Neutralitätsgarantie für die Schweiz – gut zwölf Jahre nach ihrer Suspendierung. Der Gesandte Nikolai sah denn auch gerade im «renouvellement formel des stipulations de 1815» (und damit in der Bekräftigung der gesamteuropäischen Bedeutung schweizerischer Neutralität) einen wichtigen Vorteil, den die Eidgenossenschaft aus der Savoyerfrage gezogen habe.[210]

Nach der Abberufung Nikolais wusste Geschäftsträger Struve 1861 nicht viel Aufregendes zu berichten. In der Schweiz sei nach den Savoyer Emotionen totale Ruhe eingekehrt. Struve schrieb über den Eisenbahnbau, den verheerenden Brand in Glarus, den Tod des weiterhum geschätzten Jonas Furrer, den verhängnisvollen Sturz eines Engländers in den Berner Bärengraben, die Wahlen im Kanton Genf und den Abgang Fazys, die zunehmende Popularität alles Militärischen und Patriotischen in der Schweiz – und über vieles mehr. Aktuell blieben vorläufig die territorialen Spannungen zwischen der Schweiz und Frankreich, nun in Sachen Dappental.[211]

Auch der neue Gesandte Ozerov staunte im Frühjahr 1862 über die Ruhe, in welcher er die Schweiz vorfand: «C'est sous l'influence de ce calme, que semble se consolider de plus en plus un retour à des principes plus sains [...].»[212] Die Rückkehr gesunderer Prinzipien – damit meinte auch Ozerov einen stärkeren Einfluss der Konservativen; ihr Abschneiden bei Wahlen findet sich als stehendes Traktandum in seinen Berichten. Anerkennend äusserte sich Ozerov zu Bundesrat Fornerods mässigendem und versöhnlichem Führungsstil, vor allem aber zu Bundesrat Dubs, den er als einen Politiker lobte, der sich noch als Parlamentarier während des Krimkriegs konsequent einer diplomatischen Vereinnahmung der Schweiz durch England und Frankreich widersetzt habe.[213] Zuversichtlich registrierte der Missionschef ein stetiges Zurückweichen subversiver und revolutionärer Tendenzen in der eidgenössischen Politik.[214]

---

209 Vgl. Nikolai an A. M. Gorčakov, 7./19. 4. 1860. AVPRI, Missija v Berne, op. 510, d. 171, ll. 43 ob.–45.

210 Nikolai an A. M. Gorčakov, 30. 4./12. 5. 1860. AVPRI, Missija v Berne, op. 510, d. 171, ll. 47 bis 48 ob.

211 AVPRI, Missija v Berne, op. 510, d. 172. Zum Tod von Bundesrat Furrer vgl. Struve an A. M. Gorčakov, 13./25. 7. 1861. Ebd., l. 21–21 ob. Zu den Wahlen im Kanton Genf vgl. Struve an A. M. Gorčakov, 16./28. 11. 1861. Ebd., ll. 36 ob.–37. Zur Dappentalfrage vgl. auch AVPRI, Missija v Berne, op. 510, d. 173.

212 Ozerov an A. M. Gorčakov, 28. 3./9. 4. 1862. AVPRI, Missija v Berne, op. 510, d. 173, ll. 7 ob. bis 9 ob.

213 Ozerov an A. M. Gorčakov, 22. 11./4. 12. 1862. AVPRI, Missija v Berne, op. 510, d. 173, ll. 34 ob.–35. Zu Dubs äusserte sich Ozerov nochmals ähnlich am 2./14. Dezember 1863. AVPRI, Missija v Berne, op. 510, d. 174, ll. 29 ob.–31.

214 Diese Besinnung sei auch auf den Eindruck äusserer (Kriegs-)Gefahr zurückzuführen. Ozerov an A. M. Gorčakov, 22. 10./3. 11. 1866. AVPRI, Missija v Berne, op. 510, d. 112, ll. 26 ob.–29.

Ozerovs Nachfolger Giers führte die regelmässige Berichterstattung fort, etwa zur laufenden Revision der Bundesverfassung und zum Eisenbahnausbau. An Spektakulärem hatte er die Internierung der französischen Bourbakiarmee in der Schweiz zu vermelden.[215]

Bundespräsident Fornerod bat die Zarenregierung 1867 um garantierte Unterstützung für den Fall, dass die politische Existenz der Schweiz im Zusammenhang der gegenwärtigen Konflikte gefährdet würde, vgl. Ozerov an A. M. Gorčakov, 18./30. 4. und 1./13. 5. 1867. AVPRI, Missija v Berne, op. 510, d. 113, ll. 97–98 und 99–99 ob.

215 Vgl. AVPRI, Missija v Berne, op. 510, d. 176.

IV. Zwischen den Revolutionen

Mit der Rückkehr des Gesandten Krüdener nach Bern 1855 und mit der Beilegung der Neuenburger Krise fand eine Phase schweizerisch-russischer Beziehungen ihren Abschluss, die auf der politischen Ebene von revolutionären Umtrieben in der Schweiz und von der konfliktreichen staatlichen Umgestaltung der Eidgenossenschaft dominiert worden war. Seit den 1860er Jahren begann nun umgekehrt die russische revolutionäre Bewegung mit ihrer auch in der Schweiz niedergelassenen Diaspora die politische Kommunikation zwischen St. Petersburg und Bern zu überschatten. Zunächst einmal schuf aber die Stabilisierung des bilateralen Kontaktes breiten Raum für ein Aufblühen vielfältiger Wechselbeziehungen.

Das folgende Kapitel behandelt die Zeit zwischen den beiden Umbrüchen von 1847/48 und 1917/18 als eine Periode der Kontinuitäten. Weniger von Ausnahmeregelungen, radikalen Neuanfängen oder scharfen politischen Sanktionen ist hier zu berichten als davon, wie sich nach dem Neuenburger Konflikt allmählich ein *courant normal* zwischenstaatlicher Kooperation einstellte, ein Beziehungsalltag sozusagen, der in erster Linie vom Bestreben nach einer Optimierung administrativer und wirtschaftlicher Zusammenarbeit in Schwung gehalten wurde. Die Verschiedenartigkeit der politischen Kulturen und die damit verbundenen divergierenden Werthaltungen und Staatsbegriffe verliehen freilich auch manchem vordergründig administrativen Traktandum schweizerisch-russischer Verhandlungen eine politische Dimension. Insbesondere die Asylfrage lässt sich in diesem Sinne nicht einfach als Unterkapitel des Personenverkehrs abhandeln. Das Zarenregime musste in seiner Subversionsangst die Anwesenheit russischer Revolutionäre in der Schweiz vielmehr zum prioritären Politikum erheben.

1. Die Optimierung der administrativen und wirtschaftlichen Zusammenarbeit

1.1. Die Regelung des Personenverkehrs

Dass im 19. Jahrhundert neben der Neuen Welt auch das Zarenreich zu den bevorzugten Auswanderungszielen von Schweizerinnen und Schweizern gehörte, hat das Zürcher Forschungsprojekt *Schweizer Russlandwanderung und Geschichte der Russlandschweizer* in zahlreichen Arbeiten hinlänglich gezeigt.[1] Nur ein paar allgemeine Befunde seien erwähnt: Bis 1917 wanderten insgesamt etwas mehr als 20'000 berufstätige Schweizerinnen und Schweizer temporär oder für immer ins Zarenreich aus. Nach den russischen Revolutionen kehrten rund 8000 Landsleute in die alte Heimat zurück. Im Unterschied zu Übersee war das Zarenreich vor allem Ziel von qualifizierten Einzelwanderern. Erst in der zweiten Hälfte des 19. Jahrhunderts nahm die Migration insbesondere von Käsern und Lehrpersonen Züge einer Massenwanderung an. Kurz vor dem Ersten Weltkrieg arbeiteten mehr als zwei Drittel der Schweizer Berufstätigen im Zarenreich im Erziehungs- und im kaufmännisch-industriellen Bereich.[2]

Die Schweizer Russlandwanderung war also vor allem wirtschaftlich motiviert. *Asyl und Aufenthalt* heisst auf der anderen Seite ein Zürcher Sammelband zur Geschichte slawischer Präsenz in der Schweiz. Der Titel verweist auf die Vielschichtigkeit der Ursachen, welche Menschen aus dem östlichen Europa im Laufe der Zeit in die Schweiz kommen liessen. Während bis in die zweite Hälfte des 19. Jahrhunderts hinein vor allem Angehörige der russischen Aristokratie das Alpenland als Reiseziel zu schätzen wussten und sich wie die Grossfürstin Anna Fedorovna vereinzelt auch gänzlich hier niederliessen,[3] so wurde diese eher touristische Attraktivität der Schweiz mit dem Erstarken einer revolutionären Bewegung und überhaupt mit der Herausbildung einer partizipationswilligen Intelligenzija im Zarenreich von politischer Anziehungskraft überlagert. Die bekannte schweizerische Asyltradition und der damit verbundene Schutz vor politischer Verfolgung, die verheissungsvollen Agitationsmöglichkeiten in einem freiheitlich organisierten, noch dazu inmitten Europas gelegenen Staat,

---

1 Vgl. oben S. 29 f.
2 Goehrke, Auswanderung. Für Angaben zu den verschiedenen Schweizerkolonien im Zarenreich vgl. auch oben die Kapitel zu den Konsulaten.
3 Vgl. Goehrke, Europa, S. 319. – Grossfürstin Anna Fedorovna liess sich zu Beginn des 19. Jahrhunderts in der Elfenau bei Bern nieder und siedelte später nach Genf über, vgl. Benziger, Beziehungen der Schweiz mit Russland, S. 17 f. Im August 1860 vermeldete der Gesandte Nikolai den Tod der Grossfürstin: Nikolai an A. M. Gorčakov, 3./15. 8. 1860. AVPRI, Missija v Berne, op. 510, d. 171, ll. 67–68. Zum Aufenthalt von Anna Fedorovna in der Schweiz vgl. auch Alville, La vie en Suisse de S. A. I. La Grande-Duchesse Anna Feodorovna; Tcherniavski, Histoire, passim.

aber auch die Bildungschancen, welche Schweizer Universitäten namentlich den im Zarenreich nicht zum Studium zugelassenen Frauen eröffneten, liessen seit den 1860er Jahren Russinnen und Russen in bisher ungekanntem Ausmass in die Schweiz strömen und eine politisierte Kolonie entstehen.[4] Ausserdem hatte das Zarenregime immer wieder unliebsame Personen nicht nur nach Sibirien, sondern auch nach Europa abgeschoben.[5] Waren es 1888 noch keine 1500, so lebten nach der Volkszählung von 1910 knapp 8500 Russinnen und Russen in der Schweiz; zu einem beträchtlichen Teil handelte es sich dabei um politische Flüchtlinge und Studierende oder auch um Kurgäste. Von den 7610 an Schweizer Universitäten im Sommersemester 1914 immatrikulierten Studierenden waren 2150, also mehr als ein Viertel, Russinnen und Russen. Im Zuge der Revolutionen von 1917 kehrten viele in ihre Heimat zurück. Die Volkszählung von 1920 ermittelte in der Schweiz noch eine russische Kolonie von etwas unter 5000 Personen.[6]

1.1.1. Der vertragslose Zustand bis 1872

Vor dem Inkrafttreten des schweizerisch-russischen Handels- und Niederlassungsvertrags von 1872 galt für Auswanderer der beiden Staaten die allgemeine, allenfalls tagespolitischen Bedürfnissen angepasste Ausländergesetzgebung des jeweiligen Aufenthaltslandes, ohne dass der Heimatstaat besondere Rechte für seine Migranten hätte beanspruchen können. Unter diesen Bedingungen stellte die Mitteilung geltender Einreise- und Niederlassungsbestimmungen eine wichtige Aufgabe der diplomatischen und konsularischen Vertretungen dar. Die beschränkte Zugänglichkeit der russischen Sprache und die wenig übersichtliche Kodifizierung des russischen Rechts machten es vor allem den Schweizer Behörden schwer, die aktuellen Regeln des Personenverkehrs immer genau zu überblicken. Generalkonsul Loubier lieferte 1853 eine Übersetzung wichtiger Bestimmungen zur Stellung von Ausländerinnen und Ausländern im Zarenreich. Da heisst es etwa: «Art. 1375. Les étrangers établis en Russie, soit en ce qui concerne leur personne, soit en ce qui a rapport à leur propriété, sont

---

4 Vgl. Goehrke, Europa, S. 319–322; ferner Benziger, Beziehungen der Schweiz mit Russland, S. 17. Zu den russischen Studentinnen in der Schweiz vgl. Neumann, Studentinnen. Zur Anziehungskraft der Schweiz für russische Revolutionäre vgl. Kiperman, Glavnye centry, S. 259 f.; Leutenegger/Sovilj, Stellenwert, S. 465.

5 Vgl. Johnson, Zagranichnaia Agentura, S. 222 f.

6 Zu den Ergebnissen der Volkszählungen vgl. Benziger, Beziehungen der Schweiz mit Russland, S. 18 f.; Die Ergebnisse der Eidgenössischen Volkszählung vom 1. Dezember 1910, Bd. 1, S. 374 f.; vgl. auch Senn, Die Schweiz als Asyl, S. 693; ferner BAR, E 2001 (E) -/13, Einleitung, S. 3. – Vuilleumier führt aus, zwischen 1909 und 1914 seien 48 Prozent der an der Universität Genf Studierenden Russinnen und Russen gewesen (gegenüber 20 Prozent Schweizern). Vuilleumier, Flüchtlinge, S. 52.

soumis aux lois de l'Empire et profitent de la défense et de la protection que ces lois leur accordent.»[7]

Was zunächst Einreise und Passwesen betrifft, so hatten die revolutionären Unruhen der Jahrhundertmitte in Europa das Zarenregime zu einem verschärften Grenzschutz veranlasst. In das nach Westen hin vorgelagerte Königreich Polen durften Ausländer nur noch mit der Bewilligung des zarischen Statthalters einreisen. Im Archiv findet sich eine umfangreiche Korrespondenz zwischen dem Gesandten Krüdener und der *Diplomatischen Kanzlei* des Statthalters und Fürsten von Warschau; meist handelt es sich um Anweisungen an Krüdener, für bestimmte Personen Pässe auszustellen.[8] Im Herbst 1849 lockerte Statthalter Paskevič die ausserordentlichen Massnahmen und autorisierte die russischen Gesandtschaften, Pässe für gewisse Personengruppen auch ohne vorherige Rückfrage zu visieren, namentlich für Händler und Industrielle, für in gerichtlichen Belangen Reisende und für in Polen ansässige Ausländer, welche nur kurz ausgereist waren.[9] Dem Bundesrat teilte Krüdener allerdings Anfang November 1849 offiziös mit, er sei nur bei Vorliegen einer Spezialbewilligung des Aussenministeriums in St. Petersburg befugt, Visa nach Russland zu erteilen; ausgenommen von dieser Regelung seien lediglich Regierungsgesandte und wichtige Handelsreisende.[10]

Den Schweizer Russlandwanderern kam als Bürgern eines zunehmend liberal geprägten und schliesslich revolutionär umgestalteten Staatswesens in der zarischen Ausländerpolitik eine besondere Stellung zu. Schon 1847 korrespondierte Generalkonsul Bohnenblust mit dem zarischen Aussenministerium über eine provisorisch verfügte Einreisesperre für Schweizer Lehrerinnen und Lehrer nach Russland.[11] Im Mai 1852 bat der Kanton Neuenburg den Bundesrat, er möge sich doch bei der russischen Gesandtschaft dafür verwenden, dass all die restriktiven Bestimmungen endlich abgemildert und den reisewilligen Kaufleu-

---

7 Generalkonsul Loubier: Auszugsweise Übersetzung eines russischen Gesetzestextes, mit vielen Streichungen und Korrekturen, signiert am 31. März/12. April 1853. BAR, E 2200.86, Nr. 69.

8 Vgl. AVPRI, Missija v Berne, op. 510, d. 339. Die Warschauer Kanzlei wies Krüdener beispielsweise im Mai 1849 an, die Pässe der Konditoren und Brüder Jacques und Ulrich Refler zu visieren, denen die Rückkehr ins Königreich Polen nach einer Reise in die Heimat erlaubt werden sollte. Diplomatische Kanzlei des zarischen Statthalters in Polen an Krüdener, 11./23. 5. 1849. Ebd., l. 5–5 ob.

9 Lediglich summarische Listen der so erteilten Visa mussten periodisch eingereicht werden. Zirkular des Statthalters und Fürsten von Warschau, 19./31. 10. 1849. AVPRI, Missija v Berne, op. 510, d. 339, ll. 28–28 ob., 30–30 ob. – Für spätere Korrespondenz zwischen Krüdener und der Diplomatischen Kanzlei in Warschau über die Visumswürdigkeit von Einzelpersonen vgl. etwa AVPRI, Missija v Berne, op. 510, d. 346.

10 Krüdener an Vizepräsident Druey, Frankfurt a. M., 22. 10./3. 11. 1849. BAR, E 21/15720. Zur offiziellen Bestätigung seiner offiziösen Auskunft vgl. Krüdener an Bundespräsident Furrer, Frankfurt a. M., 2./14. 12. 1849. Ebd.

11 MID an Generalkonsul Bohnenblust, 22. 1. 1847 (a. St.). BAR, E 2200.86, Nr. 62.

ten, Uhrmachern und Gouvernanten keine Hindernisse mehr in den Weg gelegt würden – «attendu que les motifs qui avaient pu déterminer les mesures prises en 1848 et en 1849 ne doivent plus avoir aujourd'hui la même gravité».[12] Der Bundesrat allerdings zeigte sich weniger optimistisch und teilte den Neuenburgern mit, man könne nicht davon ausgehen, dass Russland wegen einer Schweizer Anfrage sein Fremdenpolizeisystem ändere, zumal ja die Motivation der Sondermassnahmen unverändert weiterbestehe: «[...] à savoir de ne pas laisser entrer dans l'Empire des ressortissants d'une République, surtout des précepteurs et des institutrices ou gouvernantes, sous réserve d'examen dans chaque cas particulier.»[13] Seit der Rückkehr Krüdeners auf seinen Berner Posten 1855 ist eine Anwendung von spezifisch gegen Schweizerinnen und Schweizer gerichteten russischen Passbestimmungen nicht mehr auszumachen – was nicht etwa bedeutet, dass die Einreise ins Zarenreich problemlos wurde. Aber die Eidgenossen unterlagen nun wieder denselben Regeln und Restriktionen wie auch andere Ausländer. So informierte die Bundeskanzlei am 10. Oktober 1856 über eine neue russische Passverordnung:

«Nach einer vom schweiz. Generalkonsul in St. Petersburg unterm 4. diess. dem Bundesrathe gemachten Anzeige ist von der kaiserlich russischen Regierung am 3. September abhin folgende Passverordnung erlassen worden:
‹Die Gesandtschaften, Missionen und Konsulate sind berechtigt, für Fremde, welche sich nach Russland zu begeben gedenken, Pässe zu visiren, so wie ihnen solche, auf ihr Verlangen hin und ohne vorher eingeholte Ermächtigung auszustellen.
Der Eintritt in die russischen Staaten ist untersagt: 1) denjenigen Individuen, welchen die Regierung das Betreten der Gränzen speziell verboten hat; 2) denjenigen Subjekten, von welchen die Gesandtschaften, Missionen und Konsulate eine entschieden ungünstige Meinung haben; 3) den Zigeunern, den Orgelspielern aus der Berberei, den Hausirern mit pharmaceutischen Präparaten und Gypsfiguren, und überhaupt den Landstreichern.›»[14]
Reisende *aus* dem Zarenreich waren russischerseits angehalten, ihre Pässe im Falle eines Aufenthaltes in der Schweiz von der Berner Gesandtschaft visiren zu lassen. 1847 sah sich Sekretär Struve allerdings ausserstande, eine Anfrage St. Petersburgs zu den hier befindlichen Landsleuten selbständig zu beantworten. Er klagte über die häufige Missachtung der Meldepflicht und bat die Schweizer Behörden um Auskunft.[15]

12 Staatsrat des Kantons Neuenburg an den Bundesrat, 20. 5. 1852. BAR, E 21/15720.
13 Bundesrat an den Staatsrat des Kantons Neuenburg, 28. 5. 1852 (Entwurf). BAR, E 21/15720.
14 BBl. 1856 II, S. 553. Vgl. *O pasportnych pravilach dlja v"ezda inostrancev v Rossiju.* Zirkular MID, 10. 7. 1856. In: Sobranie cirkuljarov Ministerstva inostrannych del po Departamentu vnutrennich snošenij, S. 102 f.
15 Vgl. Struve an die Eidgenössische Kanzlei in Bern, 27. 3./8. 4. 1847. BAR, D 2176.

Verschiedentlich finden sich in den Archivalien der Folgejahre, in Zirkularen des zarischen Aussenministeriums und dann auch im Bundesblatt der schweizerischen Eidgenossenschaft neue Bestimmungen oder Erörterungen zum russischen Passwesen.[16] Die Gesandtschaft in Bern mahnte zur Einhaltung der geltenden Regeln, um formal bedingte Zurückweisungen an der russischen Grenze zu vermeiden.[17]

Ein Teil der ins Zarenreich ausgewanderten Schweizerinnen und Schweizer nahm früher oder später die russische Untertanenschaft an. Das entsprechende Reglement von 1864 besagte, ein Ausländer könne nach fünf Jahren Niederlassung beim Innenministerium die russische Naturalisation beantragen. Im Falle der Zustimmung war ein Untertaneneid zu leisten. Eine verheiratete Ausländerin konnte nur zusammen mit ihrem Ehemann naturalisiert werden, wobei mit Russen verheiratete Ausländerinnen automatisch und ohne Eid die russische Untertanenschaft erhielten. Bei all dem blieben Spezialregelungen, etwa für Kolonisten, weiterhin in Kraft.[18] Die zarische Gesandtschaft teilte dem Bundesrat die neuen Bestimmungen mit und erkundigte sich bei dieser Gelegen-

16 Vgl. etwa die 1860 erlassenen und 1867 gedruckten *Règlements sur les passeports des étrangers arrivant en Russie par la frontière européenne et résidant dans l'empire: traduction du russe.* BAR, E 21/15720. – Ein Ukas vom Dezember 1865 (a. St.) besagte, in Russland ankommende Ausländer dürften sich aufgrund ihrer gültigen, von einer russischen Gesandtschaft visierten Pässe sechs Monate im Zarenreich aufhalten. Ein längeres Verbleiben setze eine spezielle Aufenthaltbewilligung voraus. Die Wiederausreise innert sechs Monaten könne mit dem bereits zur Einreise verwendeten Pass erfolgen, nötig sei allerdings noch eine Bescheinigung der lokalen Polizeibehörde, dass der Ausreise nichts im Wege stehe. *Décision du Conseil de l'Empire relative aux délais pendant lesquels les étrangers peuvent séjourner en Russie et la quitter avec leurs passe-ports nationaux.* Annuaire diplomatique de l'Empire de Russie pour l'année 1866, S. 117 f. – Für den Auslandsvertretungen vom MID zirkularisch erteilte Instruktionen zum Passwesen vgl. etwa *O srokach zagraničnych pasportov i otsročkach.* Zirkular MID, 21. 6. 1857 (a. St.; fünfjährige Gültigkeit russischer Auslandspässe). In: Sobranie cirkuljarov Ministerstva inostrannych del po Departamentu vnutrennich snošenij, S. 123 f.; *O porjadke vozobnovlenija pasportov dlja lic, prebyvajuščich za granicej.* Zirkular MID, 17. 5. 1857 (a. St.; dito). Ebd., S. 194 f.; *O porjadke vizirovanija pasportov russkich émigrantov.* Zirkular MID, 24. 6. 1857 (a. St.; Pässe zur Rückreise ins Zarenreich nur an gebürtige und ungefährliche Russen). Ebd., S. 124.; *Pravila vydači inostrancam pasportov.* Zirkular MID, 29. 9. 1860 (a. St.; allgemeine Regeln der Passausgabe an Ausländer/Juden). Ebd., S. 159–163; *Pravila ob inostrannych pasportach.* Zirkular MID, 5. 12. 1866 (a. St.; Ausreisemodalitäten für Ausländer). Ebd., S. 210 f., hier S. 211 (Beilage). – Für im Bundesblatt abgedruckte Regelungen zum russischen Passwesen vgl. etwa BBl. 1866 I, S. 36 (Gebühren); BBl. 1867 I, S. 116 (Meldepflicht); BBl. 1868 III, S. 602 (Beglaubigung); BBl. 1869 III, S. 705 (Visum); BBl. 1871 II, S. 818 (Wiedereintritt nach Ausreise); BBl. 1872 III, S. 47 (dito).

17 Vgl. z. B. russische Gesandtschaft in Bern an die Bundeskanzlei, 11./23. 10. 1868. BAR, E 21/15720.

18 Die Übergangsbestimmungen des neuen Reglements stellten es den Ausländern frei, russische Untertanen zu werden, das Land zu verlassen oder unter Vorweisung eines Nationalpasses weiterhin als Ausländer im Reich zu verbleiben. *Articles du Réglement relatif au nouveau mode de naturalisation des étrangers en Russie.* Annuaire diplomatique de l'Empire de Russie pour l'année 1865, S. 142–150. Der entsprechende Ukas datiert vom 6. März 1864 (a. St.).

heit, ob die Schweiz eingebürgerten Ausländern, die das neue Bürgerrecht wieder aufgaben und in ihre alte Heimat zurückkehrten, besondere Abgaben auferlege; wenn nicht, würden auch in Russland analoge Steuern für heimkehrende, russisch naturalisierte Schweizerinnen und Schweizer entfallen.[19] Bern bestätigte umgehend, dass heimkehrende Russen, die auf das erworbene Schweizer Bürgerrecht verzichteten, keinerlei Abgaben unterworfen seien; man erwarte gerne eine russische Bestätigung der Gegenseitigkeit.[20] Ende Oktober 1864 konnte der Bundesrat dann die russische Reziprozitätserklärung entgegennehmen.[21] Zwischen der alten Eidgenossenschaft und dem Zarenregime war übrigens bereits 1830 eine Freizügigkeitsregelung für die Ausfuhr ausländischen Besitzes vereinbart worden, Generalkonsul Loubier hatte 1853 in seiner Zusammenstellung russischer Ausländerbestimmungen daran erinnert: «Pour mémoire. Entre la Suisse et la Russie, tout droit de détraction est aboli depuis la déclaration signée à Berne le 1/13 Août 1830.»[22]
Die Schweiz liess vor dem Ersten Weltkrieg Einreise und Niederlassung von Ausländerinnen und Ausländern recht unkompliziert zu, solange die Fremden nicht bedürftig oder straffällig waren.[23] Dies mag einerseits in der liberalen Asyltradition, andererseits im Umstand begründet liegen, dass sich die Eidgenossenschaft erst gegen Ende des 19. Jahrhunderts von einem Auswanderungsallmählich zu einem Einwanderungsland entwickelte.[24] 1862 beschloss der Bundesrat jedenfalls die allgemeine Aufhebung der Passvisa, ohne daran die Bedingung der Gegenseitigkeit zu knüpfen.[25] Eine besondere Behandlung von einreisewilligen Russinnen und Russen ist nicht ersichtlich.
Das schweizerische Bürgerrecht basierte auch nach 1848 auf dem Kantonsbürgerrecht. Der Bund schrieb lediglich vor, dass Kantone zur Vermeidung der Staatenlosigkeit ihr Bürgerrecht niemandem entziehen dürften und dass Aus-

---

19 Russische Gesandtschaft in Bern an Bundespräsident Dubs, 26. 6./8. 7. 1864. BAR, E 21/24591.
20 Vgl. Protokoll der Sitzung des Bundesrates, 15. 7. 1864. BAR, E 21/24591.
21 *Erklärungen zwischen der Schweiz und Russland, betreffend die gegenseitigen Abzugsrechte. (Vom 15. Juli und 19./31. Oktober 1864.)* AS, Bd. 9, S. 189 f. Vgl. auch Ozerov an Bundespräsident Dubs, 19./31. 10. 1864. BAR, E 21/24591; Protokoll der Sitzung des Bundesrates, 2. 11. 1864. Ebd.
22 Generalkonsul Loubier: Auszugsweise Übersetzung eines russischen Gesetzestextes, signiert am 31. März/12. April 1853. BAR, E 2200.86, Nr. 69. – Das Zarenreich hatte 1823 angeboten, «que le Droit de Détraction exercé au profit du Trésor Impérial sur l'exportation et le transfert hors de l'Empire des héritages et autres biens appartenant à des étrangers, serait aboli en faveur des sujets de celles des autres Puissances qui auraient réciproquement arrêté dans Leurs Etats une abolition semblable en faveur des sujets Russes». Am 1./13. August 1830 (auf Polen ausgeweitet am 2./14. August 1830) ging der Vorort Bern mit dem russischen Geschäftsträger Severin eine entsprechende Vereinbarung ein. BAR, D 2181/131.
23 Vgl. Goehrke, Zuflucht, S. 10.
24 Kreis und Kury sehen diesen Wandel in den Jahren 1880–1900. Kreis/Kury, Einbürgerungsnormen, S. 25.
25 Bundesrat an sämtliche eidgenössischen Stände, 16. 4. 1862. BAR, E 2/1185.

länder vor einer Einbürgerung aus dem Bürgerrecht ihres Heimatstaates entlassen sein mussten.[26] Genau diese Bestimmung sah nun der zarische Gesandte Michail Gorčakov im Falle des 1871 jung verstorbenen Gabriel Rumine (Rjumin) verletzt. Dem 1841 in der Schweiz geborenen russischen Adligen war 1862 zusammen mit seiner Mutter das waadtländische Bürgerrecht verliehen worden, auch als Dank für zahlreiche Spenden.[27] Gorčakov bezichtigte nun den Kanton Waadt, Ausländern willkürlich sein Bürgerrecht anzudrehen, um sich fette Erbschaften zugänglich zu machen.[28] Der Bundesrat verteidigte die Einbürgerung und machte 1873 geltend, Gabriel Rumine habe seit seiner zarten Kindheit sein «domicil réel» im Kanton Waadt gehabt.[29] Der zarische Gesandte hingegen sah in der schweizerischen «Theorie», die Interpretation und Ausführung von Einbürgerungsnormen sei den für die Einbürgerung zuständigen Behörden überlassen, eine Verletzung des internationalen Rechts: «[...] une théorie qui ne met plus aucun sujet russe à l'abri d'être arbitrairement transformé en citoyen de la Suisse, selon le degré de sa fortune.»[30] Am 5. März 1873 (n. St.) liess die russische Regierung dem Bundesrat eine Protestnote zukommen, in welcher dem Gastland grundsätzlich das Recht auf Ermessensentscheide bei Einbürgerungsfragen abgesprochen wurde.[31] Das Erbe Rumines war zu diesem Zeitpunkt freilich längst verteilt – gemäss dem Entscheid des Lausanner Gerichts.[32]

Wenn sich in der Affäre Rumine offensichtliche finanzielle Interessen mit divergierenden juristischen Interpretationen verbanden, so zeigt der Erbfall Löchner, wie die Frage der Besteuerung und insbesondere der Erbschaftssteuern als eskalierendes administratives Ärgernis den Wunsch nach einer vertraglichen Regelung des bilateralen Personenverkehrs beflügelte.

---

26 Kreis/Kury, Einbürgerungsnormen, S. 24.

27 Vor seinem Tod vermachte Rumine der Stadt Lausanne nochmals 1,5 Millionen Franken für den Bau eines gemeinnützigen Gebäudes. Das Geld kam der Lausanner Universität zugute: Am 3. November 1906 wurde das *Palais de Rumine* eingeweiht. Rossija – Švejcarija, S. 136, Anm. 1; Švejcarija – Rossija, S. 180, Anm. 3.

28 Die zarische Gesandtschaft war nach dem Tod Rumines von einzelnen Erbschaftsanwärtern eingeschaltet worden. Zur Darstellung des Falls durch eine der Parteien im Erbstreit vgl. L. Rambert: *Mémoire au Conseil Fédéral Suisse pour Madame de Morose domiciliée à Moscou, soit pour son mandataire, M. Clavel, banquier, à Lausanne, et pour Madame Terroux née princesse de Schahowskoï, à Genève; l'une et l'autre tantes de feu Gabriel de Rumine, en son vivant domicilié à Lausanne, et héritières de sa succession. Mars 1872.* AVPRI, Missija v Berne, op. 843/4, d. 20.

29 Bundesrat an M. A. Gorčakov, 21. 2. 1873. Švejcarija – Rossija, Nr. 63, Anhang, S. 181.

30 M. A. Gorčakov an A. M. Gorčakov, 14./26. 2. 1873. Švejcarija – Rossija, Nr. 63, S. 179 f. Für die besagte «théorie» vgl. Bundesrat an M. A. Gorčakov, 21. 2. 1873. Ebd., Nr. 63, Anhang, S. 181.

31 Der Bundesrat wies die russische Erörterung am 2. April zurück, worauf Aussenminister Gorčakov klarstellte, ein russischer Untertan bleibe ein solcher, bis er gemäss russischer Gesetzgebung aus der Staatsangehörigkeit entlassen werde. Jede weitere Polemik in dieser Angelegenheit bezeichnete Gorčakov als gegenstandslos. Vgl. Švejcarija – Rossija, S. 180, Anm. 3; Rossija – Švejcarija, S. 136, Anm. 8.

32 Vgl. Bundesrat an M. A. Gorčakov, 21. 2. 1873. Švejcarija – Rossija, Nr. 63, Anhang, S. 180 f.

Der Erbfall Löchner

Andrej A. Löchner, russischer General der Genietruppen, hatte seinen Lebensabend am Genfersee verbracht und starb am 10. Mai 1869 in Lausanne.[33] Sein Testament aus dem Jahr 1857 bezeichnete Ehefrau Louise Löchner als Alleinerbin. Das Vermögen umfasste Mobilien und Immobilien im Kanton Waadt sowie im Zarenreich deponierte Werte. Zum Zankapfel wurde nun die Absicht der waadtländischen Behörden, die gesamte Hinterlassenschaft mit Erbschaftssteuern zu belegen, egal wo sich die einzelnen Güter und Werte befanden. Dem widersetzte sich die Witwe Löchner. Für ihre Anliegen engagierte sich in Lausanne ein gewisser H. Richard, bei dem es sich um den gleichnamigen ehemaligen Schweizer Vizekonsul in Odessa handeln dürfte.[34] Richard empfahl, den noch immer gültigen Pass des Verstorbenen ins Felde zu führen, um zu beweisen, dass der General zeitlebens Angehöriger der russischen Armee war, sich nur aufgrund eines befristeten Urlaubs in der Schweiz aufgehalten habe und – theoretisch – nach dessen Auslaufen hätte zurückbeordert werden können. «[…] par conséquent son domicile légal était en Russie.»[35]

Die Waadtländer Steuereintreiber, die das Erbe bereits inventarisiert hatten, mussten innehalten, als die von Louise Löchner zu Hilfe gerufene zarische Gesandtschaft intervenierte und den Fall zum Gegenstand diplomatischer Verhandlungen erhob.[36] Für Missionschef Giers ging es hier um Prinzipielles. Er erklärte Bundespräsident Welti, Madame Löchner widersetze sich nicht einer Besteuerung der in der Schweiz befindlichen Güter. Sie wolle lediglich die Besteuerung der in Russland liegenden Werte abwenden, zumal ja General Löchner stets russischer Untertan geblieben sei und nie die Privilegien eines Schweizer Bürgers genossen habe. Keinesfalls könne der Verstorbene also den einheimischen Waadtländern gleichgestellt werden. Im Übrigen habe der Kanton Waadt den in Russland liegenden Besitz Löchners zu dessen Lebzeiten nie zu besteuern versucht, also gehe das nun auch für das Erbe nicht an. Welti, so berichtete Giers nach St. Petersburg, habe durchaus Verständnis gezeigt, andererseits aber seine Machtlosigkeit betont, da mangels eines einschlägigen Staatsvertrags zwischen der Schweiz und Russland der Kanton Waadt nicht an der Vollstreckung seiner Gesetze gehindert werden könne. Eine russischerseits

---

33 Allgemein zum Fall Löchner vgl. AVPRI, Missija v Berne, op. 843/2, d. 770. Für den Gang der Ereignisse vgl. zudem Giers an Ministergehilfe Westmann, 29. 5./10. 6. 1869. AVPRI, Missija v Berne, op. 510, d. 114, ll. 137 ob., 142–143 ob.

34 Richards Briefe an die russische Gesandtschaft erwähnen mehrmals voll Dankbarkeit die in Odessa erfahrene Gastfreundschaft, vgl. Richard, ohne Adressat (wohl an die russische Gesandtschaft in Bern), 6. 6. 1869. AVPRI, Missija v Berne, op. 843/2, d. 770, ll. 8–9 ob. Zu H. Richard vgl. oben S. 82.

35 Richard (an die russische Gesandtschaft in Bern), 6. 6. 1869. AVPRI, Missija v Berne, op. 843/2, d. 770, ll. 6–7 ob.

36 Vgl. Richard (an die russische Gesandtschaft in Bern), 6. 6. 1869. AVPRI, Missija v Berne, op. 843/2, d. 770, ll. 8–9 ob.

abgegebene formelle Reziprozitätserklärung würde den Bundesrat allenfalls zu einer Intervention berechtigen. Darüber hinaus habe Welti die Vorteile eines umfassenden Handels- und Niederlassungsvertrages, wie er zwischen der Schweiz und anderen Staaten bereits bestand, unterstrichen.[37] St. Petersburg bemühte sich nun aber erst einmal darum, mit der Schweiz eine vertragliche Regelung der Erbschaftsfälle – und das hiess vor allem: eine Beschränkung kantonaler Steueransprüche – zu erarbeiten, sei es auf dem Wege einer allgemeinen Meistbegünstigungsklausel oder durch den Austausch von spezifischen Erklärungen. Der Bundesrat zeigte sich an einer Lösung interessiert, veranlasste eine einstweilige Aufschiebung der Erbsache Löchner, lehnte ein konkretes russisches Deklarationsprojekt dann aber ab.[38] Die Waadtländer Regierung begnügte sich 1870 mit der Besteuerung der in der Schweiz befindlichen Teile von Löchners Erbe.[39]

Bundesrat und Zarenregime versuchten nun, dem bilateralen Personenverkehr beidseits befriedigende Normen zu geben. Betrachten wir im Folgenden die Erarbeitung und Reichweite des Vertrags von 1872, der gleichzeitig Niederlassung und Handel zum Inhalt hatte. Die spezifisch ökonomischen Regelungen des Abkommens werde ich weiter unten nochmals aufgreifen und in einen allgemeineren Kontext wirtschaftlicher Kooperation stellen.[40]

---

37 Giers an Westmann, 29. 5./10. 6. 1869. AVPRI, Missija v Berne, op. 510, d. 114, ll. 137 ob., 142 bis 143 ob. Die angesprochene Reziprozitätserklärung sollte in der Vorstellung Weltis (gemäss Bericht von Giers) garantieren, «qu'il ne serait exigé aucun impot de succession d'un Suisse domicilié en Russie sur des valeurs acquises par droit de héritage dans son pays natal». Ebd. (Hervorhebung in der Vorlage). – Im AVPRI findet sich ein undatiertes Dokument ohne Absender und Adresse, das den Entwurf zu einer Note der Gesandtschaft an den Bundesrat darstellen dürfte. Hier wird argumentiert, Löchner sei lediglich zur Kur in die Schweiz gefahren, seine Bewilligung zum Auslandsaufenthalt wohl mehrmals verlängert worden, doch sei der General stets russischer Untertan geblieben. Die Waadtländer Ansprüche stünden auch im Widerspruch zur schweizerisch-russischen Freizügigkeitsdeklaration von 1830 (wobei Giers im oben zitierten Schreiben nach St. Petersburg einräumte, dass dieses Abkommen im vorliegenden Fall nicht helfe). AVPRI, Missija v Berne, op. 843/2, d. 770, ll. 12–15.

38 Vgl. Giers an Westmann, Genf, 10./22. 11. und 22. 11./4. 12. 1869. AVPRI, Missija v Berne, op. 510, d. 114, ll. 159–159 ob. und 159 ob.–160. – Für das russische Deklarationsprojekt vom 8./20. Dezember 1869 vgl. Westmann an M. A. Gorčakov, 13./25. 5. 1872. Švejcarija – Rossija, Nr. 59, S. 172; hier auch Anm. 3. – Zur am 16. November 1869 von der russischen Gesandtschaft bestrittenen Erbschaftssteuer im Fall Löchner und zum russischen Vorschlag einer Behandlung der Subjekte des anderen Staates nach dem Prinzip der Meistbegünstigung vgl. auch ebd., Anm. 2.

39 Vgl. Richard (an die russische Gesandtschaft in Bern), 16. 2. 1870. AVPRI, Missija v Berne, op. 843/2, d. 770, ll. 16–17 ob.

40 Vgl. unten S. 278–280.

1.1.2. Der Niederlassungs- (und Handels-)Vertrag von 1872

Seit den fünfziger Jahren hatte die Schweiz nach und nach mit verschiedenen Staaten Verträge zur Regelung des bilateralen Handels und der Niederlassung abgeschlossen.[41] Ein Abkommen mit dem Zarenreich erschien zunächst nicht prioritär; der Bundesrat hielt 1863 unter dem Eindruck eines Berichts des Justiz- und Polizeidepartements fest: «[...] es sei nach Ansicht des referierenden Departements zur Zeit ein Bedürfniss für den Abschluss eines Vertrages mit Russland nicht vorhanden, sondern der Bundesrath wolle sich damit begnügen, den schweiz. Konsuln in Russland zu empfehlen, an den ihnen durch die Praxis eingeräumten Rechten streng festzuhalten u. in vorkommenden Fällen bedrängten Landsleuten durch persönliches Einvernehmen mit den Regierungsbeamten u. den betreffenden Ministern Schuz u. Unterstüzung angedeihen zu lassen.»[42] Spätestens gegen Ende des Jahrzehnts interessierte sich der Bundesrat aber sehr wohl für ein Abkommen auch mit Russland. Das Zarenregime seinerseits war ebenfalls schon eine ganze Reihe solcher Staatsverträge eingegangen.[43] 1869 sprach sich der Gesandte Giers deutlich für die Aufnahme von Verhandlungen mit dem Bundesrat aus. Nur noch wenige Staaten Europas, so schrieb er nach St. Petersburg, hätten mit der Schweiz keinen Handelsvertrag abgeschlossen. Um Streitfälle wie denjenigen um die Hinterlassenschaft von General Löchner künftig zu vermeiden, solle man Bern zumindest die gegenseitige Zusicherung der Meistbegünstigung vorschlagen.[44] Noch deutlicher wurde Giers, als er eine schweizerisch-spanische Deklaration vermeldete, die Russland als einzige Macht in einer vertragslosen «situation anormale vis à vis de la Suisse» zurücklasse. Giers ermunterte Bundespräsident Welti kurzerhand, die Initiative zu ergreifen und der zarischen Diplomatie einen Vorschlag zu unterbreiten.[45] Dieser russische Elan musste Welti umso gelegener kommen, als er ja selbst anlässlich der Affäre Löchner die Wünschbarkeit eines umfassenden Vertrages betont hatte.[46] Nachdem nun also das russische Interesse signalisiert war, betraute der Bundesrat das Politische Departement am 16. Februar 1870 damit, auch schweizerische Bereitschaft zu bekunden und einstweilen die Meinungen der Kantone sowie der Schweizer in Russland einzuholen.[47]

41 Vgl. etwa Greyerz, Bundesstaat, S. 1050 f.; Gruner, Die Schweizerische Eidgenossenschaft, S. 126; Benziger, Die Konsularischen Vertreter, S. 19 f.

42 Protokoll der Sitzung des Bundesrates, 15. 4. 1863. BAR, E 2/1426.

43 Vgl. Sbornik dejstvujuščich traktatov, konvencij i soglašenij, Bd. 1, S. VI–X.

44 Giers an A. M. Gorčakov, 7./19. 6. 1869. AVPRI, Missija v Berne, op. 510, d. 114, ll. 143 ob. bis 144 ob., 147.

45 Vgl. Giers an A. M. Gorčakov, Genf, 25. 10./6. 11. 1869. AVPRI, Missija v Berne, op. 510, d. 114, ll. 158–159.

46 So jedenfalls hatte es Giers berichtet, vgl. Giers an Westmann, 29. 5./10. 6. 1869. AVPRI, Missija v Berne, op. 510, d. 114, ll. 137 ob., 142–143 ob.

47 Vgl. *Botschaft des Bundesrathes an die hohe Bundesversammlung, betreffend die Genehmigung*

Beide Seiten analysierten die Ziele der anderen Partei. Schon 1868 hatte der Gesandte Ozerov das bundesrätliche Interesse an einer vertraglichen Absicherung des freien Warenverkehrs festgehalten, von dem die Schweiz aufgrund ihrer zentralen Lage profitiere: «La Suisse toujours préoccupée de ses intérêts industriels et du rôle que l'avenir lui réserve par sa position géographique dans les transactions commerciales du continent tient à se lier avec ses voisins par des traités qui lui assurent un libre écoulement à ses produits.»[48]

Eine Bestätigung findet diese Einschätzung, wenn Bundesrat Näff, Chef des Handels- und Zolldepartements, von der fast ausschliesslich wirtschaftlichen Bedeutung eines allfälligen Vertrages mit Russland sprach und dafür plädierte, den eigenen ökonomischen Gewinn zur Leitperspektive aller Verhandlungen zu machen.[49] Noch konkreter liessen sich umgekehrt die russischen Interessen an einem Vertrag mit der Schweiz fassen. Bundespräsident Dubs: «Die bekannten Steuerconflicte im Kanton Waadt haben bei der russischen Regierung im Gegensatz zu frühern Anschauungen den Wunsch rege gemacht, mit der Schweiz einen allgemeinen Staatsvertrag abzuschliessen, welcher ungefähr die nämlichen Materien umfassen würde wie der schweizerisch-englische Handels- und Niederlassungsvertrag, wobei dann allerdings die russische Regierung die Hoffnung hegt, dass die Erhebung von Steuern gegenüber Russen wenigstens für das ausserhalb der Schweiz gelegene Vermögen wegbedungen werden könne.»[50]

Das zarische Aussenministerium selbst erklärte in seinem Jahresbericht für 1873, die Probleme mit den Hinterlassenschaften hätten russischerseits den Wunsch nach einem Vertrag mit der Schweiz aufkommen lassen.[51] Kurz: Beiden Seiten war an einem umfassenden Abkommen gelegen. Wenn dann die Initiative jeweils der anderen Partei zugeschrieben wurde, so mag dies mit der wenig attraktiven Rolle des Bittstellers im Verhandlungsprozess zusammenhängen.[52]

---

eines Niederlassungs- und Handelsvertrags mit Russland. (Vom 10. Juli 1873.) BBl. 1873 III, S. 85–89, hier S. 85.

48 Ozerov an A. M. Gorčakov, 8./20. 5. 1868 (Entwurf). AVPRI, Missija v Berne, op. 510, d. 114, ll. 25–26.

49 Bundesrat Näff an das EPD, 25. 8. 1870. BAR, E 21/24592.

50 Bundespräsident Dubs an den Bundesrat, 15. 2. 1870. Švejcarija – Rossija, S. 161, Anm. 2; BAR, E 21/24592.

51 Vgl. Jahresbericht des MID für 1873. Auszugsweise abgedruckt in: Meždµnarodnaja žizn', 9 (1995), S. 132–135, hier S. 132 f.

52 Für die russische Interpretation des Vertragsprojekts als Schweizer Initiative vgl. etwa A. M. Gorčakov an M. A. Gorčakov, 13./25. 4. 1872. Švejcarija – Rossija, Nr. 58, S. 168. Für die schweizerische Darstellung, wonach am Anfang des Verhandlungsprozesses ein klar zum Ausdruck gebrachtes russisches Interesse stand, vgl. etwa *Botschaft des Bundesrathes an die hohe Bundesversammlung, betreffend die Genehmigung eines Niederlassungs- und Handelsvertrags mit Russland. (Vom 10. Juli 1873.)* BBl. 1873 III, S. 85–89, hier S. 85.

Tatsache ist, dass der Bundesrat den ersten konkreten Schritt unternahm. Am 18. November 1870 überreichte Bundespräsident Dubs der russischen Gesandtschaft ein im Wesentlichen von Generalkonsul Glinz und den Schweizer Konsuln im Zarenreich vorbereitetes Schweizer Projekt. Auch die Kantone waren inzwischen zu Rate gezogen worden, ebenso das Eidgenössische Handels- und Zolldepartement; ein Vertrag mit Russland wurde allseits als wünschbar erachtet.[53] Der Gesandte Giers übermittelte den Vorschlag im Dezember nach St. Petersburg.[54] Und nun begann – das grosse Warten. Auf Drängen des Nationalrats hakte das Politische Departement im August 1871 mit einer sondierenden Note an die Zarenregierung nach.[55] Als auch jetzt keine Antwort kam, aktivierte der Bundesrat Charles Mercier, der als interimistischer Geschäftsträger gerade damit beschäftigt war, Ordnung in das schweizerische Generalkonsulat von St. Petersburg zu bringen.[56] Was war los? Mercier berichtete im Dezember 1871: «Le Prince Chancelier [...] réservant son temps pour les affaires politiques, je me suis adressé à son adjoint M. de Westmann [...] lequel m'a dit savoir qu'il y avait un projet de traité entre la Russie et la Suisse, projet présenté par la Suisse et que le Ministère était occupé à digérer ce projet (c'est sa propre expression), qu'il s'informerait et qu'il me donnerait réponse en quelques jours.»[57]

Erst auf nochmalige Nachfrage teilte Ministergehilfe Westmann dann aber mit, es müssten die Stellungnahmen verschiedener Ministerien abgewartet werden. Westmann liess auch erkennen, dass mit einem russischen Gegenvorschlag zu rechnen war. Unter Verweis auf die notorische Langsamkeit zarischer Behördenarbeit empfahl Mercier dem Bundesrat, die Verhandlungen direkt in St. Petersburg zu eröffnen – «ce qui permettrait de pousser de-ci de-là aux 100 rouages dont ce compose un ministère et d'activer la digestion tout en obtenant par les rapports personnels des résultats qu'il serait presqu'impossible d'obtenir par correspondance».[58]

53 Generalkonsul Glinz hatte dem Bundesrat am 2./14. Mai 1870 einen Vorschlag unterbreitet. BAR, E 21/24592; Švejcarija – Rossija, S. 164, Anm. 2; vgl. auch die Korrespondenz der schweizerischen Konsuln mit dem Bundesrat sowie die Stellungnahmen der Kantone in: BAR, E 21/24592; ferner Protokoll der Sitzung des Bundesrates, 11. 11. 1870. DDS, Bd. 2, Nr. 303. Zur Stellungnahme des Handels- und Zolldepartements vgl. Bundesrat Näff an das EPD, 25. 8. 1870. BAR, E 21/24592; Švejcarija – Rossija, Nr. 56.

54 Vgl. ebd., S. 164, Anm. 2.

55 EPD an die russische Gesandtschaft in Bern, 8. 8. 1871. Erwähnt in: Švejcarija – Rossija, S. 165, Anm. 1; russische Gesandtschaft in Bern an Westmann, 5./17. 7. und 2./14. 8. 1871 (Entwürfe). AVPRI, Missija v Berne, op. 510, d. 176, ll. 37–39 ob., 167–167 ob. Vgl. auch die *Botschaft des Bundesrathes an die hohe Bundesversammlung, betreffend die Genehmigung eines Niederlassungs- und Handelsvertrags mit Russland. (Vom 10. Juli 1873.)* BBl. 1873 III, S. 85–89, hier S. 86.

56 Vgl. oben S. 57 f.

57 Mercier an den Bundesrat, 13./25. 12. 1871. Švejcarija – Rossija, Nr. 57, S. 164 f.

58 Ebd., S. 165 f.

Die Angelegenheit nahm nun aber auch so ihren Lauf. Michail Gorčakov, der neue zarische Gesandte in Bern, konnte Bundespräsident Welti im Juli 1872 den erwarteten Gegenvorschlag als Antrittsgabe präsentieren.[59] Er verfügte über eine mit roten Korrekturen versehene Kopie des Schweizer Entwurfs, über ein bereinigtes russisches Projekt sowie die Instruktionen Westmanns.[60] Danach konnte Gorčakov deklarieren, seine Regierung sei durchaus gewogen, nach Berücksichtigung einiger Änderungen einen Vertrag mit der Schweiz auf der vorgeschlagenen Basis abzuschliessen. Und tatsächlich: Gemeinsam mit Bundespräsident Welti gelang es dem jungen Gesandten, bis Jahresende die bestehenden Differenzen zu bereinigen. Diese hatten sich auf den Bereich der Besteuerung und die Frage konzentriert, ob in der Schweiz niedergelassene russische Untertanen den einheimischen Kantonsbürgern oder Schweizern aus anderen Kantonen gleichzustellen seien. Am 23. Dezember konnte der Bundesrat über den fertig verhandelten Vertrag beraten.[61] Viel zu diskutieren gab es allerdings nicht, denn: «Im Allgemeinen sind die Grundsäze, welche dem Vertrage zu Grunde liegen, denjenigen analog, welche wir in den gleichartigen Verträgen der Schweiz mit andern europäischen Staaten statuirt haben.»[62] Der Bundesrat bevollmächtigte seinen Präsidenten Emil Welti, das so erarbeitete Abkommen zu unterzeichnen.[63] Am 26. Dezember folgte der Vertragsabschluss, am 1. August 1873 die Ratifizierung durch die Schweiz und am 11. August (a. St.) 1873 diejenige durch Russland.[64]

Kurz zum Inhalt des Vertrags.[65] Artikel 1 statuiert die gegenseitige *Niederlas-*

---

59 Zur Präsentation des russischen Gegenvorschlags im Juli 1872 vgl. Švejcarija – Rossija, S. 173, Anm. 2; Bundespräsident Welti an den Bundesrat, 12. 12. 1872. BAR, E 21/24592.

60 Vgl. Westmann an M. A. Gorčakov, 13./25. 5. 1872. Švejcarija – Rossija, Nr. 59. – Zur russischen Sorge, mit dem Vertrag gegen die Gesetze des Reiches zu verstossen oder unerwünschte Präzedenzfälle zu schaffen, vgl. A. M. Gorčakov an M. A. Gorčakov, 13./25. 4. 1872. Ebd., Nr. 58, S. 168 f.

61 Vgl. *Botschaft des Bundesrathes an die hohe Bundesversammlung, betreffend die Genehmigung eines Niederlassungs- und Handelsvertrags mit Russland. (Vom 10. Juli 1873.)* BBl. 1873 III, S. 85–89, hier S. 86–88. Bundespräsident Welti hatte die einzelnen Vertragspunkte am 12. Dezember zuhanden des Bundesrates schriftlich erläutert: Welti an den Bundesrat, 12. 12. 1872. BAR, E 21/24592; DDS, Bd. 2, Nr. 441.

62 *Botschaft des Bundesrathes an die hohe Bundesversammlung, betreffend die Genehmigung eines Niederlassungs- und Handelsvertrags mit Russland. (Vom 10. Juli 1873.)* BBl. 1873 III, S. 85–89, hier S. 89. – Bundesrat Näff hatte 1870 festgehalten, die Bestimmungen des Vertrags mit England (1855) könnten, ergänzt durch solche aus dem Vertrag mit den Staaten des Deutschen Zollvereins (1869), auch in ein Abkommen mit Russland übernommen werden. Bundesrat Näff an das EPD, 25. 8. 1870. BAR, E 21/24592. Im schweizerisch-russischen Vertrag finden sich überdies Anlehnungen an die Verträge der beiden Parteien mit Italien, vgl. Bundespräsident Welti an den Bundesrat, 12. 12. 1872. Ebd.

63 Protokoll der Sitzung des Bundesrates, 23. 12. 1872. BAR, E 21/24592.

64 *Bundesbeschluss betreffend den Niederlassungs- und Handelsvertrag mit Russland.* BBl. 1873 III, S. 90. Vgl. auch DDS, Bd. 2, Nr. 441, S. 708, Anm. 7; Švejcarija – Rossija, S. 173, Anm. 2.

65 Der Vertrag ist an verschiedenen Orten abgedruckt: *Niederlassungs- und Handelsvertrag zwi-*

sungs-, Handels- und Gewerbefreiheit. In all diesen Belangen sollen Bürger beziehungsweise Untertanen des einen Staates auf dem Territorium des anderen Staates wie eigene Bürger/Untertanen beziehungsweise wie Angehörige der meistbegünstigten Nation behandelt werden. Allerdings: «Dabei bleibt indessen verstanden, dass die vorstehenden Bestimmungen den in jedem der beiden Staaten bestehenden besondern Gesezen, Verfügungen und Reglementen über Handel, Industrie und Polizei, die auf alle Fremden überhaupt ihre Anwendung finden, keinen Eintrag thun.»[66]

Lange, so berichtete Welti dem Bundesrat, habe die russische Seite darauf bestanden, dass Russinnen und Russen in der Schweiz gleich wie die «nationaux suisses» behandelt würden, was aber auf eine Gleichstellung mit einheimischen Kantonsbürgern und damit auf eine Bevorzugung gegenüber Schweizern aus anderen Kantonen hinausgelaufen wäre. Das habe man russischerseits schliesslich eingesehen und sich damit zufrieden gegeben, dass russische Untertanen in einem Schweizer Kanton wie Bürger eines anderen Kantones behandelt werden.[67]

Artikel 2 garantiert Auswanderern die *Wiederaufnahme im Heimatland,* sofern die alte Staatsangehörigkeit beibehalten wurde.

Artikel 3 gewährt den Bürgern/Untertanen des anderen Staates den *gleichen Zugang zur Justiz* wie den Einheimischen.

Artikel 4 berechtigt die Bürger/Untertanen des anderen Staates zum *freien Erwerb, Besitz und Verkauf von Grundeigentum* im Rahmen der für Ausländer generell vorgesehenen Bedingungen. Solcher Besitz darf mit keinen höheren Abgaben belegt werden, als wenn er Bürgern/Untertanen des eigenen Staates gehören würde. Er kann von den Erben in gleicher Weise übernommen werden, wie wenn es sich um Einheimische handelte. Ausserdem darf eigenes Vermögen ohne erhöhte Abgaben ausser Landes geschafft werden.

Bundespräsident Dubs hatte zu Beginn der Verhandlungen erkannt, dass der russischen Seite vor allem an einer vertraglichen Zurückbindung kantonaler Steueransprüche gelegen war. Nachfolger Welti präzisierte im Rückblick, die zarische Diplomatie habe von allem Anfang an gefordert, «dass in dem Vertrage festgestellt werde, es hätten die in der Schweiz befindlichen Russen nur von demjenigen Vermögen Steuern zu entrichten, *welches in der Schweiz liege, dagegen sei alles Vermögen von der Besteuerung auszuschliessen, welches ein in der Schweiz wohnender Russe ausser unserm Territorium besitze und zwar ohne*

---

schen der Schweiz und Russland. AS, Bd. 11, S. 376–393 (deutsch und französisch); *Niederlassungs- und Handelsvertrag zwischen der Schweiz und Russland. (Vom 26./14. Dezember 1873.)* (sic; gemeint ist: 1872). BBl. 1873 III, S. 91–97; Sammlung der Handels-, Niederlassungs- u. Konsular-Verträge der Schweiz mit dem Auslande, S. 292–298. Für die russische gedruckte Ausgabe (mit französischem Paralleltext) vgl. *Konvencija o vodvorenii i torgovle, zaključennaja meždu Rossieju i Švejcarieju* (vgl. Bibliografie). Der vollständige Vertragstext findet sich auch unten S. 609–618.

66 *Niederlassungs- und Handelsvertrag zwischen der Schweiz und Russland. (Vom 26./14. Dezember 1873.)* (sic; gemeint ist: 1872). BBl. 1873 III, S. 91–97, hier S. 93.

67 Bundespräsident Welti an den Bundesrat, 12. 12. 1872. BAR, E 21/24592.

Unterschied, ob dieses Vermögen in Mobilien oder in Immobilien bestehe».[68] Das Handels- und Zolldepartement schlug vor, den russischen Forderungen höchstens bei den Immobilien nachzugeben.[69] Und die meisten Kantone, so Welti, hätten lieber ganz auf einen Vertrag mit Russland verzichtet, als eine Regelung zu akzeptieren, die gegen ihre Gesetze verstosse, die Russen besser als die eigenen Bürger stellen und gleiche Vorteile auch für alle anderen meistbegünstigten Staaten nach sich ziehen würde. Russland habe schliesslich eingelenkt und die entsprechende Forderung auf die Erbschaftssteuer beschränkt. Hier sei insofern eine Einigung erzielt worden, als bei nicht gesetzlich in der Schweiz «domicilirten» russischen Erblassern nur das in der Schweiz befindliche Vermögen, bei offiziell in der Schweiz niedergelassenen Russen jedoch die ganze Hinterlassenschaft besteuert werden könne, gemäss den jeweiligen kantonalen Gesetzen.[70] Das Ergebnis war folgender Passus in Artikel 4 des Vertrags: «In der Schweiz darf vom Vermögen eines russischen Unterthanen, der dort wohnte, aber nicht geselzich niedergelassen war und im russischen Kaiserreich von demjenigen eines in analoger Lage befindlichen Schweizerbürgers, soweit es durch Erbrecht erworben ist und sich in seinem Heimatlande befindet, keine Erbschaftsgebühr erhoben werden.»[71] Im französischen Text heisst es zeitlos: «sujet russe y résidant, sans y être légalement domicilié».[72] Das Bundesgericht befand 1912 anlässlich eines Streitfalls, der massgebliche französische Vertragstext meine mit «sujet russe» nicht den Erblasser, sondern den oder die Erben. Zumindest Bundespräsident Welti und die schweizerische Verhandlungsseite hatten den Artikel aber zweifellos von Anfang an im Sinne der deutschen Version interpretiert.[73]

Artikel 5 *befreit* die Bürger/Untertanen des anderen Landes vom *obligatorischen Militärdienst* und im Allgemeinen auch von militärischen Requisitionen und Abgaben.[74]

68 Ebd. (Hervorhebung in der Vorlage).

69 Von mehreren für die Russen wichtigen Kantonen, so Bundesrat Näff, würden auswärtige Mobilien sowieso nicht besteuert. Bundesrat Näff an das EPD, 25. 8. 1870. BAR, E 21/24592.

70 Bundespräsident Welti an den Bundesrat, 12. 12. 1872. BAR, E 21/24592. – Ministergehilfe Westmann erinnerte an den Fall Löchner und führte das Scheitern des damaligen russischen Deklarationsvorschlags genau auf solche Nuancen bei der Erfassung der Aufenthaltsform zurück, weshalb man bei der Formulierung nun der Schweiz entgegenkommen wolle. Westmann an M. A. Gorčakov, 13./25. 5. 1872. Švejcarija – Rossija, Nr. 59, S. 172.

71 *Niederlassungs- und Handelsvertrag zwischen der Schweiz und Russland. (Vom 26./14. Dezember 1873.)* (sic; gemeint ist: 1872). BBl. 1873 III, S. 91–97, hier S. 94.

72 *Niederlassungs- und Handelsvertrag zwischen der Schweiz und Russland.* AS, Bd. 11, S. 376 bis 393, hier S. 384.

73 Der Umstand, dass der angebliche Übersetzungsfehler erst vier Jahrzehnte nach Inkrafttreten des Vertrags gerichtlich relevant wurde, relativiert die praktische Bedeutung dieser Differenz. Vgl. dazu Basler Nachrichten, 30. 12. 1912. BAR, E 21/24593; ferner unten S. 263.

74 Art. 5 orientierte sich an Bestimmungen aus den Verträgen der beiden Parteien mit Italien, vgl. Bundespräsident Welti an den Bundesrat, 12. 12. 1872. BAR, E 21/24592.

Artikel 6 sichert den Bürgern/Untertanen des jeweils anderen Staates die *Meist-begünstigung bei der Besteuerung* zu.[75]

Artikel 7 garantiert den Bürgern/Untertanen des jeweils anderen Staates die *Meistbegünstigung in allen Belangen des Handels, der Niederlassung und der «Ausübung industrieller Berufsarten».*

Artikel 8–11 regeln die konsularischen Vertretungen und statuieren insbesondere die *Meistbegünstigung in allen Bereichen der Konsulatsarbeit* sowie die Unverletzlichkeit der Konsulatsarchive. Dass das Privileg der Meistbegünstigung für Schweizer Konsularbeamte im Zarenreich keineswegs selbstverständlich war, zeigt eine 1862 beim Bundesrat eingegangene Petition von Russland-schweizerinnen und Russlandschweizern: «Mittels Eingabe ohne Datum, die vom schweizerischen Generalkonsul in St. Petersburg mit Schreiben vom 22. Januar d. Js. eingeleitet worden ist, stellt eine Anzahl in Russland sich aufhaltender Schweizer vor, dass die schweiz. Konsulate in Russland nicht die gleichen Rechte wie diejenigen der meistbegünstigten Staaten geniessen und daher auch nicht im Stande seien, die Interessen ihrer Landsleute in gleicher Weise zu schüzen, weshalb der Bundesrath sich bei der kaiserlichen Regierung dafür verwenden möchte, dass sie die schweiz. Konsuln jener Begünstigung ebenfalls theilhaftig mache.»[76]

Der ursprüngliche Schweizer Vertragsentwurf enthielt einen detaillierten Katalog konsularischer Kompetenzen und sprach den Amtsträgern in Artikel 15 namentlich das Recht zu, Erbschaften von Landsleuten zusammen mit lokalen Behörden zu inventarisieren und zu versiegeln sowie beim Fehlen von Testamenten oder Testamentsvollstreckern selbst zu liquidieren.[77] Dem widersetzte sich die zarische Diplomatie. Westmann hielt zuhanden des Gesandten Gorčakov fest, aufgrund zweifelhafter Erfahrungen mit der gleichen Regelung im russisch-französischen Handelsvertrag von 1857 sei auf besagten Artikel des Schweizer Projekts vorläufig zu verzichten. Da ja der aktuelle Vertrag das Meistbegünstigungsprinzip vorsehe, sei die Bestimmung sowieso überflüssig.[78] Bundespräsident Welti akzeptierte den russischen Vorbehalt und bestand nicht auf dem Artikel.[79]

---

75 Zum bereits anlässlich der Affäre Löchner geäusserten russischen Vorschlag der Meistbegüns-tigung vgl. Švejcarija – Rossija, S. 172, Anm. 2.

76 Protokoll der Sitzung des Bundesrates, 13. 6. 1862. BAR, E 2/1426. – Zum Wunsch nach russischer Meistbegünstigung für Schweizer Konsuln vgl. auch Bundesrat Näff an das EPD, 25. 8. 1870. BAR, E 21/24592.

77 Vgl. Bundespräsident Welti an den Bundesrat, 12. 12. 1872. BAR, E 21/24592. Zu Art. 15 des ursprünglichen Schweizer Vorschlags vgl. Švejcarija – Rossija, S. 170 f., Anm. 4. Allgemein zu den konsularischen Bestimmungen in den Handels- und Niederlassungsverträgen der Schweiz vgl. Benziger, Les représentations consulaires, S. 2 f.

78 Westmann an M. A. Gorčakov, 13./25. 5. 1872. Švejcarija – Rossija, Nr. 59, S. 170 f.

79 Seine Streichung, so erklärte Welti dem Bundesrat, führe ja nicht zur Veränderung bestehender Konsularreglemente, sondern lediglich dazu, dass diesen im jeweils anderen Land keine verbindliche Gültigkeit zukomme. Überhaupt spreche auch einiges dafür, sich angesichts einer

Erwähnt sei schliesslich die explizite Klarstellung, dass das Nationalwappen einem Konsulatsgebäude keinen Asylcharakter verleihen könne – für Welti eine «selbstverständliche Bestimmung».[80]

Artikel 12 beendet den Vertrag und legt eine *Gültigkeit von zehn Jahren* nach Austausch der Ratifikationen fest, bei anschliessender automatischer Verlängerung mit einer 12-monatigen Kündigungsfrist. Der Vertrag blieb in Kraft, bis er russischerseits von der Provisorischen Regierung am 11./24. Oktober 1917 aufgekündigt wurde.[81]

1.1.3. Der Personenverkehr 1873–1917: Nutzen und Grenzen des Niederlassungsvertrages

Kein Zweifel: Der Handels- und Niederlassungsvertrag stellt eine der wichtigsten Leistungen staatlicher Kooperation zwischen der Schweiz und dem Zarenreich in der zweiten Hälfte des 19. Jahrhunderts dar. Trotzdem vermochte er nicht alle administrativen Probleme zu lösen. Es ist gar zu beobachten, dass seine Paragrafen gerade in heiklen Situationen, die einer klaren Regelung besonders bedurft hätten, nicht griffen. Betrachten wir einige Aspekte des bilateralen Personenverkehrs während der Gültigkeitsdauer des Vertrags (1873 bis 1917). Inwiefern profitierten die beiden Seiten von dem Abkommen, wo versagte es?

1.1.3.1. Passwesen

Im Bereich des Passwesens entfaltete der Vertrag von 1872 praktisch keine fassbare Wirkung. Die schweizerischen Bestimmungen waren schon zuvor liberal gewesen, und die russischen Regelungen konnten auch weiterhin im Bundesblatt der schweizerischen Eidgenossenschaft nachgelesen werden.[82] Die Bundeskanzlei rief 1889 den Kantonen die geltenden Vorschriften in Erinnerung:

---

dringend nötigen Revision des Schweizer Konsularreglements nicht mit internationalen Verträgen die Hände zu binden. Bundespräsident Welti an den Bundesrat, 12. 12. 1872. BAR, E 21/24592.

80 Ebd.

81 Vgl. unten S. 534.

82 So z. B. in: BBl. 1874 I, S. 358 (russische Pässe); BBl. 1877 I, S. 246 (Visum); BBl. 1880 II, S. 231 (Aufenthaltsdauer); BBl. 1884 III, S. 146 (dito); BBl. 1886 I, S. 310 f. (Juden); BBl. 1887 I, S. 351 f. (russische Pässe); BBl. 1889 III, S. 939 f. (dito); BBl. 1890 IV, S. 790 (dito). Zur erneuten Visumpflicht für eine Wiedereinreise nach Russland vgl. auch russische Gesandtschaft in Bern an die Bundeskanzlei, 16. 2. 1878 (n. St.). BAR, E 21/15720.

«1) Jeder Reisepass nach Russland soll von der kaiserlich russischen Gesandtschaft in Bern visirt sein und die Unterschrift des Inhabers tragen;
2) jeder Passinhaber muss sich innerhalb einer Frist von sechs Monaten, vom
Ueberschreiten der Grenze an gerechnet, eine russische Aufenthaltsbewilligung
verschaffen, sonst unterliegt er für jeden Tag Verspätung einer Strafe von 30
Kopeken;
3) die russischen Aufenthaltsbewilligungen sind für 12 Monate gültig und müssen regelmässig erneuert werden. [...]»[83]
Neben Mitteilungen zu den aktuellen (russischen) Vorschriften und Erörterungen über ihre zweckmässige Verbreitung[84] füllen Diskussionen um die mangelnde Kompatibilität der verschiedenen Ausweissysteme und in diesem
Zusammenhang auch wiederholte Reklamationen wegen ungenügender Personal-
dokumente des jeweils anderen Staates die Dossiers zum bilateralen Passwesen.
Die Schweizer Behörden mussten beispielsweise zur Kenntnis nehmen, dass die
von ihnen ausgestellten Heimatscheine im Zarenreich nicht immer anerkannt
wurden.[85] Als nämlich ein ausgewanderter Berner Käser seinen Pass verlor und
für die fernere Aufenthaltsbewilligung eben seinen Heimatschein vorlegen wollte,
forderten ihn die russischen Beamten unter Androhung der Ausweisung auf,
innert 40 Tagen einen richtigen «Nationalpass» beizubringen oder russischer
Untertan zu werden. Der Berner Regierungsrat witterte einen Verstoss gegen
den Niederlassungsvertrag und wandte sich 1883 in dieser Sache an den Bundesrat.[86] Im Rahmen der nun eingeleiteten Abklärungen bestätigte Konsul
Tritten in Odessa die Praxis russischer Amtsstellen, keine Heimatscheine als
Ausweispapiere zu akzeptieren. Tritten legte gleich noch eine 1882 publizierte

---

83 *Kreisschreiben der schweizerischen Bundeskanzlei an sämmtliche Kantonsregierungen betreffend die in Russland bezüglich der Reisepässe geltenden Vorschriften. (Vom 18. Juli 1889.)* BBl.
1889 III, S. 939 f., hier S. 939; vgl. dazu auch bereits Bundesrat an die Kantone, 25. 3. 1880.
BAR, E 21/15720. Die in den ersten beiden Punkten angeführten Passbestimmungen finden
sich 1913 – mitsamt der angedrohten Strafe von 30 Kopeken – bestätigt in: EJPD an die
Polizeidirektionen der Kantone, 2. 10. 1913. BAR, E 21/16167. – Im Juni 1915 sanktionierte
der Zar eine vorläufige, bis zum Kriegsende vorgesehene Passregelung, wonach russlandreisende
Ausländer als Grundlage der Visumserteilung einen Nationalpass mit Foto, Angaben zu
allfälligen Wechseln der Staatsangehörigkeit und zum Bestimmungsort im Zarenreich vorzulegen hatten. Vgl. *O pasportach pribyvajuščich v Rossiju inostrancev.* Izvestija Ministerstva
inostrannych del, 5 (1915), S. 36 f.
84 Konsul Wettler (Warschau) schlug vor, dass nach deutschem Vorbild auch den Schweizer
Russlandreisenden bei der Passerteilung ein Merkblatt mit den geltenden Bestimmungen
abgegeben werde. Schweizerisches Konsulat in Warschau an das EJPD, 26. 7. 1913. BAR,
E 21/16167. Das Justiz- und Polizeidepartement stellte es den Kantonen frei, dem deutschen
Beispiel zu folgen. EJPD an die Polizeidirektionen der Kantone, 2. 10. 1913. Ebd.
85 Zur Einsicht, dass die zarische Administration die in der Schweiz üblichen Heimatscheine
nicht kannte und stattdessen zwischen In- und Auslandspässen unterschied, vgl. auch EPD an
den Bundesrat, 22. 6. 1911. BAR, E 21/16118.
86 Vgl. Regierungsrat des Kantons Bern an den Bundesrat, 16. 4. 1883. BAR, E 21/24593.

Verlautbarung des Gouverneurs von Taurien bei, wonach Ausländer bei gewünschtem weiterem Verbleib in Russland vor die Wahl gestellt wurden, einen gültigen Nationalpass vorzuweisen oder Untertanen des Zaren zu werden: «Mittheilung. Jeder Ausländer, bei der Enderung des Passes um dem russischen Pass zu bekommen, muss [...] in die Kanzelei des Gouverneurs [...] seinen Nationalpass vorstellen. Im Falle der Ausländer seinen Nationalpass verliert, so bekommt er den neuen Pass, nur wenn er die Unterschrift giebt, seinen Nationalpass, während des Jahres, zu erhalten d. h. während der Gültigkeit des russischen Passes, oder russischen Unterthan zu werden.»[87]

Da nun von diesen Massnahmen nicht nur Schweizer, sondern alle Ausländer gleichermassen betroffen waren und es sich also um allgemeine Regelungen handelte, deren weitere Gültigkeit der Niederlassungsvertrag in Artikel 1 ausdrücklich vorbehielt, sah sich der Bundesrat nicht in der Lage, zu intervenieren.[88] Die schweizerischen Konsulate im Zarenreich konnten lediglich versuchen, den ausgewanderten Landsleuten möglichst unkompliziert zu den nötigen Dokumenten zu verhelfen. Generalkonsul Dupont, der Ende 1882 über die Modalitäten der Verlängerung von Aufenthaltsbewilligungen informiert hatte, stellte Schweizerinnen und Schweizern bei persönlichem Erscheinen Nationalitätszertifikate aus und empfahl seinen Konsulkollegen im übrigen Zarenreich, ein Gleiches zu tun.[89]

Die Schweizer kritisierten ihrerseits die russischen Ausweisschriften. Im Jahr 1900 musste das Politische Departement vermittelnd eingreifen, weil sich die Zürcher Kantonspolizei daran stiess, dass auf russischen Pässen oftmals mehrere Personen derselben Familie (und erst noch Bedienstete) eingetragen waren. Die zarische Gesandtschaft bat um Verständnis: Diese Praxis entspreche den russischen Bestimmungen und erspare den Russinnen und Russen hohe Kosten bei der Wiedereinreise ins Zarenreich, wo für jeden Pass – ungeachtet der Anzahl der darauf eingetragenen Personen – eine Gebühr einkassiert werde. Beide Seiten willigten in einen Kompromiss ein, wonach solche Sammelpässe auch in Zürich anerkannt werden sollten, wobei die Gesandtschaft auf Verlangen separate Passauszüge für Personen beizubringen hatte, die neben der Ehefrau und den minderjährigen Kindern des Passträgers auf den Kollektivdokumenten vermerkt waren.[90] Hingegen sah sich der Gesandte Westmann nicht befugt, mit besagten Separatzertifikaten auch die jederzeitige russische Aufnahme von aus der Schweiz ausgewiesenen Landsleuten zu garantieren.[91]

87 Beilage zu: Konsul Tritten an das EJPD, 13./25. 4. 1883. BAR, E 21/24593.
88 Vgl. Bundesrat an den Regierungsrat des Kantons Bern (Entwurf), 12. 6. 1883. BAR, E 21/24593.
89 Vgl. Dupont an den Bundesrat, 12./24. 12. 1882. BAR, E 21/24593.
90 Russische Gesandtschaft in Bern an das EPD, 31. 3. 1900 (AH: Antrag des EJPD, 3. 9. 1900 und Präsidialverfügung, 4. 9. 1900). BAR, E 21/15701.
91 Westmann an Bundespräsident Hauser, 7. 9. 1900. BAR, E 21/15701. – Zum Einverständnis

Eine grundsätzliche Diskussion über die Tauglichkeit russischer Auslandspässe löste 1910 vor allem der Kanton Thurgau aus, als er sich dagegen sträubte, Niederlassungsbewilligungen für vermehrt einreisende Russinnen und Russen aufgrund von Dokumenten zu erteilen, die nicht einmal das Geburtsdatum und den Heimatort anführten und daher keine eindeutige Identifikation ihrer Inhaber erlaubten.[92] Die zarische Gesandtschaft wies die kantonale Kritik aber zurück: «[...] les passeports pour l'étranger étant délivrés sur la base des passeports intérieurs, les autorités russes ne trouvent pas nécéssaires d'inscrire les renseignements exigés à tort par les autorités cantonales.»[93] Zwar versprach die Zarenregierung dem Schweizer Gesandten Odier, Verbesserungsvorschläge bei der nächsten Revision des Passreglements zu bedenken[94] – wann und ob überhaupt eine solche Revision geplant war, blieb aber unklar. Indessen hielt das Justiz- und Polizeidepartement in Bern die Thurgauer Bedenken für begründet und beantragte dem Bundesrat, es den Kantonen freizustellen, von Russinnen und Russen zur Ergänzung der kritisierten Pässe noch andere Ausweisschriften wie Geburts- oder Trauschein zu verlangen. Eine Verletzung des Niederlassungsvertrags stelle dies nicht dar, da sich ja auch Schweizer aus anderen Kantonen, denen die Russen gleichgestellt waren, für eine Niederlassung ausweisen müssten.[95] Das Politische Departement warnte nun aber vor einer Brüskierung St. Petersburgs, erörterte die Verschiedenartigkeit der in beiden Ländern gebräuchlichen Ausweise und sprach sich für eine vorgängige Verständigung mit dem Zarenregime aus.[96] Das Justiz- und Polizeidepartement hielt daran fest, es könne nicht Russland überlassen werden zu definieren, was ein genügendes Ausweispapier sei, willigte jedoch ein, seine Anträge zugunsten einer Sondierung bei der zarischen Regierung vorläufig zu sistieren.[97] Mit einiger Verzögerung teilte das russische Aussenministerium mit, es stehe den Kantonen frei, vor Erteilung einer Niederlassungsbewilligung zusätzliche Ausweise einzufordern.[98]

von Stadt und Kanton Zürich vgl. Zürcher Stadtrat an den Regierungsrat des Kantons Zürich, 11. 10. 1900. Ebd.

92 Polizeidepartement des Kantons Thurgau an das EJPD, 30. 3. 1910. BAR, E 21/16118.

93 Russische Gesandtschaft in Bern an das EJPD, 19. 5./1. 6. 1910. BAR, E 21/16118.

94 Vgl. Odier an das EJPD, 7./20. 4. 1911. BAR, E 21/16118. – Für die Feststellung, auch in Deutschland sei die Dürftigkeit der russischen Pässe beobachtet, aber bisher nicht beanstandet worden, vgl. schweizerische Gesandtschaft in Berlin an das EJPD, 3. 8. 1910. Ebd.

95 EJPD an den Bundesrat, 15. 5. 1911. BAR, E 21/16118.

96 EPD an den Bundesrat, 22. 6. 1911. BAR, E 21/16118.

97 EJPD an den Bundesrat, 17. 7. 1911. BAR, E 21/16118; Protokoll der Sitzung des Bundesrates, 21. 7. 1911. Ebd. – Für die Schweizer Anfrage in St. Petersburg vgl. EJPD an den Bundesrat, 14. 8. 1911. Ebd.; Protokoll der Sitzung des Bundesrates, Präsidialverfügung vom 15. 8. 1911. Ebd.; Odier an den Bundesrat, 7./20. 3. 1912. Ebd.

98 Odier an den Bundesrat, 27. 3./9. 4. 1913. BAR, E 21/16118. Der Bundesrat überliess es nun also ausdrücklich den Kantonen, vor Erteilung der Niederlassungsbewilligung an Russen noch die Beibringung von Geburts- und Trauungsurkunden zu verlangen. Protokoll der Sitzung des Bundesrates, 1. 7. 1913. Ebd.

Das Archiv der zarischen Gesandtschaft in Bern birgt eine ganze Reihe von Dossiers mit der Aufschrift *Livre Noir*. Darin finden sich vor allem Zirkulare des Aussenministeriums, Listen mit Ausländerinnen und Ausländern, welchen die Einreise nach Russland untersagt war. 1879 beispielsweise lesen wir in diesen schwarzen Büchern mehrheitlich türkische Namen; nur hie und da taucht auch einmal ein Schweizer auf.[99]

1.1.3.2. Beschränkte Niederlassungsfreiheit

Es ist mir kein dokumentierter Fall bekannt, in dem sich die zarischen Behörden mit Nachdruck darüber beschwert hätten, dass einem russischen Untertanen die im Vertrag von 1872 vereinbarten Freiheiten in der Schweiz nicht gewährt worden wären. Hingegen versuchten Bundesrat und schweizerische Diplomatie zu wiederholten Malen, im Niederlassungsvertrag statuierte Privilegien, die sie ausgewanderten Landsleuten im Zarenreich vorenthalten sahen, einzufordern. Als verhängnisvoll erwies sich dabei allerdings die in Artikel 1 eingefügte (und eben schon im Zusammenhang mit den Passvorschriften erwähnte) Klausel, wonach der Vertrag den *allgemeinen* Ausländerbestimmungen keinen Abbruch tun könne. Diese Einschränkung reduzierte die Tragweite des Abkommens auf den Schutz vor spezifisch antischweizerischer Diskriminierung – machte es aber stumpf gegen alle anderen, etwa auch antisemitischen Formen der Benachteiligung. Betrachten wir drei Beispiele.

Die Schweizer Kolonisten von Chabag
Auf Initiative des Waadtländers Louis Samuel Vincent Tardent war an der Dnestr-Mündung 1822/23 die Schweizer Siedlung Chabag gegründet worden.[100] Das Politische Departement erklärte im Rückblick: «Die Kolonisten erhielten [...] die ihnen angewiesenen Ländereien nicht als persönliches Eigenthum, sondern als Gemeingut der Kolonie und mit blossem Nutzungsrecht. Sie mussten ausserdem ihre frühere Nationalität aufgeben und den Eid auf die russische Unterthanschaft leisten, wurden aber auf immer von der Rekrutenstellung befreit.»[101]
Seit dem 18. Jahrhundert hatte das Zarenregime zur demografischen Konsolidierung des Reiches ausländische Siedler mit verlockenden Privilegien angewor-

---

99 AVPRI, Missija v Berne, op. 843/2, d. 24.
100 Zur Gründung und zu den Anfangsjahren von Chabag *(Šabo, Šaba)* vgl. Gander-Wolf, Chabag; EPD: *Rapport concernant la Colonie de Chabag*, 1. 2. 1875. BAR, E 2/160. Allgemein zu Chabag vgl. Bühler et al., Schweizer im Zarenreich, S. 56–60, 268–274; Brandes, Von den Zaren adoptiert, S. 110–112; Morel, Rapports, S. 24–26.
101 EPD an den Kanton Basel-Stadt, 22. 12. 1874. BAR, E 2/160. Zum fehlenden Besitzrecht der Kolonisten vgl. auch Morel, Rapports, S. 21.

ben.[102] Die Bereitschaft, solche Kolonisten auf ewig zu begünstigen und von den regulären Pflichten russischer Untertanenschaft zu befreien, schwand allerdings im 19. Jahrhundert. In einem Bericht von 1865 erschienen Privilegien und Sonderverwaltung als störende Gräben zwischen den – oft weitgehend assimilierten – Siedlern und der ansässigen russischen Bevölkerung. Ein neues Gesetz revidierte 1871 den Status der Kolonisten, näherte die nunmehrigen *Siedler-Eigentümer (poseljane-sobstvenniki)* beziehungsweise *ehemaligen Kolonisten* durch die Aufhebung von Privilegien den russischen Bauern an und relativierte namentlich die Freiheit von der Rekrutenpflicht.[103] Mit der Einführung der allgemeinen Wehrpflicht in Russland wurden im Januar 1874 auch die (ehemaligen) Kolonisten dem Militärdienstobligatorium unterworfen,[104] und so schrumpfte denn für die Chabag-Schweizer die militärdienstfreie Ewigkeit auf ein halbes Jahrhundert zusammen. An der anderen Bestimmung hatte sich aber, wie das Politische Departement festhielt, nichts geändert: Die Siedler von Chabag besaßen weder die von ihnen angebauten Weinberge noch ihre selbst errichtete Kirche, weder ihre Häuser noch Gärten persönlich. Unter diesen Umständen dachten viele Kolonisten[105] daran, eher das Werk zweier Generationen aufzugeben und abermals auszuwandern, als sich der plötzlichen Militärpflicht zu beugen. Zunächst aber wandten sie sich an den Bundesrat mit dem Ersuchen, er möge doch gegenüber der russischen Regierung dem Niederlassungsvertrag von 1872 Nachdruck verschaffen, insbesondere dem in Artikel 4 verbrieften Recht auf Grundeigentum und der in Artikel 5 festgelegten Befreiung vom Militärdienst.[106] Für den Bundesrat stellte sich zunächst weniger die Frage nach einzelnen Artikeln und ihrer Auslegung als ganz allgemein nach der Anwendbarkeit des Nie-

---

102 Vgl. Brandes, Von den Zaren adoptiert, S. 19–21, 149 f. Zur Ansiedlungspolitik und zu den entsprechenden Manifesten Katharinas II. vgl. auch Ditc, Istorija, S. 32–38. – Zu projektierten oder propagierten Schweizerkolonien im Zarenreich vgl. etwa *Eine Schweizer-Colonie in Russland. Von Johann Michel, Hauptmann und Rechtsagent von Bönigen, gewesener Direktor der Strafanstalten in Bern.* Bern 1862. BAR, E 2/2134 (Gouvernement Novgorod); Protokoll der Sitzung des Bundesrates, 1. 10. 1878. Ebd. (Kaukasus).

103 Brandes, Von den Zaren adoptiert, S. 352–356. – Zur Abschaffung des spezifischen Kolonistenstatus 1871 und zur damit verbundenen Auswanderungswelle vgl. MERSH, Bd. 11, S. 213; Morel, Rapports, S. 24 f. Zum Reglement von 1871 und zu den restriktiven Rückkehrbedingungen für einmal aus dem Zarenreich ausgewanderte Kolonisten vgl. auch *O nevydače vyselivšimsja iz Rossii kolonistam pasportov na vozvraščenie v Imperiju.* Zirkular MID, 2. 6. 1879 (a. St.). In: *Sobranie cirkuljarov Ministerstva inostrannych del po Departamentu vnutrennich snošenij,* S. 345 f.

104 Beyrau, Militär und Gesellschaft, S. 270, 275 f. Zur Einführung der Wehrpflicht auch für Kolonisten und der damit verbundenen Auswanderungswelle deutscher Mennoniten aus dem Zarenreich vgl. Brandes, Von den Zaren adoptiert, S. 365–371.

105 Ministergehilfe Giers nannte die Chabag-Siedler auch nach dem Gesetz von 1871 einfach «Schweizer Kolonisten». Vgl. Giers an Dupont, 20. 7./1. 8. 1879. BAR, E 2200.86, Nr. 95/1.

106 Vgl. EPD an den Bundesrat, 13. 2. 1875. BAR, E 2/160. Zu der von Konsul Tritten unterstützten und am 26. Juli/7. August 1874 übermittelten Petition der Chabag-Kolonisten vgl. ebd.; Protokoll der Sitzung des Bundesrates, 15. 2. 1875. Ebd.

derlassungsvertrags. Waren die Siedler von Chabag überhaupt noch Schweizer? Das Politische Departement stellte fest: «En acceptant d'être placés sous les lois russes qui régissent les colonies et en prêtant serment de fidélité à l'Empereur, les colons suisses de Chabag ont indubitablement adopté la sujétion russe.»[107] So sah sich die Schweizer Regierung 1875 nicht in der Lage, für die Kolonisten einzutreten.[108] Immerhin hatte das Politische Departement aus Sympathie für die ehemaligen Landsleute doch bei der russischen Gesandtschaft in Bern nachgefragt, ob die Siedler nicht wenigstens «ihre» Ländereien verkaufen könnten, um so ihr Vermögen zu realisieren und nicht ganz mit leeren Händen dazustehen.[109] Der Gesandte Gorčakov ging auf diese Frage gar nicht erst ein, sondern verwies lediglich auf einen am 14./26. Mai 1874 vom Zaren gebilligten Beschluss des Reichsrats, wonach es den ehemaligen Kolonisten freistehe, Russland bei Erreichen des militärpflichtigen Alters und unter Wahrung einer Deklarationspflicht zu verlassen.[110] Verschiedene Chabag-Schweizer mochten sich nicht mit der neuerdings geforderten Konsequenz zur russischen Staatszugehörigkeit bekennen – und wurden ausgewiesen. Am 5./17. August 1878 alarmierte Generalkonsul Dupont das zarische Aussenministerium: «J'ai l'honneur de porter à la connaissance de Votre Excellence, que huit citoyens Suisses, dont les noms suivent, de la colonie de Chabag près Akkermann, viennent d'être frappés par Son Ex. le Gouverneur de Bessarabie, à l'approche de la récolte et des vendanges, d'un arrêt d'expulsion et que le commissaire de police de l'endroit ne leur a donné que trois semaines, pour quitter le territoire de l'Empire de Russie.»[111] Besonders übel nahm Dupont den russischen Behörden, dass der Ausweisungsbefehl ausgerechnet vor der Ernte kam und die Kolonisten somit unweigerlich in den Ruin trieb. «Ces vignerons sont les fils de colons Suisses, qui ont rendu à la Russie, d'utiles services en introduisant à Chabag la culture rationnelle de la vigne au point que les vins de Bessarabie qui autrefois n'avaient presque aucune valeur sont aujourd'hui estimés.»[112] Der Schweizer Generalkonsul bat darum, dass auf seine Kosten dem Gouverneur von Bessarabien telegrafiert und die Ausweisung aufgehoben – oder doch zumindest bis nach der Ernte verschoben werde.[113] Nikolaus Giers, einstiger zarischer Gesandter in Bern und nun Stellvertreter von Aussenminister Gorčakov, bemerkte in seiner Antwort, seit einiger Zeit stelle er unter den ausländischen Kolonisten die Tendenz fest, auf die

---

107 EPD an den Bundesrat, 13. 2. 1875. BAR, E 2/160. – Für den Befund, die Kolonisten seien zwar russische Untertanen geworden, hätten aber immer die Möglichkeit gehabt, ihre schweizerische Nationalität wieder aufzunehmen, vgl. Morel, Rapports, S. 24.
108 Protokoll der Sitzung des Bundesrates, 15. 2. 1875. BAR, E 2/160.
109 Vgl. EPD an den Bundesrat, 13. 2. 1875. BAR, E 2/160.
110 M. A. Gorčakov an Bundespräsident Scherer, 5. 2. 1875 (n. St.). BAR, E 2/160.
111 Generalkonsul Dupont (an Giers), 5./17. 8. 1878. BAR, E 2/162.
112 Ebd.
113 Ebd.

russische Untertanenschaft zu verzichten, ohne die damit verbundenen Konsequenzen ziehen zu wollen. Es gehe offenbar lediglich darum, sich unter Vorschützung des Ausländerstatus vor anfallenden Pflichten zu drücken.[114]

Die ausgewiesenen Chabag-Siedler wanderten nach Rumänisch-Bessarabien aus, wo sie nach Erhalt einer Aufenthaltsbewilligung der rumänischen Behörden bald schon wieder ihre Saat ausbrachten. Aber sie hatten wieder kein Glück. Ihre neue Bleibe lag nämlich in einem Gebiet, das vor dem Krimkrieg russisch gewesen war – und das nun nach dem Berliner Kongress 1878 wieder russisch wurde. Damit aber stand die zweite Ausweisung bevor. Am 1. Juli 1879 meldete sich Generalkonsul Dupont erneut bei Giers: «M. le Gouverneur de Bessarabie a par son message du 15 mai [...] prescrit à la police d'Izmaïl de signifier aux colons en question de quitter le pays sans le moindre délai [...].»[115]

Dupont bat um Wiedererwägung der zweiten Ausweisung, erreichte einstweilen einen dreimonatigen Aufschub und musste sich dann auch im Namen des Bundesrates für die Siedler verwenden,[116] nun doch wieder unter Berufung auf den Niederlassungsvertrag, da die ehemaligen Kolonisten inzwischen ja die russische Untertanenschaft formell abgelehnt hatten.

Im folgenden Briefwechsel zwischen dem Schweizer Generalkonsulat und Giers ging es zunächst um die Frage, ob die Kolonisten *vor* Abschluss des Berliner Vertrags am neuen Ort ansässig geworden waren, wie dies Konsul Otto Tritten behauptete,[117] oder erst nachher, wie es Giers in seiner Ausweisungsbegründung sah.[118] Im letzteren Falle hätten sich die ausgewiesenen Schweizer unerlaubterweise wieder in Russland angesiedelt. Allen Bemühungen zum Trotz erfolgte die zweite Ausweisung. Die Bedenken in Sachen Niederlassungsvertrag wies die russische Seite zurück, hier gelte eben das spezielle Reglement über die Kolonisten in Russland von 1871.[119]

Der Bundesrat resignierte. Am 2. September 1879 beantragte das Eidgenössische Justiz- und Polizeidepartement, Dupont mitzuteilen: «Wenn auch der Bundesrath mit der Ansicht des russischen Ministeriums, dass das Reglement vom 4./16. Juni 1871 die Anwendbarkeit des Vertrages ausschliesse, nicht einverstanden sei, so dürfe doch nicht übersehen werden, dass im Vertrag selbst wirklich Reglemente über Fremdenpolizei vorbehalten seien und dass das fragliche Reglement nach der Erklärung des Ministeriums auf *alle Fremden* gleichmässig Anwendung finde.»[120]

114 Giers an Vizekonsul Schinz, 28. 10./9. 11. 1878 (Kopie). BAR, E 2/162.
115 Dupont an Giers, 19. 6./1. 7. 1879. BAR, E 2/162.
116 Vgl. Protokoll der Sitzung des Bundesrates, 15. 7. 1879. BAR, E 1004.1, Bd. 118, Nr. 3898.
117 Vgl. Dupont an den Bundesrat, 31. 7./12. 8. 1879. BAR, E 2/162.
118 Giers an Dupont, 20. 7./1. 8. 1879. BAR, E 2200.86, Nr. 95/1.
119 Giers an Dupont, 31. 7./12. 8. 1879. BAR, E 2/162.
120 Der entsprechende Antrag findet sich (von anderer Hand) auf dem Dokument: Dupont an den Bundesrat, 31. 7./12. 8. 1879 (Hervorhebung in der Vorlage). BAR, E 2/162.

Die Diskriminierung von Schweizer Juden
Administrativer Antisemitismus, wie er unlängst wieder im Zusammenhang
mit dem Zweiten Weltkrieg und dem von der Schweiz verwendeten «Juden-
Stempel» thematisiert worden ist, findet sich auch im schweizerisch-russischen
Personenverkehr unseres Zeitfensters, und zwar auf beiden Seiten. Sicher: Der
Bundesrat wehrte sich wiederholt gegen antijüdische Regelungen im Zarenreich, wenn Schweizer davon betroffen waren. Die Eidgenossenschaft hatte
aber ihrerseits bis 1866 Jüdinnen und Juden von der 1848 statuierten Niederlas-
sungsfreiheit ausgenommen und bot dann auch Hand zu einem Konfessions-
eintrag in den Pässen von Schweizer Russlandreisenden, was wohl den Nichtjuden
zugute kommen und vielleicht auch den Juden gelegentlichen Ärger ersparen
mochte – was letztlich aber doch einer antisemitischen Diskriminierung gleich-
kam.[121]
1878 beklagte sich Generalkonsul Dupont beim zarischen Aussenministerium
über polizeiliche Repressionen gegen einen jüdischen Landsmann: «J'ai l'honneur
de transmettre en copie sous ce pli à V. Ex. une lettre émue d'un de mes
compatriotes Pincus Rabinowitz, de Kammersrohr [...] qui a été arrêté puis
relâché sous caution; il a eu à subir ces molestations, à ce qu'il dit, uniquement
parce qu'il est de confession israelite.»[122] Der Bundesrat sah den Niederlassungsvertrag verletzt, und das Eidgenössische Justiz- und Polizeidepartement beantragte, dem Generalkonsulat zu bestellen, man erwarte in Bern mit Interesse
die Mitteilung «der geseizlichen Vorschriften, auf welche gestüzt die russischen
Behörden das Recht zu haben glauben, schweizerischen Israeliten den bleibenden Aufenthalt in Russland verbieten zu können, ungeachtet in Art. 1 des
Niederlassungsvertrages zwischen der Schweiz und Russland vom 26./14. Dezember 1872 gegenseitig die Niederlassungs- und Handelsfreiheit den Angehörigen des andern Staates zugesichert worden sei ohne Unterschied der Religion
der Personen».[123]
«Ohne Unterschied der Religion der Personen» – so stand das freilich nicht im
Vertrag. Die Antwort Duponts machte denn auch einmal mehr deutlich, dass
das Abkommen von 1872 zu blosser Makulatur verkam, sobald allgemeine
Ausländerreglemente geltend gemacht werden konnten. Der Generalkonsul
vermeldete, «que réellement les autorités russes n'accordent pas aux Suisses de
confession israëlite le bénéfice des stipulations de l'art. 1 du Traité d'établissement
existant».[124] Es liege aber keine Benachteiligung speziell der *Schweizer* Israeliten vor. *Alle* Juden bräuchten eine besondere Aufenthaltsbewilligung des Innenministeriums, die ihnen, zusammen mit dem Handelspatent, in der Regel –

---

121 Frankreich protestierte wiederholt gegen die schweizerische Diskriminierung französischer
 Juden, vgl. Vuilleumier, Flüchtlinge, S. 38 f.
122 Dupont an Ministergehilfe Giers, 14./26. 4. 1878. BAR, E 2/161.
123 Vgl. EJPD an den Bundesrat, 18. 6. 1878. BAR, E 2/161.
124 Dupont an den Bundesrat, 14./26. 7. 1878. BAR, E 2/161.

verweigert werde. So müssten denn die ausländischen Juden gezielt lügen, um im Zarenreich bleiben zu können. Immerhin glaubte Dupont nach einer Audienz bei Ministergehilfe Giers feststellen zu dürfen, dass die Repressionen des Zarenregimes eigentlich nicht die westeuropäischen und damit die Schweizer Juden im Visier hätten. Giers habe ihm vielmehr versichert: «[...] la loi a pour but surtout de nous protéger contre l'invasion des nombreux Juifs de Roumanie, de Galicie, etc. Les citoyens suisses, français etc. subissent malheureusement les conséquences de cette loi; cependant comme ce sont des personnes plus civilisées, plus instruites que celles que nous avons à nos frontières, l'autorisation requise leur sera facilement accordée.»[125]

Der Bundesrat verzichtete auf einen Vorstoss bei der russischen Regierung. Ein isoliertes Vorgehen der Schweiz verspreche keinen Erfolg, und es seien im Einzelfall geeignete Schritte zu prüfen.[126]

Aufgrund seiner Erfahrungen drängte Generalkonsul Dupont darauf, die Schweizer Juden besser über die Restriktionen zu informieren, die sie bei einer Reise nach Russland zu gewärtigen hatten.[127] Das Eidgenössische Justiz- und Polizeidepartement regte an, von Dupont die Übersetzung der einschlägigen russischen Gesetzesbestimmungen zu erbeten, bemerkte im Übrigen aber: «Diese Personen wissen im Allgemeinen ganz wohl, dass sie nicht nach Russland reisen dürfen [...].»[128]

Vizekonsul Schinz in St. Petersburg informierte 1880 über die geltenden Regeln: Ausländische Israeliten dürften sich nur an den für sie vorgesehenen Orten des Zarenreichs aufhalten, könnten den betreffenden Rayon aber mit Bewilligung des Innenministeriums aus geschäftlichen Gründen verlassen; für jüdische Bankiers oder Chefs wichtiger Handelshäuser könnten die zarischen Auslandsvertretungen gar in eigener Verantwortung Visa ausstellen und sich mit einer Information an das Innenministerium begnügen.[129]

Hoffnungen auf eine baldige Liberalisierung erwiesen sich als unbegründet. 1886 teilte der Gesandte Hamburger Bundespräsident Deucher mit: «Le soussigné, Secrétaire d'Etat Ministre de Russie, croit de son devoir d'informer le Conseil Fédéral, qu'en vertu de la ‹remarque 2. de *l'art. 486.* du Règlement des passeports de l'année 1876.› et de l'‹Oukaze du Sénat Dirigeant, du 18 Avril

125 Ebd.
126 EPD an den Bundesrat, 18. 9. 1878 (Präsidialverfügung, 19. 9. 1878). BAR, E 2/161.
127 Dupont an den Bundesrat, 22. 8./3. 9. 1879. BAR, E 21/15720. Dupont schilderte in diesem Schreiben den Fall des ursprünglich russischen, dann eingebürgerten schweizerischen Juden Benjamin Lew, dem der geschäftlich wichtige Aufenthalt in St. Petersburg untersagt wurde.
128 Der Fall Rabinowitz sei ja auch in der Presse besprochen worden. EJPD an den Bundesrat, 12. 9. 1879. BAR, E 21/15720.
129 Vizekonsul Schinz an den Bundesrat, 30. 4./12. 5. 1880. BAR, E 21/15720. Vgl. zu diesen Bestimmungen auch *Pravila vydači inostrancam pasportov.* Zirkular MID, 29. 9. 1860 (a. St.). In: Sobranie cirkuljarov Ministerstva inostrannych del po Departamentu vnutrennich snošenij, S. 159–163.

1885›, la Légation Impériale n'est point autorisée à viser les passeports des personnes appartenant au culte Israëlite qui voudraient se rendre en Russie sans une autorisation spéciale du Ministère de l'Intérieur.»[130]
Und nun hielt es die schweizerische Regierung also für angezeigt, zuhanden der zarischen Behörden Juden klar als solche zu markieren – im Dienste eines möglichst reibungslosen Personenverkehrs. Auf Anregung des Departements des Auswärtigen empfahl der Bundesrat 1894 den Kantonen, in den Pässen von Russlandreisenden die jeweilige Konfession anzugeben. Die bisherige Verweigerung dieser Massnahme durch einige Kantonskanzleien bringe die beteiligten Personen nur in missliche Situationen.[131] Seinerseits wies das Departement des Auswärtigen die Konsulate im Zarenreich an, in den von ihnen ausgestellten Pässen Konfessionsvermerke anzubringen.[132]
Wie leicht sich wohl gemeinte schweizerische Rücksichten auf jüdische Landsleute mit einer opportunistischen Anpassung an die Strukturen des russischen Antisemitismus verbinden konnten, mag die Absage illustrieren, die 1913 dem jungen Basler Edouard Haas erteilt wurde, der sich um eine Stage auf der schweizerischen Gesandtschaft in St. Petersburg beworben hatte. Mit Hinweis auf den mutmasslichen jüdischen Glauben des Kandidaten führte der Gesandte Odier aus: «Or ici, la prévention est si forte contre tout ce qui est juif que je ne considère pas qu'il soit dans l'intérêt de ce jeune homme de l'engager dans une voie où il risquerait d'éprouver beaucoup de désillusion.»[133]

Schweizer Opfer russischer Deutschfeindlichkeit
Eine Beeinträchtigung der im Niederlassungsvertrag festgelegten Freiheiten erfuhren manche Deutschschweizerinnen und Deutschschweizer während des Ersten Weltkriegs, als sie Opfer einer indifferenten Deutschfeindlichkeit sowohl des Zarenregimes wie auch der russischen Bevölkerung wurden. Eindrücklich schildert der Schweizer Grafiker Ernst Derendinger in seinen Memoiren die pogromähnlichen Zerstörungen und Plünderungen deutscher Geschäfts-

130 Hamburger an Bundespräsident Deucher, 19. 2./3. 3. 1886 (Hervorhebung in der Vorlage). BAR, E 21/15720.
131 Protokoll der Sitzung des Bundesrates, 24. 4. 1894. BAR, E 21/15720; Bundesrat an sämtliche Kantonsregierungen, 24. 4. 1894. Ebd.
132 Begründet wurde die Massnahme mit einer (für Nichtjuden) vereinfachten Rückkehr nach Russland. Protokoll der Sitzung des Bundesrates, 6. 9. 1894. BAR, E 21/15720. – 1899 wurden die Kantone und Auslandsvertretungen ermahnt, genau darüber zu wachen, dass solche Einträge bei Russlandreisenden auch der Wahrheit entsprachen. Das Konsulat in Warschau hatte auf die Unannehmlichkeiten hingewiesen, die bei der – schon vorgekommenen – fälschlichen Bezeichnung eines Juden als Christ entstehen konnten, vgl. Protokoll der Sitzung des Bundesrates, 7. 8. 1899. Ebd.; Bundesrat an die schweizerischen Gesandtschaften, Generalkonsulate und Konsulate in Europa, 7. 8. 1899. Ebd.
133 Odier an Bundespräsident Müller, 12./25. 6. 1913. BAR, E 2001 (A)/1044. Das Politische Departement war einverstanden mit der Absage an Haas, begründete sie allerdings damit, es sei gar keine entsprechende Stelle offen. EPD an Odier, 3. 7. 1913 (Entwurf). Ebd.

und Privathäuser in Moskau im Mai 1915.[134] Der Gesandte Odier schätzte den Schaden, den Schweizerinnen und Schweizer dabei erlitten, auf rund 1,5 Millionen Rubel.[135]

Gegen die verhängnisvolle Gleichsetzung der offiziell neutralen Eidgenossen mit den kriegführenden Deutschen hatte sich Odier bereits Anfang 1915 gewehrt. In einer Note an Aussenminister Sazonov zählte er damals verschiedene Fälle von in jüngster Zeit verhafteten, beschimpften oder durch die Polizei in ihrem Hausfrieden gestörten Schweizern auf und beklagte sich darüber, dass man arretierte Landsleute trotz gültiger Schweizer Pässe manchmal unsinnig lange festgehalten habe, länger jedenfalls, als es eine Identitätsprüfung erfordere. So seien etwa Herr Schneller und Fräulein Ziegler während 50 Tagen von Gefängnis zu Gefängnis geschleppt worden, durch halb Russland. «Ces interventions de la police semblent provenir d'une seule et même cause: l'état de suspicion dans lequel sont tenus nos compatriotes de langue allemande, beaucoup d'agents de la police ne faisant aucune distinction entre un citoyen suisse (ayant un nom allemand et parlant allemand) et un sujet de l'Empire allemand.»[136]

Neben diesem Absatz findet sich auf dem archivierten Dokument eine Randnotiz Sazonovs («und ich auch»),[137] die darauf schliessen lässt, dass der Aussenminister selbst in den Deutschschweizern nicht viel anderes sah als eine Art Untergruppe der Deutschen, zumal ja in diesem Krieg die Sympathien klar erkennbar waren. Doch Odier behauptete eindringlich die Rechte der verhafteten Russlandschweizer: «Nos compatriotes arrêtés en ces derniers temps se plaignent qu'on leur rie au nez quand ils invoquent leur qualité de ressortissants suisses. Les autorités de police ne savent-elles pas qu'il existe un Etat appelé la CONFEDERATION SUISSE, que les citoyens de cet Etat sont autorisés par traité international à s'établir en Russie et que cet Etat ayant notifié officiellement sa neutralité dans le conflit actuel, les Suisses ont le droit de demander qu'on ne les assimile pas aux sujets des Etats qui sont en guerre avec la Russie et ne les traite pas en ennemis?»[138]

---

134 Derendinger, Als Graphiker in Moskau. RSA, Chron 27, Bd. 1, S. 183–189.

135 Todesopfer waren nicht zu beklagen. Odier an Bundespräsident Motta, 17./30. 6. 1915. BAR, E 2300 Petersburg/3. Odier rief dazu auf, die ohnehin prekäre Situation der Deutschschweizer im Zarenreich nicht noch durch antirussische Attacken in der Schweizer Presse zu verschlimmern. Odier an Bundesrat Hoffmann, 31. 8./13. 9. 1915. Ebd. (hier spricht Odier von 25 anlässlich des Moskauer Pogroms geschädigten Schweizern).

136 Odier an Sazonov, 13./26. 1. 1915. Švejcarija – Rossija, Nr. 90, S. 239. Bei den Verhafteten nennt Odier die Herren Balzer, Ziegler, Montandon, Schneller, Zahnd, Zurbrugg, Racine, Roesli und Pfister sowie eine Mademoiselle Ziegler; gewaltsamen Zutritt habe sich die Polizei in die Wohnungen der Herren Gromme und Schinz (Petrograd) sowie Rahm (Simbirsk) verschafft; in Brjansk sei ein Herr Bächtold angewiesen worden, die Stadt innert 24 Stunden zu verlassen. Ebd., S. 238 f.

137 Vgl. ebd., S. 239, Anm. 2.

138 Ebd., S. 240. – Zu Odiers Widerstand gegen eine feindselige behördliche Gleichbehandlung

Nach Rücksprache mit dem Innenministerium liess das zarische Aussenministerium Odier am 4. September 1915 wissen, die betreffenden Schweizerinnen und Schweizer seien aufgrund ihres suspekten Verhaltens belangt worden.[139]
Anfang 1916 konnte Odier vermelden, die russische Regierung habe die Freilassung von drei Schweizern angekündigt.[140]

1.1.3.3. Staatszugehörigkeit und Naturalisierung

An den Richtlinien für den Wechsel der Staatszugehörigkeit hatte der
Niederlassungsvertrag nichts geändert. Was die Russlandschweizerinnen und
Russlandschweizer betrifft, so beschäftigte ihre häufige Annahme der russi-
schen Untertanenschaft die Behörden vor allem dann, wenn sich daraus admi-
nistrative Unklarheiten ergaben, wie etwa im Falle der Kolonisten von Chabag.
Generalkonsul Dupont äusserte 1877 Bedenken, solchen eidgenössischen Rus-
sen weiterhin schweizerische Pässe auszustellen, da die freie Wahl der Staats-
zugehörigkeit Unannehmlichkeiten verursachen könne. Das Eidgenössische
Justiz- und Polizeidepartement sah aber keine gesetzliche Grundlage für eine
Verschärfung der bisherigen Praxis und verwies lediglich darauf, dass sich
Doppelbürger nicht auf das Schweizer Bürgerrecht berufen könnten, wenn sie
im Land ihrer zweiten Staatszugehörigkeit wohnten.[141]
Auf der anderen Seite liessen sich auch Russinnen und Russen in der Schweiz
einbürgern; zwischen 1900 und 1916 waren es rund 2500.[142] Die Verfassung von
1874 hatte in Artikel 44 dem Bund die Kompetenz erteilt, die Bedingungen für
den Erwerb und Verlust des Schweizer Bürgerrechts festzulegen.[143]
1885 ärgerte sich der Gesandte Hamburger über eine mutmassliche kantonale
Missachtung der russischen Staatszugehörigkeit, oder genauer: der Zuständig-

---

der Russlandschweizer mit den Deutschen vgl. auch Odier an Bundesrat Hoffmann, 5./18. 1.
1916. DDS, Bd. 6, Nr. 170.

139 Vgl. Švejcarija – Rossija, S. 240, Anm. 1.

140 Vgl. Odier an Bundesrat Hoffmann, 20. 1./2. 2. 1916. BAR, E 2300 Petersburg/3. – Zu einer
Umfrage bei den Konsulaten über die Stimmung der Russen gegenüber den Schweizern und
zum Befund, es gebe hier keine allgemeine Animosität, vgl. Odier an Bundesrat Hoffmann, 28.
3./10. 4. 1916. BAR, E 2001 (A)/1215.

141 Dupont an den Bundesrat, 16./28. 4. 1877 (darauf: Antrag des EJPD an den Bundesrat, 5. 5.
1877). BAR, E 21/15720.

142 Benziger, Beziehungen der Schweiz mit Russland, S. 18.

143 Entsprechende Bundesgesetze datieren vom 3. Juli 1876 und vom 25. Juni 1903. Unter anderem wurde hier ein mindestens zweijähriger Wohnsitz in der Schweiz als Voraussetzung der
Einbürgerung statuiert. *Bundesgesez betreffend die Ertheilung des Schweizerbürgerrechtes und
den Verzicht auf dasselbe. (Vom 3. Heumonat 1876.)* BBl. 1876 III, S. 445–449; *Bundesgesetz
betreffend die Erwerbung des Schweizerbürgerrechtes und den Verzicht auf dasselbe. (Vom
25. Juni 1903.)* AS (n. F.), Bd. 19, S. 690–696. Vgl. auch Kreis/Kury, Einbürgerungsnormen,
S. 24, 26.

keiten seiner Gesandtschaft im Verkehr mit zarischen Untertanen in der Schweiz. Konkret ging es um den polnischen Flüchtling Xaver Warpechowski, der seit 1873 in Basel lebte und nach dem Tod seiner Frau ins Zarenreich zurückzukehren wünschte – ein Anliegen, in dem ihn die Basler Regierung mit Geld und einem Pass unterstützte.[144] Letzteres versetzte Hamburger in Rage. Seine Kanzlei werde überhaupt keine Visa mehr erteilen, so drohte er, wenn man sich nicht darauf verlassen könne, dass die Kantone ausschliesslich für ihre eigenen Bürger Pässe ausstellten.[145] Die Basler Regierung nahm mit einer gewissen Verwunderung zur Kenntnis, wie dezidiert die russische Gesandtschaft den Polen Warpechowski noch als einen eigenen Landsmann anerkannte – nachdem sie sich nie um seinen Unterhalt in der Schweiz gekümmert hatte.[146]

1887 erläuterte dann die zarische Diplomatie gegenüber der Bundeskanzlei noch einmal die geltenden Regeln: Jeder im Ausland residierende Russe müsse sich vor seiner Ausreise aus dem Zarenreich einen fünf Jahre gültigen Nationalpass besorgen und diesen jeweils rechtzeitig verlängern lassen. Von schweizerischen Kantonsbehörden für russische Untertanen ausgestellte Pässe seien für die zarischen Behörden illegal.[147]

1.1.3.4. Erbschaftsfälle

Bei den Erbschaftsfällen ist anzumerken, dass der Verzicht auf Artikel 15 des bundesrätlichen Entwurfs zum Niederlassungsvertrag schweizerseits schon bald bereut wurde. Konsul Tritten beklagte sich im Juni 1874 über die Schwierigkei-

---

144 Vgl. Polizeidepartement des Kantons Basel-Stadt an das EJPD, 2. 11. 1885. BAR, E 21/15720. – Warpechowski wollte von der Amnestie profitieren, die Alexander III. 1883 den im Nachgang des Aufstands von 1863/64 geflohenen Polen gewährte. Zu seinem Gesuch um eine Heimkehrerlaubnis und zu den von den zarischen Behörden daraufhin getätigten Abklärungen vgl. MID an die russische Gesandtschaft in Bern, 20. 8. 1884 (a. St.). AVPRI, Missija v Berne, op. 843/1, d. 1127, l. 13–13 ob.; Bundesrat an Hamburger, 22. 9. 1884. Ebd., l. 14; Regierungsrat des Kantons Basel-Stadt an den Bundesrat, 17. 9. 1884. Ebd., l. 17–17 ob.; Hamburger an das MID, 14./26. 9. 1884 (Entwurf). Ebd., l. 16.
145 Vgl. EPD an das EJPD, 28. 10. 1885. BAR, E 21/15720.
146 Polizeidepartement des Kantons Basel-Stadt an das EJPD, 2. 11. 1885. BAR, E 21/15720. – Die Basler Behörden hatten sich im April 1885 bei der zarischen Gesandtschaft erkundigt, weshalb Warpechowski noch keine Antwort auf sein Rückkehrgesuch erhalten habe. Hamburger gab an, selbst noch keine Anweisungen dazu erhalten zu haben. Polizeidepartement des Kantons Basel-Stadt an die russische Gesandtschaft in Bern, 24. 4. 1885. AVPRI, Missija v Berne, op. 843/1, d. 1127, l. 18; Hamburger an das Polizeidepartement des Kantons Basel-Stadt, 27. 4. 1885 (Entwurf). Ebd., l. 19. – Zum erfolglosen Versuch Warpechowskis, direkt bei der Gesandtschaft einen Pass für sich und seine Kinder zu erhalten, vgl. Warpechowski an die russische Gesandtschaft in Bern, 5. 10. 1885. Ebd., l. 20; russische Gesandtschaft in Bern an Warpechowski, 8. 10. 1885 (Entwurf). Ebd., l. 21.
147 Russische Gesandtschaft in Bern an die Bundeskanzlei, 24. 2./8. 3. 1887. BAR, E 21/15720. Diese Information wurde per Zirkular vom 9. März 1887 sämtlichen Kantonen mitgeteilt. Ebd.

ten bei der Nachlassverwaltung von in Russland verstorbenen Landsleuten.[148] Den Schweizer Konsuln wäre hier durch besagten Artikel ein klares Mandat zugekommen; ohne ihn wurden sie von den russischen Behörden nicht wirklich als Repräsentanten der Erben anerkannt.

Dann eben der Umweg über die Meistbegünstigung. Sie war im Niederlassungsvertrag verankert und schrieb vor, den Schweizer Konsuln im Zarenreich seien die gleichen Rechte zuzugestehen wie ihren bestgestellten Kollegen aus anderen Ländern – zum Beispiel denjenigen aus Frankreich.[149] Tatsache war, dass zwischen Frankreich und Russland die von Tritten beklagten Probleme nicht bestanden. So beauftragte der Bundesrat das Generalkonsulat in St. Petersburg, «dem russischen Ministerium eine Note nach vorgelegtem Entwurf einzureichen, in welchem unter Hinweisung auf Art. 10 des Niederlassungsvertrags für die schweiz. Konsulate in Russland die nämlichen Befugnisse verlangt werden, wie sie die französischen nach Art. 20 des russisch-französischen Vertrags von 1857 [...] besizen».[150]

Generalkonsul Dupont übernahm bei Amtsantritt den hängigen Fall. 1876 brachte er im Aussenministerium in Erfahrung, Russland sei durchaus gewillt, auch mit der Schweiz einen speziellen Vertrag über die Hinterlassenschaften abzuschliessen.[151] Von Meistbegünstigung war hier nicht die Rede, und ein Jahr später gab Ministergehilfe Giers zu bedenken, dass alle Abmachungen auf Gegenseitigkeit beruhen müssten, was, soweit er sich an seine Berner Zeit erinnere, wohl durch eine Reihe kantonaler Sonderbestimmungen verhindert werde.[152] Davon abgesehen drängt sich der Eindruck auf, dass die russische Diplomatie die im Vertrag mit Frankreich getroffene Regelung wenig schätzte und nun ein Gleichziehen der Schweizer Konsuln durch Ausweichmanöver zu hintertreiben suchte.

Umgekehrt war aber den zarischen Behörden an einer befriedigenden Liquidierung von russischen Hinterlassenschaften in der Schweiz durchaus gelegen. Der Vertrag von 1872 hatte sich hier als wenig hilfreich erwiesen – schuf er doch gar eine gewisse Grundlage, um russische Anliegen definitiv abzuweisen. Der Fall Löchner[153] beispielsweise erschien dem Gesandten Hamburger 1880 noch immer nicht befriedigend gelöst.[154] Vor diesem Hintergrund zeigte sich

---

148 Vgl. Protokoll der Sitzung des Bundesrates, 16. 10. 1874. BAR, E 2/1427. Für Erbschaftsfälle vgl. auch BAR, E 2001 (A)/192. Für weitere Klagen über Schwierigkeiten bei der Liquidation von Erbschaften im Zarenreich vgl. Konsul Semadeni an den Bundesrat, Warschau, 18. 11. 1880. BAR, E 2/1502.

149 Zur entsprechenden Regelung im russisch-französischen Vertrag vgl. Westmann an M. A. Gorčakov, 13./25. 5. 1872. Švejcarija – Rossija, Nr. 59, S. 170 f.

150 Vgl. Protokoll der Sitzung des Bundesrates, 16. 10. 1874. BAR, E 2/1427.

151 Vgl. Dupont an den Bundesrat, 27. 2./10. 3. 1876. BAR E 2/1427.

152 Dupont an den Bundesrat, 25. 11./7. 12. 1877. BAR, E 2/1427.

153 Vgl. oben S. 237 f.

154 Hier musste sich Hamburger vom Aussenministerium in St. Petersburg sagen lassen, es sei

die russische Seite ihrerseits an einer Optimierung bilateraler Erbregelungen und an einer stärkeren Stellung der Konsuln oder Diplomaten interessiert. Der Gesandte Hamburger bat die Zentrale um ein entsprechendes Verhandlungsmandat; er warnte allerdings vor verfrühten Hoffnungen, da einer allfälligen Vereinbarung sämtliche Kantone zustimmen müssten.[155] Das Aussenministerium war einverstanden, zumal mit anderen europäischen Regierungen in ähnlichem Sinne verhandelt worden war oder noch verhandelt wurde. Hamburger erhielt als Gesprächsgrundlage einen Entwurf, der sich an den analogen Verträgen des Zarenreiches mit Frankreich, Deutschland, Italien und Spanien orientierte.[156] Diesmal war es die russische Diplomatie, die sich gedulden und Abklärungen der Gegenseite abwarten musste.[157] Was Schweizer Funktionäre gewöhnlich am zarischen Staatsapparat monierten, wurde ihnen nun selbst angelastet. Hamburger meldete nach St. Petersburg, angesichts der «üblichen Langsamkeit, mit welcher hier alle Angelegenheiten behandelt werden», angesichts der Kompliziertheit des Verfahrens und der Tatsache, dass die Schweiz noch keinen ähnlichen Vertrag unterzeichnet habe, sei kaum auf einen raschen Abschluss zu hoffen. Immerhin sei der Bundesrat vom Nutzen des Abkommens überzeugt.[158] 1902, gute 20 Jahre nach Lancierung des Projekts, wandte sich die zarische Gesandtschaft erneut an den Bundesrat: Man dürfe doch annehmen, dass die Antworten der Kantone nun eingetroffen seien, und ob denn also dem Abschluss einer Konvention noch etwas entgegenstehe?[159]

Aus den schweizerischen Akten geht hervor, dass die russischen Bemühungen von 1880 in der Tat am Widerstand einzelner Kantone und an der Uneinheit-

nichts mehr zu machen, da sich die Schweizer Behörden völlig im Einklang mit den Bestimmungen des Handels- und Niederlassungsvertrages verhielten. MID an Hamburger, 22. 12. 1880 (a. St.). AVPRI, Missija v Berne, op. 843/2, d. 774, ll. 14, 17.

155 Hamburger an das MID, 10./22. 12. 1880 (Entwurf). AVPRI, Missija v Berne, op. 843/2, d. 774, ll. 15–16 ob.

156 Mit Schweden und Österreich würden gegenwärtig Verträge auf gleicher Basis vorbereitet. MID an Hamburger, 22. 12. 1880 (a. St.). AVPRI, Missija v Berne, op. 843/2, d. 774, ll. 14, 17.

157 Zur Überreichung des russischen Vertragsprojekts an den Bundespräsidenten um den Jahreswechsel 1880/81 vgl. Hamburger an den Bundesrat, 12./24. 1. 1882 (Entwurf). AVPRI, Missija v Berne, op. 843/2, d. 774, l. 10. Für eine Nachfrage des Aussenministeriums vom April 1881, wie es mit den Verhandlungen stehe, vgl. MID an Hamburger, 8. 4. 1881 (a. St.). Ebd., l. 13 bis 13 ob.

158 «Imeja v vidu obyčnuju medlennost' s kotoroj vedutsja zdes' vse dela [...].» Hamburger an Giers, 6./18. 2. 1882 (aus dem Russischen; Entwurf). AVPRI, Missija v Berne, op. 843/2, d. 774, ll. 9, 18. Der Schweizer Sondergesandte Mercier hatte sich umgekehrt 1871 in St. Petersburg über die «lenteur, avec laquelle on traite habituellement les affaires ici» beklagt. Mercier an den Bundesrat, 13./25. 12. 1871. Švejcarija – Rossija, Nr. 57, S. 165.

159 Russische Gesandtschaft in Bern an Bundesrat Brenner, 8./21. 4. 1902 (Entwurf). AVPRI, Missija v Berne, op. 843/2, d. 774, l. 3. – 1890 hatte sich das Aussenministerium erkundigt, ob denn in der Schweiz vielleicht ein kantonsunabhängiges Gesetz zur Erbschaftsbesteuerung existiere, dem die russischen Problemfälle unterworfen seien. MID an die russische Gesandtschaft in Bern, 16. 4. 1890 (a. St.). Ebd., l. 19.

lichkeit kantonaler Bestimmungen gescheitert waren. Als sich 1894 Konsul von Freudenreich in Odessa darüber beklagte, ein russisches Gericht habe ihm untersagt, die Interessen einer Schweizer Witwe und Erbin zu vertreten,[160] stellte sich heraus, dass auch in der Schweiz lediglich in 14 (Halb-)Kantonen ausländische Konsuln ihre Landsleute vor Gericht vertreten durften. Nur mit Bezug auf Bürger dieser Kantone war Reziprozität allenfalls einzufordern.[161] Doch auch der Bundesrat selbst rückte von der Vorstellung ab, es sei den Konsuln die Befugnis zu erteilen, ohne weitere Vollmachten in Erbschaften intervenieren zu dürfen, wie dies der russische Vorschlag vorsah.[162] Kurz: Der Vertrag kam bis zum Sturz des Zarenregimes nicht mehr zustande. 1913 verwarf der Bundesrat auch ein neues russisches Projekt zur Erbregelung, da dieses kantonalen Gesetzen widerspreche, den Konsularagenten zu viel Macht verleihe und überhaupt eine Präsenz derselben voraussetze, wie sie die wenigen Schweizer Konsuln mit ihren riesigen Konsulatsbezirken im Zarenreich gar nicht gewährleisten könnten.[163]

1908 starb in Zürich Emanuel Henry Brandt aus Archangelsk. Der Streit um die Besteuerung seines Erbes präsentiert sich geradezu als Kondensat und Zusammenfassung misslungener schweizerisch-russischer Kooperation in der Erbschaftsfrage:

1. Die rechtliche Lage im Spannungsfeld kantonaler Gesetze und zwischenstaatlicher Abmachungen war unklar, und der bereits bei der Aushandlung des Niederlassungsvertrags umstrittene Artikel 4 erfuhr gegensätzliche Interpretationen seitens des Zürcher Regierungsrates und der zarischen Gesandtschaft, namentlich im Hinblick auf das im Zarenreich befindliche bewegliche Vermögen des Erblassers und auf die konkrete Anwendbarkeit der kantonalen Steuergesetze.[164]

---

160 Von Freudenreich an das EDA, 12./24. 4. 1894. BAR, E 21/24593.
161 Vgl. EJPD an das EDA, 21. 6. 1894. BAR, E 21/24593; ferner EJPD an die Justizdirektionen der Kantone, 8. 5. 1894. Ebd. – Für die Antwort an Konsul von Freudenreich, Schweizer Konsuln könnten das Recht der Vertretung ihrer Landsleute vor Gericht nicht beanspruchen, vgl. EDA an das schweizerische Konsulat in Odessa, 4. 8. 1894 (Entwurf). Ebd.
162 So schien etwa ein generelles Interventionsrecht russischer Konsuln bei Hinterlassenschaften dem Niederlassungsvertrag zu widersprechen, wo in Artikel 4 nach langen Erörterungen die Besteuerungsrechte der Kantone festgelegt worden waren, vgl. EJPD an das EDA, 31. 7. 1894. BAR, E 21/24593.
163 Odier an das MID, 26. 3./8. 4. 1913. AVPRI, Missija v Berne, op. 843/2, d. 394, l. 4–4 ob. Für das russische Projekt vgl. *Projet de Convention pour le règlement des successions*. Ebd., ll. 5 bis 8 ob. – Zu den fortgesetzten russischen Bemühungen in dieser Thematik vgl. MID an den Gesandten Bacheracht, 6. 7. 1916 (a. St.). Ebd., ll. 1–3; Bacheracht an Bundesrat Hoffmann, 26. 7./8. 8. 1916 (Entwurf). Ebd., ll. 9–10.
164 Zur Interpretation der Zürcher Behörden vgl. Regierungsrat des Kantons Zürich an das EPD, 28. 4. 1910. BAR, E 21/24593. Zur Haltung der zarischen Gesandtschaft vgl. Protokoll der Sitzung des Bundesrates, 20. 7. 1911. Ebd. – Im Dossier befinden sich auch verschiedene professorale Gutachten zur Auslegung von Art. 4 des Niederlassungsvertrags.

2. Die russische Gesandtschaft suchte die kantonalen Steuerbegehrlichkeiten pragmatisch zu hintertreiben, indem sie den Zürchern das Recht auf Auskunft über den im Zarenreich befindlichen Besitz des Erblassers absprach und eine direkte zürcherische Anfrage bei lokalen russischen Finanzbehörden als diplomatisch unkorrekt anprangerte.[165]

3. Die Unterschiedlichkeit der politischen Systeme und Verfahrenswege führte zu zusätzlichen Missverständnissen, indem die zarische Gesandtschaft ein erstes Nichteintreten des Bundesgerichts im Fall Brandt als Vollmacht an die Exekutive interpretierte, nun die nötigen Befehle zu erteilen, um dem Niederlassungsvertrag und den guten Beziehungen zum Zarenreich Nachdruck zu verschaffen, während der Bundesrat die interessierten Parteien wieder auf den normalen Instanzenweg verwies.[166]

4. Zu solchen Kommunikationsproblemen passt es, wenn das Bundesgericht den Streit im Erbfall Brandt auf einen Fehler in der deutschen Übersetzung des Niederlassungsvertrags zurückführte. Aus dem französischen Original werde deutlich, dass sich in Artikel 4 die Differenzierung zwischen blossem Wohnort und gesetzlicher Niederlassung auf den *Erben* beziehe, während in der (nicht massgeblichen) deutschen Übersetzung klar vom *Erblasser* die Rede sei. Da nun der Erbe im Fall Brandt in St. Petersburg lebte, durfte der Kanton Zürich den in Russland befindlichen Teil des Nachlasses nicht mit Erbschaftssteuern belegen.[167]

1.1.3.5. Der Unterhalt von Bedürftigen

Missverständnisse prägten auch die bilateralen Gespräche über eine Regelung der Kosten, welche die Armen, Alten und Kranken des einen im jeweils anderen Land verursachten. Im Niederlassungsvertrag hiess es dazu lediglich, dass Bürger beziehungsweise Untertanen des anderen Staates, die «gemäss den Gesetzen über die Armen- oder Sittenpolizei» in ihre Heimat zurückgeschickt wurden, dort auch aufgenommen werden mussten.[168] Noch vor Abschluss des Vertrages, am 24. April 1872, berichtete der Bundesrat den Kantonen von einem erfreulichen russischen Angebot: «Mit Note vom 12. dies theilt die russische Gesandtschaft in Bern uns mit, es habe die Kaiserliche Regierung, von der Ansicht aus-

---

165 Russische Gesandtschaft in Bern an das EPD, 19. 3./1. 4. 1910. BAR, E 21/24593; Protokoll der Sitzung des Bundesrates, 20. 7. 1911. Ebd. – Zum Mangel an Information über den in Russland befindlichen Besitz des Erblassers vgl. Regierungsrat des Kantons Zürich an das EPD, 28. 4. 1910. Ebd.; Finanzdirektion des Kantons Zürich an das EPD, 15. 11. 1910. Ebd.

166 Protokoll der Sitzung des Bundesrates, 20. 7. 1911. BAR, E 21/24593.

167 Basler Nachrichten, 30. 12. 1912. BAR, E 21/24593.

168 *Niederlassungs- und Handelsvertrag zwischen der Schweiz und Russland. (Vom 26./14. Dezember 1873.)* (sic; gemeint ist: 1872). BBl. 1873 III, S. 91–97, Art. 2.

gehend, dass es an ihr sei, in billigem Masse die Kosten des Unterhaltes russischer Armen zu bezahlen, welche ausländischen Spitälern zur Last fallen, kürzlich beschlossen, aus einem Spezialfond die Auslagen zu deken, welche Spitälern oder andern öffentlichen Wohlthätigkeits-Anstalten gegenwärtig oder künftig durch erkrankte und von Existenzmitteln entblösste Russen erwachsen sollten, sowie auch die Kosten ihrer Heimbeförderung zu bezahlen, wenn diese möglich ist.»[169] Die Kantone sollten künftig eine geprüfte Abrechnung der entsprechenden Unkosten nach Bern schicken, damit durch Vermittlung des Bundesrates die kaiserliche Gesandtschaft «das weiter Erforderliche» tun könne.[170] Soviel Selbstlosigkeit war nicht alltäglich. Allerdings sah sich der Bundesrat am 9. Juni 1873 veranlasst, die zarische Gesandtschaft um eine Präzisierung zu bitten, da sie nun schon verschiedene russische Pflegefälle nicht als vergütungsberechtigt anerkannt hatte.[171] Minister Gorčakov nannte am 26. Dezember drei Kategorien von Anstalten, die bei Aufnahme von Russinnen und Russen entschädigt würden: 1. Hospizien für Greise, 2. Heime für Geisteskranke, 3. Spitäler und andere Einrichtungen zur (erfolgversprechenden) Heilung von Kranken.[172] Was an der Antwort des Gesandten aber vor allem interessiert, ist die Offenlegung der eigentlichen Absicht St. Petersburgs. Pflegekosten für Kranke der dritten Kategorie würden nämlich nun doch nur dann bezahlt, wenn der Bundesrat Reziprozität zugestehe und für analoge schweizerische Bedürftige in gleichartigen Anstalten Russlands ebenfalls aufkomme.[173] Keine Rede mehr von einem einseitigen Akt zarischer Grosszügigkeit; worum es ging, war ein beidseitig verpflichtendes Abkommen.

Wenn schon Gegenseitigkeit, fand nun aber der Bundesrat, dann lieber gleich beidseitige Unentgeltlichkeit. Abermals wurden die Kantone angeschrieben, mit der Bitte um Stellungnahme.[174] Die Reaktionen waren geteilt, eine klare Mehrheit der Kantone schloss sich aber doch dem Vorschlag des Bundesrates an: «Fünfzehn Kantone und drei Halbkantone haben sich nun für das Prinzip unentgeltlicher Verpflegung kranker, dürftiger Russen gegen Gewährung des

169 Bundesrat an sämtliche Kantone, 24. 4. 1872. Zit. in: *Aus den Verhandlungen des schweizerischen Bundesrathes. (Vom 24. April 1872.)* BBl. 1872 II, S. 96 f., hier S. 96; BAR, E 21/24685; Protokoll der Sitzung des Bundesrates, 24. 4. 1872. Ebd. Für die erwähnte russische Note vgl. russische Gesandtschaft in Bern an Bundespräsident Welti, 12. 4. 1872. Ebd.

170 Vgl. Bundesrat an sämtliche Kantone, 24. 4. 1872. Zit. in: *Aus den Verhandlungen des schweizerischen Bundesrathes. (Vom 24. April 1872.)* BBl. 1872 II, S. 96 f.

171 Bundesrat an die russische Gesandtschaft in Bern, 9. 6. 1873. BAR, E 21/24685; Protokoll der Sitzung des Bundesrates, 9. 6. 1873. Ebd. Für eine der erwähnten Absagen vgl. russische Gesandtschaft in Bern an Bundespräsident Cérésole, 5. 5. 1873. Ebd.

172 M. A. Gorčakov an Bundespräsident Cérésole, 26. 12. 1873. BAR, E 21/24685. Vgl. auch *Aus den Verhandlungen des schweiz. Bundesrathes. (Vom 26. Januar 1874.)* BBl. 1874 I, S. 197–200, hier S. 198.

173 Ebd.

174 Bundesrat an sämtliche Kantone, 26. 1. 1874. BAR, E 21/24685; Protokoll der Sitzung des Bundesrates, 26. 1. 1874. Ebd.

Gegenrechtes, zwei Kantone und drei Halbkantone für dasjenige gegenseitiger Pflegekostenvergütung ausgesprochen, während drei Kantone den Abschluss einer Uebereinkunft mit Russland über diese Angelegenheit überhaupt abgelehnt haben.»[175]

Der Gesandte Gorčakov teilte am 12. November mit, seine Regierung sei nicht bereit, vom Grundsatz der gegenseitigen Vergütung abzuweichen. Ausserdem werde sie keinen Vertrag abschliessen, der nicht die ganze Schweiz einheitlich erfasse.[176] Der Bundesrat beeilte sich zu erklären, er sei zur Zeit (noch) nicht kompetent, im Namen der gesamten Eidgenossenschaft eine solche Vereinbarung einzugehen, er handle hier vielmehr im Namen der einzelnen Kantone.[177] Da die mittlerweile durchschaubaren russischen Avancen gescheitert waren, betrachtete Bern das einseitige «Angebot» von 1872 als hinfällig und den Zustand, wie er vor der russischen Eröffnung vom 12. April jenes Jahres geherrscht hatte, als wiederhergestellt.[178]

Bereits 1875 trat nun aber ein Bundesgesetz in Kraft, das innerhalb der Schweiz die von kantonsfremden Kranken oder Verstorbenen verursachten Kosten einheitlich regelte.[179] Damit war der Weg auch für zwischenstaatliche Vereinbarungen geebnet. In den Akten findet sich der Entwurf einer schweizerischen Note, mit der 1907 das zarische Aussenministerium angefragt werden sollte, ob das Interesse an einer Regelung, wie sie 1873/74 diskutiert worden war, noch bestehe.[180] Die nun einsetzende langwierige Korrespondenz führte zu keinem Resultat, und auch die internationale Konferenz zur Ausländer-Armenpflege in Paris brachte 1912 keine befriedigende Lösung. 1913 einigten sich die Schweiz und Russland darauf, bedürftige Russen – mit Ausnahme der Kranken – seien an die deutsche Grenze zu verbringen und dem russischen Minister in Karlsruhe zu übergeben, welcher dann für ihre Heimreise sorgen sollte.[181]

175 *Aus den Verhandlungen des schweiz. Bundesrathes. (Vom 2. Dezember 1874.)* BBl. 1874 III, S. 764–766, hier S. 765. Zur Absicht, die russische Gesandtschaft über diese Ergebnisse zu orientieren und gleich auch Vertragsentwürfe für eine Regelung gegenseitiger Unentgeltlichkeit (Mehrheit der Kantone) bzw. gegenseitiger Vergütung (Minderheit der Kantone) beizulegen, vgl. Protokoll der Sitzung des Bundesrates, 25. 9. 1874. BAR, E 21/24685.

176 M. A. Gorčakov an Bundespräsident Schenk, 12. 11. 1874. BAR, E 21/24685; vgl. auch *Aus den Verhandlungen des schweiz. Bundesrathes. (Vom 2. Dezember 1874.)* BBl. 1874 III, S. 764–766, hier S. 765.

177 Bundesrat an die russische Gesandtschaft in Bern, 20. 11. 1874. Vgl. ebd.; EPD an den Bundesrat, 20. 11. 1874. BAR, E 21/24685.

178 Vgl. *Aus den Verhandlungen des schweiz. Bundesrathes. (Vom 2. Dezember 1874.)* BBl. 1874 III, S. 764–766, hier S. 765 f. Für die Information der Kantone über den Abbruch der Verhandlungen vgl. Bundesrat an sämtliche Kantone, 2. 12. 1874. BAR, E 21/24685; Protokoll der Sitzung des Bundesrates, 2. 12. 1874. Ebd.

179 *Bundesgesez über die Kosten der Verpflegung erkrankter und der Beerdigung verstorbener armer Angehöriger anderer Kantone. (Vom 22. Brachmonat 1875.)* AS (n. F.), Bd. 1, S. 743 f.

180 Odier an Bundespräsident Müller, 15./28. 10. 1907. BAR, E 2001 (A)/192. Dazu: schweizerische Gesandtschaft in St. Petersburg an das MID, 15./28. 10. 1907. Ebd.

181 Vgl. den vom Politischen Departement vorgelegten *Bericht betr. die eventuelle Unterstützung*

Während des Weltkriegs entwickelte sich die Unterstützung bedürftiger Landsleute zu der aufwendigsten Aufgabe der zarischen Gesandtschaft in Bern; in ihrem Archiv liegen unzählige Listen von Pensionsempfängern und Verweise auf verschiedene Hilfsaktionen.[182] Verschärft hatte sich die Situation, als die Banken nach Kriegsausbruch ihre Dienstleistungen einschränkten und Schweizer Unternehmen fremde Währungen nicht mehr selbstverständlich als Zahlungsmittel entgegennahmen. «Roubles et lettres de crédit n'étant plus acceptés en Suisse quantité de nos nationaux se trouvent sans moyens.»[183] Der Gesandte Bacheracht bat den Bundesrat um Hilfe für die Bedürftigen (auf Kosten der Zarenregierung) und appellierte namentlich an das Politische Departement, beim Kanton Graubünden zu intervenieren, damit die kranken Russinnen und Russen von Davos vorerst in ihren Sanatorien und Hotels bleiben konnten, bis die Bezahlung geregelt sei; er werde bei seiner Regierung auf eine rasche Lösung drängen.[184] Einstweilen hatte der zarische Vizekonsul in Davos, der deutsche Bankier Holtz, seine «persönliche Kreditfähigkeit» zur Verfügung gestellt, um Kost und Logis für die in Not Geratenen auch weiterhin sicherzustellen.[185] Bundespräsident Hoffmann teilte Bacheracht Anfang August 1914 mit, das Schulhaus Felsenau in Bern sei als provisorische Auffangstation für mittellose Russen hergerichtet worden, welche sich überdies am Bahnhofbuffet 3. Klasse verpflegen könnten.[186] Nach St. Petersburg hatte Bacheracht bereits berichtet, die Schweizer Regierung habe sich einverstanden erklärt, der zarischen Gesandtschaft einen Kredit von 40'000 Franken für die Repatriierung bedürftiger Russen zu eröffnen, falls die Deckung befriedigend gesichert sei.[187] Bei den Akten befindet sich der Entwurf einer Garantie, wonach sich die Zarenregierung verpflichtete, bei der

hülfsbedürftiger russischer Staatsangehöriger, 12. 2. 1918. BAR, E 2001 (A)/816; Švejcarija – Rossija, S. 257 f., Anm. 2.

182 In einem Adressbuch der Gesandtschaft sind z. B. rund 40 Pensionsempfänger für 1917 eingetragen, mit Summen zwischen 30 und 1658 Rubel. AVPRI, Missija v Berne, op. 843/3, d. 1343, ll. 17–18 ob.

183 Bacheracht an Aussenminister Sazonov, 3. 8. 1914 (Entwurf). AVPRI, Missija v Berne, op. 843/4, d. 91, l. 4. Ich gehe davon aus, dass die Datierungen der (meist telegrafischen) Korrespondenz zu den Unterstützungsmassnahmen für bedürftige Russinnen und Russen jeweils nach neuem, gregorianischem Kalender stehen. – Zur Einschränkung der Bankdienstleistungen während des Weltkriegs und zur mangelnden Bereitschaft in der Schweiz, russisches Geld anzunehmen, vgl. Ruchti, Geschichte, Bd. 2, S. 9–13.

184 Bacheracht an das EPD, 7. 8. 1914. AVPRI, Missija v Berne, op. 843/1, d. 13, l. 95–95 ob. Mitglieder des russischen Hilfskomitees von Davos hatten Bacheracht aufgefordert, bei den Schweizer Behörden etwas zu unternehmen. Vgl. Gräfin Sollogub an die russische Gesandtschaft in Bern, 6. 8. 1914. Ebd., l. 96–96 ob.

185 Vgl. Holtz an die russische Gesandtschaft in Bern, 5. 8. 1914. AVPRI, Missija v Berne, op. 843/1, d. 13, ll. 98–99 ob.

186 Vgl. Hoffmann an Bacheracht, 4. 8. 1914. AVPRI, Missija v Berne, op. 843/2, d. 342, l. 17.

187 Bacheracht an Sazonov, 3. 8. 1914 (Entwurf). AVPRI, Missija v Berne, op. 843/4, d. 91, l. 4.

Bank of England ein Depot zugunsten der Schweizerischen Nationalbank einzurichten, welche wiederum den äquivalenten Betrag, zunächst also einmal 40'000 Franken, der russischen Mission in Bern zur Verfügung stellen würde.[188] Am 10. August 1914 signalisierte das Aussenministerium Einverständnis und liess am nächsten Tag Instruktionen zur Verwendung des Geldes folgen. Erstens sei mittellosen Russen die Heimreise zu ermöglichen, zweitens sollten bedürftige Landsleute unterstützt werden, die zum Verbleib im Ausland gezwungen waren, deren Zahlungsfähigkeit an sich aber keinem Zweifel unterlag. Listen der Vorschüsse seien wöchentlich an das Aussenministerium zu schicken. Ausserdem solle der Kredit in Härtefällen dafür verwendet werden, den Russinnen und Russen Schweizer Franken gegen unnütz gewordene Rubel auszugeben.[189] Gleichzeitig initiierte das zarische Aussenministerium zwei grosse Hilfsprojekte. Das eine erscheint in einem Telegramm als «Service transfert sommes argent sujets russes retenus étranger». Bacheracht werde von nun an mit «Transfert» überschriebene Telegramme erhalten, denen Vorname, Name und Adresse eines Begünstigten sowie eine bestimmte Summe zu entnehmen seien, welche die Gesandtschaft sofort zu entrichten habe. Auch hier sollten zunächst wöchentliche, bald schon tägliche Vollzugsmeldungen nach St. Petersburg gesandt werden.[190] Diesen *service transfert* ergänzte ein *service information,* der durch Vermittlung der diplomatischen Vertretungen Nachrichten über im Ausland weilende Russinnen und Russen sammelte.[191] Neben gezielten Auskünften zu bestimmten Personen hatte die Berner Gesandtschaft im Rahmen des Informationsdienstes allgemeine Listen der Schweizer Russen an die Zentrale zu liefern.[192] Bacheracht bestätigte: «Enverrons tous les jours listes par ordre alphabétique numeroté personnes dont adresse établie Legation.»[193]
Den Informationsdienst delegierte der Gesandte an seinen Ersten Sekretär Bibikov, den Transferdienst an Boris Tuchtjacv, vormals Mitarbeiter des zarischen Handelsministeriums in Wien. Beide gehörten zu der Gruppe russischer Staatsdiener, die nach Kriegsausbruch in die Schweiz verschoben worden waren.[194]

188 AVPRI, Missija v Berne, op. 843/4, d. 91, l. 6.
189 Wobei 100 Rubel 250 Franken entsprechen sollten. MID an Bacheracht, 10. und 11. 8. 1914. AVPRI, Missija v Berne, op. 843/4, d. 91, ll. 7–10.
190 MID an Bacheracht, 11. und 15. 8. 1914. AVPRI, Missija v Berne, op. 843/4, d. 91, ll. 11 und 14.
191 Zum Informationsdienst vgl. das Dossier AVPRI, Missija v Berne, op. 843/3, d. 734.
192 Im August 1914 kam beispielsweise der Auftrag, jeden Abend Angaben zu in Bern angekommenen und wieder abgereisten Landsleuten (mit Vermerk der Destination) an das Aussenministerium zu telegrafieren. MID an die russische Gesandtschaft in Bern, 2. 8. 1914. AVPRI, Missija v Berne, op. 843/3, d. 734, l. 17.
193 Bacheracht an das MID, 12. 8. 1914 (Entwurf). AVPRI, Missija v Berne, op. 843/3, d. 734, l. 20.
194 Bacheracht an das MID, 29. 7./11. 8. 1914 (Entwurf). AVPRI, Missija v Berne, op. 843/3, d. 734, l. 16. Die Schreibweise des Namens Tuchtjaev (oder ähnlich) ist anhand der verfügbaren Quellen nicht eindeutig zu bestimmen. – Zu Informations- und Transferdienst sowie zum Einsatz vormals anderswo tätiger zarischer Beamter in Bern vgl. auch Senn, Les révolutionaires russes, S. 333 f.

Die genannten Hilfsprojekte machten die Gesandtschaft zu einem Umschlag-
platz grosser Geldmengen. Die zarische Regierung eröffnete der Mission über
Crédit Lyonnais in Genf einen zusätzlichen Kredit von 300'000 Franken und
autorisierte Bacheracht, für weitere Summen die bereits vorgespurten schweizerischen Quellen zu nutzen.[195] Die ersten 40'000 Franken hatte der Gesandte
freilich bereits für den Währungstausch aufgebraucht.[196] Inständig bat er seine
Regierung, auf der Russischen Staatsbank Gold als Eigentum der Schweizerischen Nationalbank zu deponieren. Erst wenn dieses Depot von der schweizerischen Gesandtschaft in St. Petersburg bestätigt sei, erhalte seine Mission in
Bern entsprechenden Kredit. «Tout autre mode transfert argent ici impraticable
dès aujourd'hui stop. Sommes a distribuer conformément télégrammes [...]
s'elevant déjà à totalité des 300 mille francs indispensable renouveller immédiatement le même crédit.»[197]
In der Tat bestand die Schweizerische Nationalbank als Vorbedingung weiterer
Zahlungen auf einem ihr gutgeschriebenen Golddepot bei der Bank of England
oder bei der Russischen Staatsbank.[198] Offensichtlich konnte diese Bedingung
erfüllt werden, denn Bacheracht erhielt nun weitere 300'000 Franken, von
denen lediglich die bereits vorgeschossenen 40'000 Franken abgezogen wurden.
Da sich die von der Zentrale in Auftrag gegebenen Transfers bereits auf über
500'000 Franken beliefen, bat der Gesandte dringend um mehr Geld.[199] Am
9. September teilte das russische Aussenministerium mit, insgesamt seien nun
1,3 Millionen Franken für die Schweizerische Nationalbank deponiert worden;
kurz darauf folgten noch einmal 500'000 Franken.[200]
Problematisch gestaltete sich auch die konkrete Umsetzung der Unterstützung.
Der enorme bürokratische Aufwand der Überweisungen vollzog sich nicht
ohne Fehler, hier und da tauchten unklar adressierte oder nicht identifizierbare
Transfergelder auf, und es kam zu Verzögerungen und Verwirrungen.[201] Bacheracht machte die Zentrale darauf aufmerksam, dass Anweisungen von unter
1000 Franken in der Regel nicht genügten, um den Empfängerinnen oder

---

195 MID an Bacheracht, 15. 8. 1914. AVPRI, Missija v Berne, op. 843/4, d. 91, l. 12. Bacheracht
    wusste nicht, ob er die 300'000 Franken für den Umtauschdienst und für allgemeine Unterstüt-
    zung der Landsleute oder für den neuen Transferdienst einsetzen sollte. Bacheracht an das
    MID, 15. 8. 1914. Ebd., l. 15.
196 Ebd.
197 Bacheracht an das MID, 17. 8. 1914 (Entwurf). AVPRI, Missija v Berne, op. 843/4, d. 91, l. 18.
198 In letzterem Falle musste eine Bestätigung der schweizerischen Gesandtschaft vorliegen. Vgl.
    Bacheracht an das MID, 20. 8. 1914 (Entwurf). AVPRI, Missija v Berne, op. 843/4, d. 91, l. 21.
199 Bacheracht an das MID, 29. 8. 1914 (Entwurf). AVPRI, Missija v Berne, op. 843/4, d. 91, l. 22.
200 MID an Bacheracht, 9. 9. 1914 (Entwurf). AVPRI, Missija v Berne, op. 843/4, d. 91, l. 30;
    A. Bentkovskij (Direktor des II. Departements im russischen Aussenministerium) an Bache-
    racht, 16. 9. 1914. Ebd., l. 35.
201 So etwa in Davos, vgl. Golike an die russische Gesandtschaft in Bern, 2./15. 8. 1914, 26. 2./11. 3.
    und 15./28. 12. 1915. AVPRI, Missija v Berne, op. 843/1, d. 13, ll. 105, 141 und 174–174 ob.

Empfängern die Heimreise zu ermöglichen. Vor allem aber bat er darum, Transfers nur dann anzuordnen, wenn tatsächlich auch Geld verfügbar war, damit nicht die Unzufriedenheit vertrösteter Hilfeempfänger vermehrt werde.[202] Am 21. September vermeldete der Gesandte 2000 unerledigte Transfers; in der Woche vom 12. bis zum 18. September seien 572'000 Franken an rund 1700 Personen ausgezahlt worden.[203]

Für die Hilfe an bedürftige Russinnen und Russen spielten neben der Diplomatie verschiedene Emigrantenorganisationen, aber auch schweizerische Unterstützungsvereine eine bedeutende Rolle. Ein *Komitet obščestvennogo spasenija* (wörtlich: Komitee der öffentlichen Rettung) eröffnete beispielsweise im August 1914 eine gut besuchte Verpflegungsstelle in Zürich.[204] Die schweizerischen Institutionen vereinigten sich 1914 in der *Liga schweizerischer Hilfsvereine für politische Gefangene und Verbannte Russlands*. Ihrem Namen zum Trotz bemühte sich die Liga während des Weltkriegs, alle bedürftigen Russen zu unterstützen.[205] Im November 1914 trafen sich Vertreter der zarischen Gesandtschaft, der Liga und der russischen Kolonie. Unter dem Vorsitz von Professor Naum M. Reichesberg wurden Freundlichkeiten ausgetauscht und ein neues Hilfskomitee gegründet. Schon kurz darauf verdüsterten sich aber die Kontakte, zumal sich die Emigranten 1915 einer intensivierten militärischen Rekrutierung widersetzten.[206]

1.1.3.6. Repatriierung und Internierung

Ein fiebriger russischer Repatriierungsaktivismus prägte nach Ausbruch des Weltkriegs den bilateralen Personenverkehr.[207] Die zarische Gesandtschaft schätzte die Zahl der Landsleute in der Schweiz im August 1914 auf 7000 bis

202 Vgl. Bacheracht an das MID, 9. 9. 1914 (Entwurf). AVPRI, Missija v Berne, op. 843/4, d. 91, l. 31. Nach Anweisung des Aussenministeriums sollte die Gesandtschaft in Fällen, wo die Transfers als Unterstützung nicht genügten, von sich aus noch etwas vorschiessen. MID an Bacheracht, 12. 9. 1914. Ebd., l. 33.

203 Bacheracht an das MID, 8./21. 9. 1914 (Entwurf). AVPRI, Missija v Berne, op. 843/4, d. 91, l. 44.

204 Senn, Les révolutionnaires russes, S. 333. – 1877 war innerhalb der russischen Kolonie ein *Verein für die Unterstützung politischer Flüchtlinge aus Russland (Obščestvo posobija političeskim izgnannikam iz Rossii)* entstanden, der gut fünf Jahre existierte, vgl. Kantor, Obščestvo; Kiperman, Glavnye centry, S. 265; Leutenegger/Sovilj, Stellenwert, S. 467; Geierhos, Vera Zasulič, S. 217.

205 Senn, Les révolutionnaires russes, S. 331 f.

206 Ebd., S. 334 f. Zu der von Reichesberg präsidierten Unterstützungskasse für russische Emigranten vgl. auch BAR, E 2001 (E) -/13, Einleitung, S. 13. Zu verschiedenen russischen Hilfsorganisationen und zum Engagement von N. Reichesberg vgl. ferner Fondy Russkogo Zagraničnogo istoričeskogo archiva v Prage, S. 211–217.

207 Dieser wurde mit den Revolutionen von 1917 noch verstärkt und durch die nicht minder

8000, wovon die ständige Kolonie nur einen Teil ausmache; zahlreich seien die nicht rechtzeitig heimgekehrten russischen Kurgäste, die aus Deutschland zuströmenden Feldarbeiter oder Studenten.[208] Die untragbare materielle Situation vieler Russinnen und Russen in der Schweiz machte ihre Rückkehr in die Heimat besonders dringend. Innerhalb der Gesandtschaft, die mittlerweile bereits mit Informations-, Transfer- und Währungsumtauschdienst hoffnungslos überlastet war, kümmerte sich neben Missionschef Bacheracht auch der vormals in Nizza stationierte zarische Konsul Kanšin um die Belange der Repatriierung.[209] Schon vor dem Krieg waren die russischen Auslandsvertretungen angehalten worden, den rückreisewilligen Landsleuten christlichen Glaubens die Heimkehr nötigenfalls durch eine Zuwendung zu ermöglichen; beträchtliche Gelder wurden dafür bereitgestellt, wir haben es teilweise schon gesehen.[210] Doch wie sollte die gleichzeitige Repatriierung hunderter oder gar tausender Personen konkret organisiert werden? Das Aussenministerium bat die Mission in Bern um Aktionspläne und um eine detaillierte Liste der potentiellen Rückreisenden.[211]

Was nun folgte, war eine nervöse Diskussion um mögliche Reiserouten und Transportmittel. Das von der Gesandtschaft zunächst ins Auge gefasste Angebot der Reiseagentur Cook, 3600 Personen per Bahn nach Genua und dann zur See nach Odessa zu bringen, wofür man mit etwa 250 Franken pro Person rechnen müsse, verwarf das Aussenministerium als zu teuer.[212] Bacheracht reagierte gehetzt und wies in einem persönlichen Brief an Aussenminister Sazonov jede Verantwortung für die Konsequenzen einer weiteren Transportverzögerung von sich; die Unzufriedenheit der Wartenden nehme zu. «Il s'agit d'une question de vie ou de mort pour nos compatriotes.»[213]

hektische Repatriierung von Russlandschweizerinnen und Russlandschweizern ergänzt; vgl. dazu unten S. 546–554.

208 Vgl. *Otčet o dejatel'nosti Imperatorskoj Missii v Švejcarii.* Izvestija Ministerstva inostrannych del, 4 (1915), S. 174–176, hier S. 174. – Zur Anwesenheit vieler Russen, die in Deutschland oder Österreich vom Kriegsausbruch überrascht worden waren, in der Schweiz vgl. Vuilleumier, Flüchtlinge, S. 65. Zum Exodus von Russen aus Deutschland bereits am Vorabend des Weltkriegs vgl. auch Baur, Kolonie, S. 46 f. – Für eine Anfrage Bacherachts an die Schweizer Behörden, wie viele Russinnen und Russen sich ungefähr in der Schweiz aufhielten, vgl. Bacheracht an das EJPD, 7./20. 10. 1914 (Entwurf). AVPRI, Missija v Berne, op. 843/2, d. 342, l. 7.

209 Vgl. russische Gesandtschaft in Bern an das EPD, 20. 8./2. 9. 1914. BAR, E 2001 (A)/1516.

210 Vgl. MID an die russischen Botschaften, Gesandtschaften und Konsulate, 17. 1. 1912 (a. St.). Izvestija Ministerstva inostrannych del, 4 (1912), S. 55–57. – Das Aussenministerium stellte einen eigens für die Repatriierung bestimmten Kredit in Aussicht, vgl. MID an Bacheracht, 15. 8. 1914. AVPRI, Missija v Berne, op. 843/2, d. 342, l. 35.

211 Neben dieser Forderung nach genauen Personenlisten lesen wir, wohl von der Hand Bacherachts: «C'est une chose à mon avis impossible». Vgl. MID an Bacheracht, 6. und 15. 8. 1914. AVPRI, Missija v Berne, op. 843/2, d. 342, ll. 45, 35.

212 Vgl. Bacheracht an das MID, 22. und 24. 8. 1914 (Entwürfe). AVPRI, Missija v Berne, op. 843/2, d. 342, ll. 63 und 66; Bentkovskij an Bacheracht, 24. 8. 1914. Ebd., l. 64.

213 Bacheracht an Sazonov, 24. 8. 1914 (Entwurf). AVPRI, Missija v Berne, op. 843/2, d. 342, l. 65.

Die Sperrung der Dardanellen durch die Türkei machte dann die Repatriierungspläne via Odessa sowieso hinfällig. Es wurden nun verschiedene Projekte gleichzeitig verfolgt; wir lesen von gescheiterten Bemühungen, ein italienisches Schiff zu mieten, von russischen Evakuationsbüros, die sich aus Lausanne und Luzern zu Wort meldeten – und von der favorisierten Schiffsroute Genua–Archangelsk.[214]

Der Direktor des II. Departements im russischen Aussenministerium A. Bentkovskij bat Bacheracht Ende August, den wartenden Landsleuten mitzuteilen, das Ministerium organisiere grosse transatlantische Dampfer, deren erster hoffentlich in zehn Tagen Genua verlassen könne. Tatsächlich folgten schon bald konkrete Angaben zum Dampfer: Die *Kursk* verlasse nun England in Richtung Genua, vermeldete Bentkovskij am 30. August, um dort 1400 Schweizer Russinnen und Russen aufzunehmen. Allfällige freie Plätze könnten danach an in Italien wohnhafte Landsleute vergeben werden. 100 Rubel koste die Fahrt nach Archangelsk, bezahlt werde auf dem Schiff, wobei Mittellose eine Erklärung abgeben könnten, die Summe nach Ankunft in Russland zu entrichten. Bentkovskij stellte bei Bedarf weitere Schiffe in Aussicht.[215]

Gruppen von Heimreisewilligen waren zuvor schon nach Italien gefahren.[216] Mit der Kursk konkretisierte sich die Repatriierung nun aber erstmals. Unter Aufbietung der Schweizer Behörden organisierte Bacheracht sogleich einen Bahntransport Richtung Genua. Drei Spezialzüge mit Ziel Chiasso und Domodossola sollten am 7. September 1914 ab Zürich, Bern und Genf verkehren und Platz für insgesamt 1400 Personen bieten, entsprechend der angekündigten Schiffskapazität.[217] Jetzt mussten aber noch die Menschen mobilisiert werden. Im Archiv finden sich ausgeschnittene Zeitungsinserate, in denen Bacheracht auf den Schiffstransport sowie auf die Spezialzüge aufmerksam machte.[218]

1400 Personen – das entsprach bei weitem noch nicht allen Heimreisewilligen. Bacheracht rechnete mit einem Ansturm, mit der Notwendigkeit einer Selektion. Er werde 80 Prozent christliche und 20 Prozent jüdische Russen auf das

214 Vgl. AVPRI, Missija v Berne, op. 843/2, d. 342.
215 Bacheracht erhielt den Auftrag, eng mit der konsularischen Vertretung in Genua zusammenzuarbeiten. Bentkovskij an Bacheracht, 27. und 30. 8. 1914. AVPRI, Missija v Berne, op. 843/2, d. 342, ll. 70–72 und 79–81; vgl. auch *Otčet o dejatel'nosti Imperatorskoj Missii v Švejcarii.* Izvestija Ministerstva inostrannych del, 4 (1915), S. 174–176, hier S. 174 f.
216 Bereits am 22. August hatte Bundespräsident Hoffmann der russischen Gesandtschaft ein Kollektivbillett für die Bahnfahrt Bern–Chiasso (Kosten: 1419 Franken) ausgehändigt. Hoffmann an Bacheracht, 22. 8. 1914. AVPRI, Missija v Berne, op. 843/2, d. 342, l. 22.
217 Die Kosten für die Züge beliefen sich pauschal auf knapp 11'000 Franken. Hoffmann an Bacheracht, 4. 9. 1914. AVPRI, Missija v Berne, op. 843/2, d. 342, l. 12.
218 Interessierte hätten sich je nach Wohnort bei der Gesandtschaft in Bern, dem Konsulat in Genf oder bei der Anwaltskanzlei M. + J. Thalberg an der Zürcher Bahnhofstrasse zu melden. AVPRI, Missija v Berne, op. 843/2, d. 342, ll. 92–93. – Zur Mithilfe der Liga schweizerischer Hilfsvereine für politische Gefangene und Verbannte Russlands bei den Vorbereitungsarbeiten des Schiffstransports vgl. Senn, Les révolutionnaires russes, S. 333.

Schiff lassen, teilte der Gesandte dem Aussenministerium mit, dies sei das Minimum, welches den Juden zugestanden werden müsse, übersteige ihre Gesamtzahl hier diejenige der Christen doch bei weitem. Wenn der Gesandte sich hier für den «hohen» Anteil jüdischer Passagiere offenbar entschuldigen zu müssen glaubte, so erstaunt die pragmatische Haltung Bentkovskijs, der Bacheracht anwies, alle Plätze unabhängig von Nationalität und Religion zu vergeben.[219]

Die Züge waren bereit, und Bacheracht schickte seinen neuen Mitarbeiter Borisovskij, vormals Vizekonsul in Königsberg, zur Begleitung mit nach Italien. Nicht 1400, aber doch etwa 1000 Landsleute würden heute die Schweiz verlassen, meldete der Gesandte am 7. September an die konsularische Vertretung in Genua.[220] Einige Tage später dann die Ernüchterung: Nur 566 Russinnen und Russen aus der Schweiz hatten ihre Heimkehr an Bord der Kursk angetreten, die bereitgestellte Kapazität war nicht einmal zur Hälfte genutzt. Weshalb? Bacheracht sah drei Gründe: Erstens hatten mangels Deckung nicht alle angekündigten Geldtransfers rechtzeitig ausbezahlt werden können; zweitens ging alles sehr schnell, die Ankündigungsfrist war viel zu kurz; und schliesslich, so Bacheracht, fürchteten sich viele Repatrianten vor einem deutschen Angriff im Weissen Meer.[221]

Angesichts der offenkundigen Tatsache, dass sich auch jetzt noch viele heimreisewillige Russinnen und Russen in der Schweiz befanden, bemühte sich der Gesandte um einen weiteren Schiffstransport. Wieder fanden Einschreibungen in Bern, Genf und Zürich statt – mit mässigem Erfolg.[222] Der Idee einer Repatriierung über Deutschland–Schweden oder Österreich–Rumänien stand der Bundesrat skeptisch gegenüber, handelte es sich hier doch um Kriegsgebiet. Die Schweiz, so verkündete Bundespräsident Hoffmann im Oktober, könne für eine solche Route jedenfalls keine Verantwortung übernehmen.[223] Zwar bemühte sich Bern dann doch, im Hinblick auf einen Repatriierungszug durch

219 Bacheracht an das MID, 2. 9. 1914 (Entwurf). AVPRI, Missija v Berne, op. 843/2, d. 342, l. 97; Bentkovskij an Bacheracht, 4. 9. 1914. Ebd., l. 100.
220 Bacheracht an die russische konsularische Vertretung in Genua, 7. 9. 1914 (Entwurf). AVPRI, Missija v Berne, op. 843/2, d. 342, l. 107.
221 Bacheracht an Bentkovskij, undatiert (Entwurf). AVPRI, Missija v Berne, op. 843/2, d. 342, ll. 111–112. – Aus Davos hätten sich ganze zwei Damen bereit erklärt, auf der Kursk in die russische Heimat zurückzukehren, klagte der provisorische Leiter des dortigen Vizekonsulats Golike. Golike an die russische Gesandtschaft in Bern, 25. 8./7. 9. 1914. AVPRI, Missija v Berne, op. 843/1, d. 13, l. 130.
222 Die Begeisterung über einen möglichen Schiffsplatz, so die Gesandtschaft, habe sich stark in Grenzen gehalten, zumal Gerüchte über Wasserminen kursierten, das Abfahrtsdatum lange unklar blieb und die Repatrianten in der Schweiz die Unterstützung von Hilfskomitees genossen. Vgl. Otčet o dejatel'nosti Imperatorskoj Missii v Švejcarii. Izvestija Ministerstva inostrannych del, 4 (1915), S. 174–176, hier S. 175 f.
223 Bundespräsident Hoffmann an M. + J. Thalberg, 3. 10. 1914. AVPRI, Missija v Berne, op. 843/2, d. 342, l. 191.

Deutschland zwischen St. Petersburg beziehungsweise Petrograd und Berlin zu vermitteln – ein entsprechender Transport kam aber vor Ausbruch der Februarrevolution nicht mehr zustande.[224] Die mittellosen Russinnen und Russen oblagen einstweilen der schweizerischen Fürsorge.[225]

Eine andere Form des kriegsspezifischen Personenverkehrs verkörperten die russischen Soldaten, die als Deserteure oder als Flüchtlinge aus deutschen oder österreichischen Kriegsgefangenenlagern in die Schweiz strömten. Während die Deserteure (wie die oftmals schon vor Kriegsbeginn in der Schweiz befindlichen Refraktäre) unter Erduldung strenger Kontrollen, unangenehmer Arbeitseinsätze und des Vorwurfs der Feigheit in der Regel Aufenthalt und Bewegungsfreiheit zugestanden erhielten,[226] wurden die geflohenen Kriegsgefangenen als Angehörige aktiv dienender militärischer Einheiten in der Schweiz interniert.[227] Die zarische Gesandtschaft beobachtete all dies mit grösstem Misstrauen. Minister Bacheracht stellte Anfang September 1915 gegenüber dem Politischen Departement klar, dass die aus deutscher beziehungsweise österreichischer Kriegsgefangenschaft entflohenen russischen Soldaten falsch orientiert seien, wenn sie glaubten, definitiv in der Schweiz bleiben, sich später dem ordentlichen Gefangenenrücktransport aus Deutschland wieder anschliessen oder nach Kriegsende einfach so in ihre Heimat zurückkehren zu können. Vielmehr hätten sie sich unverzüglich nach Russland zu begeben. «Du point de vue militaire, tout prisonnier évadé, officier ou soldat, qui serait à même de rejoindre le corps de troupes auquel il appartient doit chercher par tous les moyens à rentrer le plus vite possible en Russie. Manquer de le faire équivaudrait à une désertion et le rendrait ainsi passible de la pénalité appliquée aux circonstances.»[228]

Bacheracht sah das Problem vor allem darin, dass die Soldaten diese Bestimmungen oftmals gar nicht kannten. Er schlug den Schweizer Behörden daher vor, entweder den russischen Militärattaché auf geflohene Kriegsgefangene

224 Vgl. BAR, E 2001 (A)/816. Für die Thematisierung der Deutschlandvariante auch durch Bacheracht vgl. Bacheracht an Bundespräsident Hoffmann, 29. 9./12. 10. 1914 (Entwurf). AVPRI, Missija v Berne, op. 843/2, d. 342, l. 9.

225 Vgl. Švejcarija – Rossija, S. 257, Anm. 2.

226 Zum Umgang der Schweizer Behörden mit Deserteuren und Refraktären während des Ersten Weltkriegs vgl. Durrer, Auf der Flucht vor dem Kriegsdienst; Vuilleumier, Flüchtlinge, S. 66 bis 70. – Zum Konflikt um ein Arbeitsdetachement aus russischen Deserteuren und Refraktären, das 1918 in den Streik trat, vgl. Durrer, Auf der Flucht vor dem Kriegsdienst, S. 206 f. – Zu den Kosten, die der Schweiz durch den Lebensunterhalt der Deserteure entstanden, vgl. EPD an den Bundesrat, 11. 7. 1918. BAR, E 2001 (B) -/1/57 (B 41.33.R.2.1.); EPD an die schweizerische Gesandtschaft in Petrograd, 17. 7. 1918. BAR, E 2001 (E) -/13 (B 32).

227 Vuilleumier spricht von etwa 26'000 Deserteuren, Dienstflüchtigen und Kriegsdienstverweigerern, die sich bei Kriegsende in der Schweiz befunden hätten, wovon rund 1130 Russen gewesen seien. Vuilleumier, Flüchtlinge, S. 66. Für die Zahl von insgesamt 67'000 in der Schweiz internierten Kriegsgefangenen vgl. Durrer, Auf der Flucht vor dem Kriegsdienst, S. 213, Anm. 1.

228 Bacheracht an Bundesrat Hoffmann, 20. 8./2. 9. 1915. Švejcarija – Rossija, Nr. 91, S. 241.

hinzuweisen und ihm so eine Kontaktaufnahme zu ermöglichen, der Gesandtschaft alle geflohenen Kriegsgefangenen zuzuführen oder aber zu veranlassen,
dass diesen Leuten bereits an der Schweizer Grenze mitgeteilt werde, welch
gravierende Konsequenzen die Nichtbeachtung der Militärgesetzgebung ihres
Heimatstaates für sie haben könne.[229] Das Politische Departement betonte in
seiner Antwort die Notwendigkeit, diese völlig ortsunkundigen und mittellosen
Männer zunächst einmal aufzunehmen und zu betreuen. Dem gesandtschaftlichen Versuch eines autoritären Zugriffs erteilte das Militärdepartement eine
klare Absage.

«Or, le Département militaire estime que durant le temps où ils sont internés en
quelque sorte et placés sous l'autorité et la surveillance militaire, il n'est pas
autorisé à leur imposer, contre leur gré, les démarches que voudraient faire
auprès d'eux les représentants de la Légation.

Il ne lui appartient pas d'autre part de les renseigner sur les conséquences de la
décision qu'ils pourraient prendre en ce qui concerne leur retour chez eux.»[230]
Immerhin würden die Internierten jeweils gefragt, ob sie mit der kaiserlichen
Gesandtschaft in Verbindung zu treten wünschten.[231]
Die schweizerische Bereitschaft, tuberkulöse Gefangene beider Kriegsparteien
zu internieren und zu hospitalisieren, stiess beim Zarenregime auf grossen Bei-
fall. Als sich das Politische Departement im Juli 1916 angesichts der grossen
Zahl heilbar-tuberkulöser Russen in deutscher Kriegsgefangenschaft zu einem
Rückzieher gezwungen sah,[232] bat Bacheracht, die Sache noch einmal zu über-
denken – und insbesondere auch zu berücksichtigen, welchen Eindruck eine
Zurückweisung der kranken Soldaten in der russischen Öffentlichkeit hervorru-
fen müsste. Der Gesandte erinnerte an 1815 und überhaupt an die Dienste, die
Russland der Schweiz schon erwiesen habe. «Il serait, donc, très désirable que le
Gouvernement et le peuple Russe se rendent réellement compte de ce que la
Russie n'est pas exclue de l'œuvre humanitaire que poursuit la Suisse et que
cette dernière a ouvert son territoire pour soulager les malheurs et les souffrances
des soldats russes captifs, tout comme elle le fait pour les autres belligérants.»[233]
Tatsächlich erklärte sich der Bundesrat dann doch zur Hospitalisierung von 400
kranken russischen Kriegsgefangenen bereit. Geschäftsträger Bibikov bezeugte die Dankbarkeit seiner Regierung und erklärte deren Einverständnis mit der
parallelen Internierung von je 200 deutschen und österreichischen kranken
Soldaten aus russischer Kriegsgefangenschaft; die Betreffenden würden nun in
den russischen Gefangenenlagern ausgesucht.[234]

229 Ebd., S. 241 f.
230 EPD an Bacheracht, 17. 9. 1915. Švejcarija – Rossija, Nr. 91, S. 242 f., Anm. 1 (Zitat S. 242).
231 Ebd.
232 EPD an die russische Gesandtschaft in Bern, 26. 7. 1916. DDS, Bd. 6, Nr. 202.
233 Bacheracht an Bundesrat Hoffmann, 18./31. 8. 1916. DDS, Bd. 6, Nr. 208.
234 Bibikov an Bundesrat Hoffmann, 14./27. 12. 1916. DDS, Bd. 6, Nr. 243. – Zur Aufnahme kranker
    und verwundeter Kriegsgefangener in der Schweiz vgl. auch Vuilleumier, Flüchtlinge, S. 70.

1.2. Wirtschaftliche Kooperation

Die ökonomische Dimension der schweizerisch-russischen Staatsbeziehungen
unseres Zeitfensters betraf vor allem zwei Bereiche: die Schweizer Russlandwanderung und den Handel. Nachdem die Perspektiven und Rahmenbedingungen der Auswanderung ins jeweils andere Land bereits verschiedentlich zur
Sprache gekommen sind, sollen im Folgenden die diplomatischen Implikationen des Aussenhandels und die spezifisch ökonomischen Abkommen zwischen
den beiden Staaten etwas näher betrachtet werden.

Einige Fakten: Seit den späten 1880er Jahren nahm die schweizerische Ausfuhr
ins Zarenreich mit wenigen Einbrüchen stetig zu und belief sich 1913 auf rund
59 Millionen Franken; geliefert wurden vor allem Uhren, Textilien, Maschinen,
Schokolade, Schmuck und Chemikalien – also Fertigprodukte.[235] Russland sei
der viertgrösste Abnehmer von Schweizer Uhren, erklärte Aussenminister
Lambsdorff schon 1902.[236] Und Urs Rauber kommt zum Schluss: «Russland
gehörte vor dem ersten Weltkrieg zu den wichtigsten Absatzmärkten der Schweizer Wirtschaft überhaupt.»[237]

Die schweizerischen Exporte wurden jedoch von den Importen aus dem Zarenreich bis zum Ersten Weltkrieg noch übertroffen. Russland lieferte 1913 für 72
Millionen Franken Güter in die Schweiz: Öle, Metalle, Leinen, Hanf, vor allem
aber für über 60 Millionen Franken Getreide – also vorwiegend unbearbeitete
Rohstoffe beziehungsweise Nahrungsmittel.[238] Mehr als die Hälfte des in die
Schweiz eingeführten Getreides, so wusste Lambsdorff 1902 zu berichten, stam-
me gegenwärtig aus Russland.[239]

235 Für einen Überblick über die schweizerisch-russischen Handelsbeziehungen vgl. Rauber, Schwei-
     zer Industrie, S. 324–336 sowie Tabelle S. 370; Morel, Rapports, besonders S. 110–167; Benziger,
     Beziehungen der Schweiz mit Russland, S. 22. – Für Tabellen und Grafiken zur allgemeinen
     Entwicklung des schweizerischen Aussenhandels seit dem 19. Jahrhundert vgl. etwa Bergier,
     Wirtschaftsgeschichte der Schweiz, S. 260 f., 265.

236 Lambsdorff an Žadovskij, 12./25. 11. 1902. Rossija – Švejcarija, Nr. 81, S. 165. Nach Rauber
     war Russland vor dem Weltkrieg gar drittwichtigster Abnehmer von Schweizer Uhren. Rauber,
     Schweizer Industrie, S. 331. Die Schweizer Uhren dominierten den russischen Markt; insge-
     samt belegte die Schweiz unter den Lieferanten Russlands vor dem Ersten Weltkrieg jedoch
     nur hintere Ränge zwischen 12 und 16. Ebd., S. 329.

237 Ebd. Russland belegte zwischen 1889 und dem Ersten Weltkrieg den siebten Rang unter den
     Exportkunden der Schweiz, vgl. ebd., S. 328 f.

238 Benziger, Beziehungen der Schweiz mit Russland, S. 22; Rauber, Schweizer Industrie, S. 327.
     Zur Bedeutung des Getreideimportes für die Schweiz mit ihrer auf Viehwirtschaft ausgerich-
     teten Landwirtschaft vgl. Hauser, Wirtschafts- und Sozialgeschichte, S. 273. – Für tabellarische
     Angaben zur allgemeinen Entwicklung des russischen Aussenhandels seit dem 19. Jahrhun-
     dert vgl. Kahan, Russian Economic History, S. 63, 69; Belousov, Ėkonomičeskaja istorija
     Rossii, S. 160, 167; Kislovskij, Istorija tamožni gosudarstva Rossijskogo, S. 71. Zur Zusammen-
     setzung der russischen Exporte allgemein vgl. Belousov, Ėkonomičeskaja istorija Rossii, S. 161,
     167.

239 Lambsdorff an Žadovskij, 12./25. 11. 1902. Rossija – Švejcarija, Nr. 81, S. 165.

Mit dem Weltkrieg brach der bilaterale Handelsverkehr drastisch ein, auch wenn die Statistiken für 1916 und vor allem für 1919 beim Schweizer Export nach (einem unterschiedlich definierten) «Russland» noch einmal isolierte Spitzenwerte aufzeigen.[240]

1.2.1. Zollsysteme

Jahrzehnte vergeblicher Bemühungen waren vergangen, als mit dem Bundesstaat von 1848 auch eine schweizerische Zollunion Wirklichkeit wurde; anstelle der einzelnen Kantone kümmerte sich von nun an der Bund um das Zollwesen, bei ihm lag jetzt die Gestaltung einer gemeinsamen Aussenhandelspolitik. Der eidgenössische Zolltarif zielte 1849 zunächst bescheiden darauf, die Kantone für ihre verlorenen Einnahmen abzugelten, und behielt mit seinen niedrigen Ansätzen auch nach der Revision von 1851 freihändlerischen Charakter. Bis in die Mitte der siebziger Jahre verstärkte sich die liberale Tendenz, die Gebühren sanken, der Aussenhandel florierte.[241] Doch unter dem Eindruck der Krise, welche die Industrienationen seit 1873 durchlebten, und angesichts der einsetzenden Kampfzollpolitik anderer europäischer Staaten nahm auch die eidgenössische Handelspolitik bis Ende der achtziger Jahre mehr und mehr protektionistische Züge an.[242] In verschiedenen Revisionen wurde der Zolltarif ab 1878 erhöht, an aktuelle Bedürfnisse angepasst, und 1891 segnete das Volk diese Politik mit der Annahme des neuen Zolltarifgesetzes ab.[243] Trotzdem blieb nach Einschätzung von Albert Hauser die schweizerische Handelspolitik bis 1914 «im grossen und ganzen liberal».[244]

Im Gegensatz zu jener des Zarenreiches.[245] Die bereits unter Peter dem Grossen und Katharina II. anzutreffende Schutzzollpolitik hatte zwar zu Beginn des

240 Vgl. Lifschitz, Handelsbeziehungen, S. 13; Rauber, Schweizer Industrie, S. 327 f. sowie Tabelle S. 370. Für die Annahme, dem in den Statistiken ausgewiesenen Spitzenwert der Schweizer Exporte im Jahr 1919 liege ein um Randregionen erweitertes Verständnis von Russland zugrunde, vgl. auch BAR, E 2001 (E) -/13, Einleitung, S. 48. – Für eine tabellarische Zusammenstellung des Handelsvolumens zwischen der Schweiz und Russland 1905–1968 vgl. Reimann, Funktionen, S. 18.

241 Vgl. Hauser, Wirtschafts- und Sozialgeschichte, S. 278–280; Ruffieux, Schweiz, S. 35, 61. – Zum Zoll als wichtiger Einnahmequelle des neuen Bundes vgl. Bergier, Wirtschaftsgeschichte der Schweiz, S. 228 f.

242 Ruffieux, Schweiz, S. 55 f., 61 f.

243 Greyerz, Bundesstaat, S. 1081 f.; Ruffieux, Schweiz, S. 61 f. Für das Zolltarifgesetz von 1891 vgl. *Bundesgesetz betreffend den schweizerischen Zolltarif. (Vom 10. April 1891.)* AS (n. F.), Bd. 12, S. 457–493. Zu den Tariferhöhungen und dem tendenziell protektionistischen Charakter der Tarife von 1884, 1891 und 1902 vgl. Hauser, Wirtschafts- und Sozialgeschichte, S. 280 f.

244 Ebd., S. 281.

245 Für die Feststellung, dass das Zarenreich nie ein Freihandelsland gewesen sei, vgl. Morel, Rapports, S. 110; Rauber, Schweizer Industrie, S. 325.

19. Jahrhunderts eine Phase der Liberalisierung erfahren.[246] Der Tarif von 1822 nahm die restriktive Linie aber wieder auf und bot der erwachenden russischen Industrie auch tatsächlich einen gewissen künstlichen Entfaltungsraum.[247] Die Tarife von 1850, 1857 und 1868 lockerten die Auflagen deutlich, mehr Waren wurden nun ins Zarenreich importiert, namentlich ausländische Maschinen und Materialien für russische Fabriken.[248] Die Zolleinnahmen des Fiskus stiegen auch bei mässigem Tarif. Der Schweizer Generalkonsul Philippin-Duval kommentierte 1873 die aktuellen russischen Zahlen mit den Worten: «Wenn man diese Zahlen mit jenen im Jahre 1862 erreichten vergleicht, so ist eine Verdoppelung der Zolleinnahmen des Reiches in zehn Jahren daraus nachzuweisen.»[249] Im Kontext der erwähnten europäischen Kampfzollpolitik ist seit der Mitte der siebziger Jahre wiederum ein markanter Anstieg der russischen Zölle zu vermerken.[250] In Beilegung eines eigentlichen Zollkriegs gegen Deutschland gab Russland 1893/94 seinen autonomen Zolltarif zugunsten aushandelbarer Konventionalzölle mit Meistbegünstigungsklausel auf.[251] Importe aus den europäischen Industriestaaten, auch aus der Schweiz, wurden nun mit einem Minimaltarif belegt.[252] Russland habe hier, so die Einschätzung Jurij Kislovskijs, im Interesse seiner internationalen Beziehungen von einer absolutistischen Zollpolitik Abschied nehmen müssen.[253]

Allerdings ist schon bei der Festlegung des autonomen Zolltarifs eine gewisse ausländische Mitsprache zu verzeichnen. Der soeben zum schweizerischen Generalkonsul in St. Petersburg ernannte Adolf Glinz konnte im Februar 1868 berichten: «Die Expertencommission, eingesezt um den *Zolltarif zu revidiren,*

246 Vgl. Belousov, Ėkonomičeskaja istorija Rossii, S. 156–158; Očerk istorii vněšnej torgovli Rossii, S. XXIX f.

247 Zum Tarif von 1822 vgl. Kislovskij, Istorija tamožni gosudarstva Rossijskogo, S. 68–71; Očerk istorii vněšnej torgovli Rossii, S. XXX.

248 Kislovskij, Istorija tamožni gosudarstva Rossijskogo, S. 71 f.; Morel, Rapports, S. 110 f. – Zu den gegensätzlichen Tarifinteressen von Fiskus und Industrie im Hinblick auf die Einfuhr von Rohstoffen vgl. Kahan, Russian Economic History, S. 99. – Die wechselnden russischen Tarife waren jeweils auch im Bundesblatt der schweizerischen Eidgenossenschaft vermerkt, vgl. etwa BBl. 1857 II, S. 131–139; 1865 III, S. 278 f.; 1876 IV, S. 955 f.

249 *Bericht des schweiz. Generalkonsuls in St. Petersburg (Hrn. Jacques Philippin-Duval, aus Genf), über das Jahr 1872. (Vom März 1873.)* BBl. 1873 III, S. 334–345, hier S. 334. – Zu den russischen Zolleinnahmen vgl. auch Belousov, Ėkonomičeskaja istorija Rossii, S. 160.

250 Vgl. Kahan, Russian Economic History, S. 41; Kislovskij, Istorija tamožni gosudarstva Rossijskogo, S. 72 f.; Mjačin et al., Tamožennoe delo v Rossii, S. 61; Morel, Rapports, S. 111.

251 Kislovskij, Istorija tamožni gosudarstva Rossijskogo, S. 73 f.; Mjačin et al., Tamožennoe delo v Rossii, S. 65–67. Zur deutsch-russischen Konfrontation in der Handels- und Zollpolitik vgl. auch Geyer, Imperialismus, S. 116–130; Belousov, Ėkonomičeskaja istorija Rossii, S. 158 f.

252 Rauber, Schweizer Industrie, S. 326 (hier auch der Hinweis auf die seit 1893 für die Vergünstigung nötigen Ursprungszeugnisse für Schweizer Waren).

253 Kislovskij, Istorija tamožni gosudarstva Rossijskogo, S. 74. – Zum insgesamt mässigen Erfolg der russischen Zollpolitik vgl. (in Anlehnung an M. N. Sobolev) Kahan, Russian Economic History, S. 41.

an deren Arbeiten theilzunehmen auch ich berufen worden, hat ihre Aufgabe gelöst & ist auseinandergegangen.»[254] Der Bundesrat hatte das Generalkonsulat 1867 eingeladen, alle Verhandlungen zum neuen Zolltarif aufmerksam zu verfolgen und die schweizerischen Interessen nach Möglichkeit zur Geltung zu bringen.[255] Glinz zur Kommissionsarbeit: «In der Commission der Experten standen sich 2 Ansichten diametral gegenüber, die der Importeure & die der hiesigen Fabricanten. Leztere begriffen ihre Zeit so wenig, dass sie durchwegs sogar höhere als die bisherigen Schutzzölle verlangten, ohne für dieses eigenthümliche Begehren irgend plausible Gründe vorbringen zu können. Ihren Forderungen gegenüber betonten die Importeure & auch die Vertreter der Regierung, dass ja der Zweck gegenwärtiger Zollrevision sei, die jetzigen hohen Sätze zu ermässigen, da doch anzunehmen sei, dass die russische Industrie in 11 Jahren (seit 1857, von wo der jetzige Zolltarif datirt) sich um so viel gehoben habe, um eine Verminderung des Schutzzoll's zu ertragen.»[256] Nicht nur Unverständnis, sondern auch der aufkommende russische Nationalismus entfaltete nach Glinz seine unvorteilhafte Wirkung auf die zarische Zollpolitik und liess liberale Hoffnungen schwinden.[257]

In der Praxis des schweizerischen Exporthandels verursachten die strengen russischen Zollformalitäten und ihre nicht immer strikte Beachtung häufigen Ärger, nicht zuletzt für das Generalkonsulat in St. Petersburg.[258]

1.2.2. Verträge

Bis 1872 bestanden zwischen der Schweiz und dem Zarenreich keine offiziellen Handelsvereinbarungen. Auch ein Konsularvertrag, wie ihn beide Seiten mit anderen Staaten kannten, existierte nicht.[259] Während sich nun das Zaren-

254 Glinz an Bundespräsident Dubs, 15./27. 2. 1868 (Hervorhebung in der Vorlage). DDS, Bd. 2, Nr. 120, S. 186.

255 Vgl. Protokoll der Sitzung des Bundesrates, 29. 9. 1867. BAR, E 6/44. Im Juli 1868 forderte der Bundesrat seinen Vertreter abermals auf, die bedrohten schweizerischen Interessen zu schützen. Protokoll der Sitzung des Bundesrates, 14. 7. 1868. Ebd.

256 Glinz an Bundespräsident Dubs, 15./27. 2. 1868. BAR, E 6/44.

257 «In den höchsten Regionen» herrsche leider eine Strömung vor, «die jedem *russischen* Begehren, eben & allein weil es ein russisches ist, nur allzufreundlich entgegenkommt». Glinz an Bundespräsident Dubs, 15./27. 2. 1868 (Hervorhebung in der Vorlage). BAR, E 6/44.

258 Zur mangelnden Disziplin von Schweizer Exporteuren gegenüber russischen Einfuhrbestimmungen und zum Zorn des Generalkonsuls darüber vgl. etwa das Beispiel der *Horlogerie Sandoz et fils* aus Le Locle, die 1885 Uhren nach Russland zu exportieren versuchte, ohne über eine Bewilligung für die Einfuhr des darauf angebrachten Zarenporträts zu verfügen. Generalkonsul Dupont an das EVD, 21. 11./3. 12. 1885. DDS, Bd. 3, Nr. 296. – Zu weiteren Zollproblemen vgl. z. B. *Zollanstände im Handelsverkehr mit Russland in den Jahren 1901–1905.* BAR, E 2001 (A)/1041.

259 Zu den russischen Konsularverträgen mit anderen Staaten vgl. Sbornik dejstvujuščich traktatov,

regime angesichts notorischer Steuerkonflikte für eine vertragliche Regelung der Niederlassung mit der Eidgenossenschaft zu interessieren begann, war der Schweiz und ihrer Exportwirtschaft gleichzeitig und prioritär an einem gesicherten Zugang zu lukrativen Absatzmärkten und damit an einem eigentlichen Handelsvertrag gelegen.[260]

1.2.2.1. Der Handels- (und Niederlassungs-)Vertrag von 1872

Der Vertrag von 1872 sicherte den Bürgern beziehungsweise Untertanen des jeweils anderen Staates nicht nur die Niederlassungs-, sondern auch die Handels- und Gewerbefreiheit im Rahmen der Landesgesetze zu. Auf Entstehung und einzelne Bestimmungen des Abkommens brauche ich hier nicht mehr näher einzugehen.[261] Erwähnt sei aber, dass die Schweiz die Verhandlungen auch auf den Zolltarif zu erstrecken suchte. Der Bundesrat hatte am 11. November 1870 das Politische Departement ermächtigt, neben einem Vertragsentwurf dem russischen Gesandten auch Tarifabänderungsvorschläge der Kantone zu unterbreiten.[262] Russland hielt zu dieser Zeit aber noch strikte an seiner Zolltarifautonomie fest. Der Gesandte Gorčakov habe hier nicht mit sich reden lassen, erklärte Bundespräsident Welti, «indem das russische Zollsystem die Conventionalzölle nicht kenne und eine Abweichung zu Gunsten der Schweiz nothwendig auch die Gestattung der gleichen Vortheile an die übrigen Staaten und damit die Aufhebung des ganzen Zoll- u. Steuersystemes nach sich ziehen müsste».[263]

In diesem Sinne war von Anfang an klar, dass sich die Meistbegünstigung in Handelsfragen, wie sie der Vertrag in Artikel 7 statuierte, bei den russischen Zöllen vorläufig im egalitären Vollzug des autonomen Tarifs erschöpfen wür-

konvencij i soglašenij, Bd. 1. Zu den schweizerischen Verträgen vgl. Sammlung der Handels-, Niederlassungs- u. Konsular-Verträge der Schweiz mit dem Auslande; Benziger, Die Konsularischen Vertreter, S. 19.

260 Für den Befund, der russische Markt sei für die Schweiz im 19. und frühen 20. Jahrhundert wichtiger gewesen als der Schweizer Markt für Russland, vgl. Rauber, Schweizer Industrie, S. 327. Zur Ansicht auch der zarischen Diplomatie, die bilateralen Handelsbeziehungen seien für die Schweiz von viel grösserem Interesse als für Russland, vgl. etwa Bacheracht an Bundesrat Hoffmann, 6./19. 10. 1915. BAR, E 2001 (E) -/13 (B 8).

261 Vgl. oben S. 239–246.

262 Protokoll der Sitzung des Bundesrates, 11. 11. 1870. DDS, Bd. 2, Nr. 303, S. 464 f.; Bundespräsident Welti an den Bundesrat, 12. 12. 1872. BAR, E 21/24592; *Botschaft des Bundesrathes an die hohe Bundesversammlung, betreffend die Genehmigung eines Niederlassungs- und Handelsvertrags mit Russland. (Vom 10. Juli 1873.)* BBl. 1873 III, S. 85–89, hier S. 86.

263 Bundespräsident Welti an den Bundesrat, 12. 12. 1872. BAR, E 21/24592. Zur russischen Ansicht, Tariffragen gehörten in den Bereich der inneren Administration eines Landes und könnten unmöglich Gegenstand einer internationalen Vereinbarung sein, vgl. auch Ministergehilfe Westmann an M. A. Gorčakov, 13./25. 5. 1872. Švejcarija – Rossija, Nr. 59, S. 173.

de.[264] Benziger spricht denn auch von einer «beschränkten Meistbegünstigung»,[265] und Aussenminister Lambsdorff behauptete 1902 gar: «Unsere Handelsbeziehungen mit der Schweiz sind durch den Vertrag vom 14./26. Dezember 1872 definiert. Dieses Abkommen beruht nicht auf dem Recht der Meistbegünstigung.»[266] Nachdem Russland 1893 den doppelten Zolltarif eingeführt hatte, gewährte es der Schweiz den niedrigeren *Konventionaltarif* – was einer Art Meistbegünstigung entsprach.[267]

1.2.2.2. Das Markenschutzabkommen von 1899

Im Gegensatz zur Schweiz schloss sich Russland 1883 der internationalen Vereinbarung über den Schutz gewerblichen Eigentums nicht an.[268] St. Petersburg setzte weiterhin auf das Instrument bilateraler Markenschutzabkommen, von denen es schon eine Reihe unterzeichnet hatte.[269] Im Bewusstsein um die wachsende Bedeutung des russischen Marktes für die Schweizer Wirtschaft und in der Annahme, Russland werde auch in absehbarer Zeit der internationalen Konvention nicht beitreten, schlug der Bundesrat 1898 seinerseits ein bilaterales Abkommen vor. Die russische Reaktion fiel positiv aus. Der bundesrätliche Entwurf, der in Analogie zu den Erklärungen mit Grossbritannien (1880), Österreich-Ungarn (1885) und Griechenland (1895) eine blosse Gegenseitigkeitserklärung im Sinne des schweizerischen Markenschutzgesetzes von 1890[270] vorgesehen hätte, fand allerdings keine Billigung. Das Zarenregime legte nun ein eigenes Projekt vor, das sich an den von ihm bereits abgeschlossenen Verträgen orientierte. Bis auf wenige redaktionelle Änderungen war der Bundesrat einverstanden, und am 19. April/1. Mai 1899 konnte die Übereinkunft in Bern unterzeichnet werden.[271]

---

264 Zur Freiheit der Tariffestlegung, die sich Russland in seinen Handelsverträgen bis 1898 jeweils vorbehalten habe, vgl. Kislovskij, Istorija tamožni gosudarstva Rossijskogo, S. 74.

265 Benziger, Beziehungen der Schweiz mit Russland, S. 22.

266 Vgl. Lambsdorff an Žadovskij, 12./25. 11. 1902 (aus dem Russischen). Rossija – Švejcarija, Nr. 81, S. 164. In einer ebenfalls 1902 in St. Petersburg erschienenen Studie zum russischen Aussenhandel heisst es, die von Russland eingegangenen Handelsverträge beruhten auf gegenseitiger «Begünstigung» *(blagoprijatstvo)*. Očerk istorii vnešnej torgovli Rossii, S. XXXII.

267 Vgl. Lambsdorff an Žadovskij, 12./25. 11. 1902. Rossija – Švejcarija, Nr. 81, S. 164 f.

268 *Internationale Convention zum Schutze des gewerblichen Eigenthums. (Abgeschlossen in Paris am 20. März 1883.)* AS (n. F.), Bd. 7, S. 517–545.

269 Vgl. die Liste in: Sbornik dejstvujuščich traktatov, konvencij i soglašenij, Bd. 2, S. IV f.

270 *Bundesgesetz betreffend den Schutz der Fabrik- und Handelsmarken, der Herkunftsbezeichnungen von Waaren und der gewerblichen Auszeichnungen. (Vom 26. September 1890.)* AS (n. F.), Bd. 12, S. 1–12.

271 Vgl. *Botschaft des Bundesrates an die Bundesversammlung betreffend Ratifikation eines Übereinkommens zwischen der Schweiz und Russland zum gegenseitigen Schutz der Fabrik- und Handelsmarken. (Vom 18. Mai 1899.).* BBl. 1899 III, S. 60–62.

Der Vertrag legte fest, dass Bürger beziehungsweise Untertanen des einen Staates auf dem Gebiet des anderen bezüglich Eigentum an Handels- und Fabrikmarken den gleichen Schutz wie eigene Staatsangehörige geniessen sollten, sofern die lokal geltenden Formalitäten erfüllt wurden (Artikel 1). Darüber hinaus konnte gar ein Stück heimatlicher Gesetzgebung ins andere Land mitgenommen werden: «Toutefois, il est permis en Suisse aux sujets russes et en Russie aux citoyens suisses de faire enregistrer valablement leurs marques, telles qu'elles ont été admises dans leur pays d'origine, pourvu qu'elles ne soient pas contraires à la morale ou à l'ordre public.»[272] Die Registrierung einer Marke konnte im anderen Land verweigert werden, wenn sich diese Marke nicht genügend von einer bereits registrierten unterschied (Artikel 2). Eine gewisse Hürde für die Schweizer mag darin bestanden haben, dass Gesuche an die zarischen Behörden in russischer Sprache einzureichen waren.[273]

1.2.2.3. Die Erklärung zur Stellung von Aktien- und anderen Handels-, Industrie- und Finanzgesellschaften von 1903

Seit Ende der 1880er Jahre beschäftigte den Bundesrat die Frage, inwieweit schweizerische Aktien- und Handelsgesellschaften im Zarenreich anerkannt und gerichtsfähig waren. In der europäischen Versicherungspresse konnte man lesen, nur solche Gesellschaften seien berechtigt, in Russland vor Gericht zu klagen, deren Ursprungsland eine Spezialkonvention mit der Zarenregierung abgeschlossen habe. Das schweizerische Handels- und Landwirtschaftsdepartement forderte nun das Departement des Auswärtigen auf, eine offizielle russische Erklärung zur fraglichen Rechtslage der schweizerischen Aktiengesellschaften im Zarenreich und insbesondere zu ihrer Zulassung vor Gericht einzuholen. Für den Fall einer negativen Antwort suggerierte das

272 *Übereinkommen zwischen der Schweiz und Russland betreffend den gegenseitigen Schutz der Fabrik- und Handelsmarken.* BBl. 1899 III, S. 64–68, hier S. 66. Diese Klausel hielt der Bundesrat besonders im Hinblick auf die in Russland nicht geschützten Wortmarken für bedeutungsvoll. *Botschaft des Bundesrates an die Bundesversammlung betreffend Ratifikation eines Übereinkommens zwischen der Schweiz und Russland zum gegenseitigen Schutz der Fabrik- und Handelsmarken. (Vom 18. Mai 1899.)* BBl. 1899 III, S. 60–62, hier S. 61.

273 Der Vertrag war vom zarischen Gesandten Jonin und von Bundesrat Brenner unterzeichnet worden, vgl. *Convention conclue à Berne le 19 avril (1er mai) 1899 entre la Russie et le Conseil fédéral de la Confédération Suisse concernant la protection réciproque des marques de commerce et de fabrique.* Annuaire diplomatique de l'Empire de Russie pour l'année 1900, S. 181–183; AS (n. F.), Bd. 17, S. 285–292. – Zu einem mutmasslichen russischen Verstoss gegen das Markenschutzabkommen vgl. Odier an Bundespräsident Hoffmann, 11./24. 1. 1914. BAR, E 2300 Petersburg/3. Zur weiteren Entwicklung des Schutzes schweizerischer Fabrikmarken in Russland vgl. das Dossier BAR, E 2001 (A)/1752.

Handelsdepartement den Abschluss einer einschlägigen Konvention.[274] Nach Abklärungen zu den analogen Vereinbarungen, die Russland unter anderem mit Frankreich, Italien und Belgien bereits abgeschlossen hatte,[275] sah das Departement des Auswärtigen aber keine Notwendigkeit für einen Schweizer Vorstoss, da die Rechte ausländischer Gesellschaften in einem Zirkular des russischen Finanzministeriums von 1887 geregelt seien.[276]

Das genügte dann aber doch nicht. 1897 bestätigte das Generalkonsulat in St. Petersburg auf Anfrage, durch das Fehlen eines bilateralen Spezialabkommens seien tatsächlich schon Benachteiligungen von Schweizer Unternehmen vorgekommen.[277] Die Hoffnung auf gleiche Schweizer Rechte infolge Meistbegünstigung zerschlug das Generalkonsulat mit dem Hinweis darauf, auch Staaten, die mit Russland vertraglich ähnlich verbunden seien wie die Schweiz, hätten eine zusätzliche Konvention abgeschlossen.[278]

Die Sache konkretisierte sich erst 1902.[279] Generalkonsul Schinz brachte in Erfahrung, dass die russische Regierung zu Verhandlungen bereit sei; als Ausgangspunkt bot sich die analoge schweizerisch-griechische Deklaration von 1901 an.[280] Im November 1902 unterbreitete Schinz also dem zarischen Aussenministerium einen Vorschlag. Die russische Regierung akzeptierte das Projekt und verlangte in ihrer Antwort lediglich, die statuierten Rechte der Gesellschaften im jeweils anderen Land redaktionell etwas enger zu fassen; statt «y jouiront

---

274 EVD (Abteilung Versicherungsamt) an das EDA, 14. 1. 1888. BAR, E 21/24594.

275 Für die entsprechenden Verträge Russlands vgl. Sbornik dejstvujuščich traktatov, konvencij i soglašenij, Bd. 2, S. III f. – Zu den Abklärungen des Bundesrates vgl. BAR, E 21/24594.

276 EDA an das EVD (Abteilung Versicherungsamt), 7. 2. 1888 (Entwurf; abgeschickt: 9. 2. 1888). BAR, E 21/24594. – Für die nun ausgetauschte Korrespondenz über das fragliche Genügen des besagten Zirkulars vgl. EVD an das EDA, 16. 2. 1888. Ebd.; EDA an das EVD, 29. 2. 1888 (Entwurf). Ebd.

277 Schweizerisches Generalkonsulat in St. Petersburg an das EVD, 9./21. 1. 1897. BAR, E 21/24594. Für die entsprechende Anfrage, die vor allem Benachteiligungen der Basler Chemie im Auge hatte, vgl. EVD an das schweizerische Generalkonsulat in St. Petersburg, 31. 12. 1896 (Entwurf). Ebd.

278 Schweizerisches Generalkonsulat in St. Petersburg an das EVD, 14./26. 2. 1897. BAR, E 21/24594. An die einzufordernde Meistbegünstigung hatte bereits das Justiz- und Polizeidepartement erinnert, vgl. EJPD an das schweizerische Generalkonsulat in St. Petersburg, 18. 7. 1891 (Entwurf). Ebd.

279 Zur Mitteilung eines Prof. Ernest Roguin (Lausanne) an den Bundesrat vom 24. Juni 1902, er sei in Russland auf Schwierigkeiten gestossen, als er für eine Schweizer Aktiengesellschaft die Ermächtigung gerichtlicher Klageerhebung zu erlangen versuchte, vgl. EJPD an den Bundesrat, 22. 10. 1902. BAR, E 21/24594.

280 Erklärung zwischen der Schweiz und Griechenland betreffend die gegenseitige Anerkennung der Aktiengesellschaften vor Gericht. AS (n. F.), Bd. 18, S. 658–660. Zur Schweizer Idee, mit Russland einen Vertrag nach dem Muster der schweizerisch-griechischen Deklaration abzuschliessen, vgl. Schinz an das EJPD, 15./28. 7. 1902. BAR, E 21/24594. Zur Diskussion um die Anpassung der Vorlage vgl. etwa Schinz an das EJPD, 23. 7./5. 8. 1902. Ebd.; ferner Protokoll der Sitzung des Bundesrates, 28. 10. 1902. Ebd.

de tous les droits civils y compris le droit d'ester en justice» sollte es heissen: «y auront notamment le droit d'ester en justice», womit die Vereinbarung den bereits existierenden russischen Abkommen mit Deutschland und Griechenland angeglichen werde.[281] Der Bundesrat hatte nichts gegen diese Änderung einzuwenden, bevollmächtigte den Chef des Justiz- und Polizeidepartements Brenner, die Deklaration zu unterzeichnen,[282] und forderte auch den zarischen Gesandten Žadovskij auf, seine Vollmacht zur Unterzeichnung beizubringen. Unter Verweis auf die beschränkte Bedeutung der Sache begnügte sich St. Petersburg jedoch damit, Žadovskij im Rahmen seiner üblichen Funktion zu autorisieren.[283] Am 6./19. Oktober 1903 wurde die Deklaration in Bern unterzeichnet.[284]

1.2.2.4. Vorstösse zu einer Tarifkonvention

1914 initiierte das russische Ministerium für Handel und Industrie den Abschluss von Handelsabkommen «mit einer Reihe von zweitrangigen Staaten, darunter auch mit der Schweiz».[285] Diese neuen Vereinbarungen sollten auf gegenseitigen Tarifkonzessionen basieren und die bestehenden Verträge – im Falle der Schweiz also denjenigen von 1872 – ergänzen. Die kaiserliche Diplomatie wurde in einem geheimen Zirkular beauftragt, zunächst einmal auf möglichst privatem Wege bei den jeweiligen Regierungen die Bereitschaft zu einem solchen Abkommen abzuklären.[286]

Im Mai rapportierte der Gesandte Bacheracht, er habe vertraulich mit Bundespräsident Hoffmann gesprochen und verfüge über sichere Hinweise, dass die Schweiz auf den Vorschlag eingehen werde.[287] Das Dossier im Archiv der

---

281 Russische Gesandtschaft in Bern an Bundespräsident Deucher, 25. 6./8. 7. 1903. BAR, E 21/24594. Für die Instruktion des MID vgl. Lambsdorff an Žadovskij, 20. 6. 1903 (a. St.). AVPRI, Missija v Berne, op. 843/3, d. 291, l. 10–10 ob.

282 Protokolle der Sitzungen des Bundesrates, 14. 8. und 13. 10. 1903. BAR, E 21/24594; Bundesrat an die russische Gesandtschaft in Bern, 14. 8., 13. 10. und 16. 10. 1903. AVPRI, Missija v Berne, op. 843/3, d. 291, ll. 8, 6 und 4.

283 Vgl. Žadovskij an Bundespräsident Deucher, 5./18. 10. 1903. BAR, E 21/24594.

284 Protokoll der Sitzung des Bundesrates, 23. 10. 1903. BAR, E 21/24594; Žadovskij an Ministergehilfe Obolenskij-Neledinskij-Meleckij, 10./23. 10. 1903 (Entwurf). AVPRI, Missija v Berne, op. 843/3, d. 291, l. 1. Die Erklärung ist abgedruckt in: Annuaire diplomatique de l'Empire de Russie pour l'année 1904, S. 223 f.; *Erklärung zwischen der Schweiz und Russland betreffend die Stellung der Aktiengesellschaften und andern Handels-, Industrie- und Finanzgesellschaften. (Vom 19. Oktober 1903.)* AS (n. F.), Bd. 19, S. 715–717.

285 «[...] s rjadom vtorostepennych gosudarstv, v tom čisle i so Švejcariej [...]». K. È. Argiropulo (Älterer Ministerialrat) an Bacheracht, 1. 4. 1914 (a. St.; aus dem Russischen). AVPRI, Missija v Berne, op. 843/3, d. 761, l. 2–2 ob.

286 Ebd.

287 Bacheracht an Argiropulo, 12./25. 5. 1914. AVPRI, Missija v Berne, op. 843/3, d. 761, l. 3–3 ob.

zarischen Mission schliesst mit einem undatierten und unadressierten, wohl von Hoffmann stammenden Papier, wonach die Schweiz bereit sei, über die Meistbegünstigung hinaus eine spezielle Tarifkonvention mit Russland abzuschliessen, «sur la base des concessions mutuelles dans le domaine des principaux articles d'échange commercial entre les deux pays».[288]

Der russische Vorstoss und seine Geheimniskrämerei stehen im Kontext des deutsch-russischen Antagonismus am Vorabend des Ersten Weltkriegs – und der Bemühungen des Zarenregimes, seine wirtschaftliche Stellung in Europa zu festigen. Wie sollte sich die neutrale Schweiz hier verhalten? Der Bundesrat war sich der Gratwanderung zwischen politischer Opportunität und wirtschaftlicher Prosperität bewusst. In einer Aktennotiz ist zu lesen, es gelte vorsichtig zu sein, insbesondere habe sich Russland genauer über die ins Auge gefassten Handelsgüter auszusprechen. Aber es heisst da auch, man habe eine schweizerische, nicht nur eine Wohlgefälligkeitspolitik zu betreiben, und aus der deutsch-russischen Spannung könnten etwa England und Frankreich, vor allem aber die Schweiz gewaltigen Vorteil ziehen. Jedenfalls habe ja Bismarck selbst gesagt, man solle Politik und Wirtschaft trennen, und es wäre doch ein Fehler, bei einem solchen Angebot nicht zuzugreifen. Strengste Geheimhaltung, vor allem gegenüber Deutschland, verstand sich.[289]

1.3.   Die Etablierung direkter Postverbindungen

Bis 1872 bestanden zwischen der Schweiz und dem Zarenreich keine direkten Postverbindungen.[290] Die mittlerweile über 50'000 Briefe, die jährlich in beide Richtungen abgingen, wurden von den Postverwaltungen der deutschen Staaten und zum Teil auch Österreichs vermittelt.[291] Eine unbefriedigende Situation, wie Baron Ivan O. Velho, der Direktor des zarischen Postdepartements, ausführte:

«Le service postal entre la Russie et la Suisse se fait actuellement par l'entremise soit de l'administration des postes prussiennes, soit de l'administration des postes autrichiennes qui fixent les taxes, statuent les règlements, arrêtent les comptes et examinent les réclamations.

Les nombreux inconvénients d'un système pareil [...] pourraient être écartés

---

288 EPD, ohne Adressat, undatiert. AVPRI, Missija v Berne, op. 843/3, d. 761, l. 6.

289 Aktennotiz: *Notizen an Bundesrat Schulthess,* 1. 5. 1914. BAR, E 2001 (B) -/1/25 (B 21/16 Petrograd).

290 Zu den Anfängen des russischen Postwesens vgl. Vigilev, Istorija otečestvennoj počty; Kalmus, Weltgeschichte der Post, S. 345 f. Zu den Anfängen des schweizerischen Postwesens vgl. ebd., S. 303–308; Frey, Die ersten 100 Jahre.

291 *Botschaft des Bundesrathes an die hohe Bundesversammlung, betreffend den Postvertrag mit Russland. (Vom 14. Juni 1872.)* BBl. 1872 II, S. 715–718, hier S. 715.

par l'établissement des relations directes entre les administrations postales de la Russie et de la Suisse et par l'introduction de dépêches closes, qui seraient échangées au moyen du transit entre les deux pays.»[292]

Direkte Postverbindungen mit Russland waren bisher von der Unmöglichkeit behindert worden, geschlossene Sendungen durch die deutschen Staaten zu spedieren. 1872 erwarb sich die Zarenregierung diese deutsche Transitbewilligung definitiv;[293] schon vorher hatte sie den Abschluss von bilateralen Postverträgen mit verschiedenen Staaten initiiert, darunter auch mit der Schweiz.[294]

Der Gesandte Giers informierte Bundespräsident Dubs im November 1870 über sein entsprechendes Verhandlungsmandat. Er setzte dem Bundesrat die Vorteile eines direkten Abkommens auseinander, plädierte für einen standardisierten Transit von geschlossenen Sendungen über Österreich und bat die Schweiz, einen Bevollmächtigten für weitere Unterredungen in St. Petersburg zu ernennen; dort nämlich würden zentral auch die Verträge mit anderen Staaten ausgehandelt.[295]

Der Bundesrat zeigte sich erfreut über den russischen Vorstoss, begegnete ihm aber auch mit Skepsis. Ein solcher Vertrag, hiess es beim Eidgenössischen Postdepartement, sei nur dann von Nutzen, wenn er sich ganz praktisch auf Preis und Geschwindigkeit der Sendungen auswirke. Nun sei aber der Transit durch Österreich langsamer als derjenige durch die deutschen Staaten, und bei der von Russland zusätzlich zur Transitgebühr erhobenen Inlandtaxe sei die zu erwartende Preissenkung kaum mehr nennenswert. Kurz: Verhandlungen ja, aber mit besseren Angeboten aus St. Petersburg.[296]

Für Baron Velho war das eine zu enge Sicht der Dinge. Man könne nicht alles gleichzeitig erwarten, und überhaupt liege doch der Vorteil eines direkten Vertrages auch in der optimalen Anpassung der Postverbindungen an die bilateralen Bedürfnisse.[297] Velho legte Anfang 1871 einen Vertragsentwurf vor.

292 Velho an Bundesrat Challet-Venel, 31. 7./12. 8. 1870. BAR, E 51/850. – In russischen Dokumenten erscheint der Name Velho – entsprechend seiner Aussprache – als «Velio» oder «Vel'o». – Velho war im Innenministerium auch bei der Polizei tätig; seit 1880 leitete er das neu geschaffene Staatspolizeidepartement, wir sind ihm in dieser Funktion bereits einmal begegnet (vgl. oben S. 166, Anm. 752). Zu Velho (bzw. «Velio») vgl. Gosudarstvennye dejateli Rossii, S. 40 f.

293 In einem Zusatzabkommen zum russisch-deutschen Postvertrag von 1865. Vgl. *Convention postale additionnelle, conclue avec la Prusse*, 14./26. 5. 1872. Hier heisst es in Art. 2: «Der Kaiserlich-Russischen Postverwaltung soll das Recht zustehen, im Transit durch Deutsches Post-Gebiet geschlossene Briefpackete mit fremden Ländern auszuwechseln.» Sobranie traktatov i konvencij, Bd. 8, Nr. 353, S. 593.

294 Vgl. *Botschaft des Bundesrathes an die hohe Bundesversammlung, betreffend den Postvertrag mit Russland. (Vom 14. Juni 1872.)* BBl. 1872 II, S. 715–718, hier S. 715.

295 Giers an Bundespräsident Dubs, 11./23. 11. 1870. BAR, E 51/850.

296 Vgl. Eidgenössisches Postdepartement an den Bundesrat, 6. 12. 1870. BAR, E 51/850; Protokoll der Sitzung des Bundesrates, 7. 12. 1870. Ebd.

297 Velho an Bundesrat Challet-Venel, 29. 12. 1870/10. 1. 1871. BAR, E 51/850.

Die wenig später zugesicherte deutsche Transitbewilligung beschleunigte das Verfahren, die Fixierung auf die Österreich-Route fiel nun weg. Am 10. Juli 1872 wurde der schweizerisch-russische Postvertrag unterzeichnet.[298] Er statuierte einen regelmässigen bilateralen Korrespondenzverkehr mittels geschlossener Pakete durch die zwischenliegenden Staaten (Artikel 1, 2) und hielt in Artikel 12 fest, der Ertrag aus den erhobenen Taxen gehe zu 35 Prozent an die schweizerische und zu 65 Prozent an die russische Postverwaltung.[299] 1874 gehörten sowohl Russland wie die Schweiz zu den Gründungsmitgliedern des in Bern ansässigen *Allgemeinen Postvereins* (später: *Weltpostverein*).[300] Die Postbehörden der beiden Staaten einigten sich 1904 auf eine gemeinsame Deklaration zur Abwicklung von Postanweisungen.[301] 1912/13 folgte ein Abkommen über den Verkehr von Nachnahmesendungen.[302]

1.4. Schweizerisch-russische Kooperation im internationalen Kontext: Das Beispiel des Roten Kreuzes

Staatsbeziehungen existieren und entwickeln sich nicht nur im Rahmen der Bilateralität. Gerade das schweizerisch-russische Verhältnis war stets massgeblich von multilateralen Umgebungsstrukturen geprägt: Der gesamteuropäische monarchische Konservativismus bildete beispielsweise einen wichtigen Orientierungsrahmen zarischer Schweizpolitik um 1848, und die verschiedenen bilateralen Abkommen der späteren Jahrzehnte waren Teil eines globalen Geflechts analo-

298 Vgl. Protokoll der Sitzung des Bundesrates, 12. 7. 1872. BAR, E 51/850; *Botschaft des Bundesrathes an die hohe Bundesversammlung, betreffend den Postvertrag mit Russland. (Vom 14. Juni 1872.)* BBl. 1872 II, S. 715–718. Zur Vorbereitung des Vertragsabschlusses vgl. auch Protokoll der Sitzung des Bundesrates, 20. 3. 1872. BAR, E 51/850.

299 Vgl. *Postvertrag zwischen der Schweiz und Russland.* BBl. 1872 II, S. 719–725; *Postvertrag zwischen der Schweiz und Russland. Abgeschlossen den 28. Juni/10. Juli 1872. Ratifizirt von Russland den 12. Juli 1872. Ratifizirt von der Schweiz den 16. Juli 1872.* AS, Bd. 10, S. 951–970. Der Vertragstext findet sich unten S. 630–640.

300 Vgl. Kalmus, Weltgeschichte der Post, S. 481; Annuaire diplomatique de l'Empire de Russie pour l'année 1876, S. 187 f. Der Weltpostvertrag wurde in den folgenden Jahren immer wieder angepasst und erneuert. – Zu den Postkonventionen Russlands mit Schweden/Norwegen (1868), Belgien, den Niederlanden, Dänemark, der Schweiz, Italien, Frankreich (1872), Rumänien und Österreich-Ungarn (1873) vgl. die Hinweise in: Annuaire diplomatique de l'Empire de Russie.

301 Russland tauschte mit einer ganzen Reihe von Staaten entsprechende Deklarationen aus. Jene mit der Schweiz wurde am 18./31. Januar 1904 in St. Petersburg bzw. am 18. Februar 1904 in Bern unterzeichnet. Annuaire diplomatique de l'Empire de Russie pour l'année 1905, S. 179 bis 188. *Übereinkommen zwischen der Schweiz und Russland betreffend den Austausch von Postanweisungen. (In Kraft ab 15. April 1904.)* AS (n. F.), Bd. 20, S. 53–60.

302 Diese Vereinbarung wurde im November 1912 unterzeichnet; die bestätigenden ministeriellen Deklarationen folgten im Juli 1913. *Ob obmene meždu Rossiej i Švejcariej posylok s naložennym platežom.* Izvestija Ministerstva inostrannych del, 5 (1913), S. 69–77.

ger Vereinbarungen. Es ist hier nicht der Ort, alle internationalen Institutionen, in denen sich offizielle Vertreter der Schweiz und des Zarenreiches begegneten, systematisch abzuhandeln. Am Beispiel des Roten Kreuzes möchte ich aber exemplarisch auf die europäische und weltweite Einbettung schweizerisch-russischer Behördenkooperation während unseres Zeitfensters hinweisen.

Das Zarenregime war im August 1864 nicht vertreten, als in Genf eine internationale Konvention zur verbesserten Hilfeleistung an Kriegsverwundete und namentlich zur Respektierung neutraler Ambulanzen und Spitäler in Kriegszeiten unterzeichnet wurde. Zwar hatte der Gesandte Ozerov die im Juni auch an Russland ergangene Kongresseinladung des schweizerischen Bundespräsidenten sofort nach St. Petersburg weitergeleitet.[303] In einem Bericht der Schweizer Delegation heisst es dann aber lapidar: «Le représentant de la Russie n'a pu arriver à Genève en temps utile pour participer aux travaux du Congrès.»[304]

Bereits im Vorjahr hatte sich in Genf ein *Comité international de secours aux militaires blessés* (seit Mitte der 1870er Jahre *Internationales Komitee vom Roten Kreuz*, IKRK) gebildet und einen Kongress organisiert, auf dem auch Delegierte aus dem Zarenreich präsent waren.[305] Hier wurden Massnahmen für die Organisation von nationalen Hilfsgesellschaften beschlossen, welche im Kriegsfall den Sanitätsdienst der Armeen unterstützen sollten,[306] hier waren auch Wünsche zuhanden der Regierungen formuliert worden: nach staatlichem Schutz für die neu zu bildenden Hilfsgesellschaften, nach einer respektierten Neutralität von Ambulanzen und Spitälern sowie von Sanitätspersonal und Verwundeten auf den Kriegsschauplätzen und schliesslich nach der Einführung eines einheitlichen Erkennungszeichens für den Sanitätsdienst. Die Genfer Konvention vom 22. August 1864 erhob diese Anliegen für die Unterzeichnerstaaten zur bindenden Norm.[307] Der schweizerische Bundesrat, der als Landesbehörde des umtriebigen Genfer Komitees die diplomatische Koordination des Projekts übernommen hatte, lud die russische Regierung ein, sich nachträglich dem Vertragswerk anzuschliessen.[308]

303 Vgl. Ozerov an Bundespräsident Dubs, 2./14. 6. 1864. BAR, E 2/307.

304 *Le congrès de Genève: Rapport adressé au Conseil fédéral par MM. Dufour, Moynier et Lehmann, Plénipotentiaires de la Suisse.* Genf 1864 (gedruckt; BAR, E 2/308), S. 2. Zum Kongress von 1864 vgl. auch Haug, Menschlichkeit, S. 33–35.

305 Nämlich Hauptmann A. Kireev, Adjutant des Grossfürsten Konstantin, und E. Esakov, Bibliothekar der Grossfürstin Elena Pavlovna. Vgl. *La charité sur les champs de bataille suites du souvenir de Solferino et résultats de la conférence internationale de Genève: Neutralisation des Ambulances entre Armées belligérantes. Sociétés internationales des Hospitaliers militaires.* Genf 1864 (gedruckt; BAR, E 2/307), S. 13.

306 In der Schweiz bestand ein *Hilfsverein für schweizerische Wehrmänner und deren Familien* als Vorläufer des Schweizerischen Roten Kreuzes seit 1866. Haug, Menschlichkeit, S. 259 f.

307 *Übereinkunft zur Verbesserung des Looses der im Kriege verwundeten Militärs.* AS, Bd. 8, S. 520 bis 546. Vgl. auch Haug, Menschlichkeit, S. 30 f.; Ènciklopedičeskij slovar', 32. Halbband, S. 558.

308 Vgl. Ozerov an A. M. Gorčakov, 19. 11./1. 12. 1864. AVPRI, Missija v Berne, op. 510, d. 175, l. 34–34 ob.

Minister Ozerov teilte Anfang 1865 mit, der Zar habe mit Sympathie von der Arbeit des jüngsten Genfer Kongresses, diesem «œuvre de civilisation et d'humanité si honorable pour le Gouvernement qui en a pris l'initiative», Kenntnis genommen. Nur: Seine Regierung, so Ozerov, beachte die hier festgelegten Grundsätze schon lange, und die russische Armee verfüge über genügend Mittel für den Sanitätsdienst, so dass sich die – aus militärischer Perspektive ohnehin problematische – Intervention eines internationalen Komitees im Falle des Zarenreichs erübrige.[309] Bereits am 1. Mai 1867 vermeldete Ozerov dann aber doch den Willen seiner Regierung, sich der Konvention von 1864 anzuschliessen.[310] Der Bundesrat brachte seine Befriedigung zum Ausdruck und vollzog den Austausch der erforderlichen ministeriellen Deklarationen.[311] Abgesehen von der wachsenden Zahl der Signatarstaaten mag der nunmehrige russische Beitrittswille dadurch befördert worden sein, dass das Anliegen einer verbesserten Hilfeleistung an Kriegsversehrte inzwischen auch im Zarenreich einflussreiche Anhänger gefunden hatte. Dank der Unterstützung vornehmlich weiblicher Angehöriger des Hofes und der Zarenfamilie konnte die *Russländische Hilfsgesellschaft für verwundete und erkrankte russische Militärpersonen (Rossijskoe Obščestvo popečenija o ranenych i bol'nych voinach)* errichtet werden, deren Statut der Zar am 3. Mai 1867 billigte. Die Gesellschaft – seit 1879 *Russländische Gesellschaft des Roten Kreuzes (Rossijskoe Obščestvo Krasnago Kresta)* genannt – verfügte über eine zentrale Hauptverwaltung in St. Petersburg sowie über zahlreiche regionale und lokale Sektionen und wurde massgeblich

---

309 Ozerov an den Bundesrat, 8./20. 2. 1865. BAR, E 2/309. Mit einer analogen Antwort quittierte die Zarenregierung auch spätere Beitrittsermunterungen, vgl. etwa Ozerov an Bundespräsident Knüsel, 24. 5./5. 6. und 16./28. 6. 1866. Ebd.; ferner Bundesrat an das Genfer *Comité international pour l'amélioration du sort des militaires blessés dans les armées en campagne,* 29. 6. 1866 (Entwurf). Ebd. – Zur anfänglichen Opposition der Militärs gegen die Hilfsgesellschaften, etwa in Frankreich, vgl. Novyj ènciklopedičeskij slovar', Bd. 23, Sp. 112. – Zum französischen Anteil an der Kongressinitiative von 1864 vgl. Haug, Menschlichkeit, S. 33 f. – Zum (keineswegs optimalen) Sanitätsdienst der russischen Armee nach 1850 vgl. Beyrau, Militär und Gesellschaft, S. 377–392.

310 Ozerov an Bundespräsident Fornerod, 19. 4./1. 5. 1867. BAR, E 2/309.

311 Vgl. Bundesrat an die russische Gesandtschaft in Bern, 4. 5. 1867 (Entwurf). BAR, E 2/309; Ozerov an A. M. Gorčakov, 26. 4./8. 5. 1867. AVPRI, Missija v Berne, op. 510, d. 113, l. 98–98 ob.; Ozerov an Bundespräsident Fornerod, 8./20. 7. 1867. BAR, E 2/309; ferner Bundesrat an das Genfer *Comité international pour l'amélioration du sort des militaires blessés dans les armées en campagne,* 6. 5. 1867 (Entwurf). Ebd. Zum Beitritt Russlands zur Genfer Konvention am 10./22. Mai 1867 vgl. Haug, Menschlichkeit, S. 214; Reimann, Funktionen, S. 31. – Zu einer Verhandlungsrunde 1868, an der die Zarenregierung nach einigem Hin und Her und offensichtlichen Kommunikationsproblemen zwischen dem Aussenministerium und der Gesandtschaft in Bern wiederum nicht ordentlich teilnahm, vgl. russische Gesandtschaft in Bern an Westmann, 15./27. 8., 21. 9./3. 10. 1868, undatiert und 22. 11./4. 12. 1868. AVPRI, Missija v Berne, op. 510, d. 114, ll. 55–55 ob., 111–112, 113–113 ob. und 116 ob.–117; russische Gesandtschaft in Bern an Bundespräsident Dubs, 20. 9./2. 10. 1868. BAR, E 2/310.

durch das Kriegsministerium finanziert.[312] Henri Dunant war zufrieden; als alter Mann schrieb er 1902 an den zarischen Gesandten Westmann: «[…] outre ma gratitude personnelle envers la Société Russe de la Croix Rouge, j'estime qu'elle se trouve être l'association qui, certainement, par son admirable activité, a le mieux compris toute l'étendue, la grandeur, la multiplicité des branches humanitaires, de l'Œuvre dont j'ai le bonheur d'être le fondateur.»[313]

In der Schweiz trat das offizielle russische Rote Kreuz während des Ersten Weltkriegs zugunsten russischer Kriegsgefangener in Erscheinung.[314] Schon früh machte sich die russische Rot-Kreuz-Bewegung in der Eidgenossenschaft aber auch in einer oppositionellen Variante bemerkbar. 1881 war das «Rote Kreuz» der terroristischen *Narodnaja Volja* gegründet worden, das mit Vera Zasulič und Petr Lavrov zwei in der Schweiz und Frankreich wirkende Auslandsvertreter ernannte.[315] In den Quellen ist 1882 überdies von einem Genfer *Comité executif de la croix rouge* die Rede, auch *Nihilisten-Comité* genannt, das unter Mitwirkung von Russen betrieben werde.[316]

Für die Beziehungen zwischen der Schweiz und dem Zarenreich gilt es festzuhalten, dass sich mit der Frage der Humanisierung des Kriegswesens und ganz allgemein mit der wachsenden Bedeutung administrativer internationaler Kooperation für den Bundesrat ein Handlungsfeld eröffnete, auf dem er aus der angestammten aussenpolitischen Passivität heraustreten und die Verhältnisse in Europa mitgestalten konnte, ohne sich plötzlich in einer als unschweizerisch empfundenen hohen Politik üben zu müssen. Wenn die Mächte in der ersten Jahrhunderthälfte die Eidgenossenschaft zum Gegenstand ihrer Gestaltungspläne gemacht hatten, so übernahm der Bundesrat mit der Organisation der Genfer Konvention – wenige Jahre nach der Normalisierung seiner Beziehungen zum Zarenreich – eine internationale administrative Führungsrolle, die es ihm erlaubte, seinerseits die zögerliche russische Regierung zum Objekt eigener Visionen und freundschaftlicher Ermunterungen zu machen. Einer solchen par-

---

312 Vgl. Ènciklopedičeskij slovar', 32. Halbband, S. 561 f.; Novyj ènciklopedičeskij slovar', Bd. 23, Sp. 113–117; Haug, Menschlichkeit, S. 214; Reimann, Funktionen, S. 31; Moorehead, Dunant's Dream, S. 130, 152 (hier die Charakterisierung des russischen Roten Kreuzes als «vast, chaotic, charitable world»), 231. – Zur finanziellen Unterstützung, die Kaiserin Marija Fedorovna Henri Dunant als dem Initiator des Roten Kreuzes durch Vermittlung der zarischen Gesandtschaft in Bern 1897 zukommen liess, vgl. Präsident der Russländischen Gesellschaft des Roten Kreuzes Herberg an Geschäftsträger Bacheracht, 21. 1./2. 2. 1897. Rossija – Švejcarija, Nr. 79, S. 159.

313 Dunant an Westmann, 5. 3. 1902. AVPRI, Missija v Berne, op. 843/2, d. 238, ab l. 44 (unklare Nummerierung).

314 Zur Reorganisation der russischen Abteilung des Berner Hilfsbüros für Kriegsgefangene unter der Leitung des russischen Roten Kreuzes 1917 vgl. Fondy Russkogo Zaraničnogo istoričeskogo archiva v Prage, S. 212. – Zum sowjetischen Roten Kreuz vgl. unten S. 453 f.

315 Vgl. Geierhos, Vera Zasulič, S. 217–228; Itenberg, Lavrov, S. 206.

316 BAR, E 21/14009.

tiellen Überlegenheitsposition war der Umstand förderlich, dass die Schweiz als westeuropäischer Staat mit der Humanisierung des Kriegswesens ein Projekt vorantrieb, das sich selbst als Inbegriff abendländischer Kultiviertheit verstand[317] und seine Gegner mit dem Verdacht mangelnder Zivilisation belegte – mit einem Ruch also, den gerade Russland seit langem abzuschütteln versuchte. Caroline Moorehead weist darauf hin, dass das Engagement des russischen Adels für die Sache des Roten Kreuzes auch von einer zunehmenden Affinität zur westlichen Kultur herrührte.[318] Es mag damit zusammenhängen, wenn das Zarenregime selbst eine Führungsposition in der internationalen Diskussion um die Verbesserung des Loses von Kriegsopfern einzunehmen versuchte. Gut dokumentiert ist der russische Vorstoss zugunsten einer internationalen Ächtung von explosiven Projektilen. An den Verhandlungen in St. Petersburg nahm auch Generalkonsul Glinz teil, und die Schweiz gehörte Ende 1868 zu den Unterzeichnern einer entsprechenden Deklaration.[319] Ein Zuständigkeitskonflikt zeichnete sich 1874 ab, als sich die *Société pour l'Amélioration du Sort des Prisonniers de Guerre* und ihr Sekretär Henri Dunant anschickten, eine diplomatische Konferenz zu organisieren, um nach dem Schicksal der Verwundeten auch jenes der Kriegsgefangenen lindernd zu reglementieren.[320] Zar Alexander II. kam Dunants Gesellschaft zuvor und lud zu einer Konferenz nach Brüssel, auf der dann allgemeine Fragen des Kriegsrechts diskutiert wurden.[321]

2. Politische Beziehungen

Die Etablierung eines konstruktiven bilateralen Dialogs nach Beilegung der Neuenburger Krise und der Abschluss verschiedener Abkommen bedeuteten keineswegs eine plötzliche Harmonisierung gegensätzlicher politischer Konzeptionen. Ich habe vielmehr zu zeigen versucht, dass die direkten Beziehun-

---

317 Nicht umsonst gründete Henri Dunant 1871 die *Allgemeine Allianz für Ordnung und Zivilisation,* vgl. Moorehead, Dunant's Dream, S. 127.
318 Ebd., S. 152.
319 Vgl. AVPRI, Missija v Berne, op. 510, d. 114; BAR, E 2/332; ferner Annuaire diplomatique de l'Empire de Russie pour l'année 1869, S. 245–256, 283–286. Zur Unterzeichnung der Deklaration vgl. Gleitz (sic; gemeint ist: Glinz) an den Bundesrat, 11. 12. 1868. BAR, E 2/332. Zur Zustimmung des Bundesrates vgl. Protokoll der Sitzung des Bundesrates, 18. 12. 1868. Ebd.
320 Bennett, Les débuts, S. 179.
321 Die Problematik der Kriegsgefangenen geriet zur Enttäuschung der Société in den Hintergrund und wurde erst Jahrzehnte später vertraglich geregelt. Vgl. ebd., S. 169, 171, 179 f.; Moorehead, Dunant's Dream, S. 128. Zur Interpretation der russischen Initiative als einer versuchten Verwässerung der Genfer Konvention vgl. Bennett, Les débuts, S. 169 f. Zur Frage der Kriegsgefangenen als einem seit 1863 sowohl von Dunant wie auch von der russischen Diplomatie bearbeiteten Dossier vgl. Moorehead, Dunant's Dream, S. 126–128. – Für Akten der zarischen Gesandtschaft in Bern zur Konferenz von Brüssel und für die Korrespondenz mit dem Bundesrat vgl. das Dossier BAR, E 2/333.

gen zwischen dem neuen schweizerischen Bundesrat und dem Zarenregime auf einem pragmatischen Nebeneinander differierender Welt- und Staatsverständnisse beruhten. Wichtiger Vollzugsort der labilen Verständigung war die standardisierte Diplomatie mit ihren von beiden Seiten akzeptierten Spielregeln. In diesem Rahmen wurde das gute Einvernehmen immer wieder zelebriert.

Im Folgenden sollen nun aber Aspekte der Bilateralität behandelt werden, die den pragmatischen Konsens sprengten und hinter behaglichen diplomatischen Prozeduren fortdauernde politische Differenzen sichtbar machen.

2.1.   Der Konflikt um das schweizerische Asyl

Die schweizerische Asylpraxis war im 19. Jahrhundert wiederholt Gegenstand harscher Proteste und Interventionen der Nachbarmächte; sie dominierte in der zweiten Jahrhunderthälfte auch immer ausgeprägter die politische Kommunikation zwischen dem Bundesrat und der Zarenregierung.[322] Halten wir einleitend fest:

1. Die Literatur zur russischen revolutionären Bewegung zeichnet das Bild einer in ihren politischen Partizipationschancen beschränkten Gesellschaft des Zarenreiches, deren dissidente Vordenker sich zunächst durch friedliche Mittel der Kritik und des sozialpolitischen Engagements neue Handlungsräume zu erringen versuchten. Obrigkeitliche Repression, das weitgehende Scheitern der Reformen Alexanders II. und eine fatale Gleichgültigkeit grosser Bevölkerungsteile desillusionierten die Veränderungswilligen, radikalisierten sie und steigerten seit den 1870er Jahren ihre Gewaltbereitschaft.[323] Die nun entstehenden Untergrundströmungen sind ideengeschichtlich und terminologisch nicht immer scharf voneinander zu trennen. Übereinstimmung besteht im Anschluss an Avrich darin, dass der besonders gefürchtete und europaweit polizeilich verfolgte *Anarchismus* in Russland spät, nämlich erst zu Beginn des 20. Jahrhunderts nennenswert in Erscheinung trat, auch wenn er zuvor schon von russischen Emigranten, namentlich von Michail Bakunin und Petr Kropotkin, propagiert

---

322 Die Geschichte des schweizerischen Asylrechts bzw. der schweizerischen Asylpraxis war in den letzten Jahren Gegenstand verschiedener Publikationen, vgl. etwa das unlängst unter dem Titel *Das Asyl in der Schweiz nach den Revolutionen von 1848* erschienene Heft 25 der Zeitschrift *Studien und Quellen;* ferner Vuilleumier, Flüchtlinge. Vgl. auch die Sammelbände *«Zuflucht Schweiz»* und, speziell zu den Slawen in der Schweiz, *Asyl und Aufenthalt;* ferner Gast, Von der Kontrolle zur Abwehr.

323 Schon 1883 sprach Alphons Thun von den drei aufeinander folgenden Phasen des Nihilismus (1860er Jahre), des Sozialismus (seit Ende der 60er Jahre) und des Terrorismus (seit Ende der 70er Jahre). Thun, Geschichte, S. 333; vgl. auch ebd., S. 33, 45, 151. Zur allmählich gewachsenen Überzeugung der russischen Intellektuellen, dass Veränderungen nicht mit, sondern nur gegen die Staatsmacht möglich seien, vgl. Meuwly, Anarchisme et modernité, S. 128.

worden war.[324] Die gegen Vertreter der Zarenmacht gerichteten Terroran-schläge des letzten Drittels des 19. Jahrhunderts wurden nicht eigentlich als anarchistische «Propaganda der Tat» inszeniert, sondern meist von der 1879 gegründeten, zentralistisch organisierten Terrorpartei *Narodnaja Volja* oder auch von Einzeltätern wie Vera Zasulič verübt, deren Schuss auf den Polizei-chef von St. Petersburg 1878 vielen als nachvollziehbare Verzweiflungstat ge-gen eine mutmassliche russische Willkürjustiz erschien.[325]

2. Für Menschen, die in ihrer Heimat politischer Verfolgung oder Unterdrü-ckung ausgesetzt waren, stellte die Schweiz im 19. Jahrhundert eine attraktive Zuflucht dar; ihre zentrale europäische Lage trug dazu ebenso bei wie ihre zum Bestandteil nationaler Identität verklärte Asyltradition.[326] Wenn schon zuvor politische Dissidenten aus den Nachbarstaaten in die Schweiz geflohen waren, wo sie nach 1830 namentlich in den liberalen Kantonen Schutz und Sympathie erfuhren,[327] so verlieh die achtundvierziger Bewegung der Eidge-nossenschaft noch zusätzliche Anziehungskraft.[328] Die für die Entfaltung poli-tischer Opposition zentralen Freiheitsrechte gehörten zu den verbrieften Grundsätzen des neuen schweizerischen Bundesstaates, und die siegreichen Schweizer Liberalen zeigten sich oftmals solidarisch mit ausländischen Flücht-lingen, die wie sie selbst der überkommenen europäischen Ordnung die Stirn

---

324 Vgl. Avrich, The Russian Anarchists, S. 37; Meuwly, Anarchisme et modernité, S. 129; Ermakov, Anarchistskoe dviženie, S. 31 f.; Sonn, Anarchism, S. 64. Sonn führt die späte Entfaltung des Anarchismus in Russland darauf zurück, dass im Zarenreich, anders als im Westen, die Sozialis-ten selbst revolutionär geblieben waren und sich somit die Anarchisten nicht als eine radikale Alternative profilieren konnten; ferner verweist Sonn auf den grossen Anteil von Juden unter den russischen Anarchisten und damit auf die gesellschaftliche Randstellung der ganzen Bewe-gung. Ebd., S. 64 f. Marshall erkennt erste offen anarchistische Gruppen in Russland in den 1890er Jahren, vgl. Marshall, Demanding the Impossible, S. 470. Thun kam 1883 zum Schluss, dass das künstlich hochgezogene Gewächs des Anarchismus in Russland bereits wieder ver-welkt sei, vgl. Thun, Geschichte, S. 65. Zur Phasenverschiebung des russischen gegenüber dem westeuropäischen Anarchismus vgl. Avrich, The Russian Anarchists, S. 3; Sonn, Anarchism, S. 65. Zur Frage westlicher Vorbilder des russischen Anarchismus bzw. einer autochthonen radikalen Tradition vgl. Avrich, The Russian Anarchists, S. 3. Zu den Untergruppen der russischen Anarchisten vgl. ebd., S. 44–54. – Allgemein zum Verhältnis von Anarchismus, Frühsozialismus und Marxismus vgl. Weber, Sozialismus als Kulturbewegung, S. 14–25.

325 Zum Fall Zasulič vgl. z. B. Budnickij, Terrorizm, S. 46–48 (hier auch eine Diskussion des Freispruchs der Täterin); Hingley, The Russian Secret Police, S. 58–60; Thun, Geschichte, S. 155–161. – Selbst die aufsehenerregende Mordtat des Revolutionärs Sergej Nečaev (1869) ist trotz der engen Beziehungen des Täters zu Bakunin nicht als anarchistischer Akt zu betrachten. Das politische Denken Nečaevs war einem autoritären Zentralismus verpflichtet, der eher auf Lenin vorausweist, vgl. Wittkop, Bakunin, S. 78; Avrich, The Russian Anarchists, S. 37 f. – Zur Konstituierung der Untergrundpartei *Narodnaja Volja* und ihrem Hauptziel des Zarenmordes vgl. z. B. Thun, Geschichte, S. 189 f.

326 Zu den Vorteilen der Schweiz als Aufenthaltsort von Politemigranten vgl. etwa Goehrke, Europa, S. 319–321.

327 Vgl. Vuilleumier, Flüchtlinge, S. 20 f.

328 Vgl. Ruffieux, La Suisse et les pays de l'Est, S. 23.

boten.[329] Innerhalb der russischen Intelligenz fand übrigens die neue schweizerische Staatsform mehrfach überlieferte Anerkennung. Oppositionelle Emigranten wie Bakunin entwickelten Ideen einer politischen Organisation, die zumindest teilweise an die schweizerische Verfassung erinnern (individuelle Rechte, Autonomie der Gemeinden, allgemeines Stimmrecht), und in Russland selbst erschien 1900 eine wohlwollend aufgemachte und von der Zensur gebilligte Übersetzung von Nationalrat Theodor Curtis *Geschichte der Schweizerischen Volksgesetzgebung* (1882).[330]

3. Von frühen prominenten Emigranten wie Herzen oder Bakunin einmal abgesehen, tauchten in der Schweiz als erste politische Flüchtlinge aus dem Zarenreich Aktivisten der niedergeschlagenen polnischen Erhebungen von 1830/ 31 und 1863 auf. Seit den späten sechziger Jahren folgten Vertreterinnen und Vertreter der aufblühenden russischen revolutionären Bewegung – die bisweilen ebenfalls Schutz vor konkreter Verfolgung, oft aber auch einfach günstige Agitationsbedingungen suchten.[331] Dazu gehörte nicht zuletzt der Umstand, dass die schweizerischen Studienmöglichkeiten zahlreiche Angehörige der russischen Intelligenz nach Genf, Zürich oder Bern führten, die (noch) nicht oppositionell organisiert, für politische Diskussionen und Reformideen aber durchaus empfänglich waren und sich allenfalls als Gesinnungsgenossen und Mitstreiterinnen anwerben liessen.[332] Alphons Thun nannte 1883 Genf und Zürich die massgeblichen Orte für die Übermittlung ausländischer Theorien an die russische Jugend, bevor der revolutionäre Kampf in Russland selbst entbrannte.[333] Oppositionelle Exilzeitschriften wurden in der Schweiz redigiert und gedruckt, konspirative Zirkel einberufen und Kongresse abgehalten. Die Eidgenossenschaft, so geht aus einer Arbeit von Eliane Leutenegger und Slavica Sovilj hervor, gehörte neben Frankreich und England zu den bedeutendsten Gastländern der revolutionären Emigration aus dem Zarenreich.[334]

329 Zur Schweiz als Zufluchtsort nach 1848 vgl. Arlettaz, Introduction, S. 17; Vuilleumier, Flüchtlinge, S. 26 f.

330 Kurti, Istorija; Curti, Geschichte. Für Bakunins Vorstellung einer «revolutionären Gesellschaft» vgl. Bakunin, Prinzipien. Für Hinweise auf diese Texte danke ich Irina Cernova Burger und Christian Koller.

331 Zur unscharfen Trennlinie zwischen eigentlichen Asylsuchenden und sonstigen politischen Emigranten aus dem Zarenreich vgl. W. G. Zimmermann, Asyl in der Schweiz, S. 17 f. – Thun schätzte die Zahl der russischen Flüchtlinge in der Schweiz 1883 auf rund 100 (ohne die legal Studierenden). Thun, Geschichte, S. 298.

332 Zu den Kontakten zwischen Politemigranten und Studierenden aus dem Zarenreich in der Schweiz vgl. Goehrke, Die Entwicklung des Beziehungsnetzes, S. 19; ders., Europa, S. 319; Vuilleumier, Flüchtlinge, S. 62.

333 Thun, Geschichte, S. 301. Zürich nannte Thun die «hohe Schule der sozialistischen Propaganda», wobei die Schüler vor allem russische Studenten und Studentinnen, die Lehrer Leute wie Lavrov oder Bakunin gewesen seien. Ebd., S. 65 f., Zitat S. 65.

334 Leutenegger/Sovilj, Stellenwert, S. 494; Goehrke, Europa, S. 323. Zur Schweiz als «spiritual home of the martyrs of revolution» vgl. Carr, Michael Bakunin, S. 375.

4. Die Aufnahme und Duldung von Personen, deren politische Aktivitäten den europäischen Mächten als direkte Bedrohung erscheinen mussten, setzte die Schweiz unter massiven internationalen Druck. Bereits 1823 sah sich die Tagsatzung im Interesse des aussenpolitischen Friedens dazu gedrängt, mit dem so genannten *Press- und Fremdenconclusum* restriktive fremdenpolizeiliche Massnahmen zu beschliessen – eine Zwangslage, die sich 1836 wiederholte.[335] Die Niederschlagung der europäischen Revolutionen von 1848/49 zog bis in die fünfziger Jahre hinein eine ganze Reihe konzertierter wie einzelstaatlicher Interventionen der Nachbarmächte gegen den Aufenthalt politischer Flüchtlinge in der Schweiz nach sich.[336] Dass verdeckte Agenten oder auch Mitarbeiter ausländischer Gesandtschaften diese politische Emigration vor Ort bespitzelten und kontrollierten, haben wir am Beispiel der russischen Kolonie bereits gesehen. Als 1889 in Rheinfelden der deutsche Polizeibeamte August Wohlgemuth verhaftet und dann aus der Schweiz ausgewiesen wurde, erfuhr die internationale Anfeindung des eidgenössischen Asylwesens einen neuen Höhepunkt; neben dem Deutschen Reich protestierten auch Österreich und Russland, und der Bundesrat entschloss sich zu einer besänftigenden Kurskorrektur, in deren Kontext namentlich die Wiedereinrichtung einer ständigen Bundesanwaltschaft zur besseren Kontrolle der Ausländer gehörte.[337]

5. Die Forschung hat die restriktive Tendenz in der Entwicklung der schweizerischen Asylpraxis nach der Bundesgründung aber nicht nur mit internationalem Druck, sondern auch mit der «neuen Art» (Vuilleumier) der politischen Flüchtlinge seit den siebziger Jahren zu erklären versucht. Gemeint ist der offensichtliche Wandel in den Zielsetzungen der Verfolgten: An die Stelle der liberalen Kämpfer von 1848 mit ihren nationalstaatlichen und freiheitlichen Idealen traten zunehmend Sozialisten und Anarchisten, welche nicht einfach die bestehende Ordnung zu verändern, sondern das Zusammenleben der Menschen in einer Radikalität zu erneuern gedachten, die kaum mehr Berührungspunkte zur angestammten revolutionären Aufgeschlossenheit der Eidgenossen bot.[338] Der Weltkrieg konfrontierte die Schweiz dann zusätzlich mit einer grossen Zahl von Militärflüchtlingen – mit Deserteuren und Dienstverweigerern,

---

335 Vuilleumier, Flüchtlinge, S. 23; Biaudet, Schweiz, S. 931. Zum Konklusum von 1836 und dem gegen dieses gerichteten Massenprotest in Zürich vgl. W. G. Zimmermann, Asyl in der Schweiz, S. 15.

336 Vgl. Vuilleumier, Flüchtlinge, S. 32 f.

337 Zur Affäre Wohlgemuth und zur erneuten Installierung eines ständigen Bundesanwaltes vgl. Renk, Bismarcks Konflikt, S. 128–240, 280–290; Vuilleumier, Flüchtlinge, S. 59 f.; Cusinay et al., Deutsche Sozialdemokraten, S. 152–166; Blanc, Fürst Bismarck, S. 20–22; Langhard, Polizei, S. 270–314.

338 Vgl. Vuilleumier, Flüchtlinge, S. 40 f.; Ruffieux, La Suisse et les pays de l'Est, S. 24; Arlettaz, Introduction, S. 23; Pleiss, Schweiz, S. 88; Blanc, Fürst Bismarck, S. 20. – Zur Heimkehr vieler Flüchtlinge alten Schlags in den Jahren 1859–1861 vgl. Vuilleumier, Flüchtlinge, S. 37.

deren oft sozialistische und antimilitaristische Haltung ebenfalls auf Ablehnung stiess und deren Fluchtmotive zudem als unehrenhaft galten.[339]

6. Was nun die gesetzlichen Grundlagen des Asylwesens betrifft, so ist zu bemerken, dass ein spezifisches schweizerisches Asylrecht erst seit 1979 existiert. Während unseres Zeitfensters unterstanden die Flüchtlinge dem allgemeinen Ausländerrecht.[340] Die Bundesverfassung von 1848 bestätigte hier die kantonale Zuständigkeit und sprach dem Bund in Artikel 57 lediglich das Recht zu, einzelne Ausländer des Landes zu verweisen, wenn sie die innere oder äussere Sicherheit der Schweiz gefährdeten.[341] Die traditionelle Nichtauslieferung politisch Verfolgter wurde auf der Ebene der interkantonalen Beziehungen expliziert, wenn es in Artikel 55 heisst: «Art. 55. Ein Bundesgesetz wird über die Auslieferung der Angeklagten von einem Kanton an den andern Bestimmungen treffen; die Auslieferung kann jedoch für politische Vergehen und für Pressevergehen nicht verbindlich gemacht werden.»[342]

In den Jahrzehnten vor dem Ersten Weltkrieg ist eine Zentralisierung asylpolitischer Massnahmen auszumachen, die nicht zuletzt dem Bedürfnis nach koordinierter polizeilicher Kontrolle der «neuen» Flüchtlinge entsprang und die 1917 in einen allgemeinen Visumszwang und in die Einrichtung der Zentralstelle für Fremdenpolizei im Eidgenössischen Justiz- und Polizeidepartement mündete.[343]

2.1.1. Zur Wahrnehmung des schweizerischen Asyls

2.1.1.1. Das Asylverständnis der schweizerischen Bundesbehörden

Wie sahen die Vertreter des neuen schweizerischen Bundesstaates die Flüchtlingsfrage und an welchen Prinzipien orientierte sich ihr asylpolitisches Handeln?

1. 1848 existierte bereits die mythisch überhöhte Vorstellung einer bis ins

---

339 Durrer, Auf der Flucht vor dem Kriegsdienst, S. 197.

340 Vgl. Arlettaz, Introduction, S. 19; Goehrke, Europa, S. 318.

341 BBl. 1849 I, S. 19; gleichlautend Art. 70 der BV 1874. AS (n. F.), Bd. 1, S. 21; vgl. auch Busset, La politique du refuge, S. 61; Arlettaz, Introduction, S. 19; Vuilleumier, Flüchtlinge, S. 26. – Zur Entstehung des Verfassungsartikels, der dem Bund das Ausweisungsrecht bei Gefährdung der inneren oder äusseren Sicherheit der Schweiz zuspricht, vgl. Langhard, Polizei, S. 31–36.

342 BBl. 1849 I, S. 19. Der hier interessierende zweite Teil des Satzes ist wörtlich in Art. 67 der BV 1874 übernommen. AS (n. F.), Bd. 1, S. 21. Vgl. Lardy, Notes, S. 312; Goehrke, Europa, S. 318.

343 Vgl. *Verordnung betreffend die Grenzpolizei und die Kontrolle der Ausländer. (Vom 21. November 1917.)* AS (n. F.), Bd. 33, S. 959–967; Busset, La politique du refuge, S. 59 f.; Vuilleumier, Flüchtlinge, S. 70 f.; Goehrke, Europa, S. 318; Kreis/Kury, Einbürgerungsnormen, S. 27; Durrer, Auf der Flucht vor dem Kriegsdienst, S. 204; Arlettaz, Introduction, S. 20, 25. Zur Entwicklung der schweizerischen Fremdenpolizei und zur Einrichtung der Zentralstelle für Fremdenpolizei im Eidgenössischen Justiz- und Polizeidepartement vgl. Gast, Von der Kontrolle zur Abwehr, besonders S. 37–40.

Mittelalter und zum Rütlischwur zurückreichenden schweizerischen Asyltradition.[344] Mehr noch: Der liberale Siegeszug der 1830er und 40er Jahre war
eng mit der Herausbildung einer freiheitlichen nationalen Identität verbunden,
als deren Ausdruck asylpolitische Offenherzigkeit ebenso erschien wie Frei-
handel und Demokratie.[345] Thomas Busset verweist auf eine gewisse Realitäts-
ferne des schweizerischen Asyldiskurses und sieht die evozierte Tradition der
Gastfreundschaft als gemeinschaftsstiftendes Element einer «fabrication
identitaire».[346] Busset zeigt überdies, wie seit den 1860er Jahren die National-
legende um Wilhelm Tell in ihrer Schiller'schen Version zum vermeintlichen
Beleg und diskursiven Garanten schweizerischer Asyltradition avancierte.[347]
2. Die liberale Schweiz und auch die neuen Bundesbehörden als Exponenten
eines erfolgreichen Kampfes gegen die konservative Ordnung begegneten den
politischen Flüchtlingen und Emigranten, ich habe es bereits erwähnt, anfänglich mit einer gewissen Solidarität. Einige dieser Leute, die sich in ihrer Heimat
für Werte und Veränderungen einsetzten, wie sie ganz ähnlich auch der neuen
Eidgenossenschaft zugrunde lagen, hatten schon vor 1848 am politischen und
kulturellen Leben der Schweiz teilgenommen und konstruktiv am Aufbau einer
bürgerlichen Gesellschaft mitgewirkt.[348] Von einer Gesinnungssympathie dieser Art konnten später die sozialrevolutionären Flüchtlinge und Emigranten
nicht mehr profitieren; das schweizerische Misstrauen gegen ihre Absichten
wurde bestenfalls durch eine allgemeinere Solidarität mit mutmasslichen Opfern despotischer Regimes etwas aufgeweicht.
3. Wenn es dem neuen schweizerischen Bundesstaat gelang, seinen Platz in
Europa zu behaupten und diplomatische Anerkennung zu finden, so erscheint
die Asylfrage als eigentliches politisches Testgelände intakter Souveränität –
gerade weil sie mit der Konstruktion einer nationalen Identität eng verflochten
war und überdies einen Kristallisationspunkt staatsideologischer Differenz markierte. Wie die meisten anderen europäischen Regierungen betrachtete auch
der Bundesrat das «Asylrecht» nicht etwa in der Perspektive eines individuellen Anspruchs, sondern zunächst einmal als das Recht eines souveränen Staates, Asyl in eigener Entscheidung zu gewähren oder zu verweigern. Bundespräsident Furrer führte 1849 aus: «Man hat in neuerer Zeit mit dem Asyl immer
mehr und mehr eine wahre Abgötterey getrieben. Ein Asyl*recht* der Fremden,

---

344 Vgl. Busset, La politique du refuge, S. 47–49, 51–53. Nach Busset beruht die Annahme einer
weit zurückreichenden schweizerischen Asyltradition, wie sie schon in den 1820er Jahren
anzutreffen ist, auf der konstruierten Kontinuität von vormodernen und modernen Formen
des Asyls, vgl. ebd., S. 52; ferner Arlettaz, Introduction, S. 18, 22.
345 Vgl. ebd., S. 18 f.
346 Busset, La politique du refuge, S. 51. Busset verweist etwa auf die lange überschätzte Aufnahme politischer Flüchtlinge in der Schweiz in der ersten Hälfte des 19. Jahrhunderts. Ebd., S. 61.
347 Ebd., S. 55–61.
348 So etwa als Lehrpersonen, vgl. Vuilleumier, Flüchtlinge, S. 21 f.; ferner Arlettaz, Introduction,
S. 23.

«Halt, Mordbube, so weit geht deine Herrschaft nicht!» Helvetia als Beschützerin der Flüchtlinge gegen die russische Gewaltherrschaft (Nebelspalter, 1902).

das bereits förmlich postulirt wird, anerkennen wir in keiner Weise, wohl aber das Asylrecht jedes selbständigen Staates gegenüber andern Staaten; verbunden mit einer moralischen Pflicht soweit die Humanität es verlangt und das höchste Interesse des Staates es zulässt.»[349] In diesem Sinne ist das bundesrätliche

349 Bundespräsident Furrer an Alfred Escher, 21. 7. 1849 (Hervorhebung in der Vorlage). DDS, Bd. 1, Nr. 44, S. 97. Zum Asylrechtsbegriff des Bundesrates vgl. auch Busset, La politique du refuge, S. 54 f., 60; Arlettaz, Introduction, S. 21.

Beharren auf einer eigenständigen Asylpolitik auch als Inszenierung und Bekräftigung nationaler Selbstbestimmung zu verstehen.[350]

4. Tradition, Solidarität, Souveränität – zwischen solchen abstrakten Orientierungspunkten auf der einen und realpolitischen Opportunitäten auf der anderen Seite eröffnete sich ein Spannungsfeld, in dem sich die Asylpolitik der Eidgenossenschaft konkretisierte. Die angestrebte internationale Anerkennung der neuen Staatsstrukturen und die wachsenden aussenwirtschaftlichen Interessen legten es nahe, fremde Regierungen nicht über die Massen zu brüskieren.[351] Aber auch die schweizerische Öffentlichkeit, welche in den ersten Jahrzehnten des Bundesstaates demütigende Konzessionen an das Ausland anprangerte, den polnischen Freiheitskämpfern ihre Sympathie bekundete und noch 1908 die Auslieferung des russischen Polizistenmörders Vasil'ev kontrovers diskutierte[352] – auch diese schweizerische Öffentlichkeit verharrte nicht in einhelliger Gastfreundschaft, sondern demontierte zusehends die überkommenen idealistischen Asylvorstellungen.[353] Der Argwohn gegen die Sozialisten und vor allem gegen die Russen unter ihnen[354] ist nicht das einzige Beispiel dafür. Während des Weltkriegs sah sich der Bundesrat mit einer öffentlichen Meinung konfrontiert, welche die so genannte Ausländerfrage vornehmlich in den Kategorien der Bedrohung und der «Überfremdung» perzipierte.[355]

5. So vermittelt denn die tatsächlich realisierte Asylpolitik der schweizerischen Bundesbehörden nach 1848 den Eindruck eines zögerlichen Lavierens.[356] Gut eingespielt war die bundesrätliche Taktik, ausländischen Interventionen durch dosierte Asylbeschränkungen zuvorzukommen[357] – während es im Hinblick auf die eigene Souveränität direkte Forderungen anderer Staaten zu ignorieren und jedenfalls den Anschein unterwürfigen Gehorsams tunlichst zu vermeiden galt.[358] Grundsätzlich hielten die Schweizer Behörden am Prinzip der Aufnahme und

350 Zur schweizerischen Verweigerung von Auslieferungen aus Gründen der Souveränität vgl. auch Ruffieux, La Suisse et les pays de l'Est, S. 24.

351 Vgl. ebd., S. 23 f.

352 Zum Fall Vasil'ev vgl. Pleiss, Schweiz, S. 96–101; vgl. auch unten S. 315 f. Zu den polnischen Flüchtlingen vgl. unten S. 339–349.

353 Am Beispiel der polnischen Flüchtlinge des 19. Jahrhunderts hat Markus Somm (in Abgrenzung zu Edgar Bonjours Darstellung des schweizerischen Asylwesens) gezeigt, wie die Asylfrage für innenpolitische Profilierungszwecke instrumentalisiert wurde, vgl. Somm, Zinnsoldaten. Zu innenpolitischen Aspekten der Asylfrage vgl. auch Goehrke, Europa, S. 325–328.

354 Vgl. ebd., S. 325; ferner Vuilleumier, Flüchtlinge, S. 53.

355 Vgl. Arlettaz, Introduction, S. 23–25; Kreis/Kury, Einbürgerungsnormen, S. 25.

356 Zur schweizerischen Asylpolitik als einem Lavieren zwischen Anpassung und Selbstbehauptung vgl. Blanc, Fürst Bismarck, S. 20.

357 Beispielsweise durch die Bemühungen um eine Verringerung der Flüchtlingszahl nach 1848, die Massnahmen gegen anarchistische Umtriebe um 1880 oder auch durch die besänftigenden Repressionen im Nachgang der Affäre Wohlgemuth (1889). Vgl. Vuilleumier, Flüchtlinge, S. 27–32, 41, 59 f.

358 Vgl. Goehrke, Zuflucht, S. 11; Vuilleumier, Flüchtlinge, S. 33–36.

Nichtauslieferung politisch Verfolgter fest; sie boten aber zusehends auch Hand dazu, politische Delinquenz auf Aspekte gemeiner Kriminalität hin zu beleuchten und die reine politische Motivation (und damit die Asylberechtigung) von Missetätern in Frage zu stellen.[359] Ansonsten genossen die Flüchtlinge und Emigranten, mit Ausnahme der Anarchisten und der Antimilitaristen, weitgehend ungestörte persönliche Freiheiten in der Schweiz, auch die Möglichkeit legaler politischer Artikulation.[360] Einer strengen Kontrolle unterzog der Bundesrat hingegen die zahlreichen missliebigen, nicht als politisch Verfolgte anerkannten Militärflüchtlinge des Weltkriegs.[361] Die Einschränkung ihrer Aufnahme 1917/18 sahen die Zeitgenossen weniger im Lichte einer havarierten Asyltradition als eines um sich greifenden und zu bekämpfenden Asylmissbrauchs.[362]

2.1.1.2. Das schweizerische Asyl in der Wahrnehmung des Zarenregimes

Die Asylpraxis der Schweiz war also das Ergebnis einer komplexen Interaktion von nationalem freiheitlichem Mythos, realpolitischen Opportunitäten und einer variablen, tendenziell abnehmenden öffentlichen Solidarität mit Flüchtlingen und Emigranten. Das Asylverständnis der russischen Behörden beruhte auf ganz anderen Voraussetzungen. Bei aller Fremdenfreundlichkeit kannte das Zarenreich traditionellerweise weder die prinzipielle Niederlassungs- noch die garantierte Meinungsäusserungs- oder Versammlungsfreiheit, bis zum Oktobermanifest von 1905 waren politische Vereinigungen jeder Art illegal. Solidarität mit politisch verfolgten Ausländern widersprach diametral einer eigenen Staatskonzeption, die auf intakte Untertanenkontrolle und politische

---

359 Das Auslieferungsgesetz von 1892 sah auch im Falle politisch argumentierender Delinquenten eine Auslieferung vor, wenn die inkriminierte Handlung «vorwiegend den Charakter eines gemeinen Verbrechens oder Vergehens» hatte, vgl. *Bundesgesetz betreffend die Auslieferung gegenüber dem Auslande. (Vom 22. Januar 1892.)* AS (n. F.), Bd. 12, S. 870–884, hier S. 876; Pleiss, Schweiz, S. 92. – Zur zeitgenössischen Sicht der Zuflucht als einer «Maxime» schweizerischer Politik vgl. Arlettaz, Introduction, S. 20 f.
360 Vuilleumier, Flüchtlinge, S. 61.
361 Durrer, Auf der Flucht vor dem Kriegsdienst, S. 197; Vuilleumier, Flüchtlinge, S. 66.
362 Am 1. Mai 1918 verfügte der Bundesrat vorübergehend die Zurückweisung weiterer einreisewilliger Deserteure und Refraktäre, vgl. Durrer, Auf der Flucht vor dem Kriegsdienst, S. 202 bis 204, 207–212; Gast, Von der Kontrolle zur Abwehr, S. 26; Vuilleumier, Flüchtlinge, S. 66 f. Bereits 1915 hatte der Bundesrat die Kantone aufgefordert, den Zustrom von Ausländern einzuschränken, vgl. Gast, Von der Kontrolle zur Abwehr, S. 24 f. Zum (auch mit Privilegien behafteten) Sonderstatus der Militärflüchtlinge seit 1916 vgl. ebd., S. 26. Zur ausländerfeindlichen Gestimmtheit der schweizerischen Öffentlichkeit gegen Ende des Weltkriegs vgl. ebd., S. 28–32. Zur protektionistischen Entwicklung der schweizerischen Asylpraxis seit 1917 und zum neuen Konzept der Aufnahmekapazität vgl. Arlettaz, Introduction, S. 25 f. – Für die Annahme einer stets intakten schweizerischen Asyltradition vgl. die Ausführungen von Feldscher in: BAR, E 2001 (E) -/13, Einleitung, S. 4 f.

Loyalität baute. Ausserdem war ja gerade die russische Autokratie Inbegriff einer konservativen europäischen Ordnung, deren repressive Perpetuierung politische Dissidenten in Flucht und Emigration trieb. Vor diesem Hintergrund lässt sich der zarische Regierungsblick auf das schweizerische Asyl nach 1848 in folgende Punkte fassen:

1. Dass der neue schweizerische Bundesstaat ausländische politische Aktivisten vor der Verfolgung der Mächte schützte, musste dem Zarenregime und den anderen konservativen Regierungen als eine Verstetigung der revolutionären Provokation erscheinen, die sich die Schweizer bereits mit der Brüskierung der Wiener Dispositionen erlaubt hatten. Es war vor allem diese politische Gastfreundschaft, welche aus der Eidgenossenschaft als einem lokal begrenzten Ort des liberalen Triumphs einen bedrohlich ausstrahlenden Revolutionsherd machte. Der russische Gesandte Giers bemerkte 1870: «La facilité avec laquelle les réfugiés de toutes les nations trouvent asile en Suisse et la liberté dont ils y jouissent ne peuvent certainement rester sans conséquences fâcheuses surtout pour les Etats voisins.»[363]

2. Was konkret die Flüchtlinge und Emigranten aus dem Zarenreich betrifft, so blockierte das schweizerische Asyl den Zugriff der Autokratie auf einzelne ihrer Untertanen, es beschränkte den Wirkungskreis der russischen Polizei und Verwaltung und stellte damit einen eigentlichen Störfaktor der zarischen Innenpolitik dar. Das Schweizer Asyl raubte dem Zarenregime die Kontrolle über jenen Teil seines eigenen Volkes, den es am intensivsten zu überwachen versuchte.

3. Bei aller Konfrontation war die zarische Perzeption der schweizerischen Asylpolitik aber auch von distanziertem Beobachten und vom Bestreben geprägt, zu differenzieren und zu verstehen. Der Gesandte Krüdener erkannte schon 1849 gewisse Vorbehalte der Schweizer Bevölkerung gegen den Flüchtlingsandrang und qualifizierte die heraufbeschworene humanitäre Solidarität als faulen Zauber: «[...] l'opinion publique s'allarme et s'indispose d'une manière sérieuse à la vue de ces milliers de réfugiés qui viennent dévorer la subsistance d'un pays déjà si pauvre au nom d'une communauté et d'une solidarité de sentimens, soi-disant humanitaires, que beaucoup n'ont pas partagé et dans lesquels plusieurs commencent à entrevoir une désastreuse et criminelle mystification.»[364]

Nachfolger Nikolai rapportierte detailliert, wie Bundesrat Furrer 1859 im Nationalrat die Flüchtlingsfrage erörterte und wie er trotz Festhaltens am Prinzip

363 Giers an A. M. Gorčakov, Genf, 22. 5./3. 6. 1870 (Entwurf). AVPRI, Missija v Berne, op. 510, d. 176, ll. 89–90 ob. – Zum Ruf Genfs als Zentrum revolutionärer Verschwörungen vgl. etwa A. Roth (schweizerischer Gesandter in Berlin) an Bundespräsident Welti, 18. 2. 1880. DDS, Bd. 3, Nr. 173, S. 356. Zum auch französischen Misstrauen gegenüber der bundesrätlichen Asylpraxis vgl. AVPRI, Missija v Berne, op. 510, d. 166. Zur Qualifizierung der Schweiz als Herd (očag) der russischen revolutionären Emigration auch in der sowjetischen Literatur vgl. Kiperman, Glavnye centry, S. 260.

364 Krüdener an Nesselrode, Frankfurt a. M., 10./22. 7. 1849. AVPRI, Missija v Berne, op. 510, d. 162, ll. 154–159.

Die bundesrätliche Asylpolitik in einer zeitgenössischen schweizerischen Karikatur: In Gesellschaft des preussischen Königs Friedrich Wilhelm IV. und Kaiser Franz Josefs I. von Österreich treibt Zar Nikolaus I. (mit Knute) die als Hunde dargestellten Bundesräte (Jonas Furrer mit Brille) an, einen Flüchtling zu packen, der sich an das Asylrecht klammert (Der Gukkasten, 1849).

des politischen Asyls betonte, von den Flüchtlingen werde ein Verhalten erwartet, das die Nachbarstaaten nicht provoziere.[365] Der Gesandte Giers wiederum konnte Ende der sechziger Jahre das Unbehagen mancher Schweizer über die mangelnde Anpassungsfähigkeit der Flüchtlinge vermelden – nicht nur der russischen.[366] Erst recht nahmen die zarischen Behörden die offenkundige schweizerische Zurückhaltung gegenüber den neuen sozialistischen oder anarchistischen Flüchtlingen und Emigranten hoffnungsvoll zur Kenntnis. Aussenminister Gorčakov analysierte 1879 zuhanden des Gesandten Hamburger:

«Jadis le droit d'asile s'appliquait particulièrement à des réfugiés politiques expulsés de leurs pays par suite de révolutions purement politiques. La Suisse, environnée de voisins de tous les côtés, ne pouvait guère exclure les uns au bénéfice des autres sans prendre parti dans des questions intérieures d'Etats

---

365 Befriedigt nahm Nikolai auch die bundesrätliche Schelte an die Adresse des Kantons Genf wegen Nichtbeachtung gesamtschweizerischer Regelungen zur Kenntnis. Nikolai an A. M. Gorčakov, 6./18. 1. 1859. AVPRI, Missija v Berne, op. 510, d. 170, ll. 2 ob.–4.

366 Giers an A. M. Gorčakov, 15./27. 3. 1869. AVPRI, Missija v Berne, op. 510, d. 114, ll. 127–128 ob. – Zu den Problemen, welche Flüchtlinge auch anderer Staaten der Schweiz bescherten, vgl. etwa Giers an Westmann, 30. 5./11. 6. 1871 (Entwurf). AVPRI, Missija v Berne, op. 510, d. 176, ll. 35–36.

étrangers, ce qui était contraire à sa neutralité. De là, la large hospitalité qu'elle accordait à tous les réfugiés sans distinction de couleur et de nationalité. Aujourd'hui il n'en est plus de même. C'est le socialisme qui fournit le plus grand nombre de réfugiés, leur caractère n'est plus exclusivement politique, mais antisocial.»[367]

Angesichts dieser «antisozialen», auch für die Eidgenossenschaft bedrohlichen Entwicklung des Flüchtlingsstroms glaubte St. Petersburg eine Besinnung der Schweizer Politik auf die Prinzipien der Vernunft ausmachen zu können. Ein geheimes Papier der III. Abteilung widmete sich 1879 dem Verhalten der Genfer Polizei und würdigte ausdrücklich die Eigeninitiative, mit der die Schweizer eine zufällig entdeckte Bombenfabrikation untersuchten und nach dem angeblich russischen Auftraggeber fahndeten; sogar der Bundespräsident habe erklärt, solches sei auf Schweizer Boden nicht zu tolerieren. War das nicht der Moment, um mit Bern endlich über politische Verbrechen zu diskutieren? «[...] es kann offensichtlich keinem Zweifel unterliegen, dass die Schweizer Regierung ihre Sicht endgültig geändert hat, in einer Angelegenheit, in der sie noch vor gar nicht langer Zeit keinerlei Einmischung zuliess.»[368]

Das Aussenministerium dämpfte solche Erwartungen und wies darauf hin, dass der Bundesrat wohl kaum in einem öffentlichen Akt die Tradition des politischen Asyls antasten werde.[369]

2.1.2. Versuche einer Normierung des Asyls für zarische Untertanen in der Schweiz

2.1.2.1. Der Auslieferungsvertrag von 1873

In den frühen 1870er Jahren wurden wichtige vertragliche Standards gesetzt, welche die schweizerisch-russischen Beziehungen vor allem im administrativen und ökonomischen Bereich bis zum Zusammenbruch der Zarenherrschaft prägen sollten: Der Handels- und Niederlassungsvertrag verlieh 1872 dem beiderseitigen Exporthandel und der Schweizer Russlandwanderung einen günstigen juristischen Rahmen, im gleichen Jahr wurden direkte Postverbindungen aufgenommen – und das Zarenregime versuchte nun, auch die ihm besonders

---

367 A. M. Gorčakov an Hamburger, 17./29. 10. 1879. Švejcarija – Rossija, Nr. 71, S. 201.

368 A. Drenteln (Hauptchef der III. Abteilung) an das MID, 20. 10. 1879 (a. St.; aus dem Russischen). AVPRI, Missija v Berne, op. 510, d. 198, ll. 66–68 ob.

369 Vgl. A. G. Jomini (Älterer Ministerialrat im MID) an Drenteln, 24. 10. 1879 (a. St.). AVPRI, Missija v Berne, op. 510, d. 198, ll. 69–70. Hier auch die (nicht umgesetzte) Idee des Russlandschweizers zweiter Generation Jomini, die Zarenregierung möge sich mit Berlin und Wien zusammentun und eine konzertierte Ausweisung aller Schweizer androhen, falls Bern mit den politischen Flüchtlingen nicht Ordnung schaffe.

wichtige Asylfrage in den Prozess konstruktiver Verrechtlichung des bilateralen Kontaktes mit einzubeziehen. Dass die Schweizer ihre traditionelle Nichtauslieferung politischer Delinquenten keinem Vertrag opfern würden, dessen war sich das russische Aussenministerium bewusst. Aber auch ein allgemeines Auslieferungsabkommen, wie es beide Seiten bereits mit anderen Staaten abgeschlossen hatten,[370] konnte nützlich sein, um den eigenen Justizbehörden den Zugriff auf ausländische Zufluchtsorte von Verbrechern zu erleichtern – vielleicht sogar in politischen Fällen, wenn es nur gelang, den gemeinkriminellen Aspekt einer verfolgten Missetat in den Vordergrund zu rücken.

Die zarische Aussenpolitik bemühte sich also um ein entsprechendes Abkommen mit der Schweiz. Die konfliktreichen Verhandlungen und später auch die Anwendung des Vertrags verdeutlichen, wie wenig sich die Kontrahenten von 1847/48 in weltanschaulichen und staatspolitischen Fragen näher gekommen waren. Die fortbestehende, inzwischen konsolidierte Differenz politischer Kultur fand ihren Ausdruck etwa in der mangelnden Verständigung darüber, wo die Trennlinie zwischen strafwürdiger Kriminalität und legitimer politischer Artikulation zu ziehen sei. Berücksichtigt man ferner offenkundige sachliche Unkenntnis über den jeweils anderen Staat sowie psychologisches Ungeschick gegenüber dem Verhandlungspartner und seinen persönlichen und kulturellen oder nationalen Empfindlichkeiten, so erscheint die Geschichte des schweizerisch-russischen Auslieferungsvertrags geradezu als Konzentrat der Kommunikationsprobleme, die in unserem Zeitfenster die bilateralen politischen Beziehungen immer wieder unterminierten.

Die russische Seite verknüpfte die Idee eines Auslieferungsvertrags mit dem Projekt des Handels- und Niederlassungsvertrags, noch vor dessen entscheidender Verhandlungsphase. Ministergehilfe Westmann schrieb dem Gesandten Gorčakov im Mai 1872 nach Bern:

«[...] la conclusion d'une convention d'extradition réciproque de malfaiteurs nous semblerait nécessaire.

[...] Les Ministres de Justice, de l'Intérieur et des Finances, trouvant que la convention d'établissement et de commerce présentait surtout des avantages réels à la Suisse, et qu'elle ne saurait nous bénéficier grandement ont exprimé l'avis que le Gouvernement Impérial ne devrait y donner son consentement qu'à la condition qu'elle fut complétée par quelques articles établissant l'obligation réciproque des deux Etats de livrer à la justice du pays où le crime a été commis celui qui en a été le fauteur.»[371]

---

370 Für eine Liste der vom Zarenreich abgeschlossenen Auslieferungsverträge vgl. Sbornik dejstvujuščich traktatov, konvencij i soglašenij, Bd. 2, S. IX f. Zu den entsprechenden Verträgen der Schweiz vgl. etwa Švejcarija – Rossija, S. 183, Anm. 2.

371 Westmann an M. A. Gorčakov, 13./25. 5. 1872. Švejcarija – Rossija, Nr. 59, S. 172 f.; eine ähnliche Passage findet sich im Jahresbericht des zarischen Aussenministeriums für 1873, auszugsweise abgedruckt in: Meždunarodnaja žizn', 9 (1995), S. 132–135, hier S. 134.

Kein Niederlassungsvertrag, wenn nicht auch die Auslieferungsfrage geklärt werde – so direkt mochte das Aussenministerium die beiden Geschäfte dann doch nicht miteinander verbinden. Westmann gab sich vielmehr zuversichtlich, dass der junge Gorčakov den Bundesrat zu einem Auslieferungsvertrag bewegen könne, «sans qu'il soit nécessaire de subordonner la signature de la convention d'établissement et de commerce à celle de cet autre acte international».[372]
So präsentierte der zarische Gesandte Bundespräsident Welti am 9. Juli 1872 nicht nur das russische Gegenprojekt zum Niederlassungsvertrag, er schlug auch offiziell ein Abkommen zur Auslieferungsfrage vor.[373] Der Bundesrat beschloss, beide Verträge gleichzeitig aushandeln zu lassen, den Ersteren vom Politischen, jenen zur Auslieferung vom Justiz- und Polizeidepartement.[374]
Wenige Begegnungen zwischen Bundesrat Knüsel und dem Gesandten Gorčakov genügten, um den geplanten Auslieferungsvertrag auf den Holzweg und die schweizerisch-russischen Beziehungen an einen feindseligen Tiefpunkt zu führen, wie er seit der Normalisierung des Kontaktes Ende der fünfziger Jahre nicht mehr erreicht worden war.[375] Dabei stand nicht einmal der Streit um einzelne Paragrafen im Vordergrund. Angesichts des politisch delikaten Verhandlungsgegenstandes verstrickten sich beide Seiten in ein unheilvolles Geflecht von Misstrauen, defensivem Formalismus, stereotyp zugespitzter Wahrnehmung und gesteigerter Sensibilität.
Im Hinblick auf die projektierte offizielle Zusammenarbeit der schweizerischen mit der russischen Justiz eröffnete sich ein Antagonismus zwischen dem notorischen westeuropäischen Argwohn gegen das mutmasslich herrschaftshörige und willkürliche, jedenfalls undurchschaubare Rechtssystem des Zarenreichs einerseits[376] und dem Selbstbewusstsein der russischen Grossmacht andererseits, die sich Einmischungen in ihre inneren Angelegenheiten verbat, erst recht von Seiten eines machtpolitisch sekundären Kleinstaates zweifelhafter Legitimität. Der Gesandte Gorčakov ärgerte sich über den anmassenden Tonfall von Bundesrat Knüsel, als dieser Einblick in eine russische Gesetzessammlung verlangte: «M. Knüsel a commencé par me dire: ‹Nous devons connaître vos lois. Nous voulons savoir si pour un nez endommagé on envoie en Sibérie!›»[377]

---

372 Westmann an M. A. Gorčakov, 13./25. 5. 1872. Švejcarija – Rossija, Nr. 59, S. 173.

373 Vgl. ebd., S. 173, Anm. 2.

374 Vgl. *Botschaft des Bundesrathes an die hohe Bundesversammlung, betreffend die Genehmigung eines Niederlassungs- und Handelsvertrags mit Russland. (Vom 10. Juli 1873.)* BBl. 1873 III, S. 85–89, hier S. 86; vgl. ferner das vertrauliche Kreisschreiben des EPD an die diplomatischen Vertreter der Schweiz vom 31. August 1872. DDS, Bd. 2, Nr. 427, S. 679 f.

375 Wichtigste Quelle für die emotions- und konfliktgeladenen Verhandlungen des Auslieferungsvertrags ist ein Bericht des Gesandten Gorčakov an seinen Vater: M. A. Gorčakov an A. M. Gorčakov, 27. 4./9. 5. 1873. Švejcarija – Rossija, Nr. 64.

376 Für eine Kritik an – auch in der Historiografie anzutreffenden – pauschal negativen Darstellungen der russischen Justiz vgl. W. G. Zimmermann, Asyl in der Schweiz, S. 17.

377 M. A. Gorčakov an A. M. Gorčakov, 27. 4./9. 5. 1873. Švejcarija – Rossija, Nr. 64, S. 183.

Das konnte sich Gorčakov nicht bieten lassen. «‹Je ne conçois pas›, dis-je, ‹ce que tout cela a à faire. Du moment où le délit politique sera exclu, et qu'il ne restera que le crime commun, cela ne vous regardera d'aucune façon comment nous punissons nos criminels.›»[378]

Der zarische Gesandte fühlte sich sowohl in seinem Stolz als Vertreter einer Grossmacht wie auch in seinem russischen Nationalgefühl verletzt. «Je ne puis m'empêcher d'avouer humblement que mon sentiment russe s'est élevé tout entier à l'idée seule de nous voir obligés à nous laisser scruter en détail par la Suisse pour qu'elle s'assure préalablement si nous sommes ou non dignes d'un traité avec elle.»[379]

Knüsels Misstrauen gegenüber den Eigentümlichkeiten der russischen Justiz ist im Kontext des Diskurses um die Andersartigkeit und die fragliche Zivilisiertheit des Zarenreiches zu sehen, den auch die russische Seite selbst immer wieder evozierte. Die zarische Diplomatie erblickte in der Frage der Verbrechensbekämpfung eine Gelegenheit, europäische Zivilisiertheit zu demonstrieren und allfällige schweizerische Widerstände in den Bereich des Unzivilisierten zu verweisen. Ministergehilfe Westmann wähnte jedenfalls in seiner ersten Instruktion zum Auslieferungsvertrag die Gemeinschaft der zivilisierten Staaten und die öffentliche Moral hinter sich: «Les délits politiques ne rentrant pas dans le domaine des cas d'extradition qui ne se rapportent qu'aux délits également réprouvés et poursuivis par les législations de tous les Etats civilisés, le Ministère Impérial se flatte de l'espoir de trouver le Gouvernement fédéral tout aussi disposé qu'il l'est lui-même à prêter son concours pour empêcher que des méfaits que la morale publique condamne évitent les conséquences qu'elles ont méritées en abusant d'un sol étranger, pour y chercher l'impunité.»[380]

Beim Gesandten Gorčakov scheint sich dieses russische zivilisatorische Geltungsbedürfnis mit lautem Unmut über den arroganten westlichen Überlegenheitsdünkel und mit der stereotypen Vorstellung eines auch schweizerischen Zivilisationsdefizits verbunden zu haben. Zornig hielt er Bundesrat Knüsel und dessen Forderung nach Offenlegung der russischen Gesetze entgegen – immer gemäss seinem eigenen Rapport: «Je vous certifie que nous ne sommes pas moins civilisés que d'autres, et que la Suisse en particulier.»[381]

Verschiedene Zeitgenossen, ich habe es erwähnt, erlebten den jungen Gorčakov als eigenwillige, blasierte Persönlichkeit.[382] Die hier interessierenden Verhandlungen führte er nach erst einjähriger Tätigkeit in Bern mit Josef Knüsel, der seinerseits dem schweizerischen Bundesrat seit bald 18 Jahren angehörte. Die

378 Ebd., S. 184.
379 Ebd., S. 186.
380 Ministergehilfe Westmann an M. A. Gorčakov, 13./25. 5. 1872. Švejcarija – Rossija, Nr. 59, S. 172.
381 M. A. Gorčakov an A. M. Gorčakov, 27. 4./9. 5. 1873. Švejcarija – Rossija, Nr. 64, S. 184.
382 Vgl. oben S. 140 f.

persönliche Kommunikation zwischen dem blaublütigen diplomatischen Neuling und dem alteingesessenen freisinnigen Minister stellte im Zusammenhang des Auslieferungsvertrages augenscheinlich ein eigenes Konfliktfeld dar. Besonders regte sich der zarische Gesandte darüber auf, dass Knüsel ihn als bevollmächtigten Vertreter der russischen Regierung nicht richtig ernst zu nehmen schien und die Gültigkeit seiner Ausführungen ständig hinterfragte. «[...] je devais mettre le Plénipotentiaire suisse en garde contre sa tendance d'introduire continuellement et à chaque instant une distinction très marquée entre les appréciations de mon Gouvernement et les miennes.»[383]

Wie persönlich auch der Bericht Gorčakovs gefärbt, vielleicht verzerrt sein mag – eines bleibt hier bedeutsam: Der russische Verhandlungspartner gelangte zur Überzeugung, «qu'en tout cas les formes ne sont pas observées».[384] Damit war das Funktionieren der bilateralen Verständigung überhaupt in Frage gestellt, denn ein formaler diplomatischer Konsens sicherte gerade im Falle politisch unterschiedlich konzipierter Staaten eine minimale kommunikatorische Kompatibilität. Diese drohte nun aber am Tonfall und am mangelnden diplomatischen Geschick beider Bevollmächtigter zu zerbrechen. Entsprechend apokalyptisch leitete Gorčakov seine Schilderung des Zusammenstosses mit Knüsel ein: «[...] il est de mon devoir de relever un incident survenu dans mes négociations à Berne et qui pourrait, j'ai le regret de le dire, invalider toute la marche que j'ai suivie ici, rendre même peut-être inutile toute conversation ultérieure avec la Suisse.»[385]

Aussenminister Gorčakov deckte seinen Sohn. Am 5./17. Mai 1873 beauftragte er ihn, den Anmassungen von Bundesrat Knüsel zu widerstehen und diesem mitzuteilen, «que si de semblables prétentions devaient continuer de se produire à notre égard, elles rendraient impossible toute négociation, signature ou ratification d'actes diplomatiques entre les deux pays».[386]

Wie weiter in dieser verfahrenen Situation? Die beiden Gorčakovs lokalisierten das Problem weniger in strukturellen Differenzen als in der Person von Bundesrat Knüsel. Als jedenfalls auf Schweizer Seite Bundesrat Welti, letztjähriger Bundespräsident und erprobter Gesprächspartner des russischen Gesandten, das Verhandlungsmandat von Knüsel übernahm,[387] schienen plötzlich alle atmosphärischen Probleme verschwunden und die Verhandlungen gerettet zu sein.

Inhaltlich hatte sich St. Petersburg schon vorher damit einverstanden erklärt, Königsmörder mit dem geplanten Vertrag nicht zu behelligen und allgemein die Unwirksamkeit des Abkommens bei politischen Verbrechen formell zu

---

383 M. A. Gorčakov an A. M. Gorčakov, 27. 4./9. 5. 1873. Švejcarija – Rossija, Nr. 64, S. 185.
384 Ebd., S. 184.
385 Ebd., S. 183.
386 Ebd., S. 186, Anm. 1.
387 Vgl. Protokoll der Sitzung des Bundesrates, 5. 11. 1873. BAR, E 21/24650, Bd. 1.

besiegeln.[388] Der am 5./17. November 1873 schliesslich unterzeichnete schweizerisch-russische Auslieferungsvertrag entsprach nicht mehr – wie von Westmann zunächst angeregt[389] – dem analogen bayerisch-russischen Abkommen, sondern den Auslieferungsverträgen, welche die Schweiz bereits mit anderen Staaten abgeschlossen hatte.[390] Eine Besonderheit des schweizerisch-russischen Vertrags benannte die einschlägige bundesrätliche Botschaft – nämlich die Bestimmung, «dass die Auslieferungspflicht unter allen Umständen nur dann eintritt, wenn nach den Gesezen *beider* kontrahirenden Staaten für die betreffende Handlung eine Strafe von mehr als einem Jahre Gefangenschaft vorgesehen ist, während in den meisten bisherigen Verträgen nur das Gesez des die Auslieferung begehrenden Staates in Betracht kommt».[391]

Die Schweizer hatten ihr Misstrauen gegenüber dem zarischen Rechtssystem nicht abgelegt, sondern durch die Rückbindung russischer Auslieferungsbegehren an eidgenössische Paragrafen die Gültigkeit des eigenen Verbrechensbegriffs statuiert. Darüber hinaus war in Artikel 6 explizit festgehalten: «Die politischen Verbrechen und Vergehen sind von dem gegenwärtigen Vertrage ausgeschlossen.»[392]

Das Abkommen zählte detailliert die Verbrechen auf, welche ein Auslieferungsbegehren rechtfertigten, es regelte Prozeduren für verschiedene juristische Szenarien und betraute die Diplomatie mit dem Austausch von Informationen über hängige Gerichtsverfahren. Anhand einiger Beispiele möchte ich nun den Stellenwert des Auslieferungsvertrags von 1873 beleuchten und dabei zeigen,

---

388 Vgl. M. A. Gorčakov an Bundesrat Knüsel, 26. 5. 1873. BAR, E 21/24650, Bd. 1.

389 Vgl. Westmann an M. A. Gorčakov, 13./25. 5. 1872. Švejcarija – Rossija, Nr. 59, S. 173; ferner M. A. Gorčakov an A. M. Gorčakov, 27. 4./9. 5. 1873. Ebd., Nr. 64, S. 182.

390 Vgl. Bundesrat Welti an den Bundesrat, 2. 11. 1873. BAR, E 21/24650, Bd. 1. – Zur Ratifizierungsdiskussion im schweizerischen Parlament und zu Gorčakovs Lob für den russlandfreundlichen Auftritt Weltis im Ständerat vgl. M. A. Gorčakov an A. M. Gorčakov, 26. 11./8. 12. 1873. Švejcarija – Rossija, Nr. 65. Nach beiderseitiger Ratifizierung trat der Vertrag am 15./27. Februar 1874 in Kraft, vgl. Bundesrat an sämtliche Kantone, 23. 2. 1874. BBl. 1874 I, S. 32. – Für die russische gedruckte Ausgabe des Vertrags (mit französischem Paralleltext) vgl. *Konvencija o vodvorenii i torgovle, zaključennaja meždu Rossieju i Švejcarieju 14 (26) Dekabrja 1872 g. / Konvencija o vzaimnoj vydače prestupnikov, zaključennaja meždu Rossieju i Švejcarieju 5 (17) Nojabrja 1873 g.* (vgl. Bibliografie); für die deutsche Version vgl. *Auslieferungsvertrag zwischen der Schweiz und Russland. (Vom 17/5. November 1873.)* BBl. 1873 IV, S. 452–459; AS, Bd. 11, S. 410–429. Der Vertragstext findet sich auch unten S. 619–629.

391 *Botschaft des Bundesrathes an die hohe Bundesversammlung, betreffend den Auslieferungsvertrag zwischen der Schweiz und Russland. (Vom 19. November 1873.)* BBl. 1873 IV, S. 449 f., hier S. 450 (Hervorhebung in der Vorlage). Die entsprechende Bestimmung ist in Art. 3 des Vertrags festgehalten.

392 *Auslieferungsvertrag zwischen der Schweiz und Russland. (Vom 17/5. November 1873.)* BBl. 1873 IV, S. 452–459, hier S. 455. Etwas blauäugig der Zusatz: «Ausdrüklich wird festgesetzt, dass kein Individuum, dessen Auslieferung bewilligt worden ist, wegen eines vor der Auslieferung begangenen politischen Vergehens verfolgt oder bestraft werden darf, und eben so wenig wegen einer Thatsache, die mit einem solchen Vergehen in Verbindung steht.» Ebd., S. 455 f.

dass das Abkommen keine wirklich neuen Rahmenbedingungen schuf, sondern im Wesentlichen die normative Stabilisierung einer bestehenden Praxis darstellte. Immerhin bleibt anzumerken, dass politische Verbrechen durch ihre explizite Ausklammerung aus dem Kontrakt als *offizielle* bilaterale Streitobjekte zusätzlich diskreditiert wurden.[393]

Der Fall Nečaev – von der Etablierung einer asylpolitischen Praxis

Nachdem er am 21. November 1869 (a. St.) in übersteigertem revolutionärem Eifer einen nicht parierenden Mitstreiter umgebracht hatte, verschwand der junge Sergej G. Nečaev (1847–1882) aus Russland – um sich, wie bald einmal gemunkelt wurde, nach Genf zu begeben.[394] Schon vor seiner Bluttat hatte der junge Mann einige Monate in der Schweiz geweilt und es fertig gebracht, den bekannten russischen Anarchisten Michail Bakunin in den Bann seiner Person und seiner blühenden revolutionären Phantasie zu ziehen.[395] Die mutmassliche Anwesenheit des nunmehrigen Mörders Nečaev in der Schweiz versetzte das Eidgenössische Politische Departement in Aufregung. Von Anfang an fühlte sich die Bundesbehörde für den Fall zuständig, wohl ahnend, dass ein allfälliges

---

393 Das zarische Aussenministerium gelangte beispielsweise im Oktober 1878 zur Einsicht, es sei besser kein Auslieferungsbegehren für die in die Schweiz geflüchtete Vera Zasulič zu stellen, für jene Frau also, welche nach ihrem Anschlag auf den Polizeichef von St. Petersburg zunächst freigesprochen, dann aber wieder zur Verhaftung ausgeschrieben worden war; zu gross schien die Gefahr, die Schweizer Regierung könnte der Affäre politischen Charakter zuschreiben, was zu unangenehmen diplomatischen Gefechten und wohl gar zu einer Ablehnung des Gesuchs führen würde. MID (Departement der inneren Beziehungen) an Ministergehilfe Giers, 1./13. 10. 1878. Rossija – Švejcarija, Nr. 69, S. 148 f.; hier auch S. 149, Anm. 1. – Im Kontext der Revolution von 1905 wies das Bundesgericht mehrere russische Auslieferungsbegehren mit dem Hinweis auf den politischen Charakter der inkriminierten Delikte zurück. Vgl. Vuilleumier, Flüchtlinge, S. 62.

394 Zum Fall Nečaev vgl. BAR, E 21/3029; Pleiss, Schweiz, S. 82–90; Hutter/Grob, Schweiz, S. 102–110; Firstova, Carskaja diplomatičeskaja missija v Berne; Theen, Nečaevs Auslieferung; Thun, Geschichte, S. 44; Budnickij, Terrorizm, S. 38–44; Langhard, Die anarchistische Bewegung, S. 37–53; Lur'e, Nečaev; Cannac, Aux sources de la révolution russe. Ausführungen zu Nečaev finden sich regelmässig in Werken zu Bakunin, vgl. etwa Wittkop, Bakunin, S. 77–90; Carr, Michael Bakunin, S. 375–393; Nettlau, Bakunin, S. 374–403; Steklow, Michael Bakunin, S. 108–111.

395 Nečaev gab sich als Abgesandter einer grossen russischen Geheimgesellschaft aus, vgl. Wittkop, Bakunin, S. 77 f.; Carr, Michael Bakunin, S. 376; Nettlau, Bakunin, S. 375; Langhard, Die anarchistische Bewegung, S. 37. – Zur biografischen Vorgeschichte Nečaevs vgl. Nettlau, Bakunin, S. 377–381; Hutter/Grob, Schweiz, S. 102 f.; Lur'e, Nečaev. – Zur Beziehung zwischen Bakunin und Nečaev vgl. Carr, Michael Bakunin, S. 376–387, 390–393; Wittkop, Bakunin, S. 77–88; Avrich, The Russian Anarchists, S. 100; Marshall, Demanding the Impossible, S. 283 bis 285; Nettlau, Geschichte der Anarchie, Bd. 2, S. 146; ders., Bakunin, S. 374–403; Thun, Geschichte, S. 41; Steklow, Michael Bakunin, S. 109–111; Hutter/Grob, Schweiz, S. 103–105. – Zur von Nečaev in Russland tatsächlich organisierten Geheimorganisation vgl. Wittkop, Bakunin, S. 84; Carr, Michael Bakunin, S. 383; Thun, Geschichte, S. 43; Nettlau, Bakunin, S. 381, 390 f.; Langhard, Die anarchistische Bewegung, S. 38 f.

russisches Auslieferungsbegehren die offizielle Schweiz zu einer heiklen Abwägung zwischen Asyltradition und aussenpolitischen Interessen zwingen würde. Mit anderen Worten: An diesem Nečaev konnte man sich nur die Finger verbrennen. So bedeutete denn Bundespräsident Dubs der Genfer Regierung mit der gebotenen Klarheit: «Il me paraît donc très désirable que le dit Netschajeff ne soit pas trouvé en Suisse.»[396]

Die gleiche Botschaft ging an den Kanton Tessin, wo seit einiger Zeit Bakunin lebte. Für den Fall, dass sich Nečaev in einem der beiden Kantone aufhalte, sei es angezeigt, «de faire, avec la plus scrupuleuse discrétion, les démarches nécessaires pour qu'il quitte immédiatement le territoire suisse».[397] Bundespräsident Dubs sah anfänglich kaum eine Möglichkeit, einem eventuellen russischen Auslieferungsgesuch zu entsprechen: «Il est évident qu'en vertu du principe toujours maintenu par la Suisse de ne pas accorder l'extradition d'un individu poursuivi pour crime politique nous ne pourrions satisfaire à une demande de cette nature et que nous serions obligés d'opposer au Gouvernement russe un refus formel.»[398]

Allerdings: Die schweizerische Wahrnehmung von Nečaevs Mordtat als einem politischen Verbrechen vermengte sich, je mehr man von dem Vorfall erfuhr, mit der Abscheu vor einer nicht nachvollziehbaren kriminellen Gewalttätigkeit und Heimtücke.[399] Im April 1870 sollte Nečaev, auch auf hartnäckiges Drängen des zarischen Gesandten Giers hin, vorübergehend festgenommen werden – so die Weisung des Eidgenössischen Justiz- und Polizeidepartements an die Genfer Behörden. Der Gesuchte hatte sich jedoch bereits aus dem Staub gemacht.[400] Bakunin verteidigte ihn in seinem Pamphlet *Die Bären von Bern und der Bär von St. Petersburg.*[401]

Am 14. August 1872 dann doch die Verhaftung in Zürich. Zarische Spitzel hatten Nečaev aufgespürt, und aus St. Petersburg war eigens ein Polizeibeamter

396 Bundespräsident Dubs an den Genfer JPD-Chef Camperio, 17. 2. 1870. BAR, E 21/3029. – Zu (in der revolutionären Presse alsbald vermeldeten) Massnahmen Camperios, Nečaevs Abreise zu veranlassen, vgl. Langhard, Die anarchistische Bewegung, S. 44.

397 Bundespräsident Dubs an Staatsrat Pioda, 23. 2. 1870. BAR, E 21/3029.

398 Bundespräsident Dubs an Camperio, 17. 2. 1870. BAR, E 21/3029.

399 Vgl. Pleiss, Schweiz, S. 84. Zum Mord an I. I. Ivanov vgl. Budnickij, Terrorizm, S. 43; Wittkop, Bakunin, S. 84; Carr, Michael Bakunin, S. 383; Thun, Geschichte, S. 44; Nettlau, Bakunin, S. 391 f.; Langhard, Die anarchistische Bewegung, S. 39 f. – Zur Entlarvung der Lügengeschichten Nečaevs in der russischen Kolonie der Schweiz vgl. Carr, Michael Bakunin, S. 389; Nettlau, Bakunin, S. 397 f.

400 Pleiss, Schweiz, S. 84. – Für eine Anfrage Nečaevs an den Bundesrat vom 20. April 1870, ob seine Auslieferung an Russland beschlossen sei und er folglich die Verhaftung durch die zarische Polizei fürchten müsse, vgl. BAR, E 21/3029. – Zur vorübergehenden Festnahme eines mit Nečaev verwechselten russischen Emigranten 1870 vgl. Carr, Michael Bakunin, S. 389; Nettlau, Bakunin, S. 396; Hutter/Grob, Schweiz, S. 107. – Zur in Russland nach dem Mord an Ivanov eingeleiteten Strafverfolgung gegen Nečaev und seine Gefährten vgl. Wittkop, Bakunin, S. 84, 87 f.; Thun, Geschichte, S. 44.

401 Bakounine, Les Ours. Vgl. auch Wittkop, Bakunin, S. 85; Nettlau, Bakunin, S. 396; Langhard, Die anarchistische Bewegung, S. 45 f.

angereist, um die Identität des Festgenommenen zu bestätigen.[402] Bakunin hatte Nečaev nach eigenen Angaben gewarnt: «Er wollte es aber nicht glauben und sagte: ‹Es sind die Bakunisten, die mich aus Zürich jagen›, und er fügte hinzu: ‹Es ist nicht mehr das Jahr 1870; jetzt habe ich im Berner Bundesrate ergebene Leute, Freunde, die mich gewarnt hätten, drohte mir solche Gefahr›, – und jetzt ist er verloren.»[403] Der informelle Charakter der schweizerisch-russischen Polizeikooperation wird deutlich, wenn der Bundesrat am 23. August beschloss, auch noch die russische Gesandtschaft offiziell über die Verhaftung in Kenntnis zu setzen und zur Abklärung der politischen Dimension des Falles die Anklageunterlagen anzufordern.[404]

Das wiederum löste in St. Petersburg eine gewisse Hektik aus; die verlangten Papiere waren nicht bereit. Gemäss den Recherchen von V. N. Firstova bemühte sich die zarische Gendarmerie, die Unterlagen so zusammenzustellen, dass die Motive des Verbrechens verschleiert würden. Wenn es nur gelang, die Affäre aus dem Zusammenhang der Revolutionsbekämpfung herauszulösen und den ermordeten Ivanov einfach als Konkurrenten Nečaevs hinzustellen, konnte Letzterer als simpler Schwerverbrecher verfolgt werden.[405] Am 11. September 1872 folgte das russische Auslieferungsgesuch, wobei sich der neue zarische Gesandte in Bern, Michail A. Gorčakov, ins Zeug legte und Bundespräsident Welti versicherte, das Verfahren gegen Nečaev in Russland sei nicht politischer Natur.[406] Der Missionschef setzte die Schweizer gar unter Druck: Im Hinblick auf die Entscheidung der Zürcher Regierung, welche eine allfällige Auslieferung zu verfügen hatte, rapportierte er: «J'ai répondu à Welti que nature de nos rapports futurs avec la Suisse pourrait dépendre de cette décision.»[407]

Die Schweizer Behörden liessen sich – wohl nicht ungern – überzeugen. Denn

402 Firstova, Carskaja diplomatičeskaja missija v Berne, S. 205; Protokoll der Sitzung des Bundesrates, 23. 8. 1872. BAR, E 1004.1, Bd. 90; Theen, Nečaev Auslieferung, S. 578 f.; Carr, Michael Bakunin, S. 449; Langhard, Die anarchistische Bewegung, S. 47; Hutter/Grob, Schweiz, S. 107; Lur'e, Nečaev, S. 257–267. – Zum zarischen Polizeiagenten Karl A. Roman, der unter dem Namen Postnikov in der Schweiz nach Nečaev fahndete, dabei Bakunins Vertrauen zu erschleichen verstand, Nečaev aber nicht ausfindig machen konnte, vgl. Carr, Michael Bakunin, S. 396–408; Hutter/Grob, Schweiz, S. 107. – Zur Rückkehr Nečaevs in die Schweiz 1871 und zu seinem ärmlichen Leben in Zürich vgl. Wittkop, Bakunin, S. 87.
403 Bakunin an N. Ogarev, 2. 11. 1872. Zit. in: Wittkop, Bakunin, S. 88. Vgl. dazu auch Carr, Michael Bakunin, S. 449. Zur Verteidigung des verhafteten Nečaev durch Bakunin und andere vgl. auch Nettlau, Bakunin, S. 414; Langhard, Die anarchistische Bewegung, S. 48 f.
404 Vgl. Protokoll der Sitzung des Bundesrates, 23. 8. 1872. BAR, E 1004.1, Bd. 90.
405 Vgl. Firstova, Carskaja diplomatičeskaja missija v Berne, S. 205 f. Diese Idee hatte man in St. Petersburg schon 1869, vgl. Theen, Nečaevs Auslieferung, S. 575; vgl. auch Hutter/Grob, Schweiz, S. 108.
406 M. A. Gorčakov an Bundespräsident Welti, 30. 8./11. 9. 1872. BAR, E 21/3029; vgl. auch Langhard, Die anarchistische Bewegung, S. 50.
407 M. A. Gorčakov an A. M. Gorčakov, 7./19. 9. 1872. Švejcarija – Rossija, Nr. 61, S. 176.

8

Au Conseil Fédéral
de la République Suisse

De la part d'un individu
persecuté par le gouvernement
Russe.

Il y a trois mois que le gouvernement russe
a demandé mon extradition aux autorités
de la Suisse. —
Le Conseil Fédéral a-t-il agréé
cette demande? Mon extradition a-t-elle
été accordée? Je l'ignore encore, à
l'heure, qu'il est.
Après de longues attentes je m'adresse
aux Représantants du peuple de
la libre Suisse — pour avoir une
réponse définitive:
Puis-je rentrer sur le sol hospi-
talier de la République Helvétique
sans danger d'être arrété par la
police du Tzar Alexandre II.?
En attendant la réponse du
Conseil Fédéral, j'ai l'honneur
d'être   Serge Netschayeff

Londres 20 Avril 1870.

Am 20. April 1870 erkundigte sich Nečaev schriftlich beim Bundesrat, ob er auf Schweizer Boden mit polizeilicher Verfolgung rechnen müsse.

wenn sich Nečaev als normaler Mörder entpuppte, konnte sich die schweizerische Asyltradition unbeschadet aus der Affäre ziehen, ohne dass die Zarenregierung verärgert zu werden brauchte. Am 19. September 1872 beschloss der Bundesrat, die von Russland erhaltenen Dokumente der Zürcher Regierung zu übermitteln mit der Empfehlung, Nečaev als gemeinen Verbrecher auszuliefern.[408] Der Zürcher Regierungsrat verfügte am 26. Oktober die Auslieferung, welche bereits am darauf folgenden Tag mit der Übergabe an die bayerische Polizei vollzogen wurde.[409] Der Bundesrat versäumte es nicht, die zarischen Behörden noch einmal an die abgemachte Beschränkung der Anklage zu erinnern: «Toutefois, cette extradition n'a été accordée que pour le crime ci-dessus indiqué et avec la réserve formelle que Netschajew ne pourra être jugé et condamné que pour ce fait et aucunement pour les délits politiques qu'il aurait pu commettre en Russie ou à l'étranger.»[410]

Gorčakov aber konnte sich rundum bedanken: beim Bundesrat (insbesondere bei Bundespräsident Welti) sowie bei der Zürcher Regierung für die speditive Auslieferung – und beim Zaren für das Lob, welches dieser dem Verhalten seines Berner Gesandten gezollt hatte.[411]

Nečaev wurde 1873 wegen gemeinen Mordes zu 20 Jahren Zwangsarbeit und lebenslänglicher Deportation nach Sibirien verurteilt. Der Zar selbst verwandelte das Urteil in lebenslängliche Kerkerhaft in der Peter-Paul-Festung in St. Petersburg, von wo aus Nečaev zunächst politisch weiter zu agitieren versuchte. Immer schlechteren Haftbedingungen unterworfen, starb er Ende 1882.[412]

Für uns gilt es festzuhalten, dass der Fall Nečaev 1872 bereits zentrale Dispositionen des im darauf folgenden Jahr abgeschlossenen Auslieferungsvertrages antizipierte:

1. Die prinzipielle Ausklammerung politisch Verfolgter, dies nur der Vollständigkeit halber, stellt im Vertrag von 1873 lediglich die bilaterale Verbriefung eines schweizerseits längst (und auch in der Affäre Nečaev) gültigen Grundsatzes dar.

2. Die explizite Unwirksamkeit des Abkommens bei politischen Fällen liess spätere Auslieferungskonflikte in der Frage kulminieren, ob einem verfolgten Delikt denn nun politischer Charakter zukomme oder nicht. Bereits anlässlich der Mordtat Nečaevs ist ein zunehmendes schweizerisches Bewusstsein für die

---

408 Švejcarija – Rossija, S. 176, Anm. 1.

409 Vgl. Pleiss, Schweiz, S. 86; Wittkop, Bakunin, S. 88; Carr, Michael Bakunin, S. 450; Langhard, Die anarchistische Bewegung, S. 51. – Zur Kritik am Auslieferungsbeschluss im Zürcher Kantonsrat vgl. ebd., S. 51 f.

410 Bundesrat an die russische Gesandtschaft in Bern, 30. 10. 1872. Zit. in: Švejcarija – Rossija, S. 177, Anm. 1; vgl. BAR E 1007 1995/533, Bd. 97, Nr. 5029.

411 Vgl. M. A. Gorčakov an A. M. Gorčakov, 11./23. 11. 1872. Švejcarija – Rossija, Nr. 62, S. 177 f.

412 Vgl. Lur'e, Nečaev, S. 368; Wittkop, Bakunin, S. 89 f.; Langhard, Die anarchistische Bewegung, S. 53. Nettlau nennt in einem seiner Werke als Todesdatum den Mai 1883, vgl. Nettlau, Bakunin, S. 401, 414.

Nähe und die schwierige Unterscheidung von politischer Delinquenz und gemeiner Kriminalität auszumachen.

3. Die im Vertrag verschiedentlich statuierte Vermittlungstätigkeit der Diplomatie nahm der Gesandte Gorčakov bereits 1872 engagiert wahr.

4. Schon anlässlich des Falls Nečaev treffen wir auf die schweizerische Zuversicht, der Bundesrat könne den russischen Gerichten wirksam vorschreiben, für welche Verbrechen einmal ausgelieferte Übeltäter im Zarenreich zu belangen seien und für welche nicht. Dieses hartnäckige Vertrauen in die Reichweite der eidgenössischen Justiz diente wohl nicht zuletzt der schweizerischen Selbstberuhigung und fand – im Gewande der Reziprozität – Eingang in den zitierten Artikel 6 des Auslieferungsvertrags.

5. Die pragmatische Unterminierung des offiziellen, dogmatisch erstarrten Asyl- und Auslieferungsdiskurses durch konfliktscheue informelle Kompromisse oder Vertuschungsmanöver ist im Falle Nečaev schon genauso anzutreffen wie bei der späteren Anwendung des Vertrags von 1873 – man denke etwa an das Bestreben von Bundespräsident Dubs, den lästigen Russen loszuwerden, bevor aus ihm ein offizieller Streitfall wurde, oder an die verdeckte polizeiliche Zusammenarbeit bei der Verhaftung.

6. Die These, bereits die Handhabung des Falls Nečaev habe eine neue Praxis asylpolitischer Kooperation geschaffen, findet schliesslich eine Bestätigung im Angebot des Gesandten Gorčakov, die Affäre bei befriedigender Lösung zum Präzedenzfall zu erheben, aus dem auch die Schweiz künftig ihre Ansprüche ableiten könne: «Si le Gouvernement Suisse adhère à cette demande d'extradition, le Soussigné est également autorisé à déclarer au nom de son Gouvernement que le cas présent sera envisagé par ce dernier comme un précédent pour lequel la Confédération sera en droit de réclamer la réciprocité le jour où elle se trouverait dans la situation d'en exprimer le désir au Gouvernement Impérial.»[413]

Der Fall Kravčinskij – Auslieferungspraxis zwischen Norm und Realpolitik
Entgegen dem Wortlaut des Vertrags ist der russische Versuch belegt, das Abkommen von 1873 gelegentlich auch im Bereich der politischen Verbrechen anzuwenden. Angezeigt schien es hier freilich, sich im Vorfeld eines offiziellen Antrags informell mit dem Bundesrat zu besprechen. Ein Beispiel.

Der mit seiner Frau in Genf lebende politische Schriftsteller und Publizist Sergej M. Kravčinskij (später auch: Stepnjak [Stepniak], Stepnjak-Kravčinskij; 1851 bis 1895) wurde von den zarischen Behörden (zu Recht) verdächtigt, vor seiner Flucht aus Russland 1878 an der Ermordung des Gendarmeriechefs Nikolaj V. Mezencov beteiligt gewesen zu sein. Die russische Diplomatie hatte ein Interesse an der Auslieferung dieses «Staatsverbrechers».[414] Aufschlussreich ist der

---

413 M. A. Gorčakov an Bundespräsident Welti, 30. 8./11. 9. 1872. BAR, E 21/3029.

414 «Gosudarstvennyj prestupnik» – so die Betitelung Kravčinskijs in der internen Korrespondenz

Umstand, dass sich Bundespräsident Welti in einer vertraulichen Unterredung mit dem Gesandten Hamburger geweigert haben soll, schriftliche Informationen über Kravčinskij entgegenzunehmen, in denen auch die revolutionäre Tätigkeit des Beschuldigten zur Sprache kam. Hamburgers Ausführungen über den Vorfall – sie finden sich in einem mit «Correspondance secrète» überschriebenen Dossier – legen nahe, dass Welti bewusst die Augen vor der politischen Dimension des Falls verschloss, um eine Auslieferung nicht von vornherein zu verunmöglichen.[415] Die Anwendung des Vertrages, so Hamburgers Fazit nach dem Gespräch, war am ehesten gegeben, wenn man sich auf eine detaillierte kriminalistische Beweisführung für den Mord konzentrierte.[416] In St. Petersburg wurden nun Signalemente und Dokumente vorbereitet, deren Tauglichkeit Hamburger mit Welti nochmals informell besprechen sollte.[417] Der weitere Verlauf der Sache braucht uns nicht zu interessieren; Kravčinskij tauchte unter und verschwand aus der Schweiz.[418] Schenkt man den Berichten Hamburgers Glauben, so bleibt aber doch festzuhalten, dass trotz Artikel 6 des Vertrags von 1873 offensichtlich auch politische Auslieferungsbegehren einvernehmlich verhandelt werden konnten und dass zumindest Emil Welti, dieser langjährige bevorzugte Ansprechpartner der russischen Diplomatie im Bundesrat, durchaus Hand zu einer pragmatischen Verbindung von Asyltradition und Realpolitik bot.

der zarischen Behörden, vgl. Aussenminister Giers an den Gesandten Hamburger, 21. 4. 1884 (a. St.). AVPRI, Missija v Berne, op. 843/2, d. 42, ll. 8–9. Polizeiliche Informationen zu Kravčinskij finden sich auf einem Notizzettel, 20. 4. 1884 (a. St.). Ebd., l. 10–10 ob. – Zu Stepnjak-Kravčinskij und seiner Mordtat vgl. auch Budnickij, Terrorizm, S. 48 f.; Lur'e, Policejskie i provokatory, S. 123; Hingley, The Russian Secret Police, S. 60; ferner Haustein, Sozialismus, S. 16; Langhard, Die anarchistische Bewegung, S. 92; Asyl und Aufenthalt, S. 450. – Für die publizistische Tätigkeit Kravčinskijs vgl. etwa Stepniak, Das Unterirdische Russland; Stepniak, Russie (vgl. Bibliografie).

415 Hamburger führte aus: «[...] er [Welti] wollte von mir das besagte Schriftstück nicht annehmen, nicht einmal auf privater Ebene, weil in ihm von der revolutionären Tätigkeit Kravčinskijs die Rede ist.» («[...] не хотел принять от меня даже частным образом означенной выписки, так как в ней говорится о революционной деятельности Кравчинскаго.») Hamburger an Giers, 26. 4./8. 5. 1884 (Entwurf). AVPRI, Missija v Berne, op. 843/2, d. 42, l. 12–12 ob. Firstova referiert diese Stelle meiner Meinung nach falsch: «Der Präsident weigerte sich, sogar auf privater Ebene, ein Schriftstück über die Sache Kravčinskij anzunehmen, wo über ihn wie über einen [gemeinen] Kriminalverbrecher gesprochen wurde.» («Президент отказался принять даже частным образом выписку о деле Кравчинского, в котором о нем говорилось как об уголовном преступнике [...].») Firstova, Carskaja diplomatičeskaja missija v Berne, S. 206. Firstova sieht das Verhalten Weltis als Bekräftigung der Tradition des politischen Asyls und als schweizerische Weigerung, den verfolgten Kravčinskij zum gemeinen Verbrecher zu stempeln. Genau das Gegenteil ist der Fall.
416 Vgl. Hamburger an Giers, 26. 4./8. 5. 1884 (Entwurf). AVPRI, Missija v Berne, op. 843/2, d. 42, l. 12–12 ob.
417 Vgl. Giers an Hamburger, 7. 5. 1884 (a. St.). AVPRI, Missija v Berne, op. 843/2, d. 42, ll. 16 bis 17 ob.
418 Vgl. etwa Giers an Hamburger, 29. 9. 1884 (a. St.). AVPRI, Missija v Berne, op. 843/2, d. 42, l. 25.

Viktor P. Vasil'ev.

Der Fall Vasil'ev und die schwierige Definition des politischen Verbrechens
Der noch nicht 20-jährige Sozialrevolutionär Viktor P. Vasil'ev (geb. 1887) ermordete im Januar 1906 den Polizeipräfekten von Penza. Er wurde festgenommen, konnte aber nach Genf fliehen, wo ihn die örtliche Polizei auf russisches Ersuchen hin im Februar 1908 verhaftete.[419] Vasil'ev wehrte sich gegen seine Auslieferung, er verstand seine Tat als eine rein politische Aktion, ja als Notwehr gegen den grausamen Amtsmissbrauch des Polizeichefs, unter dem vor allem politische Gefangene zu leiden gehabt hätten. Für uns ist der Fall Vasil'ev insofern interessant, als er über 30 Jahre nach Inkrafttreten des Auslieferungsvertrags das fortbestehende Fehlen eines einheitlichen Verständnisses darüber dokumentiert, wo genau legitimes politisches Handeln in blosse Kriminalität umkippt. Neben die zwischenstaatliche Differenz trat nun auch innerhalb der Schweiz eine Spannung zwischen den Wortführern einer öffentlichen Meinung, die unter Beschwörung des Tell-Mythos die Aufrechterhaltung der Asyltradition verlangte, und den Behörden, welche aus internationalen Rücksichten die Anwendung dieser Tradition auf eindeutige Fälle zu beschränken und jeglichen Missbrauch auszuschliessen versuchten. Während zu Nečaevs Zeiten noch die Kantonsregierungen über eine nachgesuchte Auslieferung zu

419 Vgl. Švejcarija – Rossija, S. 234, Anm. 1. Zum Fall Vasil'ev vgl. BAR, E 21/3613 (hier findet sich für Vasil'ev auch das Geburtsjahr 1885). Für eine ausführliche Darstellung vgl. Pleiss, Schweiz, S. 96–101; ferner Vuilleumier, Flüchtlinge, S. 63.

entscheiden hatten, befand nach dem Abschluss des einschlägigen Staatsvertrags mit Russland und nach der Verfassungsrevision von 1874 das Bundesgericht über die Zulässigkeit umstrittener Auslieferungen.[420] Entscheidend war dabei, ob die Richter einer Tat politischen Charakter zubilligten oder nicht.

Zwischen der Affäre Nečaev und der russischen Revolution von 1905 sind kaum kontroverse Auslieferungen der Schweiz an das Zarenreich zu verzeichnen. Ab 1906 hatte sich das Bundesgericht aber gleich mit mehreren russischen Auslieferungsbegehren zu beschäftigen.[421] Im Fall Vasil'ev gestaltete sich die Entscheidungsfindung 1908 durch das starke öffentliche Interesse, welches sich vor allem in einer engagierten Presse manifestierte, besonders ungemütlich. Am 13. Juli bewilligte das Bundesgericht durch Stichentscheid des Präsidenten die Auslieferung Vasil'evs – unter der Bedingung, dass Letzterer in Russland vor das ordentliche Gericht des Tatorts gestellt und lediglich wegen Totschlags, nicht wegen eines politischen Verbrechens belangt werde.[422] Die zarische Gesandtschaft garantierte dies.

Die zum Teil heftigen Reaktionen auf den Entscheid des Bundesgerichts fächern nochmals das ganze Spektrum des schweizerisch-russischen Asyldiskurses auf: Die Befriedigung des zarischen Gesandten Bacheracht[423] stand neben Protestaktionen vor allem der westschweizerischen Bevölkerung[424] und beschwichtigenden Worten der Neuen Zürcher Zeitung, welche die Unabhängigkeit der Richter gegen die Attacken der aufgebrachten Menge verteidigte.[425]

Auch im Fall Vasil'ev gab sich der Bundesrat der Illusion hin, die Schweiz könne der russischen Justiz Instruktionen für den Umgang mit dem Ausgelieferten erteilen. Als Berichte über eine abmachungswidrige Behandlung Vasil'evs in Russland eintrafen, wurde die Gesandtschaft in St. Petersburg beauftragt, die Verurteilung des Delinquenten zu verzögern, bis das Bundesgericht Abklärungen getätigt habe, die es dann wiederum dem Bundesrat eventuell ermöglichten, sich in dieser Sache nochmals mit der russischen Regierung zu verständigen. Solcher Gutgläubigkeit setzte die russische Seite ein rasches Ende: Vasil'ev wurde am 29. November/12. Dezember 1908 zu zehn Jahren Zwangsarbeit verurteilt.[426]

---

420 Vgl. Pleiss, Schweiz, S. 91, 105 (Anm. 31).

421 Ebd., S. 91–96.

422 BGE 34 I, Nr. 88a.

423 Bacheracht an das MID, 8./21. 12. 1908. Zit. in: Švejcarija – Rossija, S. 235, Anm. 1.

424 Vgl. etwa den Bericht der Gendarmerie von La Chaux-de-Fonds über ein Protestmeeting, 24. 7. 1908. Švejcarija – Rossija, Nr. 88. An diesem Meeting sei unter anderem auch die Aufkündigung des Auslieferungsvertrags mit Russland gefordert worden.

425 Pleiss, Schweiz, S. 99.

426 Vgl. Švejcarija – Rossija, S. 235, Anm. 1. Zur abschliessenden bundesrätlichen Behauptung, die Behandlung Vasil'evs in Russland sei mit den von der Schweiz gestellten Auslieferungsbedingungen konform, vgl. Protokoll der Sitzung des Bundesrates, 17. 12. 1908. BAR, E 21/3613.

Die problematische Definition von Recht und Unrecht stellt eines der Kernprobleme staatlicher Kommunikation zwischen der Schweiz und dem Zarenreich während unseres gesamten Zeitfensters dar. Dabei markieren die heiklen Auslieferungsentscheide von Kantonsregierungen oder Bundesrichtern lediglich die juristische Zuspitzung einer allgemeineren staatsideologischen und weltanschaulichen Differenz. Der Sturz des Zarenregimes und die revolutionäre russische Gerichtsbarkeit nach 1917 sollten diesen Konflikt unter neuen Vorzeichen noch verschärfen – bis zum gänzlichen Kollaps jeder rechtlichen Verständigung.

2.1.2.2. Internationale Vereinbarungen gegen den Anarchismus 1898/1904

Richard D. Sonn nennt es «Ironie», dass die führenden Anarchisten terroristische Anschläge oftmals gar nicht befürworteten,[427] denn im Sprachgebrauch der etablierten Politik entwickelte sich der «Anarchismus» zum Inbegriff gewalttätiger Subversion. Die Schweiz war seit den 1860er Jahren ein bedeutender Entfaltungsort des europäischen – auch des (exil)russischen – Anarchismus, ohne dadurch selbst in ihrer Staatlichkeit ernsthaft gefährdet zu werden.[428] Zu erwähnen ist allenfalls der angebliche Plan, das Bundesrathaus (das spätere Bundeshaus) in die Luft zu sprengen, was 1885 zu Nervosität, verschiedenen Ausweisungen und zu einer umfangreichen Untersuchung über den Anarchismus in der Schweiz führte.[429] Jedenfalls stellten auch die Eidgenossen – ohne den Anarchismus im Gesetzestext beim Namen zu nennen – 1894 die notorischen anarchistischen Verbrechen des Sprengstoffanschlags und der Gewaltpropaganda unter Strafe und sprachen ihnen damit jede politische Legitimität ab.[430] Schon

427 Sonn, Anarchism, S. 51 f.
428 Bock, Terrorismus, S. 143. Zur Entwicklung des Anarchismus in der Schweiz vgl. Langhard, Die anarchistische Bewegung; Meuwly, Anarchisme et modernité, S. 141 f. – Zur Schweiz als einem wertvollen Asyl, das selbst die Revolutionäre nicht durch ihre Agitation gefährden wollten, vgl. Nettlau, Geschichte der Anarchie, Bd. 2, S. 197. – Zur Schweiz als Entstehungsort der ersten russischen anarchistischen Organisation (Bakunin'scher Prägung) vgl. Marshall, Demanding the Impossible, S. 469.
429 Vgl. *Bericht des eidgenössischen General-Anwaltes über die anarchistischen Umtriebe in der Schweiz. (Mai und Juni 1885.)* BBl. 1885 III, S. 537–721, hier S. 600–603; Langhard, Die anarchistische Bewegung, S. 148–153, 291–310; ferner Blanc, Fürst Bismarck, S. 19; Vuilleumier, Flüchtlinge, S. 41; Hutter/Grob, Schweiz, S. 96.
430 *Bundesgesetz betreffend Ergänzung des Bundesgesetzes über das Bundesstrafrecht der schweizerischen Eidgenossenschaft vom 4. Februar 1853. (Vom 12. April 1894.)* AS (n. F.), Bd. 14, S. 322–324; vgl. auch Vuilleumier, Flüchtlinge, S. 60; Langhard, Die anarchistische Bewegung, S. 423–439; Hutter/Grob, Schweiz, S. 96. Zu polizeilichen Massnahmen gegen den Anarchismus in der Schweiz vgl. auch Langhard, Polizei, S. 194–204. Zur Verstärkung der politischen Polizei Ende der 1880er Jahre vgl. ebd., S. 216–234. – Zu gesetzlichen Massnahmen gegen den Anarchismus in anderen europäischen Staaten vgl. Sonn, Anarchism, S. 51.

1884 hatte der zarische Gesandte Hamburger die Entschlossenheit des Bundesrates bei der Anarchistenverfolgung gelobt.[431] Die gesetzliche Regelung erfolgte jedoch relativ spät; abgesehen davon profitierten Revolutionäre anderer Kategorien wie bisher vom schweizerischen Asyl, und es mag an der unscharfen Zuordnung von politischen Labels und Verhaltensformen gelegen haben, wenn die Schweiz den konservativen Staaten auch weiterhin als Herd der Subversion und des Anarchismus galt. Der russische Aussenminister Lambsdorff meinte 1902: «Die Gleichgültigkeit der [schweizerischen] Bundesbehörden gegenüber der anarchistischen Presse, wo häufig die gemeinsten Lügen über Majestätspersonen erscheinen, rufen bei den Vertretern der Monarchien in Bern eine unwillkürliche Entrüstung hervor.»[432] Das Desinteresse des Bundesrates sei darauf zurückzuführen, so Lambsdorff, dass die Schweiz eben keine «eigenen» Anarchisten habe. 1906 nannte die zarische Gesandtschaft in Bern die Schweiz ein «principal foyer de l'anarchisme de tous les pays».[433]

Eine aufwendige Institutionalisierung erfuhr die internationale Anarchismusbekämpfung 1898 durch die von Italien einberufene Antianarchismuskonferenz in Rom und durch die in ihrem Fahrwasser vereinbarten Massnahmen.[434] Betrachten wir kurz dieses Projekt, unter besonderer Berücksichtigung der russischen und der schweizerischen Position.

Das Ziel der zarischen Vertretung liegt auf der Hand. Die russische Polizei war schon vor der Römer Konferenz daran interessiert gewesen, mit den Polizeiapparaten anderer Staaten zusammenzuarbeiten und Abkommen zur Verfolgung und Auslieferung von Anarchisten zu treffen – geheime Ausnahmeregelungen, die geltendes internationales oder nationales Recht brechen konnten.[435] Zweifellos lag es in der Absicht der russischen Delegation, solche Absprachen zu einem multilateralen Netzwerk auszubauen.

Auch der Bundesrat nahm die italienische Einladung an.[436] Er behielt sich die uneingeschränkte Gültigkeit der schweizerischen Bundesverfassung vor und instruierte seine Vertreter, die Ausarbeitung einer diplomatisch bindenden Akte nach Möglichkeit zu verhindern. Die bundesrätliche Delegation sollte die gesetzgeberische Unabhängigkeit der Schweiz betonen, ebenso ihr Recht, in jedem

---

431 Hamburger an Giers, 16./28. 3. 1884. Švejcarija – Rossija, Nr. 74, S. 206.
432 Lambsdorff an Žadovskij, 12./25. 11. 1902 (aus dem Russischen). Rossija – Švejcarija, Nr. 81, S. 163.
433 Russische Gesandtschaft in Bern an Aussenminister Izvol'skij, 27. 9./10. 10. 1906 (Entwurf). AVPRI, Missija v Berne, op. 843/2, d. 262, ll. 99–101.
434 Zur Römer Antianarchismuskonferenz vgl. BAR, E 21/14027; ferner Vuilleumier, Flüchtlinge, S. 60 f.; Sonn, Anarchism, S. 51; Ermakov, Anarchistskoe dviženie, S. 30.
435 Ebd.
436 Als seine Delegierten in Rom hatte der Bundesrat den dortigen Schweizer Minister Carlin, Bundesanwalt Scherb und Nationalrat Iselin bezeichnet. Vgl. Protokolle der Sitzungen des Bundesrates, 21. 10. und 11. 11. 1898. BAR, E 21/14027. Das entsprechende Dossier im Bundesarchiv ist überschrieben mit *Conférence internationale de Rome pour la défense sociale contre les Anarchistes du 24 novembre au 21 décembre 1898.*

Einzelfall selbst zu entscheiden, ob eine anarchistische Tat vorliege oder nicht. Es müsse, so die Instruktion weiter, aufgezeigt werden, dass Auslieferungen nur im Rahmen bestehender Verträge und Gesetze vollzogen werden könnten; eine generelle Verpflichtung, ausländische Anarchisten auszuweisen, sei nicht denkbar. Ganz kompromisslos wollten sich die Schweizer aber doch nicht geben: Gegen eine theoretische Definition des anarchistischen Verbrechens hatte der Bundesrat nichts einzuwenden, auch nicht gegen die Diskussion internationaler polizeilicher Kooperation. Ausserdem durfte versichert werden, dass die Schweiz anarchistische Verbrechen keinesfalls a priori als *politische* Delikte betrachte.[437] Die Konferenz von Rom erzielte keine konkrete Vereinbarung.[438] Mehrere Staaten, darunter die Schweiz, lehnten Beschlüsse ab, die gegen geltendes Recht verstossen hätten.[439] Immerhin resultierten die Gespräche in einem Paket administrativer Massnahmen, denen sich mit Vorbehalten auch der Bundesrat 1899 anschloss – durch eine nicht bindende einseitige Deklaration. Wichtigster Punkt: Die Bundesanwaltschaft sollte für den Informationsaustausch über Anarchisten mit ausländischen Polizeibehörden in direkten Kontakt treten.[440]

Das Zarenregime konnte sich mit unverbindlichen Absichtserklärungen nicht zufrieden geben. Die Konferenz von Rom sei ein Anfang gewesen, schrieb Aussenminister Lambsdorff im August 1900 in einem geheimen Zirkular an die russischen Auslandsvertretungen. Leider hätten die Teilnehmerstaaten die bei jenem Anlass festgehaltenen Prinzipien und Wünsche zur Anarchismusbekämpfung mit Ausnahme des Informationsaustausches kaum verwirklicht. Lambsdorff betonte die Entschlossenheit der russischen Regierung, den unlängst wieder gewalttätig aufgetretenen Anarchismus zu bekämpfen und damit zur Rettung der zivilisierten Welt beizutragen. Dabei sei man sich in St. Petersburg bewusst, wie schwierig bestimmte Massnahmen durchzusetzen seien, «besonders in jenen Ländern, wo *radikale Gruppen in den Parlamenten und die Presse die Anarchisten unterstützen und sich einer gesetzlichen Umsetzung entschlossener Massnahmen gegen sie widersetzen».[441]

Diese Stelle des Zirkulars ist im Exemplar der Berner Mission rot angestrichen – kaum ein Zufall; die Schweiz war mitgemeint. Und Lambsdorff zielte wohl auch auf schweizerische Grundsätze, wenn er dezidiert festhielt, die Konferenz von Rom habe anarchistische Untaten als gemeine (und nicht etwa als politische) Verbrechen eingestuft. Der Aussenminister regte an, den Anarchismus nun endlich allgemein unter Strafe zu stellen, insbesondere offenen Aufruf zu

---

437 *Directions aux délégués suisses à la Conférence anti-anarchique de Rome* (vertraulich). BAR, E 21/14027.

438 Zur Ergebnislosigkeit der Konferenz vgl. Sonn, Anarchism, S. 51; Ermakov, Anarchistskoe dviženie, S. 30.

439 So auch England, Griechenland, Belgien, Schweden und Dänemark. Ebd.

440 Vgl. Protokoll der Sitzung des Bundesrates, 3. 3. 1899. BAR, E 21/14027.

441 Hervorhebung so im Text. Zirkular MID, 9. 8. 1900 (a. St.; aus dem Russischen). AVPRI, Missija v Berne, op. 843/2, d. 262, ll. 1–5.

Mord und Zerstörung zu ahnden sowie anarchistische Meetings und Gewalt predigende Presseorgane zu verbieten. Die russischen Diplomaten sollten vertraulich sondieren, ob den verschiedenen Regierungen ein Meinungsaustausch dazu wünschbar erscheine.[442]

Der am 11. Oktober kontaktierte Bundesrat liess ausrichten, er habe die administrativen Massnahmen von Rom sehr wohl realisiert. Im Bereich der Legislation genüge das Gesetz von 1894. Man sei zum Gespräch bereit, müsse aber aus Verfassungsgründen grosse Vorbehalte gegen zusätzliche Bestimmungen anbringen.[443]

Im November 1901 verschickte Lambsdorff ein neues Geheimzirkular. Inzwischen hatten sich die russische und die deutsche Regierung auf ein gemeinsames Vorgehen gegen den Anarchismus geeinigt. Sie schlugen den anderen Staaten vor, im Sinne einer *entente internationale* gemeinsame Massnahmen zu ergreifen – administrative (strenge Überwachung anarchistischer Umtriebe durch die Errichtung von Zentralbüros in den verschiedenen Ländern, Informationsaustausch, internationale Regeln zur Ausweisung von Anarchisten) und legislative (bessere Erfassung des Anarchismus in den nationalen Gesetzgebungen).[444]

Wieder signalisierte der Bundesrat seine Kooperationsbereitschaft im administrativen Bereich und wies auf die Bundesanwaltschaft hin, welche die Funktion eines Zentralbüros zur Überwachung der Anarchisten bereits wahrnehme. Auch der Informationsaustausch funktioniere schon.[445]

Der russische und der deutsche Vertreter in Bern präsentierten dem Bundesrat im Frühjahr 1902 einen Abkommensentwurf.[446] Westmann vermeldete schon im Mai das prinzipielle Einverständnis der Schweizer Regierung.[447] Unnachgiebigen Widerstand weckte die geplante Bestimmung, dass ausgewiesene Anarchisten an der Grenze förmlich den Behörden des Aufnahmestaates zu übergeben seien, da Abschiebungen solcher Art in Schweizer Sicht verkappte Auslieferun-

---

442 Ebd.

443 Für die schriftliche Vorlage der wohl mündlichen Anfrage der zarischen Gesandtschaft in Bern vgl. AVPRI, Missija v Berne, op. 843/2, d. 262, ll. 11–16. Die Reaktion des Bundesrates entnehme ich einem weder datierten noch unterzeichneten Dokument, offenbar einer Zusammenfassung dessen, was seitens des Bundesrates mündlich mitgeteilt worden war. Ebd., l. 6.

444 Zirkular MID, 10./23. 11. 1901. AVPRI, Missija v Berne, op. 843/2, d. 262, ll. 17–18 ob.

445 Wiederum entnehme ich die Reaktion des Bundesrates einem weder datierten noch unterzeichneten Aide-mémoire der russischen Gesandtschaft: AVPRI, Missija v Berne, op. 843/2, d. 262, l. 24–24 ob.; vgl. auch Bundesrat an Westmann, 1./14. 12. 1901. Švejcarija – Rossija, S. 221, Anm. 2.

446 Im Archiv finden sich verschiedene Entwürfe des Abkommens, vgl. etwa AVPRI, Missija v Berne, op. 843/2, d. 262, ll. 30–30 ob.; 35–36 ob.

447 Westmann an Lambsdorff, 14./27. 5. 1902 (Entwurf). AVPRI, Missija v Berne, op. 843/2, d. 262, ll. 31–32 ob. – In der Tat waren die bundesrätlichen «Beobachtungen» zu den einzelnen Artikeln des Vertragsentwurfs überwiegend zustimmender Art, immer wieder wurde allerdings auf bestehende schweizerische Gesetze oder die Massnahmen von Rom verwiesen, welche das betreffende Anliegen bereits ausreichend regelten. *Observations du Conseil fédéral suisse,* 23. 5. 1902. Ebd., ll. 33–34 ob.

gen darstellten.[448] Der Bundesrat gab auch zu verstehen, dass er in dieser Sache keine gegenseitig bindende diplomatische Akte unterzeichnen könne, da sonst die Zustimmung der Bundesversammlung nötig sei. Die Schweiz sollte daher eine einseitige Zustimmungserklärung an die russische Regierung richten.[449] Am 1./14. März 1904 unterzeichneten in St. Petersburg Deutschland, Österreich-Ungarn, Dänemark, Rumänien, Russland, Serbien, Schweden, Norwegen, die Türkei und Bulgarien ein geheimes Protokoll gegen den Anarchismus.[450] Die zarische Gesandtschaft in Bern teilte dies dem Bundesrat mit und gab ihrer Hoffnung Ausdruck, auch die Schweiz möge sich in der besprochenen Form anschliessen. Am 31. März wandte sich Bundespräsident Comtesse an Žadovskij: «Dans ces circonstances, nous avons l'honneur de déclarer au Gouvernement Impérial que nous adoptons toutes les mesures administratives visées dans la pièce jointe à la présente note et que nous donnerons les ordres nécessaires pour en assurer l'exécution.»[451] Der russische Gesandte hielt den Bundesrat über die weitere Entwicklung der internationalen antianarchistischen Kooperation auf dem Laufenden und informierte ihn beispielsweise im Juli 1904 über den Anschluss Spaniens an die administrativen Bestimmungen des Abkommens.[452] 1906 trat in der Schweiz ein verschärftes Antianarchismusgesetz in Kraft.[453] Žadovskij würdigte die schwei-

---

448 Vgl. *Observations du Conseil fédéral suisse*, 30. 3. 1903. AVPRI, Missija v Berne, op. 843/2, d. 262, ll. 48–51; Lambsdorff an Žadovskij, 4. 3. 1903 (a. St.). Ebd., ll. 39–40; Bundesanwaltschaft an das EJPD, 22./24. 4. 1902. BAR, E 21/14027; EPD an die russische Gesandtschaft in Bern, April 1903 (Entwurf). Ebd.; Bundesanwaltschaft: *Bemerkungen zu den am 30. März 1903 von der deutschen und der russischen Gesandtschaft dem schweizerischen Bundesrate eingereichten, abgeänderten Vorschläge zur Internationalen Bekämpfung des Anarchismus (Administrative Massnahmen)*, 22. 5. 1903. Ebd.; Protokolle der Sitzungen des Bundesrates, 26. und 29. 5. 1903. Ebd.; Bundesanwaltschaft: *Vorschlag zur Abänderung von Art. 1 des von Deutschland und Russland am 11. August 1902 vorgelegten Projektes zur Bekämpfung des Anarchismus (Administrative Massnahmen)*, 19. 8. 1903. Ebd.; EJPD an die russische Gesandtschaft in Bern, 27. 8. 1903. AVPRI, Missija v Berne, op. 843/2, d. 262, ll. 53–57.

449 Vgl. russische Gesandtschaft in Bern an Lambsdorff, 12./25. 1. 1904 (Entwurf), dazu undatiertes Aide-mémoire zur Haltung des Bundesrates. AVPRI, Missija v Berne, op. 843/2, d. 262, ll. 63–64.

450 Vgl. Ermakov, Anarchistskoe dviženie, S. 30.

451 Bundespräsident Comtesse an Žadovskij, 31. 3. 1904. AVPRI, Missija v Berne, op. 843/2, d. 262, l. 66–66 ob. Zur Unterzeichnung des geheimen Protokolls und zur Deklaration des Bundesrates vgl. auch Švejcarija – Rossija, Nr. 81, S. 221 f., Anm. 3. Zum Fernbleiben Englands und dem Beitrittsmodus der Schweiz vgl. Vuilleumier, Flüchtlinge, S. 61. – Für Zeitungsausschnitte zu dem ruchbar gewordenen Geheimabkommen vgl. AVPRI, Missija v Berne, op. 843/2, d. 262, ll. 87–88.

452 Lambsdorff an Žadovskij, 13. 5. und 8. 7. 1904 (a. St.). AVPRI, Missija v Berne, op. 843/2, d. 262, ll. 81 und 91. – Zum Austausch von polizeilichen Informationen nach der Deklaration des Bundesrates vgl. russisches Innenministerium (Polizeidepartement) an den schweizerischen Generalanwalt, 14./27. 4. 1904. BAR, E 21/14027; ferner deutsche Gesandtschaft in Bern an Bundespräsident Comtesse, 1. 10. 1904. Ebd.

453 Im Gegensatz zum Gesetz von 1894 wurden «anarchistische Verbrechen» nun als solche

zerische Kooperation auch als Erfolg des ausländischen Mahnens und besonders der unablässigen Bemühungen seines Vorgängers Westmann.[454]
Vier Beispiele von (im weiteren Sinne) anarchistischen Umtrieben russischer
Untertanen in der Schweiz mögen nun die Haltung der Eidgenossenschaft und
den schweizerisch-russischen Behördendialog im Bereich der Anarchismusbekämpfung beleuchten – vor, während und nach den geschilderten Verhandlungen von Rom und St. Petersburg.

Die Ermordung Alexanders II. und die Ausweisung Petr Kropotkins
Am 1./13. März 1881 fiel Alexander II. in St. Petersburg einem Terroranschlag
der Untergrundpartei *Narodnaja Volja* zum Opfer.[455] Es war nicht das erste
Attentat auf den Zaren, das die schweizerischen Behörden beschäftigte.[456] Doch
nun hatte die Revolution einen Erfolg erzielt, der die erbittertsten Reaktionen
der russischen Staatsmacht hervorrufen musste – und dies betraf die im Verdacht kontinuierlicher Subversionsbegünstigung stehende Schweiz ganz direkt.
Ministergehilfe Giers sprach von einer Attacke gegen die christliche Zivilisation und betonte die ausländischen Wurzeln der Tat: «La Russie frémissante
doit subir cette honte et cette douleur, fruit de principes subversifs, qui ne sont
pas nés sur son sol et qu'elle repousse avec horreur.»[457]
Der Bundesrat beeilte sich, die Zarenfamilie seiner lebhaften Anteilnahme zu
versichern.[458] Doch schon am 23. März berichtete Generalkonsul Dupont aus
St. Petersburg: «Tout le monde ici est furieux de l'asile que donne la Suisse à
tous ces nihilistes.»[459]
Von der Pariser Gesandtschaft waren in Bern bereits Druckschriften eingegangen, die auf Verbindungen zwischen den Attentätern und in der Schweiz befindlichen Personen hindeuteten.[460] Mitglieder der Petersburger Schweizerkolonie
baten den Bundesrat gar um Auslieferung des Kaisermörders, da für Schweizerinnen und Schweizer sonst kein Platz mehr sei in Russland.[461]

bezeichnet. *Bundesgesetz betreffend Ergänzung des Bundesstrafrechtes vom 4. Februar 1853 in
bezug auf die anarchistischen Verbrechen. (Vom 30. März 1906.)* AS (n. F.), Bd. 22, S. 418 f.

454 Žadovskij betonte die – trotz der Unbeliebtheit Westmanns – exzellenten Beziehungen der
Gesandtschaft zu Bundesrat Brenner, dem Vorsteher des Eidgenössischen Justiz- und Polizeidepartementes. Russische Gesandtschaft in Bern an Aussenminister Izvol'skij, 27. 9./10. 10.
1906 (Entwurf). AVPRI, Missija v Berne, op. 843/2, d. 262, ll. 99–101.

455 Für Telegramme mit der Nachricht des Attentats vgl. BAR, E 2/870.

456 Vgl. Generalkonsul Bohnenblust an Bundespräsident Knüsel, 5./17. 4. 1866. BAR, E 2/870.

457 Zirkular MID, 2./14. 3. 1881. BAR, E 2/870.

458 Vgl. Bundespräsident Droz an Generalkonsul Dupont, 15. 3. 1881 (Entwurf). BAR, E 2/870;
Dupont an Droz, 5./17. 3. 1881. Ebd.

459 Dupont an Bundespräsident Droz, 11./23. 3. 1881. BAR, E 2/870.

460 Es handelte sich um die nach dem Attentat erschienenen Nummern der Zeitschrift *L'Intransi-
geant:* schweizerische Gesandtschaft in Paris an Bundespräsident Droz, 18. 3. 1881. BAR, E 2/
870.

461 Russlandschweizer an Bundespräsident Droz, 10./22. 3. 1881. BAR, E 2/870.

Die Bundesbehörden wurden aktiv. Sie informierten die russische Gesandt-schaft über die verfügbaren Hinweise auf verdächtige Personen in der Schweiz.[462] Und hier lenkte in der Folge vor allem ein Mann die obrigkeitliche Aufmerk-samkeit auf sich: Fürst Petr A. Kropotkin (1842–1921), der grosse russische Anarchist, der sich schon zu Beginn der 1870er Jahre von jurassischen Uhrmacher-gemeinschaften hatte inspirieren lassen und in Genf seit 1879 die Zeitschrift *Le Révolté* herausgab.[463] Unter den Akten zu Kropotkin finden sich im Bundes-archiv zwei säuberlich zusammengelegte Exemplare eines grossen violetten Plakats, mit dem handschriftlichen Vermerk: «am 20. April 1881 abends in Genf angeschlagen». Auf dem Plakat ist zu lesen:

«PROTESTATIONS

Citoyens,

Ce qui ne se voit plus dans les pays civilisés vient de se produire en Russie.»

Eine Frau habe man in Russland hingerichtet, und die Exekution einer anderen, schwangeren Frau sei lediglich bis zur Geburt des Kindes aufgeschoben worden. «Nous venons exprimer notre indignation et nous ne doutons pas que dans la Suisse il ne s'élève les plus vives protestations contre ce retour à la barbarie des siècles passés.»[464]

Bei der als barbarisch angeprangerten Hinrichtung handelte es sich um eine Urteilsvollstreckung im Prozess gegen die Mörder Alexanders II. – gegen jene Aktivisten also, deren Tat Ministergehilfe Giers seinerseits als Bedrohung christ-licher Zivilisation bezeichnet hatte. Das Plakat führte eine ganze Reihe von Unterzeichnern an; verschiedene von ihnen hatten, wie sich später herausstellte, von der Protestaktion gar nichts gewusst. Ein Name ist auf dem archivierten Papier blau angekreuzt: die «Rédaction du Révolté».[465]

Als auskam, dass die Plakate mit Wissen der Genfer Regierung angebracht worden waren, schaltete sich der Bundesrat ein. «Au moment où, à l'occasion des événements russes, l'asile accordé par la Suisse à des réfugiés politiques attire sur notre pays l'attention générale et provoque de graves accusations, nous ne pouvons laisser passer un tel fait sans en faire l'objet de notre sérieuse attention.»[466]

---

462 EJPD an die russische Gesandtschaft in Bern, 23. 3. 1881 (Entwurf). BAR, E 2/870.

463 Für allgemeine Angaben zum Leben und Denken Kropotkins vgl. etwa Woodcock/Avakumović, The Anarchist Prince; Markin, Petr Alekseevič Kropotkin; Ermakov, Anarchistskoe dviženie, S. 19–22; Avrich, The Russian Anarchists, S. 30–32. Zu den Umständen der Ausweisung Kropotkins aus der Schweiz vgl. Langhard, Die anarchistische Bewegung, S. 83–93.

464 BAR, E 21/6898.

465 Als Unterzeichner sind unter anderem auch aufgeführt: «La section suisse de l'Internationale», «Société du Grütli, section de Genève», «La section de propagande de l'Internationale», «Société des mécaniciens», «Section genevoise de l'Union révolutionnaire allemande». – Zum Umstand, dass gar nicht alle «Unterzeichner» von der Aktion wussten, vgl. den Artikel über diese «manifestation exotique» in der Tribune de Genève, 23. 4. 1881. BAR, E 21/6898.

466 Bundesrat an den Staatsrat des Kantons Genf, 25. 4. 1881 (Entwurf). BAR, E 21/6898. –

Mod. C. 6.

COMMISSARIAT
DE
POLICE

CANTON

DE GENÈVE

L'an mil huit cent quatre-vingt *un*

et le *22* du mois d *'avril*

Nous, Commissaire de Police d *chef f.f.* Arrondissement de la République et Canton de Genève, avons ~~fait extraire~~ *Convoqué* ~~et conduire~~ en notre Bureau, le dénommé ci-après, pour l' interroger comme suit :

R. Je m'appelle Krapothine Pierre, géographe, 38 ans de Moscou, domicilié Route de Carouge 17.

Q. Avez vous parlé en faveur d'une résolution tendant à féliciter les assassins du tzar?

R. J'ai prononcé un discours qu'aura reproduit la Tribune et le Révolté. J'ai fait un tableau de la situation politique en Russie.

Q. Vous en rapportez-vous à ce qui est dit dans ces deux journaux en ce qui concerne votre discours.

R. Oui.

Q. Avez vous protesté contre la résolution?

R. Je n'ai pas pris la parole après cette motion; je l'aurais appuyée, si elle n'avait été adoptée par acclamation. Personne n'a pris la parole à ce sujet. J'ai terminé mon discours en demandant: tout ce des assassins? Toute l'assemblée répondit non.

Q. Vous déclarez n'avoir commis aucun outrage envers un gouvernement étranger ni violé le Droit des gens?

R. C'est là une question d'interprétation; la loi est conçue en termes très généraux

132

Protokoll der polizeilichen Befragung Petr A. Kropotkins in Genf (22. April 1881).

Q. Quelle est votre opinion à ce sujet?

R. Je connaissais la loi et croyais être resté dans ses bornes.

Pierre Kropotkine

Le Commissaire délégué
A. Benoit

Die Landesregierung ordnete eine minutiöse Untersuchung des Vorfalls und namentlich Erhebungen zur Zeitschrift *Le Révolté* an.[467] In seinem Bericht vom 1. Juli 1881 fasste der Genfer Staatsanwalt zusammen: Zwei Ausländer, darunter der Russe Kropotkin, seien in dieser Affäre als Anstifter und Provokateure aufgetreten; sie hätten auf dem Plakat skrupellos die Namen von schweizerischen und sonstigen bekannten Gesellschaften benützt und sich überdies im Verhör widerspenstig verhalten.[468] Kropotkin hatte beispielsweise so geantwortet:

«Q[uestion]: Vous déclarez n'avoir commis aucun outrage envers un gouvernement étranger ou violé le droit des gens?

R[éponse]: C'est là une question d'interprétation; la loi est conçue en termes très généraux.»[469]

Der Entlastung Kropotkins wenig förderlich war der Umstand, dass er dem Vernehmen nach auf einer revolutionären Feier in der Brasserie Schiess die Ermordung des Zaren als Heldentat verherrlicht habe.[470] In seiner Sitzung vom 23. August 1881 verfügte der Bundesrat, gestützt auf Artikel 70 der Bundesverfassung: «Fürst Peter Kropotkine, auch genannt Levaschoff, aus Moskau wird aus dem Gebiete der schweizerischen Eidgenossenschaft weggewiesen.»[471] Hauptgrund: Die Propagandatätigkeit, die Kropotkin mit dem *Révolté* gegen europäische Regierungen ausübe, gefährde die äussere Sicherheit der Schweiz.[472] Da der momentane Aufenthaltsort Kropotkins unbekannt war, wurden alle Kantone zur Fahndung aufgerufen.[473] Am 30. August meldete Genf, der Gesuchte sei gefunden worden; er sei bereit, nach Frankreich zu verreisen, und bitte lediglich um eine kurze Frist zur Ordnung seiner Angelegenheiten.[474] Am 7. September folgte die Bestätigung der Abreise.[475]

Woodcock/Avakumović führen aus, Kropotkin habe, nachdem die Polizei bei den Plakatentwürfen Schwierigkeiten machte, die Endversion in eigener Verantwortung aufgehängt. Woodcock/Avakumović, The Anarchist Prince, S. 178.

467 Bundesrat an den Staatsrat des Kantons Genf, 25. 4. 1881 (Entwurf). BAR, E 21/6898.
468 Staatsanwalt Dunant an den Staatsrat des Kantons Genf, 1. 7. 1881. BAR, E 21/6898.
469 Einvernahme Kropotkin, 22. 4. 1881. BAR, E 21/6898.
470 Vgl. etwa Langhard, Die anarchistische Bewegung, S. 85 f. – Woodcock/Avakumović sprechen davon, dass Kropotkin den Zarenmord nicht gerechtfertigt, sondern lediglich erklärt habe. Woodcock/Avakumović, The Anarchist Prince, S. 178. – Für Zeitungsberichte zum angeblichen Lob, das den Mördern Alexanders II. auf Versammlungen in der Schweiz gespendet worden sei, vgl. BAR, E 2/870. Zur Verherrlichung der Zarenmörder im *Révolté* vgl. Langhard, Die anarchistische Bewegung, S. 85.
471 Protokoll der Sitzung des Bundesrates, 23. 8. 1881. BAR, E 21/6898.
472 Vgl. Thun, Geschichte, S. 304; Langhard, Die anarchistische Bewegung, S. 88 f.
473 Bundesrat an sämtliche eidgenössischen Stände, 23. 8. 1881. BAR, E 21/6898.
474 Staatsrat des Kantons Genf an den Bundesrat, 30. 8. 1881. BAR, E 21/6898.
475 Staatsrat des Kantons Genf an den Bundesrat, 7. 9. 1881. BAR, E 21/6898. – Zur Reaktion des *Révolté*, der unter Aufbietung des Tell-Mythos die helvetische Asyllegende zu Grabe trug, vgl. Busset, La politique du refuge, S. 58 f.; Langhard, Die anarchistische Bewegung, S. 89 f. – Zu den Gerüchten, wonach der Ausgewiesene öfters nach Genf komme, um die Redaktion des

Die Zürcher Bombenaffäre 1889

Am 6. März 1889 experimentierten die beiden aus dem Zarenreich stammenden Revolutionäre Isaak Dembo (alias Jakob Brinstein/Brynstein; 1865–1889) und Alexander Dębski (Dembski; 1857–1935) auf dem Zürichberg mit Sprengstoff, als unversehens eine selbst gebastelte Bombe detonierte und die beiden Männer schwer verletzte. Dembo starb zwei Tage später, Dębski kam nach längerem Spitalaufenthalt davon.

Die so genannte Zürcher Bombenaffäre ist in der Literatur gut aufgearbeitet.[476] Vor allem der Kontext des russischen Untergrunds in Zürich und die Reaktionen der Schweizer Öffentlichkeit sind detailliert nachgezeichnet worden. Ich kann mich an dieser Stelle damit begnügen, die Bedeutung der Affäre für die staatlichen Beziehungen zwischen Bern und St. Petersburg zu beleuchten.

1. Die Bombe vom Zürichberg erneuerte das alte Bild des schweizerischen Revolutionsherds. Sie verdeutlichte der hiesigen Bevölkerung wie der internationalen Politik, dass das Schweizer Asyl nicht nur vergeistigte Dissidenten oder *anderswo* agitierende Flüchtlinge anzog, sondern dem modernen politischen Terrorismus konkreten Raum für seine Operationsplanung bot – mitten in Europa. Die nun eröffnete Untersuchung unter der Leitung des Zürcher Polizeihauptmanns Fischer spürte in der Limmatstadt ein Netzwerk revolutionär gesinnter Studierender aus dem Zarenreich auf, und auch in anderen Städten wurden subversive russische Institutionen entdeckt.[477]

2. Die Untersuchung der Bombenaffäre ist ein weiteres Beispiel für den Pragmatismus der schweizerischen Behörden im Spannungsfeld von innenpolitisch verankerter Asyltradition und aussenpolitischen Rücksichten. Es lässt sich belegen, dass der zarische Gesandte Hamburger den Gang der Schweizer Polizeiarbeit zu beeinflussen vermochte: Er verlangte Massnahmen, um den Export angeblich fabrizierter weiterer Bomben zu verhindern, was der Bundesrat der Zürcher Regierung schleunigst ans Herz legte.[478] Ausserdem wünschte Hamburger namens seiner Regierung vertraulichen Einblick in die Dokumente, welche bei russischen Studierenden beschlagnahmt worden waren, damit das Zarenreich

Révolté fortzuführen, und zur entsprechenden Fahndung vgl. Protokoll der Sitzung des Bundesrates, Präsidialverfügung vom 28. 10. 1882. BAR, E 21/6898. Zum Prozess gegen Kropotkin in Frankreich vgl. Thun, Geschichte, S. 304 f.; Langhard, Die anarchistische Bewegung, S. 92.

476 Für eine ausführlichere Darstellung der Affäre und insbesondere ihrer Wirkung auf die schweizerische Öffentlichkeit vgl. Zweidler, Bombenaffäre; ferner Renk, Bismarcks Konflikt, S. 125 bis 127; Langhard, Die anarchistische Bewegung, S. 312; Haustein, Sozialismus, S. 48 f., Anm. 50. Archivalien finden sich in: BAR, E 21/14341–14345. Zum zeitgenössischen Begriff der «Bombenaffäre» bzw. «Bombenaffaire» vgl. Zweidler, Bombenaffäre, S. 175 und 194, Anm. 12.

477 Vgl. ebd., S. 176–181. Zu Dembo/Brinstein und seiner revolutionären Motivation vgl. auch Conzett, Erstrebtes, S. 232 f. Zu A. Dębski vgl. Haustein, Sozialismus, S. 48 f., Anm. 50.

478 Vgl. Hamburger an den Bundesrat, 22. 3. 1889. BAR, E 21/14341; EJPD an die Justiz- und Polizeidirektion des Kantons Zürich, 23. 3. 1889. Ebd.

allfälliger Bombengefahr rechtzeitig begegnen könne. Hamburger schlug vor, seinen Zweiten Sekretär nach Zürich zu delegieren, damit dieser die Akten anschauen und kopieren könne.[479] Zwar vertröstete der Bundesrat den Missionschef mit dem Hinweis, das Eidgenössische Justiz- und Polizeidepartement müsse sich zuerst einmal selbst einen Überblick über die Zürcher Recherchen verschaffen.[480] Und das Departement des Auswärtigen versicherte Anfang April, man habe nach sorgfältigen Abklärungen keinerlei Anhaltspunkte für einen konkret geplanten Anschlag gefunden, weshalb nun einfach das Ende der Untersuchung abgewartet werden könne.[481] Doch mindestens eine teilweise Akteneinsicht wurde Hamburger offenbar gewährt, denn am 13. Juni retournierte seine Gesandtschaft ein Paket mit Dokumenten zur Bombenaffäre an das Departement des Auswärtigen.[482] Ein Blick in die Zeitungen macht die innenpolitische Brisanz solcher inoffizieller Kooperation deutlich. Catarina Zweidler beschreibt die ungehaltenen Reaktionen vor allem der linken Presse auf das Gerücht, der russische Gesandte habe Kenntnis von Untersuchungsakten erhalten.[483]

3. Mit Sprengstoff hantierende russische Revolutionäre hatten einen Plan im Kopf, von dem eine konkrete Gefahr ausging und den es rigoros zu bekämpfen galt – so viel stand für das Zarenregime fest. Der Bundesrat verlegte sich dagegen mit Hartnäckigkeit auf die Variante, am Petertobelbach auf dem Zürichberg seien lediglich ungeschickte Pröbeleien ohne konkretes Ziel betrieben worden. Tatsächlich hatte Dembo kurz vor seinem Tod beteuert, er habe einfach ganz allgemein an einer Waffe für die Propaganda der Tat experimentiert und es weder auf ein in der Schweiz lebendes Individuum noch auf die allgemeine Sicherheit oder den schweizerischen Staat abgesehen gehabt.[484] Und auch die Polizeiuntersuchung förderte keine Hinweise auf einen bestimmten Attentatsplan zutage. Doch die Nervosität und Hektik, die sich in den Akten des Bundesrates spiegeln, lassen eine gewisse Verharmlosung der Affäre nach aussen vermuten. Gegenüber der Zürcher Polizei hatte das Eidgenössische Justiz- und Polizeidepartement gleich nach dem Vorfall den Verdacht politischer Agitation ausgesprochen, wiederholt zur Eile angetrieben und gar die Eröffnung einer bundesstrafrechtlichen Untersuchung erwogen.[485] Am 29. März 1889 befand der

---

479 Vertrauliche Verbalnote, 28. 3. 1889. BAR, E 21/14341; vgl. auch Renk, Bismarcks Konflikt, S. 126.

480 EJPD an die russische Gesandtschaft in Bern, 29. 3. 1889. BAR, E 21/14341; vgl. auch EJPD an den Bundesrat, 29. 3. 1889. Ebd.; Protokolle der Sitzungen des Bundesrates, 29. und 30. 3. 1889. Ebd.

481 Vgl. Protokoll der Sitzung des Bundesrates, 1. 4. 1889. BAR, E 21/14341.

482 Russische Gesandtschaft in Bern an das EDA, 1./13. 6. 1889. BAR, E 21/14341; vgl. auch Renk, Bismarcks Konflikt, S. 186.

483 Zweidler, Bombenaffäre, S. 184.

484 Protokoll des Polizeikommandos Zürich (Fischer), 7. 3. 1889. BAR, E 21/14341.

485 Vgl. EJPD an die Justiz- und Polizeidirektion des Kantons Zürich, 9., 14., 18. und 27. 3. 1889. BAR, E 21/14341.

Bundesrat ausdrücklich, die Aussage Brynsteins (Dembos) lasse darauf schliessen, dass er zwar nicht die Schweiz, aber offenbar die Ruhe anderer Staaten und dort lebende Personen im Visier hatte.[486] Als es darum ging, den zarischen Gesandten über die Untersuchungsergebnisse zu informieren, war davon keine Rede mehr.[487]

4. Unsicher zeigte sich der Bundesrat zunächst auch bei den Konsequenzen, die aus der Affäre zu ziehen waren. Wenn es sich bei der Explosion tatsächlich nur um das unglückliche Resultat zielloser dilettantischer Versuche gehandelt hatte, waren die Missetäter nur geringfügig zu belangen – ein Sprengstoffgesetz, das solche Spielereien untersagt hätte, gab es noch nicht. Auf der anderen Seite wussten sich die Schweizer Behörden in ihrer Duldsamkeit von den ausländischen Monarchien und insbesondere von Russland streng beobachtet. Nachdem die Zürcher Regierung die Anträge von Polizeihauptmann Fischer in allgemeiner Form gestützt hatte, beschloss der Bundesrat in seiner Sitzung vom 7. Mai 1889, 13 Personen des Landes zu verweisen. Die Vermutung eines Komplotts schien durch die Untersuchung widerlegt; hingegen war unzweifelhaft, dass die Sprengstoffversuche der Entwicklung eines terroristischen Kampfmittels gedient hatten.[488]

5. Seinen Ausweisungsentscheid vom 7. Mai verband der Bundesrat mit einem Paket von Massnahmen, die auf einen besseren Schutz der Schweiz vor revolutionärer Kompromittierung zielten. Es musste abgeklärt werden, ob in den Laboratorien des Polytechnikums missbräuchlich Sprengstoff hergestellt wurde; das Eidgenössische Justiz- und Polizeidepartement sollte der Frage nachgehen, wie sich negative Konsequenzen aus der Tatsache vermeiden liessen, dass in Genf russische und polnische sozialrevolutionäre Schriften gedruckt und nach Russland geschmuggelt wurden. Besonders aber galt es dem Missstand abzuhelfen, dass viele russische Studierende über keine ausreichenden Legitimationspapiere verfügten. Der Bundesrat beeilte sich, dem zarischen Gesandten Hamburger Kenntnis von diesen Vorstössen zu geben.[489] Schon im folgenden Jahr schlug Hamburger vor, die Ausweisregelungen und damit die Kontrolle der russischen Studierenden in der Schweiz auf eine neue Grundlage zu stellen – dazu unten mehr.[490]

6. Im grösseren Kontext der internationalen Beziehungen verband sich die

---

486 Protokoll der Sitzung des Bundesrates, 29. 3. 1889. BAR, E 21/14341.

487 Vgl. Protokoll der Sitzung des Bundesrates, 1. 4. 1889. BAR, E 21/14341.

488 Protokoll der Sitzung des Bundesrates, 7. 5. 1889. BAR, E 21/14341. Für die Ausweisungsanträge Fischers vgl. Fischer an das EJPD, 17. 4. 1889. Ebd. Für die Stellungnahme der Zürcher Regierung vgl. Regierungsrat des Kantons Zürich an den Bundesrat, 27. 4. 1889. Ebd. Die Ausweisung Dębskis erfolgte nach seiner Entlassung aus dem Spital. Zur Vermutung, beim Ausgewiesenen Aleksis V. Sisoev habe es sich um einen zarischen Polizeispitzel gehandelt, vgl. Zweidler, Bombenaffäre, S. 189 und S. 195 f., Anm. 64. Zu Kontakten zwischen dem (bereits ausgewiesenen) Sisoev und der zarischen Gesandtschaft vgl. auch Protokoll der Sitzung des Bundesrates, 3. 6. 1889. BAR, E 21/14341.

489 Vgl. Protokoll der Sitzung des Bundesrates, 7. 5. 1889. BAR, E 21/14341.

490 Vgl. unten S. 367–369.

Zürcher Bombenbastelei bald einmal mit einer anderen Affäre. Wie erwähnt, wurde im April 1889 in Rheinfelden der deutsche Polizeibeamte Wohlgemuth auf frischer Tat ertappt und festgenommen, als er einen gegen die deutsche Sozialdemokratie gerichteten Spitzel anheuern wollte. Wohlgemuths Ausweisung durch den Bundesrat erzürnte Bismarck. In den diplomatischen Unstimmigkeiten rund um die Zürcher Bombenaffäre glaubte der deutsche Reichskanzler eine günstige Ausgangslage zu erblicken, um Russland zu einem koordinierten Vorgehen gegen die Schweiz und ihre Asylpolitik zu bewegen. Der zarische Aussenminister Giers widersetzte sich aber einer allzu energischen Aktion, da der Bundesrat ja doch Entgegenkommen gezeigt hatte. Eine gemeinsame Note in der von Bismarck gewünschten Schärfe kam nicht zustande, immerhin aber eine konzertierte Präsentation fast identischer Noten, jetzt auch unter Einbezug Österreich-Ungarns.[491]

Die Ausschreitungen vor dem russischen Konsulat in Genf 1901
Auch die Massendemonstration vor dem russischen Konsulat in Genf am 5. April 1901 führte zur Ausweisung verschiedener «Anarchisten» aus der Schweiz. Den Ausgangspunkt der Kundgebung jenes Karfreitags bildete eine Versammlung, die gegen die Auslieferung des mutmasslichen Königsattentäters Vittorio Jaffei an Italien protestieren und sich überdies mit revolutionär gesinnten russischen Studenten solidarisieren wollte. Dabei blieb es aber nicht. Der zarische Gesandte Westmann berichtete nach St. Petersburg: «A la clôture de la réunion, un groupe d'étudiants et d'étudiantes russes, pour la plupart de nationalité juive, se dirigea en foule bruyante vers les consulats de Russie et d'Italie. Ayant atteint le premier de ces consulats, la foule au nombre de 200 à 300 personnes, y compris les curieux et la lie de la population genevoise, s'y arrêta et commença une manifestation violente avec chants révolutionnaires russes et cris injurieux proférés pour la plupart en bon français. Une double vitre fut cassée au moyen d'une grande pierre lancée par les émeutiers; des essais infructueux furent entrepris pour enfoncer la porte d'entrée et finalement quelques-uns des manifestants montèrent à l'extérieur jusqu'au haut de la porte et y enlevèrent l'écusson consulaire qui fut brisé démonstrativement et ensuite emporté.»[492]

---

491 In bewährter Weise wurde damit gedroht, die schweizerische Neutralität zu überdenken, vgl. Renk, Bismarcks Konflikt, S. 128–240, hier besonders S. 174–179, 185–194; Zweidler, Bombenaffäre, S. 190–192. – Die Kollektivnote entwickelte sich zusehends zu einer Belastung der russisch-deutschen Beziehungen: Russische Zeitungen nahmen die Schweiz gegen Bismarck in Schutz, und es war gar zu lesen, nur die friedvolle Haltung Russlands habe eine schlimme Wendung der Affäre verhindert, vgl. Renk, Bismarcks Konflikt, S. 391–393.

492 Westmann an Lambsdorff, 27. 3./9. 4. 1901. Švejcarija – Rossija, Nr. 80, S. 215 f. – Zu den Demonstrationen vgl. BAR, E 21/13908; das Dossier enthält auch ein grosses rotes Plakat, das zur Protestversammlung vom 5. April einlud. – Zur Auslieferung Jaffeis und zur auch hier sich stellenden Frage, ob ein politisches Verbrechen vorliege oder nicht, vgl. Langhard, Die anarchistische Bewegung, S. 395–403.

Nach einer halben Stunde seien die Demonstranten dann zur italienischen Vertretung weitergezogen. Graf Prozor, der russische Generalkonsul in Genf, beklagte sich nach dem Zwischenfall heftig über die Untätigkeit der Genfer Polizei. Trotz telefonischen Hilferufs habe diese die Unruhen vor seinem Konsulat an der Rue de Monnetier 8 nicht unterbunden, drei Gendarmen hätten dem Treiben gar ruhig zugesehen. In Bern beschwerte sich auch der Gesandte Westmann umgehend über die Nachlässigkeit der Genfer Behörden. Bundesrat Zemp, der Bundespräsident Brenner vertrat, zeigte Verständnis für den russischen Ärger und versicherte, eine genaue Abklärung der Ereignisse sei bereits angeordnet. Die Demonstration habe sich aber doch eher gegen die Schweiz gerichtet. Westmann bat nun Prozor, sich mit seinen Protesten zurückzuhalten und es den Genfern zu überlassen, von sich aus für die Restituierung des Konsulatsschildes zu sorgen.[493]

Das Justiz- und Polizeidepartement des Kantons Genf eröffnete eine Untersuchung, lieferte bereits am 6. April erste Informationen zum Zwischenfall,[494] führte die weiteren Erhebungen dann aber in einem Tempo durch, das ihm wiederholte Ermahnungen und gar eine Rüge aus Bern einbrachte. Am 9. April monierte Bundesrat Comtesse: «Si la situation devait encore se prolonger, l'impression serait en Suisse et à l'étranger très fâcheuse et on dirait aussitôt que nous sommes impuissants à faire respecter notre neutralité et nos devoirs internationaux.»[495]

An seiner Sitzung vom 12. April befand der Bundesrat, die Klagen und Reparationsansprüche Westmanns seien gerechtfertigt.[496] Die Genfer drückten Prozor ihr offizielles Bedauern aus und versprachen, das Konsulatsschild zu erneuern.[497] Die Bundesanwaltschaft verfasste ihrerseits einen ausführlichen Bericht über die Affäre und beantragte dem Bundesrat mehrere Ausweisungen – obwohl nicht eruiert werden konnte, wer die Menge vor die Konsulate geführt und das russische Emblem attackiert hatte.[498] Augenzeugen beteuerten

---

493 Westmann an Lambsdorff, 27. 3./9. 4. 1901. Švejcarija – Rossija, Nr. 80. Für eine dem Bundesrat übermittelte Kopie des Berichts Prozors an Westmann vgl. Prozor an die russische Gesandtschaft in Bern, 6. 4. 1901. BAR, E 21/13908. – Für die noch am 6. April angeordnete Untersuchung des Vorfalls vgl. Bundesanwaltschaft an das JPD des Kantons Genf, 6. 4. 1901. Ebd.
494 JPD des Kantons Genf an die Bundesanwaltschaft, 6. 4. 1901. BAR, E 21/13908.
495 Bundesrat Comtesse an das JPD des Kantons Genf, 9. 4. 1901. BAR, E 21/13908. Zur bundesrätlichen Ungeduld mit der Genfer Polizei und zum Beschluss, Bundesanwalt Kronauer aus einer Kur zurückzurufen, vgl. Protokoll der Sitzung des Bundesrates, 9. 4. 1901. Ebd.
496 Protokoll der Sitzung des Bundesrates, 12. 4. 1901. Vgl. Švejcarija – Rossija, S. 218, Anm. 1.
497 Vgl. Staatsrat des Kantons Genf an das EJPD, 13. 4. 1901. BAR, E 21/13908. Zur – nach erneuter bundesrätlicher Mahnung – am 23. April vollzogenen Restituierung des Konsulatsschilds vgl. JPD des Kantons Genf an das EJPD, 23. 4. 1901. Ebd.; EJPD an das JPD des Kantons Genf, 19. 4. 1901. Ebd.; JPD des Kantons Genf an das EJPD, 20. 4. 1901. Ebd.; EJPD an die russische Gesandtschaft in Bern, 24. 4. 1901 (Entwurf). Ebd.
498 Bundesanwaltschaft an das EJPD, 14./16. 4. 1901. BAR, E 21/13908.

die Unschuld der Verhafteten und verlangten Gehör – fanden aber wenig Beachtung.[499]
Indessen ärgerte sich Generalkonsul Prozor darüber, dass allenthalben er oder auch die russische Gesandtschaft in Bern als Urheber der jüngsten Härtemassnahmen betrachtet wurden. Prozor bat die Genfer Behörden, hier Aufklärung zu leisten, schliesslich habe der Bundesrat in eigener Initiative gehandelt, und die russische Kolonie müsse wissen, dass er, Prozor, sich nur um das konsularische Wohl seiner Landsleute kümmere.[500] Der Genfer Staatsrat antwortete ungehalten, die Untersuchung sei sehr wohl eine Folge der von Prozor mit Unterstützung der Gesandtschaft vorgetragenen Klage; überdies sei die Affäre nach Anweisung Berns bereits als erledigt zu betrachten.[501]
Am 17. April beschloss der Bundesrat, gemäss Antrag des Eidgenössischen Justiz- und Polizeidepartements vier russische Untertanen, einen Bulgaren und einen Italiener des Landes zu verweisen.[502]

Der Mord von Interlaken
Am 1. September 1906 erschoss eine junge Russin im Grandhotel Jungfrau in Interlaken den elsässischen Rentner Charles Müller – aus Versehen. Treffen wollte sie eigentlich den ehemaligen russischen Innenminister Petr N. Durnovo, der zuvor gleich nebenan im Hotel Victoria logiert hatte und von dem die Frau zu wissen glaubte, dass er unter dem Namen Müller herumreise.[503]
Gemeinsam mit einem inzwischen spurlos verschwundenen Gefährten hatte sich die Täterin einige Tage zuvor unter einem Decknamen im Grandhotel einquartiert. Nach dem Anschlag verweigerte sie jede Auskunft über ihre wahre Identität und gab lediglich an, als Abgesandte eines revolutionären Komi-

499 Im Bundesarchiv finden sich zahlreiche Interventionen zugunsten der Verhafteten. BAR, E 21/13908; vgl. auch Bundesanwaltschaft an das EJPD, 14./16. 4. 1901. Ebd.
500 Prozor an den Präsidenten des Staatsrats des Kantons Genf, 1./14. 4. 1901. BAR, E 21/13908.
501 Präsident des Staatsrats des Kantons Genf an Prozor, 16. 4. 1901. BAR, E 21/13908; vgl. auch Staatsrat des Kantons Genf an den Bundesrat, 17. 4. 1901. Ebd.
502 Ferner sollte den Genfer Behörden mitgeteilt werden, dass der Bundesrat von der dort geleisteten Arbeit nicht befriedigt sei. Der russische Gesandte wiederum sollte gelegentlich auf die widersprüchlichen Aussagen von Generalkonsul Prozor betreffend die russische Beteiligung an den Ausschreitungen aufmerksam gemacht werden. Protokoll der Sitzung des Bundesrates, 17. 4. 1901. BAR, E 21/13908. Vgl. auch *Bundesratsbeschluss betreffend Ausweisung von sechs Fremden aus dem Gebiete der Eidgenossenschaft. (Vom 17. April 1901.)* BBl. 1901 II, S. 989 f. – Für die Vollzugsmeldung der Ausweisungen vgl. JPD des Kantons Genf an das EJPD, 19. 4. 1901. BAR, E 21/13908. – Der Gesandte Westmann bat den Bundesrat um eine Kopie des Genfer Polizeiberichts zu den Aussagen der ausgewiesenen Russen, vgl. Westmann an Bundesrat Comtesse, 9./22. 4. 1901. Ebd. – Zu Protestaktionen gegen die Ausweisungen vgl. JPD des Kantons Genf an die Bundesanwaltschaft, 24. und 26. 4. 1901. Ebd.
503 Für detaillierte Darstellungen des Attentats und seiner Hintergründe vgl. Wyss, Bewegte Tage; Baynac, Le roman; ferner Asyl und Aufenthalt, S. 378; Hingley, The Russian Secret Police, S. 96 f.

Tat'jana Leont'eva nach der Verhaftung.

Der Mord von Interlaken im Nebelspalter.

tees gehandelt zu haben.[504] Die Polizei streute eigens angefertigte Fotografien und brachte in Erfahrung, dass es sich bei der Terroristin um die 1883 geborene Tat'jana A. Leont'eva handelte, Tochter eines hohen zarischen Beamten, die 1899 auf ein Mädchengymnasium in Lausanne gebracht worden war und nach der Matura ein Medizinstudium begonnen hatte. Schon früh war die junge Frau

504 Vgl. Wyss, Bewegte Tage, S. 16, 18.

mit revolutionären Kreisen in Kontakt getreten und wegen Sprengstoffbesitzes und Verwicklung in eine angebliche Verschwörung 1905 in St. Petersburg verhaftet worden. Auf Verwenden ihrer Verwandten als geisteskrank eingestuft, war Tat'jana Leont'eva darauf ins Irrenhaus gesteckt, später freigelassen und aus Russland weggewiesen worden.[505]

Dann die Tat in Interlaken. Die Schweizer Behörden bemühten sich um eine rasche Klärung der Hintergründe. War es richtig, dass eigentlich ein ehemaliger russischer Innenminister hätte getötet werden sollen? Über die zarische Gesandtschaft ging eine Anfrage nach St. Petersburg, ob Durnovo in der Schweiz unter dem Namen Müller aufgetreten sei.[506] Durnovo wurde darauf in Russland gerichtlich über seinen Aufenthalt in der Schweiz verhört; er gab an, im Juli 1906 nach Interlaken gekommen und im Hotel Victoria zweieinhalb Wochen verbracht zu haben. Allen sei bekannt gewesen, wer er sei, nie habe er einen anderen Namen benützt, erst recht nicht «Müller».[507]

Die zarischen Behörden untersuchten den Fall nun auch in eigener Regie. Am 1. März 1907 (a. St.) informierte das Aussenministerium den Gesandten Bacheracht in einem geheimen Schreiben darüber, dass hinter der Ausführenden Leont'eva vermutlich eine gewisse Elizaveta N. Man'kovskaja (in erster Ehe Koval'skaja) als Organisatorin des Mordes stehe, unterstützt von einem jüngeren Komplizen. Bacheracht sollte herauszufinden versuchen, ob sich diese beiden Personen, deren Zugehörigkeit zu terroristischen Kreisen ausser Zweifel stehe, in der Schweiz aufhielten.[508]

Am 25. März 1907 begann in Thun unter grosser Aufmerksamkeit der internationalen Presse der Prozess gegen die Attentäterin von Interlaken.[509] Ärzte der Anstalt Münsingen hatten festgestellt, dass Tat'jana Leont'eva geistig und körperlich gesund, zur Tatzeit aber durch ein Gefühl der Verbundenheit mit ihren Auftraggebern vermindert willensfrei gewesen sei.[510] Dass sie einen Mord begangen hatte, stand fest, und die Täterin blieb hartnäckig reuelos. Trotzdem wurden Gericht und Beobachter milde gestimmt. Zunächst berichtete die Angeklagte über Misshandlungen durch die Berner Untersuchungsbehörden, was allgemeine Betretenheit und Empörung hervorrief. Dann aber

505 Ebd., S. 15 (Polizeifotografie von Tat'jana Leont'eva), 21 f.
506 Russische Gesandtschaft in Bern an das MID, 2./15. 9. 1906 (Entwurf). AVPRI, Missija v Berne, op. 843/3, d. 376, l. 4–4 ob.
507 Das Protokoll der Befragung wurde dem Eidgenössischen Justiz- und Polizeidepartement zugestellt. MID an die russische Gesandtschaft in Bern, 4. 11. 1906 (a. St.; geheim). AVPRI, Missija v Berne, op. 843/3, d. 376, ll. 2–3; russische Gesandtschaft in Bern an das EJPD, 10./23. 11. 1906 (Entwurf). Ebd., l. 1.
508 MID an Bacheracht, 1. 3. 1907 (a. St.). AVPRI, Missija v Berne, op. 843/3, d. 376, ll. 5–6 ob. – Zu Man'kovskaja und weiteren von der zarischen Polizei der Mittäterschaft bezichtigten Personen vgl. auch Baynac, Le roman, S. 110–115.
509 Zum Prozess vgl. Wyss, Bewegte Tage, S. 27–34.
510 Ebd., S. 24.

zeichnete sie, zusammen mit russischen Landsleuten im Zeugenstand, ein eindringliches Bild der ungerechten Zustände und der Unterdrückung des Volkes in ihrer Heimat. Wie Jahrzehnte zuvor im Prozess gegen Vera Zasulič wurde damit das politische und soziale System des Zarenreichs vor einem Gericht angeprangert, sein Unrecht als Rechtfertigung des Terrorismus in die Waagschale geworfen. Der Verteidiger versäumte es nicht, an Wilhelm Tell und seinen befreienden Schuss zu erinnern. Die Geschworenen sprachen Tat'jana Leont'eva des Mordes schuldig, gestanden ihr aber verminderte Zurechnungsfähigkeit und mildernde Umstände zu. Vier Jahre Zuchthaus, 20 Jahre Ausweisung aus dem Kanton Bern und Übernahme verschiedener Kosten und Entschädigungen – so lautete das weiterhin als milde betrachtete Strafmass des Gerichts. Die junge Frau sass nun in verschiedenen Strafanstalten, wurde wiederholt wegen revolutionärer Reden verlegt und schliesslich in die Heil- und Pflegeanstalt Münsingen eingewiesen, wo sie, krank und unselbständig geworden, bis zu ihrem Tod 1922 verblieb.[511]

Jacques Baynac liess 1985 seine literarische Bearbeitung der Affäre in die These münden, der Mord in Interlaken sei von der zarischen Geheimpolizei inszeniert worden. Die in ihrem revolutionären Eifer leicht beeinflussbare und vielleicht auch noch verliebte Tat'jana Leont'eva wäre danach von einem Agenten gezielt auf den Rentner Müller angesetzt worden, indem ihr mitgeteilt wurde, Staatssekretär Durnovo – der selbst Interlaken rechtzeitig verliess – trete unter diesem Namen auf. Der Zweck der absichtlich provozierten tödlichen Verwechslung hätte unter anderem darin gelegen, die Schweizer Behörden wachzurütteln und eine strengere Überwachung der Revolutionäre herbeizuführen.[512]

In der Tat gibt es in diesem Mordfall Unstimmigkeiten, die sich mit Baynacs These besser erklären liessen. Zum Beispiel das Verschwinden des mysteriösen Gefährten Leont'evas kurz vor der Tat; hier könnte es sich um den besagten zarischen Agenten gehandelt haben.[513] Oder der Umstand, dass die Attentäterin seitens der russischen revolutionären Bewegung im Ausland keine Solidarität erfuhr, obwohl sie sich als Abgesandte eines revolutionären Komitees bezeichnete.[514] Hinter den Auftraggebern, denen sich Tat'jana so innig verbun-

---

511 Ebd., S. 36 f.
512 Baynac, Le roman, S. 129–132; vgl. dazu auch Wyss, Bewegte Tage, S. 38–40.
513 Die Schweizer Behörden befassten sich tatsächlich mit der Frage, ob der Begleiter der Täterin mit einem gewissen «Azeff» identisch sei – Evno Azef (1869–1918) war Chef der Kampforganisation der russischen Sozialrevolutionäre und spektakulär entlarvter zarischer Polizeiagent. BAR, E 21/6994. Zu Azef vgl. etwa Laporte, Histoire de l'okhrana, besonders S. 63–88; Budnickij, Terrorizm, S. 188; Hingley, The Russian Secret Police, S. 90–92, 98–100, 103 f.; ferner Byloe, 2 (1917). Zur Entlarvung Azefs und zur Rolle, die der ehemalige Polizeichef Lopuchin dabei spielte, vgl. Odier an Bundespräsident Deucher, 16. 2./1. 3. und 1./14. 5. 1909. BAR, E 2300 Petersburg/2; Laporte, Histoire de l'okhrana, S. 202–211; Lur'e, Policejskie i provokatory, S. 249–314; vgl. auch Savinkov, Erinnerungen, S. 370–417.
514 Zu den tatsächlich belegten Bemühungen der Kampforganisation der Sozialrevolutionäre,

den fühlte, hätten sich eben tragischerweise nicht die Revolutionäre in Paris, sondern die Erzfeinde von der zarischen Polizei verborgen; sie flüsterten der Täterin auch ein, Durnovo reise unter dem Namen Müller. Unzweifelhaft ist das Interesse des Zarenregimes, seine dissidenten Untertanen in der Schweiz härter kontrolliert zu sehen,[515] und der Gesandte Odier nannte in anderem Zusammenhang die Provokation und die künstliche Planung von Verbrechen ein typisches Mittel der zarischen Polizei.[516]

Und doch: Die russischen Dokumente sprechen meines Erachtens eher gegen Baynacs These. Die zarische Gesandtschaft in Bern scheint von einer verdeckten Operation jedenfalls nichts gewusst zu haben – im Gegensatz zu anderen Affären, wo sich im Missionsarchiv ganze Dossiers zu bestimmten Spitzeln oder doch vereinzelte Hinweise auf Agenten der Pariser Agentura finden. Hier aber korrespondierte das Aussenministerium in geheimen und chiffrierten Depeschen mit dem Gesandten Bacheracht über Revolutionäre, die hinter der Tat Leont'evas stecken könnten. Die Mission wurde beauftragt, nach solchen Leuten zu fahnden – und nicht etwa, wie Baynac nahe legt, falsche Fährten für die Schweizer Polizei zu legen, um von dem eigenen Agenten abzulenken.[517] Kommt dazu, dass das Ministerium gegenüber Bacheracht ausdrücklich von dem in letzter Zeit festzustellenden «wohlwollenden und korrekten» Verhalten des Bundesrates gegenüber russischen Polizeianliegen sprach – weshalb also eine riskante Operation starten?[518] Sicher besteht theoretisch die Möglichkeit, dass die zarischen Polizeibehörden eine Aktion inszenierten, die so geheim war, dass sogar das eigene Aussenministerium nichts davon wusste oder aber die diplomatische Vertretung in der Schweiz mit verschleiernder Scheinkorrespondenz bedacht wurde. Sinn wäre darin kaum auszumachen, hingegen ein wenig einleuchtendes Mass an Raffinesse und ein seltsamer Kontrast zur sonstigen Praxis.

Wie dem auch sei: Das milde Urteil des Thuner Gerichts im Fall Leont'eva ist ein Beispiel für die – alle Antianarchismusverhandlungen überdauernde – schweizerische Bereitschaft, Straftaten mit politischem Verständnis zu belegen, wenn sie sich gegen ein Regime wandten, das in der eigenen Wahrnehmung von

einen Anschlag auf Innenminister Durnovo zu verüben, vgl. ebd., S. 290–301. Für die Einschätzung des Terroristen Savinkov, das Attentat der Leont'eva sei «von den Maximalisten organisiert» worden, vgl. ebd., S. 169.

515 Das Aussenministerium in St. Petersburg bat den Gesandten Bacheracht im März 1907, die Gunst der Stunde zu nutzen, um auf das Verhalten der Bundesbehörden im Sinne russischer Polizeivorstellungen einzuwirken. Die Schweizer Regierung, dies hätten verschiedene Fälle inzwischen gezeigt, finde immer eine Begründung für eine Ausweisung, wenn sie nur wolle. MID an Bacheracht, 1. 3. 1907 (a. St.). AVPRI, Missija v Berne, op. 843/3, d. 376, ll. 5–6 ob. – Zur Ansicht, die Folgen des Attentats von Interlaken hätten ganz den geheimen Hoffnungen der zarischen Revolutionärsjäger entsprochen, vgl. Baynac, Le roman, S. 128.

516 Odier an Bundespräsident Deucher, 16. 2./1. 3. 1909. BAR, E 2300 Petersburg/2.

517 Vgl. Baynac, Le roman, S. 130.

518 MID an Bacheracht, 1. 3. 1907 (a. St.; aus dem Russischen). AVPRI, Missija v Berne, op. 843/3, d. 376, ll. 5–6 ob.

Willkür und Despotismus geprägt war und mit dem man sich selbst im Zustand weltanschaulicher Dauerkonfrontation befand. In Bern allerdings bemühte sich der Bundesrat um aussenpolitische Schadensbegrenzung. Er demonstrierte durch wiederholte Ausweisungen von «Anarchisten» seinen guten Willen,[519] schloss sich der geheimen Vereinbarung von St. Petersburg an und erntete für seine Kooperation gar die Anerkennung der zarischen Behörden.

2.1.2.3. Die Erklärung über die Auslieferung von Sprengstoffdelinquenten von 1908

St. Petersburg begann sich nach der Jahrhundertwende daran zu stören, dass das Sprengstoffdelikt als Inbegriff terroristisch-«anarchistischer» Kriminalität in den meisten der von Russland abgeschlossenen Auslieferungsverträge noch nicht genügend berücksichtigt war. Um dieses Defizit zu beheben, liess das zarische Aussenministerium Ende 1906 vertraulich sondieren, ob die bestehenden Verträge allenfalls ergänzt werden könnten.[520]
Was die Schweiz betrifft, so zeigte sich der Gesandte Bacheracht zuversichtlich. Die russische Gesetzgebung decke sich im Bereich des Sprengstoffmissbrauchs weitgehend mit der schweizerischen. Ausserdem habe die Eidgenossenschaft schon mit anderen Staaten ergänzende Vereinbarungen getroffen oder in Planung. Allerdings, so Bacheracht, habe er es vermieden, Bundespräsident Forrer über die russischen Strafbestimmungen bei Verbrechen gegen Staatssicherheit und öffentliche Ruhe zu informieren, «da dies meiner Meinung nach dem Erfolg der Sache nur schaden könnte, denn die Schweizer Regierung würde sich mit der Auslieferung wegen verbrecherischer Taten politischen Charakters nie einverstanden erklären».[521]
Der Bundesrat gab sich verhandlungsbereit und verlangte lediglich, dass einem Auslieferungsgesuch auch weiterhin Taten zugrunde lägen, die in beiden Staaten strafbar waren.[522] Nach Beratungen mit seinem Aussenministerium schlug Bache-

---

519 Für eine Sammlung von Ausweisungsentscheiden des Bundesrates vgl. BAR, E 21/14017.
520 Zirkular MID, 8. 11. 1906 (a. St.). AVPRI, Missija v Berne, op. 843/1, d. 1204, ll. 10–11.
521 Bacheracht an Aussenminister Izvol'skij, 16./29. 12. 1906 (aus dem Russischen; Entwurf). AVPRI, Missija v Berne, op. 843/1, d. 1204, ll. 12–17. Bacheracht vermeldete im Frühjahr 1907 den Abschluss eines analogen Abkommens zwischen der Schweiz und Deutschland. Bacheracht an Izvol'skij, 11./24. 4. 1907 (Entwurf). Ebd., l. 35. – Zur Verfolgung des Sprengstoffmissbrauchs in der Schweiz vgl. *Bundesgesetz betreffend Ergänzung des Bundesgesetzes über das Bundesstrafrecht der schweizerischen Eidgenossenschaft vom 4. Februar 1853. (Vom 12. April 1894.)* AS (n. F.), Bd. 14, S. 322–324. Für die Akten zur neuen schweizerisch-russischen Erklärung im Berner Bundesarchiv vgl. das Dossier *Erklärung zwischen der Schweiz und Russland betr. die gegenseitige Auslieferung wegen Missbrauchs von Sprengstoffen, vom 22. Februar 1908:* BAR, E 21/24650, Bd. 2.
522 Bacheracht an Izvol'skij, 16./29. 12. 1906 (Entwurf). AVPRI, Missija v Berne, op. 843/1, d. 1204, ll. 12–17.

racht der Schweizer Regierung am 3./16. November 1907 offiziell ein Arrangement zur Auslieferungsfrage bei Sprengstoffmissbräuchen vor. Danach sollten Personen, die im einen Staat Explosivmaterial missbraucht hatten und dann im anderen Staat entdeckt wurden, zwecks Aburteilung ausgeliefert werden; seitens der Schweiz sollten ausserdem die Bestimmungen des Auslieferungsvertrags von 1873 und des Auslieferungsgesetzes von 1892 vorbehalten bleiben.[523] Der Bundesrat bat nun um Zustellung der russischen Strafbestimmungen bei Sprengstoffdelikten, verwies auf die einschlägigen Regelungen in der Schweiz und verlangte, dass der bestehende Auslieferungsvertrag auch für Russland vorbehalten bleibe.[524] Bacheracht lieferte umgehend eine französische Übersetzung der russischen Gesetzesbestimmungen, aus denen auch das erhöhte Strafmass bei Vergehen gegen die Staatssicherheit hervorging, sah in den schweizerischen Korrekturen kein Hindernis und bat um rasche Zusendung einer akzeptierten Fassung der Vereinbarung.[525] Nach St. Petersburg schrieb der Gesandte, ein Problem bestehe darin, dass in der Schweiz für die Ahndung des Umgangs mit Sprengstoff eine böse Absicht nachgewiesen werden müsse, während die Behörden in Russland oder Deutschland eine solche automatisch voraussetzten.[526]

Doch den Bundesrat befriedigte die erhaltene Auskunft. Auch die Bundesanwaltschaft hatte sich für die Erweiterung des Auslieferungsvertrags ausgesprochen, die übrigens in der Kompetenz des Bundesrates liege und Ausnahmeregelungen bei politischen Taten nicht tangiere.[527] Bundespräsident Müller schrieb also an Bacheracht: «[...] ayant pris connaissance de ces dispositions, nous ne faisons plus difficulté de conclure avec la Russie, en extension du traité d'extradition du 17/5 novembre 1873, la convention désirée touchant l'extradition réciproque pour l'emploi abusif de matières explosibles.»[528]

Das zarische Aussenministerium gab ebenfalls sein Einverständnis zur

---

523 Bacheracht an Bundespräsident Müller, 3./16. 11. 1907. BAR, E 21/24650, Bd. 2. – Für einen russischen Entwurf des Abkommens vgl. *Projet d'arrangement,* undatiert (1906). AVPRI, Missija v Berne, op. 843/1, d. 1204, l. 9. – Beim Gesetz von 1892 handelte es sich um das *Bundesgesetz betreffend die Auslieferung gegenüber dem Auslande. (Vom 22. Januar 1892.)* AS (n. F.), Bd. 12, S. 870–884.

524 Bundespräsident Müller an Bacheracht, 7. 12. 1907. AVPRI, Missija v Berne, op. 843/1, d. 1204, l. 22; Protokoll der Sitzung des Bundesrates, 7. 12. 1907. BAR, E 21/24650, Bd. 2.

525 Bacheracht an Bundespräsident Müller, 1./14. 12. 1907. BAR, E 21/24650, Bd. 2. Für die Übersetzung der Gesetzesbestimmungen vgl. AVPRI, Missija v Berne, op. 843/1, d. 1204, ll. 24–25 sowie *Recueil des lois et dispositions du Gouvernement éditées près le Senat Dirigeant du 4 Mars 1906.* Beilage zu: Bacheracht an Bundespräsident Müller, 3./16. 11. 1907. BAR, E 21/24650, Bd. 2.

526 Bacheracht an Izvol'skij, 15./28. 12. 1907 (Entwurf). AVPRI, Missija v Berne, op. 843/1, d. 1204, ll. 37–38.

527 Bundesanwaltschaft an das EJPD, 20. 11. 1907. BAR, E 21/24650, Bd. 2.

528 Bundespräsident Müller an Bacheracht, 27. 12. 1907. AVPRI, Missija v Berne, op. 843/1, d. 1204, l. 40; Protokoll der Sitzung des Bundesrates, 27. 12. 1907. BAR, E 21/24650, Bd. 2.

angepassten Version,[529] und am 9./22. Februar 1908 tauschten Bundespräsident Brenner und der Gesandte Bacheracht die Erklärung «betreffend die gegenseitige Auslieferung wegen Missbrauchs von Sprengstoffen» aus.[530]

2.1.3. Dissidente zarische Untertanen in der Schweiz – Administration und Kontrolle

Zwischen legitimer politischer Aktion und gemeiner Kriminalität auf der einen sowie innen- und aussenpolitischen Interessen auf der anderen Seite vollzog sich also die zunehmend restriktive Normierung des schweizerischen Asyls. Im Folgenden soll es um die Interaktion von Recht, Politik und Administration bei der Aufnahme und Kontrolle dissidenter Untertanen des Zaren in der Schweiz gehen. Die polnischen Flüchtlinge der 1830er und 1860er Jahre eröffneten hier ein Feld reger bilateraler Kooperation.

2.1.3.1. Die polnischen Flüchtlinge der 1860er Jahre

Es gibt verschiedene Gründe, weshalb gerade das grösstenteils russisch beherrschte Polen im 19. Jahrhundert viel schweizerische Sympathie und Solidarität erfuhr. Augenfällig ist die Identifikation der Schweizer Liberalen mit den Zielen der polnischen Unabhängigkeitsbewegung. Unter dem Banner nationaler Freiheit und Eigenständigkeit trotzte man beiderorts den aussenpolitischen Dispositionen der Grossmächte. Schon als im Nachgang des gescheiterten Aufstandes von 1830/31 militarisierte polnische Flüchtlinge, aus Frankreich kommend, in der Schweiz stecken blieben, bildeten sich zahlreiche Polenkomitees als Kristallisationspunkte grenzüberschreitender liberaler Solidarität.[531] Und seit dem frühen 19. Jahrhundert verband das Grab des auch in der Schweiz verehrten polnischen Nationalhelden Tadeusz Kościuszko in Zuchwil bei Solothurn die beiden Staa-

---

529 Vgl. Bacheracht an Bundespräsident Brenner, 27. 1./9. 2. 1908. BAR, E 21/24650, Bd. 2. – Zur Unterzeichnungsvollmacht Brenners vgl. Protokoll der Sitzung des Bundesrates, 18. 2. 1908. Ebd.

530 Für den deutschen Text der Erklärung vgl. *Erklärung zwischen der Schweiz und Russland betreffend die gegenseitige Auslieferung wegen Missbrauchs von Sprengstoffen. (Vom 22. Februar 1908.)* BAR, E 21/24650, Bd. 2; AS (n. F.), Bd. 24, S. 155 f. Russisch: *Deklaracija o vzaimnoj vydače lic, presleduemych za zloupotreblenie vzryvčatymi veščestvami, podpisannaja v Berne 9 (22) fevralja 1908 g.* Annuaire diplomatique de l'Empire de Russie pour l'année 1909. – Zum Austausch der Deklarationen vgl. auch Švejcarija – Rossija, S. 235, Anm. 1. Zur Orientierung der Räte vgl. Protokoll der Sitzung des Bundesrates, 3. 3. 1908. BAR, E 21/ 24650, Bd. 2.

531 Zu den Polen, die nach dem Aufstand von 1830/31 in die Schweiz gelangten, vgl. Somm, Zinnsoldaten, S. 48–55; Kolbe, Asylanten, S. 20–23; Benziger, Beziehungen der Schweiz zu Polen, S. 5 f.; Bronarski, Schweiz, S. 5–11; ders., Beziehungen, S. 20–22; Feller, Polen und die Schweiz, S. 7–19; BAR, E 2001 (E) -/14, Einleitung, S. 1.

ten in einer freiheitlichen Symbolik.[532] Neben der einigenden staatspolitischen Differenz zum Zarenregime berichtet die Literatur von frühen militärischen, wirtschaftlichen, wissenschaftlichen und kulturellen Kontakten zwischen Schweizern und Polen.[533] Und die Dichter und Denker der Aufklärung lockte es, wie Larry Wolff darlegt, wiederholt zu einem Vergleich der beiden Länder.[534] Die Wiener Bestimmungen von 1815 vollendeten die Aufteilung Polens zwischen dem Zarenreich, Preussen und Österreich. Zusätzlich zu den bereits Ende des 18. Jahrhunderts einverleibten polnischen Gebieten erhielt der Zar nun noch die Krone eines *Königreichs Polen* mit Zentrum Warschau. Dieses *Kongresspolen* genoss, in Personalunion mit dem Russischen Reich regiert, zunächst eine gewisse Autonomie, wurde aber bereits nach dem erfolglosen nationalen Aufstand von 1830/31 dem Zarenreich weitgehend eingegliedert.[535] Nach Nikolaus' I. Tod versuchte der neue Zar Alexander II. 1856, das anhaltende Problem polnischer Renitenz mit der Aufhebung des seit 1833 geltenden Ausnahmezustandes und mit einer Generalamnestie für die ehemaligen Aufständischen zu entschärfen. Aussenminister Gorčakov versandte ein Zirkular, wonach den Flüchtlingen – den bereuenden, notabene – eine Heimkehr ermöglicht werden sollte; in der Schweiz hatte der Gesandte Krüdener diese Entscheidung publik zu machen, Gnadengesuche entgegenzunehmen und an die zuständigen Behörden im Zarenreich weiterzuleiten.[536] Doch damit war die Freiheitsbewegung der Polen, denen der Wiener Kongress die Wahrung ihrer ausdrücklich anerkannten Nation versprochen hatte,[537] nicht zufriedengestellt.

---

532 Zur Bedeutung Kościuszkos für die polnisch-schweizerischen Beziehungen vgl. Ludwig, Unabhängigkeitskampf, S. 89; Feller, Polen und die Schweiz, S. 6; Bronarski, Schweiz, S. 3–5; ders., Beziehungen, S. 18–20. Vgl. auch den Sammelband *«Der letzte Ritter und erste Bürger im Osten Europas»*. – Feller weist darauf hin, dass die Polen nicht nur den liberalen, sondern als Katholiken auch den konservativen Kräften in der Schweiz nahe standen, vgl. Feller, Polen und die Schweiz, S. 21 f. Zu einem polnischen Solidaritätsappell an das Schweizer Volk 1848 vgl. ebd., S. 19 f.

533 Für eine Darstellung der Anfänge der schweizerisch-polnischen Beziehungen vgl. Andrzejewski, Schweizer in Polen, S. 21–47; Benziger, Beziehungen der Schweiz zu Polen, S. 1–5; idyllisierend: Bronarski, Beziehungen, S. 6–17; ferner Feller, Polen und die Schweiz, S. 5 f.; Ludwig, Unabhängigkeitskampf, S. 15.

534 Wolff, Poland and Switzerland.

535 Vgl. Hoensch, Geschichte Polens, S. 187–202; Schmidt-Rösler, Polen, S. 65 f.

536 Gorčakov stellte freilich eine Liste von Personen in Aussicht, denen die Einreise ins Zarenreich weiterhin verboten bleiben sollte. Zirkulare MID, 15./27. 5. 1856 (2 Zirkulare). AVPRI, Missija v Berne, op. 510, d. 64, ll. 14–14 ob. und 15–16. Krüdener seinerseits sicherte zu, vom Bundesrat möglichst umfassende Informationen zu den in der Schweiz niedergelassenen Polen zu erbitten. Krüdener an Ministergehilfe Tolstoj, 21. 5./2. 6. 1856. AVPRI, Missija v Berne, op. 510, d. 168, l. 22. – Im Herbst 1857 erinnerte ein erneutes Zirkular des Aussenministeriums die russischen Diplomaten an die Bestimmungen der Amnestie und an den Auftrag, möglichst genaue Informationen zu den Gesuchstellern zu sammeln. Zirkular MID, 30. 8./11. 9. 1857. AVPRI, Missija v Berne, op. 510, d. 65, l. 18.

537 Hoensch, Geschichte Polens, S. 191 f.

Ihr radikaler («roter») Flügel plante für 1863 einen neuen Aufstand und blies bereits im Januar jenes Jahres zum Angriff, um ruchbar gewordenen obrigkeitlichen Gegenmassnahmen zuvorzukommen. Unter den Ermunterungen insbesondere Frankreichs, das sich zusammen mit England und Österreich für die Wiederherstellung des Königreichs Polen verwendete, hielten die Aufständischen bis zum April 1864 der Übermacht der russischen Truppen stand. Dann kam der Zusammenbruch, das harte Gericht der Sieger und eine intensivierte Russifizierung Polens.[538] Die von den Insurgenten eingerichtete «Nationalregierung» hatte in einigen wichtigen Emigrationsländern eigene Repräsentanten eingesetzt; für die Schweiz wurden der Aufständische Juliusz Grużewski (1808–1865) und 1864 Graf Władysław Plater (1808–1889) ernannt. Letzterer war an der Seite Gottfried Kellers bereits als umtriebiges Mitglied des in Zürich konstituierten *Schweizerischen Central-Comités für Polen* hervorgetreten.[539] Das Scheitern des Aufstands trieb tausende von Polen in die Flucht und seit dem März 1864 auch über 2000 in die Schweiz.[540] Hier entbrannte ein heftiger Streit um die Frage, wer für diese Leute aufzukommen habe. Der besonders betroffene Grenzkanton St. Gallen weigerte sich, die Last alleine zu tragen, forderte den Bund auf, die Sache zentral an die Hand zu nehmen und zu bezahlen. Zwar gehörte das Asylwesen in den Kompetenzbereich der Kantone, doch St. Gallen argumentierte, hier gehe es um eine Frage der internationalen Beziehungen. Der Bundesrat wiederum mochte sich vorerst nicht als zuständig betrachten. Indem er die Polenhilfe in die Tradition des politischen Asyls der Schweiz rückte und damit adelte, appellierte er an die Grosszügigkeit der Kantone: «[...] hegen wir das Vertrauen, dass jener humane Sinn, der die Kantone politisch Bedrängten gegenüber früher stets beseelt hat, auch heute noch, wie er bereits im Volke durch reiche freiwillige Beiträge sich bethätigt hat, bei sämmtlichen Behörden nicht minder lebendig sich zeigen werde.»[541]

538 Vgl. Ludwig, Unabhängigkeitskampf, besonders S. 8–13; Hoensch, Geschichte Polens, S. 217 bis 220.
539 Zur «Nationalregierung» und ihren Auslandsrepräsentanten vgl. etwa Ludwig, Unabhängigkeitskampf, S. 8–12; Historia dyplomacji Polskiej, Bd. 3, S. 506 f., 616; Feller, Polen und die Schweiz, S. 21; Kolbe, Asylanten, S. 30; BAR, E 2001 (E) -/14, Einleitung, S. 3 f. – Zum *Central-Comité für Polen* vgl. Kolbe, Asylanten, S. 28–30; Somm, Zinnsoldaten, S. 58–61; *Schlussbericht des Schweizerischen Centralcomités für die Polensache*, Zürich, 15. 12. 1865 (gedruckt). BAR, E 21/86.
540 Ludwig, Unabhängigkeitskampf, S. 63, 69. – Zu den Implikationen des polnischen Aufstandes von 1863/64 für die Schweiz vgl. den *Bericht des Bundesrathes an die h. Bundesversammlung, betreffend die polnischen Flüchtlinge. (Vom 6. November 1865.)* BAR, E 21/86; BBl. 1865 III, S. 877–926; *Referat der ständeräthlichen Kommission, betreffend die polnischen Flüchtlinge. (Vom 19. Februar 1866.)* BAR, E 21/86; BBl. 1866 I, S. 289–297; vgl. auch Ludwig, Unabhängigkeitskampf; Somm, Zinnsoldaten, S. 55–64; Kolbe, Asylanten, S. 28–31; Benziger, Beziehungen der Schweiz zu Polen, S. 6–8; Feller, Polen und die Schweiz, S. 21–37; Vuilleumier, Flüchtlinge, S. 38; BAR, E 2001 (E) -/14, Einleitung, S. 2–8.
541 Bundesrat an sämtliche Kantonsregierungen, 8. 6. 1864. BAR, E 21/85.

Vergebens. Nach einem wenig erbaulichen Gezänke und halbherzigen Kompromissen erklärte sich der Bundesrat am 23. September 1864 bereit, einen Teil der Kosten zu übernehmen und die Flüchtlinge auf die Kantone zu verteilen.[542] Der Bund bemühte sich nun auch um eine möglichst rasche Heim- oder Weiterreise der Polen und fragte bei der russischen Gesandtschaft nach, unter welchen Bedingungen den Geflohenen die Heimkehr erlaubt werde.[543] Per Ende Mai 1865 stellte Bern bis auf einige Ausnahmefälle die eidgenössischen Unterstützungsbeiträge wieder ein und gab auch die Kontrolle über die polnischen Flüchtlinge an die Kantone zurück.[544] Ende September 1865 befanden sich noch 666 Flüchtlinge in der Schweiz.[545] Der Bundesrat war bestrebt, eine weitere Einreise mittelloser Polen zu verhindern.[546]

Schon kurz nach Beginn der Revolte erhob sich in der Schweiz, wie überhaupt in Europa, eine breite propolnische Sympathiewelle, die ihren institutionellen Ausdruck erneut in zahlreichen lokalen Polenkomitees und in dem besagten Zürcher Zentralkomitee fand.[547] Sie zeigte sich beispielsweise auch darin, dass dem polnischen General Marian Langiewicz, der den Aufstand im März 1863 während einer Woche befehligt hatte und danach in österreichischer Internierungshaft

---

542 Zum administrativen Gerangel um die Verteilung und Betreuung der polnischen Flüchtlinge vgl. die Korrespondenz in BAR, E 21/85–90, besonders Protokoll der Sitzung des Bundesrates, 23. 9. 1864. BAR, E 21/85; ferner Ludwig, Unabhängigkeitskampf, S. 63–76; Somm, Zinnsoldaten, S. 62 f.

543 Vgl. Protokolle der Sitzungen des Bundesrates, 3. und 20. 2. 1865. BAR, E 21/86. Für die Antwort vgl. Ozerov an Bundespräsident Schenk, 12./24. 2. 1865. Ebd. Im Dossier finden sich zahlreiche Bescheide zur Heimreisebewilligung für einzelne Flüchtlinge, vgl. etwa russische Gesandtschaft in Bern an das EJPD, 14./26. 1. 1865. Ebd. – Eine eigentliche zarische Amnestie für die polnischen Flüchtlinge von 1863/64 erging erst 1883. Hoensch, Geschichte Polens, S. 218.

544 Vgl. Protokolle der Sitzungen des Bundesrates, 15. 2. und 31. 5. 1865. BAR, E 21/86. – Zur Gesamthöhe der Unterstützungsleistungen von Bund und Kantonen zugunsten der polnischen Flüchtlinge (bis Ende Oktober 1865 rund 190'000 Franken) vgl. Ludwig, Unabhängigkeitskampf, S. 69 f.; Somm, Zinnsoldaten, S. 63.

545 Aktennotiz: *Bericht der Oberpolizeibehörden sämmtlicher Kantone auf das Kreisschreiben des eidg. Justiz- u. Polizeidepartements b. gegenwärtigen Flüchtlingsbestand (Zahl der Anwesenden)*. BAR, E 21/86.

546 Vgl. etwa Protokoll der Sitzung des Bundesrates, 22. 2. 1865. BAR, E 21/86. 1866 beschloss der Bundesrat, bei den bayerischen Behörden zu intervenieren, um die angeblich geplante Durchreise von Polen aus München nach Italien zu verhindern. Protokoll der Sitzung des Bundesrates, 6. 6. 1866. BAR, E 21/87.

547 Die Euphorie hatte sich bei der Ankunft der ersten polnischen Flüchtlinge 1864 bereits wieder etwas gelegt, vgl. Somm, Zinnsoldaten, S. 60–63; Kolbe, Asylanten, S. 31. Eine begeisterte Aufnahme der Polen behauptet Bronarski, Schweiz, S. 11–14; ders., Beziehungen, S. 25. – Zu den Polenkomitees vgl. Ludwig, Unabhängigkeitskampf, S. 78–80; Somm, Zinnsoldaten, S. 57 f., 61; Kolbe, Asylanten, S. 28–30. – Zum Widerhall des polnischen Unabhängigkeitskampfes in der schweizerischen (Presse-)Öffentlichkeit vgl. Ludwig, Unabhängigkeitskampf, S. 15–54. Zur in der Schweiz kritisch bemerkten Tatsache, dass der polnische Aufstand vor allem eine Angelegenheit des Adels und des Klerus sei, vgl. ebd., S. 17.

sass, von der Solothurner Gemeinde Grenchen im Dezember 1863 das Bürgerrecht verliehen wurde; dem österreichischen Aussenminister Rechberg entfuhr es in diesem Zusammenhang, «er verwahre sich entschieden gegen das Princip, dass die Schweiz jedem Revolutionär das Bürgerrecht verleihen wolle».[548]

Die Polensympathie der Schweizer Bevölkerung und die Vereinbarkeit des polnischen Unabhängigkeitskampfes mit den nationalen Grundwerten des jungen schweizerischen Bundesstaates machten die Polenhilfe zu einer Profilierungsbühne eidgenössischer Innenpolitik.[549] Für die Aussenpolitik des Bundesrates stellte die «Polensache» ein mehrschichtiges Problem dar. Zunächst galt es, den russischen Ärger über die einseitige Begeisterung der Schweizerinnen und Schweizer aufzufangen. Grundlegender gestaltete sich aber die Aufgabe, zur polnischen Frage glaubwürdig Stellung zu beziehen. Das Europa von 1815 war rissig geworden, auch durch die schweizerische Entwicklung, und eigentlich bot der Freiheitskampf der Polen Gelegenheit, das morsche System zu überdenken und zu kritisieren – ganz im Sinne Napoleons III., der die (für Frankreich ungünstigen) Wiener Verträge als von der Realität überholt bezeichnete und 1863 versuchte, einen Kongress zur Neuordnung Europas zu initiieren.[550] Auf der anderen Seite waren es diese Wiener Verträge, welche die schweizerische Neutralität und Unantastbarkeit garantierten, und gerade das Schicksal Polens führte nur allzu deutlich vor Augen, was einem schwachen Staatsgebilde auf dem offenen Feld europäischer Machtpolitik widerfahren konnte, wenn schützende Regelwerke fehlten oder versagten. Kurz: Der Bundesrat argumentierte nun seinerseits legalistisch und bestand kategorisch darauf, dass jede Neuordnung Europas die für die Schweiz geltenden Wiener Bestimmungen beibehalte.[551]

Das alles mag erhellen, weshalb sich die offizielle Schweiz im Nachgang des polnischen Januaraufstandes auf ihre Neutralität besann und aller Polensympathie

---

548 Geschäftsträger Steiger an den Bundesrat, 5. 8. 1864. DDS, Bd. 1, Nr. 511, S. 1020. – Bereits die Gemeinde Kilchberg hatte Langiewicz einbürgern wollen, was der Kanton Zürich aber verhinderte; dazu und generell zu Langiewiczs Beziehung zur Schweiz vgl. Ludwig, Unabhängigkeitskampf, S. 91–94; Benziger, Beziehungen der Schweiz zu Polen, S. 8; Bronarski, Schweiz, S. 13; ders., Beziehungen, S. 25. – Zur schweizerischen Forderung an Österreich, den nunmehrigen Schweizer Bürger Langiewicz freizulassen, und zur tatsächlichen Freilassung Langiewiczs 1865 vgl. Protokoll der Sitzung des Bundesrates, 22. 2. 1865. BAR, E 21/86; Feller, Polen und die Schweiz. 33; DDS, Bd. 1, Nr. 511, S. 1021, Anm. 3; BAR, E 2001 (E) -/14, Einleitung, S. 8.

549 Vgl. Somm, Zinnsoldaten, S. 55–64.

550 Zu Napoleons Kongressvorhaben und zur Haltung der Schweiz vgl. Ludwig, Unabhängigkeitskampf, S. 39–41.

551 Vgl. *Antwortschreiben des schweizerischen Bundesrathes an den Kaiser Napoleon III., betreffend den europäischen Kongress. (Vom 23. November 1863.)* BBl. 1863 III, S. 883 f.; *Note des Bundesrathes an den schweizerischen Minister in Paris, betreffend den europäischen Kongress. (Vom 27. November 1863.)* Ebd., S. 884–888; Ludwig, Unabhängigkeitskampf, S. 40. Marianne Ludwig sieht eine ambivalente Stellung der Schweiz zwischen dem System der Wiener Verträge und dem neuen Völkerrecht. Ebd., S. 39 f.

zum Trotz im Mai 1863 die englische Einladung ausschlug, einen kollektiven Protest an die Adresse Russlands zu unterstützen. Dem englischen Vertreter war auszurichten: «Wenn auch die schweiz. Bundesregierung lebhaft wünsche, dass die Schritte der Mächte und die freisinnigen Intentionen des russischen Gouvernements zur Beilegung eines verderblichen Krieges und zur Erlangung eines definitiven Zustandes führen mögen, welcher den nationalen Erwartungen Polens entspreche, – so könne sie dennoch im Hinblick auf die immerwährende Neutralität der Schweiz, nicht an Schritten teil nemen, welche ebensowol ausserhalb ihrer herkömmlichen (traditionellen) Politik als der bisher konstant beobachteten Regel in auswärtigen Angelegenheiten, liege.»[552]

Befriedigt registrierte die zarische Diplomatie die Zurückhaltung des Bundesrates.[553] Überhaupt verfolgte der Gesandte Ozerov das Geschehen mit grosser Aufmerksamkeit. Er berichtete seinem Aussenministerium von der polenfreundlichen Schweizer Presse,[554] beobachtete die polnische Emigration vor Ort und sammelte Nachrichten zu den internationalen Verbindungen und Strategien der Aufständischen.[555] Seinen Osteraufenthalt in Genf benützte Ozerov dazu, Tuchfühlung mit verdächtigen Landsleuten aufzunehmen; tatsächlich fand er einige junge Untertanen des Zaren, welche an der Rhone in «clubs dangereux» verkehrten und mit den Feinden der Heimat kollaborierten. Der Missionschef baute einen eigentlichen Überwachungsapparat auf, in den er sogar den Gesandtschaftspriester einbezog: «Je compte observer la même retenue vis-à-vis de nos malheureux et indignes compatriotes que je fais secretement observer par l'Aumônier de la Légation, et j'espère de cette manière les faire tomber plus sûrement dans les filets.»[556]

552 Protokoll der Sitzung des Bundesrates, 4. 5. 1863. BAR, E 2/41; vgl. auch Protokoll der Sitzung des Bundesrates, 6. 5. 1863. Ebd. Das politische Departement hatte sich zwar nach der Haltung anderer «zweitrangiger» Staaten und namentlich jener des neutralen Belgien erkundigt, erachtete aber auch dessen nur offiziöse Intervention in St. Petersburg für die Schweiz als nicht opportun, vgl. EPD an den Bundesrat, 4. 5. 1863 (vertraulich). Ebd. Zur verweigerten Unterstützung für internationale diplomatische Interventionen zugunsten Polens vgl. ferner Benziger, Beziehungen der Schweiz zu Polen, S. 7; Ludwig, Unabhängigkeitskampf, S. 38 f.; Somm, Zinnsoldaten, S. 58; BAR, E 2001 (E) -/14, Einleitung, S. 2. – Zur zeitgenössischen Kritik an der opportunistischen Neutralitätspolitik des Bundesrates vgl. Ludwig, Unabhängigkeitskampf, S. 38, 41.
553 Ozerov an A. M. Gorčakov, 29. 4./11. 5. 1863 (chiffriert; aufgeschlüsselte Kopie). AVPRI, Missija v Berne, op. 510, d. 174, l. 7 ob.
554 Ozerov an A. M. Gorčakov, 1./13. 3. 1863. AVPRI, Missija v Berne, op. 510, d. 174, ll. 4–5 ob.
555 Im April 1863 rapportierte Ozerov über ein in Genf gebildetes polnisches Komitee, welches Waffen in England kaufe und Freiwillige via Österreich nach Polen entsende. Ozerov an A. M. Gorčakov, 9./21. 4. 1863 (chiffriert; aufgeschlüsselte Kopie). AVPRI, Missija v Berne, op. 510, d. 174, l. 6 ob. Zum Gespräch Aussenminister Gorčakovs mit dem Schweizer Generalkonsul Bohnenblust über die Waffenlieferungen und zur diesbezüglichen kontroversen Diskussion in der Schweiz vgl. Ludwig, Unabhängigkeitskampf, S. 33–35; A. M. Gorčakov an Ozerov, 9./21. 11. 1863. AVPRI, Missija v Berne, op. 510, d. 71, ll. 11–12 ob.
556 Ozerov an A. M. Gorčakov, 11./23. 4. 1863. AVPRI, Missija v Berne, op. 510, d. 174, ll. 6 ob.

Zum Jahreswechsel 1863/64 glaubte Ozerov in der schweizerischen öffentlichen Meinung über Polen erste Anzeichen der Vernunft zu erkennen.[557] Dem *Weissen Adler,* einer von Plater in Zürich herausgegebenen Zeitschrift, räumte er kaum Erfolgschancen ein,[558] und im Frühjahr konnte er sich über einen Artikel im *Bund* freuen, der für mehr Sorge zu den auswärtigen Beziehungen plädierte.[559] Gelassen kommentierte der Gesandte die Einbürgerung General Langiewiczs im Kanton Solothurn; ein dortiger Aufenthalt komme mangels politischer Betätigungsmöglichkeit einer Internierung gleich.[560] In Genf hingegen sah Ozerov immer deutlicher ein revolutionäres Zentrum. Er habe den Schweizer Behörden einige verdächtige Individuen angegeben und die Zusicherung strenger Überwachung erhalten.[561]

Unterdessen hatte die Ankunft der ersten «bandes d'insurgés polonais» an der Schweizer Grenze bei Rorschach vermeldet werden müssen.[562] Ozerov zeigte sich befriedigt über die vorläufige Weigerung des Bundesrates, dem Kanton St. Gallen die durch die Aufnahme entstandenen Kosten zu erstatten.[563] Ebenfalls positiv vermerkte der Gesandte die bundesrätliche Drohung, Flüchtlinge auszuweisen, die sich nicht friedlich und ehrenhaft verhielten,[564] und ganz allgemein beobachtete er mit Genugtuung die unter der konkreten Flüchtlingslast rasch dahinschmelzende Poleneuphorie der Schweizer. Ozerov leitete eine Bitte des Bundesrates um erleichterte Heimkehr ehrlich bereuender Aufstän-

bis 8 ob. Der Zar persönlich begrüsste den Ermittlungseifer des Berner Gesandten, vgl. A. M. Gorčakov an Ozerov, 17. 4. 1863 (a. St.; chiffriert, darunter von anderer Hand aufgeschlüsselt). AVPRI, Missija v Berne, op. 510, d. 71, l. 2. – Zu den gegen die Polen eingesetzten russischen Agenten vgl. Ludwig, Unabhängigkeitskampf, S. 57.

557 Ozerov an A. M. Gorčakov, 25. 12. 1863/6. 1. 1864. AVPRI, Missija v Berne, op. 510, d. 174, l. 32–32 ob. Bereits Mitte 1863 hatte Ozerov behauptet, dass sich die propolnische Begeisterung der Schweizer Bevölkerung trotz aller Bemühungen der revolutionär gesinnten Presse in Grenzen halte – vor allem dann, wenn sie mit finanziellen Opfern verbunden sei, vgl. Ozerov an A. M. Gorčakov, 4./16. 7. und 25. 7./6. 8. 1863. Ebd., ll. 11–12 ob. und 13–14.

558 Ozerov an A. M. Gorčakov, 11./23. 2. 1864. AVPRI, Missija v Berne, op. 510, d. 175, ll. 5–6. – Der *Weisse Adler* erschien von Februar 1864 bis Juni 1865, vgl. Kolbe, Asylanten, S. 29.

559 Ozerov an A. M. Gorčakov, 19./31. 5. 1864. AVPRI, Missija v Berne, op. 510, d. 175, l. 10–10 ob.

560 Ozerov an A. M. Gorčakov, 25. 12. 1863/6. 1. 1864. AVPRI, Missija v Berne, op. 510, d. 174, l. 32–32 ob. Allerdings hatte Ozerov dann auch zu berichten, wie Langiewicz ausserhalb Solothurns wirkte, vgl. Ozerov an A. M. Gorčakov, 19./31. 3. 1865. AVPRI, Missija v Berne, op. 510, d. 111, l. 7–7 ob.

561 Ozerov an A. M. Gorčakov, 16./28. 5. 1864 (chiffriert; aufgeschlüsselte Kopie). AVPRI, Missija v Berne, op. 510, d. 175, l. 9–9 ob.

562 Ozerov an A. M. Gorčakov, 21. 3./2. 4. 1864. AVPRI, Missija v Berne, op. 510, d. 175, ll. 6–7.

563 In der Haltung des Bundesrates glaubte Ozerov die Loyalität von Bundespräsident Dubs zu erkennen. Ozerov an A. M. Gorčakov, 11./23. 4. 1864. AVPRI, Missija v Berne, op. 510, d. 175, ll. 7–8.

564 Ozerov an A. M. Gorčakov, 29. 5./10. 6. 1864. AVPRI, Missija v Berne, op. 510, d. 175, ll. 11 ob.–12. Zur Erwartung, dass sich die Flüchtlinge «ruhig und sittsam» verhielten, vgl. Bundesrat an sämtliche Kantonsregierungen, 8. 6. 1864. BAR, E 21/85.

discher nach St. Petersburg[565] und berichtete 1865, sogar im polonophilen Kanton Zürich würden den Flüchtlingen die Unterstützungsleistungen entzogen. «L'hospitalité helvétique est arrivée à son terme à l'égard de ces enfants gâtés des amis de la révolution.»[566] Die Polen, diese «hôtes parassites» der Schweiz, hätten die Geduld der Eidgenossenschaft überspannt.[567]

Für die zwischenstaatliche Kommunikation konnte die polnische Frage nicht folgenlos bleiben. Aussenminister Gorčakov regte sich über die polenfreundlichen Kundgebungen auf, sprach – wie es der deutschstämmige Nesselrode vor ihm kaum getan hätte – von verletztem russischem Nationalgefühl und warnte vor einer Komplizierung der Lage der Schweizerinnen und Schweizer in Polen.[568] Das Parkett für einen diplomatischen Schlagabtausch hatte im Juni 1863 der Bundesrat selbst bereitet, als er die russische Regierung um ihren Schutz für die Schweizer im Aufstandsgebiet bat.[569] Gorčakov beruhigte zwar, dieser Schutz sei sowieso gewährleistet, und er werde die zuständigen Behörden nochmals informieren.[570] Doch Ozerov bemerkte gegenüber Bundespräsident Fornerod den ungünstigen Eindruck, welchen die schweizerischen Manifestationen zugunsten der aufständischen Polen in St. Petersburg hinterliessen, und verwies seinerseits auf mögliche Unannehmlichkeiten für die Russlandschweizerinnen und Russlandschweizer.[571] Worin solche Komplikationen bestehen konnten,

565 Ozerov an A. M. Gorčakov, 5./17. 11. 1864. AVPRI, Missija v Berne, op. 510, d. 175, l. 25–25 ob.

566 Ozerov an A. M. Gorčakov, 27. 1./8. 2. 1865. AVPRI, Missija v Berne, op. 510, d. 111, ll. 2–3 ob.

567 Ozerov an A. M. Gorčakov, 8./20. 2. 1865. AVPRI, Missija v Berne, op. 510, d. 111, ll. 4–6. – Alarmiert zeigte sich Ozerov im Oktober 1865, als Gerüchte über eine geheime Zusammenkunft des italienischen Revolutionärs Giuseppe Mazzini mit polnischen Flüchtlingen in der Schweiz kursierten. Ozerov an A. M. Gorčakov, 21. 10. 1865 (chiffriert; aufgeschlüsselte Kopie). Ebd., l. 18. Zur wieder aufflammenden Agitation der Polen vgl. auch Ozerov an A. M. Gorčakov, 6./18. 10. 1865. Ebd., ll. 15 ob.–16 ob. Zur anhaltenden Wachsamkeit Ozerovs vgl. auch Ozerov an A. M. Gorčakov, 28. 1./9. 2. 1867 (chiffriert; aufgeschlüsselte Kopie). AVPRI, Missija v Berne, op. 510, d. 113, ll. 89 ob.–90.

568 Vgl. A. M. Gorčakov an Ozerov, 9./21. 11. 1863. AVPRI, Missija v Berne, op. 510, d. 71, ll. 11 bis 12 ob. – Zu in der Presse des Zarenreiches geführten Attacken gegen angebliche polnische Machenschaften in der Schweiz vgl. Ludwig, Unabhängigkeitskampf, S. 57.

569 Bundesrat an die russische Gesandtschaft in Bern, 24. 6. 1863 (Entwurf). BAR, E 2/2005. – Ozerov leitete das Begehren in dringend befürwortendem Sinne an die Diplomatische Kanzlei des Grossfürsten Konstantin, des zarischen Statthalters im Königreich Polen. Ozerov an die Diplomatische Kanzlei des zarischen Statthalters in Polen, 18./30. 6. 1863 (Entwurf). AVPRI, Missija v Berne, op. 510, d. 353, l. 9. – Zu den Bittschreiben sich bedroht fühlender Russlandschweizerinnen und -schweizer vgl. Ludwig, Unabhängigkeitskampf, S. 58.

570 Vgl. A. M. Gorčakov an Bundespräsident Fornerod, 9. 11. 1863 (a. St.). AVPRI, Missija v Berne, op. 510, d. 71, l. 13. Dem Bescheid Gorčakovs war eine nochmalige Anfrage des Bundesrates vorausgegangen: Bundespräsident Fornerod an A. M. Gorčakov, 11. 11. 1863. Ebd., ll. 14–15. In Švejcarija – Rossija, S. 150 erscheint das Dokument als Brief des Bundesrates an Ozerov.

571 Fornerod, so berichtete der Gesandte, habe eine Anteilnahme des Bundesrates und der

wurde im Juni 1864 deutlich, als der nunmehrige zarische Statthalter in Polen, der Deutschbalte Fedor F. Berg, ein bundesrätliches Gnadengesuch für zwei während der Unruhen verhaftete Schweizer ablehnte; gegenüber Ozerov verwies Berg explizit auf die Gastfreundschaft und angebliche Protektion, welche die Aufständischen in der Schweiz genossen: «Après une telle conduite on ne saurait écouter les sollicitations qui s'adressent aujourd'hui à nous en faveur d'infames criminels.»[572]

Der Gesandte musste die delikate Botschaft in Bern überbringen; er tat es in etwas abgemilderter Form, um, wie er sich rechtfertigte, seine exzellenten Kontakte zu Bundespräsident Dubs nicht zu gefährden.[573] Berg habe also bemerkt, «qu'il lui a été bien pénible de constater dans ces derniers temps, qu'une protection ostensible et systématique est accordée en Suisse aux révolutionnaires polonais qui, abandonnant le champ de bataille viennent tramer des complots contre le Gouvernement du Royaume de Pologne, dans un pays ami de la Russie et loyalement neutre, en pressurant souvent la confiance publique et les sentimens généreux des Suisses pour alimenter l'insurrection et précipiter leur patrie dans une série de nouveaux désastres».[574]

Auch in abgeschwächter Form zeitigte der Bescheid Wirkung. Gereizt setzte der Bundesrat der russischen Gesandtschaft am 22. Juni auseinander, dass der trotz der Polensympathie der Bevölkerung geübte Verzicht auf die Unterstützung des internationalen Protests schon für sich genommen belege, wie ernst es der Schweizer Regierung mit der Neutralität sei. Ausserdem verwahrte sich Bern gegen russische Versuche, historisch gewachsene nationale Traditionen der Schweiz zu beschneiden:

«Le Gouvernement Impérial de Russie sait très bien que la Suisse a toujours accordé l'asile aux réfugiés politiques de presque toutes les Nations et de tous les partis, [...] et que [...] la nation suisse a toujours revendiqué et est unanimément résolu à revendiquer pour l'avenir dans sa plus grande étendue ce droit qui se rattache aux traditions historiques et au sentiment national. [...]
Le Conseil fédéral doit repousser de la manière la plus formelle l'assertion de M. le Comte Berg [...]. Il ne dissimulera pas que cette imputation lui a causé une pénible impression et qu'il doit désirer qu'elle soit retirée ou appuyée de preuves positives.»[575]

«partie saine de la population» an den Kundgebungen bestritten. Ozerov an A. M. Gorčakov, 17./29. 11. 1863. AVPRI, Missija v Berne, op. 510, d. 174, ll. 27 ob.–28 ob.

572 Berg an Ozerov. Zit. in: Ozerov an A. M. Gorčakov, 2./14. 6. 1864. AVPRI, Missija v Berne, op. 510, d. 175, ll. 12 ob.–13.

573 Ozerov an A. M. Gorčakov, 2./14. 6. 1864. AVPRI, Missija v Berne, op. 510, d. 175, ll. 12 ob. bis 13.

574 Ozerov an den Bundesrat, 2./14. 6. 1864. BAR, E 2/2377. – Zu F. F. Berg vgl. Gosudarstvennye dejateli Rossii, S. 29; Chimiak, Gubernatorzy rosyjscy, besonders S. 173–180, 312.

575 Bundesrat an Ozerov, 22. 6. 1864. BAR, E 21/85; DDS, Bd. 1, Nr. 508, S. 1015 f. Vgl. zu dieser Auseinandersetzung auch BAR, E 2001 (E) -/14, Einleitung, S. 4.

Am 8. Juli 1864 vermeldete das Politische Departement eine Unterredung mit Legationsrat Struve, die aber zu keinem Ergebnis führte. Struve habe bemerkt: «Graf Berg lasse eben nur der Gerechtigkeit den Lauf & weise die *Gnaden*gesuche ab, was ja anfänglich gar nicht geschehen sei. Seine Gnade sei eben so frei, wie die schweizer. Sympathien.»[576]

Da St. Petersburg im Übrigen vorläufig nicht gewillt war, der Schaffung eines Schweizer Konsulats in Warschau zuzustimmen, stellte der Bundesrat seine Landsleute in Polen unter den Schutz der englischen Vertretung.[577]

Die Bedeutung der polnischen Erhebung von 1863/64 für die schweizerisch-russischen Beziehungen lässt sich wie folgt zusammenfassen:

1. Die alte Differenz politischer Kultur sowie die überkommenen staatspolitischen Stereotype der Despotie auf der einen und des Revolutionsherdes auf der anderen Seite erfuhren in der Polensache eine lautstarke Aktualisierung.

2. Von Interesse ist dabei, dass sich der Gegensatz in erster Linie zwischen dem Zarenregime und der schweizerischen Öffentlichkeit entspann, während das offizielle Bern stärker als zuvor eine Mittlerposition zwischen innen- und aussenpolitischen Interessen suchte. Die unterschiedlichen Haltungen von Schweizer Regierung und Bevölkerung in der Polenfrage und die Beachtung, welche gerade auch Letzterer von russischer Seite zuteil wurde, brachen die gewohnte intergouvernementale Bipolarität auf; die öffentliche politische Diskussion der Schweiz etablierte sich als eigenständiger aussenpolitischer Faktor und spielte in der Folge, wir haben es schon gesehen, nicht selten die Rolle eines Mahnfingers gegen opportunistische Kniefälle des Bundesrates vor der zarischen Grossmacht.

3. Vor dem Einsetzen der sozialrevolutionären Agitation mit ihren auch in der Schweiz gefürchteten Waffen mobilisierte der nationale Freiheitskampf der Polen noch einmal eine fast einhellige schweizerische Solidarität, wie sie späteren Revolutionären nicht mehr zuteil wurde. Sicher: Auch in den kommenden Jahrzehnten erfuhren politische Flüchtlinge Protektion – im Sinne eines Vollzugs souveräner schweizerischer Asylpolitik oder als Ausdruck der Sympathie mit den Opfern von Gewaltregimes. Der polnische Aufstand von 1863/64 markiert aber den Endpunkt eines schweizerisch-russischen Asylkonflikts, der noch auf breiter Gesinnungsgenossenschaft der Eidgenossen mit den verfolgten Untertanen des Zaren beruhte.

4. Für den bilateralen Beziehungsalltag bedeuteten die polnischen Insurgenten auch einen Neubeginn. Als Flüchtlinge zwangen sie in ihrer plötzlichen Viel-

576 Das Treffen mit Struve hatte am 7. Juli stattgefunden. Protokoll der Sitzung des Bundesrates, 8. 7. 1864 (Hervorhebung in der Vorlage). BAR, E 1004.1, Bd. 58, Nr. 2670. Immerhin nahm die zarische Gesandtschaft die Verärgerung des Bundesrates zur Kenntnis: «[...] Conseil fédéral a été très péniblement affecté par le refus péremptoire de Mr. le Cte Berg.» Ozerov an A. M. Gorčakov, 9./21. 6. 1864. AVPRI, Missija v Berne, op. 510, d. 175, ll. 13 ob.–14.

577 Ludwig, Unabhängigkeitskampf, S. 58 f.; BAR, E 2001 (E) -/14, Einleitung, S. 3.

zahl Bund und Kantone zu einer administrativen Grossaktion und zumindest temporär zu einer zentralen Kontrolle, der Menschen aus dem russischen Herrschaftsbereich in der Schweiz bisher nicht unterzogen worden waren. Die zarische Gesandtschaft in Bern nahm ihrerseits die Flüchtlinge ins Visier, begann, revolutionären Exilorganisationen nachzuspüren, und systematisierte dabei ihre bisher eher punktuelle antirevolutionäre Überwachungstätigkeit. Besonders in der Frage der Heimkehr reuiger Flüchtlinge entwickelte sich eine intensive zwischenstaatliche Behördenkooperation.

5. Die Flüchtlinge von 1864/65 füllten die Reihen der polnischen Emigration, die als international positiv bewertete und gut organisierte Dissidenz einen wichtigen Ausgangspunkt für die späteren subversiven Netzwerke russischer Revolutionäre bildete.[578] Die Polen bedienten sich ihres Schweizer Exils, um den Kampf in der Heimat materiell und moralisch zu unterstützen – materiell etwa durch Geldsammlungen oder Kleider- und Waffenlieferungen; moralisch, den spezifischen Zielsetzungen entsprechend, durch die Exaltierung polnischer Nationalkultur und namentlich durch die Einrichtung eines polnischen Nationalmuseums im Schloss Rapperswil, das Plater 1870 eröffnete.[579]

2.1.3.2. Die Kontrolle der revolutionären Emigration aus dem Zarenreich in der Schweiz

Es kann an dieser Stelle nicht darum gehen, ein detailliertes Bild der russischen revolutionären Emigration in all ihren ideologischen Strömungen und organisatorischen Verästelungen zu zeichnen. Zur Orientierung und zum besseren Verständnis des Behördenverhaltens seien nur die grossen Linien festgehalten:[580]

Im Rahmen einer *Chronologie* der politischen Emigration aus dem Zarenreich ist zu erwähnen, dass sie sich, auch in der Schweiz, bis in die 1860er Jahre hinein vorab aus prominenten Einzelgängern zusammensetzte. Sinnbild dieser frühen Exildissidenz und ihrer differenzierten politischen Reflexion ist Alexander Herzen (1812–1870), der 1851 Bürger von Châtel bei Murten wurde und mit seiner

---

578 Zur Organisiertheit der polnischen Kolonie in der Schweiz vgl. etwa Polizeidirektion des Kantons Basel-Stadt an das EJPD, 23. 8. 1864. BAR, E 21/102; Ludwig, Unabhängigkeitskampf, S. 86–88; ferner Bronarski, Beziehungen, S. 27–30.

579 Zur materiellen Unterstützung vgl. etwa BAR, E 2001 (E) -/14, Einleitung, S. 3 f. Zur Einrichtung des polnischen Nationalmuseums in Rapperswil vgl. Neubach, Polenmuseum; Ludwig, Unabhängigkeitskampf, S. 93; Feller, Polen und die Schweiz, S. 37; Kolbe, Asylanten, S. 31 f.

580 Hilfreich für die Beschäftigung mit der russischen revolutionären Emigration in der Schweiz ist die umfangreiche, kommentierte und nach Gruppierungen geordnete Bibliografie in: Asyl und Aufenthalt, S. 357–393. – Überblicke über die russische revolutionäre Emigration in der Schweiz vor 1917 bieten Senn, Les révolutionnaires russes und – eng daran angelehnt – Leutenegger/Sovilj, Stellenwert; vgl. auch Senn, Die Schweiz als Asyl.

Publizistik, vor allem mit der Zeitschrift *Kolokol* (die Glocke), eine einzigartige revolutionäre Bresche in die zarische Gesinnungskontrolle zu schlagen vermochte.[581] Im Verlauf der sechziger Jahre musste diese alte Garde individualistischer, von Russland oft seit Jahren abgeschnittener Pioniere die Führung der Exilopposition an eine jüngere Generation von Aktivisten abtreten, an geflohene Exponenten des inzwischen auch in Russland entstandenen revolutionären Untergrundes, die viel stärker einer subversiven Pragmatik verpflichtet und konspirativ vernetzt waren als ihre Vorgänger.[582] Herzen gelang der Anschluss an diese neue politische Emigration nicht – wohl aber Michail Bakunin, der von der spontanen Kraft der Jungen (zum Beispiel Nečaevs) fasziniert war, sie gegen die Kritik Herzens verteidigte und seinerseits bis zu seinem Tod 1876 begeisterte Anhänger um sich scharte.[583] Die neue Organisiertheit der russischen Revolutionäre in der Schweiz wurde durch den polnischen Aufstand von 1863/64 und die plötzliche Präsenz tausender von ebenfalls antizaristisch organisierten Flüchtlingen noch begünstigt. Ideologische Ausdifferenzierung und Ausbau der internen Infrastruktur prägten die russische politische Emigration in der Schweiz seit den späten sechziger Jahren. Bibliotheken wurden eingerichtet, Unterstützungsdienste für bedürftige Gesinnungsgenossen geschaffen, vor allem aber verschiedene Publikationsorgane lanciert und in eigenen Druckereien hergestellt.[584] Diese russische Infrastruktur schlug eine Brücke zwischen der eigentlichen politischen Emigration und den seit den frühen siebziger Jahren stark anwachsenden russischen Studentenkolonien in der Schweiz. Als junge, politisch denkende Intellektuelle stellten die Studentinnen und Studenten für die Revolutionäre ein interessantes Publikum und ein ergiebiges Rekrutierungsreservoir dar. Eine einschneidende Veränderung erfuhr die (politische) Emigration mit Ausbruch des Ersten Weltkriegs. Aus Deutschland und Österreich strömten Exilrussen in die neutrale Eidgenossenschaft, und alte Parteiungen traten angesichts der Radikalität des internationalen Geschehens, aber auch der ökonomischen Notlage fast aller in der Schweiz befindlichen Landsleute vorübergehend in den Hintergrund[585] – bevor sie sich im Kontext der Revolutionen von 1917 neu akzentuierten und verhärteten. Die Schweiz beherbergte während

581 Vgl. Leutenegger/Sovilj, Stellenwert, S. 462 f. Zu A. Herzens Exil in der Schweiz, seiner Einbürgerung und Haltung gegenüber der schweizerischen Asylpolitik vgl. Bontadina/Brang, Erlebtes und Gedachtes; vgl. auch Révolutionnaires et Exilés.

582 Vgl. Kiperman, Glavnye centry, S. 260.

583 Vgl. Wittkop, Bakunin, S. 77. – Zu besagtem Generationenwechsel vgl. Leutenegger/Sovilj, Stellenwert, S. 463–465. Zu Bakunins Aufenthalt in der Schweiz 1843/44 vgl. Carr, Michael Bakunin, S. 116–124. Zu Bakunins Verhältnis zu den jüngeren Emigranten vgl. Nettlau, Bakunin, S. 370; Avrich, The Russian Anarchists, S. 37; Carr, Michael Bakunin, S. 444–448; Ermakov, Anarchistskoe dviženie, S. 13.

584 Zu Genf als dem «Presse- und Druckereienzentrum» der russischen Emigration in der Schweiz vgl. Leutenegger/Sovilj, Stellenwert, S. 467–469.

585 Vgl. Senn, Les révolutionnaires russes, S. 332–335.

des Weltkriegs zahlreiche der später führenden russischen Revolutionäre, darunter Lenin, Trotzki, Radek und andere.[586]

Einige *Charakteristika* der russischen politischen Emigration in der Schweiz vor 1917: Was ihre zahlenmässige Grösse betrifft, so finden sich in Quellen und Literatur punktuelle, zum Teil widersprüchliche Daten und Schätzungen; die schwankenden Angaben hängen nicht zuletzt mit der Schwierigkeit zusammen, die revolutionäre Emigration von der übrigen russischen Kolonie zu unterscheiden. Kiperman geht beispielsweise für den Grossraum Genf/Lausanne der frühen 1880er Jahre von rund 50 Personen aus.[587]

Örtlich konzentrierte sich die politische Emigration auf städtische Zentren, vor allem auf Genf und Zürich. Eliane Leutenegger und Slavica Sovilj haben die These aufgestellt, dass Genf mit seinen Druckereien und Zeitschriftenredaktionen die organisatorisch-logistische Basis der Emigration bildete, während der Stadt Zürich mit ihrer gut ausgebauten russischen (Studenten-)Kolonie die Funktion eines «Rekrutierungs- und Verbreitungszentrums» zukam.[588] Nachdem das Zarenregime 1873 seinen weiblichen Untertanen das Studium in Zürich verboten hatte,[589] erlitt die Kolonie an der Limmat allerdings einen empfindlichen Einbruch, während neben Genf nun auch Bern eine gewisse Bedeutung als Studienort von Russinnen erlangte.[590]

Die eigentlichen Revolutionäre profitierten in ihrem Aktivismus vom hohen Politisierungsgrad der gesamten russischen Kolonie in der Schweiz, den sie selbst nach Kräften förderten und der seinen Ausdruck etwa darin fand, dass neben der regen Exilpublizistik auch Alltagsstrukturen (Bibliotheken, Hilfsvereine, Billigrestaurants) politisch unterfüttert und für die revolutionäre Sache, nicht selten auch für interne Fraktionskämpfe instrumentalisiert wurden.[591]

Überhaupt war diese Kolonie heterogen: Von den adligen Gesandtschaftsvertretern über die Studenten bis hin zu den diskriminierten jüdischen Untertanen des Zaren repräsentierte sie einen breiten Ausschnitt aus dem sozialen Spektrum der fernen Heimat.[592] Innerhalb der revolutionären Emigration entfaltete sich überdies die ganze Palette der politischen Dissidenz: In Genf widersetzte sich Herzen in den frühen 1860er Jahren der *Jungen Emigration*,[593] die

586 Zur Präsenz von Wortführern der Weltrevolution in der neutralen Schweiz nach 1914 vgl. BAR, E 2001 (E) -/13, Einleitung, S. 6–16.

587 Kiperman, Glavnye centry, S. 261 f.

588 Leutenegger/Sovilj, Stellenwert, S. 473. Zur Bedeutung von Genf vgl. auch Kiperman, Glavnye centry, S. 260–265; Senn, Les révolutionnaires russes, S. 331. Zu Zürich vgl. auch Meijer, The Russian Colony in Zuerich; Kiperman, Glavnye centry, S. 265–267.

589 Vgl. unten S. 366.

590 Zum Abzug der meisten Russinnen aus Zürich vgl. Neumann, Studentinnen, S. 13. Zu Bern als Studienort von Russinnen vgl. Rogger, Doktorhut; Kiperman, Glavnye centry, S. 267.

591 Vgl. Senn, Les révolutionnaires russes, S. 331.

592 Vgl. ebd., S. 328 f.

593 Zur Selbstbezeichnung der *Molodaja èmigracija* vgl. Asyl und Aufenthalt, S. 359.

Schweiz war sodann ein Schauplatz der Auseinandersetzungen zwischen dem Anarchisten Bakunin und Karl Marx im Rahmen der 1. Internationale (die zur Abspaltung einer jurassischen antiautoritären Internationale führten);[594] ausserdem stritt sich Bakunin zu Beginn der siebziger Jahre in Zürich mit Petr Lavrov über die Frage, ob die Revolutionäre bei ihrem *Choždenie v narod* (Gang ins Volk) die russischen Bauern eher aufwiegeln oder aufklären sollten.[595] Mit dem *Narodničestvo,* das den revolutionären Impetus an eine mutmassliche Urkraft des russischen Bauerntums zu binden versuchte – und vor allem mit seiner radikalen Zuspitzung, der 1879 konstituierten Terrorformation *Narodnaja Volja* (Volkswille/Volksfreiheit) – brach ein Kreis von Terrorgegnern um Georgij V. Plechanov, Pavel B. Aksel'rod und Vera Zasulič. Diese Leute vereinigten sich in der Gruppe *Černyj peredel* (Schwarze Umteilung) und gründeten 1883 in Genf die marxistische Gruppe *Osvoboždenie truda* (Befreiung der Arbeit).[596]

Die ideologischen Strukturen der politischen Emigration lassen sich auch an zahlreichen Publikationsprojekten ablesen. Abgesehen vom bereits erwähnten polnischen *Weissen Adler* erschien seit 1865 auch Herzens *Kolokol* in der Schweiz, nämlich in Genf, wo bald verschiedene russische Druckereien eingerichtet wurden.[597] 1868 erschien unter Mitarbeit Bakunins die erste Nummer des *Narodnoe Delo* (Volkssache),[598] und in der Folge wurden in der Rhonestadt verschiedene Organe des Narodničestvo publiziert.[599] Seit 1879 gaben der Anarchist Kropotkin und seine Gesinnungsgenossen die Zeitschrift *Le Révolté* heraus; nachdem Schweizer Druckereien aus Angst vor behördlichen Repres-

594 Vgl. Hutter/Grob, Schweiz, S. 88, 94; Kiperman, Glavnye centry, S. 266; Asyl und Aufenthalt, S. 361. – Zu Bakunins Beziehungen zu den Westschweizer Arbeiteraktivisten und zur 1871 gegründeten Juraföderation vgl. Hutter/Grob, Schweiz, S. 92–94; Langhard, Die anarchistische Bewegung, S. 53–60.

595 Vgl. dazu Asyl und Aufenthalt, S. 371; ferner Kiperman, Glavnye centry, S. 266. – Zu den Auseinandersetzungen zwischen den Anhängern Bakunins und Lavrovs in Zürich vgl. Nettlau, Bakunin, S. 417.

596 Kiperman, Glavnye centry, S. 264. Vera Zasulič war noch bis Anfang 1884 Auslandsvertreterin des 1881 gegründeten *Roten Kreuzes der Narodnaja Volja,* vgl. Geierhos, Vera Zasulič. S. 217 bis 228; ferner Thun, Geschichte, S. 297.

597 Kiperman, Glavnye centry, S. 260 f.; Leutenegger/Sovilj, Stellenwert, S. 464; A. Benoit: *Très confidentiel,* 30. 5. 1879. BAR, E 21/14008. – Zum Versuch Bakunins und dann auch Nečaevs, nach Herzens Tod den *Kolokol* neu herauszugeben, vgl. Carr, Michael Bakunin, S. 389–391; Nettlau, Bakunin, S. 396–399. – 1903 vermeldete die Bundesanwaltschaft eine ganze Reihe von russischen Druckereien in der Rhonestadt. Bundesanwaltschaft an das EJPD, 30. 11. 1903. BAR, E 21/14014. – Zu einer eigenen polnischen Druckerei vgl. Kiperman, Glavnye centry, S. 261.

598 Nettlau, Bakunin, S. 371. Zur Publikationstätigkeit Bakunins in der Schweiz vgl. auch Avrich, The Russian Anarchists, S. 37.

599 Eine Aufzählung findet sich in: Kiperman, Glavnye centry, S. 261. – Für die zeitgenössische Einschätzung, dass die Exilpresse seit 1876 angesichts des nun in Russland selbst aufflammenden revolutionären Kampfes an Bedeutung verlor, vgl. Thun, Geschichte, S. 164 f.

salien die Zusammenarbeit aufgekündigt hatten, richteten die Protagonisten des Révolté zu dessen Produktion die *Imprimerie Jurassienne* ein.[600] Einige Momentaufnahmen zur politischen Auffächerung der Kolonie. Für das Genf der frühen 1880er Jahre verweist Kiperman auf sechs Untergruppen:[601] auf die *Černoperedel'cy* (Vertreter des Černyj peredel); auf ihre Kontrahenten, die *Narodovol'cy* (Vertreter der Narodnaja volja), die 1883–1886 ihren *Vestnik Narodnoj voli* (Bote der Narodnaja volja) in Genf herausgaben; auf die Anarchisten Bakunin'scher Prägung;[602] die Konstitutionalisten um die Zeitschrift *Obščee delo* (Allgemeine Sache) sowie polnische und ukrainische Gruppierungen. 20 Jahre später berichtete die Genfer Polizei von fünf Agitationsgruppen:[603] Der Kreis um Plechanov war inzwischen in der marxistischen *Rossijskaja social-demokratičeskaja rabočaja partija* (RSDRP; Russländische Sozialdemokratische Arbeiterpartei) aufgegangen, die sich 1903 in eine so genannte Mehrheitsfraktion *(Bol'ševiki)* und eine Minderheitsfraktion *(Men'ševiki)* spaltete und die Organe *Iskra* (der Funke) und *Zarja* (die Morgenröte) publizierte – die Redaktion der *Iskra* war eben von London nach Genf verlegt worden; die RSDRP liess sich seit 1903 im Exil ausschliesslich von der *Ausländischen Liga der russischen revolutionären Sozialdemokratie* repräsentieren.[604] Eine zweite Richtung markierte zu Beginn des 20. Jahrhunderts Vladimir Burcev mit seinem zeitweise in der Schweiz herausgegebenen *Narodovolec* und seinen Bemühungen, eine neue Terrorgruppe im Geiste der einstigen, nach der gelungenen Ermordung Alexanders II. verfallenen Narodnaja Volja aufzubauen.[605] Ferner

---

600 Einen Überblick über russische Druckereien und Buchläden im Genf der frühen 1880er Jahre bietet im Archiv der zarischen Gesandtschaft folgendes Schriftstück: *Rapport concernant les proscrits Russes à Genève,* undatiert (der archivalische Zusammenhang lässt auf das Jahr 1884 schliessen). AVPRI, Missija v Berne, op. 843/2, d. 42, ll. 4–7 ob. – Zu Entstehung und Entwicklung des *Révolté* vgl. Nettlau, Geschichte der Anarchie, Bd. 2, S. 283–285; Langhard, Die anarchistische Bewegung, S. 102–112; Thun, Geschichte, S. 303; Woodcock/Avakumović, The Anarchist Prince, S. 173–175; Kiperman, Glavnye centry, S. 268; Marshall, Demanding the Impossible, S. 313.
601 Vgl. Kiperman, Glavnye centry, S. 263 f.
602 Die Bedeutung der Schweiz für die russische anarchistische Bewegung erhellt sich durch einen Blick in die unlängst erschienene Quellensammlung *Anarchisty: Dokumenty i materialy;* hier sind zahlreiche Dokumente abgedruckt, die auf in der Schweiz stationierte Gruppierungen verweisen. Zum Wirken der aus dem Zarenreich stammenden Genfer Anarchisten in den 1890er Jahren vgl. Avrich, The Russian Anarchists, S. 38.
603 Vgl. Polizeidirektor Jornot an das JPD des Kantons Genf, 21. 11. 1903. Švejcarija – Rossija, Nr. 83.
604 Vgl. Mysyrowicz, Agents secrets tsaristes, S. 69 f.
605 Zu Burcev als dem Herausgeber der Zeitschrift *Narodovolec* vgl. Bundesanwaltschaft an das EJPD, 30. 11. 1903. BAR, E 21/14014. – Allgemein zu V. L. Burcev als einem der lärmigsten Anhänger des Terrorismus in der russischen Emigration und als einem engagierten Entlarver zarischer Spitzel vgl. Laporte, Histoire de l'okhrana, S. 189–211; Budnickij, Terrorizm, S. 89 bis 147; Johnson, Zagranichnaia Agentura, S. 228; Lur'e, Policejskie i provokatory, passim; ferner Pavlov, Agenty, S. 49. Unter dem Titel *Za sto lět* liegt eine von Burcev zusammengestellte Geschichte der revolutionären Bewegung in Russland vor (vgl. Bibliografie).

waren da die Vertreter der *Partija Socialistov-Revoljucionerov* (SR; Sozial-revolutionäre), die eigentlichen Erben des Narodničestvo und seiner Terror-taktik; die Anhänger des 1897 gegründeten jüdischen *Bundes* und jene des Anarchismus, von denen sich einige 1903 zur Gruppe *Chleb i Volja* (Brot und Freiheit) formierten und ein gleichnamiges anarchistisches Organ publizier-ten.[606]

In Zürich begegnen wir in den 1870er Jahren verschiedenen von Bakunin inspirierten (oder zumindest imaginierten)[607] Zirkeln, einer *russischen Brüder-schaft,* einer *slawischen Sektion,* auch einer polnischen sozialrevolutionären Gesellschaft.[608] Hier erschien 1873 erstmals Lavrovs Zeitschrift *Vpered* (Vor-wärts).[609]

Als nach Ausbruch des Weltkriegs Russinnen und Russen in der ganzen Schweiz wirtschaftliche Not litten, bot sich die Hilfeleistung an bedürftige Landsleute als Bühne politischer Grabenkämpfe und als Instrument der Parteienwerbung geradezu an. Seit 1915 existierte beispielsweise eine bolschewistische *Bernskaja social-demokratičeskaja komissija intellektual'noj pomošči voennoplennym* (Ber-ner sozialdemokratische Kommission für intellektuelle Hilfe an Kriegsgefange-ne).[610] Eine Eigenart der russischen politischen Emigration wie auch der Studentenkolonien war ihre weitgehende Abgeschiedenheit von der schweize-rischen Gesellschaft. Zwar bemüht sich Kiperman in sowjetischer Manier, die intensive internationale Verflechtung der russischen Emigranten hervorzustrei-chen, auch mit der schweizerischen Arbeiterbewegung;[611] viel augenfälliger ist aber die Zurückhaltung und Reserviertheit der Exilierten gegenüber einer oft als langweilig oder seltsam empfundenen Lebensart der Eidgenossen.[612]

Für das Zarenregime und seine Gesandtschaft in Bern war das alles von grösstem Interesse. Aber auch die schweizerischen Behörden bemühten sich darum, den Überblick nicht zu verlieren; die Beobachtung der politischen Emigration aus dem Zarenreich füllt im Schweizerischen Bundesarchiv unzählige Dossiers. Das Eidgenössische Justiz- und Polizeidepartement und dann besonders die Bundesanwaltschaft versuchten sich durch gezielte Anfragen bei den kantona-len Polizeibehörden auf dem Laufenden zu halten und den interkantonalen Informationsfluss zu verbessern. So hatte beispielsweise das Justiz- und Polizei-departement des Kantons Genf 1879 Auskunft über Anzahl und Aufenthalts-

---

606 Ermakov, Anarchistskoe dviženie, S. 23 f.; Avrich, The Russian Anarchists, S. 39.
607 Carr spricht davon, dass die *slawische Sektion* praktisch ausschliesslich in der optimistischen Imagination Bakunins existiert habe. Carr, Michael Bakunin, S. 448.
608 Vgl. Nettlau, Bakunin, S. 407–412; ferner Avrich, The Russian Anarchists, S. 37; Carr, Michael Bakunin, S. 446–448; Thun, Geschichte, S. 66.
609 Nettlau, Bakunin, S. 416; Thun, Geschichte, S. 70.
610 Vgl. Rossija i Zapad, S. 64.
611 Kiperman, Glavnye centry, S. 268.
612 Vgl. Senn, Les révolutionnaires russes, S. 330.

Vladimir L. Burcev (1903 aus der Schweiz ausgewiesen).

status der Polen und Russen in der Rhonestadt zu erteilen,[613] und 1891 berichtete dieselbe Behörde von der publizistischen Aktivität der Plechanov-Gruppe, wobei der Vertrieb der revolutionären Schriften besonders genau ausgekundschaftet wurde: «C'est Plekhanoff qui remet les brochures deux par deux à la poste d'Annemasse; V. Sassulitch reçoit souvent des lettres de Zurich; elles doivent venir du nommé Axelrod qui, sous le couvert de la fabrique de lait condensé, fait entrer en Russie de nombreuses brochures révolutionnaires.»[614] Erwähnenswert ist in unserem Zusammenhang, dass sich Edouard Odier, der spätere schweizerische Gesandte in St. Petersburg, schon in seiner Funktion als Genfer Staatsrat (1900–1906) ausgiebig mit den Russinnen und Russen beschäftigen konnte.[615] Das Bewusstsein der Genfer Behörden für die Gefahren, welche der Schweiz durch die russischen Revolutionäre erwachsen konnten, verdeutlichte Polizeichef Jornot, als er 1903 seinen bereits zitierten Bericht über die wachsende Zahl russischer Flüchtlinge mit den sorgenvollen Worten einleitete: «Je crois opportun de vous adresser le rapport suivant sur un état de

---

613 JPD des Kantons Genf an das EJPD, 17. 7. 1879. BAR, E 21/14008.
614 JPD des Kantons Genf an den Bundesanwalt, 14. 12. 1891. Švejcarija – Rossija, Nr. 77, S. 212 (hier auch Hinweise auf weitere Polizeirapporte).

choses qui pourrait devenir inquiétant et qui ne tarderait pas à procurer des ennuis à notre pays s'il n'y était apporté un remède.»[616] Als sich 1909 eine *Union des Emigrés politiques russes à Genève* in das schweizerische Handelsregister eintragen lassen wollte, beantragte die Bundesanwaltschaft dem Bundesrat, dieses Ansinnen auszuschlagen und den Verein stattdessen polizeilich beobachten zu lassen.[617] Auch der Kanton Waadt überwachte seine verdächtigen Russen im Auftrag Berns.[618] In Zürich gerieten die Russinnen und Russen im Nachgang der Bombenaffäre von 1889 unter intensivierte Polizeibeobachtung. Bei den Akten finden sich etwa Aufzeichnungen zum russischen Leseverein an der Friedensstrasse[619] oder allgemeine Erhebungen zu den hiesigen russischen «Anarchisten».[620] Selbst der Kanton Solothurn wurde 1908 angefragt, was es mit der angeblichen *Lesehalle der jüdischen Arbeiter aus Russland* in Grenchen auf sich habe.[621] Der Unzugänglichkeit russischer Texte begegnete die Bundesanwaltschaft damit, dass sie die Übersetzungsdienste von Aussenstehenden in Anspruch nahm; aktenkundig ist hier um die Jahrhundertwende vor allem der Lausanner Bibliothekar Dr. André Langie.[622]
Nicht nur die sowjetische Historiografie hat die Anwesenheit russischer Dissidenten in der Schweiz im Sinne einer Vorgeschichte der Umwälzungen von 1917 betrachtet. Für uns ist es aufschlussreich, den (später) «grossen» Revolutionären an ihre unprominenten Anfänge zu folgen, ihre ideologische und organisatorische Herkunft zu betrachten – und beispielsweise zur Kenntnis zu

615 Im Dezember 1900 berichtete Odier beispielsweise der Bundesanwaltschaft über eine von Plechanov präsidierte Versammlung. JPD des Kantons Genf («par intérim» E. Odier) an den Bundesanwalt, 22. 12. 1900. BAR, E 21/14012. Über ähnliche Versammlungen liegen mehrere Meldungen vor, vgl. z. B. JPD des Kantons Genf an den Bundesanwalt, 6. 1. 1899. Ebd.; vgl. auch BAR, E 21/14015. – Zur Überwachung der Armenier in Genf vgl. BAR, E 21/14240.

616 Jornot an das JPD des Kantons Genf, 21. 11. 1903. Švejcarija – Rossija, Nr. 83, S. 227.

617 Auch der *Union des anciens militaires français* war 1894 eine Registrierung verweigert worden. Bundesanwaltschaft an das EJPD, 28. 6. 1909. BAR, E 21/14020.

618 Vgl. JPD des Kantons Waadt an den Bundesanwalt, 19. und 31. 8. 1896. BAR, E 21/14011; Bundesanwaltschaft an das JPD des Kantons Waadt, September 1896 (Entwurf; Stempel: 2. 9. 1896). Ebd. Für eine Anfrage der Bundesanwaltschaft betreffend ein angeblich in Lausanne gegründetes internationales Hilfskomitee für arbeitslose Russen vgl. Bundesanwaltschaft an das JPD des Kantons Waadt, 26. 5. 1906. BAR, E 21/14017.

619 Vgl. Aktennotiz: *Russischer Leseverein, Friedensstrasse 16. Oberstrass*. BAR, E 21/14344; Justiz- und Polizeidirektion des Kantons Zürich an die Bundesanwaltschaft, 4. 5. 1891. BAR, E 21/13964.

620 Kantonspolizei Zürich an die Justiz- und Polizeidirektion des Kantons Zürich, 10. 8. 1892. BAR, E 21/14010. – Allgemein zur regen Überwachungstätigkeit der Zürcher Polizei zu Beginn des 20. Jahrhunderts vgl. Blanc, Fürst Bismarck, S. 23 f.

621 Bundesanwaltschaft an das Polizeidepartement des Kantons Solothurn, 25. 1. 1908. BAR, E 21/14019.

622 Vgl. etwa BAR, E 21/14015, 14023 und 14025. Für Übersetzungen von russischen und polnischen revolutionären Druckerzeugnissen vgl. auch BAR, E 21/14024. Revolutionäre Schriften finden sich überdies in: BAR, E 21/14018.

nehmen, dass sie für die Behörden zunächst Emigranten wie andere waren. 1903 rapportierte Odier über einen gewissen «Oulianoff», der in Russland wegen Teilnahme an Studentenunruhen und revolutionärer Propaganda bekannt sei, nach seiner Verbannungszeit in Sibirien die Heimat verlassen habe und unter dem Falschnamen «Lenine» aktiv an der revolutionären Bewegung teilnehme; das Gesuch dieses Individuums, eine Druckerei übernehmen zu dürfen, hätten die Genfer Behörden abgelehnt.[623] Fünf Jahre später wusste man nicht viel mehr:

«Nous avons l'honneur de vous informer que le nommé Lénine [...] déclare s'appeler Oulianoff Wladimir fils d'Elie et de Marie Blank, né le 10 avril 1870 à Simbirsk, marié en 1898 à St-Pétersbourg avec Krupski Espérance et littérateur, écrivain, journaliste.

Il se dit réfugié politique pour cause d'écrits favorables au parti socialiste démocrate.»[624]

Schon früh zog die berüchtigte Revolutionärin Anželika Balabanova (1878 bis 1965) mit ihren propagandistischen Auftritten die Aufmerksamkeit der Schweizer Behörden auf sich.[625] Und auch Karl Radek wurde polizeilich überwacht, nachdem er 1915 Vorträge in der Schweiz gehalten hatte.[626]

Wenn Bund und Kantone aufgrund ihrer Beobachtungen Handlungsbedarf erkannten, wurden in der Regel genauere Untersuchungen eingeleitet und als störend betrachtete Ausländer ausgewiesen.[627] Nach der Revolution von 1905

---

623 Odier an die Bundesanwaltschaft, 25. 11. 1903. Zit. in: Švejcarija – Rossija, S. 233, Anm. 2. Lenin war im April 1903 nach Genf gekommen, vgl. Novikov, Ul'janov v Ženeve. Zu Lenins Aufenthalt in der Schweiz vgl. auch Gautschi, Lenin; in detailverliebter Sowjetnostalgie: Kudrjavcev/Murav'eva/Sivolap-Kaftanova, Lenin v Berne i Cjuriche; ferner Solzhenitsyn, Lenin in Zürich.

624 JPD des Kantons Genf an die Bundesanwaltschaft, 19. 2. 1908. Švejcarija – Rossija, Nr. 87, S. 233. Vgl. auch JPD des Kantons Genf an die Bundesanwaltschaft, 23. 1. 1908. BAR, E 2001 (E) -/13 (B 9).

625 Für Akten zu Balabanova seit 1904 vgl. das Dossier BAR, E 21/5231. Eine Fiche zu «Balabanoff, Angelina» mit einer Auflistung der Aufenthalte in der Schweiz findet sich in: BAR, E 21/8599. – Für eine positive Darstellung Balabanovas als Vorkämpferin der Ostschweizer Arbeiterbewegung vgl. Hug, Balabanoffs «Fabrik-Klöster».

626 Wachtmeister Frutiger an das Polizeikommando des Kantons Bern, 29. 11. 1915. BAR, E 21/ 11446.

627 Neben den schon erwähnten Fällen wären etwa noch folgende Beispiele behördlichen Einschreitens zu nennen: die Personenüberprüfungen an V. Zasulič und anderen Genfer Emigranten im Nachgang eines öffentlichen Protestes gegen die Urteile des russischen Zarenmörderprozesses (1882), vgl. Geierhos, Vera Zasulič, S. 221; die Ausweisung G. Plechanovs aus dem Kanton Genf (1889), vgl. Švejcarija – Rossija, S. 211, Anm. 2; die Ausweisung von V. Burcev aus der Schweiz wegen gefährlicher Propaganda und Aufruf zum Meuchelmord (1903), vgl. *Bundesratsbeschluss betreffend die Ausweisung der russischen Staatsangehörigen Wladimir Bourtzeff und Paul Krakoff aus dem Gebiete der Eidgenossenschaft. (Vom 7. Dezember 1903.)* BBl. 1903 V, S. 290 f.; die Ausweisung Anželika Balabanovas aus dem Kanton Waadt wegen Abhaltens einer revolutionären Konferenz (1906), vgl. JPD des Kantons Waadt an die

kam es zu mehreren Ausweisungen.[628] 1908 erstellte die Bundesanwaltschaft eine Liste all der Unannehmlichkeiten, welche die anwesenden Russen der Schweiz verursachten, sie verwies auf die übergrosse Zahl der Studierenden aus dem Zarenreich und auf revolutionäre Zeitungen «in russischer Sprache und jüdischen Dialekten», sie zählte verbrecherische Handlungen der Emigranten auf und riet dem Bundesrat zu einem «schärferen Einschreiten gegen diese unruhigen russischen Elemente», zunächst einmal zu einer besseren Kontrolle.[629] Eine Möglichkeit bot hier das Abfangen von Telegrammen; für die Zeit des Weltkriegs finden sich im Schweizerischen Bundesarchiv zahlreiche Telegramme aus dem Russenmilieu – gekennzeichnet mit dem Stempel «Telegramm-Kontroll-Kommission».[630] Gar nicht erst einreisen liess der Bundesrat Lev Trotzki, als sich dieser nach seiner Ausweisung aus Frankreich 1916 in Genf niederlassen wollte. Der Gesandte in Paris, Charles Lardy, erhielt den Auftrag, «dem Bronstein-Trotzky zur Kenntnis zu bringen, dass wir nicht in der Lage seien, ihm den Eintritt in die Schweiz zu gestatten».[631]

In seltenen Fällen schritten die Schweizer Behörden auch gegen verdächtige Zeitschriften ein. Dass sich beispielsweise die Druckereien in der Schweiz scheuten, Kropotkins *Révolté* herzustellen, hat mit der Verurteilung des Herausgebers eines anderen revolutionären Blattes zu tun.[632] Die Produzenten des *Révolté* mussten im Rahmen der erwähnten Anarchismusuntersuchung von 1885 Haussuchungen und Beschlagnahmungen über sich ergehen lassen.[633] Wie sah nun die polizeiliche Zusammenarbeit mit den russischen Behörden aus? Gegenseitiger Informationsaustausch wurde lange schon praktiziert, bevor ihn die gesamteuropäische Anarchismusbekämpfung[634] um die Jahrhundertwende zu zentralisieren und zu reglementieren versuchte. Vor dieser Regelung floss die Information oft in den Bahnen der offiziellen Diplomatie, wenn 1879 etwa Bundespräsident Hammer die russische Gesandtschaft von einer Untersuchung in Kenntnis setzte, welche das Eidgenössische Justiz- und Polizei-

Bundesanwaltschaft, 30. 6. 1906. BAR, E 21/5231; Bundesanwaltschaft an das EJPD, 7. 11. 1918. BAR, E 21/10428. Der Waadtländer Staatsrat lehnte es 1914 ab, Balabanova den Aufenthalt im Kanton für neue Konferenzen zu erlauben. JPD des Kantons Waadt an die Bundesanwaltschaft, 19. 2. 1914. BAR, E 21/5231.

628 Leutenegger/Sovilj, Stellenwert, S. 468. – Für einen Polizeibericht vom 10. Februar 1905 über eine Protestversammlung gegen die Unterdrückung des Aufstands in Russland vgl. BAR, E 21/14016.

629 Bundesanwaltschaft an das EJPD, 24. 1. 1908. BAR, E 21/14019.

630 Vgl. etwa BAR, E 21/5231; E 21/10425; E 21/11446.

631 Bundesrat Müller an Lardy, 20. 10. 1916. DDS, Bd. 6, Nr. 217, S. 415. – Für Lardys vorgängige Empfehlung, Trotzki nicht einreisen zu lassen, vgl. Lardy an Bundesrat Müller, 17. 10. 1916. Ebd., Nr. 215; vgl. auch ebd., Nr. 216.

632 Nämlich der Zeitschrift *Avant-Garde*, vgl. Langhard, Die anarchistische Bewegung, S. 102 f.

633 Sie verlegten den Sitz der Zeitschrift dann nach Paris. Ebd., S. 109–111, 148.

634 Vgl. oben S. 317–322.

departement zur heimlichen Bombenfabrikation in der Schweiz eingeleitet hatte.[635] Oder auf konspirativen Wegen: Johnson weiss von Genfer Polizisten zu berichten, die der zarischen Agentura in Paris insgeheim Informationen lieferten beziehungsweise offizielle Genfer Informationen verifizierten;[636] Mysyrowicz betont allgemein die guten Verbindungen der Genfer Polizei zur Ochrana.[637] Solche dezentralen und verdeckten Kooperationsformen sind bis zum Ende des Zarenregimes zu beobachten.[638]

Seit dem frühen 20. Jahrhundert wurden nun aber konspirative Verbindungen vermehrt von Direktkontakten zwischen den Polizeizentralen überlagert. Im Schweizerischen Bundesarchiv finden sich verschiedene mit «Russen in Genf», «Russen in der Schweiz» oder ähnlichen Titeln versehene Korrespondenzjournale der Bundesanwaltschaft, die den Austausch mit ausländischen Polizeidirektionen dokumentieren. Hier ist beispielsweise nachzulesen, dass am 21. Juni 1902 eine Anfrage aus der zarischen Hauptstadt einging, ob der jüngste russische anarchistische Zirkel in Genf Beachtung verdiene.[639] Umgekehrt fragte die Bundesanwaltschaft beim Polizeidepartement in St. Petersburg nach, was es mit dieser «Angélique Balabanoff» auf sich habe, «qui se fait remarquer en Suisse comme socialiste-anarchiste».[640]

635 Bundespräsident Hammer an die russische Gesandtschaft in Bern, 16. 10. 1879 (Verbalnote; Entwurf). BAR, E 21/14008.

636 Johnson nennt die Namen Depassel, Deleamon, Bocque. Johnson, Zagranichnaia Agentura, S. 229, hier auch Anm. 10.

637 Mysyrowicz, Agents secrets tsaristes, S. 30. Zu den Kontakten der Agentura in die Schweiz vgl. auch Agafonov, Zagraničnaja ochranka, S. 56 f.

638 Der in Genf eingebürgerte Emigrant, prominente Buchhändler und Verleger Michail K. Ėlpidin (1835–1908) etwa arbeitete wohl seit den 1880er Jahren mit der Polizei zusammen. Vgl. Mysyrowicz, Agents secrets tsaristes, S. 40–46, besonders S. 42, sowie das Dossier BAR, E 21/ 14341.

639 Am 25. Juli wurde die Antwort eingetragen: Es sei St. Petersburg der inzwischen erstellte Bericht des Genfer Justiz- und Polizeidepartements mitgeteilt worden, wonach es sich beim angezeigten Zirkel wohl um die unlängst eingerichteten «Cuisines Russes» handle, die von vielen Russen und Bulgaren wegen des billigen Essens besucht würden. *Russen in Genf 1899–1904*. BAR, E 21/ 14012. Für die zugrunde liegende Anfrage des Polizeidepartements im zarischen Innenministerium vgl. Aleksej A. Lopuchin an den schweizerischen Bundesanwalt, 4. 6. 1902 (vertraulich). BAR, E 21/14013. Für die schweizerische Antwort vgl. Bundesanwaltschaft an die Direktion des Polizeidepartements in St. Petersburg, Juli 1902 (Entwurf). Ebd. Für weitere Korrespondenzjournale vgl. etwa *Russische Anarchisten in der Schweiz*. Ebd.; *Russen in der Schweiz*. BAR, E 21/ 14015; *Russen in der Schweiz 1906*. BAR, E 21/14017; *Russen in der Schweiz 1907*. BAR, E 21/ 14018; *Russen in der Schweiz 1908*. BAR, E 21/14019; *Russen in der Schweiz 1909*. BAR, E 21/ 14020.

640 Bundesanwaltschaft an das Polizeidepartement des russischen Innenministeriums, 2. 7. 1906. BAR, E 21/5231. Balabanova, so die Antwort, habe Russland vor rund acht Jahren verlassen und hier keinen verdächtigen Eindruck gemacht. Russisches Innenministerium an den schweizerischen Bundesanwalt, 2./15. 9. 1906. Ebd. – 1907 finden sich in einem Korrespondenzjournal Einträge zum Austausch mit Berlin über angeblich mordlustige russische Anarchisten in Genf, vgl. BAR, E 21/14018. Für eine frühere geheime Mitteilung aus Berlin, wonach in Genf bald

Einem zarischen Polizeibeamten behagte die nunmehrige direkte Kommunikation zwischen der Bundesanwaltschaft und den Petersburger Behörden gar nicht: Agentura-Chef Arkadij M. Harting (Garting) sah seine Zuständigkeit für polizeiliche Aussenkontakte missachtet und seine Autorität bei den Schweizer Amtsstellen untergraben. Johnson zitiert aus einem Schreiben Hartings an die Zentrale in St. Petersburg: "From the letter of our Envoy to the Swiss Republic, I see, among other things, that a code for secret messages has been established between the Department of Police and Hodier[641] [...] I humbly beg to raise the consideration that in the very interest of investigations abroad, it would be better if direct communications with representatives of police institutions abroad were untaken by the Department of Police only in cases of extreme necessity, and not in common everyday matters, since such direct relations with Petersburg might be construed by the foreign powers as enabling them to ignore the direct authority of the Head of the Foreign Agency, resulting in the undermining of his relations with these representatives."[642]

Neben dem blossen Informationsaustausch sind Formen der Behördenkooperation auszumachen, bei denen es unter Aufbietung polizeilicher Vollzugsgewalt Aufträge und Wünsche der jeweils anderen Seite zu erfüllen galt. Dazu gehörten Massnahmen im Rahmen des üblichen Rechtshilfeverkehrs, beispielsweise die Einvernahme von bestimmten Personen.[643] Oder die Polizeizentrale in St. Petersburg bat um gezielte Überwachungen; Novikov erwähnt ein solches Begehren bezüglich Lenin.[644] Oft setzte sich aber die zarische Gesandtschaft auch einfach mit dem Bundesrat in Verbindung, um sicherzustellen, dass die örtliche Polizei den Umtrieben russischer Revolutionäre gebührende Aufmerksamkeit schenkte. Als beispielsweise Ozerov 1865 herausfand, dass Alexander Herzen und Nikolaj Ogarev sich samt Druckerei und Personal in Genf eingerichtet und die baldige hiesige Publikation der Zeitschrift *Kolokol* angekündigt hatten, liess er sich von Bundespräsident Schenk mit der Andeutung polizeilicher Überwachung beruhigen.[645]

Pakete aus New York mit anarchistischer Literatur für Russland eintreffen sollten, vgl. Polizei-Präsident Berlin an die Bundesanwaltschaft, 4. 3. 1904 (geheim). BAR, E 21/14015.

641 Sic. Gemeint ist wohl der damalige Sekretär der Bundesanwaltschaft Fritz Hodler, vgl. Staats-Kalender 1907, S. 88.

642 Harting an das Polizeidepartement in St. Petersburg, 12. 1. 1907. Zit. in: Johnson, Zagranichnaia Agentura, S. 224. – Zum Kontakt Hartings mit einem Gehilfen von Hodler vgl. russische Gesandtschaft in Bern an Izvol'skij, 28. 10./10. 11. 1906 (Entwurf). AVPRI, Missija v Berne, op. 843/2, d. 262, ll. 108–109. – Allgemein zu Harting (vormals Abram-Aaron Gek[k]el'man alias Landesen), der in den 1880er Jahren als Agent in der Schweiz tätig gewesen war, vgl. Bračev, Zagraničnaja agentura, S. 70–98; Agafonov, Zagraničnaja ochranka, S. 28; Laporte, Histoire de l'okhrana, S. 190 f.; Lur'e, Policejskie i provokatory, S. 127–130.

643 Vgl. etwa das Dossier zum Rechtshilfeverkehr 1893–1902: BAR, E 2200.86, Nr. 160.

644 Vgl. Novikov, Ul'janov v Ženeve.

645 Ozerov an A. M. Gorčakov, 1./13. 5. 1865. AVPRI, Missija v Berne, op. 510, d. 111, ll. 8–9. – Von Bundespräsident Dubs erhielt Ozerov knapp drei Jahre später die Zusicherung, es wür-

1916 nahmen die Schweizer Behörden auf einen Wink der zarischen Gesandtschaft hin den eingebürgerten Anwalt Boris Lifschitz unter die Lupe, der sich
auf die Beratung von Russinnen und Russen in der Schweiz spezialisiert hatte
und der dadurch in den Besitz zahlreicher russischer Legitimationsdokumente
gelangte; diese wiederum konnten, so befürchtete der Gesandte Bacheracht,
für Spionagezwecke missbraucht werden, weshalb Lifschitz' Büro zu überwachen und besagte Papiere am besten zu beschlagnahmen seien.[646] Das Politische Departement vermeldete nach einigen Wochen, der Verdacht gegen Lifschitz
habe sich bei der Prüfung der Sache nicht erhärtet.[647] Überwachungsaufträge
dieser Art erhielt Bern übrigens nicht nur von russischer Seite; auf Wunsch der
französischen Botschaft wurden die Anarchisten in der Schweiz während des
Frankreichaufenthalts des russischen Zaren 1896 einer verschärften Kontrolle
unterzogen.[648] Die Schweizer kamen den ausländischen Forderungen aber nicht
immer nach. Als der Gesandte Bacheracht kurz vor seinem Tod 1916 vor
Genfer Sozialrevolutionären sowie vor einem *Comité de secours intellectuel aux
prisonniers de guerre russes* gleicher Provenienz warnte und ein Verbot dieses
Komitees samt seiner Broschüren suggerierte,[649] hielt die Bundesanwaltschaft
fest, dass die inkriminierten Druckerzeugnisse vielleicht für russische, nicht
aber für schweizerische Begriffe revolutionär seien und sich daher ein Einschreiten nicht rechtfertigen lasse.[650]

Über Informationserteilung und Auftragsdienste hinaus kam es auf Schweizer
Boden schliesslich zu einer Reihe von Polizeiaktionen, an denen zarische Be-
amte – Polizisten oder auch Gesandtschaftsangehörige – direkt beteiligt waren.
Die Festnahme Nečaevs 1872 ist ein prominentes Beispiel dafür, aber schon bei
der Verhaftung einiger Polen, die unter dem Verdacht der Fälschung russischer
Wertpapiere standen, war wenig vorher offensichtlich die zarische Gesandt-
schaft involviert gewesen, und in Absprache mit derselben nahmen 1913 die
Schweizer Behörden vorübergehend einen weiteren verdächtigen Polen in Haft.[651]

den Abklärungen zur allfälligen Anwesenheit Bakunins in der Schweiz getätigt, auf die der
zarische Gesandte hingewiesen hatte. Ozerov an A. M. Gorčakov, 7./19. 2. 1868. AVPRI,
Missija v Berne, op. 510, d. 114, ll. 79–80.

646 Bacheracht an Bundesrat Hoffmann, 17./30. 4. 1916. BAR, E 2001 (A)/192.

647 EPD an Bacheracht, 2. 6. 1916. BAR, E 2001 (A)/192. – Zur geschäftlichen Kontaktnahme des
Anwalts Lifschitz mit dem schweizerischen Konsulat in Moskau vgl. B. Lifschitz an das
schweizerische Konsulat in Moskau, Bern, 21. 10. 1912. BAR, E 2200.157 1967/42, Bd. 10/64.

648 Vgl. Protokoll der Sitzung des Bundesrates, 12. 9. 1896. BAR, E 21/14011.

649 Bacheracht an Bundesrat Hoffmann, 19. 7./1. 8. 1916. BAR, E 21/9826.

650 Bei der Einschätzung der Druckerzeugnisse stützte sich die Bundesanwaltschaft auf die Sach-
verständige «Frl.» Dr. Lilly Haller. Bundesanwaltschaft an das EJPD, 16. 12. 1916. BAR, E 21/
14021. Zum Nachhaken der zarischen Gesandtschaft vgl. Bibikov an Bundesrat Hoffmann,
3./16. 1. 1917. Ebd. Zu den Abklärungen der Schweizer Behörden vgl. EPD an die Eidgenössische Press-Kontroll-Kommission, 6. 1. 1917. BAR, E 21/9826; Eidgenössische Press-Kontroll-
Kommission an das EPD, 26. 1. 1917. Ebd.

651 Zur angeblichen Herstellung russischen Falschgeldes in der Schweiz und zur diesbezüglichen

Wenn Bakunin den servilen Gehorsam der europäischen Polizeien gegenüber dem Zarenregime anprangerte,[652] so sind tatsächlich auch im Rahmen schweizerisch-russischer Kooperation rituelle Manifestationen eines gewissen Dienstverhältnisses zu verzeichnen – in Form von russischen Auszeichnungen oder doch Belohnungen für ausgewählte schweizerische Beamte. Im Zusammenhang mit der Auslieferung Nečaevs schrieb der Dirigent *(upravljajuščij)* der III. Abteilung dem Gesandten Michail Gorčakov: «Angesichts der Dienste, welche unserer Regierung in der Nečaev-Affäre vom Direktor der Zürcher Polizei Pfenniger und von Gendarmerie-Hauptmann Netzli erwiesen wurden, habe ich Graf Petr Andreevič von der Notwendigkeit berichtet, ihnen von unserer Seite eine gewisse Aufmerksamkeit zu erweisen.»[653] Um dem Ansehen der Betreffenden in der Schweizer Öffentlichkeit nicht durch russische Orden zu schaden, sollten ihnen 6000 Franken ausgezahlt werden, 4000 Pfenniger und 2000 Netzli – eine Aufmerksamkeit, welche Gorčakov nun zu übergeben hatte.[654]

Auch im Nachgang der Ausweisung Vladimir Burcevs 1903 gab es russische Geschenke. Novikov berichtet, Innenminister Plehwe habe Nikolaus II. darüber informiert, dass Burcev das schweizerische Territorium für seine terroristischen Pläne nutzen wollte – aber: «[...] dank der Zuvorkommenheit des Direktors der Zentralpolizei des Kantons Genf Žorno [Jornot] und seines engsten Gehilfen, des Kommissars der dortigen Polizei Marsel Ober [Marcel Aubert], konnte erreicht werden, dass auf Anordnung der Bundesbehörden die genannten Burcev und Kraft einer Haussuchung unterzogen wurden, wobei die gewonnenen Beweisstücke unseren Behörden zur Erstellung einer Kopie vorgelegt wurden und der Erhellung der Tätigkeit von in Russland lebenden Gesinnungsgenossen dienten.»[655] Plehwe habe dem Zaren (mit Erfolg) beantragt, so Novikov, die beiden Schweizer mit Orden auszuzeichnen.[656]

Allen administrativen Synergien zum Trotz stiess die bilaterale Polizeikooperation

---

Behördenkooperation vgl. etwa Ozerov an A. M. Gorčakov, 26. 7./7. 8. 1867 (chiffriert; aufgeschlüsselte Kopie). AVPRI, Missija v Berne, op. 510, d. 113, l. 107–107 ob.; Giers an Westmann, 5./17. 6. und 5./17. 11. 1871. AVPRI, Missija v Berne, op. 510, d. 176, ll. 149 ob.–150 ob. und 75–76 ob. Marianne Ludwig erwähnt die These, dass die russischen Behörden Fälschungen selbst inszeniert haben könnten, um die Polen zu diskreditieren: Ludwig, Unabhängigkeitskampf, S. 76. – Zum Fall des jungen Polen Sergius Stanislawski, der mit einer Browning bewaffnet herumlief und deshalb in Genf verhaftet wurde, vgl. das Dossier AVPRI, Missija v Berne, op. 843/3, d. 668.

652 Vgl. Langhard, Die anarchistische Bewegung, S. 44.

653 A. F. Schulz an M. A. Gorčakov, 19./31. 5. 1873 (aus dem Russischen). AVPRI, Missija v Berne, op. 843/4, d. 21, l. 1–1 ob. Mit «Graf Petr Andreevič» ist P. A. Šuvalov gemeint, damaliger Hauptchef der III. Abteilung.

654 Vgl. ebd.

655 Plehwe an Nikolaus II. Zit. in: Novikov, Ul'janov v Ženeve, S. 181 (aus dem Russischen).

656 Ebd. Zu einem späteren russischen Geschenk für Marcel Aubert vgl. MID an die russische Gesandtschaft in Bern, 28. 8. 1908 (a. St.). AVPRI, Missija v Berne, op. 843/3, d. 477, l. 1; russische Gesandtschaft in Bern an das MID, 15./28. 9. 1908. Ebd., l. 2.

immer wieder an politische Schranken – vor allem dann, wenn Behörden offiziell Stellung zu beziehen oder sich vor der Öffentlichkeit zu rechtfertigen hatten. Spielräume und Grenzen schweizerisch-russischer Zusammenarbeit im Polizeiwesen lassen sich an einer Figur besonders gut illustrieren: an dem Franzosen Henri Bint (geb. 1851).

Henri Bint und die Grenzen der schweizerisch-russischen Polizeikooperation
Im November 1886 drangen Agenten der zarischen Geheimpolizei heimlich in die Druckerei der Narodnaja volja an der Genfer Rue de Montbrillant ein und verwüsteten Anlagen und Publikationsbestände.[657] Die Aktion stand unter der Regie der Pariser Agentura, deren Chef Petr Račkovskij St. Petersburg über die Vorbereitungsarbeiten eines lokalen Mitarbeiters, über die Bestechung der Nachbarn und dann über die eigentliche Operation informierte, welche die Agenten Bint und Milevskij zusammen mit einem «Schweizer» durchgeführt hätten.[658]
Nach Entdeckung des Anschlags reichte Nikolaj I. Žukovskij als einer der Leiter der Typografie Klage gegen Unbekannt ein. In der Genfer Presse kursierten Spekulationen über eine Abrechnung innerhalb der revolutionären Emigration – diesen Eindruck hatten die Agentura-Leute zu hinterlassen versucht – oder eben über eine Operation zarischer Polizeibeamter. Unwille gegen die untätige Genfer Polizei wurde laut, und in der Tat führte auch die eingeleitete Strafuntersuchung nicht weit.
Die gebeutelten Revolutionäre gaben aber nicht auf, sondern nahmen ihre Druckerei wieder in Betrieb. Doch die Agentura schlug ein zweites Mal zu. Bint und seine Helfer verschafften sich im Februar 1887 abermals Zutritt, zerstörten und plünderten erneut. Wieder reichte Žukovskij eine Klage ein, wieder formulierte er gegenüber den Schweizer Behörden seinen Verdacht einer verdeckten Polizeiaktion. Die Sache verlief sich abermals, erst 1903 informierten die Genfer über die Ergebnisse ihrer Untersuchung, die sehr wohl auch den Namen Bint zutage gefördert hatten. Mysyrowicz vertritt die Auffassung, dass der zuständige Untersuchungsrichter sein Bestes getan, die Genfer Sûreté sich aber offenbar gewollt passiv verhalten habe.[659] Damit wäre die Zerstörung der Genfer Druckerei der Narodnaja volja ein Beispiel konspirativer Behördenkooperation, bei der die Schweizer ihre Augen vor exterritorialen russischen

---

657 Vgl. zu diesem Vorfall die detaillierte Darstellung bei Mysyrowicz, Agents secrets tsaristes, S. 46–65; ferner Kiperman, Glavnye centry, S. 269; Agafonov, Zagraničnaja ochranka, S. 31.
658 Zu Henri Bint und Vladislav Milevskij vgl. auch Agafonov, Zagraničnaja ochranka, S. 29–31; Krasnyj, Tajny ochranki, S. 13, 359. Zur Drahtzieherrolle des späteren Agentura-Chefs Harting bei dem Überfall, an dem neben Bint, Milevskij und dem unbekannten Schweizer auch noch Agent Gurin teilgenommen habe, vgl. Lur'e, Policejskie i provokatory, S. 188 f.; Bračev, Zagraničnaja agentura, S. 75.
659 Mysyrowicz, Agents secrets tsaristes, S. 63.

Polizeiaktionen bewusst verschlossen hätten.[660] Bint jedenfalls arbeitete weiter und erhielt beispielsweise 1903 den Auftrag aus Paris, die Herausgeber der *Iskra* in Genf und damit auch Lenin zu überwachen.[661]

Wohl oder übel aufgerissen wurden die Augen der Schweizer Behörden im gleichen Jahr durch das Ungeschick des Georges Rabinovič (geb. 1878), eines Mitarbeiters von Bint, der dilettantisch versucht hatte, zwei Genfer Briefträger zu bestechen, um sich die Korrespondenz einiger Revolutionäre aushändigen zu lassen – was über die lokale Postdirektion prompt dem Eidgenössischen Justiz- und Polizeidepartement gemeldet wurde.[662] In der diesmal vom Bund koordinierten Untersuchung gab Rabinovič alles zu und belastete auch seinen Chef Bint, der sich selbst mit Hilfe von Bestechungsgeldern Revolutionärspost auszuleihen pflege. Bint seinerseits gab zu, russischer Agent zu sein und einem Vorgesetzten in Paris zu dienen, stritt aber die konkreten Anschuldigungen ab. Gegen ihn sprachen allerdings neben den Aussagen Rabinovičs auch Beobachtungen von Drittpersonen.

Bei allem bisherigen Wegschauen konnte die Schweiz im Interesse ihrer Souveränität und ihrer stilisierten Asyltradition die Präsenz eines zarischen Polizisten, über dessen Machenschaften man jetzt auch offiziell so viel wusste, nicht länger dulden. Auf dem Spiel standen andererseits die guten Beziehungen insbesondere der Genfer Polizei zur Ochrana. Staatsrat Odier gab gegenüber der Bundesanwaltschaft zu bedenken: «Nous attirons particulièrement votre attention sur ce point qu'étant donné les bons rapports que nous entretenons avec la police russe, rapports que nous désirons maintenir et qui nous sont utiles, nous verrions un véritable avantage à ce qu'une expulsion soit seule prononcée et que cette expulsion éventuelle ait lieu dans les conditions les moins désagréables pour le Gouvernement russe et si possible sans publicité.»[663]

In seiner Sitzung vom 2. November 1903 beschloss der Bundesrat, Georges Rabinovič und Henri Bint des Landes zu verweisen. Er befolgte Odiers Rat der Geheimhaltung, begründete die Diskretion aber damit, weitere Untersuchungen nicht gefährden zu wollen.[664]

---

660 Zur Aussage ehemaliger Emigranten, sie hätten gewusst, dass ihre Überwachung durch zarische Agenten auch in der Schweiz im Einverständnis mit der örtlichen Polizei erfolgt sei, vgl. Agafonov, Zagraničnaja ochranka, S. 3.

661 Vgl. Mysyrowicz, Agents secrets tsaristes, S. 70 f. – Zur weiteren Tätigkeit Bints im Dienste der zarischen Geheimpolizei vgl. Bračev, Zagraničnaja agentura, besonders S. 107 f.; Lur'e, Policejskie i provokatory, S. 129.

662 Vgl. zu diesem Vorfall Odier an die Bundesanwaltschaft, 30. 10. 1903. Švejcarija – Rossija, Nr. 82 sowie wiederum Mysyrowicz, Agents secrets tsaristes, S. 65–68.

663 Odier an die Bundesanwaltschaft, 30. 10. 1903. Švejcarija – Rossija, Nr. 82, S. 226; Mysyrowicz, Agents secrets tsaristes, S. 67.

664 Vgl. Švejcarija – Rossija, S. 226 f., Anm. 1. – Zum weiteren Wirken Bints und zu seinem Bannbruch vgl. Mysyrowicz, Agents secrets tsaristes, S. 68.

Georges Rabinovič.

An den Universitäten

Für das auf die unbedingte Loyalität seiner Untertanen bedachte Zarenregime bedeutete das Hochschulwesen eine Herausforderung. An den Universitäten trafen sich politisch interessierte Menschen, und Studentenunruhen gehörten zu den konkreten Erscheinungsformen einer oppositionellen Gesinnung. Die Universität von St. Petersburg wurde nach einem Aufruhr Anfang der 1860er Jahre vorübergehend geschlossen.[665]

Angesichts der restriktiven Studienbedingungen und der scharfen Kontroll-massnahmen verlegten zahlreiche Studierende ihre Ausbildung ins Ausland, wo sich bald ganze Kolonien junger Leute zusammenfanden, die sich in der russischen Heimat auf die eine oder andere Art in ihren Bildungsmöglichkeiten behindert sahen. Das traf insbesondere auch auf die Frauen zu, denen der Zugang zu einem ordentlichen universitären Studium im Zarenreich bis zum Vorabend des Ersten Weltkriegs verwehrt blieb und auch danach nur mit Einschränkungen gewährt wurde.[666] Die Schweizer Universitäten, vor allem jene in Zürich, Bern und Genf, nahmen Russinnen auf deren Gesuch hin relativ problemlos auf – vielerorts als erste weibliche Studierende überhaupt. Frühes-

---

665 Istorija Leningradskogo universiteta, S. 70.
666 Vgl. Johanson, Autocratic Politics, besonders S. 430–433; Neumann, Studentinnen, S. 45–49.

tes Beispiel ist Nadežda Suslova, die 1867 an der medizinischen Fakultät der Universität Zürich immatrikuliert und kurz darauf promoviert wurde; ihr folgten hunderte von bildungswilligen Frauen aus dem Zarenreich.[667] Daniela Neumann hat berechnet, dass zwischen 1882 und 1913 durchschnittlich 19 Prozent der gesamten Schweizer Studentenschaft aus dem Zarenreich stammte, im Wintersemester 1906/07 waren es gar 36 Prozent, nämlich 2322 von 6444 Studierenden. Betrachtet man nur die Frauen, so stellten die Russinnen bis zu 79 Prozent aller Studentinnen in der Schweiz, 1913 betrug ihre Zahl 1241.[668] Diese Ansammlung russischer Studentinnen und besonders ihr Kontakt mit den politischen Emigranten in der Schweiz missfiel dem Zarenregime. Im Juni 1873 verbot Alexander II. seinen weiblichen Untertanen faktisch das Studium in Zürich, indem seine Regierung kundtun liess, dass Studentinnen, welche ihre Kurse über den 1. Januar 1874 hinaus in Zürich fortsetzten, nach ihrer Rückkehr nach Russland keinerlei behördliche Bewilligung zur Berufsausübung erhalten und weder zu Prüfungen noch zu irgendwelchen Bildungsstätten zugelassen würden.[669] Die Studentinnen liessen sich einschüchtern, einige verlegten ihr Studium an eine andere Schweizer Universität, die allermeisten aber kehrten aus Angst vor den angekündigten Repressalien ins Zarenreich zurück.[670]

Die Schweizer waren entrüstet. Sowohl die Zürcher Kantons- wie auch die Bundesbehörden kritisierten das Studienverbot. Der Bundesrat erinnerte die Zarenregierung daran, dass sich Russinnen und Russen nur gegen Vorweisen eines amtlichen Leumundszeugnisses ihrer Heimat in Zürich immatrikulieren lassen konnten; besonders verwahrte er sich gegen die Behauptung, die Russinnen missbräuchten ihre wissenschaftliche Ausbildung im Bereich der Entbindung, um sich strafbaren Handlungen hinzugeben: «[...] le Gouvernement exprime sa surprise que le Gouvernement Impérial ait lancé publiquement une accusation de ce genre sans avoir auparavant demandé officiellement aucun renseignement à qui de droit. Il estime en outre qu'il serait dans l'intérêt même

---

667 Vgl. ebd., S. 11 f. In Bern wurde 1874 als erste Frau ebenfalls eine Russin promoviert, vgl. Rogger, Doktorhut, S. 19. Allgemein zur Aufnahme von Russinnen an verschiedenen Schweizer Universitäten vgl. Neumann, Studentinnen, S. 97–108. Zur Popularität der leicht zugänglichen Schweizer Universitäten bei den Russinnen und Russen in der zweiten Hälfte des 19. Jahrhunderts vgl. Ivanov, Studenčestvo Rossii, S. 372 f. Speziell zu den Russinnen an der Universität Bern vgl. Rogger, Doktorhut, besonders S. 23–42, 73–88, 97–108, 164–175.

668 Neumann, Studentinnen, S. 15 f. – Allgemein zu den russischen Studierenden in der Schweiz vgl. auch Kiperman, Glavnye centry, S. 265; Vuilleumier, Flüchtlinge, S. 52 f.; Leutenegger/Sovilj, Stellenwert, S. 470 f.; Ivanov, Studenčestvo Rossii, S. 369–376.

669 Vgl. Bundesrat an M. A. Gorčakov, 22. 1. 1875. Švejcarija – Rossija, Nr. 66, S. 189; vgl. auch Kiperman, Glavnye centry, S. 267.

670 Vgl. Neumann, Studentinnen, S. 12 f., 103; Leutenegger/Sovilj, Stellenwert, S. 470. Zum Zulauf, den die Universität Bern infolge des faktischen Studienverbots in Zürich erfuhr, vgl. Rogger, Doktorhut, S. 15, 23.

des propres ressortissants du Gouvernement Impérial que celui-ci rectifie une accusation aussi grave que peu fondée.»[671]

Von einer Berichtigung konnte aber nicht die Rede sein. Aussenminister Gorčakov bestritt, dass irgendwelche Vorwürfe gegen die Zürcher Hochschulen erhoben worden seien, und liess ausrichten: «Notre auguste Maître a donné des ordres qui ne concernent que ses propres sujettes. Un Gouvernement étranger n'a rien à y voir.»[672]

In den folgenden Jahren trat der Studienort Zürich für Menschen aus dem Zarenreich etwas in den Hintergrund, während die Universitäten Bern und Genf zu russischen Bildungszentren avancierten.[673] Aussenminister Lambsdorff wies den neuen Gesandten Žadovskij 1902 auf die vielen unzuverlässigen, meist jüdischen «Elemente» unter den russischen Studierenden in der Schweiz hin. Diese Leute, so warnte Lambsdorff, hielten die Gesandtschaft auf Trab – allerdings würden sie auch von den örtlichen Behörden nicht protegiert.[674]

Viele russische Studierende besassen keine genügenden Ausweise und hielten sich jahrelang mit einer einfachen Toleranzbewilligung oder gar mit falschen Papieren in der Schweiz auf.[675] Der Bundesrat prüfte Ende der 1880er Jahre Verbesserungsmöglichkeiten und wies auch die russische Seite auf ihre Verantwortung bei der Ausstellung von Ausweisschriften hin. Dem Gesandten Hamburger wurde mitgeteilt: «Il en résulte aussi que les mesures de précaution que les autorités scolaires voudraient prendre pour éloigner de nos établissements d'instruction supérieure les éléments qui peuvent nuire à notre sûreté intérieure ou à nos bons rapports avec la Russie demeureront illusoires aussi longtemps qu'une amélioration n'aura pas été introduite par l'administration russe dans le régime des passeports et autres papiers d'origine qu'elle délivre.»[676]

Die zarischen Behörden waren gerne (und auch von sich aus) bereit, die Kontrolle über die russischen Studierenden und allgemein über die Russen in der Schweiz zu intensivieren. In einer vertraulichen Verbalnote vom 11. Juni 1890 informierte der Gesandte Hamburger den Bundesrat über seinen Auftrag, Verhandlungen für eine Vereinbarung betreffend Immatrikulation der in der Schweiz wohnhaften Russen aufzunehmen.[677] Der Vorschlag eines «régime du

---

671 Bundesrat an M. A. Gorčakov, 22. 1. 1875. Švejcarija – Rossija, Nr. 66, S. 191.

672 Zit. in: Švejcarija – Rossija, S. 192, Anm. 1.

673 Vgl. die Statistik in: Neumann, Studentinnen, S. 19. – Für eine undatierte, wohl etwa 1884 angefertigte Liste der an der Universität Bern studierenden russischen Untertanen (juristische Fakultät: 1 Frau; medizinische Fakultät: 30 Frauen und 15 Männer; philosophische Fakultät: 2 Frauen und 4 Männer) vgl. AVPRI, Missija v Berne, op. 843/2, d. 42, l. 51–51 ob.

674 So seien etwa nach der Manifestation vor dem russischen Konsulat in Genf 1901 (vgl. oben S. 330–332) auch unschuldige russische Studierende ausgewiesen worden. Lambsdorff an Žadovskij, 12./25. 11. 1902. Rossija – Švejcarija, Nr. 81, S. 164.

675 Zur Toleranzregelung vgl. etwa Senn, Les révolutionnaires russes, S. 327.

676 Protokoll der Sitzung des Bundesrates, 7. 5. 1889. BAR, E 21/14341.

677 Hamburger an den Bundesrat, 30. 5./11. 6. 1890 (vertraulich). BAR, E 21/24593. – Zum

certificat d'immatriculation» zielte nicht nur auf die Hochschulen, sondern überhaupt darauf, dass die Schweizer Behörden nur noch Russinnen und Russen den Aufenthalt gestatten sollten, die einen von der Gesandtschaft beglaubigten Pass vorweisen konnten, die also bei der Gesandtschaft immatrikuliert waren. Um das Funktionieren dieses Systems zu gewährleisten, schlug Hamburger gleichzeitig vor, die Schweizer Regierung solle erstens von den Schulbehörden aktuelle Schülerlisten einfordern und Aufenthaltsbewilligungen an Studierende nur noch in Übereinstimmung mit diesen Listen erteilen. Zweitens seien umgekehrt nur noch Russen als Studierende oder Schüler zuzulassen, die über eine Aufenthaltsbewilligung verfügten. Und drittens solle der Bundesrat alle in der Schweiz wohnhaften Russen ohne gesandtschaftlich legalisierten Pass an die Grenze stellen – oder mit dem Status eines tolerierten Individuums bewidmen, mit Kenntnisgabe an die russische Gesandtschaft.[678] Das Departement des Auswärtigen hielt den Vorschlag in dieser generellen Form für eine unzulässige Einschränkung des souveränen Rechts der Schweiz, aufzunehmen «qui bon lui semble».[679]

Die russische Seite akzeptierte offenbar eine Verengung des Plans auf den Bildungsbereich. Doch auch hier erfuhr Hamburger im Frühjahr 1891 auf Anfrage, die autonom entscheidenden Schulbehörden könnten sich «pour divers motifs» nicht dazu entschliessen, nur noch Inhaber des vorgeschlagenen Immatrikulationszertifikats zuzulassen. Bundesrat Droz teilte ausserdem mit, es sei bei den Hunderttausenden von Ausländern in der Schweiz nicht möglich, Listen der zertifikatlos Tolerierten zu erstellen.[680]

Immerhin sah das Departement des Auswärtigen auch gewisse Vorzüge des russischen Plans, so die einfache und garantierte Repatriierung von Russen bei Vorliegen eines Zertifikats.[681] Doch das Justiz- und Polizeidepartement winkte ab. Es verwies auf unbefriedigende Erfahrungen mit den bereits eingeführten deutschen Gesandtschaftszeugnissen und bemerkte, die Heimschaffung von Russen sei auch mit den bisher üblichen Auslandspässen kein Problem, die damit ausgestatteten Personen würden ohne weiteres in Russland wieder aufgenommen. Ausserdem sei «bei den in Russland bestehenden Verhältnissen

russischen Vorstoss als einer vom Zaren unterstützten Initiative Hamburgers vgl. Firstova, Carskaja diplomatičeskaja missija v Berne, S. 206 f.

678 Hamburger an den Bundesrat, 30. 5./11. 6. 1890 (vertraulich). BAR, E 21/24593.
679 Auch in den Antworten der angeschriebenen kantonalen Schulbehörden war mehrfach von einer unstatthaften Beschneidung des Asyls die Rede. Vgl. EDA an die Unterrichtsbehörden der Kantone Zürich, Bern, Basel, Genf und Waadt, 30. 10. 1890 (Entwurf). BAR, E 21/24593; im selben Dossier auch die Stellungnahmen der Unterrichtsbehörden.
680 Bundesrat Droz an Hamburger, 23. 4. 1891 (Entwurf). BAR, E 21/24593. Für die Anfrage Hamburgers vgl. Hamburger an Bundesrat Droz, 20. 4. 1891. Ebd. Zur Empfehlung Droz' an die russische Seite, die gewünschten Informationen privat zu sammeln, vgl. Firstova, Carskaja diplomatičeskaja missija v Berne, S. 207.
681 EDA an das EJPD, 29. 9. 1891. BAR, E 21/24593.

mit Zuversicht anzunehmen [...], dass verdächtige Individuen, namentlich auch in politischer Beziehung, kaum in den Besitz eines solchen Passes gelangen». Ein zusätzliches Zertifikat der Gesandtschaft würde also lediglich einen administrativen Mehraufwand bringen. «Schliesslich ist auch zu beachten, dass Russland durch die Einführung gesandtschaftlicher Zeugnisse eine nicht geringe polizeiliche Controle über seine Unterthanen in der Schweiz erhielte, wodurch leicht dem Souveränitätsrechte der Schweiz Eintrag geschehen könnte. Dass aber die russische Regierung eine solche Polizeiaufsicht bei dem in Frage liegenden Vorschlage im Auge hat, geht zur Genüge daraus hervor, dass sie selbst diejenigen ihrer Angehörigen, welche zur Zeit schon in der Schweiz niedergelassen sind, verpflichten möchte, ein Zeugniss bei der Gesandtschaft nachzusuchen.»[682]

Die Schweiz ging das Problem der ungenügenden Identitätskontrolle russischer Studierender nun selbständig an. Die Zürcher Regierung erklärte sich bereit, gegen finanzielle Entschädigung des Bundes eine kantonale Polizeistelle zu schaffen, welche die Ausweise der Studierenden und überhaupt der Fremden kontrollieren und damit die Schulen entlasten sollte.[683]

Die zarischen Behörden interessierten sich übrigens an den Schweizer Universitäten nicht nur für die Studierenden. Im Herbst 1894 machte das russische Innenministerium den Gesandten Hamburger darauf aufmerksam, dass sich die Stadt Bern seit 1892 immer mehr zu einem Zentrum der russischen revolutionären Bewegung in der Schweiz entwickle; aus Zürich und anderen Orten sei eine ganze Reihe bedeutender revolutionärer Emigranten in die Bundesstadt gereist, um hier Lesungen oder Sammlungen zu organisieren – und um die russischen Studenten und Studentinnen der örtlichen Universität mit verbrecherischer Propaganda zu beeinflussen. «In dieser Beziehung ist der Privatdozent am Lehrstuhl für politische Ökonomie, der aus der Stadt Kremenec im wolhynischen Gouvernement gebürtige Naum Moiseev Rejchsberg ein besonders wichtiger und gefährlicher Aktivist. Indem er Vorlesungen über die Geschichte des Sozialismus hält, die fast ausschliesslich von Russen besucht werden, gestaltet Rejchsberg den Unterricht im Geiste des äussersten Sozial-Demokratismus [...].»[684]

Hamburger nahm Kontakt mit der Bundesanwaltschaft auf, um die Schweizer Behörden über die Gefährlichkeit dieses Mannes zu informieren.[685] Das Departement des Auswärtigen teilte seinerseits bereitwillig mit, was es über den Verdächtigen wusste. Zweifellos handle es sich um einen militanten sozialisti-

682 EJPD an das EDA, 22. 10. 1891. BAR, E 21/24593.

683 Vgl. Protokoll der Sitzung des Bundesrates, 6. 11. 1891. BAR, E 21/14346. Vgl. auch Zweidler, Bombenaffäre, S. 192.

684 Russisches Innenministerium an Hamburger, 27. 10. 1894 (a. St.; aus dem Russischen). AVPRI, Missija v Berne, op. 843/1, d. 1142, ll. 5–6.

685 Hamburger an die Bundesanwaltschaft, 3./15. 11. 1894 (Entwurf). AVPRI, Missija v Berne, op. 843/1, d. 1142, l. 11–11 ob.

schen Agitator, doch gebe es keinen Hinweis auf anarchistische, gegen Russland gerichtete Propaganda. «Raichesberg» (so schrieb man ihn hier) werde wohl eine Berner Niederlassungsbewilligung erhalten, da er über einen bis 1896 gültigen Pass und ein Attest der zarischen Gesandtschaft verfüge.[686] Naum Reichesberg blieb in der Schweiz; im Kontext der russischen Hilfsvereine während des Ersten Weltkriegs haben wir ihn oben schon angetroffen.[687]

2.2. Politisch verfolgte Schweizer im Zarenreich

Der Konflikt um den Aufenthalt dissidenter russischer Untertanen in der Schweiz dominierte die politischen Beziehungen der beiden Staaten in dem durch revolutionäre Umgestaltungsprozesse eingerahmten Zeitfenster dieses Kapitels – also etwa während der letzten 60 Jahre der Zarenherrschaft. Sicher gaben auch die tausenden von Russlandschweizerinnen und Russlandschweizern zu reden. Ihre diplomatische Abfertigung stand aber im Zeichen administrativer Kooperation; viel weniger als die russischen Revolutionäre in der Schweiz provozierten sie politische Auseinandersetzungen. Anders sah es aus, wenn sich Schweizer im Zarenreich an Aufständen oder revolutionären Manifestationen beteiligten. Aktenkundige Beispiele dazu finden sich vor allem im Kontext des polnischen Aufstands von 1863/64.[688] Wegen mutmasslicher Komplizenschaft mit den Insurgenten landeten etwa die drei Bündner Konditoren Peter Caplazi, Alexander Cagianard und Bernhard Semadeni in den Fängen der zarischen Justiz.[689] Gesandtschaftssekretär Struve führte zuhanden des Bundesrates aus, Caplazi und Cagianard hätten revolutionäre Schriften verteilt, und Semadeni sei angeklagt, Waffen der Revoltierenden versteckt zu haben.[690] Für Caplazi und Cagianard stellte der Bundesrat jenes Gnadengesuch, das der zarische Statthalter Berg in Verärgerung über die Schweizer Polensympathien ablehnte und das, wie wir bereits gesehen haben, zu einem gehässigen diplomatischen Schlagabtausch führte.[691] Ergebnis: Semadeni kam mit einmonatiger Festungshaft

---

686 EDA an die russische Gesandtschaft in Bern, 21. 9. 1895. AVPRI, Missija v Berne, op. 843/1, d. 1142, ll. 1–2. – Für das Anliegen Hamburgers, die Berner Behörden sollten dem Privatdozenten wenigstens den Aufenthalt nicht über die Gültigkeitsdauer seines Auslandspasses hinaus bewilligen, vgl. russische Gesandtschaft in Bern an das russische Innenministerium, 14./26. 9. 1895 (Entwurf). Ebd., l. 4.

687 Vgl. oben S. 269.

688 Allgemein zum Verhältnis der Schweizer zur polnischen Unabhängigkeitsbewegung vgl. Andrzejewski, Schweizer in Polen, S. 113–135.

689 Vgl. Bundesrat an die russische Gesandtschaft in Bern, 9. 6. 1864 (Entwurf). BAR, E 2/2377; Gesandtschaftssekretär Struve an den Bundesrat, 15./27. 6. 1864. Ebd.; Bühler, Bündner im Russischen Reich, S. 289–291; Ludwig, Unabhängigkeitskampf, S. 59.

690 Struve an den Bundesrat, 15./27. 6. 1864. BAR, E 2/2377.

691 Vgl. oben S. 346–348.

davon,[692] Cagianard wurde des Landes verwiesen, Caplazi hingegen zu 15 Jahren Zwangsarbeit in Sibirien verurteilt.[693] Auf Betreiben der Gattin setzte sich der Bundesrat 1868 für Caplazi ein, und tatsächlich teilte die russische Gesandtschaft Anfang 1869 mit, dem Verschickten werde der Rest seiner Strafe erlassen.[694]

Weitere polnische Fälle wären etwa jener des bereits 1862 in Warschau zum Tode verurteilten, in Umwandlung der Strafe nach Sibirien verbrachten und nach wiederholten Interventionen des Bundesrates 1867 begnadigten Edouard Bongard;[695] jener des von der Todesstrafe bedrohten Tessiners François Poma, für dessen Begnadigung sich der Bundesrat auf Wunsch der Tessiner Regierung energisch einsetzte;[696] jener der nach Sibirien verschickten Gebrüder Meuli[697] oder auch jener des Wallisers Adolphe Xavier Parvex.[698] Im Prinzip betrachtete Bern das Schicksal dieser Schweizer, die ja gegen die Ordnung des Zarenreichs verstossen hatten, als Privatsache und empfahl den Familienangehörigen, durch Vermittlung des Generalkonsulats in St. Petersburg direkte Gnadengesuche an den Zaren zu richten. Auf vielseitiges Drängen deponierte der Bundesrat aber doch auch immer wieder selbst Bitten und Gesuche zugunsten der verhafteten Landsleute.[699]

692 Struve an den Bundesrat, 15./27. 6. 1864. BAR, E 2/2377.

693 Vgl. Ludwig, Unabhängigkeitskampf, S. 59.

694 Bundesrat an die russische Gesandtschaft in Bern, 23. 3. 1868. BAR, E 2/2377; russische Gesandtschaft in Bern an den Bundesrat, 23. 1./4. 2. 1869. Ebd.

695 Vgl. das Dossier BAR, E 2/2376; ferner Gesandter Ozerov an Ministergehilfe Muchanov, 1./13. 5. 1865. AVPRI, Missija v Berne, op. 510, d. 111, l. 9–9 ob.; Ozerov an A. M. Gorčakov, 4./16. 5. 1867. AVPRI, Missija v Berne, op. 510, d. 113, ll. 99 ob.–100.

696 Bundesrat an die russische Gesandtschaft in Bern, 20. 6. 1864 (Entwurf). BAR, E 2/2380; Ozerov an A. M. Gorčakov, 9./21. 6. 1864. AVPRI, Missija v Berne, op. 510, d. 175, l. 13 ob.; Ozerov an Vizepräsident Schenk, 9./21. 6. 1864. BAR, E 2/2380. Vgl. ferner Plater an Bundespräsident Dubs, 21. 6. 1864. Ebd. Plater vermeldete Ende Juli die Freilassung Pomas: Plater an Bundespräsident Dubs, 28. 7. 1864. Ebd. In der Darstellung von Marianne Ludwig wurde Poma hingerichtet. Ludwig, Unabhängigkeitskampf, S. 59.

697 Vater Martin Meuli erhielt den bundesrätlichen Ratschlag, ein Gnadengesuch an den Zaren zu schreiben, das dann durch das Generalkonsulat in St. Petersburg vermittelt werden sollte. Zum Fall Meuli vgl. BAR, E 2/2378.

698 Auf Wunsch der Mutter des verhafteten Parvex intervenierte der Bundesrat bei der zarischen Gesandtschaft, vgl. Séraphine Parvex an Bundespräsident Dubs, Warschau (Eingang: 16. 3. 1864). BAR, E 2/2379; Bundesrat an die russische Gesandtschaft in Bern, 16. 3. 1864 (Entwurf). Ebd. Ozerov sicherte zu, das Gesuch (wie schon die vorhergehenden) bei seiner Regierung unterstützen zu wollen. Ozerov an Bundespräsident Dubs, 9./21. 3. 1864. Ebd. Für die Mitteilung, Parvex werde aufgrund seiner aufständischen Kurierdienste definitiv zu zehn Jahren Zwangsarbeit in Sibirien verurteilt, vgl. Ozerov an Bundespräsident Schenk, 21. 4./3. 5. 1865. Ebd.

699 Auch später wurden vereinzelt politisch verdächtige Schweizer im Zarenreich verhaftet – so etwa der Freiburger Joseph Bahy im Kontext von Strassenunruhen in Warschau 1903, vgl. Konsul Zamboni an Bundespräsident Deucher, 22. 8. 1903 (mit Beilage: *Der Fall Bahy*). BAR, E 2001 (A)/1201.

Dass übrigens Gnadengesuche durchaus Wirkung zeitigen konnten, illustriert auch der (apolitische) Fall des jungen Armin Labhardt, der wegen Verstrickung in einen versuchten Raubüberfall 1906 in St. Petersburg verhaftet und dann zu acht Jahren Zwangsarbeit verurteilt wurde. Der schweizerische Gesandte Odier riet der Mutter des Delinquenten, durch den Schweizer Musiklehrer der Zarenkinder A. Conrad ein Gnadengesuch an die Kaiserin zu richten, was auch geschah. 1909 wandelte der Zar die Strafe Labhardts in vier Jahre Erziehungsanstalt um.[700]

2.3. Pressefreiheit

Bei der Betrachtung politischer Beziehungen kommt der Frage eigene Bedeutung zu, wie die beiden Seiten die Wahrnehmung des eigenen Staates durch Politik und Öffentlichkeit des anderen Staates wahrnehmen – in unserem Falle also: wie etwa die russische Gesandtschaft in Bern das schweizerische Russlandbild beurteilte und vice versa. Dabei ist sogleich auf den unterschiedlichen Charakter der schweizerischen und der russischen Öffentlichkeit hinzuweisen. Während die Schweizer Bundesverfassung den Eidgenossen schon 1848 eine ganze Reihe von Individualrechten zusicherte und in Artikel 45 namentlich auch die «Pressfreiheit» verbriefte,[701] war die öffentliche Meinungsäusserung im Zarenreich politischer Kontrolle und Zensur unterworfen; wer hier öffentlich eine dissidente Ansicht vertrat, wurde kriminalisiert oder, wie seinerzeit Petr Čaadaev, für verrückt erklärt. Im zarischen Staatsverständnis gab es keine legitime Gesellschaft, die sich von obrigkeitlichem Ordnungsdenken abkoppelte, und es fiel dem Regime in St. Petersburg bis zu seinem Untergang schwer, diesen anderswo (gerade auch im betont freiheitlich organisierten schweizerischen Bundesstaat) eingespielten Dualismus von Staat und Gesellschaft zu verstehen. Immer wieder beklagte die zarische Diplomatie angebliche Auswüchse der schweizerischen Pressefreiheit.[702] Folgendes Beispiel mag die Empfindlichkeit gegen kritische Darstellungen Russlands in der schweizerischen Presse dokumentieren:

700 Zum Fall Labhardt vgl. BAR, E 2001 (A)/1712.
701 Zu den Individualrechten in der Bundesverfassung von 1848 vgl. Bucher, Bundesverfassung, S. 999–1002. – Für die bundesrätliche Instruktion an die schweizerischen Delegierten der Antianarchismuskonferenz von Rom, die Unabhängigkeit jedes Staates im Pressewesen zu behaupten, vgl. *Directions aux délégués suisses à la Conférence anti-anarchique de Rome* (vertraulich). BAR, E 21/14027.
702 Der Gesandte Ozerov ärgerte sich beispielsweise darüber, dass diplomatische Vertraulichkeiten regelmässig in Schweizer Zeitungen erschienen: «La Légation s'est vue souvent dans le cas de lire in extenso ses communications au Conseil fédéral dans le Bund le jour même ou le lendemain de leur remise [...].» Ozerov an A. M. Gorčakov, 6./18. 10. 1865. AVPRI, Missija v Berne, op. 510, d. 111, ll. 15 ob.–16 ob.

Am 6. September 1915 druckte die Neue Zürcher Zeitung auf der Frontseite ihres zweiten Mittagsblatts einen Artikel mit der Überschrift «Russlands Not». Ein Russlandreisender beschrieb darin seine Eindrücke, sprach von der schlimmen Lage und den mangelnden Erfolgsaussichten der zarischen Armee und behauptete überdies, Nikolaus II. werde im politischen Leben seines Reiches kaum mehr beachtet.[703]

Der Gesandte Bacheracht war ausser sich. Er, der sonst den schweizerischen Eigenheiten so viel Verständnis entgegenbrachte, qualifizierte die Publikation des Artikels gegenüber Bundesrat Hoffmann mit spürbarer Verbitterung als einen «acte malveillant à l'adresse du Pays, que j'ai l'honneur de représenter». Und da im zarischen Verständnis die Überwachung der Presse zu den Aufgaben des Staates gehörte, handelte es sich für den Gesandten nicht einfach um eine Verfehlung einer einzelnen Zeitung, sondern gewissermassen um eine böswillige Nachlässigkeit der offiziellen Schweiz. Bezeichnenderweise erstreckte Bacheracht die Neutralität der Eidgenossenschaft auf das hiesige Pressewesen und taxierte besagten Artikel als eine «manifestation absolument contraire à la neutralité de la presse suisse», ja geradezu als eine offene Parteinahme, wie sie auch in Deutschland hätte erscheinen können. Bacheracht verlangte rechtliche Schritte gegen die Neue Zürcher Zeitung, handle es sich doch um eine schwere Beleidigung eines Landes, das seit jeher mit der Schweiz freundschaftliche Beziehungen unterhalten habe.[704]

Tatsächlich waren in der Presse publizierte absichtliche Beleidigungen auch in der Schweiz strafbar. Die vom Bundesrat angegangene Bundesanwaltschaft hielt aber fest, dass nachteilige Äusserungen der Presse ohne beleidigende Absicht nicht geahndet werden könnten, selbst wenn sie unrichtig seien. Der umstrittene Artikel sei vielleicht einseitig, enthalte aber keine Beschimpfungen und auch «keinen für das russische Volk, die russische Regierung oder für den Zaren ehrenrührigen Vorwurf». Das Eidgenössische Justiz- und Polizeidepartement schloss sich dieser Einschätzung an, und der Bundesrat entschied sich gegen eine Strafverfolgung der Neuen Zürcher Zeitung[705] – zum Bedauern Bacherachts, der klarstellte, dass der Satz «Nikolaus II. aus dem Hause Romanow wird kaum beachtet» für Russland sehr wohl ehrverletzend sei.[706]

Auch die Schweizer in Russland ärgerten sich manchmal über Darstellungen ihrer Heimat in der russischen Presse. 1895 beklagten sich der Fabrikant Charles Bovet und Vizekonsul Schinz gleichermassen beim Bundesrat über einen schweiz-

---

703 NZZ, 6. 9. 1915 (zweites Mittagsblatt).
704 Bacheracht an Bundesrat Hoffmann, 7. 9. 1915. BAR, E 2001 (A)/192.
705 Vgl. Protokoll der Sitzung des Bundesrates, 17. 9. 1915. BAR, E 2001 (A)/192.
706 Bacheracht an Bundesrat Hoffmann, 6./19. 10. 1915. BAR, E 2001 (E) -/13 (B 8). – Zum Ärger von Aussenminister Sazonov über russlandkritische und gegen die Alliierten gerichtete Artikel, die seiner Meinung nach in der Schweiz häufiger erscheinen durften als Attacken gegen die Zentralmächte, vgl. Odier an Bundesrat Hoffmann, 5./18. 1. 1916. DDS, Bd. 6, Nr. 170.

feindlichen Artikel in der Zeitung *Novoe Vremja* (Neue Zeit). Das Departement des Auswärtigen mass dem Vorfall aber kaum Bedeutung zu und verordnete, die Anwürfe nicht zu beachten.[707]

2.4. Die schweizerisch-russischen Beziehungen im Spannungsfeld europäischer Kriege

Einige kriegsspezifische Aspekte der schweizerisch-russischen Beziehungen habe ich bereits angesprochen – die Funktionen der Schweiz als militärischer Beobachtungsposten, als Operationsbasis verdeckter russischer Aufklärung und als Insel funktionierender Diplomatie oder doch offiziöser Begegnungen, wenn andere Kanäle abgerissen waren.[708] Umgekehrt habe ich auf kriegsbedingte Arbeitsstörungen der Schweizer Konsulate im Zarenreich hingewiesen, für die Zeit nach der Februarrevolution werden weitere zu beschreiben sein. Zu erwähnen ist auch ein gewisser militärischer Informationsaustausch.[709]
Schon bei der Verrechtlichung der administrativen Kooperation haben wir gesehen, dass die Bilateralität schweizerisch-russischer Abmachungen in einen gesamteuropäischen Zusammenhang analoger Normierungsprozesse eingebunden war. In Kriegszeiten überlagerte der internationale Kontext die Kontakte zwischen Bern und St. Petersburg auch in politischer Hinsicht.[710] Das überkommene, mit den Verträgen von 1815 legitimierbare Verhaltensmuster sah für solche Situationen vor, dass sich der Bundesrat gegenüber den europäischen Mächten für neutral erklärte, sowohl im Sinne einer garantierten Parteilosigkeit wie eines bekräftigten Anspruchs auf Unantastbarkeit. Die auf diese

---

707 Charles Bovet an den Bundesrat, 26. 9./8. 10. 1895. BAR, E 2/74; Vizekonsul Schinz an das EDA, 29. 9./11. 10. 1895. Ebd.; EDA an das schweizerische Generalkonsulat in St. Petersburg, 14. 10. 1895 (Entwurf). Ebd.

708 Zum angeblichen Versuch der Diplomaten der Zentralmächte in Bern, den Kollegen der Entente 1916 die Friedensbereitschaft ihrer Regierungen mitzuteilen, vgl. russische Gesandtschaft in Bern an das MID, 8./21. 12. 1916 (Entwurf). AVPRI, Missija v Berne, op. 843/3, d. 909, l. 63–63 ob.

709 In den 1860er Jahren wurden beispielsweise zwei Schweizer Offiziere zu militärischen Studien in Russland empfangen. Als Dankesgeste versprach der Bundesrat ein Exemplar des eben unter der Leitung von General Dufour fertig gestellten Schweizer Atlasses, was der Gesandte Ozerov sichtlich erfreut nach St. Petersburg vermeldete. Ozerov an A. M. Gorčakov, 21. 9./3. 10. 1866. AVPRI, Missija v Berne, op. 510, d. 112, ll. 22 ob.–23. – Zur Mission von Oberst Alfred Audéoud, der 1904 im Auftrag des Bundesrates an die Front in die Mandschurei reiste, um den russisch-japanischen Krieg zu studieren, vgl. Benziger, Beziehungen der Schweiz mit Russland, S. 24.

710 Zum europäischen Bestreben, die Schweiz 1856 in den Konsens des Pariser Friedens einzubeziehen, vgl. Krüdener an A. M. Gorčakov, 8./20. 5., 1./13. 6., 11./23. 6. und 21. 7./2. 8. 1856. AVPRI, Missija v Berne, op. 510, d. 168, ll. 20 ob.–21 ob., 23 ob.–24, 24 ob.–26 ob. und 32–32 ob.; Zirkular MID, 7. 6. 1856 (a. st.). AVPRI, Missija v Berne, op. 510, d. 64, l. 24–24 ob.

Weise neu inszenierte schweizerische Neutralität wurde von den kriegführenden Regierungen genau beobachtet, und bilaterale Konflikte ergaben sich hier und dort aus tatsächlichen oder vermeintlichen Verstössen gegen sie.

Als im Sommer 1870 der Deutsch-Französische Krieg ausbrach, eröffnete der Bundesrat der internationalen Diplomatie und den Kantonen: «Les traités de 1815 garantissent à la Suisse sa neutralité perpétuelle et l'inviolabilité de son territoire. [...] Le Conseil fédéral déclare, en conséquence, en vertu du mandat spécial que l'Assemblée fédérale lui a conféré à l'unanimité de ses membres, que la Suisse maintiendra et défendra, pendant la guerre qui se prépare, sa neutralité et l'intégrité de son territoire par tous les moyens dont elle dispose. Elle conservera loyalement vis-à-vis de tous cette position qui lui est dictée par les traités européens et répond aussi bien aux conditions dans lesquelles elle se trouve qu'à ses propres besoins [...].»[711]

Fast identisch die analoge Erklärung bei Ausbruch des Ersten Weltkriegs.[712] St. Petersburg billigte diese vertragskonforme Haltung. Ministergehilfe Westmann schrieb 1870 an den Gesandten Giers:

«Le Cabinet Impérial ne peut qu'apprécier la sagesse avec laquelle le Conseil fédéral se place sur le terrain des traités, sans s'écarter d'un esprit de modération et de conciliation.

Nous ne doutons pas qu'en se maintenant dans cette voie et en remplissant scrupuleusement les obligations de la neutralité la Confédération Helvétique n'assure le respect de la position qui lui est acquise en vertu des Traités.»[713]

---

711 Bundesrat an die Gesandtschaften Grossbritanniens, Russlands, Spaniens und Belgiens in Bern, an das Generalkonsulat der Niederlande in der Schweiz, an die schweizerischen Gesandtschaften in Florenz, Wien und Berlin, an das schweizerische Generalkonsulat in Washington und an alle Kantone, 18. 7. 1870. DDS, Bd. 2, Nr. 252, S. 383 f. Für die entsprechende Proklamation an das Schweizer Volk vom 20. Juli 1870 vgl. ebd., Nr. 253.

712 «En vertu du mandat spécial qui vient de lui être décerné par l'Assemblée fédérale, le Conseil fédéral déclare donc formellement qu'au cours de la guerre qui se prépare, la Confédération Suisse maintiendra et défendra par tous les moyens dont elle dispose, sa neutralité et l'inviolabilité de son territoire, telles qu'elles ont été reconnues par les traités de 1815; elle observera elle-même la plus stricte neutralité vis-à-vis des Etats belligérants.» Protokoll der Sitzung des Bundesrates, 4. 8. 1914. DDS, Bd. 6, Nr. 16. Diese Neutralitätserklärung richtete sich in erster Linie an die Staaten, welche 1815 die Neutralität der Schweiz anerkannt hatten. Für die Mitteilung der schweizerischen Mobilmachung und die Ankündigung einer Neutralitätserklärung zuhanden der russischen Behörden vgl. schweizerische Gesandtschaft in St. Petersburg an das MID, 20. 7./2. 8. 1914. Die Internationalen Beziehungen im Zeitalter des Imperialismus, Reihe I, Bd. 5, Nr. 450. Die Neutralitätserklärung des Bundesrates wurde – wie diejenigen der anderen neutralen Staaten – im Publikationsorgan des zarischen Aussenministeriums vermerkt, vgl. Izvestija Ministerstva inostrannych del, 5 (1914), S. 102 f.

713 Westmann an Giers, 26. 7. 1870. DDS, Bd. 2, Nr. 262. – Zur russischen Anerkennung der humanitären Bemühungen der Schweiz im aktuellen Konflikt vgl. Giers an Westmann, 16./28. 7. 1870 (Entwurf). AVPRI, Missija v Berne, op. 510, d. 176, ll. 110–111; Giers an A. M. Gorčakov, 9./21. 8. 1870 (Entwurf). Ebd., ll. 114–115 ob. – Zur russischen Anerkennung der schweizerischen Leistungen im Zusammenhang mit der Internierung der französischen

Auch aus der Position der Neutralität heraus versuchten sich die Schweizer Behörden möglichst genau über das Kriegsgeschehen in Europa zu informieren. Was die Involvierung des Zarenreiches betrifft, so rapportierte schon Konsul Tritten aus Odessa regelmässig über den Krimkrieg,[714] und vor allem während des Weltkriegs waren russische Strategien und (Miss-)Erfolge ein stehendes Traktandum der Gesandtschaftsberichte aus St. Petersburg beziehungsweise Petrograd. In Vertretung des vorübergehend unauffindbaren Gesandten Odier vermeldete Sekretär de Pury nach Kriegsbeginn im August 1914: «Malgré tout ce qu'on dit [...] c'est à la Russie et au parti qui encercle l'Empereur, que nous devons la guerre. A la Russie et à la France!»[715]

Odier berichtete dann über mögliche Ursachen der russischen Niederlagen und allgemein über die Organisation der nationalen russischen Verteidigung,[716] auch über die überraschende Entscheidung des Zaren, sich selbst an die Spitze der Truppen zu stellen.[717] Die Gesandtschaft beschrieb die Disziplinlosigkeit der russischen Armee,[718] den Konflikt um die Frage der Weiterführung des Kriegs nach dem Sturz des Zarenregimes,[719] die Angst vor einer deutschen Eroberung Petrograds,[720] den versuchten Staatsstreich des Generalissimus Kornilov,[721] schliesslich den Separatfrieden mit Deutschland.[722] Eng mit der Kriegsberichterstattung verbanden sich die Mitteilungen zur revolutionären Entwicklung.[723]

Die Schweizer Behörden stillten ihr Informationsbedürfnis aber nicht nur auf offiziellem Wege. Aus der Zeit des Ersten Weltkriegs finden sich im Berner Bundesarchiv zahlreiche abgefangene Telegramme, auch aus dem diplomatischen Verkehr der zarischen Gesandtschaft.[724] Die eifrige schweizerische Militär-

---

Bourbakiarmee vgl. russische Gesandtschaft in Bern an Westmann, 12./24. 7. 1871 (Entwurf). Ebd., ll. 157–159.

714 Vgl. etwa Tritten an den Bundesrat, 1./13. 7. 1854. BAR, E 2/1400. Zur Dankbarkeit des Bundesrates für diese Berichte und zur Aufforderung, sie weiterzuführen, vgl. Bundesrat an den schweizerischen Konsul in Odessa, 1. 7. 1853 und 30. 10. 1854 (Entwürfe). BAR, E 2/440.

715 De Pury (an das EPD), 4. 8. 1914 (persönlich). BAR, E 2001 (A)/42.

716 Odier an Bundespräsident Motta, 17./30. 6. 1915. BAR, E 2300 Petersburg/3.

717 Odier an Bundesrat Hoffmann, 1./14. 9. 1915. BAR, E 2300 Petersburg/3.

718 Vgl. etwa Odier an Bundesrat Hoffmann, 21. 3./3. 4. und 13./26. 5. 1917. BAR, E 2300 Petersburg/3; schweizerische Gesandtschaft in Petrograd an das EPD, 31. 3. 1917. Ebd.

719 Vgl. etwa Odier an Bundesrat Hoffmann, 28. 3./10. 4. 1917. BAR, E 2300 Petersburg/3.

720 Vgl. Odier an Bundesrat Hoffmann, 12./25. 4. 1917. BAR, E 2300 Petersburg/3; schweizerische Gesandtschaft in Petrograd an das EPD, 21. 10. 1917. Ebd.

721 Schweizerische Gesandtschaft in Petrograd an das EPD, 10. (zwei Telegramme), 12. und 14. 9. 1917. BAR, E 2300 Petersburg/3; Geschäftsträger a. i. Lardy an Bundesrat Ador, 24. 9./7. 10. 1917. Ebd.

722 Vgl. EPD an die schweizerische Gesandtschaft in Petrograd, 20. 4. 1917. BAR, E 2300 Petersburg/3; Odier an Bundesrat Hoffmann, 6./19. 5. 1917. Ebd.; schweizerische Gesandtschaft in Petrograd an das EPD, 30. 11. 1917. Ebd.; Odier an Bundesrat Ador, 25. 11./8. 12. 1917. Ebd.

723 Vgl. unten S. 391–399.

724 Von verschiedenen lokalen Telegramm-Kontrollkommissionen abgefangene Telegramme finden sich etwa in den Dossiers BAR, E 2001 (A)/1515, 1516, 1526; E 2300 Petersburg/3. Für den

zensur und ihre Schnüffelei führten 1916 gar zu einem bilateralen Konflikt. Minister Bacheracht beklagte sich bei Bundesrat Hoffmann darüber, dass die Korrespondenz des momentan in Genf befindlichen einstigen Berner Gesandtschaftssekretärs und nunmehrigen zarischen Gesandten in Mexiko Stalevskij in unzulässiger Weise und trotz Reklamation beim Politischen Departement zurückbehalten werde. Die Genfer Post habe zugegeben, sogar ein Couvert der Gesandtschaft zu Zensurzwecken nach Bern geschickt zu haben. Bacheracht sprach von einer «infraction inadmissible à l'inviolabilité de la correspondance officielle d'une Légation dans le Pays où elle est accréditée» und forderte strenge Sanktionen gegen die verantwortliche subalterne Behörde.[725]

Schon nach der ersten Beschwerde hatte sich das Politische Departement an General Wille gewandt. In der Darstellung des Departements hatte ein ausserordentlicher Untersuchungsrichter beim Armeestab im Rahmen einer Spionageuntersuchung veranlasst, dass alle im Genfer Hotel Beaurivage eingehende Post der Zensur unterzogen werde – auch jene Stalevskijs. Besonders ärgerlich an der Sache war, dass die Massnahme nach Entlarvung des Hotelportiers als des gesuchten Schuldigen offenbar versehentlich nicht eingestellt wurde. Das Politische Departement hielt pauschale Zensur dieser Art für übertrieben, mahnte an die Gebote der internationalen Höflichkeit und bat den General, die Missstände abzustellen.[726] Wille veranlasste eine Untersuchung des Falls, erkannte die Ursache des Übels in der «allgemeinen Schlampigkeit», spielte den Ball aber auch zurück an die Politik, indem er sich erlaubte, «meine schon wiederholt geäusserte Ansicht an Sie nochmals aus[zu]sprechen, es seien dem Empressement, mit dem wir fremde Spioniererei in unserm Lande verfolgen, Schranken aufzuerlegen».[727] Das Politische Departement bedauerte den Vorfall gegenüber Bacheracht und versprach Abhilfe.[728]

Der zarischen Diplomatie ihrerseits war daran gelegen, russisches Kriegsverhalten bei der offiziellen Schweiz ins gewünschte Licht zu rücken. Der noch in Frankfurt ausharrende Gesandte Krüdener beispielsweise übermachte dem Bundesrat 1855 ein Zirkular, in dem Aussenminister Nesselrode über den Stand der Verhandlungen zur Beilegung des Krimkriegs informierte. Anhand dieses Papiers, so Krüdener, werde sich die unparteiische Schweiz eine Meinung über das loyale Verhalten Russlands bilden können.[729]

Für die Frage, wie die russischen Behörden die Einhaltung der schweizerischen

---

umgekehrten Fall eines 1919 von der russischen Kriegszensur zurückbehaltenen Telegramms an das schweizerische Konsulat in Moskau vgl. AVPRF, f. 141, op. 3, p. 101, d. 3, ll. 1 und 2.

725 Bacheracht an Bundesrat Hoffmann, 16./29. 3. 1916. BAR, E 2001 (A)/1516.

726 EPD an den General, 28. 3. 1916. BAR, E 2001 (A)/1516.

727 General Wille an Bundesrat Hoffmann, 3. 4. 1916. BAR, E 2001 (A)/1516.

728 EPD an Bacheracht, 8. 4. 1916 (Entwurf). BAR, E 2001 (A)/1516.

729 Krüdener an den Bundesrat, Frankfurt a. M., 8./20. 5. 1855, mit Beilage: Nesselrode an Krüdener, 28. 4. 1855 (a. St.; Zirkular). BAR, E 2/440.

Neutralität wahrnahmen, gilt es sich abermals zu vergegenwärtigen, dass hier zwei unterschiedliche Regierungs- beziehungsweise Herrschaftsverständnisse aufeinander stiessen. Der Bundesrat hatte weder die Absicht noch die Möglichkeit, die staatliche Neutralität der Schweiz auf individuelle Gesinnungen in der Bevölkerung auszuweiten. Zwar mahnte er die Eidgenossen bisweilen zu einer neutralen Haltung,[730] mangels Zuständigkeit sah er sich aber regelmässig ausserstande, von ausländischen Regierungen gewittertes Fehlverhalten zu ahnden. Als beispielsweise die Gesandtschaft in Paris während des Krimkriegs darauf hinwies, dass eine allfällige Kotierung der neuen russischen Anleihe an Schweizer Börsen von französischer Seite als indirekte Kriegshilfe für das Zarenreich verstanden würde, bemerkte Bundespräsident Frey-Herosé, eine «Einwirkung auf Banquiers» stehe dem Bundesrat nicht zu.[731] Dass gerade das Zarenregime kein Verständnis für solche Grenzen obrigkeitlicher Macht aufbrachte, haben wir am Beispiel der Konflikte um die schweizerische Pressefreiheit schon gesehen.

Die mit der offiziellen Neutralität sich reibenden Sympathien der Schweizer Bevölkerung in Kriegszeiten waren wiederholtes Thema der russischen Gesandtschaftsberichte. Minister Giers vermeldete 1870 etwa eine Favorisierung Preussens in der Deutschschweiz,[732] und Sekretär Bibikov analysierte 1914: «[...] in der Eidgenossenschaft selbst hat sich die Bevölkerung in zwei Lager geteilt. Alle Sympathien der französischen Schweiz gelten den Alliierten und besonders Frankreich, die Stimmung in der deutschen Schweiz ist hingegen ganz germanophil.»[733] Die Lage der Schweiz, so Bibikov, kompliziere sich durch wirtschaftliche Abhängigkeiten, namentlich von Deutschland, aber auch von Frankreich. «Was die Haltung der Schweizer gegenüber Russland betrifft, so verhielten sie sich im allgemeinen sogar in der französischen Schweiz gegen-

---

730 Für die aus Anlass des Krimkriegs an die Kantone ergangene Aufforderung, die selbst gewählte Neutralität der Schweiz bei der Bevölkerung durchzusetzen, vgl. Bundesrat an sämtliche eidgenössischen Stände, 15. 4. 1854. BAR, E 2/440. 1877 verzichtete der Bundesrat darauf, die Bevölkerung anlässlich des russisch-türkischen Krieges an die Neutralität zu mahnen, mit dem Hinweis darauf, dass eine solche Erklärung von einem zweitrangigen, nicht seefahrenden Land Befremden auslösen würde. Protokoll der Sitzung des Bundesrates, 15. 6. 1877. BAR, E 2/2326.

731 Vgl. Geschäftsträger Barman an den Bundesrat, 8. 7. 1854 (mit handschriftlichem Antrag Frey-Herosés). DDS, Bd. 1, Nr. 207, S. 432, hier auch Anm. 2. – Gegenüber der grossbritannischen Gesandtschaft, die ebenfalls ihre Bedenken gegen die geplante russische Anleihe geäussert und zur Einhaltung der Neutralität gemahnt hatte, führte der Bundesrat aus, es existierten in der Schweiz keine öffentlichen Banken, wo Papiere ausländischer Staaten gehandelt oder grosse Anleihen gemacht würden. Bundesrat an die grossbritannische Gesandtschaft in Bern, 24. 7. 1854 (Entwurf). BAR, E 2/440.

732 Giers an Westmann, 6./18. 7. 1870 (Entwurf). AVPRI, Missija v Berne, op. 510, d. 176, ll. 104 bis 107 ob.

733 Bibikov an das russische Innenministerium, November/Dezember 1914 (aus dem Russischen; geheim). Rossija – Švejcarija, Nr. 89, S. 174.

über unserem Vaterland immer mit einem gewissen Misstrauen und Vorurteil.»[734]

Der russische Militäragent in Bern, Dmitrij Romejko-Gurko, prophezeite im Vorfeld des Weltkriegs zunächst schweizerische Unbeständigkeit und ein Schwenken ins Lager der Mittelmächte, revidierte dann aber seine Auffassung.[735] Für die Vertreter der Mächte war in den ersten Jahrzehnten des neuen Bundesstaates auch das überkommene schweizerische Söldnerwesen nur schwer mit dem Neutralitätsanspruch des Bundesrates zu vereinbaren – zumindest dann, wenn es sich gegen sie selbst richtete.[736] Der Gesandte Krüdener las 1855 in der Schweizer Presse von einer «légion dite anglo-suisse», deren Truppen angeblich das Schweizer Kreuz auf ihren Uniformen trugen. Krüdener machte Bundespräsident Furrer auf den ungünstigen Eindruck aufmerksam, welche solche Insignien eines befreundeten Staates bei der russischen Regierung hinterlassen müssten, sollten sie tatsächlich anlässlich von Kriegshandlungen beim Gegner entdeckt werden. Der Bundespräsident, so meldete Krüdener nach St. Petersburg, habe von der Sache nichts gewusst, sich über die Mitteilung sichtlich aufgeregt und Abklärungen eingeleitet. Furrer habe auf Massnahmen gegen die Anwerbung von Söldnern verwiesen, aber auch um Verständnis für eine gewisse Machtlosigkeit der Schweizer Regierung gegenüber Rekrutierungen im Ausland gebeten.[737]

---

734 Ebd., S. 174 f. Russland sei eben in der Schweiz überhaupt nicht bekannt, abgesehen davon trügen die zahlreich präsenten revolutionären Elemente nicht zur Förderung der Russensympathie bei. Immerhin habe sich die Meinung der Schweizer über Russland in letzter Zeit etwas verbessert, nicht zuletzt wegen des engagierten Kampfs gegen die Trunksucht. Ebd., S. 175. – Für einen Bericht über den ausländischen Druck auf die Schweiz während des Weltkriegs vgl. auch Bacheracht an das MID, 27. 1./9. 2. 1915. Die Internationalen Beziehungen im Zeitalter des Imperialismus, Reihe II, Bd. 7/1, Nr. 163.

735 Zur Befürchtung St. Petersburgs am Vorabend des Ersten Weltkriegs, einige neutrale Länder und auch die Schweiz könnten ihre Parteilosigkeit aufgeben und zu den Mittelmächten schwenken, vgl. Sergeev/Ulunjan, Ne podležit oglašeniju, S. 278. – Speziell zur Einschätzung des Militäragenten Romejko-Gurko, die Schweiz mit ihrer für den blossen Verteidigungsfall zu grossen Armee würde bei Kriegsausbruch unwillkürlich auf eine der kämpfenden Seiten gezwungen, nämlich auf die der deutschschweizerischen Bevölkerungsmehrheit ethnisch näher liegende deutsch-österreichische, vgl. Romejko-Gurko an die Hauptverwaltung des russischen Generalstabs, 24. 10. 1909. Zit. ebd., S. 278 f. – Zum wachsenden deutschen Einfluss auf die Schweiz, den Romejko-Gurko angesichts eines im Beisein des deutschen Kaisers abgehaltenen Manövers der Schweizer Armee für erwiesen hielt, vgl. Romejko-Gurko an die Hauptverwaltung des Generalstabs, 14. 1. 1912. Zit. ebd., S. 279 f. – Zur späteren Einsicht Romejko-Gurkos, die Schweiz werde wohl doch neutral bleiben, vgl. Romejko-Gurko an General Ju. N. Danilov, 13. 12. 1913. Zit. ebd., S. 280.

736 Zu russischerseits offenbar nicht als störend empfundenen Angeboten von Schweizer Waffenerfindern an die Adresse St. Petersburgs vgl. etwa Krüdener an A. M. Gorčakov, 9./21. 10. 1857. AVPRI, Missija v Berne, op. 510, d. 169, ll. 38 ob.–39; ferner Ministergehilfe Senjavin an Krüdener, 19. 10. 1855 (a. St.; chiffriert). AVPRI, Missija v Berne, op. 510, d. 63, l. 46–46 ob.

737 Vgl. Krüdener an Nesselrode, 17./29. 12. 1855. AVPRI, Missija v Berne, op. 510, d. 167, l. 5 bis

Bisweilen interpretierten die Schweizer Behörden die Pflichten der Neutralität strenger als die Zarenregierung. 1893 hatte sich der Bundesrat beispielsweise dem russischen Plan widersetzt, in Erinnerung an die Alpenüberquerung General Suvorovs und die dabei gefallenen russischen Soldaten ein Denkmal bei der Teufelsbrücke im Kanton Uri zu errichten: «Der Bundesrat gelangte zu dem Schluss, dass er seine Einwilligung zur Errichtung eines solchen Monumentes nicht erteilen könnte, da dasselbe bestimmt wäre, eine flagrante und fortgesetzte Verletzung der schweizerischen Neutralität und Staatshoheit zu verherrlichen.»[738] Erst nach der ausdrücklichen russischen Beteuerung, das Denkmal sei nicht der Alpenpassage Suvorovs, sondern den Gefallenen gewidmet, gab der Bundesrat im August 1893 seine Zustimmung; das Monument wurde 1898 eingeweiht.[739] Und 1915 weigerte sich die Zürcher Justiz- und Polizeidirektion mit Billigung der Bundesbehörden, stellungspflichtigen Russen ein Aufgebot der zarischen Gesandtschaft zukommen zu lassen oder der Mission auch nur die entsprechenden Adressen auszuhändigen, da ja eine militärische Verwendung derselben anzunehmen war.[740]

Die brisantesten neutralitätspolitischen Störfälle waren in unserem Zeitfenster die so genannte Oberstenaffäre und der Skandal rund um den Rücktritt von Bundesrat Hoffmann.

Die Oberstenaffäre

Ende 1915 wurde ruchbar, dass die beiden Schweizer Generalstabsobersten Karl Egli und Moritz von Wattenwyl die deutschen Behörden aktiv bei der Dechiffrierung russischer Depeschen unterstützten und ihnen auch in der Schweiz gesammelte Informationen aus russischen Meldungen überbrachten. Der für Dechiffrierungsdienste vom Generalstab angestellte Experte André Langie war misstrauisch geworden und informierte, nach langem Werweissen und einem anonymen Fingerzeig zuhanden der russischen Gesandtschaft, im Dezember den Bundesrat. Ferner beschwerte sich die französische Botschaft

5 ob. – Zum Verbot der Söldnerwerbung vgl. *Botschaft des Bundesrathes an die hohe Bundesversammlung, betreffend die Handhabung des eidgenössischen Werbverbotes für ausländischen Militärdienst. (Vom 13. Juli 1855.)* BAR, E 2/2333; BBl. 1855 II, S. 317–359 (Nachtrag S. 369 bis 373); vgl. auch Gugolz, Schweiz (zur grossbritannischen Schweizer Legion hier S. 28–73; zu den russischen Werbungen S. 92 f.).

738 Bundesrat an den Urner Landammann, 27. 1. 1893. Zit. in: Švejcarija – Rossija, S. 213, Anm. 2.

739 Vgl. Švejcarija – Rossija, S. 213, Anm. 2. Zur Errichtung des Denkmals vgl. auch Dragunov, Pamjatnye suvorovskie mesta v Švejcarii.

740 Vgl. das Dossier BAR, E 2001 (A)/194, hier besonders EPD an die russische Gesandtschaft in Bern, 24. 7. 1915; vgl. ferner Senn, Die Schweiz als Asyl, S. 695. – Nachdem die zarische Gesandtschaft bei Kriegsbeginn erklärt hatte, nur Offiziere müssten einrücken und nach Russland zurückkehren, erweiterte sie das Aufgebot Anfang 1915 auf alle mobilisierbaren Untertanen – ein schwieriges Unterfangen, zumal die politischen Emigranten erklärten, keine Heimat zu verteidigen zu haben. Vgl. Senn, Les révolutionnaires russes, S. 334 f.

darüber, dass angeblich ein Radfahrer jeden Abend der österreichischen und der deutschen Gesandtschaft im Auftrag des schweizerischen Generalstabs ein geheimes Dossier überbringe.[741] Es stellte sich heraus, dass tatsächlich die Tagesbulletins des Generalstabs regelmässig gegen Nachrichten der Zentralmächte ausgetauscht und wahrscheinlich auch die Ergebnisse des schweizerischen Dechiffrierdienstes in der einen oder anderen Form weitergeleitet worden waren.[742]

Während General Wille lediglich von einer groben Taktlosigkeit sprach, die es im Interesse der Schweiz nach Entfernung der beiden Obersten aus dem Generalstab als erledigt zu betrachten gelte,[743] erhoben sich im Bundesrat weit harschere Stimmen. Bundesrat Calonder sprach von «reiner Kriegshilfe», und Bundesrat Müller nannte das Vorgehen der beiden Obersten «neutralitätswidrig». Man einigte sich mit Wille darauf, eine Untersuchung der Vorkommnisse zu veranlassen.[744] Noch im Januar wurden Egli und von Wattenwyl dem Militärgericht überwiesen.[745]

Nicht zufrieden mit einer blossen Versetzung der Offiziere wäre auch der russische Aussenminister Sazonov gewesen. Nun zeigte er sich versöhnlich und brachte seine Anerkennung darüber zum Ausdruck, dass der Bundesrat die Affäre nicht zu vertuschen versucht, sondern die kaiserliche Gesandtschaft in Bern informiert und damit eine Anpassung des geknackten Chiffriercodes ermöglicht hatte.[746] Anfang Februar 1916 beklagte die zarische Gesandtschaft dann aber doch ein zu wenig bestimmtes Vorgehen gegen Egli und von Wattenwyl.[747] Tatsächlich verzichtete das zuständige Divisionsgericht auf einen Schuldspruch und überantwortete die beiden Obersten lediglich ihren Vorgesetzten für ein disziplinarisches Verfahren.[748] In seinem Bericht an Sazonov zeigte sich der Gesandte Bacheracht erstaunt über das Urteil, zumal ihm doch Bundespräsident Decoppet eine angemessene Bestrafung in Aussicht gestellt hatte.[749] «Ich bin völlig überzeugt, dass die eidgenössische Regierung selbst nicht mit einem solchen Ausgang des Prozesses gerechnet hat und all das

741 Vgl. Protokoll der Sitzung des Bundesrates, 11. 1. 1916. DDS, Bd. 6, Nr. 166. Zu Langie und seinem Verhalten in der Oberstenaffäre vgl. auch Ruchti, Geschichte, Bd. 1, S. 173–175.

742 Zu den Ereignissen der Affäre vgl. Schoch, Oberstenaffäre, S. 13–29.

743 Wille an Bundespräsident Decoppet, 11. 1. 1916. DDS, Bd. 6, Nr. 165.

744 Protokoll der Sitzung des Bundesrates, 11. 1. 1916. DDS, Bd. 6, Nr. 166; hier auch S. 310, Anm. 2.

745 Vgl. EPD an die Schweizer Vertretungen in Berlin, London, Madrid, Paris, Rom und Wien, 19. 1. 1916. DDS, Bd. 6, Nr. 171.

746 Vgl. Odier an Bundesrat Hoffmann, 5./18. und 12./25. 1. 1916. DDS, Bd. 6, Nr. 170 und 172.

747 Russische Gesandtschaft in Bern an Bundesrat Hoffmann, undatiert (überreicht am 2. Februar 1916). DDS, Bd. 6, Nr. 173.

748 Zum Prozess vgl. Schoch, Oberstenaffäre, S. 85–100; ferner DDS, Bd. 6, S. 332, Anm. 2; Švejcarija – Rossija, S. 243, Anm. 3.

749 Vgl. ebd., S. 243, Anm. 4.

Geschehene tief bedauert.»[750] Der Gesandte plädierte dafür, der Schweiz die Indignation der zarischen Behörden über den leichtfertigen Umgang mit russischen Interessen auszudrücken. Nicht zu tolerieren sei vor allem die Auslegung der schweizerischen Neutralität durch Generalstabschef von Sprecher: «Allgemein erschien seine Rede, in welcher er der Schweiz das Recht zugestand, bis zu einem gewissen Grad die Neutralität zu verletzen, als gänzlich unzulässig aus dem Mund des schweizerischen Generalstabschefs.»[751]

Einer sofortigen Protestnote der vier alliierten Mächte gegen das Urteil und gegen die Erklärung von Sprechers habe sich, so Bacheracht, der französische Botschafter widersetzt, nicht zuletzt in der Befürchtung, dadurch die Schweiz noch mehr in die Nähe Deutschlands zu treiben. Überdies sei der Franzose selbst in einer delikaten Lage, da auch sein Posten Informationen von schweizerischen Generalstabsoffizieren, ja gar aus dem Bundesrat erhalten habe. Letzterer wolle aber diese Art von militärischem Informationsaustausch im Parlament verurteilen und auch von Sprechers Auffassung der Neutralität zurückweisen. Zum Schluss seines Berichtes sprach Bacheracht zwar von einer heuchlerischen Lösung, gab aber doch der Überzeugung Ausdruck, dass niemand in der Schweiz dem Zarenreich willentlich einen Schaden habe zufügen wollen, dass vielmehr die demokratische Regierung mit den von der deutschen Militärmacht hypnotisierten Kreisen der Schweizer Armee nicht fertig werde.[752]

Der schweizerische Gesandte Odier berichtete im April, die russische Presse habe sich wider Erwarten ruhig verhalten.[753]

Der Rücktritt von Bundesrat Hoffmann

Am 19. Juni 1917 trat der freisinnige Bundesrat Arthur Hoffmann, seit 1914 Vorsteher des Politischen Departements, zurück.[754] Weshalb?

Nach der Februarrevolution war der sozialdemokratische Nationalrat Robert Grimm (1881–1958) nach Russland gereist, um die Zustimmung der Provisorischen Regierung zur Heimkehr der in der Schweiz befindlichen russischen Emigranten zu erwirken. Aus Petrograd erging Ende Mai ein Telegramm an Bundesrat Hoffmann, worin Grimm von einer geplanten internationalen Konferenz als Teil der «Friedenspolitik der neuen Regierung» sprach – und in

750 Bacheracht an Sazonov, 20. 2./4. 3. 1916 (aus dem Russischen; vertraulich). Rossija – Švejcarija, Nr. 92, S. 179.

751 Ebd. (aus dem Russischen).

752 Bacheracht an Sazonov, 20. 2./4. 3. 1916 (vertraulich). Rossija – Švejcarija, Nr. 92. Allgemein zur Oberstenaffäre in der Wahrnehmung der internationalen Diplomatie vgl. Schoch, Oberstenaffäre, S. 109–117.

753 Odier an Bundesrat Hoffmann, 28. 3./10. 4. 1916. BAR, E 2001 (A)/1215. Zur Diskussion der schweizerischen Neutralität in der russischen Öffentlichkeit vgl. auch Odier an Bundesrat Hoffmann, 13./26. 1. 1917. BAR, E 2300 Petersburg/3.

754 Zur Affäre Hoffmann/Grimm vgl. Stauffer, Affäre; BAR, E 2001 (E) -/13, Einleitung, S. 16 bis 18; Švejcarija – Rossija, S. 251 f., Anm. 5.

diesem Zusammenhang um delikate Auskünfte bat: «Alle Länder haben ihre Beteiligung zugesagt. Unterrichten Sie mich, wenn möglich, über die Ihnen bekannten Kriegsziele der Regierungen, da die Verhandlungen dadurch erleichtert würden.»[755]

Tatsächlich schickte nun Hoffmann am 3. Juni zuhanden von Grimm ein chiffriertes Telegramm an den Gesandten Odier, in welchem er auf die Friedensbedingungen und Kriegsziele Deutschlands gegenüber Russland zu sprechen kam und in dem er den deutschen Willen zu einem Friedensschluss mit Russland betonte.[756] Die Brisanz der Angelegenheit liegt darin, dass Hoffmann in seiner kurzen Mitteilung die Möglichkeit eines Separatfriedens zwischen Russland und Deutschland – eine von den Alliierten kategorisch abgelehnte und auch in der russischen Öffentlichkeit geschmähte Perspektive – wenn nicht direkt aussprach, so doch suggerierte.[757] Das konnte den Verdacht eines Friedensaktivismus in deutschen Diensten auf sich ziehen. Ungeschickterweise wurde nun der Inhalt von Hoffmanns Telegramm publik.[758] Bereits am 13. Juni musste Odier nach Bern berichten, dass das russische Aussenministerium die chiffrierte Nachricht offenbar Wort für Wort habe übersetzen können, sei doch Grimm von ihm bekannten sozialistischen Ministern zur Rede gestellt worden. Grimm habe alles bestritten – und er, Odier, wolle sich vorläufig in Schweigen hüllen.[759]

Die internationale Presse veröffentlichte das Telegramm.[760] Neben direkten Missfallensbekundungen an die Adresse des Bundesrates, etwa seitens des englischen Vertreters, plädierte auch der russische Geschäftsträger Onu in diplomatischen Kreisen für eine Absetzung Hoffmanns, dessen selbstherrliche germanophile Politik er anprangerte – und den er sowieso einer russlandfeindlichen Einstellung verdächtigte: «Aus diplomatischen Quellen habe ich mehrmals vernommen, dass Hoffmann offen die Meinung äussert, Russland befinde sich am Rande des Untergangs. Mit seinem Abgang wird hier eine der Hauptquellen ungünstiger Gerüchte über Russland verschwinden.»[761]

---

755 Grimms Nachricht erreichte Bern via die Gesandtschaft in Petrograd. Odier an das EPD, 26./27. 5. 1917. DDS, Bd. 6, Nr. 313.

756 EPD an die schweizerische Gesandtschaft in Petrograd, 3. 6. 1917. DDS, Bd. 6, Nr. 316. – Zum Kontakt des Gesandten Odier mit Nationalrat Grimm in Petrograd vgl. Odier an Bundesrat Hoffmann, 17./30. 5. 1917. BAR, E 2300 Petersburg/3.

757 Für die Annahme, es sei Hoffmann nicht nur um einen Separat-, sondern allgemein um einen Frieden in Ost und West gegangen, vgl. Stauffer, Affäre, S. 14 f., 21.

758 Zur Entzifferung und Publikation von Hoffmanns Telegramm sowie für die Annahme, dass die Indiskretion in der schweizerischen Gesandtschaft in Petrograd – genauer: bei deren Portier – zu lokalisieren sei, vgl. ebd., S. 15–19. Hoffmann sprach von der Möglichkeit, dass die russische Gesandtschaft in Bern durch einen Verräter in der Bundesverwaltung Wind von der ganzen Sache bekommen habe. Hoffmann an den Bundesrat, 5. 7. 1917. BAR, E 2001 (E) -/13 (B 15).

759 Vgl. Odier an Hoffmann, 31. 5./13. 6. 1917. DDS, Bd. 6, Nr. 318.

760 Stauffer, Affäre, S. 2.

761 Onu an das MID, 5./18. 6. 1917 (aus dem Russischen; geheim). Rossija – Švejcarija, Nr. 97,

Die Erklärungsversuche Hoffmanns liess Onu nicht gelten. Zwar glaubte er wohl, dass der Vorsteher des Politischen Departements ohne Wissen seiner Bundesratskollegen gehandelt habe; dies entlastete aber nicht Hoffmann selbst, der sich, so vermutete Onu, wohl gar auf eine von vornherein mit Grimm abgesprochene Operation eingelassen hatte. Fazit: «Ich halte es für wünschenswert, mit einer lärmigen und ausserordentlichen Kampagne in der russischen Presse zum Abgang Hoffmanns von seinem Posten beizutragen.»[762]
In Bern herrschte unter den Regierungs- und Parlamentsmitgliedern bald Übereinstimmung, dass ein Rücktritt Hoffmanns unumgänglich sei, «um den Schein einer ausländischen Beeinflussung zu vermeiden».[763] Hoffmann kam zum selben Schluss. Im Bestreben, den Vorwürfen der Entente zuvorzukommen und seinem «heiss geliebten Vaterland» keinen weiteren Schaden zuzufügen, überreichte er am 19. Juni sein schon tags zuvor abgefasstes Demissionsschreiben. Er versicherte, «aus eigener Entschliessung und auf [...] eigene Verantwortung» gehandelt zu haben.[764] In ihrer offiziellen Stellungnahme bedauerte die Landesregierung das Ausscheiden Hoffmanns und bemerkte:
«Der Bundesrat bestätigt die Erklärung des Herrn Hoffmann in allen Teilen. Er hat von seinem Schritte keine Kenntnis gehabt. Wäre er von Herrn Hoffmann begrüsst worden, so hätte er diesen gebeten, von diesem Schritte abzusehen.»[765]
Der russische Geschäftsträger Onu schlug seiner vorgesetzten Stelle vor, die Schweiz abschliessend nochmals nachdrücklich an die Pflichten ihrer Neutralität zu erinnern.[766]
Nationalrat Grimm wurde aus Russland ausgewiesen – ein Signal, das die aufge-

S. 184. Dieses Telegramm Onus, über dessen Datierung eine gewisse Verwirrung herrscht, wurde am 6./19. Januar 1918 in der *Pravda* publiziert, vgl. Odier an den Bundesrat, 11./24. 1. 1918. BAR, E 2001 (E) -/13 (B 18); Švejcarija – Rossija, S. 251, Anm. 3; schweizerische Gesandtschaft in Petrograd an das EPD, 25. 1. 1918. BAR, E 2300 Petersburg/4. – Zur Indignation der Alliierten über Hoffmanns Telegramm vgl. etwa schweizerische Gesandtschaft in Paris an das EPD, 19. 6. 1917. DDS, Bd. 6, Nr. 325.

762 Onu an das MID, 5./18. 6. 1917 (aus dem Russischen; geheim). Rossija – Švejcarija, Nr. 97, S. 184. – Zur Kontaktnahme Grimms mit Hoffmann vor seiner Abreise nach Russland, bei der Grimm gemäss Hoffmann nichts von seinen Projekten erzählt habe, vgl. BAR, E 2001 (E) -/13, Einleitung, S. 16.

763 Geheimes Protokoll der Sitzung des Bundesrates, 19. 6. 1917. BAR, E 1005 -/2, Bd. 1. Zur Diskussion der Notwendigkeit eines Rücktritts von Hoffmann im Bundesrat vgl. geheimes Protokoll der Sitzung des Bundesrates, 18. 6. 1917. Ebd. Zur Berichterstattung Hoffmanns an der vorhergehenden Bundesratssitzung vgl. Protokoll der Sitzung des Bundesrates, 18. 6. 1917. BAR, E 2001 (E) -/13 (B 12).

764 Hoffmann an Bundespräsident Schulthess, 18. 6. 1917. DDS, Bd. 6, Nr. 322; vgl. auch Švejcarija – Rossija, S. 251, Anm. 5.

765 Protokoll der Sitzung des Bundesrates, 19. 6. 1917. DDS, Bd. 6, Nr. 326, S. 575. – Zum Rücktritt Hoffmanns als einem Resultat russischen und alliierten Drucks vgl. Ignat'ev, Vnešnjaja politika vremenogo pravitel'stva, S. 256.

766 Onu an das MID, 7./20. 6. 1917 (zwei Telegramme; geheim). Rossija – Švejcarija, Nr. 98, S. 185 f., hier auch Anm. 3.

brachte Stimmung etwas beruhigte.[767] Am 19. Juni meldete der Schweizer Minister in London: «Seit gestern nachmittag ist der Ton der Zeitungen sachlicher und ruhiger geworden, weil aus der Tatsache der Ausweisung Grimms hervorzugehen scheint, dass das russische Arbeiter- und Soldatenkomitee nicht dafür zu haben ist, einen Separatfrieden mit den Zentralmächten zu schliessen.»[768] In Petrograd herrschte vorläufig aber Funkstille. Der Gesandte Odier berichtete am 22. Juni, seit der Affäre Grimm hätten keinerlei Kontakte zwischen seinem Posten und dem russischen Aussenministerium bestanden.[769] Der Bundesrat liess Odier zur Berichterstattung nach Bern kommen, wobei dem Gesandten angedeutet wurde, dass er eventuell nicht mehr nach Russland zurückkehren werde.[770]

Hoffmann nahm auf Wunsch des Bundesrates schriftlich Stellung zum Vorfall. Er beteuerte, von den Projekten Grimms nichts gewusst zu haben (eine Behauptung, die etwa von Paul Stauffer 1973 in Zweifel gezogen wurde),[771] verteidigte aber auch sein Friedensengagement: «Hätte ich das [Telegramm von Grimm] nun ruhig bei Seite legen sollen, oder auch nur dürfen, auf die Gefahr hin, dass vielleicht in einem entscheidenden Augenblicke ein Element der Aufklärung fehlen konnte, das in Russland bei den verworrenen Verhältnissen, bei der Herrschaft von Lug und Trug, bei den widerstreitenden Einflüssen der Regierungen, Parteien und Individuen von Bedeutung sein könnte?»[772]

Die Affären Egli/von Wattenwyl und Hoffmann/Grimm stellten neutralitätspolitische Krisensituationen dar. Da die russischen Behörden aber – bei allem Tadel – in beiden Fällen vor allem Verfehlungen von Einzelpersonen und nicht ein prinzipielles Fehlverhalten der Schweizer Regierung erkannten, blieben die Skandale ohne nachhaltige negative Konsequenzen für die bilateralen Beziehungen.

---

767 Zur Ausweisung Grimms vgl. Odier an das EPD, 19. 6. 1917. DDS, Bd. 6, Nr. 323.

768 G. Carlin (schweizerischer Gesandter in London) an das EPD, 19. 6. 1917. DDS, Bd. 6, Nr. 324.

769 Odier an den Bundesrat, 9./22. 6. 1917. BAR, E 2300 Petersburg/3. Für einen zusammenfassenden Bericht Odiers über seine Kontakte mit Grimm und die ganze Affäre vgl. *Note relative aux rapports de la Légation de Suisse à Petrograd avec Robert Grimm*, 15. 7. 1917. BAR, E 2001 (E) -/13 (B 17).

770 Vgl. Protokolle der Sitzungen des Bundesrates, 25. 6. und 6. 8. 1917. BAR, E 2001 (A)/42. Odier setzte es dann aber durch, dass er doch noch einmal nach Petrograd zurückkehren durfte, vgl. unten S. 484 f. Zur Rolle Odiers in der Affäre Hoffmann/Grimm vgl. auch Stauffer, Affäre, S. 18.

771 Stauffer führt aus, aufgrund der bis «heute» (1973) publik gewordenen diplomatischen Akten lasse sich «mit Bestimmtheit» feststellen, dass Hoffmann und Grimm bei einer Aussprache Mitte April 1917 zumindest die Möglichkeit besprochen hätten, «während Grimms Russlandaufenthalt Informationen auszutauschen, die dem Ziel einer Abkürzung des Krieges allenfalls nutzbar zu machen wären». Ebd., S. 3.

772 Hoffmann an den Bundesrat, 5. 7. 1917. BAR, E 2001 (E) -/13 (B 15). – Zum persönlichen Ehrgeiz Hoffmanns in der Friedenspolitik vgl. Stauffer, Affäre, S. 25.

Fazit

Die kontinuierliche Optimierung der schweizerisch-russischen Beziehungen im Bereich von Administration und Wirtschaft lag vor allem im Interesse der Eidgenossenschaft. Als riesiger Absatzmarkt und traditionelles Auswanderungsland kam dem Zarenreich im aussenpolitischen Denken der kleinen Schweiz eine Bedeutung zu, wie sie umgekehrt nicht auszumachen ist. Dessen waren sich auch die Zeitgenossen bewusst, und die zarische Diplomatie verstand es, die asymmetrische Interessenlage mit verkappten Drohungen zu verbinden. Angesichts der in der Schweiz lebenden und wirkenden russischen Politemigranten wurde nämlich der bilaterale Personenverkehr in der zweiten Hälfte des 19. Jahrhunderts zusehends auch für das Zarenregime zu einem prioritären Thema – weniger im Sinne des konstruktiven Beziehungsausbaus als der politisch motivierten Eindämmung.

Die wichtigste administrative Vereinbarung zwischen der Schweiz und dem vorrevolutionären Russland war der Handels- und Niederlassungsvertrag von 1872. Zwar mag die obige Darstellung des Personenverkehrs in den Jahren 1873–1917 den Eindruck erwecken, der Vertrag habe kaum etwas bewirkt und in allen entscheidenden Punkten versagt. Dem ist entgegenzuhalten, dass Quellen (auch die hier verwerteten) oftmals eher die Schwierigkeiten mit einer Regelung dokumentieren als ihren reibungslosen Vollzug. Die Bedeutung einer prinzipiell garantierten Niederlassungs-, Handels- und Gewerbefreiheit darf aber gerade im Hinblick auf die wirtschaftlich orientierte schweizerische Russlandwanderung und angesichts der administrativen Repressionen des Zarenregimes nach der Bundesgründung von 1848 nicht unterschätzt werden. Das russische Hauptanliegen, Steuerkonflikte mit Schweizer Kantonen vermeiden oder im eigenen Sinne entschärfen zu können, erfuhr mit dem Abkommen keine wirklich erfolgreiche Umsetzung.

Im Zentrum der bilateralen politischen Beziehungen stand zwischen den Revolutionen von 1847/48 und 1917 die schweizerische Asylpraxis. Aussenpolitische Rücksichten und ein allgemeines Befremden über die Terrorexzesse der russischen revolutionären Bewegung unterlegten die pathetische Deklamation gegensätzlicher Standpunkte freilich schon bald mit einer pragmatischen polizeilichen Kooperation und dem Bemühen um eine Normierung der Rechtshilfe. 1873 wurde ein (politische Delikte ausklammernder) Auslieferungsvertrag abgeschlossen, und im Nachgang der Antianarchismuskonferenz von Rom schloss sich die Schweiz 1904 dem geheimen Protokoll von St. Petersburg an, wodurch insbesondere die Bundesanwaltschaft als international vernetzte Zentrale der schweizerischen Anarchismusbekämpfung aufgewertet wurde.

Werner G. Zimmermann hat sich dagegen gewehrt, die schweizerisch-russischen Verträge von 1872 und 1873 einfach als «dubioses Tauschgeschäft zwischen Kommerz der einen und Politik der anderen Seite» zu verstehen.[773] In der Tat

wäre dies zu einfach. Die Abkommen zu Handel und Niederlassung wie auch zur Auslieferungsfrage basieren auf dem Prinzip der Reziprozität, etablieren damit einen symmetrischen Standard und fügen sich gewissermassen als bilaterale Module in das allmählich entstehende gesamteuropäische System analoger Normen. Auch bewirkte der Niederlassungsvertrag eine Vereinfachung des Personenverkehrs, von der Menschen aus beiden Staaten profitierten, unabhängig von den Hintergedanken der Regierungen. In der Perspektive der Verhandlung und Unterzeichnung des Vertragswerks ist aber doch die Verschiedenartigkeit der Interessenlagen unverkennbar – man braucht nur einen Blick in die Quellen zu werfen, wo zarische Diplomaten zumindest im Konjunktiv erwogen, den Abschluss des Niederlassungsvertrags vom Zustandekommen eines für die russische Regierung viel wichtigeren Auslieferungsvertrags abhängig zu machen.

773 W. G. Zimmermann, Asyl in der Schweiz, S. 18.

V.   Umbruch im Russischen Reich (1917–1919)

Nach den Umgestaltungsprozessen um 1848 hatte sich in der schweizerisch-russischen Bilateralität ein institutionelles Kontinuum herausgebildet, das über Jahrzehnte hinweg, bei allen weltanschaulichen Differenzen, berechenbare Regeln der Kooperation und eine funktionierende diplomatische Kommunikation gewährleistete. Der Weltkrieg, vor allem aber die russische Revolution und der Sturz des Zarenregimes hoben diesen eingespielten Beziehungsalltag und seine normativen Grundlagen aus den Angeln. Wie bereits zur Mitte des 19. Jahrhunderts war die Krise der schweizerisch-russischen Beziehungen auch jetzt konkreter Ausdruck einer allgemeineren Krise der europäischen Ordnung – mit gleichsam vertauschten Rollen: Die einst auf legalistische Konformität so bedachte russische Macht brüskierte unter neuer Führung eine etablierte Staatengemeinschaft, zu deren Repräsentanten sich inzwischen auch die ehemals aufmüpfige Schweiz zählen durfte.

Die Phase zwischen der Februarrevolution von 1917 und dem definitiven Bruch der Beziehungen 1919 erscheint gewissermassen als Kontinuum der Diskontinuitäten. Anhaltende Unberechenbarkeit, institutionelle Instabilität und das Gefühl tiefer Verunsicherung prägten den bilateralen Kontakt dieser Zeit. Die Oktoberrevolution mit dem anschliessenden Terrorregime der Bol'ševiki bedeutete eine Radikalisierung der Brüchigkeit und eine weitere Zuspitzung der Lage der Russlandschweizer.

Das folgende Kapitel bietet keine lineare Chronologie der Ereignisse; es versucht vielmehr, die letzten zweieinhalb Jahre der russisch-schweizerischen Beziehungen vor dem grossen Unterbruch (1919–1946) in mehreren thematischen Durchgängen aufzurollen und so die hier interessierenden Handlungsstränge aus der verworrenen Gesamtentwicklung der russischen Revolution herauszuarbeiten. Zur Orientierung kurz einige Grunddaten: Am 2./15. März 1917 musste Zar Nikolaus II. nach der Volkserhebung der Februarrevolution abdanken. Die Staatsgewalt der neuen russischen Republik teilten sich fortan eine in der partizipativen Tradition der Duma stehende Provisorische Regierung, die bis zur Einberufung einer verfassunggebenden Versammlung wirken sollte, und als eigentliche revolutionäre Macht die *Räte (Sovety,* Sowjets), vor allem der Petrograder Rat der Arbeiter- und Soldatendeputierten. Diese Doppelherrschaft *(dvoevlastie)* behinderte sich selbst: Während sich die Provisorische Regierung

anschickte, das erschöpfte und sozial aufgewühlte Land zu konsolidieren und an alliierter Seite weiter durch den Krieg zu führen, wurden ihr vom Petrograder Sowjet gerade im militärischen Bereich Aufsichtskompetenzen vorenthalten, und die euphorische Selbstbestimmung der Räte verlockte Arbeiter und Bauern dazu, die Revolution in ihrem Sinne weiterzutreiben. Der im April aus dem Schweizer Exil nach Russland zurückgekehrte Lenin (Vladimir I. Ul'janov, 1870–1924), Führer der *Mehrheitsfraktion (Bol'ševiki)* der Russischen Sozialdemokratischen Arbeiterpartei, skandierte den Slogan «Alle Macht den Räten!» und attackierte die Provisorische Regierung mit seinen populären Forderungen nach Nationalisierung des Bodens und nach einem Kriegsstopp an ihrer verwundbarsten Stelle. Am 25. Oktober 1917 (alten Stils) gelang den Bol'ševiki die putschartige Machtübernahme in Petrograd, dann auch in Moskau, und nach dem anschliessenden Bürgerkrieg standen bis auf Polen, das Baltikum, Finnland und Bessarabien auch die übrigen Gebiete des ehemaligen Zarenreiches unter Sowjetherrschaft. Zu den Leidtragenden der bolschewistischen Enteignungs- und Entrechtungspolitik gehörten die Russlandschweizerinnen und Russlandschweizer. Vor allem ihretwegen unterhielt der Bundesrat De-facto-Beziehungen zu den neuen russischen Machthabern, denen er 1918 die Einrichtung einer Sowjetmission in Bern gestattete. Nach der Ausweisung dieser Delegation im Kontext des schweizerischen Landesstreiks (November 1918) brachen auch die offiziösen Kontakte ab. Die schweizerische Gesandtschaft verliess Russland gut drei Monate später.

1.   Die Wahrnehmung der russischen Revolutionen

1.1.   Die Revolutionen in russischer Sicht

Wenn das Zarenregime revolutionäre Angriffe auf die europäische Ordnung schon im 19. Jahrhundert als kriminelle Auswüchse des Chaos und der Dekadenz apostrophiert hatte, so begegnete es nun der offenen Revolution im eigenen Land erst recht mit Angst, Abscheu und mit dem arroganten Selbstverständnis rechtmässiger Herrschaft. In reflexartiger Entrüstung protestierte der Gesandte Žadovskij im Januar 1905 dagegen, dass in Bern öffentlich Geld für die «fauteurs de troubles en Russie» gesammelt werde – nämlich für die Protagonisten jener Unruhen, bei denen kurz zuvor in St. Petersburg hunderte von Menschen getötet oder verletzt worden waren, als zarische Ordnungskräfte in eine friedlich demonstrierende Menge schossen.[1] Zwar zwangen die nun aus-

---

1 Vgl. Žadovskij an Bundespräsident Ruchet, 18. 2. 1905. BAR, E 21/14016; BAR, E 2001 (A)/192. Für die Antwort des Bundesrates vgl. Bundesrat an Žadovskij, 22. 2. 1905 (Entwurf). BAR, E 21/14016; Protokolle der Sitzungen des Bundesrates, 20. und 22. 2. 1905. BAR, E 2001 (A)/192.

brechenden Wirren und Streiks Nikolaus II. dazu, im so genannten Oktobermanifest bürgerliche Freiheiten und eine gesetzgebende Versammlung zu versprechen. Zu einer wirklichen Liberalisierung seines Reiches war der Zar aber bis zum Schluss nicht bereit; die Erhebungen von 1905 wurden erfolgreich niedergeschlagen, und die neue Duma blieb weitgehend ohne Macht.

Dass die Revolutionäre umgekehrt das Zarenregime als barbarisch und kriminell betrachteten, liegt ebenfalls auf der Hand. Diese Auffassung prangte 1881 in Plakatform an Genfer Hausmauern,[2] und im Februar 1905 wusste die Berner Polizei von einer Protestversammlung zu berichten, in der die internationale Sozialdemokratie der ausrottungswürdigen russischen Regierung ihre Verachtung kundtat.[3]

Die gegenseitige Kriminalisierung von etablierter Zarenmacht und revolutionären Kräften erfuhr Ende 1917 eine analoge Fortsetzung, als sich die Vertreter der Provisorischen Regierung ihrerseits durch die Machtergreifung der Bol'ševiki desavouiert sahen. Von einer «odieuse violation des engagements contractés» sprach beispielsweise die russische Botschaft in Paris, als sich die Bol'ševiki daran machten, internationale Geheimverträge zu veröffentlichen.[4] Die bolschewistische Führung verkündete auf der anderen Seite, sowjetfeindliche Tätigkeiten von bisherigen Beamten würden den schwersten Staatsverbrechen gleichgestellt.[5]

Kurz: Im Russischen Reich verband sich die Revolution je nach politischer Position und Loyalität des Betrachters mit der Vorstellung verbrecherischer Usurpation oder längst ersehnter Befreiung.

1.2. Die Revolutionen in der Sicht der Schweizer Behörden

1.2.1. Der Verlauf der Revolutionen in den Berichten der Schweizer Diplomatie

Spätestens seit den Wirren von 1905 war die Möglichkeit eines baldigen Sturzes des Zarenregimes im behördlichen schweizerischen Russlanddiskurs präsent. Konsul Würgler in Kiev hatte damals bemerkt, die Regierung sei zwar mit militärischer Gewalt noch in der Lage, Unruhen zu unterdrücken, «obschon es sich frägt für wie lange, denn trotz Repressalien, Militärdiktatur etc. wird sich

---

2 Vgl. oben S. 323.
3 Interner Bericht der Kantonspolizei Bern, 10. 2. 1905 (mit Beilage der an der Versammlung vom Vortag verabschiedeten Resolution). BAR, E 21/14016.
4 Vgl. Zirkular der russischen Botschaft in Paris, 16./29. 11. 1917. AVPRI, Missija v Berne, op. 843/3, d. 1006, l. 10.
5 Trotzki (Volkskommissar für auswärtige Angelegenheiten) an die diplomatischen Vertretungen Russlands im Ausland, 22. 11./5. 12. 1917. Dokumenty vnešnej politiki SSSR, Bd. 1, Nr. 21.

das reaktionäre System nicht mehr lange halten & dem Lande auch keine geregelten Zustände mehr verschaffen können».[6]
Doch dem «reaktionären System» gelang es noch einmal, Oberhand zu gewinnen. Im Sommer 1906 bilanzierte Geschäftsträger Paravicini in St. Petersburg die erste russische Revolution dahingehend, dass es das Regime mit falschen Versprechungen (im zarischen Manifest vom 17. Oktober 1905) geschafft habe, den alten Trott wieder aufzunehmen: «Denn was ist schliesslich von allen Verkündigungen des 17. Octobers geblieben oder zur Tatsache geworden? Die darin versprochenen Freiheiten existieren noch nicht [...], denn die Gesetze, die sie sanctionieren, sind nicht vorhanden. Bleibt allein die Volksvertretung, die Duma. Indessen werden die Minister vom Kaiser berufen, wie zuvor. Es werden Leute verhaftet und nach Sibirien geschickt, wie zuvor. [...] Die Duma spricht den Ministern ihr Mis[s]trauen und ihre Verachtung aus bei jeder Gelegenheit, aber die minister regieren weiter.»[7]
Auch der Gesandte Odier hielt zum fünften Jahrestag des Oktobermanifests ernüchternden Rückblick. «C'est toujours la même routine, la même inertie», schrieb er 1910. Ein bisschen mehr Meinungsäusserungsfreiheit habe es zwar gegeben, ansonsten aber gestalte sich die Haltung der offiziellen Kreise immer reaktionärer und auch nationalistischer.[8] Die russische Bevölkerung beschrieb Odier als passiv und gleichgültig, wie er schon 1906 keinen allgemeinen revolutionären Zustand, sondern – ausser in Polen und im Kaukasus – lediglich lokale Unruhen diagnostiziert hatte.[9] Trotzdem vermeldete die Gesandtschaft alle erkennbaren revolutionären Umtriebe, etwa die Bombenexplosion in der Residenz Ministerpräsident Stolypins 1906[10] oder die Studentenunruhen von 1911.[11] Zuletzt erscheint die Zarenherrschaft in der Berichterstattung der schweizerischen Diplomatie als ein immer schneller und chaotischer sich drehendes, von Kriegswirren, Machtkämpfen und obskuren Gestalten (Rasputin!)[12] angetriebenes Karussell, das eben eingesetzte Amtsträger in immer kürzeren Abständen von sich schleuderte.[13] Im November 1916 sprach Odier von einem «véritable

---

6 Schweizerisches Konsulat in Kiev an das EPD, 18./31. 12. 1905. BAR, E 2001 (A)/1711.
7 Beilage zu: schweizerische Gesandtschaft in St. Petersburg an Bundespräsident Forrer, 6./19. 7. 1906. BAR, E 2001 (A)/1711.
8 Odier an Bundespräsident Comtesse, 27. 5./9. 6. 1910. BAR, E 2300 Petersburg/2.
9 Odier an Bundespräsident Forrer, 13./26. 10. 1906. BAR, E 2300 Petersburg/2.
10 Paravicini an das EPD, 25. 8. 1906. BAR, E 2300 Petersburg/2.
11 Odier an Bundespräsident Ruchet, 10./23. 2. 1911. BAR, E 2300 Petersburg/2. Odier sprach hier von der Möglichkeit, dass die Regierung einige Universitäten schliesse, was die schweizerischen Universitäten wohl spüren würden.
12 Zum Einfluss des einstigen Wanderpropheten G. Rasputin am kaiserlichen Hof vgl. Odier an Bundesrat Hoffmann, 20. 1./2. 2. 1916. BAR, E 2300 Petersburg/3.
13 Für Berichte zu Neubesetzungen von Regierungsämtern vgl. etwa Odier an Bundespräsident Hoffmann, 3./16. 2. 1914. BAR, E 2300 Petersburg/3 (Einsetzung von Goremykin als Präsident des Ministerrates); Odier an Bundesrat Hoffmann, 20. 1./2. 2. 1916. Ebd. (Einsetzung von

défilé de Ministres». Eine klare Führungslinie war für den Schweizer Gesandten nicht mehr erkennbar, zumal mit den Ministern auch die Erlasse und Normen rotierten: «On passe son temps ici dans les bureaux à élaborer des règlements mal préparés qu'il faut ensuite rapporter parce qu'inéxécutables.»[14]

An eine unmittelbare Gefahr glaube er nicht, so Odier Anfang 1917, trotz des Gewaltpotentials, das sich aus der fundamentalen Opposition von Ministerrat und Reichsduma ergebe. Odier erinnerte an die Zählebigkeit der russischen Bürokratie und an die im Volk immer noch vorhandene Ehrfurcht vor der Person des Zaren. «Je ne crois donc pas, en résumé, que tant que la guerre durera il puisse se produire ni un changement dynastique, ni une révolution sociale pour laquelle l'organisation manquerait actuellement. A la paix, surtout si elle ne satisfait pas les ambitions russes, il pourra bien y avoir des comptes à régler entre le pouvoir et la Société. Mais nous n'en sommes pas encore là.»[15]

Entgegen Odiers Prognose wartete die Revolution das Kriegsende nicht ab. Am 12. März war zu vermelden: «Die Lage ist ernst. Gestern und heute kam es zu blutigen Zusammenstössen zwischen den Manifestanten und den Truppen. Vier Infanterie-Regimente stellten sich auf die Seite der Arbeiter. Zwei Gefängnisse wurden belagert und die Gefangenen in Freiheit gesetzt. Der Kaiser wurde vom Haup[t]quartier zurückgerufen. Die Kohle fehlt und man befürchtet die Beleuchtung werde ausser Betrieb gesetzt.»[16]

Die Revolutionäre seien die Herren der Situation in Petrograd, heisst es zwei Tage später, Minister seien verhaftet, Gefängnisse geöffnet worden, und wo sich der Kaiser befinde, wisse man nicht genau.[17] Am 15. März rapportierte die Gesandtschaft den Thronverzicht des Zaren zugunsten seines Bruders Michail und die Bildung eines dualistischen Regierungssystems, das sich in widersprüchlichen Befehlen manifestiere, wobei die Provisorische Regierung von der französischen und englischen Botschaft bereits als De-facto-Regierung anerkannt worden sei.[18] Bald konnte Odier vermelden, die äussere Ruhe sei fast wieder

---

Stürmer als Präsident des Ministerrates); Geschäftsträger Lardy an Bundesrat Hoffmann, 13./26. 7. 1916. Ebd. (Demission von Aussenminister Sazonov); Odier an Bundesrat Hoffmann, 5./18. 12. 1916. Ebd. (zum neuen Aussenminister Pokrovskij).

14 Odier an Bundesrat Hoffmann, 14./27. 11. 1916. BAR, E 2300 Petersburg/3. – Für die Einschätzung, all diese Veränderungen entsprängen einer reaktionären Tendenz, und für den Hinweis auf das Donnergrollen einer zunehmend unzufriedenen Bevölkerung vgl. Odier an Bundesrat Hoffmann, 7./20. 1. 1917. Ebd.

15 Odier an Bundesrat Hoffmann, 13./26. 1. 1917. BAR, E 2300 Petersburg/3; vgl. auch schweizerische Gesandtschaft in Petrograd an das EPD, 24. 1. 1917. Ebd.

16 Schweizerische Gesandtschaft in Petrograd an das EPD, 12. 3. 1917. BAR, E 2300 Petersburg/3.

17 Schweizerische Gesandtschaft in Petrograd an das EPD, 14. 3. 1917. BAR, E 2300 Petersburg/3.

18 Schweizerische Gesandtschaft in Petrograd an das EPD, 15. 3. 1917. BAR, E 2300 Petersburg/3; Odier an Bundesrat Hoffmann, 2./15. 3. 1917. Ebd. – Zur Korrespondenz des Bundesrates mit verschiedenen Gesandtschaften über die Revolution in Russland vgl. etwa Bundesrat Hoffmann an Minister Lardy (Paris), 16. 3. 1917. DDS, Bd. 6, Nr. 284; Minister von Planta (Rom) an Bundesrat Hoffmann, 16. 3. 1917. Ebd., Nr. 285.

hergestellt, wenn auch die gegen alle Besitzenden aufgebrachten Arbeitermassen und die befreiten Gefangenen für anhaltende Unsicherheit sorgten, zumal eine funktionierende Polizei nicht auszumachen sei.[19] Die Gesandtschaftsberichte der kommenden Wochen und Monate sprachen von einer allmählichen Normalisierung der Lage,[20] von nationalen Freiheitskundgebungen der Esten, Finnen oder der Ukrainer,[21] von der Verwahrung der Zarenfamilie,[22] von der Kriegsentschlossenheit der Provisorischen Regierung,[23] den Misserfolgen und der Disziplinlosigkeit der russischen Armee,[24] von der drohenden deutschen Offensive[25] und der immer katastrophaleren Versorgungslage,[26] von der Rückkehr der politischen Emigranten aus dem Ausland[27] – und immer wieder von den Unzulänglichkeiten und Widersprüchen, die aus der nunmehrigen Aufsplitterung der Staatsmacht resultierten.[28] «Vraiment le Gouvernement provisoire aura du mérite s'il tire quelque chose de stable d'un pareil chaos.»[29]

Mit besonderem Interesse beobachtete Odier die Entwicklung der Aussenpolitik und namentlich das Scheitern des neuen Aussenministers Pavel N. Miljukov, der sich durch sein Festhalten an bisheriger Kriegspolitik und Alliiertentreue zusehends mit dem Sowjet, aber auch mit der übrigen Provisorischen Regierung überwarf und im Mai zurücktreten musste.[30] Odier glaubte nach dem Abgang Miljukovs und der Umbildung der Provisorischen Regierung (in die jetzt auch mehrere sozialistische Minister Einsitz nahmen) als neues Ziel der russischen Aussenpolitik den unbedingten Friedensschluss, wenn nötig den

---

19 Odier an Bundesrat Hoffmann, 11./24. 3. 1917. DDS, Bd. 6, Nr. 287.

20 Vgl. etwa Odier an Bundesrat Hoffmann, 15./28. 3. und 21. 3./3. 4. 1917. BAR, E 2300 Petersburg/3.

21 Vgl. Odier an Bundesrat Hoffmann, 15./28. 3. und 28. 3./10. 4. 1917. BAR, E 2300 Petersburg/3; Geschäftsträger a. i. Lardy an Bundesrat Ador, 17./30. 7. 1917. Ebd.

22 Vgl. Odier an Bundesrat Hoffmann, 21. 3./3. 4. 1917. BAR, E 2300 Petersburg/3.

23 Vgl. Odier an Bundesrat Hoffmann, 21. 3./3. 4. und 17./30. 5. 1917. BAR, E 2300 Petersburg/3; schweizerische Gesandtschaft in Petrograd an das EPD, 24. 4. 1917. Ebd. – Zur Diskussion um einen möglichen russischen Separatfrieden mit Deutschland vgl. auch EPD an die schweizerische Gesandtschaft in Petrograd, 20. 4. 1917. Ebd.

24 Vgl. etwa schweizerische Gesandtschaft in Petrograd an das EPD, 31. 3. und 4. 11. 1917. BAR, E 2300 Petersburg/3; Odier an Bundesrat Hoffmann, 28. 3./10. 4. und 13./26. 5. 1917. Ebd.; Lardy an Bundesrat Ador, 17./30. 7. und 24. 8./6. 9. 1917. Ebd.

25 Vgl. etwa Odier an Bundesrat Hoffmann, 12./25. 4. 1917. BAR, E 2300 Petersburg/3; schweizerische Gesandtschaft in Petrograd an das EPD, 21. 10. 1917. Ebd.

26 Vgl. etwa Odier an Bundesrat Hoffmann, 6./19. 5. 1917. BAR, E 2300 Petersburg/3; schweizerische Gesandtschaft in Petrograd an das EPD, 10. 6. 1917. Ebd.; Lardy an Bundesrat Ador, 28. 7./10. 8. 1917. Ebd.

27 Vgl. Odier an Bundesrat Hoffmann, 21. 3./3. 4. 1917. BAR, E 2300 Petersburg/3.

28 Vgl. Odier an Bundesrat Hoffmann, 11./24. 3., 21. 3./3. 4. und 30. 4./13. 5. 1917. BAR, E 2300 Petersburg/3. – Für Zeitungsartikel zur Februarrevolution vgl. BAR, E 21/14021.

29 Odier an Bundesrat Hoffmann, 12./25. 4. 1917. BAR, E 2300 Petersburg/3.

30 Vgl. Odier an Bundesrat Hoffmann, 28. 3./10. 4. und 22. 4./5. 5. 1917. BAR, E 2300 Petersburg/3; schweizerische Gesandtschaft in Petrograd an das EPD, 24. 4. 1917. Ebd.

Separatfrieden zu erkennen.[31] Wie unausgereift diese zuhanden Berns abgegebene Einschätzung war, zeigten spätestens die harschen russischen Reaktionen
auf die publik gewordenen mutmasslichen Vermittlungsaktivitäten von Nationalrat Grimm und Bundesrat Hoffmann.[32]
Während Odier in Bern über die russische Dimension der Affäre Hoffmann/
Grimm rapportierte, berichtete an seiner Stelle Geschäftsträger Lardy aus
Petrograd über die weiteren Umbildungen der Provisorischen Regierung,[33]
über die Rolle der sich zurückziehenden Minister der Kadetten-Partei und über
den in seiner Urheberschaft schwer durchschaubaren Juliaufstand.[34] Schon
Anfang Mai hatte die Gesandtschaft als neuen blutigen Konflikt jenen zwischen den siegreichen revolutionären Kräften und der «extrem pazifistisch-
revolutionären» Partei der «Maximalisten» (also der Bol'ševiki) und Anarchisten
um Lenin vermeldet.[35] Lardy diskutierte die Lage mit anderen Diplomaten vor
Ort. In Aleksandr Kerenskij, dem neuen Protagonisten der Provisorischen
Regierung, sah er zunächst einen durchaus hoffnungsvollen Kämpfer für eine
starke, aber demokratische Macht.[36] Als sich auch Kerenskij in immer neue
Auseinandersetzungen verstrickte, zweifelte Lardy daran, ob Russland überhaupt noch zu retten sei: «Tout en insistant sur le fait que la mobilité du
tempérament russe est une perpétuelle source d'imprévus, et interdit tous
pronostics, je me demande si l'état de désorganisation et de démoralisation n'a
pas dépassé le point jusqu'où un revirement moral serait utilisable.»[37]
Der erfolglose Staatsstreich, mit dem General Kornilov den weiteren Macht-
gewinn der Bol'ševiki aufzuhalten versuchte, stellte im Spätsommer einen nächsten Höhepunkt der Verwirrung dar.[38] Lardy erkannte den Aufwind der linken
Gruppierungen durch Kornilovs Scheitern und berichtete in der Folge vom
Zulauf der Bol'ševiki.[39] Russland, so Lardys Fazit am 7. Oktober, habe im
Moment keine Regierung.[40] Neue Unruhen waren möglich, die Lage in Petrograd

31 Odier an Bundesrat Hoffmann, 6./19. 5. 1917. BAR, E 2300 Petersburg/3.
32 Zur Affäre Hoffmann/Grimm vgl. oben S. 382–385.
33 Vgl. Lardy an Bundesrat Ador, 9./22. 7. und 28. 7./10. 8. 1917. BAR, E 2300 Petersburg/3;
    schweizerische Gesandtschaft in Petrograd an das EPD, 22. 7., 4. 8., 15. 9., 16. 9. und 9. 10.
    1917. Ebd.
34 Lardy an Bundesrat Ador, 9./22. 7. 1917. BAR, E 2300 Petersburg/3.
35 Schweizerische Gesandtschaft in Petrograd an das EPD, 3. 5. 1917. BAR, E 2300 Petersburg/3;
    Odier an Bundesrat Hoffmann, 22. 4./5. 5. 1917. Ebd.; schweizerische Gesandtschaft in Petrograd
    an das EPD, 10. 6. 1917. Ebd.
36 Lardy an Bundesrat Ador, 17./30. 7. 1917. BAR, E 2300 Petersburg/3.
37 Lardy an Bundesrat Ador, 28. 7./10. 8. 1917. BAR, E 2300 Petersburg/3.
38 Vgl. schweizerische Gesandtschaft in Petrograd an das EPD, 10. (zwei Telegramme) und 12. 9.
    1917. BAR, E 2300 Petersburg/3. Zu den Hintergründen der Kornilov-Affäre vgl. auch Lardy
    an Bundesrat Ador, 24. 9./7. 10. 1917. Ebd.
39 Ebd.; schweizerische Gesandtschaft in Petrograd an das EPD, 12., 14., 15., 16. und 24. 9. 1917.
    BAR, E 2300 Petersburg/3.
40 Lardy an Bundesrat Ador, 24. 9./7. 10. 1917. BAR, E 2300 Petersburg/3.

blieb unsicher – auch militärisch. Wiederholt ist in den Berichten von der drohenden deutschen Flotte und vom geplanten Wegzug wichtiger Einrichtungen ins Landesinnere die Rede.[41] Dann die Meldung vom 25. Oktober/7. November:

«Es scheint, der Staatsstreich der Maximalisten könne als gelungen betrachtet werden.

Petrograd liegt vollständig in den Händen des hiesigen Sowjets, zu dessen Gunsten sich fast die ganze Garnison ausgesprochen hat. [...] Es sei eine Regierung Lenin/Trotzki in Bildung begriffen.

Abteilungen der Sowjet-Truppen besetzen die Stadt. Die Hauptverkehrsadern sind verbarrikadiert. Abends 10 Uhr hörte man in der Umgebung des Winterpalastes Gewehr- und Geschützfeuer.»[42]

Der Gesandte Odier war kurz vor der Oktoberrevolution wieder in Petrograd eingetroffen. Er schilderte nun detailliert die Geschehnisse: die Belagerung und die Einnahme des Winterpalais, die Übernahme der Kontrolle über Post, Telegraf und Telefon durch die Bol'ševiki, die Verhaftung von Ministern der Provisorischen Regierung und die Bildung einer neuen bolschewistischen Exekutivgewalt mit «Oulianof dit Lénine» an der Spitze und Trotzki in der Funktion des Aussenministers. Auch die Gewaltexzesse der Revolution beschrieb Odier: «Cet après-midi, sous les fenêtres de la Légation, rue Gogol, une automobile qui circulait dans la rue fut arrêtée par des marins postés sous les portes des maisons voisines: trois Junkers qui se trouvaient dans l'automobile y furent assommés à coups de crosse par les marins et transportés dans la cour du Grand-Hôtel: deux d'entre eux qui respiraient encore furent achevés à coups de fusil. D'assez nombreux curieux assistaient impassibles à ce massacre.»[43]

Man warte auf eine energische Intervention von Kerenskijs Truppen, hiess es am 17. November, aber noch gleichentags vermeldete die Gesandtschaft, die definitive Niederlage Kerenskijs werde in Petrograd gefeiert. «La situation est des plus incertaines.»[44]

---

41 Vgl. schweizerische Gesandtschaft in Petrograd an das EPD, 21. 10. und 4. 11. 1917. BAR, E 2300 Petersburg/3. Zu Fluchtplänen der Regierung vgl. auch schweizerische Gesandtschaft in Petrograd an das EPD, 10. 9. 1917. Ebd.

42 Schweizerische Gesandtschaft in Petrograd an das EPD, 7. 11. 1917. DDS, Bd. 6, Nr. 351; vgl. auch schweizerische Gesandtschaft in Petrograd an das EPD, November 1917 (Eingang: 12. 11. 1917). BAR, E 2300 Petersburg/3.

43 Odier an Bundesrat Ador, 28. 10./10. 11. 1917. BAR, E 2300 Petersburg/3. Ein Zusatz vom 2./15. November lässt darauf schliessen, dass dieser Bericht erst um den 16. November abgeschickt werden konnte. – Zu angeblichen bolschewistischen Massakern vgl. später auch Crottet (Chef der Finanzsektion der Gesandtschaft in Petrograd) an das EPD: *Rapport sur la situation économique en Russie en Septembre 1918*, 23. 9. 1918. BAR, E 2300 Petersburg/4.

44 Schweizerische Gesandtschaft in Petrograd an das EPD, 17. 11. 1917 (zwei Telegramme). BAR, E 2300 Petersburg/3. – Zur Revolution in Moskau vgl. etwa Odier an Bundesrat Ador, 25. 11./8. 12. 1917. Ebd.

Breiten Raum nehmen in den Gesandtschaftsberichten die von der bolschewistisch dominierten Regierung unternommenen Friedensvorstösse ein – Vorstösse, die am 3. März 1918 mit dem Vertrag von Brest-Litovsk einen verlustreichen Abschluss fanden, indem die Sowjetführung namentlich auf das Baltikum, Polen, die Ukraine und Finnland verzichten musste.[45] Immer noch war von Evakuationsmassnahmen wegen deutscher Bedrohung die Rede, auch der Umzug verschiedener Amtsstellen nach Moskau im März 1918 erschien zunächst als eine temporäre Aktion.[46] Weiter lesen wir von den Konsequenzen der Nationalisierung des Privatbesitzes, von der Übernahme der Reichsbank durch die neue Regierung und etwas später von der Schliessung der Privatbanken,[47] dann immer wieder von der sich verschärfenden Versorgungslage,[48] den Ausreisebedingungen für heimkehrwillige Schweizerinnen und Schweizer,[49] den bolschewistischen Repressalien gegen ehemalige Regierungsvertreter und gar gegen Repräsentanten des diplomatischen Korps[50] sowie ganz allgemein von der gewalttätigen Etablierung bolschewistischer Macht.[51] Demütigun-

45 Vgl. etwa schweizerische Gesandtschaft in Petrograd an das EPD, 22. 11., 30. 11., 3. 12. und 10. 12. 1917. BAR, E 2300 Petersburg/3; Odier an Bundesrat Ador, 25. 11./8. 12. 1917. Ebd.; schweizerische Gesandtschaft in Petrograd an das EPD, 22. 1., 21. 2., 23. 2., 27. 2., 6. 3., 17. 3. und 26. 3. 1918. BAR, E 2300 Petersburg/4; Odier an Bundespräsident Calonder, 22.–24. 2./7. bis 9. 3. 1918. Ebd. – Seit Februar 1918 galt im bolschewistischen Herrschaftsbereich der westliche gregorianische Kalender. Die bisherige Doppeldatierung wurde damit unnötig, sie ist aber für eine gewisse Übergangszeit weiterhin anzutreffen und erscheint gar als politisches Zeichen derjenigen Kräfte, welche die Bol'ševiki samt ihren Neuerungen bekämpften.

46 Vgl. schweizerische Gesandtschaft in Petrograd an das EPD, 23. 2., 1. 3., 6. 3., 9. 3. und 13. 3. 1918. BAR, E 2300 Petersburg/4; Odier an Bundespräsident Calonder, 22.–24. 2./7.–9. 3. und 28. 3./10. 4. 1918. Ebd. – Zur anhaltenden Gefahr einer deutschen Besetzung Petrograds vgl. Odier an das EPD, 18. 7. 1918. Ebd.

47 Schweizerische Gesandtschaft in Petrograd an das EPD (Eingang: 18. 12. 1917). BAR, E 2300 Petersburg/3; schweizerische Gesandtschaft in Petrograd an das EPD, 15. 1. (zwei Telegramme) und 7. 2. 1918 (zwei Telegramme). BAR, E 2300 Petersburg/4; Odier an Bundespräsident Calonder, 9./22. 1. 1918. Ebd. – Das Allrussländische Zentrale Exekutivkomitee dekretierte am 14./27. Dezember 1917 die Nationalisierung der Banken. Die Privatbanken gingen in der nunmehr sowjetischen Staatsbank auf, vgl. das *Dekret über die Nationalisierung der Banken* vom 14./27. Dezember 1917. In: Die ersten Dekrete der Sowjetmacht, S. 97 f.; Ėkonomičeskaja Ėnciklopedija: Političeskaja Ėkonomija, Bd. 1, S. 129. Zur Publikation des Dekrets zur Annullierung der Gesellschaftskapitalien der Privatbanken vgl. schweizerische Gesandtschaft in Petrograd an das EPD, 11. 2. 1918. BAR, E 2300 Petersburg/4. Für die Meldung, die Nationalisierung der Banken habe angefangen, vgl. Odier an Bundespräsident Calonder, 26. 10. 1918. Ebd.

48 Vgl. etwa Odier an Bundespräsident Calonder, 9./22. 1., 27. 5./9. 6. und 26. 10. 1918. BAR, E 2300 Petersburg/4; Odier an das EPD, 9./16. (sic) 6., 13. 9. und 25. 9. 1918. Ebd.

49 Vgl. etwa schweizerische Gesandtschaft in Petrograd an das EPD, 22. 1. 1918. BAR, E 2300 Petersburg/4. Vgl. auch unten das Kapitel zur Repatriierung (besonders S. 548–554).

50 Zu einer erfolgreichen Demarche des diplomatischen Korps bei Lenin wegen der Verhaftung des rumänischen Ministers vgl. Odier an Bundespräsident Calonder, 9./22. 1. 1918. BAR, E 2300 Petersburg/4; vgl. auch schweizerische Gesandtschaft in Petrograd an das EPD, 15. 1. 1918. Ebd.

51 Vgl. etwa schweizerische Gesandtschaft in Petrograd an das EPD, 22. 1. 1918. BAR, E 2300

gen der «Bürgerlichen», der Priester oder der ehemals feinen Damen waren an der Tagesordnung: «Tout ce que la haine de classe peut inventer de moyens d'humilier les anciens bourgeois est mis en œuvre avec ténacité.»[52] Spezielles Interesse zeigte das Politische Departement für allfällige Schweizer Sympathisanten der Bol'ševiki. Die Gesandtschaft berichtete Anfang Februar 1918, Nationalrat Fritz Platten plane, eine von einem gewissen «Salkinde» geführte Delegation des neuen Regimes nach Westeuropa zu begleiten, wobei er im Namen des schweizerischen Proletariats auftrete. Und der Berner Grossrat Carl Moor sei angeblich angereist, um sich ein Bild über die Zustände zu machen.[53]

Neben den politischen Berichten, die sich dann auch mit dem Bürgerkrieg in der Provinz befassten,[54] informierte die Petrograder Vertretung den Bundesrat regelmässig über die wirtschaftliche Situation. Alexandre Crottet, Chef der neuen Finanzabteilung der Gesandtschaft, betonte den Einfluss der politischen auf die ökonomische Lage: «Est-il besoin d'ajouter que, dans ces conditions, les préoccupations financières, industrielles et commerciales ont passée à l'arrière-plan. On se borne à se défendre de son mieux – ce qui ne veut malheureusement pas dire grand'chose – contre les vols, les extorsions, les brigandages croissants des bolchéviks dont les appétits s'exaspèrent à mesure qu'ils approchent de la culbute finale.»[55]

Im Juli 1918 meinte Odier freilich, Anzeichen eines baldigen Sturzes der Sowjetregierung seien nicht in Sicht,[56] und auch Crottet gestand im September ein, nach dem deutschen Verzicht auf eine Besetzung Petrograds sei die schlimmste Variante eingetroffen, nämlich der vorläufige Verbleib der Bol'ševiki an der Macht.[57] Die Auseinandersetzungen innerhalb der Sowjetregierung veranschaulichte im Frühling und Sommer 1918 das Aufbegehren der Sozialrevolutionäre, deren Vertreter unter den neuen Ministern (den *Volkskommissaren*)

Petersburg/4. – Zur Hinrichtung von vier Grossfürsten vgl. Ministerresident Junod an Bundesrat Calonder, 4. 2. 1919. Ebd.

52 Odier an das EPD, 9./16. (sic) 6. 1918. BAR, E 2300 Petersburg/4; vgl. auch Odier an Bundespräsident Calonder, 26. 10. 1918. Ebd. Zur Vernichtung der Bourgeoisie vgl. auch Crottet an das EPD: *Rapport sur la situation économique en Russie en Septembre 1918*, 23. 9. 1918. Ebd.

53 Moor zeige sich dem Vernehmen nach von den maximalistischen Methoden und der Wirtschaftslage betroffen. Schweizerische Gesandtschaft in Petrograd an das EPD, 4. 2. 1918. BAR, E 2300 Petersburg/4.

54 Vgl. etwa Odier an Bundespräsident Calonder, 28. 3./10. 4., 27. 5./9. 6., 29. 6./12. 7., 12.–13. 8. und 26. 10. 1918. BAR, E 2300 Petersburg/4; Odier an das EPD, 9./16. (sic) 6. 1918. Ebd.; Odier an das EPD, 18. 7. 1918. BAR, E 2001 (B) -/1/23 (B 21/133 Petrograd 1).

55 Crottet an das EPD: *Rapport sur la Situation Economique de la Russie en Août 1918*, 8. 8. 1918 (vertraulich). BAR, E 2300 Petersburg/4; vgl. auch Crottet an das EPD: *Rapport sur la situation économique en Russie en Juin 1918* (Eingang: 26. 6. 1918). Ebd.

56 Odier an Bundespräsident Calonder, 29. 6./12. 7. 1918. BAR, E 2300 Petersburg/4.

57 Crottet an das EPD: *Rapport sur la situation économique en Russie en Septembre 1918*, 23. 9. 1918. BAR, E 2300 Petersburg/4.

aus Protest gegen den Frieden von Brest-Litovsk zurücktraten. Spektakulär und in den Schweizer Berichten prominent abgehandelt dann der von Linken Sozialrevolutionären am 6. Juli verübte Mord am deutschen Botschafter Graf Mirbach, der das definitive Ausscheiden der Sozialrevolutionäre als zweite politische Führungskraft neben den Bol'ševiki bedeutete. Odier erkannte sofort die machtpolitische Konsequenz dieses Attentats und prophezeite, Trotzki werde den Mord zweifellos benützen, um viele seiner Gegner unschädlich zu machen.[58] Im September vermeldete der Gesandte den Zustand des blanken Terrors. Tag und Nacht würden bewaffnete Gruppen in Privatwohnungen eindringen, und besonders bei ehemals Gutgestellten werde willkürlich geplündert und verhaftet.[59]

1.2.2. Wahrnehmungsmuster

Bei näherem Betrachten lassen sich in all den Berichten und allgemein in der Wahrnehmung der russischen Revolutionen durch die offizielle Schweiz Bereiche gesteigerter Aufmerksamkeit, explizite oder auch unterschwellige Deutungsmuster, emotionale Reaktionen und Erwartungshaltungen erkennen. Es ist nicht von einer homogenen Perzeption auszugehen; die folgenden Kategorien sollen vielmehr das Spektrum des schweizerischen behördlichen Russlanddiskurses jener Zeit umreissen.[60] Zunächst zu den Brennpunkten des Interesses.
1. Die Sorge um die materielle und leibliche Sicherheit der zahlreichen Landsleute im Russischen Reich lenkte den schweizerischen Behördenblick immer wieder auf Schadensmeldungen, administrative Repressalien, Enteignungen und allgemein auf die praktischen Lebensbedingungen im revolutionären Alltag. Zwischen Empörung und Unverständnis würdigten die Schweizer Vertreter verschiedentlich das Entgegenkommen einzelner Sowjetfunktionäre oder des neuen Regimes insgesamt. Vizekonsul Suter etwa schrieb in seinem Rückblick, der stellvertretende Volkskommissar für auswärtige Angelegenheiten Lev Karachan habe durch seine Interventionen oftmals barbarische Massnahmen

---

58 Odier an das EPD, undatiert. BAR, E 2300 Petersburg/4; vgl. auch Vizekonsul Suter (Moskau) an das EPD, 8. 7. 1918. Ebd.
59 Odier an Bundespräsident Calonder, 9. 9. 1918. BAR, E 2300 Petersburg/4; Odier an das EPD, 13. 9. 1918. Ebd.
60 Um eine Übergewichtung beliebiger Einzelwahrnehmungen zu vermeiden, rücke ich die Aussagen jener Personen ins Zentrum, die dem Bundesrat als Hauptinformanten über die Lage in Russland dienten, also die Berichte und Analysen der Petrograder Missionschefs Edouard Odier und Albert Junod sowie des interimistischen Moskauer Konsulatsvorstehers Friedrich Suter. Bei einigen der angeführten Quellen handelt es sich um retrospektive Analysen aus den Jahren 1919/20. Diese Rückblicke zeichnen sich wohl durch ausgeprägtere Reflexion des Geschehens, meines Erachtens aber nicht durch eine grundsätzlich veränderte Sicht der Dinge aus.

gegen Schweizer abgemildert.[61] Und auch Ministerresident Junod, Odiers Nachfolger, anerkannte im Nachhinein, dass die Gesandtschaft bis zum Schluss funktionieren konnte und dass Schweizerinnen und Schweizer nie besonderen Repressionen ausgesetzt waren.[62]

2. Wenn 70 Jahre zuvor das Zarenregime die Formierung des neuen schweizerischen Bundesstaates als Verletzung der Verträge von 1815 betrachtet und mit legalistischer Missbilligung bedacht hatte, so bildete die Einhaltung internationaler Verpflichtungen und überhaupt die Respektierung von Rechtsgrundsätzen während der russischen Revolutionen umgekehrt einen Beobachtungsfokus der Schweizer Behörden. Der Bundesrat drängte auf die weitere Gültigkeit des Handels- und Niederlassungsvertrags von 1872;[63] auf dessen Grundlage sah sich die Gesandtschaft in Petrograd gar berechtigt, eine Meistbegünstigung im Hinblick auf den deutsch-russischen Friedensvertrag einzufordern.[64] Der rechtsstaatliche Blick qualifizierte die Herrschaftsmethoden der Bol'ševiki bald einmal als willkürlich und «terroristisch».[65] Abgesehen vom Terror der neuen Machthaber sind die Schweizer Berichte aber auch voll von Zeugnissen zur allgemeinen Rechtsunsicherheit, zu nächtlichen Schüssen und revolutionären Anpöbelungen.[66]

3. Die zarische Autokratie hatte als Regierungs- und Staatsform in der Schweiz nie hohes Ansehen genossen, im Gegenteil: sie galt als «asiatisch», barbarisch und rückständig.[67] Die Eidgenossen hatten die Verlässlichkeit der russischen Rechtsordnung immer wieder angezweifelt, und der Bundesrat hielt zarischen Vorstellungen von staatlicher Allmacht wiederholt die Freiheitsrechte des privaten Individuums entgegen. Vor diesem Hintergrund erstaunt es nicht, dass die Schweiz den russischen Revolutionen anfänglich nicht nur mit Ängsten, sondern auch mit liberalen Hoffnungen begegnete. Nationalrat Grimm und einige seiner Ratskollegen gaben sich gar der Vision hin, Russland würde nun gewissermassen in die staatspolitischen Fussstapfen der Schweiz treten. Wenn es nach diesen Leuten gegangen wäre, hätte die grosse Kammer des schweizeri-

61 *Das Sterben Russlands: Selbst-Erlebtes und Geschautes mit Gehörtem und Gelesenen verglichen. Der schweizerischen Regierung gewidmet von Fr. Suter, Vize-Konsul aus Moskau, z. Zt. in Warschau. Ostern 1920.* BAR, E 2300 Warschau/1. Dieses 50-seitige Manuskript liegt auszugsweise gedruckt vor: Suter, «Das Sterben Russlands» (hier S. 288).

62 A. Junod: *Rapport sur la situation politique, sociale et économique de la Russie. (Résumé des rapports présentés au Département politique suisse par A. Junod, ministre-résident de Suisse en Russie.)* Lausanne, 21. 5. 1919 (im Folgenden: Junod: Rapport, 21. 5. 1919). BAR, E 2001 (E) -/13 (B 64).

63 Vgl. unten S. 535.

64 Dieser Haltung schlossen sich auch andere neutrale Vertreter an, vgl. schweizerische Gesandtschaft in Petrograd an das EPD, 14. 3. 1918. BAR, E 2300 Petersburg/4.

65 Vgl. etwa Odier an Bundespräsident Calonder, 9./22. 1. und 9. 9. 1918. BAR, E 2300 Petersburg/4.

66 Vgl. etwa Vizekonsul Suter an das EPD, 8. 7. 1918. BAR, E 2300 Petersburg/4.

67 Vgl. Scheidegger, Abendland, S. 26 f.; Moser, Schweizer Russenbild, S. 20 f., 36–38, 103.

schen Parlamentes die Februarrevolution mit folgenden Worten begrüsst: «Die schweizerische Volksvertretung, die Repräsentantin der ältesten Demokratie Europas, entbietet der russischen Revolution freudigen Gruss und Glückwunsch. In dieser unheilvollen Zeit des Grauens erblickt der schweizerische Nationalrat in dem weltgeschichtlichen Ereignis den glorreichen Aufstieg jener demokratischen und freiheitlichen Ideen, welche die Grundlage der helvetischen Republik und den lebendigen Inhalt ihrer Verfassung bilden, und erwartet von der Demokratisierung des bisherigen Zarenreiches eine der Bürgschaften für den endlichen Triumph des Friedens und der Verständigung der Völker über die Schreckensherrschaft des Krieges.»[68] Der Begrüssungsvorschlag scheiterte an neutralitätspolitischen Bedenken, aber auch am Widerstand gegen die Huldigung an eine Revolution.[69] Die zum Teil positiven Reaktionen der Schweiz auf die Februarrevolution wurden von den russischen Vertretern in Bern registriert. Geschäftsträger Bibikov meldete nach Petrograd, das anfängliche Misstrauen der germanophilen Deutschschweizer Presse gegen eine mögliche Anarchie in Russland sei mehr und mehr einem einsichtigen Wohlwollen gewichen; die welschen Zeitungen begrüssten sowieso einhellig den russischen Neubeginn. «Insgesamt haben die jüngsten Ereignisse in der Schweiz einen tiefen Eindruck zugunsten Russlands hinterlassen. [...] In den persönlichen Beziehungen der Schweizer mit den Russen kann man eine grosse Verbesserung feststellen.»[70]

In den Schweizer Berichten aus Petrograd und Moskau wichen die liberalen Erwartungen freilich schnell der Ernüchterung, besonders nach der Oktoberrevolution. Odier vermeldete 1918 die andauernde, ja gar verschärfte Einschränkung der Pressefreiheit: «Jamais dans les plus sombres jours du tsarisme on n'a vu la presse soumise à un régime aussi tyrannique; chaque jour on annonce la suppression de deux ou trois feuilles [...].»[71] Auch Ministerresident Junod sprach von der Tyrannei einer einzigen privilegierten Oberschicht, von der blossen Illusion der Freiheit, welche die Bol'ševiki der Bevölkerung gegeben hätten. «En réalité, le régime bolchéviste, très arriéré, si nous le comparons à notre démocratie suisse, sanctionne l'avénement d'une minorité, appuyée sur la force et la terreur, car le suffrage universel est inconnu.»[72]

4. Eng mit den enttäuschten liberalen Hoffnungen verbunden war das schwei-

---

68 Motion Grimm, 22. 3. 1917. BAR, E 1301 (-) 1960/51, Bd. 178, Nr. 638.

69 Die Motion wurde mit 77 gegen 24 Stimmen abgelehnt. Protokoll der Sitzung des Nationalrates, 30. 3. 1917. Švejcarija – Rossija, Nr. 94.

70 Bibikov an Aussenminister Miljukov, 9./22. 3. 1917 (aus dem Russischen; geheim). Rossija – Švejcarija, Nr. 93, S. 181; vgl. auch Ignat'ev, Vnešnjaja politika vremennogo pravitel'stva, S. 131.

71 Odier an Bundespräsident Calonder, 30. 4. bis 6. 5./13. bis 19. 5. 1918. BAR, E 2300 Petersburg/4; vgl. auch Odier an Bundespräsident Calonder, 26. 10. 1918. Ebd.

72 Junod: Rapport, 21. 5. 1919. BAR, E 2001 (E) -/13 (B 64); vgl. auch Junod an Bundespräsident Calonder, 11. 12. 1918. BAR, E 2001 (B) -/1/23 (B 21/133 Petr. 2/1).

zerische Bewusstsein um die eigene revolutionäre Vergangenheit und um die Rolle, welche das Asylland Schweiz für die antizarische russische Dissidenz gespielt hatte. Odier glaubte, die bolschewistischen Führer wollten sich die Gunst des Bundesrates nicht verspielen, um im Falle des Scheiterns in der Schweiz erneute Zuflucht zu finden.[73] Und Suter grämte sich über den Vorwurf, die Schweiz habe ihr Asyl Verbrechern gewährt. «LENIN-ULIANOFF und so viele andere haben bei uns das Asylrecht genossen, dasselbe missbraucht und uns wie die ganze Welt betrogen!»[74]

5. Lenin erregte als Führer der Bol'ševiki besondere Aufmerksamkeit. Der Gesandtschaft in Petrograd wie dem Moskauer Konsulat erschien er selbst nicht als der schlimmste Extremist. Junod schrieb im Rückblick: «Esprit cultivé, polyglotte habile, il est d'un commerce agréable et ne dédaigne pas la controverse. Il connaît à fond notre pays et semble en avoir conservé le meilleur souvenir. Dans le Comité exécutif, Lénine joue le rôle d'élément modérateur; mais il est débordé par de plus fanatiques, qui n'ont ni son intelligence, ni son sens des possibilités.»[75] Und Vizekonsul Suter erinnerte sich an eine persönliche Audienz: «Lenin gibt sich Mühe ohne Leidenschaft, sachlich zu sprechen, ohne Überstürzung und jedes Wort überlegend. Er spricht in einem fliessenden Französisch und sucht stets die Tatsache zu unterstreichen, dass die ganze Welt dem Bolschewismus wird huldigen müssen, weil dies die einzige wirklich gerechte demokratische Staatsform auf neuzeitlicher Grundlage darstelle. [...] Äusserlich macht Lenin den Eindruck eines gutmütigen, aber etwas übersättigten Spiessbürgers. Die Kleidung ist ziemlich abgetragen, der Bart wenig gepflegt, und der fast kahle Kopf erinnert ziemlich stark an mongolische Mischung.»[76]

Prominente Führungsfiguren, die Lage der Russlandschweizer, die Respektierung des Rechts, mögliche Ansätze zu einer liberalen Entwicklung – dies also Bereiche, für die sich die offizielle Schweiz bei den russischen Revolutionen besonders interessierte. Wie aber erklärten sich Schweizer Amtsträger den grossen Umbruch in Russland, welche Bedeutung massen sie ihm zu?

1. Einen ersten Deutungshorizont eröffneten überkommene Stereotype. Die gängige Vorstellung von der Passivität der russischen Bevölkerung beispielsweise suggerierte plausible Kontinuität, wenn Odier 1910 die Gleichgültigkeit beschrieb, mit der Russinnen und Russen die offensichtlich gewordene

---

73 Odier an Bundespräsident Calonder, 9. 9. 1918. BAR, E 2300 Petersburg/4. – Zur angeblichen Aussage eines Sowjetkommissars, die den Schweizern 1919 weggenommenen Pässe würden nicht zurückgegeben, da sie die Bol'ševiki für den Fall eines Regierungswechsels bräuchten, vgl. Georges Graf an den Staatsrat des Kantons Genf, 15. 4. 1922. BAR, E 21/16135.

74 F. Suter: *Das Sterben Russlands: Selbst-Erlebtes und Geschautes mit Gehörtem und Gelesenen verglichen.* BAR, E 2300 Warschau/1 (S. 42).

75 Junod: Rapport, 21. 5. 1919. BAR, E 2001 (E) -/13 (B 64).

76 Suter, «Das Sterben Russlands», S. 286 f.

Wirkungsarmut des Oktobermanifestes hinnahmen,[77] oder wenn Finanzchef Crottet später berichtete, die bolschewistischen Funktionäre würden auf eine «obéissance passive» getrimmt.[78] Geschäftsträger Lardys Rede von der «mobilité du tempérament russe», die jede Prognose verbiete,[79] liess wiederum das traditionelle westeuropäische Bild der russischen Unberechenbarkeit anklingen, das schon Christoph Meiners Ende des 18. Jahrhunderts kolportierte, als er den Russen unter anderem Geneigtheit zu «Ränken und Betrügereyen» oder zu «grundlosem Argwohn» nachsagte.[80] Zielstrebige Falschheit und Hinterlist glaubte alt Konsul Würgler im aussenpolitischen Verhalten der Bol'ševiki zu erkennen, etwa in heuchlerischen Versprechungen.[81] Die Schweizer sahen auch einzelne Elemente ihrer althergebrachten Vorstellung vom russischen Staat in der Herrschaftsordnung der Bol'ševiki erneuert und bestätigt, so namentlich das Bild des asiatischen Despotismus. Würgler: «Wer das Gift [des Bolschewismus] im Staate duldet, wird selbst sein Opfer, das Opfer asiatischer Diktatur der Minderheit, öffnet dem Hunger, Elend und Verderben die Tür!»[82] Dass Vizekonsul Suter Lenin als einen asiatischen Typ beschrieb, haben wir gesehen. Und wenn bereits der zarische Staatsapparat als undurchsichtig, ineffizient und bürokratisch gegolten hatte, so meinte Crottet 1918 auch von den Sowjetbehörden: «Pour qui voit les choses de près, il est évident que ce qu'ils ont créé n'est qu'un formidable appareil bureaucratique, tournant à vide et dont l'unique résultat est de donner la subsistance à une armée d'ignorants et la possibilité de voler à une armée plus nombreuse encore de coquins et de chevaliers d'industrie.»[83]

2. Nahtlos an die traditionellen westlichen Russlandstereotype liess sich das Deutungsraster der zivilisatorischen Entwicklung anschliessen. Einer schon zur Zarenzeit in der Neuen Zürcher Zeitung behaupteten «Halbkultur des halbasiatischen russischen Volkes»[84] drohte unter den Bol'ševiki die gänzliche Verrohung – oder wie Crottet im Oktober 1918 meinte: «[...] le peu de culture qu'il y avait en Russie continue à disparaître.»[85] Einzige Abhilfe, so Crottet, könne da eine internationale Okkupation für mehrere Jahre bieten, denn sich selbst überlassen werde sich das neue Russland schrittweise auf das Niveau inferiorer

---

77 Odier an Bundespräsident Comtesse, 27. 5./9. 6. 1910. BAR, E 2300 Petersburg/2.

78 Crottet an das EPD: *Rapport sur la situation économique en Russie en Juillet, 1918*, 16. 7. 1918. BAR, E 2300 Petersburg/4.

79 Lardy an Bundesrat Ador, 28. 7./10. 8. 1917. BAR, E 2300 Petersburg/3.

80 Zit. in: Scheidegger, Abendland, S. 25.

81 *Die bolschewistische Diktatur in Russland: Bericht und Aufklärungen von Carl Heinrich Würgler, Juli 1920*. BAR, E 2300 Moskau/1, Mappe *Jalta, Kiew, Odessa und Tiflis*.

82 Ebd.

83 Crottet an das EPD: *Rapport sur la situation économique en Russie, Octobre, 1918*, 29. 10. 1918. BAR, E 2300 Petersburg/4.

84 *Maxim Gorjki*. In: NZZ, 5. 10. 1901 (Morgenblatt).

85 Crottet an das EPD: *Rapport sur la situation économique en Russie, Octobre, 1918*, 29. 10. 1918. BAR, E 2300 Petersburg/4.

Ackervölker zurückentwickeln; schon jetzt erkannte Crottet eine Entfesselung elementarer Instinkte.[86] Alt Konsul Würgler sah das bolschewistische Russland, dieses «hungrige und blutdürstige östliche Raubtier», bereits entmenschlicht.[87] Konsul Baltis in Åbo verglich die Bol'ševiki voll Abscheu mit den «Wilden in Afrika»,[88] und auch Vizekonsul Suter wurde nicht müde, die Kulturfeindlichkeit dieser Leute zu betonen und ihren Aufstieg als Bedrohung der kultivierten Menschheit darzustellen.[89] Nicht ohne westliche Herablassung beschrieb Suter, wie sich der stellvertretende Aussenkommissar Karachan in seinem mit aufwendiger Geschmacklosigkeit eingerichteten Büro darum bemühte, als «Kulturmensch» zu erscheinen.[90]

3. Immer wieder versuchten die Schweizer, bolschewistische Führungspersonen psychologisch zu durchleuchten und ihr Verhalten aufgrund von diagnostizierten Veranlagungen zu pathologisieren. Suter belegt 1920 die Gängigkeit solcher Erklärungsmuster, wenn er seine Ausführungen zuhanden des Bundesrates mit den Worten einleitet: «Ich weiss wohl, dass sie Ihnen nichts Neues sagen können, das[s] Ihnen die psychologischen wie die physiologischen Vorgänge, die das Sterben des mächtigen Russlands bewirkt haben, seit langem schon bekannt sind; ebenso deren Folgeerscheinungen.»[91]

Suter selbst lieferte besonders plakative Beispiele solcher «psychologischer» und «physiologischer» Befunde. Er überzog Trotzkis «scharfgeschnittenes Gesicht mit den allbekannten fanatischen ausgeprägten Linien»[92] ebenso mit unheilvoller Bedeutung wie das ungepflegte Äussere des Volkskommissars für auswärtige Angelegenheiten Čičerin[93] oder die angebliche Homosexualität des ČK-Führers Jakov Ch. Peters: «Mir erzählte ein russischer Arzt, dass man diesen Zustand bei den überzeugtesten Bolschewiks sehr oft beobachten könne, dass man sogar direkt aus der Sexual-Ethik dieser Personen sehr interessante Schlussfolgerungen auf ihre Gewaltpolitik und sozialpolitische De[n]kungsart ziehen könne.»[94]

---

86 Crottet an das EPD: *Rapport sur la situation économique en Russie en Juillet, 1918,* 16. 7. 1918. BAR, E 2300 Petersburg/4; Crottet an das EPD: *Rapport sur la situation économique en Russie en Septembre 1918,* 23. 9. 1918. Ebd.

87 *Die bolschewistische Diktatur in Russland: Bericht und Aufklärungen von Carl Heinrich Würgler, Juli 1920.* BAR, E 2300 Moskau/1, Mappe *Jalta, Kiew, Odessa und Tiflis.*

88 Baltis: *Zur Lage in Finnland. Siebenter Bericht,* 10. 12. 1917. BAR, E 2300 Åbo/1; Baltis: *Zur Lage in Finnland. Neunter Bericht,* 6. 3. 1918. Ebd.

89 Vgl. etwa Suter, «Das Sterben Russlands», S. 282; Suter an das EPD, 7. 2. 1919. BAR, E 2001 (B) -/1/23 (B 21/133 Petr. 2/1); Suter an das EPD, Warschau, 18. 8. 1919. BAR, E 2300 Moskau/1, Mappe *Konsulat Moskau 1917–1919;* ferner Collmer, Herbarium, S. 374.

90 Suter, «Das Sterben Russlands», S. 288.

91 Ebd., S. 280.

92 Ebd., S. 287.

93 Ebd.

94 Ebd., S. 290.

Die Gesandtschaft in Petrograd betonte ihrerseits die utopistische Verblendung, in der die bolschewistischen Führer gewissermassen gefangen waren. Junod sprach von «apôtres idéalistes»,[95] von «idéalistes fanatiques» und «utopistes imbus de théories socialistes extrêmes».[96] Crottet suggerierte ganz allgemein die ansteckende Krankhaftigkeit der bolschewistischen Gesinnung, wenn er von der zu bekämpfenden «contagion bolchéviste» sprach.[97] Bisweilen wurden beobachtete Verhaltensformen auch einfach einer vermeintlichen Verrücktheit zugeschrieben. Suter nannte ČK-Chef Dzeržinskij einen «vertierten, abnormalen Menschen»,[98] und Odier schilderte die Begegnung seines Sekretärs Bruggmann mit einem «véritable fou furieux» von bolschewistischem Funktionär, der seinen Besucher mit vorgehaltener Pistole zwingen wollte, russisch zu sprechen.[99]

4. Die Wahrnehmung der russischen Revolutionen war – auch im Falle der Schweiz – von einem Antisemitismus begleitet, der von der blossen Betonung einer jüdischen Sonderrolle bis zur offenen Diffamierung reichte. Schon nach der Februarrevolution bemerkte Odier: «Un fait assez curieux c'est le rôle que les Juifs s'efforcent de jouer dans la Révolution. [...] Des Israëlites profitant de la panique parmi les possesseurs de biens ruraux achètent à très bas prix, ce qui amène déjà une agitation anti-juive dans certains gouvernements du sud-ouest.»[100] Auch Junod hob hervor, dass ausser Lenin und Čičerin die meisten hohen Sowjetkommissare Juden oder Letten seien.[101] Im Vergleich mit seinem Vorgänger Odier erlaubte sich Junod deutlichere antisemitische Aussprüche, wenn er etwa über Karachan sagte: «[...] je sais ce que valent les promesses de ce Commissaire juif-arménien.»[102] Noch unmissverständlicher die Worte von Gesandtschaftssekretär Bruggmann, der 1919 die «Moskauer Juden» für die ganze Misere verantwortlich machte, als er sich mit möglichen Druckmitteln gegen die neuen Machthaber beschäftigte: «Zurückhaltung von russischen Internierten, Verweigerung der Durchreise der 25'000 in Frankreich z. B. wäre den Moskauer Juden durchaus gleichgültig; sie würden trotzdem Zeter und Mordio heulen, entsetzliche Entrüstung und Betroffenheit heucheln – in ihrer

95 Junod an Bundespräsident Calonder, 11. 12. 1918. BAR, E 2001 (B) -/1/23 (B 21/133 Petr. 2/1).
96 Junod: Rapport, 21. 5. 1919. BAR, E 2001 (E) -/13 (B 64).
97 Crottet an das EPD: *Rapport sur la situation économique en Russie, Octobre, 1918,* 29. 10. 1918. BAR, E 2300 Petersburg/4.
98 Suter, «Das Sterben Russlands», S. 290.
99 Odier an Bundespräsident Calonder, 9. 9. 1918. BAR, E 2300 Petersburg/4.
100 Odier an Bundesrat Hoffmann, 6./19. 5. 1917. BAR, E 2300 Petersburg/3; vgl. auch Odier an Bundesrat Calonder, 15. 4. 1919. BAR, E 2300 Petersburg/4. – Als Beilage eines Schreibens von General Wille an Bundesrat Decoppet (2. 11. 1917) findet sich die Aufstellung *Mitglieder der Soviet-Regierung in Russland,* wo neben den Namen der Personen auch ihre Pseudonyme und ihre «Rasse» vermerkt sind – wobei es darum zu gehen scheint, die jüdische Herkunft eines grossen Teils der Aufgelisteten vorzuführen. BAR, E 21/9840.
101 Vgl. Junod: Rapport, 21. 5. 1919. BAR, E 2001 (E) -/13 (B 64).
102 Junod an das EPD, 10. 12. 1918. Švejcarija – Rossija, Nr. 125, S. 329.

Stellungnahme uns gegenüber nichts ändern, sondern uns oder die Kolonien, oder beides noch viel mehr quälen als bisher.»[103]
In der heimatlichen Zentrale war Ähnliches zu hören. Walter Thurnheer, Adjunkt der Abteilung für Auswärtiges im Politischen Departement, notierte 1920, der stellvertretende Chef der ehemaligen Sowjetgesandtschaft in Bern, Grigorij L. Šklovskij, sei ein «kleiner, schlauer Jude mit Spitzbart».[104] Und Arnold Weyermann, Beamter bei der Zürcher Fremdenpolizei, warnte vor den russischen «Judo-Bolschewisten».[105]
5. Eine unspezifischere Variante religiöser Perzeption ist die Verteufelung der Sowjetregierung. Crottet sprach von der «habileté diabolique», mit der die Bourgeoisie ausgerottet werde,[106] und Suter evozierte gar eine Ahnenkette des Bösen: «Das teuflische der Tyrannen des Altertums und des Mittelalters lebt in ihnen [den Führern der Bol'ševiki] wieder auf, vom Adel zum Plebs avansiert. NERO, GESSLER, IWAN der SCHRECKLICHE, und wie sie alle heissen: heute stehen sie alle in proletarischer Maske wieder vor uns!»[107]
Im Kontext des Bürgerkriegs schrieb alt Konsul Würgler, wer die Folterkammern der Bol'ševiki gesehen habe, der schwöre «Todfeindschaft dem Bolschewismus und den Antichristen, die, jede Zivilisation verhöhnend, ihren lustmörderischen Durst mit dem Blute unschuldiger Menschen stillen».[108]
6. Wenn all die erwähnten Deutungsansätze zu keinem sinnhaften Bild der Ereignisse führten, so blieb die resignierte Konstatierung des Chaos. «C'est le désordre, la confusion, l'ignorance qui prétendent diriger les destinées de cette population.»[109] Besonders störend an diesem Zustand war für die zwischenstaatlichen Beziehungen die mangelnde Berechenbarkeit und das Fehlen von Alternativen zum herrschenden Regime, wie Junod bemerkte: «Mais par quelle forme de gouvernement le remplacer et quels hommes mettre au pouvoir? That is the question!»[110]
Soviel zu den Deutungsmustern. Einschätzungen dieser Art waren mit Emotionen verbunden. In den Berichten und Aktennotizen blitzen bisweilen Sarkas-

---

103 Bruggmann an Thurnheer (Adjunkt der Abteilung für Auswärtiges im Politischen Departement), 2. 1. 1919. BAR, E 2001 (B) -/1/23 (B 21/133 Petr. 2/1).
104 Memorandum Thurnheer, 2. 9. 1920. BAR, E 21/10423.
105 Arnold Weyermann: *Die russischen «Bolschewisten» in der Schweiz*, 11. 9. 1919. BAR, E 21/14021. Beim Autor handelt es sich wohl um den 1878 geborenen, 1918 heimgekehrten Russlandschweizer gleichen Namens, vgl. die elektronische Mitgliederkartei der VRS im RSA (Nr. 2843).
106 Crottet an das EPD: *Rapport sur la situation économique en Russie en Septembre 1918*, 23. 9. 1918. BAR, E 2300 Petersburg/4.
107 Suter, «Das Sterben Russlands», S. 291.
108 *Die bolschewistische Diktatur in Russland: Bericht und Aufklärungen von Carl Heinrich Würgler, Juli 1920*. BAR, E 2300 Moskau/1, Mappe *Jalta, Kiew, Odessa und Tiflis*.
109 Odier an Bundesrat Ador, 25. 11./8. 12. 1917. BAR, E 2300 Petersburg/3. Zum Befund des Chaos vgl. auch schweizerische Gesandtschaft in Petrograd an das EPD, 12. 9. 1917. Ebd.
110 Junod an den Bundesrat, 18. 1. 1919. BAR, E 2001 (B) -/1/23 (B 21/133 Petr. 2/1).

mus oder zornige Kampfbereitschaft auf, aber auch die Ohnmacht des Unverständnisses wird spürbar. Bitter kommentierte Vizekonsul Suter die geschilderten Greuel der Bol'ševiki: «So ist heute das Leben im sozialistischen Paradiese.»[111] Was die Zukunftserwartungen betrifft, so ist verschiedentlich der Glaube an eine baldige Implosion der bolschewistischen Herrschaft anzutreffen. Crottet sah im August 1918 den schon zitierten «culbute finale» in Reichweite,[112] Junod sprach im Dezember 1918 davon, dieses auf ewig verdammte Bolschewistenregime müsse von selbst untergehen, wenn ihm nicht von aussen ein Ende bereitet werde,[113] und im Mai 1919 skizzierte er als schlimmstmögliches Szenario den – seiner Meinung nach sehr unwahrscheinlichen – Fall, dass sich die Sowjets noch ein oder zwei Jahre an der Macht würden halten können.[114]

2. Die Frage der Anerkennung

Erinnern wir uns: Das Zarenregime hatte dem zunächst als illegitim betrachteten schweizerischen Bundesstaat von 1848 jahrelang die volle Anerkennung und reguläre diplomatische Beziehungen verweigert. Nach dem Sturz der zarischen Autokratie war der Bundesrat seinerseits nicht bereit, eine neue russische Regierung sofort anzuerkennen. Andere übten weniger Zurückhaltung: Frankreich und England nahmen unverzüglich De-facto-Beziehungen mit der Provisorischen Regierung als Erbin des verbündeten Zarenregimes auf und bereiteten die formelle Anerkennung vor.[115] Der schweizerische Gesandte Odier, dem der neue Aussenminister Miljukov die Einsetzung einer Übergangsregierung angezeigt hatte, beriet sich mit seinen neutralen Kollegen über eine einheitliche Haltung und wartete auf Instruktionen aus Bern.[116] Hier befand der Bundesrat am 24. März 1917: «Laut den von dieser [der Provisorischen Regierung] selbst gemachten Mitteilungen ist der gegenwärtige politische Zustand in Russland nicht als bleibend, sondern nur als vorübergehend gedacht. Es ist

111 F. Suter: *Das Sterben Russlands: Selbst-Erlebtes und Geschautes mit Gehörtem und Gelesenen verglichen.* BAR, E 2300 Warschau/1 (S. 37).
112 Crottet an das EPD: *Rapport sur la Situation Economique de la Russie en Août 1918,* 8. 8. 1918 (vertraulich). BAR, E 2300 Petersburg/4.
113 Junod an Bundespräsident Calonder, 11. 12. 1918. BAR, E 2001 (B) -/1/23 (B 21/133 Petr. 2/1).
114 Junod: Rapport, 21. 5. 1919. BAR, E 2001 (E) -/13 (B 64). – Ende 1919 rechnete EPD-Adjunkt Thurnheer fest mit einem baldigen Ende des Sowjetregimes, vgl. Memorandum Thurnheer, 1. 11. 1919. DDS, Bd. 7-II, Nr. 134.
115 Vgl. Odier an das EPD, 15. 3. 1917. DDS, Bd. 6, Nr. 283; Odier an Bundesrat Hoffmann, 2./15. 3. 1917. BAR, E 2300 Petersburg/3; Protokoll der Sitzung des Bundesrates, 24. 3. 1917. DDS, Bd. 6, Nr. 286, S. 522.
116 Vgl. Odier an Bundesrat Hoffmann, 2./15. 3. 1917. BAR, E 2300 Petersburg/3; schweizerische Gesandtschaft in Petrograd an das EPD, 17. 3. 1917. Ebd. – Zu Absprachen unter den Neutralen vgl. auch Odier an Bundesrat Hoffmann, 15./28. 3. 1917. Ebd.

auch nicht sicher, ob die monarchische Staatsform aufgegeben werde; vom abdankenden Kaiser wurde als zukünftiger Souverän, offenbar im Einverständnis mit dem Revolutionsausschuss, Grossherzog Michael Alexandrowitsch bestimmt. Bis zur Aufstellung und Annahme einer neuen Verfassung durch die Duma ist aber jedenfalls diese und die von ihr eingesetzte provisorische Regierung als die legitime Vertretung des Landes zu betrachten.»[117] Odier sollte der Provisorischen Regierung «die besten Wünsche für das Wohlergehen Russlands» entbieten und die durch die Revolution unterbrochenen Beziehungen wieder aufnehmen – auf der Basis einer «tatsächlichen», (noch) nicht einer offiziellen Anerkennung.[118]

Auf sich selbst gestellt, hatte sich Odier unterdessen dem Gros der diplomatischen Vertreter in Petrograd angeschlossen und die Mitteilung über die Einsetzung der Provisorischen Regierung mit einer Empfangsbestätigung quittiert. Auch hatte er Miljukov einen Höflichkeitsbesuch abgestattet.[119] Als Odier die besagten guten Wünsche aus Bern überbrachte, erkundigte sich der Aussenminister, ob er dies als offizielle Anerkennung betrachten dürfe. Der Schweizer Gesandte verwies etwas befremdet auf die Stellungnahme des Bundesrates und auf seinen Auftrag, vorläufig nur De-facto-Beziehungen zu unterhalten.[120]

Dass die Schweizer Regierung im April bereit war, einem (dann nicht eingetroffenen) Gesandten der Provisorischen Regierung das Agrément zu erteilen, deutet ebenso auf eine stillschweigend vollzogene offizielle Anerkennung hin wie die Einladung von Geschäftsträger Onu zum Neujahrsempfang des Bundesrates oder seine Aufnahme in die offizielle Liste des diplomatischen Korps.[121] Vollwertige Beziehungen waren das aber noch nicht, und der Bundesrat zeigte 1918 auch nur geringe Bereitschaft, die Vertretung der Provisorischen Regierung gegen bolschewistische Verdrängungsattacken zu schützen.

Schon unmittelbar nach ihrer Machtübernahme im Oktober/November versuchten die Bol'ševiki, sich auch nach aussen als die neuen Repräsentanten Russlands zu etablieren und diplomatische Kontakte anzuknüpfen. Der eben

117 Protokoll der Sitzung des Bundesrates, 24. 3. 1917. DDS, Bd. 6, Nr. 286, S. 522.
118 Ebd. Der entsprechende Auftrag an Odier datiert vom 25. März 1917. DDS, Bd. 6, Nr. 289. Vgl. auch Hoffmann an Bibikov, 24. 3. 1917. Ebd., Nr. 286, Anhang, S. 522 f.
119 Vgl. Odier an Bundesrat Hoffmann, 11./24. 3. 1917. DDS, Bd. 6, Nr. 287.
120 Odier an Bundesrat Hoffmann, 15./28. 3. 1917. BAR, E 2300 Petersburg/3. – Zu einer weiteren Unterredung Odiers mit Miljukov vgl. schweizerische Gesandtschaft in Petrograd an das EPD, 24. 4. 1917. Ebd.; Odier an Bundesrat Hoffmann, 12./25. 4. 1917. Ebd. – Zu einer Unterredung mit Kriegsminister Aleksandr I. Gučkov vgl. Odier an Bundesrat Hoffmann, 30. 4./13. 5. 1917. Ebd.
121 Zur Berücksichtigung der Mission Onus in der diplomatischen Liste vgl. Paravicini an Bundespräsident Calonder, 28. 5. 1918. BAR, E 21/10367. Zur Nachfrage, ob die Gesandtschaften der Kerenskij-Regierung noch auf den Diplomatenlisten anderer Staaten verzeichnet seien, vgl. EPD an die Gesandtschaften in Madrid, Den Haag und Berlin, 28. 5. 1918. BAR, E 2300 Petersburg/4. Zur Einladung Onus zum Neujahrsempfang als einem Hinweis auf die Existenz offizieller Beziehungen vgl. Aktennotiz Thurnheer, 25. 5. 1918. BAR, E 2001 (E) -/13 (B 31).

zum Volkskommissar für auswärtige Angelegenheiten ernannte Trotzki informierte am 10./23. November die Vertreter der neutralen Staaten über seine bereits der Entente vorgelegten Friedensvorschläge – und bat darum, diese an die Zentralmächte weiterzuleiten. Ausserdem sollten die angeschriebenen Diplomaten die Öffentlichkeit ihrer Länder über die sowjetischen Friedensbemühungen aufklären. «Die arbeitenden Massen der neutralen Länder erdulden die grösste Not als Folge jenes frevelhaften Gemetzels, welches – wenn ihm kein Ende gesetzt wird – auch einige noch ausserhalb des Krieges verbliebene Völker in seinen Strudel zu ziehen droht. [...] Die Sowjetregierung zählt deshalb fest darauf, im Kampf für den Frieden entschiedenste Unterstützung seitens der arbeitenden Massen der neutralen Länder zu finden [...].»[122]

Unter den Vertretern der Neutralen herrschte Verwirrung über diesen «essai de nouer des relations diplomatiques». Sofortiges Eintreten auf Trotzkis Vorstoss, so führte die schweizerische Gesandtschaft gegenüber dem Bundesrat aus, würde die zugunsten der Russlandschweizer unternommenen Demarchen sehr erleichtern, könnte aber seitens der Entente missbilligt werden.[123] Odier beschloss, die Kontaktfreudigkeit der neuen Machthaber einstweilen mit einer alle Optionen offen haltenden Empfangsbestätigung zu quittieren.[124] Während die Bol'seviki in der Folge eine internationale Anerkennung ihrer Regierung zu erzwingen versuchten, indem sie die Gewährung diplomatischer Privilegien auf das Niveau zugestandener Reziprozität zu reduzieren drohten,[125] bemühten sich die Vertretungen der Neutralen um pragmatische Unverbindlichkeit. Wie seine Kollegen unterhielt auch Odier ein Minimum an De-facto-Beziehungen zu der neuen Obrigkeit, vor allem im Hinblick auf die Rückreise der Schweizerinnen und Schweizer. Einen Monat nach der Oktoberrevolution vermeldete der Gesandte, seine Kontakte mit den bolschewistischen Behörden beschränkten sich auf Fragen der Passvisa und der Ausreisebewilligungen.[126] Aus Bern kam die

---

122 NKID an die Vertreter Norwegens, der Niederlande, Spaniens, der Schweiz, Dänemarks und Schwedens, 10./23. 11. 1917 (aus dem Russischen). Dokumenty vnešnej politiki SSSR, Bd. 1, Nr. 9, S. 23; vgl. auch Zarnickij/Trofimova, Tak načinalsja Narkomindel, S. 20. – Zur Kontaktnahme Trotzkis mit den Diplomaten der Entente vgl. auch schweizerische Gesandtschaft in Petrograd an das EPD, 22. 11. 1917. BAR, E 2300 Petersburg/3.

123 Schweizerische Gesandtschaft in Petrograd an das EPD, 25. 11. 1917. DDS, Bd. 6, Nr. 357; Protokoll der Sitzung des Bundesrates, 28. 11. 1917. Ebd., Nr. 362. – Weder der schwedische noch der dänische Kollege, so berichtete Odier später, hätten den von ihnen in Russland vertretenen Zentralmächten die Note Trotzkis formell überreichen lassen. Schweizerische Gesandtschaft in Petrograd an das EPD, 6. 12. 1917. BAR, E 2300 Petersburg/3.

124 Schweizerische Gesandtschaft in Petrograd an das EPD, 25. 11. 1917. BAR, E 2300 Petersburg/3. Angesichts der rasanten revolutionären Entwicklung schickte die Gesandtschaft manchmal mehrere Telegramme an einem Tag nach Bern – so auch am 25. November 1917.

125 Vgl. etwa schweizerische Gesandtschaft in Petrograd an das EPD, 4. 1. 1918. BAR, E 2001 (A)/1519.

126 Odier an Bundesrat Ador, 25. 11./8. 12. 1917. BAR, E 2300 Petersburg/3; vgl. auch schweizerische Gesandtschaft in Petrograd an das EPD, 6. 12. 1917. Ebd.

Weisung: «Tun Sie nichts, was als Anerkennung der gegenwärtigen Regierung angesehen werden könnte. Wir erachten es als klug mit derselben nur die de-facto-Beziehungen zu unterhalten.»[127]

Trotzkis Strategie der Gegenseitigkeit zeitigte auf der anderen Seite schon bald Erfolge, auch im Falle der Eidgenossenschaft: Das Politische Departement ermächtigte die Petrograder Gesandtschaft, Pässe für bolschewistische Kuriere in die Schweiz zu visieren – unter der Voraussetzung, dass Schweizer Kuriere weiterhin ins Russische Reich eingelassen würden; eine Anerkennung der Sowjetregierung sei darin nicht impliziert.[128] Um übrigens in der Kommunikation mit Trotzki die Anerkennungsproblematik umgehen zu können, hatten die Chefs der ausländischen Vertretungen in Petrograd eine aus nichtoffiziellen Persönlichkeiten verschiedener Nationalität bestehende Verhandlungsdelegation gebildet.[129] Immer wieder berichtete Odier davon, wie innerhalb des diplomatischen Korps über ein möglichst glaubwürdiges und kohärentes Auftreten der ausländischen Mächte beraten wurde.[130] Die schweizerische Gesandtschaft war darauf bedacht, nicht aufzufallen und kein förmliches Anerkennungsgesuch zu provozieren, das die Eidgenossenschaft gezwungen hätte, diese Frage vor den anderen Staaten zu entscheiden.[131] Die Gesandtschaft verharrte in Petrograd und verzichtete im März 1918 darauf, der nicht anerkannten Sowjetregierung nach Moskau zu folgen.[132]

Mit dem Ausschwärmen bolschewistischer Diplomaten nach Westeuropa trat die Anerkennungsdiskussion in eine neue Phase. Als die schweizerische Gesandtschaft in Wien Gerüchte vernahm, wonach Lev Kamenev zum dortigen russischen Botschafter ernannt worden sei, erbat sie Anfang April 1918 In-

---

127 EPD an die schweizerische Gesandtschaft in Petrograd, 27. 12. 1917. BAR, E 2001 (E) -/13 (B 56).

128 EPD an die schweizerische Gesandtschaft in Petrograd, 24. 12. 1917. BAR, E 2001 (A)/1521. – Zur Diskussion um die Kuriervisa und ihre Auswirkungen auf die Frage der Anerkennung vgl. schweizerische Gesandtschaft in Petrograd an das EPD, 17. und 21. 12. 1917. BAR, E 2300 Petersburg/3; EPD an die schweizerische Gesandtschaft in Petrograd, 20. 12. 1917. DDS, Bd. 6, Nr. 370; schweizerische Gesandtschaft in Petrograd an das EPD, 24. 12. 1917. Ebd., Nr. 371.

129 Vgl. schweizerische Gesandtschaft in Petrograd an das EPD, 17. 12. 1917. BAR, E 2300 Petersburg/3; ferner schweizerische Gesandtschaft in Petrograd an das EPD, 24. 12. 1917. DDS, Bd. 6, Nr. 371. – Zu den Verhandlungen der Delegation mit Trotzki über die Kurierfrage vgl. schweizerische Gesandtschaft in Petrograd an das EPD, 21. 12. 1917. BAR, E 2300 Petersburg/3.

130 Zu einer Beratung Odiers mit den Vertretern von Italien, Spanien und Norwegen vgl. schweizerische Gesandtschaft in Petrograd an das EPD, 2. 1. 1918. BAR, E 2300 Petersburg/4.

131 Vgl. schweizerische Gesandtschaft in Petrograd an das EPD, 24. 12. 1917. DDS, Bd. 6, Nr. 371. – Bundespräsident Calonder wich der Anerkennungsfrage auch mit dem Hinweis darauf aus, Bern habe von der bolschewistischen Regierung gar kein offizielles Lebenszeichen erhalten. Calonder an die schweizerischen Gesandtschaften in Paris, Berlin, London, Rom und Wien, 14. 2. 1918. Ebd., Nr. 388.

132 Vgl. schweizerische Gesandtschaft in Petrograd an das EPD, 6. 3. 1918. BAR, E 2300 Petersburg/4.

struktionen zum Umgang mit diesem bolschewistischen Emissär.[133] Das Politische Departement führte aus, Höflichkeitsformen gegenüber maximalistischen Vertretern seien zu vermeiden, De-facto-Kontakte aber nicht zu verweigern. Ansonsten hatten sich die Schweizer Vertreter am Verhalten der übrigen Neutralen zu orientieren – und an dem Grundsatz: «[...] nous ne désirons pas prendre officiellement vis à vis du Gouvernement maximaliste une attitude extrême ni dans un sens, ni dans l'autre.»[134]

Behutsames Lavieren zwischen offizieller Nichtanerkennung und schadensbegrenzender «tatsächlicher» Kooperationsbereitschaft prägte die Haltung des Bundesrates auch gegenüber der Sowjetmission, die von Mai bis November 1918 in Bern wirkte. Adjunkt Thurnheer liess den Sowjet-«Diplomaten» Šklovskij wissen, «dass wir als alte Republik allen jungen Republiken sympathisch gegenüberstehen. Gerade der Umstand aber, dass die Kerenskyregierung von relativ kurzer Dauer gewesen, dürfte mit ein Grund sein, dass man bei den darauffolgenden nun vorerst einmal wohl sich einer grossen Stabilität versichern wolle, zudem seien wir ein kleines Land inmitten von grossen kriegführenden Staaten und da lasse es die Vorsicht angezeigt erscheinen, diesen bei Anerkennung neuer Regierungen den Vortritt zu lassen».[135]

Die Sowjetdelegation selbst verwendete einen guten Teil ihrer Energie darauf, sich vor den Schweizer Behörden als einzige legitime Repräsentation Russlands in Bern zu etablieren; ihr Aktivismus wird uns noch verschiedentlich zur Anerkennungsproblematik zurückführen.

Im August 1918 instruierte das Politische Departement den frisch ernannten Ministerresidenten Albert Junod, die De-facto-Beziehungen mit der nicht anerkannten maximalistischen Regierung fortzuführen, ohne freilich Akkreditierungspapiere zu präsentieren.[136] Nach der Ausweisung der Sowjetmission aus der Schweiz hielt es der Bundesrat für angezeigt, vorläufig mit keiner russischen Regierung mehr irgendwelche Kontakte zu pflegen.[137]

Die fehlende Anerkennung durch Bern verwehrte der Sowjetführung bis auf weiteres den Zugang zu schweizerisch koordinierten internationalen Strukturen, so etwa zur Genfer Konvention.[138]

---

133 Schweizerische Gesandtschaft in Wien an Bundespräsident Calonder, 8. 4. 1918. BAR, E 2001 (A)/1522.

134 EPD an die schweizerische Gesandtschaft in Wien, 15. 4. 1918. BAR, E 2001 (A)/1522. Vgl. auch EPD an die schweizerische Gesandtschaft in Petrograd, 27. 5. 1918. BAR, E 21/10357.

135 Aktennotiz Thurnheer, 25. 5. 1918. BAR, E 2001 (E) -/13 (B 31).

136 EPD an Junod, 18. 8. 1918. BAR, E 2001 (E) -/13 (B 57). – Zur wirkungslosen Interpellation, mit der Nationalrat Fritz Platten im September 1918 unter anderem die Frage der (Nicht-) Anerkennung der Sowjetrepublik Russland aufzuwerfen versuchte, vgl. Švejcarija – Rossija, Nr. 116, S. 303, hier auch Anm. 1.

137 Vgl. EPD an die schweizerische Gesandtschaft in Paris, 11. 12. 1918. BAR, E 2001 (B) -/1/27 (B 22/11 R. III).

138 Vgl. Bagockij an das russische Rote Kreuz, 8. 12. 1919. AVPRF, f. 141, op. 3, p. 2, d. 10, ll. 51–54.

3. Institutionelle Veränderungen der schweizerisch-russischen Bilateralität

Eine klare darstellerische Unterscheidung von institutionellen Rahmenbedingungen und konkretem politischem Handeln, wie ich sie für die Zeit vor der Februarrevolution vorgenommen habe, ist für die schweizerisch-russischen Beziehungen der Jahre 1917 bis 1919 nicht mehr möglich. Zu sehr waren jetzt die revolutionären Anpassungen der russischen aussenpolitischen Strukturen mit dem Tagesgeschehen verwoben, zu instabil gestalteten sich die selbst zu politischen Spielbällen mutierten Institutionen. Die folgenden Abschnitte zur weiteren Entwicklung der Apparate führen also unweigerlich mitten in die politischen Dimensionen des bilateralen Kontaktes hinein.

3.1. Die Zentralen

Für die Schweiz und ihren zentralen aussenpolitischen Apparat markieren die Jahre 1917 oder 1918 keinen institutionellen Umbruch. Das Politische Departement verfügte seit 1914 über eine *Abteilung für Auswärtiges,* die gewissermassen das Zentrum der bundesrätlichen Aussenpolitik darstellte, weiter über eine *Innerpolitische Abteilung* und vorübergehend über eine *Handelsabteilung.* Im März 1917 kam eine *Abteilung für Vertretung fremder Interessen und für Internierung* dazu. Nach dem Skandal rund um den Rücktritt von Bundesrat Hoffmann war im Juni 1917 ausserdem eine aus mehreren Bundesräten zusammengesetzte *Delegation des Bundesrates für auswärtige Angelegenheiten* geschaffen worden. Schweizer Aussenminister in der Frühphase der bolschewistischen Herrschaft in Russland war 1917 kurz Hoffmanns Nachfolger, der Genfer Liberale Gustave Ador (1845–1928), in den Jahren 1918 und 1919 der Bündner Freisinnige Felix Calonder (1863–1952). Zu einer wichtigen Kontaktperson für russische Repräsentanten in der Schweiz entwickelte sich Walter Thurnheer, seit 1918 Adjunkt der Abteilung für Auswärtiges im Politischen Departement.[139]

Was Russland betrifft, so haben wir die revolutionären Veränderungen der zentralen aussenpolitischen Strukturen in ihren grossen Linien bereits anhand

---

[139] Zur Reorganisation des Politischen Departements 1914 vgl. *Bundesgesetz über die Organisation der Bundesverwaltung. (Vom 26. März 1914.)* BBl. 1914 II, S. 811–835, hier S. 817; ferner DDS, Bd. 6, S. 868 f. Der Bundesrat berief 1917 zwei ehemalige Sekretäre der Gesandtschaft in St. Petersburg in führende Positionen des Departements: Karl R. Paravicini wurde Leiter der Abteilung für Auswärtiges, Arthur de Pury Chef der neuen *Abteilung für Vertretung fremder Interessen und für Internierung.* Protokoll der Sitzung des Bundesrates, 31. 8. 1917. BAR, E 2001 (A)/43. – Das Rotationsprinzip bei der Leitung der Aussenpolitik wurde 1914 abgeschafft und 1917, nach dem erzwungenen Rücktritt von Bundesrat Hoffmann, vorübergehend wieder eingeführt. Bereits Bundesrat Calonder leitete das Politische Departement aber wieder zwei Jahre (1918/19); vgl. dazu auch Benziger, Die schweizerischen Vertreter, S. 5 f.

der schweizerischen Gesandtschaftsberichte mitverfolgen können.[140] Im Überblick seien hier nochmals die für die Beziehungen mit der Schweiz wichtigen Funktionäre in Petrograd und Moskau sowie die von ihnen vertretenen aussenpolitischen Prinzipien genannt.

Erster Aussenminister nach dem Fall des Zarenregimes war der Historiker, Publizist und Protagonist der Partei der Konstitutionellen Demokraten Pavel N. Miljukov (1859–1943, im Amt 2. März bis 5. Mai 1917 [alten Stils]).[141] Miljukov kannte die Schweiz aus eigener Anschauung und hatte sie offenbar in bester Erinnerung behalten. Der Gesandte Odier berichtete über seinen Besuch beim neuen Aussenminister: «Il a été courtois et fort aimable envers la Suisse dont il admire les institutions et où il possède des relations parmi les journalistes *(Journal de Genève, Gazette de Lausanne* entr'autres).»[142] Nachdem sich Miljukov mit der Fortführung der zarischen Kriegspolitik ins Abseits manövriert hatte,[143] übernahm der bisherige Finanzminister Michail I. Tereščenko (1886–1956, im Amt 5. Mai bis 25. Oktober 1917 [alten Stils]) das Aussenressort. Auch unter seiner Führung hielt Russland allerdings den militärischen Alliierten die Treue.[144]

Im Kontext der Oktoberrevolution dekretierte der 2. Allrussische Rätekongress am 26. Oktober/8. November 1917 unter anderem die Schaffung eines Volkskommissariats für auswärtige Angelegenheiten *(Narodnyj komissariat po inostrannym delam, NKID)*, an dessen Spitze Lev D. Bronštejn alias Trockij (Trotzki; 1879–1940, im Amt 8. November 1917 bis 8. April 1918 [neuen Stils]) stehen sollte.[145] Das alte Aussenministerium erfuhr nun eine konfliktreiche Umbildung – unter anderem unter der Federführung von Trotzkis Gehilfe Ivan A. Zalkind, der wenig später eine sowjetdiplomatische Mission in die Schweiz antrat.[146] Die Kooperationsverweigerung eines grossen Teils der bisherigen

---

140 Vgl. oben S. 391–399.

141 Zu Miljukov vgl. etwa Riha, A Russian European; Aleksandrov, Lider rossijskich kadetov; vgl. ferner den Sammelband *P. N. Miljukov: Istorik, politik, diplomat.*

142 Hervorhebungen in der Vorlage. Odier an Bundesrat Hoffmann, 11./24. 3. 1917. DDS, Bd. 6, Nr. 287, S. 524. Zu Miljukovs Beziehungen in die Schweiz vgl. auch Alekseeva, Sekretnaja missija P. N. Miljukova, S. 57.

143 Die öffentliche Meinung empörte sich, als bekannt wurde, dass Miljukov den alliierten Regierungen die russische Kriegsbereitschaft und Bündnistreue auch unter der Provisorischen Regierung zugesichert hatte, vgl. Miljukov an die verbündeten Regierungen, 18. 4./1. 5. 1917, abgedruckt in: Izvestija Ministerstva inostrannych del, 1/2 (1917), S. 12 f.

144 Für eine von Tereščenko unterzeichnete Note der Regierung Kerenskij an die Alliierten, worin Russlands Kriegsbereitschaft und Verteidigungswille trotz aller Rückschläge betont wird, vgl. Die russische Revolution 1917, Nr. 76. – Zu Tereščenko vgl. Gosudarstvennye dejateli Rossii, S. 180 f.

145 Für den Text des Dekrets vgl. Die Sowjetunion: Von der Oktoberrevolution bis zu Stalins Tod, Bd. 1, S. 26 f.

146 Allgemein zur bolschewistischen Machtübernahme im Aussenministerium vgl. Pochlebkin, Vnešnjaja Politika, S. 227; Truš, Sovetskaja vnešnjaja politika, S. 72–80 (hier auch zum Einfluss

Mitarbeiter legte die Behörde erst einmal lahm, bis ihre Strukturen allmählich mit meist jungen und kaum diplomatieerfahrenen Parteigängern des neuen Regimes aufgefüllt werden konnten.[147] Während sich die Vertreter der Provisorischen Regierung nach aussen relativ problemlos als die einzigen Erben des Zarenregimes hatten durchsetzen können, absorbierte die internationale Selbstbehauptung einen guten Teil der sowjetrussischen Aussenpolitik nach der Oktoberrevolution. Wichtigste Arena dieses Anerkennungskampfes war die überkommene Diplomatie, deren Gepflogenheiten sich die neuen Machthaber so weit aneigneten, wie es für die Artikulation ihrer Interessen dienlich schien.[148] Die Friedensforderung, welche die Bol'ševiki schon vor ihrer Machtübernahme lautstark skandiert hatten, mündete in den (ideologisch ohnehin vollzogenen) Bruch mit den alten Bündnispartnern des Westens und in den für Sowjetrussland verlustreichen Frieden von Brest-Litovsk. Trotzki wechselte kurz nach diesem auch in den eigenen Reihen umstrittenen Friedensschluss das Ressort und überliess die Führung der auswärtigen Angelegenheiten seinem unlängst berufenen Stellvertreter *Georgij V. Čičerin* (1872–1936), der seit dem 9. April 1918 als amtierender, seit dem 30. Mai als ordentlicher Volkskommissar fungierte.[149] Čičerin war ein hochgebildeter Mann. Als damaliger Mitarbeiter des zarischen Aussenministeriums hatte er an der 1902 erschienenen historischen Festschrift zum hundertjährigen Bestehen dieser Behörde mitgewirkt und sich überhaupt intensiv mit der Politik früherer russischer Aussenminister beschäftigt.[150] Verschiedentlich erwähnt werden, auch von Schweizer Seite, Čičerins beeindruckende Sprachkenntnisse. Vizekonsul Suter vermerkte: «Bei der Unterhaltung, die ebenso leicht russisch wie deutsch, französisch, englisch oder schwedisch geführt werden kann, gibt sich Tschitscherin immer Mühe wie Lenin möglichste

Lenins auf die Umbildung des Apparats); Zarnickij/Trofimova, Tak načinalsja Narkomindel; Bachov, Na zare sovetskoj diplomatii; Irošnikov/Čubar'jan, Tajnoe stanovitsja javnym. Vgl. auch Odier an Bundesrat Ador, 28. 10./10. 11. 1917. BAR, E 2300 Petersburg/3. – Speziell zur Rolle von I. A. Zalkind vgl. Zarnickij/Trofimova, Tak načinalsja Narkomindel, S. 10–13; Gorochow/Samjatin/Semskow, G. W. Tschitscherin, S. 68; Irošnikov/Čubar'jan, Tajnoe stanovitsja javnym, S. 20.

147 Ebd., S. 16–18; Zarnickij/Trofimova, Tak načinalsja Narkomindel, S. 4–13.

148 Zur Kontinuität überkommener diplomatischer Prinzipien auch unter den Bol'ševiki und insbesondere unter Aussenkommissar Čičerin vgl. Anderson, Rise, S. 148.

149 G. V. Čičerin wurde 1923 Volkskommissar für auswärtige Angelegenheiten der neu geschaffenen UdSSR und übte dieses Amt bis 1930 aus. Zu Čičerin vgl. Thomas, Georgij Čičerins Weg; Ivkin, Gosudarstvennaja vlast' SSSR, S. 588 f.; MERSH, Bd. 7, S. 42–47. In sowjetischer Perspektive: Gorochow/Samjatin/Semskow, G. W. Tschitscherin; Zarnickij/Sergeev, Čičerin. Vgl. auch Turilova, Dokumenty o G. V. Čičerine. – Für Artikel und Reden Čičerins zu Themen der internationalen Beziehungen vgl. Čičerin, Stat'i i reči.

150 Vgl. Gorochow/Samjatin/Semskow, G. W. Tschitscherin, S. 32. – Bei der genannten Jubiläumsschrift handelt es sich um: Očerk istorii Ministerstva inostrannych del 1802–1902 (vgl. Bibliografie).

Ruhe und seelische Überlegenheit gegenüber seinem bürgerlichen Gegner zu wahren.»[151]

Im Hinblick auf die schweizerisch-russischen Kontakte ist auch Čičerins Stellvertreter *Lev M. Karachan* (1889–1937) zu nennen, der sich oftmals um mühselige Detailverhandlungen mit ausländischen Vertretungen zu kümmern hatte, während sich der Aussenkommissar selbst grundsätzlicheren politischen Fragen widmete.[152] Im April 1919 wurde Karachan speziell mit den Beziehungen zu den Niederlanden, zur Schweiz sowie zu den Ländern Asiens, Afrikas und Lateinamerikas betraut.[153] Zumindest was die Schweiz betrifft, scheint dieser offizielle Auftrag die bisherige Praxis nur bestätigt zu haben; Karachan war schon 1918 einer der wichtigsten Ansprechpartner der Schweizer Diplomatie in Russland.[154]

Das neue Volkskommissariat für auswärtige Angelegenheiten gliederte sich nach ähnlichen Gesichtspunkten wie das alte zarische Aussenministerium, es standen sich im Wesentlichen die Kommissariatsführung, die regionenspezifischen und die administrativen Abteilungen gegenüber.[155] Dass die Sowjetregierung übrigens im März 1918 ihren Hauptsitz nach Moskau verlegte, bedeutete nicht, dass in Petrograd gar keine relevanten Amtsstellen mehr verblieben wären. Wie in einigen anderen Städten bestand auch an der Neva fortan eine bevollmächtigte Vertretung des Volkskommissariats für auswärtige Angelegenheiten.

Die wechselseitigen Interessen Sowjetrusslands und der Schweiz standen in der bilateralen Tradition der Zarenzeit, spitzten sich aber auf einige wenige Fragen zu: Russland war immer noch Aufenthaltsort tausender von Schweizerinnen und Schweizern, deren Wohl – und das hiess nun in erster Linie: deren Sicherheit – es für den Bundesrat zu verteidigen galt; auch blieb das Nachfolgegebilde des Zarenreichs ein potentieller Wirtschaftspartner, der aufgrund seiner Riesenhaftigkeit und seiner undurchschaubaren Entwicklungsmöglichkeiten nicht aus den Augen gelassen werden durfte. Die Schweiz auf der anderen Seite lockte die Sowjetführer wie einst das Zarenregime durch ihre günstige Lage

---

151 Suter, «Das Sterben Russlands», S. 287.

152 Vgl. Gorochow/Samjatin/Semskow, G. W. Tschitscherin, S. 141. – Zu Karachan vgl. Lilojan, Lev Michajlovič Karachan; Sokolov, Na boevych postach diplomatičeskogo fronta; MERSH, Bd. 16, S. 4–7; BSĖ, 3. Aufl., Bd. 11, Sp. 1179 f.

153 Vgl. Sokolov, Na boevych postach diplomatičeskogo fronta, S. 82; ferner Lilojan, Lev Michajlovič Karachan, S. 233.

154 Zur aktiven Teilnahme Karachans an den Vorbereitungen der Entsendung einer Sowjetmission in die Schweiz vgl. Sokolov, Na boevych postach diplomatičeskogo fronta, S. 72. Im Oktober 1918 nannte das Volkskommissariat für auswärtige Angelegenheiten Karachan «Zavedujuščij snošenijami so Švejcariej» (Leiter der Beziehungen mit der Schweiz). NKID an den Sowjetdelegierten Berzin in Bern, 8. 10. 1918. AVPRF, f. 04, op. 46, p. 281, d. 54036, l. 17.

155 Für die Gliederung des Volkskommissariats für auswärtige Angelegenheiten vgl. Pochlebkin, Vnešnjaja Politika, S. 228.

und ihre Eignung als neutrale Beobachtungsstation und Aussenstelle im Westen. Mehr noch: Der Blick der regierenden Bol'ševiki auf die Schweiz erscheint gewissermassen als eine Synthese bisheriger divergierender russischer Interessen. Indem die neuen Machthaber die relative politische Toleranz der Eidgenossen für die Installierung eines propagandistischen Vorpostens auszunützen gedachten, verbanden sie das zarische Interesse am zentralen Standort Schweiz mit traditionellen asylpolitischen Erwartungen der russischen Revolutionäre.

3.2. Die russischen Vertretungen in der Schweiz

3.2.1. Veränderungen nach der Februarrevolution

3.2.1.1. Das Personal

Kurz nach der Februarrevolution erhielt die russische Gesandtschaft in Bern die Weisung aus Petrograd, das Wort «kaiserlich» *(imperatorskij)* aus allen offiziellen gesandtschaftlichen und konsularischen Bezeichnungen zu streichen.[156] Bedeutender war die personelle Konsequenz des Umbruchs. Wie wir wissen, hatte der Konflikt um den umstrittenen Ministerkandidaten Plançon nach dem Tode des Gesandten Bacheracht im Oktober 1916 zu bilateralen Unstimmigkeiten und zu einer vorläufigen Vakanz der russischen Vertretung in Bern geführt.[157] Geschäftsträger Michel Bibikov, der die Gesandtschaft in der Folge interimistisch geleitet hatte und der bei der russischen Kolonie im Rufe eines Protagonisten der zarischen Geheimpolizei stand, wurde nach der Februarrevolution durch *Andrej M. Onu,* seit 1916 Erster Sekretär der Mission, ersetzt.[158] Umgehend erkundigte sich das Eidgenössische Politische Departement nach der Tragweite dieser personellen Veränderung.[159] Die schweizerische Gesandtschaft in Petrograd berichtete über die unsichere Lage und meldete nur: «Bibikoff wird durch das Ministerium zurückberufen werden. Plançon endgiltig [sic] ausgeschaltet. Die Ernennung des Ministers in Bern ist noch nicht erfolgt.»[160] Bis zur ordentlichen Neubesetzung des Ministerpostens hatte nun also Geschäftsträger Onu die Gesandtschaft der Provisorischen Regierung in der Schweiz zu führen. Der Bundesrat zeigte sich im Rahmen seiner De-facto-Anerkennung kooperationsbereit und teilte Onu am 4. April mit: «Nous

156 MID an die russische Gesandtschaft in Bern, 11. 3. 1917 (a. St.). AVPRI, Missija v Berne, op. 843/3, d. 1008, l. 2–2 ob.; russische Gesandtschaft in Bern an die russischen Konsulate in Genf und Lausanne sowie an das Vizekonsulat in Davos, 13./26. 3. 1917 (Entwurf). Ebd., l. 1.
157 Vgl. oben S. 154 f.
158 Vgl. oben S. 155.
159 EPD an die schweizerische Gesandtschaft in Petrograd, 28. 3. 1917. BAR, E 2001 (A)/1516.
160 Schweizerische Gesandtschaft in Petrograd an das EPD, 31. 3. 1917. BAR, E 2300 Petersburg/3.

serons heureux de poursuivre avec vous les bons rapports que nous avons entretenus avec votre prédécesseur [...].»[161]

In den Quellen erscheint Onu als ein russischer Diplomat alter Schule, der seine Arbeit in Bern mit kompromissloser Hartnäckigkeit erledigte und während seines kurzen hiesigen Aufenthaltes keinerlei Affinität zur Schweiz oder zu ihren Bewohnern entwickelte. Im Kontext der Affäre Hoffmann/Grimm sprach er von der «krankhaften Eigenliebe der Schweizer», die äusseren Druck auf den Bundesrat in der Regel nutzlos mache.[162]

Eine wichtige Aufgabe des Geschäftsträgers Onu bestand darin, die erneute Installierung eines bevollmächtigten russischen Ministers in Bern vorzubereiten. Am 16. April bat er namens seiner Regierung um das bundesrätliche Agrément für Staatsrat Konstantin Nabokov, russischer Botschaftsrat in London.[163] Die Erkundigungen des Politischen Departements zeichneten ein positives Bild des Kandidaten: Der Bruder eines Duma-Abgeordneten der Kadetten galt als sehr intelligent, angenehm im Umgang, erfahren und als Liberaler mit grossem Entwicklungspotential unter dem gegenwärtigen Regime.[164] Der Bundesrat erteilte das gewünschte Agrément, auch wenn sich das Politische Departement darüber im Klaren war, dass dieser Akt eine formelle Anerkennung implizierte: «Toutefois, nous rendons le Conseil fédéral attentif au fait qu'en recevant cet envoyé du nouveau Gouvernement russe, il reconnait implicitement ce dernier, mais il ne semble pas qu'il soit possible d'éluder la chose.»[165]

Doch Nabokov kam nicht; er ist in der Folge als russischer Vertreter in London anzutreffen.[166] Am 24. September bat Onu um das Agrément für einen neuen namhaften Kandidaten, nämlich für *Ivan N. Efremov* (1866 bis nach 1933), den er dem Bundesrat als Duma-Mitglied, Führer der Progressiven Partei und mo-

161 EPD an Onu, 4. 4. 1917. BAR, E 2001 (A)/1516.

162 «[...] vvidu boleznennogo samoljubija švejcarcev [...]». Onu an das MID, 5./18. 6. 1917 (aus dem Russischen). Rossija – Švejcarija, Nr. 97, S. 184.

163 Onu an Bundesrat Hoffmann, 3./16. 4. 1917. BAR, E 2001 (A)/1515.

164 Vgl. schweizerische Gesandtschaft in London an das EPD, 18. 4. 1917. BAR, E 2001 (A)/1515; schweizerische Gesandtschaft in Paris an das EPD, 18. 4. 1917. Ebd.; schweizerische Gesandtschaft in Petrograd an das EPD, 20. 4. 1917. Ebd. – In diskreter Verklausulierung vermerkte der Schweizer Vertreter in Paris: «Als besonderes Merkmal gilt, dass er [Nabokov] als den gleichen Affektionen unterworfen gilt als der Sohn Gortchakoff, gewesener Minister in Bern.» Schweizerische Gesandtschaft in Paris an das EPD, 18. 4. 1917. Ebd. Was unter besagten «Affektionen» zu verstehen ist, bleibt unklar. Eine mögliche These wäre, dass damit eine allfällige Homosexualität Nabokovs (und M. A. Gorčakovs) gemeint war. Dazu passen würde das rote Fragezeichen, das im Politischen Departement neben eine Information aus Petrograd gesetzt wurde, wonach Nabokov verheiratet sei. Vgl. schweizerische Gesandtschaft in Petrograd an das EPD, 20. 4. 1917. Ebd.

165 EPD an den Bundesrat, 21. 4. 1917 (geheim). BAR, E 2001 (A)/1515. Zur Erteilung des Agréments an Nabokov vgl. Protokoll der Sitzung des Bundesrates, 24. 4. 1917. Ebd.

166 Noch Ende Juli bezeichnete Geschäftsträger Lardy in Petrograd Nabokov als «Candidat Ministre de Russie à Berne». Lardy an Bundesrat Ador, 17./30. 7. 1917. BAR, E 2300 Petersburg/3.

mentanen Minister der öffentlichen Fürsorge vorstellte.[167] In der Tat handelte es sich bei Efremov um einen prominenten Protagonisten der Februarrevolution: Er war unter anderem Mitglied des Provisorischen Komitees der Staatsduma, das in den Revolutionstagen die Führungsverantwortung übernommen und in Verhandlungen mit dem Sowjet die Provisorische Regierung geschaffen hatte, in welcher er dann auch selbst in verschiedenen Funktionen Einsitz nahm.[168] Seine Ernennung zum Gesandten in Bern musste als eine würdige Kompensation für den Rückzug Nabokovs und als eine Geste russischer Hochschätzung gegenüber der Schweiz erscheinen. Entsprechend positiv fielen die obligaten Erkundigungen des Bundesrates aus, in der Presse war gar von einem der «hervor[r]agendsten russischen Politiker» die Rede.[169] Der Bundesrat erteilte sein Agrément[170] – aber auch Efremov konnte sein Amt in Bern nicht ordnungsgemäss antreten. Seine Dislozierung verzögerte sich etwas, und nach dem Sturz der Provisorischen Regierung erachtete es der Bundesrat als vorläufig nicht mehr möglich, Efremovs Akkreditierungspapiere entgegenzunehmen.[171]

Abgesehen von der raschen Absetzung des interimistischen Missionschefs Bibikov bedeutete die Februarrevolution keinen abrupten Bruch in der personellen Struktur der russischen diplomatischen und konsularischen Vertretungen in der Schweiz.[172] Immerhin wurden zwei Ablösungsprozesse inszeniert: Einerseits erging aus Petrograd die Weisung, bisher als ausserordentliche Mitarbeiter beschäftigte Ausländer so weit als möglich durch geeignete Russen zu ersetzen, durch Landsleute, die vormals aus politischen Gründen vom Staatsdienst ausgeschlossen waren, die nun aber in Scharen der Provisorischen Regierung zu dienen wünschten.[173] In der Schweiz führte dies – soweit ersichtlich – zu keinen Veränderungen; der Deutsche Holtz hatte seinen Posten als Davoser Vizekonsul schon nach Ausbruch des Weltkriegs verlassen müssen.[174] Zum anderen sollte der aussenpolitische Apparat von der verhassten politischen

167 Onu an Bundesrat Ador, 11./24. 9. 1917. BAR, E 2001 (A)/1515.

168 Zu Efremov vgl. Gosudarstvennye dejateli Rossii, S. 71; Političeskie dejateli Rossii 1917, S. 112 f.; ferner *Eidgenossenschaft. Aus der Diplomatie.* In: NZZ, 1. 11. 1917 (erstes Morgenblatt).

169 *Der neue russische Gesandte in Bern.* In: Der Bund, 24. 9. 1917 (BAR, E 2001 [A]/1515). Vgl. auch EPD an den Bundesrat, 26. 9. 1917 («nicht für die Presse»). BAR, E 2001 (A)/1515; ferner BAR, E 2001 (E) -/13, Einleitung, S. 42.

170 Vgl. Protokoll der Sitzung des Bundesrates, 27. 9. 1917. BAR, E 2001 (A)/1515.

171 Vgl. dazu unten S. 476–478.

172 Zur Ersetzung von Missionschefs in den USA, Spanien und Dänemark vgl. schweizerische Gesandtschaft in Petrograd an das EPD, 16. 4. 1917. BAR, E 2300 Petersburg/3. – Allgemein zur relativen Kontinuität des aussenpolitischen Apparates und besonders der diplomatischen Vertretungen nach der Februarrevolution vgl. Ignat'ev, Vnešnjaja politika vremennogo pravitel'stva, S. 121.

173 Zirkular MID, 12. 5. 1917 (a. St.). AVPRI, Missija v Berne, op. 843/2, d. 416, p. 20, l. 5–5 ob.

174 Vgl. oben S. 179.

Kontrolle des alten Regimes und ihren Zudienern gesäubert werden.[175] Zu diesem Zweck ordnete die Provisorische Regierung eine spezielle Untersuchung an.

Die Untersuchung des Kommissars Svatikov
Die Aufgabe des *Auslandskommissars der Provisorischen Regierung (Komissar Vremennago Pravitel'stva zagranicej)* Sergej G. Svatikov bestand unter anderem darin, die russischen Repräsentationen in Europa auf Spuren und Überbleibsel der zarischen Ochrana hin zu durchleuchten. Die diplomatischen und konsularischen Vertretungen wurden angewiesen, dem Kommissar aus ihren Archiven alle einschlägigen Dokumente vorzuweisen. Svatikov bereiste vier Monate lang Skandinavien, England, Frankreich, Italien und die Schweiz. In einem streng geheimen Bericht vom Oktober 1917 resümierte er die Resultate seiner Arbeit.[176]
Die besuchten Postenchefs präsentierten ihm wenig bis gar keine Dokumente, indem sie angaben, von Ochrana-Aktivitäten in ihrem Umfeld kaum etwas oder überhaupt nichts gewusst und auch keine entsprechenden Unterlagen in ihren Archiven gefunden zu haben. In Stockholm und Kristiania (Oslo) bekam Svatikov kein einziges Papier zu Gesicht, in London stiess er immerhin auf einen offensichtlichen Ochrana-Mitarbeiter, mit dem das Botschaftspersonal aber nur ganz am Rande zu tun gehabt haben wollte; und die Botschaft in Paris erklärte, von der Tätigkeit der berüchtigten Agentura nicht viel mehr gewusst zu haben, als dass deren Chef Krasil'nikov zwei Zimmer im Botschaftsgebäude gemietet hatte.[177] In Italien wurde Svatikov auf zwei konsularische Beamte aus der Zarenzeit aufmerksam, deren Verbleib im Dienste des nachrevolutionären Aussenministeriums ihm besonders problematisch erschien. Beide waren mit der Schweiz verbunden: Der vormalige konsularische Vertreter in Genua, Lev N. Gornostaev, hatte 1916 die Nachfolge von Generalkonsul Oscar Wiesel in Genf angetreten, der seinerseits nach Neapel wechselte. Kommissar Svatikov sah in Wiesel *(fon-*

175 Allgemein zum Umgang mit der Ochrana-Vergangenheit nach der Februarrevolution, zur Einrichtung einer Untersuchungskommission der Provisorischen Regierung und zur massenhaften Vernichtung kompromittierender Dokumente wohl durch ehemalige Mitarbeiter der Geheimpolizei vgl. Lur'e, Policejskie i provokatory, S. 130–136; ferner Hingley, The Russian Secret Police, S. 112–115.
176 Der Bericht Svatikovs an die Provisorische Regierung vom Oktober 1917 ist unter dem Titel *Russkie diplomaty zagranicej* auszugsweise abgedruckt in: Sbornik sekretnych dokumentov iz archiva byvšago Ministerstva inostrannych del, 5 (1918), S. 177–198; für eine französische Variante vgl. auch *Feuilleton de la «Nouvelle Internationale»*, 13. 5. 1918. BAR, E 2300 Petersburg/4. – Zur von der Provisorischen Regierung eingesetzten ausserordentlichen Untersuchungskommission, die den gesamten zarischen Staatsapparat zu durchleuchten hatte, vgl. Avrech, Črezvyčajnaja sledstvennaja komissija.
177 Zur Kommission, welche in Paris Tätigkeit und Archive der Agentura untersuchte, vgl. Agafonov, Zagraničnaja ochranka, S. 5; hier findet sich auch ein Hinweis auf Svatikov (S. 11).

Vizel') einen dünkelhaften und widerspenstigen Vertreter des alten Apparates, der die politischen Emigranten seines Bezirks auch nach der Revolution schikanierte, nur widerwillig Einblick in seine Arbeit gewährte und die verlogene Rolle eines Unwissenden spielte, obwohl Recherchen im Archiv der Botschaft in Rom eindeutige Spuren der Ochrana nach Neapel offenbart hätten.[178] Nicht besser Gornostaev, der in seiner Genueser Zeit einen gegen die politische Emigration gerichteten Spitzeldienst an der italienischen Riviera aufzubauen versucht habe und in Genf in gleichem Geiste weiterarbeite.[179]

Auch in der Schweiz stiess Svatikov auf wenig begeisterte Kooperation.[180] Geschäftsträger Onu habe ihm ein sehr mageres Aktenpaket vorgelegt und den Verdacht geäussert, Vorgänger Bibikov könnte vor seinem Abgang vielleicht Archivdokumente vernichtet haben. Immerhin, so Svatikov, ergebe sich aus den eingesehenen Dokumenten klar die Verwicklung einzelner Personen in die Ochrana: «Durch seine Agenten hat sich der verstorbene Gesandte in Bern *Bacheracht* mit Ochrana-Arbeit beschäftigt, in der gleichen Richtung arbeitete auch *Bibikov,* der in Beziehungen mit russischen Provokateuren in der Schweiz stand; mit Berichten zu den politischen Emigranten haben sich beschäftigt: der Vize-Konsul in Davos – *Golike* und der Vertreter des Roten Kreuzes in Bern, der ehemalige Stavropol'sker Gouverneur *Bereznikov.* Was den Genfer Konsul *Gornostaev* betrifft, *so hat dieser seine Ochrana-Tätigkeit in der Schweiz fortgeführt und in dieser Richtung nicht nur vor dem Umsturz, sondern auch nach ihm gearbeitet.»*[181]

Der als Geschäftsträger ersetzte, aber immer noch dem Aussenministerium angehörige Bibikov pflege unter Missachtung seiner Rückbeorderung nach Russland von der Schweiz aus weiterhin Beziehungen mit Deutschland und betreibe konterrevolutionäre Arbeit mit dem Ziel einer Wiederherstellung der Monarchie.[182] Aber auch Onus Verhalten schien Svatikov verdächtig: «Ich muss sagen, dass Herr Onu alle Anstrengungen unternommen hat, um unter formalen Vorwänden, übrigens völlig unbegründeten, den Gang der Untersuchung in der Schweiz über die Provokateure zu bremsen.»[183] Onu habe die rechtliche Grundlage der Untersuchung in Frage gestellt und es insbesondere unterlassen, ihm, Svatikov, Resultate seiner Mitarbeiter vor Ort – der Kommis-

---

178 Zu Wiesel vgl. Russkie diplomaty zagranicej, S. 179, 181, 186, 188–190.

179 Zu Gornostaev vgl. ebd., S. 178–181, 185 f. – Ähnlich wie im Falle Bibikovs hatten politische Emigranten kurz nach der Februarrevolution von der Provisorischen Regierung die Absetzung von Konsul Gornostaev gefordert, vgl. Jacques Dicker an Justizminister Kerenskij, 24. 3. 1917 (abgefangenes Telegramm). BAR, E 2001 (A)/1525.

180 Vgl. Russkie diplomaty zagranicej; Ausführungen zur Schweiz finden sich vor allem auf den Seiten 180 f., 186–188.

181 Ebd., S. 180 f. (aus dem Russischen; Hervorhebungen in der Vorlage).

182 Diese Anschuldigung belegte Svatikov unter anderem mit angeblich übereinstimmenden Aussagen von Militärattaché Golovan' und russischen Politemigranten. Ebd., S. 186.

183 Ebd., S. 181 (aus dem Russischen).

sar nahm nicht alle Archivrecherchen persönlich vor – nach Petrograd zu übermitteln. All das müsse als klarer Versuch gewertet werden, die Tätigkeit von Ochrana-Mitarbeitern vor der Revolutionsjustiz zu verbergen.[184]

Ganz allgemein bezeichnete es Svatikov als einen «riesigen politischen Fehler» der Provisorischen Regierung, das diplomatische und aussenpolitische Personal des Zarenregimes übernommen zu haben. Diese Beamten würden fast ausschliesslich einem privilegierten und mit dem Hof des Zaren eng verbundenen Gutsadel entstammen, der monarchisch-absolutistisch geprägt sei und daher der Revolution mit tiefem Hass begegne. Svatikov diagnostizierte unter den russischen Diplomaten eine allgemeine «Judophobie», ein Desinteresse an den Belangen der russischen Landsleute im Ausland, mangelnden Kontakt zu den Kolonien – und, im Hinblick auf die Schweiz besonders gravierend, Hass auf die politische Emigration sowie «Unfähigkeit und Widerwillen, mit den Vertretern der Demokratie Westeuropas in Verbindung zu treten».[185] Über die Entfernung entlarvter Ochrana-Mitarbeiter hinaus plädierte Svatikov denn auch für eine radikale personelle Erneuerung des «ultrareaktionären» diplomatischen Apparates, den er ausserstande sah, das neue Russland glaubhaft zu repräsentieren.[186] Als schädlich für das Prestige Russlands bezeichnete der Kommissar den Umstand, dass die russischen Vertretungen in England und Frankreich, aber auch in Norwegen und in der Schweiz schon seit geraumer Zeit nicht mit Botschaftern oder Gesandten, sondern nur interimistisch mit Geschäftsträgern besetzt waren.[187] Ausserdem seien viele Posten, auch jener in Bern, unbefriedigend untergebracht.[188]

An anderer Stelle skizzierte Svatikov, gestützt auf seine Untersuchungen, das Bild einer konterrevolutionären Bewegung im Ausland.[189] Im Zentrum von Revolutionssabotage und monarchischen Restaurationsbemühungen sah der Kommissar die noch vom Zarenregime eingesetzten Diplomaten und Konsularbeamten.[190] Wieder kam dem Standort Schweiz wichtige Bedeutung zu. «Konterrevolutionäre Zentren existieren in Stockholm, London, Nizza, Rom, Neapel und besonders in der Schweiz.»[191]

---

184 Vgl. ebd., S. 181, 187 f. Svatikov lastete Onu überdies an, dass er einem so herausragenden Aktivisten wie Professor «Rejchsberg» (Reichesberg) einen diplomatischen Pass verweigert habe. Ebd., S. 188.

185 Ebd., S. 184 (aus dem Russischen).

186 Ebd., S. 195 (aus dem Russischen); vgl. auch ebd., S. 182.

187 Vgl. ebd., S. 183–185.

188 Ebd., S. 192 f.

189 Der entsprechende geheime Bericht ist unter dem Titel *Kontr-revoljucionnoe dviženie zagranicej* gleich im Anschluss an den oben zitierten abgedruckt: Sbornik sekretnych dokumentov iz archiva byvšago Ministerstva inostrannych del, 5 (1918), S. 199–220. Svatikov ist hier nicht ausdrücklich als Autor genannt.

190 Vgl. ebd., S. 217–220.

191 Ebd., S. 200 f. (aus dem Russischen). Die Ausführungen zur Schweiz finden sich vor allem auf den Seiten 207–214.

Unter Berufung auf Informanten aus den Reihen der internationalen Diplomatie, der russischen politischen Emigration, aber auch auf den in Bern stationierten russischen Militärattaché S. A. Golovan' und überhaupt auf die «Vertreter
unserer militärischen Gegenaufklärung im Ausland» bedachte Svatikov im Wesentlichen dieselben Personen mit Konterrevolutionsvorwürfen, die er auch der
Ochrana-Mitarbeit bezichtigte.[192] Der Kommissar verwies auf eine unter dem
Namen *Svjataja Rus'* (Heilige Rus') konstituierte Geheimgesellschaft, die auf
die Restaurierung der Romanovs hinarbeite und zu der etwa der Gesandtschaftsmitarbeiter Lavrov, Vizekonsul Golike in Davos, der Leiter der russischen
Abteilung des Hilfsbüros für Kriegsgefangene Bereznikov oder auch der Genfer Oberpriester Orlov gehören sollten.[193] Der Genfer Konsul Gornostaev
mache sich ungeachtet der Revolution daran, eine neue Agentura aufzubauen.
Wie er habe auch Militäragent Golovan' Beziehungen zur Pariser Agentura
unterhalten.[194] Svatikov erlebte die russische Diplomatie in Bern und Paris als
einen derart reaktionären Filz, dass es ihm praktisch unmöglich war, geheime
Anfragen nach Petrograd zu tätigen, ohne dass allfällig darin verdächtigte
Funktionäre Wind von der Sache bekamen.[195] Entlastende Hinweise führte der
Kommissar zum ehemals in Frankfurt stationierten und jetzt in der Schweiz
tätigen Generalkonsul Damier an, auch zum Handelsagenten Felkner – und zu
Geschäftsträger Onu, den er nun als einen korrekten, zögerlichen und in seiner
Renitenz relativ harmlosen Beamten beschrieb.[196]
Die oftmals auf Gerüchten basierenden und im Detail kaum zu überprüfenden
Ausführungen Svatikovs dürfen nicht unkritisch zum Nennwert genommen
werden. Sie legen aber doch die Vermutung nahe, dass die überkommene
russische Diplomatie den Zielsetzungen der Februarrevolution massiven Widerstand entgegensetzte und Kräfte zur Restauration des alten Systems mobilisierte, die sich gerade auch in der Schweiz engagiert entfalteten. Kurz nach
ihrer Machtübernahme veröffentlichten die Bol'ševiki Auszüge aus Svatikovs
Geheimberichten. Unter dem lakonischen Titel *Das Resultat der Offenheit*
publizierten sie auch ein Telegramm, in dem Ministerpräsident Kerenskij die
Mission Svatikovs am 25. August/7. September 1917 für beendet erklärte.[197]

---

192 Der verstorbene Minister Bacheracht stand im Verdacht, Beziehungen mit Deutschland unterhalten zu haben, ebenso der abgesetzte Geschäftsträger Bibikov. Als Beleg der Zusammenarbeit Bacherachts mit der Pariser Agentura führte der Kommissar überdies die Ausführungen
   von deren ehemaligem Chef Krasil'nikov an. Svatikov verwies auf das verwandtschaftlich und
   familiär geprägte germanophile Umfeld Bacherachts wie Bibikovs. Bei Letzterem handle es
   sich nach übereinstimmenden Aussagen um einen der Hauptorganisatoren der konterrevolutionären Bewegung. Ebd., S. 208–211.
193 Ebd., S. 211. Svatikov weist auch hier auf die Emigrantenbespitzelung durch Bereznikov und
   Golike hin. Ebd., S. 212.
194 Ebd., S. 212 f.
195 Ebd., S. 213 f.
196 Ebd., S. 209, 214.
197 *Rezul'tat otkrovennosti:* Kerenskij/Tereščenko an den russischen Geschäftsträger in Paris,

3.2.1.2. Gesandtschaft und Kolonie

Der Sturz des Zarenregimes führte nicht nur zu strukturellen Anpassungen und neuen politischen Leitplanken. Mit der plötzlichen Salon- und Dienstfähigkeit der bisherigen politischen Dissidenz veränderte sich ganz allgemein die Vorstellung vom russischen Staat und seiner Trägerschaft. Den meist in ihren Ämtern belassenen Diplomaten zarischer Provenienz traten mit gesteigertem Selbstbewusstsein Emigranten und Verfolgte entgegen, die sich angesichts der siegreichen Revolution als die wahren Repräsentanten des neuen Russland fühlen mochten. Bis zum Abbruch der bilateralen Beziehungen sahen sich die russischen Vertretungen in der Schweiz nun mit Zweifeln an der Legitimation und Wahrhaftigkeit ihrer Amtsführung konfrontiert. Die plötzliche Unfestigkeit der Unterscheidung von Obrigkeit und Untertanen beziehungsweise Bürgern lässt es sinnvoll erscheinen, die gesellschaftliche Einbettung des diplomatischen Apparates und den Beitrag der Emigrantenorganisationen zu seiner Ausgestaltung zu betrachten. Es sind vor allem zwei Arbeitsfelder, in denen die verschiedenen russischen Vereinigungen in der Schweiz zur Zeit des Weltkriegs und der Revolutionen eine rege Tätigkeit entfalteten: die Betreuung von russischen Kriegsgefangenen, die in die Schweiz geflüchtet und hier interniert worden waren, und die nach der Februarrevolution möglich gewordene, massenhaft angestrebte Heimkehr der politischen Emigranten nach Russland.

Im Berner Bundesarchiv findet sich eine lange Liste der Organisationen russischer Emigranten in der Schweiz um 1917/18.[198] Auffallend ist die Unterscheidung in bolschewistische und antibolschewistische Vereinigungen – ein Hinweis auf die traditionell hohe und nun bipolar zugespitzte Politisierung praktisch aller, selbst karitativer Einrichtungen der Emigration. Die Existenz einer antibolschewistischen Gruppe namens *Organisation Générale Suisse des Socialistes approuvant la défense nationale (Obščešvejcarskaja Organizacija Socialistov-Oboroncev)* verdeutlicht überdies, wie auch der Weltkrieg und die Problematik der richtigen russischen Kriegspolitik die Kolonie in der Schweiz spaltete und eine parteipolitische Fraktionierung förderte – stellte doch gerade die Frage der Weiterführung des Krieges eine markante politische Frontlinie zwischen den Bol'ševiki und ihren Gegnern dar.[199] Die interessierenden Themen waren beiderseits die gleichen, und so zeichnet die Liste des Bundesarchivs das Bild

25. 8./7. 9. 1917 (geheim). In: Sbornik sekretnych dokumentov iz archiva byvšago Ministerstva inostrannych del, 5 (1918), S. 220.

198 BAR, LGS, Bd. 2 des Verzeichnisses, S. 286 k–m. Die Liste trägt den Vermerk: «zusammengestellt von Frl. Dr. Reber Febr./März 1961». – Für Hinweise auf Archivalien betreffend russische Organisationen in der Schweiz vgl. auch Fondy Russkogo Zagraničnogo istoričeskogo archiva v Prage, S. 207–217.

199 Zur Uneinigkeit der linken russischen Opposition in der Kriegsfrage vgl. auch Sonn, Anarchism, S. 63.

Sergej Ju. Bagockij.

eines ausgeprägten Parallelismus. Es gab in der Schweiz bolschewistische und antibolschewistische Hilfsvereine, eine bolschewistische und eine antibolschewistische Rot-Kreuz-Vertretung, bolschewistische und antibolschewistische russische Bibliotheken. In personeller Hinsicht sticht bei der Rubrik der bolschewistischen Organisationen die zentrale Figur des Sergej Ju. Bagockij (1879–1953) hervor. Nachdem er in sibirischer Gefangenschaft gesessen und einige Jahre in Krakau verbracht hatte, war Bagockij 1915 als politischer Emigrant in die Schweiz gekommen. Hier arbeitete er als Assistenzarzt und setzte sich für die Anliegen politischer Gefangener und Verbannter aus dem Zarenreich ein. Bagockij war Sekretär und seit Juni 1917 Vorsitzender des *Comité Central de Répatriement des réfugiés politiques russes résidant en Suisse (Švejcarskij Central'nyj Komitet dlja vozvraščenija političeskich emigrantov v Rossiju)*, später offizieller Vertreter des sowjetrussischen Roten Kreuzes in der Schweiz.[200]

---

200 Zu Bagockij vgl. BAR, LGS, Bd. 2 des Verzeichnisses, S. 286 a–h; Collmer, Selbstdefinition, S. 256–258; Gautschi, Lenin, S. 320, Anm. 27; Lenin, Polnoe sobranie sočinenij, Bd. 52, S. 466. – Dem seit April 1915 in Wil (St. Gallen) arbeitenden Arzt Bagockij wollte die russische Gesandtschaft in Bern nicht zu einer Niederlassungsbewilligung verhelfen, da er sich in Russland für den Militärdienst stellen müsse. Für den Briefwechsel zwischen dem Schriftenkontroll-Bureau Wil und der russischen Gesandtschaft in Bern vom Mai/Juni 1915 vgl. AVPRI, Missija v Berne, op. 843/1, d. 52, ll. 2–3. Für die entsprechende Korrespondenz zwischen Bagockij und der russischen Gesandtschaft vgl. ebd., ll. 4–7. – Für (ganz auf die Person Lenins ausgerichtete) Erinnerungen Bagockijs an die Schweiz vgl. Bagockij, O vstrečach s Leninym, besonders S. 52–64.

Die russische Gesandtschaft in Bern arbeitete nach der Februarrevolution in den genannten Bereichen der Unterstützung und der Repatriierung von Landsleuten mit verschiedenen privaten Vereinigungen zusammen.[201] Geschäftsträger Onu war froh um das besagte Zentralkomitee in Zürich, denn alleine konnte die Mission ihre administrativen Aufgaben kaum mehr bewältigen. Anfang April 1917 teilte die Gesandtschaft mit, sie beabsichtige, den politischen Emigranten Ausweise auszustellen.[202] Onu wollte überdies abklären, wie teuer die von der Provisorischen Regierung angeordneten Unterstützungsleistungen an heimkehrende und in der Schweiz verbleibende Politemigranten zu stehen kommen würden. Zu diesem Zweck bat er das Zürcher Zentralkomitee, einen Fragebogen auszuarbeiten. Mehr noch: Onu schlug vor, das Komitee solle doch die politischen Emigranten mit persönlichen Dokumenten versehen, auf deren Grundlage die Gesandtschaft dann die legalen Ausweise und Pässe abgeben könne. Das Komitee war einverstanden und machte konkrete Realisierungsvorschläge.[203] Schon bald meldete Bagockij, die Umfrage sei angelaufen und zeige eine grosse Not unter den politischen Emigranten; monatlich 100 Franken für einen Gesunden, 200 für einen Kranken seien an Unterstützungsleistungen minimal einzuberechnen.[204]

Nach Rücksprache mit der Provisorischen Regierung wurde das Prozedere der Ausweisabgabe etwas modifiziert, und Geschäftsträger Onu stellte klar, dass neben dem Zürcher Zentralkomitee auch andere, sich eventuell erst noch bildende Emigrantenorganisationen in die gemeinsame Unterstützungs- und

---

201 Was die Mitarbeit der konsularischen Einrichtungen betrifft, so teilte die Gesandtschaft im Oktober 1917 dem Konsulat von Genf und der Konsularagentur in Lausanne monatlich je 1000 Franken zur Unterstützung der Landsleute zu, dem Vizekonsulat in Davos für den Monat Oktober 500 Franken. Russische Gesandtschaft in Bern an die Konsulate Lausanne und Genf und an das Vizekonsulat Davos, 6./19. 10. 1917 (Entwürfe). AVPRI, Missija v Berne, op. 843/2, d. 398, ll. 7–7 ob., 12–12 ob. und 10–10 ob.

202 Russische Gesandtschaft in Bern an das *Comité Central de Rapatriement des réfugiés politiques russes résidant en Suisse*, 24. 3./6. 4. 1917. AVPRI, Missija v Berne, op. 843/1, d. 24, l. 2–2 ob. Zur Vereinfachung nenne ich dieses *Comité Central* künftig «Zentralkomitee (Zürich)».

203 Onu an das Zentralkomitee (Zürich), 28. 3./10. 4. 1917 (Entwurf). AVPRI, Missija v Berne, op. 843/1, d. 24, l. 4; Zentralkomitee (Zürich) an die russische Gesandtschaft in Bern, 15. 4. 1917. Ebd., l. 34–34 ob.

204 Bagockij an die russische Gesandtschaft in Bern, 20. 4. 1917. AVPRI, Missija v Berne, op. 843/1, d. 24, l. 10. – Die Mission zahlte im Mai für Frauen und Kinder abgereister Emigranten 160 Franken pro erwachsene Person und 95 Franken pro Kind. Vgl. russische Gesandtschaft in Bern an die *Organisation Générale Suisse des Socialistes approuvant la défense nationale*, 16./29. 5. 1917. Ebd., l. 59. – Die erwähnten Dokumente wurden ausgegeben. Im Archiv finden wir beispielsweise für den späteren sowjetischen Handelsattaché Stefan I. Bratman sowohl eine vom Zürcher Komitee ausgestellte Bescheinigung über den Status eines politischen Emigranten als auch ein gesandtschaftliches *Certificat temporaire*, in dem bestätigt wird, dass Bratman zwecks Passerneuerung in Kontakt mit der russischen Gesandtschaft stehe. Zudem enthält das entsprechende Archivdossier den von Bratman ausgefüllten Fragebogen. AVPRI, Missija v Berne, op. 843/1, d. 47.

Repatriierungsarbeit einbezogen werden müssten.[205] Tatsächlich tauchte im April eine zweite, in Bern lokalisierte Vereinigung auf, nämlich die bereits erwähnte *Organisation Générale Suisse des Socialistes approuvant la défense nationale*. In einem vertraulichen Bericht an die Gesandtschaft beschrieb der Direktor der russischen Presseagentur Viktorov-Toporov die beiden rivalisierenden Gruppen.[206] Das ältere Zürcher Komitee, so heisst es, schare zwar eine Mehrheit der Emigranten verschiedener Parteien und Fraktionen (Men'ševiki, Bol'ševiki, Bund) um sich,[207] repräsentiere aber mit seiner indifferenten bis feindlichen Haltung in der Verteidigungsfrage doch nicht alle. Die neue Berner Gruppierung (gebildet aus Sozialrevolutionären, Men'ševiki und anderen) befürworte in Abgrenzung dagegen pointiert die nationale Verteidigung Russlands. Von daher, so Viktorov, liege vor allem die Heimkehr der Anhänger dieser zweiten Organisation im Interesse der Provisorischen Regierung.[208] Während

205 Russische Gesandtschaft in Bern an das Zentralkomitee (Zürich), 4./17. 4. 1917. AVPRI, Missija v Berne, op. 843/1, d. 24, l. 8–8 ob. – Zur ultimativen Forderung Bagockijs an Onu, den Politemigranten richtige Pässe auszustellen, da einzelne Kantone die abgegebenen *certificats temporaires* nicht anerkennten, vgl. Bagockij an die russische Gesandtschaft in Bern, 26. 5. 1917. Ebd., l. 67; Onu an Bagockij (Adresse: Klusstr. 30, Zürich), 13./26. 5. 1917 (Entwurf). Ebd., l. 69.

206 Bericht Viktorov, 20. 4. 1917. AVPRI, Missija v Berne, op. 843/1, d. 24, ll. 17–19. Das Dokument ohne Absender trägt die Überschrift *zapiska Viktorova* (Notiz Viktorovs). – Das Zürcher Komitee soll rund 560 Emigranten repräsentiert haben, die Organisation der «Sozialpatrioten» etwa 160, vgl. BAR, E 2001 (E) -/13, Einleitung, S. 14; Gautschi, Lenin, S. 258. Vgl. zu den beiden Organisationen auch Onu an Miljukov, 5./18. 4. 1917. Rossija – Švejcarija, Nr. 95; Senn, The Russian Revolution in Switzerland, S. 223 f., 229–231. Speziell zur Berner Organisation vgl. Fondy Russkogo Zagraničnogo istoričeskogo archiva v Prage, S. 210.

207 Eindrücklich ist in der Tat der volle Absender des Züricher Komitees, wie er in einem Brief nach Petrograd verwendet wurde: *Central'nyj Švejcarskij Komitet dlja vozvraščenija polit. émigrantov [v] Rossiju v sostave predstavitelej centr. Sekretariata émigr. Kass Švejcarii, émigr. organizacij Ženevy, Lozanny, Cjuricha, Berna, Bazelja, Davosa, Klarana, Šo-de-fona, K-ta imeni V. N. Figner i drugich organizacij pomošči polit. zaključennym i ssyl'nym i delegatov ot zagraničnych predstavitel'stv organizacionnago centr. Komitetov R. S. D. R. P., Partii S. R. (internac.), Bunda, «Našego Slova», gruppy «Vpered», Anarchistov-kommunistov, S. D. Pol'ši i Litvy, Pol'skoj Socialist. Partii (levica), evrejskich socialistov-territorialistov i Partii «Pojalej-Cion».* Zentralkomitee (Zürich) an den Rat der Arbeiterdeputierten, 21. 4. 1917 (Entwurf). AVPRI, Missija v Berne, op. 843/1, d. 24, ll. 101–103. – Zum Umstand, dass die Gründung des Zentralkomitees auf eine Initiative des Zentralsekretariats der Emigrantenkassen als des Zentrums der russischen politischen Emigration in der Schweiz zurückzuführen sei, vgl. Central'nyj Švejcarskij Komitet dlja vozvraščenija političeskich émigrantov v Rossiju: Bjulleten' ispolnitel'noj komissii, Nr. 1–2, Zürich, 10. 4. 1917. BAR, E 21/10512.

208 Bei der Aktennotiz Viktorovs findet sich das Protokoll einer *Conférence des groupes unifiés de socialistes émigrés partisans de la défense nationale*, das die Mitte April in Bern erfolgte Gründung einer gesamtschweizerischen Organisation für die materielle und juristische Unterstützung von politischen Emigranten sowie für deren Evakuierung nach Russland festhält. AVPRI, Missija v Berne, op. 843/1, d. 24, ll. 20–22. Auch diese Organisation verfügte über ein Zentralkomitee, genauer über ein *comité central du rapatriement des émigrés politiques*. – Für eine russische Variante des Gründungsprotokolls vgl. ebd., l. 91.

nun das Zürcher Zentralkomitee zeitweilig eine Rückreise der Landsleute durch Deutschland diskutierte und für dieses Ziel die Vermittlungstätigkeit von Nationalrat Robert Grimm in Anspruch nahm, lehnte das neue Berner Komitee alle Pläne ab, hinter dem Rücken der Provisorischen Regierung Vereinbarungen zu treffen und durch Feindesland zu reisen. Beide Gruppierungen missbilligten die im Alleingang (mit der Hilfe von Fritz Platten) arrangierte Heimkehr Lenins durch Deutschland.[209]

Geschäftsträger Onu bemühte sich, beide Emigrantenorganisationen gleich zu behandeln. Als er vom neuen Berner Komitee erfuhr, informierte er es sogleich über die mit Zürich geführte Diskussion betreffend Abgabe provisorischer Ausweise.[210] Auch die materiellen Ressourcen sollten gerecht verteilt werden. Am 24. April sandte Onu dem Zürcher Komitee einen Check über 6000 Franken zur Unterstützung von 30 Tuberkulosepatienten, welche die Schweiz nicht verlassen konnten. Umgehend meldete sich das Berner Komitee und forderte die gleiche Summe, da man sich ja hier ebenfalls um Bedürftige kümmere. Onu

---

209 Vgl. Gründungsprotokoll der *Organisation Générale Suisse des Socialistes approuvant la défense nationale*. AVPRI, Missija v Berne, op. 843/1, d. 24, ll. 20–22; Senn, The Russian Revolution in Switzerland, S. 229. – Lenin verliess am 9. April 1917 mit einer Gruppe von rund 30 Personen Zürich. Allgemein zur Rückreise Lenins nach Russland vgl. Gautschi, Lenin, S. 239–286 (hier auch ausführlich zur Rolle der Schweizer Sozialistenführer Grimm und Platten); Zweig, Sternstunden, S. 240–252; *Lenins Abreise von Zürich: Eine Erinnerung.* In: NZZ, 13. 4. 1921 (zweites Abendblatt); *Lenins Abreise von Zürich und der «plombierte» Zug (1917): Eine Erinnerung.* In: NZZ, 19. 4. 1921 (zweites Morgenblatt). – Zur Involvierung von Nationalrat Grimm vgl. auch Onu an Miljukov, 9./22. 4. 1917. Rossija – Švejcarija, Nr. 96; BAR, E 2001 (E) -/13, Einleitung, S. 15 (hier auch zum undurchsichtigen Kontakt von Grimm mit Bundesrat Hoffmann in der Frage des Transits von Lenin durch Deutschland). – Zur Einschätzung Onus, die Schweizer Behörden seien wohl an den Verhandlungen zur Abreise Lenins nicht unmittelbar beteiligt gewesen, vgl. Rossija – Švejcarija, S. 184, Anm. 4. Zur weitgehenden Uninformiertheit der Schweizer Behörden über die Abreise Lenins und zur Vermutung, der entsprechende Eisenbahnwagen sei kaum schweizerisch «verbleit» (also plombiert) gewesen, vgl. EPD an den Generalstab, 7. 2. 1919. BAR, E 2001 (B) -/1/57 (B 44.133.2.); Zollamtsvorstand Bahnhof Schaffhausen an die Zolldirektion Schaffhausen, 26. 11. 1920. Ebd. – Für die These, Deutschland habe sein Territorium für die Durchreise Lenins nach Russland geöffnet, um Russland zu schwächen und eine Entlastung an der Ostfront herbeizuführen, vgl. Odier an Bundesrat Calonder, 15. 4. 1919. BAR, E 2300 Petersburg/4; BAR, E 2001 (E) -/13, Einleitung, S. 14. – Zur Frage einer Involvierung des berüchtigten Alexander Helphand alias Parvus vgl. etwa Bundesanwaltschaft an das EJPD, 26. 1. 1920. BAR, E 2001 (E) -/13 (B 10); BAR, E 2001 (E) -/13, Einleitung, S. 15. – Zum Protest der Berner Emigrantenorganisation gegen die weitere Vermittlungstätigkeit von Robert Grimm in der Frage der Repatriierung russischer Politmigranten («vu son incompétence notoire choses russes») vgl. Zentralkomitee (Bern) an die russische Gesandtschaft in Bern, 15./28. 5. 1917. AVPRI, Missija v Berne, op. 843/1, d. 24, l. 56; Onu an das MID, undatiert (Entwurf). Ebd., ll. 57–58. – Zur Diskussion über die Deutschlandroute, zur Rückreise Lenins und zur Rolle von Grimm und Platten vgl. auch Bagockij, O vstrečach s Leninym, S. 60–66; Dunajewski, Platten wird bekannt.

210 Russische Gesandtschaft in Bern an das Exekutivbüro (gemeint ist wohl: Zentralkomitee) (Bern), 10./23. 4. 1917. AVPRI, Missija v Berne, op. 843/1, d. 24, l. 14.

liess darauf auch den «Bernern» 6000 Franken zukommen.[211] In der Korrespondenz der folgenden Monate finden wir Angaben zu weiteren Zahlungen in der Höhe von mehreren 10'000 Franken an beide Organisationen.[212] Auch in den Reihen der russischen Studentenschaft in der Schweiz entstand ein Evakuationsbüro. Ende Dezember 1917 meldete sich ein *Bureau exécutif du Comité Général d'Évacuation des Étudiants de Russie en Suisse (Ispolnitel'naja Komissija glavnago èvakuacionnago komiteta Rossijskich studentov v Švejcarii)* beim neuen Volkskommissariat für auswärtige Angelegenheiten. Durch das Zarenregime zum Auslandsstudium gezwungen, strebe die russische Studentenschaft seit Beginn der (Februar-)Revolution die Heimkehr an, um dem Vaterland dienen zu können. Telegramme seien schon an die Provisorische Regierung, eine Delegation an deren vorübergehend in der Schweiz weilenden Kommissar Svatikov geschickt worden – alles umsonst, nur wenige hätten die Rückreise geschafft. Indessen sei die moralische und materielle Lage der hier verbliebenen Studenten unerträglich, auch die russische Gesandtschaft habe nur kärgliche Hilfe geboten. Das Büro appellierte an den Rat der Volkskommissare, die Rückkehr der Studentinnen und Studenten zu ermöglichen, man wolle das Geld auch möglichst bald zurückgeben.[213]

Die Beziehungen der Gesandtschaft zum Zürcher Komitee kühlten sich nach der Oktoberrevolution drastisch ab. Onu hegte den Verdacht, die gutgläubig ausbezahlten Summen würden von Bagockijs Leuten zur Unterstützung der neuen Revolution missbraucht.[214]

Dass sich neben den Repatriierungs- und Unterstützungsorganisationen nach der Februarrevolution auch die nichtstaatliche russische Informations- beziehungsweise Presseagentur in der Schweiz mit der Gesandtschaft verflocht und zuhanden Onus vertrauliche Berichte lieferte, ist nicht weiter erstaunlich. Im-

---

211 Onu an das Zentralkomitee (Zürich), 11./24. 4. 1917 (Entwurf). AVPRI, Missija v Berne, op. 843/1, d. 24, l. 30; Zentralkomitee (Bern) an die russische Gesandtschaft in Bern, 26. 4. 1917. Ebd., l. 32; Onu an die *Organisation Générale Suisse des Socialistes approuvant la défense nationale*, 15./28. 4. 1917 (Entwurf). Ebd., l. 36.

212 Vgl. etwa Onu an die *Organisation Générale Suisse des Socialistes approuvant la défense nationale*, 28. 4./11. 5. 1917. AVPRI, Missija v Berne, op. 843/1, d. 24, l. 50; Onu an das Zentralkomitee (Zürich), 8./21. 5. 1917 (Entwurf). Ebd., l. 48. – Im Archiv findet sich eine Abrechnung der verteidigungsfreundlichen Sozialisten (Bern), aus der hervorgeht, dass die Organisation von der Gesandtschaft zwischen dem 14. April und dem 31. Mai 1917 28'850 Franken, vom Figner-Komitee in Petrograd 42'300 Franken erhalten hatte. *Finansovyj otčet ispolnitel'nogo bjuro Obščešvejcarskoj Organizacii Socialistov-Oboroncev*, 14. 4. bis 31. 5. 1917. Ebd., l. 76.

213 *Bureau exécutif du Comité Général d'Évacuation des Étudiants de Russie en Suisse* an das NKID, Genf, 29. 12. 1917. AVPRF, f. 141, op. 1, p. 1, d. 2, l. 1–1 ob.

214 Der Geschäftsträger war ausserdem überzeugt, dass das Komitee, welches nahe Kontakte zu den deutschen Sozialisten unterhalte, keine Gelegenheit auslassen werde, die Gesandtschaft mit Dreck zu bewerfen. Onu an den russischen Vertreter in Paris Maklakov, 13./26. 11. 1917. AVPRI, Posol'stvo v Pariže, op. 524, d. 3488, ll. 28–30.

merhin war es der nachmalige erste Aussenminister der Provisorischen Regierung Miljukov gewesen, der die Agentur 1916 in Lausanne gegründet hatte.[215] Das Büro zeigte sich denn auch revolutionseuphorisch und verschrieb sich der nunmehr staatstragenden Aufgabe, der Schweizer Presse den Systemwechsel in Russland als Befreiung des Volkes zu erklären und allfällige reaktionäre Attacken tatkräftig zu erwidern. In ihrem Geschäftsbericht für die Zeit der Februarrevolution plädierte die Agentur dafür, unter den neuen Führungsstrukturen gestärkt zu werden – gerade im Hinblick auf mögliche Anfeindungen des neuen Russland: «Um bereit zu sein für die Abwehr dieser Kampagne muss die Agentur der Russischen Presse in Bern mit all jenen Mitteln ausgerüstet sein, welche ihr das freie Russland und sein schöpferisches Denken zur Verfügung stellen kann.»[216]

Gegenüber der Redaktion der Zeitung *La Sentinelle* präsentierte sich die russische Presseagentur im März 1917 aber betont unabhängig: «Or notre Agence de presse russe est absolument indépendante de toute influence officielle et gouvernementale. Elle entend représenter en Suisse uniquement les idées et les espoirs de l'opinion publique de la Russie; elle veut exposer à la population suisse les conditions dans lesquelles se présente le développement social et économique de notre pays et les efforts qui sont faits, en Russie, pour la conquête des buts intérieurs et extérieurs.»[217]

Halten wir fest: Die Februarrevolution brachte für die Vertretung Russlands in der Schweiz einen sofortigen Wechsel an der Gesandtschaftsspitze und eine gewisse Verflechtung der staatlichen Repräsentation mit selbstbewusst auftretenden Emigrantenorganisationen im administrativen Bereich. Ansonsten aber blieb die Struktur russischer staatlicher Präsenz in der Eidgenossenschaft dieselbe, und auch das altgediente Personal arbeitete mit der erwähnten Ausnahme weiter. Erst der viel radikalere Neuerungswille der Oktoberrevolution drängte die überkommene russische Diplomatie ins Abseits.

---

215 Vgl. Švejcarija – Rossija, S. 270, Anm. 1. Zu den Arbeitsschwerpunkten der Presseagentur (das Thema Schweiz figurierte hier auf den hinteren Rängen) vgl. *Spisok dos'e, veduščichsja v agentstve russkoj pečati v Berne,* undatiert. AVPRI, Missija v Berne, op. 843/2, d. 509, ll. I–II. Zur Presseagentur vgl. auch Senn, Diplomacy, S. 29; ders., The Russian Revolution in Switzerland, S. 172.

216 *Zapiska o dejatel'nosti Agentstva Rossijskoj Pressy v Berne za vremja s 2–15-go fevralja po 2–15-e marta 1917 g.,* undatiert (aus dem Russischen). AVPRI, Missija v Berne, op. 843/2, d. 509, ll. 1–5. Die Agentur verbuchte für sich in diesem Bericht einen regen Ausstoss an Informationsbulletins mit beachtlichem Einfluss auf die Schweizer Presse.

217 Russische Presseagentur an die Redaktion von *La Sentinelle,* 12. 3. 1917. AVPRI, Missija v Berne, op. 843/2, d. 509, ll. 18–20.

3.2.2. Die Berner Sowjetmission

Im Mai 1918 erreichte eine mit diplomatischem Anspruch auftretende russische Sowjet-«Gesandtschaft»[218] unter dem lettischen Revolutionär Jan A. Berzin (1881–1941) die Schweiz.[219] Sie wurde vorerst geduldet, bereits nach einem halben Jahr aber wegen Verdachts auf revolutionäre Propaganda des Landes verwiesen. In ihrer kurzen Wirkenszeit gelang es der Mission Berzin, sich gegenüber den Schweizer Behörden als einzige massgebliche Repräsentation Russlands zu etablieren und die Gesandtschaft der Provisorischen Regierung zu verdrängen. Installation, Organisation und Funktionsweise der Berner Sowjetmission sind in der Literatur bereits detailliert aufgearbeitet.[220] Hier ein Überblick.

3.2.2.1. Installation und Verdrängungskampf

Der Volkskommissar für auswärtige Angelegenheiten Trotzki verlangte von den diplomatischen Vertretungen Russlands im Ausland eine klare Stellungnahme. Waren sie gewillt, die Aussen- und Friedenspolitik der neuen Führung zu tragen?

«Alle diejenigen, welche diese Politik nicht auszuführen wünschen, müssen sich von der Arbeit unverzüglich zurückziehen, nachdem sie die Dossiers den niedrigsten Angestellten ausgehändigt haben, unabhängig davon, welchen Posten diese vorher besetzten, wenn sie damit einverstanden sind, sich der Sowjetmacht zu unterstellen. Versuche von der Sowjetmacht feindlich gesinnten Beamten, ihre Politik in der früheren Richtung fortzusetzen, werden den schwerwiegendsten Staatsverbrechen gleichgestellt werden.

Teilen Sie den Inhalt des vorliegenden Telegrammes allen Konsulaten mit. Ich verlange eine kategorische und sofortige Antwort.»[221]

---

218 Bisweilen nannte sich diese Sowjetdelegation (wie in seltenen Fällen auch die zarische Gesandtschaft vor ihr) «Botschaft» *(posol'stvo)*. Vom Bundesrat wurde sie – wie ihre Regierung – diplomatisch nicht anerkannt.

219 Zum Todesjahr Berzins finden sich widersprüchliche Angaben. Das Jahr 1938 wird genannt in: Lenin, Polnoe sobranie sočinenij, Bd. 24, S. 503; MERSH, Bd. 4, S. 76 f. Für die Nennung des Jahrs 1941 vgl. die *Biobibliografie* Berzins in: BAR, E 21/10424; Gautschi, Lenin, S. 321, Anm. 30; Sokolov, Berzin, S. 159.

220 Vgl. Senn, Diplomacy; Gautschi, Landesstreik, besonders S. 156–171; ferner Dreyer, Schweizer Kreuz und Sowjetstern, S. 26–53. Die zu Zeiten der Sowjetunion entstandenen akribischen Arbeiten von Senn und Gautschi mussten mit westlichen Archivalien und gedruckter Literatur auskommen. Ich habe unlängst versucht, diese Standarddarstellungen mit Informationen aus mittlerweile zugänglichen russischen Archivbeständen zu ergänzen, vgl. Collmer, Selbstdefinition. Aus sowjetischer Sicht liegt ein ideologisch verzerrter «dokumentarischer Bericht» aus den siebziger Jahren vor: Šejnis, Missija Jana Berzina. Ein Teil der Berichte Berzins an die Moskauer Zentrale ist zugänglich in: *Švejcarija – Rossija* bzw. *Rossija – Švejcarija*.

221 Kreisschreiben Trotzkis an die diplomatischen Vertretungen Russlands im Ausland, 22. 11./5.

Geschäftsträger Onu in Bern zeigte nicht die gewünschte Loyalität und wurde per Dekret vom 26. November/9. Dezember 1917 zusammen mit über zwei Dutzend anderen leitenden Auslandsvertretern des alten Regimes seines Amtes enthoben.[222] Längst hatte die Berner Telegramm-Kontrollkommission eine Meldung abgefangen, aus der hervorging, dass sich das Personal der russischen Gesandtschaft in der Schweiz mit jenem des alten Aussenministeriums in Petrograd solidarisch erklärte, jede Zusammenarbeit mit Lenin, Trotzki und ihren Anhängern ablehnte und überhaupt der Aktivität der «Maximalisten» mit äusserster Energie entgegenzutreten gelobte.[223] Onu ignorierte konsequenterweise seine Absetzung durch die Bol'ševiki und versuchte, die Berner Gesandtschaft in seinem Sinne funktionstüchtig zu erhalten.

Innerhalb der antibolschewistischen russischen Diplomatie setzte nach der Oktoberrevolution und dem Abhandenkommen der als legitim erachteten Regierung ein gewissermassen kopfloser Telegrammverkehr ein, eine fiebrige kompensatorische Vernetzung, in deren Zentrum die Botschaft in Paris stand. Onu sammelte in Bern all die aufgebrachten, beschwörenden oder beschwichtigenden Meldungen seiner Kollegen.[224] Verunsicherte Anfragen und Ermahnungen zur Ruhe stehen hier kämpferischen Appellen gegenüber, wobei Letztere namentlich vom russischen Geschäftsträger in London ausgingen – von Konstantin Nabokov, der ja einst als Gesandter für die Schweiz gehandelt worden war.[225] Die Botschaft in Paris legte Wert darauf, zuhanden der französischen Regierung die Publikation internationaler Geheimverträge durch die Bol'ševiki als einen widerwärtigen Vertragsbruch zu verurteilen.[226]

Bald schon diskutierten die aufgeschreckten Diplomaten, ob sie angesichts der schwindenden Mittel und der unsicheren Entwicklung in Russland wirklich alle bisherigen Posten aufrechterhalten konnten – oder ob sie ihre Widerstandsenergie nicht besser auf die grossen Vertretungen konzentrierten.[227] Diese

---

12. 1917 (aus dem Russischen). Dokumenty vnešnej politiki SSSR, Bd. 1, Nr. 21. – Zur Ankündigung der neuen Regierung, Diplomaten zurückzuberufen, die sich nicht unterwerfen, vgl. auch schweizerische Gesandtschaft in Petrograd an das EPD, 3. 12. 1917. BAR, E 2300 Petersburg/3.

222 Befehl des Volkskommissars für auswärtige Angelegenheiten, 26. 11./9. 12. 1917. Dokumenty vnešnej politiki SSSR, Bd. 1, Nr. 23. Vgl. auch Volkskommissariat für auswärtige Angelegenheiten an die schweizerische Gesandtschaft in Petrograd, 17. 1. 1918. AVPRF, f. 141, op. 2, p. 1, d. 1, l. 1.

223 Vgl. Telegramm an Associated Paris, Bern, 12. 11. 1917. BAR, E 2001 (A)/192.

224 Vgl. etwa die Dossiers: AVPRI, Missija v Berne, op. 843/3, d. 1006; AVPRI, Missija v Berne, op. 843/4, d. 167 und 173; ferner AVPRI, Posol'stvo v Pariže, op. 524, d. 3488 und 3505.

225 Vgl. Zirkulare Nabokov, 10./23. 11., 11./24. 11. und 19. 11./2. 12. 1917 (geheim). AVPRI, Missija v Berne, op. 843/3, d. 1006, ll. 6, 2 und 27–27 ob.

226 Vgl. Zirkular der russischen Botschaft in Paris, 16./29. 11. 1917 (geheim). AVPRI, Missija v Berne, op. 843/3, d. 1006, l. 10.

227 Die Vertretung in Madrid schlug am 7./20. November 1917 vor, die Tätigkeiten der russischen Vertretungen in Europa einstweilen in der Pariser Botschaft zu konzentrieren. AVPRI, Missija

zumindest sollten weiterarbeiten, solange das Ausland die bolschewistische Regierung nicht anerkannte. Geschäftsträger Onu in Bern war sich bewusst, dass seine Gesandtschaft nicht zu den wichtigsten russischen Repräsentationen gehörte. Und er gab unumwunden zu, «dass die politische Arbeit unserer Mission fast zum Stillstand gekommen ist, weshalb ich keinen besonderen Nutzen aus der weiteren Tätigkeit unserer diplomatischen Vertretung in der Schweiz für die russischen Interessen ausmachen kann».[228] Immerhin plädierte Onu dafür, dass sein Posten nicht vor den russischen Vertretungen in anderen neutralen Staaten geschlossen werde.[229] Er informierte die Kollegen über die Lage in Bern und teilte beispielsweise Anfang März 1918 mit, dass die Gesandtschaft in den wichtigsten Schweizer Zeitungen klargestellt habe, sie anerkenne die neuen Machthaber in Petrograd nicht und erachte folglich auch alle Bestimmungen des Friedens von Brest-Litovsk als null und nichtig.[230] Telegramme, so Onu, welche er aus Petrograd in Passangelegenheiten erhalte, lasse er einstweilen unbeantwortet.[231] Im Hinblick auf ihren Rückhalt bei den Schweizer Behörden und in der russischen Kolonie bemühte sich die Gesandtschaft intensiv um eine Weiterführung der bisherigen karitativen Tätigkeiten. Unterstützung dafür erhoffte sich Onu aus Paris. Dem dortigen designierten Botschafter Vasilij A. Maklakov, der noch von der Provisorischen Regierung ernannt worden war, seine Akkreditierung aber nicht mehr hatte vollziehen können, schilderte der Berner Geschäftsträger die materielle Lage der Schweizer Russen in den düstersten Farben: «Jetzt wirft man die Russen aus den Hotels, den Pensionen und privaten Wohnungen. Man verweigert den Russen Produkte erster Dringlichkeit. Der Hunger hat begonnen unter ihnen. […] Die Mission, ohne Verbindun-

v Berne, op. 843/3, d. 1006, l. 7. – Für eine Anfrage der Botschaft in Rom, ob es richtig sei, dass die Gesandtschaft in Bern ihre Arbeit eingestellt habe, vgl. geheimes Telegramm der russischen Botschaft in Rom, 10./23. 11. 1917. Ebd., l. 5.

228 Onu an die russische Botschaft in London, 17. 2./2. 3. 1918 (aus dem Russischen; Entwurf). AVPRI, Missija v Berne, op. 843/4, d. 173, l. 20.

229 Ebd.

230 Vgl. Onu an die russischen Botschaften in Paris, London und Rom, Anfang März 1918 (Entwurf). AVPRI, Missija v Berne, op. 843/4, d. 173, ll. 4–5.

231 Onu an die russischen Botschaften in Paris, London und Rom, undatiert (Entwurf). AVPRI, Missija v Berne, op. 843/4, d. 173, l. 15. In AVPRI, Missija v Berne, op. 843/2, d. 621 finden sich einige administrative Routinemeldungen Onus an das «MID» (Januar bis April 1918); womöglich bereitete Onu noch eine Weile solche Informationen vor, um nach dem Sturz des Sowjetregimes eine lückenlose Dokumentation präsentieren zu können. Ein anderes Dossier enthält nach der Oktoberrevolution datierte administrative Sendungen des Konsulats von Lausanne an verschiedene Petrograder und Moskauer Behörden; die Gesandtschaft in Bern leitete diese Schreiben nicht mehr weiter. AVPRI, Missija v Berne, op. 843/3, d. 1036. – Onus Mission zeigte sich sehr strikt in ihrer Ablehnung der Oktoberrevolution. Mitte Dezember 1917 teilte sie der Gesandtschaft in Lissabon mit, wegen deren Beziehungen zu Trotzki sei man gezwungen, den Kontakt abzubrechen. Russische Gesandtschaft in Bern an die russische Gesandtschaft in Lissabon, 4./17. 12. 1917 (Entwurf). AVPRI, Missija v Berne, op. 843/4, d. 173, l. 8.

gen zu Russland, weil sie die Regierung der Maximalisten nicht anerkennt, hat in den Augen der Schweizer ohnehin schon in bedeutendem Masse ihre raison d'être verloren; wenn sie also wegen fehlender Mittel die Hilfe an die Russen einstellt, dann wird vom Standpunkt der Schweizer aus auch der lokale Sinn ihrer Existenz verschwinden.»[232]

Onu erklärte, die Gesandtschaft habe nach der Februarrevolution mit Erlaubnis des Aussenministeriums ein Unterstützungskonto bei einer örtlichen Bank eingerichtet und sich auf diesem Wege bis zur Oktoberrevolution wegen völlig ungenügender Deckung aus Petrograd mit 410'000 Franken verschuldet. Nach dem jüngsten Umsturz in Russland habe die Rechnung beglichen werden müssen, was einen Rückgriff auf den Kriegsgefangenenfonds nötig machte. Da jedoch auch diese Quelle bald erschöpft sei, bestehe die Gefahr, dass die Gesandtschaft ihre Landsleute in der Schweiz demnächst einem bitteren Schicksal – oder, noch schlimmer, den zahlungskräftigeren Maximalisten überlassen müsse. Onu bat seinen Pariser Kollegen inständig darum, die französische Regierung dazu zu bewegen, monatlich 300'000 Franken nach Bern zu überweisen. Ein analoger Bittbrief ging nach London.[233] Maklakov antwortete, eine solche Bitte könne er der französischen Regierung nicht vorlegen; das Geld müsse in der Schweiz selbst beschafft werden.[234]

Bei allem Ausharren traf Onu Vorbereitungen für den Fall einer erzwungenen Räumung seiner Gesandtschaft.[235] Insbesondere dem Archiv gebührte vorsichtige Aufmerksamkeit. «Unsere Mission verfügt über eine gewisse Anzahl Dokumente kompromittierenden Charakters, welche vor allem Aufklärung und politische Gegenaufklärung betreffen.» Die Schweiz sei halt ein Zentrum von Operationen russischer Internationalisten, «und volens nolens war die Mission bis zu einem gewissen Grad einbezogen in die Aufsicht über die russische Emigration».[236]

Es galt nun unbedingt zu vermeiden, dass brisante Dokumente dem bolschewistischen Enthüllungseifer anheim fielen und öffentlich diskutiert wurden. Onu

232 Onu an Maklakov, 16./29. 12. 1917 (aus dem Russischen). Rossija – Švejcarija, Nr. 100, S. 187 f. – Das französische Aussenministerium betrachtete Maklakov als «Ambassadeur, chargé des intérêts de la Russie», vgl. AVPRI, Posol'stvo v Pariže, op. 524, d. 3505, l. 24.

233 Onu sah überdies die Gefahr, dass sich auch die Schweizer Behörden den Bol'ševiki zuwenden würden, wenn ihnen die bedürftigen Russen zur Last fielen. Onu an Maklakov, 16./29. 12. 1917. Rossija – Švejcarija, Nr. 100. – Für Versuche Nabokovs in London, die Finanzierung der alten russischen Diplomatie über die englische Regierung zu sichern, vgl. Zirkulare Nabokov, 4./17. 1., 26. 1./8. 2. und 27. 1./9. 2. 1918. AVPRI, Missija v Berne, op. 843/4, d. 167, ll. 11–11 ob., 18–18 ob. und 19.

234 Überdies äusserte sich Maklakov kritisch zur Zweckentfremdung des Kriegsgefangenenfonds. Maklakov an Onu, 19. 12. 1917/1. 1. 1918. AVPRI, Posol'stvo v Pariže, op. 524, d. 3505, ll. 3–4.

235 Zu Onus Szenarien einer möglichen Zwangsdemissionierung vgl. Onu an Maklakov, 13./26. 11. 1917. AVPRI, Posol'stvo v Pariže, op. 524, d. 3488, ll. 28–30.

236 Ebd. (aus dem Russischen).

kündigte Ende November 1917 an, eine Kiste mit Dokumenten zur Aufklärung und Gegenaufklärung sowie mit einem Teil des politischen Archivs nach Paris schicken zu wollen. Der Militäragent habe den wichtigsten Teil seines Archivs bereits in Sicherheit gebracht.[237]

Indessen erkundigte sich am 20. Dezember 1917 das Eidgenössische Politische Departement bei der schweizerischen Gesandtschaft in Petrograd, ob Lenin nach der Abberufung von Geschäftsträger Onu einen eigenen Vertreter in die Schweiz zu schicken gedenke.[238] Und tatsächlich: Am 31. Januar meldete die Gesandtschaft: «Das Volkskommissariat des Auswärtigen der russischen Regierung ersucht uns durch eine offizielle Note, die wir heute erhalten haben, der schweizerischen Regierung zu notifizieren, dass der russische Gesandte in Bern, Onou, abgesetzt worden sei und dass das Amt eines bevollmächtigten Vertreters der russischen Republik bei der schweizerischen Regierung dem Bürger Salkinde übertragen worden sei.»[239]

Allgemein zeugt der bolschewistische Aktivismus im Vorfeld der Installierung einer Berner Sowjetmission von wenig stringentem Kalkül; er gleicht eher einem revolutionären Schwung, den die praktische Konfrontation bisweilen zurückwarf und in neue organisatorische Bahnen zwang. Der schweizerische Argwohn registrierte akribisch die Spuren des Sowjetregimes im eigenen Land, von der Oktoberrevolution bis zur Ausweisung der Mission Berzin und darüber hinaus; wir finden im Berner Bundesarchiv Berge von Fichen verdächtiger Personen, von Überwachungsprotokollen, abgefangenen Telegrammen und Untersuchungsberichten.[240]

Zunächst hatten sich die Bol'ševiki darum bemüht, einen sofort einsatzfähigen loyalen Repräsentanten innerhalb der russischen politischen Emigration in der Schweiz zu finden. Die schweizerische Gesandtschaft in Petrograd berichtete am 4. Januar 1918, es sei – parallel zur Designation Maksim Litvinovs in London – der Emigrant Vjačeslav A. Karpinskij zum Kommissar der maximalistischen Regierung in Bern ernannt worden.[241] Karpinskij verliess jedoch wenige Tage später die Schweiz in Richtung Russland.[242]

---

237 Ebd.; vgl. auch das Telegramm vom gleichen Tag auf l. 31. Zur Verschiebung von Archivalien vgl. auch AVPRI, Missija v Berne, op. 843/3, d. 1336, l. 1. – 1930 lieferte der ehemalige Handelsagent V. M. Felkner dem (antisowjetischen) russischen historischen Archiv in Prag eine Reihe von Gesandtschaftsdokumenten ab, vgl. Fondy Russkogo Zagraničnogo istoričeskogo archiva v Prage, S. 205–207.

238 EPD an die schweizerische Gesandtschaft in Petrograd, 20. 12. 1917. DDS, Bd. 6, Nr. 370.

239 Schweizerische Gesandtschaft in Petrograd an das EPD, 31. 1. 1918. Švejcarija – Rossija, Nr. 101, S. 259. Für die entsprechende Note des Volkskommissariats für auswärtige Angelegenheiten an die schweizerische Gesandtschaft in Petrograd vgl. AVPRF, f. 141, op. 2, p. 1, d. 1, l. 1.

240 Diese Akten stellen nach wie vor die Hauptquelle für das Studium bolschewistischer Tätigkeit in der Schweiz dar; die einschlägigen Dossiers finden sich im Bestand BAR, E 21.

241 Schweizerische Gesandtschaft in Petrograd an das EPD, 4. 1. 1918. BAR, E 2001 (A)/1519.

Nun traten verschiedene bolschewistische Emissäre auf den Plan: der «Kurier» Holzmann, der besagte «Bürger Salkinde» und schliesslich Jan Berzin, dessen Delegation sich dann tatsächlich als offizielle Sowjetmission in der Schweiz zu etablieren versuchte.

Was den in Warschau geborenen Eduard Holzmann (1882–1936) betrifft,[243] so haben wir gesehen, dass es Trotzki mit seiner Androhung reziproker Zulassungsbestimmungen schon kurz nach der Revolution gelungen war, die um ihre Verbindungen nach Petrograd bangende Staatengemeinschaft und auch die Schweiz zur Tolerierung bolschewistischer Kuriere zu zwingen.[244] «Kurier» Holzmann erreichte im Februar 1918, nach langer Reise durch Skandinavien, England und Frankreich, die Schweiz. Sein ursprünglicher Auftrag mag darin bestanden haben, die frisch ernannten Sowjetvertreter Litvinov und Karpinskij mit Akkreditierungspapieren, Chiffren und Instruktionen zu versehen. Allerdings hatte Holzmann schon in England und Frankreich mit propagandaverdächtigen Auftritten und politischen Kontakten die Rolle des blossen Kuriers gesprengt.[245] In der Schweiz fiel ihm nach dem Ausscheiden Karpinskijs erst recht die Aufgabe zu, bolschewistische Präsenz zu markieren, den Vertretungsanspruch der alten russischen Gesandtschaft zu bestreiten und ein eingeschworenes lokales Beziehungsnetz aufzubauen.[246] Holzmann stand in Kontakt mit sympathisierenden Emigranten (Anatol Divil'kovskij, Stefan Bratman),[247] aber etwa auch mit dem Schweizer Nationalrat Fritz Platten (1883–1942). Sein wichtigster Ansprechpartner innerhalb des noch kaum ausgebildeten aussenpolitischen Apparates der neuen Sowjetregierung scheint deren Vertreter in Stockholm, Vaclav V. Vorovskij, gewesen zu sein. Ihm rapportierte Holzmann seine verschiedenen Begegnungen, ihm schilderte er die schwierige Lage der Schweizer Russen – und ihn bat er um Geld.[248] Holzmann entfaltete in der Schweiz eine

Andere Quellen sprechen von einem Kommissar mit Residenz in Genf, vgl. EPD an das JPD des Kantons Genf, 4. 1. 1918. BAR, E 2001 (A)/1520. Für das abgefangene Ernennungstelegramm an Karpinskij vgl. Sowjetdelegierter Vorovskij (Stockholm) an Karpinskij (Genf), 6. 1. 1918. BAR, E 21/10354. Zu Karpinskijs Ernennung Ende Dezember 1917 vgl. auch Senn, Diplomacy, S. 16, 42. Für Zeitungsannoncen, welche die Ernennung Karpinskijs verkündeten und alle russischen Amtsträger in der Schweiz anhielten, ihm ihre Geschäfte, Dokumente und Geldbestände zu übergeben, vgl. BAR, E 2001 (A)/1520. Zur einstigen Zusammenarbeit Karpinskijs mit Lenin in Genf vgl. Senn, The Russian Revolution in Switzerland, S. 30–32.

242 Vgl. Senn, Diplomacy, S. 45.
243 Auch: Holtzmann. Zu Holzmann vgl. BAR, E 2001 (A)/1521; BAR, E 21/10352; Senn, Diplomacy, S. 46–52; Collmer, Selbstdefinition, S. 250 f.
244 Vgl. oben S. 410.
245 Vgl. Senn, Diplomacy, S. 16, 46.
246 Für eine Notiz, in der Holzmann als «Jude aus Lithauen» bezeichnet wurde, der in die Schweiz kam, um der russischen Gesandtschaft die Daseinsberechtigung abzusprechen, vgl. Aktennotiz Februar 1919. BAR, E 21/10352.
247 Vgl. etwa Divil'kovskij an Bratman, 23. 2. 1918. BAR, E 2001 (A)/1521.
248 Vgl. Holzmann (Genf) an Vorovskij (Stockholm), 23. 2. 1918 (abgefangenes Telegramm).

längere und umfangreichere Aktivität als geplant, da die umliegenden Staaten dem als Agitator Gefürchteten und von verschiedenen Seiten mit Spionageverdacht Belegten vorläufig die Ein- oder Durchreise verweigerten.[249] Von Gesinnungsgenossen als erster Delegierter der russischen Proletarierregierung begrüsst,[250] gab sich Holzmann nicht offen als Diplomat aus und suchte auch keinen diplomatischen Kontakt mit dem Bundesrat. Hingegen wurde er von den Schweizer Behörden misstrauisch beobachtet.[251] Das Politische Departement bemühte sich freilich, zuhanden Petrograds die korrekte schweizerische Behandlung des Kuriers zu betonen und klarzustellen, dass seine Ausreiseprobleme anderweitig verschuldet seien.[252] Holzmann scheint Mitte Juni über Deutschland nach Russland zurückgekehrt zu sein.[253] Im Juli publizierte eine Moskauer Zeitung ein Interview, in dem der «Kurier» seine angeblich triumphale Aufnahme durch eine revolutionär gestimmte schweizerische Arbeiterschaft beschrieb.[254]

Ausdruck einer mehr impulsiven als systematischen frühen Sowjetdiplomatie

BAR, E 2001 (A)/1521; Holzmann (Zürich) an Vorovskij (Stockholm), 2. 4. 1918 (abgefangenes Telegramm). Ebd. – Zum Engagement Plattens für Holzmann beim Politischen Departement vgl. Aktennotiz Thurnheer, 14. 3. 1918. Ebd.

249 Zur Verweigerung des französischen Visums vgl. etwa schweizerische Gesandtschaft in Paris an das EPD, 1. und 12. 3. 1918. BAR, E 2001 (A)/1521; EPD an die schweizerische Gesandtschaft in Paris, 7. 3. 1918. Ebd. – Zu den bundesrätlichen Bemühungen um eine Ausreise Holzmanns durch Deutschland vgl. EPD an die schweizerische Gesandtschaft in Berlin, 15. 4. 1918. Ebd. Für die Meldung aus Berlin, es bestünden keine Bedenken (mehr) gegen eine Durchreise Holzmanns vgl. schweizerische Gesandtschaft in Berlin an das EPD, 22. 5. 1918. Ebd.

250 *Groupe etudiants socialistes internationalistes russes* an Holzmann, 17. 2. 1918. BAR, E 2001 (A)/1521.

251 An Warnungen aus der antibolschewistischen Emigration fehlte es nicht. Aus ukrainischer Ecke wurde beispielsweise die Vermutung geäussert, Holzmann überbringe Millionen von Rubeln an bolschewistischen Propagandageldern, vgl. *Bureau Ukrainien en Suisse* (Lausanne) an das EPD, 13. 2. 1918 (vertraulich). BAR, E 2001 (A)/1521. Zur Weiterverfolgung dieses Hinweises vgl. EPD an das EJPD, 19. 2. 1918 (vertraulich). BAR, E 21/10352. – Allgemein zur Überwachung Holzmanns vgl. BAR, E 21/10352; BAR, E 2001 (A)/1521. – Für die Bemerkung, Holzmann spiele sich in Zürich als Vertreter der gegenwärtigen russischen Regierung in der Schweiz auf, vgl. schweizerische Gesandtschaft in Berlin an Bundespräsident Calonder, 7. 5. 1918. Ebd.

252 Vgl. EPD an die schweizerische Gesandtschaft in Petrograd, 5. 4. 1918. BAR, E 2001 (A)/1521. Zu einer Reklamation Karachans wegen der Behandlung Holzmanns vgl. schweizerische Gesandtschaft in Petrograd an das EPD, 1. 4. 1918. BAR, E 2001 (A)/1519.

253 Für die Ankündigung, Holzmann werde voraussichtlich «morgen» über Deutschland nach Russland fahren, vgl. EPD an die schweizerische Gesandtschaft in Berlin, 19. 6. 1918. BAR, E 2001 (A)/1521. Eine Notiz vom Februar 1919 spricht davon, Holzmann habe die Schweiz bereits am 18. Mai 1918 verlassen und sei später als Kurier zwischen Moskau und Bern aufgetreten. Aktennotiz *Februar 1919*. BAR, E 21/10352.

254 Vgl. Vizekonsul Suter an das EPD, 26. 7. 1918 (beiliegend: *Auszug aus einem Artikel der Moskauer Sovjet-Nachrichten des Central-Executiv-Komites v. 16. Juli 1918*). BAR, E 2001 (A)/1521.

ist auch der Auftritt des Ivan/Jonas A. Zalkind (1885–1928), eines engen Mitarbeiters Trotzkis, der nach dem Ausscheiden Karpinskijs als bevollmächtigter Vertreter der russischen Republik bei der schweizerischen Regierung angekündigt, in dieser Funktion aber noch während seiner dreimonatigen Irrfahrt durch Westeuropa durch Jan Berzin ersetzt worden war und nun die Rolle eines Wegbereiters und Mitarbeiters der einst ihm zugedachten Sowjetvertretung zu spielen hatte.[255] Alfred E. Senn vermutet, dass Zalkinds Mission sowieso eher propagandistisch als diplomatisch ausgerichtet gewesen sei.[256] Nach seiner Ankunft in der Schweiz Anfang Mai 1918 trat Zalkind in Verbindung mit Holzmann und dessen Kontaktleuten. Am 7. Mai erkundigte er sich ausserdem bei Adol'f A. Ioffe, dem Sowjetvertreter in Berlin, ob er nun sein Amt antreten oder auf Berzin warten solle. Ioffe zeigte sich erstaunt über Zalkinds Anwesenheit in der Schweiz und gebot Zurückhaltung bis zur Ankunft Berzins.[257] Die Schweizer Behörden hatten die Entsendung Zalkinds mit grossem Unbehagen beobachtet, sahen sich im Interesse der Russlandschweizer und angesichts der offensichtlichen Ohnmacht der alten russischen Gesandtschaft aber zu einer minimalen Kooperation mit den Bol'ševiki gezwungen. «Nous devons donc nous efforcer de maintenir avec ce Gouvernement un minimum de relations et de ne pas interrompre d'une manière absolue les conversations. Nous devons, dans l'intérêt non seulement du biens, mais même de la vie de nos compatriotes, pouvoir causer avec la Russie; l'ancienne Légation russe à Berne ne peut, pour le moment, nous être d'aucun secours.»[258]

Der Bundesrat gab den europäischen Regierungen zu verstehen, dass er keineswegs verärgert wäre über ein administrativ verzögertes Eintreffen Zalkinds,[259] liess der Sowjetführung aber ausrichten, man werde dessen Besuch in Bern

255 Zu Zalkind vgl. BAR, E 2001 (A)/1519; Senn, Diplomacy, besonders S. 52–57; Collmer, Selbstdefinition, S. 252–254. Für Zalkinds Erinnerungen an die Anfänge der neuen sowjetrussischen Aussenpolitik vgl. Zalkind, Iz pervych mesjacev; ders., NKID v semnadcatom godu.
256 Senn, Diplomacy, S. 56.
257 Zalkind an Ioffe, Zürich, 7. 5. 1918 (abgefangenes Telegramm). BAR, E 2001 (A)/1519; Ioffe an Zalkind, 8. 5. 1918 (abgefangenes Telegramm). Ebd.
258 Bundespräsident Calonder an die schweizerischen Gesandtschaften in Paris, Berlin, London, Rom und Wien, 14. 2. 1918. DDS, Bd. 6, Nr. 388, S. 687. Vgl. auch Randnotiz von anderer Hand auf: schweizerische Gesandtschaft in Berlin an Bundespräsident Calonder, 30. 3. 1918. BAR, E 2001 (A)/1519.
259 Dazu und zur hindernisreichen Reise Zalkinds in die Schweiz vgl. schweizerische Gesandtschaft in Petrograd an das EPD, 1. 3. 1918. BAR, E 2300 Petersburg/4; EPD an die schweizerische Gesandtschaft in Berlin, 5. 3. 1918. BAR, E 21/10352; EPD an die schweizerische Gesandtschaft in Berlin, 15. 3. 1918. BAR, E 2001 (A)/1519; EPD an die schweizerische Gesandtschaft in Wien, 15. 4. 1918. BAR, E 2001 (A)/1522; ferner Zarnickij/Trofimova, Tak načinalsja Narkomindel, S. 195–203; Senn, Diplomacy, S. 52–55. – Für die Ankündigung der Teilnahme von Nationalrat Platten an der Reise Zalkinds vgl. schweizerische Gesandtschaft in Petrograd an das EPD, 4. 2. 1918. BAR, E 2300 Petersburg/4; EPD an den Bundesrat, 7. 2. 1918 («Nicht für die Presse»). BAR, E 2001 (A)/1519.

«gerne» empfangen.[260] An die Gesandtschaften in London und Paris erging die Weisung, dies auch dem durchreisenden Zalkind bei Bedarf mitzuteilen, «natürlich ohne dabei auf eine Diskussion betreffend die Anerkennung der Maximalistischen Regierung einzutreten».[261]

Im Übrigen beobachteten die Schweizer genau, welche Aufnahme Vertreter der Sowjetregierung in anderen Staaten, etwa in England oder Schweden, erfuhren.[262] Wie Holzmann wurde auch Zalkind nach seiner Ankunft heimlich überwacht.[263]

Das Volkskommissariat für auswärtige Angelegenheiten teilte dem schweizerischen Konsulat in Moskau am 10. April 1918 die Ernennung Jan Berzins zum bevollmächtigten Vertreter der Föderativen Sowjetrepublik Russland in der Schweiz mit.[264] Die schweizerische Gesandtschaft in Petrograd wies Vizekonsul Suter an, Berzin ein gewöhnliches (nicht diplomatisches) Visum auszustellen und auszurichten, die Gesandtschaft in Berlin werde dem Emissär dann unterwegs mitteilen, ob und in welcher Stellung er in die Schweiz einrei-

260 EPD an die schweizerische Gesandtschaft in Petrograd, 6. 2. 1918. BAR, E 2001 (A)/1519; schweizerische Gesandtschaft in Petrograd an das NKID, 30. 1./12. 2. 1918. AVPRF, f. 141, op. 2, p. 1, d. 1, l. 46; ferner EPD an den Bundesrat, 7. 2. 1918 («Nicht für die Presse»). BAR, E 2001 (A)/1519. Zu den Erkundigungen des Politischen Departements über Zalkind vgl. EPD an die schweizerische Gesandtschaft in Berlin, 5. 2. 1918. Ebd. Für Warnungen vor Zalkind vgl. etwa schweizerische Gesandtschaft in Rom an Bundespräsident Calonder, 6. 2. 1918 (geheim). Ebd.; schweizerische Gesandtschaften in Berlin bzw. London an das EPD, 11. bzw. 12. 2. 1918. DDS, Bd. 6, Nr. 385 bzw. 386; schweizerische Gesandtschaft in Berlin an das EPD, 14. 2. 1918. BAR, E 2001 (A)/1519. Zum Ruf Zalkinds als unreifer «Kaffeehauspolitiker» vgl. schweizerische Gesandtschaft in Berlin an Bundespräsident Calonder, 6. 2. 1918 (geheim). DDS, Bd. 6, Nr. 382.

261 EPD an die Vertretungen in London und Paris, 8. 2. 1918. BAR, E 2001 (A)/1519. Der Bundesrat stimmte der Entsendung dieses Telegramms offiziell erst an seiner Sitzung vom 9. Februar 1918 zu, vgl. Protokoll der Sitzung des Bundesrates, 9. 2. 1918. Ebd.

262 Vgl. etwa EPD an die schweizerische Gesandtschaft in London, 11. 2. 1918. BAR, E 2001 (A)/ 1519; schweizerische Gesandtschaft in London an das EPD, 13. 3. 1918. Ebd.

263 Vgl. z. B. Aktennotiz EPD, 11. 5. 1918. BAR, E 2001 (A)/1519; *Fiche No. 32*. BAR, E 21/ 10352; EPD an das Polizeikommando des Kantons Zürich, 15. 5. 1918. BAR, E 2001 (A)/1519; Polizeikommando des Kantons Zürich an das EPD, 22. 5. 1918. Ebd. – Neben Holzmann und Zalkind wird verschiedentlich vor Baruch Lipnickij als einem weiteren gefährlichen Sowjetemissär gewarnt, vgl. etwa eine Information des französischen Militärattachés Pageot in: BAR, E 21/10352. In einem Polizeibericht wird Lipnickij als persönlicher Abgesandter Lenins bezeichnet, während es sich bei Holzmann und Zalkind um Delegierte des Rats der Volkskommissare handle. Aktennotiz Polizeichef Jaquillard, 18. 11. 1918 (unsicheres Datum). Ebd.

264 NKID an das schweizerische Konsulat in Moskau, 10. 4. 1918. AVPRF, f. 141, op. 2, p. 1, d. 1, l. 2; vgl. auch Švejcarija – Rossija, Nr. 102. Für die Empfangsbestätigung des Konsulats vom 11. April 1918 vgl. AVPRF, f. 141, op. 2, p. 1, d. 1, l. 54. Für die Mitteilung nach Bern, das Volkskommissariat für auswärtige Angelegenheiten habe die Ernennung eines «Janversine» notifiziert, vgl. schweizerische Gesandtschaft in Petrograd an das EPD, 17. 4. 1918. BAR, E 21/ 10356. Zur Ernennung Berzins vgl. auch Truš, Sovetskaja vnešnjaja politika, S. 86; Zarnickij/ Trofimova, Tak načinalsja Narkomindel, S. 201 f.

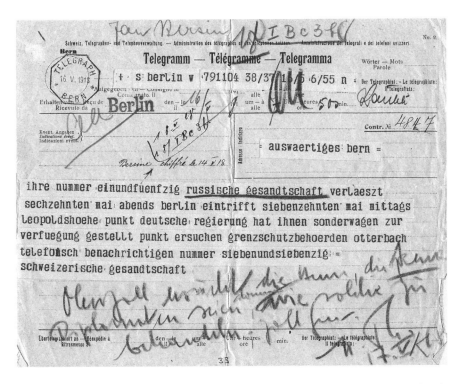

Telegramm — Télégramme — Telegramma

s: berlin w 791104 38/37 16/5 6/55 n

auswaertiges bern =

ihre nummer einundfuenfzig russische gesandtschaft verlaesst
sechzehnten mai abends berlin eintrifft siebenzehnten mai mittags
leopoldshoehe punkt deutsche regierung hat ihnen sonderwagen zur
verfuegung gestellt punkt ersuchen grenzschutzbehoerden otterbach
telefonisch benachrichtigen nummer siebenundsiebenzig =
schweizerische gesandtschaft

*Information der schweizerischen Gesandtschaft in Berlin über die kurz bevorstehende
Ankunft der Sowjetmission in der Schweiz (Mai 1918).*

sen dürfe.[265] Die Designation Zalkinds betrachtete das Politische Departement als annulliert, sein Grenzübertritt konnte aber nicht mehr verhindert
werden.[266] Das plötzliche Auftauchen eines zweiten Sowjetdelegierten ver-
wirrte die Schweizer Behörden zunächst[267] – die Ablösung des als fanatisch

---

265 Vgl. schweizerische Gesandtschaft in Petrograd an das EPD, 20. 4. 1918. BAR, E 21/10356;
     schweizerische Gesandtschaft in Petrograd an das EPD, 7. 5. 1918. BAR, E 2001 (E) -/13
     (B 25). – Vizekonsul Suter betonte gegenüber dem Volkskommissariat für auswärtige Ange-
     legenheiten, das Visum für Berzin impliziere keinerlei Anerkennung der Sowjetregierung durch
     die Schweiz. Schweizerisches Konsulat in Moskau an das NKID, 19. 4. 1918. AVPRF, f. 141,
     op. 2, p. 1, d. 1, l. 55. Für den von Suter am 1. Mai 1918 visierten Diplomatenpass Berzins vgl.
     BAR, E 21/10418.
266 Vgl. EPD an die schweizerische Gesandtschaft in Berlin, 30. 4. und 2. 5. 1918. BAR, E 2001
     (A)/1519.
267 Zur Verunsicherung des Politischen Departements und zur von ihm verordneten Vorsicht
     gegenüber beiden «Gesandten» vgl. EPD an die schweizerische Gesandtschaft in Berlin, 23. 4.
     1918. BAR, E 21/10356. Verwirrung stiftete auch ein abgefangenes Telegramm, in dem Ioffe
     (Berlin) dem Kurier Holzmann mitteilte, ein gewisser «Winter» (Pseudonym für Berzin) treffe

geltenden Zalkind[268] sorgte aber auch für eine gewisse Erleichterung, denn die Erkundigungen über Berzin zeichneten das Bild eines besonnenen, gebildeten Menschen.[269] Allerdings war auch Berzins Hartnäckigkeit bald zu erfahren. Als das Politische Departement vorläufig nur ihn und seine Familie in die Schweiz einreisen, den Rest der Sowjetdelegation aber in Berlin warten lassen wollte, bis nähere Personeninformationen vorlagen, verbat sich Berzin eine solche Behandlung.[270] Mit einigen Tagen Verzögerung erhielt die gesamte Sowjetmission ein gewöhnliches Visum für die Schweiz – auf die Zusicherung propagandistischer Enthaltsamkeit hin, weil ferner nichts Nachteiliges über Berzins Leute bekannt geworden sei, sicherlich aber auch wegen der ständig drohenden bolschewistischen Vergeltungsmassnahmen gegen Schweizer Vertretungen in Russland.[271]

Sowohl zum Datum des Grenzübertritts wie zur Anzahl der mit Berzin eingereisten Personen finden sich in den Quellen widersprüchliche Angaben. Aus einem Bericht der Nachrichtensektion des Armeestabs geht hervor, dass der Sowjetvertreter mit seiner Familie und zwölf Mitarbeiterinnen und Mitarbeitern am Abend des 17. Mai 1918 in Basel eintraf.[272] Der Bundesrat war – unter

demnächst ein; das Politische Departement traf Massnahmen, um die Einreise dieses Unbekannten zu verhindern. Aktennotiz EPD, 10. 5. 1918. BAR, E 2001 (A)/1521.

268 Die schweizerische Gesandtschaft in Petrograd hatte berichtet, Zalkind gelte als «einer der fanatischsten Führer der Maximalisten». Schweizerische Gesandtschaft in Petrograd an das EPD, 31. 1. 1918. Švejcarija – Rossija, Nr. 101, S. 259.

269 Diesen positiven Eindruck sah der schweizerische Gesandte in Berlin Philipp Mercier anlässlich einer persönlichen Unterredung mit Berzin bestätigt. Vgl. schweizerische Gesandtschaft in Berlin an Bundespräsident Calonder, 26. 4. und 10. 5. 1918. DDS, Bd. 6, Nr. 413 und 423.

270 Vgl. EPD an die schweizerische Gesandtschaft in Berlin, 8. 5. 1918. BAR, E 21/10356; schweizerische Gesandtschaft in Berlin an das EPD, 10. 5. 1918. DDS, Bd. 6, Nr. 423, hier auch S. 735, Anm. 1; ferner Aktennotiz EPD, undatiert. BAR, E 21/10356. – Zur Rückendeckung Berzins durch die Zentrale vgl. NKID an das schweizerische Konsulat in Moskau, 17. 5. 1918. AVPRF, f. 141, op. 2, p. 1, d. 1, l. 9.

271 Vgl. schweizerische Gesandtschaft in Berlin an das EPD, 14. 5. 1918. BAR, E 21/10356; EPD an die schweizerische Gesandtschaft in Berlin, 14. 5. 1918. DDS, Bd. 6, Nr. 424; schweizerische Gesandtschaft in Berlin an Bundespräsident Calonder, 15. 5. 1918. Ebd., Nr. 425; EPD an Odier, 1. 6. 1918. Ebd., Nr. 431. – Zu einem Protest des Volkskommissariats für auswärtige Angelegenheiten gegen die verzögerte Einreise der Sowjetmission in die Schweiz vgl. schweizerische Gesandtschaft in Petrograd an das EPD, 23. 5. 1918. BAR, E 21/10356. Das Politische Departement antwortete mit dem Hinweis auf übliche Vorsichtsmassnahmen, die keine Verzögerung bewirkt hätten, wenn die russische Seite rechtzeitig Informationen über die Begleitpersonen Berzins geliefert hätte, vgl. EPD an Odier, 1. 6. 1918. DDS, Bd. 6, Nr. 431. – Zum Grundsatz der diplomatischen Reziprozität als Hintergrund der Zulassung einer Sowjetmission in der Schweiz vgl. auch BAR, E 2001 (E) -/13, Einleitung, S. 20.

272 Nachrichtensektion des schweizerischen Armeestabs an das EPD, 18. 5. 1918. BAR, E 21/ 10356. Berzins Ankunft in Bern fiel nach Angaben des Politischen Departements auf den 19. Mai, vgl. EPD an Odier, 1. 6. 1918. DDS, Bd. 6, Nr. 431. Zu den verschiedenen Quelleninformationen vgl. Collmer, Selbstdefinition, S. 231, Anm. 32. – Für verschiedene Zeitungsartikel zur Ankunft der Sowjetmission in der Schweiz vgl. BAR, E 21/10356. – Für die Namen

ausdrücklicher Ausklammerung der Anerkennungsfrage – bereit, mündliche Beziehungen aufzunehmen und Berzin zu empfangen, wie es ja schon für Zalkind gegolten hätte.[273] Den Antrittsbesuch des Sowjetdelegierten bei Bundespräsident Calonder bilanzierte die Schweizer Regierung in den Bahnen einer zweckgebundenen selektiven Wahrnehmung: die Anerkennungsfrage bleibe weiterhin offen und Berzin habe nochmals Propagandaverzicht versprochen.[274] Die Vertretung Russlands in der Schweiz sollte nun offiziell als vakant gelten.[275] Jan Berzin setzte in seiner Berichterstattung über das erste Gespräch mit Calonder etwas andere Akzente. Er meldete nach Moskau, der Bundespräsident habe ihm zugesichert, die Schweizer Regierung akzeptiere künftig nur noch sowjetisch beglaubigte russische Pässe und gewähre der Sowjetmission die gleiche rechtliche Stellung wie einer anerkannten Vertretung.[276] Dies entsprach zwar noch nicht einer offiziellen Anerkennung, immerhin aber einer Qualifizierung der Mission als der einzigen legitimen Repräsentation des neuen Russland in der Schweiz.

Tatsächlich gelang es Berzins Delegation in kurzer Zeit, die alte russische Vertretung ausser Gefecht zu setzen und auch physisch zu verdrängen.[277] Ein erster Aufmarsch beim Gesandtschaftsgebäude an der Schwanengasse 4 prallte zwar am hartnäckigen Widerstand von Geschäftsträger Onu ab. Als darauf aber beide Konfliktparteien Hilfe bei den Schweizer Behörden suchten und die Sowjetvertreter vor unrechtmässiger Aktenvernichtung durch Onus Leute warnten (was dann die untätigen Schweizer mit allen Konsequenzen zu verantworten hätten), beschloss der Bundesrat, der formalen Vakanz der russischen Vertretung praktische Geltung zu verschaffen, das Archiv der Gesandtschaft

des zu erwartenden Personals der Sowjetmission vgl. schweizerische Gesandtschaft in Berlin an das EPD, 8. 5. 1918. Ebd.; schweizerische Gesandtschaft in Petrograd an das EPD, 11. 5. 1918. Ebd. Diese Listen weichen teilweise von den erwähnten Angaben der Nachrichtensektion ab, vor allem im Bereich der Kuriere. – Für Fotos der Missionsmitglieder und Kuriere vgl. ebd.

273 Vgl. Protokoll der Sitzung des Bundesrates, 14. 5. 1918. BAR, E 2001 (E) -/13 (B 25); EPD an Odier, 1. 6. 1918. DDS, Bd. 6, Nr. 431.

274 Vgl. ebd. – In der Darstellung des Politischen Departements fand das Treffen am 21. Mai statt. Ebd.; vgl. auch Entw. zu einem «Mitgeteilt» über die Abberufung der Sowjetmission und die Lage unserer Vertretungen und der Schweizer in Russland, 21. 2. 1919. BAR, E 21/10416.

275 Protokoll der Sitzung des Bundesrates, 28. 5. 1918. BAR, E 2001 (E) -/13 (B 27).

276 Berzin an das NKID, 24. 5. 1918. AVPRF, f. 04, op. 46, p. 281, d. 54035, ll. 1–2. – Die Berichte Berzins an die Moskauer Zentrale sind im AVPRF in einer fortlaufenden Abfolge von Kopien erhalten, aus denen das Datum oder die Blattnummerierung einer Meldung nicht immer eindeutig hervorgehen; Irrtümer sind hier also nicht ausgeschlossen.

277 Vgl. Senn, Diplomacy, S. 66–70; Zarnickij/Trofimova, Tak načinalsja Narkomindel, S. 206 f.; Collmer, Selbstdefinition, S. 233 f.; Solov'ev, Vospominanija diplomata, S. 333. Für die Berichterstattung Berzins nach Moskau vgl. Berzin an das NKID, 31. 5. 1918. AVPRF, f. 04, op. 46, p. 281, d. 54035, ll. 2–6. Für die Berichterstattung Onus an die gleich gesinnten russischen Vertretungen vgl. Onu an die Vertretungen in Paris, Rom und London, 16./29. 5. 1918 (Entwurf). AVPRI, Missija v Berne, op. 843/4, d. 184, l. 1.

dem Staate Russland intakt zu erhalten – und einstweilen zu beschlagnah-men.[278] Die betreffenden Türen des Missionsgebäudes wurden am 30. Mai versiegelt, so dass sich der protestierende Onu aus seinen Büros weitgehend ausgeschlossen sah.[279] Die Aktion stiess bei den Vertretern der Entente auf wenig Verständnis,[280] und selbst Berzin hatte nicht mit einem so raschen Erfolg gerechnet. Befriedigt rapportierte er nach Moskau, die alte Mission habe aufge-hört zu existieren.[281] Vom 10. bis 13. Juni wurde das sequestrierte Archivgut und Gesandtschaftsmobiliar zwecks Lagerung in Schweizer Verwaltungs-räumlichkeiten abtransportiert.[282] Inzwischen war es der Sowjetdelegation gar gelungen, das Gesandtschaftsgebäude neu zu mieten. Der nach dem waadtlän-dischen Clarens verzogene Onu sah sich ausserstande, dagegen wirkungsvoll einzuschreiten, da der noch laufende Mietvertrag nicht an seine Person, son-dern an die russische Mission gebunden war. Am 21. Juni 1918 eröffnete gemäss Schweizer Beobachtungen die Sowjetdelegation ihre «Gesandtschaft» im ange-stammten Haus der russischen Vertretung.[283]
Weniger Erfolg war dem bolschewistischen Versuch beschieden, die bisherigen russischen Konsulate in der Schweiz auszulöschen.[284] Zwar untergrub die So-wjetmacht deren amtliche Autorität. Eine Übernahme und Liquidation der Konsulate gelang dem von Berzin zum sowjetrussischen «Generalkonsul» er-

---

278 Vgl. Protokoll der Sitzung des Bundesrates, 31. 5. 1918. BAR, E 21/10367.

279 Zum Protest Onus gegen die angebliche Verletzung des Exterritorialprinzips vgl. Onu an Bundespräsident Calonder, 31. 5. 1918. BAR, E 21/10367. – Zur Versiegelung vgl. *Protokoll über die Versiegelung der Archive der russischen Gesandtschaft in Bern, vorgenommen im Auftrage des politischen Departementes von dem Vertreter der Bundesanwaltschaft unter Zuzie-hung des städtischen Polizeihauptmanns, eines Polizeiunteroffiziers und 4 Detektivs*, 30. 5. 1918. Ebd.; Aktennotiz EPD: *Versiegelung der Archive der Russischen Gesandtschaft*, unda-tiert (hier auch juristische Überlegungen zu der Massnahme). Ebd.

280 Senn, Diplomacy, S. 72 f.

281 Berzin sprach von der Versiegelung als einem «riskanten Schritt» des Bundesrates. Berzin an das NKID, 31. 5. 1918 (aus dem Russischen). AVPRF, f. 04, op. 46, p. 281, d. 54035, ll. 2–6.

282 Vgl. *Inventar der ehemaligen kaiserl. russischen Gesandtschaft in der Schweiz*, 11. 6. 1924. BAR, E 21/10370. Onu spricht abweichend vom 11. Juni als dem Tag, an dem die Bundesbe-hörden damit begonnen hätten, das Gesandtschaftsarchiv abzutransportieren, vgl. Onu an Maklakov, 5./18. 12. 1918. AVPRI, Posol'stvo v Pariže, op. 524, d. 3505, ll. 25–26 ob. – Die Rückgabe der beschlagnahmten Güter an den russischen Staat erfolgte erst 1946, als die Schweiz die Sowjetregierung offiziell anerkannte, vgl. Gehrig-Straube, Beziehungslose Zeiten, S. 504, hier auch Anm. 158; BAR, E 2001 (E) -/13, Einleitung, S. 31.

283 Bericht Detektiv F. Gerber, Bern, 26. 6. 1918. BAR, E 21/10375. Zur Anmietung des Gesandtschaftsgebäudes vgl. auch Berzin an das NKID, 15. 6. 1918. AVPRF, f. 04, op. 46, p. 281, d. 54035, ll. 6–15. – Anfangs hatten verschiedene Mitglieder der Mission im Hotel Löwen logiert, einige kamen dann auch privat unter, vgl. Bericht Kantonspolizei Bern, 3. 6. 1918. BAR, E 21/10352. Zu den Wohnadressen des Missionspersonals vgl. auch *Mission de la République Russe des Soviets, Personnel*. BAR, E 21/10356.

284 Zur Einschätzung Berzins, Konsulate seien überflüssig, da Handels- und Finanzfragen künftig sowieso durch andere, selbständige Organe behandelt werden müssten, vgl. Berzin an das NKID, 15. 6. 1918. AVPRF, f. 04, op. 46, p. 281, d. 54035, ll. 6–15.

nannten Jonas Zalkind aber nicht.[285] Aktenkundig ist die gehässige Auseinandersetzung mit dem renitenten Konsul Gornostaev in Genf, der sich wie Onu in der desavouierten Diplomatie der Provisorischen Regierung vernetzte, sich weigerte, seine Stellung zu räumen, und gar die französische Regierung um diplomatischen Druck auf den zu bolschewikenfreundlichen Bundesrat bat.[286] Trotz Berzins Protesten und der Drohung, die Eidgenossen würden die Verantwortung für jede Zusammenarbeit mit Gornostaev selbst zu tragen haben, verzichteten die Schweizer Behörden auf eine Schliessung der Konsulate.[287] Die Archivalien dokumentieren eine Kontroverse über die Frage, ob der beschlagnahmte Besitz der einstigen Gesandtschaft, als deren Kontaktperson in Bern der frühere Militärattaché Golovan' fungierte,[288] zur Deckung noch bestehender Verpflichtungen angetastet werden dürfe. Unter anderem teilte im Juli der uns bereits bekannte gebürtige Russe Boris Lifschitz, Fürsprech in Bern, dem Politischen Departement mit, die Sowjetmission sei damit einverstanden, dass die konfiszierte Ware zur Begleichung offener Rechnungen seiner Klienten herangezogen werde.[289] Lifschitz erreichte gar, dass ein Betreibungsbeamter mit richterlicher Vollmacht seine Hand nach dem sequestrierten Besitz ausstreckte. Der Bundesrat unterband aber solche Begehrlichkeit mit dem Hinweis auf das Völkerrecht.[290] Auch die Berner Kantonalbank zeigte eine ausstehende Schuldforderung von 45'000 Franken an,[291] die russische Abtei-

285 Zur Ernennung Zalkinds zum Generalkonsul vgl. ebd.; DDS, Bd. 7–I, Nr. 5, S. 8, Anm. 4; Sowjetmission (an das EPD), 18. 6. 1918. BAR, E 21/10430. – Zur versuchten Übernahme der Konsulate vgl. Senn, Diplomacy, S. 73; Zarnickij/Trofimova, Tak načinalsja Narkomindel, S. 207 f.; Collmer, Selbstdefinition, S. 234–236; ferner Aktennotiz, 21. 6. 1918. BAR, E 21/10361. – Benziger spricht davon, die russischen Konsulate seien mit der Oktoberrevolution aufgehoben worden, vgl. Benziger, Les représentations consulaires, S. 23; ders., Beziehungen der Schweiz mit Russland, S. 20.

286 Vgl. Gornostaev an die französische Regierung, 27. 10. 1918. AVPRI, Posol'stvo v Pariže, op. 524, d. 3505, ll. 13–16.

287 Zum Streit um das Genfer Konsulat vgl. etwa Bundesanwaltschaft an die Polizeidirektion des Kantons Genf, 25. 6. 1918. BAR, E 21/10352; Berzin an den Bundesrat, 4. 9. 1918. BAR, E 2001 (E) -/13 (B 24); Dokumenty vnešnej politiki SSSR, Bd. 1, Nr. 331; vgl. auch Memorandum der Sowjetmission, undatiert. AVPRF, f. 04, op. 46, p. 281, d. 54034, l. 3; BAR, E 2001 (E) -/13 (B 24). Zur Bitte Zalkinds an den Volkskommissar für auswärtige Angelegenheiten Čičerin, betreffend das Genfer Konsulat auch bei der schweizerischen Gesandtschaft in Petrograd vorstellig zu werden, vgl. Zalkind an Čičerin, 3. 9. 1918. AVPRF, f. 04, op. 46, p. 281, d. 54035, l. 79.

288 Golovan' spedierte beispielsweise bundesrätliche Schreiben nach Clarens, vgl. Golovan' an Paravicini, Bern, 24. 6. 1918. BAR, E 21/10368.

289 Lifschitz an Bundespräsident Calonder, 11. 7. 1918. BAR, E 21/10369.

290 Vgl. Protokoll der Sitzung des Bundesrates, 19. 7. 1918. BAR, E 21/10369. – Für den juristischen Befund, die Gläubiger müssten sich wohl oder übel bis zur diplomatischen Anerkennung einer russischen Vertretung gedulden, vgl. EJPD an das EPD, 13. 8. 1918. BAR, E 2001 (E) -/13 (B 48).

291 Vgl. EPD an das EJPD, 9. 7. 1918. BAR, E 21/10369.

lung des Hilfsbüros für Kriegsgefangene artikulierte Ansprüche auf ein von Onu zurückbehaltenes Guthaben in Millionenhöhe,[292] und es finden sich verschiedene Gesuche um Herausgabe von Testamenten und anderen Dokumenten aus den versiegelten Akten.[293]

3.2.2.2. Auftrag und Selbstverständnis

Als die Sowjetmission im Mai 1918 in der Schweiz eintraf, repräsentierte sie keineswegs eine stabile Herrschaft. Zwar übten die «Roten» in einem territorial begrenzten Teil Russlands tatsächlich Macht aus, zwar konsolidierte sich die bolschewistische Autorität durch das Ausscheiden der Linken Sozialrevolutionäre aus der Regierungskoalition. Doch der Bürgerkrieg eskalierte, und die internationale Isolierung der Sowjetführung wurde mit dem Abzug der alliierten Diplomatie aus Petrograd augenfällig. Die sowjetrussische Aussenpolitik war zu diesem Zeitpunkt weder inhaltlich noch organisatorisch gefestigt.

Soweit erkennbar bestand der Auftrag der Mission Berzin darin, den bolschewistischen Anspruch auf alleinige Vertretung Russlands zu behaupten und den zentral gelegenen, neutralen Standort Schweiz dazu zu nutzen, Westeuropa mit zweckdienlicher Information zu überziehen, das Verhalten der Mächte zu beobachten und Kontakte zur internationalen Diplomatie herzustellen.[294] Es ging also nicht nur (wahrscheinlich nicht einmal in erster Linie) um die Schweiz selbst. Die konkrete Tätigkeit seiner Delegation ordnete Berzin in einem Bericht folgenden Arbeitsfeldern zu: Botschafts- und Konsulatstätigkeit, materielle Unterstützung für Bedürftige, Einrichtung von Post- und Telegrafenverbindungen zwischen Russland und der Schweiz, Informationstätigkeit, Anwerben von Mitarbeitern.[295] Ausserdem machte Berzin wiederholt diffuse Andeutungen auf eine konspirative Ausweitung solcher «legal oder halblegal» anzugehenden Aufgaben.[296] Die schweizerische Historiographie hat sich in diesem Zusammenhang stark dafür interessiert, inwiefern der Landesgeneralstreik vom November 1918 als ein Produkt geheimer russisch-bolschewistischer Agitation zu betrachten sei. Nach heutigem Wissensstand ist davon auszugehen, dass die

---

292 *Bureau de Secours aux Prisonniers de Guerre, Section Russe* an Bundespräsident Calonder, 7. 6. 1918. BAR, E 21/10515.
293 BAR, E 2001 (B) -/1/31 (B.22.121.3.R).
294 Vgl. Collmer, Selbstdefinition, S. 243–245; ferner BAR, E 2001 (E) -/13, Einleitung, S. 19. – Zu Berzins Auftrag, dem amerikanischen Vertreter eine Note der Sowjetführung zu überreichen, vgl. Berzin an Čičerin, 29. 10. 1918. AVPRF, f. 04, op. 46, p. 281, d. 54035, ll. 138–140; Berzin an Čičerin, 1. 11. 1918. AVPRF, f. 141, op. 3, p. 101, d. 4, ll. 18–19.
295 Berzin an das NKID, 15. 6. 1918. AVPRF, f. 04, op. 46, p. 281, d. 54035, ll. 6–15.
296 Ebd. (aus dem Russischen). Von einem «Geheimfonds» und einer geplanten konspirativen Buchführung ist die Rede in: Berzin an die Genossen in Moskau, Berlin, 15. 5. 1918 (aus dem Russischen). AVPRF, f. 141. op. 3, p. 101, d. 4, ll. 1–6.

Jan A. Berzin.

verdeckten Aktivitäten der Sowjetmission weniger auf die direkte planmässige Anzettelung von revolutionären Unruhen als auf eine subversive Intensivierung der Informationstätigkeit ausgerichtet waren.[297] Die zentrale Bedeutung aktiver wie passiver Informationsarbeit innerhalb des Aufgabenspektrums der Berner Sowjetmission geht aus verschiedenen Quellen hervor; im Zeichen revolutionärer Selbstbehauptung sind dabei die Begriffe *Information* und *Propaganda* kaum voneinander zu trennen. Lenin drängte Berzin in mehreren Briefen, die vielsprachige verlegerische Produktivität der Gesandtschaft zu steigern und mit Bulletins und Broschüren den politischen Standpunkt der Sowjetführung zu verbreiten.[298] Berzin seinerseits brüstete sich nach seiner Ausweisung aus der Schweiz in einer Rede vor dem Allrussländischen Zentralen Exekutivkomitee (VCIK) damit, den gezwungenermassen versprochenen Propagandaverzicht auf offene Kundgebungen bezogen und ansonsten sehr wohl revolutionäre Propaganda betrieben zu haben. Den schweizerischen Landesstreik interpretierte Berzin als einen Akt der Solidarität mit der Oktoberrevolution. Ausserdem: «Während des Krieges war *die Schweiz ein wunderbar bequem gelegener Beobachtungsposten,* und die Arbeit unserer Mission bestand darin, unsere russischen Genossen über das auf dem laufenden zu halten, was im

---

297 Gautschi, Landesstreik, S. 167–171; Senn, Diplomacy, S. 127; Collmer, Selbstdefinition, S. 281 f.
298 Lenin an Berzin, 3. 8. und 15. 10. 1918. Lenin, Polnoe sobranie sočinenij, Bd. 50, Nr. 245 und 339; vgl. auch Senn, Diplomacy, S. 112. Zu Lenins Interesse an der Informationstätigkeit der Gesandtschaft in Bern vgl. auch Zarnickij/Trofimova, Tak načinalsja Narkomindel, S. 201.

Westen vorging und im besondern in jenen alliierten Ländern, über welche nur spärliche Informationen aus Deutschland kamen.»[299]
Jan Berzin betrachtete sich nicht als blosses Ausführungsorgan eines vorgesetzten Willens. Der ehemalige lettische Lehrer hatte die Revolution von 1905 mitgemacht, unter dem Decknamen «Winter» an der Konferenz von Zimmerwald teilgenommen, er war nach der Februarrevolution aus der westlichen Emigration heimgekehrt und nach der Oktoberrevolution Mitglied des VCIK geworden.[300] In seiner Berner Mission erblickte Berzin offensichtlich eine Gelegenheit, sich als Protagonist des neuen Russland zu entfalten und den Kurs der Weltrevolution aktiv mitzugestalten. Obwohl er im Vergleich mit dem impulsiven Zalkind im eigentlichen Sinne diplomatisch auftrat, fehlte Berzin die Servilität früherer russischer Staatsdiener. Selbstbewusst und weit über schweizerische Belange hinaus kommentierte er das politische Geschehen, wobei Kopien seiner Berichte regelmässig an Lenin und andere Vertreter der höchsten Sowjetführung gingen.[301] Er rief intern dazu auf, die Weltrevolution voranzutreiben,[302] übte harsche Kritik an Verfehlungen der Zentrale und massregelte beispielsweise das Volkskommissariat wegen des Missstands, dass kaum russische Zeitungen nach Bern geliefert würden.[303] Auch gegenüber dem Sowjetvertreter in Berlin, A. A. Ioffe, den Schweizer Beobachter bisweilen als direkten Vorgesetzten Berzins betrachteten, zeigte Letzterer keinerlei Unterwürfigkeit.[304] Was die Finanzierung seiner Mission betrifft, so forderte Berzin eine Vervielfachung der bescheidenen Mittel, die ihm mit auf den Weg gegeben worden waren.[305] Der Delegierte wehrte sich energisch gegen die «Illusionen» seiner Genossen, er könne in Bern die Vertreter der Entente beliebig kontaktieren oder gar beeinflussen. Aufgrund der Nichtanerkennung der Sowjetre-

---

299 Die Rede Berzins wurde in den Izvestija vom 27. November 1918 publiziert. Hier zitiert nach der Übersetzung, welche die NZZ unter dem Titel *Die russische Soviet-Mission und ihre Tätigkeit in der Schweiz* abdruckte. NZZ, 5. 1. 1919 (zweites Blatt; Hervorhebung in der Vorlage). Vgl. auch Aktennotiz Roggen, 6. 9. 1937. BAR, E 2001 (E) -/13 (B 25). – Für die Aussage Berzins, in der regen Tätigkeit «unserer Informations-Agitations-Unternehmen» liege der «ganze Sinn unserer Existenz in der Schweiz», vgl. Berzin an das NKID, 26. 8. 1918 (aus dem Russischen). AVPRF, f. 04, op. 46, p. 281, d. 54035, ll. 72–75.
300 Zur Biografie Berzins vgl. Sokolov, Berzin; Gautschi, Lenin, S. 321, Anm. 30; ders., Landesstreik, S. 162 f., Anm. 22; MERSH, Bd. 4, S. 76–78; vgl. ferner die Kopien einer in Riga 1965 herausgegebenen *Biobibliografie* in: BAR, E 21/10424. – Eine Fiche Berzins findet sich in: BAR, E 21/8651.
301 Für eine Analyse der Möglichkeiten russischer Friedenspolitik vgl. Berzin an das NKID, 13. 8. 1918. Rossija – Švejcarija, Nr. 111.
302 Vgl. Berzin an Čičerin, 2. 10. 1918. Rossija – Švejcarija, Nr. 117.
303 Vgl. Berzin an das NKID, 25. und 27. 7. 1918. AVPRF, f. 04, op. 46, p. 281, d. 54035, ll. 36–38 und 39–42.
304 Vgl. AVPRF, f. 04, op. 46, p. 281, d. 54035. – Zur Vermutung, Berzin sei «einfach ein Organ des Herrn Joffe», vgl. schweizerische Gesandtschaft in Berlin an Bundespräsident Calonder, 28. 6. 1918. BAR, E 21/10364.
305 Berzin an die Genossen in Moskau, Berlin, 15. 5. 1918. AVPRF, f. 141. op. 3, p. 101, d. 4, ll. 1–6.

gierung, so stellte Berzin im Juli klar, wünschten diese Diplomaten keine Beziehungen mit ihm zu unterhalten – deshalb sei alles an eine baldige offizielle Anerkennung seitens der früheren Verbündeten und der Neutralen zu setzen.[306] Verschiedentlich mahnte Berzin, die Bedeutung der kleinen Schweiz nicht zu unterschätzen. Im Hinblick auf eine allfällige Mittlerrolle der Neutralen und den Erhalt des zentralen Stützpunktes in Bern erschienen ihm gute Beziehungen mit den Eidgenossen als besonders wichtig.[307]

Das selbstbewusste Auftreten Berzins ging übrigens Hand in Hand mit einem ausgeprägten Misstrauen gegenüber Gesinnungsgenossen, die ihm aufgrund ihres Formats oder ihrer Stellung als persönliche Konkurrenten erscheinen konnten. Schon in Berlin hatte sich Berzin unverhohlen über die Anwesenheit Zalkinds in der Schweiz geärgert und von der Zentrale die sofortige Rückbeorderung dieses Aktivisten verlangt, der sich nach wie vor als bevollmächtigter sowjetischer Repräsentant aufführe.[308] Gar nicht begeistert zeigte sich Berzin von der Idee einer doppelten Auslandsvertretung der Sowjetmacht – davon nämlich, dass den Repräsentanten des Aussenkommissariats zusätzliche Delegierte des VCIK zur Seite gestellt wurden. In diesem Sinne kritisierte Berzin die Entsendung der (mit gesandtschaftlichen Hilfsfunktionen getarnten) Linken Sozialrevolutionäre Mark Natanson und Isaak Štejnberg in die Schweiz. Man brauche jetzt Arbeiter, nicht Delegierte.[309] Auffallend ist auch Berzins Distanz zu der weitum berüchtigten Revolutionärin Angelika Balabanova, die Mitte Oktober 1918 als angebliche Rot-Kreuz-Vertreterin in die Schweiz einreiste und hier an mehreren Versammlungen auftrat. Vergeblich hatte Berzin argumentiert, es gebe doch für die Balabanova gar keinen Anlass, in die Schweiz zu kommen.[310] Die Haltung des Sowjetdelegierten gegenüber dem schweizerischen Bundesrat scheint von drei Elementen geprägt gewesen zu sein: Die tatsächliche Macht,

---

306 Berzin an das NKID, 27. 7. 1918. AVPRF, f. 04, op. 46, p. 281, d. 54035, ll. 39–42. – Im Gegensatz zu jenen der Entente verkehrten die Vertreter der Zentralmächte in Bern mit Berzin, vgl. Senn, Diplomacy, S. 80.

307 Vgl. etwa Berzin an Čičerin, 28. 9. 1918. Rossija – Švejcarija, Nr. 116, S. 220.

308 Berzin an die Genossen in Moskau, Berlin, 15. 5. 1918. AVPRF, f. 141. op. 3, p. 101, d. 4, ll. 1 bis 6. – Zur Mitteilung, Zalkind sei nach Berlin berufen worden, vgl. NKID an Berzin, 30. 5. 1918. AVPRF, f. 04, op. 46, p. 281, d. 54036, l. 1.

309 Berzin an die Genossen in Moskau, Berlin, 15. 5. 1918. AVPRF, f. 141. op. 3, p. 101, d. 4, ll. 1–6; Berzin an das NKID, 27. 6. 1918. AVPRF, f. 04, op. 46, p. 281, d. 54035, ll. 43–46. Die Distanz zwischen Berzin und den «Delegierten» beruhte auch auf der Parteizugehörigkeit der Letzteren. Die Ankunft Natansons in Bern Anfang Juli fiel in die Zeit des offenen Bruchs der Linken Sozialrevolutionäre mit den Bol'ševiki in Russland. Natanson, Štejnberg (vormaliger Volkskommissar für Justiz) und ihre wenigen Parteigenossen im Bestand der Sowjetmission waren damit politisch ausser Gefecht gesetzt. In diesem Sinne scheint es richtig, von der Berner Sowjetmission als einer *bolschewistischen* Institution zu sprechen. Zur Stellung der Linken Sozialrevolutionäre innerhalb der Sowjetmission vgl. Collmer, Selbstdefinition, S. 242 f. – Zu Natanson als Chef einer VCIK-Delegation für die Schweiz vgl. auch Šejnis, Missija, Teil 1, S. 99.

310 Berzin an Ioffe, 28. 7. 1918. AVPRF, f. 04, op. 46, p. 281, d. 54035, ll. 47–49.

welche die Bol'ševiki über Teile Russlands und zahlreiche dort lebende Schweizerinnen und Schweizer ausübten, verlieh ihm erstens den Status und das Selbstbewusstsein eines ernst zu nehmenden Verhandlungspartners. Berzin zeigte sich zuversichtlich, dass der Bundesrat, welcher «Komplikationen mit uns fürchtet», nicht Hand zu einer neuen antibolschewistischen russischen Diplomatie in der Schweiz bieten werde, wie sie die ententefreundliche Presse fordere.[311] Die sowjetideologische Verachtung der Schweizer Regierung als einer Ausgeburt von Bürgertum und Kapitalismus nährte zweitens Berzins Annahme einer händlerischen Grunddisposition des Bundesrates: Wichtige sowjetrussische Anliegen, etwa die diplomatische Anerkennung, würden sich wohl gegen Schweizer Interessen in Russland ausspielen und nach einigem Gefeilsche «kaufen» lassen.[312] Die kaufmännische Vergangenheit des neuen schweizerischen Ministerresidenten in Petrograd, Albert Junod, passte gut zu einer solchen Interpretation: «Das ist ein Händler, mit dem man handeln muss. Wenn er mit Ihnen über seine Pläne spricht, z. B. über die Verlängerung des Handelsvertrages, dann rate ich Ihnen, ihm zuerst die Frage nach der offiziellen Anerkennung der Sowjetregierung zu stellen.»[313] Drittens war sich Berzin aber auch bewusst, dass er ohne ein minimales gütliches Einvernehmen mit dem Bundesrat seine Mission nicht betreiben und seine übergeordneten Zielsetzungen nicht verfolgen konnte. Der Sowjetemissär zeigte sich daher bestrebt, seine Tätigkeit mit dem Nimbus der Zurückhaltung und der juristischen Unanfechtbarkeit zu umgeben. Die Klagen von Bundespräsident Calonder über die regelwidrige Behandlung eines Schweizer Kuriers in Petrograd nahm Berzin sehr ernst; vordergründig beschwichtigend, verlangte er von der Moskauer Zentrale eine genaue Aufklärung des Zwischenfalls und bei Bedarf eine Geste der Entschuldigung.[314]

In einem gewissen Gegensatz zu dem distinguierten Auftreten des kränklichen Berzin, der selbst nicht in Bern, sondern in Siegriswil ob dem Thunersee Wohnsitz genommen hatte, präsentierte sich das grobschlächtige oder auch unbeholfene Agieren einiger seiner Mitarbeiter. Zalkinds «freches» Benehmen wurde bald

311 Berzin an das NKID, 15. 6. 1918 (aus dem Russischen). AVPRF, f. 04, op. 46, p. 281, d. 54035, ll. 6–15.
312 Vgl. Berzin an die Genossen in Moskau, Berlin, 15. 5. 1918. AVPRF, f. 141. op. 3, p. 101, d. 4, ll. 1–6.
313 Berzin an Čičerin, 2. 10. 1918 (aus dem Russischen). Rossija – Švejcarija, Nr. 117, S. 222. Für den Rat Berzins an Čičerin, mit Junod in Petrograd möglichst lange zu verhandeln, bevor seine Forderungen zurückgewiesen würden, vgl. Berzin an Čičerin, 23. 9. 1918. AVPRF, f. 04, op. 46, p. 281, d. 54035, ll. 96–97.
314 Berzin (an Čičerin), 27. 9. 1918. AVPRF, f. 141, op. 2, p. 1, d. 1, l. 80; Berzin an Čičerin, 28. 9. 1918. Rossija – Švejcarija, Nr. 116, hier auch S. 221, Anm. 1. Der Gesandte Odier hatte gegen die Verhaftung eines Schweizer Kuriers in Petrograd protestiert, vgl. Odier an das NKID, 16. 9. 1918. AVPRF, f. 141, op. 2, p. 1, d. 1, l. 78–78 ob. Čičerin versprach Berzin, Dokumente zur Sache zu schicken. NKID an Berzin, 8. 10. 1918. AVPRF, f. 04, op. 46, p. 281, d. 54036, l. 17. Vgl. auch AVPRF, f. 141, op. 2, p. 1, d. 1, l. 79–79 ob.

aktenkundig,[315] und als der stellvertretende Missionschef Šklovskij auf dem Politischen Departement vorsprach, hinterliess er den Eindruck offenherziger Naivität. Adjunkt Thurnheer notierte, Šklovskij habe die Schweizer zu ihrer Neutralität beglückwünscht und angemerkt, «er sei kein Diplomat und ich soll ihm raten, wie sie es am besten anstellen würden, um durch uns anerkannt zu werden».[316]

3.2.2.3. Organisation und Struktur

Im Vergleich mit einer anerkannten Gesandtschaft herkömmlichen Stils formierte sich Berzins Delegation weniger nach vorgegebenen diplomatischen Hierarchien.[317] Im Vordergrund standen vielmehr die verschiedenen Arbeitsfelder, deren jeweilige Wichtigkeit eine flexible Struktur personeller Nähe oder Distanz zum Missionschef begründete. Dabei lassen sich gewissermassen drei konzentrische Kreise unterscheiden:
1. Den innersten Kreis besetzten Berzin, das Missionspersonal, aber auch formal aussenstehende Mitarbeiter in zentralen Funktionen namentlich des Informationsbereichs. Eine Schlüsselrolle kam «Legationsrat» *Grigorij L. Šklovskij* (1875 bis 1937) als dem Stellvertreter des häufig abwesenden Sowjetdelegierten zu. Šklovskij hatte in der Schweiz studiert und war beispielsweise als Präsident der erwähnten Berner Kommission für intellektuelle Hilfe an Kriegsgefangene hervorgetreten.[318] Neben der intensiven Führungsvertretung kümmerte er sich vor allem um die Finanzen der Mission.[319] Die klassischen konsularischen und gesandtschaftlichen Arbeiten oblagen, soweit sie angesichts der fehlenden Anerkennung überhaupt durchführbar waren, dem deklarierten Missionspersonal. Chefsekretär *Nikolaj Ljubarskij* leitete nach Schweizer Akten eine Abteilung für die Unterstützung russischer Burger,[320] *Jonas Zulkind* haben wir in der Funktion

---

315 Aktennotiz EPD, 13. 8. 1918. BAR, E 2001 (A)/1519.

316 Aktennotiz Thurnheer, 25. 5. 1918. BAR, E 2001 (E) -/13 (B 31).

317 Für ausführliche Darstellungen zu Organisation und Arbeitsstruktur der Sowjetmission (mit Quellenverweisen) vgl. Senn, Diplomacy, besonders S. 95–127; Collmer, Selbstdefinition, S. 240 bis 274.

318 Vgl. Rossija i Zapad, S. 64. Eine Fiche Šklovskijs findet sich in: BAR, E 21/9429. Für seinen Diplomatenpass vgl. BAR, E 21/10419.

319 Vgl. eidgenössischer Untersuchungsrichter für die deutsche Schweiz Hans Rohr an die Bundesanwaltschaft, 18. 10. 1919. BAR, E 21/10527. – Zum Umstand, dass angesichts der seltenen persönlichen Präsenz Berzins Aussenstehenden gar einmal Šklovskij als der eigentliche Missionschef galt, vgl. Memorandum Thurnheer, 2. 9. 1920. BAR, E 21/10423. – Zur Nachkommenschaft Šklovskijs in der Schweiz, zu der auch der ehemalige Chefredaktor des *Blick* Peter Übersax als Sohn von Šklovskijs Tochter Maria gehört, vgl. Aktennotiz Bundespolizei, 31. 1. 1962. BAR, E 21/10424.

320 Vgl. Bundesanwaltschaft an das EJPD, 11. 3. 1919. BAR, E 21/10433. Eine Fiche *Lubarski, Nicola* findet sich in: BAR, E 21/9135. Für Ljubarskijs Diplomatenpass vgl. BAR, E 21/10431. – Für die Pressemitteilung der «Gesandtschaft der russischen sozialistischen föderativen Soviets-

Grigorij L. Šklovskij.   *Stefan I. Bratman.*

eines sowjetischen Generalkonsuls bereits kennen gelernt,[321] und zu seinem Handelsattaché ernannte Berzin den Emigranten *Stefan I. Bratman.*[322] Im Sekretariat der Mission waren zeitweise Gattinnen prominenter Aktivisten beschäftigt, so *Sof'ja Dzeržinskaja* und, nach den Beobachtungen eines Schweizer Detektivs, auch die Frau von Nationalrat Fritz Platten.[323] Ab Juni gelang es der Sowjetvertretung, den ihr vom Bundesrat zugestandenen Kurierdienst zu betreiben.[324]

Republik in der Schweiz», die Schutz- und Interessenwahrnehmung der Russen in der Schweiz sei an sie übergegangen, vgl. Der Bund, 10. 6. 1918. BAR, E 21/10360.

321 Zalkind gab sich mit seiner konsularischen Rolle in der Schweiz nicht zufrieden. Er wollte weiterziehen und andernorts neue bolschewistische «Zentren» aufbauen. Für eine entsprechende Bitte an die Zentrale in Moskau vgl. Zalkind an Čičerin, 29. 8. 1918. AVPRF, f. 04, op. 46, p. 281, d. 54035, ll. 76–77. Auch Berzin riet dazu, Zalkind eine neue Aufgabe zu übertragen, vgl. Berzin an das NKID, 26. 8. 1918. Ebd., ll. 72–75. Angesichts der sich verschlechternden Beziehungen zwischen der Sowjetregierung und den neutralen Staaten beliess das Volkskommissariat für auswärtige Angelegenheiten Zalkind aber einstweilen in der Schweiz, vgl. NKID an Berzin, 20. 9. 1918. AVPRF, f. 04, op. 46, p. 281, d. 54036, l. 13.

322 Für die Mitteilung dieser Ernennung vgl. Sowjetmission an das EPD, 3. 7. 1918. BAR, E 21/10432; Berzin an das NKID, 10. 7. 1918. AVPRF, f. 04, op. 46, p. 281, d. 54035, ll. 23–25. Für die Bestätigung der Ernennung vgl. NKID an Berzin, 23. 8. 1918. AVPRF, f. 04, op. 46, p. 281, d. 54036, ll. 9–10.

323 Gerber an Paravicini, 22. 8. 1918. BAR, E 21/10381. – Zu Sof'ja Dzeržinskaja vgl. z. B. Bundesanwaltschaft an das EJPD, 11. 3. 1919. BAR, E 21/10433. ČK-Chef Feliks Dzeržinskij

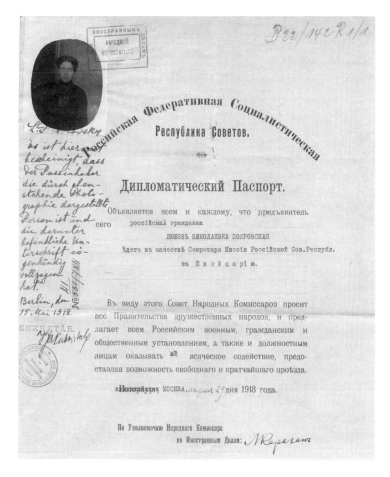

Diplomatenpass von Ljubov' N. Pokrovskaja.

Berzin warnte die Moskauer Zentrale wiederholt und eindringlich davor, dieses wichtige Verbindungsinstrument als Tarnung für unnütze Emissäre zu missbrauchen und damit zu gefährden.[325] Im Informationsdienst arbeiteten Missions-

weilte für einen Urlaub sogar selbst in der Schweiz, vgl. Dzeržinskaja, V gody velikich boev, S. 267–270; Judit Garamvölgyi: *Tscheka-Chef Dserschinski in der Schweiz.* In: NZZ, 14. 1. 1967 (Morgenausgabe); vgl. auch Senn, Diplomacy, S. 100 f.; Gautschi, Landesstreik, S. 164; Šejnis, Missija, Teil 2, S. 93–95.

324 Vgl. Aktennotiz Roggen, 6. 9. 1937. BAR, E 2001 (E) -/13 (B 25); vgl. auch Dipkur'ery, S. 35. – Für eine Liste der ein- und ausgereisten sowjetrussischen Kuriere vgl. *Mission de la République Russe des Soviets. Courriers diplomatiques.* BAR, E 21/10356. Für eine von Vizekonsul Suter in Moskau angelegte Kurierliste vgl. Suter an das EPD, 11. 6. 1918. BAR, E 21/10363.

325 Vgl. z. B. Berzin an das NKID, 27. 6. 1918. AVPRF, f. 04, op. 46, p. 281, d. 54035, ll. 43–46.

angehörige eng mit offiziell unabhängigen Gesinnungsgenossen zusammen. Eine zentrale Rolle spielte hier der Emigrant *Nikolaj Zamjatin*. Er baute das *Informationsbüro (Informacionnoe bjuro)* der Mission auf, das die internationale Presse sichtete und auswertete, Informationen sammelte und umgekehrt Dekrete der Sowjetmacht oder Grundlagentexte ihrer Führer publizieren sollte.[326] Editorische Aufgaben dieser Art übernahmen dann aber vornehmlich die *Russischen Nachrichten (Russkie izvestija)*, eine anfänglich ebenfalls von Zamjatin geleitete Agentur, die nominell direkt der Sowjetregierung unterstand, in der Praxis jedoch von der Mission Berzin abhing und dieser auch Bericht erstattete. «Organisierte Propaganda» und «Agitation» waren Begriffe, mit denen die Leitung der Russischen Nachrichten ihre Aufgabe in einem internen Dokument selbst umschrieb; angestrebt wurde eine Beeinflussung der schweizerischen, aber auch der französischen, italienischen, österreichischen, schwedischen, norwegischen und niederländischen Presse. Zamjatin zog sich rasch zurück und übergab die Russischen Nachrichten dem aus Lemberg stammenden Emigranten und nunmehrigen Chefredaktor *James Reich*. Nach dessen Angaben erschienen die Russischen Nachrichten im Juli 1918 täglich in 35 deutschen und 20 französischen *(Nouvelles de Russie)* Exemplaren à zwei bis drei Seiten, und Reich vermeldete (unter dem Pseudonym *James Gordon)* auch eine viel versprechende Resonanz seiner Agenturmeldungen in der Schweizer Presse.[327] Bis zur Ausweisung der Sowjetmission im November publizierte das Büro der Russischen Nachrichten in Verbindung mit dem Schweizer Promachos-Verlag überdies eine ganze Reihe von Broschüren mit Schriften von Lenin, Trotzki und anderen revolutionären Magnaten.[328] Die Sowjetmission war an der Auswahl der zu übersetzenden und herauszugebenden russischen Texte direkt beteiligt. Entsprechende Vorbereitungsarbeiten tätigte die als Sekretärin eingereiste und mit Berzin in engem Kontakt stehende *Ljubov' N. Pokrovskaja,* Gattin des Historikers und Revolutionärs Michail N. Pokrovskij.[329] Die Gesandtengattin *Roza Berzina* leitete schliesslich eine Berner Zweigstelle der Telegrafenagentur *ROSTA (Rossijskoe telegrafnoe agentstvo),* welche die russische Presse mit Nachrichten aus dem Westen beliefern sollte.

326 Zur Kontaktnahme Zamjatins mit der Moskauer Zentrale betreffend den gewünschten Sammlungsschwerpunkt des Informationsbüros vgl. Zamjatin an das NKID (Radek), 25. 7. 1918. AVPRF, f. 141, op. 2, p. 1, d. 5, l. 7. Mangels Instruktionen hatte das Büro beschlossen, vorläufig vor allem Material zur Schweiz, zu Frankreich und zu Italien zu sammeln.

327 *Otčet o dejatel'nosti Bjuro «Russkich Izvestij» v Berne po Ijul' 1918* (aus dem Russischen). AVPRF, f. 141, op. 2, p. 1, d. 5, ll. 9–14. Zur Auflage der Russischen Nachrichten, die zu den besten Zeiten über 200 Exemplare betragen habe, vgl. auch Senn, Diplomacy, S. 115 f. Für Belegexemplare der Russischen Nachrichten vgl. BAR, E 21/10501.

328 Lagerbestände dieser Druckerzeugnisse wurden nach der Ausweisung der Sowjetmission beschlagnahmt, vgl. *Verzeichnis der auf dem Büro der «Russischen Nachrichten» beschlagnahmten Druckschriften.* BAR, E 21/10500. – Für Anweisungen Reichs an den Promachos-Verlag vgl. BAR, E 21/10493.

329 Zu den Briefen Pokrovskajas an ihren Mann vgl. Šejnis, Missija, Teil 1, S. 98 f. Für ihren Diplomatenpass vgl. BAR, E 21/10448.

2. Diesem harten Kern assoziierte sich eine Gruppe von Sympathisanten und externen Mitarbeitern, die zugunsten oder auch einfach im Sinne der Sowjetmission wirkten, zu denen Berzin aber nicht selten in einem ambivalenten Verhältnis stand. Prominentes Beispiel ist die erwähnte, 1906 bereits aus dem Kanton Waadt ausgewiesene *Angelika Balabanova,* umtriebige Revolutionärin der ersten Stunde, in der schweizerischen (und internationalen) Wahrnehmung ein eigentliches bolschewistisches Schreckgespenst, das nach der Einreise im Oktober 1918 in Verbindung mit der Sowjetmission zu stehen, von dieser aber – trotz Diplomatenpass – nicht wirklich kontrolliert zu werden schien.[330] Bedeutend war Berzins Zusammenarbeit mit *Sergej Bagockij,* den wir als Vorsitzenden des Zürcher Zentralkomitees für die Rückkehr politischer Emigranten nach Russland und als Ansprechpartner der alten russischen Gesandtschaft bereits kennen gelernt haben, der nach einem Aufenthalt in der Heimat im August 1918 als Repräsentant des Komitees für die Reorganisation des russischen Roten Kreuzes in die Schweiz zurückgekehrt war und hier fortan die Stellung des einzigen legitimen russischen Rot-Kreuz-Vertreters beanspruchte.[331] Offiziell unabhängig, war auch Bagockijs Rot-Kreuz-Vertretung bei näherem Besehen logistisch und personell mit der Sowjetmission verflochten.[332] Im Bereich der Repatriie-

---

330 Angelika Balabanova gelang es, in die Schweiz einzureisen, obwohl ihr das Kuriervisum verweigert worden war, vgl. BAR, E 2001 (E) -/13, Einleitung, S. 23. Für eine Kopie des Diplomatenpasses von «Angelique Balabanoff» vgl. BAR, E 2001 (E) -/13 (B 35). Zur schweizerischen Überwachung Balabanovas vgl. etwa Detektiv Manzoni an Untersuchungsrichter Heusser, 29. 10. 1918. BAR, E 21/10427. Für Dokumente, die Balabanova in Verbindung mit dem Sammeln oder Verwalten von Propagandageldern bringen, vgl. BAR, E 21/10428. – Den Aufenthalt in der Schweiz thematisierte Balabanova auch in ihren Memoiren, vgl. Balabanoff, Erinnerungen und Erlebnisse, besonders S. 190–200.

331 Zum Mandat Bagockijs vgl. *Certificat,* 18. 7. 1918. BAR, E 21/10509 (hier auch der Diplomatenpass Bagockijs); Bagockij, O vstrečach s Leninym, S. 68. – Zur Anweisung der Zentrale an die bisherige russische Rot-Kreuz-Vertretung vom 18. Oktober 1918, ihre Vollmachten Bagockij abzutreten, vgl. AVPRF, f. 141, op. 2, p. 2, d. 15, ll. 20 und 21. – Zur Weigerung der vom alten russischen Roten Kreuz unterstützten russischen Abteilung des Hilfsbüros für Kriegsgefangene, sich den neuen Sowjetbehörden zu unterstellen und mit Bagockij zusammenzuarbeiten, vgl. BAR, E 21/10515; Bericht Kantonspolizei Bern, 5. 3. 1919. Ebd.; Untersuchungsrichter Rohr an die Bundesanwaltschaft, 10. 10. 1919. BAR, E 21/10527. – Zur Aussage Bagockijs, seine Rot-Kreuz-Vertretung arbeite mit 80 Prozent der Angestellten der vorrevolutionären Vorgängerorganisation, vgl. Bagockij an Untersuchungsrichter Calame, 20. 12. 1918. BAR, E 21/10510. – Allgemein zur Reorganisation des russischen Roten Kreuzes nach Februar- und Oktoberrevolution vgl. Haug, Menschlichkeit, S. 214 f.; Reimann, Funktionen, S. 31–33; Moorehead, Dunant's Dream, besonders S. 237–240; schweizerische Gesandtschaft in Petrograd an das EPD, 7. 2. 1918. BAR, E 2300 Petersburg/4. – Zur Entwicklung des revolutionären russischen «Roten Kreuzes» vgl. auch Geierhos, Vera Zasulič, S. 217–228. – Zum Konflikt zwischen dem IKRK und der neuen russischen Rot-Kreuz-Gesellschaft vgl. Reimann, Funktionen, S. 32 f.; Švejcarija – Rossija, S. 364, Anm. 3. Speziell zum Anerkennungskampf von Bagockijs Rot-Kreuz-Vertretung in der Schweiz vgl. das Dossier AVPRF, f. 141, op. 3, p. 2, d. 10.

332 In seiner Schweizer Fiche wird Bagockij als «Mitglied der russ. Sovietmission» bezeichnet.

rung russischer Kriegsgefangener kooperierten die beiden Institutionen intensiv.[333] Bagockijs Bemühungen um seine Landsleute fanden beim Bundesrat eine gewisse Anerkennung, und der gegen ihn gehegte Propagandaverdacht konnte nie substantiell erhärtet werden.[334] Überhaupt eröffnete die schwierige ökonomische Situation der Russinnen und Russen in der Schweiz der Sowjetmission die Gelegenheit, durch karitatives Engagement Sympathien und Loyalitäten zu gewinnen – in der Kolonie wie bei den entlasteten Schweizer Behörden. Die politische Instrumentalisierung von Unterstützungsleistungen scheint dabei recht vorsichtig betrieben worden zu sein.[335] Immerhin ist in den Schweizer Akten die Tätigkeit des umtriebigen Studenten *Maxim Rywosch* dokumentiert, der eine russische Studentenunterstützungskasse präsidierte, in dieser Eigenschaft eine wichtige Funktion bei der praktischen Verteilung sowjetischer Unterstützungsgelder übernahm und im Auftrag Šklovskijs vorgängig zahlungsrelevante Abklärungen über die Sowjetloyalität der Zürcher Russinnen und Russen getätigt hatte.[336]

Eine ganze Reihe freier Mitarbeiter scharte die Mission Berzin im Informations-

---

BAR, E 21/8597. – Zur offiziellen Einrichtung der neuen russischen Rot-Kreuz-Vertretung in der Schweiz im Oktober 1918 vgl. BAR, LGS, Bd. 2 des Verzeichnisses, S. 286 b. – Zur personellen Zusammensetzung von Bagockijs Rot-Kreuz-Büro vgl. BAR, E 21/10464–10467. Eine Mitarbeiterin Bagockijs war die Gattin von Handelsattaché Bratman, Maria Bratman. – Zu Organisation und Aufgaben der neuen Rot-Kreuz-Vertretung in deren Selbstdarstellung vgl. Položenie russkich voennoplennych, S. 27–30; vgl. ferner das von Bagockij in Bern herausgegebene Bulletin *Société de la Croix-Rouge*. – Zur Besoldung des vor allem mit den russischen Kriegsgefangenen beschäftigten Bagockij durch die Kriegsgefangenen- und Flüchtlingsbehörde des Volkskommissariats für militärische Angelegenheiten vgl. AVPRF, f. 141, op. 2, p. 2, d. 15, l. 6.

333 Bereits die Provisorische Regierung hatte ein Zentralkomitee für die Angelegenheiten der Kriegsgefangenen beim russischen Roten Kreuz eingerichtet, vgl. Izvestija Ministerstva inostrannych del, 1/2 (1917), S. 139–141.

334 Zum schon frühen Verdacht, Bagockij gehe es mehr um Propaganda als um Karitatives, vgl. etwa Vizekonsul Suter an das EPD, 29. 7. 1918. BAR, E 21/10509; EPD (Paravicini) an die Bundesanwaltschaft, 21. 8. 1918. Ebd.; ferner BAR, LGS, Bd. 2 des Verzeichnisses, S. 286 e. – Bagockij selbst betonte, kein Bolschewik zu sein, vgl. z. B. Bagockij an Untersuchungsrichter Calame, 20. 12. 1918. BAR, E 21/10510. – Für eine Zusammenstellung der mit Bagockij angeblich verbundenen Lokalitäten und Institutionen vgl. BAR, LGS, Bd. 2 des Verzeichnisses, S. 286 h, k.

335 Die Zürcher Polizei ging davon aus, dass die sowjetrussischen Unterstützungsleistungen in der Limmatstadt nicht gravierend mit politischer Propaganda verknüpft waren, vgl. Polizeikommando des Kantons Zürich an die Bundesanwaltschaft, 7. 12. 1918. BAR, E 21/11524. – Zu Hinweisen auf eine politisch motivierte Vergabe von Unterstützungsleistungen durch die Sowjetmission vgl. Untersuchungsrichter Rohr an die Bundesanwaltschaft, 18. 10. 1919. BAR, E 21/10527.

336 Zu Rywosch vgl. BAR, E 21/11524, hier besonders: Aktennotiz, 21. 8. 1919; ferner Senn, Diplomacy, S. 82; Collmer, Selbstdefinition, S. 263 f. – Zur Überwachung Rywoschs durch die Zürcher Polizei vgl. Bundesanwaltschaft an das Polizeikommando des Kantons Zürich, 21. 10. 1918. BAR, E 21/11524.

bereich um sich. Dazu gehörte der in Genf wirkende französische Sozialist *Henri Guilbeaux* (1885–1938), Herausgeber der Zeitschrift *demain* und zentrale Figur für die französischsprachige Öffentlichkeitsarbeit der Mission. Wegen angeblich neutralitätswidrigen und für die Schweiz gefährlichen Verhaltens wurde Guilbeaux im Juli 1918 verhaftet. Als er aussagte, von Zalkind entlöhnt worden zu sein, geriet auch der sowjetrussische «Generalkonsul» vorübergehend in Polizeigewahrsam, kam aber aufgrund quasidiplomatischer Privilegien sofort wieder frei.[337] In publizistischem Aktivismus war die Sowjetmission ferner mit verschiedenen Schweizer Politikern verbunden. In formalistischer Umgehung des Propagandaverbots hatte das Büro der Russischen Nachrichten unter dem Namen von Nationalrat *Fritz Platten* die *Sozialistische Korrespondenz* herausgegeben.[338] Und Nationalrat *Robert Grimm,* wegen ungenügender revolutionärer Entschlossenheit von Šklovskij harsch kritisiert, pflegte als Redaktor der linken *Berner Tagwacht* geschäftlichen Umgang mit den Russischen Nachrichten und übernahm bei deren Liquidation nach Berzins Ausweisung eine gewisse Protektionsfunktion.[339] Was Platten betrifft, so war er – viel stärker als die eigenständige Persönlichkeit Grimms – auch sonst in die Strukturen der Sowjetmission involviert. Anfang 1918 im Namen des schweizerischen Proletariats in Petrograd aufgetreten, brachte er vorläufige personelle Dispositionen der Sowjetführung mit nach Hause, die unter anderem ihn selbst zum diplomatischen Beirat und seine Frau zur russischen Konsulin in Zürich befördert hätten.[340] Die Ernennung Zalkinds verdrängte diese Pläne, doch schweizerische Detektive beobachteten auch so einen regen Verkehr Plattens mit der Sowjetmission.[341] Der umtriebige Nationalrat verwendete sich zusammen mit sozialdemokrati-

---

337 Guilbeaux wurde vorgeworfen, sich von deutscher und sowjetrussischer Seite für seine Agitation bezahlen zu lassen. Zur Verhaftung von Guilbeaux vgl. BAR, E 21/10574, hier besonders: Bundesanwaltschaft an das Polizeikommando des Kantons Bern, 26. 7. 1918. Eine strafbare Handlung konnte Guilbeaux dann nicht nachgewiesen werden, vgl. EJPD an den Bundesrat, 26. 8. 1918. BAR, E 21/10576. Der Bundesrat untersagte ihm aber Ende September den Aufenthalt in Grenzkantonen, vgl. Protokoll der Sitzung des Bundesrates, 30. 9. 1918. Ebd.; vgl. ferner geheimes Protokoll der Sitzung des Bundesrates, 21. 9. 1918. BAR, E 1005 -/2, Bd. 1. – Zalkind hatte sich nach seiner Verhaftung zuerst als exterritorialer Gesandter, dann als Genfer Konsul ausgegeben, vgl. Aktennotiz EPD, 13. 8. 1918. BAR, E 2001 (A)/1519. Zur Verhaftung Zalkinds vgl. auch Bundesanwaltschaft an das EJPD, 21. 8. 1918. BAR, E 21/10575.

338 Für Kontakte Plattens mit «Gordon» alias James Reich, dem Chef der Russischen Nachrichten, vgl. etwa Platten an Gordon, undatiert. BAR, E 21/10497.

339 Vgl. Einvernahme Grimm, 7. 1. 1919. BAR, E 21/10499. – Zur Kritik Šklovskijs an Grimm vgl. Šklovskij an Lenin, 13. 8. 1918. Rossija – Švejcarija, Nr. 112.

340 Vgl. Bundesanwaltschaft an das EJPD, 21. 8. 1918. BAR, E 21/10575.

341 Zur Beobachtung des Umgangs von Platten, Grimm oder auch Carl Moor mit der Sowjetmission vgl. etwa die Berichte von Detektiv F. Gerber, 26. 6. und 2. 7. 1918. BAR, E 21/10375; Gerber an Paravicini, 22. 8. 1918. BAR, E 21/10381; *Ber. an das Kdo. des kant. Polizeikorps Bern betr. Verkehr der Sowjetmission mit schweiz. sozialdemokratischen Führern (Grimm, Graber, Sutter, Platten), 31. 7. 1918.* BAR, E 21/10379.

schen Parteikollegen und unter unverhohlenen Revolutionsdrohungen beim Bundesrat für die russische Delegation.[342] Eine Besoldung von Schweizer Politikern durch die Sowjetmission konnte allerdings nicht nachgewiesen werden, und der Bundesrat sah 1920 auch keine Anhaltspunkte für eine gegen die Eidgenossenschaft gerichtete aufrührerische Zusammenarbeit.[343] Zu erwähnen sind schliesslich die Schweizer Anwälte der Sowjetmission, der Basler Grossrat *Franz Welti* und der Winterthurer Nationalrat *Fritz Studer*.[344] In Bern scheint der erwähnte Anwalt *Boris Lifschitz* die Delegation rechtlich beraten und in ihrem Auftrag namentlich auch russisches Geld umgetauscht zu haben.[345]

3. Die äussersten Areale einer um Berzin kreisenden Personal- und Wirkensstruktur bildeten Gruppen von Gesinnungsgenossen, die der Sowjetmission als sympathetisches Umfeld zudienten und den feindseligen schweizerischen Bolschewistendiskurs euphorisch konterkarierten. Dazu gehörten jene russischen Emigranten, die in bolschewistischen Zirkeln verkehrten und sich für sowjetloyal erklärten, aber auch jene Schweizer Sozialdemokraten, welche zum Jahrestag der Oktoberrevolution Glückwunschtelegramme nach Russland schickten[346] oder im November 1918 an den Münchener Arbeiter-, Soldaten- und Bauernrat telegrafierten, «unser generalstreik» diene unter anderem der Zurücknahme der Ausweisung der «russischen sowjetgesandtschaft in bern».[347] Neben seiner europäischen Perspektive war Berzin an der Erkundung und Vereinnahmung auch der öffentlichen Meinung in der Eidgenossenschaft interessiert, wobei er bedauerte, keinen direkten Zugang zu den «Arbeitermassen der Schweiz» zu haben.[348] Eine feindlich gesinnte Umgebung erkannte Berzin – abgesehen von der verdrängten Gesandtschaft und vom offensichtlichen Widerstand grosser Teile der schweizerischen Öffentlichkeit und Politik – in den Partisanen der Februar-

---

342 Zum Beispiel zur Abwendung der Ausweisung Balabanovas, vgl. Delegation der Sozialdemokratischen Partei der Schweiz an den Bundesrat, 4. 11. 1918. BAR, E 21/10428.

343 Vgl. Polizeikommando des Kantons Zürich an die Bundesanwaltschaft, 7. 12. 1918. BAR, E 21/11524; *Bericht des Bundesrates über seine Geschäftsführung im Jahre 1920. Justiz- und Polizeidepartement.* BBl. 1921 II, S. 323–426, hier S. 384.

344 Für biografische Angaben zu Franz Welti vgl. Studer, Parti, S. 723.

345 Auf dem Klappentext einer Publikation von Lifschitz wird derselbe als ehemaliger Rechtskonsulent der sowjetrussischen Gesandtschaft in Bern bezeichnet: Lifschitz, Handelsbeziehungen. Zu Lifschitz und seiner Tätigkeit vgl. BAR, E 21/10484. Nach eigener Aussage erledigte Lifschitz für die Sowjetmission nur Kleinkram, während grössere Operationen über Welti und Studer abgewickelt wurden. Einvernahme Lifschitz, 15. 11. 1918. Ebd.

346 Abgefangene Telegramme finden sich in: BAR, E 21/10362.

347 Geschäftsleitung der Sozialdemokratischen Partei der Schweiz/Arbeiterunion Zürich an Kurt Eisner, Präsident des Arbeiter-, Soldaten- und Bauernrates (München), 10. 11. 1918. BAR, E 21/10409. Die betreffende Passage des Telegramms scheint von der Telegrammkontrolle vor der Weiterspedierung herausgestrichen worden zu sein.

348 Berzin an das NKID, 15. 6. 1918 (aus dem Russischen). AVPRF, f. 04, op. 46, p. 281, d. 54035, ll. 6–15.

revolution, etwa in Viktorovs Presseagentur oder im engagierten Professor Reichesberg.[349] Ein gewisser Moses Rogovin erklärte Anfang 1919 den Schweizer Behörden, die Mehrheit der hiesigen Russen habe es abgelehnt, mit der Sowjetmission in Beziehung zu treten.[350]

Was die Kontakte zu vorgesetzten Behörden in Moskau oder auch zu Sowjetvertretern in anderen Ländern betrifft, so habe ich Berzins selbstbewusstes und forderndes Auftreten erwähnt. In organisatorischer Perspektive ist die mangelhafte Stabilität dieser Verbindungen und überhaupt der unbefriedigende Austausch zwischen den Sowjetorganen zu bemerken. Neben technisch-formalen Problemen des Kurierdienstes, etwa im Hinblick auf die notwendigen Transitvisa,[351] scheint eine gewisse Vernachlässigung der Berner Mission seitens der Zentrale offensichtlich. Wiederholt beklagte sich Berzin über fehlende Informationen und Instruktionen aus Russland.[352] In Anbetracht des persönlichen Interesses, das Lenin der Tätigkeit der Berner Delegation nachweislich entgegenbrachte, mag dieses Defizit nicht zuletzt mit fehlendem diplomatischem Know-how und organisatorischer Überforderung der jungen Sowjetmacht zu erklären sein.[353]

Improvisiert wirkt auch die Finanzierung des Postens. Die Mission wurde mit einer Summe losgeschickt, die in keinem Verhältnis zu ihrem breiten Aufgabenkatalog stand, und die ersten Berichte Berzins warfen mehrmals und ungeduldig die Finanzfrage auf. Wohl um nach aussen den Anschein makelloser Legalität zu wahren, propagierte der Missionschef in wiederholten Andeutungen einen Parallelismus von offizieller und konspirativer Buchführung.[354]

---

349 Ebd. – Für eine bolschewistenfeindliche Pressemitteilung der *Agence de la presse russe* anlässlich der Ankunft der Sowjetmission in Bern vgl. La Revue, 24. 5. 1918. BAR, E 21/10358.

350 Einvernahme Rogovin, 28. 2. 1919. BAR, E 21/11524.

351 Noch Ende Juli beklagte sich Berzin über die schleppende Erteilung deutscher Visa für die Kuriere, vgl. Berzin an das NKID, 25. 7. 1918. AVPRF, f. 04, op. 46, p. 281, d. 54035, ll. 36–38.

352 Vgl. Berzin an das NKID, 25. und 27. 7. 1918. AVPRF, f. 04, op. 46, p. 281, d. 54035, ll. 36–38 und 39–42. – Mit dem Problem ungenügender Information aus Russland hatte schon die alte Presseagentur unter Viktorov-Toporov zu kämpfen gehabt, vor allem zur Zeit der Februarrevolution, vgl. *Zapiska o dejatel'nosti Agentstva Rossijskoj Pressy v Berne za vremja s 2–15-go fevralja po 2–15-e marta 1917 g.*, undatiert. AVPRI, Missija v Berne, op. 843/2, d. 509, ll. 1–5. Das zarische Aussenministerium hatte seinen Auslandsvertretungen ein regelmässiges politisches Informationszirkular (*Političeskoe Obozrenie*) zukommen lassen, vgl. etwa AVPRI, Missija v Berne, op. 843/2, d. 185, ll. 19–339.

353 Zumindest am Anfang scheinen die Verbindungsprobleme vorab technischer Natur gewesen zu sein. Das Volkskommissariat drängte im Juni seinerseits darauf, endlich etwas aus Bern zu hören, vgl. NKID an Berzin, 11., 18. und 25. 6. 1918. AVPRF, f. 04, op. 46, p. 281, d. 54036, ll. 3, 4 und 5.

354 Vgl. etwa Berzin an das NKID, 15. 6. 1918. AVPRF, f. 04, op. 46, p. 281, d. 54035, ll. 6–15. Die voraussichtlichen Ausgaben der Mission für das kommende Jahr veranschlagte Berzin auf 1,38 Millionen Franken, vgl. ebd. Zur Finanzierung der Sowjetmission vgl. auch Collmer, Selbstdefinition, S. 270–274.

Nach der Ausweisung der Mission standen Sowjetgeld und der Verdacht auf riesige Finanztransfers zu Propagandazwecken im Mittelpunkt der bundesanwaltschaftlichen Bolschewistenuntersuchung.[355]

3.2.2.4. Die schweizerische Perspektive

Die Schweizer Behörden sahen in der Sowjetmission eine nicht durch Anerkennung und internationales Recht, wohl aber durch die faktische Macht des vertretenen Regimes legitimierte Institution, der es im Dienste der Russlandschweizer mit einem versöhnlichen Pragmatismus zu begegnen galt, die aufgrund ihrer propagandistischen Umtriebigkeit und undurchschaubaren Subversivität jedoch streng überwacht werden musste – auch um dem traditionellen, nun in Europa wieder allenthalben vernehmbaren Vorwurf der schweizerischen Revolutionsbegünstigung entgegenzuwirken.

Die Angst vor Repressalien gegen Schweizerinnen und Schweizer in Russland illustriert eine Aktennotiz des Politischen Departements über die Verhaftung Zalkinds. Es sei nach einem Telefonanruf Šklovskijs vereinbart worden, den Verdächtigen freizulassen, «um keine Schwierigkeiten für unsere Landsleute in Russland hervorzurufen».[356]

Schon im Zusammenhang mit den vielen plötzlich auftauchenden bolschewistischen Kurieren hatte sich das Departement kulant gezeigt, um den Sowjetvertreter in Berlin nicht zu verärgern.[357] Die Gewährung verschiedener diplomatischer Privilegien (Kurierdienst, Chiffredienst, Diplomatenausweise) war freilich nur die kalkulierte gute Miene über einer von Verachtung, Misstrauen und Revolutionsfurcht geprägten Grundhaltung. Ungezählt sind die dem Bundesrat von verschiedenster Seite zugestellten Hinweise auf (geplante) propagandistische Aktivitäten der Sowjetmission. Die Landesregierung nahm solche Denunziationen sehr ernst, liess sie polizeilich abklären und verdächtige Individuen beobachten. Dabei verband sich die eigene Angst mit dem Druck der internationalen Diplomatie. Die Entente-Regierungen, so vermeldete die Gesandtschaft in Rom, würden von ihren Berner Vertretungen informiert, «dass Frau Balabanoff in der Schweiz die Revolution organisiert, dass sie über erhebliche Summen verfügt, um unser Land als Hauptquartier der europäischen Revolution einzurichten stop».[358]

---

355 Vgl. unten S. 470–474.

356 Aktennotiz EPD, 13. 8. 1918. BAR, E 2001 (A)/1519.

357 EPD an die schweizerische Gesandtschaft in Berlin, 27. 6. 1918. BAR, E 21/10364. Zu Ioffes Drohung, Repressalien gegen Russlandschweizer zu veranlassen, vgl. schweizerische Gesandtschaft in Berlin an Bundespräsident Calonder, 24. 6. 1918. Ebd.

358 Schweizerische Gesandtschaft in Rom an das EPD, 7. 11. 1918 (chiffriert). BAR, E 2001 (E) -/13 (B 36).

Die Duldung dieser «staatsgefährlichen Tätigkeit» drohe der Schweiz internationale Schwierigkeiten zu bereiten.[359] Neben intensiver Überwachung versuchten die Schweizer Behörden, durch vereinzelte Verhaftungen oder Einreiseverbote für suspekte «Kuriere» die Kontrolle zu bewahren und innere wie internationale «Schwierigkeiten» zu vermeiden.[360] Die unkonventionelle Vorgehensweise der Sowjetemissäre überforderte die Eidgenossen aber sichtlich – schon Ende Mai, als Karl Paravicini Bundespräsident Calonder über den Platzstreit der beiden russischen Vertretungen unterrichtete und darauf hinwies, dass die Tätigkeit der Sowjetmission nur schwer zu überwachen sein werde.[361] Privilegien, Kontrollen, Zugeständnisse und Ausweisungen – die Widersprüchlichkeit und Hilflosigkeit der schweizerischen Haltung verdeutlicht die *politische* Herausforderung des Bundesrates durch die Präsenz des russischen Bolschewismus im eigenen Land. Das Ziel musste lauten, die Mission Berzin auf politische Verträglichkeit zu verpflichten. Doch genau auf dieser Ebene versuchte sich der Sowjetgesandte einem Zugriff der lokalen Autorität zu entziehen. Sein Ziel, nämlich die ungestörte Existenz und Arbeitsfähigkeit der Sowjetmission, liess sich auf der Grundlage der standardisierten Regeln der Diplomatie, der liberalen schweizerischen Rechtspraxis und des bolschewistischen Anerkennungsanspruchs auch mit *juristischen* Argumenten verfechten. In dieser Perspektive war Berzins «Gesandtschaft» zwar gezwungen, nach aussen rechtliches Wohlverhalten zu demonstrieren, nicht aber politische Verbindlichkeiten einzugehen. Das Nebeneinander von politischem und juristischem Diskurs unterminierte eine wirkliche Verständigung zwischen der Sowjetmission und dem Bundesrat.

3.2.2.5. Der Landesstreik und das Ende der Berner Sowjetmission

Von Anfang an sah die schweizerische Politik (und nach ihr die Geschichtswissenschaft) einen engen Zusammenhang zwischen dem Landesgeneralstreik vom November 1918 und der Propagandatätigkeit der Sowjetmission. Die komple-

---

359 Ebd.
360 So versuchte das Politische Departement (erfolglos), die Einreise von Angelika Balabanova zu verhindern. Vgl. BAR, E 21/10426, besonders EPD an die Zentralstelle für Fremdenpolizei, Bern, 2. 8. 1918. Zur Diskussion der Frage, weshalb Balabanova trotz Einreisesperre in die Schweiz gelangen konnte, vgl. EJPD an die Nachrichtensektion des Armeestabs, 24. 10. 1918. BAR, E 21/10427; Nachrichtensektion des Armeestabs an die Zentralstelle für Fremdenpolizei, 26. 10. 1918. Ebd. – Zum schweizerischen Misstrauen gegen die vielen russischen Kuriere vgl. auch schweizerische Gesandtschaft in Berlin an das EPD, 30. 7. 1918. BAR, E 2001 (E) -/13 (B 35).
361 «Wir scheinen entschieden die Mittel für einen solchen Informationsdienst nicht zu besitzen.» Paravicini an Bundespräsident Calonder, 28. 5. 1918. BAR, E 21/10367.

xen Ursachen der Streikbewegung stehen hier im Detail nicht zur Diskussion. Immerhin lässt sich festhalten, dass auch seit kurzem zugängliche russische Dokumente den neueren Forschungskonsens zu bestätigen scheinen, wonach bolschewistische Agitation die Bereitschaft zum revolutionären Aufruhr zwar diskursiv beförderte, eine direkte organisatorische Beteiligung der Berner Sowjetmission an den Streikvorbereitungen aber nicht auszumachen ist.[362] Die Popularität der überkommenen «Konspirations-These»[363] mag unter anderem damit zusammenhängen, dass sie in ihrer denunziatorischen Form der Selbstentlastung einer traumatisierten schweizerischen Öffentlichkeit ebenso diente, wie sie umgekehrt den Erfolg der weltrevolutionär orientierten sowjetrussischen Aussenpolitik zu bestätigen schien. In diesem Sinne waren beide Seiten an der Konstruktion einer Legende bolschewistischer Urheberschaft interessiert, und der schweizerische Argwohn spiegelte sich in sowjetischer Selbstzufriedenheit. Schon im August 1918 hatte «Legationsrat» Šklovskij in einem Brief an Lenin den russischen Einfluss auf die schweizerische Streikbereitschaft betont: «Sogar ein solch ‹solider› Verband wie der Föderativverband der Beamten [...], ein Verband von Friedlichen, Gemässigten und Ordentlichen, und dieser hat unter dem Einfluss des Hungers und der russischen Revolution den Mut gefasst und zu drohen begonnen ... mit einem Generalstreik!»[364]

Der Bundesrat wiederum bereitete ein Truppenaufgebot vor und beauftragte das Politische Departement mit Abklärungen darüber, «in welcher Weise gegen die russischen Agenten und Unruhestifter, welche unter dem Deckmantel von russischen Kurieren in die Schweiz kommen (wie z. B. Salkind, Balabanoff etc.) vorgegangen werden kann».[365]

Sicher: Die schweizerische Bolschewistenfurcht gründete auf einer konkreten Bedrohung, nicht zuletzt in Anbetracht der revolutionären Entwicklung in Deutschland, und es wäre falsch, sie einfach als eigendynamische Hysterie zu psychologisieren. Andererseits verdeutlichte aber eine gross angelegte Untersuchung der Bundesanwaltschaft schon kurz nach der Ausweisung der Sowjet-

362 Für eine neuere Bilanz des Landesstreiks und seiner Rezeption aus Schweizer Sicht vgl. Jost, Stellenwert. Vgl. auch Gautschi, Landesstreik, S. 167–171; Collmer, Selbstdefinition, besonders S. 281 f.; ferner BAR, E 2001 (E) -/13, Einleitung, S. 25 f.

363 Vgl. Gautschi, Landesstreik, S. 171. Für die überkommene Annahme eines entscheidenden Einflusses ausländischer Agitatoren vgl. etwa BAR, E 2001 (E) -/13, Einleitung, S. 11.

364 Šklovskij an Lenin, 13. 8. 1918 (aus dem Russischen). Rossija – Švejcarija, Nr. 112, S. 207. Gemeint ist der Föderativverband der eidgenössischen Beamten, Angestellten und Arbeiter (FVBAA), vgl. Švejcarija – Rossija, S. 284, Anm. 1. – Berzin sprach nach seiner Ausweisung vom Landesstreik als einem Akt der «Solidarität mit unserer Oktober-Revolution» und unserer sozialen Politik». Die russische Soviet-Mission und ihre Tätigkeit in der Schweiz. In: NZZ, 5. 1. 1919 (zweites Blatt; Hervorhebung in der Vorlage). Für eine verzerrte Darstellung des Streiks als Protestaktion gegen die Ausweisung der Sowjetmission vgl. Šejnis, Missija, Teil 2, S. 97 f.; vgl. ferner Dragunov, 60 let vseobščej stački v Švejcarii.

365 Geheimes Protokoll der Sitzung des Bundesrates, 1. 11. 1918. BAR, E 1005 -/2, Bd. 1.

mission die Übertriebenheit mancher Verdächtigungen. Etwas ratlos gestand der eidgenössische Untersuchungsrichter Rohr im Oktober 1919 die dürftige Beweislage ein und begnügte sich mit der Behauptung, die frühere Annahme einer vor allem auch finanziellen russischen Beteiligung am Generalstreik lasse sich noch nicht abschliessend beurteilen. «Aus der Luft gegriffen war aber diese Ansicht jedenfalls nicht.»[366] Grosse Bedeutung mass Rohr den Äusserungen Berzins zu, der in Moskau mit den propagandistischen Erfolgen seiner Mission geprahlt und diese wiederum mit der schweizerischen Empörung und der Ausweisung der Sowjetgesandtschaft zu beweisen versucht hatte. Dies illustriert abermals den Mechanismus wechselseitiger Wahrnehmungsstimulation, sagt aber wenig über tatsächliche Verstrickungen aus.

Die Beziehungen zwischen der Sowjetmission und den Schweizer Behörden hatten sich nach der behutsamen Startphase vom Mai und Juni 1918 rasch verschlechtert. Mit Guilbeaux und Zalkind waren im Sommer prominente Mitarbeiter Berzins (vorübergehend) verhaftet worden, die vielen russischen «Kuriere» erregten zunehmenden Unmut, und die Bundesanwaltschaft befürchtete, dass Lenin und Trotzki nach dem Sturz der Sowjetregierung in die Schweiz fliehen könnten.[367] Angesichts harscher französischer Ermahnungen zu mehr antibolschewistischer Strenge,[368] angesichts der ausbrechenden deutschen Revolution,[369] der Streikvorbereitungen[370] in der Schweiz und des bevorstehenden Jahrestags der Oktoberrevolution[371] eskalierte die behördliche Nervosität Anfang November. Vor allem Bundesrat Ador plädierte für ein hartes Vorgehen gegen russische Agitatoren und für strenge Grenzkontrollen, überdies verlangte er die Ausweisung von Zalkind und Balabanova.[372] Dieses Unterfangen wiederum drohte die gespannte Stimmung im Lande noch mehr zu belasten, und nachdem Nationalrat Platten mit einer sozialdemokratischen Delegation

366 Untersuchungsrichter Rohr an die Bundesanwaltschaft, 18. 10. 1919. BAR, E 21/10527.
367 Bundesanwalt Stämpfli (an Bundesrat Müller), 20. 9. 1918. BAR, E 21/9987; vgl. auch Bundesanwaltschaft an das EPD, undatiert. BAR, E 21/11847.
368 Vgl. geheimes Protokoll der Sitzung des Bundesrates, 2. 11. 1918. DDS, Bd. 6, Nr. 459. Zum ausländischen Druck als einem Antrieb für die Ausweisung der Sowjetmission vgl. Solov'ev, Vospominanija diplomata, S. 336.
369 Für Berichte zur Revolution in Deutschland vgl. BAR, E 2001 (B) -/1/23 (B 21/133 Petr. 2/1).
370 Bereits am 5. August waren die *Instruktionen des allgemeinen Landesstreiks* herausgegeben worden. Zur Vorbereitung des Streiks vgl. Gautschi, Landesstreik, besonders S. 139–146.
371 Zu den Vorkehrungen der Bundesanwaltschaft im Hinblick auf die angekündigte Feier zum Jahrestag der Oktoberrevolution vgl. Bundesanwaltschaft an die Polizeibehörden in Basel, Luzern, St. Gallen und Zürich, 2. 11. 1918 (Entwurf). BAR, E 21/10054. Zum Glückwunschtelegramm der Schweizer Sozialdemokraten an die Behörden der Sowjetrepublik vom November 1918 vgl. Aktennotiz Bundesanwaltschaft, 1. 7. 1920. BAR, E 21/10055.
372 Vgl. geheimes Protokoll der Sitzung des Bundesrates, 2. 11. 1918. DDS, Bd. 6, Nr. 459. – Zu (wenig später wieder annullierten) Kontrollmassnahmen gegen Russen an der Grenze vgl. Protokoll der Sitzung des Bundesrates, 5. 11. 1918. BAR, E 21/10057; EJPD (Zentralstelle für Fremdenpolizei) an die Nachrichtensektion des Armeestabs, 6. 11. 1918. BAR, E 21/10389.

den Protest der Schweizer Arbeiterschaft gegen eine allfällige Ausweisung Balabanovas in Aussicht gestellt hatte,[373] verzichtete der Bundesrat vorerst auf einen definitiven Entscheid: «Die Jungburschen warten nur einen günstigen Anlass ab, um loszuschlagen. Dieser Anlass – und als solcher würde die Ausweisung der Frau Balabanowa betrachtet – darf erst geboten werden, wenn die aufgebotenen Truppen, die genügenden Schutz leisten, eingerückt sind.»[374] Grundsätzlich aber stimmte der Bundesrat am 6. November mit Ador überein, dass nicht nur einige besonders umtriebige Bol'ševiki weggewiesen werden sollten, sondern überhaupt die Sowjetmission «abzuberufen» sei. Die Frage blieb, in welcher Form der Bruch vollzogen werden konnte. Ador plädierte für eine Pressemitteilung, die über das Truppenaufgebot informieren, das entschlossene Vorgehen des Bundesrates gegen revolutionierende «éléments étrangers» betonen und den Abbruch der inoffiziellen Beziehungen mit der Sowjetmission bekannt geben sollte. An einer Abendsitzung desselben Tages beschloss der Bundesrat, ein *Mitgeteilt* im Sinne Adors an die Presse zu erlassen, aber ohne das Wort «étranger» und auch ohne den Satz zur Sowjetmission. Die revolutionären Umtriebe von Berzins Delegation seien, so war zu bedenken gegeben worden, noch nicht strikte bewiesen; ausserdem müsse die Mission vor der Öffentlichkeit über den Entscheid informiert werden. Das Protokoll hält denn auch fest: «Der Sowjetmission wird durch das Politische Departement eröffnet, dass der Verkehr mit ihr abgebrochen werde.»[375] Ebenfalls am 6. November erging die Weisung an die schweizerischen Grenzorgane, den nächsten russischen Kurier aus Deutschland zwecks Durchsuchung

373 Vgl. Delegation der Sozialdemokratischen Partei der Schweiz an den Bundesrat, 4. 11. 1918. BAR, E 21/10428; geheimes Protokoll der Sitzung des Bundesrates, 5. 11. 1918. BAR, E 1005 -/2, Bd. 1; Protokoll der Sitzung bei Bundesrat Müller, 5. Dezember (sic; gemeint ist: November) 1918. BAR, E 21/10428. – Dem Sowjetgesandten war bereits mitgeteilt worden, dass Zalkind und Balabanova die Schweiz verlassen müssten; die Wegweisung Zalkinds stiess im Gegensatz zu jener Balabanovas auf wenig Widerspruch, vgl. geheime Protokolle der Sitzungen des Bundesrates, 2. und 6. 11. 1918. DDS, Bd. 6, Nr. 459 und 462. Berzin bat den Bundesrat, dass Balabanova noch etwas bleiben dürfe, da sie für das russische Rote Kreuz arbeite, vgl. geheimes Protokoll der Sitzung des Bundesrates, 5. 11. 1918. BAR, E 1005 -/2, Bd. 1.

374 Geheimes Protokoll der Sitzung des Bundesrates, 6. 11. 1918. DDS, Bd. 6, Nr. 462, S. 821. Zum Beschluss, den bald auslaufenden Pass von Balabanova nicht mehr zu verlängern, vgl. geheimes Protokoll der Sitzung des Bundesrates, 5. 11. 1918. BAR, E 1005 -/2, Bd. 1; Notiz Bundesrat Müller, 7. 11. 1918. BAR, E 21/10428.

375 Geheime Protokolle der Sitzungen des Bundesrates, 6. 11. 1918. DDS, Bd. 6, Nr. 462, Zitat S. 823, Anm. 3 (Protokoll der Abendsitzung). – In einer früheren Phase war diskutiert worden, ob denn die Sowjetmission auch wirklich als Kollaborateurin der gefährlichen Bol'ševiki angesehen werden dürfe, vgl. geheimes Protokoll der Sitzung des Bundesrates, 2. 11. 1918. DDS, Bd. 6, Nr. 459. – Allgemein zur Ausweisung der Sowjetmission vgl. Gautschi, Landesstreik, S. 216–224; Senn, Diplomacy, S. 161–178; Collmer, Selbstdefinition, S. 274–276; BAR, E 2001 (E) -/13, Einleitung, S. 24; Notiz: *Sowjetrussische Mission in der Schweiz,* 6. 9. 1937. BAR, E 21/10357; Aktennotiz Roggen, 6. 9. 1937. BAR, E 2001 (E) -/13 (B 25).

festzuhalten, da in Berlin bei einem russischen Kurier deutschsprachige revolutionäre Flugblätter entdeckt worden waren.[376]
Der Gesamtbundesrat bestätigte am 7. November die tags zuvor in reduzierter Besetzung gefassten Beschlüsse. Es lägen nun «genügende Beweise» für einen Zusammenhang «zwischen den revolutionären und anarchistischen Umtrieben und der russischen Sovjetmission in Bern» vor.[377] Die Landesregierung sanktionierte auch verschiedene Haussuchungen, die Vizepräsident Müller bei verdächtigen Buchdruckereien angeordnet hatte.[378]
Als Bundespräsident Calonder am 8. November Berzin zu sich rief und ihm mitteilte, die Sowjetmission müsse die Schweiz in den nächsten Tagen verlassen, reagierte der Delegierte wenig erstaunt: «Herr Berzine giebt zu, dass einzelne Mitglieder seiner Gesandtschaft es vielleicht an der nötigen Vorsicht haben fehlen lassen.»[379]
An die Presse ging ein *Mitgeteilt*, in dem der Bundesrat die Abberufung der Sowjetmission damit begründete, sie unterstütze die gewaltbereite, planmässige und immer weiter um sich greifende Propaganda «bolschewikischer Agenten».[380] Die schweizerische Vertretung in Petrograd sollte vorerst nicht zurückberufen werden. Da mit einer Vergeltungsausweisung aber gerechnet werden musste, gab das Politische Departement Weisung, bereits jetzt Vorbereitungen zur Rückkehr zu treffen und sofort alle politischen Briefe zu verbrennen.[381] In Bern scheint Sof'ja Dzeržinskaja auf Anweisung Šklovskijs die wichtigsten Geheimdokumente der Sowjetvertretung verbrannt zu haben.[382]

376 EPD an die Nachrichtensektion des Armeestabs, 6. 11. 1918. BAR, E 21/10365. – Für die Korrespondenz über den Berliner Vorfall und den daraus resultierenden diplomatischen Bruch zwischen Deutschland und Sowjetrussland vgl. das Dossier BAR, E 21/10365. Speziell für die Schweiz bestimmtes Propagandamaterial wurde in Berlin nicht gefunden.

377 Protokoll der Sitzung des Bundesrates, 7. 11. 1918. BAR, E 21/10392. – Gautschi vermutet, die nun plötzlich unstrittigen «Beweise» seien in abgefangenen russischen und schweizerischen Glückwunschtelegrammen zum Jahrestag der Oktoberrevolution gefunden worden, vgl. Gautschi, Landesstreik, S. 218.

378 Geheimes Protokoll der Sitzung des Bundesrates, 7. 11. 1918. BAR, E 1005 -/2, Bd. 1. Zur Haussuchung bei der Buchdruckerei Jordi in Belp am 7. November vgl. Bundesanwaltschaft an das Polizeikommando des Kantons Bern, 7. 11. 1918. BAR, E 21/10492. – Die Gesandtschaft in Rom vermeldete, die Mächte seien fest entschlossen, «nicht zu erlauben, dass man bei uns einen revolutionären Herd gründe». Schweizerische Gesandtschaft in Rom an das EPD, 7. 11. 1918 (chiffriert). BAR, E 2001 (E) -/13 (B 36).

379 *Aktennotiz betr. Audienz Berzine bei Calonder betr. den Abbruch der Beziehungen,* 8. 11. 1918. BAR, E 21/10393.

380 *«Mitgeteilt» betr. die Abberufung der Sowjetmission,* 8. 11. 1918. BAR, E 21/10394. Für die Übermittlung des Communiqués an die schweizerischen Gesandtschaften vgl. EPD an die schweizerischen Gesandtschaften in London, Paris, Rom, La Haye, Washington und Madrid, 8. 11. 1918. BAR, E 2300 Petersburg/4.

381 Vgl. EPD an die schweizerische Gesandtschaft in Petrograd, 8. 11. 1918. DDS, Bd. 6, Nr. 465.

382 Vgl. Dzeržinskaja, V gody velikich boev, S. 273; ferner Gautschi, Landesstreik, S. 219. – Das restliche Archiv der Sowjetmission wurde – wie zuvor jenes der Gesandtschaft Onus – be-

In Anbetracht des ausgedehnten Mitarbeiterkreises und der flexiblen Struktur der Sowjetmission vereinbarten die Schweizer Behörden mit «Legationsrat» Šklovskij eine Liste der Personen, die das Land tatsächlich – und zwar am 11. November – zu verlassen hatten; dazu gehörten unter anderem Missionschef Berzin, Šklovskij selbst, ferner Sekretär Ljubarskij und Ljubov' Pokrovskaja, aber auch Zalkind und Balabanova, deren schon länger diskutierte Ausweisung vom Bundesrat separat beschlossen wurde.[383] Die Abreise verzögerte sich, die Zugverbindungen waren unterbrochen, doch am 12. November, dem ersten Tag des Landesstreiks, war es so weit. Mit verächtlicher Ironie protokollierte Adjunkt Thurnheer die Besammlung der Ausgewiesenen im Berner Hauptbahnhof:

«Die letzte und grösste Gruppe, unter ihnen Balabanoff, eine fast zwerghaft kleine Frau, und einige andere Grössen, kamen in ziemlicher Aufregung an [...].

Gegen zwei Uhr war endlich, mit einer einzigen Ausnahme, die ganze Gesellschaft im Wartsaal gesammelt. Einen erhebenden Eindruck machte dieselbe nicht, und man musste sich fragen, wie Leute, die in ihrer eigenen Kleidung so unordentlich aussahen, Leute, die versprachen um ein Uhr im Wartsaal zu sein und endlich eine Stunde später einrückten, Leute, die mit wenigen Ausnahmen auch nicht den Eindruck von gebildeten, gründlichen oder energischen ausgeglichenen Menschen machten, eine so grosse Nation wie Russland vertreten können, für ein so grosses Land nützliche Arbeit leisten sollen.»[384]

Nachdem ein Militärkommandant mit ungeschickter Schroffheit für Ordnung zu sorgen versucht und Berzin einen ersten Protest gegen die Behandlung seiner Delegation deponiert hatte, installierte sich die von der Bevölkerung ausgepfiffene Sowjetmission (33 Personen) in einem militärisch eskortierten Auto- und Lastwagenkonvoi, der sie in Begleitung eines Beamten des Politischen Departements in gut 20 Stunden an die Landesgrenze nach Kreuzlingen brachte.[385] Hier

schlagnahmt und der neuen Sowjetvertretung nach der Wiederaufnahme der Beziehungen 1946 übergeben. BAR, Repertorien, Bestand E 2200 St. Petersburg, S. VI; Gehrig-Straube, Beziehungslose Zeiten, S. 504, Anm. 158.

383 Aktennotiz, 10. 11. 1918. BAR, E 21/10399. – Zur Ausweisung von Zalkind und Balabanova vgl. Protokoll der Sitzung des Bundesrates, 12. 11. 1918. DDS, Bd. 7-I, Nr. 5, hier auch S. 8, Anm. 4; ferner Bundesanwaltschaft an das EJPD, 7. 11. 1918. BAR, E 21/10428; Gautschi, Landesstreik, S. 219. – Zum Beschluss, der Sowjetmission für ihre Ausreise eine Frist bis zum 11. November zu setzen, vgl. Protokoll der Sitzung des Bundesrates, 10. 11. 1918 (vormittags). BAR, E 21/10398.

384 Aktennotiz Thurnheer: *Abreise der Sovietmission,* 14. 11. 1918. BAR, E 21/10404.

385 Vgl. ebd.; Bericht des Kommandanten des Infanterieregiments 7 an den Kommandanten des 2. Armeekorps, 12. 11. 1918. BAR, E 21/10403; ferner Aktennotiz Roggen, 6. 9. 1937. BAR, E 2001 (E) -/13 (B 25). – Für einen ausführlichen Bericht des begleitenden EPD-Beamten über die Abreise der Sowjetmission vgl. Dr. Jacob: *Bericht über die Abreise der russischen Soviet-Mission nach Deutschland, 12.–15. November 1918,* 20. 11. 1918. BAR, E 21/10409. Vgl. ferner Notizzettel, 12. 11. 1918. BAR, E 21/10401; Kommandant Füsilierbataillon 16 an den Kom-

Spontaner Protest Berzins gegen die Umstände der Ausschaffung seiner Mission, abgefasst im Berner Hauptbahnhof (12. November 1918).

musste die Gruppe überraschend ein primitives Quartier beziehen und bis zum 15. November auf den Weitertransport durch das revolutionäre Deutschland warten.[386] Berzin protestierte erneut, die aufgebrachte Mission drohte mit Re-

mandanten des Infanterieregiments 7, 16. 11. 1918. BAR, E 21/10405; Bericht Kommando der Dragonerschwadron 9, 18. 11. 1918. BAR, E 2001 (E) -/13 (B 38). – Für Zeitungsmeldungen zur Abreise der Sowjetmission vgl. BAR, E 21/10409. – Für den handschriftlichen Protest Berzins gegen die Behandlung seiner Mission durch die Schweizer Behörden, welche die Verwundung zweier Mitarbeiterinnen und die Beschädigung von Gepäckstücken verschuldet hätten, vgl. Berzin an das EPD, 12. 11. 1918. BAR, E 21/10405. Thurnheer vermerkte auf dem Protest, die Klage erscheine ihm übertrieben. Der zuständige Militärkommandant führte später aus, die Mission («cette triste bande») habe sich wegen ihrer Verspätung und Provozierung der Menge die unschönen Szenen bei der Abreise selbst zuzuschreiben. Kommando Infanterieregiment 7 an das Kommando des 2. Armeekorps, 16. 11. 1918. Ebd. – Für weitere Abklärungen im Zusammenhang mit Belästigungen der Sowjetmission bei der Abreise und besonders mit einer kleinen Verletzung von Angelika Balabanova vgl. Bundesanwaltschaft an das EPD, 19. 11. 1918. Ebd. Thurnheer kam zum Schluss: «Jedenfalls liegt aber eine Verantwortung seitens der schweizerischen Behörden oder Militärs nicht vor.» Memorandum Thurnheer, 14. 1. 1919. BAR, E 21/10407.

386 Die Verzögerung wurde deutscherseits mit den herrschenden Verkehrsstörungen und den noch nicht abgeschlossenen militärischen Vorbereitungen zur Bewachung des Transportes begrün-

Militärisch eskortierter Abtransport der Sowjetmission.

pressionen gegen die Schweizer in Russland, und auch die Behörden in Petrograd und Moskau empörten sich über die Missgeschicke der Ausschaffung.[387] Im Bundesarchiv findet sich eine Liste der in der Schweiz verbliebenen «Mit-

det, vgl. schweizerische Gesandtschaft in Berlin an das EPD, 12. und 14. 11. 1918. BAR, E 2300 Petersburg/4; ferner Bundespräsident Calonder an Eisner, 13. 11. 1918 (Entwurf). BAR, E 21/ 10409. – Zur Verzögerung in Kreuzlingen und zur Wut der Sowjetmission darüber vgl. die Notiz über ein Telefongespräch mit dem EPD-Beamten Jacob, der die Mission begleitete. Ebd. – Zur wegen Berzins bevorstehender Durchreise beinahe eingetretenen deutschen «Kabinettskrisis» vgl. schweizerische Gesandtschaft in Berlin an das EPD, 13. 11. 1918. DDS, Bd. 7-I, Nr. 8. – Allgemein zu den schweizerischen Bemühungen um die deutsche Durchreiseerlaubnis für die ausgewiesene Sowjetmission vgl. EPD an die schweizerische Gesandtschaft in Berlin, 10. 11. 1918. Ebd., Nr. 2, S. 1, Anm. 1; schweizerische Gesandtschaft in Berlin an das EPD, 11. 11. 1918. Ebd., Nr. 2; schweizerische Gesandtschaft in Berlin an Bundespräsident Calonder, 11. 11. 1918. Ebd., Nr. 3; EPD an Eisner, 11. 11. 1918 (Entwurf). BAR, E 21/10409; Eisner an Bundespräsident Calonder, 11. 11. 1918. Ebd. Für alle Fälle wies das Politische Departement auch die Vertretungen in Paris und London an, freies Geleit für die Sowjetmission durch Frankreich und England zu erbitten. EPD an die schweizerischen Gesandtschaften in Paris und London, 11. 11. 1918. DDS, Bd. 7-I, Nr. 1. – Zu Berzins eigenen Bemühungen um die Durchreiseerlaubnis durch Deutschland vgl. etwa Berzin an den Reichskanzler bzw. Vorsitzenden des Rats der Volksbeauftragten Ebert, 10. und 14. 11. 1918. BAR, E 21/10409. – Für eine Liste der nach Konstanz verbrachten Mitglieder der Sowjetmission vgl. BAR, E 21/10408.

387 Zur Drohung gegen die Russlandschweizer vgl. Telefonnotiz (Gespräch mit Jacob). BAR, E 21/10409. – Für den Protest Berzins gegen das Warten unter unwürdigen Bedingungen in

glieder und Angestellten» der Sowjetmission. Prominent die Namen von Sergej Bagockij und James Reich, verzeichnet sind aber etwa auch Gattinnen ausgewiesener Missionsfunktionäre – «Frau Bratmann», «Frau Lubarsky» und «Frau Schklowsky».[388] Der Bundesrat hielt am 15. November fest, die Zurückgebliebenen seien auszuweisen oder zu internieren.[389] Einige von ihnen verliessen nun wie James Reich nach vorübergehender Verhaftung die Schweiz, andere durften wie die Gattin von Ljubarskij aus Gesundheitsgründen bleiben, wieder andere wurden später ausgewiesen oder verschwanden einfach.[390]

Die Sowjetmission, die selbst ihr unrühmliches Ende im Kontext des gesamteuropäischen Klassenkampfes interpretierte,[391] hatte vor der Abreise versucht, eine behelfsmässige Nachfolge oder zumindest eine Liquidation ihrer Geschäfte durch Vertrauensleute zu organisieren. Am 10. November bat die Delegation ihren Anwalt Franz Welti, der übrigens zur Streikleitung gehörte, dringend nach Bern zu kommen.[392] Ihm und Fritz Studer wurde eine «Generalvollmacht» zur Wahrung der materiellen Interessen der Sowjetmission in der Schweiz ausgestellt, mit besonderer Nennung des Rechts, Mobilien und Immobilien der Mission zu verwalten oder zu verkaufen sowie Auszahlungen für bedürftige und kranke Russen in Auftrag zu geben.[393] Welti kontaktierte die Bundesanwalt-

Kreuzlingen vgl. Berzin an Bundespräsident Calonder, Kreuzlingen, 14. 11. 1918. Ebd. Für die beschwichtigende Antwort aus Bern vgl. EPD an Berzin, 14. 11. 1918. Ebd. – Zum Missionsangestellten Pierre Karklin, der sich erst an der Grenze auf sein schweizerisches Bürgerrecht berief, um nicht ausgewiesen zu werden, vgl. EPD an das EJPD, 25. 11. 1918. BAR, E 21/10449; Bundesanwaltschaft an das EJPD, 11. 3. 1919. BAR, E 21/10433; ferner Gautschi, Landesstreik, S. 223. – Für die Meldung «mission terminee» mit dem handschriftlichen Vermerk «Gott sei Dank!» vgl. Leutnant de Weck an die Nachrichtensektion des Armeestabs, Kreuzlingen, 15. 11. 1918. BAR, E 21/10409. Zum Abschluss der Aktion vgl. auch Aktennotiz Thurnheer, 15. 11. 1918. Ebd. – Für (resultatlose) Abklärungen über eine mutmassliche Rückkehr Berzins in die Schweiz 1919 vgl. eidgenössischer Untersuchungsrichter für die deutsche und italienische Schweiz an Detektiv Frey, 24. 6. 1919. BAR, E 21/10418; Bericht Frey, 27. 6. 1919. Ebd. – Für die Dementierung des Gerüchts, Balabanova sei schon kurz nach der Ausweisung geldbeladen in die Schweiz zurückgekehrt, vgl. EPD an die schweizerischen Gesandtschaften, 30. 1. 1919. DDS, Bd. 7-I, Nr. 147.

388 *Verzeichnis der zurückgebliebenen Mitglieder und Angestellten der russischen Sowjetmission etc.*, undatiert. BAR, E 21/10408. Bei einigen Namen ist vermerkt, die entsprechende Person sei schon vor der Sowjetmission nach Russland verreist.

389 Protokoll der Sitzung des Bundesrates, 15. 11. 1918. BAR, E 21/10450.

390 Vgl. z. B. die in BAR, E 21/10472–10483 verzeichneten Einzelfälle. Zur Gattin von Ljubarskij vgl. EPD an das EJPD, 25. 11. 1918. BAR, E 21/10449. Zur Ausreise einiger Personen aus dem Umfeld der Sowjetmission mit Repatriierungszügen im Januar 1919 (z. B. Reich, Dzeržinskaja) vgl. Bundesanwaltschaft an das EJPD, 11. 3. 1919. BAR, E 21/10433. Zu Reich vgl. auch die Dossiers BAR, E 21/10469, 10495. – Für die Weisung, die für die Sowjetmission noch eingehende Post sei an die Abteilung für Auswärtiges des EPD weiterzuleiten, vgl. EPD an die Oberpostdirektion, 22. 11. 1918. BAR, E 21/10518 A.

391 So Berzin in seiner Rede vor dem VCIK in Moskau, vgl. *Die russische Soviet-Mission und ihre Tätigkeit in der Schweiz.* In: NZZ, 5. 1. 1919 (zweites Blatt).

392 Sowjetmission an Grossrat Dr. Welti, 10. 11. 1918. BAR, E 21/10400.

393 *Generalvollmacht*, 11. 11. 1918. BAR, E 21/10485.

schaft, protestierte später gegen die Beschlagnahmung russischer Broschüren und wurde selbst Gegenstand polizeilicher Ermittlungen.[394] Nationalrat Robert Grimm erhielt nach eigener Darstellung von Welti den Auftrag, gewissermassen als sympathisierender Pressefachmann das Büro der Russischen Nachrichten zu liquidieren – eine Arbeit, die er dann James Reich, dem Chef dieser Agentur, überlassen habe.[395] Der Inhalt der Vollmacht an Welti und Studer verdeutlicht, dass Berzin an einer Fortsetzung der karitativen Tätigkeit seiner Mission gelegen war. Als institutionelle Nachfolgerin in diesem Bereich bot sich die Vertretung des sowjetrussischen Roten Kreuzes in der Schweiz an, die sich ja bereits um die Versorgung und Heimschaffung von russischen Soldaten kümmerte. Ihr Leiter Bagockij stand bei den lokalen Behörden in einem gewissen Ansehen und durfte, obwohl auch er vorübergehend verhaftet wurde, auf das Versprechen politischer Zurückhaltung hin seine Funktion weiter ausüben.[396] Bagockij meldete dem Volkskommissariat für auswärtige Angelegenheiten im Dezember 1918, die ausgewiesene Mission habe vor ihrer Abreise die schweizerische Kommission des russischen Roten Kreuzes mit der Betreuung der kranken Landsleute betraut. Bis Mitte Januar, so Bagockij, sei dies mit den vorhandenen Ressourcen zu leisten, von da an müssten aber monatlich mindestens 50'000 Franken geschickt werden, und auch die Studenten bräuchten Unterstützung.[397]

---

394 Vgl. Welti an die Bundesanwaltschaft, 15. 11. 1918. BAR, E 21/10485. Zur Anordnung einer Haussuchung bei Franz Welti vgl. Bundesanwaltschaft an das Polizeidepartement Basel-Stadt, 14. 11. 1918. Ebd. Für den Protest gegen die Beschlagnahmung russischer Broschüren aus dem Promachos-Verlag vgl. Welti an Bundesanwalt Stämpfli, 6. 2. 1919. Ebd.

395 Einvernahme Grimm, 7. 1. 1919. BAR, E 21/10499. Für die entsprechende Bevollmächtigung Reichs durch Grimm vom 11. November 1918 vgl. BAR, E 21/10495. Zur Zusammenarbeit von Reich und Grimm bei der Liquidation der Russischen Nachrichten und zur (dann widerrufenen) Aussage Reichs, Grimm sei der eigentliche Leiter dieser Agentur gewesen, vgl. Bundesanwaltschaft an das EJPD, 11. 3. 1919. BAR, E 21/10433; Untersuchungsrichter Rohr an die Bundesanwaltschaft, 18. 10. 1919. BAR, E 21/10527.

396 Zur vorübergehenden Verhaftung Bagockijs am 17. November 1918, zur Haussuchung beim russischen Roten Kreuz in Bern und zum Entscheid, Bagockij dürfe in der Schweiz bleiben, vgl. die Polizeinotizen vom 16. und 17. November 1918 in: BAR, E 21/10510; BAR, LGS, Bd. 2 des Verzeichnisses, S. 286 c; BAR, E 2001 (E) -/13, Einleitung, S. 41 f. Für den Protest Bagockijs gegen seine Ausweisung aufgrund einer fälschlicherweise angenommenen Zugehörigkeit zur Sowjetmission vgl. Bagockij an das EPD, 10. 11. 1918. BAR, E 21/10510. Zur Versicherung der Sowjetmission, Bagockij sei keines ihrer Mitglieder, sondern Repräsentant des Roten Kreuzes, vgl. Sowjetmission, November 1918. Ebd. – Zur Befürwortung eines Verbleibs Bagockijs in der Schweiz durch den Schweizer Edouard Frick, IKRK-Delegierten in Russland, vgl. Aktennotiz Thurnheer, 11. 11. 1918. Ebd. – Für die schriftliche Verpflichtung Bagockijs, sich bei einem Verbleib in der Schweiz jeder politischen Tätigkeit zu enthalten, vgl. BAR, E 21/ 10509 f.

397 Bagockij an das NKID, 9. 12. 1918. AVPRF, f. 141, op. 2, p. 2, d. 15, l. 25. In einem Ende 1919 verfassten Bericht über das *Tätigkeitsgebiet und die Lage der Kommission des Russländischen Roten Kreuzes in der Schweiz* bestätigte Bagockij eine bedeutende Ausweitung seiner Aufgaben seit der Abreise der Sowjetmission. *Sfera dejatel'nosti i položenie Komissii Rossijskago Krasnago Kresta v Švejcarii,* Bern, 19. 11. 1919. AVPRF, f. 141, op. 3, p. 2, d. 10, ll. 40–44.

In der Folge scheint sich Bagockijs Mandat auf die Betreuung und Repatriierung sämtlicher Russinnen und Russen in der Schweiz ausgeweitet zu haben.[398] Als Erfolg vermeldete er, dass im Januar 1919 alle heimkehrwilligen Soldaten repatriiert worden seien.[399] Der Rot-Kreuz-Vertreter wehrte sich energisch gegen den Vorwurf der Propaganda und erreichte in diesem Zusammenhang offenbar eine gerichtliche Bestrafung von Exkonsul Gornostaev.[400] Bis Ende der 1930er Jahre arbeitete Bagockij in der Schweiz.[401]

Schon vor der Ausweisung der Sowjetmission, wir haben es gesehen, wurden bolschewistische Umtriebe in der Schweiz genau beobachtet.[402] Im Zentrum des Interesses stand oft die Frage nach dubiosen Geldströmen, und schon früh tauchte die Idee auf, das in der Schweiz liegende Vermögen der Sowjetregierung zu beschlagnahmen und als Deckung der schweizerischen Ansprüche gegenüber dem russischen Staat zu verwenden. Das Politische Departement erteilte diesem Ansinnen, auch aus politischen Rücksichten, eine Absage, gab aber doch Ende Juli 1918 bei der Nationalbank diskrete Abklärungen über die Höhe des russischen Regierungsvermögens in der Schweiz in Auftrag.[403]

398 Vgl. Untersuchungsrichter Rohr an die Bundesanwaltschaft, 18. 10. 1919. BAR, E 21/10527.

399 *Sfera dejatel'nosti i položenie Komissii Rossijskago Krasnago Kresta v Švejcarii*, Bern, 19. 11. 1919. AVPRF, f. 141, op. 3, p. 2, d. 10, ll. 40–44.

400 Vgl. ebd. Für einen energischen Protest gegen Propagandavorwürfe vgl. auch Bagockij an Untersuchungsrichter Calame, 20. 12. 1918. BAR, E 21/10510 (hier auch die Darlegung Bagockijs, er sei gar kein Bolschewist). – Zu amerikanischen Warnungen vor der angeblichen Propagandatätigkeit Bagockijs und zur schweizerischen Entgegnung, die Ausweisung eines Rot-Kreuz-Vertreters sei heikel und Bagockijs Arbeit ausserdem nützlich, vgl. Memorandum Thurnheer, 18. 12. 1918. Ebd. – Für den Hinweis Junods, das extreme Interesse der bolschewistischen Behörden an Bagockij deute auf weiter reichende Aufträge hin, vgl. Junod an das EPD, 18. 1. 1919. Ebd. Das Dossier BAR, E 21/10510 enthält noch weitere Hinweise und Denunziationen gegen Bagockij. Zur Einvernahme Bagockijs durch Untersuchungsrichter Rohr im Juli 1919 vgl. BAR, E 2001 (E) -/13, Einleitung des Nachtrages, S. 5–9. – Für den Befund, die Vorwürfe gegen Bagockij seien nicht zu beweisen, vgl. Untersuchungsrichter Rohr an die Bundesanwaltschaft, 18. 10. 1919. BAR, E 21/10527.

401 Zur Abreise Bagockijs aus der Schweiz 1937 vgl. Huber, Stalins Schatten, S. 66; Bagockij, O vstrečach s Leninym, S. 71. Für die Angabe, Bagockij sei erst 1938 aus der Schweiz abgezogen, vgl. BAR, LGS, Bd. 2 des Verzeichnisses, S. 286 d. Zur unsicheren Datierung von Bagockijs Heimkehr vgl. auch Fayet/Huber, Russlandschweizer, S. 176. – Im April 1919 tätigte die ungarische Räteregierung die offiziöse Anfrage, ob ihre Gesandtschaft in Bern die Vertretung der russischen Interessen in der Schweiz übernehmen dürfe. Der Bundesrat sah sich nicht in der Lage, auf das Gesuch einzutreten, da gar keine anerkannte ungarische Vertretung in der Schweiz bestehe. Vgl. EPD an die schweizerische Gesandtschaft in Wien, 5. 5. 1919. DDS, Bd. 7-I, Nr. 390. Zur ungarischen Anfrage vgl. schweizerische Gesandtschaft in Wien an Bundesrat Calonder, 25. 4. 1919. Ebd., Nr. 358.

402 Für einen ausführlichen Bericht der Bundesanwaltschaft über auffällige Personen aus dem Umfeld der Sowjetmission vgl. Bundesanwaltschaft an das EJPD, 21. 8. 1918. BAR, E 21/ 10575. – Zu einer angeblichen Versammlung der Geheimagenten der Sowjetmission am 8. November 1918 vgl. Nachrichtensektion des Armeestabs, zur Kenntnis an das EPD, 10. 8. 1919 (geheim). BAR, E 21/10384.

403 EPD an die Direktion der Nationalbank, 31. 7. 1918 (vertraulich). BAR, E 21/10487. – Zur

Im Zusammenhang mit der Verhaftung von Guilbeaux kam das Justiz- und Polizeidepartement am 26. August zum Schluss: «Man gewinnt aus dem durch die Untersuchung zu Tage geförderten Material den Eindruck, dass die Annahme, es bestehe ein Plan, wonach auch für die Schweiz eine revolutionäre Umwälzung im Sinne der russischen Bolschewiki oder Sovietregierung herbeigeführt werden soll, nicht aus der Luft gegriffen ist.»[404]

Am 12. November, dem Tag der Abreise der Sowjetmission und des Streikbeginns, beschloss der Bundesrat, es sei eine «gerichtliche Untersuchung über das gegen die innere und äussere Sicherheit und die verfassungsmässige Ordnung des Landes gerichtete Treiben der Bolschewiki und ihrer Anhänger» zu eröffnen. Die Untersuchung sollte unter der Leitung der Bundesanwaltschaft von eidgenössischen Untersuchungsrichtern durchgeführt werden. Bereits jetzt gebe es Anhaltspunkte dafür, «dass ein Unternehmen zum gewaltsamen Umsturz der Bundesverfassung oder der gewaltsamen Vertreibung oder Auflösung der Bundesbehörden vorbereitet war». Überhaupt glaubte der Bundesrat verschiedene Ergebnisse der anlaufenden Untersuchung bereits zu kennen. «Es steht jetzt schon fest, dass Schweizerbürger mit der Sovietmission und der Regierung Lenins in Verbindung getreten sind, um ihre revolutionäre Bewegung in der Schweiz und gegen schweizerische Institutionen und Behörden zu unterstützen. Dieses Verhalten erfüllt den Tatbestand des Landesverrates im Sinne des Art. 37/BG über das Bundesstrafrecht der schweizerischen Eidgenossenschaft vom 4. Februar 1853.»[405]

Aus Furcht vor Repressionen gegen die schweizerische Gesandtschaft in Petrograd, aber auch deswegen, weil die Sowjetmission de facto wie eine wirkliche Gesandtschaft behandelt worden war, untersagte der Bundesrat im Januar 1919 eine Antastung der ehemaligen Missionsräumlichkeiten und der versiegelten Behältnisse.[406] Ansonsten brachten die umfangreichen Ermittlungen zahlreiche Verhaftungen, Verhöre, Haussuchungen, Beschlagnahmungen und Bankrecherchen mit sich.[407] Fassbare Resultate all dessen waren zusätzliche

Frage einer allfälligen Beschlagnahmung russischer Vermögenswerte vgl. etwa Verwaltungs-, Revisions- und Treuhand A. G. (Basel) an das EPD, 20. 7. 1918. BAR, E 21/10491; EPD an die Verwaltungs-, Revisions- und Treuhand A. G., 25. 7. 1918. Ebd. Für einen Hinweis auf die angeblich zwielichtige Finanzierung der Sowjetmission vgl. schweizerische Gesandtschaft in Rom an Paravicini, 28. 8. 1918 (persönlich, geheim). Ebd.

404 EJPD an den Bundesrat, 26. 8. 1918. BAR, E 21/10576.

405 Protokoll der Sitzung des Bundesrates, 12. 11. 1918. BAR, E 21/10523.

406 Es wurde auch darauf hingewiesen, dass die ausgewiesene Mission sowieso genügend Zeit gehabt habe, kompromittierende Akten zu vernichten. Protokoll der Sitzung des Bundesrates, 27. 1. 1919. BAR, E 21/10520; vgl. auch EPD an den Bundesrat, 25. 1. 1919. BAR, E 2001 (E) -/13 (B 47); ferner BAR, E 21/10524; BAR, E 2001 (E) -/13, Einleitung, S. 31.

407 Zur Anweisung der Bundesanwaltschaft vom 14. November 1918, «sämtliche Mitglieder der bisherigen russischen Sovietmission, die Bern nicht verlassen haben, zu verhaften und bei denselben Haussuchungen vorzunehmen», vgl. Bundesanwaltschaft an das EJPD, 11. 3. 1919.

Ausweisungen, etwa jene von Guilbeaux am 7. Dezember,[408] sowie vertiefte
Erkenntnisse über das Wirken der liquidierten Sowjetvertretung; darauf beruht

BAR, E 21/10433. – Die Bundesanwaltschaft wies die Polizeiorgane an, bei den Haussuchungen keine Förmlichkeiten zu beachten; es gehe darum, «die revolutionären Umtriebe der
russischen Bolschewiki in der Schweiz, die Beziehungen von Schweizern zu den Bolschewiki
(Vereinbarungen, Geldzahlungen etc), sowie die revolutionären Pläne der schweiz. extremen
Sozialdemokraten festzustellen». Bundesanwaltschaft an Polizeikommandant Jost, 14. 11. 1918.
BAR, E 21/10450. Für die Anweisung, alle Ausländer zu verhaften bzw. einer Haussuchung zu
unterziehen, die sich an der bolschewistisch-revolutionären Bewegung in der Schweiz beteiligt
hätten, vgl. etwa Bundesanwaltschaft an das Polizeidepartement Basel-Stadt, 14. 11. 1918.
BAR, E 21/10485. Für die Anordnung von Verhaftungen und Haussuchungen vgl. auch Untersuchungsrichter Bickel an das Polizeikommando Zürich, 11. 4. 1919. BAR, E 21/11524. Zur
Haussuchung im Büro der Russischen Nachrichten und in der Privatwohnung von deren Leiter
James Reich sowie zur Beschlagnahmung revolutionärer Schriften vgl. Bericht des Polizeikorps des Kantons Bern, 16. 11. 1918. BAR, E 21/10495. Zu den Erhebungen über verschiede-
ne verdächtige Druckereien und besonders über deren Beziehungen zu den Russischen Nachrichten vgl. BAR, E 21/10502–10508. Zur Beschlagnahmung grosser Mengen bolschewistischer
«Imprimate» vgl. Bundesanwalt Stämpfli an Bundesrat Müller, 3. 1. 1919. DDS, Bd. 7-I, Nr. 82.
Zur Verhängung von Banksperren über Mitarbeiter und Sympathisanten der Sowjetmission
vgl. Zirkular der Heerespolizei an die Bankgeschäfte in Bern, 18. 11. 1918. BAR, E 21/10489.
Zu Nachforschungen über die Vermögensverhältnisse Bagockijs und zur Freigabe von auf ihn
lautenden Guthaben vgl. Schweizerische Volksbank (Bern) an das Kommando der Heerespolizei, 20. 11. 1918. BAR, E 21/10511; eidgenössischer Untersuchungsrichter für die deutsche
und italienische Schweiz an die Schweizerische Volksbank, 26. 11. 1918. Ebd. Zu einer Denun-
ziation, wonach Berzin vor seiner Abreise dem Oltener Aktionskomitee mehrere Millionen
Franken überlassen habe, vgl. Nachrichtensektion des Armeestabs an die Bundesanwaltschaft,
15. 11. 1918. BAR, E 21/10418. Zur gewaltsamen Öffnung eines von Berzin gemieteten (leeren) Stahlschrankfachs vgl. Kantonalbank von Bern an den eidgenössischen Untersuchungsrichter für die deutsche und italienische Schweiz, 30. 8. und 15. 9. 1919. Ebd. – Zu den
Erhebungen über die propagandistische Tätigkeit von vier mit der Sowjetmission ausgereisten Linken Sozialrevolutionären (Josef/Isaak Štejnberg, Alexander Schreider,
Helen Gogoboridze, Esther Eselsohn) und zu ihrer nachträglichen Ausweisung vgl. Bundesanwaltschaft an das EJPD, 11. 1. 1919. BAR, E 21/10440; Protokoll der Sitzung des Bundesrates, 21. 1. 1919. BAR, E 21/10445; Bundesanwaltschaft an das EJPD, 17. 6. 1919. BAR, E 21/
10447; ferner Bundesanwaltschaft an das EJPD, 31. 8. 1920. Ebd. Vgl. zu dieser Gruppe auch
Collmer, Selbstdefinition, S. 242 f. – Zum Interesse ausländischer Regierungen an einer effizienten Durchführung der Bolschewikenuntersuchung in der Schweiz vgl. Bundesanwalt Stämpfli
an Bundesrat Müller, 3. 1. 1919. DDS, Bd. 7-I, Nr. 82.

408 Protokoll der Sitzung des Bundesrates, 7. 12. 1918. BAR, E 21/10585. Unter dem Pseudonym
Véridicus veröffentlichte Guilbeaux 1926 seine Darstellung der schweizerisch-sowjetischen
Beziehungen seit der Ausweisung der Mission Berzin: Véridicus, Suisse & Soviets (für den
Hinweis auf diese Publikation danke ich Christine Gehrig-Straube). – Zu weiteren Ausweisungen, unter anderem derjenigen von James Reich, vgl. Protokoll der Sitzung des Bundesrates,
22. 4. 1919. BAR, E 21/10453. – Gemäss einem internen Bericht des Politischen Departements
verwies der Bundesrat zwischen dem 12. November und dem 31. Dezember 1918 45 Bolschewisten des Landes, darunter 18 Russen und 3 Polen – fast alles Intellektuelle (während die 11
ausgewiesenen Italiener meist Arbeiter waren). Vom 1. Januar bis zum 20. April 1919 wurden
50 Bolschewisten ausgewiesen, davon 17 Russen und 3 Polen, wobei es sich bei den Russen in
der Regel wiederum um Intellektuelle gehandelt habe. Minister Ch. E. Lardy an Bundesrat
Calonder, ca. 4. 6. 1919. DDS, Bd. 7-I, Nr. 440.

zu einem guten Teil auch unser heutiges Detailwissen zur Mission Berzin.[409]
Welches waren nun aber die für die staatlichen Beziehungen zwischen Russland
und der Schweiz relevanten Ergebnisse der Untersuchung?

1. Der Verdacht, dass die aktuelle russische Regierung durch ihre offiziöse
Vertretung in Bern die Weltrevolution propagiert und damit auch dem schweizerischen Staatswesen letztlich die Existenzberechtigung abgesprochen hatte,
erhärtete sich. Die Sowjetmission, so viel schien klar, betrieb mit dem Büro der
Russischen Nachrichten eine eigene revolutionäre Propagandainstitution.[410]
Untersuchungsrichter Rohr sprach von der «Tatsache, dass die Mission in der
Schweiz im weitesten Umfang revolutionäre Propaganda betrieben hat & [...]
dass sie zu diesem Zwecke über sehr reichliche Mittel verfügte».[411] Zumindest
auf dieser Ebene wurde auch ein Bezug zum Landesstreik hergestellt: «Der
Proteststreik und der anschliessende Landesstreik erscheinen heute nicht mehr
bloss als Mittel zur Erreichung irgendwelcher Forderungen, sondern als Auftakt zur Revolution und zur Errichtung der Diktatur des Proletariates.»[412]
Die Einsicht, dass der diplomatische Auftritt der Sowjetführung nicht ein Be-
kenntnis zu bestehenden internationalen Regelwerken bedeutete, sondern viel
eher den Versuch darstellte, die überkommene Staatenordnung von innen her
zu zersetzen, musste jeder einvernehmlichen Begegnung zwischen Bern und
Moskau definitiv den Boden entziehen. Wenn schon im 19. Jahrhundert die
Unvereinbarkeit politischer Diskurse die schweizerisch-russische Kommunikation gestört und auf den Weg einer vermeintlich apolitischen Pragmatik gezwungen hatte, so wurde die nach der Oktoberrevolution neu und unter anderen
Vorzeichen aufgebrochene Differenz durch die Bolschewikenuntersuchung der
Bundesanwaltschaft gewissermassen juristisch beglaubigt.

2. Es gelang nicht, der Sowjetmission und ihren Sympathisanten konkrete
strafbare Delikte nachzuweisen, auch nicht eine organisatorische Verwicklung
in den Landesstreik. Gerüchte über Umsturzpläne wurden akribisch untersucht, ohne dass eine eigentliche kriminelle Aktivität hätte eruiert werden

---

409 Im Bestand BAR, E/21 finden sich hunderte von Dossiers bzw. Mäppchen zu den polizeilichen
Untersuchungen gegen die (ehemalige) Sowjetmission.

410 *Bericht des Bundesrates über seine Geschäftsführung im Jahre 1920. Justiz- und Polizeidepartement.* BBl. 1921 II, S. 323–426, hier S. 382 f., 385 f. Zum Nachweis der strukturellen und
finanziellen Verflechtung der Russischen Nachrichten mit der Sowjetmission vgl. Untersuchungsrichter Rohr an die Bundesanwaltschaft, 18. 10. 1919. BAR, E 21/10527; vgl. auch
Bundesanwaltschaft an das EJPD, 11. 3. 1919. BAR, E 21/10433. Für die Behauptung, auch bei
der von Berzins Gattin geleiteten russischen Telegrafenagentur habe es sich um eine Propagandainstitution der Sowjetmission gehandelt, vgl. Untersuchungsrichter Rohr an die Bundesanwaltschaft, 18. 10. 1919. BAR, E 21/10527.

411 Ebd.

412 Untersuchungsrichter Bickel an die Bundesanwaltschaft, 9. 1. 1920. BAR, E 21/10527. – Wenig
Probleme bot auch der Nachweis einvernehmlicher Kontakte verschiedener Schweizer Politiker mit den Sowjetvertretern in Bern, vgl. etwa Untersuchungsrichter Rohr an die Bundesanwaltschaft, 18. 10. 1919. Ebd.

können.[413] Die Haussuchungen bei Schweizer Sozialisten belegten keine aufrührerische Kooperation mit den Russen,[414] die Hinweise, wonach Balabanova Millionen mit sich geführt habe, konnten nicht bewiesen werden,[415] und überhaupt erbrachte die systematische Sichtung von einschlägigen Bankkonten und Tresorfächern keine Anhaltspunkte für spektakuläre Subversionsunternehmen.[416] Solche Ergebnisse vermochten die Mission Berzin jedoch nicht wirklich zu entlasten, auch wenn sie einige übertriebene Verdächtigungen relativierten. Vielmehr schien die als unbefriedigend wahrgenommene Diskrepanz zwischen den festgestellten Tatbeständen und ihrer fehlenden strafrechtlichen Relevanz einen Mangel der schweizerischen Rechtsordnung offen zu legen und zu verdeutlichen, wie gut es der jungen Sowjetdiplomatie gelungen war, den Unterschied zwischen juristischer und politischer Konformität auszunützen – einen Unterschied, der im traditionellen Asylland Schweiz einen sehr viel grösseren Handlungsspielraum eröffnete als etwa in Russland, wo politische Dissidenz seit jeher kriminalisiert wurde. Etwas frustriert bilanzierte Untersuchungsrichter Bickel: «Keiner der durch die Untersuchung festgestellten Tatbestände lässt sich unter eine der, unsern heutigen Zeitverhältnissen leider nicht mehr angepassten, Bestimmungen des Bundesstrafrechtes subsumieren.»[417]

---

413 Das aufsehenerregendste dieser Gerüchte besagte, die Sowjetregierung habe unmittelbar vor dem Landesstreik eine detaillierte Instruktion zur Revolutionierung der Schweiz erlassen. Vgl. die Notiz *Bolschewistische Pläne in der Schweiz,* 31. 5. 1919. BAR, E 21/10539; Serge Persky: *Un document bolcheviste.* In: Gazette de Lausanne, Nr. 77, 19. 3. 1919. BAR, E 21/ 11869. Heute gelten diese Behauptungen als falsch. Zur Karriere der «Pseudo-Perskyschen Fälschungen» in der schweizerischen Historiografie vgl. Gautschi, Apperzeption, S. 94–96. – Zum bei den Russischen Nachrichten gefundenen, zum Sturz der Schweizer Regierung aufrufenden (aber unveröffentlichten) Manuskript *Bundesrat gegen das Sovjet-Russland* vgl. Bundesanwaltschaft an das EJPD, 11. 3. 1919. BAR, E 21/10433; vgl. auch BAR, E 21/10497.

414 Vgl. *Bericht des Bundesrates über seine Geschäftsführung im Jahre 1920. Justiz- und Polizeidepartement.* BBl. 1921 II, S. 323–426, hier S. 384. Für die Angabe der Zürcher Polizei, sie habe keine Anhaltspunkte dafür, dass Schweizer Politiker von der Sowjetmission Geld bezogen hätten, vgl. Polizeikommando des Kantons Zürich an die Bundesanwaltschaft, 7. 12. 1918. BAR, E 21/11524.

415 Untersuchungsrichter Rohr an die Bundesanwaltschaft, 18. 10. 1919. BAR, E 21/10527.

416 Ans Licht kam der Umtausch von rund 2,5 Millionen Rubel bei verschiedenen Schweizer Geldinstituten, wobei ein grosser Teil des Geldes für Unterstützungsleistungen an bedürftige Russinnen und Russen benötigt worden zu sein scheint, vgl. ebd.; Polizeikommando des Kantons Zürich an die Bundesanwaltschaft, 7. 12. 1918. BAR, E 21/11524. – Da die Buchführung der Sowjetmission nicht vorlag, sprach Untersuchungsrichter Rohr in seinem umfangreichen Schlussbericht einfach vom allgemeinen Eindruck, dass den verschiedenen Institutionen grosse Summen zur Verfügung gestanden hätten. Untersuchungsrichter Rohr an die Bundesanwaltschaft, 18. 10. 1919. BAR, E 21/10527.

417 Untersuchungsrichter Bickel an die Bundesanwaltschaft, 9. 1. 1920. BAR, E 21/10527. – Für die bilanzierende Feststellung von Untersuchungsrichter Calame, «que les investigations entreprises n'ont pas réussi à établir qu'il y ait eu, au sens légal du mot tout au moins, une entreprise révolutionnaire préparée et organisée, en vue de renverser le Gouvernement», vgl. Calame an die Bundesanwaltschaft, 29. 8. 1919. Ebd. – Zu den auch sonst ungünstigen Bedingungen der Untersuchung vgl. Untersuchungsrichter Bickel an die Bundesanwaltschaft, 9. 1. 1920. Ebd.

Der Ausweisungsentscheid des Bundesrates hatte in einem politischen Kraftakt der Tätigkeit der Sowjetmission ein Ende gesetzt. Der Versuch, für einmal den standardisierten Hinweis auf die (politisch) gefährdete innere und äussere Sicherheit des Landes juristisch zu explizieren, überforderte aber das liberale schweizerische Rechtssystem.[418] Was blieb, war die diffuse Angst vor der revolutionären Ansteckungsgefahr der bolschewistischen Agitation, selbst wenn diese nicht direkt oder eben nicht in strafbarer Weise gegen die Schweiz gerichtet war.[419]

3. Die Untersuchung zeigte, dass die Sowjetmission nicht nur Propaganda betrieben, sondern zumindest punktuell auch wertvolle Unterstützungsarbeit zugunsten bedürftiger Russinnen und Russen geleistet hatte.[420] Untersuchungsrichter Rohr kam zum Schluss, der Vorwurf der gänzlichen politisch-propagandistischen Ausrichtung aller von der Mission Berzin ausbezahlten Subsidien schiesse weit über das Ziel hinaus.[421] Es lag vielmehr im Interesse der Schweizer Behörden, dass dieser Betreuungsdienst weitergeführt wurde – beispielsweise unter der Leitung des (auch deshalb) nicht ausgewiesenen Rot-Kreuz-Vertreters Bagockij.

Neben der grossen Untersuchung der Bundesanwaltschaft sind im Zusammenhang mit der Ausweisung der Sowjetmission weitere Liquidationsarbeiten sowie eine gesteigerte behördliche Handlungsbereitschaft gegen den Bolschewismus zu verzeichnen. Am 27. März 1919 wurde das ehemalige Gesandtschaftsgebäude an der Schwanengasse 4 geräumt, das Mobiliar in Räumlichkeiten der eidgenössischen Steuerverwaltung eingelagert.[422] Die Landesregierung stimmte mit

---

418 Für den Befund vom Sommer 1919, die bisherigen Ermittlungen hätten für das Vorliegen von Verbrechen keine genügenden Anhaltspunkte erbracht, weshalb die Untersuchung bald abzuschliessen sei, vgl. Bundesanwaltschaft an die eidgenössischen Untersuchungsrichter, 14. 7. 1919. BAR, E 21/10527. – Für die Empfehlung der Bundesanwaltschaft vom Februar 1920, die Untersuchung sei «teils mangels genügenden Schuldbeweises, teils wegen der Unzulänglichkeit der veralteten Bestimmungen des Bundesstrafrechts über die Verbrechen gegen die innere Sicherheit des Landes» einzustellen, vgl. Bundesanwaltschaft an den Bundesrat, 5. 2. 1920. BAR, E 21/10528. – Zur Einsicht des Bundesrates, die Propaganda der Sowjetmission sei mit den geltenden Strafbestimmungen nicht zu fassen, vgl. *Bericht des Bundesrates über seine Geschäftsführung im Jahre 1920. Justiz- und Polizeidepartement.* BBl. 1921 II, S. 323–426, hier S. 385 f. – Zur Einstellung der Untersuchung vgl. Protokoll der Sitzung des Bundesrates, 27. 2. 1920. BAR, E 21/10528; Bundesanwaltschaft an die eidgenössischen Untersuchungsrichter Rohr und Bickel, 2. 3. 1920. BAR, E 21/10527.

419 Vgl. Bundesanwaltschaft an das EJPD, 30. 11. 1918. BAR, E 2001 (E) -/13 (B 43).

420 Im Gegensatz zu vermuteten subversiven Zahlungen der Sowjetmission konnte der Geldverkehr zu Unterstützungszwecken problemlos nachgewiesen werden, vgl. etwa Untersuchungsrichter Rohr an die Bundesanwaltschaft, 18. 10. 1919. BAR, E 21/10527. – Zur Anerkennung der Betreuungsarbeit von Maxim Rywosch und seiner von der Sowjetmission finanzierten Unterstützungskasse vgl. Polizeikommando des Kantons Zürich an die Bundesanwaltschaft, 7. 12. 1918. BAR, E 21/11524.

421 Untersuchungsrichter Rohr an die Bundesanwaltschaft, 18. 10. 1919. BAR, E 21/10527.

422 Vgl. *Protokoll der Inventaraufnahme über das Mobiliar der Gesandtschaft der Russischen*

Bundespräsident Calonder Ende 1918 überein, dass die internationale polizeiliche Kooperation zur Bekämpfung des Bolschewismus verbessert werden müsse,[423] und den Schweizerinnen und Schweizern, die nun aus politischen Gründen nach Russland zu reisen gedachten, sollten administrative Hindernisse in den Weg gelegt werden.[424] Gleichzeitig mit der Einstellung der bundesanwaltschaftlichen Untersuchung beschloss der Bundesrat, die im Promachos-Verlag erschienene Propagandaliteratur sei einzuziehen.[425]

Eine von Fritz Platten und Ernst Nobs erlittene Wahlschlappe in Zürich stärkte das Selbstbewusstsein des Bundesrates, der sich nach überstandener Bedrohung mit der Aura einer geradlinigen, unnachgiebigen Regentschaft umgab: «Ce vote de Zurich est significatif, car il indique qu'un Gouvernement énergique, qui manifeste clairement, comme nous l'avons fait en novembre, sa volonté de ne pas céder à la révolte, finit par recueillir l'adhésion de la masse des citoyens.»[426]

3.2.3. Relikte einer untergegangenen Diplomatie

Als Jan Berzin Ende Mai 1918 triumphierte, die alte russische Gesandtschaft in Bern habe aufgehört zu existieren, so war das – zugegebenermassen gut begründbar – *seine* Perspektive. Der desavouierte Geschäftsträger Onu aber und die anderen Vertreter der Provisorischen Regierung betrachteten sich selbst mitnichten als inexistent. Sicher: Nach der Ankunft Berzins und der Versiegelung der Archive war die Arbeit der überkommenen Gesandtschaft praktisch zum Erliegen gekommen, die russische Vertretung von den Schweizer Behörden als vakant erklärt worden.[427] Offiziell hatte sich Onus Truppe aber nie

Sovietrepublik im Hause Schwanengasse No. 4., undatiert. BAR, E 2001 (B) -/1/31 (B.22.121.3.R); *Inventar der ehemaligen Soviet-Mission in der Schweiz 1919/1924*, 11. 6. 1924. BAR, E 21/10521. Zur Räumung des Gesandtschaftsgebäudes vgl. auch BAR, E 21/10520. – Zur Entschädigung des Vermieters, der ersucht wurde, das Haus bis zur sicheren Rückkehr der schweizerischen Gesandtschaft aus Petrograd nicht neu zu vermieten, vgl. Protokoll der Sitzung des Bundesrates, 28. 6. 1919. BAR, E 21/10519. Zur Aufbewahrung der Archive der beiden ehemaligen russischen Vertretungen bis zur Wiederaufnahme diplomatischer Beziehungen vgl. BAR, E 2001 (E) -/13, Einleitung, S. 31.

423 Geheimes Protokoll der Sitzung des Bundesrates, 31. 12. 1918. BAR, E 1005 -/2, Bd. 1. – Für eine deutsche Liste mutmasslicher Kommunisten in der Schweiz vgl. EPD an die Bundesanwaltschaft, 29. 10. 1919 (streng vertraulich). BAR, E 21/10539.

424 Vgl. geheimes Protokoll der Sitzung des Bundesrates, 28. 3. 1919. BAR, E 1005 -/2, Bd. 1; Bundesratsbeschluss betreffend die Verhinderung der Ausreise von Schweizer Bürgern, April 1919 (Entwurf). BAR, E 21/11870.

425 Vgl. Bundesanwalt an das Polizei-Inspektorat des Kantons Basel-Stadt, 2. 3. 1920. BAR, E 21/10492; Bundesanwalt an das Polizeikommando des Kantons Bern, 2. 3. 1920. Ebd.

426 EPD an die schweizerischen Gesandtschaften, 8. 4. 1919. DDS, Bd. 7-I, Nr. 312, S. 598.

427 Für den Antrag des Politischen Departements, die Mitglieder der alten russischen Vertretung von der Diplomatenliste zu streichen, vgl. EPD an den Bundesrat, 27. 5. 1918. BAR, E 21/10357.

geschlagen gegeben, und als die Sowjetmission im November 1918 die Schweiz verlassen musste, sahen die Gefolgsleute des alten Regimes ihren Stern wieder steigen.[428] Sie kolportierten Gerüchte, wonach der Bundesrat eine Restauration der früheren Mission wünsche, die Initiative dazu aber nicht ergreifen könne, weil er die Vertretung ja auch nie offiziell geschlossen habe. In diesem Sinne plädierte Onu gegenüber Maklakov in Paris für eine Wiederaufnahme der Berner Geschäfte – freilich unter neuer Führung: «In jedem Fall kann es mir persönlich, nach all dem Geschehenen, nicht angenehm sein, an der Spitze der Mission zu bleiben, und ich träume nur davon, die Schweiz schnell zu verlassen.»[429]

Als Chef einer wiederbelebten Gesandtschaft bot sich der noch von der Provisorischen Regierung mit Einverständnis des Bundesrates zum russischen Gesandten ernannte Ivan Efremov an.[430] Das Politische Departement hatte unmittelbar nach der Oktoberrevolution entschieden, der nunmehr regierungslose Diplomat dürfe als Privatmann in die Schweiz kommen.[431] Diese Gastfreundschaft scheint allerdings rasch geschwunden zu sein. Onu hatte schon im Dezember 1917 die Widerstände des Bundesrates gegen eine Einreise Efremovs vermerkt.[432]

---

428 Für das Frohlocken der (antibolschewistischen) «milieux patriotiques russes en suisse» über die Ausweisung der Sowjetmission vgl. etwa Comité central de la Ligue pour la Régénération de la Russie an das EPD, 9. 11. 1918. BAR, E 21/10396. Zum Versuch des *Comité central de l'Union des Sociétés Russes en Suisse* um Professor Reichesberg (das sich von der Gesandtschaft Onus distanzierte), vom Bundesrat als Interessenvertretung der Russinnen und Russen in der Schweiz anerkannt zu werden, vgl. Comité central des sociétés des citoyens russes en Suisse an Bundespräsident Calonder, 2. 12. 1918 (mit Beilage). BAR, E 2001 (E) -/13 (B 75). Das Politische Departement zeigte sich offen, machte aber gleichzeitig deutlich, dass dem privaten Komitee keinerlei offizielle oder offiziöse Stellung zukommen könne. EPD an Reichesberg, 23. 12. 1918. Ebd.

429 Onu an Maklakov, 13./26. 11. 1918 (aus dem Russischen). AVPRI, Posol'stvo v Pariže, op. 524, d. 3505, ll. 18–20 ob.; vgl. auch Onu an Maklakov, 13./26. 11. 1918. Ebd., ll. 22–23 ob.

430 Vgl. Onu an Maklakov, 13./26. 11. 1918. AVPRI, Posol'stvo v Pariže, op. 524, d. 3505, ll. 18–20 ob. – Für einen Bericht Onus über seine anhaltenden Bemühungen um die russische Kolonie in der Schweiz vgl. Onu an Maklakov, 22. 5. 1919. Ebd., ll. 33–34 ob. – Als «ex Chargé des Affaires de Russie» verwendete sich Onu im August 1919 für eine Gruppe von Landsleuten bei der Fremdenpolizei, vgl. Onu an den Direktor der Zentralstelle für Fremdenpolizei, 25. 8. 1919. BAR, E 2001 (B) -/1/31 (B.22.121.3.R); Heinrich Rothmund (Direktor der Zentralstelle für Fremdenpolizei) an Onu, 29. 8. 1919. Ebd.

431 Für die Klarstellung des Politischen Departements, Efremov könne als Privater einreisen, aber keinerlei offizielle oder auch nur halbamtliche Anerkennung erwarten, vgl. EPD an die schweizerische Gesandtschaft in Paris, 15. 11. 1918. BAR, E 2300 Petersburg/4; EPD an die schweizerische Gesandtschaft in London, 27. 11. 1917. BAR, E 2001 (A)/1515.

432 Vgl. Onu an Maklakov, 4./17. 12. 1917. AVPRI, Posol'stvo v Pariže, op. 524, d. 3488, ll. 53–54. – Efremov hatte die schweizerische Gesandtschaft in Paris auf die in Ufa gebildete neue Provisorische Regierung hingewiesen und beim Gesandten Alphonse Dunant einen sehr guten Eindruck hinterlassen, vgl. schweizerische Gesandtschaft in Paris an Bundespräsident Calonder, 7. 11. 1918. BAR, E 2001 (E) -/13 (B 80).

Nach der Abreise der Sowjetmission bemühte sich Efremov darum, die Schweiz doch noch in irgendeiner Funktion betreten zu können, als «représentant de la Russie nommé par le dernier gouvernement régulier» oder auch einfach als Privatmann mit offiziösen Kontaktmöglichkeiten.[433] Efremov verstand sich als Vertreter der Provisorischen Regierung und des nachfolgenden Ufa-Direktoriums, das im September 1918 als neue allrussische Provisorische Regierung von den antibolschewistischen Führungen in Samara und Omsk gebildet und im November 1918 durch die Diktatur Admiral Kolčaks ersetzt wurde.[434] Angesichts der verworrenen Lage im ehemaligen Zarenreich und nach den Erfahrungen mit der Mission Berzin mochte der Bundesrat vorläufig keinem russischen Vertreter offiziellen oder auch nur offiziösen Status zubilligen.[435] Um neue Schwierigkeiten zu verhindern, wies das Politische Departement die Gesandtschaft in Paris im Januar 1919 gar an, Efremov das Einreisevisum zu verweigern.[436] Adjunkt Thurnheer notierte, Letzterer behaupte zwar, als Privatmann in die Schweiz kommen zu wollen; in Wirklichkeit beabsichtige er aber, als Vertreter der russischen Regierung in «Umbsk» (Omsk) zu wirken. Um das Wohlwollen dieser Regierung habe man auch im Falle einer Visumsverweigerung nicht zu fürchten; die Schweiz sei den Russen seit dem Krieg so sehr entgegengekommen, dass mit der Geneigtheit jeder nichtbolschewistischen russischen Führung gerechnet werden dürfe. Und: «Gegen bolschewistische, russische Elemente ist sie [die Schweiz] jederzeit energisch vorgegangen, was zukünftigen, russischen Regierungen nur genehm sein kann.»[437]
Tatsächlich informierte Efremov Bundespräsident Ador kurz darauf in einem privaten Schreiben über die Behörde in Omsk und die vereinigte russische Regierung von Omsk/Kuban, deren Aussenminister – der aus der Versenkung

---

433 Vgl. Efremov an die schweizerische Gesandtschaft in Paris, 10. 1. 1919. DDS, Bd. 7-I, Nr. 147, S. 294, Anm. 1. – Für die Einsetzung Efremovs plädierte auch die *Ligue pour la régénération de la Russie,* deren Vertreter für die Schweiz, Michel S. Salov, auf der schweizerischen Gesandtschaft in Paris vorsprach und ausgeführt habe, die antibolschewistische Regierung von Omsk werde im Falle ihrer Anerkennung sicher Efremov in die Schweiz entsenden, «où M. Onou se serait rendu impossible par son attitude au moment de l'incident survenu entre l'ancienne légation de Russie et la mission des Soviets». Schweizerische Gesandtschaft in Paris an Bundespräsident Calonder, 16. 11. 1918. BAR, E 2001 (B) -/1/27 (B 22/11 R. III). Zur erwähnten Liga vgl. Fondy Russkogo Zagraničnogo istoričeskogo archiva v Prage, S. 207 f.
434 Zum Ufa-Direktorium vgl. etwa MERSH, Bd. 40, S. 146–151.
435 Dies obwohl das Politische Departement durchaus mit dem Gedanken liebäugelte, die Fürsorgekosten für die Russinnen und Russen in der Schweiz einer russischen Institution zu überlassen. Vgl. EPD an die schweizerischen Gesandtschaften, 30. 1. 1919. DDS, Bd. 7-I, Nr. 147; vgl. auch EPD an die schweizerische Gesandtschaft in Paris, 11. 12. 1918. BAR, E 2001 (B) -/1/27 (B 22/11 R. III). – Jules Cambon (Generalsekretär des französischen Aussenministeriums) riet von der Aufnahme Efremovs ab, vgl. Gespräch von Bundespräsident Ador mit Cambon, 22. 1. 1919. DDS, Bd. 7-I, Nr. 129, S. 242.
436 EPD an die schweizerische Gesandtschaft in Paris, 9. 1. 1919. BAR, E 2001 (E) -/13 (B 81).
437 Aktennotiz Thurnheer, 15. 1. 1919. BAR, E 2001 (E) -/13 (B 81).

des Zarenreiches auferstandene Sazonov[438] – das Funktionieren der Gesandtschaft in Bern für wichtig halte. In allen alliierten und neutralen Staaten, so betonte Efremov, hätten die alten russischen Diplomaten weiterarbeiten können, nur in der Schweiz nicht, wo nun tausende von Russen ohne Schutz und Zentrum lebten. Der Bundesrat mochte diese Bitte um offiziöse Zulassung vorläufig nicht verbindlich beantworten. «Répondu évasivement», ist in einer Randnotiz zu lesen.[439] Im Juli führte das Politische Departement gegenüber der Gesandtschaft in Paris aus, man würde Efremov sofort in die Schweiz lassen, wenn nur feststünde, dass er der Vertreter der künftigen Regierung Russlands sei; dies zu beurteilen, erlaube die unsichere Lage aber noch nicht.[440] Nur wenige Tage später bewilligte der Bundesrat eine befristete Einreise des Privatmannes Efremov – in der deutlichen Hoffnung, dieser werde für die bedürftigen Russinnen und Russen in der Schweiz sorgen und aufkommen.[441] Doch Efremov war nicht bereit, unter den bundesrätlichen Bedingungen als reine Privatperson aufzutreten. Er begründete seinen Verzicht unter anderem mit der «dignité de la Russie que j'ai l'honneur de représenter».[442] Es war nun vor allem die *Schweizerische Hilfs- und Kreditorengenossenschaft für Russland (Secrusse),* eine halbstaatliche Hilfsvereinigung für geschädigte Russlandschweizer, die auf Kooperation mit Efremov drängte, da sie sich von seiner Präsenz Vorteile für die Rettung schweizerischer Vermögenswerte in Russland versprach. Vor dem Hintergrund solcher materieller Interessen liess der Bundesrat Efremov Ende 1919 mit diplomatischen Privilegien einreisen.[443] Die Hoffnungen auf finanzielle Entlastung vermochte der neue Repräsentant allerdings nicht zu erfüllen.[444]

Im Juni 1920 erstellte der russische «Minister» zuhanden des Politischen Departements eine Übersicht über sein Personal. Nach seiner Ankunft, so Efremov,

438 Zu S. D. Sazonov als Aussenminister Kolčaks vgl. Rossija antibol'ševistkaja, S. 421.
439 Efremov an Bundespräsident Ador, 25. 1. 1919. BAR, E 2001 (E) -/13 (B 81). Für das Antwortschreiben, in dem Efremov auf eine Zeit klarerer Umstände vertröstet wurde, vgl. EPD an Efremov, 31. 1. 1919. Ebd.
440 EPD an die schweizerische Gesandtschaft in Paris, 3. 7. 1919. BAR, E 2001 (E) -/13 (B 82).
441 EPD an die schweizerische Gesandtschaft in Paris, 12. 7. 1919. BAR, E 2001 (E) -/13 (B 82).
442 Efremov an die schweizerische Gesandtschaft in Paris, 18. 7. 1919. BAR, E 2001 (E) -/13 (B 82); schweizerische Gesandtschaft in Paris an Bundesrat Calonder, 25. 7. 1919. Ebd.
443 Vgl. BAR, E 2001 (E) -/13, Einleitung, S. 45; Protokoll der Sitzung des Bundesrates, 7. 8. 1919. BAR, E 2001 (E) -/13 (B 83). – Zum Streit zwischen Efremov und dem Bundesrat um das Ausmass der diplomatischen Privilegien vgl. Efremov an das EPD, 1. 1. 1920. Ebd. (B 84). – Für die Erwägungen der Secrusse vgl. Henry Croisier an die Association de Secours Mutuel et de protection des Intérêts Suisses en Russie (Genf), 28. 7. 1919. Ebd. (B 83); Association de Secours Mutuel et de Protection des Intérêts Suisses en Russie an Bundesrat Calonder, 5. 8. 1919. Ebd. – Zur Secrusse vgl. auch unten S. 542 f.
444 Zu Vorschüssen, welche die Secrusse Efremov gewährte, vgl. Protokolle der Sitzungen des Bundesrates, 17. 2. und 9. 4. 1920. BAR, E 2001 (E) -/13 (B 86). Zu den von Efremov hinterlassenen Schuldscheinen vgl. BAR, E 2001 (E) -/13, Einleitung, S. 46.

hätten die bisherigen Amtsträger Borisovskij, Damier, Poljanovskij und Subotin ihre Posten und Bern verlassen. Aktuelle Mitarbeiter seien Baron von Taube (Erster Sekretär), Vizekonsul Sedov, Militäragent Golovan', Handelsagent Felkner sowie Konsul Gornostaev in Genf mit dortigem Konsulatspersonal.[445] Dass die «Gesandtschaft» in Bern aus russischen Geldquellen längerfristig nicht finanzierbar war, zeichnete sich schon bald ab. Von Paris aus informierte Ende 1920 Michail N. Giers, vormaliger Botschafter in Rom und *Staršij Diplomatičeskij Predstavitel'*, also Doyen der russischen Diplomatie alten Typs, über die ungünstige Finanzlage der antibolschewistischen Auslandsvertretungen.[446] In einem vertraulichen Schreiben an Efremov meinte Giers: «Insbesondere für die Schweiz wird es ab dem 1. Januar 1921 kaum möglich sein, mit einem monatlichen Kredit von mehr als 4820 Schweizer Franken zu rechnen. Infolgedessen ist das Gehalt des Gesandten auf 2500 Schweizer Franken pro Monat zu kürzen, unter Beibehaltung des Gehalts des Ersten Sekretärs und des Kredits für Kanzleiausgaben im früheren Umfang, und unter vorübergehender Schliessung des Konsulats in Genf per 1. Dezember.»[447]

Efremov informierte sofort Konsul Gornostaev über die bevorstehende Schliessung der Genfer Vertretung.[448] Gornostaev dachte aber nicht daran, sich wegorganisieren zu lassen – weder von den Bol'ševiki noch von seinen Mitstreitern. Er zeichnete weiterhin als russischer Konsul und setzte seine Arbeit in Genf fort, als ob nichts geschehen wäre. Dem Missionschef Efremov wurde der eigenmächtige Konsul zunehmend lästig. Im Dezember 1922 informierte Efremov die russische Kolonie darüber, dass die Tätigkeit Gornostaevs ab dem 10. Dezember als beendet zu betrachten und für allfällige konsularische Fragen die Mission in Bern anzugehen sei.[449] Auch Giers hatte in Anbetracht von Gornostaevs inakzeptabler Haltung dazu geraten, das Genfer Konsulat unter Einbezug der Schweizer Behörden nun definitiv zu schliessen.[450] Gornostaev blieb hart-

---

445 Efremov an das EPD, 7. 6. 1920. BAR, E 2001 (B) -/1/31 (B.22/121/3 R). – Für den Hinweis, der abtretende Onu habe die Geschäfte der Gesandtschaft im Dezember 1919 Baron K. K. von Taube übergeben, welcher seinerseits die Führung im Januar 1920 an Efremov weiterreichte, vgl. Fondy Russkogo Zagraničnogo istoričeskogo archiva v Prage, S. 205. Für Korrespondenz von Sekretär Taube mit dem Politischen Departement vgl. etwa Taube an das EPD, 12. 10. 1920. BAR, E 2300 Moskau/3. – Zur versuchten Überwachung von Felkners Telegrammkorrespondenz vgl. EPD an die Telegramm-Kontrollkommission Bern, 19. 9. 1919. BAR, E 2001 (B) -/1/27 (B 22/11 R. III); Armeestab an Thurnheer, 20. 9. 1919. Ebd.

446 M. N. Giers an die russischen Botschaften, Missionen und diplomatischen Agenturen, Paris, 27. 11. 1920. AVPRI, Missija v Berne, op. 843/4, d. 202, ll. 3–4.

447 M. N. Giers an Efremov, Paris, 27. 11. 1920. AVPRI, Missija v Berne, op. 843/4, d. 202, l. 5–5 ob.

448 Vgl. Efremov an Gornostaev und Giers, 29. 11. 1920. AVPRI, Missija v Berne, op. 843/4, d. 202, ll. 26, 6.

449 Zirkular Efremov, 14. 12. 1922 (Entwurf). AVPRI, Missija v Berne, op. 843/4, d. 202, l. 14 bis 14 ob. Als Adresse der Berner Mission gab Efremov den Bernerhof an.

450 Vgl. M. N. Giers an Efremov, Paris, 26. 10. und 29. 11. 1922. AVPRI, Missija v Berne, op. 843/4, d. 202, , ll. 27–27 ob., 13.

näckig, wandte sich persönlich an Giers, sprach von einem «Akt verbrecherischer Schwäche» und von der Pflicht, bis zur Erneuerung Russlands auszuhar-
ren. Die Räumung des Genfer Konsulats «würde für die nationale russische
Sache in der Schweiz zu katastrophalsten Resultaten führen».[451]
Doch Gornostaev stand auf verlorenem Posten. Das Politische Departement
bestätigte Efremovs Mitteilung, wonach zwischen der Mission und dem ehemaligen Genfer Konsulat keine Beziehung mehr bestehe.[452] Und das Eidgenössische
Justiz- und Polizeidepartement liess wissen, dass die Polizei weder Gornostaev
noch Makeev (Lausanne) oder Golike (Davos) länger als russische Konsuln
betrachte.[453] Efremov selbst erklärte seine Mission erst 1925 für beendet.[454]
Mehrfach aktenkundig wurde übrigens nach seiner Absetzung der einstige
Geschäftsträger Bibikov, letzter Berner Missionschef der Zarenzeit. Die Nach-
richtensektion des schweizerischen Armeestabs meldete der Bundesanwalt-
schaft im November 1918: «Unser alter Freund Bibikoff soll gegenwärtig vom
russischen Soviet Geld erhalten.»[455] Sein Kontakt zu den Mitgliedern der alten
Gesandtschaft sei gänzlich abgebrochen. Ein anderer Hinweis spricht davon,
Bibikov habe von Boris Lifschitz über 300'000 Franken erhalten und den
Bol'ševiki im Gegenzug Geheimdokumente für Entlarvungseditionen geliefert.
Ausserdem habe der durch seine Heirat preussisch orientierte Bibikov auch
nach der Februarrevolution und seiner Absetzung als deutscher Kollaborateur
gewirkt.[456]

3.3. Die schweizerischen Vertretungen im Russischen Reich

Für die schweizerischen Vertretungen im Russischen Reich bedeuteten die
Revolutionen von 1917 keinen unmittelbaren Bruch mit der eigenen institutionellen Tradition, wohl aber eine markante Veränderung der Lebens- und Arbeitsbedingungen. Die Posten in Petrograd und Moskau befanden sich in

451 Gornostaev an M. N. Giers, 10./23. 12. 1922 (aus dem Russischen). AVPRI, Missija v Berne,
op. 843/4, d. 202, l. 17–17 ob. – Über Gornostaevs Nichtbeachten der Schliessungsanordnung
hatte Efremov am 14. Dezember 1922 nach Paris berichtet. Ebd., l. 18.
452 EPD an Efremov, 1. 12. 1922. AVPRI, Missija v Berne, op. 843/4, d. 202, l. 19. Gornostaev war
sowieso nur aufgrund einer Mitteilung Efremovs vom Juni 1920 als dessen Mitarbeiter anerkannt worden, vgl. Efremov an M. N. Giers, 25. und 28. 11. 1922. Ebd., ll. 22–23, 20–21.
453 Vgl. Efremov an M. N. Giers, 21. 12. 1922. AVPRI, Missija v Berne, op. 843/4, d. 202, l. 15–15
ob. – Für die schon frühere Nichtakzeptanz von Gornostaevs konsularischer Tätigkeit seitens
der Schweizer Behörden vgl. auch Protokoll der Sitzung des Regierungsrats des Kantons
Solothurn, 5. 8. 1919. BAR, E 2001 (E) -/13 (B 24).
454 BAR, E 2001 (E) -/13, Einleitung, S. 46.
455 Nachrichtensektion des Armeestabs an die Bundesanwaltschaft, 15. 11. 1918. BAR, E 21/
10418.
456 Meldung, von Untersuchungsrichter Calame am 28. März 1919 überwiesen. BAR, E 21/10484.

Gebieten, die nach der Oktoberrevolution rasch und definitiv unter die Kontrolle der Bol'ševiki gerieten; sie erlebten gewissermassen das Vollprogramm bolschewistischer Neuerungspolitik, betreuten enteignete oder verhaftete Landsleute und verteidigten die bürgerliche Schweiz gegen die spöttischen Anwürfe der Weltrevolution. Die Konsulate von Odessa, Tiflis und Kiev erlitten im Bürgerkrieg den raschen Wechsel der Fronten; Phasen hektischer Nationalisierung und rücksichtsloser revolutionärer Gerichtsbarkeit lösten sich hier ab mit solchen der Denationalisierung und der zornigen Bolschewikenhatz. Warschau, Riga und Åbo schliesslich lagen in der europäischen Nachkriegsordnung gar nicht mehr auf russisch beherrschtem Staatsgebiet.

In allen russisch verbliebenen Gegenden galt, dass die Schweizer Vertreter ihr Wirken angesichts undurchsichtiger neuer Regelwerke und mangelnder Rechtssicherheit fast ausschliesslich dem materiellen und leiblichen Schutz der Landsleute widmen und andere Aufgaben, etwa die Handelsförderung, praktisch einstellen mussten. Ein archivalisches Sinnbild dieser Kanalisierung diplomatischer beziehungsweise konsularischer Arbeitskraft bieten die zahlreichen Schreiben, in denen Vizekonsul Friedrich Suter in Moskau gegen Misshandlungen von Schweizerinnen und Schweizern protestierte oder zuhanden des Politischen Departements Schicksale der Revolutionszeit dokumentierte.[457] Im September 1918 schrieb er: «Alle dem Konsulat in einem geordneten Kulturstaat zufallenden Aufgaben, die in unserem Konsular-Reglement enthalten sind, treten in den Hintergrund vor der Überfülle der Hülfe- und Schutz-Suchenden.»[458]

Dabei war der spezifische Status der Schweizerinnen und Schweizer unklar. Im Vergleich mit Russen und anderen Ausländern scheinen sie in der Praxis eher etwas privilegiert worden zu sein, mindestens bis zum definitiven Ende der diplomatischen Beziehungen 1919. Das Politische Departement vermeldete im Juni 1918: «Wir vernehmen aus Russland, dass die maximalistischen Behörden unserer Gesandtschaft dort sehr entgegenkommen und die Schweizer im Allgemeinen recht zuvorkommend behandeln.»[459] Auch Ministerresident Junod berichtete ein halbes Jahr später: «On a même pu avancer, non sans raison, que de tous les étrangers, les Suisses étaient les mieux traités, comme citoyens d'une république démocratique et du fait que de nombreux chefs maximalistes avaient passé une partie de leur vie dans notre pays.»[460]

457 Vgl. BAR, E 2300 Moskau 1; AVPRF, f. 04, op. 46, p. 281, d. 54034; ferner Suter, «Das Sterben Russlands», besonders S. 292–295. – Für eine Auflistung von rund zehn Schweizerinnen und Schweizern, die durch den Bolschewismus auf dem Gebiet des ehemaligen Zarenreichs ihr Leben verloren hatten, vgl. R. Bosshardt: *Rapports de la Confédération avec les Soviets depuis la Révolution*, 25. 7. 1923. BAR, E 2001 (E) -/13 (B 67).
458 Suter an das EPD, 15. 9. 1918. Švejcarija – Rossija, Nr. 114, S. 296.
459 EPD an die schweizerische Gesandtschaft in Berlin, 27. 6. 1918. BAR, E 21/10364.
460 Junod an Bundespräsident Calonder, 14. 12. 1918. BAR, E 2001 (B) -/1/23 (B 21/133 Petr. 2/1).

Die Gesandtschaft in Petrograd liess Plakate anfertigen, um Wohnräume mit dem Hinweis auf die schweizerische Nationalität der Bewohner zu schützen.[461] Nach seiner Rückkehr 1919 sprach Odier von der bolschewistischen Bereitschaft, die Schweiz, diesen «bon poste d'attente et d'observation», zu schonen.[462] Offiziell betonte Volkskommissar Čičerin allerdings die juristische Gleichstellung der Ausländer mit den russischen Staatsangehörigen. Vizekonsul Suter berichtete im September 1918: «Vorgestern nachts, zwei Uhr, erschien bei mir ein Eilbote des Kommissariats des Auswärtigen und überreichte eine Erklärung des Volkskommissars Tschitscherin, dass Ausländer den genau gleichen Gesetzen unterliegen wie russische Staatsangehörige, falls sie sich gegen die Dekrete vergehen; sie können auch von der ausserordentlichen Kommission [ČK] genau ebenso behandelt werden, bloss geniessen sie insofern eine Vergünstigung vor den Inländern, dass das Kommissariat des Auswärtigen verpflichtet ist, den betreffenden Konsuln Mitteilung vom Vorfall zu machen und dass der Konsul berechtigt ist, von den ihm geeignet erscheinenden Rechtsmitteln zur Verteidigung Gebrauch zu machen.»[463] Die unheilvolle Ankündigung, die Schweizerinnen und Schweizer würden nun den russischen Bürgern gleichgestellt, wiederholte sich nach der Ausweisung der Sowjetmission durch den Bundesrat.[464] Čičerin zeigte sich immerhin entschlossen, Ausländerinnen und Ausländer vor Willkür zu schützen; im Zusammenhang mit den wiederholten Reklamationen Suters sind interne Ermahnungen und Abklärungen des Volkskommissars belegt.[465] Die mangelhafte Koordination und die häufigen Informationsdefizite der noch ungefestigten sowjetrussischen Behörden erschwerten die Arbeit der schweizerischen Vertretungen. Als Vizekonsul Suter gegen die Requirierung der Moskauer Wohnung von Kurier Haag protestierte, stellte Kommissarstellvertreter Karachan einen schriftlichen Befreiungsakt aus – eine Kompetenzanmassung,

– An anderer Stelle erwähnte Junod, vor allem in Petrograd würden die Schweizer besser behandelt als andere Ausländer, vgl. Junod an Bundespräsident Calonder, 31. 12. 1918. Ebd.
461 Odier an das EPD, 25. 11./8. 12. 1917. BAR, E 2300 Petersburg/3.
462 Odier an Bundesrat Calonder, 15. 4. 1919. BAR, E 2300 Petersburg/4. Zum Wohlwollen der Sowjetbehörden gegenüber der Schweizerkolonie vgl. auch Odier an Bundespräsident Calonder, 5. 11. 1918. Ebd.; ferner R. Bosshardt: *Rapports de la Confédération avec les Soviets depuis la Révolution*, 25. 7. 1923. BAR, E 2001 (E) -/13 (B 67); Reimann, Funktionen, S. 24.
463 Suter an das EPD, 15. 9. 1918. Švejcarija – Rossija, Nr. 114, S. 293. Zu den Ausländerbestimmungen vgl. auch Junod an Bundespräsident Calonder, 30. 11. 1918. BAR, E 21/10413.
464 Suter an das EPD, 25. 3. 1919. BAR, E 2300 Moskau/1, Mappe *Konsulat Moskau 1917–1919*.
465 Für Abklärungen, die Čičerin im September 1918 auf eine Intervention Suters hin bei der Smolensker ČK vornahm, vgl. Čičerin an die Smolensker ČK, 12. 9. 1918. Rossija – Švejcarija, Nr. 114, S. 217, Anm. 5. – Als Čičerin erfuhr, dass die Petrograder Behörden ein Schweizer Telegramm abgefangen hatten, wies er sie am 9. Dezember 1918 an, die Korrespondenz der Auslandsvertretungen nicht zu behindern, da dies die Aussenbeziehungen Sowjetrusslands beeinträchtige; für Kontrollen sei sein Volkskommissariat zuständig. AVPRF, f. 141, op. 2, p. 1, d. 1, l. 122.

über die sich die Rechtsabteilung desselben Volkskommissariats sehr ungehalten zeigte.[466] Unklarheit herrschte auch über die bestehenden Schweizer Konsulate. Suter wurde im September aufgefordert, eine Liste der Konsuln mit Angabe ihrer Rayons einzureichen.[467]

3.3.1. Petrograd

Der Umzug der sowjetrussischen Zentralbehörden von Petrograd nach Moskau im März 1918 bedeutete für die Gesandtschaft von Minister Odier ein Dilemma. Sollte sich der schweizerische Gesandte einer nicht anerkannten Regierung an die Fersen heften, nach Moskau dislozieren und seiner Stammkolonie im Moment drohender deutscher Besetzung den Rücken zukehren? Oder sollte er im Petrograder Abseits verharren und den hochpolitischen Kontakt mit den Sowjetbehörden dem (nicht einmal ordentlich besetzten) Moskauer Konsulat überlassen? Odier, dem das Politische Departement in dieser Frage freie Hand liess, entschied sich nach Absprache mit neutralen Gesandtenkollegen für den Verbleib in Petrograd.[468]

3.3.1.1. Die Leitung der Gesandtschaft

Als die Bol'ševiki die Macht in der russischen Hauptstadt übernommen hatten, erkundigte sich das Politische Departement nach Gesundheit und Wohlergehen des Gesandtschaftspersonals.[469] «Le personnel de la Légation va bien», kam die beruhigende Antwort.[470]
Was den Gesandten Edouard Odier betrifft, so hatte zwar auch er die Oktoberrevolution ohne unmittelbare Schäden überstanden. Bei guter Gesundheit war er aber schon lange nicht mehr, und die körperliche Verfassung lieferte die äussere Argumentationslinie für den bundesrätlichen Wunsch nach einer Ablösung des betagten Diplomaten. Dass Odier seit einiger Zeit in Ungnade gefal-

---

466 Vgl. Suter an das EPD, 15. 9. 1918. Švejcarija – Rossija, Nr. 114.
467 Kanzlei des Volkskommissariats für auswärtige Angelegenheiten an das schweizerische Konsulat in Moskau, 23. 9. 1918. AVPRF, f. 141, op. 2, p. 1, d. 1, l. 20.
468 Vgl. schweizerische Gesandtschaft in Petrograd an das EPD, 6. 3. 1918. BAR, E 2300 Petersburg/4; EPD an die schweizerische Gesandtschaft in Petrograd, 10. 3. 1918. Ebd. – Im August 1918 nannte es das Politische Departement wünschenswert, dass die Gesandtschaft in beiden russischen Hauptstädten mindestens mit einem Kanzleivertreter oder mit einer Sektion präsent sei. EPD an die schweizerische Gesandtschaft in Petrograd, 5. 8. 1918. Ebd.
469 EPD an die schweizerische Gesandtschaft in Petrograd, 16. 11. 1917 (Entwurf). BAR, E 2001 (A)/1044.
470 Schweizerische Gesandtschaft in Petrograd an das EPD, 22. 11. 1917. BAR, E 2300 Petersburg/3.

len war, dürfte mit den angehäuften Reklamationen über seine Amtsführung zusammenhängen,[471] mit seiner vom Bundesrat verschiedentlich (und unlängst wieder im Zusammenhang der Februarrevolution) bemängelten Berichterstattung, auch mit seiner angeschlagenen Gesundheit. Vor allem aber machte sich die Überzeugung breit, der Minister sei durch die Affäre Hoffmann/Grimm kompromittiert und in Russland nicht mehr erwünscht, da ja die beiden inkriminierten Schweizer Politiker ihren brisanten Telegrammverkehr über seine Mission abgewickelt hatten.[472]

Wie wir wissen, wurde Odier Ende Juni 1917 zwecks persönlichen Rapports in dieser Sache nach Bern zitiert.[473] In der Schweiz erkrankte der Gesandte und benötigte Erholungszeit, die zu erbeten er angesichts der erlittenen revolutionären Strapazen ohnehin geplant hatte.[474] Der Bundesrat gewährte einen Urlaub bis Mitte September.[475] Gustave Ador, greiser Nachfolger des gestolperten Hoffmann im Politischen Departement und Freund Odiers, versuchte dessen unvermeidliche Demission auf persönlichem Weg schonend vorzubereiten. «Ceci dit, je ne dois pas te cacher, que le Conseil Fédéral ne me paraît pas désirer que tu prolonges indefiniment ta mission en Russie, il a un peu l'impression qu'à une situation toute nouvelle en Russie, il faudrait un homme nouveau, n'ayant pas été accrédité auprès de l'ancien Gouvernement.»[476] Der Bundesrat, so Ador, wolle Odiers Verhalten in der Affäre Hoffmann/Grimm nicht als unkorrekt hinstellen und werde sich deshalb einer Rückkehr nach Petrograd nicht widersetzen. Als Freund riet Ador dem Gesandten jedoch zu einer baldigen freiwilligen Demission.[477]

Odier reagierte gereizt, sprach in einer ausführlichen Stellungnahme von der «pénible surprise», die ihm das bundesrätliche Drängen auf einen Rückkehrverzicht bereitet habe, und zeigte sich empört darüber, dass er in der Öffentlichkeit teilweise als Kollaborateur deutscher Separatfriedensbestrebungen dargestellt werde. «M'estimant insuffisamment défendu et couvert par le rapport du Conseil fédéral je demande à pouvoir me disculper moi même par des faits.»[478]

---

471 Vgl. oben S. 74–76.
472 Allgemein zur Demission Odiers und ihren Hintergründen vgl. BAR, E 2001 (E) -/13, Einleitung, S. 18, 34; BAR, Repertorien, Bestand E 2200 St. Petersburg, S. V. – Zur Ungeduld des Politischen Departements angesichts der im Umfeld der Februarrevolution nur spärlichen Berichte aus Petrograd vgl. EPD an die schweizerische Gesandtschaft in Petrograd, 11., 12. und 21. 4. 1917. BAR, E 2001 (A)/42. – Zur Kompromittierung Odiers durch die Affäre Hoffmann/Grimm vgl. Ignat'ev, Vnešnjaja politika vremennogo pravitel'stva, S. 336. Allgemein zu dieser Affäre vgl. oben S. 382–385.
473 Vgl. Protokoll der Sitzung des Bundesrates, 25. 6. 1917. BAR, E 2001 (A)/42.
474 Vgl. Odier an das EPD, 31. 7. 1917. BAR, E 2001 (A)/1043.
475 EPD an den Bundesrat, 6. 8. 1917. BAR, E 2001 (A)/1043; Protokoll der Sitzung des Bundesrates, 6. 8. 1917. BAR, E 2001 (A)/42.
476 Ador an Odier, 7. 8. 1917 (persönlich). BAR, E 2001 (E) -/13 (B 17).
477 Ebd.
478 Odier an Ador, 13. 9. 1917. BAR, E 2001 (E) -/13 (B 56).

Konkret: Odier bestand darauf, für eine gewisse Zeit nach Petrograd zurückzukehren, um seine Demission aus dem belastenden Kontext der Affäre Hoffmann/ Grimm herauszulösen. Hier habe er sich nämlich höchstens sein allzu grosses Vertrauen in die beiden Politiker vorzuwerfen, nicht aber neutralitätswidriges Verhalten.[479]

Der Bundesrat verlängerte Odiers Urlaub auf dessen Ersuchen hin noch mehrmals und gab zu den Akten, dass der Gesandte in Kürze demissionieren wolle; im Oktober wurde gar der 1. Januar 1918 als Rücktrittsdatum notiert.[480] Odier protestierte gegen diesen frühen Termin, den er so nie genannt habe, und kündigte stattdessen an, Anfang 1918 um seine Demission zu ersuchen.[481] Der Bundesrat blieb aber hart; er stellte Odier vor die Wahl, entweder noch im Oktober nach Petrograd zu reisen und von dort seine Demission per 31. Dezember einzureichen – oder auf die Rückkehr nach Russland zu verzichten und sofort zurückzutreten.[482] Der Gesandte entschied sich für die erste Variante, reichte folgsam seine Demission per Ende Jahr ein und zeigte sich bereit, bis zur Ankunft eines Nachfolgers die Stellung in Petrograd zu halten.[483] Unter Verdankung der geleisteten Dienste akzeptierte der Bundesrat den von ihm selbst inszenierten Rücktritt, wobei Odier um vorläufigen Verbleib auf seinem Posten gebeten wurde.[484] Die Ablösung verzögerte sich, und als im November 1918 mit Albert Junod endlich ein Nachfolger in Petrograd eintraf, stand schon bald die Rückreise der gesamten Mission zur Diskussion. Infolge bolschewistischer Ausreisesperren konnte Odier erst im Frühjahr 1919 zusammen mit der übrigen Gesandtschaft in die Schweiz zurückkehren.[485]

479 Ebd.
480 Vgl. EPD an den Bundesrat, 17. 9. 1917. BAR, E 2001 (A)/1043; Protokoll der Sitzung des Bundesrates, 17. 9. 1917. Ebd.; EPD an Odier, 17. 9. 1917 (Entwurf). Ebd.; Protokoll der Sitzung des Bundesrates, 4. 10. 1917. Ebd.
481 Odier an das EPD, 9. 10. 1917. BAR, E 2001 (A)/1043.
482 (EPD) an Odier, 12. 10. 1917. BAR, E 2001 (A)/1043.
483 Vgl. Odier an das EPD, 19. 10. 1917. BAR, E 2001 (A)/1043; Odier an Bundesrat Ador, Petrograd, 21. 11./4. 12. 1917. BAR, E 2001 (A)/42. Für das Demissionsschreiben Odiers vgl. Odier an den Bundesrat, 21. 11./4. 12. 1917. Ebd.
484 Protokoll der Sitzung des Bundesrates, 26. 12. 1917 (Entwurf; geheim). BAR, E 2001 (E) -/13 (B 56); EPD an die schweizerische Gesandtschaft in Petrograd, 27. 12. 1917. Ebd. – Zur Behauptung von Fritz Platten, die Abberufung Odiers sei von den Sowjetbehörden verlangt worden, vgl. BAR, E 2001 (E) -/13, Einleitung, S. 33; Stenographisches Bulletin der Bundesversammlung, 1921, S. 729. BAR, E 2001 (E) -/13 (B 49).
485 Zum Plan einer Rückkehr Odiers bereits im Sommer 1918 (die Gesandtschaft sollte vorläufig Geschäftsträger Bruggmann übergeben werden) vgl. EPD an die schweizerische Gesandtschaft in Petrograd, 2. 8. 1918. BAR, E 2300 Petersburg/4; schweizerische Gesandtschaft in Petrograd an das EPD, 24. 8. 1918. DDS, Bd. 6, Nr. 442, hier auch S. 780, Anm. 1. – Zu erneuten Vorwürfen gegen Odier und seine Gesandtschaft, die im Sommer 1918 die Schweizer Politik beschäftigten, vgl. Odier an das EPD, 29. 6./12. 7. 1918. BAR, E 2300 Petersburg/4; Odier an Bundespräsident Calonder, 12.–13. 8. 1918. Ebd. – Für die Meldung Odiers von Anfang 1919, er werde nun als Geisel in Russland zurückbehalten, vgl. Odier an Paravicini, 1. 1. 1919. BAR, E 2001 (B) -/1/23 (B 21/133 Petr. 2/1).

Zum neuen Minister in Petrograd hatte der Bundesrat am 26. Dezember 1917 Charles Lardy («II») ernannt.[486] Die Neubesetzung der Gesandtschaft sollte vorläufig geheim gehalten und erst nach Anerkennung der aktuellen russischen Regierung durch die Schweiz – also voraussichtlich in ein bis zwei Monaten – umgesetzt werden.[487] Doch die Normalisierung der Beziehungen liess auf sich warten, und die Ernennung Lardys wurde hinfällig.[488] Es etablierte sich ein diplomatisches Dauerprovisorium, in dem ein unfreiwillig zurückgetretener Gesandter die Petrograder Geschäfte interimistisch weiterführte, während in Moskau ein (ebenfalls interimistisch agierender) Vizekonsul den politischen Kontakt mit den sowjetrussischen Zentralbehörden pflegte. Doch Odiers Demission war besiegelt, und da in der wichtigen und gleichzeitig sehr schwierigen Vertretung in Petrograd auch bei fehlender Anerkennung des Sowjetregimes keine Vakanz entstehen durfte, begann in Bern schon bald die Suche nach einem neuen Nachfolgekandidaten, mit wenig Erfolg.[489] Der Vertretungsnotstand mag dazu beigetragen haben, dass der Bundesrat einer Russlandreise des mit den sowjetrussischen Behörden in engem Kontakt stehenden Berner Sozialisten Carl Vital Moor (1852–1932) grosses Interesse entgegenbrachte – auch wenn das Gerücht entschieden dementiert wurde, Moor sei mit einem offiziellen schweizerischen Mandat nach Moskau aufgebrochen.[490]

486 BAR, Repertorien, Bestand E 2200 St. Petersburg, S. V; Benziger, Die schweizerischen Vertreter, S. 12; vgl. auch Personalblatt Lardy, Charles Louis Etienne. BAR, E 2500 -/1, Bd. 31.

487 EPD an den Bundesrat, 22. 12. 1917 (geheim). BAR, E 2001 (E) -/13 (B 56); Protokoll der Sitzung des Bundesrates, 26. 12. 1917 (geheim). Ebd.

488 1920 wurde Charles Lardy Schweizer Minister in Tokio, vgl. Benziger, Die schweizerischen Vertreter, S. 11.

489 Bundespräsident Calonder erhielt zahlreiche Absagen. Vgl. Calonder an den Bundesrat, 11. 8. 1918. BAR, E 2001 (E) -/13 (B 57). Im Juni 1918 beispielsweise korrespondierte das Politische Departement auf indirekten Kanälen mit dem schweizerischen Geschäftsträger in Rumänien, Gustave Boissier; auch er schlug das Angebot des Ministerpostens in Petrograd aus. Schweizerische Gesandtschaft in Wien an das EPD, 22. und 25. 6. 1918. BAR, E 2300 Petersburg/4; EPD an die schweizerische Gesandtschaft in Wien, 27. 6. 1918. Ebd.

490 Allgemein zu Moor vgl. Haas, Carl Vital Moor; Senn, Diplomacy, S. 85–90. – Als Vertrauter Lenins genoss Carl Moor eine gewisse Prominenz innerhalb der bolschewistischen Strukturen. Der stellvertretende sowjetrussische Volkskommissar für Fragen des Handels und der Industrie M. G. Bronskij forderte ihn im Juli 1918 auf, nach Moskau zu reisen, um die Erneuerung der schweizerisch-russischen Handelsbeziehungen zu erörtern. Damit sprach die Sowjetführung dem Berner Grossrat ein Verhandlungsmandat zu, das er seitens der Schweizer Regierung keineswegs innehatte. Moors Beziehungen zum bolschewistischen Machtzentrum stiessen aber sehr wohl auf bundesrätliches Interesse. Nicht bestritten wurde, dass Moor sich vor seiner (im August tatsächlich angetretenen) Reise mit dem Chef des Eidgenössischen Volkswirtschaftsdepartements Edmund Schulthess besprochen hatte. Vgl. das Dossier BAR, E 2001 (B) -/1/25 (B. 21.172.2). – Zur vielseitigen Missbilligung des notorischen Vermittlungseifers Moors vgl. etwa Berzin an das NKID, das Volkskommissariat für Handel und Industrie und den Obersten Volkswirtschaftsrat, 13. 8. 1918. AVPRF, f. 04, op. 46, p. 281, d. 54035, ll. 61–63; grossbritannische Gesandtschaft in Bern an Paravicini, 12. 9. 1918. BAR, E 2001 (B) -/1/25 (B. 21.172.2); französische Botschaft in Bern an Paravicini, 14. 9. 1918. Ebd. – Zur angeblichen Spekulation

Albert Junod.

Im August 1918 zeichnete sich endlich eine mögliche Nachfolge für Odier ab: Der Waadtländer Albert Junod (1865–1951), Direktor der Schweizerischen Verkehrszentrale in Zürich, routinierter Wirtschaftsexperte mit diplomatischer Erfahrung und guten Russischkenntnissen infolge eines jahrelangen Aufenthalts im Zarenreich, war bereit, das Amt zu übernehmen.[491] «Die Wahl Junod's drängt sich auf», versicherte Bundespräsident Calonder seinen Regierungskollegen.[492] Einen Streitpunkt bildete nun aber der Status des neuen Repräsentanten. Während eine Mehrheit des Bundesrates zunächst an einen blossen Geschäftsträger dachte, bestand Junod darauf, mindestens als Ministerresident auftreten zu dürfen, da der Titel in Russland eine grosse Rolle spiele. Bundespräsident Calonder stützte diese Ansicht, hielt den Titelstreit angesichts der Schwierigkeiten, überhaupt einen valablen Vertreter für Petrograd zu finden, für kleinlich und beharrte auf seinem Kandidaten.[493] Am 16. August ernannte

von Nationalrat Grimm, der Bundesrat werde vielleicht einen Schweizer Sozialisten zu seinem neuen Vertreter in Russland machen, um die bilateralen Kontakte zu vereinfachen, vgl. Berzin an das NKID, 15. 6. 1918. AVPRF, f. 04, op. 46, p. 281, d. 54035, ll. 6–15.

491 Bundespräsident Calonder an den Bundesrat, 11. 8. 1918. BAR, E 2001 (E) -/13 (B 57). Zur Biografie Junods vgl. auch Personalblatt Junod. BAR, E 2500 -/1, Bd. 26; Švejcarija – Rossija, S. 288, Anm. 1; BAR, E 2001 (E) -/13, Einleitung, S. 34.

492 Bundespräsident Calonder an den Bundesrat, 11. 8. 1918. BAR, E 2001 (E) -/13 (B 57).

493 Ebd. – Zur Nichtbewilligung des Ministertitels vgl. geheimes Protokoll der Sitzung des Bundesrates, 9. 8. 1918. BAR, E 1005 -/2, Bd. 1.

der Bundesrat Albert Junod zum Ministerresidenten in Petrograd.[494] Der neue Spitzendiplomat wurde kritisch beobachtet. Skeptisch hatte sich noch kurz vor der Ernennung Bundesrat Schulthess geäussert: «Junod ist ein fähiger, aber ein eitler und anspruchsvoller Mann. Ich kenne ihn als ehemaligen Untergebenen und ich glaube, sein eigener Wunsch, ‹Ministerresident› zu sein, um dann [...] Minister zu werden, ist mächtiger als seine Überzeugung, dass der Titel in Russland helfe.»[495]

Auf wenig Sympathie stiess Junod anfänglich auch bei Gesandtschaftssekretär Karl Bruggmann in Petrograd, der im Januar 1919 nach Bern schrieb: «Der neue Minister scheint mir der Situation nicht gewachsen zu sein. Ich halte ihn für kleinlich und ungewandt.»[496] Ansonsten aber sind vornehmlich positive Stimmen zu verzeichnen – auch von russischer Seite. Jan Berzin, der in Bern gespannt auf eine Visite des frisch ernannten Junod gewartet und für den Unterlassensfall eine verzögerte Visumserteilung geplant hatte,[497] zeigte sich nach dem Besuch des neuen schweizerischen Ministerresidenten angetan. Junod habe ihm einen guten Eindruck gemacht, und das Volkskommissariat für auswärtige Angelegenheiten werde mit ihm bestimmt gute Beziehungen unterhalten. «Indem sie den Intriganten Odier zurückberufen und an seiner Stelle Junod ernannt hat, einen Geschäftsmann, der stets abseits jeglicher Politik stand, wollte die Schweizer Regierung, scheint es, ihre ‹Neutralität› oder ‹Loyalität› gegenüber der sowjetischen Regierung zeigen ...»[498]

Die Monate September und Oktober nutzte Junod zur Einarbeitung in seine neue Aufgabe. In hunderten von Briefen und Besprechungen informierte er sich über die Lage der Russlandschweizer und die laufenden Geschäfte der Gesandtschaft.[499] Am 9. November traf er in Petrograd ein und übernahm zwei

494 Der Beschluss vom 5. August, Junod zum blossen Geschäftsträger zu ernennen, wurde revidiert. Protokoll der Sitzung des Bundesrates, 16. 8. 1918. BAR, E 2001 (E) -/13 (B 57). Zur Festlegung von Junods Engagement auf vorläufig ein Jahr vgl. Protokoll der Sitzung des Bundesrates, 17. 9. 1918. BAR, E 2500 -/1, Bd. 26. Zum Stimmungsumschwung im Bundesrat zugunsten Calonders vgl. auch geheimes Protokoll der Sitzung des Bundesrates, 13. 8. 1918. BAR, E 1005 -/2, Bd. 1. – Noch am 24. August bat Odier darum, angesichts des grossen Arbeitspensums der Gesandtschaft möglichst bald einen Minister, Gesandtschaftsrat oder einen zusätzlichen Sekretär nach Petrograd zu schicken, vgl. Odier an das EPD, 24. 8. 1918. BAR, E 2001 (E) -/13 (B 52).

495 Bundesrat Schulthess an Vizepräsident Müller, 15. 8. 1918. BAR, E 2500 -/1, Bd. 26.

496 Bruggmann an Thurnheer, 2. 1. 1919. BAR, E 2001 (B) -/1/23 (B 21/133 Petr. 2/1).

497 Vgl. Berzin an das NKID, 26. 8. und 3. 9. 1918. AVPRF, f. 04, op. 46, p. 281, d. 54035, ll. 72–75 und 81–82.

498 Berzin an Čičerin, 11. 9. 1918 (aus dem Russischen). Rossija – Švejcarija, Nr. 113, S. 209. – Zur Abschiedsvisite Junods bei Berzin vgl. Berzin an Čičerin, 1. 11. 1918. AVPRF, f. 141, op. 3, p. 101, d. 4, ll. 18–19. Wie Berzin vermeldete auch Zalkind, Junod sei politisch unbestimmt und kein professioneller Diplomat, vgl. Zalkind an Čičerin, 3. 9. 1918. AVPRF, f. 04, op. 46, p. 281, d. 54035, l. 79.

499 Vgl. Junod an Bundespräsident Calonder, 19. 10. 1918. BAR, E 2001 (B) -/1/23 (B 21/133 Petrograd 1).

Tage später die Leitung der Gesandtschaft.[500] Zu dieser Zeit hatte der Bundesrat die Ausweisung der Berner Sowjetmission bereits beschlossen und damit den Abbruch des diplomatischen Kontaktes eingeleitet. Die nur wenige Monate dauernde Amtsführung Junods war von Dialogbereitschaft, unermüdlicher Arbeit und einem geradezu undiplomatischen Pragmatismus geprägt. «Ce n'est pas très correct, je l'avoue», entschuldigte der Ministerresident Ende November beispielsweise seine Notmassnahmen zur Finanzierung der Mission. Junod scheute sich nicht, in bestimmten Situationen dem erfahrenen (und immer noch präsenten) Vorgänger Odier die Führung zu überlassen.[501] Aufgrund der Schwierigkeit, die Situation im revolutionären Russland aus der Ferne zu beurteilen, gewährte der Bundesrat der Gesandtschaft in Petrograd relativ grosse Handlungsfreiheit. Sogar als Odier im Juli 1918 Instruktionen für den Fall einer deutschen Besetzung erbat, verzichtete das Politische Departement ausdrücklich darauf, eine «ligne de conduite» vorzugeben, da die Lage vor Ort besser eingeschätzt werden könne. Die allgemeine Richtlinie lautete einfach, die tatsächlichen Beziehungen mit der aktuellen russischen Regierung aufrechtzuerhalten.[502]

3.3.1.2. Personal und Arbeitsorganisation

Nach der Rückkehr in die Schweiz erstellte Albert Junod eine fast 30-seitige systematisierte und bilanzierende Zusammenfassung seiner Petrograder Berichte an das Politische Departement. Den dritten Punkt dieses Rückblicks widmete er der Organisation der Gesandtschaft in ihrer letzten Phase. Im Winter 1918/19, so ist zu erfahren, bestand die Mission aus vier Sektionen: aus einer politisch-konsularischen Abteilung *(section politique et consulaire)*, die den Posten in seiner bis 1918 gültigen Form abbildete, und aus drei 1918 neu geschaffenen Sektionen, nämlich der Finanz-, der Versorgungs- und der Mobiliarabteilung *(section financière, section de ravitaillement/section alimentaire, section mobilière)*.[503]

---

500 In Berlin hatte Junod mit dem dortigen Sowjetvertreter Ioffe gesprochen. Vgl. Junod an Bundespräsident Calonder, 16. 11. 1918. BAR, E 2001 (B) -/1/23 (B 21/133 Petr. 2/1); Junod: Rapport, 21. 5. 1919. BAR, E 2001 (E) -/13 (B 64); Junod an Bundesrat Calonder, 9. 6. 1919. BAR, E 2500 -/1, Bd. 26, Mappe Junod. In einem anderen Brief vom 11. November 1918 gab Junod als Datum seiner Ankunft in Petrograd den 10., als Datum seines Amtsantritts den 12. November an: Junod an Bundespräsident Calonder, 11. 11. 1918. Švejcarija – Rossija, Nr. 118.

501 Junod an das EPD, 28. 11. 1918. Švejcarija – Rossija, Nr. 121, S. 321. Um die ausserordentliche Situation zu meistern, zeigte sich Junod gewillt, notfalls die von den Engländern bei ihrer Abreise anvertrauten 1,5 Millionen Rubel anzurühren. Ebd.

502 Odier an das EPD, 18. 7. 1918. BAR, E 2300 Petersburg/4; EPD an die schweizerische Gesandtschaft in Petrograd, 5. 8. 1918. Ebd.

503 Junod: Rapport, 21. 5. 1919. BAR, E 2001 (E) -/13 (B 64).

Was zunächst die unter direkter Leitung des Gesandten beziehungsweise des Ministerresidenten operierende politisch-konsularische Abteilung betrifft, so bestand sie am Schluss aus einem Gesandtschaftssekretär, einem Kanzleisekretär, einem Rechtskonsulenten, einigen Schreibkräften und Bediensteten.[504] Der bei Odiers Abwesenheit jeweils als interimistischer Geschäftsträger amtierende Attaché Etienne Lardy war im August 1917 zum Gesandtschaftssekretär 2. Klasse befördert worden.[505] In Anbetracht der schon seit Jahren andauernden starken Beanspruchung Lardys in Russland beschloss der Bundesrat im Dezember 1917 seine Auswechslung.[506] Unter grossem Bedauern Odiers verliess Lardy im Mai 1918 Petrograd.[507] Neuer Gesandtschaftssekretär wurde Karl Bruggmann, dessen energischen Einsatz Odier und Junod dann gleichermassen schätzten.[508] Kanzleisekretär H. Furrer trat per 1. April 1918 zurück, auch hier beklagte Odier den Verlust eines erfahrenen und in der Kolonie geschätzten Mitarbeiters.[509] Zum Nachfolger bestimmte der Bundesrat am 30. September 1918 den schon seit Frühjahr in der Kanzlei tätigen Karl Urech.[510]

Angesichts der revolutionären Rechtsunsicherheit und Enteignungspolitik drängten nach der Machtübernahme der Bol'ševiki zahlreiche Russlandschweizer darauf, gefährdete Vermögenswerte in diplomatischen Gewahrsam zu geben und bei ihrer Gesandtschaft zu deponieren.[511] Nachdem Odier solche Depots

---

504 Ebd.

505 Protokoll der Sitzung des Bundesrates, 21. 8. 1917. BAR, E 2001 (A)/1044.

506 Lardy hätte seinen Arbeitsort mit dem in Rom tätigen Gesandtschaftssekretär Theoring de Sonnenberg tauschen sollen; Sonnenberg scheint aber in Petrograd nicht erschienen zu sein. Vgl. EPD an den Bundesrat, 20. 12. 1917. BAR, E 2001 (A)/1044; Protokoll der Sitzung des Bundesrates, 26. 12. 1917. Ebd.; vgl. ferner EPD an die schweizerische Gesandtschaft in Petrograd, 27. 12. 1917. BAR, E 2001 (E) -/13 (B 56).

507 Odier an Bundespräsident Calonder, 30. 4. bis 6. 5./13. bis 19. 5. 1918. BAR, E 2300 Petersburg/4. – Im Februar hatte der Gesandte klargestellt, dass Lardys Anwesenheit bis zur Ankunft und erfolgten Einarbeitung eines Nachfolgers unabdingbar sei. Schweizerische Gesandtschaft in Petrograd an das EPD, 12. 2. 1918. Ebd.

508 Vgl. BAR, Repertorien, Bestand E 2200 St. Petersburg, S. V. – Zur Anerkennung für die Arbeit Bruggmanns vgl. Odier an das EPD, 24. 8. 1918. BAR, E 2001 (E) -/13 (B 52); Junod: Rapport, 21. 5. 1919. BAR, E 2001 (E) -/13 (B 64).

509 Zur Demission Furrers vgl. EPD an die schweizerische Gesandtschaft in Petrograd, 11. 4. 1918. BAR, E 2300 Petersburg/4. – Für eine frühere Zurechtweisung Furrers, der sich das Recht herausgenommen hatte, chiffrierte Telegramme nach Bern zu schicken, vgl. EPD an Odier, 21. 4. 1917. BAR, E 2300 Petersburg/3. – Zu Plänen, Furrer im Zusammenhang mit der neuen Finanzabteilung einzusetzen, vgl. Odier an das EPD, 9./16. (sic) 6. 1918. BAR, E 2300 Petersburg/4.

510 Furrer verblieb bis zum Amtsantritt seines Nachfolgers auf seinem Posten. Protokoll der Sitzung des Bundesrates, 30. 9. 1918. BAR, E 2001 (B) -/1/23 (B 21/133 Petrograd 1). – Für den Auftrag, Urech schon vor seiner formellen Ernennung einzustellen, vgl. EPD an die schweizerische Gesandtschaft in Petrograd, 29. 3. 1918. BAR, E 2001 (B) -/1/25 (B 21/161 Petrograd).

511 Vgl. etwa BAR, E 2001 (E) -/13, Einleitung, S. 33. Zum seit Dezember 1917 stark eingeschränkten und 1918 ganz erloschenen Verfügungsrecht der Russlandschweizer über ihre

aufgrund seiner Instruktionen wie auch aus Platzgründen vorerst abgelehnt, gleichzeitig aber über die fortschreitende Nationalisierung der Banken rapportiert hatte, befand das Politische Departement Ende Februar 1918, es sei den Landsleuten im ehemaligen Zarenreich bei der Wahrung ihrer materiellen Interessen zu helfen und die Gesandtschaft entsprechend zu erweitern.[512] Unter der Direktion von Alexandre Crottet wurde nun eine Handels- oder auch *Finanzabteilung* organisiert, mit dem Auftrag, alle Handelsfragen zu erledigen und besonders Vermögenswerte von Schweizerinnen und Schweizern entgegenzunehmen, um sie nach Möglichkeit in die Heimat zu transportieren.[513] Als Mitarbeiter engagierte Crottet unter anderem Henri Urech, den Bruder des Kanzleisekretärs.[514] Am 1. Juni ermächtigte das Politische Departement die Gesandtschaft, Depots in Millionenhöhe zu akzeptieren, ohne jedoch eine verbindliche Verantwortung dafür zu übernehmen.[515] Schon bald ersuchte Crottet um eine Vergrösserung seiner Sektion, während sich das Politische Departement mit Fachleuten beriet, ob nicht eine oder zwei neu zu bildende «offiziöse Institutionen mit Bankcharakter» die anstehenden Probleme besser lösen könnten.[516]

Bankguthaben vgl. R. Bosshardt: *Rapports de la Confédération avec les Soviets depuis la Révolution*, 25. 7. 1923. BAR, E 2001 (E) -/13 (B 67).

512 Die Schaffung einer Handelsabteilung sollte die übrige Gesandtschaft entlasten und frei machen für politische Fragen oder für die Organisation von Rücktransporten in die Schweiz. EPD an die schweizerische Gesandtschaft in Petrograd, 23. 2. 1918. BAR, E 2001 (B) -/1/25 (B 21/161 Petrograd). – Zur anfänglichen, von Odier bedauerten Zurückhaltung Berns betreffend die Annahme von Depots vgl. EPD an die schweizerische Gesandtschaft in Petrograd, 20. 12. 1917. DDS, Bd. 6, Nr. 370; schweizerische Gesandtschaft in Petrograd an das EPD, 24. 12. 1917. Ebd., Nr. 371; schweizerische Gesandtschaft in Petrograd an das EPD, 15. 1. 1918. BAR, E 2300 Petersburg/4; schweizerische Gesandtschaft in Petrograd an das EPD, 12. 2. 1918. BAR, E 2001 (B) -/1/25 (B 21/161 Petrograd).

513 Vgl. schweizerische Gesandtschaft in Petrograd an das EPD, 17. 3. 1918. BAR, E 2001 (B) -/1/25 (B 21/161 Petrograd); EPD an die schweizerische Gesandtschaft in Petrograd, 23. 2. und 29. 3. 1918. Ebd. – Zum Auftrag der Finanzsektion vgl. Junod: Rapport, 21. 5. 1919. BAR, E 2001 (E) -/13 (B 64); ferner R. Bosshardt: *Rapports de la Confédération avec les Soviets depuis la Révolution*, 25. 7. 1923. Ebd. (B 67). – Zur Einrichtung des Depotdienstes vgl. auch *Disparition des Archives et Dépôts de la Légation de Suisse à Pétrograde en 1918/1919* (undatiert, ohne Absender; Stempel: EPD, 24. Nov. 1923). BAR, E 2300 Petersburg/4.

514 Odier an Bundespräsident Calonder, 28. 3./10. 4. 1918. BAR, E 2300 Petersburg/4. Zur schwierigen Personalsuche vgl. Odier an Bundespräsident Calonder, 30. 4. bis 6. 5./13. bis 19. 5. 1918. Ebd.

515 EPD an die schweizerische Gesandtschaft in Petrograd, 1. 6. 1918. BAR, E 2300 Petersburg/4.

516 Finanzabteilung der schweizerischen Gesandtschaft in Petrograd an das EPD, 19. 6. 1918. BAR, E 2001 (B) -/1/25 (B 21/16 Petrograd); EPD an die schweizerische Gesandtschaft in Petrograd, 8. 7. 1918. BAR, E 2300 Petersburg/4. – Zum Drängen Crottets und Odiers auf eine Erweiterung der Finanzabteilung vgl. Odier an das EPD, 19. 7./1. 8. 1918. Ebd.; Odier an das EPD, 9. 8. 1918. BAR, E 2001 (B) -/1/25 (B 21/16 Petrograd); Crottet an das EPD, 11. 9. 1918. Ebd. Gemäss Junod bestand die Sektion neben Crottet aus bis zu zwölf Mitarbeitern, vgl. Junod: Rapport, 21. 5. 1919. BAR, E 2001 (E) -/13 (B 64). – Zu Junods Einschätzung, die

Die beiden anderen 1918 gegründeten Sektionen (Versorgung und Mobiliar) unterstanden in der Praxis dem lokalen Schweizerkomitee und nur mittelbar der Kontrolle der Gesandtschaft, auch wenn sie als diplomatische Einrichtungen galten. Der schwierigen Versorgungslage versuchten die Petrograder Schweizer mit der Einrichtung eines exklusiv für die Angehörigen ihrer Kolonie bestimmten Lebensmittelgeschäfts *(Kooperative)* zu begegnen. Ein solcher Laden, so vermeldete Odier im April 1918, sei im gleichen Gebäude eingerichtet worden, wo sich auch die Gesandtschaftskanzlei befinde.[517] Kurz darauf war zu erfahren, die neue Institution versorge mit ihren «achats en grand obtenus au nom de la Légation» rund 600–700 Landsleute.[518]

Die Gefahr der Enteignung parierten zahlreiche – vor allem abreisende – Schweizerinnen und Schweizer auch damit, dass sie Möbel und anderen Hausrat von ihrer diplomatischen Vertretung fiktiv «nationalisieren» und damit schützen liessen. Das bewachte *Möbellager* der Gesandtschaft enthielt beispielsweise regelrechte Seidenmagazine und wurde, so Odier im Rückblick, sogar von den Sowjets als Schweizer Besitz anerkannt.[519] Übrigens überliessen begüterte Landsleute auch ganze Gebäude der schützenden Obhut der Gesandtschaft, die damit wiederum ihre Miet- und Platzprobleme entschärfen konnte.[520]

Finanzabteilung habe trotz wertvoller Dienste zu wenig effizient gearbeitet und zudem unter Missbräuchen einzelner Angestellter gelitten, vgl. ebd.

517 Odier sprach davon, dass «wir» die Lebensmittel verkaufen, dass also die Gesandtschaft für den Laden zuständig sei. Odier an Bundespräsident Calonder, 28. 3./10. 4. 1918. BAR, E 2300 Petersburg/4. – Junod sprach von einer im März 1918 gegründeten «société coopérative de consommation», die der *section de ravitaillement* zugrunde lag, und verschwieg nicht, dass bei der Beschaffung der Lebensmittel oftmals die Illegalität gestreift wurde; infolge einer Razzia der Roten Garden im Dezember 1918 sei ein grosser Verlust zu beklagen gewesen, und der Verwalter der Kooperative habe Russland verlassen müssen, um der Todesstrafe zu entgehen. Im Dezember 1918 habe die Sektion 16 Angestellte beschäftigt. Junod: Rapport, 21. 5. 1919. BAR, E 2001 (E) -/13 (B 64). In einem Dokument von 1923 heisst es, die Gesandtschaft habe die Kooperative unter ihren Schutz genommen, vgl. R. Bosshardt: *Rapports de la Confédération avec les Soviets depuis la Révolution,* 25. 7. 1923. Ebd. (B 67). – 1922 erhielt die Genfer Regierung einen Bericht über einen Georges Graf, «ancien commerçant à Pétrograd et ex-chef magasinier de la Section alimentaire de la Légation de Suisse pendant le bolchévisme 1918–19». Graf an den Staatsrat des Kantons Genf, 15. 4. 1922. BAR, E 21/16135. – Für Bitten um Lebensmittellieferungen aus der Schweiz vgl. Odier an das EPD, 19. 7./1. 8. 1918. BAR, E 2300 Petersburg/4; Odier an Bundespräsident Calonder, 12. 8. und 26. 10. 1918. Ebd.

518 Odier an Bundespräsident Calonder, 30. 4. bis 6. 5./13. bis 19. 5. 1918. BAR, E 2300 Petersburg/4. – Zu den leeren Lagern der Kooperative und zu einer Einkaufstour nach Samara vgl. Junod an das EPD, 17. 1. 1919. BAR, E 2001 (B) -/1/23 (B 21/133 Petr. 2/1).

519 Odier an Bundesrat Calonder, 15. 4. 1919. BAR, E 2300 Petersburg/4; vgl. auch Junod: Rapport, 21. 5. 1919. BAR, E 2001 (E) -/13 (B 64). Zur Angabe, dass die *section mobilière* im Dezember 1918 neun Personen beschäftigt habe, vgl. ebd.

520 Odier hatte im September 1918 berichtet, die Gesandtschaft habe verschiedene Gebäude zur vorübergehenden Nutzung erhalten, damit die Räumlichkeiten im Gegenzug diplomatisch geschützt seien. Odier an das EPD, 25. 9. 1918. BAR, E 2300 Petersburg/4. – Als Adressen der

Entscheidende Bedeutung für das Funktionieren der Vertretung kam einer intakten Verbindung mit der heimatlichen Zentrale zu. Revolution und Bürgerkrieg brachten allerdings Verzögerungen und Unsicherheiten beim Post-, Telegrafen- und Kurierdienst mit sich – als Folge praktisch-technischer Probleme oder auch im Rahmen von politischem Kalkül und bewusstem Privilegienentzug. Wenn der Bundesrat sowjetische Kuriere in der Schweiz akzeptierte und sich vor Moskauer Protesten gegen deren angebliche Behinderung duckte, so geschah dies mit dem Ziel, im Gegenzug den schweizerischen Kurierdienst nach Petrograd aufrechtzuerhalten.[521] Je nach Verfügbarkeit stellten Telegraf und Kuriere abwechslungsweise den einzigen Verbindungskanal zwischen der Gesandtschaft und dem Politischen Departement dar, wobei stets unsicher blieb, ob abgesandte Mitteilungen den Adressaten erreichen würden.[522] Die

Gesandtschaftssektionen nannte Junod: maison Faberge, rue Morskaïa, 24 (politisch-konsularische und Finanzabteilung); rue de la Poste, 4 (Versorgungs- und Mobiliarabteilung). Junod: Rapport, 21. 5. 1919. BAR, E 2001 (E) -/13 (B 64). – Zur vorherigen Klage Odiers über hohe Mietkosten vgl. Odier an das EPD, 25. 5./7. 6. 1918. BAR, E 2001 (B) -/1/25 (B 21/16 Petrograd). – Auch die Hilfsgesellschaft mit ihrem Home und die reformierte französische Kirche wurden unter den Schutz der Gesandtschaft gestellt, vgl. Junod: Rapport, 21. 5. 1919. BAR, E 2001 (E) -/13 (B 64).

521 Vgl. etwa EPD an die schweizerische Gesandtschaft in Petrograd, 24. 12. 1917. BAR, E 21/ 10363. – Zu schweizerischen Zugeständnissen an den russischen Kurierdienst unter dem Eindruck von Drohungen des Sowjetvertreters Ioffe in Berlin vgl. die Korrespondenz zwischen dem Politischen Departement und der schweizerischen Gesandtschaft in Berlin vom Juni 1918 in: BAR, E 21/10364. Zu einem Protest von Kommissarstellvertreter Karachan gegen die schweizerische Behandlung russischer Kuriere vgl. schweizerisches Konsulat in Moskau an das EPD, 29. 6. 1918. Ebd. – Zur Behinderung von schweizerischen Kurieren als Vergeltung für die Probleme russischer Kuriere vgl. Crottet an das EPD: *Rapport sur la Situation Economique de la Russie en Août 1918*, 8. 8. 1918 (vertraulich). BAR, E 2300 Petersburg/4.

522 Für die Meldung der Gesandtschaft, es sei seit zwei Wochen kein Kurier mehr gekommen, vgl. schweizerische Gesandtschaft in Petrograd an das EPD, 7. 2. 1918. BAR, E 2300 Petersburg/4. Zur Unsicherheit des Kurierdienstes und zum Ausweichen auf den Telegrammverkehr vgl. Odier an Bundespräsident Calonder, 22.–24. 2./7.–9. 3. 1918. Ebd. Für die Feststellung Odiers vom Januar 1918, seine Telegramme erreichten Bern glücklicherweise regelmässig, vgl. Odier an Bundespräsident Calonder, 9./22. 1. 1918. Ebd. Im August 1918 meldete Odier hingegen, der Telegrafendienst funktioniere nicht mehr, so dass der Kurier das letzte Mittel der Kommunikation sei, vgl. Odier an das EPD, 19. 7./1. 8. 1918. Ebd.; Odier an das EPD, 30. 8. 1918. Ebd. Ende 1918 berichtete Junod, Kurier- und Telegrafendienst ins Ausland würden der Gesandtschaft verweigert; es sei aber dennoch gelungen, viele Kuriere nach Stockholm zu schicken, vgl. Junod an Bundespräsident Calonder, 31. 12. 1918. BAR, E 2001 (B) -/1/23 (B 21/133 Petr. 2/1). Für die Mitteilung, die Kuriere seien erneut suspendiert worden, vgl. Junod an das EPD (Eingang: 4. 2. 1919). BAR, E 2001 (E) -/13 (B 63). – Für die Bitte des Politischen Departementes, die Gesandtschaft möge eine Übersicht ihrer Proteste gegen die Verfügungen der Sowjetregierung erstellen, damit man in Bern die Vollständigkeit der eigenen Informationslage überprüfen könne, vgl. EPD an Odier, 8. 10. 1918. BAR, E 2001 (B) -/1/23 (B 21/133 Petrograd 1). Zur Ungewissheit des Politischen Departementes, ob seine Telegramme die Gesandtschaft in Petrograd erreichten, vgl. auch EPD an die schweizerische Gesandtschaft in Petrograd, 25. 11. 1918. BAR, E 2001 (E) -/13 (B 39).

Mission war darauf angewiesen, jede Gelegenheit eines Kuriers zu nutzen; sie versah auch aussenstehende Personen mit diplomatischen Pässen, wenn sie in dieser Hinsicht dienlich sein konnten.[523] Trotzdem sind im Archiv immer wieder Berichte zu finden, an denen die Mitarbeiter der Gesandtschaft über mehrere Tage hinweg schrieben, bevor die Post endlich spediert werden konnte. Seit 1918 verkehrten regelmässig Berufskuriere auf der beschwerlichen, rund zwei Wochen beanspruchenden Route.[524] Neben der eigentlichen Korrespondenz hatten sie Wertsachen in die Schweiz zu transportieren, die der Finanzabteilung der Gesandtschaft anvertraut worden waren.[525] Umgekehrt bat Odier angesichts des Informationsnotstands in Petrograd darum, den Kurieren in der Schweiz Zeitungen mitzugeben.[526] Von den Konsulaten im ehemaligen Zarenreich stand die Gesandtschaft lediglich mit Moskau und Åbo in regelmässigem Kontakt, oft wurde hier die Korrespondenz von reisenden Landsleuten transportiert. Mit den konsularischen Vertretungen im Süden Russlands konnte nur vereinzelt durch Spezialkuriere Verbindung aufgenommen werden.[527] Gesichert wurde die Mission durch eine Schweizergarde, eine rund 30 Mann starke Truppe, die keinen Sold bezog, ihre Dienstzeit aber doppelt an die Militärpflicht in der Schweiz angerechnet erhielt. Eine wichtige Aufgabe der Garde bestand darin, die Finanzabteilung Tag und Nacht zu überwachen.[528]

523 Vgl. Junod an das EPD, 17. 1. 1919. BAR, E 2001 (B) -/1/23 (B 21/133 Petr. 2/1). Zum Beispiel fungierte der zurückgetretene und mit einem Repatriierungszug in die Schweiz zurückkehrende Kanzleisekretär Furrer als Kurier, vgl. Odier an das EPD, 25. 5./7. 6. 1918. BAR, E 2001 (B) -/1/25 (B 21/16 Petrograd); Odier an Bundespräsident Calonder, 27. 5./9. 6. 1918. BAR, E 2300 Petersburg/4. – Zu einer Note, in der die Gesandtschaft die Sowjetbehörden wissen liess, sie könne ohne Kuriere nicht existieren, vgl. Aktennotiz Hugo Roggen, 21. 1. 1919. BAR, E 2001 (E) -/13 (B 63).

524 EMD an den Armeestab, 20. 6. 1918. BAR, E 21/10366. Zu Fragen der technischen Abwicklung und der Route des Kurierdienstes vgl. etwa Odier an das EPD, 18. 7. 1918. BAR, E 2001 (B) -/1/23 (B 21/133 Petrograd 1). Zu den Bestrebungen des Politischen Departements, auch die Verbindungen des IKRK oder anderer internationaler Institutionen für den Schweizer Kurierdienst nach Russland zu nützen, vgl. Memorandum Thurnheer, 30. 12. 1918. BAR, E 2300 Petersburg/4.

525 Vgl. Odier an das EPD, 25. 9. 1918. BAR, E 2300 Petersburg/4; Junod an das EPD, 17. 1. 1919. BAR, E 2001 (B) -/1/23 (B 21/133 Petr. 2/1).

526 Vgl. etwa Odier an Bundespräsident Calonder, 26. 10. 1918. BAR, E 2300 Petersburg/4. – Für die Bitte Junods, mit den Kurieren auch Lebensmittel nach Russland zu schicken sowie einen Kurierdienst für Privatkorrespondenz zu organisieren, da die Landsleute seit Monaten ohne Nachrichten von ihren Verwandten seien, vgl. Junod an das EPD, 17. 1. 1919. BAR, E 2001 (B) -/1/23 (B 21/133 Petr. 2/1).

527 Odier an Bundespräsident Calonder, 28. 3./10. 4. 1918. BAR, E 2300 Petersburg/4; Odier an das EPD, 18. 7. 1918. BAR, E 2001 (B) -/1/23 (B 21/133 Petrograd 1); Junod: Rapport, 21. 5. 1919. BAR, E 2001 (E) -/13 (B 64).

528 Vgl. ebd.; ferner Odier an Bundespräsident Calonder, 30. 4. bis 6. 5./13. bis 19. 5. 1918. BAR, E 2300 Petersburg/4. – Nach der Februarrevolution hatte Odier eine von den russischen Übergangsbehörden angebotene Wachmannschaft abgelehnt, vgl. Odier an Bundesrat Hoffmann, 2./15. 3. 1917. BAR, E 2300 Petersburg/3.

3.3.1.3. Gesandtschaft und Kolonie

Im November 1918 berichtete die Gesandtschaft, die Schweizerkolonie habe bisher keine ernsthaften Schwierigkeiten mit dem Bolschewikenregime erfahren[529] – ein Bescheid, der an der Normalität des widrigen revolutionären Alltags zu relativieren ist. Denn trotz ihrer offensichtlichen Privilegierung kamen auch die Schweizer in Petrograd nach dem Sturz des Zarenregimes zu erheblichem Schaden. Meist handelte es sich um materielle Verluste im Zusammenhang mit Arbeitermeutereien, Strassenkämpfen oder Enteignungsmassnahmen.[530] Schweizerinnen und Schweizer erlitten in den revolutionären Wirren aber verschiedentlich auch Freiheitsentzug und körperliche Misshandlung.[531] Immer wieder vermeldete die Gesandtschaft überdies akuten Versorgungsnotstand und Hunger.[532] Unter diesen Bedingungen entschlossen sich zahlreiche, oft mittellos gewordene Landsleute zur Rückkehr in die Heimat; ungeduldig

---

529 Odier an Bundespräsident Calonder, 5. 11. 1918. BAR, E 2300 Petersburg/4. – Zum Befund der niederländischen Diplomatie, die Schweizerkolonie in Petrograd erfreue sich dank der angesehenen Stellung Odiers, dank des Schweizerkomitees, der Schweizergarde und der Einquartierung in einem früheren Juweliersgeschäft mit sicheren Kassenschränken eines guten Schutzes, vgl. schweizerische Gesandtschaft in Den Haag an Bundespräsident Calonder, 30. 11. 1918. BAR, E 2001 (B) -/1/23 (B 21/133 Petr. 2/1).

530 Zu materiellen Schädigungen während der Februarrevolution vgl. schweizerische Gesandtschaft in Petrograd an das EPD, 14. 3. 1917. BAR, E 2300 Petersburg/3; Odier an Bundesrat Hoffmann, 2./15. 3. 1917. Ebd. Zur Bedrängnis von Schweizer Fabrikanten durch aufmüpfige Arbeiter vgl. Odier an Bundesrat Hoffmann, 6./19. 5. 1917. Ebd. – Zur Beschlagnahmung und zum Niedergang von Schweizer Betrieben nach der Oktoberrevolution vgl. etwa schweizerische Gesandtschaft in Petrograd an das EPD, 15. 1. 1918. BAR, E 2300 Petersburg/4; Odier an Bundespräsident Calonder, 28. 3./10. 4. 1918. Ebd. – Für Berichte zur Nationalisierung bzw. «Desorganisation» des Bankenwesens vgl. etwa schweizerische Gesandtschaft in Petrograd an das EPD (Eingang: 18. 12. 1917). BAR, E 2300 Petersburg/3; schweizerische Gesandtschaft in Petrograd an das EPD, 15. 1. 1918. BAR, E 2300 Petersburg/4; Odier an Bundespräsident Calonder, 9./22. 1. 1918. Ebd.; schweizerische Gesandtschaft in Petrograd an das EPD, 7. 2. 1918 (zwei Telegramme). Ebd.; Odier an Bundespräsident Calonder, 26. 10. 1918. Ebd. Konkret zur Beeinträchtigung der Russlandschweizer durch die Nationalisierung der Banken vgl. etwa R. Bosshardt: *Rapports de la Confédération avec les Soviets depuis la Révolution*, 25. 7. 1923. BAR, E 2001 (E) -/13 (B 67).

531 Zur (vorübergehenden) Verhaftung von Schweizern nach der Oktoberrevolution vgl. schweizerische Gesandtschaft in Petrograd an das EPD, 19. 3. 1918. BAR, E 2300 Petersburg/4; Odier an Bundespräsident Calonder, 28. 3./10. 4. 1918. Ebd. Zum Zustand des Terrors mit willkürlichen Verhaftungen, Plünderungen und bewaffneten Gruppen, die Tag und Nacht in private Wohnungen eindrangen, vgl. Odier an Bundespräsident Calonder, 9. 9. 1918. Ebd. Hier auch die Meldung, zwei russisch naturalisierte ehemalige Schweizer seien wahrscheinlich in einem bolschewistischen Massaker umgekommen, während eigentliche Schweizer bisher vermutlich keine körperliche Gewalt erfahren hätten. – Zu Verhaftungen im Juni 1919 vgl. unten S. 517.

532 Odier an Bundesrat Hoffmann, 6./19. 5. 1917. BAR, E 2300 Petersburg/3; Odier an Bundespräsident Calonder, 9./22. 1., 28. 3./10. 4. und 26. 10. 1918. BAR, E 2300 Petersburg/4; Odier an das EPD, 13. 9. 1918. Ebd. Vgl. auch Odier an Bundesrat Calonder, 15. 4. 1919. Ebd.

warteten sie auf eine Transportmöglichkeit.[533] Die Verbleibenden, so schrieb Odier erfreut, hielten energisch zusammen: «Je constate avec satisfaction qu'un esprit de dévouement et de solidarité règne parmi les membres de la colonie et constitue une force morale réjouissante dans cette atmosphère de veulerie générale de la population russe.»[534]

Nach der Ausweisung der Mission Berzin aus der Schweiz warnte Junod vor einer gefährlichen Zuspitzung der Lage der Kolonie.[535] Im Mai 1919 stellte er dann aber fest, nie hätten russische Repressionsmassnahmen seine Landsleute ernsthaft bedroht.[536]

Schon vor 1917 hatten sich die Schweizerkolonien in Russland mit lokalen Hilfsgesellschaften und Schweizervereinen eigenständige, wenn auch meist eng mit der jeweiligen diplomatischen oder konsularischen Vertretung verbundene Strukturen geschaffen. Unter den Bedingungen der Revolution kam nun namentlich dem gegenseitigen landsmännischen Beistand neue Aktualität zu. Eine von Odier geleitete Generalversammlung der Petrograder Kolonie billigte am 3./16. März 1918 die Tätigkeit eines zur Wahrung schweizerischer Interessen konstituierten Komitees und beschloss gleichzeitig die Bildung eines umfassenderen *Comité des Colonies Suisses en Russie,* an dem sich die verschiedenen Schweizer Konsuln sowie Vertreter jedes Konsulatsbezirks beteiligen sollten.[537] Im Dezember 1918 berichtete Junod, die Petrograder Kolonie komme jeden Sonntag unter seiner Leitung zu einer Generalversammlung zusammen, während sich das Schweizerkomitee fast täglich in der Gesandtschaft treffe.[538] Der neue Ministerresident ärgerte sich freilich auch darüber, dass das Komitee zu Odiers Zeiten Kompetenzen angehäuft hatte, die eigentlich nur der Gesandtschaft zustanden.[539]

533 An einem Montag im Januar 1918 fanden sich beispielsweise über 60 abreisewillige Landsleute auf der Gesandtschaft ein, vgl. Odier an Bundespräsident Calonder, 9./22. 1. 1918. BAR, E 2300 Petersburg/4; vgl. auch Odier an das EPD, 9./16. (sic) 6. und 13. 9. 1918. Ebd. – Zur behördlichen Organisation der Rückreise vgl. unten S. 548–554.

534 Odier an Bundespräsident Calonder, 30. 4. bis 6. 5./13. bis 19. 5. 1918. BAR, E 2300 Petersburg/4. Zur Solidarität und Loyalität in der Kolonie vgl. auch Odier an das EPD, 9./16. (sic) 6. 1918. Ebd.; Junod an Bundespräsident Calonder, 14. 12. 1918. BAR, E 2001 (B) -/1/23 (B 21/133 Petr. 2/1).

535 Schweizerische Gesandtschaft in Petrograd an das EPD, Ende November 1918 (Eingang: 28. 11. 1918). DDS, Bd. 7-I, Nr. 31.

536 Junod: Rapport, 21. 5. 1919. BAR, E 2001 (E) -/13 (B 64).

537 Vgl. Komitee der Schweizerkolonien in Russland an Vizekonsul Suter, 31. 3. 1918. BAR, E 2200.157 1967/42, Bd. 10/63. Zur Bildung eines Ausschusses der Kolonie, der die Arbeit der Gesandtschaft unterstützen sollte, vgl. schweizerische Gesandtschaft in Petrograd an das EPD, 17. 3. 1918. BAR, E 2001 (B) -/1/25 (B 21/161 Petrograd). Zu den regelmässig unter dem Vorsitz von Jules Ramseyer abgehaltenen Sitzungen der *commission consultative* bzw. des *comité des colonies suisses* vgl. Odier an Bundespräsident Calonder, 28. 3./10. 4. und 30. 4. bis 6. 5./13. bis 19. 5. 1918. BAR, E 2300 Petersburg/4.

538 Junod an Bundespräsident Calonder, 14. 12. 1918. BAR, E 2001 (B) -/1/23 (B 21/133 Petr. 2/1).

539 Besonders irritierend erschien Junod die Rolle der grauen Eminenz, die Konsul Mantel (Riga)

Allgemein lässt sich nach der Oktoberrevolution eine forcierte Verflechtung von Gesandtschaft und Kolonie beobachten.[540] Notmassnahmen wie Depotservice, Lebensmittelbeschaffung, Repatriierungsunterstützung, präventive Nationalisierungen oder Demarchen gegen Enteignungsverluste und Verhaftungen vervielfachten die Betreuungsleistungen der Mission;[541] umgekehrt stellten Mitglieder der Kolonie ihre engagierte Arbeitskraft, ihr Können und, wir haben es gesehen, bisweilen auch ihre Immobilien in den Dienst der Gesandtschaft.[542] Als Letztere Russland verliess, vermerkte das Komitee der Schweizerkolonien: «Überall arbeitete die Legation mit grösster Energie und erreichte auch fast immer das gewünschte Resultat, sodass wir mit Recht sagen können, dass wir es dem festen Eingreifen der Legation zu verdanken haben, wenn bis jetzt der grösste Teil schweizerischen Eigentums und viele, viele Existenzen von Schweizern gerettet werden konnten.»[543]

3.3.1.4. Die Kommunikation mit den sowjetrussischen Behörden

Halten wir fest: Der diplomatische Posten in Petrograd konnte trotz unverhohlener Drohungen der Sowjetbehörden auch nach der Oktoberrevolution seine Arbeit zugunsten der Landsleute mehr oder weniger ungehindert weiterfüh-

im Schweizerkomitee und bis zu einem gewissen Grade auch in der Gesandtschaft spielte, vgl. Junod an Paravicini, 18. 1. 1919. BAR, E 2001 (B) -/1/23 (B 21/133 Petrograd 1). Zur Führungsrolle Mantels in der Petrograder Kolonie vgl. auch schweizerische Gesandtschaft in Petrograd an das EPD, 17. 3. 1918. BAR, E 2001 (B) -/1/25 (B 21/161 Petrograd). Zum Aufenthalt Mantels in Petrograd vgl. unten S. 528.

540 Ähnliches liess sich nach der Februarrevolution ja bereits bei der russischen Vertretung in Bern beobachten, wo Geschäftsträger Onu plötzlich mit dem bisherigen Dissidenten Bagockij kooperierte, vgl. oben S. 425–427.

541 Vgl. Junod: Rapport, 21. 5. 1919. BAR, E 2001 (E) -/13 (B 64). – Für eine Mitteilung vom Oktober 1918, wonach die Gesandtschaft bisher die Landsleute vor den schlimmsten Schikanen habe schützen können, vgl. Odier an Bundespräsident Calonder, 26. 10. 1918. BAR, E 2300 Petersburg/4. Für die Einschätzung, die Demarchen der Gesandtschaft seien im Allgemeinen erfolgreich gewesen, vgl. Junod: Rapport, 21. 5. 1919. BAR, E 2001 (E) -/13 (B 64). Zu einer finanziellen Unterstützung der schweizerischen Hilfsgesellschaft in Petrograd durch die Gesandtschaft vgl. Junod an Bundespräsident Calonder, 5. 12. 1918. BAR, E 2001 (B) -/1/23 (B 21/133 Petr. 2/1).

542 Für finanzielle Beratung stellten sich etwa die Brüder Ramseyer zur Verfügung, vgl. schweizerische Gesandtschaft in Petrograd an das EPD, 12. 2. 1918. BAR, E 2300 Petersburg/4. Zur Vermittlungstätigkeit eines mit Lenin persönlich bekannten Heinrich Müller vgl. Aktennotiz Hugo Roggen, 21. 1. 1919. BAR, E 2001 (E) -/13 (B 63); Vizekonsul Suter an das EPD, 3. 12. 1918. Švejcarija – Rossija, Nr. 123, S. 326 f. – Allgemein zur Mitarbeit von Vertrauensleuten aus den Kolonien während der Revolutionswirren vgl. auch Benziger, Beziehungen der Schweiz mit Russland, S. 23.

543 Komitee der Schweizerkolonien in Russland an das EPD, 26. 2. 1919. BAR, E 2001 (B) -/1/23 (B 21/133 Petr. 2/1).

ren.[544] Junod erkannte ein lebhaftes Interesse der neuen russischen Machtha-
ber, mindestens mit einer Nation – eben mit der kleinen, neutralen Schweiz –
Beziehungen zu unterhalten und sich so der Illusion hinzugeben, vom Rest der
Welt nicht gänzlich abgeschnitten zu sein.[545] Im Kontakt mit den russischen
Amtsstellen waren allerdings auch für die schweizerische Gesandtschaft mar-
kante Veränderungen eingetreten.

Der thematische Fokus fast aller Gespräche, ich habe es schon erwähnt, verengte sich auf die Sicherheit der Russlandschweizerinnen und Russlandschweizer
sowie auf die Organisation ihrer Abreise. Russischerseits stand nach der Aus-
weisung der Sowjetmission aus der Schweiz die Frage der Wiederzulassung eines
Sowjetdelegierten in der Eidgenossenschaft im Zentrum des Interesses.[546]

Was die Formen des Kontaktes betrifft, so setzten die revolutionäre Brüskierung der etablierten Diplomatie, die Unfestigkeit der neuen sowjetrussischen
Institutionen, der Umzug der Zentralbehörden nach Moskau und auch die bundesrätliche Nichtanerkennung des Bolschewikenregimes grundlegende Rahmenbedingungen bisheriger Kommunikation ausser Kraft. An die Stelle des
behäbigen, aber kalkulierbaren offiziellen Zeremoniells traten ein weitgehend
formloser mündlicher De-facto-Verkehr, Unberechenbarkeit, Mühseligkeit und
Willkür.[547] Es waren nun nicht mehr stilsicher abgefasste Noten, welche bilaterale Anliegen in erster Linie beförderten, sondern nervtötende Diskussionen in
der persönlichen Begegnung mit oft subalternen und in ihrer Kompetenz schwer
durchschaubaren Sowjetführern.[548] Bestechung mit Süssigkeiten scheint sich

---

544 Vgl. Junod: Rapport, 21. 5. 1919. BAR, E 2001 (E) -/13 (B 64); R. Bosshardt: *Rapports de la
Confédération avec les Soviets depuis la Révolution*, 25. 7. 1923. Ebd. (B 67).

545 Junod an Bundespräsident Calonder, 31. 12. 1918. BAR, E 2001 (B) -/1/23 (B 21/133 Petr. 2/1);
vgl. auch Odier an Bundesrat Calonder, 15. 4. 1919. BAR, E 2300 Petersburg/4.

546 Vgl. unten S. 503.

547 Für die Instruktion an den neuen Ministerresidenten Junod, mit der nicht anerkannten Sowjetregierung De-facto-Beziehungen zu pflegen, ohne Akkreditierungspapiere zu überreichen, vgl.
EPD an Junod, 18. 8. 1918. BAR, E 2001 (E) -/13 (B 57). – Für die Bitte Berzins an die
Moskauer Zentrale, mit Junod keinen schriftlichen Verkehr zu pflegen, da es auch der Bundesrat mit ihm, Berzin, so halte, vgl. Berzin an Čičerin, 2. 10. 1918. Rossija – Švejcarija, Nr. 117,
S. 222. – Odier hatte schon im Dezember 1917 von einer «absence de formes et de garanties qui
est déconcertante» gesprochen. Und im gleichen Schreiben hiess es: «C'est le désordre, la
confusion, l'ignorance qui prétendent diriger les destinées de cette population.» Odier an das
EPD, 25. 11./8. 12. 1917. BAR, E 2300 Petersburg/3. – Zur Aufrechterhaltung einer gewissen
administrativen Routine des russischen Staatsapparates durch die Weiterbeschäftigung bisheriger Angestellter vgl. Odier an Bundesrat Calonder, 15. 4. 1919. BAR, E 2300 Petersburg/4. Zur
Schwierigkeit, mit der nach Moskau umgezogenen Regierung in Kontakt zu bleiben, vgl. Odier
an Bundespräsident Calonder, 30. 4. bis 6. 5./13. bis 19. 5. 1918. Ebd. Zur Einschätzung, dass
Vizekonsul Suter in Moskau nicht die nötige Autorität besitze, um mit den Sowjetbehörden
effizient zu verhandeln, weshalb wiederholt Gesandtschaftssekretär Bruggmann in die neue
Hauptstadt habe reisen müssen, vgl. Odier an das EPD, 24. 8. 1918. BAR, E 2001 (E) -/13 (B 52).
Zur Undurchschaubarkeit der Absichten und zur Willkür der Sowjetbehörden vgl. Junod an
Bundespräsident Calonder, 31. 12. 1918. BAR, E 2001 (B) -/1/23 (B 21/133 Petr. 2/1).

548 Zur Unzuverlässigkeit des schriftlichen Verkehrs und zur zeitraubenden Notwendigkeit, per-

dabei zu einem effizienten Instrument schweizerischer Aussenpolitik entwickelt zu haben.[549] Im Übrigen zeigten einzelne Sowjetbeamte mehr Interesse am direkten Kontakt mit der Schweizerkolonie als an Gesprächen mit diplomatischen Vertretern.[550] Rückblickend erkannte Odier nicht in Garantien und Regeln, sondern in punktuell ausgehandeltem Einverständnis den Schlüssel jedes Einvernehmens mit den Bol'ševiki: «Car il s'agit en effet de s'entendre; on ne peut invoquer ni droit international ni équité, tout dépend du libre arbitre de ces êtres malfaisants sans foi ni loi, et l'on frémit en songeant au pouvoir que de tels hommes se sont arrogé alors qu'ils ne connaissent ni frein ni pitié.»[551]

3.3.1.5. Die Rückkehr der Gesandtschaft und der definitive Abbruch der diplomatischen Beziehungen

Seit Ende Oktober 1918 beklagte der Sowjetgesandte Berzin in Bern eine massive, namentlich in der Presse spürbare Verschlechterung der Beziehungen mit den Schweizern.[552] Berzin plädierte gegenüber der Moskauer Zentrale dafür, den Terror in Russland zurückzunehmen, um eine weitere feindselige Mobilisierung der öffentlichen Meinung durch die «Banditen des Weltimperialismus» zu verhindern.[553] Doch wenn die Ausweisung der Sowjetmission kurz darauf den Niedergang schweizerisch-russischer Kontakte auf dem eidgenössischen Schauplatz zum Ausdruck brachte, so bildete nur Tage später eine mutmasslich bolschewistische Attacke gegen die schweizerische Gesandtschaft in Petrograd den Auftakt zu einem «unerträglichen Verhältnis»[554] auch in Russland.
Als Albert Junod am 11. November (seinem ersten Amtstag in Russland) von der Ausweisung Berzins aus der Schweiz erfuhr, traf er verschiedene Vorsichts-

sönlich bei den Behörden vorzusprechen, vgl. Odier an das EPD, 25. 11./8. 12. 1917. BAR, E 2300 Petersburg/3; Odier an das EPD, 24. 8. 1918. BAR, E 2001 (E) -/13 (B 52). Für eine Klage Odiers über die ständigen arbeitsbehindernden Diskussionen mit Sowjetvertretern vgl. Odier an Bundespräsident Calonder, 26. 10. 1918. BAR, E 2300 Petersburg/4.

549 Vgl. Odier an Bundesrat Calonder, 15. 4. 1919. BAR, E 2300 Petersburg/4. Zur «für Bürger eines demokratischen Staates widerwärtigen» Notwendigkeit der Bestechung vgl. auch Vizekonsul Suter an das EPD, 7. 2. 1919. BAR, E 2001 (B) -/1/23 (B 21/133 Petr. 2/1).

550 Vgl. etwa R. Bosshardt: *Rapports de la Confédération avec les Soviets depuis la Révolution*, 25. 7. 1923. BAR, E 2001 (E) -/13 (B 67); ferner Odier an Bundesrat Calonder, 15. 4. 1919. BAR, E 2300 Petersburg/4.

551 Ebd.

552 Vgl. Berzin an Čičerin, 26. 10. 1918. AVPRF, f. 04, op. 46, p. 281, d. 54035, ll. 135–137; Berzin an Čičerin, 1. 11. 1918. AVPRF, f. 141, op. 3, p. 101, d. 4, ll. 18–19. Schon im Juli hatte sich Berzin freilich über sowjetfeindliche Berichte in der Schweizer Presse beklagt, vgl. Berzin an das NKID, 25. 7. 1918. AVPRF, f. 04, op. 46, p. 281, d. 54035, ll. 36–38.

553 Berzin an Čičerin, 26. 10. 1918 (aus dem Russischen). AVPRF, f. 04, op. 46, p. 281, d. 54035, ll. 135–137.

554 R. Bosshardt: *Rapports de la Confédération avec les Soviets depuis la Révolution*, 25. 7. 1923. BAR, E 2001 (E) -/13 (B 67).

massnahmen. Die Gesandtschaft verbrannte instruktionsgemäss politisch relevante Dokumente und kontaktierte die skandinavischen Vertretungen im Hinblick auf eine allfällige Übernahme der Schweizer Interessen; mit einer
Vergeltungsausweisung oder verschärften Repressionen war zu rechnen.[555] Mitarbeiter der Finanzsektion verpackten in der Nacht auf den 12. November
Wertsachen, Dokumente und Geld in über 20 Koffern, von denen die meisten
in ein Zimmer der norwegischen Gesandtschaft transportiert wurden. Am Abend
des 19. November, als Junod zu Gesprächen in Moskau weilte, erhielt das
externe Wertsachendepot Besuch von bewaffneten Männern. Die beiden Schweizer Wachen liessen sich übertölpeln, da sie zunächst glaubten, es handle sich
um eine offizielle Haussuchung. 21 Koffer wurden von den Unbekannten weg-
geschafft, gefüllt mit Wertsachen und Gesandtschaftsakten.[556] Das Politische
Departement erkannte sofort einen Zusammenhang mit der Ausweisung der
Sowjetmission und instruierte Junod am 25. November, unter Hinweis auf die
kulanten Ausreisebedingungen Berzins energisch gegen den Raub zu protestieren und Rückerstattung zu verlangen.[557] Die Sowjetbehörden dementierten
freilich Meldungen, wonach ihre Truppen das Schweizer Zimmer der norwegischen Gesandtschaft heimgesucht hätten; vielmehr handle es sich um eine
gemeine Diebesbande, nach der nun gefahndet werde.[558] Auch wenn darauf der
Bundesrat beschwichtigte, Bundespräsident Calonder habe nicht die russische
Regierung als Urheberin des Diebstahls bezeichnet[559] – für die schweizerische

---

555 Zum Umstand, dass die schweizerische Aussenpolitik nach der Ausweisung der Sowjetmission
auch eine Ausweisung der eigenen Gesandtschaft aus Russland erwartete, vgl. schweizerisches
Konsulat in Åbo an das EPD, 19. 11. 1918. BAR, E 2001 (B) -/1/23 (B 21/133 Petr. 2/1); EPD
an die schweizerische Gesandtschaft in Rom, 21. 11. 1918. Ebd.

556 Zu den Ereignissen vgl. Junod an das EPD, 28. 11. 1918. Švejcarija – Rossija, Nr. 121;
schweizerische Gesandtschaft in Petrograd (Bruggmann) an das EPD, 21. 11. 1918. DDS,
Bd. 7-I, Nr. 26. Die Berichte von Bruggmann und Junod weisen eine Differenz bei der Anzahl
der in die norwegische Gesandtschaft transportierten Koffer auf (26 bzw. 22). Vgl. auch Junod:
Rapport, 21. 5. 1919. BAR, E 2001 (E) -/13 (B 64); *Disparition des Archives et Dépôts de la
Légation de Suisse à Pétrograde en 1918/1919*. BAR, E 2300 Petersburg/4; R. Bosshardt:
Rapports de la Confédération avec les Soviets depuis la Révolution, 25. 7. 1923. BAR, E 2001
(E) -/13 (B 67); Le Journal, 29. 12. 1918. Ebd. (B 59). – Der Entscheid, die Wertsachen
auszulagern, war von Junod im Einvernehmen mit dem höheren Gesandtschaftspersonal ge-
troffen worden und stellte nicht zuletzt eine Reaktion auf umfangreiche Beschlagnahmungen
in anderen Vertretungen dar, vgl. Junod an das EPD, 28. 11. 1918. Švejcarija – Rossija, Nr. 121,
S. 317 f. Ein Teil der Wertsachen war der schwedischen Gesandtschaft zur Spedition übergeben worden, vgl. schweizerische Gesandtschaft in Petrograd (Bruggmann) an das EPD, 21. 11.
1918. DDS, Bd. 7-I, Nr. 26, S. 38. – Für Inventare des Raubguts vgl. BAR, E 2001 (B) -/1/23
(B 21/133 Petr. 2/1).

557 EPD an das schweizerische Konsulat in Kristiania, 25. 11. 1918. BAR, E 2001 (B) -/1/23 (B 21/
133 Petr. 2/1). Der Kontakt zwischen dem Politischen Departement und der Gesandtschaft in
Petrograd vollzog sich in dieser Phase durch Vermittlung des Konsulats in Kristiania (Oslo)
und der norwegischen Regierung. Zur Benachrichtigung Berns über den Vorfall vgl. schweizerisches Konsulat in Kristiania an das EPD, 22. 11. 1918. Ebd.

558 Radio «A tous», 6. 12. 1918. AVPRF, f. 141, op. 2, p. 1, d. 1, l. 126.

Diplomatie blieb klar, dass es sich bei dem Überfall um eine behördlich inszenierte oder zumindest geduldete Aktion handelte.[560] Verheerend war der Vorfall für die Schweizerkolonie, hatten doch die meisten Landsleute ihr Vermögen auf der Gesandtschaft deponiert und nun viel oder alles verloren. Junod mochte die Verantwortung nicht alleine tragen; er wies darauf hin, dass das Schweizerkomitee und auch die Generalversammlung der Kolonie über die Auslagerung der Wertsachen informiert worden waren, ohne dass sich Widerstand geregt hätte. Der Ministerresident schätzte nur schon den deklarierten Wert des Raubguts auf rund 5 Millionen Rubel und bat den Bundesrat angesichts der wirtschaftlichen Notlage und des Hungers in Petrograd zu prüfen, auf welche Weise zumindest die kleineren Depots zurückerstattet werden könnten. Junod scheute sich umso weniger, Bern um Hilfe anzugehen, als er in den bundesrätlichen Massnahmen gegen den Bolschewismus den Hauptgrund für die Leiden der Russlandschweizer erblickte: «Voilà aussi pourquoi j'espère que la Confédération et la nation suisse sympathiseront à ces souffrances, dont la cause première est la mesure prise par le Conseil fédéral pour lutter en Suisse contre le socialisme révolutionnaire et le bolchevisme. Les victimes sont ceux qui en Russie ont déjà tant eu à endurer du régime bolchevique et qui viennent de perdre toutes leurs économies à un moment où chacun doit faire appel à son capital pour vivre.»[561] Konkret forderte Junod einen Kredit von einer Million Rubel, um die verloren gegangenen Depositen teilweise abgelten und Notleidenden helfen zu können.[562] Ohne eine verpflichtende Haftung für die Verluste anzuerkennen, willigte der Bundesrat am 4. Dezember ein.[563] Die Gesandtschaft äufnete mit Mitteln begüterter Landsleute zudem einen Hilfsfonds vor Ort.[564]

559 EPD an das schweizerische Konsulat in Kristiania, 7. 12. 1918. BAR, E 2001 (E) -/13 (B 62). Für die Richtigstellung, es sei lediglich von einem unter dem Vorwand einer Haussuchung begangenen Diebstahl gesprochen worden, vgl. Mitgeteilt, 10. 12. 1918. Ebd.
560 Vgl. etwa Junod: Rapport, 21. 5. 1919. BAR, E 2001 (E) -/13 (B 64). Feldscher spricht von einem Überfall, «der sehr wahrscheinlich von Sowjetseite inszeniert worden ist». BAR, E 2001 (E) -/13, Einleitung, S. 35. – Zur Fahndung nach den Missetätern vgl. Junod an Bundespräsident Calonder, 11. 12. 1918. BAR, E 2001 (B) -/1/23 (B 21/133 Petr. 2/1).
561 Junod an das EPD, 28. 11. 1918. Švejcarija – Rossija, Nr. 121, S. 320; vgl. auch Junod an das EPD (Eingang: 4. 2. 1919). BAR, E 2001 (E) -/13 (B 63). – Im Bundesrat wurde im Zusammenhang mit dem Raubgut die Zahl von 10 Millionen Franken genannt. Geheimes Protokoll der Sitzung des Bundesrates, 29. 11. 1918. BAR, E 1005 -/2, Bd. 1.
562 Vgl. schweizerische Gesandtschaft in Petrograd an das EPD, Ende November 1918 (Eingang: 28. 11. 1918). DDS, Bd. 7-I, Nr. 31; Junod an das EPD, 28. 11. 1918. Švejcarija – Rossija, Nr. 121.
563 Vgl. EPD an den Bundesrat (Präsidialverfügung, 4. 12. 1918). DDS, Bd. 7-I, Nr. 45, hier auch S. 73, Anm. 4; ferner Reimann, Funktionen, S. 28. An die Gesandtschaft in Petrograd erging die Weisung, Vorschüsse im Umfang von höchstens 500'000 Franken zu gewähren. Vgl. EPD an die schweizerische Gesandtschaft in Rom, 7. 12. 1918. BAR, E 2001 (B) -/1/23 (B 21/133 Petr. 2/1). – Zu staatlichen Hilfsmassnahmen zugunsten der bedrängten Russlandschweizer vgl. auch unten S. 541–544.
564 Vgl. Junod: Rapport, 21. 5. 1919. BAR, E 2001 (E) -/13 (B 64).

Der Raubüberfall vom 19. November stellte die spektakulärste (mutmassliche) russische Reaktion auf die Ausweisung Berzins aus der Schweiz dar, auf diesen Fusstritt eines Esels, um mit Radek zu sprechen.[565] Ebenso bedeutend nahm sich aber die vermehrte Behinderung des Kurier- und die Unterbindung des Chiffre-Telegrafendienstes aus.[566] Die langsame und unsichere Kommunikation mit der Zentrale führte regelmässig zu sich kreuzenden, bei ihrer Ankunft nicht mehr aktuellen Mitteilungen oder Instruktionen, und Junod sah sich in der Hektik der Krise gezwungen, weitgehend eigene Entscheidungen zu treffen.[567] Der Bundesrat hatte betont, die Aufhebung der Berner Sowjetdelegation bedeute nicht den Abzug der schweizerischen Gesandtschaft in Petrograd;[568] entsprechend teilte Junod Volkskommissar Čičerin am 15. November mit, er betrachte die diplomatischen Beziehungen nicht als abgebrochen.[569] Ausgerechnet die wenig optimal verlaufene Ausschaffung der Sowjetmission diente nun als Begründung eines gewissermassen juristischen Anspruchs auf korrekte Behandlung der schweizerischen Gesandtschaft, indem immer wieder der kontrollfreie Abzug Berzins in Erinnerung gerufen wurde. Ausserdem erwartete der Bundesrat, dass allen Schweizerinnen und Schweizern eine freie Ausreise aus Russland erlaubt werde, wie sie auch den Russinnen und Russen in der Schweiz offen stehe.[570]

565 Vgl. Junod an das EPD, 28. 11. 1918. Švejcarija – Rossija, Nr. 121, S. 318. Ein Kommissar habe die Ausweisung der Sowjetmission auch einen «vigoureux soufflet d'une petite nation» genannt. Ebd.

566 Vgl. Junod: Rapport, 21. 5. 1919. BAR, E 2001 (E) -/13 (B 64); Junod an Bundespräsident Calonder, 1. 12. 1918. Švejcarija – Rossija, Nr. 122, S. 324; R. Bosshardt: *Rapports de la Confédération avec les Soviets depuis la Révolution*, 25. 7. 1923. BAR, E 2001 (E) -/13 (B 67).

567 Am 6. Februar 1919 bedankte sich Junod beispielsweise für ein Schreiben des Politischen Departementes vom 25. November 1918. Junod an das EPD, 6. 2. 1919. Švejcarija – Rossija, Nr. 130, S. 340. In seinem Demissionsschreiben vom 9. Juni 1919 wies Junod ausdrücklich darauf hin, dass er in Petrograd oftmals ohne Instruktionen des Politischen Departementes handeln und wichtige Entscheidungen selbst treffen musste. Junod an Bundesrat Calonder, Lausanne, 9. 6. 1919. BAR, E 2500 -/1, Bd. 26, Mappe Junod.

568 Vgl. *Aktennotiz betr. Audienz Berzine bei Calonder betr. den Abbruch der Beziehungen*, 8. 11. 1918. BAR, E 21/10393. – Eine weitergeführte diplomatische Vertretung in Petrograd schien die relative Privilegierung der Russlandschweizer am besten sichern bzw. eine drohende Gleichstellung mit der russischen Bevölkerung am ehesten verhindern zu können, vgl. Memorandum Thurnheer, 27. 12. 1918. BAR, E 2001 (B) -/1/23 (B 21/133 Petr. 2/1).

569 Schweizerische Gesandtschaft in Petrograd an Čičerin, 15. 11. 1918. AVPRF, f. 141, op. 2, p. 1, d. 1, l. 95. Eine Kopie findet sich als l. 97; dort ist das Telegramm auf den 14. November datiert, der Erhalt allerdings auch mit dem 15. November angegeben. Schon am 13. November hatte die Gesandtschaft auf Anfrage eine entsprechende Erklärung abgegeben, vgl. Junod an Bundespräsident Calonder, 16. 11. 1918. Švejcarija – Rossija, Nr. 119, S. 311 f. – Zur anfänglichen Verwirrung Čičerins über die Tragweite der Ausweisung der Berner Sowjetmission und zu seiner Anfrage bei der schweizerischen Gesandtschaft, ob die diplomatischen Beziehungen seitens des Bundesrates als abgebrochen zu betrachten seien, vgl. Čičerin an Odier, 14. 11. 1918. AVPRF, f. 141, op. 2, p. 1, d. 1, l. 35.

570 Vgl. etwa EPD an die schweizerische Gesandtschaft in Petrograd, 25. 11. 1918. BAR, E 2001 (E) -/13 (B 39); EPD an die schweizerische Gesandtschaft in Berlin, 17. 12. 1918 (Entwurf).

Die bolschewistische Regierung ihrerseits gab sich mit einer asymmetrischen Vertretungssituation nicht zufrieden und machte die Wiederzulassung eines Sowjetdelegierten in der Schweiz zur Voraussetzung jeder weiteren einvernehmlichen Bilateralität. Wie viel dem Sowjetregime an einer erneuerten Repräsentation in der Eidgenossenschaft gelegen war, verdeutlicht die verkrampfte Aggressivität der Zulassungsforderung ebenso wie der Umstand, dass Ministerresident Junod Ende November von Lenin persönlich zu Verhandlungen nach Moskau gebeten wurde. Die Gespräche mit ihm, mit Karachan, Radek und dem inzwischen heimgekehrten Berzin, der sich über Missgeschicke bei seiner Ausschaffung beklagte, gipfelten im Ultimatum, der Bundesrat möge innert vier Tagen seine Absicht bekunden, die Beziehungen zu restituieren und eine Sowjetvertretung zu akzeptieren – andernfalls würden die schweizerische Gesandtschaft in Petrograd und das Moskauer Konsulat ausgewiesen.[571] Obwohl Junod im Falle einer Ablehnung tatsächlich mit seiner Ausweisung rechnete, blieb das in Bern wenig ernst genommene Ultimatum unbeantwortet.[572]

Anfang Dezember stellte der schweizerische Ministerresident dem Volkskommissariat für auswärtige Angelegenheiten von sich aus die baldige Abreise seiner Mission und damit den Unterbruch der diplomatischen Beziehungen in Aussicht – ein Schritt, den Junod angesichts der anhaltenden Behinderung des Kurierdienstes für unumgänglich hielt und den zu vollziehen der Bundesrat zunächst seinem Ermessen anheim gestellt hatte.[573] Karachan bedauerte, ver-

---

BAR, E 2001 (B) -/1/23 (B 21/133 Petr. 2/1). – Für Junods Mitteilungen an Čičerin, die gesamte Mission Berzin habe samt Gepäck ohne weitere Kontrolle abziehen dürfen, wenn die Ausreise auch durch den Landesstreik und antirevolutionäre Aktionen erschwert worden sei, vgl. Junod an das NKID, 29. 11. und 2. 12. 1918. AVPRF, f. 141, op. 2, p. 1, d. l, ll. 101 und 110.

571 Die Bol'ševiki seien bereit, die zu entsendende zweite Sowjetmission personell gänzlich zu erneuern – ein Entgegenkommen, das etwa gegenüber Deutschland nicht gezeigt werde. Junod an Bundespräsident Calonder, 1. 12. 1918 Švejcarija – Rossija, Nr. 122, S. 323. Zum Ultimatum vgl. auch Junod an die schweizerische Gesandtschaft in Berlin, 29. 11. 1918 (Stempel EPD: 17. 12. 1918). BAR, E 2001 (B) -/1/23 (B 21/133 Petr. 2/1); schweizerische Gesandtschaft in Rom an das EPD, 5. 12. 1918. DDS, Bd. 7-I, Nr. 47. – Zu den Beratungen Junods in Moskau vgl. auch schweizerische Gesandtschaft in Petrograd an das EPD, November 1918 (Eingang: 28. 11. 1918). Ebd., Nr. 31.

572 Vgl. Memorandum Thurnheer, 27. 12. 1918. BAR, E 2001 (B) -/1/23 (B 21/133 Petr. 2/1).

573 Junod betonte gegenüber den Moskauer Behörden, der Bundesrat lasse der Gesandtschaft die Freiheit, zu bleiben oder zu gehen; der Ministerresident bat um Ausreisevisa für das Gesandtschaftspersonal, für Vizekonsul Suter in Moskau sowie für alle anderen Schweizer, welche sich der Mission anschliessen wollten. Junod an das NKID, 4. 12. 1918. AVPRF, f. 141, op. 2, p. 1, d. 1, ll. 113–113 ob., 116. – Zur ursprünglichen Absicht der Gesandtschaft, Petrograd erst nach der (erwarteten) Ausweisung zu verlassen, vgl. schweizerisches Konsulat in Åbo an das EPD, 19. 11. 1918. BAR, E 2001 (B) -/1/23 (B 21/133 Petr. 2/1). Zum späteren Entscheid Junods, die Frage eines Verbleibs in Petrograd vom Resultat seiner Beratungen in Moskau abhängig zu machen, vgl. Junod an das EPD (Eingang EPD: 2. 12. 1918). Ebd. Zum Einverständnis des Politischen Departements mit einer Rückkehr der Gesandtschaft, falls dies vor Ort als die beste Lösung erscheine, vgl. EPD an die schweizerische Gesandtschaft in Rom, 21. 11. 1918. Ebd.

sprach Abhilfe bei den Kurieren, und in der Darstellung Junods bot Lenin gar an, die Zulassung eines Sowjetdelegierten in der Schweiz mit der Rückgabe des Raubguts aus der norwegischen Gesandtschaft zu erkaufen. «De tous les rapports reçus de notre consul de Moscou ou par l'intermédiaire d'autres consulats, ainsi que des conférences personnelles que j'ai eues avec divers commissaires, il ressort nettement que le Gouvernement des Soviets regrette le départ de notre Légation et qu'il serait prêt à toute transaction laissant la porte ouverte à un accommodement.»[574]

Auch die Schweizerkolonie wünschte einen Verbleib der Gesandtschaft. Doch Junod sah die Zeit gekommen, der «falschen» Situation ein Ende zu bereiten, in der sich sein Posten seit der Ausweisung der Sowjetmission, deren Erneuerung nicht bevorzustehen schien, befand.[575] In Bern hatte der Bundesrat seinerseits zu einer entschiedenen Haltung gefunden: Schon Ende November und dann verschiedentlich (so am 11. Dezember und am 10. Januar 1919) wies er den Ministerresidenten auf den verfügbaren indirekten Kommunikationskanälen an, mit seinem Personal Petrograd zu verlassen und in die Schweiz zurückzukehren. Die Wiederholung dieser Instruktion über Wochen hinweg verdeutlicht einerseits, mit welcher Verzögerung das Politische Departement und Junod gegenseitig von ihren Handlungen und Entschlüssen Kenntnis erhielten.[576] Zum anderen wurde eine Tendenz immer offensichtlicher, die sich bereits parallel zum Ausweisungsszenario abzuzeichnen begonnen hatte: dass nämlich der russische Unwille über die schweizerische Renitenz nicht etwa in die Abschiebung, sondern im Gegenteil in eine eigentliche Geiselnahme, in das Festhalten der Mission und der erwachsenen Männer der Schweizerkolonie mündete.[577] Das

574 Vgl. Junod an das EPD, 10. 12. 1918. Švejcarija – Rossija, Nr. 125, Zitat S. 329.

575 Ebd., S. 331.

576 Vgl. EPD an das schweizerische Konsulat in Åbo, das Generalkonsulat in Kopenhagen, das Konsulat in Stockholm und das Konsulat in Kristiania, 28. 11. 1918 (Entwurf). BAR, E 2001 (B) -/1/23 (B 21/133 Petr. 2/1); EPD an die schweizerische Gesandtschaft in Berlin, 11. 12. 1918 (Entwurf). Ebd.; Memorandum Thurnheer, 27. 12. 1918. Ebd.; EPD an das schweizerische Konsulat in Åbo, 10. 1. 1919 (Entwurf). Ebd.; Memorandum EPD, 7. 1. 1919. Ebd.; R. Bosshardt: *Rapports de la Confédération avec les Soviets depuis la Révolution*, 25. 7. 1923. BAR, E 2001 (E) -/13 (B 67). Für eine Nachfrage des Politischen Departements, ob die Gesandtschaft in Petrograd die Abreiseinstruktionen erhalten habe, vgl. EPD an das schweizerische Konsulat in Kristiania, 5. 12. 1918. BAR, E 2001 (B) -/1/23 (B 21/133 Petr. 2/1). Für die Bestätigung Junods, er habe die Instruktion erhalten, vgl. Junod an Bundespräsident Calonder, 5. 12. 1918. Ebd. – Benziger spricht davon, der Bundesrat habe Junod am 3. Dezember eingeladen, die Ausreisedokumente zu verlangen, vgl. Benziger, Les représentations diplomatiques, S. 14 f. – Zum am 9. Dezember gefassten Entschluss des Bundesrates, die diplomatische Vertretung in Russland aufzuheben, vgl. BAR, Repertorien, Bestand E 2200 St. Petersburg, S. VI. – Für eine frühere Anfrage Junods, ob die Gesandtschaft in Petrograd bleiben oder in die Schweiz zurückkehren solle, vgl. schweizerische Gesandtschaft in Petrograd an das EPD, Ende November 1918 (Eingang: 28. 11. 1918). DDS, Bd. 7-I, Nr. 31.

577 Vgl. Memorandum Thurnheer, 27. 12. 1918. BAR, E 2001 (B) -/1/23 (B 21/133 Petr. 2/1); Junod: Rapport, 21. 5. 1919. BAR, E 2001 (E) -/13 (B 64). – Zu Junods früherer Befürchtung, die

Verlassen Russlands sollte namentlich den offiziellen Schweizer Vertretern so lange verunmöglicht werden, bis die Regierung in Bern ihre Haltung änderte, wobei Čičerin und sein Stellvertreter Karachan unterschiedliche Auskünfte darüber erteilten, für wen die vorläufige Ausreisesperre gelte.[578] Das Festhalten der Schweizer manifestiert den verzweifelten Versuch der Sowjetführung, vor dem Hintergrund zunehmender internationaler Isolierung mit administrativer Gewalt einen gleichberechtigten diplomatischen Kontakt zu erzwingen und sich eine Verbindung nach Europa offen zu halten. In Moskau war diese Zielsetzung gegenüber Junod klar zum Ausdruck gebracht worden: «Comme me l'ont dit Lénine et Radek, ils attachent une importance capitale au fait d'avoir une fenêtre ouverte sur les pays de l'Entente, ce qui leur fait défaut pour le moment.»[579] Doch selbst wenn Ministerresident Junod zum Verbleib in Petrograd bereit gewesen wäre, so hätte gerade der ungeschickte Nötigungsversuch der Bol'ševiki nach allen Regeln der Diplomatie einen indignierten Abzug provozieren müssen.

Der Streit um die Ausreisevisa zog sich monatelang hin.[580] Čičerin verlangte zunächst eine Präzisierung des (von Junod tatsächlich verklausuliert bekannt gegebenen) Abreisewillens und versuchte im Übrigen, mündliche Vorstösse der Schweizerkolonie gegen die Entschlossenheit der Gesandtschaft auszuspielen.[581] Der Volkskommissar unterstellte die Ausreiseverhandlungen der

Diplomatenpässe würden zur Ausreise nicht visiert werden, vgl. schweizerische Gesandtschaft in Petrograd an das EPD, November 1918 (Eingang: 28. 11. 1918). DDS, Bd. 7-I, Nr. 31. Für die Mitteilung, den Schweizern in Petrograd werde das Ausreisevisum verweigert, vgl. schweizerische Gesandtschaft in Berlin an das EPD, 21. 11. 1918. BAR, E 2001 (B) -/1/23 (B 21/133 Petr. 2/ 1); vgl. auch schweizerische Gesandtschaft in Rom an das EPD, 28. 11. 1918. Ebd.

578 So habe Karachan beispielsweise gesagt, ausser Junod dürfe auch das Gesandtschaftspersonal abreisen; gleichzeitig seien die Visa für den ehemaligen Gesandten Odier und Konsul Mantel zurückgezogen worden. Junod an Bundespräsident Calonder, 14. 12. 1918. BAR, E 2001 (B) -/ 1/23 (B 21/133 Petr. 2/1).

579 Junod an Bundespräsident Calonder, 1. 12. 1918. Švejcarija – Rossija, Nr. 122, S. 323. – Auch Vizekonsul Suter rapportierte, Radek habe die Schweiz ein für die Sowjetregierung wichtiges «Guckfenster nach dem übrigen Europa, speziell den Ländern der Entente» genannt. Suter an das EPD, 3. 12. 1918. Ebd., Nr. 123, S. 326. Zum Interesse der Sowjetführung, die De-facto-Beziehungen mit der Schweiz aufrechtzuerhalten, vgl. auch Junod: Rapport, 21. 5. 1919. BAR, E 2001 (E) -/13 (B 64). – Für den Hinweis, Sowjetrussland habe auch die Verbindung mit Dänemark unbedingt retten wollen, um den Anschluss an Europa nicht zu verlieren, vgl. Ensen, Missija Datskogo Krasnogo Kresta v Rossii, S. 31.

580 Zur schweizerischen Forderung nach Ausreisevisa vgl. Junod an das NKID, 10. und 20. 12. 1918. AVPRF, f. 141, op. 2, p. 1, d. 1, ll. 134 und 148; Junod an das NKID, 13. 12. 1918. Švejcarija – Rossija, Nr. 127. – Für die Mitteilung Junods nach Bern, Frauen und Kinder dürften theoretisch ausreisen, erhielten in der Praxis vorläufig aber auch kein Visum, vgl. Junod an Bundespräsident Calonder, 31. 12. 1918. BAR, E 2001 (B) -/1/23 (B 21/133 Petr. 2/1).

581 Vgl. Čičerin an Junod, 10. 12. 1918. AVPRF, f. 141, op. 2, p. 1, d. 1, l. 40. Junod hatte davon gesprochen, dass die Mehrzahl der Gesandtschaftsmitarbeiter Russland verlassen müssten. Junod an das NKID, 4. 12. 1918. Ebd., ll. 113–113 ob., 116. – Von mündlichen Anträgen

exklusiven Zuständigkeit der Moskauer Zentralbehörden, begründete die Visumsverweigerung mit angeblichen Verhaftungen von Russen in der Schweiz und bemühte sich darum, sein eigentliches Anliegen, eben die Zulassung eines neuen Sowjetdelegierten, zum Gegenstand eines erpresserischen Kuhhandels zu machen: «Citoyens suisses hommes ne peuvent quitter la Russie que lorsque notre représentant entrera en Suisse, premièrement pour constater la position des Russes sur place et prendre des mesures pour leur défense, deuxièmement pour liquider la propriété de la Légation et les affaires restées en suspens après l'expulsion de Berzine.»[582]

Junod weigerte sich empört, vor seiner Abreise über eine neue Sowjetvertretung in der Schweiz zu verhandeln, und protestierte gegen die Repressionen.[583] Als dies nicht weiterhalf, appellierte er direkt an den Rat der Volkskommissare, wobei der Schweizer Diplomat offensichtlich rechtsstaatliche Hoffnungen in die mässigende Autorität der obersten Behörde und ihres anerkanntermassen intelligenten Präsidenten Lenin setzte.[584] Junod bat das Aussenkommissariat um ein Visum wenigstens für den kränkelnden Odier und schlug vor, er selbst oder auch der in der Schweiz zurückgebliebene sowjetrussische Rot-Kreuz-Vertreter Bagockij könnten doch die Situation der dortigen Russen untersuchen und darüber Bericht erstatten.[585] Solche Ideen verfehlten freilich den bolschewistischen Wunsch nach einer wiederbelebten (quasi)diplomatischen

---

mandatsloser Schweizer an die Sowjetbehörden distanzierte sich Junod ausdrücklich. Junod an das NKID, 10. 12. 1918. Ebd., l. 135.

582 Čičerin an Junod, 12. 12. 1918. Zit. in: Švejcarija – Rossija, S. 334, Anm. 1. – Zur Rechtfertigung der Visumsverweigerung mit dem Hinweis, ein Vertrauensmann der Sowjetregierung müsse zuerst in der Schweiz die Inhaftierung von Russen untersuchen, vgl. auch Suter an das EPD, 20. 1. 1919. DDS, Bd. 7-1, Nr. 124. – Für die Instruktion Čičerins, die Schweizer Vertreter seien für Fragen der Ausreise direkt nach Moskau zu verweisen, ferner seien für Schweizer Frauen und Kinder Pässe anstandslos zu visieren, noch nicht jedoch für Männer, vgl. Čičerin an die Petrograder Behörden, 11. 12. 1918. AVPRF, f. 141, op. 2, p. 1, d. 1, l. 43.

583 Vgl. Junod an das NKID, 13. 12. 1918. Švejcarija – Rossija, Nr. 127; Junod an Bundespräsident Calonder, 14. 12. 1918. BAR, E 2001 (B) -/1/23 (B 21/133 Petr. 2/1). – Für die Mitteilung, weder Bagockij noch seine Frau seien verhaftet worden, sondern lediglich einige Russen im Rahmen einer Untersuchung betreffend Vergehen gegen die Sicherheit des Staates, vgl. EPD an die schweizerische Gesandtschaft in Rom, 3. 12. 1918 (Entwurf). Ebd. Zur Mitteilung Junods an Čičerin, die Verhaftung einiger Russen in der Schweiz habe nichts mit den diplomatischen Beziehungen zu tun, vgl. Junod an Bundespräsident Calonder, 14. 12. 1918. Ebd.

584 Vgl. Junod an Bundespräsident Calonder, 31. 12. 1918. BAR, E 2001 (B) -/1/23 (B 21/133 Petr. 2/1).

585 Für den Vorschlag Junods, er selbst könne die verlangten Untersuchungen tätigen, vgl. Junod an das NKID, 20. 12. 1918. AVPRF, f. 141, op. 2, p. 1, d. 1, l. 148. Zum Versprechen, wenn die Ausreise bewilligt werde, dürfe Bagockij in der Schweiz Abklärungen treffen, vgl. Junod an Bundespräsident Calonder, 31. 12. 1918. BAR, E 2001 (B) -/1/23 (B 21/133 Petr. 2/1). – Zu einer Anfrage der Sowjetbehörden bei Bagockij, wie es um die Russen in der Schweiz stehe, vgl. Vizekonsul Suter (an die schweizerische Gesandtschaft in Petrograd), 21. 1. 1919. BAR, E 2300 Moskau/1, Mappe *Konsulat Moskau 1917–1919*. – Für die Bitte um ein Visum für Odier vgl. Junod an das NKID (Eingang: 20. 12. 1918). AVPRF, f. 141, op. 2, p. 1, d. 1, l. 144.

Vertretung in Bern und blieben entsprechend unbeantwortet. Die Distanz zwischen seinem Residenzort Petrograd und den Moskauer Entscheidungsträgern machte es für Junod doppelt schwierig, hinter den unkoordiniert und willkürlich anmutenden Verlautbarungen der Sowjetführer, hinter dem Gewähren und Zurückziehen von Ausreisevisa kohärente Absichten oder eine zielgerichtete Taktik zu erkennen.[586] Eine unangenehme Überraschung erlebte der Ministerresident zudem, als der mit antischweizerischen Ressentiments behaftete Sekretär der ausgewiesenen Berner Sowjetmission Grigorij Šklovskij als bevollmächtigter Vertreter des Volkskommissariats für auswärtige Angelegenheiten in Petrograd eingesetzt wurde. Šklovskij beklage sich darüber, als Diplomat von den Schweizern wie ein Verbrecher behandelt worden zu sein. «Tels sont les dires de M. Schklowsky. Ils sont confirmés par M. Berzine et Mme Balabanova, qui soufflent sur le feu et engagent les autorités soviétistes à user de représailles.»[587] Immerhin: Nach eingehendem Studium der Fakten, so erinnerte sich später Odier, habe Šklovskij am Schluss zu den verständigsten Sowjetbeamten gehört.[588]

In Bern hatte das Politische Departement zum Jahresende öffentlich gegen die Visumsverweigerung protestiert: «Protestons énergiquement contre ce refus arbitraire, absolument contraire au droit des gens. Nous protestons d'autant plus que votre Mission a pu quitter la Suisse sans même être soumise au moindre contrôle de ses bagages et a été accompagnée jusqu'à la frontière. Nous exigeons que les mêmes facilités soient accordées à notre Légation, en vous rendant responsables de tout retard.»[589]

Formell entschied sich der Bundesrat in seiner Sitzung vom 1. Februar 1919 gegen die Duldung eines neuen sowjetischen Delegierten in der Schweiz. Zwar

586 Vgl. Junod an Bundespräsident Calonder, 31. 12. 1918. BAR, E 2001 (B) -/1/23 (B 21/133 Petr. 2/1). Zum Hin und Her bei der Gewährung von Ausreisevisa vgl. etwa Junod an das NKID, 12. 12. 1918. AVPRF, f. 141, op. 2, p. 1, d. 1, l. 137; Aktennotiz Hugo Roggen, 21. 1. 1919. BAR, E 2001 (E) -/13 (B 63).

587 Junod an das EPD, 23. 1. 1919. Švejcarija – Rossija, Nr. 128, S. 336.

588 Odier an Bundesrat Calonder, 15. 4. 1919. BAR, E 2300 Petersburg/4. Zum relativen Wohlwollen Šklovskijs gegenüber der Schweizerkolonie vgl. auch R. Bosshardt: *Rapports de la Confédération avec les Soviets depuis la Révolution*, 25. 7. 1923. BAR, E 2001 (E) -/13 (B 67). – In der Frage eines neuen Sowjetdelegierten für die Schweiz vertrat Šklovskij die harte Linie Čičerins und Karachans; im Bereich des Kurierverkehrs und der Ausreisemöglichkeit für die (nicht offiziellen) Schweizerinnen und Schweizer habe er sich aber entgegenkommend gezeigt. Junod an den Bundesrat, 18. 1. 1919. BAR, E 2001 (B) -/1/23 (B 21/133 Petr. 2/1).

589 EPD an die Sowjetregierung/Pressecommuniqué, 31. 12. 1918. Zit. in: Švejcarija – Rossija, S. 335, Anm. 1; vgl. auch EPD an das NKID, 31. 12. 1918. BAR, E 2001 (B) -/1/23 (B 21/133 Petr. 2/1); EPD an die schweizerische Gesandtschaft in London, 31. 12. 1918. DDS, Bd. 7-I, Nr. 76. Für den Beschluss, ein Protesttelegramm an die russische Regierung zu richten, vgl. Protokoll der Sitzung des Bundesrates, 30. 12. 1918. BAR, E 2001 (B) -/1/23 (B 21/133 Petr. 2/1). – Für eine Nachfrage des EPD, welche Wirkung das Protesttelegramm gezeitigt habe, vgl. EPD an das schweizerische Konsulat in Åbo, 8. 1. 1919. Ebd.

hätte sich ein solcher Emissär überzeugen können, dass es hier keine russischen politischen Gefangenen gebe. Zu offensichtlich war aber das Moskauer Ansinnen, noch laufende Geschäfte der vormaligen Berner Sowjetmission abzuschliessen und damit zumindest vorübergehend die revolutionäre Tätigkeit Berzins wiederaufleben zu lassen. Ausserdem glaubte das Politische Departement – im Gegensatz zu Junod – nicht an eine wirkliche Gefahr für Gesandtschaft und Landsleute in Russland.[590]

Die Schweiz ergriff nun ihrerseits Massnahmen gegen die russischen Vergeltungsrepressionen. Zum einen prangerte der Bundesrat das Verhalten Moskaus international an, indem er an die Solidarität der zivilisierten Welt gegen die Auswüchse der russischen Barbarei appellierte: «[…] le Gouvernement de la Confédération ose exprimer l'espoir que tous les Etats civilisés voudront bien manifester, par une protestation énergique, leur solidarité avec la Suisse dans cette question, qui intéresse au plus haut degré la position du Corps diplomatique de tous les Etats.»[591] Ein solcher Aufschrei harmonierte mit dem alten Stereotyp der wilden Russen ebenso wie mit der weltweiten Aufregung über den Aufstieg der Bol'ševiki, er stellte aber eher eine performative Selbstvergewisserung dar als eine praktische Problemlösung.[592]

Wirkungsvoller war die primitivere Strategie, Gleiches mit Gleichem zu vergelten und die sowjetische Geiselnahme mit dem Zurückhalten russischer Staatsangehöriger in der Schweiz spiegelbildlich zu beantworten. Anfang Dezember informierte das Politische Departement den Bundesrat über seine Absicht: «Vorläufig werden diejenigen Russen in der Schweiz, Männer und Frauen, von denen bekannt ist, dass sie bei der Bolschewikiregierung in besonderm Ansehen stehen, als Geiseln zurückbehalten, indem ihnen keine Pässe zur Ausreise visiert werden.»[593]

---

590 Protokoll der Sitzung des Bundesrates, 1. 2. 1919. DDS, Bd. 7-I, Nr. 154. – Zur Befürchtung Junods, er könnte zusammen mit anderen einflussreichen Persönlichkeiten der Kolonie von der in ihrer Herrschaft bedrohten Sowjetführung als Geisel ins Innere Russlands verschleppt werden, vgl. Junod an das EPD, 23. 1. 1919. Švejcarija – Rossija, Nr. 128. – Schon Ende Januar hatte das Politische Departement geschrieben, die Wiederzulassung eines Sowjetdelegierten komme für den Bundesrat vorderhand nicht in Frage. EPD an die schweizerischen Gesandtschaften, 30. 1. 1919. DDS, Bd. 7-I, Nr. 147.

591 Entwurf einer Note an alle anerkannten Regierungen. In: Protokoll der Sitzung des Bundesrates, 1. 2. 1919. DDS, Bd. 7-I, Nr. 154, S. 310. Für die betreffende Note selbst vgl. EPD (an die Regierungen, mit denen offizielle Beziehungen bestehen), 1. 2. 1919. BAR, E 2001 (B) -/1/23 (B 21/133 Petr. 2/1). Vgl. auch EPD an die Vertretungen in Paris, Den Haag, Rio, Bukarest, Rom, Madrid, Washington, Berlin, Tokio, London, Wien, Buenos Aires und Brüssel, 3. 2. 1919. Ebd.

592 Als Antwort auf seinen internationalen Aufruf erhielt der Bundesrat von verschiedener Seite den Hinweis, man verfüge gar nicht mehr über eine Vertretung in Russland, die den gewünschten Protest deponieren könnte; für die entsprechende Korrespondenz vgl. BAR, E 2001 (B) -/1/23 (B 21/133 Petr. 2/1). Zum dennoch an die Hand genommenen kollektiven Protesttelegramm vgl. belgische Gesandtschaft in Bern an Bundesrat Calonder, 17. 3. 1919. Ebd.

593 Protokoll der Sitzung des Bundesrates, 9. 12. 1918. BAR, E 21/10451; vgl. auch Memorandum

Am 12. Dezember erging die Weisung an die Zentralstelle für Fremdenpolizei, einige in der Schweiz zurückgebliebene Kollaborateure der ausgewiesenen Sowjetmission, vor allem aber die noch hier befindlichen Gattinnen und Kinder der Sowjetfunktionäre Bratman, Šklovskij, Ljubarskij und Karachan am Verlassen des Landes zu hindern.[594] Einen Monat später, am 16. Januar 1919, wurden die letztgenannten drei Frauen und ihre Kinder an der Grenze aufgehalten, als sie die Schweiz mit einem Repatriierungszug Richtung Russland verlassen wollten.[595] Das Politische Departement betonte, diese Funktionärsgattinnen und das Ehepaar Bagockij stellten im Hinblick auf die Rückkehr der Gesandtschaft in Petrograd die einzigen Geiseln der Schweiz dar; sie seien innerhalb des Landes keiner Beschränkung ihrer Bewegungsfreiheit unterworfen.[596]

Die Sowjetregierung protestierte gegen das Zurückhalten von Angehörigen führender Bol'ševiki und klagte die «infamen Aktionen» des Bundesrates, namentlich die Repressionen gegen Frauen und Kinder, vor den Volksmassen

Thurnheer, 1. 11. 1918 (gemeint ist wohl: 1. 12. 1918). BAR, E 21/10410; BAR, Repertorien, Bestand E 2200 St. Petersburg, S. VI.

594 EPD an die Zentralstelle für Fremdenpolizei, 12. 12. 1918. BAR, E 21/10451; Nachrichtensektion des Armeestabs an verschiedene Grenzorgane, 14. 12. 1918. BAR, E 2001 (B) -/1/23 (B 21/133 Petr. 2/1).

595 Vgl. EMD an das EPD, 17. 1. 1919. BAR, E 21/10451.

596 EPD an die schweizerischen Gesandtschaften, 17. 1. 1919. DDS, Bd. 7-I, Nr. 112, S. 210. Auch Maria Bratman konnte allerdings nicht wie geplant ausreisen. Bundesanwaltschaft an das EJPD, 20. 1. 1919. BAR, E 2001 (E) -/13 (B 62). Gewisse Kommunikationsprobleme zwischen dem Politischen Departement und der Bundesanwaltschaft sind offensichtlich: Letztere informierte unter anderem Frau Šklovskaja, sie könne den «Russenzug» vom 16. Januar zur Ausreise benützen, andernfalls werde sie in der Schweiz interniert. Von der beschlossenen Geiselnahme erfuhr die Bundesanwaltschaft erst, als einige Ausreisewillige an der Grenze zurückgehalten wurden. Die Bundesanwaltschaft weigerte sich denn auch, dem Wunsch des Politischen Departements nachzukommen und die in Basel an der Ausreise gehinderte Frau Bratman über die Massnahme aufzuklären. Ebd. – Gerne losgeworden wären die Schweizer Behörden am 16. Januar übrigens den Genossen Guilbeaux, mittlerweile russischer Ehrenbürger; die deutsche Regierung verweigerte aber kategorisch dessen Grenzübertritt, vgl. EPD an die schweizerischen Gesandtschaften, 17. 1. 1919. DDS, Bd. 7-I, Nr. 112, S. 210; EMD an das EPD, 17. 1. 1919. BAR, E 21/10451. – Bevor der bundesrätliche Entscheid, bestimmte Russen und Russinnen an der Ausreise zu hindern, in konkreten Fällen umgesetzt und bekannt wurde, hatte die Diplomatie verschiedene Taktiken und Repressionsformen diskutiert. Anfang Januar 1919 äusserte Gesandtschaftssekretär Bruggmann die Ansicht, dass schweizerische Massnahmen nur wirksam sein würden, wenn sie direkt gegen Mitglieder der Sowjetregierung oder ihnen nahe stehende Personen gerichtet seien, vgl. Bruggmann an Thurnheer, 2. 1. 1919. BAR, E 2001 (B) -/1/23 (B 21/133 Petr. 2/1). Junod brachte die harmlosere Möglichkeit zur Sprache, mit der Ausweisung der Kommissarengattinnen zu drohen, vgl. Junod an das EPD, 23. 1. 1919. Švejcarija – Rossija, Nr. 128, S. 337. Der Ministerresident schlug auch vor, Druck über die skandinavischen Regierungen auszuüben, die ihrerseits Bolschewiken festhielten, vgl. Protokoll der Sitzung des Bundesrates, 1. 2. 1919. DDS, Bd. 7-I, Nr. 154, S. 309. Zur Idee des dänischen Ministers, die erneute Duldung eines Sowjetdelegierten vorzutäuschen, bis die Gesandtschaft in Sicherheit sei, vgl. schweizerische Gesandtschaft in Paris an Bundesrat Calonder, 17. 1. 1919. Ebd., Nr. 115.

aller Länder an.[597] Doch die Massnahme wirkte. Am 30. Januar vermeldete Junod, Šklovskij habe ihn über eine angebliche Arretierung der Russinnen informiert; das Volkskommissariat für auswärtige Angelegenheiten sei bereit, die schweizerische Gesandtschaft nach diplomatischem Standard abreisen zu lassen, wenn die Frauen freikämen und nach ihrem Willen entweder ausreisen oder in der Schweiz bleiben dürften.[598] Das Politische Departement teilte umgehend mit, im Falle korrekter Ausreisemodalitäten für die Gesandtschaft stehe es Nina Karachan, Dvosija Šklovskaja und Elena Ljubarskaja frei, in der Schweiz zu bleiben oder das Land zu verlassen.[599] Der Forderung des Kommissariats, es seien alle in der Schweiz inhaftierten Russen zu befreien, hatte sich Junod widersetzt.[600] Der Ministerresident begrüsste im Übrigen die bundesrätlichen Repressionen, auch wenn der familiär direkt betroffene und offenbar echt besorgte Šklovskij in seiner Rage mit schweren Vergeltungsmassnahmen gegen die Russlandschweizer, mit Verhaftungen und dem Entzug materieller Privilegien drohte.[601] In Moskau knöpfte sich der ebenfalls persönlich involvierte Kommissarstellvertreter Karachan Vizekonsul Suter vor und schüchterte auch das dortige Schweizerkomitee ein. «D'après les communications de M. Suter, le commissaire Karakhan est intraitable depuis qu'il a appris la nouvelle de l'internement de sa femme; il menace et crie comme un enragé, ce qui cause une grosse émotion dans la colonie suisse de Moscou, car nos compatriotes sentent qu'un coup de tête de cet individu pourrait avoir des conséquences désastreuses.»[602] Die Sowjetbehörden versuchten in beiden Hauptstädten, direkt auf die Schweizerkolonien einzuwirken und Resolutionen gegen das Vorgehen des Bundesrates und der Gesandtschaft anzuregen.[603]

---

597 Radiotelegramm der Sowjetregierung (Eingang: 30. 1. 1919). DDS, Bd. 7-I, Nr. 150. Vgl. auch Bundesanwaltschaft an das EJPD, 11. 3. 1919. BAR, E 21/10433. Hier wird das russische «Funkentelegramm» auf den 29. Januar datiert.

598 Junod an das EPD, wohl 30. 1. 1919. BAR, E 2001 (B) -/1/23 (B 21/133 Petr. 2/1). Šklovskij habe auch davon gesprochen, es seien gleichzeitig rund 500 Russen aus politischen Gründen aus der Schweiz ausgewiesen worden. Der nicht informierte Junod zweifelte an dieser Behauptung und vermutete (richtig), es habe sich vielmehr um einen Repatriierungszug für Militärinternierte gehandelt. Junod an das EPD, 30. 1. 1919. BAR, E 2001 (E) -/13 (B 33). Zum erwähnten Repatriierungszug vgl. unten S. 547.

599 EPD an das schweizerische Konsulat in Åbo, 3. 2. 1919. BAR, E 2001 (B) -/1/23 (B 21/133 Petr. 2/1).

600 Vgl. Junod an das EPD, 3. 2. 1919. Švejcarija – Rossija, Nr. 129, S. 339.

601 Vgl. Junod an das EPD, 30. 1. 1919. BAR, E 2001 (E) -/13 (B 33); Junod an das EPD, 3. 2. 1919. Švejcarija – Rossija, Nr. 129. Junod hielt es durchaus für möglich, dass sich Šklovskij seiner neuen Macht bedienen werde, um sich an den Schweizern – auch für seine eigene Ausweisung – zu rächen. Junod an das EPD, 6. 2. 1919. Ebd., Nr. 130, S. 341.

602 Ebd., korrigiert nach der Vorlage in: BAR, E 2001 (B) 1/23 (B 21/133 Petr. 2/1).

603 Vgl. Junod an das EPD, 3. 2. 1919. Švejcarija – Rossija, Nr. 129, S. 339. Gemäss Junod brachte Karachan Vizekonsul Suter und die Moskauer Kolonie dazu, ein Telegramm zuhanden des Bundesrates aufzusetzen, wonach kein Schweizer des Konsulatsbezirks aus politischen Gründen inhaftiert sei. Junod erachtete eine solche Erklärung als einen Akt inakzeptabler Schwä-

Am 5. Februar forderte Karachan Junod im Befehlston auf, in Moskau vorzusprechen. Der Ministerresident wartete etwas ab, um seine diplomatische Würde zu wahren, besprach mit dem Gesandtschaftspersonal Massnahmen für den unwahrscheinlichen, aber möglichen Fall seiner Verhaftung und begab sich dann mit gemischten Gefühlen nach Moskau.[604] Kurz darauf meldete er nach Bern, das Volkskommissariat für auswärtige Angelegenheiten erteile der Gesandtschaft und auch den übrigen Schweizerinnen und Schweizern die gewünschten Visa, sobald alle «verhafteten» Russen freigelassen würden. Junod bat das Politische Departement allerdings darum, ein Pfand in der Hand zu behalten, bis die Mission Finnland erreicht habe.[605] Das Departement versprach in seiner Antwort, die wegen politischer Umtriebe festgehaltenen Russen (die es ja, von den eigentlichen Geiseln einmal abgesehen, im schweizerischen Verständnis ohnehin kaum gab) freizulassen, sobald Junod mit seinem Personal, die Konsuln und zumindest ein Teil der heimreisewilligen Landsleute die russische Grenze passiert hätten.[606]

Endlich konnte die Gesandtschaft Russland verlassen. Nach fast zweiwöchiger Reise über Skandinavien traf sie am 12. März 1919 in Frauenfeld ein.[607] Minister

che gegenüber den Sowjetbehörden und verweigerte seine Zustimmung. Ebd. Vgl. auch Junod an das EPD, 6. 2. 1919. Ebd., Nr. 130, S. 341. Hier ist die Rede davon, Karachan habe eine Bestätigung dafür verlangt, dass keine Schweizer*in* aus politischen Gründen arretiert worden sei.

604 Junod an das EPD, 6. 2. 1919. Švejcarija – Rossija, Nr. 130. Zum dritten Besuch Junods in Moskau vgl. auch Vizekonsul Suter an das EPD, 7. 2. 1919. BAR, E 2001 (B) -/1/23 (B 21/133 Petr. 2/1).

605 Von den Mitteilungen der Sowjetkommissare beeinflusst, stellte sich offenbar auch Junod vor, die Funktionärsgattinnen seien nicht nur an der Ausreise gehindert, sondern inhaftiert worden – und könnten nun in einem ersten Schritt freigelassen, aber noch in der Schweiz zurückbehalten werden. Schweizerische Gesandtschaft in Petrograd an das EPD (Eingang: 10. 2. 1919). BAR, E 2001 (B) -/1/23 (B 21/133 Petr. 2/1). Vgl. auch Junod an das EPD, datiert Åbo, 14. 2. 1919. Ebd.; ferner Švejcarija – Rossija, S. 341 f., Anm. 2.

606 EPD an das schweizerische Konsulat in Åbo, 12. 2. 1919. BAR, E 2001 (B) -/1/23 (B 21/133 Petr. 2/1). – Abklärungen des Politischen Departements hatten ergeben, dass wegen politischer Untersuchungen noch ein Russe in der Schweiz inhaftiert sei, vgl. Aktennotiz Thurnheer, 11. 2. 1919. Ebd. Für die Mitteilung, im Moment befinde sich kein einziger Russe wegen politischer Vergehen in Schweizer Gefängnissen, vgl. EPD an die schweizerische Gesandtschaft in Berlin, 3. 3. 1919 (Entwurf). Ebd. – Für die Mitteilung an Dvosija Šklovskaja, ihrer Ausreise stehe nichts mehr im Wege, sobald die schweizerische Gesandtschaft in Skandinavien angekommen sei, vgl. EPD an Frau Schklowsky, 27. 2. 1919. BAR, E 21/10454. – Zum Umstand, dass die finnische Regierung ihrerseits die Durchreiseerlaubnis für die besagten russischen Funktionärsgattinnen davon abhängig zu machen versuchte, dass auch die Finnen in Russland heimkehren dürften, vgl. schweizerisches Konsulat in Åbo an das EPD, 24. 2. 1919. BAR, E 2001 (B) -/1/23 (B 21/133 Petrograd 1). – Allgemein zum Erfolg der schweizerischen Geiselnahme vgl. Protokoll der Sitzung des Bundesrates, 21. 2. 1919. BAR, E 2001 (E) -/13 (B 33); EPD an den schweizerischen Gesandten in London, 20. 2. 1919. DDS, Bd. 7-I, Nr. 193; Junod: Rapport, 21. 5. 1919. BAR, E 2001 (E) -/13 (B 64); R. Bosshardt: *Rapports de la Confédération avec les Soviets depuis la Révolution*, 25. 7. 1923. Ebd. (B 67).

607 Quarantänestation Frauenfeld an das EMD, 19. 3. 1919. BAR, E 2001 (B) -/1/23 (B 21/133

Odier und Ministerresident Junod durften sofort nach Zürich weiterreisen, die übrigen 16 Ankömmlinge wurden bis zum 15. März in der Kaserne Frauenfeld unter Quarantäne gestellt. Die Reisegruppe war übrigens keineswegs mit der Petrograder Gesandtschaft identisch. Abgesehen von Junod und Odier bestand sie aus wenigen, eher sekundären Missionsangestellten mit Familienangehörigen, aus einigen Privatleuten, Bediensteten und aus dem Moskauer Vizekonsul Suter; wichtige Mitarbeiter Junods wie Gesandtschaftssekretär Bruggmann, Kanzleisekretär Urech oder der Leiter der Finanzabteilung Crottet fehlten.[608] Nachdem die Sowjetregierung ihren Teil der Tauschvereinbarung eingelöst hatte, bestand das Politische Departement darauf, dass sich auch die Schweiz genau an die Abmachung halte, um die immer noch in Russland verbliebenen Landsleute nicht zu gefährden. Insbesondere wehrte sich Bundesrat Calonder dezidiert gegen den Antrag der Bundesanwaltschaft, Dvosija Šklovskaja (mit Tochter) und Elena Ljubarskaja auszuweisen, da für die Geiseln ausdrücklich freie Aufenthaltswahl zugesichert worden war. Auch in anderen Fällen mahnte das Politische Departement zur Vorsicht und zum Verzicht auf brüskierende offizielle Massnahmen.[609] Die Bundesanwaltschaft zog darauf die betreffenden Ausweisungsanträge zurück.[610]

Petr. 2/1). – Als Datum der Abreise der Gesandtschaft nennen die Quellen meist den 27. Februar, vgl. R. Bosshardt: *Rapports de la Confédération avec les Soviets depuis la Révolution*, 25. 7. 1923. BAR, E 2001 (E) -/13 (B 67); *Disparition des Archives et Dépôts de la Légation de Suisse à Pétrograde en 1918/1919*. BAR, E 2300 Petersburg/4; BAR, Repertorien, Bestand E 2200 St. Petersburg, S. VII. Für die Ankündigung der Abreise am 27. Februar vgl. auch Junod an das EPD, 22. 2. 1919. BAR, E 2001 (E) -/13 (B 63); schweizerische Gesandtschaft in Petrograd an das EPD, datiert Berlin, 24. 2. 1919. BAR, E 2001 (B) -/1/23 (B 21/133 Petrograd 1); ferner Mitgeteilt, 24. 2. 1919. Ebd. Benziger spricht allerdings davon, die Gesandtschaft habe erst am 2. März abreisen können, vgl. Benziger, Les représentations diplomatiques, S. 14 f. Als Datum der Abreise der Gesandtschaft wird auch der 23. Februar genannt, vgl. Švejcarija – Rossija, S. 341 f., Anm. 2; ebd., S. 342, Anm. 1. – Für die Mitteilung, die Gesandtschaft sei in Finnland eingetroffen, vgl. Mitgeteilt, 3. 3. 1919. BAR, E 2001 (B) -/1/23 (B 21/133 Petr. 2/1). – Die Einreiseroute der Gesandtschaft war kurzfristig von Basel nach Romanshorn verlegt worden, vgl. EPD an Junod (Romanshorn), 12. 3. 1919 (Entwurf). Ebd.

608 Vgl. Quarantänestation Frauenfeld an das EMD, 19. 3. 1919. BAR, E 2001 (B) -/1/23 (B 21/133 Petr. 2/1); ferner Švejcarija – Rossija, S. 268, Anm. 2. Unter der Bezeichnung «Rentier» war Charles de Riz à Porta mit der Gesandtschaft mitgereist.

609 Vgl. EPD an das EJPD, 28. 3. 1919. BAR, E 21/10452. In ihrem Ausweisungsantrag hatte sich die Bundesanwaltschaft freilich wiederum auf das Politische Departement berufen, das eine Ausreise mindestens von Šklovskaja als nötig erachte. Bundesanwaltschaft an das EJPD, 11. 3. 1919. BAR, E 21/10433. – Zu Dvosija Šklovskaja vgl. auch das Dossier BAR, E 21/10454.

610 Vgl. Bundesanwaltschaft an das EJPD, 10. 4. 1919. BAR, E 21/10453. – Nach Angaben der Fremdenpolizei verliess Šklovskaja die Schweiz am 28. September 1920. Zentralstelle für Femdenpolizei an die Bundesanwaltschaft, 29. 9. 1920. BAR, E 21/10454. Dem Gatten Šklovskij war im September 1920 eine kurze Einreise in die Schweiz gestattet worden, damit er als Privatmann seine Familie abholen konnte. Weil er an der Grenze aber einen Diplomatenpass zeigte und über kein Rückreisevisum verfügte, wurde er abgewiesen, vgl. das Dossier BAR, E 21/10423.

Auf bundesrätlichen Wunsch verblieb Albert Junod in der Schweiz noch eine Weile im Amt. Da eine baldige Wiederaufnahme der diplomatischen Beziehungen aber nicht wahrscheinlich schien und der Heimgekehrte auch nicht untätig zuwarten mochte, bat er um seine Demission per 31. Juli 1919.[611] Der Bundesrat akzeptierte den Rücktritt unter Verdankung der geleisteten Dienste. Das Politische Departement sollte den geschätzten diplomatischen Quereinsteiger nach Möglichkeit für eine geplante Sondermission nach Warschau und Prag gewinnen.[612]

Der langjährige Gesandte Edouard Odier war als gesundheitlich und materiell ruinierter Mann aus Russland zurückgekehrt. Neben einem Ehrengeschenk gewährte ihm der Bundesrat auf seine Bitte hin eine lebenslängliche Pension von jährlich 6000 Franken. Odier starb aber bereits im Dezember 1919.[613]

3.3.1.6. Liquidationsmassnahmen und provisorische Nachfolgeinstitutionen

Ein Massnahmenkatalog des Politischen Departements von Anfang Dezember 1918 hatte für den Fall einer – freiwilligen oder erzwungenen – Rückkehr der Petrograder Gesandtschaft vorgesehen, dass Junod das gesamte Missionsarchiv mit in die Schweiz bringen und die Vertretung der schweizerischen Interessen einem skandinavischen Staat übertragen sollte, dass aber auch andere Möglichkeiten der Interessenwahrung zu prüfen seien, etwa über die Kanäle des Roten Kreuzes. Ausserdem sollten ehemals im Zarenreich gelegene, mittlerweile ausserhalb des sowjetrussischen Herrschaftsgebiets befindliche schweizerische Konsulate als Informationsposten für Russland fungieren – so namentlich Kiev, Odessa und Åbo.[614]

---

611 Junod an Bundesrat Calonder, Lausanne, 9. 6. 1919. BAR, E 2500 -/1, Bd. 26, Mappe Junod.

612 Trotz der etwas vorzeitigen Demission wurde Junod für das ganze Jahr entlöhnt, für das er eingestellt worden war. Protokoll der Sitzung des Bundesrates, 11. 7. 1919. BAR, E 2001 (E) -/13 (B 68); vgl. auch EPD an den Bundesrat, 3. 7. 1919. Ebd. – Zur Demission Junods vgl. auch Personalblatt Junod, BAR, E 2500 -/1, Bd. 26; ferner BAR, E 2001 (E) -/13, Einleitung, S. 38. – Zur Sondermission Junods nach Warschau und Prag vgl. unten S. 563.

613 Zum Ehrengeschenk und zur Verdankung von Odiers Diensten vgl. Protokoll der Sitzung des Bundesrates, 9. 5. 1919. BAR, E 2001 (E) -/13 (B 69). – Zur Gewährung einer Pension ab dem 1. Januar 1919 vgl. Protokoll der Sitzung des Bundesrates, 11. 8. 1919. Ebd.; vgl. auch EPD an den Bundesrat, 29. 8. 1919. Ebd. – Zur Frage, wie die materiellen Verluste Odiers bezüglich des in Petrograd unfreiwillig zurückgelassenen Mobiliars und Vermögens zu registrieren und allenfalls zu entschädigen seien, vgl. Odier an Bundesrat Calonder, 14. 10. 1919. Ebd.; EPD an den Bundesrat, 11. 11. 1919. Ebd.; Aktennotiz, 26. 11. 1923. Ebd. – Auf Bitte des Politischen Departements verfassten Junod und Odier bilanzierende Berichte über die Situation in Russland zum Zeitpunkt ihrer Abreise und besonders über die Lage der zurückgebliebenen Schweizerinnen und Schweizer, vgl. Junod: Rapport, 21. 5. 1919. BAR, E 2001 (E) -/13 (B 64); Odier an Bundesrat Calonder, 15. 4. 1919. BAR, E 2300 Petersburg/4.

614 Zum Massnahmenkatalog gehörte auch die bekannte Geiselnahme, vgl. Protokoll der Sitzung

Was zunächst das Gesandtschaftsarchiv betrifft (beziehungsweise jene Akten, die nach dem Raubüberfall vom November 1918 übrig geblieben waren), so teilte Junod dem Politischen Departement im Dezember 1921 mit, ein grosser Teil davon sei per Kurier in die Schweiz spediert worden.[615] Unergründlich blieb für die Schweizer Behörden, was mit den restlichen Archivalien und anderen zurückgelassenen Objekten geschehen war.[616]

Die Delegierung der schweizerischen Interessen an eine in Petrograd verbleibende Gesandtschaft hatte sich als kompliziert und letztlich unmöglich erwiesen. Zwar stand von Anfang an fest, dass die skandinavischen Staaten um diese Gefälligkeit angegangen werden sollten, und an ihrem guten Willen fehlte es nicht. Da aber die nordischen Repräsentationen mit der Wahrung fremder Interessen bereits stark beansprucht waren, da sie ihrerseits einen gestaffelten Abzug aus Russland vollzogen, bevor zuletzt auch die zurückgehaltene schweizerische Gesandtschaft ausreisen konnte,[617] und auch deswegen, weil die Verbindungsschwierigkeiten ein koordiniertes Vorgehen des Politischen Departements mit Junod erschwerten, wanderte die Schweizer Anfrage von der schwedischen kurz zur dänischen, dann zur norwegischen und schliesslich wieder zur dänischen Diplomatie, bevor sie vollends obsolet wurde.[618] Zeitweilig

des Bundesrates, 9. 12. 1918. BAR, E 21/10451 (DDS, Bd. 7-I, Nr. 51); Memorandum Thurnheer, 1. 11. (gemeint ist wohl: 12.) 1918. BAR, E 21/10410. – Zur Annahme des Politischen Departements, die Gesandtschaft in Petrograd werde schon bald nach der Ausweisung der Sowjetmission heimkehren, und für die Anweisung an die schweizerische Diplomatie, entsprechende Vorbereitungen zu treffen, vgl. EPD an die schweizerische Gesandtschaft in Berlin, 16. 11. 1918. BAR, E 2001 (B) -/1/23 (B 21/133 Petr. 2/1); EPD an die schweizerische Gesandtschaft in Rom, 21. 11. 1918. Ebd.

615 Junod an das EPD, 3. 12. 1921. BAR, E 2001 (B) -/1/23 (B 21/133 Petr. 2/1). – Zum Verschwinden eines Koffers und zu den entsprechenden Abklärungen vgl. etwa Junod an das EPD, 19. 1. 1921 (gemeint ist wohl: 1922; Eingang EPD: 20. 1. 1922). Ebd. – Zur Anweisung des Politischen Departements an Junod, bei der Rückkehr das Gesandtschaftsarchiv wie auch das Archiv des Moskauer Konsulats mitzunehmen bzw. mit Hilfe der norwegischen Diplomatie in Sicherheit zu bringen, vgl. EPD an die norwegische Gesandtschaft in Bern, 29. 11. 1918. Ebd.

616 Eine Aktennotiz von 1923 spricht davon, gemäss Augenzeugen seien Archivalien und andere Objekte abtransportiert worden. *Disparition des Archives et Dépôts de la Légation de Suisse à Pétrograde en 1918/1919.* BAR, E 2300 Petersburg/4. – Nach der Wiederaufnahme der Beziehungen (1946) verlangten die Schweizer Behörden von der Sowjetunion die Herausgabe der Archive und des Besitzes der vormaligen schweizerischen Gesandtschaft in Petrograd und des Konsulats in Moskau, erhielten aber nichts davon. Vgl. Gehrig-Straube, Beziehungslose Zeiten, S. 504, Anm. 158. Zur Rückgabe von 29 Aktenmappen an die Schweiz im Jahre 1965 vgl. BAR, Repertorien, Bestand E 2200 St. Petersburg, S. VII.

617 Ende März 1919 sprach Vizekonsul Suter davon, alle Länder «von Bedeutung» hätten die diplomatischen Beziehungen mit den Bol'ševiki inzwischen abgebrochen. Suter an das EPD, 25. 3. 1919. BAR, E 2300 Moskau/1, Mappe *Konsulat Moskau 1917–1919.*

618 Zur ursprünglichen Absicht des Bundesrates, die Wahrung der schweizerischen Interessen Schweden zu übertragen, vgl. Protokoll der Sitzung des Bundesrates, 8. 11. 1918. Zit. in: DDS, Bd. 7-I, Nr. 51, S. 82 f., Anm. 4; EPD an die schweizerische Gesandtschaft in Petrograd, 12. 11. 1918. Ebd., Nr. 6. Zur Absage Schwedens vom 19. November, in der darauf hingewiesen

erfolgte die Kommunikation zwischen dem Politischen Departement und Junod durch die Vermittlung der norwegischen Diplomatie.[619] Angesichts der Unsicherheit und der schlechten Versorgungslage in Petrograd kam es für Junod nicht in Frage, bei seiner Abreise die Gesandtschaft und alle ihre Unterstützungsdienste einfach ersatzlos zu schliessen. Vielmehr organisierten die Schweizer in den Kolonien beider russischen Hauptstädte provisorische Kanzleien, welche die Tätigkeit der abgereisten offiziellen Vertretungen reduziert weiterführen und die verbliebenen Landsleute nach Möglichkeit betreuen und schützen sollten.[620] In Petrograd gelang es, Mitarbeiter der

wurde, Schweden wolle selbst seine Vertretung in Petrograd auf ein Minimum reduzieren und könne deshalb keine weiteren Interessen übernehmen, vgl. ebd., S. 82 f., Anm. 4 (hier auch die Erwähnung eines Beschlusses, nun Dänemark anzufragen). Für die Meldung aus Åbo, Junod habe die Schweizer Interessen der norwegischen Gesandtschaft übertragen, vgl. schweizerisches Konsulat in Åbo an das EPD, 19. 11. 1918. BAR, E 2001 (B) -/1/23 (B 21/133 Petr. 2/1). Für die Erklärung Junods, er habe alle skandinavischen Gesandtschaften in Petrograd angefragt und vor allem von der norwegischen eine positive Antwort erhalten, während sich die dänische angesichts der bereits zu betreuenden fremden Interessen entschuldigt, für den Fall einer vorzeitigen Abreise der norwegischen Vertretung aber einzuspringen versprochen habe, vgl. Junod an das EPD, 28. 11. 1918. Švejcarija – Rossija, Nr. 121, S. 317. Zum nachträglichen offiziellen Gesuch des Politischen Departements an die norwegische Regierung um Übernahme der Schweizer Interessen vgl. EPD an die schweizerische Gesandtschaft in Rom, 21. 11. 1918. BAR, E 2001 (B) -/1/23 (B 21/133 Petr. 2/1); ferner EPD an die schweizerische Gesandtschaft in Petrograd, 25. 11. 1918. BAR, E 2001 (E) -/13 (B 39). Zur vorübergehenden Wahrung der schweizerischen Interessen durch Norwegen vgl. auch *Disparition des Archives et Dépôts de la Légation de Suisse à Pétrograde en 1918/1919.* BAR, E 2300 Petersburg/4. Zur bevorstehenden Abreise der skandinavischen Vertretungen vgl. Suter an das EPD, 3. 12. 1918. Švejcarija – Rossija, Nr. 123, S. 327. Zur Delegierung der Schweizer Interessen an Dänemark, dessen Minister von den skandinavischen Vertretern am längsten in Petrograd blieb, vgl. Junod an das NKID, 4. 12. 1918. AVPRF, f. 141, op ?, p. 1, d. 1, ll. 113–113 ob., 116; Junod an Bundespräsident Calonder, 5. 12. 1918. BAR, E 2001 (B) -/1/23 (B 21/133 Petr. 2/1); Harald R. von Scavenius (dänischer Minister in Petrograd) an Čičerin (Eingang: 7. 12. 1918). AVPRF, f. 141, op. 2, p. 1, d. 1, l. 127; schweizerische Gesandtschaft in Berlin an das EPD, 8. 12. 1918. BAR, E 2001 (B) -/1/23 (B 21/133 Petr. 2/1). Zur Abreise der skandinavischen Vertretungen und zur angeblichen Taktik des dänischen Ministers Scavenius, offiziell sein Bleiben zu verkünden, um dann heimlich ungehindert abreisen zu können, vgl. Junod an das EPD, 10. 12. 1918. Švejcarija – Rossija, Nr. 125, S. 330; vgl. auch Ensen, Missija Datskogo Krasnogo Kresta v Rossii, S. 27, 31; ferner Junod an Bundespräsident Calonder, 14. 12. 1918. BAR, E 2001 (B) -/1/23 (B 21/133 Petr. 2/1). Zum Widerstand Karachans gegen eine Rücknahme des dänisch geschützten schweizerischen Konsulats in Moskau durch Vizekonsul Suter vgl. Suter (an die schweizerische Gesandtschaft in Petrograd), 21. 1. 1919. BAR, E 2300 Moskau/1, Mappe *Konsulat Moskau 1917–1919.* Zur vorübergehenden Wahrung der schweizerischen Interessen in Moskau durch Norwegen und Dänemark und zur Rücknahme dieses Mandates durch die schweizerische Vertretung vgl. auch Suter an das EPD, 7. 2. 1919. BAR, E 2001 (B) -/1/23 (B 21/133 Petr. 2/1).

619 Vgl. schweizerisches Konsulat in Åbo an das EPD, 19. 11. 1918. BAR, E 2001 (B) -/1/23 (B 21/133 Petr. 2/1). Ein Beispiel: EPD an die norwegische Gesandtschaft in Bern, 29. 11. 1918. Ebd.

620 Vgl. Junod an das EPD, 22. und 29. 3. 1919. BAR, E 2001 (B) -/1/23 (B 21/133 Petr. 2/1). – Zum Wunsch des Schweizerkomitees, der Bundesrat möge bald wieder eine ordentliche Vertretung

Chancellerie provisoire suisse pour affaires consulaires bei den lokalen Sowjet-kommissaren offiziös zu akkreditieren.[621] Junod betonte, die Sache entbehre einer juristischen Grundlage, immerhin blieben aber den Russlandschweizerinnen und Russlandschweizern so gewisse Privilegien erhalten, ohne dass analoge Forderungen betreffend die Russen in der Schweiz erhoben würden.[622] Die Kanzlei stand unter der Kontrolle des lokalen Schweizerkomitees, wurde von Wilhelm Pfister geleitet und umfasste neben Hilfskräften einige Mitarbeiter der abgereisten Gesandtschaft, so deren Rechtskonsulenten Gerson und den Kassierer der Finanzabteilung Alfred Doess.[623] Das Schweizerkomitee rapportierte Ende März nach Bern, die Kanzlei bewähre sich in jeder Hinsicht.[624] Anfang Mai 1919 liess das Politische Departement verlauten, die Sowjetbehörden zeigten (immer noch) ein gewisses Wohlwollen gegen die Petrograder Schweizerkolonie, und die Beziehungen des provisorischen Kanzlisten zu den Bol'ševiki seien in etwa die gleichen, wie sie vorher auch die Gesandtschaft unterhalten habe.[625]

Noch im gleichen Monat scheint sich jedoch die Lage der Ausländer und ihrer behelfsmässigen Organisationen allgemein verschlechtert zu haben, offenbar unter dem Einfluss Maksim M. Litvinovs, des vormaligen Sowjetgesandten in

nach Russland schicken, vgl. Komitee der Schweizerkolonien in Russland an das EPD, Petrograd, 26. 2. 1919. Ebd. Vizekonsul Suter betonte später, die Moskauer Schweizer, die sich nicht in die Politik einmischen wollten, seien von der Petrograder Kolonie betreffend diese Bittschrift nicht befragt worden. Suter an das EPD, Kilchberg, 7. 5. 1919. Ebd.; vgl. auch Protokoll der Sitzung des Moskauer Schweizerkomitees, 27. 2. 1919. Ebd.

621 Auf ihrem Briefpapier nannte sich die Kanzlei «Chancellerie provisoire pour les affaires consulaires de la Légation de Suisse en Russie». BAR, E 2001 (B) -/1/23 (B 21/133 Petrograd 1).

622 Junod: Rapport, 21. 5. 1919. BAR, E 2001 (E) -/13 (B 64). Zum Umstand, dass die Sowjetbehörden zwar mit der provisorischen Kanzlei, nicht aber mit dem Schweizerkomitee direkt verkehrten, vgl. Kanzlei an Junod, 2. 5. 1919. BAR, E 21/10417. – Zu den provisorischen Kanzleien in Petrograd und Moskau vgl. auch Reimann, Funktionen, S. 24 f. Reimann trennt nicht klar zwischen Schweizerkomitees und provisorischen Kanzleien. Tatsächlich waren ja beide eng miteinander verflochten, und auch in den Quellen ist bisweilen einfach von «Komitees» die Rede, vgl. etwa Vizekonsul Suter an das EPD, 7. 2. 1919. BAR, E 2001 (B) -/1/23 (B 21/133 Petr. 2/1). – Zu Moskau vgl. unten S. 523 f.

623 *Disparition des Archives et Dépôts de la Légation de Suisse à Pétrograde en 1918/1919.* BAR, E 2300 Petersburg/4. – Zur Einrichtung der provisorischen Kanzlei vgl. auch R. Bosshardt: *Rapports de la Confédération avec les Soviets depuis la Révolution,* 25. 7. 1923. BAR, E 2001 (E) -/13 (B 67). Junod bezeichnete Pfister als «gérant provisoire de notre section consulaire et financière», vgl. Junod an das EPD, 22. 2. 1919. Ebd. (B 63).

624 Komitee der Schweizerkolonien in Russland an das EPD, Petrograd, 25. 3. 1919. Beilage zu: Junod an das EPD, 17. 5. 1919. BAR, E 2001 (B) -/1/23 (B 21/133 Petrograd 1). – Zu einer Unterstützungsaktion der Petrograder Kanzlei zugunsten der Kolonie von Riga vgl. Kanzlei (Petrograd) an Junod (Bern), 2. 5. 1919. BAR, E 21/10417.

625 EPD an die schweizerischen Gesandtschaften, 5. 5. 1919. DDS, Bd. 7-I, Nr. 393, S. 780. – Zum privilegierten Zugang der Mitarbeiter der schweizerischen Kanzlei zu den Sowjetbehörden vgl. Junod an das EPD, 22. 3. 1919. BAR, E 2001 (B) -/1/23 (B 21/133 Petr. 2/1); Kanzlei (Petrograd) an Bruggmann, 27. 5. 1919. BAR, E 21/10417.

London, der nun in der Zentrale des Volkskommissariats für auswärtige Angelegenheiten restriktiven Einfluss auszuüben begann. Aus Moskau ging eine
Meldung ein, wonach Litvinov gesagt haben solle, «als ihm ein Brief von der
provisorischen Kanzlei der Schweizerischen Gesandtschaft in Petersburg übergeben wurde, dass er von dieser Institution nichts mehr hören wolle; falls ihm
noch einmal geschrieben würde, werde er die Betreffenden einstecken lassen».[626]

Der Kurierdienst zwischen der Petrograder Kanzlei und der Schweiz kam im
Mai zum Erliegen, nachdem er schon zuvor den Kontrollmassnahmen der
Sowjetbehörden unterworfen worden war.[627] Und dann das gewaltsame Ende:
Gemäss den Aussagen repatriierter Schweizerinnen und Schweizer lösten sowjetrussische Sicherheitsorgane in den ersten Junitagen 1919 eine Versammlung von über 30 Landsleuten in den Räumlichkeiten der provisorischen Kanzlei
(in der ehemaligen Gesandtschaft) auf. Die Anwesenden wurden arretiert,
zunächst für zwei Wochen in Petrograd ins Gefängnis geworfen, dann nach
Moskau verbracht, wo die meisten von ihnen nach einer weiteren einmonatigen
Gefangenschaft freigelassen wurden. Einige blieben aber bis zu neun Monate
lang in Haft, so Kanzleimitarbeiter Gerson. Von Kassierer Doess fehlte auch
danach jede Spur. Die Räumlichkeiten der ehemaligen schweizerischen Gesandtschaft seien nach diesem Vorfall sequestriert und versiegelt worden.[628]
Unklar bleibt, inwiefern das Ende der Kanzlei durch den Umstand beschleunigt
worden war, dass sich die Mitarbeiter dieser Institution offensichtlich «mit
wilden Spekulationen in Valuta und Waren» missbräuchlich bereicherten.
Šklovskij jedenfalls habe Pfister bedeutet, sofort abzureisen, um einer Verhaftung zu entgehen.[629]

---

626 Schweizerisches Konsulat in Moskau an das EPD, 17. 5. 1919. DDS, Bd. 7-I, Nr. 411, S. 813.
   Autor des Schreibens ist Peter Mörikofer, Vorsitzender des Moskauer Schweizerkomitees. –
   Zur Ausländerfeindlichkeit Litvinovs vgl. auch Protokoll der Sitzung des Bundesrates, 13. 7.
   1920. BAR, E 2001 (E) -/13 (B 66); hier auch der Hinweis darauf, dass die von Litvinov
   angeordneten Haussuchungen und Verhaftungen alle ausländischen Gesandtschaften und
   Konsulate bzw. deren ehemalige Mitarbeiter gleichermassen getroffen hätten.
627 Vgl. Kanzlei (Petrograd) an Junod, 1. 4., 10. 4. und 2. 5. 1919. BAR, E 21/10417; Kanzlei
   (Petrograd) an Bruggmann, 30. 4. 1919. Ebd.; Reimann, Funktionen, S. 15.
628 Vgl. *Disparition des Archives et Dépôts de la Légation de Suisse à Pétrograde en 1918/1919.*
   BAR, E 2300 Petersburg/4; R. Bosshardt: *Rapports de la Confédération avec les Soviets depuis
   la Révolution,* 25. 7. 1923. BAR, E 2001 (E) -/13 (B 67); BAR, Repertorien, Bestand E 2200
   St. Petersburg, S. VII; BAR, E 2001 (E) -/13, Einleitung, S. 37 (hier auch die Vermutung, die
   Sowjetbehörden hätten sich angesichts ihrer bedrohten Stellung in Petrograd Geiseln und
   Geld beschaffen wollen). Zur mutmasslichen Erschiessung von Alfred Doess vgl. etwa Reimann,
   Funktionen, S. 25, hier auch Anm. 102. – Zur Unterstützung der in Moskau freigelassenen und
   in die Schweiz zurückgekehrten Kanzleimitarbeiter (zwei Monatslöhne) vgl. Protokoll der
   Sitzung des Bundesrates, 13. 7. 1920. BAR, E 2001 (E) -/13 (B 66).
629 Aktennotiz Roggen, 2. 7. 1919. BAR, E 2001 (E) -/13 (B 65). Vgl. ferner *Betrifft: Kanzlei in
   Petersburg,* 27. 5. 1919. BAR, E 2001 (B) -/1/23 (B 21/133 Petrograd 1); BAR, Repertorien,

Schon Ende 1918 hatte Junod damit begonnen, die in den vergangenen Monaten ausgeweiteten Strukturen seiner Gesandtschaft zu redimensionieren. Um
einer Beschlagnahmung der Lebensmittelmagazine zuvorzukommen, verkaufte
die Versorgungsabteilung ihre eingelagerten Güter bis auf einen für die Bedürfnisse der Schweizerkolonie unabdingbaren Grundbestand.[630] Und Anfang
Januar 1919 schlug der Ministerresident vor, die Finanzabteilung aufzulösen.[631]
Bern war einverstanden;[632] in der Praxis erwies es sich allerdings als unmöglich,
die vielen Depots von Landsleuten sofort ordentlich zu liquidieren, so dass die
Abteilung auch nach der Abreise Junods weiterarbeitete.[633]

Das Politische Departement hatte Mitte Dezember 1918 angeordnet,
Gesandtschaftssekretär Bruggmann solle in Åbo einen Informationsdienst über
Russland aufziehen und in Finnland bleiben, wenn die übrige Petrograder
Gesandtschaft in die Schweiz zurückkehre.[634] Bruggmann installierte sich also
mit Kanzleisekretär Urech Anfang März 1919 in Åbo.[635] Da aber auch der
Leiter der Finanzabteilung Crottet hier präsent war, erschien Bruggmanns
Anwesenheit in Finnland bald überflüssig.[636] Einen Informationsdienst über
Russland, so befand Junod, konnten ja Konsul Baltis und eben der immer noch
im Dienste der Gesandtschaft stehende, mit Repatriierungsfragen beschäftigte
Crottet organisieren.[637]

Bestand E 2200 St. Petersburg, S. VII; BAR, E 2001 (E) -/13, Einleitung, S. 36 f.; Reimann,
Funktionen, S. 25.

630 Junod an Bundespräsident Calonder, 16. 11. 1918. Švejcarija – Rossija, Nr. 119, S. 311.
631 Junod an den Bundesrat, 2. 1. 1919. BAR, E 2001 (B) -/1/25 (B 21/16 Petrograd).
632 Junod wurde angewiesen, Crottet für dessen Dienste zu danken – obwohl Crottet seine
    Instruktionen nicht immer genügend befolgt habe. EPD an die schweizerische Gesandtschaft
    in Petrograd, 22. 1. 1919. BAR, E 2001 (B) -/1/25 (B 21/16 Petrograd).
633 Junod an das EPD, 22. 3. 1919. BAR, E 2001 (B) -/1/23 (B 21/133 Petr. 2/1). Junod meldete
    Ende März, gemäss Mitteilung der provisorischen Kanzlei habe die Finanzabteilung seit der
    Abreise der Gesandtschaft 555'000 Rubel ins Ausland transferiert. Junod an das EPD, 29. 3.
    1919. Ebd.
634 EPD an Bruggmann (Åbo), 11. 12. 1918. BAR, E 2001 (B) -/1/23 (B 21/133 Petr. 2/1); EPD an
    die schweizerische Gesandtschaft in Berlin, 11. 12. 1918 (Entwurf). Ebd.
635 Bruggmann an das EPD, 8. 3. 1919. BAR, E 2001 (B) -/1/23 (B 21/133 Petr. 2/1); Junod an das
    EPD, 22. 2. 1919. BAR, E 2001 (E) -/13 (B 63). Für Berichte Bruggmanns aus Finnland vgl.
    etwa Bruggmann an das EPD, Åbo, 18. 3. 1919. BAR, E 2300 Åbo/1. Für Berichte der
    provisorischen Kanzlei (Petrograd) an Bruggmann in Åbo (bzw. später in Bern) vgl. «G.»
    (wohl: Gerson) an Bruggmann, Petrograd, 10. 4. 1919. BAR, E 2300 Petersburg/4; vgl. auch
    das Dossier BAR, E 21/10417 (hier zudem Berichte der provisorischen Kanzlei an den in der
    Schweiz befindlichen Junod). – Für den Ratschlag Čičerins an den Bundesrat, sich lieber an
    die Sowjetregierung oder direkt an die Schweizerkolonien in Russland zu wenden, als den aus
    Finnland eingehenden Meldungen über angebliche Misshandlungen der Russlandschweizer zu
    vertrauen, vgl. Čičerin an die schweizerische Gesandtschaft in Berlin, 7. 3. 1919. AVPRF,
    f. 141, op. 3, p. 2, d. 10, l. 8 ob.; BAR, E 2001 (B) 1/23 (B 21/133 Petr. 2/1).
636 Vgl. EPD an das schweizerische Konsulat in Åbo, 17. 3. 1919 (Entwurf). BAR, E 2001 (B) -/1/
    23 (B 21/133 Petr. 2/1); Junod an das EPD, Lausanne, 22. 3. 1919. Ebd.
637 Ebd. Für Berichte Crottets aus Åbo vgl. etwa Crottet an das EPD, Åbo, 15. 4. 1919. BAR,

Sowohl die Sowjetbehörden wie auch der schweizerische Bundesrat versuchten, nach dem Abbruch der diplomatischen Beziehungen die Kanäle des Roten Kreuzes für ihre weitere Interessenwahrung im jeweils anderen Land zu benützen. Beide Seiten achteten darauf, dass einmal zugesicherte oder auch einfach eingespielte Privilegien erhalten blieben. Lautstark und mit propagandistischem Elan protestierte beispielsweise Aussenkommissar Čičerin im April 1919 gegen die angebliche barbarische Behinderung der karitativen Tätigkeit des russischen Roten Kreuzes in der Schweiz.[638] Für die Vertretung schweizerischer Interessen in Russland rückten zwei Organisationen in den Vordergrund: das in Genf ansässige IKRK und das von den Sowjetbehörden privilegiert behandelte dänische Rote Kreuz.[639] Letzterem scheinen die Bol'ševiki 1919 die Aufgabe der Betreuung sämtlicher in ihrem Machtbereich verbliebener Ausländer zugedacht zu haben. Reimann führt aus, die Russlandschweizer hätten sich angesichts der Überforderung der Dänen mit der Bildung einer *Section suisse de la Croix-Rouge danoise* «in den Vordergrund» geschoben.[640] Dazu ist allerdings zu bemerken, dass es den offiziösen Vertretern der Schweiz (wie jenen Schwedens und Dänemarks) zumindest in Petrograd auch ohne die Vermittlung des dänischen Roten Kreuzes möglich war, mit den Sowjetbehörden zu verkehren.[641] Grössere Bedeutung für die schweizerische Interessenwahrung kam der engen ideellen und personellen Verbundenheit des IKRK mit der Eidgenossenschaft zu. Der Gesandte Odier war Vizepräsident des Komitees, und es lag nahe, dass die Organisation in

E 2300 Åbo/1; Crottet an das EPD, 28. 4. 1919. BAR, E 2001 (B) -/1/23 (B 21/133 Petrograd 1). – Per 30. Juni 1919 enthob das Politische Departement Crottet seiner Funktion, vgl. EPD an Junod, 10. 7. 1919. BAR, E 2300 Petersburg/4; vgl. auch Junod an das EPD, 2. 7. 1919. Ebd.

638 Vgl. BAR, E 2001 (E) -/13, Nachtrag. Im Kontext der Bolschewikenuntersuchung der Bundesanwaltschaft waren Anfang März 1919 in Bern drei russische Studenten vorübergehend verhaftet und verhört worden, als sie beim Politischen Departement die Bewilligung für Geldzahlungen aus Berlin an das russische Rote Kreuz in der Schweiz einholen wollten. Das Politische Departement hatte bereits im Februar sein Einverständnis für bestimmte Geldtransfers aus Berlin gegeben. Ebd., Einleitung des Nachtrages, S. 3 f. Für die in Russland publizierte Version des Protests Čičerins gegen die Verhaftung der Studenten und die angebliche Behinderung der Rot-Kreuz-Tätigkeit vgl. Čičerin an den Bundesrat, 19. 4. 1919. Beilage zu: Mörikofer (Moskau) an das EPD, 23. 4. 1919. BAR, E 2001 (E) -/13 (B 62). Zum Eindruck der provisorischen Kanzlei in Petrograd, die Affäre werde von der Sowjetregierung stark aufgebauscht, vgl. Kanzlei (Petrograd) an Bruggmann, 30. 4. 1919. BAR, E 21/10417.

639 Zur Tätigkeit des dänischen Roten Kreuzes in Sowjetrussland 1918/19 vgl. Ensen, Missija Datskogo Krasnogo Kresta v Rossii.

640 Reimann, Funktionen, S. 25, Anm. 99.

641 Junod bezeichnete die direkten Kontakte der provisorischen Kanzlei mit dem Volkskommissariat für auswärtige Angelegenheiten als ein Privileg der Schweizer. Junod an das EPD, 22. 3. 1919. BAR, E 2001 (B) -/1/23 (B 21/133 Petr. 2/1). Für die Meldung, es werde nur noch Kurierpost des dänischen Roten Kreuzes und der schweizerischen Kanzlei zugelassen, vgl. Kanzlei (Petrograd) an Bruggmann, 30. 4. 1919. BAR, E 21/10417. – Zur Rolle des dänischen Roten Kreuzes und zu den in der Praxis geltenden Privilegien der Schweizer vgl. auch Kanzlei (Petrograd) an Bruggmann, 27. 5. 1919. Ebd.

ihren Russlandmandaten den Schweizerkolonien viel Aufmerksamkeit schenkte.[642] Der Russlandschweizer Edouard A. Frick war als IKRK-Delegierter mit der Unterstützung des russischen Roten Kreuzes beauftragt und im Einverständnis mit den Alliierten seit Ende 1918 zuständig für die Repatriierung der in Deutschland und Österreich befindlichen russischen Kriegsgefangenen; ohne Umschweife beschloss der Bundesrat, sich die Beziehungen Fricks in Russland nach Möglichkeit dienstbar zu machen.[643] Geradezu als inoffizieller schweizerischer Konsul wirkte dann rund 18 Jahre lang der Jurist und Russlandschweizer Woldemar Wehrlin (1888–1979), Leiter der 1921 eingerichteten IKRK-Delegation in Moskau.[644] Die engagierte Hilfe, die Wehrlin seinen Landsleuten gewährte, ist gut dokumentiert, und seit 1922 bezog die Moskauer IKRK-Vertretung finanzielle Unterstützung des Politischen Departements in Bern.[645] Mit Hinweis auf die veränderten Aufgaben beschloss das IKRK 1937, seine Vertretung in Moskau innert eines Jahres aufzuheben; Wehrlin verliess 1938 die Sowjetunion.[646]

642 Zur Tätigkeit Edouard Odiers als Vizepräsident des IKRK vgl. Reimann, Funktionen, S. 32; Moorehead, Dunant's Dream, S. 239. – Zur politischen und «emotionellen» Bindung des IKRK an die offizielle Schweiz vgl. Reimann, Funktionen, S. 32 f., 38.

643 Vgl. Protokoll der Sitzung des Bundesrates, 9. 12. 1918. BAR, E 21/10451. – Zum Mandat Fricks vgl. Memorandum Thurnheer, 30. 12. 1918. BAR, E 2300 Petersburg/4; Moorehead, Dunant's Dream, S. 239 f., 266–271; Bugnion, Comité, S. 286–293. Für biografische Angaben zu Frick vgl. Reimann, Funktionen, S. 32, Anm. 5.

644 Zur IKRK-Delegation in Moskau 1921–1938 und ihren «quasikonsularischen» Funktionen vgl. Reimann, Funktionen, S. 31–60; Huber, Stalins Schatten, S. 59–66; Fayet/Huber, Russlandschweizer; Moorehead, Dunant's Dream, S. 332–337; Protokoll der Sitzung des Bundesrates, 1. 8. 1924. BAR, E 2001 (E) -/13 (B 76). Zum Unterbruch der internationalen Rot-Kreuz-Tätigkeit in Russland (1919–1921) wegen des Anerkennungskonflikts zwischen der neuen sowjetischen Rot-Kreuz-Organisation und dem IKRK vgl. Reimann, Funktionen, S. 32 f.; vgl. auch Čičerin an Frick, 4. 9. 1919. AVPRF, f. 141, op. 3, p. 2, d. 10, l. 33. – Für biografische Angaben zu Wehrlin vgl. Reimann, Funktionen, S. 23, Anm. 94. Zur vorherigen Tätigkeit Wehrlins als Rechtskonsulent des Konsulats in Moskau vgl. ebd., S. 24, Anm. 95; Junod an Bundespräsident Calonder, 31. 12. 1918. BAR, E 2001 (B) -/1/23 (B 21/133 Petr. 2/1).

645 Der Bundesrat notierte 1924, die Moskauer IKRK-Delegation stecke etwa die Hälfte ihrer Arbeitsleistung in die Betreuung von Schweizerinnen und Schweizern. Protokoll der Sitzung des Bundesrates, 1. 8. 1924. BAR, E 2001 (E) -/13 (B 76). Zu der vom Russlandschweizer Georges Dessonnaz geleiteten und ebenfalls vom Politischen Departement unterstützten Delegation des IKRK in der Ukraine vgl. ebd.; ferner Moorehead, Dunant's Dream, S. 278 f. – Für Belege der karitativen und quasikonsularischen Tätigkeit Wehrlins in Selbstzeugnissen von Russlandschweizern vgl. Derendinger, Graphiker, S. 228; Eduard Wüthrich an Friedrich Wüthrich, 13. 6. 1937, abgedruckt in: Eggenschwiler, Kulakenkind, S. 331 f.

646 Für Kritik am Beschluss des IKRK von 1937 vgl. Reimann, Funktionen, S. 56. – Zum allfälligen Zusammenhang zwischen der fast zeitgleichen Ausreise Bagockijs aus der Schweiz und Wehrlins aus Moskau vgl. BAR, E 2001 (E) -/13, Einleitung, S. 42; Fayet/Huber, Russlandschweizer, S. 182. Zum anfänglichen Kalkül, mit der Anwesenheit Bagockijs in der Schweiz lasse sich die Entsendung auch eines Schweizer Rot-Kreuz-Vertreters nach Russland rechtfertigen, vgl. Aktennotiz Thurnheer, 7. 4. 1920. BAR, E 2300 Moskau/3. Wehrlin selbst betonte, seine Delegation sei nicht nur wegen Bagockijs Anwesenheit in der Schweiz geduldet, sondern von den Sowjetbehörden offiziell anerkannt worden, vgl. Reimann, Funktionen, S. 34.

3.3.2. Moskau

Als er seinen Posten in Moskau räumte, war sich Vizekonsul Suter bewusst, dass ein baldiger Sturz der Bol'ševiki nicht bevorstand. Man täusche sich, meinte er Ende März 1919, «wenn man sich ihr Ende in allernächster Zeit kommen denkt» – bis zum Herbst würden sie wohl mindestens noch durchhalten.[647] Mit der Rückverlegung der russischen Hauptstadt nach Moskau im März 1918 war das dortige schweizerische Konsulat, seit Ende 1917 interimistisch von Suter geführt, zu unerwarteter politischer Bedeutung gelangt. Schon zuvor hatte der Vizekonsul regelmässig über revolutionäre Ereignisse und ihre wirtschaftlichen und administrativen Konsequenzen informiert.[648] Doch nun avancierte die Moskauer Vertretung zu derjenigen schweizerischen Repräsentation, die am direktesten mit der bolschewistischen Macht verkehrte. Im Namen von Ministerresident Junod verhandelte Suter immer wieder mit dem stellvertretenden Aussenkommissar Karachan.[649] Junod lobte nach seiner Rückkehr den grenzenlosen Einsatz Suters und attestierte dem Moskauer Konsulat, in einer schwierigen Situation auf der Höhe seiner Aufgabe gestanden zu haben.[650] Neben den politischen Pflichten bemühte sich Suter darum, dem wachsenden Betreuungsbedürfnis der Kolonie gerecht zu werden.[651] Die unzähligen Demarchen des Vizekonsuls zugunsten bedrängter Schweizerinnen und Schweizer habe ich erwähnt.[652] Suter wies das Volkskommissariat darauf hin, dass die speziellen Ausländerregelungen in der Praxis nicht eingehalten würden,[653] und erreichte hier und da die erneute Prüfung einer Angelegenheit durch die Sowjetbehörden.[654] Ausserdem kümmerte sich auch das Konsulat in Moskau um die

---

647 Suter an das EPD, 25. 3. 1919. BAR, E 2300 Moskau/1, Mappe *Konsulat Moskau 1917–1919*.

648 Für die Berichterstattung Suters vgl. etwa *Revue politique & économique. Circonscription Consulaire de Moscou.* Beilage zu: Suter an das EPD, 12./25. 7. 1917. BAR, E 2300 Moskau/1, Mappe *Konsulat Moskau 1917–1919*.

649 Seine Instruktionen erhielt Suter zu dieser Zeit ausschliesslich von der Gesandtschaft in Petrograd; die direkte Verbindung mit der Schweiz war abgerissen, vgl. Suter an das EPD, 7. 2. 1919. BAR, E 2001 (B) -/1/23 (B 21/133 Petr. 2/1). Für die Klage des Politischen Departements, dass die Telegramme des Moskauer Konsulats nicht immer ankämen, vgl. bereits EPD an die schweizerische Gesandtschaft in Petrograd, 5. 8. 1918. BAR, E 2300 Petersburg/4.

650 Junod: Rapport, 21. 5. 1919. BAR, E 2001 (E) -/13 (B 64).

651 Zu den Bemühungen des Konsulats, die Landsleute durch Abgabe von Nationalitätszertifikaten besser zu schützen, vgl. Zirkular des schweizerischen Konsulats in Moskau, November 1917. BAR, E 2200.157 1967/42, Bd. 10/63. Zum Einverständnis des Politischen Departements damit, dass auch das Konsulat in Moskau Depots von Landsleuten empfangen könne, vgl. EPD an die schweizerische Gesandtschaft in Petrograd, 14. 6. 1918. BAR, E 2300 Petersburg/4.

652 Zu den Verhandlungen Suters mit den Sowjetbehörden betreffend die von Schweizerinnen und Schweizern erlittenen materiellen Schäden vgl. auch Suter an das EPD, 7. 2. 1919. BAR, E 2001 (B) -/1/23 (B 21/133 Petr. 2/1).

653 Suter an das NKID, 21. 10. 1918. AVPRF, f. 141, op. 2, p. 1, d. 1, l. 85–85 ob.

654 Auf einem Protestschreiben Suters gegen verschiedene Arretierungen lesen wir rot in der

materielle Hinterlassenschaft von abgereisten Landsleuten.[655] Beratungen mit Konsularbeamten anderer Staaten schienen umso wichtiger, als die verfügbare Presse kaum sachliche Informationen bot.[656]

Gegenüber dem Bundesrat stellte Suter im September 1918 klar, dass er mit seinen freiwilligen Helfern der angestiegenen Belastung nicht mehr lange gewachsen sei. «Das Konsulat hat gegenüber normalen Zeiten seine Frequenz fast verzehnfacht; es vergeht selten ein Tag, wo der Besuch unter 30 bis 40 Personen beträgt; bei fast einem Jeden sieht man aus der bekümmerten Miene, dass er etwas schweres mitzuteilen hat [...].»[657]

Tatkräftige Unterstützung erhielt der Vizekonsul seitens der in Auflösung begriffenen Schweizerkolonie. Peter Mörikofer (1886–1961), der Präsident des Moskauer Schweizerkomitees, diente ihm als Sekretär.[658] Bereits unmittelbar nach der Oktoberrevolution hatten die Moskauer Landsleute ein dem Konsulat attachiertes provisorisches Komitee bestellt, das in Absprache mit anderen Kolonien Schutzmassnahmen ergreifen und die offizielle Vertretung entlasten sollte.[659] Nach einigen Monaten erfuhr dieses Komitee von der Existenz einer ähnlichen Einrichtung in Petrograd und schlug regelmässige Kontakte vor.[660] Suter warnte immer wieder eindringlich vor einem Zustand, in dem die Schweizerkolonien in Russland nach der Abreise der Gesandtschaft «vollständig jeden Schutzes durch einen zivilisierten Staat beraubt» sein würden.[661] Als es im

Handschrift Karachans (visiert: «LK.»): «vyjasnit' ešče raz» (nochmals klären). Suter an das NKID, 18. 9. 1918. AVPRF, f. 04, op. 46, p. 281, d. 54034, l. 10–10 ob.

655 Zu einem Mietlokal, in dem die Möbel der Abgereisten verstaut (und im Januar 1919 beschlagnahmt) wurden, vgl. Suter (an die schweizerische Gesandtschaft in Petrograd), 21. 1. 1919. BAR, E 2300 Moskau/1, Mappe *Konsulat Moskau 1917–1919.*

656 Zur ideologischen Färbung der sowjetrussischen Presse vgl. Suter an das EPD, 15. 9. 1918. *Švejcarija – Rossija*, Nr. 114. – Zur Kooperation der Konsularbeamten vgl. etwa *Compte rendu de la Conférence Interconsulaire tenue au Consulat Général des Etats Unis à Moscou le 5 décembre 1917.* BAR, E 2200.157 1967/42, Bd. 10/63. Zum regelmässigen Kontakt, den Suter auf Anweisung Odiers mit dem schwedischen Generalkonsulat in Moskau unterhielt, vgl. Suter an das EPD, 7. 2. 1919. BAR, E 2001 (B) -/1/23 (B 21/133 Petr. 2/1).

657 Suter an das EPD, 15. 9. 1918. *Švejcarija – Rossija*, Nr. 114, S. 296.

658 Für eine Kurzbiografie von Mörikofer (auch: Mörikhofer) vgl. Gehrig-Straube, *Beziehungslose Zeiten*, S. 516. Junod schlug im Mai 1919 vor, Mörikofer für seine Dienste mit dem Titel eines Vizekonsuls zu ehren. Junod: Rapport, 21. 5. 1919. BAR, E 2001 (E) -/13 (B 64).

659 Zur Bildung der *vremennaja kommissija pri švejcarskom konsul'stve* im November 1917 (in den Quellen meist «Comité» genannt) vgl. das entsprechende Protokoll einer Versammlung der Moskauschweizer in: BAR, E 2200.157 1967/42, Bd. 10/63. Zur Aktivität des Komitees vgl. etwa Protokoll, 8./21. 11. 1917. Ebd. Zum Programm des Komitees vgl. *Rapport succint sur l'activité du Comité provisoire adjoint au Consulat de Suisse à Moscou*, 29. 11./12. 12. 1917. Ebd.; ferner *Projet de Reglement de la Commission du Consulat Suisse de Moscou.* Ebd.

660 Komitee (Moskau) an die *Commission adjointe à la Légation de Suisse*, 14./27. 3. 1918. BAR, E 2200.157 1967/42, Bd. 10/63. Für die positive Antwort des (mit überregionalem Selbstverständnis ausgestatteten) Petrograder Komitees vgl. Komitee der Schweizerkolonien in Russland an das Komitee (Moskau), Petrograd, 5. 4. 1918. Ebd.

661 Suter an das EPD, 7. 2. 1919. BAR, E 2001 (B) -/1/23 (B 21/133 Petr. 2/1).

Dezember 1918 den Anschein machte, die schweizerische Gesandtschaft und auch das Konsulat in Moskau würden aus Russland ausgewiesen, bedauerte der Vizekonsul ausserordentlich, seinen Posten aufgeben zu müssen – zumal ja nicht etwa schlechte Arbeit geleistet worden war; «im Gegenteil, ich konnte während meiner einjährigen Amtszeit bei den Vertretern der hiesigen gegenwärtigen Regierung öfter hören, dass unsere neutrale Art zu arbeiten, schliesslich zur Überwindung der bestehenden Schwierigkeiten führen müsste und würde. Die Ausweisung erfolgt vielmehr als Gegenmassnahme zur Ausweisung des Hrn. Bersin aus der Schweiz.»[662]

Vorläufig erfolgte aber gar keine Ausweisung, und Suter setzte seine Arbeit mit den üblichen Privilegien fort.[663] Anfang Februar vermeldete er immer noch ein «gewisses Entgegenkommen» des Volkskommissariats für auswärtige Angelegenheiten, wodurch ein «katastrophaler Zustand» für die Kolonie bisher habe abgewendet werden können.[664]

Im Hinblick auf den absehbaren Abzug Suters scharte sich mittlerweile eine grössere Gruppe von helfenden Landsleuten um das Konsulat, wobei es die Archivalien kaum erlauben, die häufig gebrauchte Bezeichnung *Komitee* einer bestimmten Formation zuzuordnen. «Ein Komitee von etwa 20 tüchtigen jungen Schweizern steht dem Konsulat in uneigennütziger Weise bei und leistet unschätzbare Dienste; die Mitarbeit dieses Komitees legt ein glänzendes Zeugnis ab für echte schweizerische Gesinnung und Tüchtigkeit und unser Zusammengehörigkeitsgefühl, das bis jetzt siegreich gemeinsamen Schwierigkeiten zu begegnen wusste.»[665]

Ende Februar verabschiedete sich der Vizekonsul von seiner Kolonie und übergab das Konsulat dem Schweizerkomitee unter Peter Mörikofer.[666] In der

---

662 Suter an das EPD, 3. 12. 1918. Švejcarija – Rossija, Nr. 123, S. 324. – Zum Plan des Politischen Departements, bei der Abreise der Gesandtschaft auch das Konsulat von Moskau zurückzubeordern, vgl. Protokoll der Sitzung des Bundesrates, 9. 12. 1918. BAR, E 21/10451. Dem Privatmann Suter scheint es das Politische Departement überlassen zu haben, ob er sich der abreisenden Gesandtschaft anschliessen wolle oder nicht, vgl. Suter an das EPD, 7. 2. 1919. BAR, E 2001 (B) -/1/23 (B 21/133 Petr. 2/1).

663 Suter an das EPD, 20. 1. 1919. DDS, Bd. 7-1, Nr. 124.

664 Suter an das EPD, 7. 2. 1919. BAR, E 2001 (B) -/1/23 (B 21/133 Petr. 2/1).

665 Suter an das EPD, 20. 1. 1919. DDS, Bd. 7-1, Nr. 124, S. 234. Anfang Februar 1919 berichtete Suter von einem gewählten «Komitee zum Schutze der Interessen unserer Landsleute im hiesigen Konsularbezirk nach Abbruch der diplomatischen Beziehungen». Suter an das EPD, 7. 2. 1919. BAR, E 2001 (B) -/1/23 (B 21/133 Petr. 2/1). Zum Moskauer «Komitee der Russlandschweizer» vgl. auch Reimann, Funktionen, S. 24 f. Zu einer kurzlebigen Lebensmittelgenossenschaft, zu der sich 1919 unter der Leitung von Woldemar Wehrlin zwölf Kolonien in Moskau zusammenschlossen, vgl. ebd., S. 29.

666 Protokoll der Sitzung des Komitees (Moskau), 20. 2. 1919. BAR, E 2001 (B) -/1/23 (B 21/133 Petr. 2/1). – Suter wurde schon bald Vizekonsul (dann Konsul) in Warschau und informierte das Politische Departement von dort auch über Russland, vgl. Suter an das EPD, Warschau, 22. 9. 1919. Ebd.

Vorstellung Junods sollte dieses Komitee eine der provisorischen Kanzlei von Petrograd analoge Funktion ausüben.[667] Nur: Während es gelang, die Kanzlei in der alten Hauptstadt offiziös zu akkreditieren und einen direkten Kontakt mit den lokalen Sowjetbehörden zu etablieren, widersetzte sich in Moskau Kommissarstellvertreter Karachan einer Anerkennung des Schweizerkomitees und bestand zumindest bei wichtigeren Fragen auf der Vermittlung des dänischen Roten Kreuzes.[668] Die dänische konsularische Vertretung hatte die Schweizer Interessen bereits einmal übernommen, als Suter glaubte, seine unfreiwillige Abreise stehe unmittelbar bevor. Mit Verweis auf die Ausweisung Berzins durch den Bundesrat widersetzte sich Karachan anschliessend einer offiziellen Rücknahme des Postens durch Vizekonsul Suter; er riet vielmehr «dringend, die Geschäfte einstweilen unter dänischem Schutz zu belassen».[669] Dass die bolschewistische Privilegierung der dänischen Diplomatie nach deren Abzug auf das dänische Rote Kreuz überging, ärgerte Suter, da doch die Schweiz selbst ein Rotes Kreuz besitze.[670] Immerhin bilanzierte der Bundesrat 1920, sowohl die Kanzlei in Petrograd wie auch das provisorische «Konsulat» in Moskau hätten erfolgreich für die Landsleute weiterarbeiten können.[671]

Im November 1921, später als die Petrograder Kanzlei, wurde das Moskauer Komitee von den Sowjetbehörden aufgelöst.[672] Zu diesem Zeitpunkt hatte die IKRK-Delegation unter Woldemar Wehrlin ihre Arbeit bereits aufgenommen.

---

667 Junod nannte das Komitee auch «chancellerie provisoire du Consulat de Suisse». Junod: Rapport, 21. 5. 1919. BAR, E 2001 (E) -/13 (B 64).

668 Junod an das EPD, 22. 3. 1919. BAR, E 2001 (B) -/1/23 (B 21/133 Petr. 2/1); Junod: Rapport, 21. 5. 1919. BAR, E 2001 (E) -/13 (B 64). Zu den Bemühungen des Moskauer Schweizerkomitees, von Karachan zumindest für ökonomische Fragen als Verhandlungspartner anerkannt zu werden, vgl. etwa Protokoll der Sitzung des Komitees (Moskau), 27. 2. 1919. BAR, E 2001 (B) -/1/23 (B 21/133 Petr. 2/1).

669 Suter (an die schweizerische Gesandtschaft in Petrograd), 21. 1. 1919. BAR, E 2300 Moskau/1, Mappe *Konsulat Moskau 1917–1919*.

670 Zur ursprünglichen Abmachung zwischen Suter, dem dänischen Rot-Kreuz-Vertreter und Karachan, dass das Schweizerkomitee die Arbeit des schweizerischen Konsulats übernehmen und sich nur in schwierigen Fragen an das dänische Rote Kreuz wenden werde, vgl. Suter an das EPD, Zürich, 25. 3. 1919. BAR, E 2300 Moskau/1, Mappe *Konsulat Moskau 1917–1919*. Karachan drängte aber bald auf eine definitive Lösung. Er suggerierte, das Schweizerkomitee könne allenfalls anerkannt werden, wenn es als offizielle schweizerische Rot-Kreuz-Vertretung auftrete. Ebd.

671 Peter Mörikofer erhielt für seinen Einsatz viel Lob und eine Gratifikation von 1000 Franken. – Der Bundesrat vermutete, die für Schweizer Belange zuständigen Sowjetfunktionäre Šklovskij (Petrograd) und Karachan (Moskau) hätten anfangs ein gewisses Wohlwollen gezeigt, weil sie Gegenmassnahmen gegen ihre Familien in der Schweiz fürchteten. Protokoll der Sitzung des Bundesrates, 13. 7. 1920. BAR, E 2001 (E) -/13 (B 66).

672 Vgl. Protokoll der Sitzung des Bundesrates, 1. 8. 1924. BAR, E 2001 (E) -/13 (B 76).

3.3.3. Die Konsulate in der Provinz des ehemaligen Zarenreichs

Angesichts der gescheiterten diplomatischen Verständigung zwischen der Schweiz und der Sowjetmacht war in den bolschewistisch dominierten Territorien kein Platz mehr für offizielle Vertretungen der Eidgenossenschaft. Nicht alle einst im Zarenreich errichteten schweizerischen Konsulate gerieten jedoch sofort oder überhaupt unter eine stabile Herrschaft der Bol'ševiki.[673] Ende 1917 hielten die Mittelmächte Polen und einen Teil des Baltikums besetzt, 1918 kamen die Ukraine, Weissrussland und Teile Transkaukasiens hinzu.[674] Im Rahmen des Separatfriedens von Brest-Litovsk vom März 1918 hatte Sowjetrussland auf Polen, die baltischen Provinzen, die Ukraine und Finnland verzichtet. Der Zusammenbruch der Mittelmächte und der Rückzug ihrer Besatzungsarmeen ermöglichten dann allerdings ein Nachrücken von Sowjettruppen, denen es im Kampf gegen nationale Unabhängigkeitsbewegungen gelang, einzelne der preisgegebenen Gebiete zurückzuerobern – so namentlich die Ukraine. Während also die Konsulate von Warschau, Riga und Åbo nach dem Ende des Weltkriegs in unabhängige Nachfolgestaaten des Zarenreichs zu liegen kamen, mündeten die wechselnden und überaus blutigen Besetzungen der Konsulatsstädte Kiev und Odessa in eine Konsolidierung bolschewistischer Macht im Süden. In Tiflis vermochten die örtlichen Bol'ševiki zusammen mit der Roten Armee 1921 die nach der Februarrevolution etablierte menschewistische Führung Georgiens zu stürzen.[675]

Zunächst zur institutionellen und personellen Entwicklung der Konsulate. Die alte Vertretung in *Odessa* führte nach der Abreise von Konsul Emil Wey der Kanzler Jakob Etterlin.[676] Im Dezember 1919 kündigte Etterlin an, er werde bei

---

673 Zur Frage der Weiterführung der Konsulate in Russland vgl. Benziger, Beziehungen der Schweiz mit Russland, S. 22; ferner Reimann, Funktionen, S. 15.

674 Der Gesandte Odier vermeldete im Juli 1918, von allen Konsulaten befinde sich nur Moskau nicht in okkupiertem Gebiet. Odier an das EPD, 18. 7. 1918. BAR, E 2001 (B) -/1/23 (B 21/133 Petrograd 1).

675 Zum Plan des Bundesrates vom Dezember 1918, die in militärisch besetzten Gebieten gelegenen Konsulate sollten sich im Falle eines definitiven diplomatischen Bruchs mit Russland zusammen mit den Okkupationstruppen zurückziehen, sofern ihre Sicherheit nicht garantiert sei, vgl. Protokoll der Sitzung des Bundesrates, 9. 12. 1918. BAR, E 21/10451.

676 Im Archiv finden sich Berichte Etterlins von Ende 1918 und Anfang 1919: schweizerisches Konsulat in Odessa an das EPD, 23. 12. 1918 und 5. 3. 1919. BAR, E 2300 Moskau/1, Mappe *Jalta, Kiew, Odessa und Tiflis*. Aus diesen Schreiben Etterlins geht hervor, dass Konsul Wey Ende 1918 Odessa bereits verlassen hatte. Wey selbst führte 1921 allerdings aus, er sei im Juli 1919 abgereist und habe das Konsulat dem langjährigen Sekretär Isak Lewin übergeben; Etterlin habe sich damals als Bankangestellter auf der Flucht vor der drohenden Verhaftung befunden. Wey an das EPD, 21. 12. 1921. BAR, E 2500 -/1, Bd. 56. Es ist durchaus möglich, dass beide Versionen richtig sind und in ihrer Gegensätzlichkeit den raschen Wandel der Bürgerkriegszeit widerspiegeln. Zu Etterlin als dem Verwalter des Konsulats von Odessa vor seiner Auflösung vgl. auch Junod an Bundespräsident Calonder, 20. 12. 1918. BAR, E 2001 (B)

der zu befürchtenden dritten Eroberung Odessas durch die Bol'ševiki die Stadt verlassen, um Repressalien zu entgehen.[677] Dies bedeutete das Ende des Konsulats. Im Dezember 1921 forderte das Politische Departement den längst in die Schweiz zurückgekehrten Konsul Wey auf, seine Demission einzureichen, da im Moment keine offiziellen Vertretungen in Russland mehr unterhalten würden.[678] Wey vermutete, das ganze Inventar der Konsulatskanzlei sei in die Hände der ukrainischen Sowjetregierung gefallen.[679] In *Kiev* harrte vorerst Konsul Gabriel Jenny aus.[680] Aber auch er kehrte bald in die Schweiz zurück. Als er 1921 ebenfalls aufgefordert wurde, seine Demission einzureichen, gab Jenny an, die Bol'ševiki hätten die in Kiev residierenden Gesandten und Konsuln im Mai 1919 veranlasst, ihre Posten zu schliessen und die Stadt zu verlassen. Ein Teil seines Archivs befinde sich bereits im Bundesarchiv, den Rest werde er bald abliefern.[681] Die Vertretungen in Odessa und Kiev waren ausserstande gewesen, allen in der Ukraine ansässigen und oft weit entfernt lebenden Landsleuten die Betreuung zu bieten, welche die Ausnahmesituation der Revolution und des Bürgerkriegs erforderte. Ende Dezember 1917 ermächtigte daher das Politische Departement den Gesandten Odier, über das Konsulat in Kiev zwei temporäre Konsularagenturen in *Rostov am Don* und *Char'kov* einrichten zu lassen.[682] Das Hin und Her der Bürgerkriegsfronten und die Fluchtbewegungen gerade auch der offiziellen Repräsentanten behinderten allerdings eine personelle Konstanz

-/1/23 (B 21/133 Petr. 2/1). Für die Bezeichnung Etterlins als ehemaliger «Konsulatsverweser des schweiz. Konsulats in Odessa» vgl. EPD an Etterlin, 9. 6. 1920. BAR, E 2300 Moskau/1, Mappe *Jalta, Kiew, Odessa und Tiflis.*

677 Schweizerisches Konsulat in Odessa an das EPD, 4./17. 12. 1919. BAR, E 2300 Moskau/1, Mappe *Jalta, Kiew, Odessa und Tiflis.* Etterlin ist später in Konstantinopel zu finden, vgl. EPD an Etterlin (Konstantinopel), 9. 6. 1920. Ebd. Zur Abreise Etterlins aus Odessa 1920 vgl. auch Etterlin, Russland-Schweizer, S. 19–21. – Zu Gerüchten, wonach sich nach dem Wegzug der Schweizer Vertretung ein weissgardistisches Hauptquartier im Konsulat von Odessa eingerichtet habe, vgl. EPD an Etterlin, 9. 6. 1920. BAR, E 2300 Moskau/1, Mappe *Jalta, Kiew, Odessa und Tiflis.*

678 EPD an Konsul Wey, 16. 12. 1921. BAR, E 2500 -/1, Bd. 56. Zur Gewährung der von Wey «ersuchten» Amtsenthebung vgl. EPD an Wey, 9. 1. 1922. Ebd.

679 Wey an das EPD, 21. 12. 1921. BAR, E 2500 -/1, Bd. 56.

680 Vgl. Junod an Bundespräsident Calonder, 20. 12. 1918. BAR, E 2001 (B) -/1/23 (B 21/133 Petr. 2/1). Gemäss Etterlin (Odessa) wollte Konsul Jenny beim Einmarsch der Bol'ševiki in Kiev vom Februar 1919 nach Odessa übersiedeln, wurde aber von persönlichen Angelegenheiten zurückgehalten, vgl. schweizerisches Konsulat in Odessa an das EPD, 5. 3. 1919. BAR, E 2300 Moskau/1, Mappe *Jalta, Kiew, Odessa und Tiflis.*

681 Jenny an das EPD, 26. 12. 1921. BAR, E 2500 -/1, Bd. 26. Für die Aufforderung, zu demissionieren, vgl. EPD an Jenny, 16. 12. 1921. Ebd. Vgl. auch den Nachruf auf den 1936 verstorbenen Jenny in: NZZ, 29. 7. 1936 (Mittagausgabe). – Zur Ausweisung ausländischer Konsuln durch die ukrainische Sowjetregierung vgl. auch Kanzlei (Petrograd) an Bruggmann, 27. 5. 1919. BAR, E 21/10417.

682 EPD an die schweizerische Gesandtschaft in Petrograd, 27. 12. 1917. BAR, E 2001 (E) -/13 (B 56). Zur Konsularagentur in Char'kov vgl. auch Balzer, Erinnerungen, S. 240, 273 (Anm. 3).

und kontinuierliche Arbeit dieser kurzlebigen Agenturen.[683] Im März 1918 vermeldete die Gesandtschaft, sie habe angesichts der beunruhigenden Nachrichten über die Lage der Schweizer auf der Krim auch in *Jalta* einen Konsularagenten eingesetzt.[684] Das schweizerische Konsulat von *Tiflis* stand unter interimistischer französischer Leitung, seit Konsul von Drachenfels nach Ausbruch des Weltkriegs in russische Ungnade gefallen war.[685] Als die alliierten Konsuln Tiflis im Mai 1918 verliessen, übergab der französische Vertreter die Schweizer Geschäfte seinem zurückbleibenden Sekretär.[686]

Seit 1915 lag das Konsulat von *Warschau* im Okkupationsgebiet der Mittelmächte. Konsul Karl Wettler musste 1919 demissionieren, aus Anlass einer Unregelmässigkeit in der Amtsführung.[687] Unbeliebt gemacht hatte sich Wettler aber durch eine germanophile Haltung, und seine guten Kontakte zu der deutschen Besatzungsmacht erschienen nach Kriegsende als schlechte Voraussetzung für einen Neubeginn der schweizerisch-polnischen Beziehungen.[688] Mit der Annahme von Wettlers unfreiwilligem Rücktritt berief der Bundesrat den wenige Monate zuvor aus Moskau zurückgekehrten Vizekonsul Friedrich Suter

683 Der Russlandschweizer Peter Balzer beschreibt in seinen Memoiren, wie prominente Mitglieder der Kolonie von Char'kov ein quasikonsularisches Gremium organisierten, nachdem Konsularagent Emil Grether unter allgemeiner Missbilligung die Flucht ergriffen hatte und auch sein Stellvertreter Hermann Schmid (in den Akten auch: Schmidt) abgereist war. Mangels Verbindung in die Schweiz wählte die Kolonie in eigener Verantwortung Paul Bernhard zum provisorischen Konsularagenten. Balzer, Erinnerungen, S. 247, 252; vgl. auch Bühler, Bündner im Russischen Reich, S. 398. Schmidt war im Frühjahr 1919 mit einem Teil der Kolonie Richtung Schweiz abgereist, vgl. den Nachruf auf Gabriel Jenny in: NZZ, 29. 7. 1936 (Mittagausgabe). – Junod schrieb Ende 1918, das «Vizekonsulat» von Rostov werde von einem Stellvertreter des abwesenden Konsularagenten Amsler geführt, vgl. Junod an Bundespräsident Calonder, 20. 12. 1918. BAR, E 2001 (B) -/1/23 (B 21/133 Petr. 2/1). Zur Abwesenheit Amslers vgl. auch schweizerisches Konsulat in Odessa an das EPD, 23. 11./6. 12. 1919. BAR, E 2300 Moskau/1, Mappe *Jalta, Kiew, Odessa und Tiflis.* – Zu den schwierigen Arbeitsbedingungen der Konsularagenturen in Rostov und Char'kov vgl. auch *Bericht über die Lage in der Ukraina von Fritz v. Schulthess-Rechberg und Paul Christen, Pfarrer,* Zürich, Oktober 1919. BAR, E 2300 Moskau/2.

684 Schweizerische Gesandtschaft in Petrograd an das EPD, 19. 3. 1918. BAR, E 2300 Petersburg/ 4. Zum Konsularagenten E. Dürig in Jalta vgl. auch Junod an Bundespräsident Calonder, 20. 12. 1918. BAR, E 2001 (B) -/1/23 (B 21/133 Petr. 2/1).

685 Vgl. oben S. 103.

686 Junod an Bundespräsident Calonder, 20. 12. 1918. BAR, E 2001 (B) -/1/23 (B 21/133 Petr. 2/1). – Zur Repatriierung der Kaukasusschweizer mit Unterstützung eines vom Politischen Departement entsandten Spezialkommissars vgl. BAR, E 2200.296 1967/44, Bd. 1, Nr. 71; Aktennotiz EPD: *Rapatriement des Suisses de Russie,* undatiert (Anfang 1943). Švejcarija – Rossija, Nr. 185.

687 Im Juli 1919 vermerkte das Politische Departement, Konsul Wettler müsse wegen «abus de confiance» ersetzt werden. EPD an den Bundesrat, 29. 7. 1919. DDS, Bd. 7-II, Nr. 29, S. 101. Zu den Umständen von Wettlers Rücktritt vgl. das Dossier BAR, E 2500 -/1, Bd. 56; ferner BAR, E 2001 (E) -/14, Einleitung, S. 14; B. Suter, Ausbau, S. 49. Zu Wettlers Rechtfertigung vgl. etwa Wettler an Bundesrat Calonder, 8. 12. 1919. BAR, E 2500 -/1, Bd. 56.

688 Zur vom Politischen Departement diagnostizierten germanophilen Tendenz Wettlers vgl. Instruktion des EPD, ca. August 1919. DDS, Bd. 7-II, Nr. 38, Anhang.

zum Konsulatsverweser in Warschau.[689] Auch das Konsulat von *Riga* war bereits durch den Weltkrieg ins Wanken geraten. Angesichts der nahenden Front entzogen die russischen Behörden im August 1917 allen ausländischen Konsuln der Stadt das Exequatur.[690] Die schweizerische Gesandtschaft in Petrograd und das Politische Departement akzeptierten diese Massnahme als kriegsbedingte Ausnahmeentscheidung;[691] nicht so aber die Schweizerkolonie von Riga. Als dienstältester unter den örtlichen neutralen Konsuln übernahm es Rudolf Heinrich Mantel, den diplomatischen Vertretungen in Petrograd ein kollektives Memorandum gegen die Schliessung der Konsulate zu überbringen.[692] Mantel beharrte auch nach der deutschen Eroberung Rigas im September 1917 auf seinem Standpunkt.[693] Indessen betraute das Politische Departement die Gesandtschaft in Petrograd mit der Betreuung des noch unter russischer Hoheit stehenden Teils des Rigaer Konsulatsbezirks, während für den deutsch besetzten Teil die Gesandtschaft in Berlin zuständig wurde.[694] Nachdem Mantel vorübergehend in Petrograd abgeschnitten war, wirkte er spätestens seit Mitte 1918 wieder in Riga.[695] Auf Druck des Bundesrates demissionierte er per Ende März 1923 und übergab seinen Posten – dem umtriebigen Friedrich Suter,

689 Zur Genehmigung der Demission Wettlers und zur Berufung Suters vgl. EPD an den Bundesrat, 30. 7. 1919. BAR, E 2500 -/1, Bd. 56. Zur Tätigkeit von Friedrich Suter als Konsulatsverweser in Warschau 1919–1921 vgl. BAR, E 2001 (E) -/14, Einleitung, S. 20.

690 Vgl. schweizerische Gesandtschaft in Petrograd an das EPD, 21. 8. 1917. BAR, E 2001 (A)/1222; im Dossier findet sich auch eine Kopie der entsprechenden Note des russischen Aussenministeriums.

691 Vgl. schweizerische Gesandtschaft in Petrograd an das EPD, 21. 8. 1917. BAR, E 2001 (A)/1222; EPD an die schweizerische Gesandtschaft in Petrograd, 25. 8. 1917 (Entwurf). Ebd.

692 Vgl. *MEMORANDUM, concernant privation d'exéquatur de tous les Consuls étrangers en fonction à Riga*, Riga, 16./29. 8. 1917. BAR, E 2001 (A)/1222. Das Memorandum war von den Rigaer Konsuln Dänemarks, der Niederlande, Norwegens und der Schweiz unterzeichnet und zuhanden der schweizerischen Gesandtschaft von einer entsprechenden Petition der Schweizerkolonie in Riga begleitet, vgl. Lardy an Bundesrat Ador, 21. 8./3. 9. 1917. Ebd.

693 Zur teilweise gehässigen Auseinandersetzung zwischen Mantel und Geschäftsträger Lardy betreffend die Rechtmässigkeit der russischen Massnahme vgl. Lardy an Bundesrat Ador, 21. 8./3. 9. und 24. 8./6. 9. 1917. BAR, E 2001 (A)/1222; Konsul Mantel an Bundesrat Ador, 23. 8./5. 9. 1917. Ebd.; EPD an Konsul Mantel (Petrograd), 3. 10. 1917. Ebd.

694 EPD an Lardy, 10. 9. 1917. BAR, E 2001 (A)/1222. – Zu den Kontakten mit dem deutschen Aussenministerium betreffend die konsularische Arbeit in Riga vgl. Lardy an Bundesrat Ador, 18. 9./1. 10. 1917. Ebd.; schweizerische Gesandtschaft in Berlin an das EPD, 13. 10. 1917. Ebd.

695 Vgl. Mantel an Bundespräsident Calonder, Riga, 12. 7. 1918. BAR, E 2300 Riga/1. – Anfang Oktober 1917 hatte der niederländische Konsul in Riga das schweizerische Konsulatsarchiv in seine Obhut genommen, vgl. niederländische Gesandtschaft in Bern an Bundesrat Ador, 8. 11. 1917. BAR, E 2001 (A)/1222; ferner schweizerische Gesandtschaft in Berlin an das EPD, 13. 10. 1917. Ebd. Offensichtlich verwaltete nun die Sekretärin des Schweizer Konsulats den Posten unter der Leitung des niederländischen Konsuls, vgl. schweizerische Gesandtschaft in Berlin an das EPD, 5. 12. 1917. Ebd. – Zu seinem Stellvertreter hatte Konsul Mantel vor der Abreise Alfred Ramseyer bestimmt, der aber kurz darauf einer Krankheit erlag, vgl. schweizerische Gesandtschaft in Petrograd an das EPD, 6. 9. 1917. Ebd.; EPD an Mantel (Petrograd), 3. 10. 1917. Ebd.

vormals Vizekonsul in Moskau und Warschau, der nun zum provisorischen Honorarkonsul für Lettland ernannt wurde.[696] Das Konsulat im finnischen *Åbo* führte über die ganze Revolutionszeit Alexander Baltis. Im Kontext des Abbruchs der offiziellen schweizerisch-russischen Beziehungen wirkten in Åbo wie erwähnt auch verschiedene Funktionäre der heimkehrenden Petrograder Gesandtschaft.[697]

Zu den zentralen Aufgaben der Konsulate gehörte es, die Gesandtschaft in Petrograd und das Politische Departement über die Lage der Schweizerkolonien zu informieren. In regelmässiger Verbindung stand die Gesandtschaft während des Bürgerkriegs jedoch nur mit den Vertretern in Moskau und Åbo,[698] und auch untereinander gelang den Konsulaten nur ein sporadischer Kontakt.[699] Als Relaisstation zwischen der Schweiz und Russland fungierte bisweilen der günstig gelegene Posten in Åbo; Konsul Baltis sollte beispielsweise im Januar 1919 der Gesandtschaft in Petrograd die bundesrätliche Rückbeorderung übermitteln.[700] Inhaltlich drehten sich die Berichte der Konsulate um den Zustand der jeweiligen Kolonien,[701] um Fragen der Repatriierung,[702] um den Verlauf des Bürgerkriegs[703] oder ganz allgemein um die Entwicklung der regionalen Machtverhältnisse.[704] Wo es möglich schien, drängte das Volkswirtschaftsdepartement auf Berichte zur ökonomischen Situation.[705] Besonders die Kon-

---

696 Protokoll der Sitzung des Bundesrates, 13. 3. 1923. BAR, E 2500 -/1, Bd. 32. – Zur Gekränktheit Mantels über die Umstände seiner Demission vgl. Notiz, 5. 4. 1923. Ebd.

697 Zur Anerkennung der Leistungen von Baltis vgl. Junod: Rapport, 21. 5. 1919. BAR, E 2001 (E) -/13 (B 64).

698 Ebd. Für Meldungen der Gesandtschaft über unterbrochene Verbindungen mit den Konsulaten vgl. etwa schweizerische Gesandtschaft in Petrograd an das EPD, 19. 3. 1918. BAR, E 2300 Petersburg/4; Odier an Bundespräsident Calonder, 28. 3./10. 4. 1918. Ebd.; Odier an das EPD, 18. 7. 1918. BAR, E 2001 (B) -/1/23 (B 21/133 Petrograd 1). Zur fehlenden Verbindung mit den Konsulaten vgl. auch *Bericht über die Lage in der Ukraina von Fritz v. Schulthess-Rechberg und Paul Christen, Pfarrer*, Zürich, Oktober 1919. BAR, E 2300 Moskau/2.

699 Für eine Meldung, wonach das Konsulat von Odessa seit einiger Zeit von Kiew, Moskau und Petrograd abgeschnitten sei, vgl. schweizerisches Konsulat in Odessa an das EPD, 23. 12. 1918. BAR, E 2300 Moskau/1, Mappe *Jalta, Kiew, Odessa und Tiflis*.

700 EPD an das schweizerische Konsulat in Åbo, 10. 1. 1919 (Entwurf). BAR, E 2001 (B) -/1/23 (B 21/133 Petr. 2/1). Aber auch das Konsulat in Åbo kämpfte mit Verbindungsproblemen, vgl. Baltis an Bundespräsident Calonder, 4. 1. 1918. BAR, E 2300 Åbo/1.

701 Vgl. etwa Baltis an Bundespräsident Calonder, 16. 2. und 15. 3. 1918. BAR, E 2300 Åbo/1; Mantel an Bundespräsident Calonder, Riga, 12. 7. 1918. BAR, E 2300 Riga/1.

702 Vgl. ebd.; schweizerisches Konsulat in Odessa an das EPD, 23. 11./6. 12. 1919. BAR, E 2300 Moskau/1, Mappe *Jalta, Kiew, Odessa und Tiflis*.

703 Vgl. etwa schweizerisches Konsulat in Odessa an das EPD, 5. 3. und 23. 11./6. 12. 1919. BAR, E 2300 Moskau/1, Mappe *Jalta, Kiew, Odessa und Tiflis*.

704 Für Lettland vgl. etwa Mantel an das EPD, 26. 6. und 14. 11. 1919. BAR, E 2300 Riga/1. Zur Entwicklung in Finnland seit der Februarrevolution vgl. die nummerierten Berichte von Konsul Baltis in: BAR, E 2300 Åbo/1.

705 Vgl. EVD (Handelsabteilung) an das schweizerische Konsulat in Warschau, 9. 4. 1919. BAR, E 2300 Warschau/1.

sulate in Warschau und Åbo dienten auch als Beobachtungsposten für die nach dem Rückzug der Gesandtschaft kaum mehr direkt fassbaren Entwicklungen in Russland.[706] Wie die Vertretungen in Petrograd und Moskau verwendeten auch die peripher gelegenen Konsulate in den Umbruchsjahren einen grossen Teil ihrer Arbeitskraft auf die Betreuung und Repatriierung der Landsleute. Kanzler Etterlin in Odessa etwa bemühte sich in Absprache mit den neutralen Konsuln und dem französischen Konsulat um eine Zufluchtsmöglichkeit für Ausländer auf Kriegsschiffen.[707] Und Konsul Baltis in Åbo versuchte nach der Oktoberrevolution, die Schweizerinnen und Schweizer mit Herkunftszertifikaten vor Haussuchungen und Belästigungen zu schützen.[708] Den Bundesrat forderte Baltis auf, die deutsche Regierung um die Entsendung von Kriegsschiffen zu bitten, die den russischen Revolutionären Respekt vor deutschem und schweizerischem Eigentum einjagen sollten.[709] Mit Ausnahme der beiden Hauptstädte lagen die ehemals im Zarenreich errichteten schweizerischen Konsulate in Gebieten, die von nationalen Unabhängigkeitsbewegungen als neu zu konstituierende und von Russland loszulösende Staatsterritorien beansprucht wurden: Polen, Lettland, Finnland, die Ukraine, Georgien. Indem die Konsulate die ersten schweizerischen Ansprechpartner der neuen nationalen «Regierungen» darstellten, kam ihrer Präsenz eine diplomatische Dimension, ihrem Verhalten politische Bedeutung zu. Gut dokumentiert ist dies für Finnland. Konsul Baltis empfing in Åbo Briefe der «Finnischen Regierung» und machte sich gegenüber dem Bundesrat zum flammenden Befürworter der finnischen Unabhängigkeit: «Finnland, das unterdrückt wurde unter dem Regime der alten Zeit, wird dies noch vielmehr unter der sogenannten Demokratie, und es wird keinen innern Frieden geben, bis diese russischen Horden ausserhalb den Grenzen Finnlands sind, sodass Finnland in die wirkliche Lage kommt, sein Schicksal selbst in eigene Hände zu nehmen.»[710]

---

706 Vgl. etwa schweizerisches Konsulat in Warschau an das EPD, 4. 12. 1919. BAR, E 2300 Moskau/2.

707 Schweizerisches Konsulat in Odessa an das EPD, 23. 12. 1918 und 5. 3. 1919. BAR, E 2300 Moskau/1, Mappe *Jalta, Kiew, Odessa und Tiflis.*

708 Vgl. das Dossier BAR, E 2300 Åbo/1, darin besonders: Baltis: *Zur Lage in Finnland. Siebenter Bericht,* 10. 12. 1917; Baltis: *Zur Lage in Finnland. Zehnter Bericht,* 15. 3. 1918.

709 Baltis: *Zur Lage in Finnland. Neunter Bericht,* 6. 3. 1918. BAR, E 2300 Åbo/1.

710 Baltis an Bundespräsident Calonder, 4. 1. 1918. BAR, E 2300 Åbo/1. Für die Bitte der nationalen finnischen Regierung, Finnland als freien unabhängigen Staat anzuerkennen, vgl. finnische Regierung an Baltis, 17. 12. 1917. Ebd. Im Januar 1918 gab die finnische Regierung Konsul Baltis Kenntnis von ihrem Protest gegen russische Militäraktionen. Baltis an Bundespräsident Calonder, 14. 2. 1918. Ebd. – Baltis machte sich bei der neuen finnischen Regierung durch seine fordernde Art und sein angemasstes diplomatisches Auftreten rasch unbeliebt. In seinem Personaldossier findet sich die Kopie eines Memorandums vom November 1919, wonach der Konsul in Åbo «persona ingratissima» sei. Memorandum, Bern, 18. 11. 1919. BAR, E 2500 -/1, Bd. 1.

Als deutsche Truppen im März/April 1918 (also nach Abschluss des Friedens von Brest-Litovsk) nach Finnland vorrückten, um das Land, wie Baltis hoffte, von den Bol'ševiki zu erlösen, gelangten die Parteien mit der Bitte um Verbindungs- und Vermittlungsdienste an den schweizerischen Konsul. Im März stellte Baltis den finnischen Sowjetbehörden die Räumlichkeiten seines Konsulats für Verhandlungen mit der Führung der deutschen Truppen zur Verfügung,[711] und einem Schiff, das einen für die laufenden Gespräche wichtigen Brief transportierte, erlaubte er gar, die schweizerische Flagge zu hissen.[712] Ähnlich wie Baltis plädierte der in Jalta stationierte Konsularagent Dürig für ein entschlossenes schweizerisches Auftreten gegen die Bol'ševiki – nämlich in Form einer aktiven Zusammenarbeit mit General Petr N. Wrangel, dem Oberkommandierenden der antibolschewistischen südrussischen Streitkräfte, den er seit langem persönlich kenne.[713]

Das Wohlbefinden der Kolonien verschlechterte und verbesserte sich in der Darstellung der Konsulatsberichte mit den Wogen des Bürgerkriegs, genauer: mit dem Herannahen und Zurückweichen der Bol'ševiki.[714] Eine Schlechterstellung speziell der Schweizerinnen und Schweizer gegenüber anderen Ausländern oder Einheimischen geht aus den verfügbaren Dokumenten nicht hervor.[715] Im Gegenteil: Sogar aus der Ukraine kamen Meldungen, wonach die dortigen Kolonien – bei allen materiellen Schäden und Entbehrungen – die Wirren relativ glimpflich überstanden.[716] Hier und da finden sich in den

---

711 Baltis: *Zur Lage in Finnland. Zehnter Bericht*, 15. 3. 1918. BAR, E 2300 Åbo/1.

712 Baltis entschuldigte sein eigenmächtiges Handeln mit zeitweilig unterbrochenen Verbindungen zur Aussenwelt. Baltis: *Zur Lage in Finnland. Elfter Bericht*, 25. 4. 1918. BAR, E 2300 Åbo/1.

713 Dürig an das EPD, 9. 9. 1920. BAR, E 2300 Moskau/1, Mappe *Jalta, Kiew, Odessa und Tiflis*.

714 Zur bedrohlichen Situation der Schweizerinnen und Schweizer in Tiflis vgl. EPD an die schweizerische Gesandtschaft in Petrograd, 11. 4. und 17. 5. 1918. BAR, E 2300 Petersburg/4. – Zu Riga vgl. Mantel an Bundespräsident Calonder, 12. 7. 1918. BAR, E 2300 Riga/1; schweizerische Gesandtschaft in Berlin an das EPD, 29. 4. 1919. BAR, E 2300 Moskau/2; Aktennotiz, undatiert. BAR, E 2001 (B) -/1/23 (B 21/133 Petrograd 1); Kanzlei (Petrograd) an Bruggmann, 27. 5. 1919. BAR, E 21/10417. Für einen Vorstoss der provisorischen Kanzlei in Petrograd, die Kolonie von Riga nach dem Muster derjenigen von Petrograd zu organisieren, vgl. Kanzlei (Petrograd) an Bruggmann (Bern), 30. 4. 1919. Ebd. – Für die Einschätzung Junods, die Lage der Schweizer in der Ukraine und im Kaukasus sei vor allem in den bolschewistisch beherrschten Gebieten wenig beneidenswert, vgl. Junod: *Rapport*, 21. 5. 1919. BAR, E 2001 (E) -/13 (B 64).

715 Für Meldungen, die Schweizer würden nun den Russinnen und Russen gleichgestellt, vgl. Kanzlei (Petrograd) an Bruggmann, 30. 4. 1919. BAR, E 21/10417. – Für die Aussage, der Schweizer Pass habe bei den Organen der Weissen, nicht aber bei den Bol'ševiki Unterstützung mobilisiert, vgl. *Bericht über die Lage in der Ukraina von Fritz v. Schulthess-Rechberg und Paul Christen, Pfarrer*, Zürich, Oktober 1919. BAR, E 2300 Moskau/2.

716 Zu Odessa vgl. etwa schweizerische Gesandtschaft in Wien an das EPD, 8. 4. 1918. BAR, E 2300 Petersburg/4; schweizerisches Konsulat in Odessa an das EPD, 23. 12. 1918. BAR, E 2300 Moskau/1, Mappe *Jalta, Kiew, Odessa und Tiflis*. – Zur Krim vgl. Junod an Bundespräsident Calonder, 20. 12. 1918. BAR, E 2001 (B) -/1/23 (B 21/133 Petr. 2/1). – Zu Åbo vgl. Baltis:

Akten Hinweise auf fortbestehende oder neue Strukturen der Kolonien. So schrieb etwa Konsulatskanzler Etterlin im März 1919, er habe die Leitung der schweizerischen Hilfsgesellschaft von Odessa übernommen.[717] Die Schweizer auf der Krim schufen 1918 – wie andere dortige Kolonien – ein dreiköpfiges Komitee, das sie gegenüber den aktuellen Regierungsbehörden vertreten sollte.[718] Konsularagent Dürig vermeldete 1920 überdies die Gründung eines russisch-schweizerischen Komitees, einer Art Handelskammer, die von der weissen südrussischen Regierung zugelassen sei.[719] In Tiflis, so berichtete Junod Ende 1918, hatten sich die Schweizer in einer *Société Suisse du Caucase* zusammengeschlossen.[720]

4. Zwischenstaatliche Kommunikation unter erschwerten Bedingungen

Die Institutionen schweizerisch-russischer Bilateralität hatten sich seit dem Sturz des Zarenregimes vermehrt selbst zu Gegenständen der politischen Konfrontation entwickelt, und die Frage ihrer Anerkennung und Zulassung stellte einen Gradmesser des gegenseitigen Respekts beziehungsweise der gegenseitigen Ablehnung dar. In diesem Sinne hat der institutionengeschichtliche Abriss den wichtigsten und politisch bedeutsamsten Vollzugsort staatlicher Wechselseitigkeit der Jahre 1917–1919 vor Augen geführt. Das folgende Kapitel möchte beleuchten, wie überkommene Formen der ökonomischen und administrativen Kooperation, aber auch der diplomatischen Kommunikation unter den Bedingungen des politischen und institutionellen Umbruchs aufrechterhalten, aufgegeben oder in den Dienst der Liquidation einer langen Beziehungstradition gestellt wurden.

4.1. Handel und Niederlassung

Das Ende der Autokratie änderte grundsätzlich nichts an den wirtschaftlichen Interessen, welche die Schweiz seit jeher Russland entgegenbrachte, auch nicht die Machtübernahme der Bol'ševiki. Das Eidgenössische Volkswirtschaftsdepartement liess die Sowjetregierung im Juni 1918 wissen, «que nous sommes

---

Zur Lage in Finnland. Achter Bericht, 21./22. 2. 1918. BAR, E 2300 Åbo/1; Baltis an Bundespräsident Calonder, 15. 3. 1918. Ebd.

717 In Abwesenheit des Präsidenten (Konsul Wey), vgl. schweizerisches Konsulat in Odessa an das EPD, 5. 3. 1919. BAR, E 2300 Moskau/1, Mappe *Jalta, Kiew, Odessa und Tiflis*.

718 Vgl. Junod an Bundespräsident Calonder, 20. 12. 1918. BAR, E 2001 (B) -/1/23 (B 21/133 Petr. 2/1).

719 Dürig an das EPD, 9. 9. 1920. BAR, E 2300 Moskau/1, Mappe *Jalta, Kiew, Odessa und Tiflis*.

720 Junod an Bundespräsident Calonder, 20. 12. 1918. BAR, E 2001 (B) -/1/23 (B 21/133 Petr. 2/1).

très désireux de maintenir, de reprendre et de développer nos relations commerciales avec la Russie et que nous sommes prêts à collaborer avec lui par tous
les moyens dans ce sens».[721]
Die Rahmenbedingungen waren freilich schlechter geworden: Bereits im Weltkrieg hatte der bilaterale Handelsverkehr einen Einbruch erlitten, Russland
verlor zunehmend seine Attraktivität als Einwanderungsland, und die Um-
krempelung des russischen Wirtschaftssystems seit Ende 1917 bildete den Hintergrund für einen massiven Rückgang der schweizerischen Exporte im Jahre
1918.[722] Dass die Handelsbeziehungen dann allerdings über Jahrzehnte hinweg
hinter den (durchaus artikulierten) Interessen der Schweizer Wirtschaft zu-
rückblieben, hat mit der politischen Ablehnung des Sowjetstaats und mit dem
erklärten Bestreben zu tun, den «Anschein eines Paktierens mit dem bolschewistischen Russland» zu vermeiden.[723] Als Georges Clemenceau im Oktober 1919 die neutralen Staaten im Namen der Alliierten aufforderte, jeden
Handel mit Sowjetrussland zu unterbinden,[724] liess der Bundesrat ausrichten,
die Forderung sei im Falle der Schweiz bereits vollständig erfüllt: Exporte nach
Sowjetrussland seien sowieso verboten, ebenso die Rubeleinfuhr, und auch
Visa nach Russland würden keine ausgestellt.[725]
Russischerseits trat wirtschaftliches Interesse an der Schweiz auch nach den
Revolutionen von 1917 hinter politische Anliegen zurück. Prioritäres Ziel war
die Anerkennung des neuen Staates und damit die Aufrechterhaltung beziehungsweise Retablierung der offiziellen Beziehungen. Ökonomische Fragen
fanden vor allem in ihrer politischen Dimension Beachtung, etwa wenn Aussenkommissar Čičerin die neutralen Staaten warnte, eine allfällige Beteiligung
an der Wirtschaftsblockade gegen sein Land werde von der Sowjetregierung als
feindlicher Akt betrachtet.[726] Eigentliche ökonomische Aufmerksamkeit scheint

---

721 EVD (Handelsabteilung) an die schweizerische Gesandtschaft in Petrograd, 20. 6. 1918. Švejcarija
– Rossija, Nr. 107, S. 272.
722 Die schweizerische Ausfuhr nach Russland reduzierte sich von knapp 50 Millionen Franken
(1917) auf etwas über 5 Millionen Franken (1918), vgl. die Statistik in: Rauber, Schweizer
Industrie, S. 370. Zur Einschätzung, der schweizerisch-russische Handelsverkehr habe keinen
Zusammenbruch infolge der bolschewistischen Machtübernahme erlitten, sei aber durch die
weitgehende «Zerstörung der russischen Volkswirtschaft (1917–21)» beeinträchtigt worden,
vgl. ebd., S. 335 f.
723 Vgl. Protokoll der Sitzung des Bundesrates, 22. 10. 1919. DDS, Bd. 7-II, Nr. 121, Zitat S. 279.
724 Clemenceau an die schweizerische Gesandtschaft in Paris, 7. 10. 1919. DDS, Bd. 7-II, Nr. 103.
725 Vgl. Protokoll der Sitzung des Bundesrates, 22. 10. 1919. DDS, Bd. 7-II, Nr. 121. Um eine
Alimentierung der bolschewistischen Propaganda zu unterbinden, hatte der Bundesrat am
7. März 1919 die Ein- und Ausfuhr russischer Wertpapiere verboten. DDS, Bd. 7-I, Nr. 120,
S. 227, Anm. 1; vgl. dazu auch französische Botschaft in Bern an das EPD, ca. 28. 1. 1919. Ebd.,
Nr. 140. – Zu westlichen Kontakten mit einer sowjetrussischen Handelsdelegation unter Leonid
B. Krasin und damit zur Lockerung der Blockade bereits 1920 vgl. BAR, E 2001 (E) -/13,
Einleitung, S. 48 f.
726 Čičerin an die Regierungen Schwedens, Norwegens, Dänemarks, der Niederlande, Spaniens
und der Schweiz (Eingang EPD: 1. 11. 1919). BAR, E 2001 (E) -/13 (B 88).

die Schweiz im neuen Russland anfänglich nur sehr begrenzt genossen zu haben. Der Handelsattaché der Berner Sowjetmission Stefan Bratman schrieb jedenfalls im Oktober 1918 entnervt: «Die gleichgültige Haltung des Volkskommissariats für Handel und Industrie sowie anderer Behörden gegenüber unseren Bemühungen, die Frage des Handels mit der Schweiz zu klären, zeugt davon, dass sich für diese Frage, aus diesem oder jenem Grund, *niemand seriös interessiert.*»[727]

Gelegentlich ist immerhin ein russisches Interesse für bestimmte schweizerische Produkte auszumachen. Begehrt waren insbesondere Maschinen, Elektroartikel, Uhren und Medikamente.[728]

4.1.1. Der Vertrag von 1872 und die Diskussion um seine Erneuerung

Am 11./24. Oktober 1917 kündigte die Provisorische Regierung den 1872 abgeschlossenen Handels- und Niederlassungsvertrag mit der Schweiz – mit dem Hinweis, diese Massnahme liege in den jüngsten wirtschaftlichen Veränderungen begründet, betreffe alle einstigen Vertragspartner und sei in keiner Weise gegen die Eidgenossenschaft gerichtet.[729] Vertragslosigkeit sollte nach Ablauf der einjährigen Kündigungsfrist eintreten, falls bis dahin kein neues Abkommen unterzeichnet war. Am 26. August 1918 bestätigte Aussenkommissar Čičerin namens der Sowjetregierung die Kündigung des Vorläuferregimes.[730] Einge-

---

727 Bratman an das Volkskommissariat für Handel und Industrie, 2. 10. 1918 (Hervorhebung in der Vorlage; aus dem Russischen). AVPRF, f. 04, op. 46, p. 281, d. 54035, ll. 112–113. Bratman hatte allerdings auch auf Schweizer Seite eine «vollkommene Gleichgültigkeit [...] in der Frage der Erneuerung der Handelsbeziehungen mit Russland» erkannt. *Očerednoj doklad No. 2:* Bratman an den Obersten Volkswirtschaftsrat, 10. 8. 1918 (aus dem Russischen). Ebd., ll. 50–52.

728 Bratman meinte gegenüber EPD-Mitarbeiter Lardy, sein Land würde der Schweiz gerne Agrar- und elektrische Maschinen, Uhren, Medikamente und Farben abkaufen und im Gegenzug Metalle, Hanf, Flachs, Textilstoffe und Leder liefern. Ch. E. Lardy an Arnold Eichmann (Chef der Handelsabteilung des EVD), 18. 7. 1918. Švejcarija – Rossija, Nr. 108; vgl. auch AVPRF, f. 04, op. 46, p. 281, d. 54035, ll. 33–34. Der Sowjetgesandte Berzin plädierte für eine Wiederaufnahme der Wirtschaftsbeziehungen mit der Schweiz, welche knappe Güter wie Elektroartikel, Medikamente, landwirtschaftliche Maschinen oder Uhren liefern könne. Berzin an Čičerin, 6. 9. 1918. Ebd., ll. 83–85. – Im Herbst 1918 äusserte der «zuständige Handelskommissär» in einem Gespräch mit Schweizer Vertretern die Ansicht, die russische Regierung könne «Hanf, Flachs, Ölkuchen, Mineralöl sowie Metallabfälle (Kupfer) in grossen Mengen an die Schweiz abgeben» und würde sich als Gegenleistung die «Lieferung von Maschinen, Esswaren und auch Uhren» wünschen. Odier an Paravicini, 5. 11. 1918. DDS, Bd. 6, Nr. 460, S. 819. Vgl. auch Junod: Rapport, 21. 5. 1919. BAR, E 2001 (E) -/13 (B 64).

729 MID an die schweizerische Gesandtschaft in Petrograd, 11./24. 10. 1917. BAR, E 2001 (E) -/13 (B 54); Onu an Bundesrat Ador, 20. 10./2. 11. 1917. Ebd. (B 50); Protokoll der Sitzung des Bundesrates, 2. 11. 1917. Ebd.; EVD (Handelsabteilung) an die schweizerische Gesandtschaft in Petrograd, 20. 6. 1918. Švejcarija – Rossija, Nr. 107, S. 271 f.

730 Čičerin an Odier, 27. 8. 1918. BAR, E 2001 (E) -/13 (B 53). Für die Datierung des Originaltelegramms Čičerins auf den 26. August vgl. Švejcarija – Rossija, S. 272 f., Anm. 1.

bettet war dieser Entscheid in eine verwirrliche Diskussion um die Frage der Kontinuität schweizerisch-russischer Wirtschaftsbeziehungen.

1. Schon im Hinblick auf die zahlreichen noch in Russland lebenden Landsleute war dem Bundesrat viel an einer weiteren Gültigkeit des Handels- und Niederlassungsvertrags gelegen. Nicht ohne eine Geste opportunistischer Verbrüderung mit den neuen Machthabern suggerierte Bern nach der Oktoberrevolution, die (unangenehmen) Verfügungen der Provisorischen Regierung seien mit deren Sturz wohl hinfällig geworden: «Le Gouvernement de la Confédération suisse admet que cette dénonciation, émanant d'un Gouvernement qui n'a eu qu'une existence éphémère, peut être considérée comme nulle et non avenue. Il désirerait savoir si telle est bien aussi la manière de voir du Gouvernement actuel de la Russie.»[731] Als sich nach widersprüchlichen Signalen eine gegenteilige Haltung der Sowjetregierung abzeichnete, drängte vor allem die Gesandtschaft in Petrograd auf die möglichst rasche Bekanntgabe der Neuerungen, damit ein vertragsloser Zustand verhindert werden konnte.[732] Einstweilen galt es den Schutz des alten Regelwerks möglichst lange zu erhalten. Im März 1919 meinte die provisorische Kanzlei in Petrograd, wenn der Vertrag überhaupt als gekündigt betrachtet werden könne, so durch das Telegramm Čičerins vom August 1918, weshalb das Abkommen also noch bis im August 1919 in Kraft sei.[733]

2. Dass die Haltung der russischen Staatsführung weit weniger klar zu fassen ist, liegt zunächst am diplomatischen Dilettantismus der jungen Sowjetmacht. Gegenüber den Schweizer Behörden erklärte Handelsattaché Bratman im Juli 1918, von einem bereits bestehenden Handelsvertrag zwischen den beiden Staaten nichts zu wissen.[734] Technische Verbindungsprobleme und kommunikatorische Versäumnisse behinderten überdies immer wieder die Koordination zwischen der Moskauer Zentrale und ihrer Vertretung in Bern.[735]

---

731 EVD (Handelsabteilung) an die schweizerische Gesandtschaft in Petrograd, 20. 6. 1918. Švejcarija – Rossija, Nr. 107, S. 272. Für die entsprechende Anfrage bei den Sowjetbehörden vgl. schweizerische Gesandtschaft in Petrograd an das NKID, 10. 8. 1918. BAR, E 2001 (E) -/13 (B 52). – Zu den Bemühungen des Gesandten Odier und seines Sekretärs Bruggmann, die Sowjetführung von der schweizerischen Sichtweise zu überzeugen, vgl. Odier an Bundespräsident Calonder, 24. 8. 1918. Ebd. Bruggmann hatte gar versucht, den Einfluss des ihm bekannten Carl Moor auszunützen, der sich gerade auf einer wirtschaftspolitisch motivierten Russlandreise befand, vgl. ebd.; Bruggmann an Grossrat Moor (Moskau), 23. 8. 1918. Ebd. Zur Reise Carl Moors und zu seiner Absicht, die Frage der Gültigkeit des Vertrags von 1872 in Moskau zu thematisieren, vgl. Aktennotiz, 12. 8. 1918. BAR, E 2001 (B) -/1/25 (B. 21.172.2); vgl. auch oben S. 486.

732 Vgl. Odier an Bundespräsident Calonder, 29. 8. 1918. BAR, E 2001 (E) -/13 (B 53).

733 Kanzlei (Petrograd) an Junod (Bern), 15. 3. 1919. BAR, E 21/10417. Vorausgegangen war der Hinweis Šklovskijs an die Kanzlei, ihr ständiges Rekurrieren auf den Handelsvertrag sei hinfällig, da dieser von der Sowjetregierung schon lange als aufgekündigt betrachtet werde.

734 Vgl. Lardy an Eichmann, 18. 7. 1918. Švejcarija – Rossija, Nr. 108, S. 273.

735 Als Junod danach fragte, wo genau die Vorbehalte der Sowjetregierung gegenüber dem alten

3. Konfusion bereitete sodann der Umstand, dass sich die Repräsentanten Sowjetrusslands in bilaterale Gespräche über den Vertrag verwickelt sahen, bevor sie selbst einen einheitlichen Standpunkt erarbeitet hatten. Zwar gingen sowohl Aussenkommissar Čičerin wie auch der Sowjetgesandte Berzin und dessen Handelsattaché Bratman davon aus, dass das alte Abkommen über kurz oder lang durch ein neues ersetzt werden müsse.[736] Das konkrete Vorgehen blieb aber unklar, bis Čičerin gegen Ende August 1918 der Mission Berzin in Bern mitteilte: «Ich finde [...], dass wir angesichts des Vorhandenseins von für uns unannehmbaren Artikeln in diesem Vertrag die von Kerenskij vorgenommene Kündigung unbedingt anerkennen müssen.»[737] Mit den «unannehmbaren Artikeln» waren zweifellos die Bestimmungen zum Recht auf Erwerb, Besitz und Verkauf von Grundeigentum (Artikel 4 des Vertrags von 1872) und zur Meistbegünstigung beim Handel und bei der Niederlassung (Artikel 7) gemeint.[738] Ein neuer Vertrag mit der Schweiz, so Čičerin, werde nun von einer Kommission ausgearbeitet; bis dahin könne man die Gültigkeit des alten Abkommens – bis auf die erwähnten Artikel – verlängern.[739] Für eine rasche Bestätigung der Kündigung hatte auch Handelsattaché Bratman plädiert, der in dem alten Vertrag ein Hindernis für die Anwendung sowjetischer Gesetze auf Russlandschweizer erblickte, da diese aufgrund der Meistbegünstigung den Bürgern der Vertragsstaaten von Brest-Litovsk gleichgestellt werden müssten.[740] In seinem Bemühen, die Handelsbeziehungen auf der Grundlage der sowjetrussischen Monopolwirtschaft zu erneuern, hatte Bratman den Schweizern von sich aus schon im Juli Neuverhandlungen angeboten.[741] Der Gesandte Berzin wiederum hielt den Vertrag von 1872 für weniger problematisch, gerade weil er

Vertrag lägen, konnte Berzin mangels Instruktionen aus Moskau keine präzise Antwort geben, vgl. Berzin an Čičerin, 11. 9. 1918. Rossija – Švejcarija, Nr. 113, S. 209.

736 Zum Umstand, dass die Sowjetführung auf die Übernahme einer ganzen Reihe von internationalen Verträgen aus der Zarenzeit verzichtete, vgl. Korolev, Doktrina neizmennosti obstojatel'stv, S. 3.

737 Čičerin an Berzin, 23. 8. 1918 (aus dem Russischen). AVPRF, f. 04, op. 46, p. 281, d. 54036, ll. 9–10.

738 Der Gesandte Odier meldete im August, ein Vertreter der Sowjetführung habe mündlich zugesichert, die Kündigung der Provisorischen Regierung werde russischerseits als nicht erfolgt betrachtet, jedoch müssten besonders die Artikel 4 und 7 des alten Vertrags modifiziert werden, vgl. Odier an Bundespräsident Calonder, 24. 8. 1918. BAR, E 2001 (E) -/13 (B 52).

739 Čičerin an Berzin, 23. 8. 1918. AVPRF, f. 04, op. 46, p. 281, d. 54036, ll. 9–10.

740 *Očerednoj doklad No. 2:* Bratman an den Obersten Volkswirtschaftsrat, 10. 8. 1918. AVPRF, f. 04, op. 46, p. 281, d. 54035, ll. 50–52.

741 Vgl. Lardy an Eichmann, 18. 7. 1918. Švejcarija – Rossija, Nr. 108. «Legationsrat» Šklovskij hatte erklärt, eines der Hauptziele der Sowjetmission in Bern liege in der Wiederherstellung der russischen Handelsbeziehungen mit der Schweiz, vgl. Lardy an das EVD und an den Vorort des Schweizerischen Handels- und Industrievereins, Zürich, 22. 6. 1918. DDS, Bd. 6, Nr. 434. – Zu Bratmans Plänen für eine Erneuerung der schweizerisch-russischen Handelsbeziehungen vgl. *Očerednoj doklad No. 1:* Bratman an das Volkskommissariat für Handel und Industrie, 15. 7. 1918. AVPRF, f. 04, op. 46, p. 281, d. 54035, ll. 28–32.

doch die Russlandschweizer den Russen in wichtigen Bereichen gleichstelle.[742]
Für Berzin standen aber nicht einzelne Bestimmungen zum Handel oder zur
Niederlassung im Vordergrund, sondern die politische Bedeutung des Dossiers.
Er schrieb an Čičerin: «Ich bitte Sie sehr, Genosse, die Lösung dieser Frage zu
beschleunigen. Der Abschluss eines neuen Vertrages oder die vorübergehende
Verlängerung des alten wird die Lage der sowjetischen Vertretung in der Schweiz
festigen und so, neben der praktischen Bedeutung, eine gewisse politische
Bedeutung haben.»[743]
4. Das Bestreben der Sowjetführung, das augenfällige ökonomische Interesse
der Schweizer für eigene Anliegen nutzbar zu machen, komplizierte und verlängerte die Diskussion um die Zukunft des Staatsvertrags zusätzlich.[744] Im
Wunsch, vom Bundesrat offiziell anerkannt zu werden, riet Berzin seiner Regierung, für die Neuverhandlung des Abkommens eine gemischte schweizerisch-russische Revisionskommission vorzuschlagen. «Man kann befürchten,
dass sie [die Schweizer] im letzten Moment vor diesem Schritt zurückschre-
cken, welcher wohl gleichbedeutend mit einer offiziellen Anerkennung unserer
Regierung wäre, aber versuchen kann man es.»[745]
Besonders deutlich kam das Taktieren der Bol'ševiki zum Ausdruck, als Čičerin
dem Gesandten Odier einen baldigen Verhandlungsbeginn in der Vertrags-
frage ankündigte und im gleichen Schreiben um schweizerisches Entgegenkommen beim Transit heimkehrender russischer Soldaten aus Frankreich bat: «[...]
nous serons profondément reconnaissants pour cet acte amical.»[746] Als sich der
Aussenkommissar einen Monat später für die schweizerische Bewilligung des
Soldatentransits bedankte, äusserte er tatsächlich (und wieder gleichzeitig) das
Einverständnis der Sowjetregierung, bis zum Abschluss eines neuen Vertrags
den alten – mit einigen Vorbehalten – provisorisch in Kraft zu lassen.[747]
5. Schliesslich standen äussere Schwierigkeiten einer belebenden Neuregelung

742 Berzin an Čičerin, 11. 9. 1918. Rossija – Švejcarija, Nr. 113, S. 209 f.

743 Ebd., S. 210 (aus dem Russischen).

744 Odier beklagte sich, dass Čičerin keine klare Antwort auf die Frage nach der Gültigkeit des
Vertrags gebe. Dem offensichtlichen Plan des Volkskommissars, Interessen gegeneinander
aufzurechnen, hielt der Gesandte entgegen, die Konzessionen der Sowjetregierung seien ohnehin nicht viel wert, da Letztere gar nicht die Autorität besitze, fremdes Eigentum gegenüber
den Lokalbehörden wirksam zu schützen. Odier an Bundespräsident Calonder, 24. 8. 1918.
BAR, E 2001 (E) -/13 (B 52).

745 Berzin an das NKID, 25. 7. 1918 (aus dem Russischen). AVPRF, f. 04, op. 46, p. 281, d. 54035,
ll. 36–38. Berzin schlug vor, einen neuen Vertrag nicht wie von Čičerin angekündigt in Moskau, sondern in Bern auszuarbeiten; von einer hier wirkenden gemischten Kommission versprach er sich Druckmöglichkeiten gegenüber dem Politischen Departement. Berzin an Čičerin,
6. 9. 1918. Ebd., ll. 83–85.

746 Čičerin an Odier, undatiert (23. 8. 1918). BAR, E 2001 (E) -/13 (B 52); Švejcarija – Rossija,
Nr. 107, S. 272 f., Anm. 1.

747 Čičerin an Odier, 24. 9. 1918. Dokumenty vnešnej politiki SSSR, Bd. 1, Nr. 351; BAR, E 2001
(E) -/13 (B 52); vgl. auch Odier an das EPD, 25. 9. 1918. BAR, E 2300 Petersburg/4.

des bilateralen Handels entgegen. Beide Seiten thematisierten den problematischen Warentransport durch Deutschland als ein momentanes Haupthindernis erfolgreicher Wirtschaftsbeziehungen.[748] Ende September 1918 wussten die Schweizer immer noch nicht, woran sie waren. Čičerin hatte die Kündigung des Vertrags (in einer eher beiläufigen Form) bestätigt[749] – und kurz darauf versichert, das alte Abkommen bleibe vorerst in Kraft. Noch einmal erging die Bitte an die Sowjetführung, die weitere Gültigkeit bis zu einer Neuregelung zu bestätigen.[750] Da es ohnehin nicht denkbar war, eine neue offizielle Vereinbarung mit der nicht anerkannten Sowjetregierung einzugehen, klammerte sich die schweizerische Seite an den alten Vertrag. Die Akten belegen auf der anderen Seite russische Vorstösse für die Aushandlung eines modifizierten Abkommens; mit der Ausweisung der Sowjetmission aus der Schweiz waren auch sie definitiv gescheitert.[751]

4.1.2. Veränderte Niederlassungsbedingungen

Die Diskussion um den Vertrag von 1872 entbehrt nicht einer gewissen Paradoxie: Während das Abkommen für die Russlandschweizerinnen und Russlandschweizer verbriefte Sicherheit und Schutz vor Benachteiligung symbolisierte und deshalb in schwierigen Zeiten unbedingt aufrechterhalten werden musste, stellte nach der Oktoberrevolution gerade die rechtliche Angleichung der Eidgenossen an Russinnen und Russen, wie sie der Vertrag über weite Strecken

748 Vgl. Lardy an das EVD und an den Vorort des Schweizerischen Handels- und Industrievereins, Zürich, 22. 6. 1918. DDS, Bd. 6, Nr. 434; Lardy an Eichmann, 18. 7. 1918. Švejcarija – Rossija, Nr. 108, S. 274; *Očerednoj doklad No. 2*: Bratman an den Obersten Volkswirtschaftsrat, 10. 8. 1918. AVPRF, f. 04, op. 46, p. 281, d. 54035, ll. 50–52.

749 Er habe Bruggmann schon mündlich mitgeteilt, dass die Sowjetregierung die Kündigung des Vertrags als gültig betrachte, schrieb Čičerin in einem Telegramm. Čičerin an Odier, 27. 8. 1918. BAR, E 2001 (E) -/13 (B 53). – Zum Drängen Odiers auf eine präzise Antwort betreffend die Gültigkeit des Vertrags vgl. schweizerische Gesandtschaft in Petrograd an das NKID, 26. 8. 1918. Ebd.

750 *Notiz über unseren Niederlassungsvertrag mit Russland und die Behandlung unserer Gesandtschaft*, 27. 9. 1918. AVPRF, f. 04, op. 46, p. 281, d. 54035, ll. 106–107.

751 Im August hatte Čičerin mitgeteilt, Berzin und der stellvertretende Volkskommissar für Fragen des Handels und der Industrie Bronskij seien beauftragt, Verhandlungen über einen neuen Vertrag aufzunehmen, vgl. Čičerin an Odier, 23. 8. 1918. Dokumenty vnešnej politiki SSSR, Bd. 1, Nr. 311; Odier an das EPD, 24. 8. 1918. BAR, E 2001 (E) -/13 (B 52). – Am 1. November berichtete Berzin, er habe dem Politischen Departement zusammen mit einem gewissen Miljutin ein Projekt für einen Handels- und Niederlassungsvertrag übergeben. Berzin an Čičerin, 1. 11. 1918. AVPRF, f. 141, op. 3, p. 101, d. 4, ll. 18–19. Zur Aussage von James Reich, dem Chef der Russischen Nachrichten, Miljutin sei etwa drei Wochen vor der Ausweisung der Sowjetmission in die Schweiz gekommen, um sich mit der Frage des neuen Handelsvertrags zu beschäftigen, vgl. Bundesanwaltschaft an das EJPD, 11. 3. 1919. BAR, E 21/10433. Zu V. I. Miljutin vgl. auch Senn, Diplomacy, S. 90.

(im positiven Sinne) intendierte, ein mit allen Kräften zu verhinderndes Schreckensszenario dar. Die angestrebte Beibehaltung des vorrevolutionären Lebensstils musste nicht auf gleiche Rechte, sondern auf eine Privilegierung der Schweizer gegenüber den Einheimischen hinauslaufen. Denn was Gleichstellung bedeutete, fasste Vizekonsul Suter so zusammen: «Das heisst in die Praxis übertragen nichts anderes als: ihnen [den Schweizern] wird jedes Eigentum und ihre Privatbeschäftigung zu Gunsten des sozialistischen Staates konfisziert; sie unterliegen denselben rigurosen Steuer- und Militär-Ges[e]tzen, wie die russischen ‹Bourgeois› und werden nach denselben revolutionären Gesetzen abgeurteilt.»[752]

Ende 1918 ging das Politische Departement davon aus, dass sich noch 2000 bis 3000 Schweizerinnen und Schweizer in Russland befanden.[753] Die bilateralen Gespräche über Fragen ihrer veränderten Niederlassungsbedingungen bewegten sich etwa auf folgendem Terrain:

1. Im Verständnis des frühen Sowjetregimes sollte der sozialistische Umbau der Gesellschaft alle Menschen erfassen, wenn möglich weltweit. Privilegierte Parallelgesellschaften hatten in dieser Theorie keine Daseinsberechtigung, schon gar nicht im Kernland der Revolution. Hier galt nun ein neues Recht, das den Protesten gegen Enteignung oder gewaltsame soziale Nivellierung den juristischen Boden entzog. Suter berichtete frustriert nach Bern: «Auf die Reklamationen des Konsulats bei dem Kommissariat für Auswärtiges erhalten wir die stereotype Antwort von der Rechtsabteilung des Kommissariats, dass die Massregel ‹infolge der Nationalisierung des Privateigentums vollkommen gesetzlich und deshalb zulässig sei›.»[754]

2. Im Dienste ihrer auswärtigen Kontakte billigten die Bol'ševiki Ausländerinnen und Ausländern dennoch eine gewisse Schonung vor der Härte der revolutionären Ordnung zu.[755] Der Gesandte Berzin signalisierte die Bereitschaft

---

752 Suter an das EPD, 3. 12. 1918. Švejcarija – Rossija, Nr. 123, S. 325 (das Zitat ist hier verstümmelt wiedergegeben; für das Originaldokument vgl. BAR, E 21/10414). – Zur Befürchtung baldiger Gleichstellung vgl. Junod an das EPD, 23. 1. 1919. Švejcarija – Rossija, Nr. 128, S. 336 f. Für die Meldung, in Kiev sei die Gleichstellung vollzogen worden, vgl. Kanzlei (Petrograd) an Bruggmann, 30. 4. 1919. BAR, E 21/10417.

753 Memorandum Thurnheer, 27. 12. 1918. BAR, E 2001 (B) -/1/23 (B 21/133 Petr. 2/1). – Das Komitee der Schweizerkolonien in Russland sprach im Februar 1919 davon, nur schon in Petrograd und Moskau seien noch weit über 1000 Schweizer zurückgeblieben. Komitee der Schweizerkolonien in Russland an das EPD, Petrograd, 26. 2. 1919. Ebd. Für 1923 findet sich die Schätzung von noch etwa 1000 in Russland befindlichen Schweizern: R. Bosshardt: *Rapports de la Confédération avec les Soviets depuis la Révolution*, 25. 7. 1923. BAR, E 2001 (E) -/13 (B 67). Benziger schätzte die Grösse der Schweizerkolonie in Sowjetrussland 1929 auf etwa 1500 Personen. Benziger, Beziehungen der Schweiz mit Russland, S. 17. Ein von Woldemar Wehrlin erstelltes Verzeichnis enthielt 1935 noch 1360 Russlandschweizer, vgl. Reimann, Funktionen, S. 42.

754 Suter an das EPD, 15. 9. 1918. Švejcarija – Rossija, Nr. 114, S. 292.

755 Kommissarstellvertreter Karachan konzedierte im September 1918 wenigstens dem Worte nach,

seiner Regierung, mit der Schweiz über die Nationalisierung zu diskutieren –
nach der Lösung der Anerkennungsfrage,[756] und Moskau spielte gemäss Vizekonsul Suter auch mit dem Gedanken, «den neutral bleibenden Staaten gewisse
Vergünstigungen einzuräumen, die durch die Notwendigkeit des Waarenaus-
tausches zwischen Russland und diesen Staaten hervorgerufen würden».[757]
3. Die Schweizer Vertreter standen den neuen Lebensbedingungen ihrer Landsleute im Russischen Reich zunächst ohnmächtig gegenüber. Sie registrierten
eingehende Schadensmeldungen und protestierten empört gegen Übergriffe
und Verletzungen des (alten) Rechts.[758] Immerhin gelang es Ministerresident
Junod, den fiskalischen Würgegriff der ausserordentlichen Revolutionssteuer
von seinen Landsleuten vorerst abzuwenden, indem er mit der Sowjetführung
über mögliche Kompensationen für russische Steuerausfälle verhandelte – in
Form von schweizerischen Maschinen-, Schokolade- oder Uhrenlieferungen.
Junod riet dem Politischen Departement nach seiner Abberufung dringend,
solche Gespräche weiterzuführen und allenfalls auch kompensatorische Lieferungen zu realisieren.[759]

dass Ausländern für Requisitionen «Entschädigung zukommen müsse». Ebd. Zum Umstand,
dass sich die Rechtsabteilung des Volkskommissariats für auswärtige Angelegenheiten zeitweilig recht offen für schweizerische Anliegen zeigte, dass sich aber eine Umsetzung von Rechtsan-
sprüchen in der Praxis schwierig gestaltete, vgl. Suter an das EPD, 7. 2. 1919. BAR, E 2001 (B)
-/1/23 (B 21/133 Petr. 2/1). – Im Mai 1919 vermerkte das Politische Departement im Hinblick auf
die Kolonie von Petrograd, es gebe eine Tendenz, schweizerischen Besitz zu respektieren. EPD
an die schweizerischen Gesandtschaften, 5. 5. 1919. DDS, Bd. 7-I, Nr. 393, S. 780.
756 Vgl. Berzin an die Genossen in Moskau, Berlin, 15. 5. 1918. AVPRF, f. 141. op. 3, p. 101, d. 4,
ll. 1–6.
757 Suter an das EPD, 3. 12. 1918. Švejcarija – Rossija, Nr. 123, S. 326.
758 Zu den Protesten und Interventionen der Gesandtschaft vgl. etwa Junod: Rapport, 21. 5. 1919.
BAR, E 2001 (E) -/13 (B 64). Für eine Aufzählung von Schäden an Schweizer Besitz nach der
Februarrevolution vgl. Odier an Bundesrat Hoffmann, 11./24. 3. 1917. DDS, Bd. 6, Nr. 287,
S. 524 f.
759 Junod: Rapport, 21. 5. 1919. BAR, E 2001 (E) -/13 (B 64). Zum Vorschlag Karachans, einen
Kompensationsvertrag abzuschliessen, vgl. Suter an das EPD, 7. 2. 1919. BAR, E 2001 (B) -/1/
23 (B 21/133 Petr. 2/1). Hier auch ein Hinweis auf die angebliche Praxis der Bol'ševiki,
Ausländer unliebsamer Staaten gleich wie Einheimische zu besteuern. Zu schweizerseits
geplanten Verhandlungen über «oekonomische Kompensationen für Nichtleistung der revolutionären Steuer seitens der in Russland lebenden Schweizerbürger» vgl. Kanzlei (Petrograd)
an Bruggmann, 30. 4. 1919. BAR, E 21/10417. – Zur Verschonung der Schweizer von der
ausserordentlichen Revolutionssteuer bis Ende Mai 1919 vgl. auch Reimann, Funktionen,
S. 24; Kanzlei (Petrograd) an Junod (Bern), 2. 5. 1919. BAR, E 21/10417. Vizekonsul Suter in
Moskau berichtete im Januar 1919, Ausländer seien mit der ausserordentlichen Steuer noch
nicht behelligt worden, während die Eintreibung bei den Russen begonnen habe. Suter (an die
schweizerische Gesandtschaft in Petrograd), 21. 1. 1919. BAR, E 2300 Moskau/1, Mappe
Konsulat Moskau 1917–1919. Für die Meldung, die Landsleute seien provisorisch vom «impôt
extraordinaire» ausgenommen, vgl. auch Junod an das EPD, 22. 2. 1919. BAR, E 2001 (E) -/13
(B 63).

4.1.3. Hilfsaktionen und Auffangmechanismen

Das Politische Departement schätzte im Februar 1919 die schweizerischen Vermögenswerte in Russland auf rund 1,5 Milliarden Franken.[760] Auf die Möglichkeit einer Wiederaufnahme diplomatischer und wirtschaftlicher Beziehungen angesprochen, führte der Bundesrat im Januar 1923 aus, die Lösung der Entschädigungsfrage müsse allen anderen Verhandlungen vorausgehen.[761] Diese harte Haltung war ein Erfolg der Lobby der Russlandschweizer; sie reflektierte aber auch den Umstand, dass die Eidgenossenschaft längst an den privaten schweizerischen Verlusten im ehemaligen Zarenreich partizipierte. Schon bald nach der Oktoberrevolution war die Notwendigkeit deutlich geworden, das materielle Unglück der Russlandschweizer mit staatlichen Gegenmassnahmen abzufedern.[762] Bereits erwähnt habe ich die Erweiterung der Petrograder Gesandtschaft um verschiedene Abteilungen, die den Landsleuten helfen sollten, sich zu ernähren, Vermögenswerte sicher zu deponieren oder bei der Abreise die zurückgelassene Habe einzulagern.[763] Erst nach reiflicher Überlegung hatte das Politische Departement der Gesandtschaft erlaubt, Depots zu akzeptieren. Im April 1918 gewährte der Bundesrat einen Kredit von 100'000 Rubel für die Unterstützung bedürftiger Landsleute in Russland.[764] Heimkehrende erhielten nun die Möglichkeit, ihre verbliebenen Rubel bei der Gesandtschaft in Petrograd gegen Quittung abzuliefern und in der Schweiz den entsprechenden Frankenbetrag von der Nationalbank zu beziehen.[765] Hilfsgelder für Bedürftige wurden, trotz getrübter Hoffnungen auf eine Rückerstattung, prinzipiell in Form von Vorschüssen gewährt;[766] dies galt auch für den Kredit, der nach dem Gesandt-

---

760 Bundesrat Calonder an den schweizerischen Gesandten in Paris, 14. 2. 1919. DDS, Bd. 7-I, Nr. 184. Im Februar 1918 waren die Gesamtinteressen noch auf lediglich 300 Millionen Franken geschätzt worden: EPD an die schweizerische Gesandtschaft in Petrograd, 23. 2. 1918. BAR, E 2001 (B) -/1/25 (B 21/161 Petrograd). Für die Annahme eines revolutionsbedingten Gesamtverlustes der in Russland wohnhaften Schweizer von 1,5 Milliarden Franken (ohne Währungsanpassung) vgl. BAR, E 2001 (E) -/13, Einleitung, S. 40.

761 Protokoll der Sitzung des Bundesrates, 29. 1. 1923. BAR, E 2001 (E) -/13 (B 95).

762 Zur Hoffnung der Russlandschweizer auf staatliche Hilfe der Heimat vgl. Odier an Bundespräsident Calonder, 30. 4. bis 6. 5./13. bis 19. 5. 1918. BAR, E 2300 Petersburg/4. – Allgemein zur finanziellen und materiellen Hilfe an die Russlandschweizer durch Bund, Kantone und Gemeinden vgl. Reimann, Funktionen, S. 27–29.

763 Vgl. oben S. 489–492.

764 EPD an die schweizerische Gesandtschaft in Petrograd, 5. 4. 1918. BAR, E 2300 Petersburg/4.

765 Wobei 100 Rubel 121 Franken entsprachen. EPD an die schweizerische Gesandtschaft in Petrograd, 11. 5. 1918. BAR, E 2300 Petersburg/4. Für den Beschluss des Bundesrates vom Februar 1919, die mitgeführten Rubel der Heimgekehrten innerhalb einer bestimmten Limite zum Kurs von 1:1 einzuwechseln, vgl. Protokoll der Sitzung des Bundesrates, 21. 2. 1919. BAR, E 2001 (E) -/13 (B 33); vgl. auch Reimann, Funktionen, S. 28. Für die Nennung eines Umtauschkurses von 1:1 bereits für 1918 vgl. den *Bericht des Bundesrates an die Bundesversammlung über seine Geschäftsführung im Jahre 1918. Politisches Departement*. BBl. 1919 II, S. 241–288, hier S. 245.

766 Vgl. etwa EPD an das schweizerische Konsulat in Åbo, 5. 12. 1918 (Entwurf). BAR, E 2001

schaftsraub in Petrograd eröffnet wurde.[767] Weitere materielle Unterstützung erfolgte in Form von Lebensmittellieferungen aus der Heimat.[768] Die zurückgekehrten Russlandschweizer organisierten sich in Interessenverbänden, namentlich in der 1918 geschaffenen *Vereinigung der Russlandschweizer* (VRS).[769] Halbstaatlicher Charakter kam der bereits erwähnten, im Oktober 1918 gegründeten *Schweizerischen Hilfs- und Kreditorengenossenschaft für Russland (Association de secours mutuel et de protection des intérêts suisses en Russie,* kurz: *Genossenschaft* oder *Secrusse)* zu. Vom Bundesrat angeregt, waren ihre Statuten von Exponenten aus Politik, Wirtschaft und Wissenschaft beraten worden.[770] Die Hauptaufgaben der Secrusse bestanden darin, die schweizerischen Forderungen gegenüber dem russischen Staat zu registrieren und

(B) -/1/23 (B 21/133 Petr. 2/1). – Zu Unterstützungsleistungen über einen Fonds, der sich aus Depots von Landsleuten speiste, vgl. Junod: Rapport, 21. 5. 1919. BAR, E 2001 (E) -/13 (B 64).

767 Vgl. oben S. 501. Pro Person sollte die Gesandtschaft einen Vorschuss von höchstens 5000 Rubel ausbezahlen. Vgl. EPD an die schweizerische Gesandtschaft in Rom, 7. 12. 1918. BAR, E 2001 (B) -/1/23 (B 21/133 Petr. 2/1).

768 Odier vermeldete im Juli 1918, die Kolonie habe die Lebensmittelsendung des Bundesrates dankbar empfangen, vgl. Odier an Bundespräsident Calonder, 29. 6./12. 7. 1918. BAR, E 2300 Petersburg/4; vgl. auch Odier an Bundespräsident Calonder, 26. 10. 1918. Ebd. Crottet bedankte sich im April 1919 für einen angekommenen Lebensmittelwaggon, vgl. Crottet an das EPD, Åbo, 28. 4. 1919. BAR, E 2001 (B) -/1/23 (B 21/133 Petrograd 1). Nach Reimann blieb der im Februar 1919 in Petrograd eingetroffene Lebensmitteltransport bis im Sommer 1921 die einzige erfolgreiche Lieferung dieser Art. Reimann, Funktionen, S. 28 f. Zu den Lebensmittellieferungen vgl. auch Aktennotiz, undatiert. BAR, E 2001 (B) -/1/23 (B 21/133 Petrograd 1). – Die Idee einer Beschlagnahmung russischer Werte in der Schweiz wurde diskutiert, im Dienste der späteren Unangreifbarkeit der schweizerischen Position aber nicht umgesetzt, vgl. Aktennotiz EPD, undatiert. BAR, E 2001 (E) -/13 (B 73); vgl. auch oben S. 469 f.

769 Zu den privaten Selbsthilfeorganisationen der zurückgekehrten Russlandschweizer vgl. Lengen, Strukturprofil, S. 25 f.; Reimann, Funktionen, S. 29 f. Zur formell erst 1970 aufgelösten, in der Praxis aber schon lange vorher nicht mehr aktiven VRS und zu einem *Verband ehemals selbständig erwerbender Russlandschweizer* vgl. ebd., S. 30. Zur VRS vgl. auch Voegeli, Rückkehr, S. 117–128; ferner oben S. 53 f.

770 Der Bundesrat hatte im Juli 1918 Prof. H. Töndury mit der Ausarbeitung von Vorschlägen für eine entsprechende Organisation betraut. Für die Genehmigung der Statuten der Secrusse durch den Bundesrat vgl. Protokoll der Sitzung des Bundesrates, 11. 10. 1918. BAR, E 2001 (E) -/13 (B 72). Zur Einrichtung der Secrusse vgl. auch DDS, Bd. 7-I, Nr. 51, S. 82, Anm. 3 (hier auch der Hinweis auf die konstituierende Sitzung der Secrusse vom 18. Oktober 1918); BAR, E 2001 (E) -/13, Einleitung, S. 40; Benziger, Beziehungen der Schweiz mit Russland, S. 17; Reimann, Funktionen, S. 29 f.; Voegeli, Rückkehr, S. 128–130. Zum Willen der Russlandschweizer, ihre Erwartungen an die Genossenschaft zu artikulieren, vgl. Odier an Paravicini, 5. 11. 1918. DDS, Bd. 6, Nr. 460, S. 820. Für die Berichterstattung Berzins über die bevorstehende Gründung eines «speziellen Syndikats von am Handel mit Russland interessierten Kapitalisten», das wohl auch versuchen werde, eine Entschädigung für die im Zusammenhang mit den Ereignissen in Russland erlittenen Verluste zu erreichen, und für die Bitte um diesbezügliche Instruktionen aus Moskau vgl. Berzin an Čičerin, 11. 9. 1918 (aus dem Russischen). Rossija – Švejcarija, Nr. 113, S. 210. – Die Archive von VRS und Secrusse sind heute im Russlandschweizer-Archiv des Historischen Seminars der Universität Zürich zugänglich.

bedürftigen heimgekehrten Russlandschweizern Vorschüsse zu gewähren.[771] Dabei alimentierte sich die Genossenschaft teilweise aus Bundesmitteln.[772] Spätestens im Frühjahr 1919 war dem Bundesrat aber klar, dass die offene Frage schweizerischer Vermögenswerte in Russland weniger durch die isolierten Bemühungen der Secrusse als durch internationale Abkommen und Strategien entschieden würde, wie sie die Entente auf der Friedenskonferenz von Paris diskutierte. Um die schweizerischen Interessen in diese Beratungen einfliessen zu lassen, bat Bundesrat Calonder den Gesandten Dunant in Paris, allfällige Gespräche zum Thema zu verfolgen und Bericht zu erstatten. War es vielleicht zweckmässig, wenn die Secrusse mit der *Ligue pour la défense des intérêts des citoyens français en Russie* und den entsprechenden Organisationen in den Niederlanden und Schweden in Verbindung trat? Calonder äusserte auch die Idee einer gemeinsamen Aktion der Neutralen. Jedenfalls: «Wir legen den finanzpolitischen Abmachungen Russland betreffend die grösste Wichtigkeit bei und wären daher auch bereit, im Einverständnis mit der Genossenschaft einen Spezialisten nach Paris zu delegieren, der in Verbindung mit Ihnen, offiziell oder inoffiziell sich zu informieren und unsere Interessen zu vertreten hätte.»[773] Angesichts der anhaltend verworrenen Lage in Russland zeigten sich die übrigen Neutralen vorerst an einem gemeinsamen Vorgehen nicht interessiert.[774]

---

771 Zur Zusammenarbeit des Politischen Departements mit der Secrusse bei der Erfassung schweizerischer Vermögenswerte in Russland vgl. Protokoll der Sitzung des Bundesrates, 9. 12. 1918. BAR, E 21/10451. – Die Secrusse registrierte schweizerische Ansprüche im erwähnten Umfang von 1,5 Milliarden Franken, vgl. *Liste des revendications*, 1. 11. 1947. BAR, E 2001 (E) /-13 (B 73); *Créances russes annoncées auprès de la «Secrusse» par les ressortissants et maisons suisses*, undatiert. Ebd.

772 Der Bundesrat hielt im Oktober 1918 fest, der Genossenschaft werde auf drei Jahre hinaus ein jährlicher allgemeiner Unkostenbeitrag von 100'000 Franken oder höchstens 50 Prozent der «effektiven allgemeinen Unkosten» zugesichert; weiter werde der Genossenschaft ein einmaliger zinsfreier Kredit «von einer Million auf 5 Jahre» zwecks Gewährung von Vorschüssen aufgrund «einwandfrei festgestellter» Forderungen eröffnet, wobei nicht mehr als 5000 Franken pro Person und Jahr ausgezahlt werden sollten. Protokoll der Sitzung des Bundesrates, 11. 10. 1918. BAR, E 2001 (E) /-13 (B 72). Zur Weiterführung des Vorschussdienstes vgl. Protokoll der Sitzung des Bundesrates, 9. 4. 1920. Ebd. (B 86).

773 Bundesrat Calonder an Dunant, 10. 4. 1919. DDS, Bd. 7-I, Nr. 319, S. 614. Dunant war in Paris zugesichert worden, man werde die Schweiz nicht vergessen, wenn die ausländischen Interessen im Russischen Reich ernsthaft zur Sprache kämen. Dunant an Bundesrat Calonder, 18. 2. 1919. Ebd., Nr. 190. – Zu einem (nicht weiter verfolgten) finanzpolitischen Verhandlungsangebot Čičerins an die Alliierten vgl. Bundesrat Calonder an Dunant, 14. 2. 1919. Ebd., Nr. 184.

774 Vgl. Rodolphe de Haller (Direktor der Nationalbank) an Bundesrat Schulthess, 28. 4. 1919. DDS, Bd. 7-I, Nr. 363, S. 721. – Zu den späteren Beratungen der Neutralen über ihre Interessenwahrung gegenüber Russland vgl. *Grundsätze der Delegationen der Regierungen, Regierungskommissionen und Vereinigungen für die Wahrung der respektiven Interessen in Russland von Dänemark, den Niederlanden, Norwegen, Schweden und der Schweiz*, Genf, 17. 4. 1920. BAR, E 2001 (E) /-13 (B 94); Protokoll der Sitzung des Bundesrates, 21. 6. 1920. Ebd. – Zum Bestreben der Schweiz, ihre Interessen in Russland anlässlich von internationalen Konferen-

Professor H. Töndury, Spiritus Rector der Secrusse, plädierte dafür, die Schweiz möge in der internationalen Diskussion den Standpunkt vertreten, offizielle Beziehungen mit Sowjetrussland dürften erst aufgenommen werden, wenn die vom russischen Staat verschuldeten Schäden anerkannt und im Wesentlichen kompensiert seien.[775] Länger als andere Regierungen machte sich der Bundesrat diese Haltung zu eigen und verharrte über die ganze Zwischenkriegszeit hinweg in einer unversöhnlichen Ablehnung gegenüber der Sowjetunion. Die staatliche Unterstützung der Russlandschweizer erstreckte sich bis in die späten 1920er Jahre.[776]

Ohne dass sich an den formellen Niederlassungsbedingungen zunächst etwas geändert hätte, waren auch die Lebensumstände der Russinnen und Russen in der Schweiz massiv schlechter geworden, ihre materielle Not während des Weltkriegs und die Bemühungen um eine Linderung seitens der russischen Gesandtschaft sowie verschiedener privater Organisationen habe ich beschrieben.[777] Der politische Konflikt mit den Bol'ševiki intensivierte das schweizerische Misstrauen gegen die (seit dem Weltkrieg auch zahlreich als ungeliebte Militärflüchtlinge in der Schweiz präsenten) Russen und gipfelte in zeitweiligen restriktiven Einreisemodalitäten, wobei erst allmählich zwischen ethnischen Russen und anderen Nationalitäten des ehemaligen Zarenreichs unterschieden wurde.[778] Mit dem Sowjetgesandten Berzin stand Bundespräsident Calonder 1918 in einer konstanten Auseinandersetzung, weil zahlreiche Kantone die von den neuen russischen Machthabern beglaubigten Reisepässe nicht anerkannten.[779]

Für die alte russische Gesandtschaft unter Onu beziehungsweise Efremov bedeutete die Betreuung von Bedürftigen ebenso eine Legitimation vor Landsleuten und Schweizern wie für die Sowjetmission oder für die Vertretung des neuen russischen Roten Kreuzes unter Bagockij. Besondere Aufmerksamkeit galt den in der Schweiz internierten russischen Soldaten.[780] Die Sowjetmission beschwer-

zen geltend zu machen, vgl. etwa EPD an die schweizerische Gesandtschaft in London, 22. 6. 1920. Ebd.

775 Vgl. Secrusse an den Bundesrat, undatiert. BAR, E 2001 (E) -/13 (B 94).

776 Reimann, Funktionen, S. 27 f. – Zur Zusammenlegung der Sekretariate von Secrusse und VRS 1931 und zur formellen Auflösung der Secrusse 1951 vgl. ebd., S. 30.

777 Vgl. oben ab S. 266–273, 425–428.

778 Vgl. etwa Protokoll der Sitzung des Bundesrates, 5. 11. 1918. BAR, E 21/10057; EJPD (Zentralstelle für Fremdenpolizei) an die Nachrichtensektion des Armeestabs, 6. 11. 1918. BAR, E 21/10389; EJPD an die Polizeidirektionen der Kantone, 20. 10. 1920. BAR, E 21/14021 (hier werden Finnen und Polen explizit von den restriktiven Kontrollmassnahmen ausgenommen).

779 Vgl. Berzin an das NKID, 25. 7. 1918. AVPRF, f. 04, op. 46, p. 281, d. 54035, ll. 36–38; Berzin an Čičerin, 15. 7. 1918. AVPRF, f. 141, op. 2, p. 1, d. 1, ll. 155–156; vgl. auch die Unterredung Berzins und Zalkinds mit Paravicini vom 4. September 1918: Memorandum der Sowjetmission, undatiert. AVPRF, f. 04, op. 46, p. 281, d. 54034, l. 3; Berzin an Čičerin, 10. 8. 1918. AVPRF, f. 04, op. 46, p. 281, d. 54035, l. 129.

780 Zur Internierung russischer Soldaten in der Schweiz vgl. oben S. 273 f.

te sich lautstark über deren Behandlung durch die Schweizer Behörden und betonte, diese Wehrmänner könnten nicht länger als Kriegsgefangene betrachtet werden, da sie doch Bürger eines mittlerweile neutralen Landes seien.[781] Die Schweizer wiederum ärgerten sich über das anmassende Auftreten der Sowjetrepräsentanten in den Unterkünften der Internierten.[782] Die Unterstützung, die von russischer Seite an die übrigen Landsleute in der Schweiz geleistet wurde, genügte für deren Unterhalt nicht. Am 8. November 1918 beschloss der Bundesrat, den Kantonen an die Verpflegungskosten bedürftiger kranker Russen fünf Franken pro Kopf und Tag zu zahlen, rückwirkend ab dem 1. August 1918.[783] Die als temporär gedachte Massnahme zog sich in die Länge, bis Ende 1936 entstanden dem Bund aus dieser Russenhilfe Kosten von rund fünf Millionen Franken.[784] Dem vorübergehenden Hoffnungsträger Efremov gewährte die Secrusse mit Billigung des Bundesrates umfangreiche Vorschüsse – in der Erwartung, ein Hilfsprogramm der künftigen russischen Regierung anzukurbeln und sich im Gegenzug die Entschädigung der Russlandschweizer im Herrschaftsgebiet dieser Regierung zu sichern.[785]

---

781 Berzin an das NKID, 15. 6. 1918. AVPRF, f. 04, op. 46, p. 281, d. 54035, ll. 6–15 (hier auch der Hinweis Berzins, seine Mission sei von den Internierten in der Schweiz enthusiastisch empfangen worden); vgl. ferner Berzin an das NKID, 25. 7. 1918. Ebd., ll. 36–38; Berzin an Čičerin, 4. 7. 1918 (Verbalnote an den Bundesrat). AVPRF, f. 141, op. 2, p. 1, d. 1, ll. 151–152. – Zu einem Protest Karachans gegen die schlechte Behandlung und namentlich die angeblich ungenügende Ernährung der russischen Internierten in der Schweiz vgl. Vizekonsul Suter an das EPD, 29. 6. 1918. BAR, E 2001 (E) -/13 (B 32). Für die gereizte Rechtfertigung des Politischen Departementes, das unter anderem vorrechnete, für die Internierten schon über 185'000 Franken ausgegeben zu haben, vgl. EPD an die schweizerische Gesandtschaft in Petrograd, 17. 7. 1918. Ebd. – Zur Lage der in der Schweiz internierten russischen Kriegsgefangenen vgl. auch Položenie russkich voennoplennych.

782 Vgl. etwa EMD an das EPD, 18. 6. 1918. BAR, E 21/10435. – Für den Antrag des Politischen Departementes, entlaufene russische Kriegsgefangene, Deserteure und Refraktäre künftig gleich zu behandeln wie Angehörige anderer nicht kriegführender Staaten (und ihren Unterhalt tatsächlich der Sowjetmission zu überlassen), vgl. EPD an den Bundesrat, 11. 7. 1918. BAR, E 2001 (B) -/1/57 (B 41.33.R.2.1.).

783 Bundesratsbeschluss betreffend Beitragsleistung an die Verpflegungskosten der bedürftigen kranken Russen in der Schweiz, 8. 11. 1918. BAR, E 2001 (E) -/13 (B 74). Für den entsprechenden Vorschlag des Justiz- und Polizeidepartementes und zur vorbereitenden Diskussion mit den Kantonen, aus der die Erwartung von etwa 300 Unterstützungsfällen resultierte, vgl. EJPD an den Bundesrat, 4. 11. 1918. Ebd.; vgl. auch BAR, E 2001 (E) -/13, Einleitung, S. 40 f.; Švejcarija – Rossija, S. 257 f., Anm. 2. Allgemein zu den Bundesbeiträgen für bedürftige Russinnen und Russen in der Schweiz vgl. Gehrig, Bundesbeiträge. Ab dem 15. April 1920 erfolgte die Auszahlung der Unterstützung über die kantonalen Organe des schweizerischen Roten Kreuzes, vgl. Protokoll der Sitzung des Bundesrates, 13. 4. 1920. BAR, E 2001 (E) -/13 (B 74); Gehrig, Bundesbeiträge, S. 161 f.

784 Ebd., S. 164. 1926 war der Bundesbeitrag auf vier Franken pro Kopf und Tag reduziert worden. Ebd., S. 162.

785 Geplant war die Rückzahlung der Vorschüsse nach der Organisation einer russischen Anleihe bei den Schweizer Banken. Zu den Hoffnungen, welche Bundesrat und Secrusse in Efremov

4.1.4. Repatriierung

Der schweizerisch-russische Personenverkehr stand inzwischen ganz im Zeichen der Rückwanderung sowohl der Russlandschweizerinnen und Russlandschweizer wie der in der Schweiz lebenden ehemaligen zarischen Untertanen. Die Organisation und Finanzierung von heimführenden Massentransporten gehörte nun zu den wichtigsten staatlichen Hilfsaktionen für die Landsleute im jeweils anderen Staat – oder auch für die fremde Kolonie im eigenen Land.

Im Falle der Russinnen und Russen in der Schweiz verband sich der ökonomisch motivierte Repatriierungsaktivismus des Weltkriegs[786] nach der Februarrevolution mit dem Anliegen der Provisorischen Regierung, die Heimkehr der politischen Emigranten zu unterstützen.[787] Wie wir gesehen haben, arbeitete die russische Gesandtschaft in diesem Bereich eng mit selbstbewusst gewordenen, teilweise rivalisierenden Emigrantenorganisationen zusammen, gegen die (beziehungsweise zwischen denen) sich Geschäftsträger Onu manchmal nur mit Mühe zu behaupten vermochte.[788] Nachdem im April mit der Abreise Lenins das Tabu des Transits durch Deutschland gebrochen war, scheint bis im Sommer 1917 ein grosser Teil der in der Schweiz lebenden politischen Emigranten nach Russland zurückgekehrt zu sein.[789] Eine Galionsfigur der kontinuierlichen russischen Repatriierungsbestrebungen war Sergej Bagockij – zunächst als Protagonist der Zürcher Emigrantenorganisation, nach der Oktoberrevolution als Repräsentant des neuen russischen Roten Kreuzes in der Schweiz. In Zusammenarbeit mit dem Sowjetdelegierten Berzin kümmerte er sich in der zweiten Hälfte des Jahres 1918 besonders um die Heimführung russischer Militärpersonen, also um die in Frankreich gestrandeten oder auch desertierten Soldaten und die aus Deutschland oder Österreich in die Schweiz geflüchteten Kriegsgefangenen; nach der Ausweisung der Sowjetmission kam die Sorge für die Rückkehr der verbliebenen Zivilisten hinzu.[790] Am 29. Juni 1918 verliess ein grosser Trans-

---

und die Garantieerklärungen seiner antibolschewistischen russischen Regierung setzten, vgl. Secrusse an Bundesrat Calonder, 5. 8. 1919. BAR, E 2001 (E) -/13 (B 83); Protokolle der Sitzungen des Bundesrates, 17. 2. und 9. 4. 1920. Ebd. (B 86). – Zu den Schuldscheinen von über 300'000 Franken, welche Efremov bei der Beendigung seiner Mission 1925 der Secrusse für erhaltene Vorschüsse hinterliess, vgl. BAR, E 2001 (E) -/13, Einleitung, S. 46.

786 Vgl. oben S. 269–273.

787 Vgl. etwa *Neurussland (Eine Unterredung mit dem russischen Geschäftsträger in Bern.)* In: NZZ, 19. 4. 1917 (erstes Morgenblatt).

788 Vgl. oben S. 425–428. Zur Zusammenarbeit bei der Repatriierung vgl. etwa russische Gesandtschaft in Bern an das Zentralkomitee in Zürich und das Exekutivbüro in Bern, 21. 5./3. 6. 1917. AVPRI, Missija v Berne, op. 843/1, d. 24, ll. 63–64 ob. und 65–65 ob.

789 Vgl. BAR, E 2001 (E) -/13, Einleitung, S. 15 f. – Zu Bemühungen um Rückreisemöglichkeiten via England vgl. russische Gesandtschaft in Bern an das Zentralkomitee in Zürich und das Exekutivbüro in Bern, 29. 5./11. 6. und 9./22. 6. 1917. AVPRI, Missija v Berne, op. 843/1, d. 24, ll. 73 und 118.

790 Zu den Aufträgen Bagockijs seitens der Sowjetregierung, den Heimtransport der russischen

port mit über 900 Militärpersonen die Schweiz, ihm folgte ein weiterer am 16. Januar 1919 (366 Militärpersonen, 162 Zivilisten und rund ein Dutzend wegen bolschewistischer Umtriebe Ausgewiesene).[791] Bagockij rapportierte nach Moskau, im Januar 1919 seien alle rückreisewilligen Soldaten repatriiert worden.[792] Schon 1918 hatten ausserdem russische Soldaten auf ihrer Heimkehr aus Frankreich die Schweiz durchquert.[793]

Die Organisation und Finanzierung der Repatriierungszüge lag in erster Linie

Truppen in Frankreich bzw. der in die Schweiz geflüchteten russischen Kriegsgefangenen zu organisieren, vgl. Untersuchungsrichter Rohr an die Bundesanwaltschaft, 18. 10. 1919. BAR, E 21/10527; vgl. auch BAR, LGS, Bd. 2 des Verzeichnisses, S. 286 b–c. Zur Absicht der Sowjetregierung, die in der Schweiz internierten russischen Soldaten heimzubefördern, vgl. Vizekonsul Suter an das EPD, 29. 6. 1918. BAR, E 2001 (E) -/13 (B 32). Zu den von Bagockij (mit)organisierten Repatriierungszügen vgl. BAR, LGS, Bd. 2 des Verzeichnisses, S. 286 b. Zu Bagockij als russischem Ansprechpartner der Schweizer Behörden bei der Organisation von «Russenzügen» vgl. etwa EPD an das EJPD, 28. 3. 1919. BAR, E 21/10452.

791 Bundesrat Calonder hatte auf einen ersten Zug bereits im März 1918 gehofft, vgl. Calonder an Ch. Bourcart (schweizerischer Gesandter in Wien), 19. 3. 1918. DDS, Bd. 6, Nr. 404, S. 705. Zur Organisation der Züge vgl. BAR, E 2001 (E) -/13, Einleitung, S. 22. – Speziell zum Zug vom 29. Juni 1918: EPD an Odier, 29. 6. 1918. DDS, Bd. 6, Nr. 435. – Speziell zum Zug vom 16. Januar 1919, der zunächst für Dezember 1918 geplant war: Švejcarija – Rossija, S. 338, Anm. 1; EPD an das schweizerische Konsulat in Kristiania, 5. und 10. 12. 1918. BAR, E 2001 (B) -/1/23 (B 21/133 Petr. 2/1); EPD an das schweizerische Konsulat in Åbo, 8. 1. 1919. Ebd.; EPD an die schweizerischen Gesandtschaften, 17. 1. 1919. DDS, Bd. 7-I, Nr. 112, S. 210; EMD an das EPD, 17. 1. 1919. BAR, E 21/10451; Bundesanwaltschaft an das EJPD, 20. 1. 1919. BAR, E 2001 (E) -/13 (B 62) (hier auch der Hinweis auf einen zusätzlich geplanten «Polenzug», der am 18. Januar ab Zürich fahren sollte). – Zur Planung eines dritten Transports in Zusammenarbeit mit Bagockij vgl. EPD an das EMD, 16. 4. 1919. Ebd. (B 34). Zu einem weiteren Russenzug von Ende April 1920 vgl. BAR, E 2001 (E) -/13, Einleitung, S. 39.

792 Danach seien aber wieder neue russische Soldaten in die Schweiz gekommen. *Sfera dejatel'nosti i položenie Komissii Russijskago Krasnago Kresta v Švejcarii*, Bern, 19. 11. 1919. AVPRF, f. 141, op. 3, p. 2, d. 10, ll. 40–44. Zur Annahme auch der Schweizer Seite, mit dem Zug vom 16. Januar seien die meisten der noch in der Schweiz verbliebenen Russen abgereist, vgl. EPD an die schweizerischen Gesandtschaften, 17. 1. 1919. DDS, Bd. 7-I, Nr. 112, S. 210.

793 Vgl. BAR, E 2001 (B) -/1/80 (B.55.644.1). – Zu den Bemühungen der Sowjetführung, für die in Frankreich befindlichen russischen Soldaten eine Transiterlaubnis durch die Schweiz und Deutschland zu erhalten, vgl. etwa Čičerin an den Bundesrat, 9. 8. 1918. Dokumenty vnešnej politiki SSSR, Bd. 1, Nr. 300; Čičerin an Odier, undatiert (23. 8. 1918). BAR, E 2001 (E) -/13 (B 52); Vertretung der RSFSR in Deutschland an das Auswärtige Amt, 30. 8. 1918. Dokumenty vnešnej politiki SSSR, Bd. 1, Nr. 328. Die junge sowjetische Diplomatie behinderte sich bei der Lösung dieser Frage selbst, indem die Sowjetmission in Bern mit dem Geschäft betraut wurde, ohne von der Zentrale auch nur elementare Informationen zu erhalten, vgl. Berzin an Čičerin, 17. 9. 1918. Rossija – Švejcarija, Nr. 115. – Für den Protest der Sowjetmission gegen die Zurückweisung von aus Frankreich kommenden russischen Soldaten an der schweizerischen Grenze vgl. Berzin an das EPD, 30. 8. 1918. AVPRF, f. 04, op. 46, p. 281, d. 54034, ll. 14–15. – Zum Versprechen der Schweizer Behörden, die zwecks Transit nach Russland illegal aus Frankreich in die Schweiz einreisenden Russen künftig mit Nachsicht zu behandeln und überhaupt alle Erleichterungen für die Durchreise zu gewähren, vgl. Memorandum der Sowjetmission, 31. 8. 1918. Ebd., l. 1; ferner schweizerische Gesandtschaft in Petrograd an das NKID, 24. 9. 1918. AVPRF, f. 141, op. 2, p. 1, d. 1, l. 82.

bei den Schweizer Behörden, auch wenn Sowjetmission und sowjetrussisches Rotes Kreuz mitkoordinierten und namentlich der Transport vom Januar 1919 als Produkt russischer Selbsthilfe erschien.[794] Von der Zusammenarbeit mit den bolschewistischen Repräsentanten erhofften sich die Schweizer eine russische Beteiligung an den Kosten der Heimführungen. Die Eidgenossenschaft war aber entschlossen, sich der problemträchtigen Russen notfalls auf eigene Rechnung zu entledigen, und die zugesagte russische Mitfinanzierung wurde dann auch nicht realisiert.[795] Das Politische Departement legte andererseits Wert auf die Feststellung, die Russen seien keineswegs gezwungen worden, die Schweiz zu verlassen – sondern hätten nach Belieben auch hier bleiben dürfen.[796]

Auch die schweizerische Rückwanderung aus Russland intensivierte sich schon während des Weltkriegs. Der Gesandte Odier berichtete 1915 von einer «tendance à l'exode» der Landsleute, die sich bei einer Verschlimmerung der Situation rasch verschärfen könne.[797] Die Heimkehr der Russlandschweizer nach den Revolutionen von 1917 ist in der Forschung verschiedentlich thematisiert wor-

794 Das Politische Departement betonte gegenüber Odier, dass der Zug vom Juni 1918 das Ergebnis vor allem schweizerischer Anstrengungen sei, auch wenn ihn die Sowjetmission als ihr Werk präsentiere. EPD an Odier, 29. 6. 1918. DDS, Bd. 6, Nr. 435. Für einen Bericht, in dem Berzin tatsächlich die Sowjetmission als treibende Kraft des Transportes hinstellte, vgl. Berzin an das NKID, 27. 6. 1918. AVPRF, f. 04, op. 46, p. 281, d. 54035, ll. 43–46. – Zum Plan des Politischen Departements, «sur la demande de Mme Bagotski» mit eigenen Mitteln einen Repatriierungszug (nämlich den dann im Januar 1919 realisierten) zu organisieren, vgl. EPD an die schweizerische Gesandtschaft in Petrograd, 25. 11. 1918. BAR, E 2001 (E) -/13 (B 39).

795 Zum Versprechen der Sowjetmission, die Kosten der Heimschaffung ihrer Landsleute zu übernehmen, vgl. EPD an den Bundesrat, 11. 7. 1918. BAR, E 2001 (B) -/1/57 (B 41.33.R.2.1.); EPD an die schweizerische Gesandtschaft in Petrograd, 17. 7. 1918. BAR, E 2001 (E) -/13 (B 32). – Zur Nichteinlösung dieses Versprechens vgl. EPD an die schweizerische Gesandtschaft in Petrograd, 25. 11. 1918. Ebd. (B 39); Protokoll der Sitzung des Bundesrates, 24. 1. 1919. Ebd. (B 34). – Auch Bagockij war nicht in der Lage, den Schweizern die Transportkosten zu erstatten, vgl. BAR, E 2001 (E) -/13, Einleitung, S. 41 f. Zum im Februar 1919 ausgesprochenen Einverständnis des Politischen Departements damit, dass dem russischen Roten Kreuz in der Schweiz aus Deutschland grosse Geldbeträge für Krankenunterstützung und die Bezahlung der Heimtransporte (rund 100'000 Franken pro Zug) überwiesen würden – und zur deutschen Teilblockierung der betreffenden Gelder vgl. BAR, E 2001 (E) -/13, Einleitung des Nachtrages, S. 4; EPD an das EMD, 16. 4. 1919. BAR, E 2001 (E) -/13 (B 34). – Zur schweizerischen Entschlossenheit, weitere Transporte auch ohne russische Zahlungen durchzuführen, vgl. EPD an die schweizerische Gesandtschaft in Petrograd, 25. 11. 1918. Ebd. (B 39); EPD an das EMD, 16. 4. 1919. Ebd. (B 34); EMD an das EPD, 30. 4. 1919. Ebd.; BAR, E 2001 (E) -/13, Einleitung, S. 23.

796 EPD an die schweizerischen Gesandtschaften, 17. 1. 1919. DDS, Bd. 7-I, Nr. 112, S. 210. – Zur Beeinträchtigung der zwanglosen Repatriierungsatmosphäre durch die bundesrätliche Geiselnahme im Kontext der Rückbeorderung der schweizerischen Gesandtschaft aus Petrograd vgl. oben S. 508–510.

797 Odier an Bundesrat Hoffmann, 1./14. 9. 1915. BAR, E 2300 Petersburg/3. – Zur Angabe, während des Weltkriegs seien rund 2000 Schweizer aus Russland zurückgekehrt, vgl. Reimann, Funktionen, S. 25. Vgl. auch Benziger, Beziehungen der Schweiz mit Russland, S. 16.

den.[798] Was die hier interessierenden staatlichen Repatriierungsmassnahmen betrifft, so kursieren unterschiedliche Zählungen von Rückführungszügen und divergierende Angaben zu ihrer Gesamtzahl.[799] Das Politische Departement selbst erstellte 1943 folgenden Überblick: Ein erster Repatriierungszug traf am 21. Juli 1918, von Moskau und Petrograd herkommend, mit 540 Personen in Luzern ein; ein zweiter erreichte am 19. Oktober 1918 mit rund 600 Personen Basel; ebenfalls in Basel kam am 7. März 1919 der dritte Zug mit 350 Personen an. Nachdem ein für Mai 1919 geplanter vierter Zug wegen Kriegshandlungen und fehlender sowjetischer Bewilligung nicht organisiert werden konnte, gelangte ein nächster Transport am 18. Juni 1919 nach Basel, diesmal mit 83 Personen aus den ehemaligen baltischen Provinzen. Für die Schweizerinnen und Schweizer im Kaukasus wurde ein Transport via Batumi, Konstantinopel und Italien organisiert; 80 Personen trafen auf diesem Weg am 5. Dezember 1919 in Basel ein. Am 16. August 1920 erreichten 162 Personen Basel, und ein weiterer Transport vom März 1921 schloss die Serie der grossen Konvois ab.[800]

798 Voegeli, Rückkehr; Reimann, Funktionen, S. 25–27; Morel, Rapports, S. 17–19; Lengen, Strukturprofil, S. 22–24; Benziger, Beziehungen der Schweiz mit Russland, S. 25.

799 Zur Annahme von insgesamt fünf organisierten Heimschaffungszügen bis 1922 vgl. Voegeli, Rückkehr; Lengen, Strukturprofil, S. 78; Benziger, Beziehungen der Schweiz mit Russland, S. 25. – Für eine Aufzählung von sieben Zügen bis 1920 vgl. Reimann, Funktionen, S. 27 (Tabelle).

800 Vgl. Aktennotiz EPD: Rapatriement des Suisses de Russie, undatiert (Anfang 1943). Švejcarija – Rossija, Nr. 185. Die hier anzutreffende Zählung («erster» bis «vierter» Zug) entspricht jener in den zeitgenössischen Quellen. Vgl. auch den Bericht des Bundesrates an die Bundesversammlung über seine Geschäftsführung im Jahre 1918. Politisches Departement. BBl. 1919 II, S. 241–288, hier S. 245 f. – Speziell zum «ersten» Zug vom Juli 1918 vgl. etwa Odier an Bundespräsident Calonder, 27. 5./9. 6. 1918. BAR, E 2300 Petersburg/4; schweizerische Gesandtschaft in Petrograd an das EPD, 13. 6. 1918. Ebd.; Vizekonsul Suter an das EPD, 8. 7. 1918. Ebd.; Odier an Bundespräsident Calonder, 29. 6./12. 7. 1918. Ebd.; Konsul Mantel an Bundespräsident Calonder, Riga, 12. 7. 1918. BAR, E 2300 Riga/1; EPD an die schweizerische Gesandtschaft in Petrograd, 24. 7. 1918. BAR, E 2300 Petersburg/4. Zur schwierigen Koordination der Abgangsorte Moskau und Petrograd vgl. Odier an das EPD, undatiert. Ebd. – Zum «zweiten» Zug vgl. etwa Odier an das EPD, 30. 8. 1918. Ebd.; Odier an Bundespräsident Calonder, 9. 9. 1918. Ebd.; Odier an das EPD, 25. 9. 1918. Ebd. – Zum «dritten» Zug, der zu einem grossen Teil Schweizerinnen und Schweizer aus Moskau beförderte, vgl. etwa Odier an Bundespräsident Calonder, 26. 10. 1918. Ebd.; schweizerisches Konsulat in Moskau (an die Moskau-Schweizer), 20. 1. 1919. BAR, E 2200.86, Nr. 156; Dispositions au sujet du départ du 3ème train suisse. Ebd.; schweizerisches Konsulat in Åbo an die schweizerische Gesandtschaft in Berlin, 16. 2. 1919. Ebd. Zu den gleichzeitigen Reisevorbereitungen in Moskau und Petrograd vgl. etwa Junod an das EPD, 14. 2. 1919. BAR, E 2001 (B) -/1/23 (B 21/133 Petr. 2/1); schweizerische Gesandtschaft in Petrograd an das schweizerische Konsulat in Åbo, 15. 2. 1919. BAR, E 2200.86, Nr. 156; Švejcarija – Rossija, S. 341 f., Anm. 2. – Zu den in Moskau und Petrograd im April/Mai 1919 getroffenen Vorbereitungen für einen «vierten» Zug vgl. Odier an Bundesrat Calonder, 15. 4. 1919. BAR, E 2300 Petersburg/4; Komitee (Moskau) an den «Chargé d'affaires de la Légation de Suisse à Pétrograd» (Pfister), 28. 4. und 20. 5. 1919. BAR, E 2200.86, Nr. 157. Für die Nennung eines Zuges, der Anfang Juni 1919 etwa 180 Personen heimgeführt haben soll, vgl. Švejcarija – Rossija, S. 341 f., Anm. 2. – Zum im August 1920

Bisweilen dienten Repatriierungszüge auf ihrer Hin- und Rückfahrt der kombinierten Heimschaffung von Russen und Schweizern.[801] Wichtiger als die exakte Datierung einzelner Transporte ist in unserem Zusammenhang die Funktion der Repatriierungsfrage als Motor und gleichzeitig als vorläufiger Abschluss schweizerisch-russischer Regierungskommunikation. Einige Bemerkungen zur staatlichen Liquidierung der schweizerischen Russlandwanderung:

1. Während die Repatriierung der in der Schweiz lebenden Russinnen und Russen angesichts des staatlichen Umbruchs im ehemaligen Zarenreich eine heterogene und bisweilen zerstrittene Trägerschaft aufwies, lagen Führung und Organisation der grossen Rücktransporte der Russlandschweizer von Anfang an beim Bundesrat beziehungsweise bei seiner Vertretung in Petrograd.[802] Immer wieder drängte Odier auf neue Züge, oft mit dem Hinweis auf entsprechende Erwartungen der heimreisewilligen, erschöpften und entnervten Landsleute.[803] Nach dem Abzug der Petrograder Gesandtschaft und des Moskauer Vizekonsuls 1919 kam den provisorischen Kanzleien in den russischen Hauptstädten und später auch den Kanälen des IKRK grosse Bedeutung bei der Vorbereitung der Transporte zu.[804]

angekommenen, unter der Leitung von Woldemar Wehrlin stehenden Zug vgl. Reimann, Funktionen, S. 23, Anm. 94. – Gestützt auf die Geschäftsberichte des Politischen Departements erwähnt Reimann einen zusätzlichen Zug, der am 27. Mai 1920 mit 560 Personen in Basel ankam. Ebd., S. 26 f.; diesen Zug erwähnt auch Feldscher: BAR, E 2001 (E) -/13, Einleitung, S. 39. – Zur Unterbrechung der grossen Rücktransporte 1919/20 vgl. Reimann, Funktionen, S. 24, 27. – Zur weiteren Entwicklung der Repatriierung nach unserem Zeitfenster vgl. Aktennotiz EPD: *Rapatriement des Suisses de Russie*, undatiert (Anfang 1943). Švejcarija – Rossija, Nr. 185.

801 Zur Verbindung namentlich der beiden grossen Russenzüge vom Juni 1918 und Januar 1919 mit Rücktransporten von Russlandschweizern vgl. BAR, E 2001 (E) -/13, Einleitung, S. 22; schweizerisches Konsulat in Kristiania an das EPD, 17. 12. 1918. BAR, E 2001 (B) -/1/23 (B 21/ 133 Petr. 2/1). Zur Kombination von (auch späteren) Rücktransporten von Russen und Schweizern vgl. auch EPD an die schweizerische Gesandtschaft in Berlin, 24. 4. 1918. BAR, E 2300 Petersburg/4; EPD an den Rot-Kreuz-Delegierten Frick, 20. 4. 1920. BAR, E 2300 Moskau/3; Aktennotiz EPD: *Rapatriement des Suisses de Russie,* undatiert (Anfang 1943). Švejcarija – Rossija, Nr. 185; BAR, E 2001 (E) -/13, Einleitung, S. 39.

802 Für das Versprechen des Politischen Departements vom Dezember 1917, angesichts des offenkundigen Bedürfnisses die Organisation eines Repatriierungskonvois zu prüfen, vgl. EPD an die schweizerische Gesandtschaft in Petrograd, 20. 12. 1917. DDS, Bd. 6, Nr. 370. Für den Auftrag an die Gesandtschaft in Petrograd, Extrazüge zur Ausreise von Schweizern aus Russland zu organisieren, vgl. Protokoll der Sitzung des Bundesrates, 22. 12. 1917. BAR, E 2001 (E) -/13 (B 19); EPD an die schweizerische Gesandtschaft in Petrograd, 6. 2. 1918. BAR, E 2001 (A)/1519.

803 Vgl. etwa schweizerische Gesandtschaft in Petrograd an das EPD, 11. 4. 1918. BAR, E 2300 Petersburg/4; Odier an das EPD, 9./16. (sic) 6. und 19. 7./1. 8. 1918. Ebd.; Odier an Bundespräsident Calonder, 26. 10. und 5. 11. 1918. Ebd.

804 Zur Selbstorganisation der Russlandschweizer bei der Vorbereitung der späteren Züge vgl. Reimann, Funktionen, S. 27. Zur Mithilfe der Delegation des IKRK in Moskau bei der Repatriierung von Russlandschweizern vgl. ebd., S. 44 f.; Protokoll der Sitzung des Bundesrates, 1. 8. 1924. BAR, E 2001 (E) -/13 (B 76).

2. Der Bund übernahm die Finanzierung der offiziellen Repatriierungszüge, wobei die Heimkehrenden nach Möglichkeit einen Beitrag leisten sollten und spätere Rückforderungen vorbehalten blieben.[805]

3. Zweifellos drängte ein Grossteil der Russlandschweizerinnen und -schweizer darauf, den bolschewistischen Herrschaftsbereich rasch zu verlassen. Viele zögerten aber auch. Wie würden sie sich in der Schweiz als mittellose Fremdlinge durchschlagen? Dass der Repatriierungseifer der offiziellen Repräsentanten der Eidgenossenschaft bisweilen jenen der zu Repatriierenden übertraf, vor allem nach dem Abgang der ersten Züge, mag folgende Äusserung des Moskauer Vizekonsuls Suter vom Januar 1919 illustrieren: «Unsere Kolonie ist leider für die gegenwärtigen Verhältnisse immer noch viel zu gross; da wir noch über 500 Angehörige haben, ist sie weitaus die grösste Kolonie der Ausländer; viele unserer hier geborenen und aufgewachsenen Landsleute sind derart verrusst, dass sie trotz allen Entbehrungen und Sorgen nicht dazu zu bringen sind, wegzureisen.»[806] Der Gesandte Odier berichtete seinerseits vom Zögern vieler Landsleute, die auf eine baldige Klärung der russischen Verhältnisse hofften und lediglich zum Urlaub in die Schweiz fahren wollten.[807]

---

805 Reimann, Funktionen, S. 26, 28. – Für den Beschluss des Bundesrates, die Kosten der Extrazüge seien vom Bund zu übernehmen, soweit sie von den Heimkehrenden nicht selbst getragen werden könnten, vgl. Protokoll der Sitzung des Bundesrates, 22. 12. 1917. BAR, E 2001 (E) -/13 (B 19). – Zur Dankbarkeit der Gesandtschaft für die finanzielle Unterstützung der Heimtransporte vgl. Odier an das EPD, 25. 11./8. 12. 1917. BAR, E 2300 Petersburg/3. – Im Februar 1919 eröffnete der Bundesrat dem Politischen Departement einen Kredit von 60'000 Franken für Transportkosten in der Schweiz und erste Versorgungsleistungen zugunsten der Heimgekehrten, von weiteren 400'000 Franken für die Umwechslung von Rubeln, welche diese mitbrachten, sowie einen Blankokredit für die Transportkosten bis zur Schweizer Grenze. Protokoll der Sitzung des Bundesrates, 21. 2. 1919. BAR, E 2001 (E) -/13 (B 33). – Für die Mitteilung des Politischen Departements an das IKRK vom April 1920, die Eidgenossenschaft übernehme die Kosten für die bevorstehenden Schweizerzug, vgl. EPD an den Rot-Kreuz-Delegierten Frick, 20. 4. 1920. BAR, E 2300 Moskau/3. – Für die Mitteilung des Moskauer Konsulats an die Kolonie, die Mitfahrt mit dem dritten Schweizerzug bedinge eine Anzahlung von 500 Rubel pro Person, vgl. schweizerisches Konsulat in Moskau (an die Moskau-Schweizer), 20. 1. 1919. BAR, E 2200.86, Nr. 156. In Petrograd ordnete das *comité d'organisation du train* an, mit dem dritten Zug Fahrende hätten 1000 Rubel bei der Gesandtschaft einzuzahlen, vgl. *Dispositions au sujet du départ du 3ème train suisse*. Ebd.

806 Suter an das EPD, 20. 1. 1919. DDS, Bd. 7-1, Nr. 124, S. 234. In einem späteren Bericht sprach Suter gar von über 700 im Moskauer Konsulatsbezirk zurückgebliebenen Landsleuten – dies obwohl die Heimkehr empfohlen worden war und auch über 1000 Personen bereits abgereist seien. Suter an das EPD, 25. 3. 1919. BAR, E 2300 Moskau/1, Mappe *Konsulat Moskau 1917 bis 1919*. Tatsächlich hatte Suter der Kolonie im Januar 1919 geraten, «*dringend* diese letzte Gelegenheit zur Rückkehr in die Schweiz zu benutzen»: schweizerisches Konsulat in Moskau (an die Moskau-Schweizer), 20. 1. 1919 (Hervorhebung in der Vorlage). BAR, E 2200.86, Nr. 156.

807 Odier an das EPD, 30. 8. 1918. BAR, E 2300 Petersburg/4. Zur Angst vieler Russlandschweizer, nach der Abreise zumindest bis zum Kriegsende nicht mehr nach Russland zurückkehren zu können, vgl. auch Odier an Bundespräsident Calonder, 9. 9. 1918. Ebd. – Zur Haltung Odiers, auch die ehemaligen Schweizer, die inzwischen die russische Staatszugehörigkeit angenom-

4. Die Heimkehrenden, so das Bestreben der Schweizer Behörden, sollten möglichst viel von ihrem verbliebenen Geld mitnehmen können. Seit Ende 1917 bemühte sich die Petrograder Gesandtschaft um eine Erhöhung der – schon zur Zarenzeit geltenden – Ausfuhrlimite von 500 Rubel. Tatsächlich liegen die Angaben zum zugelassenen Betrag dann zwischen 1000 und 10'000 Rubel pro Person.[808]

5. Wie in umgekehrter Richtung bei den «Russenzügen» bestand auch bei der Organisation der «Schweizerzüge» ein Hauptproblem und ein Verzögerungsmoment in der Aushandlung der deutschen Transitbewilligung. Wenn Odier im Januar 1918 noch meldete, die Gesandtschaft erhalte die entsprechende deutsche Durchreiseerlaubnis für (individuell) Heimreisende jeweils ziemlich rasch,[809] so boten die späteren Sammeltransporte mehr Schwierigkeiten.[810] Entschärfend wirkte die Wahl einer neuen Route über Finnland, die es erlaubte, die kriegerisch aufgeladene russisch-deutsche Grenze zu umfahren.[811]

6. Die Repatriierung der in der südrussländischen Provinz lebenden Schweize-

men hatten, sollten bei der Repatriierung nach Möglichkeit berücksichtigt werden, vgl. Odier an das EPD, 30. 8. 1918. Ebd.

808 Zu den Bemühungen der Gesandtschaft um höhere Ausfuhrlimiten vgl. Odier an das EPD, 25. 11./8. 12. 1917. BAR, E 2300 Petersburg/3. Für die Meldung vom Januar 1918, auf das Gesuch der Konsulate und Gesandtschaften hin werde eine Ausfuhr von bis zu 2000 Rubel erlaubt, vgl. Odier an Bundespräsident Calonder, 9./22. 1. 1918. BAR, E 2300 Petersburg/4; vgl. auch Reimann, Funktionen, S. 28, Anm. 117. Im Juni informierte das Volkskommissariat für auswärtige Angelegenheiten, alle heimkehrenden Schweizerinnen und Schweizer dürften 1500 Rubel und anderthalb Pud Lebensmittel mitführen, vgl. NKID an das schweizerische Konsulat in Moskau, 6. 6. 1918. AVPRF, f. 141, op. 2, p. 1, d. 1, l. 13. – Für die Aussage, den mit dem ersten Repatriierungszug im Juli 1918 reisenden Schweizern sei auf informellem Wege die Mitnahme von 10'000 Rubel pro Familie ermöglicht worden, was ein Privileg gegenüber anderen Nationalitäten dargestellt habe, vgl. R. Bosshardt: *Rapports de la Confédération avec les Soviets depuis la Révolution*, 25. 7. 1923. BAR, E 2001 (E) -/13 (B 67). Zur angeblichen Auskunft der Sowjetmission in Bern, dass es für die heimkehrenden Russlandschweizerinnen und Russlandschweizer möglich sein sollte, 10'000 Rubel mitzunehmen, vgl. EPD an die schweizerische Gesandtschaft in Petrograd, 1. 6. 1918. BAR, E 2300 Petersburg/4.

809 Odier an Bundespräsident Calonder, 9./22. 1. 1918. BAR, E 2300 Petersburg/4.

810 Schweizerische Gesandtschaft in Petrograd an das EPD, 11. 4. 1918. BAR, E 2300 Petersburg/4; EPD an die schweizerische Gesandtschaft in Berlin, 17. 4., 24. 4., 30. 5., 12. 6. und 22. 6. 1918. Ebd.; EPD an die schweizerische Gesandtschaft in Petrograd, 3. 6. 1918. Ebd.; vgl. auch Benziger, Beziehungen der Schweiz mit Russland, S. 25.

811 Für die Mitteilung Junods, angesichts des unterbrochenen deutsch-russischen Verkehrs werde die Heimreise der Landsleute über Finnland vorbereitet, vgl. Junod an Bundespräsident Calonder, 28. 11. 1918. Švejcarija – Rossija, Nr. 121, S. 320. Zur Route des dritten Zugs über Finnland, Schweden und Deutschland vgl. schweizerisches Konsulat in Moskau (an die Moskau-Schweizer), 20. 1. 1919. BAR, E 2200.86, Nr. 156. Für die Einschätzung, dass auch der vierte Zug nicht auf dem direkten Weg durch Deutschland zu realisieren sei, sondern über Finnland geleitet werden müsse, vgl. Komitee (Moskau) an den «Chargé d'affaires de la Légation de Suisse à Pétrograd» (Pfister), 28. 4. 1919. BAR, E 2200.86, Nr. 157. – Zu Schwierigkeiten aufgrund von (auch kriegsbedingten) Engpässen bei der Eisenbahnkapazität vgl. etwa EPD an die schweizerische Gesandtschaft in Petrograd, 11. 4. und 3. 6. 1918. BAR, E 2300 Petersburg/4.

rinnen und Schweizer war vom Verlauf des Bürgerkriegs abhängig und erfolgte in Zusammenarbeit mit anderen, vor Ort militärisch oder diplomatisch präsenten Regierungen.[812]

7. Bis zur Verschärfung des bilateralen Konflikts Ende 1918 verhielten sich die sowjetrussischen Behörden gegenüber den Schweizer Repatriierungsbestrebungen kooperativ. Odier berichtete vom Wohlwollen der Sowjetkommissare und konnte im August 1918 gar vermelden, die neue russische Regierung übernehme die Transportkosten bis zur deutschen Grenze.[813] Bundespräsident Calonder hatte bereits im Juli dem Delegierten Berzin und überhaupt der sowjetischen Regierung seine Anerkennung für ihre Anstrengungen im Zusammenhang mit der Repatriierung der Russlandschweizer ausgesprochen.[814] Im Dezember rapportierte dann aber Junod über Schwierigkeiten mit den Ausreisebewilligungen,[815] und die regelrechte Geiselnahme der folgenden Wochen habe ich beschrieben.[816]

8. Nicht alle Rückwanderer benutzten die grossen Repatriierungszüge. Von den 1918–1922 Heimgekehrten, die sich bei der Vereinigung der Russland-

---

812 Zur Heimkehr der Schweizerinnen und Schweizer aus der russländischen Provinz vgl. etwa schweizerisches Konsulat in Odessa an das EPD, 5. 3., 23. 11./6. 12. und 4./17. 12. 1919. BAR, E 2300 Moskau/1, Mappe *Jalta, Kiew, Odessa und Tiflis*; EPD an das schweizerische Konsulat in Odessa, 6. 5. 1919. Ebd.; Komitee (Moskau) an den «Chargé d'affaires de la Légation de Suisse à Pétrograd» (Pfister), 28. 4. 1919. BAR, E 2200.86, Nr. 157; Nachruf auf Gabriel Jenny in: NZZ, 29. 7. 1936 (Mittagausgabe); Konsularagent Dürig an das EPD, 9. 9. 1920. BAR, E 2300 Moskau/1, Mappe *Jalta, Kiew, Odessa und Tiflis*; Konsul Mantel an das EPD, 26. 6. 1919. BAR, E 2300 Riga/1. Zur Kolonie von Char'kov vgl. auch Bühler, Bündner im Russischen Reich, S. 398. Zur Bereitschaft der deutschen und schwedischen Regierung, die Heimschaffung der Schweizer im Kaukasus zu organisieren, vgl. EPD an die schweizerische Gesandtschaft in Petrograd, 11. 4. und 17. 5. 1918. BAR, E 2300 Petersburg/4. – Zur Mitreise von Schweizerinnen und Schweizern mit anderen (beispielsweise französischen) Transporten vgl. etwa EPD an die schweizerische Gesandtschaft in Petrograd, 11. 4. 1918. Ebd.; Vizekonsul Suter (an die schweizerische Gesandtschaft in Petrograd), 21. 1. 1919. BAR, E 2300 Moskau/1, Mappe *Konsulat Moskau 1917–1919*; Konsul Baltis an die schweizerische Gesandtschaft in Petrograd, 29. 1. 1919. BAR, E 2200.86, Nr. 156; Konsularagent Dürig an das EPD, 9. 9. 1920. BAR, E 2300 Moskau/1, Mappe *Jalta, Kiew, Odessa und Tiflis*.

813 Odier an Bundespräsident Calonder, 27. 5./9. 6., 12.–13. 8. und 9. 9. 1918. BAR, E 2300 Petersburg/4. – Zur russischen Einrichtung eines (ungeliebten) Sammellagers in Moskau, in dem die heimkehrenden Ausländer auf ihre Ausreisebewilligung warten mussten, vgl. Reimann, Funktionen, S. 29, hier auch Anm. 120; ferner Balzer, Erinnerungen, S. 271 f.

814 Vgl. Berzin an das NKID, 25. 7. 1918. AVPRF, f. 04, op. 46, p. 281, d. 54035, ll. 36–38. Zum Dank des Politischen Departementes an die Sowjetregierung für deren «Bemühungen betreffend den [ersten] Extrazug für die Russlandschweizer» vgl. auch EPD an die schweizerische Gesandtschaft in Petrograd, 24. 7. 1918. BAR, E 2300 Petersburg/4.

815 Junod an das EPD, 10. 12. 1918. *Švejcarija – Rossija*, Nr. 125, S. 329.

816 Vgl. oben S. 504–511. – Zur Verärgerung des Sowjetregimes über die Nichtanerkennung seiner Rot-Kreuz-Gesellschaft durch das IKRK und zu den damit verbundenen Schwierigkeiten für Repatriierungsaktionen von und nach Sowjetrussland (1919–1921) vgl. Reimann, Funktionen, S. 32 f.

schweizer registrieren liessen, waren es etwa 60 Prozent – die Restlichen gaben an, individuell gereist zu sein.[817] Absolute Zahlen zur Gesamtrückwanderung sind schwierig zu eruieren. Die neuere Forschung spricht von rund 8000 nach 1917 heimgekehrten Schweizerinnen und Schweizern.[818]

4.2. Diplomatie

Dass das Sowjetregime nach der Oktoberrevolution auf offizielle Anerkennung drängte, illustriert die Ambivalenz einer bolschewistischen Aussenpolitik, die der geltenden internationalen Ordnung die Vision einer Weltrevolution entgegenhielt, für eigene Zwecke aber die Privilegien der überkommenen Diplomatie durchaus beanspruchte und den Klassengegner gewissermassen mit seinen eigenen Mitteln zu attackieren versuchte. Das Zusammentreffen dieses aussenpolitischen Opportunismus der Sowjetführung mit der schweizerischen Bolschewistenfurcht und den bundesrätlichen Bemühungen um eine Begrenzung der Enteignungsschäden in Russland mündete in eine bilaterale Kommunikation, die von diplomatischen Versatzstücken ebenso geprägt war wie von beiderseitigen Drohungen, Repressalien und falschen Versprechungen, von Erpressungen, Geiselnahmen und von taktischem Lavieren, von scheinbarem oder auch echtem Entgegenkommen. In ihrer Konfrontation mit dem Sowjetregime war die Schweiz in die Koalition jener Staaten eingebettet, die an den Prinzipien der bestehenden internationalen Ordnung festhielten und die der verworrenen Situation im ehemaligen Zarenreich zunächst einmal mit den traditionellen Instrumenten der Aussenpolitik begegneten – mit einer intensivierten Informationstätigkeit,[819] mit der Einrichtung von Interessenvertretungen oder mit der Suche nach Verbündeten. Überdies knüpfte die internationale Diplomatie nach und nach Beziehungen mit den Regierungen der unabhängig gewordenen Nachfolgestaaten des Zarenreichs an. Von der Sowjetführung wurden die neutralen Vertretungen immer wieder um Vermittlungsdienste gegenüber Drittstaaten angegangen.[820]

817 Lengen, Strukturprofil, S. 78.
818 Goehrke, Auswanderung, S. 310. – Für grafische und tabellarische Darstellungen des gesamten Rückwanderungsverlaufs vgl. Voegeli, Rückkehr, S. 17, 22–27; Lengen, Strukturprofil, S. 79. – Für Schätzungen betreffend die Zahl der in Russland zurückgebliebenen Schweizerinnen und Schweizer vgl. Aktennotiz EPD: *Rapatriement des Suisses de Russie,* undatiert (Anfang 1943). Švejcarija – Rossija, Nr. 185 (1942 noch etwa 800–900 Personen inklusive Doppelbürger); Reimann, Funktionen, S. 26, 42 (mindestens 1500 inklusive Doppelbürger); Morel, Rapports, S. 17 (1450 inklusive Doppelbürger); BAR, E 2001 (E) -/13, Einleitung, S. 39 (1000–2000 Personen).
819 Das Politische Departement bat heimgekehrte Russlandschweizer verschiedentlich, einen schriftlichen Bericht über die Lage in Russland zu verfassen, vgl. etwa Walter Kaeser an das EPD, 10. 9. 1920. BAR, E 2300 Moskau/3. – Im Dossier BAR, E 2300 Moskau/2 findet sich unter anderem die Broschüre *A Collection of Reports on Bolshevism in Russia* (vgl. Bibliografie).
820 Zu den Bemühungen der Sowjetdiplomatie, in der Schweiz oder durch Vermittlung der

4.2.1. Interessenvertretungen

Einen eingespielten Mechanismus diplomatischer Krisenbewältigung stellte die temporäre Vertretung fremder Interessen dar. Als die offiziellen Repräsentanten der Entente-Staaten Petrograd nach knapp vier Monaten bolschewistischer Herrschaft verliessen, übernahm die Schweiz die Interessenwahrung Italiens, wobei die italienischen Konsulate unter dem diplomatischen Schutz der Schweiz weiterarbeiteten.[821] Nachdem Rom seine Repräsentation in Russland vorüber-

Schweizer Behörden mit Drittstaaten in Kontakt zu treten, vgl. etwa schweizerische Gesandtschaft in Petrograd an das EPD, 25. 11. 1917. DDS, Bd. 6, Nr. 357; Berzin an Čičerin, 17. 9. und 24. 10. 1918. AVPRF, f. 04, op. 46, p. 281, d. 54035, ll. 93–94 und 131–133; Berzin an Čičerin, 1. 11. 1918. AVPRF, f. 141, op. 3, p. 101, d. 4, ll. 18–19; Čičerin an Odier, 3. 11. 1918. AVPRF, f. 141, op. 2, p. 1, d. 1, l. 28; ferner Zarnickij/Trofimova, Tak načinalsja Narkomindel, S. 20. – Zur im Umfeld der Pariser Friedenskonferenz entstandenen Idee eines neutralen Hilfskomitees für Russland vgl. W. E. Rappard an Bundesrat Calonder, 31. 3. und 9. 4. 1919. DDS, Bd. 7-I, Nr. 294, S. 568 f. und Nr. 314, S. 606. Zur Bereitschaft des Bundesrates, sich an einer entsprechenden Aktion in Russland zu beteiligen, wenn es die Mächte wünschten, vgl. EPD an die schweizerische Gesandtschaft in Paris, 5. 4. 1919. Ebd., Nr. 308. – Für die Bitte Čičerins an das schweizerische Konsulat in Moskau, eine Mission von IKRK-Vertretern zu organisieren, welche verschiedene Kinderkolonien evakuieren sollte, die angesichts der Hungersnot in fruchtbaren, mittlerweile aber von den Bürgerkriegsgegnern kontrollierten Gebieten errichtet worden waren, vgl. Čičerin an das schweizerische Konsulat in Moskau, 21. 8. 1918. Dokumenty vnešnej politiki SSSR, Bd. 1, Nr. 310. Zur skeptischen Reaktion von Vizekonsul Suter, der Kommissarstellvertreter Karachan in Erwartung weiterer Instruktionen aus Bern wissen liess, die Realisierung des an sich sympathischen Planes setze mehr russisches Entgegenkommen gegenüber den Schweizerinnen und Schweizern voraus, vgl. Suter an das EPD, 15. 9. 1918. Švejcarija – Rossija, Nr. 114, hier auch Beilage im Anhang: Suter an Karachan, 5. 9. 1918.

821 Zur italienischen Anfrage und zur Übernahme der italienischen Interessen vgl. schweizerische Gesandtschaft in Petrograd an das EPD, 26. 2. und 1. 3. 1918. BAR, E 2300 Petersburg/4; Odier an Bundespräsident Calonder, 22.–24. 2./7.–9. 3. 1918. Ebd. Für die Mitteilung an das Volkskommissariat für auswärtige Angelegenheiten, es sei im italienischen Botschaftsgebäude eine Kanzlei als 2. Sektion der schweizerischen Gesandtschaft eingerichtet worden, vgl. schweizerische Gesandtschaft in Petrograd an das NKID, 22. 2./7. 3. 1918. AVPRF, f. 141, op. 2, p. 1, d. 1, l. 47. Zu den Kosten der italienischen Interessenvertretung vgl. Odier an Bundespräsident Calonder, 5. 11. 1918. BAR, E 2300 Petersburg/4. Zur zeitweiligen schweizerischen Übernahme der italienischen Interessen in Moskau und in der russländischen Provinz vgl. etwa Odier an Bundespräsident Calonder, 12.–13. 8. 1918. Ebd.; schweizerisches Konsulat in Moskau an das NKID, 6. 9. 1918. AVPRF, f. 141, op. 2, p. 1, d. 1, l. 65; Aktennotiz: *Représentation des intérêts étrangers en Russie et en Ukraine par la Suisse.* BAR, E 2001 (B) -/1/23 (B 21/133 Petrograd 1); schweizerisches Konsulat in Odessa an das EPD, 23. 12. 1918 und 5. 3. 1919. BAR, E 2300 Moskau/1, Mappe *Jalta, Kiew, Odessa und Tiflis*. Für den Protest von Vizekonsul Suter gegen den Hausarrest des italienischen Vizekonsuls vgl. Suter an das NKID, 2. 9. 1918. AVPRF, f. 04, op. 46, p. 281, d. 54034, l. 5. Zur schweizerischen Erklärung an Italien, die eigenen Konsulate in der Ukraine seien nicht in der Lage, fremde Interessen effektiv zu schützen, vgl. Aktennotiz: *Représentation des intérêts étrangers en Russie et en Ukraine par la Suisse.* BAR, E 2001 (B) -/1/23 (B 21/133 Petrograd 1). – Allgemein zum Abzug der alliierten diplomatischen Vertretungen aus Petrograd Ende Februar 1918 vgl. etwa Kennan, Russia and the West, S. 53 f., 80. Im Gefolge des amerikanischen Botschafters installierten sich einige Vertretungen vorübergehend in Vologda.

gehend retabliert hatte, erging das Vertretungsmandat erneut an die Schweizer.[822] Kurz vor ihrer eigenen Abreise im Februar 1919 versah die schweizerische Gesandtschaft in Petrograd neben den italienischen auch die englischen, niederländischen, belgischen, luxemburgischen, griechischen, japanischen und amerikanischen Interessen.[823] Der Vertretungsdienst für einen bestimmten Staat war mit der Übernahme auch der von diesem wahrgenommenen Fremdinteressen verbunden. Ende 1918 glaubte Junod den Wunsch der Sowjetbehörden zu bemerken, die schweizerische Gesandtschaft möge die Interessen aller fremden Länder in Petrograd wahrnehmen. Sowieso spiele die Vertretung der Eidgenossenschaft seit der Abreise der skandinavischen Gesandtschaften mehr und mehr die Rolle einer «légation universelle».[824] Dass die schweizerische Diplomatie bei ihrem eigenen Rückzug keine fremde Repräsentation in Petrograd mehr auszumachen vermochte, der sie ihre Interessen hätte übergeben können, haben wir bereits gesehen.[825]

4.2.2. Diplomatische Koalitionen

Das diplomatische Korps und besonders die anderen neutralen Vertretungen (namentlich jene Schwedens, Norwegens, Dänemarks und der Niederlande) bildeten einen orientierungsstiftenden Handlungsverbund für die schweizerische Gesandtschaft in Petrograd. Das Politische Departement hielt sich bekanntlich mit detaillierten Instruktionen zurück, da diese oft zu spät eintrafen und im fernen Bern ohnehin kaum zu formulieren waren. Eine immer wieder übermittelte Anweisung verlangte hingegen die Koordination des Vorgehens mit den übrigen Neutralen.[826] In diesem Sinne beriet sich Odier bereits nach der Februar-

Zum Abzug dieser Vertretungen auch aus Vologda im Juli 1918 vgl. die am 24. Juli abgegebene Erklärung von Volkskommissar Čičerin: Dokumenty vnešnej politiki SSSR, Bd. 1, Nr. 280.

822 Zur vorübergehenden Wiedereröffnung der italienischen Botschaft im April 1918 vgl. Aktennotiz: *Représentation des intérêts étrangers en Russie et en Ukraine par la Suisse*. BAR, E 2001 (B) -/1/23 (B 21/133 Petrograd 1).

823 Für Auflistungen der von der Schweiz wahrgenommenen Fremdinteressen vgl. Junod: Rapport, 21. 5. 1919. BAR, E 2001 (E) -/13 (B 64); Junod an Bundespräsident Calonder, 11. 11. 1918. Švejcarija – Rossija, Nr. 118; Vizekonsul Suter an das NKID, 12. 11. 1918. AVPRF, f. 141, op. 2, p. 1, d. 1, l. 90; Junod an das NKID, 4. 12. 1918. Ebd., ll. 113–113 ob., 116. – Zur provisorischen Übernahme der serbischen Interessen durch das schweizerische Konsulat in Moskau vgl. Odier an Bundespräsident Calonder, 12.–13. 8. 1918. BAR, E 2300 Petersburg/4.

824 Junod an Bundespräsident Calonder, 31. 12. 1918. BAR, E 2001 (B) -/1/23 (B 21/133 Petr. 2/1). Bereits im November hatte Odier vermerkt, bei einer Abreise der anderen neutralen Vertretungen werde es für die schweizerische Gesandtschaft sehr schwierig sein, alleine zu bleiben und die Interessen aller Ausländer in Petrograd wahrzunehmen. Odier an Bundespräsident Calonder, 5. 11. 1918. BAR, E 2300 Petersburg/4.

825 Vgl. oben S. 514 f.

826 Vgl. EPD an die schweizerische Gesandtschaft in Petrograd, 5. 8. 1918. BAR, E 2300 Petersburg/4.

revolution mit seinem schwedischen Kollegen über eine einheitliche Haltung.[827] Im September 1917 beschlossen die Chefs der neutralen Vertretungen an einer Konferenz, ihren Landsleuten die Heimreise zu empfehlen.[828] Die bolschewistische Machtübernahme intensivierte das Bedürfnis nach einer kohärenten Linie zusätzlich;[829] schlagkräftige Einigkeit scheint aber nicht immer erreicht worden zu sein.[830] Aus den diplomatischen Absprachen resultierten nun häufig kollektive Proteste gegen Enteignungsdekrete, gegen die Verletzung diplomatischer Immunitäten oder Verhaftungen von Ausländern, wobei die Vertretungen der Neutralen und jene der Entente bis zum Abzug der Letzteren verschiedene gemeinsame Demarchen unternahmen.[831] Mehrmals ergriff auch die schweizerische Gesandtschaft die Initiative zu solchen Vorstössen.[832] Im Spätsommer 1918

827 Odier an Bundesrat Hoffmann, 2./15. 3. und 6./19. 4. 1917. BAR, E 2300 Petersburg/3. – Zu Beratungen des diplomatischen Korps unter Führung des grossbritannischen Botschafters im Zusammenhang mit dem Putschversuch von General Kornilov (wobei sich die neutralen Vertreter bei der Frage einer Vermittlung der ausländischen Diplomatie zurückzogen) vgl. schweizerische Gesandtschaft in Petrograd an das EPD, 10. 9. 1917. Ebd. Zu weiteren Beratungen in der grossbritannischen Botschaft vgl. Odier an Bundesrat Ador, 28. 10./10. 11. 1917. Ebd.

828 Schweizerische Gesandtschaft in Petrograd an das EPD, 24. 9. 1917. BAR, E 2300 Petersburg/3.

829 Vgl. etwa schweizerische Gesandtschaft in Petrograd an das EPD, 25. 11. 1917. BAR, E 2300 Petersburg/3. – Zu Absprachen der Neutralen über die Frage, ob sie angesichts eines befürchteten deutschen Vorstosses nach Petrograd ebendort ausharren oder der Sowjetregierung bei ihrem allfälligen Rückzug ins Landesinnere folgen sollten, vgl. schweizerische Gesandtschaft in Petrograd an das EPD, 23. 2. 1918. BAR, E 2300 Petersburg/4. – Zu den Beratungen der Neutralen über einen möglichen «départ général» aus Petrograd vgl. Odier an Bundespräsident Calonder, 5. 11. 1918. Ebd.

830 Der niederländische Gesandte sprach nach seiner Abreise davon, ein gemeinsames Vorgehen der Neutralen in Petrograd sei stets am starrköpfigen Verhalten des dänischen Gesandten Scavenius gescheitert, vgl. schweizerische Gesandtschaft in Den Haag an Bundespräsident Calonder, 30. 11. 1918. BAR, E 2001 (B) -1/23 (B 21/133 Petr. 2/1).

831 Für eine Zusammenstellung der kollektiven Proteste der neutralen Diplomaten vgl. Odier an das EPD, 4. 11. 1918 (mit Beilagen). BAR, E 2001 (E) -/13 (B 49). – Zu einer englisch angeführten und von den in Åbo stationierten Vertretern Frankreichs, Belgiens, Italiens, Schwedens, Norwegens, Dänemarks, Spaniens und der Schweiz mitunterzeichneten Demarche gegen die Einmischung des russischen Militärs in finnische Angelegenheiten sowie zu einem gemeinsamen Protest von Konsul Baltis und seinem norwegischen Kollegen gegen einen Übergriff auf das schwedische Konsulat vgl. Baltis: *Zur Lage in Finnland. Siebenter Bericht,* 10. 12. 1917. BAR, E 2300 Åbo/1. – Zur Ausarbeitung eines kollektiven neutralen Protests gegen die Antastung ausländischen Eigentums durch die Sowjetbehörden vgl. schweizerische Gesandtschaft in Petrograd an das EPD, 15. 1. 1918. BAR, E 2300 Petersburg/4. – Zu einer Demarche des diplomatischen Korps betreffend die Verhaftung des rumänischen Ministers vgl. Odier an Bundespräsident Calonder, 9./22. 1. 1918. Ebd. – Zur koordinierten neutralen Intervention zugunsten der in Moskau verhafteten militärischen und konsularischen Vertreter der Alliierten vgl. EPD an den Bundesrat, 31. 8. 1918. BAR, E 2001 (B) -1/74 (B 52.25.R.1.).

832 Zu einer von der schweizerischen Gesandtschaft verfassten und von den Vertretungen Dänemarks, Spaniens, der Niederlande, Norwegens und Schwedens mitunterzeichneten Note, in der gegen Sowjetdekrete protestiert wurde, welche die Eigentumsrechte und Entschädigungsansprüche der Ausländer verletzten, vgl. schweizerische Gesandtschaft in Petrograd an das EPD, 27. 2. 1918. BAR, E 2001 (E) -/13 (B 49). – Im Zusammenhang mit dem Frieden von

exponierte sich Minister Odier als vorübergehender Doyen des noch in Petrograd anwesenden (im Wesentlichen aus den Vertretern der Neutralen bestehenden) diplomatischen Korps.[833] Unter seiner Führung beklagten sich die ausländischen Repräsentanten bei Volkskommissar Zinov'ev über die herrschenden Zustände – zunächst in einer persönlichen Besprechung, am 5. September in einer kollektiven Note, welche eine tiefe Indignation gegen das in Petrograd und Moskau etablierte «régime de terreur» zum Ausdruck brachte.[834] Fundamentaler als die vielen sachbezogenen Einzelproteste signalisierte diese Demarche die internationale Ablehnung des gesamten Sowjetsystems. Volkskommissar Čičerin versuchte den Spiess in seiner heftigen Reaktion umzudrehen. Er warf den Neutralen «grobe Einmischung in die inneren Angelegenheiten Russlands» vor, sprach von «Erdichtungen» und «Verleumdung» und beschuldigte die «so genannten neutralen Mächte», einseitig zu protestieren, nichts gegen die Grausamkeit des von einer kapitalistischen Führungsclique angezettelten Weltkriegs unternommen zu haben und im eigenen Lande den Terror der Bourgeoisie zu dulden. «Es genügt, sich an die kürzlich mit militärischer Hilfe erfolgten Niederwerfungen von Arbeiterdemonstrationen in Dänemark, Norwegen, Holland und der Schweiz usw. zu erinnern. Noch sind die Arbeiter der Schweiz, Hollands, Dänemarks nicht aufgestanden, aber die Regierungen dieser Länder mobilisieren gegen sie Militär beim kleinsten Protest der Volksmassen.»[835]

Das Volkskommissariat für auswärtige Angelegenheiten informierte die Sowjetmission in Bern über den scharfen Ton der neutralen Diplomatie, witterte eine englische Urheberschaft und fügte an, gegen diese Offensive gebe es nur ein Mittel: den Appell an die Volksmassen der betreffenden Länder.[836] Čičerin war

Brest-Litovsk erinnerten die neutralen Vertretungen auf Initiative Odiers an ihre in den bestehenden Handels- und Niederlassungsverträgen festgeschriebenen Meistbegünstigungsansprüche, vgl. Odier an Bundespräsident Calonder, 8./21. 3. 1918. DDS, Bd. 6, Nr. 406 (im Anhang die betreffende Note vom 7./20. März 1918).

833 Zur Funktion Odiers als Doyen ad interim infolge Abwesenheit des schwedischen Ministers vgl. Odier an das EPD, 13. 9. 1918. BAR, E 2300 Petersburg/4.

834 Unterzeichnet war die Note von den Vertretern der Schweiz, Dänemarks, der Niederlande, Schwedens, Norwegens, Spaniens und Persiens, ausserdem vom deutschen Generalkonsul. Diplomatisches Korps in Petrograd an Volkskommissar Zinov'ev, 5. 9. 1918. DDS, Bd. 6, Nr. 445; vgl. auch Odier an das NKID, 5. 9. 1918. AVPRF, f. 141, op. 2, p. 1, d. 1, ll. 67–68; Benziger, Beziehungen der Schweiz mit Russland, S. 24. – Zur vorausgehenden Audienz der neutralen Vertreter (und des deutschen Generalkonsuls sowie des österreichisch-ungarischen Konsuls) bei Zinov'ev vgl. Odier an Bundespräsident Calonder, 9. 9. 1918. BAR, E 2300 Petersburg/4.

835 Čičerin an die Vertreter der neutralen Staaten in Petrograd, 12. 9. 1918 (aus dem Russischen). Dokumenty vnešnej politiki SSSR, Bd. 1, Nr. 336. Eine ungenau datierte deutsche Fassung der Note findet sich als Anhang zu: DDS, Bd. 6, Nr. 445. Bezeichnenderweise ist der Protest der ausländischen Diplomaten in der sowjetischen Quellensammlung Dokumenty vnešnej politiki SSSR – bis auf einen Satz – nicht abgedruckt, wohl aber in voller Länge die belehrende Antwort Čičerins. In Zürich publizierte Fritz Platten die Protestnote und die ausführliche Antwort Čičerins kommentarlos: Ein diplomatischer Notenwechsel über den weissen und roten Terror (vgl. Bibliographie).

aber zuversichtlich. Noch so gerne würden sich die Neutralen, all ihren Protesten zum Trotz, einer nicht wegzudiskutierenden Sowjetmacht als Wirtschaftspartner anbieten. Die russische Seite müsse sich diesem Doppelspiel unterziehen, um die diplomatischen Kontakte aufrechtzuerhalten und sich europäische Standorte, beispielsweise für Pressebüros, offen zu halten.[837] In Petrograd bemerkte Odier die ungewöhnliche Wirkung seiner jüngsten Intervention und sprach von einem «certain émoi dans les régions officielles».[838] Auch in anderen Städten des ehemaligen Zarenreichs fanden Beratungen der örtlichen neutralen Vertreter statt.[839] Vizekonsul Suter etwa beteiligte sich an den Gesprächen, die der schwedische Generalkonsul in Moskau einberief.[840] Nach dem definitiven Abbruch der Beziehungen berieten die neutralen Staaten mögliche gemeinsame Aktionen zur Wahrung ihrer Interessen in Russland und besonders zur Rückforderung verlorener Vermögenswerte.[841] Ohne Erfolg.

4.2.3. Die Beziehungen der Schweiz zu den Nachfolgestaaten des Zarenreichs

Die Auflösung der Vielvölkerreiche am Ende des Ersten Weltkriegs stellte einen Prozess dar, der hier in seiner Komplexität nicht annähernd beschrieben werden kann. Im Falle des Zarenreiches entwickelten sich aus der staatlichen Einheit der Autokratie ein (bald schon bolschewistisch dominierter) russischer Kern, ein in seiner Eigenstaatlichkeit auferstandenes, auch ostslawische Gebiete umfassendes Polen sowie die Republiken Finnland, Estland, Lettland und Litauen. Ausserdem artikulierte sich eine kämpferische ukrainische Unabhängigkeitsbewegung, und auch Georgien, Armenien und Azerbajdžan lösten sich vorübergehend aus dem russländischen Herrschaftsverbund.[842] Wenn die Pro-

836 NKID an Berzin, 10. 9. 1918. AVPRF, f. 04, op. 46, p. 281, d. 54036, ll. 11–12. – Tatsächlich hatte Odier den von ihm angeführten Protest des diplomatischen Korps in den Zusammenhang eines Attentats in der grossbritannischen Botschaft gestellt, vgl. Odier an das EPD, 13. 9. 1918. BAR, E 2300 Petersburg/4. Zur Bitte Grossbritanniens an die Schweiz, im Namen der Neutralen gegen das Attentat zu protestieren, vgl. Švejcarija – Rossija, S. 291, Anm. 2.

837 NKID an Berzin, 18. 9. 1918. AVPRF, f. 04, op. 46, p. 281, d. 54036, ll. 22–25.

838 Odier an das EPD, 13. 9. 1918. BAR, E 2300 Petersburg/4.

839 Zur kollektiven Bitte der neutralen Vertreter in Kiev an Präsident Wilson, es seien bis zur Einkehr geordneter Verhältnisse die deutschen und österreichischen Truppen als Schutz vor den Bol'ševiki in der Ukraine zu belassen, vgl. schweizerische Gesandtschaft in Wien an das EPD, 30. 10. 1918. BAR, E 2300 Petersburg/4.

840 Vgl. etwa Odier an Bundespräsident Calonder, 12.–13. 8. 1918. BAR, E 2300 Petersburg/4. Zum engen Kontakt Suters mit dem schwedischen Generalkonsulat vgl. auch Suter an das EPD, 7. 2. 1919. BAR, E 2001 (B) -/1/23 (B 21/133 Petr. 2/1).

841 Vgl. oben S. 543 f.

842 Zur politischen Artikulation der Nationalitäten nach der Februarrevolution vgl. Odier an Bundesrat Hoffmann, 15./28. 3. und 28. 3./10. 4. 1917. BAR, E 2300 Petersburg/3.

visorische Regierung den Anliegen der Nationalitäten nur widerstrebend nach-
gegeben hatte, so deklarierte das Sowjetregime kurz nach der Oktoberrevolution zumindest auf dem Papier die Befreiung der «Völker Russlands» und das
Recht der Nationalitäten, sich unabhängige Staaten zu schaffen. Wie Stökl
darlegt, respektierte Moskau aber längerfristig nur die Unabhängigkeit jener
Nachfolgestaaten des Zarenreichs, die von der Roten Armee nicht zurücker-
obert werden konnten.[843]
Für die internationale Diplomatie stellte sich angesichts der nicht immer über-
sichtlich und linear verlaufenden staatlichen Umgestaltung im Osten Europas
die Frage nach den legitimen Ansprechpartnern. Die offizielle Schweiz war
zurückhaltend und mochte – wie schon in der Frage der Anerkennung des
Sowjetregimes – keine Vorreiterrolle übernehmen.[844] Im Hinblick auf den Zerfall Österreich-Ungarns und auf die diplomatische Kontaktfreudigkeit der dortigen Nachfolgestaaten bemerkte das Politische Departement: «Il y a tant de
nouveaux Etats qui existent là où existaient auparavant les puissances centrales
que nous croyons préférable de prendre une attitude plutôt réservée à l'égard
de leurs missions.»[845] Unter Verweis auf die Erfahrungen mit der Sowjetmission (und in unheilvoller Verallgemeinerung) verlangte das Departement
bei der Zulassung neuer diplomatischer Repräsentationen besondere Vorsicht
vor Juden und Frauen.[846] Der Bundesrat beschloss im November 1918, die
Missionen der neuen Staatsgebilde vorerst nicht offiziell anzuerkennen, aber
doch de facto mit ihnen zu verkehren.[847]
Bemerkenswert ist auf der anderen Seite eine gewisse Ernüchterung der schweizerischen Politik: In Europa entstanden nun zahlreiche Staaten, die oftmals
grösser und bevölkerungsreicher waren als die Eidgenossenschaft und deren
Regierungen sich zwar um eine Anerkennung durch Bern bemühten, ansonsten
die Schweiz aber als das behandelten, was sie eben war – als Kleinstaat. Das
Politische Departement sorgte sich im April 1919 über die mangelnde Herzlich-

843 Stökl, Russische Geschichte, S. 661. – Zur staatlichen Entwicklung einzelner Nationalitäten
und zu ihrer Wiedereinverleibung in ein neues russländisches Reich vgl. aus der Sicht der
Sowjethistoriografie Bachov, Na zare sovetskoj diplomatii, besonders S. 104–112.
844 Zur Verunsicherung der schweizerischen Aussenpolitik angesichts der neuen Staatenordnung
im Osten Europas vgl. Ruffieux, La Suisse et les pays de l'Est, S. 26 f.
845 EPD an die schweizerische Gesandtschaft in Wien, 20. 11. 1918. DDS, Bd. 7-I, Nr. 22, S. 34. –
Zur Anknüpfung diplomatischer Beziehungen mit den Nachfolgestaaten der Donaumonarchie
vgl. B. Suter, Ausbau.
846 So die Instruktion an die Gesandtschaft in Wien: EPD an die schweizerische Gesandtschaft in
Wien, 20. 11. 1918. DDS, Bd. 7-I, Nr. 22.
847 Geheimes Protokoll der Sitzung des Bundesrates, 29. 11. 1918. BAR, E 1005 -/2, Bd. 1. Vgl.
auch Benziger, Les représentations diplomatiques, S. 10. Zur Bewilligung (nur) offiziöser
Missionen der Ukraine, Polens, Lettlands, Georgiens, der Tschechoslowakischen Republik,
Weissruthniens, Armeniens und des Kaukasus in der Schweiz vgl. auch Reimann, Funktionen, S. 17.

keit der neuen schweizerisch-polnischen Beziehungen, staunte darüber, dass die Tschechoslowaken offenbar keine Zeit fanden, ihren neuen Staat dem Bundesrat zu notifizieren, und bemerkte etwas bitter: «Ces commencements difficiles ne nous découragent pas, mais ils montrent combien, dans la nouvelle Europe, la place de la Suisse sera différente de celle que nous nous plaisions à espérer.»[848]

Bundesrat Calonder betonte im Juli 1919, dass gute Beziehungen mit den jungen Staaten im Interesse der Schweiz lägen: «La Suisse a un très grand intérêt à fonder sans tarder une légation dans les régions scandinaves, mais il y a une urgence encore plus grande pour elle d'établir sans aucun retard des relations politiques et économiques avec tous ces pays nouveaux, considérés à tort comme des Etats de second ordre, bien que tous soient beaucoup plus considérables et plus populeux que la Suisse.»[849] So forderte der Chef des Politischen Departements die Errichtung diplomatischer Vertretungen in Polen, der Tschechoslowakischen Republik, Jugoslawien und Griechenland.[850] Widerstand regte sich im Volkswirtschaftsdepartement, welches die Schweiz auch im neuen Europa vor allem konsularisch vertreten sehen wollte und dessen Chef Edmund Schulthess, wir haben es gesehen, noch 1917 für den Verzicht auf eine aktive bundesrätliche (Aussen-)«Politik» plädiert hatte.[851] Im Ergebnis etablierte sich die schweizerische Diplomatie in Stockholm – mit Zuständigkeit auch für Finnland – und in Warschau, während sich die Vertretungen in Athen, Belgrad und Prag bis auf weiteres mit konsularischem Status begnügen mussten.[852]

Bereits im Januar 1918 hatte sich der Bundesrat im Gefolge anderer Regierungen entschlossen, die Unabhängigkeit *Finnlands* anzuerkennen. Das Konsulat in Åbo erhielt den Auftrag: «Veuillez informer Gouvernement Finlandais qu'une demande de sa part au Conseil fédéral de reconnaître l'indépendance de la Finlande recevrait une réponse favorable et immédiate.»[853]

Im März 1917 waren die zu Beginn des 19. Jahrhunderts verbrieften, in den

---

848 EPD an die schweizerischen Gesandtschaften, 8. 4. 1919. DDS, Bd. 7-I, Nr. 312, S. 600. – Für den Auftrag an das Konsulat in Warschau, die polnischen Reaktionen auf die schweizerische Anerkennung der Republik Polen genau zu beobachten, vgl. EPD an das schweizerische Konsulat in Warschau, 3. 4. 1919. Ebd., Nr. 301. – Zum Beschluss des Bundesrates, «bis auf weiteres keinen Vertreter bei der tschecho-slowakischen und bei der polnischen Regierung zu akkreditieren», vgl. Bundesrat Calonder an den schweizerischen Gesandten in Wien, 9. 4. 1919. Ebd., Nr. 315. – Für die Kritik von Vizekonsul Suter, in Europa entstehe eine «Unmenge neuer Kleinstaatsgebilde», die sich allesamt demokratischen Prinzipien verschrieben hätten, ohne von Demokratie irgendeine Ahnung zu haben, vgl. Suter, «Das Sterben Russlands», S. 281 f.

849 EPD an den Bundesrat, 29. 7. 1919. DDS, Bd. 7-II, Nr. 29, S. 98.

850 Ebd.; geheimes Protokoll der Sitzung des Bundesrates, 15. 9. 1919. BAR, E 1005 -/2, Bd. 1.

851 Vgl. oben S. 37; Memorandum EVD, 28. 7. 1919. DDS, Bd. 7-II, Nr. 26.

852 Geheimes Protokoll der Sitzung des Bundesrates, 15. 9. 1919. BAR, E 1005 -/2, Bd. 1.

853 Vgl. EPD an den Bundesrat (Präsidialverfügung, 10. 1. 1918). DDS, Bd. 6, Nr. 376, S. 665.

letzten beiden Jahrzehnten der Zarenherrschaft sukzessive beschnittenen finnischen Autonomierechte wieder für gültig erklärt worden.[854] Die Provisorische
Regierung hatte allerdings den finnischen Landtag aufgelöst, als sich die Tendenz einer weiteren Verselbständigung abzeichnete.[855] Seine im Dezember
1917 proklamierte Unabhängigkeit vermochte Finnland mit Hilfe deutscher
Truppen gegen die russischen Bol'ševiki zu verteidigen.[856] Schon Ende 1917 bat
die finnische Regierung auch die Schweiz um Anerkennung ihrer Unabhängigkeit.[857] Konsul Baltis übermittelte auftragsgemäss die bundesrätliche Bereitschaft.[858] Mitte Januar 1918 machte die Schweiz ihre Anerkennung Finnlands
publik.[859]

Im November 1916 hatten die Okkupationsmächte Deutschland und Österreich-Ungarn die Unabhängigkeit eines Königreichs *Polen* ausgerufen. Die
russische Staatsführung anerkannte nach der Februarrevolution das ohnehin
besetzte Polen als unabhängigen Staat. Als sich Anfang 1918 der von den
Mittelmächten eingesetzte polnische Regentschaftsrat um schweizerische Anerkennung bemühte, signalisierte der Bundesrat prinzipielles Interesse an einer
Erneuerung der schweizerisch-polnischen diplomatischen Bilateralität;[860] für
eine offizielle Anerkennung schien diese polnische Regierung aber unzurei-
chend legitimiert und zu sehr von Deutschland abhängig zu sein.[861] Im Novem-

---

854 Zum Abbau finnischer Autonomierechte vgl. etwa die Mitteilung des Gesandten Bacheracht
von 1909, das Grossfürstentum Finnland dürfe sich fortan auf internationalen Kongressen
nicht mehr durch eigene Delegierte, sondern nur noch im Rahmen von russischen Delegationen vertreten lassen: Bacheracht an Bundespräsident Deucher, 25. 11./8. 12. 1909. BAR,
E 2001 (A)/193.

855 Zur Auflösung des finnischen Landtags durch die Provisorische Regierung vgl. etwa Baltis:
Zur Lage in Finnland. Fünfter Bericht, 23. 8. 1917. BAR, E 2300 Åbo/1.

856 Zum Bürgerkrieg und zum Eingreifen russischer Militärs und finnischer Rotgardisten vgl.
Baltis: *Zur Lage in Finnland. Siebenter Bericht*, 10. 12. 1917. BAR, E 2300 Åbo/1. Zur finnischen Unabhängigkeitserklärung vom Dezember 1917 vgl. Konsul Baltis an das EPD, 1. 1.
1918. BAR, E 2300 Petersburg/4.

857 Finnische Regierung an Konsul Baltis, 17. 12. 1917. BAR, E 2300 Åbo/1. Zur Mitteilung der
finnischen Regierung an den Bundesrat, sie habe beschlossen, sich dem – in Bern ansässigen –
Weltpostverein anzuschliessen, vgl. Baltis an das EPD, 1. 1. 1918. BAR, E 2300 Petersburg/4.

858 Vgl. Baltis an das EPD, 20. 1. 1918. BAR, E 2300 Petersburg/4. – Für Plädoyers zugunsten
einer Anerkennung Finnlands vgl. etwa Baltis an Bundespräsident Calonder, 4. 1. 1918. BAR,
E 2300 Åbo/1; schweizerische Gesandtschaft in Petrograd an das EPD, 13. 1. 1918. BAR,
E 2300 Petersburg/4.

859 EPD an das Konsulat in Åbo, 22. 1. 1918. BAR, E 2300 Petersburg/4. – Die Anerkennung blieb
in Kraft, obwohl das unabhängige Finnland auch Ende 1918 noch keine Vertretung in der
Schweiz unterhielt, vgl. EPD an die schweizerische Gesandtschaft in Paris, 11. 12. 1918.
Švejcarija – Rossija, Nr. 126, S. 332.

860 Zu den schweizerisch-polnischen Staatsbeziehungen vor den polnischen Teilungen vgl. etwa
Benziger, Beziehungen der Schweiz zu Polen, S. 2 f.

861 BAR, E 2001 (E) -/14, Einleitung, S. 11. – Zum (offiziösen) Vertreter des Regentschaftsrates
in der Schweiz, Graf Michael Rostworowski, vgl. etwa Bronarski, Schweiz, S. 15; Benziger,
Beziehungen der Schweiz zu Polen, S. 10; BAR, E 2001 (E) -/14, Einleitung, S. 11. – Zur

ber 1918 trat der Regentschaftsrat zurück, die zerstrittenen polnischen Macht-prätendenten bildeten ein Ausgleichskabinett, und im März 1919 anerkannte die Schweiz die Unabhängigkeit Polens, wie dies die USA, Grossbritannien und Frankreich bereits getan hatten.[862] Wenig später wurde in Bern eine polnische Gesandtschaft unter Geschäftsträger Jan Modzelewski eingerichtet. Modze-lewski löste seinen Landsmann (und nachmaligen Aussenminister) August Zaleski ab, der sich seit Ende 1918 als offiziöser polnischer Geschäftsträger in der Schweiz aufgehalten hatte.[863] Als Ausserordentlicher Gesandter und bevoll-mächtigter Minister amtierte Modzelewski bis 1938 in Bern.[864] Der Bundesrat seinerseits beauftragte im Sommer 1919 den aus Russland zurückgekehrten Albert Junod damit, die schweizerischen Interessen in Warschau und Prag zu artikulieren und die ökonomischen Absichten der neuen Regierungen zu er-gründen.[865] 1921 nahm Minister Hans Pfyffer seine Tätigkeit als erster schwei-zerischer Gesandter in Polen auf.[866]

Bereitschaft des Bundesrates, im Hinblick auf die missliche Lage der Polinnen und Polen in der Schweiz offiziöse Beziehungen mit dem Regentschaftsrat aufzunehmen, vgl. Bundespräsi-dent Calonder an den schweizerischen Gesandten in Wien, 16. 3. 1918. DDS, Bd. 6, Nr. 403, S. 704.

862 Zur Anerkennung Polens durch die Schweiz am 10. März 1919 vgl. etwa B. Suter, Ausbau, S. 67; Bronarski, Schweiz, S. 15; ders., Beziehungen, S. 31 f.; Benziger, Beziehungen der Schweiz zu Polen, S. 10. – Für das Gesuch des polnischen Aussenministers Ignacy Paderewski um schweizerische Anerkennung der polnischen Republik vgl. Paderewski an Bundespräsi-dent Ador, ca. 25. 1. 1919. DDS, Bd. 7-I, Nr. 137. Zum Empfang der polnischen Vertreter Zaleski und Modzelewski durch Bundespräsident Ador vgl. EPD an das schweizerische Kon-sulat in Warschau, 3. 4. 1919. Ebd., Nr. 301, S. 579. – Zur Erneuerung der diplomatischen Kontakte vgl. auch Andrzejewski, Die schweizerische Gesandtschaft in Warschau, S. 297.

863 BAR, E 2001 (E) -/14, Einleitung, S. 11 f. – Zum zeitweiligen Nebeneinander verschiedener polnischer Vertreter in der Schweiz vgl. EPD an die schweizerische Gesandtschaft in Paris, 11. 12. 1918. Švejcarija Rossija, Nr. 126, S. 332.

864 Benziger, Beziehungen der Schweiz zu Polen, S. 10; BAR, E 2001 (E) -/14, Einleitung, S. 13 f. Diese Quellen sprechen davon, Modzelewski sei im September 1919 zum Ausserordentlichen Gesandten und bevollmächtigten Minister befördert worden. Erst im August 1920 fand eine solche Ernennung gemäss Historia dyplomacji Polskiej, Bd. 4, S. 640 statt.

865 Vgl. Protokoll der Sitzung des Bundesrates, 11. 7. 1919. BAR, E 2001 (E) -/13 (B 68). – Zum Auftrag Junods, «sich mit der Wahrung der schweizerischen Interessen in Polen und der Tschechoslowakei zu beschäftigen» und vor allem in Polen auf die Wiederaufnahme der Tradition guter bilateraler Beziehungen hinzuarbeiten, vgl. Protokoll der Sitzung des Bundes-rates, 7. 8. 1919. DDS, Bd. 7-II, Nr. 38, Zitat S. 124. Zur Spezialmission Junods vgl. auch B. Suter, Ausbau, S. 96 f.; Andrzejewski, Schweizer in Polen, S. 185 f.

866 Geheimes Protokoll der Sitzung des Bundesrates, 5. 7. 1921. BAR, E 1005 -/2, Bd. 1. Im Kontext des russisch-polnischen Kriegs hatte der Bundesrat Konsulatsverweser Suter 1920 angewiesen, im Falle einer bolschewistischen Eroberung Warschaus ebendort zu bleiben, den Landsleuten aber die Abreise zu empfehlen. Geheimes Protokoll der Sitzung des Bundesrates, 30. 7. 1920. Ebd. – Zu den Beratungen des Bundesrates über die Errichtung einer diplomati-schen Vertretung in Warschau vgl. auch geheimes Protokoll der Sitzung des Bundesrates, 4. 7. 1919. Ebd. Zur Umsetzung dieses Planes vgl. Andrzejewski, Die schweizerische Gesandtschaft in Warschau, besonders S. 297–299.

Die Unabhängigkeit *Estlands, Lettlands* und *Litauens* anerkannte der Bundesrat 1921.[867] Sowjetrussland hatte die Eigenständigkeit der baltischen Staaten im Jahr zuvor offiziell akzeptiert. Bereits 1918 hatten sich estnische, lettische und litauische Vertreter in der Schweiz aufgehalten und mit den hiesigen Behörden offiziöse Beziehungen unterhalten.[868] Das schweizerische Konsulat in Riga arbeitete weiter, ab 1923 unter Friedrich Suter; zusätzliche Konsulate entstanden zu Beginn der 1920er Jahre in Kaunas und Reval.[869] Auch die Ukraine und die transkaukasischen Nationen unterhielten zeitweilig offiziöse Vertretungen in der Schweiz. Zu einer Anerkennung kam es hier aber nicht.[870] Im Falle der *Ukraine* hatte der Bundesrat zunächst zwar mit einer raschen Verselbständigung und einem unproblematischen Anerkennungsverfahren gerechnet.[871] Seit dem Ausbruch des Bürgerkriegs 1918 war aber eine glaubwürdige und stabile ukrainische Staatsführung kaum mehr zu eruieren.[872] Der Bundesrat brachte in allgemeinen Phrasen seine Sympathie für die Freiheit der Völker und damit auch der Ukrainer zum Ausdruck, verzichtete aber auf offizielle Verbindlichkeiten.[873] Der ukrainische Wunsch nach Anschluss an den

867 Reimann, Funktionen, S. 17. Zu Estland und Lettland vgl. Protokoll der Sitzung des Bundesrates, 22. 4. 1921. BAR, E 2500 -/1, Bd. 32. – Zu den litauischen Bemühungen um schweizerische Unterstützung für einen international anerkannten litauischen Staat vgl. H. Sulzer (schweizerischer Gesandter in Washington) an Bundespräsident Calonder, 11. 12. 1918. DDS, Bd. 7-I, Nr. 55.
868 EPD an die schweizerische Gesandtschaft in Paris, 11. 12. 1918. Švejcarija – Rossija, Nr. 126, S. 333; Benziger, Les représentations diplomatiques, S. 10.
869 Vgl. Benziger, Die Konsularischen Vertreter, S. 25, 33.
870 Zu den ukrainischen Vertretern in der Schweiz vgl. etwa Protokoll der Sitzung des Bundesrates, 16. 9. 1918. DDS, Bd. 6, Nr. 447; EPD an die schweizerische Gesandtschaft in Paris, 11. 12. 1918. Švejcarija – Rossija, Nr. 126, S. 332; Aktennotiz Thurnheer, 16. 6. 1919. BAR, E 21/10518 (in diesem Dossier auch der Hinweis auf die polizeiliche Überwachung der ukrainischen Mission); Benziger, Les représentations diplomatiques, S. 10; BAR, E 2001 (E) -/13, Einleitung, S. 46; ferner *Mission Diplomatique Extraordinaire Ukrainienne en Suisse* an das EPD, 4. 12. 1919. BAR, E 2300 Moskau/2; Direktorium der Ukrainischen Republik an den schweizerischen Bundespräsidenten, undatiert. BAR, E 2001 (E) -/13 (B 85). – Zu den offiziösen Vertretern Georgiens in der Schweiz vgl. EPD an die schweizerische Gesandtschaft in Paris, 11. 12. 1918. Švejcarija – Rossija, Nr. 126, S. 333 (hier auch der Hinweis auf zwei armenische Delegierte ohne erkennbares politisches Mandat und auf eine eben angekommene gesamtkaukasische Delegation); Benziger, Les représentations diplomatiques, S. 10; BAR, E 2001 (E) -/13, Einleitung, S. 45 f. – Zum Mandat des Politischen Departementes, «den Verkehr mit den Missionen der Ukraine, von Georgien, Böhmen, Deutsch-Österreich und der Südslawen de facto aufzunehmen, ohne dieselben förmlich anzuerkennen», vgl. Protokoll der Sitzung des Bundesrates, 2. 11. 1918. DDS, Bd. 6, Nr. 458, S. 818.
871 Zur Einschätzung Bundespräsident Calonders vom März 1918, ein allfälliges Gesuch der Ukraine werde vom Bundesrat wohl positiv beantwortet werden, vgl. Calonder an den schweizerischen Gesandten in Wien, 19. 3. 1918. DDS, Bd. 6, Nr. 404, S. 705; vgl. auch Protokoll der Sitzung des Bundesrates, 7. 5. 1918. Ebd., Nr. 422.
872 Zum Drängen der ukrainischen Sowjetregierung auf Anerkennung vgl. EPD an die schweizerischen Gesandtschaften, 14. 4. 1919. DDS, Bd. 7-I, Nr. 330, S. 646 f.
873 Vgl. Protokolle der Sitzungen des Bundesrates, 7. 5. und 16. 9. 1918. DDS, Bd. 6, Nr. 422 und 447.

Weltpostverein war mit dem Hinweis auf die Voraussetzung formeller Beziehungen beantwortet worden.[874]

Das Politische Departement vermerkte schliesslich die kurze Präsenz einer weissruthenischen Delegation in der Schweiz – und den Umstand, dass Sibirien überhaupt nicht vertreten sei.[875]

Fazit: Der Abbruch der Regierungskommunikation und der Beginn der «beziehungslosen Zeiten»

Wann vollzog sich denn nun eigentlich der Abbruch der schweizerisch-russischen Beziehungen – nach der Februarrevolution, als dem Zarenregime eine vom Bundesrat (zumindest vorerst) nur de facto anerkannte Provisorische Regierung nachfolgte? Oder nach der bolschewistischen Machtübernahme? Oder im Kontext der Ausweisung der Sowjetmission im November 1918? Oder erst mit der Rückkehr der schweizerischen Gesandtschaft Anfang 1919? Oder sogar erst 1923, nach dem Skandal um die Ermordung des Sowjetdiplomaten Vorovskij durch einen ehemaligen Russlandschweizer? Die Zulässigkeit verschiedener Antworten liegt zunächst in der Unterscheidung von offiziellen und faktischen Beziehungen begründet: Manche Zeitgenossen (und mit ihnen das Politische Departement) erkannten in der Ausweisung Jan Berzins den Abbruch der offiziellen Kontakte, während die Heimkehr der schweizerischen Gesandtschaft aus Petrograd das Ende auch der faktischen Bilateralität zu markieren schien.[876] Die Äusserungen der Damaligen standen allerdings unter

---

874 Protokoll der Sitzung des Bundesrates, 7. 5. 1918. DDS, Bd. 6, Nr. 422, S. 733. Zur Regelung der Anerkennungsfrage auch als Vorbedingung eines schweizerischen schiedsrichterlichen Engagements im Rahmen des Friedens zwischen den Mittelmächten und der Ukraine vgl. Protokoll der Sitzung des Bundesrates, 23. 3. 1918. Ebd., Nr. 408, S. 713; vgl. dazu auch schweizerische Gesandtschaft in Petrograd an das EPD, 26. 3. 1918. BAR, E 2300 Petersburg/4.

875 EPD an die schweizerische Gesandtschaft in Paris, 11. 12. 1918. Švejcarija – Rossija, Nr. 126, S. 333.

876 Unter Hinweis auf die Anwesenheit von Geschäftsträger Onu am Neujahrsempfang 1917/18 führte Adjunkt Thurnheer gegenüber der Sowjetmission aus, der Bundesrat habe mit der Kerenskij-Regierung offizielle Beziehungen unterhalten, vgl. Aktennotiz Thurnheer, 25. 5. 1918. BAR, E 2001 (E) -/13 (B 31). Ministerresident Junod datierte im Rückblick den offiziellen Bruch auf Mitte November 1918, also auf die Tage der Ausweisung der Sowjetmission. Junod: Rapport, 21. 5. 1919. Ebd. (B 64). Andernorts hatte Junod allerdings ausgeführt, seine Gesandtschaft habe (erst) bei ihrer Abreise alle offiziellen Tätigkeiten eingestellt: Junod an das EPD, 22. 3. 1919. BAR, E 2001 (B) -/1/23 (B 21/133 Petr. 2/1). Auch das Politische Departement sprach im Zusammenhang mit der Ausweisung der Sowjetmission von einer «rupture diplomatique», vgl. EPD an die schweizerische Gesandtschaft in Den Haag, 4. 2. 1919. Ebd. Vizekonsul Suter in Moskau meinte, der Bruch sei mit der Ausweisung Berzins Tatsache geworden, vgl. Suter an das EPD, 7. 2. 1919. Ebd. Andernorts erläuterte Suter mit Bezug auf den Abzug der schweizerischen Vertretungen aus Russland, der Abbruch «unserer Beziehungen» habe «zu allerletzt» stattgefunden. Suter an das EPD, 25. 3. 1919. BAR, E 2300

dem Eindruck einer rasch sich wandelnden Tagesaktualität und bleiben – gerade was die offizielle Diplomatie betrifft – widersprüchlich. Es sei nur daran erinnert, dass Ministerresident Junod in Petrograd beteuerte, die Ausschaffung der Sowjetmission bedeute keineswegs das Ende der Beziehungen. Über die begriffliche Differenzierung hinaus spiegelt die schwierige Datierung des Abbruchs denn auch die Prozesshaftigkeit und situative Etappierung der hier interessierenden Beziehungsliquidation.

Die Februarrevolution verlieh der Kommunikation zwischen Bern und Petrograd durch die vorerst fragliche Legitimität der neuen russischen Machthaber und die strukturellen Anpassungen ihrer Aussenpolitik ein Moment der Verunsicherung und der institutionellen Asymmetrie. Bis zum definitiven Bruch änderte sich daran nichts mehr: Die international anerkannte Schweiz mit ihrer inhaltlich wie instrumentell gefestigten Aussenpolitik stand einem Staatswesen gegenüber, das sich über seine innere Zerstrittenheit hinweg neu zu definieren und in der Welt zu positionieren versuchte. Dabei verwiesen der revolutionäre Impetus der neuen russischen Regime und namentlich die aggressive Gestaltungskraft der Sowjetführung die Eidgenossenschaft von vornherein in eine Koalition des überkommenen diplomatischen Establishments.

In einem gewissen Gegensatz zur formalen Entfremdung steht die politische Annäherung zwischen der Schweiz und dem Russischen Reich nach der Februarrevolution. Mit dem Sturz der zarischen Autokratie und der Errichtung einer russländischen Republik hatte sich die alte, seit 1847/48 besonders virulente staatspolitische Differenz der beiden Regierungen aufgelöst. Bereits Ende 1917 konfrontierten aber die nunmehrigen bolschewistischen Machthaber die Welt mit einem revolutionären politischen Diskurs, der einen neuen und radikaleren ideologischen Bruch bedeutete.

Für die administrativen Beziehungen zwischen der Schweiz und Russland brachten die Revolutionen von 1917 eine Intensivierung und gleichzeitig eine thematische Verengung auf das Wohlergehen der Emigranten mit sich. Nach dem Fall des Zarenregimes hatte die Schweiz ihre Funktion als Zuflucht russischer Dissidenten (zumindest vorübergehend) verloren, umgekehrt setzten die Enteignungs- und Entrechtungsmassnahmen der Bol'ševiki der Schweizer Russlandwanderung ein abruptes Ende. Die Unterstützung von Notleidenden und die Repatriierung tausender von Heimreisewilligen beider Staaten prägten die Arbeit der diplo-

Moskau/1, Mappe *Konsulat Moskau 1917–1919*. Benziger schreibt, die offiziellen Beziehungen seien nach dem Gesandtschaftsraub in Petrograd «völlig» abgebrochen worden, vgl. Benziger, Beziehungen der Schweiz mit Russland, S. 25 f. An anderer Stelle nennt er explizit den 12. November 1918 als Datum des diplomatischen Bruchs: Benziger, Les représentations diplomatiques, S. 27. Und bei Reimann heisst es, der «faktische und endgültige Bruch» habe stattgefunden, als die Sowjetregierung den Diplomaten Odier und Junod die Ausreise verweigerte, vgl. Reimann, Funktionen, S. 14. Für den Hinweis, Sowjetrussland habe 1923 die diplomatischen Beziehungen abgebrochen, vgl. Rauber, Schweizer Industrie, S. 351.

matischen und konsularischen Vertretungen – eine Arbeit, die zum Zeitpunkt des Abbruchs der offiziellen Beziehungen nicht abgeschlossen war. In Petrograd und Moskau organisierten die abreisenden schweizerischen Repräsentanten quasikonsularische provisorische Kanzleien zur behelfsmässigen Betreuung der Landsleute. Die ausgewiesene Sowjetmission hatte ihrerseits den in Bern zurückbleibenden Vertreter des sowjetrussischen Roten Kreuzes mit Fürsorge- und Repatriierungsaufgaben betraut.

Während nun die bilaterale politische Konstellation den Rückzug der schweizerischen Diplomatie und einen von Bern verfügten sukzessiven Abbruch der offiziellen Beziehungen provozierte, war es für das Sowjetregime auf der anderen Seite von grosser Bedeutung, internationale Kontakte aufrechtzuerhalten und die Isolation des neuen Russland zu durchbrechen, auch im ökonomischen Bereich. Handelsgespräche zwischen sowjetrussischen Funktionären und Exponenten der schweizerischen Privatwirtschaft markieren denn auch den Auftakt der nun anbrechenden «beziehungslosen Zeiten».[877] Der Gesamtbundesrat vertrat – im Gegensatz zu Wirtschaftsminister Schulthess – den Standpunkt, jeder Wiederanknüpfung staatlich geförderter Handelsbeziehungen müsse eine politische Annäherung vorausgehen, welche wiederum an die Entschädigung der in Russland erlittenen schweizerischen Verluste gekoppelt wurde.[878] Die schweizerische Aussenpolitik hoffte freilich, den russländischen Wirtschaftsraum nach dem Bankrott des Bolschewikenregimes schon bald wieder urbar machen zu können. Ministerresident Junod schrieb im Mai 1919: «Quoi qu'il en soit, la Russie et les pays qui s'en seront détachés, une fois l'ordre politique et économique rétabli, offriront à l'industrie, au commerce et à la main-d'œuvre suisses un merveilleux champ d'activité, car il est peu de contrées naturellement aussi riches que la Russie et dont la population accueille aussi volontiers la collaboration étrangère. Il appartiendra aux agents diplomatiques suisses de frayer la voie aux pionniers de notre industrie et de notre commerce, comme aussi de faciliter l'écoulement en Suisse des matières premières dont la Russie regorge.»[879]

Die starre, im Vergleich mit anderen Regierungen lange andauernde Abwehrhaltung des Bundesrates erfuhr von Seiten der Sozialdemokratie wie der einheimischen Exportwirtschaft harsche Kritik. Immerhin versicherte die Landesregierung 1923, private Wirtschaftskontakte nach Sowjetrussland nicht behindern zu wollen.[880] Als freilich im gleichen Jahr der bolschewistische Funktionär

877 Vgl. Gehrig-Straube, Beziehungslose Zeiten. – Zu den (gescheiterten) Verhandlungen zwischen einem sowjetrussischen Funktionär und der Lokomotivfabrik Winterthur (1921) vgl. etwa schweizerischer Gesandter in Berlin an das EPD, 14. 4. 1921. Švejcarija – Rossija, Nr. 133.

878 Vgl. BAR, E 2001 (E) -/13, Einleitung, S. 51 f. – Für die Erwägungen des Bundesrates betreffend die Bedingungen einer Wiederaufnahme der Beziehungen mit Russland vgl. etwa geheime Protokolle der Sitzungen des Bundesrates, 20. 8. 1920 und 12. 12. 1921. BAR, E 1005 -/2, Bd. 1.

879 Junod: Rapport, 21. 5. 1919. BAR, E 2001 (E) -/13 (B 64).

880 Bundesrat an den Nationalrat, 29. 1. 1923. Švejcarija – Rossija, Nr. 136. – Zur prinzipiellen

Vaclav Vorovskij in Lausanne ermordet wurde und die Schweizer Behörden (infolge fehlender diplomatischer Anerkennung des Opfers) weder von einem Staatsverbrechen sprechen noch eine Mitschuld wegen unterlassener Sicherheitsvorkehrungen eingestehen mochten, verhängte die Sowjetführung ihrerseits einen ökonomischen Boykott gegen die Schweiz.[881]

Wünschbarkeit der Wiederaufnahme von Handelsbeziehungen mit Russland vgl. Vorort des Schweizerischen Handels- und Industrievereins an Bundespräsident Motta, 21. 10. 1920. BAR, E 2001 (E) -/13 (B 91). – Zur kurzen Duldung sowjetrussischer Handelsagenten in der Schweiz vgl. etwa Protokoll der Sitzung des Bundesrates, 4. 5. 1920. BAR, E 21/11874.

881 Zur Affäre Vorovskij vgl. Švejcarija – Rossija, Nr. 137–141; Senn, Assassination; Gattiker-Caratsch, L'affaire Conradi; Dragunov, Novye fakty. Zum ökonomischen Boykott gegen die Schweiz vgl. *Dekret Vserossijskogo Central'nogo Ispolnitel'nogo Komiteta i Soveta Narodnych Komissarov RSFSR o bojkote Švejcarii*, 20. 6. 1923. Dokumenty vnešnej politiki SSSR, Bd. 6, Nr. 205. Zu den Auswirkungen des Boykotts auf das Leben der Russlandschweizer vgl. etwa Derendinger, Graphiker, S. 218–222.

VI. Bilanz: Grundprobleme und Kontinuitäten der schweizerisch-russischen Staatsbeziehungen 1848–1919

Die schweizerische Wahrnehmung der Oktoberrevolution lässt sich in verschiedener Hinsicht mit der zarischen Perzeption der Revolutionen um 1848 und der schweizerischen Bundesgründung vergleichen. Angst und Abscheu vor dem vermeintlichen Chaos finden sich hier wie dort, die Kriminalisierung und Pathologisierung des Neuen durch das diplomatische Establishment sowie die Prognose eines baldigen elendiglichen Untergangs ebenfalls, und in beiden Fällen wurde der überkommene diskursive Gegensatz zwischen Russland und Europa als Deutungsrahmen evoziert und erneuert. Während allerdings der antirevolutionäre zarische Argwohn des 19. Jahrhunderts auf die Verteidigung autokratischer Herrschaft und die intakte Würde einer Garantiemacht der Wiener Verträge zielte, speiste sich der spätere schweizerische Antibolschewismus neben politischen Ängsten vornehmlich aus einer ratlosen Empörung über die Zerstörung des traditionellen schweizerischen Lebens- und Wirtschaftsraums im ehemaligen Zarenreich.

Es ist aber nicht nur die spiegelbildliche Revolutionsanalogie, welche die schweizerisch-russische Bilateralität unserer Untersuchungsperiode verklammert. Hinter all den dargelegten Detailinformationen ist eine ganze Reihe von strukturellen Kontinuitäten sichtbar geworden.

Asymmetrie

Prägendes Merkmal der staatlichen Beziehungen zwischen der Schweiz und dem Russischen Reich war seit jeher die Gegensätzlichkeit der Interaktionspartner. Abgesehen von der nicht vergleichbaren geografischen Grösse und militärischen Macht der beiden Länder standen sich mit der (allmählich demokratisch verfassten) schweizerischen Republik auf der einen und der zarischen Autokratie beziehungsweise dem Sowjetstaat auf der anderen Seite über Jahrhunderte hinweg konträre politische Systeme und Kulturen gegenüber. Ungleichheiten solcher Art begründeten auch eine Differenz des aussenpolitischen Denkens. Während das Russische Reich seit Peter dem Grossen nach Europa drängte und an der Seite der übrigen Monarchien eine diplomatische Führungsrolle zu spielen begann, kultivierte die Schweiz eine selbstgenügsame Klein-

staatlichkeit, die sich auf Verbesserungen im Innern konzentrierte und auf eine aktive Aussenpolitik weitgehend verzichten zu können glaubte. Vor diesem Hintergrund vermag die institutionelle Asymmetrie der schweizerisch-russischen Bilateralität nicht zu erstaunen: Seit dem frühen 19. Jahrhundert liess sich der Zar in der Eidgenossenschaft durch bevollmächtigte Diplomaten repräsentieren, über die ein direkter zwischenstaatlicher Austausch realisiert werden konnte; die Schweiz hingegen begnügte sich im Russischen Reich bis ins 20. Jahrhundert hinein mit kostengünstigen honorarkonsularischen Vertretungen, die sich weniger um Regierungskontakte als um die örtlichen Schweizerkolonien und den Handel zu kümmern hatten.

Einbettung

Im politischen wie im wirtschaftlich-administrativen Bereich erscheinen die staatlichen Kontakte zwischen Russland und der Schweiz stets als bilaterale Konkretisierungen übergeordneter Prozesse und Konstellationen. Die Fronten der gravierendsten diplomatischen Krisen, 1847/48 ebenso wie 1917/18, verliefen nicht in erster Linie zwischen den partikularen Interessen der Regierungen in Bern und St. Petersburg/Petrograd beziehungsweise Moskau, sondern zwischen international diskutierten politischen Prinzipien. Auch die seit den 1870er Jahren abgeschlossenen Staatsverträge stellen keine schweizerisch-russische Besonderheit dar; sie sind vielmehr Teilschritte eines gesamteuropäischen Verrechtlichungsprozesses administrativer Aussenbeziehungen. Nähe und Distanz zwischen der Schweiz und Russland sind – bis heute – im Rahmen gesamteuropäischer Verflechtungs- und Entflechtungsprozesse zu betrachten.

Bedingtes Wohlwollen

Die schweizerisch-russischen Kontakte unseres Zeitfensters entwuchsen einer Tradition dosierten wechselseitigen Wohlwollens. Zwar vermochten die Eidgenossen der autokratischen Staatsform im Allgemeinen wenig Positives abzugewinnen; dokumentiert sind aber auch Fälle helvetischer Zarenbegeisterung,[1] und dem Absatzmarkt und Auswanderungsziel Russland brachten die Schweizerinnen und Schweizer ohnehin grosses Interesse entgegen. Umgekehrt hatte St. Petersburg die kleine Schweiz mit einer «constante bienveillance» belegt – mit einer ostentativen Gunst, die durch persönliche Kontakte und Sympathien einzelner Herrscher beflügelt wurde, die auf der politischen Ebene aber spätes-

---

1 «O Gott, erhalte uns uns[eren] frommen Kaiser», schrieb der Basler Prediger Emanuel Grunauer um 1828 aus Russland: Grunauer, Pilgrimm, S. 51.

tens seit dem Wiener Kongress an die explizite Forderung friedlicher Konformität im Sinne der bestehenden europäischen Ordnung gekoppelt war. Bis zum Schluss blieb die Eidgenossenschaft für das Zarenregime ein Staatswesen, das seine unabhängige Existenz den 1815 getroffenen Dispositionen der Mächte und besonders der Grossmut Alexanders I. verdankte – daran galt es gelegentlich zu erinnern. In dem Masse, als die konservativen Regierungen in der liberal sich umgestaltenden Schweiz einen gefährlichen Entfaltungsort der Revolution erblickten, verkrampfte sich der freundliche russische Paternalismus zu einer starren, auf loyale Neutralität zielenden Rollenerwartung.

Komplementarität der Interessen

Die bereits in der älteren Literatur zur schweizerisch-russischen Bilateralität anzutreffende Annahme eines Nebeneinanders von politischen Interessen der russischen Regierungen und ökonomischen Interessen der Schweiz scheint sich für unser Zeitfenster im Wesentlichen zu bestätigen. Das Zarenregime betrachtete die Eidgenossenschaft im 19. Jahrhundert primär als strategisch bedeutsames Element der europäischen Staatenordnung. Eine zwischen den Mächten gelegene «natürliche Festung» konnte stabilisieren oder bedrohen, ihre Ausgestaltung als neutrale Ruhezone schien von gesamteuropäischem Interesse zu sein, und St. Petersburg goutierte es ebenso wenig wie die anderen kontinentalen Monarchien, als die Schweizer 1847/48 ihren Staat eigenmächtig neu definierten. Politische Bedeutung kam der neutralen Schweiz auch als einem zentral gelegenen und krisenunabhängigen Beobachtungsposten der russischen Diplomatie zu. Von hier aus konnte das geografisch entrückte Zarenregime das westeuropäische Geschehen ungestört verfolgen, hier liessen sich in Konfliktsituationen offiziöse Kontakte mit Vertretern von Regierungen anknüpfen, zu denen keine direkten Beziehungen mehr bestanden. Ein Blick in die Quellen genügt, um auf der anderen Seite die wirtschaftliche Ausrichtung der schweizerischen Russlandpolitik im Zeichen des Handels und der Auswanderung zu erkennen. Im 19. Jahrhundert konsolidierten sich prosperierende Schweizerkolonien in den beiden russischen Hauptstädten, aber auch im Königreich Polen, am Schwarzen Meer oder im Kaukasus; für die schweizerische Exportindustrie stellte das Zarenreich vor dem Ersten Weltkrieg einen der wichtigsten Absatzmärkte dar. Der Auswanderung wie dem Handel galt es günstige, vertraglich abgesicherte Entfaltungsmöglichkeiten zu schaffen.
Während die schweizerische Russlandwanderung das ökonomische Interesse des Bundesrates zu stimulieren vermochte, verfestigte die russische Emigration in der Schweiz ihrerseits den politischen Fokus des Zarenregimes, denn die Attraktivität des schweizerischen Asyls für politische Dissidenten und die Anwesenheit russischer Revolutionäre in der friedvoll geplanten europäischen

Mitte attackierten ganz direkt die Ziele der traditionellen zarischen Schweizpolitik. Die russische Autokratie bedachte daher ihre in der Schweiz befindlichen Untertanen weniger mit ökonomischer oder administrativer Fürsorge als
mit einem ausgeprägten Misstrauen und geheimpolizeilicher Kontrolle. Indem
später das junge, von ehemaligen Politemigranten dominierte Sowjetregime die
Eidgenossenschaft sowohl als Ort des Beobachtens und der diplomatischen
Tuchfühlung wie auch als westliche Operationsbasis politischer Untergrund-
arbeit zu benützen versuchte, führte es Elemente aus den Traditionen offizieller und subversiver russischer Interessen an der Schweiz zusammen.

Gewichtige Gegenbeispiele zu dieser Komplementarität der Interessen sind
freilich schnell gefunden: Die zarische Garantie der schweizerischen Neutralität und Integrität war für die Eidgenossenschaft von fundamentaler politischer
Bedeutung, und umgekehrt lässt sich durchaus auch ein ökonomisches Interesse der russischen Seite belegen, etwa der Wunsch der jungen Sowjetmacht nach
Lieferung schweizerischer Fertigprodukte.

Unvereinbarkeit der politischen Diskurse

Abgesehen von einer Phase zaghafter republikanischer Annäherung nach der
Februarrevolution orientierte sich die politische Vernunft der offiziellen Eidgenossenschaft während unseres Zeitfensters an einem anderen Staatsverständnis
und an anderen Wertvorstellungen als jene der russischen Regierungen. Für das
Zarenregime bildete die vertraglich besiegelte europäische Ordnung von 1815
den diskursiven Angelpunkt jeder politischen Kommunikation mit der Schweiz.
Mehr noch: Angesichts der Bedrängung konservativer Dispositionen durch libe-
rale und später sozialrevolutionäre Bewegungen tendierte der monarchische
Traditionalismus der Kontinentalmächte zu einem starren Legalismus, der das
Regelwerk des Wiener Kongresses dogmatisierte und den gerade der Zarenhof
in seiner offiziellen Diktion nie zu überwinden vermochte. Die Schweiz hatte im
Vorfeld unserer Untersuchungsperiode in doppelter Weise mit den politischen
Vorstellungen St. Petersburgs gebrochen: Der russischen Autokratie hielten die
Sieger des Sonderbundskriegs die freiheitliche Ideologie eines liberalen Staates
entgegen, und den Wiener Geist provozierten sie durch ein neues Verständnis
politischer Legitimität, das nationale Entfaltung und Selbstbestimmung höher
bewertete als dynastische Vorrechte und vertragliche Bindungen. Dabei war der
nationalen Orientierung durchaus ein gewisser Opportunismus eingeschrieben;
wenn es darum ging, die Integrität und Unabhängigkeit der Schweiz zu behaupten, berief sich auch der Bundesrat auf die Ordnung von 1815. Der schweizerische Aufbruch der Jahrhundertmitte verfestigte sich im Laufe unseres Zeitfensters
zu einer bürgerlichen Behäbigkeit, mit der wiederum der weltrevolutionäre
Impetus des jungen Sowjetregimes scharf kontrastierte.

Die Inkompatibilität politischer Denkweisen tangierte die Frage der Souveränität, denn ein unabhängiges, liberal konzipiertes schweizerisches Regierungshandeln vertrug sich (besonders im Bereich des politischen Asyls) nicht ohne weiteres mit der konservativ-interventionistischen Selbstbehauptung zarischer Herrschaft. Bedeutender erscheint aber die fehlende Unmittelbarkeit der politischen Verständigung. Sie kam darin zum Ausdruck, dass neben den offenen Konflikten, Anerkennungskämpfen und Beziehungsunterbrüchen auch alltägliche diplomatische Traktanden stets in ihrer politischen Dimension verhandelt werden mussten. Unscheinbares nahm oftmals den Charakter einer Grundsatzfrage an. Die bilaterale Verständigung war nie selbstverständlich, sondern immer das Ergebnis eines Übersetzungsprozesses zwischen verschiedenen politischen Begrifflichkeiten; erinnert sei an die Schwierigkeit, in den Verhandlungen des Auslieferungsvertrags ein gemeinsames Deliktverständnis zu etablieren.

Keine adäquate Übersetzung gelang beim Neutralitätsbegriff. Abgesehen davon, dass das Zarenregime die schweizerische Neutralität vor allem im Sinne einer Pflicht zur Parteilosigkeit interpretierte, während der Bundesrat ebenso den Aspekt der Unantastbarkeit betonte, zeigte sich das Asylland Schweiz geneigt, Neutralität nicht nur gegenüber anerkannten Staaten, sondern auch gegenüber der (liberalen) revolutionären Bewegung zu praktizieren, was wiederum von St. Petersburg als mangelnde Loyalität und gewissermassen als feindselige Parteinahme wahrgenommen wurde. Die Frage des Bezugsrahmens der schweizerischen Neutralität stellte sich verschärft nach der Machtübernahme der Bol'ševiki in Russland: Durfte die Sowjetmacht in der Nachfolge der Zarenregierung bundesrätliche Neutralität erwarten – oder handelte es sich bei Lenin und seinen Mitstreitern nicht doch eher um eine Verbrecherbande, die es mit vereinten Kräften zu beseitigen galt?

Differenzen der politischen Kultur

Die idealtypischen Modelle der *Subject Political Culture* und der *Participant Political Culture* im Sinne von Almond und Verba[2] erlauben eine interpretatorische Annäherung an schweizerisch-russische Kommunikationsprobleme. Auf der Ebene offizieller Staatsbeziehungen bestätigen die Quellen die Vermutung einer im Vergleich mit dem Zarenreich und Sowjetrussland sehr viel partizipativeren politischen Kultur der Eidgenossenschaft: Die schweizerische Diplomatie staunte über die Passivität und Duldsamkeit der russischen Bevölkerung, und umgekehrt erblickte der zarische Gesandte Krüdener in jeder demokratischen Macht Verlogenheit und moralischen Niedergang. Konflikt-

---

2 Vgl. oben S. 17–20.

potential bargen all jene Konstellationen, in denen sich der autoritäre zarische Zugriff auf (emigrierte) «Subjekte» durch bundesrätlich applizierte individuelle Freiheitsrechte behindert sah – beziehungsweise in denen Schweizer Bürgern in Russland ebendiese Rechte entzogen oder verweigert wurden. Die im Vergleich mit Westeuropa stärkere politische Indienstnahme der russischen («staatsbedingten»)[3] Gesellschaft durch das Zarenregime bildete ferner einen Hintergrund für Missverständnisse im Bereich der Presse- und der Meinungsäusserungsfreiheit. Für die zarische Diplomatie blieb es bis zu ihrem Ende unverständlich, weshalb die schweizerische Regierung trotz offizieller freundschaftlicher Beziehungen gehässige Zeitungsartikel über Russland und antizarische Kundgebungen tolerierte.

Dass die autokratiekonforme politische Kultur des zarischen Apparates nicht die ganze russische Bevölkerung repräsentierte, dass vielmehr im Laufe des 19. Jahrhunderts der Partizipationswille einer neuen Intelligenzija die politische Rollenverteilung der Zarenherrschaft zusehends unterhöhlte, verdeutlichten nicht zuletzt die zahlreich in der Schweiz präsenten russischen Politemigranten.

Wahrgenommene Andersartigkeit

Der Bundesrat und die russischen Regierungen waren sich der Unterschiedlichkeit ihrer wechselseitigen Interessen, aber auch ihrer politischen Denk- und Funktionsweisen bewusst. Bei allem angestrengten Verständnis blieb ein Element der Fremdheit ständig präsent, und in Konfliktsituationen wurde die Andersartigkeit des anderen gerne hervorgehoben – etwa über das Vehikel eines sinnentleerten Zivilisationsbegriffs, der die Ausgrenzung des Fremden, vermeintlich Unzivilisierten mit der eigenen Integration in die Gemeinschaft der Kulturhaften verband.

In den Akten der schweizerischen Aussenpolitik unseres Zeitfensters finden sich Spuren eines stereotypen Russenbildes, das an unvorteilhafte Befunde aus dem 18. Jahrhundert erinnert. Von einer typisch slawischen Trägheit ist immer wieder die Rede, von fatalistischer Passivität und Gleichgültigkeit der Bevölkerung, auch von Unzuverlässigkeit. Den russischen Staat sahen die Schweizer von Korruption, informellen Beziehungen und einer schwerfälligen, die Oktoberrevolution überdauernden Bürokratie beherrscht. Im Bezugsrahmen eines demokratischen Fortschrittsmodells stellte die Autokratie (aber auch die egalitär bemäntelte Willkürherrschaft der Bol'ševiki) gewissermassen einen rückständigen Gegenpol zu der eigenen, mit dem Autostereotyp felsenfester demokratischer Gesinnung verbundenen schweizerischen Staatsverfassung dar.

---

3 Zum Begriff der Staatsbedingtheit vgl. Torke, Die staatsbedingte Gesellschaft im Moskauer Reich.

Nachdem sie die Zivilisiertheit des Zarenregimes bisweilen recht deutlich angezweifelt hatten, belegten schweizerische Politiker, Diplomaten und Konsularbeamte namentlich die Sowjetregierung mit dem Verdikt der (wahlweise asiatischen oder afrikanischen) Barbarei – nicht ohne nun verklärend den Untergang
vormaliger russischer Kultiviertheit zu beklagen.

Die Perzeption der Eidgenossenschaft durch die russischen Regierungen erscheint weniger kontinuierlich. Zwar hielt sich das Stereotyp der glücklich-
friedliebenden schweizerischen Bergbewohner in der politisierten Form einer
zarischen Erwartungshaltung bis weit in unsere Untersuchungsperiode hinein.
Überlagert wurde die arkadische Alpenfantasie aber schon in der ersten Hälfte
des 19. Jahrhunderts von den gegenläufigen Topoi des schweizerischen Revolutionsherdes und der liberalen Dekadenz. Nach der Oktoberrevolution erinnerten sich manche Sowjetführer nicht ohne wohlwollende Nostalgie an ihre
einstige schweizerische Exilheimat. Das änderte aber nichts daran, dass der
hartnäckig im bürgerlichen Paradigma verharrende Bundesrat als Klassengegner
zu betrachten war.

Pragmatismus

Angesichts ihrer vielfältigen Gegensätzlichkeiten beruhten die bekanntermassen
«guten» schweizerisch-russischen Beziehungen unseres Zeitfensters auf einem
ausgeprägten bilateralen Pragmatismus. Die traditionelle Diplomatie selbst
stellte mit ihrem standardisierten Protokoll ein Instrument des Ausgleichs zur
Verfügung, eine politische Lingua franca der internationalen Beziehungen, die
Begegnungen auf semantisch gesichertem Terrain ermöglichte und das Fremde
in eine vertraute Begrifflichkeit zu übersetzen versuchte. Darüber hinaus bemühten sich die Schweiz und Russland auf drei erkennbaren Wegen, ihre
Beziehungen zwischen den akuten Konfliktphasen zu verbessern und zu befes-
tigen: Erstens gelang es seit den 1850er Jahren, die Unverträglichkeit der
politischen Diskurse durch ein differenziertes Nebeneinander von Geltungsbe-
reichen zu entschärfen, indem sich die Verwirklichung schweizerischer natio-
nalstaatlicher Realpolitik mit einer offiziellen Wahrung monarchischer Würde
und dynastischer Rechtsansprüche verband. Zweitens bemühten sich die beiden Regierungen darum, politische Klippen durch geschicktes Lavieren prä-
ventiv zu umschiffen und ihre Kontakte in ruhigeren Gewässern zu konsolidieren;
diese Variante kam besonders den wirtschaftlichen und konsularischen Interessen der Schweiz entgegen, sie prägte den kontinuierlichen Beziehungsausbau
und die Verrechtlichung der Kontakte nach der Mitte des 19. Jahrhunderts.
Und drittens etablierte sich eine offiziöse, der Öffentlichkeit kaum bekannte
Kooperation, die politisch brisante (und vorab das Zarenregime interessierende) Fragen etwa der Anarchismusbekämpfung oder der Auslieferung von Re-

volutionären in einer informellen Unkompliziertheit zu regeln vermochte, wie sie auf der Ebene der offiziellen Kontakte nicht denkbar gewesen wäre. An diese Tradition offiziöser Kompromisse konnte das frühe schweizerisch-sowjetische Verhältnis zunächst anknüpfen. Das nunmehrige Absterben der bilateralen Regierungskommunikation lag im radikalen Geltungsanspruch und in der ubiquitären Wirkungsmacht des bolschewistischen Herrschaftsdiskurses begründet, der dem Russlandschweizertum seine traditionelle Existenzgrundlage entzog und der kaum mehr Raum liess für einen diplomatischen Pragmatismus, wie er den vorrevolutionären politischen Systemgegensatz überbrückt hatte.

VII. Bibliografie

1. Archivalien

Aufgeführt sind nur die systematisch durchgesehenen Dossiers.

1.1. Schweizerisches Bundesarchiv, Bern (BAR)

Hauptabteilung E: Archiv des Bundesstaates seit 1848

E 2: Auswärtige Angelegenheiten 1848–1895, Nr. 8, 41, 45, 74, 125, 160–164, 240, 307 bis 310, 321, 332–333, 419, 441–462, 530, 580, 764, 870–885, 1095–1096, 1182, 1185 bis 1186, 1188, 1198–1199, 1212, 1316, 1321, 1342, 1377–1378, 1400–1401, 1423 bis 1427, 1440, 1486–1487, 1502–1503, 1566, 2005, 2070, 2134, 2205, 2207, 2241, 2255, 2267, 2276–2277, 2287, 2326, 2333, 2376–2380

E 2001 (A): Eidgenössisches Politisches Departement 1896–1918, Nr. 38, 42–43, 125 bis 126, 192–194, 718, 816, 940, 942, 1006, 1041–1044, 1107–1109, 1201–1203, 1214 bis 1225, 1515–1526, 1711–1713, 1752, 1787, 1807

E 2001 (B): Abteilung für Auswärtiges 1918–1926
E 2001 (B) -/1: 1918–1920 (Registraturperiode), Nr. 23, 25, 27, 31, 57, 74

E 2001 (E): Politische Direktion 1946–(1991)
E 2001 (E) -/13: Dokumente zur geschichtlichen Entwicklung der schweizerisch-russischen Beziehungen. Zusammengestellt von Minister Dr. P. A. Feldscher. 1958.
E 2001 (E) -/14: Dokumente zu den schweizerisch-polnischen Beziehungen. Zusammengestellt von Minister P. A. Feldscher. 1959.

E 21: Polizeiwesen 1848–1930, Nr. 85–90, 102, 250, 3029, 3613, 5039, 5231, 6898, 8597, 8599, 8651, 8665, 9027, 9135, 9429, 9447, 9826, 9840, 9986–9987, 10054–10055, 10057, 10063, 10352–10524, 10526–10531, 10539–10540, 10547, 10574–10578, 10584 bis 10585, 10835, 11446, 11524, 11847, 11850, 11869–11870, 11874, 13886, 13893, 13908–13909, 13964, 14008–14025, 14027, 14240–14241, 14341–14346, 14821, 15701, 15720, 16118, 16135, 16167, 18792, 24591–24594, 24650 (Bd. 1–3), 24685

E 2200: Schweizerische Auslandsvertretungen

E 2200.86 (alte Signatur: E 2200 St. Petersburg), Nr. 62–65, 71–72, 88, 151–152, 156–157, 160–161, 171

E 2200.157 1967/42 (alte Signatur: E 2200 Moskau 1967/42), Bd. 2, 10

E 2200.66 -/1 (alte Signatur: E 2200 Riga 1), Bd. 7

E 2200.296 1967/44 (alte Signatur: E 2200 Tiflis 1967/44), Bd. 1

E 2300: Politische Berichte (Politische Direktion) 1848–1981

E 2300 Petersburg, Nr. 1–4

E 2300 Abo, Nr. 1

E 2300 Moskau (betrifft 1918–1922 auch Jalta, Kiev, Odessa, Tiflis), Nr. 1–3

E 2300 Riga, Nr. 1

E 2300 Warschau, Nr. 1

E 2400: Verwaltungsabteilung: Geschäftsberichte der Auslandsvertretungen 1848–1980

E 2400 Petersburg, Nr. 1–3

E 2400 Moskau, Nr. 1

E 2400 Odessa, Nr. 1–4

E 2400 Riga, Nr. 1

E 2400 Warschau, Nr. 1

E 2400 Tiflis, Nr. 1

E 2500: Verwaltungsabteilung: Personaldossiers 1848–1989

E 2500 -/1: A. Baltis (in Bd. 1), P. Bardet (in Bd. 2), G. Jenny, A. Junod (in Bd. 26), Ch. Lardy (in Bd. 31), R. Meyer (in Bd. 33), Ch. Paravicini (in Bd. 38), K. Wettler, E. Wey (in Bd. 56)

E 27: Landesverteidigung 1848–1950, Nr. 9828, 10049, 10086, 10093, 10096

E 6: Handel und Gewerbe 1787–1930, Nr. 44

E 51: Postwesen 1848–1924, Nr. 850

1.2.   Russlandschweizer-Archiv an der Osteuropa-Abteilung des Historischen Seminars der Universität Zürich (RSA)

RSDB: Elektronische Russlandschweizer-Datenbank
Mitgliederkartei der Vereinigung der Russlandschweizer (original)
Mitgliederkartei der Vereinigung der Russlandschweizer (elektronisch erfasst)

1.3. **Archiv vnešnej politiki Rossijskoj Imperii, Moskau (AVPRI)**
(Archiv der Aussenpolitik des Russländischen Imperiums; Zarenzeit)

Fond 168: Missija v Berne (Gesandtschaft in Bern)
op. 843/1: d. 6, 13, 24, 47, 52, 200, 1127, 1142, 1153, 1163, 1204, 1216, 1224
op. 843/2: d. 24, 39, 42, 152, 185, 218, 238, 262, 288, 342, 394, 398, 416, 509, 571, 613 bis 615, 621, 770, 774
op. 843/3: d. 15, 38, 83, 273, 291, 376, 477, 530, 668, 734, 761, 800, 807, 909, 940, 992, 1006, 1008, 1036, 1336, 1343, 1439a, 1445
op. 843/4: d. 20–21, 80, 91, 167, 173, 184, 202
op. 510: d. 55–58, 63–65, 71–72, 98, 101, 111–114, 162–176, 178, 198, 339, 346, 353

Fond 187: Posol'stvo v Pariže (Botschaft in Paris)
op. 524: d. 3488, 3505

1.4. **Archiv vnešnej politiki Rossijskoj Federacii, Moskau (AVPRF)**
(Archiv der Aussenpolitik der Russländischen Föderation; Sowjetzeit)

Fond 04: Sekretariat narkoma inostrannych del SSSR G. V. Čičerina (Sekretariat Čičerin)
op. 46, p. 281: d. 54034–54036, 54040–54041, 54049

Fond 141: Referentura po Švejcarii (Referat Schweiz)
op. 1, p. 1, d. 2
op. 2, p. 1, d. 1–2, 4–5
op. 2, p. 2, d. 15
op. 3, p. 2, d. 10
op. 3, p. 101, d. 1–4, 6
op. 4, p. 2, d. 2

2. **Gedruckte Quellen, Darstellungen und Nachschlagewerke**

Für in Archivdossiers lagernde Drucksachen vergleiche man auch die Angaben in den Anmerkungen.

1848/49 in Europa und der Mythos der Französischen Revolution. Hg. Irmtraud Götz von Olenhusen (= Sammlung Vandenhoeck). Göttingen 1998.
A Collection of Reports on Bolshevism in Russia. Presented to Parliament by Command of His Majesty. London 1919.
Agafonov, V. K. Zagraničnaja ochranka. (Sostavleno po sekretnym dokumentam Zagraničnoj Agentury i Departamenta Policii). S priloženiem očerka «Evno Azef» i spiska sekretnych sotrudnikov zagraničnoj agentury. Petrograd 1918.

Aleksandrov, S. A. Lider rossijskich kadetov P. N. Miljukov v ėmigracii. Posleslovie
M. G. Vandalkovskoj (= «Pervaja monografija»). M. 1996.

Alekseev, Michail. Voennaja razvedka Rossii ot Rjurika do Nikolaja II. 2 Bde.
M. 1998.

Alekseeva, I. V. Sekretnaja missija P. N. Miljukova na Zapade i ee posledstvija. In:
Pervaja mirovaja vojna i meždunarodnye otnošenija. SPb. 1995. S. 48–62.

Allison, Graham T. Begriffliche Modelle und das Wesen der Entscheidung. In:
Theorie der Internationalen Politik. Hg. Helga Haftendorn. Hamburg 1975.
S. 255–274.

Almond, Gabriel A. Politische Kultur-Forschung – Rückblick und Ausblick. In:
Politische Kultur in Deutschland: Bilanz und Perspektiven der Forschung.
Hg. Dirk Berg-Schlosser u. Jakob Schissler (= Politische Vierteljahresschrift,
Sonderheft 18/1987). S. 27–38.

Almond, Gabriel A. The Intellectual History of the Civic Culture Concept. In:
Gabriel A. Almond u. Sidney Verba. The Civic Culture Revisited. Newbury
Park etc. 1989 [Boston 1980]. S. 1–36.

Almond, Gabriel A. u. Sidney Verba. The Civic Culture: Political Attitudes and
Democracy in Five Nations. Newbury Park etc. 1989 [Princeton 1963].

Altermatt, Claude. Les débuts de la diplomatie professionnelle en Suisse
(1848–1914) (= Etudes et Recherches d'Histoire contemporaine, 11).
Fribourg 1990.

Alville. Die Schweizerjahre der Grossfürstin Anna Feodorowna von Russland.
Deutsche Übersetzung von Charlotte von Dach. Bern 1947.

Alville. La vie en Suisse de S. A. I. La Grande-Duchesse Anna Feodorovna née
princesse de Saxe-Cobourg-Saalfeld. Bern etc. 1943.

Amburger, Erik. Geschichte der Behördenorganisation Russlands von Peter dem
Grossen bis 1917 (= Studien zur Geschichte Osteuropas, 10). Leiden 1966.

Anarchisty: Dokumenty i materialy 1883–1935 gg. 2 Bde (= Političeskie partii Rossii:
Konec XIX – pervaja tret' XX veka: Dokumental'noe nasledie). M. 1998–1999.

Anderson, M. S. The Rise of Modern Diplomacy 1450–1919. London etc. 1993.

Andreev, A. R. Poslednij kancler rossijskoj imperii Aleksandr Michajlovič
Gorčakov: Dokumental'noe žizneopisanie. M. 1999.

Andrzejewski, Marek. Die schweizerische Gesandtschaft in Warschau: Ihre Tätigkeit und ihr Gesichtspunkt der polnischen Angelegenheiten. In: Schweizerische
Zeitschrift für Geschichte, 40 (1990), S. 297–306.

Andrzejewski, Marek. Schweizer in Polen: Spuren der Geschichte eines Brücken-
schlages (= Basler Beiträge zur Geschichtswissenschaft, 174 / Studia Polono-
Helvetica, 4). Basel 2002.

Annuaire diplomatique de l'Empire de Russie / Ežegodnik Ministerstva
Inostrannych Del. SPb. 1861–1917.

Archiv vnešnej politiki rossijskoj imperii: Putevoditel'. Minneapolis 1995.

Arlettaz, Gérald. Introduction: L'Etat fédéral et la pratique du droit d'asile. In: Das
Asyl in der Schweiz nach den Revolutionen von 1848 / Le refuge en Suisse après
les révolutions de 1848 (= Studien und Quellen, 25). Bern etc. 1999. S. 15–28.

Amtliche Sammlung der Bundesgeseze und Verordnungen der schweizerischen
Eidgenossenschaft. Bern 1850–1874.

Amtliche Sammlung der Bundesgesetze und Verordnungen der schweizerischen Eidgenossenschaft: Neue Folge. Bern 1875 ff.

Asyl und Aufenthalt: Die Schweiz als Zuflucht und Wirkungsstätte von Slaven im 19. und 20. Jahrhundert. Hg. Monika Bankowski, Peter Brang, Carsten Goehrke u. Werner G. Zimmermann. Basel etc. 1994.

Aufstieg und Niedergang des Bilateralismus: Schweizerische Aussen- und Aussenwirtschaftspolitik 1930–1960: Rahmenbedingungen, Entscheidungsstrukturen, Fallstudien. Hg. Peter Hug u. Martin Kloter (= Schweizer Beiträge zur internationalen Geschichte, 1). Zürich 1999.

Avrech, A. Ja. Črezvyčajnaja sledstvennaja komissija Vremennogo pravitel'stva: Zamysel i ispolnenie. In: Istoričeskie zapiski, 118 (1990), S. 72–101.

Avrich, Paul. The Russian Anarchists (= Studies of the Russian Institute, Columbia University). Princeton 1967.

Bachmann-Medick, Doris. Einleitung. In: Kultur als Text: Die anthropologische Wende in der Literaturwissenschaft. Hg. von ders. Frankfurt a. M. 1996. S. 7–64.

Bachov, A. S. Na zare sovetskoj diplomatii: Organy sovetskoj diplomatii v 1917–1922 gg. M. 1966.

Bagockij, S. O vstrečach s Leninym v Pol'še i Švejcarii. M. 1971.

Bakounine, Michel. Les Ours de Berne et l'Ours de Saint-Pétersbourg (= «La Suisse en question»). Lausanne 1972 [1870].

Bakunin, Michael. Prinzipien und Organisation der Internationalen Revolutionären Gesellschaft [1866]. In: Ders. Gesammelte Werke. Bd. 3. Berlin 1924. S. 7–66.

Balabanoff, Angelica. Erinnerungen und Erlebnisse. Berlin 1927.

Balzer, Peter. Erinnerungen aus bewegter Zeit, 1917–1921. In: Die besten Jahre unseres Lebens: Russlandschweizerinnen und Russlandschweizer in Selbstzeugnissen, 1821–1999. Hg. Peter Collmer (= Beiträge zur Geschichte der Russlandschweizer, 8). Zürich 2001. S. 239–277.

Bankowski-Züllig, Monika. Russische Studierende in der Schweiz. In: Schweiz – Russland / Rossija – Švejcarija: Beziehungen und Begegnungen: Begleitband zur Ausstellung der Präsidialabteilung der Stadt Zürich. Hg. Werner G. Zimmermann. Zürich [1989]. S. 72–88.

Barth, Fredrik. Introduction. In: Ethnic Groups and Boundaries: The Social Organization of Cultural Difference. Hg. von dems. Oslo 1969. S. 9–38.

Baum, J. D. Bor'ba carskogo pravitel'stva protiv prava ubežišča. In: Katorga i ssylka, 42 (1928), S. 112–138.

Baumgart, Winfried. Europäisches Konzert und nationale Bewegung: Internationale Beziehungen 1830–1878 (= Handbuch der Geschichte der Internationalen Beziehungen, 6). Paderborn etc. 1999.

Baur, Johannes. Die russische Kolonie in München 1900–1945: Deutsch-russische Beziehungen im 20. Jahrhundert (= Veröffentlichungen des Osteuropa-Institutes München, Reihe: Geschichte, 65). Wiesbaden 1998.

Baynac, Jacques. Le roman de Tatiana: Récit. Paris 1985.

Belousov, R. A. Ėkonomičeskaja istorija Rossii: XX vek. Bd. 1: Na rubeže dvuch stoletij. M. 1999.

Bennett, Angela. Les débuts mouvementés de la Croix-Rouge (= Collection «Petite et grande histoire»). Lausanne 1989.

Benziger, C. Die Beziehungen der Schweiz mit Russland: Ein historischer Rückblick (= Schweizerisches Konsular-Bulletin, Beilage 17, November 1929).

Benziger, C. Die Beziehungen der Schweiz zu Polen (= Schweizerisches Konsular-Bulletin, Beilage 16, Juli 1929).

Benziger, C. Die Konsularischen Vertreter der Eidgenossenschaft von 1798 bis 1925 (= Schweizerisches Konsular-Bulletin, Beilage 12/2, April 1927).

Benziger, C. Die schweizerischen Vertreter im Auslande von 1798 bis 1925 (= Schweizerisches Konsular-Bulletin, Beilage 12/1, Dezember 1926).

Benziger, C. Les représentations consulaires étrangères en Suisse de 1798 à 1928 (= Bulletin Consulaire Suisse, Beilage 15, Januar 1929).

Benziger, C. Les représentations diplomatiques étrangères en Suisse de 1798 à 1927 (= Bulletin Consulaire Suisse, Beilage 13, Februar 1928).

Benziger, C. Russland. In: HBLS, Bd. 5, S. 770–774.

Benziger, Karl J. Unsere auswärtige Vertretung und ihre Kritiker (= Schweizer Zeitfragen, 52). Zürich 1917.

Bergier, Jean-François. Wirtschaftsgeschichte der Schweiz: Von den Anfängen bis zur Gegenwart. 2., aktualisierte Aufl. Zürich 1990.

Berg-Schlosser, Dirk u. Jakob Schissler. Politische Kultur in Deutschland: Forschungsstand, Methoden und Rahmenbedingungen. In: Politische Kultur in Deutschland: Bilanz und Perspektiven der Forschung. Hg. von dens. (= Politische Vierteljahresschrift, Sonderheft 18/1987). Opladen 1987. S. 11–26.

Beyrau, Dietrich u. Manfred Hildermeier. Von der Leibeigenschaftsordnung zur frühindustriellen Gesellschaft: 1856 bis 1890. In: Handbuch der Geschichte Russlands. Bd. 3: 1856–1945: Von den autokratischen Reformen zum Sowjetstaat. 1. Halbband. Hg. Gottfried Schramm. Stuttgart 1983. S. 5–201.

Beyrau, Dietrich. Militär und Gesellschaft im vorrevolutionären Russland (= Beiträge zur Geschichte Osteuropas, 15). Köln etc. 1984.

Biaudet, Jean-Charles. Der modernen Schweiz entgegen. In: Handbuch der Schweizer Geschichte. Bd. 2. 2. Aufl. Zürich 1980. S. 871–986.

Bild und Begegnung: Kulturelle Wechselseitigkeit zwischen der Schweiz und Osteuropa im Wandel der Zeit. Hg. Peter Brang, Carsten Goehrke, Robin Kemball u. Heinrich Riggenbach. Basel etc. 1996.

Bischof, Petra. Weibliche Lehrtätige aus der Schweiz im Zarenreich 1870–1917: Zur Geschichte einer Frauenauswanderung. Liz. unpubl. Zürich 1990.

Black, Cyril E. The Pattern of Russian Objectives. In: Russian Foreign Policy: Essays in Historical Perspective. Hg. Ivo J. Lederer. 3. Aufl. New Haven etc. 1966. S. 3–38.

Blanc, Jean-Daniel. Fürst Bismarck verhalf uns zur Bundesanwaltschaft: Seit hundert Jahren im Kampf gegen AusländerInnen und Linke. In: Schnüffelstaat Schweiz: Hundert Jahre sind genug. Hg. Komitee Schluss mit dem Schnüffelstaat. Zürich 1990. S. 19–27.

Bock, Wolfgang. Terrorismus und politischer Anarchismus im Kaiserreich: Entstehung, Entwicklung, rechtliche und politische Bekämpfung. In: Anarchismus: Zur Geschichte und Idee der herrschaftsfreien Gesellschaft. Hg. Hans Diefenbacher. Darmstadt 1996. S. 143–168.

Bol'šakov, I. Russkaja razvedka v pervoj mirovoj vojne 1914–1918 godov. In: Voenno-istoričeskij žurnal, 5 (1964), S. 44–48.

Bol'šaja Sovetskaja Ênciklopedija. 3. Aufl. 30 Bde. M. 1970–1978.

Bonjour, Edgar. Der Neuenburger Konflikt 1856/57: Untersuchungen und Dokumente. Basel etc. 1957.

Bontadina, Nadja u. Peter Brang. Erlebtes und Gedachtes: Alexander Herzen über die Asylpolitik seiner Exilheimat. In: Asyl und Aufenthalt: Die Schweiz als Zuflucht und Wirkungsstätte von Slaven im 19. und 20. Jahrhundert. Hg. Monika Bankowski, Peter Brang, Carsten Goehrke u. Werner G. Zimmermann. Basel etc. 1994. S. 21–45.

Bračev, V. S. Zagraničnaja agentura Departamenta Policii (1883–1917). SPb. 2001.

Brandes, Detlef. Von den Zaren adoptiert: Die deutschen Kolonisten und die Balkansiedler in Neurussland und Bessarabien 1751–1914 (= Schriften des Bundesinstituts für ostdeutsche Kultur und Geschichte, 2). München 1993.

Brang, Peter. Schweizerisch-osteuropäische Kulturwechselseitigkeit: Situation und Aufgaben. In: Bild und Begegnung: Kulturelle Wechselseitigkeit zwischen der Schweiz und Osteuropa im Wandel der Zeit. Hg. Peter Brang, Carsten Goehrke, Robin Kemball u. Heinrich Riggenbach. Basel etc. 1996. S. 13–69.

Bronarski, Alfons. Die polnisch-schweizerischen Beziehungen im Laufe der Jahrhunderte. In: Polen und die Schweiz: Ihre Beziehungen im Laufe der Jahrhunderte und während des zweiten Weltkrieges. Solothurn 1945. S. 5–33.

Bronarski, Alfons. Die Schweiz und die polnischen Freiheitskämpfe. Sonderdruck aus dem «Bund». Bern 1932.

Brügger, Liliane. Russische Studentinnen in Zürich. In: Bild und Begegnung: Kulturelle Wechselseitigkeit zwischen der Schweiz und Osteuropa im Wandel der Zeit. Hg. Peter Brang, Carsten Goehrke, Robin Kemball u. Heinrich Riggenbach. Basel etc. 1996. S. 485–508.

Bucher, Erwin. Die Bundesverfassung von 1848. In: Handbuch der Schweizer Geschichte. Bd. 2. 2. Aufl. Zürich 1980. S. 987–1018.

Budnickij, O. V. Terrorizm v rossijskom osvoboditel'nom dviženii: Ideologija, étika, psichologija (vtoraja polovina XIX – načalo XX v.). M. 2000.

Bugnion, François. Le Comité international de la Croix-Rouge et la protection des victimes de la guerre. Genève 1994.

Bühler, Roman, Heidi Gander-Wolf, Carsten Goehrke, Urs Rauber, Gisela Tschudin u. Josef Voegeli. Schweizer im Zarenreich: Zur Geschichte der Auswanderung nach Russland (= Beiträge zur Geschichte der Russlandschweizer, 1). Zürich 1985.

Bühler, Roman. Bündner im Russischen Reich: 18. Jahrhundert – 1. Weltkrieg: Ein Beitrag zur Wanderungsgeschichte Graubündens. Disentis 1991.

Busset, Thomas. La politique du refuge en Suisse 1820–1870, réalité et mythe. In: Das Asyl in der Schweiz nach den Revolutionen von 1848 / Le refuge en Suisse après les révolutions de 1848 (= Studien und Quellen, 25). Bern etc. 1999. S. 29–64.

Bušuev, S. K. A. M. Gorčakov (= Iz istorii russkoj diplomatii, 1). M. 1944.

Bundesblatt der schweizerischen Eidgenossenschaft. Bern 1849 ff.

Bundesverfassung der Schweizerischen Eidgenossenschaft, vom 12. Herbstmonat 1848. AS, Bd. 1, S. 3–35.

Bundesverfassung der schweizerischen Eidgenossenschaft. (Vom 29. Mai 1874.) AS (n. F.), Bd. 1, S. 1–37.

Cannac, René. Aux sources de la révolution russe: Netchaiev: Du nihilisme au terrorisme. Préface d'André Mazon (= Bibliothèque historique). Paris 1961.

Carr, E. H. Michael Bakunin (= Studies in Modern History). London 1937.

Charades et énigmes éditées au profit de la Société Suisse de Bienfaisance à Odessa. Odessa 1873.

Chimiak, Łukasz. Gubernatorzy rosyjscy w Królestwie Polskim: Szkic do portretu zbiorowego (= Monografie FNP). Wrocław 1999.

Čičerin, G. V. Stat'i i reči po voprosam meždunarodnoj politiki. Sost. L. I. Trofimova (= Biblioteka vnešnej politiki). M. 1961.

Collmer, Peter. Das Herbarium der Olympe Rittener: Zur Wahrnehmung des Fremden in den Selbstzeugnissen von Russlandschweizerinnen und Russlandschweizern. In: Die besten Jahre unseres Lebens: Russlandschweizerinnen und Russlandschweizer in Selbstzeugnissen, 1821–1999. Hg. von dems. (= Beiträge zur Geschichte der Russlandschweizer, 8). Zürich 2001. S. 359–380.

Collmer, Peter. Die aussenpolitischen Beziehungen zwischen der Schweiz und dem Zarenreich in der zweiten Hälfte des 19. Jahrhunderts. Liz. unpubl. Zürich 1995.

Collmer, Peter. Einleitung. In: Die besten Jahre unseres Lebens: Russlandschweizerinnen und Russlandschweizer in Selbstzeugnissen, 1821–1999. Hg. von dems. (= Beiträge zur Geschichte der Russlandschweizer, 8). Zürich 2001. S. 9–21.

Collmer, Peter. Kommunikation an der Peripherie des zarischen Herrschafts- apparats: Der russische Militärattaché in Bern und seine Geheimagenten (1912/ 13). In: Wege der Kommunikation in der Geschichte Osteuropas. Hg. Nada Boškovska, Peter Collmer, Seraina Gilly, Rudolf Mumenthaler u. Christophe von Werdt. Köln etc. 2002. S. 173–199.

Collmer, Peter. Zwischen Selbstdefinition und internationaler Behauptung: Frühe bolschewistische Diplomatie am Beispiel der Sowjetmission in Bern (Mai bis November 1918). In: Zwischen Tradition und Revolution: Determinanten und Strukturen sowjetischer Aussenpolitik 1917–1941. Hg. Ludmila Thomas u. Viktor Knoll (= Quellen und Studien zur Geschichte des östlichen Europa, 59). Stuttgart 2000. S. 225–283.

Conze, Eckart. «Moderne Politikgeschichte»: Aporien einer Kontroverse. In: Deutschland und der Westen: Internationale Beziehungen im 20. Jahrhundert. Festschrift für Klaus Schwabe zum 65. Geburtstag (= Historische Mitteilungen, Beiheft 29). Stuttgart 1998. S. 19–30.

Conze, Eckart. Abschied von der Diplomatiegeschichte? Neuere Forschungen zur Rolle der Bundesrepublik in den internationalen Beziehungen 1949–1969. In: Historisches Jahrbuch, 116/1 (1996), S. 137–154.

Conzett, Verena. Erstrebtes und Erlebtes: Ein Stück Zeitgeschichte. Leipzig etc. 1929.

Criblez, G. Le système et l'organisation consulaires suisses: Leur adaptation aux conditions économiques de l'après-guerre (= Bulletin Consulaire Suisse, Beilage 20, Januar–Juni 1932).

Crummey, Robert O. The Silence of Muscovy. In: The Russian Review, 46 (1987), S. 157–164.

Curti, Theodor. Geschichte der Schweizerischen Volksgesetzgebung. (Zugleich eine Geschichte der schweizerischen Demokratie.) Bern 1882.

Cusinay, Daniel, Thomas Hauser u. Matthias Schwank. Deutsche Sozialdemokraten in der Schweiz nach dem Erlass des Sozialistengesetzes (1878–1890). In: «Zuflucht Schweiz»: Der Umgang mit Asylproblemen im 19. und 20. Jahrhundert. Hg. Carsten Goehrke u. Werner G. Zimmermann (= Die Schweiz und der Osten Europas, 3). Zürich 1994. S. 121–172.

Czempiel, Ernst-Otto. Machtprobe: Die USA und die Sowjetunion in den achtziger Jahren. München 1989.

Daniels, Robert V. Russian Political Culture and the Post-Revolutionary Impasse. In: The Russian Review, 46 (1987), S. 165–176.

Danilevskij, R. Ju. Vzaimosvjazi Rossii i Švejcarii s točki zrenija imagologii. In: Rossija i Švejcarija: Razvitie naučnych i kul'turnych svjazej (po materialam dvustoronnich kollokviumov istorikov Rossii i Švejcarii). M. 1995. S. 61–68.

Das Asyl in der Schweiz nach den Revolutionen von 1848 / Le refuge en Suisse après les révolutions de 1848 (= Studien und Quellen, 25). Bern etc. 1999.

Daten zur schweizerischen Aussenpolitik, 1848–1998 (= NFP 42 Working Paper, 15). Bern 2001 [mit CD-ROM].

Denkschrift über die Neuenburger-Frage: 1856. Bern 1856.

Derendinger, Ernst. «Als Graphiker in Moskau von 1910 bis 1938. Erzählungen aus dem Leben». In: Die besten Jahre unseres Lebens: Russlandschweizerinnen und Russlandschweizer in Selbstzeugnissen, 1821–1999. Hg. Peter Collmer (= Beiträge zur Geschichte der Russlandschweizer, 8). Zürich 2001. S. 195–237.

«Der letzte Ritter und erste Bürger im Osten Europas»: Kościuszko, das aufständische Reformpolen und die Verbundenheit zwischen Polen und der Schweiz. Hg. Heiko Haumann u. Jerzy Skowronek unter Mitarbeit von Thomas Held u. Catherine Schott (= Basler Beiträge zur Geschichtswissenschaft, 169 / Studia Polono-Helvetica, 3). Basel etc. 1996.

Deutschbaltisches biographisches Lexikon 1710–1960. Im Auftrag der Baltischen Historischen Kommission begonnen von Olaf Welding † u. unter Mitarbeit von Erik Amburger u. Georg von Krusenstjern hg. von Wilhelm Lenz. Köln 1970.

Die besten Jahre unseres Lebens: Russlandschweizerinnen und Russlandschweizer in Selbstzeugnissen, 1821–1999. Hg. Peter Collmer (= Beiträge zur Geschichte der Russlandschweizer, 8). Zürich 2001.

Die diplomatischen und konsularischen Vertretungen der Schweiz seit 1798. Unpubl. Bundesarchiv Bern 1978.

Die Ergebnisse der Eidgenössischen Volkszählung vom 1. Dezember 1910. Bd. 1. Bümpliz-Bern 1915.

Die ersten Dekrete der Sowjetmacht: Eine Auswahl von Erlassen und Beschlüssen, 25. Oktober 1917 bis 10. Juli 1918. Hg. Horst Schützler u. Sonja Striegnitz. Berlin [Ost] 1987.

Die Internationalen Beziehungen im Zeitalter des Imperialismus: Dokumente aus den Archiven der zarischen und der Provisorischen Regierung herausgegeben von der Kommission beim Zentralexekutivkomitee der Sowjetregierung unter dem Vorsitz von M. N. Pokrowski. Einzig berechtigte deutsche Ausgabe

Namens der Deutschen Gesellschaft zum Studium Osteuropas herausgegeben von Otto Hoetzsch. Berlin 1931 ff.

Die Konstruktion einer Nation: Nation und Nationalisierung in der Schweiz, 18.–20. Jahrhundert. Hg. Urs Altermatt, Catherine Bosshart-Pfluger u. Albert Tanner (= Die Schweiz 1798–1998: Staat – Gesellschaft – Politik, 4). Zürich 1998.

Die russische Revolution 1917: Von der Abdankung des Zaren bis zum Staatsstreich der Bolschewiki. Hg. Manfred Hellmann (= dtv dokumente, 227/28). 2. Aufl. München 1969.

Die Schweizer Bundesräte: Ein biographisches Lexikon. Hg. Urs Altermatt. Zürich etc. 1991.

Die Sowjetunion: Von der Oktoberrevolution bis zu Stalins Tod. 2 Bde (= dtv dokumente, 2948/2949). München 1986/87.

Dipkur'ery: Očerki o pervych sovetskich diplomatičeskich kur'erach. Izd. 2-e, dop. M. 1973.

Ditc, Ja. E. Istorija povolžskich nemcev-kolonistov. Pod naučnoj red. docenta I. R. Pleve (= Istorija i étnografija rossijskich nemcev). M. 1997.

Documents diplomatiques suisses / Diplomatische Dokumente der Schweiz / Documenti diplomatici svizzeri 1848–1945. Hg. Nationale Kommission für die Veröffentlichung diplomatischer Dokumente der Schweiz. 15 Bde. Bern 1979–1997.

Dokumenty vnešnej politiki SSSR. 21 Bde. M. 1957–1977.

Dolinskij, Aleksandr Vasil'evič. Pervye sovetskie publikacii diplomatičeskich dokumentov (1917–1922 gg.). Avtoreferat dissertacii. Kiev 1974.

Dragunov, G. Novye fakty o gibeli V. V. Vorovskogo. In: Meždunarodnaja žizn', 4 (1989), S. 130–141.

Dragunov, G. P. 60 let vseobščej stački v Švejcarii. In: Rabočij klass i sovremennyj mir, 6 (1979), S. 148–154.

Dragunov, G. P. Pamjatnye suvorovskie mesta v Švejcarii. In: Voenno-istoričeskij žurnal, 11 (1980), S. 67–72.

Dreyer, Dietrich. Schweizer Kreuz und Sowjetstern: Die Beziehungen zweier ungleicher Partner seit 1917. Zürich 1989.

Dunajewski, Alexander. Platten wird bekannt. Berlin [Ost] 1978.

Duroselle, Jean-Baptiste. L'histoire des relations internationales vue par un historien. In: Relations Internationales, 83 (1995), S. 295–306.

Durrer, Bettina. Auf der Flucht vor dem Kriegsdienst: Deserteure und Refraktäre in der Schweiz während des Ersten Weltkrieges. In: «Zuflucht Schweiz»: Der Umgang mit Asylproblemen im 19. und 20. Jahrhundert. Hg. Carsten Goehrke u. Werner G. Zimmermann (= Die Schweiz und der Osten Europas, 3). Zürich 1994. S. 197–216.

Dzeržinskaja, Sof'ja S. V gody velikich boev. M. 1965.

Eggenschwiler-Wüthrich, Valy. Als Kulakenkind in Sowjetrussland. In: Die besten Jahre unseres Lebens: Russlandschweizerinnen und Russlandschweizer in Selbstzeugnissen, 1821–1999. Hg. Peter Collmer (= Beiträge zur Geschichte der Russlandschweizer, 8). Zürich 2001. S. 303–335.

Ein diplomatischer Notenwechsel über den weissen und roten Terror: Die Note des Schweizer Gesandten E. Odier im Namen der «neutralen» Staaten und die

Antwort des Volkskommissar [sic] der Auswärtigen Angelegenheiten G. W. Tschitscherin. Hg. Fritz Platten. Zürich 1918.

Ėkonomičeskaja Ėnciklopedija: Političeskaja ėkonomija. Red. A. M. Rumjancev. 4 Bde. M. 1972–1980.

Emec, V. A. Mechanizm prinjatija vnešnepolitičeskich rešenij v Rossii do i v period pervoj mirovoj vojny. In: Pervaja mirovaja vojna: Diskussionnye problemy istorii. Otv. red. Ju. A. Pisarev u. V. L. Mal'kov. M. 1994. S. 57–71.

Ėnciklopedičeskij slovar'. Hg. F. A. Brokgauz u. I. A. Efron. 82 Halbbände u. 4 Ergänzungsteilbände. SPb. 1890–1907.

Engels, Friedrich. Die auswärtige Politik des russischen Zarentums. In: Karl Marx, Friedrich Engels. Werke. Bd. 22. Berlin 1963. S. 11–48.

Ensen [Jensen], Bent. Missija Datskogo Krasnogo Kresta v Rossii: 1918–1919 gody. In: Otečestvennaja istorija, 1 (1997), S. 27–41.

Entscheidungen des Schweizerischen Bundesgerichtes: Amtliche Sammlung. Lausanne 1875 ff.

Ermakov, V. D. Anarchistskoe dviženie v Rossii: Istorija i sovremennost'. SPb. 1997.

Eroškin, N. P. Istorija gosudarstvennych učreždenij dorevoljucionnoj Rossii. 3., überarbeitete u. ergänzte Aufl. M. 1983.

Etappen des Bundesstaates: Staats- und Nationsbildung der Schweiz, 1848–1998. Hg. Brigitte Studer. Zürich 1998.

Etterlin, Jakob. Russland-Schweizer und das Ende ihrer Wirksamkeit. Nebst Beitrag von Ernst Thalmann in Thalwil sowie von Fritz Bach in Frutigen. 2., vermehrte Aufl. Zürich etc. 1938.

Eždnevnyja Zapisi po služebnym delam Ministerstva Inostrannych Del Barona Romana Fedoroviča Fon-der-Osten-Sakena. SPb. 1913.

Fakten und Fabeln: Schweizerisch-slavische Reisebegegnung vom 18. bis zum 20. Jahrhundert. Hg. Monika Bankowski, Peter Brang, Carsten Goehrke u. Robin Kemball. Basel etc. 1991.

Fayet, Jean-François u. Peter Huber. Die Russlandschweizer ohne Schutz? Die IKRK-Mission in Moskau als «verdecktes Konsulat» 1921–1938. In: Die Auslandschweizer im 20. Jahrhundert. Les Suisses de l'étranger au XXème siècle (= Studien und Quellen, 28). Bern etc. 2002. S. 153–187.

Febvre, Lucien. Combats pour l'histoire. 2. Aufl. Paris 1965.

Feller, Richard. Polen und die Schweiz: Ein geschichtlicher Rückblick. Bern 1917.

Feoktistov, E. M. Za kulisami politiki i literatury, 1848–1896. L. 1929.

Fergusson, Thomas G. British Military Intelligence 1870–1914: The Development of a Modern Intelligence Organization. London etc. 1984.

Firstova, V. N. Carskaja diplomatičeskaja missija v Berne i russkaja ėmigracija. In: Voprosy istorii, 6 (1973), S. 205–207.

Fisch, Jörg. Zivilisation, Kultur. In: Geschichtliche Grundbegriffe: Historisches Lexikon zur politisch-sozialen Sprache in Deutschland. Hg. Otto Brunner, Werner Conze u. Reinhart Koselleck. Bd. 7. Stuttgart 1992. S. 679–774.

Fisher, David C. Westliche Hegemonie und Russische Ambivalenz: Das Zarenreich auf der Centennial Exposition in Philadelphia 1876. In: Comparativ, 9 (1999) 5/6, S. 44–60.

Fondy Russkogo Zagraničnogo istoričeskogo archiva v Prage: Mežarchivnyj putevoditel'. Otv. red. T. F. Pavlova. M. 1999.

Frei, Daniel. Neutralität – Ideal oder Kalkül? Zweihundert Jahre aussenpolitisches Denken in der Schweiz. Frauenfeld 1967.

Frey, Thomas. Die ersten 100 Jahre der eidgenössischen Post, 1849–1950. In: Ab die Post: 150 Jahre schweizerische Post. Hg. Karl Kronig, Museum für Kommunikation Bern. Bern 1999. S. 22–49.

Freymond, Bernard. Switzerland: The Federal Department of External Affairs. In: The Times Survey of Foreign Ministries of the World. London 1982. S. 471–491.

Gast, Uriel. Von der Kontrolle zur Abwehr: Die eidgenössische Fremdenpolizei im Spannungsfeld von Politik und Wirtschaft 1915–1933 (= Veröffentlichungen des Archivs für Zeitgeschichte des Instituts für Geschichte der ETH Zürich). Zürich 1997.

Gattiker-Caratsch, Anetta. L'affaire Conradi. Bern 1975.

Gautschi, Willi. Der Landesstreik 1918. Nachwort von H.-U. Jost. 3., durchgesehene Aufl. Zürich 1988.

Gautschi, Willi. Lenin als Emigrant in der Schweiz. Zürich 1975.

Gautschi, Willi. Zur Apperzeption des Landes-Generalstreiks von 1918. In: Ders. Helvetische Streiflichter: Aufsätze und Vorträge zur Zeitgeschichte. Zürich 1994. S. 90–99.

Gehrig, Christine. Bundesbeiträge zur Unterstützung bedürftiger und kranker Russen in der Schweiz (1918–1951). In: Asyl und Aufenthalt: Die Schweiz als Zuflucht und Wirkungsstätte von Slaven im 19. und 20. Jahrhundert. Hg. Monika Bankowski, Peter Brang, Carsten Goehrke u. Werner G. Zimmermann. Basel etc. 1994. S. 161–172.

Gehrig-Straube, Christine. Beziehungslose Zeiten: Das schweizerisch-sowjetische Verhältnis zwischen Abbruch und Wiederaufnahme der Beziehungen (1918–1946) aufgrund schweizerischer Akten (= Die Schweiz und der Osten Europas, 5). Zürich 1997.

Geierhos, Wolfgang. Vera Zasulič und die russische revolutionäre Bewegung (= Studien zur modernen Geschichte, 19). München etc. 1977.

Geršenzon, Michail. Nikolaj I i ego épocha. M. 2001. [Reprint Épocha Nikolaja I. Pod red. M. O. Geršenzona, M. 1910].

Geyer, Dietrich. Der russische Imperialismus: Studien über den Zusammenhang von innerer und auswärtiger Politik 1860–1914 (= Kritische Studien zur Geschichtswissenschaft, 27). Göttingen 1977.

Goehrke, Carsten. «Zuflucht Schweiz» – einige Vorbemerkungen. In: «Zuflucht Schweiz»: Der Umgang mit Asylproblemen im 19. und 20. Jahrhundert. Hg. Carsten Goehrke u. Werner G. Zimmermann (= Die Schweiz und der Osten Europas, 3). Zürich 1994. S. 7–14.

Goehrke, Carsten. Das östliche Europa und die «Zuflucht Schweiz»: Eine Bilanz aus historischer Sicht. In: Asyl und Aufenthalt: Die Schweiz als Zuflucht und Wirkungsstätte von Slaven im 19. und 20. Jahrhundert. Hg. Monika Bankowski, Peter Brang, Carsten Goehrke u. Werner G. Zimmermann. Basel etc. 1994. S. 317–333.

Goehrke, Carsten. Die Auswanderung aus der Schweiz nach Russland und die

Russlandschweizer: Eine vergleichende Forschungsbilanz. In: Schweizerische Zeitschrift für Geschichte, 48 (1998) 3, S. 291–324.

Goehrke, Carsten. Die Entwicklung des Beziehungsnetzes zwischen der Schweiz und dem europäischen Osten – ein Überblick. In: Die Schweiz und das demokratische Erwachen Osteuropas / La Suisse face à la renaissance démocratique en Europe de l'Est (= Schriftenreihe des Forum Helveticum, 4). Lenzburg 1992. S. 15–21.

Goehrke, Carsten. Schweizerisch-osteuropäische Begegnungen: Völkerbilder im Vergleich (Anstelle einer Bilanz aus historischer Sicht). In: Bild und Begegnung: Kulturelle Wechselseitigkeit zwischen der Schweiz und Osteuropa im Wandel der Zeit. Hg. Peter Brang, Carsten Goehrke, Robin Kemball u. Heinrich Riggenbach. Basel etc. 1996. S. 635–661.

Gorochow, I., L. Samjatin u. I. Semskow. G. W. Tschitscherin: Ein Diplomat Leninscher Schule. Unter der Gesamtredaktion u. mit einem Vorwort von A. Gromyko. Berlin 1976.

Gosudarstvennye dejateli Rossii XIX – načala XX v.: Biografičeskij spravočnik. Sost. I. I. Lin'kov, V. A. Nikitin u. O. A. Chodenkov. M. 1995.

Graffina, G. Politisches Departement (Eidgenössisches). In: Handwörterbuch der Schweizerischen Volkswirtschaft, Sozialpolitik und Verwaltung. Hg. N. Reichesberg. Bd. 3. Bern 1908. S. 294–298.

Greyerz, Hans von. Der Bundesstaat seit 1848. In: Handbuch der Schweizer Geschichte. Bd. 2. 2. Aufl. Zürich 1980. S. 1019–1246.

Grulev, M. Konsul'skoe delo i voennaja agentura. In: Razvedčik, 910 (1908), S. 228 f.

Grunauer, Emanuel. «Ein Pilgrimm in fernen Landen»: Briefe von der Wolga. In: Die besten Jahre unseres Lebens: Russlandschweizerinnen und Russlandschweizer in Selbstzeugnissen, 1821–1999. Hg. Peter Collmer (= Beiträge zur Geschichte der Russlandschweizer, 8). Zürich 2001. S. 23–77.

Gruner, Erich. Die Schweizerische Eidgenossenschaft von der Französischen Revolution bis zur Reform der Verfassung (1789–1874). In: Geschichte der Schweiz. Von Hans von Greyerz, Erich Gruner, Guy P. Marchal, Peter Stadler u. Andreas Staehelin (= Handbuch der europäischen Geschichte). München 1991. S. 112–137.

Gugolz, Peter. Die Schweiz und der Krimkrieg 1853–1856 (= Basler Beiträge zur Geschichtswissenschaft, 99). Basel 1965.

Haas, Leonhard. Carl Vital Moor 1852–1932: Ein Leben für Marx und Lenin. Zürich etc. 1970.

Haug, Hans. Menschlichkeit für alle: Die Weltbewegung des Roten Kreuzes und des Roten Halbmonds. Unter Mitwirkung von Hans-Peter Gasser, Françoise Perret u. Jean-Pierre Robert-Tissot. 2., erweiterte Aufl. Bern etc. 1993.

Hauser, Albert. Schweizerische Wirtschafts- und Sozialgeschichte. Erlenbach-Zürich etc. 1961.

Haustein, Ulrich. Sozialismus und nationale Frage in Polen: Die Entwicklung der sozialistischen Bewegung in Kongresspolen von 1875 bis 1900 unter besonderer Berücksichtigung der Polnischen Sozialistischen Partei (PPS) (= Ostmitteleuropa in Vergangenheit und Gegenwart, 12). Köln etc. 1969.

Hellie, Richard. Edward Keenan's Scholarly Ways. In: The Russian Review, 46 (1987), S. 177–190.

Herberstain, Sigmund von. Moskowia. Weimar o. J.

Herren, Madeleine. Hintertüren zur Macht: Internationalismus und modernisierungsorientierte Aussenpolitik in Belgien, der Schweiz und den USA 1865–1914 (= Studien zur Internationalen Geschichte, 9). München 2000.

Herren, Madeleine. International History – a view from the top of the Alps. In: Schweizerische Zeitschrift für Geschichte, 49 (1999) 3, S. 375–384.

Hingley, Ronald. The Russian Secret Police: Muscovite, Imperial Russian and Soviet Political Security Operations 1565–1970. London 1970.

Histoire de la Diplomatie. Publié sous la direction de M. Potiemkine. 3 Bde. Paris o. J.

Historia dyplomacji Polskiej (Połowa X–XX w.). Red. Gerard Labuda. 5 Bde. Warszawa 1980–1999.

Historisch-biographisches Lexikon der Schweiz. Hg. Allgemeine Geschichtforschende Gesellschaft der Schweiz. 8 Bde. Neuenburg 1921–1934.

Hoensch, Jörg K. Geschichte Polens (= Uni-Taschenbücher, 1251). Stuttgart 1983.

Höhne, Heinz. Der Krieg im Dunkeln: Macht und Einfluss des deutschen und russischen Geheimdienstes. München 1985.

Huber, Peter. Stalins Schatten in die Schweiz: Schweizer Kommunisten in Moskau: Verteidiger und Gefangene der Komintern. Zürich 1994.

Hug, Ralph. Balabanoffs «Fabrik-Klöster». In: 80 Jahre Generalstreik 1918–1998. Hg. Kantonaler Gewerkschaftsbund St. Gallen. St. Gallen 1998. S. 38–40.

Huntington, Samuel P. Der Kampf der Kulturen. The Clash of Civilizations: Die Neugestaltung der Weltpolitik im 21. Jahrhundert. 6. Aufl. München etc. 1997.

Hutter, Iris u. Stefan Grob. Die Schweiz und die anarchistische Bewegung darge-stellt am Wirken und Leben von Michael Bakunin, Sergei Netschajew und Errico Malatesta. In: «Zuflucht Schweiz»: Der Umgang mit Asylproblemen im 19. und 20. Jahrhundert. Hg. Carsten Goehrke u. Werner G. Zimmermann (= Die Schweiz und der Osten Europas, 3). Zürich 1994. S. 81–119.

Ignat'ev, A. V. S. D. Sazonov nakanune mirovoj vojny: Štrichi k portretu diplomata. In: Portrety rossijskich diplomatov: Sbornik naučnych trudov. Otv. red. A. V. Ignat'ev. M. 1991. S. 208–231.

Ignat'ev, A. V. Vnešnjaja politika vremennogo pravitel'stva. M. 1974.

Irošnikov, M. P. u. A. O. Čubar'jan. Tajnoe stanovitsja javnym: Ob izdanii sekretnych dogovorov carskogo i vremennogo pravitel'stv. M. 1970.

Istorija Leningradskogo universiteta 1819–1969: Očerki. Otv. red. V. V. Mavrodin. L. 1969.

Istorija vnešnej politiki Rossii: Pervaja polovina XIX veka (Ot vojn Rossii protiv Napoleona do Parižskogo mira 1856 g.). Otv. red. O. V. Orlik (= Istorija vnešnej politiki Rossii [konec XV v. – 1917 g.]). M. 1995.

Istorija vnešnej politiki Rossii: Vtoraja polovina XIX veka. Otv. red. V. M. Chevrolina (= Istorija vnešnej politiki Rossii [konec XV v. – 1917 g.]). M. 1997.

Istorija vnešnej politiki Rossii: Konec XIX – načalo XX veka (Ot russko-francuzskogo sojuza do Oktjabr'skoj revoljucii). Otv. red. A. V. Ignat'ev (= Istorija vnešnej politiki Rossii [konec XV v. – 1917 g.]). M. 1997.

Iten, Brigitte. Die schweizerisch-sowjetischen Handelsbeziehungen in der Zwischenkriegszeit (1918–1941). Liz. unpubl. Zürich 1992.

Itenberg, B. S. P. L. Lavrov v russkom revoljucionnom dviženii. M. 1988.

Ivanov, A. E. Studenčestvo Rossii konca XIX – načala XX veka: Social'no-
istoričeskaja sud'ba. M. 1999.

Ivkin, V. I. Gosudarstvennaja vlast' SSSR: Vysšie organy vlasti i upravlenija i ich
rukovoditeli 1923–1991: Istoriko-biografičeskij spravočnik. M. 1999.

Jelavich, Barbara. St. Petersburg and Moscow: Tsarist and Soviet Foreign Policy.
Bloomington 1974.

Johanson, Christine. Autocratic Politics, Public Opinion, and Women's Medical
Education During the Reign of Alexander II, 1855–1881. In: Slavic Review,
38 (1979), S. 426–443.

Johnson, Richard J. Zagranichnaia Agentura: The Tsarist political police in
Europe. In: Journal of Contemporary History, 7 (1972), S. 221–242.

Jost, Hans-Ulrich. Der historische Stellenwert des Landesstreiks. In: Willi Gautschi.
Der Landesstreik 1918. Nachwort von H.-U. Jost. 3., durchgesehene Aufl.
Zürich 1988. S. I–XV.

Kaelble, Hartmut. 1848: Viele nationale Revolutionen oder eine europäische
Revolution? In: Revolution in Deutschland und Europa 1848/49. Hg. Wolfgang
Hardtwig (= Sammlung Vandenhoeck). Göttingen 1998. S. 260–278.

Kahan, Arcadius. Russian Economic History: The Nineteenth Century. Edited by
Roger Weiss. Chicago etc. 1989.

Kaiser, Wolfram. Internationale Geschichte: Themen – Ergebnisse – Aussichten:
Eine Konferenz vom 4. bis 6. März 1998 in Essen. In: Zeitschrift für Geschichtswissenschaft, 46 (1998) 6, S. 542–546.

Kalmus, Ludwig. Weltgeschichte der Post: Mit besonderer Berücksichtigung des
deutschen Sprachgebietes. Wien 1937.

Kämpfer, Frank. Facetten eines deutschen «Russlandbildes» um 1600. In: Russen
und Russland aus deutscher Sicht: 9.–17. Jahrhundert. Hg. Mechthild Keller
(= West-östliche Spiegelungen: Russen und Russland aus deutscher Sicht und
Deutsche und Deutschland aus russischer Sicht von den Anfängen bis zum
20. Jahrhundert, Reihe A, 1). München 1985. S. 206–222.

Kancler A. M. Gorčakov: 200 let so dnja roždenija. M. 1998.

Kantor, R. M. Obščestvo posobija političeskim izgnannikam iz Rossii 1877 g. In:
Katorga i ssylka, 11 (1924), S. 220–230.

Karamsin, Nikolaj. Briefe eines russischen Reisenden. Übersetzt von Johann
Richter. Ausgewählt u. hg. von Gudrun Ziegler. Stuttgart 1986.

Kaschuba, Wolfgang. 1848/49: Horizonte politischer Kultur. In: Revolution in
Deutschland und Europa 1848/49. Hg. Wolfgang Hardtwig (= Sammlung
Vandenhoeck). Göttingen 1998. S. 56–78.

Keenan, Edward L. Muscovite Political Folkways. In: The Russian Review,
45 (1986), S. 115–181.

Keenan, Edward L. Reply. In: The Russian Review, 46 (1987), S. 199–210.

Kennan, George F. Russia and the West under Lenin and Stalin. London 1961.

Kiperman, A. Ja. Glavnye centry russkoj revoljucionnoj ėmigracii 70–80-ch godov
XIX v. In: Istoričeskie zapiski, 88 (1971), S. 257–295.

Kislovskij, Ju. G. Istorija tamožni gosudarstva Rossijskogo 907–1995. M. 1995.

Kissinger, Henry A. Die Vernunft der Nationen: Über das Wesen der Aussen-politik. Berlin 1994.

Kivelson, Valerie A. Autocracy in the Provinces: The Muscovite Gentry and Political Culture in the seventeenth century. Stanford 1996.

Kleinewefers, Henner. Nationalismus – wieder zum Problem geworden. In: Schweizer Monatshefte für Politik, Wirtschaft, Kultur, 72 (1992) 4, S. 300–315.

Kolbe, Christian. Asylanten als Agitatoren in der Schweiz: Die Aktivitäten polnischer Flüchtlinge anlässlich der Aufstände von 1830/31 und 1863/64 und der Aufenthalt des italienischen Revolutionärs Giuseppe Mazzini in der Schweiz. In: «Zuflucht Schweiz»: Der Umgang mit Asylproblemen im 19. und 20. Jahrhundert. Hg. Carsten Goehrke u. Werner G. Zimmermann (= Die Schweiz und der Osten Europas, 3). Zürich 1994. S. 17–37.

Konsul'skie donesenija 1886–1890. O. O.

Konsul'skija donesenija i soobščenija agentov Ministerstva Finansov, dostavlennyja departamentu torgovli i manufaktur. 1897–1898. O. O.

Kontr-revoljucionnoe dviženie zagranicej. In: Sbornik sekretnych dokumentov iz archiva byvšago Ministerstva inostrannych del, 5 (1918), S. 199–220.

Konvencija o vodvorenii i torgovle, zaključennaja meždu Rossieju i Švejcarieju 14 (26) Dekabrja 1872 g. / Konvencija o vzaimnoj vydače prestupnikov, zaključennaja meždu Rossieju i Švejcarieju 5 (17) Nojabrja 1873 g. SPb. 1874.

Korb, Johann Georg. Tagebuch der Reise nach Russland. Hg. u. eingeleitet von Gerhard Korb. Übersetzt u. mit Anmerkungen versehen von Edmund Leingärtner. Graz 1968.

Korolev, Matvej Anatol'evič. Doktrina neizmennosti obstojatel'stv v meždunarodnoj praktike sovetskoj Rossii i SSSR (k voprosu o vlijanii političeskich izmenenij na silu meždunarodnogo dogovora). M. 1995.

Krasnyj, A. Tajny ochranki. M. [1917].

Kreis, Georg u. Patrick Kury. Die schweizerischen Einbürgerungsnormen im Wandel der Zeiten: Une Etude sur la naturalisation en Suisse avec un résumé en français. Bern 1996.

Kreis, Georg. Von den Voraussetzungen der schweizerischen Aussenpolitik vor 1914. In: Ein Jahrhundert schweizerische Aussenpolitik im Lichte der «Diplomatischen Dokumente der Schweiz». Hg. Allgemeine Geschichtforschende Gesellschaft der Schweiz (= Itinera, Fasc. 7, 1987). Basel 1987. S. 41–53.

Kreis, Georg. Von der Gründung des Bundesstaates bis zum Ersten Weltkrieg (1848–1914). In: Neues Handbuch der schweizerischen Aussenpolitik. Hg. Alois Riklin, Hans Haug u. Raymond Probst (= Schriftenreihe der Schweizerischen Gesellschaft für Aussenpolitik, 11). Bern etc. 1992. S. 27–40.

Krüdener, Baron Alexis de. Voyage en Italie en 1786: Notes sur l'Italie, la Savoie, Lyon et la Suisse. Traduction, présentation et notes de Francis Ley. Préface de Gérard Luciani. Texte allemand par Herbert Eisele établi d'après le manuscrit original inédit. Paris 1983.

Kudrjavcev, A. S., L. L. Murav'eva u. I. I. Sivolap-Kaftanova. Lenin v Berne i Cjuriche: Pamjatnye mesta. M. 1972.

Kukawka, Tatjana. Die aussenpolitischen Beziehungen zwischen der Schweiz und dem Zarenreich 1815–1848. Liz. unpubl. Zürich 1993.

Kurti, F. Istorija narodnago zakonodatel'stva i demokratii v Švejcarii. Perevod s německago G. F. L'voviča (= Istoriko-političeskaja biblioteka, 3). SPb. 1900.

L'église orthodoxe russe de Genève. Genève 1972.

Lamzdorf, V. N. Dnevnik 1894–1896. Per. s fr., nem. i angl., vvedenie, sostavlenie i kommentarii I. A. D'jakonovoj. M. 1991.

Langhard, J. Die anarchistische Bewegung in der Schweiz von ihren Anfängen bis zur Gegenwart und die internationalen Führer. Berlin 1903.

Langhard, J. Die politische Polizei der Schweizerischen Eidgenossenschaft. Bern 1909.

Laporte, Maurice. Histoire de l'okhrana: La police secrète des tsars 1880–1917. Préface de Vladimir Bourtzev (= Collection d'études, de documents et de témoignages pour servir à l'histoire de notre temps). Paris 1935.

Lappenküper, Ulrich. Morgenluft für die Internationalen Beziehungen in der Geschichtswissenschaft. In: Neue Politische Literatur, 43 (1998), S. 368–373.

Lardy, Charles. Notes historiques sur l'extradition en Suisse. In: Zeitschrift für Schweizerisches Recht, N. F., 38 (1919), S. 265–331.

Laubach-Hintermeier, Sonja. Kritik des Realismus. In: Politische Philosophie der internationalen Beziehungen. Hg. Christine Chwaszcza u. Wolfgang Kerstin. Frankfurt a. M. 1998. S. 73–95.

Lehmkuhl, Ursula. Diplomatiegeschichte als internationale Kulturgeschichte: Theoretische Ansätze und empirische Forschung zwischen Historischer Kulturwissenschaft und Soziologischem Institutionalismus. In: Geschichte und Gesellschaft, 27 (2001), S. 394–423.

Leitzinger, Antero. Schweizer in Finnland: Schweizer Auswanderung nach Finnland bis 1917. Helsinki 1991.

Lengen, Markus. Ein Strukturprofil der letzten Russlandschweizer-Generation am Vorabend des Ersten Weltkrieges. Liz. unpubl. Zürich 1997.

Lenin, V. I. Polnoe sobranie sočinenij. Izd. pjatoe. 55 u. 2 Bde. M. 1967–1970.

Lettres et Papiers du chancelier Comte de Nesselrode 1760–1856: Extraits de ses archives. Publiés et annotés avec une introduction par le Comte A. de Nesselrode. 11 Bde. Paris [1908–1912].

Leutenegger, Eliane u. Slavica Sovilj. Der Stellenwert der Schweiz für die revolutionäre Emigration aus dem Zarenreich im internationalen Vergleich. In: «Zuflucht Schweiz»: Der Umgang mit Asylproblemen im 19. und 20. Jahrhundert. Hg. Carsten Goehrke u. Werner G. Zimmermann (= Die Schweiz und der Osten Europas, 3). Zürich 1994. S. 459–504.

Lexikon der Geschichte Russlands: Von den Anfängen bis zur Oktober-Revolution. Hg. Hans-Joachim Torke. München 1985.

Ley, Francis. La Russie: Paul de Krudener et les soulèvements nationaux 1814–1858. Paris 1971.

Lifschitz, Boris. Die schweizerisch-russischen Handelsbeziehungen. Zürich etc. 1944.

Lilojan, G. C. Lev Michajlovič Karachan. In: Istoriko-filologičeskij žurnal, 1 (1968), S. 232–236.

Lipp, Carola. Politische Kultur oder das Politische und Gesellschaftliche in der Kultur. In: Kulturgeschichte Heute. Hg. Wolfgang Hardtwig u. Hans-Ulrich Wehler (= Geschichte und Gesellschaft, Sonderheft 16). Göttingen 1996. S. 78–110.

Liste du Corps diplomatique accrédité auprès du Gouvernement Provisoire Russe. Petrograd 1917.

Lohm, Christina. Die Handelsbeziehungen zwischen der Schweiz und der Sowjetunion 1946–1964. Liz. unpubl. Zürich 2000.

Ludwig, Marianne. Der polnische Unabhängigkeitskampf von 1863 und die Schweiz (= Basler Beiträge zur Geschichtswissenschaft, 112). Basel etc. 1968.

Luhmann, Niklas. Jenseits von Barbarei. In: Ders. Gesellschaftsstruktur und Semantik: Studien zur Wissenssoziologie der modernen Gesellschaft. Bd. 4 (= stw, 1438). Frankfurt a. M. 1999. S. 138–150.

Luhmann, Niklas. Kultur als historischer Begriff. In: Ders. Gesellschaftsstruktur und Semantik: Studien zur Wissenssoziologie der modernen Gesellschaft. Bd. 4 (= stw, 1438). Frankfurt a. M. 1999. S. 31–54.

Lur'e, Feliks. Policejskie i provokatory: Političeskij sysk v Rossii: 1649–1917. Izd. vtoroe, ispr. (= Tajny istorii v romanach, povestjach i dokumentach). M. 1998.

Lur'e, F. M. Nečaev: Sozidatel' razrušenija (= Žizn' zamečatel'nych ljudej, 1002). M. 2001.

MacKenzie, David. Imperial Dreams – Harsh Realities: Tsarist Russian Foreign Policy, 1815–1917. Fort Worth etc. 1994.

Maeder, Eva. «Dem Vergnügen nicht widerstehen, den Landsleuten zu dienen»: Johannes von Muralt zwischen Zarenhof und Schweizer Kolonie in St. Petersburg. In: Wege der Kommunikation in der Geschichte Osteuropas. Hg. Nada Boškovska, Peter Collmer, Seraina Gilly, Rudolf Mumenthaler u. Christophe von Werdt. Köln etc. 2002. S. 349–374.

Maissen, Thomas. Vom Sonderbund zum Bundesstaat: Krise und Erneuerung 1798–1848 im Spiegel der NZZ. Zürich 1998.

Markin, V. A. Petr Alekseevič Kropotkin 1842–1921. M. 1985.

Marshall, Peter. Demanding the Impossible: A History of Anarchism. London 1992.

May, Elaine Tyler. Commentary: Ideology and Foreign Policy: Culture and Gender in Diplomatic History. In: Diplomatic History, 18 (1994) 1, S. 71–78.

Meijer, Jan Marinus. The Russian Colony in Zuerich (1870–1873): A Contribution to the Study of Russian Populism. Assen o. J.

Mémoire sur la question de Neuchâtel: 1856. Bern 1856.

Metzler, Gabriele. Gesellschaftlicher Wandel und internationale Politik: Zum Verhältnis von Politik- und Sozialgeschichte am Beispiel der britischen Europapolitik 1856–1871. In: Zeitschrift für Geschichtswissenschaft, 46 (1998) 9, S. 773–797.

Meuwly, Olivier. Anarchisme et modernité: Essai politico-historique sur les pensées anarchistes et leurs répercussions sur la vie sociale et politique actuelle. Lausanne 1998.

Meyerhofer, Ursula. Wir sind die Nation: Der radikale Nationsbegriff des «Schweizerischen Republikaners», 1830–1846. In: Die Konstruktion einer Nation: Nation und Nationalisierung in der Schweiz, 18.–20. Jahrhundert. Hg. Urs Alter-

matt, Catherine Bosshart-Pfluger u. Albert Tanner (= Die Schweiz 1798–1998: Staat – Gesellschaft – Politik, 4). Zürich 1998. S. 49–59.

Michajlov, M. I. Nikolaevskaja Rossija i revoljucionnaja Evropa. In: Rossija i Evropa: Diplomatija i kul'tura. M. 1995. S. 89–105.

Ministerstvo inostrannych del vo vremja upravlenija ministerstvom knjazja A. M. Gorčakova: Iz zapisok stats-sekretarja A. F. Gamburger. Ottiski iz istoričeskago žurnala «Russkaja Starina» izd. 1884 g., t. XLII, aprel'. SPb. 1884.

Mjačin, A. N. et al. Tamožennoe delo v Rossii X – načalo XX vv. (Istoričeskij očerk. Dokumenty. Materialy.) SPb. 1995.

Mommsen, Wolfgang J. 1848: Die ungewollte Revolution: Die revolutionären Bewegungen in Europa 1830–1849. Frankfurt a. M. 1998.

Moorehead, Caroline. Dunant's Dream: War, Switzerland and the History of the Red Cross. London 1998.

Morel, Georges. Les rapports économiques de la Suisse avec la Russie. Genève 1934.

Morkowska, Marysia. Vom Stiefkind zum Liebling: Die Entwicklung und Funktion des europäischen Schweizbildes bis zur Französischen Revolution. Zürich 1997.

Moser, Andreas. Das Schweizer Russenbild vor der Oktoberrevolution: Russland und die Russen aus der Sicht Schweizer Zeitungen 1899–1917. Liz. unpubl. Zürich 1991.

Mottini, Ester. Die Anfänge der politischen Beziehungen zwischen der Schweiz und Russland bis 1814. Liz. unpubl. Zürich 1989.

Mottini, Ester. Schweizerisch-russische Beziehungen vor 1815. In: Schweiz – Russland / Rossija – Švejcarija: Beziehungen und Begegnungen: Begleitband zur Ausstellung der Präsidialabteilung der Stadt Zürich. Hg. Werner G. Zimmermann. Zürich [1989]. S. 134–153.

Mumenthaler, Rudolf. «Keiner lebt in Armuth»: Schweizer Ärzte im Zarenreich (= Beiträge zur Geschichte der Russlandschweizer, 4). Zürich 1991.

Mumenthaler, Rudolf. Im Paradies der Gelehrten: Schweizer Wissenschaftler im Zarenreich (1725–1917) (= Beiträge zur Geschichte der Russlandschweizer, 6). Zürich 1996.

Mysyrowicz, Ladislas. Agents secrets tsaristes et révolutionnaires russes à Genève 1879–1903. In: Schweizerische Zeitschrift für Geschichte, 23 (1973), S. 29–72.

[Nesselrode, K. R.]. Des russischen Reichskanzlers Grafen Nesselrode Selbstbiographie. Deutsch von Karl Klevesahl. Berlin 1866.

Nettlau, Max. Bakunin und die russische revolutionäre Bewegung in den Jahren 1868–1873. In: Archiv für die Geschichte des Sozialismus und der Arbeiterbewegung, 5 (1914) 3, S. 357–422.

Nettlau, Max. Geschichte der Anarchie: Der Anarchismus von Proudhon zu Kropotkin: Seine historische Entwicklung in den Jahren 1859–1880. Hg. Heiner Becker. Bd. 2. Duisburg 1993 [Berlin 1927].

Neubach, Helmut. Das Polenmuseum in Rapperswil: Ein Beitrag zur Geschichte der polnischen Emigration in der Schweiz. In: Zeitschrift für Ostforschung, 13 (1964), S. 721–728.

Neue Deutsche Biographie. Hg. Historische Kommission bei der Bayerischen Akademie der Wissenschaften. Berlin 1953 ff.

Neumann, Daniela. Studentinnen aus dem Russischen Reich in der Schweiz (1867–1914) (= Die Schweiz und der Osten Europas, 1). Zürich 1987.

Nicolai, W. Geheime Mächte: Internationale Spionage und ihre Bekämpfung im Weltkrieg und heute. Leipzig 1923.

Niederegger, Viviane. Unerfüllte Erwartungen: Die diplomatischen und kulturellen Beziehungen zwischen der Schweiz und der Sowjetunion 1946 bis 1956. Liz. unpubl. Zürich 2000.

Novikov, V. Ul'janov v Ženeve. In: Oktjabr', 11 (1989), S. 179–181.

Novyj ėnciklopedičeskij slovar'. Hg. Izdatel'skoe dělo byvšee Brokgauz-Efron. (A-Otto). 29 Bde. SPb./Petrograd [1911–1916].

Oberarzbacher, Marta. Die Auswanderung von Appenzellerinnen und Appenzellern ins Zarenreich: Ein Beitrag zur Geschichte der Russlandschweizer. Liz. unpubl. Zürich 1993.

Obermann, Karl. Die Rolle der zaristischen Hilfs- und Interventionspläne gegen die Revolution in der ersten Hälfte des Jahres 1848. In: Jahrbuch für Geschichte der UdSSR und der volksdemokratischen Länder Europas, 8 (1964), S. 179–212.

Očerk istorii Ministerstva inostrannych del 1802–1902. SPb. 1902.

Očerk istorii vněšnej torgovli Rossii. In: Sbornik svěděnij po istorii i statistikě vněšnej torgovli Rossii. Pod red. V. I. Pokrovskago. Bd. 1. Izd. departamenta tamožennych sborov. SPb. 1902. S. I–XLIV.

Olearius, Adam. Vermehrte Newe Beschreibung der Muscowitischen vnd Persischen Reyse. Hg. Dieter Lohmeier (= Deutsche Neudrucke, Reihe Barock, 21). Tübingen 1971 [Schleswig 1656].

P. N. Miljukov: Istorik, politik, diplomat: Materialy meždunarodnoj naučnoj konferencii: Moskva, 26–27 maja 1999 g. Red. V. V. Šelochaev. M. 2000.

Pavlov, P. Agenty, žandarmy, palači: Po dokumentam. Petrograd 1922.

Pervencev, Valerij Vladimirovič. Konsul'skaja služba Rossii v XVIII – načala XX vv. Avtoreferat dissertacii. M. 1992.

Pleiss, Jürg. Die Schweiz und die Auslieferung politischer Flüchtlinge aus dem europäischen Osten: Vom Fall Nečaev 1872 zum Fall Vasil'ev 1908. In: Asyl und Aufenthalt: Die Schweiz als Zuflucht und Wirkungsstätte von Slaven im 19. und 20. Jahrhundert. Hg. Monika Bankowski, Peter Brang, Carsten Goehrke u. Werner G. Zimmermann. Basel etc. 1994. S. 81–106.

Plesskaja-Zebol'd, Ė. G. Odesskie nemcy 1803–1920 (= Der Göttinger Arbeitskreis: Veröffentlichung Nr. 471). Odessa 1999.

Pochlebkin, V. V. Vnešnjaja Politika Rusi, Rossii i SSSR za 1000 let v imenach, datach, faktach. Bd. 1: Vedomstva vněšnej politiki i ich rukovoditeli: Spravočnik. M. 1992.

Polenov, V. A. Obozrenie prežnago i nynešnago sostojanija ministerstva inostrannych del. In: Sbornik imperatorskago russkogo istoričeskago obščestva. Bd. 31. SPb. 1881. S. 163–196.

Političeskie dejateli Rossii 1917: Biografičeskij slovar'. Glavn. red. P. V. Volobuev (= Biografičeskie slovari i spravočniki). M. 1993.

Položenie russkich voennoplennych i dejatel'nost' Komissii Rossijskago Krasnago Kresta v Švejcarii. Bjumplic (Švejcarija) o. J. [Bern 1918].

Rauber, Urs. Schweizer Industrie in Russland: Ein Beitrag zur Geschichte der

industriellen Emigration, des Kapitalexportes und des Handels der Schweiz mit dem Zarenreich (1760–1917) (= Beiträge zur Geschichte der Russlandschweizer, 2). Zürich 1985.

Reichesberg, N. Konsularwesen. In: Handwörterbuch der Schweizerischen Volkswirtschaft, Sozialpolitik und Verwaltung. Hg. von dems. Bd. 2. Bern 1905. S. 773–789.

Reimann, Maximilian. Quasi-konsularische und schutzmachtähnliche Funktionen des Internationalen Komitees vom Roten Kreuz ausserhalb bewaffneter Konflikte, dargestellt insbesondere am Beispiel des Schutzes der Schweizerbürger in Russland nach der Oktoberrevolution von 1917 bis 1946, ferner an den Beispielen des Schutzes der deutschen Zivilarbeiter in Frankreich (1947–1951), der Niederländer in Indonesien (1961–1963), der Heimschaffung der Nordkoreaner aus Japan (1959–1967) und einiger weiterer Fälle, wie Flugzeugentführungen usw. (= Etudes et perspectives, 4). Genf etc. 1971.

Renk, Hansjörg. Bismarcks Konflikt mit der Schweiz: Der Wohlgemuth-Handel von 1889: Vorgeschichte, Hintergründe und Folgen (= Basler Beiträge zur Geschichtswissenschaft, 125). Basel etc. 1972.

Repertorien des Bundesarchivs Bern: Bestand E 2200 St. Petersburg 1817–1919. Bearbeitet von K. Moser 1983–1984. Unpubl. Bundesarchiv.

Revolution und Innovation: Die konfliktreiche Entstehung des schweizerischen Bundesstaates von 1848. Hg. Andreas Ernst, Albert Tanner u. Matthias Weishaupt (= Die Schweiz 1798–1998: Staat – Gesellschaft – Politik, 1). Zürich 1998.

Révolutionnaires et Exilés du XIXe Siècle: Autour d'Alexandre Herzen: Documents inédits publiés par Marc Vuilleumier, Michel Aucouturier, Sven Stelling-Michaud et Michel Cadot (= Etudes et documents publiés par la section d'histoire de la faculté des lettres de l'université de Genève, 8). Genève 1973.

Riha, Thomas. A Russian European: Paul Miliukov in Russian Politics. London 1969.

Roberts, Ian W. Nicholas I and the Russian Intervention in Hungary. New York 1991.

Rogger, Franziska. Der Doktorhut im Besenschrank: Das abenteuerliche Leben der ersten Studentinnen – am Beispiel der Universität Bern. Bern 1999.

Rohe, Karl. Politische Kultur und der kulturelle Aspekt von politischer Wirklichkeit: Konzeptionelle und typologische Überlegungen zu Gegenstand und Fragestellung Politischer Kultur-Forschung. In: Politische Kultur in Deutschland: Bilanz und Perspektiven der Forschung. Hg. Dirk Berg-Schlosser u. Jakob Schissler (= Politische Vierteljahresschrift, Sonderheft 18/1987). S. 39–48.

Rohe, Karl. Politische Kultur und ihre Analyse: Probleme und Perspektiven der politischen Kulturforschung. In: Historische Zeitschrift, 250 (1990), S. 321–346.

Rohner, Kurt. Die schweizerischen Wirtschaftsvertretungen im Ausland. Bern 1944.

Romejko-Gurko, Dmitrij Iosifovič. «Perepiska so špionami uveličilas'». Publ. Ljubov' Man'kova. In: Istočnik, 1 (2002), S. 15–39.

Ronge, Max. Meister der Spionage. Leipzig etc. 1935.

Rosmus, Daniela. Die Schweiz als Bühne: Staatsbesuche und politische Kultur 1848–1990. Zürich 1994.

Rossija – Švejcarija / Russie – Suisse / Russland – Schweiz 1813–1955: Dokumenty i materialy. M. 1995.

Rossija antibol'ševistskaja: Iz belogvardejskich i ėmigrantskich archivov. Otv. red. G. A. Trukan. M. 1995.

Rossija i Francija XVIII–XX veka. Vypusk 2. Otv. red. Petr Čerkasov. La Russie et la France XVIII-ème – XX-ème siècles. Volume 2. Sous la direction de Piotr Tcherkassov. M. 1998.

Rossija i Švejcarija: Razvitie naučnych i kul'turnych svjazej (po materialam dvustoronnich kollokviumov istorikov Rossii i Švejcarii). M. 1995.

Rossija i Zapad: Formirovanie vnešnepolitičeskich stereotipov v soznanii rossijskogo obščestva pervoj poloviny XX veka. Otv. red. A. V. Golubev. M. 1998.

Ruchti, Jacob. Geschichte der Schweiz während des Weltkrieges 1914–1919: Politisch, wirtschaftlich und kulturell. 2 Bde. Bern 1928, 1930.

Ruffieux, Roland. Die Schweiz des Freisinns (1848–1914). In: Geschichte der Schweiz – und der Schweizer. Bd. 3. Basel 1983. S. 9–100.

Ruffieux, Roland. La Suisse et les pays de l'Est: Aspects politiques et culturels. In: Die Schweiz und das demokratische Erwachen Osteuropas / La Suisse face à la renaissance démocratique en Europe de l'Est (= Schriftenreihe des Forum Helveticum, 4). Lenzburg 1992. S. 22–32.

Rumbold, Horace. Further recollections of a diplomatist. London 1904.

Russkie diplomaty zagranicej: Vyderžki iz ves'ma sekretnago doklada Vremennomu Pravitel'stvu Komissara Vremennago Pravitel'stva zagranicej S. G. Svatikova v Oktjabrě 1917 g. In: Sbornik sekretnych dokumentov iz archiva byvšago Ministerstva inostrannych del, 5 (1918), S. 177–198.

Rybačenok, I. S. A. B. Lobanov-Rostovskij vo glave rossijskogo MID. In: Portrety rossijskich diplomatov: Sbornik naučnych trudov. Otv. red. A. V. Ignat'ev. M. 1991. S. 161–183.

Sammlung der Handels-, Niederlassungs- u. Konsular-Verträge der Schweiz mit dem Auslande, inbegriffen die Verträge über den Schutz des geistigen Eigenthums. Zusammengestellt von Dr. A. Eichmann. Zürich 1885.

Sarasin, Philipp. Sich an 1848 erinnern: Einige unsystematische Überlegungen am Beispiel der Schweiz. In: Die Revolutionen von 1848/49: Erfahrung – Verarbeitung – Deutung. Hg. Christian Jansen u. Thomas Mergel (= Sammlung Vandenhoeck). Göttingen 1998. S. 268–278.

Sasonoff, S. D. Sechs schwere Jahre. Berlin 1927.

Savinkov, Boris. Erinnerungen eines Terroristen. Aus dem Russischen übersetzt von Arkadi Maslow. Revidiert u. ergänzt von Barbara Conrad. Mit einem Vor- u. Nachbericht von Hans Magnus Enzensberger (= Die Andere Bibliothek). Nördlingen 1985.

Sazonov, S. D. Vospominanija. Paris 1927 (= Rossija v memuarach diplomatov). M. 1991.

Sbornik dejstvujuščich traktatov, konvencij i soglašenij, zaključennych Rossiej s drugimi gosudarstvami. Izdano po rasporjaženiju g. Ministra inostrannych del. Izd. vtoroe. Bd. 1–2. SPb. 1902, 1906.

Sbornik konsul'skich donesenij. SPb. 1898–1910.

Sbornik sekretnych dokumentov iz archiva byvšago Ministerstva inostrannych del. Nr. 1–6. [1917–1918].

Scheidegger, Gabriele. Perverses Abendland – barbarisches Russland: Begegnungen

des 16. und 17. Jahrhunderts im Schatten kultureller Missverständnisse. Zürich 1993.

Schmidt-Rösler, Andrea. Polen: Vom Mittelalter bis zur Gegenwart (= Ost- und Südosteuropa: Geschichte der Länder und Völker). Regensburg etc. 1996.

Schneider, Harry. Schweizer Theologen im Zarenreich (1700–1917): Auswanderung und russischer Alltag von Theologen und ihren Frauen (= Beiträge zur Geschichte der Russlandschweizer, 5). Zürich 1994.

Schoch, Jürg. Die Oberstenaffäre: Eine innenpolitische Krise (1915/1916) (= Europäische Hochschulschriften, III/19). Bern etc. 1972.

Schödl, Günter. Jenseits von Bürgergesellschaft und nationalem Staat: Die Völker Ostmitteleuropas 1848/49. In: Revolution in Deutschland und Europa 1848/49. Hg. Wolfgang Hardtwig (= Sammlung Vandenhoeck). Göttingen 1998. S. 207–239.

Schoop, Albert. Johann Conrad Kern: Die Gesandtschaft in Paris und die Beziehungen zwischen der Schweiz und Frankreich 1857 bis 1883. Frauenfeld 1976.

Schweiz – Russland / Rossija – Švejcarija: Beziehungen und Begegnungen: Begleitband zur Ausstellung der Präsidialabteilung der Stadt Zürich. Hg. Werner G. Zimmermann [Museum Strauhof, 6. Juni bis 31. Juli 1989]. Zürich [1989].

Šejnis, Z. Missija Jana Berzina: Dokumental'naja povestvovanie. In: Junost', 9 (1976), S. 93–99 u. 10 (1976), S. 91–98.

Senn, Alfred Erich. Assassination in Switzerland: The Murder of Vatslav Vorovsky. Madison 1981.

Senn, Alfred Erich. Die Schweiz als Asyl für russische Revolutionäre. In: Schweizer Monatshefte, 56 (1976), S. 693–698.

Senn, Alfred Erich. Diplomacy and Revolution: The Soviet Mission to Switzerland, 1918. Notre Dame 1974.

Senn, Alfred Erich. Les révolutionnaires russes et l'asile politique en Suisse avant 1917. In: Cahiers du monde russe et soviétique, 9 (1968), S. 324–336.

Senn, Alfred Erich. The Russian Revolution in Switzerland 1914–1917. Madison etc. 1971.

Sergeev, E. Ju. u. Ar. A. Ulunjan. Ne podležit oglašeniju: Voennye agenty Rossijskoj Imperii v Evrope 1900–1914 gg. M. 1999.

Sieber, J. Gesandtschaftswesen. In: Handwörterbuch der Schweizerischen Volkswirtschaft, Sozialpolitik und Verwaltung. Hg. N. Reichesberg. Bd. 2. Bern 1905. S. 258–265.

Sinjaja kniga: Sbornik tajnych dokumentov, izvlečennych iz archiva byvšago ministerstva inostrannych del. Red. i vvedenie K. M. Trojanovskago. Izd. Narodnago Komissariata po inostrannym delam. M. 1918.

Slusser, Robert M. The Role of the Foreign Ministry. In: Russian Foreign Policy: Essays in Historical Perspective. Hg. Ivo J. Lederer. 3. Aufl. New Haven etc. 1966. S. 197–239.

Sobranie cirkuljarov Ministerstva inostrannych del po Departamentu ličnago sostava i chozjajstvennych del. 1840–1900. SPb. 1900.

Sobranie cirkuljarov Ministerstva inostrannych del po Departamentu vnutrennich snošenij. 1840–1888. SPb. 1888.

Sobranie traktatov i konvencij, zaključennych Rossieju s inostrannymi deržavami. Po poručeniju Ministerstva Inostrannych Děl sostavil F. Martens. 15 Bde. SPb. 1874–1909.

Sokolov, V. V. Ja. A. Berzin – revoljucioner, diplomat, gosudarstvennyj dejatel'. In: Novaja i novejšaja istorija, 2 (1990), S. 140–159.

Sokolov, V. V. Na boevych postach diplomatičeskogo fronta: Žizn' i dejatel'nost' L. M. Karachana. M. 1983.

Solov'ev, Ju. Ja. Vospominanija diplomata 1893–1922 (= Biblioteka vnešnej politiki). M. 1959.

Solzhenitsyn, Alexander. Lenin in Zürich: Chapters. Translated by H. T. Willetts. London 1976.

Somm, Markus. Zinnsoldaten der Innenpolitik: Die Asylpraxis der Schweiz gegenüber revolutionären polnischen Flüchtlingen im 19. Jahrhundert. In: Asyl und Aufenthalt: Die Schweiz als Zuflucht und Wirkungsstätte von Slaven im 19. und 20. Jahrhundert. Hg. Monika Bankowski, Peter Brang, Carsten Goehrke u. Werner G. Zimmermann. Basel etc. 1994. S. 47–68.

Sonn, Richard D. Anarchism (= Twayne's Studies in Intellectual and Cultural History, 4). New York 1992.

Soom, Jost. «Avancement et fortune»: Schweizer und ihre Nachkommen als Offiziere, Diplomaten und Hofbeamte im Dienst des Zarenreiches (= Beiträge zur Geschichte der Russlandschweizer, 7). Zürich 1996.

Sovetskaja Istoričeskaja Ėnciklopedija. 16 Bde. M. 1961–1976.

Sovmestnaja rossijsko-švejcarskaja publikacija. In: Diplomatičeskij vestnik, 17–18 (1994), S. 76–80.

Sperber, Jonathan. Eine alte Revolution in neuer Zeit: 1848/49 in europäischer Perspektive. In: Die Revolutionen von 1848/49: Erfahrung – Verarbeitung – Deutung. Hg. Christian Jansen u. Thomas Mergel (= Sammlung Vandenhoeck). Göttingen 1998. S. 14–36.

Sperber, Jonathan. The European Revolutions, 1848–1851 (= New Approaches to European History). Cambridge 1994.

Spisok Rossijskich Posol'stv, Missij, Konsul'stv i Agentov Ministerstva Finansov za granicej. SPb. 1901.

Spravočnaja kniga dlja dolžnostnych lic central'nych i zagraničnych ustanovlenij Ministerstva Inostrannych Del. Sost. po poručeniju Ministerstva Inostrannych Del M. Nikonov. SPb. 1869.

Staats-Kalender der schweizerischen Eidgenossenschaft [auch: Eidgenössischer Staats-Kalender]. Bern 1849 ff.

Stadler, Peter. Der Kulturkampf in der Schweiz – Versuch einer Bilanz. In: Civitas, 41 (1986) 3, S. 81–84.

Stauffer, Paul. Die Affäre Hoffmann/Grimm (= Schweizer Monatshefte, Sonderbeilage zu Heft 1 des 53. Jahrgangs [1973/74]).

Steklow, Georg. Michael Bakunin: Ein Lebensbild. 2. Aufl. Stuttgart 1920.

Stepniak, [S.] Das Unterirdische Russland (La Russia sotterranea): Revolutionäre Porträts und Skizzen aus der Wirklichkeit. Mit einem Vorwort von Peter Lawroff. Aus dem Italienischen übersetzt von Max Trautner. Bern 1884.

Stepniak, [S.] La Russie sous les tzars. Paris 1887.

Stökl, Günther. Russische Geschichte: Von den Anfängen bis zur Gegenwart. 6., erweiterte Aufl. Mit einem Nachtrag, einer Zeittafel und einer aktuellen Bibliographie von Manfred Alexander (= Kröners Taschenausgabe, 244). Stuttgart 1997.

Stone, Lawrence. The Revival of Narrative: Reflections on a New Old History. In: Past and Present, 85 (1979), S. 3–24.

Studer, Brigitte. Un parti sous influence: Le Parti communiste suisse, une section du Komintern 1931 à 1939. Lausanne 1994.

Sumner, B. H. Russia and the Balkans 1870–1880. Oxford 1937.

Suter, Bruno. Der Ausbau der Schweizer diplomatischen Vertretung in den Nachfolgestaaten der Donaumonarchie 1918 bis 1921. Bern etc. 2001.

Suter, Friedrich. «Das Sterben Russlands»: Bericht an den Bundesrat (Ostern 1920). In: Die besten Jahre unseres Lebens: Russlandschweizerinnen und Russlandschweizer in Selbstzeugnissen, 1821–1999. Hg. Peter Collmer (= Beiträge zur Geschichte der Russlandschweizer, 8). Zürich 2001. S. 279–301.

Švejcarija – Rossija: Kontakty i razryvy / Suisse – Russie: Contacts et ruptures / Schweiz – Russland: Aufbau und Krisen der Beziehungen 1813–1955: Dokumente aus dem Archiv des russischen Ministeriums für auswärtige Angelegenheiten u. dem Schweizerischen Bundesarchiv, ausgewählt u. bearbeitet für die Schweizer Ausgabe von Antoine Fleury, Danièle Tosato-Rigo, für die russische Ausgabe von Julija Basenko, Vjačeslav Ovčinnikov, Petr Proničev. Bern etc. 1994.

Svod rasporjaženij otnosjaščichsja k dejatel'nosti rossijskich neštatnych konsul'skich predstavitelej za granicej. Izd. M. I. D. Petrograd 1916.

Svodka otčetov Missij i Konsul'stv o konsul'skoj dejatel'nosti za 1907 god, dostavlennych vo Vtoroj Departament. Sostavlena Koll. Sov. Poljanovskim. O. O., o. J.

Tcherniavski/Černjavskij, Stanislav. Histoire de l'Eglise Orthodoxe Russe en Suisse / Istorija russkogo pravoslavija v Švejcarii (1817–1917). M. 2000.

The Modern Encyclopedia of Russian and Soviet History [ab Bd. 56: The Modern Encyclopedia of Russian, Soviet and Eurasian History]. Hg. Joseph L. Wieczynski et al. Gulf Breeze 1976 ff.

Theen, Rolf H. W. Nečaevs Auslieferung 1872: Der diplomatische Hintergrund. In: Jahrbücher für Geschichte Osteuropas, N. F., 21 (1973), S. 573–583.

Thomas, Ludmila. Georgij Čičerins Weg in die sowjetische Diplomatie. In: Zwischen Tradition und Revolution: Determinanten und Strukturen sowjetischer Aussenpolitik 1917–1941. Hg. Ludmila Thomas u. Viktor Knoll (= Quellen und Studien zur Geschichte des östlichen Europa, 59). Stuttgart 2000. S. 31–72.

Thomas, Ludmila. Russische Reaktionen auf die Revolution von 1848 in Europa. In: Revolution in Deutschland und Europa 1848/49. Hg. Wolfgang Hardtwig (= Sammlung Vandenhoeck). Göttingen 1998. S. 240–259.

Thun, Alphons. Geschichte der Revolutionären Bewegungen in Russland. Leipzig 1883.

Tichvinskij, S. L. O podgotovke sbornika dokumentov «Rossijsko-švejcarskie otnošenija. 1813–1955 gg.». In: Rossija i Švejcarija: Razvitie naučnych i kul'turnych svjazej (po materialam dvustoronnich kollokviumov istorikov Rossii i Švejcarii). M. 1995. S. 4–10.

Tjutschew, Fjodor. Russland und Deutschland (1844). In: Ders. Russland und der Westen: Politische Aufsätze (= stimmen aus russland, 1). Hg., aus dem Russischen übersetzt u. mit einem Vorwort versehen von Michael Harms. Berlin 1992. S. 48–61.

Tjutschew, Fjodor. Russland und die Revolution (1848). In: Ders. Russland und der Westen: Politische Aufsätze (= stimmen aus russland, 1). Hg., aus dem Russischen übersetzt u. mit einem Vorwort versehen von Michael Harms. Berlin 1992. S. 62–72.

Torke, Hans-Joachim. Die staatsbedingte Gesellschaft im Moskauer Reich: Zar und Zemlja in der altrussischen Herrschaftsverfassung 1613–1689 (= Studien zur Geschichte Osteuropas, 17). Leiden 1974.

Trochsler, Irène. Schweizerische Reaktionen auf die Korsakovschen Besatzungstruppen des Jahres 1799. In: Bild und Begegnung: Kulturelle Wechselseitigkeit zwischen der Schweiz und Osteuropa im Wandel der Zeit. Hg. Peter Brang, Carsten Goehrke, Robin Kemball u. Heinrich Riggenbach. Basel etc. 1996. S. 73–96.

Truš, M. I. Sovetskaja vnešnjaja politika i diplomatija v trudach V. I. Lenina. M. 1977.

Tschudin, Gisela. Schweizer Käser im Zarenreich: Zur Mentalität und Wirtschaft ausgewanderter Bauernsöhne und Bauerntöchter (= Beiträge zur Geschichte der Russlandschweizer, 3). Zürich 1990.

Tucker, Robert C. The Soviet Political Mind: Stalinism and Post-Stalin Change. Revised Edition. London 1972.

Turilova, S. L. Dokumenty o G. V. Čičerine v AVPR. In: Novaja i novejšaja istorija, 5 (1990), S. 217–221.

Uldricks, Teddy J. Union of Soviet Socialist Republics: The Tsarist and Soviet Ministry of Foreign Affaires. In: The Times Survey of Foreign Ministries of the World. London 1982. S. 513–539.

Vasilenko, I. A. Političeskie processy na rubeže kul'tur. M. 1998.

Véridicus [Henri Guilbeaux]. Suisse & Soviets: Histoire d'un conflit: L'expulsion de la Mission soviétique. L'Assassinat impuni de Vorovsky. Pourquoi l'U. R. S. S. n'assistait pas à la Conférence du désarmement. Préface de Mathias Morhardt. Paris 1926.

Vigilev, A. N. Istorija otečestvennoj počty. 2-e izd., pererabotannoe i dopoln. M. 1990.

Vladimirskij-Budanov, M. F. Obzor istorii russkago prava (= Russian Reprint Series, XXIX). The Hague 1966 [SPb. etc. 1909, izd. šestoe].

Vnešnjaja politika Rossii XIX i načala XX veka. M. 1960 ff. [gegenwärtig bis 1830].

Voegeli, Josef. Die Rückkehr der Russlandschweizer 1917–1945. Liz. unpubl. Zürich 1979.

Vollenweider, Eduard. «Ich trage noch so gerne aus meinen alten Erinnerungen vor…»: Interview (29. Januar und 5. Februar 1982 in Meilen). In: Die besten Jahre unseres Lebens: Russlandschweizerinnen und Russlandschweizer in Selbstzeugnissen, 1821–1999. Hg. Peter Collmer (= Beiträge zur Geschichte der Russlandschweizer, 8). Zürich 2001. S. 155–193.

Weber, Max. Zur Russischen Revolution von 1905: Schriften und Reden 1905–1912.

Hg. Wolfgang J. Mommsen in Zusammenarbeit mit Dittmar Dahlmann (= Max Weber Gesamtausgabe, im Auftrag der Kommission für Sozial- und Wirtschaftsgeschichte der Bayerischen Akademie der Wissenschaften, Abteilung I, 10). Tübingen 1989.

Weber, Petra. Sozialismus als Kulturbewegung: Frühsozialistische Arbeiterbewegung und das Entstehen zweier feindlicher Brüder Marxismus und Anarchismus. Düsseldorf 1989.

Wehler, Hans-Ulrich. «Moderne» Politikgeschichte? Oder: Willkommen im Kreis der Neorankeaner vor 1914. In: Ders. Politik in der Geschichte: Essays (= Beck'sche Reihe, 1240). München 1998. S. 160–172.

Wehler, Hans-Ulrich. Die Herausforderung der Kulturgeschichte (= Beck'sche Reihe, 1276). München 1998.

Wehler, Hans-Ulrich. Gelungene Rückkehr zur Politikgeschichte? In: Ders. Politik in der Geschichte: Essays (= Beck'sche Reihe, 1240). München 1998. S. 178–188.

Welch, Stephen. The Concept of Political Culture. New York 1993.

Widmer, Thomas. Die Schweiz in der Wachstumskrise der 1880er Jahre. Zürich 1992.

Windler, Christian. Normen aushandeln: Die französische Diplomatie und der muslimische «Andere» (1700–1840). In: Ius commune, 24 (1997), S. 171–210.

Wittkop, Justus Franz. Michail A. Bakunin: Mit Selbstzeugnissen und Bilddokumenten dargestellt von Justus Franz Wittkop (= rowohlts monographien, 218). Reinbek bei Hamburg 1987.

Wolff, Larry. Poland and Switzerland: Philosophical Perspective and Geographical Displacement in the Age of Enlightenment. In: «Der letzte Ritter und erste Bürger im Osten Europas»: Kościuszko, das aufständische Reformpolen und die Verbundenheit zwischen Polen und der Schweiz. Hg. Heiko Haumann u. Jerzy Skowronek unter Mitarbeit von Thomas Held u. Catherine Schott (= Basler Beiträge zur Geschichtswissenschaft, 169 / Studia Polono-Helvetica, 3). Basel etc. 1996. S. 239–256.

Woodcock, George u. Ivan Avakumović. The Anarchist Prince: A Biographical Study of Peter Kropotkin. London 1950.

Wortman, Richard. «Muscovite Political Folkways» and the Problem of Russian Political Culture. In: The Russian Review, 46 (1987), S. 191–198.

Wyss, Rudolf. Bewegte Tage in Interlaken vor achtzig Jahren: Ein Terroristenmord im Grandhotel Jungfrau: Nach alten Zeitungsberichten erzählt von Rudolf Wyss. Interlaken [1986].

Za sto lět (1800–1896): Sbornik po istorii političeskich i obščestvennych dviženij v Rossii (v dvuch častjach). Sostavil Vl. Burcev pri redakcionnom učastii S. M. Kravčinskago (Stepnjaka) (= Russian Reprint Series, 12). The Hague 1965 [London 1897].

Zaionchkovsky, Peter A. The Russian Autocracy under Alexander III. Edited and Translated by David R. Jones. Gulf Breeze 1976.

Zajončkovskij, P. A. Pravitel'stvennyj apparat samoderžavnoj Rossii v XIX v. M. 1978.

Zalkind, I. Iz pervych mesjacev Narodnogo Komissariata po Inostrannym Delam. In: Meždunarodnaja žizn', 15 (1922), S. 55–61.

Zalkind, I. NKID v semnadcatom godu. (Iz vospominanij ob Oktjabre). In: Meždunarodnaja žizn', 10 (1927), S. 12–20.

Zarnickij, S. u. A. Sergeev. Čičerin. Izd. 2-e, ispr. i dopoln. M. 1975.

Zarnickij, Stanislav Vasil'evič u. Lidija Ivanovna Trofimova. Tak načinalsja Narkomindel. M. 1984.

Zimmermann, Ilse. Zum Russlandbild schweizerischer Temporärauswanderer um die Jahrhundertwende. In: Bild und Begegnung: Kulturelle Wechselseitigkeit zwischen der Schweiz und Osteuropa im Wandel der Zeit. Hg. Peter Brang, Carsten Goehrke, Robin Kemball u. Heinrich Riggenbach. Basel etc. 1996. S. 97–104.

Zimmermann, Werner G. Asyl in der Schweiz: Aspekte und Dimensionen eines Dauerthemas. In: Asyl und Aufenthalt: Die Schweiz als Zuflucht und Wirkungsstätte von Slaven im 19. und 20. Jahrhundert. Hg. Monika Bankowski, Peter Brang, Carsten Goehrke u. Werner G. Zimmermann. Basel etc. 1994. S. 13–18.

Zimmermann, Werner G. Die schweizerisch-russischen Beziehungen 1815–1918. In: Schweiz – Russland / Rossija – Švejcarija: Beziehungen und Begegnungen: Begleitband zur Ausstellung der Präsidialabteilung der Stadt Zürich. Hg. von dems. Zürich [1989]. S. 154–175.

«Zuflucht Schweiz»: Der Umgang mit Asylproblemen im 19. und 20. Jahrhundert. Hg. Carsten Goehrke u. Werner G. Zimmermann (= Die Schweiz und der Osten Europas, 3). Zürich 1994.

Zweidler, Catarina. Die Bombenaffäre 1889 auf dem Zürichberg. In: «Zuflucht Schweiz»: Der Umgang mit Asylproblemen im 19. und 20. Jahrhundert. Hg. Carsten Goehrke u. Werner G. Zimmermann (= Die Schweiz und der Osten Europas, 3). Zürich 1994. S. 173–196.

Zweig, Stefan. Sternstunden der Menschheit: Zwölf historische Miniaturen. Frankfurt a. M. 1981.

VIII. Abkürzungen

a. i.	ad interim
a. St.	alten Stils (julianischer Kalender)
AGbM	Ausserordentlicher Gesandter und bevollmächtigter Minister
AH	von anderer Hand
AS	Amtliche Sammlung der Bundesgese[t]ze und Verordnungen der schweizerischen Eidgenossenschaft
AS (n. F.)	Amtliche Sammlung der Bundesgesetze und Verordnungen der schweizerischen Eidgenossenschaft: Neue Folge (seit 1874)
AVPRF	Archiv vnešnej politiki Rossijskoj Federacii (Archiv der Aussenpolitik der Russländischen Föderation, Moskau)
AVPRI	Archiv vnešnej politiki Rossijskoj Imperii (Archiv der Aussenpolitik des Russländischen Imperiums, Moskau)
BAR	Schweizerisches Bundesarchiv (Bern)
BBl.	Bundesblatt der schweizerischen Eidgenossenschaft
BGE	Entscheidungen des Schweizerischen Bundesgerichtes: Amtliche Sammlung
BSÉ	Bol'šaja Sovetskaja Ènciklopedija (Grosse Sowjetische Enzyklopädie)
BV	Bundesverfassung
d.	delo (Angelegenheit, Akte)
DDS	Documents diplomatiques suisses / Diplomatische Dokumente der Schweiz
EDA	Eidgenössisches Departement des Auswärtigen
EJPD	Eidgenössisches/Schweizerisches Justiz- und Polizeidepartement
EMD	Eidgenössisches/Schweizerisches Militärdepartement
EPD	Eidgenössisches/Schweizerisches Politisches Departement
EVD	1848 Eidgenössisches [später auch: Schweizerisches] Handels- und Zolldepartement, 1873 Eisenbahn- und Handelsdepartement, 1879 Handels- und Landwirtschaftsdepartement, 1888 Industrie- und Landwirtschaftsdepartement, 1896 Handels-, Industrie- und Landwirtschaftsdepartement, 1915 Volkswirtschaftsdepartement
HBLS	Historisch-biographisches Lexikon der Schweiz
IKRK	Internationales Komitee vom Roten Kreuz
ispr. i dopoln.	ispravleno i dopolneno (berichtigt und ergänzt)
izd.	izdanie (Ausgabe, Auflage)
JPD	Justiz- und Polizeidepartement

L.	Leningrad
l./ll.	list/listy (Blatt, Blätter)
Liz.	Lizentiatsarbeit
M.	Moskva (Moskau)
MERSH	The Modern Encyclopedia of Russian and Soviet History / The Modern Encyclopedia of Russian, Soviet and Eurasian History
MID	Ministerstvo Inostrannych Del (russisches Aussenministerium)
n. F./N. F.	Neue Folge
n. St.	neuen Stils (gregorianischer Kalender)
NDB	Neue Deutsche Biographie
NKID	Narodnyj komissariat po inostrannym delam (Volkskommissariat für auswärtige Angelegenheiten)
NZZ	Neue Zürcher Zeitung
ob.	oborot (Rückseite)
op.	opis' (Verzeichnis)
otv. red./glavn. red.	otvetstvennyj/glavnyj redaktor (verantwortlicher Redaktor)
p.	papka (Mappe)
RSA	Russlandschweizer-Archiv an der Osteuropa-Abteilung des Historischen Seminars der Universität Zürich
RSDB	Russlandschweizer-Datenbank
RSFSR	Rossijskaja Socialističeskaja Federativnaja Sovetskaja Respublika (Sozialistische Föderative Sowjetrepublik Russland)
Secrusse	Association de secours mutuel et de protection des intérêts suisses en Russie (Schweizerische Hilfs- und Kreditorengenossenschaft für Russland)
sost.	sostavitel'/sostavil (Herausgeber/zusammengestellt von)
SPb.	S.-Peterburg (St. Petersburg)
t.	tom (Band)
VCIK	Vserossijskij Central'nyj Ispolnitel'nyj Komitet (Allrussländisches Zentrales Exekutivkomitee)
VČK/ČK	Vserossijskaja Črezvyčajnaja Komissija (Allrussländische Ausserordentliche Kommission, Tscheka)
VRS	Vereinigung der Russlandschweizer

IX. Bildnachweis

X. Anhang: Die wichtigsten Staatsverträge zwischen der Schweiz und dem Zarenreich

1. Der Niederlassungs- und Handelsvertrag (1872)

Quelle: AS, Bd. 11, S. 376–393.

Niederlassungs- und Handelsvertrag

zwischen

der Schweiz und Russland.

Abgeschlossen den 26/14. Dezember 1872.
Ratifizirt von der Schweiz am 1. August 1873.
„ „ Rußland am 11. August 1873.

Der Bundesrath

der

schweiz. Eidgenossenschaft,

nach Einsicht und Prüfung des zwischen den Bevollmächtigten des schweizerischen Bundesrathes und Seiner Majestät des Kaisers aller Reußen am 26/14. Dezember 1872 zu Bern unter Ratifikationsvorbehalt abgeschlossenen und unterzeichneten Niederlassungs- und Handelsvertrags, welcher Vertrag vom schweizerischen Ständerathe am 23. Juli 1873 und vom schwei-zerischen Nationalrathe am 29. gleichen Monats genehmigt worden ist, und also lautet:

Par la Grâce de Dieu

Nous,

Alexandre II,

Empereur et Autocrate

de toutes les Russies,

de Moscou, Kiow, Wladimir, Novogorod, Tsar de Casan, Tsar d'Astrakhan, Tsar de Pologne, Tsar de Sibérie, Tsar de la Chersonèse Taurique, Tsar de la Géorgie; Seigneur de Plescou et Grand-Duc de Smolensk, de Lithuanie, Volhynie, Podolie et de Finlande; Duc d'Estonie, de Livonie, de Courlande et Semigalle, de Samogitie, Bialostock, Carélie, Tver, Ju-gorie, Perm, Viatka, Bolgare et d'autres; Seigneur et Grand-Duc de Novogorod inférieur, de Czernigou, Rhasan, Polotsk, Rostou, Jaroslaw, Bélooserk, Oudor, Obdor, Condie, Witepsk, Mstislaw, Dominateur de toute la contrée du Nord; Seigneur d'Ibérie, de la Cartalinie, de la Cabardie et de la province d'Arménie; Prince Héréditaire et Souverain des Princes de Circassie et d'autres Princes montagnards; Successeur de Norvége, Duc de Schleswig-Holstein, de Stormarn, de Dithmarsen et d'Oldenbourg, etc. etc. etc.

Savoir faisons par les présentes qu'à la suite d'un commun accord entre *Nous* et le Gouvernement de la Confédération Suisse Nos Plénipotentiaires respectifs ont conclu et signé à Berne le 14/26 Décembre 1872 une convention de commerce et d'établissement, laquelle porte mot pour mot ce qui suit:

Der Bundesrath der schweizerischen Eidgenossenschaft und Seine Majestät der Kaiser aller Reussen, von dem gemeinschaftlichen Wunsche beseelt, die Niederlassung der Angehörigen des einen auf dem Gebiete des andern Landes zu erleichtern und die Handelsbeziehungen zwischen den beiden Staaten zu fördern, haben beschlossen, einen Niederlassungs- und Handelsvertrag abzuschließen, und zu diesem Ende zu ihren Bevollmächtigten ernannt:

Der Bundesrath der schweizerischen Eidgenossenschaft:

Herrn Emil Welti, Bundespräsident und Vorsteher des eidgenössischen politischen Departements, und

Seine Majestät der Kaiser aller Reußen:

Seine Hoheit den Fürsten Michael Gortchacow, Seinen außerordentlichen Gesandten und bevollmächtigten Minister bei der schweizerischen Eidgenossenschaft, Seinen Kammerherrn und Wirklichen Staatsrath, Rit-

---

Le conseil fédéral de la confédération suisse et Sa Majesté l'Empereur de toutes les Russies, animés d'un commun désir de faciliter l'établissement des ressortissants de l'un des deux pays sur le territoire de l'autre et d'augmenter les relations commerciales entre les deux Etats, ont résolu de conclure une Convention d'établissement et de commerce et ont nommé, à cet effet, pour leurs Plénipotentiaires, savoir:

Le Conseil fédéral de la Confédération suisse,

Monsieur Emile *Welti*, Président de la Confédération suisse et Chef du Département politique, et

Sa Majesté l'Empereur de toutes les Russies :

Son Altesse le Prince Michel *Gortchacow*, Son Envoyé extraordinaire et Ministre plénipotentiaire près la Confédération suisse, Son Chambellan et Conseiller d'Etat actuel, Chevalier de l'Ordre de Russie de St-Wladimir

---

ter des russischen St. Wladimirordens III. Klasse, des preußischen Rothen Adlerordens II. Klasse mit dem Stern, sowie des Kronenordens II. Klasse, die persischen Löwen- und Sonnenordens II. Klasse mit dem Stern, Commandeur des Ordens der französischen Ehrenlegion, des Württembergischen Friedrichsordens I. Klasse mit dem Stern und des Württembergischen Kronenordens, des italienischen Ordens der Heiligen Mauritius und Lazarus, des dänischen Danebrog-, des griechischen Erlöser-, des portugiesischen Christus-, des bayerischen Michaels- und des hessen-darmstädtischen Ludwigs-Ordens, des Ordens für die Unabhängigkeit Montenegro u. s. w.,

welche, nach gegenseitiger Mittheilung ihrer in guter und gehöriger Form befundenen Vollmachten, über Nachstehendes sich geeinigt haben:

Artikel 1.

Zwischen der schweizerischen Eidgenossenschaft und dem russischen Kaiserreich

---

de III. classe des ordres étrangers: de l'Aigle Rouge de II. classe avec la plaque et de la Couronne de II. classe de Prusse, du Lion et du Soleil de II. classe avec la plaque de Perse, Commandeur des Ordres: de la Légion d'honneur de France, de Frédéric de Wurtemberg de I. classe avec la plaque et de la Couronne de Wurtemberg, des SS. Maurice et Lazare d'Italie, du Dannebrog du Danemark, du Sauveur de Grèce, du Christ du Portugal, de St-Michel de Bavière, de Louis de Hesse-Darmstadt, de l'Ordre pour l'Indépendence du Monténégro, etc.,

lesquels, après s'être communiqué leurs pleins pouvoirs, trouvés en bonne et due forme, sont convenus de ce qui suit:

Article 1.

Il y aura entre la Confédération suisse et l'Empire de Russie liberté réciproque

soll gegenseitige Niederlassungs- und Handelsfreiheit bestehen. Die Schweizerbürger dürfen auf dem Gebiete des russischen Kaiserreichs unter den nämlichen Bedingungen und auf dem nämlichen Fuße sich aufhalten, wie die russischen Staatsangehörigen; ebenso dürfen die Unterthanen Seiner Majestät des Kaisers aller Reußen sich in jedem schweizerischen Kanton unter den nämlichen Bedingungen und auf dem nämlichen Fuße aufhalten wie die Bürger der andern schweizerischen Kantone.

Infolge dessen können die Bürger und die Unterthanen jedes der beiden kontrahirenden Staaten, sowie ihre Familien, wenn sie den Gesezen des Landes nachkommen, in jedem Theile des Staatsgebietes des Andern frei eintreten, sich aufhalten, wohnen und sich niederlassen. Sie können zum Wohnen und zum Handelsbetrieb Häuser und Magazine in Miethe oder Besiz nehmen, in Gemäßheit der Geseze des Landes jede Art von Handwerk oder Gewerbe ausüben, mit den vom Geseze gestatteten Artikeln Handel im Großen und im Detail sowohl selbst als durch Kommissionäre oder Agenten treiben, welch' leztere sie anzustellen für gut finden, immerhin unter der Voraussezung, daß diese Kommissionäre oder Agenten für ihre Person die für die Gestattung des Aufenthalts im Lande erforderlichen Eigenschaften besizen. In Allem, was das Domizil, die Niederlassung, die Pässe, die Gestattung des Aufenthalts, der Niederlassung und des Handelsbetriebs, sowie in Allem, was die Ermächtigung, ihren Beruf auszuüben, Geschäfte zu machen und eine Industrie zu betreiben, betrifft, darf von ihnen keine Taxe, Auflage oder Bedingung gefordert werden, die schwerer oder lästiger wäre als sie Bürgern oder Unterthanen desjenigen Landes, in welchem sie wohnen, auferlegt wird. Sie genießen in allen diesen Beziehungen alle Rechte, Vergünstigungen, Befreiungen, welche den Bürgern oder Unterthanen des eigenen Landes oder den Bürgern und Unterthanen der meistbegünstigten Nation zustehen.

d'établissement et de commerce. Les citoyens suisses seront admis à résider sur le territoire de l'Empire de Russie aux mêmes conditions et sur le même pied que les sujets russes; de même, les sujets de Sa Majesté l'Empereur de toutes les Russies seront admis à résider dans chaque Canton suisse aux mêmes conditions et sur le même pied que les citoyens des autres Cantons suisses.

En conséquence et pourvu qu'ils se conforment aux lois du pays, les citoyens et les sujets de chacune des deux Parties contractantes seront, ainsi que leurs familles, libres d'entrer, de s'établir, de résider et de séjourner dans chaque partie du territoire de l'autre. Ils pourront prendre en loyer ou occuper des maisons et des magasins pour le but de résidence et de commerce, exercer, conformément aux lois du pays, toute profession et industrie, ou faire commerce d'articles permis par la loi, en gros ou en détail, par eux-mêmes ou par des courtiers et des agents qu'ils jugeront convenable d'employer, pourvu que ces courtiers ou agents remplissent aussi, quant à leur personne, les conditions nécessaires pour être admis à résider dans le pays. En ce qui concerne le domicile, l'établissement, les passeports, les permis de séjourner, de s'établir ou de faire commerce, ainsi qu'en ce qui concerne l'autorisation d'exercer leur profession, de faire des affaires ou d'exercer une industrie, ils ne seront assujettis à aucune taxe, charge ou condition plus fortes ou plus onéreuses que celles auxquelles sont ou pourront être soumis les citoyens ou les sujets du pays dans lequel ils résident et ils jouiront à tous ces égards de tout droit, privilége ou exemption accordés aux citoyens ou sujets du pays ou aux citoyens et sujets de la nation la plus favorisée.

Dabei bleibt indessen ver-standen, daß die vorstehenden Bestimmungen den in jedem der beiden Staaten bestehen-den besondern Gesezen, Ver-fügungen und Reglementen über Handel, Industrie und Polizei, die auf alle Fremden überhaupt ihre Anwendung finden, keinen Eintrag thun.

Artikel 2.

Die Bürger oder die Unter-thanen des einen der beiden kontrahirenden Staaten, welche im Gebiete des andern wohn-haft oder niedergelassen sind und die wieder in ihre Heimat zurükkehren wollen, oder die durch gerichtliches Urtheil, gesezliche Polizeimaßnahmen oder gemäß den Gesezen über die Armen- oder Sittenpolizei in dieselbe zurükgeschikt wer-den, sollen sammt ihren Fa-milien jederzeit und unter allen Umständen in ihrem Heimat-land wieder aufgenommen wer-den, vorausgesezt, daß sie nach den dortigen Gesezen ihre Heimatrechte beibehalten ha-ben.

Artikel 3.

Die Bürger und die Unter-thanen der einen der beiden

Il est entendu toutefois que les stipulations qui pré-cèdent ne dérogent en rien aux lois, ordonnances et règle-ments spéciaux en matière de commerce, d'industrie et de police en vigueur dans cha-cun des deux pays et appli-cables à tous les étrangers en général.

Article 2.

Les citoyens ou les sujets d'une des deux Parties con-tractantes, résidant ou établis sur le territoire de l'autre, qui voudront retourner dans leur pays ou qui y seront renvoyés par sentence judi-ciaire ou mesure de police légalement adoptée et exé-cutée, ou d'après les lois sur la mendicité et les mœurs, seront reçus en tout temps et en toute circonstance, eux et leurs familles, dans le pays dont ils sont originaires et où ils auront conservé leurs droits, conformément aux lois.

Article 3.

Les citoyens et les sujets des deux hautes Parties con-

---

hohen kontrahirenden Parteien haben auf dem Gebiete der andern freien Zutritt zu den Gerichten, zur Vertheidigung und Verfolgung ihrer Rechte. Sie genießen in dieser Bezie-hung die gleichen Rechte und Begünstigungen, wie die Unter-thanen oder Bürger des eigenen Landes und dürfen wie diese in allen Fällen zur Besorgung ihrer Rechtssachen sich Ad-vokaten, Bevollmächtigte oder Agenten aus denjenigen Per-sonen bestellen, die nach den Landesgesezen zur Ausübung dieser Berufsarten befugt sind.

Artikel 4.

Die Bürger und die Unter-thanen der beiden kon-trahirenden Parteien genießen auf dem Gebiete der andern volle Freiheit, jede Art von Grundeigenthum zu erwerben, zu besizen und zu veräußern, welche die Geseze des Landes Ausländern, welcher Nation sie auch angehören mögen, zu erwerben und zu besizen gestatten. Sie dürfen solches erwerben und darüber verfügen durch Kauf, Verkauf, Schen-kung, Tausch, Heirat, testamen-tarische oder Intestaterbfolge.

---

tractantes auront, sur le ter-ritoire de l'autre partie, libre accès dans les tribunaux pour défendre ou poursuivre leurs droits. Il jouiront sous ce rapport des mêmes droits et privilèges que les sujets ou les citoyens du pays et seront comme ceux-ci libres de se servir, en toute cause, de leurs avocats, fondés de pouvoirs ou agents, pris parmi les per-sonnes que les lois du pays autorisent à exercer cette es-pèce de profession.

Article 4.

Les citoyens et les sujets de chacune des deux Parties contractantes auront, sur le territoire de l'autre, pleine liberté d'acquérir, de posséder et d'aliéner toute espèce de propriété que les lois du pays permettent aux étrangers, de quelque nation que ce soit, d'acquérir et de posséder. Ils pourront en faire l'acquisition et en disposer soit par achat, vente, donation, échange, ma-riage, testament, succession ab intestat, soit de toute autre manière, sous les mêmes con-

oder auf irgend welche andere Art unter den nämlichen Bedingungen, welche die Landesgeseze für alle Fremden feststellen. Ihre Erben und deren Vertreter können in eigener Person oder durch Bevollmächtigte auf die gleiche Weise und in der gewöhnlichen geselichen Form wie die Burger oder die Unterthanen des Landes dieses Eigenthum antreten, und in Besiz nehmen. In Abwesenheit solcher Erben oder Vertreter wird das Eigenthum auf die gleiche Weise behandelt, wie unter ähnlichen Umständen dasjenige eines Unterthanen oder Burgers des Landes.

In keinem der vorgenannten Fälle dürfen von dem Werthe des Eigenthums andere oder lästigere Steuern, Auflagen oder Gebühren bezahlt werden, als von den Burgern oder Unterthanen des Landes selbst gefordert werden.

In der Schweiz darf von Vermögen eines russischen Unterthanen, der dort wohnte, aber nicht geselich niedergelassen war, und im russischen Kaiserreich von denjenigen

ditions que les lois du pays établissent pour tous les étrangers. Leurs héritiers et ayants cause pourront hériter et prendre possession d'une telle propriété soit en personne, soit par des agents agissant en leur nom, de la même manière et dans les mêmes formes légales que les citoyens ou les sujets du pays. En l'absence d'héritiers et d'ayants cause, il sera procédé à l'égard de la propriété de la même manière qu'à l'égard d'une propriété semblable appartenant à un sujet ou citoyen du pays et se trouvant dans les mêmes conditions.

Dans aucun des cas précités il ne sera payé à raison de la valeur de la propriété aucun impôt, contribution ou charge autres ou plus onéreux que ceux auxquels sont soumis les citoyens ou sujets du pays.

Aucun impôt de succession ne sera exigé en Suisse d'un sujet russe y résidant, sans y être légalement domicilié, et dans l'Empire de Russie d'un citoyen suisse y résidant

eines in analoger Lage befindlichen Schweizerbürgers, soweit es durch Erbrecht erworben ist und sich in seinem Heimatlande befindet, keine Erbschaftsgebühr erhoben werden.

In allen Fällen dürfen die Burger und die Unterthanen der beiden kontrahirenden Parteien ihr Vermögen frei außer Landes schaffen, nämlich die russischen Unterthanen aus dem Gebiete der Schweiz und die Schweizerbürger aus demjenigen von Rußland, und ohne in ihrer Eigenschaft als Fremde eine Gebühr bezahlen und ohne andere oder höhere Gebühren entrichten zu müssen, als die Unterthauen oder die Burger des eigenen Landes zu entrichten haben.

Artikel 5.

Die Burger oder Unterthanen einer jeden der beiden kontrahirenden Parteien, die im Gebiete des andern niedergelassen sind, sind vom obligatorischen Militärdienste jeder Art befreit, sowohl in der Landarmee und in der Marine, als in der Nationalgarde oder der Miliz (opoltschenia). Sie

dans les mêmes conditions, sur des valeurs acquises par droit d'héritage et se trouvant dans son pays natal.

Dans tous les cas, il sera permis aux citoyens et aux sujets des deux Parties contractantes d'exporter leurs biens, savoir les sujets russes du territoire suisse et les citoyens suisses du territoire russe, librement et sans être assujettis, lors de l'exportation, à payer un droit quelconque en qualité d'étrangers et sans devoir acquitter des droits autres ou plus forts que ceux auxquels les sujets ou citoyens du pays seront eux-mêmes tenus.

Article 5.

Les citoyens ou sujets de chacune des deux Parties contractantes qui se trouvent sur le territoire de l'autre, seront affranchis de tout service militaire obligatoire, tant dans l'armée et la flotte, que dans la garde nationale ou les milices (opoltschenia); ils seront également exempts de toute

sind gleicherweise von allen Geld- oder Naturalleistungen, welche als Ersatz für den persönlichen Militärdienst auferlegt werden, sowie von militärischen Requisitionen befreit. Dabei sind immerhin ausgenommen die Einquartierungen und Lieferungen, welche nach Landesgebrauch von Bürgern und Ausländern für Truppen auf dem Marsche gleichmäßig gefordert werden, sowie die Lasten, welche am Besitz von Grundstüken oder an Miethverträgen haften, sowie die militärischen Leistungen und Requisitionen, zu deren Tragung alle Unterthanen des Landes als Grundbesitzer oder Pächter angehalten werden können.

Artikel 6.

Weder in Friedens- noch in Kriegszeiten dürfen auf das Eigenthum eines Bürgers oder Unterthanen der einen der beiden kontrahirenden Parteien in dem Gebiete der andern höhere Taxen, Gebühren, Auflagen, Abgaben gelegt oder davon gefordert werden, als auf das gleiche Eigenthum gelegt oder daran gefordert

prestation pécuniaire ou matérielle, imposée par compensation pour le service personnel, tout comme des réquisitions militaires. Seront toutefois exceptés les logements des troupes et les fournitures pour les militaires en passage, selon l'usage du pays et à demander également aux citoyens et aux étrangers, ainsi que les charges qui sont attachées à la possession d'un bien-fonds ou d'un bail et les prestations et les réquisitions militaires, auxquelles tous les sujets du pays peuvent être appelés à concourir comme propriétaires fonciers ou comme fermiers.

Article 6.

En temps de paix comme en temps de guerre, il ne pourra en aucune circonstance être imposé ou exigé pour les biens d'un citoyen ou d'un sujet de l'une des deux Parties contractantes sur le territoire de l'autre, des taxes, droits, contributions ou charges plus forts qu'il n'en serait imposé ou exigé pour

würden, wenn es einem Bürger oder Unterthanen der meistbegünstigten Nation angehören würde.

Dabei ist übrigens verstanden, daß einem Bürger oder Unterthanen einer der beiden kontrahirenden Parteien in dem Gebiete der andern nicht irgend eine andere oder höhere Abgabe auferlegt oder von ihm erhoben werden darf, als solche einem Bürger oder Unterthanen der meistbegünstigten Nation auferlegt oder von demselben erhoben wird, oder auferlegt und erhoben werden könnte.

Artikel 7.

In Allem, was den Handel, die Niederlassung und die Ausübung industrieller Berufsarten anbetrifft, geloben sich die beiden hohen paciscirenden Parteien einem dritten Staate kein Vorrecht, keine Vergünstigung oder Immunität zu gewähren, welche nicht auch und sofort auf ihre respektiven Unterthanen und Bürger ausgedehnt würde, und zwar unentgeltlich, wenn das Zugeständniß zu Gunsten des dritten Staates unentgeltlich

la même propriété, si elle appartenait à un citoyen ou sujet de la nation la plus favorisée.

Il est d'ailleurs entendu qu'aucun impôt ni taxe quel que ce soit, ne sera perçu lui demandé d'un citoyen ou sujet de l'une des deux Parties contractantes qui se trouve sur le territoire de l'autre Partie, qui soit autre ou plus fort que ceux qui sont ou qui pourront être imposés ou levés d'un citoyen ou sujet de la nation la plus favorisée.

Article 7.

En tout ce qui concerne le commerce, l'établissement et l'exercice des professions industrielles, les deux hautes Parties contractantes se promettent réciproquement de n'accorder aucun privilège, faveur ou immunité à un autre Etat qu'il ne soit aussi et à l'instant étendu à leurs sujets et citoyens respectifs, gratuitement, si la concession en faveur de l'autre Etat est gratuite, et moyennant la même compensation ou un

erfolgt und gegen den nämlichen Entgelt, oder gegen ein mit beiderseitiger Zustimmung bestimmtes Aequivalent, wenn jenes Zugeständniß an Bedingungen geknüpft war.

Artikel 8.

Jede der hohen kontrahirenden Parteien hat das Recht, in den Städten und Seehäfen der Staaten und Besizungen der andern Generalkonsuln, Konsuln, Vizekonsuln oder Konsularagenten aufstellen. Die gedachten Agenten werden auf Vorweisung der ihnen nach den in den betreffenden Ländern bestehenden Regeln und Formalitäten ausgestellten Patente gegenseitig angenommen und anerkannt. Nach der Ertheilung des Exequaturs von Seite der Regierung, bei welcher diese Agenten akkreditirt sind, wird die Oberbehörde ihres Konsularsizes sofort die erforderlichen Maßnahmen treffen, damit sie die Pflichten ihres Amtes ausüben und die mit ihren Posten verbundenen Vorrechte genießen können.

Immerhin wahrt sich jede der beiden hohen kontrahiren-

équivalent fixé d'un commun accord, si la concession a été conditionnelle.

Article 8.

Il sera libre à chacune des hautes Parties contractantes d'établir des Consuls généraux, Consuls, Vice-Consuls et Agents consulaires dans les villes et ports des Etats et possessions de l'autre. Lesdits agents seront réciproquement admis et reconnus en présentant leurs patentes selon les règles et formalités établies dans les pays respectifs. Après avoir reçu l'exequatur de la part du Gouvernement auprès duquel ces agents sont délégués, l'autorité supérieure du lieu de leur résidence prendra immédiatement les mesures nécessaires pour qu'ils puissent s'acquitter des devoirs de leur charge et qu'ils soient admis à la jouissance des prérogatives qui y sont attachées.

Toutefois chacune des deux hautes Parties contractantes

den Parteien das Recht, diejenigen Orte zu bezeichnen, wo es ihr nicht konvenirt, Konsuln zuzulassen, wobei verstanden ist, daß die beiden Regierungen in dieser Hinsicht sich keine Beschränkungen entgegenstellen werden, welche auf ihrem Gebiete nicht für alle Nationen, selbst für die meistbegünstigten bestehen.

Im Falle, daß einige dieser Agenten Handelsgeschäfte betreiben wollten, haben sie sich den nämlichen Gesezen und Gebräuchen zu unterziehen, welchen Private ihrer Nation und die Unterthanen der meistbegünstigten Staaten mit Beziehung auf ihre Handelsgeschäfte unterworfen sind.

Artikel 9.

Wenn eine der beiden hohen kontrahirenden Parteien zu ihrem Konsul oder Konsularagenten in einem Hafenort oder einer Stadt der andern Partei einen Unterthan oder Bürger der leztern wählt, so wird dieser Konsul oder Agent fortwährend als Unterthan oder Bürger derjenigen

conservera le droit de déterminer les résidences où il ne lui conviendra pas d'admettre des Consuls; bien entendu que sous ce rapport les deux Gouvernements ne s'opposeront respectivement aucune restriction qui ne soit commune dans leur pays à toutes les nations, même les plus favorisées.

Dans le cas où quelques-uns de ces agents voudraient exercer le commerce, ils seront tenus de se soumettre aux mêmes lois et usages que ceux auxquels sont soumis dans le même lieu, par rapport à leurs transactions commerciales, les particuliers de leur nation et les sujets des Etats les plus favorisées.

Article 9.

Il est spécialement entendu que, lorsqu'une des deux hautes Parties contractantes choisira pour son Consul ou Agent consulaire dans un port ou dans une ville de l'autre partie, un sujet ou un citoyen de celleci, ce Consul ou Agent continuera à être considéré comme sujet ou citoyen de la nation à

Nation, der er angehört, betrachtet, und unterliegt daher den Gesezen und Reglementen, welche die Verhältnisse der eigenen Staatsangehörigen an seinem Konsularsiz regeln, ohne daß diese Verpflichtung irgendwie der Ausübung seiner Funktionen Schaden oder der Unverlezlichkeit der Konsulararchive Eintrag thun könnte.

Artikel 10.

Die russischen Konsularbeamten in der Schweiz und die schweizerischen in Rußland genießen, unter Vorbehalt der Reziprozität, alle Vorrechte, Befugnisse, Freiheiten und Immunitäten, welche den Konsularbeamten des nämlichen Grades der meistbegünstigten Nation gewährt sind, oder in Zukunft gewährt werden könnten.

Sie dürfen über dem Eingange des Konsulatsgebäudes einen Schild mit den Wappen ihrer Nation und der Inschrift „Generalkonsulat", „Konsulat" oder „Vizekonsulat von ......" anbringen.

Diese Auszeichnungen dürfen niemals so gedeutet werden, als ob sie ein Asylrecht gewährten, sondern sie sollen vor Allem dazu dienen, den Landsleuten die Konsulatswohnung zu bezeichnen.

Artikel 11.

Die Konsulararchive sind unverlezlich, und die Ortsbehörden dürfen unter keinem Vorwande noch in irgend einem Falle die Schriften derselben untersuchen.

Diese Schriften müssen immer von den Büchern oder Schriften, die auf den Handel oder das Gewerbe sich beziehen, welche die betreffenden Generalkonsuln, Konsuln oder Vizekonsuln betreiben könnten, vollständig getrennt gehalten werden.

Artikel 12.

Der gegenwärtige Vertrag bleibt zehn Jahre lang in Kraft, vom Tage des Austausches der Ratifikationen an gerechnet.

Würde eine der beiden hohen paciscirenden Parteien nicht zwölf Monate vor Ablauf der genannten Periode

---

laquelle il appartient et qu'il sera par conséquent soumis aux lois et règlements qui régissent les nationaux dans le lieu de sa résidence, sans que cependant cette obligation puisse gêner en rien l'exercice de ces fonctions ni porter atteinte à l'inviolabilité des archives consulaires.

Article 10.

Les fonctionnaires consulaires russes en Suisse et les fonctionnaires consulaires suisses en Russie jouiront, à charge de réciprocité, de tous les privilèges, pouvoirs, exemptions et immunités dont jouissent ou viendraient à jouir les fonctionnaires consulaires de même grade de la nation la plus favorisée.

Ils pourront placer au dessus de la porte extérieure du Consulat général, Consulat ou Vice-Consulat l'écusson des armes de leur nation avec l'inscription: Consulat général, Consulat ou Vice-Consulat de . . . . . .

Il est bien entendu que ces marques extérieures ne pourront jamais être interprétées comme constituant un droit d'asile, mais servant avant tout à désigner aux nationaux l'habitation consulaire.

Article 11.

Les archives consulaires seront inviolables et les autorités locales ne pourront, sous aucun prétexte, ni dans aucun cas, visiter ni saisir les papiers qui en feront partie.

Ces papiers devront toujours être complètement séparés des livres ou papiers relatifs au commerce ou à l'industrie que pourraient exercer les Consuls généraux, Consuls ou Vice-Consuls.

Article 12.

La présente Convention restera en vigueur pendant dix années, à partir du jour de l'échange des ratifications.

Dans le cas où aucune des deux hautes Parties contractantes n'aurait notifié, douze mois avant la fin de la dite

von zehn Jahren ihre Absicht, denselben aufzuheben, kundgeben, so würde er bis zum Ablauf eines Jahres vom Tage an, an dem der eine oder der andere Theil ihn kündigen würde, in Kraft bestehen.

Der gegenwärtige Vertrag soll ratifizirt und die Ratifikationen sobald als möglich in Bern ausgewechselt werden.

Zur Urkund dessen haben die beiderseitigen Bevollmächtigten den gegenwärtigen Vertrag unterzeichnet und demselben ihr Wappensiegel beigedrukt.

So geschehen in Bern den sechs und zwanzigsten vierzehnten Dezember im Jahre des Heils eintausend achthundert und zweiundsiebenzig.

(L. S.) (Sig.) **Welti.**
(L. S.) (Sig.) **M. Gortchacow.**

période de dix années, son intention d'en faire cesser les effets, la présente Convention demeurera obligatoire jusqu'à l'expiration d'une année à partir du jour où l'une ou l'autre des hautes Parties contractantes l'aura dénoncée.

La présente Convention sera ratifiée et les ratifications en seront échangées à Berne aussitôt que faire se pourra.

En foi de quoi les Plénipotentiaires respectifs ont signé la présente Convention et y ont apposé le sceau de leurs armes.

Fait à Berne le vingt-six quatorze décembre de l'an de grâce mil huit cent soixante-douze.

(L. S.) (Sig.) **Welti.**
(L. S.) (Sig.) **M. Gortchacow.**

erklärt den vorstehenden Vertrag als ratifizirt und in allen Theilen in Kraft erwachsen, und verspricht im Namen der schweizerischen Eidgenossenschaft, denselben,

A ces causes, après avoir suffisamment examiné cette convention, Nous l'avons agréée, confirmée et ratifiée, comme par les présentes Nous l'agréons, confirmons et ratifions dans

so weit es von ihr abhangt, gewissenhaft zu beobachten.

Zur Urkunde dessen ist gegenwärtige Ratifikation vom Bundespräsidenten und dem Kanzler der schweizerischen Eidgenossenschaft unterzeichnet und mit dem eidgenössischen Staatssiegel versehen worden.

So geschehen in Bern, den ersten August eintausend achthundert drei und siebenzig.

Im Namen des schweiz. Bundesrathes,
Der Bundespräsident:
Ceresole.

(L. S.)

Der Kanzler der Eidgenossenschaft:
Schiess.

toute sa teneur, promettant sur Notre parole Impériale pour Nous, Nos Héritiers et successeurs, que tout ce qui a été stipulé dans la dite Convention sera observé et exécuté inviolablement.

En foi de quoi, Nous avons signé de Notre propre main la présente ratification Impériale et y avons fait apposer le sceau de Notre Empire. Donné à Tsarskoé-Sélo, le onze Août de l'an de grâce mil huit cent soixante-treize et de Notre règne la dix-neuvième année.

Alexandre.

(L. S.)

Le Dirigeant le Ministère des Affaires Etrangères:
Westmann.

N o t e. Die Auswechslung der Ratifikationen des vorstehenden Vertrags hat zwischen dem Herrn Bundespräsidenten Ceresole und dem außerordentlichen Gesandten und bevollmächtigten Minister Rußlands bei der schweiz. Eidgenossenschaft, Fürst M. Gortchacow, am 30. Oktober 1873 in Bern stattgefunden.

2. Der Auslieferungsvertrag (1873)

Quelle: AS, Bd. 11, S. 410–429.

Auslieferungsvertrag

zwischen

der Schweiz und Russland.

Abgeschlossen den 17/5 November 1873.
Ratifizirt von der Schweiz am 17. Dezember 1873.
   „   „ Rußland am 5/17. Dezember 1873.

Der Bundesrath

der

schweiz. Eidgenossenschaft,

nach Einsicht und Prüfung des zwischen der Schweiz und Rußland am siebenzehnten fünften November 1873 zu Bern von den Bevollmächtigten beider Staaten unter Ratifikationsvorbehalt abgeschlossenen Auslieferungsvertrags, welcher Vertrag vom Ständerathe am 6. Dezember 1873 und vom Nationalrathe am 15. gleichen

Monats genehmigt worden ist, und der also lautet:

Par la Grâce de Dieu

Nous,

Alexandre II,

Empereur et Autocrate

de toutes les Russies,

de Moscou, Kiow, Wladimir, Novogorod, Tsar de Casan, Tsar d'Astrakham, Tsar de Pologne, Tsar de Sibérie, Tsar de la Chersonèse Taurique, Tsar de la Géorgie; Seigneur de Plescou et Grand-Duc de Smolensk, de Lithuanie, Volhynie, Podolie et de Finlande; Duc d'Estonie, de Livonie, de Courlande et Semigalle, de Samogitie, Bia-

lostock, Carélie, Tver, Jugorie, Perm, Viatka, Bolgarie et d'autres; Seigneur et Grand-Duc de Novogorod inférieur, de Czernigov, Riasan, Polotsk, Rostow, Jaroslaw, Béloosersk, Oudor, Obdor, Condie, Witepsk, Mstislaw; Dominateur de toute la contrée du Nord; Seigneur d'Ibérie, de la Cartalinie, de la Cabardie et de la province d'Arménie; Prince Héréditaire et Souverain des Princes de Circassie et d'autres Princes montagnards; Successeur de Norvège, Duc de Schleswig-Holstein, de Stormarn, de Dithmarsen et d'Oldenbourg, etc. etc. etc.

Savoir faisons par les présentes qu'à la suite d'un commun accord entre *Nous* et le Gouvernement de la Confédération Suisse, Nos Plénipotentiaires respectifs ont conclu et signé à Berne le cinq dix-sept Novembre 1873 une convention concernant l'extradition réciproque des criminels, laquelle porte mot pour mot ce qui suit:

Der Bundesrath der schweizerischen Eidgenossenschaft und Seine Majestät der Kaiser von Rußland, haben es für nützlich erachtet, durch einen Vertrag die Auslieferung von Verbrechern zwischen den beiden Staaten zu ordnen und zu diesem Zweke als ihre Bevollmächtigten ernannt:

Der Bundesrath der schweizerischen Eidgenossenschaft:

Herrn Emil Welti, Mitglied des schweizerischen Bundesrathes, und

Seine Majestät der Kaiser von Rußland:

Seine Hoheit den Fürsten Michael Gortchacow, Seinen außerordentlichen Gesandten und bevollmächtigten Minister bei der schweizerischen Eidgenossenschaft, Seinen Kammerherrn und Wirklichen Staatsrath, Ritter der russischen Orden: St. Stanislaus I. Klasse und St. Wladimir III. Klasse; Ritter der fremden Orden: Großkreuz des württember-

gischen Friedrichsordens, des persischen Löwen- und Sonnenordens I. Klasse; des preußischen Rothen Adlerordens II. Klasse mit dem Stern und des preußischen Kronenordens II. Klasse; Commandeur des Ordens der französischen Ehrenlegion, des italienischen Ordens der Heiligen Mauritius und Lazarus, des dänischen Danebrog-, des griechischen Erlöser-, des portugiesischen Christus-Ordens, des württembergischen Kronen-, des hessen-darmstädtischen Ludwigs-, des bayerischen St. Michaels-Ordens, des Ordens für die Unabhängigkeit Montenegro's u. s. w.,

welche, nach gegenseitiger Mittheilung ihrer in guter und gehöriger Form befundenen Vollmachten, die nachfolgenden Artikel vereinbart und unterzeichnet haben:

Artikel 1.

Die schweizerische Eidgenossenschaft und Rußland verpflichten sich, in den Fällen und nach den Formen, welche durch die folgenden Artikel

---

Le Conseil fédéral de la Confédération suisse et Sa Majesté l'Empereur de toutes les Russies, ayant jugé utile de régler par une convention l'extradition des malfaiteurs entre les deux Etats, ont nommé à cet effet pour leurs Plénipotentiaires, savoir:

Le Conseil fédéral de la Confédération suisse :

Monsieur Emile Welti, Conseiller fédéral,

Sa Majesté l'Empereur de toutes les Russies :

Son Altesse le Prince Michel Gortchacow, Son Envoyé extraordinaire et Ministre plénipotentiaire près la Confédération suisse, Son Chambellan et Conseiller d'Etat actuel, Chevalier des Ordres de Russie: de St. Stanislas de I. classe et de St. Wladimir de III. classe; des Ordres étrangers: Grand' Croix de Frédéric de Wurtemberg, du Lion et du

Soleil de I. classe de Perse; de l'Aigle Rouge de II. classe avec la plaque et de la Couronne de II. classe de Prusse; Commandeur des Ordres : de la Légion d'honneur de France, des SS. Maurice et Lazare d'Italie, du Dannebrog de Danemark, du Sauveur de Grèce, du Christ du Portugal, de la Couronne de Wurtemberg, de Louis de Hesse - Darmstadt, de St. Michel de Bavière, de l'Indépendance du Montenegro, etc.,

lesquels, après s'être communiqué leurs pleins pouvoirs, trouvés en bonne et due forme, ont arrêté et signé les articles suivants :

Article 1.

La Confédération suisse et la Russie s'engagent à se livrer réciproquement, dans les cas et d'après les formes déterminées par les articles

festgesezt sind, mit Ausnahme der eigenen Bürger und Unterthanen, diejenigen Personen gegenseitig auszuliefern, welche wegen eines der im Artikel 3 genannten Verbrechen oder Vergehen in Kraft eines Beschlusses, eines Urtheils oder eines Haftbefehles der kompetenten Behörden desjenigen der beiden Länder, gegen dessen Geseze die Handlungen begangen worden sind, verurtheilt, in Anklage versezt oder verfolgt werden.

Artikel 2.

Die Verpflichtung zur Auslieferung erstrekt sich in keinem Falle auf die Bürger oder Unterthanen desjenigen Landes, von dem die Auslieferung verlangt wird. Indessen verpflichten sich die vertragschließenden Theile, nach Mitgabe ihrer Geseze die Verbrechen und Vergehen zu verfolgen, welche durch ihre Bürger oder Unterthanen gegen die Geseze des andern Staates begangen worden sind, und zwar sobald ein daheriges Begehren gestellt sein wird, und auf den Fall, daß diese

Verbrechen oder Vergehen in die Klasse derjenigen gehören, welche im Art. 3 aufgezählt sind. Das Begehren, mit allen Nachweisen versehen, soll mit der klaren Auskunft über die Schuld des Verbrechers auf diplomatischem Wege gestellt werden.

Artikel 3.

Die Auslieferung findet nur statt in Fällen von Verurtheilung, Anklage oder Verfolgung wegen eines Verbrechens oder Vergehens, welches mit freiem Willen außerhalb des Gebietes des Staates, der um die Auslieferung angesprochen wird, begangen wurde, und welches nach den Gesezen beider Staaten eine Strafe von mehr als einem Jahre Gefangenschaft nach sich zieht.

Mit dieser Einschränkung erfolgt die Auslieferung bei folgenden Verbrechen und Vergehen, mit Einschluß der Fälle der Theilnahme und des Versuches solcher Verbrechen:

1. Verwandtenmord, Kindsmord, Meuchelmord, Vergiftung, Todschlag.

---

suivants, à l'exception de leurs citoyens et sujets, les individus condamnés, mis en d'accusation, ou prévenus à raison d'un des crimes ou délits mentionnés à l'art. 3, en vertu d'un arrêt, d'un jugement ou d'un mandat d'arrêt, émanant des autorités compétentes de celui des deux pays contre les lois duquel les faits auront été commis.

Article 2.

L'obligation d'extradition ne s'étend dans aucun cas aux citoyens ou sujets du pays auquel l'extradition est demandée. Toutefois les parties contractantes s'engagent à poursuivre, conformément à leurs lois, les crimes et délits, commis par leurs citoyens ou sujets contre les lois de la partie adverse, dès que la demande en sera faite et dans le cas que ces crimes ou délits pourront être classés dans une des catégories énumérées dans l'art. 3. La demande, accompagnée de tous

les renseignements nécessaires, avec la production évidente de la culpabilité du criminel, devra être faite par la voie diplomatique.

Article 3.

L'extradition n'aura lieu que dans le cas de condamnation, accusation ou poursuite du chef d'un crime ou délit volontaires commis hors du territoire du pays auquel l'extradition est demandée et qui, d'après les lois des deux pays, entraîne une peine de plus d'un an d'emprisonnement.

Avec cette restriction l'extradition aura lieu pour les crimes et délits suivants, y compris les cas de participation et de tentative:

1. Parricide, infanticide, assassinat, empoisonnement, meurtre.

2. Absichtliche Körperverletzung und Verwundung, die mit Vorbedacht stattfindet oder bleibendes Siechthum oder persönliche Arbeitsunfähigkeit zur Folge hat, wie z. B. den Verlust oder die absolute Unbrauchbarkeit eines Gliedes, eines Auges oder irgend eines andern Organes, oder wenn, ohne daß eine Absicht dazu vorlag, der Tod erfolgt.

3. Bigamie, Entführung von Minderjährigen, Nothzucht, Abtreibung der Leibesfrucht, gewaltsame Angriffe auf die Keuschheit; Angriffe auf die Keuschheit ohne Gewaltanwendung, wenn sie gegen Kinder oder vermittelst Kinder beiderlei Geschlechtes, die nicht 14 Jahre alt sind, erfolgen; Angriffe auf die Sittlichkeit, welche durch gewohnheitsmäßige Anreizung, Erleichterung oder Begünstigung der Unzucht und der Verführung Minderjähriger beiderlei Geschlechtes geschehen.

4. Entführung, Verheimlichung, Unterdrückung, Vertauschung oder Unterschiebung, Aussetzung oder Verlassung eines Kindes.

5. Brandstiftung.

6. Zerstörung von Gebäuden, Dampfmaschinen oder Telegraphenapparaten.

7. Verbrecherkomplott; Diebstahl.

8. Androhung von Angriffen auf Personen und Eigenthum, wenn sie im Verbrechensgrade strafbar sind.

9. Angriffe auf die persönliche Freiheit und die Unverletzlichkeit der Wohnung, wenn sie von Privaten begangen werden.

10. Münzfälschung, inbegriffen das Nachmachen und die Fälschung von Münzen; das Ausgeben und Inverkehrsetzen von falscher oder gefälschter Münze; das Nachmachen oder die Fälschung von Börsenpapieren, Banknoten, von öffentlichen oder privaten Werthschriften; Ausgabe und Inverkehrsetzung von derartigen falschen oder gefälschten Papieren, No-

2. Coups portés et blessures faites volontairement, soit avec préméditation, soit quand il en est résulté une infirmité ou incapacité permanente de travail personnel, la perte ou la privation de l'usage absolu d'un membre, de l'œil ou de tout autre organe, ou la mort sans intention de la donner.

3. Bigamie, enlèvement de mineurs, viol, avortement, attentat à la pudeur commis avec violence, attentat à la pudeur commis sans violence sur la personne ou à l'aide de la personne d'un enfant de l'un ou de l'autre sexe âgé de moins de 14 ans, attentat aux mœurs en excitant, facilitant ou favorisant habituellement, pour satisfaire les passions d'autrui, la débauche ou la corruption des mineurs de l'un ou de l'autre sexe.

4. Enlèvement, recel, suppression, substitution ou supposition d'enfant, exposition ou délaissement d'enfant.

5. Incendie.

6. Destruction de constructions, machines à vapeur ou appareils télégraphiques.

7. Association de malfaiteurs, vol.

8. Menaces d'un attentat contre les personnes ou les propriétés, punissable de peines criminelles.

9. Attentats à la liberté individuelle et à l'inviolabilité du domicile, commis par des particuliers.

10. Fausse monnaie, comprenant la contrefaçon et l'altération de la monnaie; l'émission et la mise en circulation de la monnaie contrefaite ou altérée; contrefaçon ou falsification d'effets publics ou de billets de banque, de titres publics ou privés, émission ou mise en circulation de ces effets, billets ou titres contrefaits ou falsifiés, faux en écritures ou dans les dépêches

...ten oder Werthschriften; Schriftfälschung; Fälschung von telegraphischen Depeschen und Gebrauch solcher nachgemachten, fabrizirten oder gefälschten Depeschen, Papiere, Banknoten oder Werthschriften. Nachahmung oder Fälschung von Siegeln, Stempeln, Poinçons und Marken, mit Ausnahme solcher, die Privatei oder Handelsleuten angehören; Gebrauch von nachgeahmten oder gefälschten Siegeln, Stempeln, Poinçons und Marken; Mißbrauch echter Siegel, Stempel, Poinçons und Marken.

11. Falsches Zeugniß und falsche Erklärungen von Experten oder Uebersezern, Bestechung von Zeugen, Experten oder Uebersezern.
12. Meineid.
13. Amtsmißbrauch; Veruntrenung durch öffentliche Beamte; Bestechung öffentlicher Beamten.
14. Betrügerischer Bankerott und Betrügereien im Konkurs.

télégraphiques et usage de ces dépêches, effets, billets ou titres contrefaits, fabriqués ou falsifiés; contrefaçon ou falsification de sceaux, timbres, poinçons et marques, à l'exception de ceux de particuliers ou de négociants; usage de sceaux, timbres, poinçons et marques contrefaits ou falsifiés et usage préjudiciable de vrais sceaux, timbres, poinçons et marques.

11. Faux témoignage et fausses déclarations d'experts ou d'interprètes, subornation de témoins, d'experts ou d'interprètes.
12. Faux serment.
13. Concussion, détournements commis par des fonctionnaires publics, corruption de fonctionnaires publics.
14. Banqueroute frauduleuse et fraudes commises dans les faillites.

15. Prellerei, Vertrauensmißbrauch und Betrug.
16. Verheimlichung von Gegenständen, welche durch ein in diesem Vertrage vorgesehenes Verbrechen oder Vergehen erlangt worden sind.

Artikel 4.

Wenn die nemliche Thatsache, auf welche ein Auslieferungsbegehren begründet wird, in dem Lande, von welchem die Auslieferung verlangt wird, ebenfalls zu staatlicher Verfolgung Anlaß gibt, so kann eine definitive Antwort so lange verschoben werden, bis die Schuld des Betreffenden gegen lezteres Land durch die Gerichte untersucht und im Falle, als das betreffende Individuum schuldig erfunden worden, die Strafe erstanden ist.

Die Auslieferung findet nicht statt:

1) wenn das Begehren sich auf das nemliche Verbrechen oder Vergehen bezieht, weßhalb das verlangte Individuum in dem Lande, von welchem die

15. Escroquerie, abus de confiance et tromperie.
16. Recèlement d'objets obtenus à l'aide d'un des crimes ou délits prévus par la présente convention.

Article 4.

Si le même fait qui a motivé la réclamation donne également lieu à des poursuites publiques dans le pays auquel l'extradition est demandée, la réponse définitive pourra être différée jusqu'à ce que la culpabilité de l'individu envers ce pays ait été examinée par les tribunaux, et que la peine ait été subie dans le cas où l'individu aura été trouvé coupable.

L'extradition n'aura pas lieu:

1. lorsque la demande en sera motivée par le même crime ou délit, pour lequel l'individu réclamé subit ou a déjà subi sa peine, ou dont il a été acquitté ou

Auslieferung verlangt wird, seine Strafe besteht oder sie schon bestanden hat, oder wenn es von der Anklage entlassen oder freigesprochen worden ist;

2) wenn nach den Gesezen des Landes, von dem die Auslieferung verlangt wird, die Verjährung der Klage oder der Strafe eingetreten ist.

Artikel 5.

Wenn das reklamirte Individuum wegen eines andern, gegen die Geseze des Landes, von dem die Auslieferung verlangt wird, begangenen Verbrechens oder Vergehens verfolgt wird oder verhaftet ist, so wird die Auslieferung verschoben, bis der Betreffende freigesprochen worden ist oder seine Strafe erstanden hat.

Wenn eine Auslieferung gleichzeitig durch einen der vertragschließenden Staaten und durch einen andern Staat verlangt wird, welchem gegenüber ebenfalls eine vertragsmäßige Pflicht zur Auslieferung besteht, so erfolgt sie zuerst gegen den Staat, dessen Begehren, mit den nöthigen Beweisen begleitet, zuerst eingelangt ist.

Wenn aber das reklamirte Individuum Bürger oder Unterthan eines der die Auslieferung begehrenden Staaten ist, so muß es in erster Linie diesem ausgeliefert werden.

Artikel 6.

Die politischen Verbrechen und Vergehen sind von dem gegenwärtigen Vertrage ausgeschlossen.

Ausdrüklich wird festgesezt, daß kein Individuum, dessen Auslieferung bewilligt worden ist, wegen eines vor der Auslieferung begangenen politischen Vergehens verfolgt oder bestraft werden darf, und eben so wenig wegen einer Thatsache, die mit einem solchen Vergehen in Verbindung steht.

Artikel 7.

Das Individuum, dessen Auslieferung bewilligt wird, kann nur wegen solcher vor der Auslieferung begangenen Verbrechen oder Vergehen verfolgt oder bestraft werden, die im Artikel 3 dieses Vertrages vorgesehen sind.

absous dans le pays auquel l'extradition est demandée;

2. si la prescription de l'action ou de la peine est acquise d'après les lois du pays auquel l'extradition est demandée.

Article 5.

Si l'individu réclamé est poursuivi ou se trouve détenu pour un autre crime ou délit en contravention avec les lois du pays auquel l'extradition est demandée, celle-ci sera différée jusqu'à ce qu'il ait été absous ou qu'il ait subi sa peine.

Si l'extradition de l'individu est demandée concurremment par l'un des Etats contractants et par un autre Etat vis-à-vis duquel existe également une obligation conventionnelle d'extradition, celle-ci se fera à l'Etat dont la demande, accompagnée des preuves nécessaires, aura été reçue la première.

Mais s'il arrivait que l'individu réclamé était citoyen ou sujet de l'un des Etats réclamants, il devra être livré de préférence à ce dernier Etat.

Article 6.

Les crimes et délits politiques sont exceptés de la présente convention.

Il est expressément stipulé qu'un individu dont l'extradition aura été accordée ne pourra dans aucun cas être poursuivi ou puni pour un délit politique antérieur à l'extradition, ni pour un fait connexe à un semblable délit.

Article 7.

L'individu dont l'extradition aura été accordée ne pourra être poursuivi ou puni pour crimes ou délits antérieurs à l'extradition que lorsque ces crimes ou délits seront prévus dans l'article 3.

Artikel 8.

Das Auslieferungsbegehren muß auf diplomatischem Wege gestellt werden, und es wird ihm nur entsprochen auf Vorlage des Originals oder der authentischen Ausfertigung eines Urtheils, eines Verurtheilungsbeschlusses, eines Ueberweisungserkenntnisses oder eines Verhaftbefehles, insofern diese Aktenstücke in den durch das ansuchende Land vorgeschriebenen Formen ausgestellt sind, sowie auch das Verbrechen und Vergehen, um das es sich handelt, nebst der anwendbaren Strafbestimmung bezeichnen.

Artikel 9.

Die provisorische Verhaftung eines Fremden wegen eines im Art. 3 genannten Verbrechens oder Vergehens kann in den beiden Staaten auf die Vorlage eines Verhaftbefehles angeordnet werden, welcher von der kompetenten fremden Behörde erlassen und in den Formen ausgefertigt ist, welche durch die Gesetze des reklamirenden Staates vorgeschrieben sind.

Article 8.

L'extradition sera demandée par la voie diplomatique et ne sera accordée que sur la production de l'original ou d'une expédition authentique du jugement ou de l'arrêt de condamnation ou de mise en accusation, ou du mandat d'arrêt, délivré dans les formes prescrites par la législation du pays qui fait la demande et indiquant le crime ou le délit dont il s'agit et la disposition pénale qui lui est applicable.

Article 9.

L'étranger pourra être arrêté provisoirement dans les deux pays pour l'un des faits mentionnés à l'art. 3, sur l'exhibition d'un mandat d'arrêt décerné par l'autorité étrangère compétente, et expédié dans les formes prescrites par les lois du Gouvernement réclamant.

Diese Verhaftung erfolgt nach den Formen und den Vorschriften der Gesetzgebung derjenigen Regierung, an welche das Auslieferungsbegehren gestellt wird.

Artikel 10.

In dringenden Fällen kann ein Fremder provisorisch zur Haft gebracht werden auf die bloße durch die Post oder den Telegraphen gemachte Anzeige, daß ein Verhaftbefehl bestehe, unter der Bedingung jedoch, daß diese Anzeige regelmäßig auf diplomatischem Wege an das politische Departement oder an das Ministerium der auswärtigen Angelegenheiten des Landes erfolge, in welches der Angeklagte sich geflüchtet hat.

Immerhin wird in diesem Falle der Fremde nur dann im Verhaft behalten, wenn inner der Frist von drei Wochen die Mittheilung des von der kompetenten fremden Behörde erlassenen Verhaftbefehles erfolgt.

Artikel 11.

Ein Fremder, welcher nach Mitgabe von Art. 9 proviso-

Cette arrestation aura lieu dans les formes et suivant les règles prescrites par la législation du Gouvernement auquel elle est demandée.

Article 10.

En cas d'urgence, l'étranger pourra être arrêté provisoirement dans les deux pays sur un simple avis, transmis par la poste ou par le télégraphe, de l'existence d'un mandat d'arrêt, à la condition que cet avis sera régulièrement donné par la voie diplomatique au Département politique ou au Ministère des affaires étrangères du pays où l'inculpé s'est réfugié.

Toutefois dans ce cas l'étranger ne sera maintenu en état d'arrestation que si, dans le délai de trois semaines, il reçoit communication du mandat d'arrêt délivré par l'autorité étrangère compétente.

Article 11.

L'étranger arrêté provisoirement aux termes de l'article 9,

risch verhaftet wurde oder nach Absaz 2 des Art. 10 in Verhaft behalten wird, soll in Freiheit gesezt werden, wenn binnen zwei Monaten von seiner Verhaftung keine amtliche Mittheilung eines von der kompetenten Behörde ausgehenden verurtheilenden Erkenntnisses, einer Verfügung, betreffend Stellung unter die Anklage oder einer Verhängung der Untersuchung erfolgt.

Artikel 12.

Die in dem Besiz des reklamirten Individuums gefundenen Gegenstände werden, wenn die kompetente Behörde des um die Auslieferung angegangenen Staates die Rükgabe verfügt hat, in dem Zeitpunkte abgeliefert, in welchem die Auslieferung des Individuums vor sich geht.

Artikel 13.

Wenn im Verlaufe einer strafrechtlichen, nicht politischen Untersuchung eine der beiden Regierungen die Abhörung von Zeugen, welche im andern Staate wohnen, nöthig finden sollte, so wird

ou maintenu en arrestation suivant le § 2 de l'art. 10, sera mis en liberté si dans les deux mois de son arrestation, il ne reçoit notification soit d'un arrêt de condamnation, soit d'une ordonnance sur la mise en accusation ou en prévention émanée de l'autorité compétente.

Article 12.

Les objets saisis en la possession de l'individu réclamé seront, si l'autorité compétente de l'Etat requis et a ordonné la restitution, livrés au moment où s'effectuera l'extradition.

Article 13.

Lorsque, dans la poursuite d'une affaire pénale non politique, un des Gouvernements jugera nécessaire l'audition de témoins domiciliés dans l'autre Etat, une commission rogatoire sera envoyée à cet effet, par

zu diesem Zweke auf diplomatischem Wege ein Rogatorium erlassen, und demselben unter Beachtung der Geseze des Landes, in welchem die Zeugen zu erscheinen haben, Folge gegeben.

Artikel 14.

Wenn in einer nicht politischen Strafsache die persönliche Erscheinung eines Zeugen in dem andern Lande nöthig oder wünschenswerth ist, so wird seine Regierung den Zeugen veranlaßen, der an ihn ergangenen Einladung Folge zu geben; im Falle seiner Zustimmung werden ihm die Reise- und Aufenthaltskosten nach den Tarifen und Reglementen verabreicht, die in dem Lande, wo die Abhörung stattfinden soll, in Kraft bestehen.

Artikel 15.

Wenn in einer nicht politischen Strafsache die Mittheilung von Beweisstüken oder von Urkunden, welche im Besiz der Behörden des andern Landes sich befinden, für nöthig oder nützlich erfunden wird, so ist das daherige

la voie diplomatique, et il y sera donné suite, en observant les lois du pays où les témoins seront invités à comparaître.

Article 14.

Si dans une cause pénale non politique, la comparution personnelle d'un témoin dans l'autre pays est nécessaire ou désirée, son Gouvernement l'engagera à se rendre à l'invitation qui lui sera faite, et en cas de consentement il lui sera accordé des frais de voyage et de séjour, d'après les tarifs et règlements en vigueur dans le pays où l'audition devra avoir lieu.

Article 15.

Lorsque dans une cause pénale non politique, la communication de pièces de conviction ou de documents qui se trouveraient entre les mains des autorités de l'autre pays sera jugée utile ou nécessaire, la demande en sera faite par

Gesuch auf diplomatischem Wege zu stellen, und es wird denselben gegen die Verpflichtung zur Rükgabe der Aktenstüke auf den Fall Folge gegeben, als nicht besondere Erwägungen entgegenstehen.

Artikel 16.

Die beiden Regierungen werden sich auf diplomatischem Wege die Erkenntnisse ihrer Gerichte mittheilen, durch welche die Angehörigen des fremden Staates wegen eines Verbrechens oder Vergehens verurtheilt werden.

Artikel 17.

Alle Schriftstüke und Dokumente, welche die beiden Regierungen in Vollziehung des gegenwärtigen Vertrages sich gegenseitig mittheilen, müssen von einer französischen Uebersezung begleitet sein, insofern sie nicht in deutscher Sprache abgefaßt sind, in welchem Falle eine Uebersezung nicht nöthig ist.

Artikel 18.

Die beiden Regierungen verzichten gegenseitig auf jede Reklamation von Kosten, die

la voie diplomatique et l'on y donnera suite pour autant qu'il n'y ait pas de considérations spéciales qui s'y opposent, et sous l'obligation de renvoyer les pièces.

Article 16.

Les deux Gouvernements se communiqueront par voie diplomatique les arrêts de leurs tribunaux, qui condamneront les citoyens ou les sujets de l'Etat étranger pour crime ou délit.

Article 17.

Toutes les pièces et tous les documents qui seront communiqués réciproquement par les deux Gouvernements dans l'exécution de la présente convention devront être accompagnés de leur traduction française, à moins qu'ils ne soient conçus en langue allemande, auquel cas une traduction n'est pas nécessaire.

Article 18.

Les Gouvernements respectifs renoncent, de part et d'autre, à toute réclamation par rapport

durch Verpflegung, Transport oder sonstwie inner den Grenzen ihres Territoriums in Folge der Auslieferung von Verfolgten, Angeklagten oder von Verurtheilten entstehen; ebenso verzichten sie auf die Kosten, die durch Rogatorien und die Uebersendung und Restitution von Beweisstüken und Dokumenten veranlaßt werden.

Die Verpflegungs- und Transportkosten von Verfolgten, Angeklagten oder Verurtheilten, welche auf dem Gebiete der zwischenliegenden Staaten erwachsen, fallen dem reklamirenden Staate zu. Wenn der Transport zur See vorgezogen wird, so soll die auszuliefernde Person nach dem Hafen gebracht werden, welchen der diplomatische oder Konsularagent der reklamirenden Regierung, auf deren Kosten die Verschiffung stattfindet, bezeichnen wird.

Artikel 19.

Der gegenwärtige Vertrag tritt erst zwanzig Tage nach der in beiden Ländern nach den gesezlichen Formen erfolgten Promulgation in Wirksamkeit.

à la restitution des frais d'entretien, de transport et autres qui pourraient résulter dans les limites de leurs territoires respectifs de l'extradition des prévenus, accusés ou condamnés, ainsi que de ceux résultant de l'exécution des commissions rogatoires et de l'envoi et de la restitution des pièces de conviction ou des documents.

Les frais d'entretien et de transport des prévenus, accusés ou condamnés, par le territoire ou territoire des Etats intermédiaires, sont à la charge de l'Etat réclamant. Au cas où le transport par mer serait jugé préférable, l'individu à extrader sera conduit au port que désignera l'agent diplomatique ou consulaire du Gouvernement réclamant, aux frais duquel il sera embarqué.

Article 19.

La présente convention ne sera exécutoire qu'à dater du vingtième jour après sa promulgation dans les formes prescrites par les lois des deux pays.

428   Auslieferungsvertrag

Er bleibt sechs Monate über den Zeitpunkt hinaus in Kraft, in welchen die eine oder die andere Regierung die Kündung erklärt.

Der Vertrag soll ratifizirt und es sollen die Ratifikationsurkunden binnen zwei Monaten oder, wenn es möglich ist, früher in Bern ausgewechselt werden.

Dessen zur Urkunde haben die beiderseitigen Bevollmächtigten den gegenwärtigen Vertrag unterzeichnet und demselben ihre Siegel beigedrukt.

So geschehen in Bern, den 17/5. November im Jahre des Heils eintausend achthundert drei und siebenzig.

Der schweizerische Bevollmächtigte:

(L. S.) (Gez.) **Welti.**

Der Bevollmächtigte Rußlands:

(L. S.) (Gez.) **M. Gortchacow.**

Elle continuera à être en vigueur jusqu'à six mois après la déclaration contraire de la part de l'un des deux Gouvernements.

Elle sera ratifiée, et les ratifications en seront échangées à Berne dans le délai de deux mois, ou plus tôt, si faire se peut.

En foi de quoi, les Plénipotentiaires respectifs ont signé la présente convention et y ont apposé le cachet de leurs armes.

Fait à Berne le 17/5 novembre de l'an de grâce mil huit cent soixante-treize.

Le Plénipotentiaire suisse:

(L. S.) (Sig.) **Welti.**

Le Plénipotentiaire de Russie:

(L. S.) (Sig.) **M. Gortchacow.**

---

zwischen der Schweiz und Rußland.   429

A ces causes, après avoir suffisamment examiné cette convention, Nous l'avons agréée, confirmée et ratifiée, comme par les présentes Nous l'agréons, confirmons et ratifions dans toute sa teneur, promettant sur Notre parole Impériale pour Nous, Nos Héritiers et Successeurs, que tout ce qui a été stipulé dans cette Convention sera observé et exécuté inviolablement.

En foi de quoi, Nous avons signé de Notre propre main la présente ratification Impériale et y avons fait apposer le sceau de Notre Empire. Donné à St. Pétersbourg le cinq/dix-sept Décembre de l'un de grâce mil huit cent soixante-treize et de Notre règne la dix-neuvième année.

Alexandre.

(L. S.)

Le Chancelier de l'Empire:

Prince A. Gortchacow.

---

erklärt den vorstehenden Vertrag als ratifizirt und in allen Theilen in Kraft erwachsen, und verspricht im Namen der schweizerischen Eidgenossenschaft, denselben, so weit es von ihr abhangt, jederzeit gewissenhaft zu beobachten.

Zur Urkunde dessen ist gegenwärtige Ratifikation vom Bundespräsidenten und dem Kanzler der Eidgenossenschaft unterzeichnet und mit dem eidgenössischen Staatssiegel versehen worden.

So geschehen in Bern, den siebenzehnten Dezember eintausend achthundert drei und siebenzig (17. Dezember 1873).

Im Namen des schweiz. Bundesrathes,

Der Bundespräsident:

Ceresole.

(L. S.)

Der Kanzler der Eidgenossenschaft:

Schiess.

Note. Die Auswechslung der Ratifikationen des vorstehenden Vertrags hat zwischen dem Herrn Bundespräsidenten Ceresole und dem außerordentlichen Gesandten und bevollmächtigten Minister Rußlands bei der schweiz. Eidgenossenschaft, Fürst M. Gortchacow, am 24. Dezember 1873 in Bern stattgefunden. Nachdem die im Art. 19 vorgesehene Bekanntmachung von Seite des Bundesrathes am 26. Dezember 1873 und russischer Seits durch Senatsukas vom $\frac{26.\ Januar}{7.\ Februar}$ 1874 angeordnet worden ist, so tritt gemäß bezüglicher Verständigung der Vertrag mit dem 27. Februar 1874 in Kraft.

3.   Der Postvertrag (1872)

Quelle: AS, Bd. 10, S. 951–970.

Postvertrag

zwischen

der Schweiz und Rußland.

Abgeschlossen den 28. Juni / 10. Juli 1872.
Ratifizirt von Rußland den 12. Juli 1872.
„   „   der Schweiz den 16. Juli 1872.

Der Bundesrath

der

schweizerischen Eidgenossenschaft,

nach Einsicht und Prüfung des zwischen den Bevollmächtig-ten des schweizerischen Bundes-rathes und Seiner Majestät des Kaisers aller Reußen am 10. Juli 1872 in Bern unter Ra-tifikationsvorbehalt abgeschlosse-nen und untergezeichneten Post-vertrags, welcher vom schweize-rischen Nationalrathe am 11. Juli 1872 und vom schweizerischen Ständerathe am 12. gleichen

Par la Grâce de Dieu

Nous,

Alexandre II,

Empereur et Autocrate

de toutes les Russies,

de Moscou, Kiow, Wladi-mir, Novogorod, Tsar de Ca-san, Tsar d'Astrakhan, Tsar de Pologne, Tsar de Sibérie, Tsar de la Chersonèse Tau-rique, Tsar de la Géorgie, Seigneur de Plescou et Grand-Duc de Smolensk, de Lithu-anie, Volhynie, Podolie et de Finlande; Duc d'Estonie, de Livonie, de Courlande et Semigalle, de Samogitie, Bia-

Monats genehmigt worden ist, und der also lautet:

Der Bundesrath der schweizerischen Eidgenossenschaft und Seine Majestät der Kaiser Aller Reußen, von dem gemeinsamen Wunsche geleitet, die Postverbindungen zwischen den beiden Staaten zu erleichtern, sind übereingekommen, einen Postvertrag abzuschließen, und haben zu diesem Zwecke zu ihren Bevollmächtigten ernannt:

Der Bundesrath der schweizerischen Eidgenossenschaft:

Herrn Jakob Johann Challet-Venel, Bundesrath und Vorsteher des Postdepartements der Eidgenossenschaft, und

Seine Majestät der Kaiser aller Reußen:

Seine Hoheit den Fürsten Michael Gortschacow, Seinen außerordentlichen Gesandten und bevollmächtigten Minister bei der schweizerischen Eidgenossenschaft, Seinen Kammerherrn und jetzigen Staatsrath, Ritter des russischen St. Wladimirordens III. Klasse, der fremden Orden: des preußischen rothen Adlerordens II. Klasse und

---

Le Conseil fédéral de la Confédération suisse et Sa Majesté l'Empereur de toutes les Russies, animés d'un commun désir d'améliorer le service des correspondances entre les deux Etats, ont résolu de conclure une convention postale et ont nommé, à cet effet, pour leurs Plénipotentiaires, savoir:

Le Conseil fédéral de la Confédération suisse:

Monsieur Jacques-Jean Challet-Venel, Conseiller fédéral et Chef du Département des Postes de la Confédération, et

Sa Majesté l'Empereur de toutes les Russies:

Son Altesse le Prince Michel *Gortchacow*, Son Envoyé extraordinaire et Ministre plénipotentiaire près la Confédération suisse, Son Chambellan et Conseiller d'Etat actuel, Chevalier de l'Ordre de Russie de St. Wladimir de III. classe, des Ordres étrangers: de l'Aigle Rouge de II. classe avec la plaque de II. classe et de la Couronne de II.

---

lostock, Carelie, Twer, Jugorie, Perm, Viatka, Bolgarie et d'autres; Seigneur et Grand-Duc de Novgorod-inférieur, de Czernigou, Riazan, Polotsk, Rostow, Jaroslaw, Bélooserzk, Oudor, Obdor, Condie, Witepsk, Mstislaw, Dominateur de toute la contrée du Nord; Seigneur d'Ibérie, de la Cartalinie, de la Cabardie et de la province d'Arménie; Prince Héréditaire et Souverain des Princes de Circassie et d'autres Princes montagnards; Successeur de Norvège, Duc de Schleswig-Holstein, de Stormarn, de Dithmarsen et d'Oldenbourg, etc. etc. etc.,

Savoir faisons par les présentes qu'à la suite d'un commun accord entre **Nous** et le Gouvernement de la Confédération Suisse, Nos Plénipotentiaires respectifs ont conclu et signé à Berne le 28 Juin / 10 Juillet de l'année 1872 une Convention postale laquelle porte pour mot ce qui suit:

des Kronenordens II. Klasse, des persischen Löwen= und Sonnenordens, Kommandeur der Orden: der französischen Ehrenlegion, des württembergischen Friedrich=Ordens I. Klasse und des Ordens der Krone von Württemberg, des italienischen St. Mauritius= und Lazarus=ordens, des dänischen Dannebrogordens, des griechischen Erlöserordens, des portugiesischen Christusordens, des bayerischen St. Michaelordens, des Ludwigordens von Hessen-Darmstadt, des Unabhängigkeitsordens von Montenegro, 2c.

welche, nach gegenseitiger Mittheilung ihrer in guter und gehöriger Form befundenen Vollmachten vereinbart haben, was folgt:

Artikel 1.
Einführung des Korrespondenzverkehrs.

Zwischen der Schweiz und der Postverwaltung von Rußland soll eine ununterbrochene und regelmäßige Auswechslung von Korrespondenzen, welche in den beiderseitigen Staaten aufgege=

hen werden, oder aus Ländern herkommen, welchen die kontrahirenden Theile zur Vermittlung dienen können, stattfinden.

Artikel 2.
Transportmittel.

Diese Auswechslung erfolgt mittelst geschlossener Briefpakete im Transit über die zwischenliegenden Staaten.

Die Korrespondenzen sind über diejenige Route zu befördern, über welche dieselben voraussichtlich am schnellsten an ihre Bestimmung gelangen. Wenn der Versender die Route, über welche er wünscht, daß seine Korrespondenz geleitet werde, bezeichnet hat, so soll die Versendung soweit möglich in der angegebenen Weise stattfinden.

Artikel 3.
Anwendbarkeit des Vertrages.

Die Bestimmungen des gegenwärtigen Vertrages sind anwendbar auf das ganze Gebiet der schweizerischen Eidgenossenschaft und auf sämmtliche, das

---

classe de Prusse, du Lion et du Soleil de II. classe avec la plaque de Perse, Commandeur des Ordres: de la Légion d'Honneur de France, de Frédéric de Wurtemberg de I. classe avec la plaque et de la Couronne de Wurtemberg, des Sts. Maurice et Lazare d'Italie, du Dannebrog du Danemark, du Sauveur de Grèce, du Christ du Portugal, de St. Michel de Bavière, de Louis de Hesse-Darmstadt, de l'Ordre pour l'Indépendance du Montenegro, etc.,

lesquels, après s'être communiqué leurs pleins-pouvoirs trouvés en bonne et due forme, sont convenus de ce qui suit:

Article 1.
Induroduction de l'échange des Correspondances.

Il y aura entre l'Administration des postes de Suisse et l'Administration des postes de Russie un échange périodique et régulier de correspondances originaires des Etats

respectifs, ou provenant des pays auxquels les Administrations des postes des parties contractantes peuvent servir d'intermédiaire.

Article 2.
Moyens de transport.

Cet échange sera effectué en transit, par les Etats intermédiaires, en dépêches closes.

Toute correspondance devra être expédiée par la voie par laquelle il est à présumer qu'elle pourra parvenir le plus promptement à sa destination. Dans le cas où l'envoyeur indiquerait la voie par laquelle il désire que sa correspondance soit acheminée, celle-ci doit être expédiée de la manière indiquée en tant que faire se peut.

Article 3.
Etendue de l'application de la convention.

Les stipulations de la présente convention s'appliqueront à tout le territoire de la Confédération suisse et à toutes les parties intégrantes de l'Em=

russische Reich bildende Landes-theile, mit Inbegriff des Groß-herzogthums Finnland.

Artikel 4.
Umfang des Verkehrs.

Der Briefpostdienst umfaßt die Briefe, die Drucksachen jeder Art und die Waarenmuster.

Die hievor bezeichneten Brief-postgegenstände dürfen das Ge-wicht von 250 Grammen nicht übersteigen, noch eine Werth-deklaration tragen.

Artikel 5.
Tax-Grundlagen.

Die Taxe der Korrespondenzen wird nach einfachen Gewicht-sätzen berechnet; ein einfacher Gewichtssatz beträgt:

für Briefe 15 Gramme oder einen Bruchtheil von 15 Gram-men;

für Drucksachen und Waaren-muster 50 Gramme oder einen Bruchtheil von 50 Grammen.

Artikel 6.
Gewöhnliche Briefe.

Die Taxe eines Briefes aus der Schweiz nach Rußland und umgekehrt aus Rußland nach der Schweiz beträgt:

40 Rappen für den einfachen Gewichtssatz, im Frankofalle,
60 Rappen für den einfachen Gewichtssatz, im Portofalle.

Die ungenügend frankirten Briefe werden als ganz unfran-kirt behandelt und als solche taxirt, jedoch unter Abzug der verwendeten Frankomarken oder Frankocouverts.

Artikel 7.
Drucksachen und Waarenmuster.

Die von dem einen Lande nach dem andern versandten Drucksachen jeder Art und die Waarenmuster unterliegen einer vorauszubezahlenden Taxe von 10 Rappen für den einfachen Gewichtssatz.

Unter der Benennung „Druck-sachen" werden verstanden: alle durch Typographie, Lithographie, Metallographie oder sonst auf mechanischem Wege erstellten Er-

---

pire de Russie, y compris le Grand-Duché de Finlande.

Article 4.
Etendue du service.

Le service des correspon-dances comprend les lettres, les imprimés de toute nature et les échantillons de marchan-dises.

Aucun des objets de corres-pondance ci-dessus mention-nés ne peut être d'un poids supérieur à 250 grammes, ni porter une déclaration de valeur.

Article 5.
Bases des taxes.

La taxe des correspondan-ces sera calculée par ports simples, un port simple équi-valant:

pour les lettres, à 15 gram-mes ou fraction de 15 grammes;

pour les imprimés et les échantillons de marchandises, à 50 grammes ou fraction de 50 grammes.

Article 6.
Lettres ordinaires.

La taxe d'une lettre expé-diée de Suisse en Russie, et réciproquement de Russie en Suisse, est fixée:

à 40 centimes par port simple, si elle est affranchie,
à 60 centimes par port simple, si elle n'est pas af-franchie.

Les lettres insuffisamment af-franchies seront traitées comme non affranchies et taxées comme telles, sauf déduction de la valeur des timbres-poste et en-veloppes timbrées employées.

Article 7.
Imprimés et échantillons de marchandises.

Les imprimés de toute na-ture et les échantillons de mar-chandises, expédiés d'un pays dans l'autre, seront passibles d'une taxe de 10 centimes par port simple et affranchis obli-gatoirement.

Sous la dénomination «im-primés» sont comprises toutes les reproductions obtenues par la typographie, la lithographie, la métallographie et autres

zeugnisse. Ausgenommen hievon sind die mittelst Copirmaschinen oder mittelst Durchdruck hergestellten Schriftstücke.

Die Drucksachen und Waarenmuster sind derart zu versenden, daß die Verification des Inhalts der Sendung ganz leicht erfolgen kann.

Auf den Drucksachen sind keine andern handschriftlichen Zusätze gestattet als die Adresse des Empfängers, die Unterschrift des Versenders, die Angabe des Orts und Datums der Versendung und, bei Correcturbürsten, die auf den Text bezüglichen Aenderungen.

Die Waarenmuster dürfen keinen verkäuflichen Werth haben und keine andern handschriftlichen Zusätze tragen als die Adresse des Empfängers, die Fabrikmarke oder die Firma des Absenders, die Nummern und die Preise. Das Maximalgewicht, sowie der Umfang derselben müssen den Zollvorschriften gemäß sein.

Die Drucksachen und Waarenmuster, welche unerlaubte Hand-schriftliche Zusätze enthalten, diejenigen welche gar nicht oder ungenügend frankirt sind, sowie überhaupt alle, welche die erforderlichen Bedingungen nicht erfüllen, werden als gewöhnliche Briefe behandelt und taxirt.

Artikel 8.
Rekommandation.

Jeder aus der Schweiz nach Rußland und umgekehrt aus Rußland nach der Schweiz versandte Brief kann rekommandirt werden, und es ist dem Versender überdies gestattet zu verlangen, daß ihm eine Empfangsbescheinigung des Adressaten zugestellt werde.

Der Versender eines rekommandirten Briefes hat außer der Taxe eines gewöhnlichen frankirten Briefes vom entsprechenden Gewicht eine fixe Gebühr zu entrichten, welche von der absendenden Verwaltung festzusetzen ist und 25 Rappen nicht übersteigen darf.

Soll dem rekommandirten Brief ein Rückempfangsschein beigegeben werden, so wird vom Versender, nebst der hievor erwähnten Taxe und Gebühr, noch eine weitere, ebenfalls von der

procédés mécaniques. Sont toutefois exceptées les reproductions obtenues au moyen de machines à copier ou de décalque.

Les imprimés et les échantillons de marchandises doivent être expédiés de manière à ce que la vérification du contenu de l'envoi soit parfaitement facile.

Il n'est admis, sur les imprimés, d'autres indications manuscrites que l'adresse du destinataire, la signature de l'envoyeur, la désignation du lieu et de la date de l'expédition, et les corrections relatives à la composition, faites aux épreuves d'imprimerie.

Les échantillons de marchandises ne doivent avoir aucune valeur marchande et ne porter d'autres indications manuscrites que l'adresse du destinataire, la marque de fabrique ou la raison sociale de l'envoyeur, les numéros d'ordre et les prix. Le maximum de leur poids ainsi que leurs dimensions doivent être conformes aux prescriptions douanières.

Les imprimés et les échantillons de marchandises portant des indications manuscrites non autorisées, ceux non-affranchis ou insuffisamment affranchis, soit en général ceux qui ne remplissent pas les conditions voulues, seront traités et taxés comme lettres ordinaires.

Article 8.
Recommandation.

Toute lettre expédiée de Suisse en Russie, et réciproquement de Russie en Suisse, est admise à la recommandation, et l'envoyeur peut, en outre, demander qu'il lui soit fourni un accusé de réception du destinataire.

La recommandation impose à l'envoyeur l'obligation de payer, outre la taxe d'une lettre ordinaire affranchie du poids équivalent, un droit fixe à déterminer par l'Administration expéditrice, mais ne pouvant excéder 25 centimes.

Si la lettre recommandée est accompagnée d'un accusé de réception à renvoyer, il sera, indépendamment de la taxe et du droit susmentionnés, perçu de l'envoyeur encore un droit

verschiedenen Verwaltung festzustellende fixe Gebühr bezogen, welche jedoch 25 Rappen nicht übersteigen darf. Der Mißempfangschein ist beförderlichst und portofrei zurückzusenden.

Die Rekommandation ist, soweit möglich, auch zulässig für die Briefe nach den Ländern, welchen die vertragschließenden Staaten zur Vermittlung dienen können.

Artikel 9.
Irrig geleitete Korrespondenzen und Rebüts.

Die unrichtig abgelieferten oder irrig geleiteten, sowie die Korrespondenzen an Adressaten, welche ihren Wohnsitz verändert haben, sind unverzüglich auf dem für die gegenwärtigen Wege an ihre Bestimmung nachzujagenden, und es unterliegen dieselben für diese Weiterbeförderung keiner Nachtaxe für Rechnung des einen oder anderen der kontrahirenden Staaten.

Die unbestellbaren Korrespondenzen (Rebüts) werden gegenseitig zurückgesandt.

---

fixe à déterminer également par l'Administration expéditrice, mais ne pourront excéder 25 centimes. L'accusé de réception sera renvoyé, franc de port, le plus tôt possible.

La recommandation sera admise, autant que faire se pourra, pour les lettres à destination des pays auxquels les Administrations des postes des Etats contractants pourront servir d'intermédiaires.

Article 9.
Correspondances mal dirigées et rebuts.

Les correspondances mal adressées ou mal dirigées, ou adressées à des destinataires ayant changé de résidence, doivent être, sans aucun délai, réexpédiées à destination par la voie la plus rapide, et ne sont passibles, du chef de cette réexpédition, d'aucune surtaxe pour compte de l'un ou de l'autre des Etats contractants.

Les correspondances tombées au rebut seront réciproquement renvoyées.

Artikel 10.
Transit.

Die Korrespondenzen, ohne Unterschied ihrer Herkunft oder Bestimmung, können in beiden Richtungen über das Gebiet der beiden vertragschließenden Staaten weiter befördert werden.

Im stückweisen Transit darf der Totalpreis für die Beförderung auf dem Gebiet der beiden kontrahirenden Staaten das in den Artikeln 6 und 7 hievor festgelegte schweizerisch-russische Porto nicht übersteigen.

In geschlossenen Paketen wird der Transit zu folgenden Preisen gewährt:

15 Rappen von 30 Grammen Briefe und 50 Rappen von dem Kilogramm Drucksachen und Waarenmuster für die Beförderung auf dem ganzen Gebiete der schweizerischen Eidgenossenschaft;

30 Rappen von 30 Grammen Briefe und 1 Franken von dem Kilogramm Drucksachen und Waarenmuster für die Beförderung auf dem ganzen Gebiete des russischen Reiches.

Article 10.
Transit.

De part et d'autre les correspondances, sans distinction de leur provenance ou de leur destination, pourront être expédiées en transit par le territoire des deux Etats contractants.

A *découvert*, le prix total du parcours sur le territoire des deux Etats contractants ne doit pas excéder le port suisse-russe fixé ci-dessus aux articles 6 et 7.

En *dépêches closes*, le transit est accordé aux prix suivants:

de 15 centimes par 30 grammes de lettres et de 50 centimes par kilogramme d'imprimés et d'échantillons de marchandises, pour le parcours de tout le territoire de la Confédération suisse;

de 30 centimes par 30 grammes de lettres et de 1 franc par kilogramme d'imprimés et d'échantillons de marchandises, pour le parcours sur toute l'étendue de l'Empire de Russie.

Diese Preise werden nach dem Nettogewicht der Korrespondenzen berechnet, wobei die Dienstkorrespondenz, die Beschwerungsbetel, die unrichtig geleiteten Korrespondenzen und Rebüts nicht mitzurechnen sind.

Die sowohl einzeln als in geschlossenen Paketen über die beiden Staaten transitirenden Korrespondenzen müssen alle für die schweizerisch-russischen Korrespondenzen vorgeschriebenen Bedingungen erfüllen.

Artikel 11.

Verantwortlichkeit.

Im Falle des Verlustes eines rekommandirten Briefes hat die Postverwaltung des Landes, in welchem der Gegenstand aufgegeben worden, dem Absender eine Entschädigung von Fr. 50 zu bezahlen, unter Vorbehalt des allfälligen Rückgriffs auf diejenige Postverwaltung, welcher die Sendung im Augenblicke des Verlustes anvertraut war.

Fand der Verlust im Dienste eines der zwischenliegenden Länder statt, so haben die Postverwaltungen der kontrahirenden Staaten die Begattung der Ent-

Ces prix seront calculés d'après le poids net des correspondances, à l'exclusion de la correspondance de service, des pièces de comptabilité, des correspondances mal dirigées et des rebuts.

Les correspondances transitant par les deux Etats, tant à découvert qu'en dépêches closes, doivent remplir toutes les conditions spécifiées pour les correspondances suisses-russes.

Article 11.

Responsabilité.

La perte d'une lettre recommandée impose à l'Administration des postes du pays où l'envoi a été consigné l'obligation de payer à l'envoyeur une indemnité de fr. 50, sous réserve de recours, s'il y a lieu, contre l'Administration postale au service de laquelle l'envoi se trouvait confié au moment où la perte a eu lieu.

Dans le cas où la perte a eu lieu dans le service de l'un des pays intermédiaires, les Administrations des postes des Etats contractants supporteront

schädigung zu Theilen zu übernehmen.

Die Vergütung ist dem Absender oder, in dessen Abwesenheit, dem Adressaten auszurichten, sobald der Verlust gehörig nachgewiesen ist.

Der Versender kann mittelst einer einfachen schriftlichen Vollmacht seine Entschädigungsansprüche dem Adressaten übertragen.

Die Verbindlichkeit der Erlegung fällt dahin:

a) wenn die Anzeige von dem Verluste nicht inner der Frist eines Jahres, vom Tage der Aufgabe der Sendung an gerechnet, erfolgte, und

b) wenn der Verlust außerhalb des Gebietes der vertragschließenden Theile und desjenigen der Zwischenstaaten stattgefunden hat; indessen werden es die Postverwaltungen der kontrahirenden Staaten in diesem Falle unentgeltlich übernehmen, für die Wahrung der Interessen des Reklamanten die nöthige Verwendung eintreten zu lassen.

par moitié le paiement de l'indemnité.

L'indemnité doit être payée à l'envoyeur, ou, en son absence, au destinataire, dès que la perte aura été dûment constatée.

L'envoyeur pourra, par une simple procuration par écrit, transférer au destinataire son droit à l'indemnité.

L'obligation de payer l'indemnité cesse:

a) si la déclaration de la perte n'a pas été formulée dans un délai d'un an, à partir du jour où la consignation a été faite, et

b) lorsque la perte a eu lieu en dehors du territoire des deux parties contractantes et de celui des Etats intermédiaires; toutefois les Administrations des postes des Etats contractants se chargent, dans ce cas, de faire gratuitement toutes les démarches utiles dans l'intérêt du réclamant.

Artikel 12.
Theilung der Kosten und des Ertrages.

Die Kosten des Zwischentransits werden von beiden Verwaltungen zu gleichen Theilen getragen. Diese Kosten sollen jedoch von derjenigen der beiden Verwaltungen regulirt und bezahlt werden, welche von den zwischenliegenden Verwaltungen die günstigeren Transitbedingungen zu erlangen im Falle ist.

Der Verwaltung, welche die Gesammtheit dieser Kosten bezahlt hat, wird die Hälfte derselben von der andern Verwaltung zurückvergütet.

Der Ertrag der bezogenen Taxen wird in dem Verhältnisse von 35 % für die schweizerische Postverwaltung und 65 % für die russische Postverwaltung getheilt.

Artikel 13.
Rechnungsstellung.

Die fixen Rekommandations- und Empfangscheingebühren verbleiben der Postverwaltung, welche dieselben bezogen hat.

Die Postverwaltung der Schweiz und die von Rußland schließen jedes Vierteljahr die Rechnungen über die gemäß den Bestimmungen dieses Vertrages gegenseitig überlieferten Korrespondenzen.

Diese Rechnungen werden in Franken und Rappen gestellt und gegenseitig geprüft. Der sich ergebende Saldo ist unverzüglich auszuzahlen.

Die vertragschließenden Staaten beziehen die Taxen und Gebühren und bezahlen die Entschädigungen in der gesetzlichen Währung des Landes, wobei der Franken einem Viertels-Silberrubel und der Rappen einer Viertels-Kopeke zu entsprechen haben, und die Bruchtheile der Kopeke je als volle Kopeke zu rechnen sind.

Artikel 14.
Gegenseitige Mittheilungen.

Die Postverwaltungen der vertragschließenden Staaten werden sich gegenseitig in kürzester Frist zu ihrem Gebrauche die Reglemente und sonstigen, die Ausführung des gegenwärtigen Vertrages betreffenden Dokumente als: Gesetze, Beschlüsse und Dekrete, welche die Bedin-

Article 12.
Répartition des frais et du produit.

Les frais du transit intermédiaire seront supportés, en parties égales, par les deux Administrations. Ces frais seront toutefois réglés et acquittés par les soins de celle des deux Administration qui aura obtenu des Offices intermédiaires les conditions de transit les plus avantageuses.

L'Administration qui aura soldé la totalité de ces frais, sera remboursée de la moitié par l'autre Administration.

Le produit des taxes perçues sera réparti dans la proportion de 35 % au profit de l'Administration des postes de Suisse, et de 65 % au profit de l'Administration des postes de Russie.

Article 13.
Comptabilité.

Les droits fixes de recommandation et de récépissé seront acquis à l'Administration qui en aura fait la perception.

L'Administration des postes de Suisse et l'Administration des postes de Russie dresseront chaque trimestre, les comptes résultant de la transmission des correspondances en vertu des dispositions de la présente convention.

Ces comptes seront dressés en francs et centimes et arrêtés contradictoirement. La liquidation de leur solde se fera sans retard.

Les taxes et les droits seront perçus et les indemnités payées par chacun des Etats contractants, en monnaie légale du pays, le franc équivalant à un quart de rouble argent, le centime à un quart de kopek argent et les fractions de kopek étant considérées comme kopek entier.

Article 14.
Communications réciproques.

Les Administrations des postes des Etats contractants se communiqueront réciproquement et dans le plus bref délai, pour leur gouverne respective, les règlements et autres renseignements concernant l'exécution de la présente convention, tels que les lois, arrêtés et

gungen der Einfuhr und Verbreitung der Drucksachen jeder Art zc. festsetzen, mittheilen.

Art. 15.
Ausführungsreglement.

Die Auswechslungspunkte, sowie Instradirungsverhältnisse, sowie die näheren Bestimmungen betreffend den Dienst, das Rechnungswesen und die Uebertragung der amtlichen Korrespondenzen, die ausnahmsweisen Fälle, in welchen die beiden Verwaltungen, unabhängig von dem gegenwärtigen Vertrag, die dermalige Uebertragungsweise der Korrespondenzen im Einzeltransit über andere Staaten zulassen können, die Frist für die Rücksendung der Rebuts, die näheren Transitbedingungen u. s. w. werden durch ein von den Postverwaltungen der vertragschließenden Staaten gemeinschaftlich auszuarbeitendes Ausführungsreglement festgesetzt; den genannten Verwaltungen bleibt überlassen die Auswechslungsgelegenheiten zu vermehren und in den Dienstformalitäten Aenderungen zu treffen, so oft sie es für nothwendig erachten.

Artikel 16.
Spezialreglements.

Die Postverwaltungen der vertragschließenden Staaten sind ermächtigt, den Dienst der Zeitungsabonnemente, Auswechslung von Korrespondenzkarten und anderer Briefpostgegenstände, sowie Fahrpoststücke, wenn sie es für zeitgemäß erachten, einzuführen und die Bedingungen hiefür (Taxen u. s. w.) durch Spezialreglemente festzusetzen.

Artikel 17.
Sprache.

Die französische Sprache wird für den durch gegenwärtigen Vertrag entstehenden Verkehr obligatorisch erklärt.

Alle Adressen und Ueberschriften auf Briefpostgegenständen oder wenigstens der wesentliche Theil derselben, sowie die Bezeichnung der Kartenschlüsse, sind in französischer Sprache zu machen.

Ausnahmsweise wird der ausschließliche Gebrauch der Natio-

décrets qui régissent l'entrée et la circulation des imprimés de toute nature, etc., etc.

Article 15.
Règlement d'exécution.

Les points d'échange, la direction des correspondances, ainsi que tous les détails de service, de la comptabilité et de la transmission des correspondances officielles, les cas exceptionnels où les deux offices pourront, indépendamment de la présente convention, avoir recours aux moyens actuels de transmission des correspondances à découvert, par l'intermédiaire d'autres Etats, le délai après lequel devront être renvoyées les correspondances tombées en rebut, les conditions spéciales du transit etc. seront indiqués et déterminés par un règlement d'exécution, élaboré d'un commun accord par les soins des Administrations des postes des Etats contractants, lesquelles pourront, en tout temps, lorsqu'elles en reconnaîtront l'opportunité, augmenter les moyens d'échange et modifier les formalités du service.

Article 16.
Règlements spéciaux.

Les Administrations des postes des Etats contractants sont autorisées à introduire, lorsqu'elles le jugeront opportun, le service des abonnements aux journaux et revues, des mandats de poste et des remboursements, un échange de cartes-correspondance et autres objets de la poste aux lettres, ainsi que d'objets de messagerie, etc. et d'en déterminer les conditions (taxes, etc.) par des règlements spéciaux.

Article 17.
Langue.

La langue française sera obligatoirement employée dans tous les rapports et toutes les relations auxquelles la présente convention donnera lieu.

Toutes les adresses et suscriptions des correspondances, ou du moins la partie essentielle de leur texte, ainsi que des dépêches, sacs et valises, devront être faites en langue française.

Exceptionnellement l'emploi exclusif de la langue nationale

nahſprachen der betreffenden Länder zuläſſig erklärt für die Frankomarken, die Francocouverts, die Stempel, die Siegel und die Zeichen auf dem für die Beförderung der Briefpoſtgegenſtände dienenden Material.

Artifel 18.
Vertragsdauer.

Der gegenwärtige Vertrag tritt mit demjenigen Tage in Kraft, welchen die Poſtverwaltungen der beiden vertragſchließenden Staaten einverſtändlich feſtſetzen werden, und bleibt verbindlich für ſo lange, als nicht der eine der kontrahirenden Theile denſelben ein Jahr zum voraus gefündet haben wird.

Artifel 19.
Ausführung.

Der gegenwärtige Vertrag iſt zu ratifiziren, und es ſind die Ratifikationsurkunden inner 6 Wochen, vom Datum der Unterzeichnung an, in Bern auszuwechſeln.

Deſſen zur Urkunde haben die beiderſeitigen Bevollmächtigten den Vertrag unterzeichnet und demſelben ihr Wappenſiegel beigedruckt.

---

des pays respectifs est admis pour les timbres-poste, les enveloppes timbrées, les timbres, les cachets et les signes sur les objets de matériel servant au transport des correspondances.

Article 18.
Durée de la convention.

La présente convention entrera en vigueur à partir du jour dont les Administrations postales des deux Etats contractants conviendront, et demeurera obligatoire aussi longtemps que l'une des parties contractantes n'en aura pas dénoncé la résiliation une année d'avance.

Article 19.
Exécution.

La présente convention sera ratifiée et les ratifications respectives seront échangées à Berne, dans l'espace de six semaines après la signature.

En foi de quoi, les Plénipotentiaires respectifs l'ont signée et y ont apposé le cachet de leurs armes.

Abgeſchloſſen in Bern den 28 Juni / 10 Juli im Jahre des Heils eintauſend achthundert zwei und ſiebenzig.

(Sig.) **J. Chaſlet-Venel.**
(L. S.)

(Sig.) **M. Gortchacow.**
(L. S.)

---

erflärt den vorſtehenden Vertrag ſeinem ganzen Inhalte nach als angenommen und in Kraft erwachſen, und verſpricht im Namen der ſchweizeriſchen Eidgenoſſenſchaft, denſelben, ſo weit es von ihr abhängt, gewiſſenhaft zu beobachten.

Zur Urkunde deſſen iſt die gegenwärtige Ratifikation vom Bundespräſidenten und dem Kanzler der Eidgenoſſenſchaft unterſchrieben und mit dem eidgenöſſiſchen Staatsſiegel verſehen worden.

Fait à *Berne* le 28 Juin / 10 Juillet de l'an de grâce mil huit-cent soixante-douze.

(Sig.) **J. Challet-Venel.**
(L. S.)

(Sig.) **M. Gortchacow.**
(L. S.)

A ces causes, après avoir suffisamment examiné cette convention, Nous l'avons agréée, confirmée et ratifiée, comme par les présentes Nous l'agréons, confirmons et ratifions dans toute sa teneur, promettant sur Notre parole impériale pour Nous, Nos Héritiers et Successeurs, que tout ce qui a été stipulé dans la dite convention sera observé et exécuté inviolablement.

En foi de quoi, Nous avons signé de Notre propre main la présente ratification **Impériale** et y avons fait apposer le sceau de Notre Empire.

Postvertrag zwischen der Schweiz und Rußland.

So geschehen in Bern, den sechszehnten Juli eintausend acht hundert zwei und siebenzig.	Donné à St. Pétersbourg le douze Juillet de l'an de grâce mil huit-cent soixante-douze et de Notre règne la dixhuitième année.
Im Namen des schweizerischen Bundesrathes, Der Bundespräsident: **Welti.**	**Alexandre.**
(L. S.)	(L. S.)
Der Kanzler der Eidgenossenschaft: **Schieß.**	Le Dirigeant du Ministère des Affaires Etrangères: **Westmann.**

Note. Die Auswechslung der Ratifikationen des vorstehenden Postvertrages hat zwischen dem Bundespräsidenten, Herrn Welti, und dem russischen Gesandten bei der schweiz. Eidgenossenschaft, Fürst Gortschacow, am 30. Juli / 11. August 1872 in Bern stattgefunden.

XI. Personenregister

Die Schweiz und der Osten Europas

Band 11
Schmid, Daniel C.
Dreiecksgeschichten
Die Schweizer Diplomatie, das «Dritte Reich» und die böhmischen Länder
1938–1945.
2003. 504 S. Geb. CHF 68.00 / EUR 44.80 ISBN 3-0340-0670-5

Band 9
Huser Bugmann, Karin
Eine revolutionäre Ehe in Briefen
Die Sozialrevolutionärin Lidija Petrowna Kotschetkowa und der Anarchist
Fritz Brupbacher.
2003. 434 S. 35 Abb. Geb. CHF 58.00 / EUR 38.80. ISBN 3-0340-0640-3

Band 8
Neval, Daniel Alexander
«Mit Atombomben bis nach Moskau»
Gegenseitige Wahrnehmung der Schweiz und des Ostblocks im Kalten Krieg
1945–1968.
2003. 722 S. Geb. CHF 88.00 / EUR 59.90 ISBN 3-0340-0572-5

Band 7
Leemann, Marianne
Totengräber der Demokratie
Kommunisten, Faschisten und Nationalsozialisten in der Deutschweizer Presse
von 1918–1923.
2001. 762 S. Geb. CHF 78.00 / EUR 45.00 ISBN 3-905313-54-5

Band 6
Späti, Christoph
Die Schweiz und die Tschechoslowakei 1945–1953
Wirtschaftliche, politische und kulturelle Beziehungen im Polarisationsfeld des
Ost-West-Konflikts
2002. 632 S. Br. CHF 78.00 / EUR 49.80 ISBN 3-0340-0571-7

Chronos Verlag
Eisengasse 9
CH-8008 Zürich
Fax 0041 / 01 / 265 43 44
E-Mail: info@chronos-verlag.ch
www.chronos-verlag.ch